보건교사 길라잡이

➕ 10점 기출문제

신희원 편저

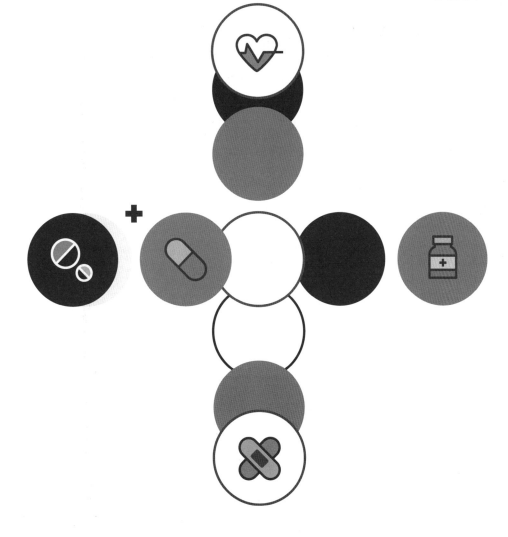

동영상강의 www.pmg.co.kr

합격기준 박문각 임용

PMG 박문각

머리말

반갑습니다. 신희원입니다.

25년 전 임용고시를 치르고 보건교사로 임용되었던 순간이 떠오르면 저는 지금도 감명 받습니다. 간호사의 생활도 좋지만, 삶의 방향을 용기 있게 턴해서 완전히 다른 방향으로 과감히 도전해 본다는 것은 자신의 삶에 참으로 진지한 태도라 여겨집니다. 그래서 임용 준비를 시작한 여러분들에게 큰 박수를 보내고 싶습니다.

시작이 반이다!

맞습니다. 그리고 어쩌면 그것이 모두일 수 있습니다.

간절함이 답이다!

보건교사 임용고시에 합격을 하려면 엄청나게 많은 노하우가 저변에 깔려 있을 것이란 의구심이 들 것입니다. 간절함을 키우십시오. 그 간절함이 떨림을 가져오고 신중해지고 되기 위해 할 일들을 하나씩 하나씩 채워나갈 것입니다.

노하우?

있습니다. 그러나 그 노하우는 공개되어진 전략일 뿐입니다. 노하우를 캐는 것에 시간을 보내기보다는 자신의 약점을 채우고 임용고시의 방향을 파악하는 데 시간을 채워나가는 것이 답입니다.

지피지기면 백전백승이다!

자기 자신을 알아야 합니다. 자신이 어떤 부분에 약체인지를 파악해 나가야 합니다. 예를 들면 암기는 잘하지만, 서술을 충분히 하지 않는 경향이 보이는 분들이 많습니다. "IN PUT"을 위한 수많은 노력을 하는 이유는 "OUT PUT"을 잘 하기 위함입니다. 애석하게도 많은 분들이 "IN PUT"에 더 무게중심을 두고 아쉬운 결과를 향해 가는 경우를 많이 보아왔습니다. 문제가 요구하는 답안의 방향을 정확히 파악하고, 키워드를 쓰고, 그 근거를 채워나가기 위해서는 내용의 숙달된 이해도가 있어야만 가능합니다.

그래서 신희원 본인이 여러분의 보건교사 임용을 도와줄 수 있는 부분은 다음과 같습니다.

- 핵심키워드, 우선순위 내용 파악을 위한 구조화 학습을 통해 여러분의 이해도를 제대로 증진시켜줄 수 있다!
- 문제를 읽어내는(파악하는) 능력을 키워줄 수 있다!
- 가장 중요한 "OUT PUT"을 잘하게 해줄 수 있다!

여러분과 이 한 해를 함께 발맞추어 나아가 꼭 합격의 라인에 같이 도달합시다.
꿈은 이루어진다! 여러분을 응원합니다.

신희원

보건교사 임용시험 정보

➊ 응시 자격

✚ 필수 자격
한국사능력검정시험 3급 이상 합격자

※ 제1차 시험 예정일로부터 역산하여 5년이 되는 해의 1월 1일 이후에 실시된 검정시험에 합격한 자

✚ 모집 분야별 응시 자격
보건교사 자격증 소지자[간호사 면허증 소지자, 교직이수자(2급 보건교사 자격 소지자]

✚ 응시 연령
제한 없음. 단, 「교육공무원법」제47조(정년)에 해당되지 않는 자

➋ 중등교사 임용시험(제1차 시험) 문제유형별 출제 방향

✚ 기입형 2점: A유형 4문항(총 8점), B유형 2문항(총 4점)
➩ 주로 완성형과 단답형 형식

✚ 서술형 4점: A유형 8문항(총 32점), B유형 9문항(총 36점)
➩ 서술형은 문제 인식, 결론 도출, 인과관계, 상관관계, 문제해결 과정 등의 사고 능력을 측정하며 문장 형태의 답안을 요구하는 문항 형식이다.

➌ 중등교사 임용시험 시험 과목 및 시험 시간

✚ 1차 시험

※ 선발예정인원의 1.5배수 선발

교시	[1교시]교육학	[2교시]전공A		[3교시]전공B	
출제 분야	교육학(20%)	전공간호학(80%)			
시험 시간	60분(09:00~10:00)	90분(10:40~12:10)		90분(12:50~14:20)	
문항 유형	논술형	기입형	서술형	기입형	서술형
문항수	1문항	4문항	8문항	2문항	9문항
문항당 배점	20점	2점(8점)	4점(32점)	2점(4점)	4점(36점)
교시별 배점	20점	40점		40점	

✚ 2차 시험

시험 과목	시험 시간
• 교직적성 심층면접 • 교수 · 학습 지도안 작성 • 수업능력 평가(수업실연, 실기 · 실험)	시 · 도교육청 결정

④ 보건교사 임용시험 최종경쟁률 및 합격커트라인

구분	2023			2022			2021		
	선발인원	경쟁률	커트라인	선발인원	경쟁률	커트라인	선발인원	경쟁률	커트라인
서울	47	8.15		46	7.83	73.7	79	6.06	68.33
경기(초)	38	8.84		95	4.21	68.3	104	4.09	61
경기(중)	18	8.56		81	4.54	70	86	3.91	60.67
인천	21	8.1		46	3.61	62	33	4.3	62
강원	18	7.94		50	3.56	54	43	4.14	54.33
대전	10	7.3		19	5.37	68.7	17	4.2	61.33
세종	4	7.25		16	4.19	68	12	4	60
충남	30	6.9		51	3.18	56.7	68	3.8	60.33
충북	25	6.8		33	3.15	60	50	3.4	56.33
전북	19	7.5	미정	30	4.37	66	42	4.1	61.67
광주	5	16.4		11	9.91	73.7	15	6.1	31
전남	29	7.1		53	4.19	62.7	77	3.6	60.67
대구	5	14		17	6.82	70	39	4.46	62.67
경북(초)	24	7.96		25	4.40	67	37	3.73	62.33
경북(중)	6	8.17		21	4.52	67	18	3.94	54
울산	5	13		14	6.43	71.7	26	4.19	62.33
부산(초)	9	10		16	4.8	70.7	14	5.3	66
부산(중)	9	11		12	6.4	69	10	6.7	65
경남	20	10.5		68	4.24	66.3	70	4.19	61.33
제주	15	4.27		15	4.07	65.3	13	4.38	65.33
합계	357			719			853		

보건교사 임용시험 정보

구분	2020			2019			2018		
	선발인원	경쟁률	커트라인	선발인원	경쟁률	커트라인	선발인원	경쟁률	커트라인
서울	53	11	59	77	8.64	60	85	7.69	65
경기(초)	40	7.28	55	57	6.39	57	69	5.64	58.33
경기(중)	37	7.95	57.33	62	5.58	55.66	71	5.8	60
인천	20	8.3	52.67	20	5.75	52.67	32	4.53	58.34
강원	31	6.06	47	25	6.32	49	28	5.25	48.34
대전	16	7.5	55	9	7.11	57.67	23	6.17	62.67
세종	8	9.25	58	5	7.8	52.67	8	5.63	58.66
충남	25	5.2	50	30	5.77	54	19	4.68	56.67
충북	27	4.0	47.67	34	5.21	54.33	20	5.10	57.67
전북	17	8.9	53.33	18	8.44	55.67	26	6.58	62
광주	5	15.6	57	10	11.6	60	5	11.6	60.67
전남	52	5.7	49.33	35	5.46	52.33	33	5.15	60.33
대구	5	16.8	57.67	5	15.6	58	15	7.6	59.67
경북(초)	24	4.92	50.33	26	5.46	54.67	28	6.4	62
경북(중)	19	6.16	53.67	11	6.45	49			
울산	12	7.75	54.67	9	9.33	59.66	18	5.72	60.67
부산(초)	13	6.5	55	8	10.13	62	9	7.89	62.67
부산(중)	10	7.8	54.67	5	9.2	59.67	9	8.44	66.67
경남	43	6.47	55	43	6.49	56.33	36	6.08	62.33
제주	11	5.64	49.67	6	9.64	61.33	9	6.67	63.33
합계	468			495			543		

최근 출제 경향 분석

◎ 2023 기출분석

A			
기입	1	지역(가족)	밀착도, 관계선(단절)
	2	정신 (의사소통기술)	명료화, 일시적 안심
	3	여성	자궁경부암검사 세포검사, 부위
	4	응급	CPR 비율, AED 사용 순서(패드부착)
서술	5	지역(산업)	재난, 공학적 조치 (대치격리)
	6	아동	성장발달곡선(림프계, 신 경계 2차 성징과 기전)
	7	성인(소화)	위궤양균의 위 생존 이유
	8	지역(역학)	집단검진 정확도 지표(민감도, 특이도, 예측도)
	9	모성 (분만 시 태아이상)	태아심박동평가(만기하 강, 가변성 하강 시 원인)
	10	지역(환경)	지구온난화 원인, 열섬현상
	11	아동 (신생아)	미숙아, 핵황달
	12	정신	조현병(사고장애 −망상, 지리멸렬/ 약물부작용− 추체외로증상) 인지재구성법

B			
기입	1	정신 (수면장애)	악몽장애, 야경증
	2	지역(기획)	리더십 유형
서술 논술	3	지역(역학)	AIDS 신고자, 신고시기, 전파경로
	4	성인(기초)	셀리에 스트레스 적응 이론단계
	5	지역(학교보건)	사업 후 논리적 모형 평가 과정. 결과평가 목적과 지표
	6	성인(심장)	울혈성심부전(보상기전)
	7	성인 아동 (심장)	펠로씨 4증후군 (기형구조, 청색증 혈역학, 슬흉위와 그 효과)
	8	모성 (임신, 분만)	태반호르몬 기능, 분만 시 태반 만출 기전(던칸)
	9	정신	상황위기, 가족폭력주기, PTSD(플래시백, 학습된 무기력)
	10	지역 (건강증진)	프리시드이론(교육진단 요인의 개념과 지표)
	11	여성	유방암(호발부위, 유방 암 검진방법, 타목시펜)

✚ 5개년 파트별 출제문항수 분석

구분	2019	2020	2021	2022	2023
지역	9	7	7	6	8
성인	6	8	8	6	4
아동	3	7	3	3	3
여성	3	3	3	4	4
정신	2	4	4	4	4

최근 출제 경향 분석

🖊 2022 기출분석

		A	
기입	1	보건교육 성인	역할극, 결핵
	2	지역 (법, 환경)	재난 및 안전관리법, 잔류염소농도
	3	여성	자궁탈출증
	4	정신(법)	정신질환자 지원 법률 (응급입원절차 자의입원)
서술	5	아동	가와사키
	6	여성/모성	모유 수유 시 피임의 호르몬, 단일 복합피임제 호르몬
	7	지역/성인	계획된 행위 이론, 대사 증후군기준, 비만도 (BMI 계산)
	8	지역 (공중보건)	보건의료체계 하부구성 요소, 공공부조, 인두제
	9	성인(간)	간성뇌병증, 병리치료
	10	지역 (역학 감염병)	수두
	11	정신 (진단기준 인지행동치료)	적대적 반항장애 (품행장애) 진단기준/ 인지행동치료법(모델링, 자기주장훈련)
	12	성인(근골격)	목발보행 (삼점보행, 계단)

		B	
기입	1	응급	경추 손상 시 처치 (턱 들어올리기, 통나무)
	2	아동	거부증, 퇴행
서술 논술	3	지역	장기요양급여 제공기준 및 급여비용 산정방법 (인지등급, 특별현금급여)
	4	모성	유착태반, 자궁내번증, 자궁이완제(터부탈린, 자궁수축제(옥시토신)
	5	정신	약물중독(카페인의 생리현상) 금단증상
	6	지역(역학 감염병)	식중독(보툴리누스), 상대위험비
	7	지역(산업)	건강진단 결과 C2
	8	모성	산과력, NST, 양수지수
	9	성인(요로계)	급성신부전(고칼륨혈증 응급처치-인슐린)
	10	성인(눈)	차폐검사/적반사, 스넬런(Snellen) 차트 해석
	11	성인, 정신	알츠하이머병(메만틴, 파국반응, 일몰징후)

✐ 2021 기출분석

		A	
기입	1	학교보건	안전공제급여 (요양, 장해)
	2	여성	피임법
	3	보건교육	수행평가 도구 (체크리스트, 평가오류)
	4	정신	MMPI 도구의 임상척도
서술	5	정신	불안(사회적 불안, 수행 불안), 의사소통기법 (감정반영)
	6	아동, 여성	APGAR score, 마유/포유반사
	7	성인	아라키도닉산 회로, 항염증(글루코콜티코이드 병태생리작용)
	8	여성	HELLP 증후군, 자간증
	9	지역(가족)	가족발달단계(진수기), 가족사정도구 (사회지지도, 밀착도)
	10	지역(역학 감 염병)	기여위험백분율, 1급 감염병(신고시기, 신고기관)
	11	정신	프로이트의 정신분석이론 (쾌락원칙, 현실원칙, 자유연상)
	12	지역(감염병)	감염전파단계, 멸균

		B	
기입	1	정신, 아동	틱장애, 뚜렛장애
	2	성인	충수염(맥버니점, 중재)
서술 논술	3	정신	양극성 장애 Ⅰ Ⅱ 비교, 조증삽화(언어압박)
	4	성인	뇌종양 병태생리, 구토기전
	5	성인	저혈량성 쇼크 병태생리 (심장 반응, 중재 이유), 호흡성 알칼리증
	6	여성	자궁근종
	7	지역	산업안전(직업안전, 산업재해), 최고 노출 기준
	8	성인	약물수용체 상호작용, 항염제(NSAIDs)의 약리작용
	9	성인, 지역	분단토의, 두부손상의 응급처치, 자동제세동기
	10	성인	아토피 피부염
	11	성인	철결핍성 빈혈

최근 출제 경향 분석

📀 2020 기출분석

		A	
기입	1	학교보건	health2020 학교보건사업지표
	2	아동	아동학대 유형
	3	정신	강박사고, 행동
	4	아동, 학교보건	HPV 예방접종
서술	5	성인(기초)	저나트륨혈증, 케톤뇨 기전
	6	지역(총론)	뉴만의 건강관리체계이론
	7	아동, 여성	당뇨임부의 거대아와 호흡부전증의 기전
	8	성인(내분비), 아동	1형 당뇨아의 저혈당 시 응급주사
	9	정신	인지행동치료기법 (자기감시, 형성), 섭식장애 구분
	10	학교보건 보건교육	학교보건법(응급처치), 패널면접
	11	아동, 성인	미세변화형 신증후군 기전 및 혈액 소변검사 소견
	12	성인(심혈)	고혈압 합병증으로 심근경색의 기전, NTG 약물요법

		B	
기입	1	성인, 아동	천식 약물
	2	학교보건	보건교육과정
	3	지역	변화단계모형
	4	성인 (기초/맥관계)	자가면역질환, 레이노 현상
서술 논술	5	정신	사고내용장애(망상), 우울장애의 약물기전 (플루옥세틴)
	6	여성	경구피임약 기전, 배란 시 자궁경관점액의 양상
	7	지역(역학)	표준화발생률
	8	여성 성인(맥관)	태아산전혈액검사(신경 결손검사), 악성 빈혈
	9	성인, 아동	여드름호르몬, 약물
	10	정신	신체 관련 장애간호
	11	응급	영아심폐소생술

✐ 2019 기출분석

			A
기입	1	지역(감염)	홍역, 5군
	2	아동	태너의 성적성숙단계
	3	정신	사고장애(비약, 환각)
	4	지역(보건교육)	2015 교육과정
	5	여성	모닐리아성 질염
	6	성인(기초)	암 예방
	7	지역(산업)	진폐증, VDT
	8	지역(감염)	이하선염
서술	9	아동, 성인	흡연(니코틴, HDL)
	10	여성	월경주기
	11	성인, 응급	기흉
	12	지역(총론)	기획(SWOT, BPRS & PEARL)
	13	성인, 학교보건	측만증
	14	성인	식도역류질환

			B
서술	1	성인	당뇨합병증, 발 관리
	2	모성	임신과정, 생리
	3	학교보건	법
	4	지역	로이이론
	5	모성	태반조기박리
	6	지역(산업)	납중독
	7	지역(환경)	수질오염, BOD, DO
논술	8	아동, 정신	자살(유형, 위험요인), 인지행동치료

채점기준 및 답안작성 요령

2023학년도 B형 4번 문제

지문	• **학생**: 최근에 ⓒ 시험지를 받았을 때 심장이 빨리 뛰고 숨이 가쁜 적도 있었어요. • **보건교사**: 그랬구나. 스트레스 때문에 ⓒ 위궤양이 생기거나 상처가 잘 아물지 않을 수도 있단다.
문제내용	밑줄 친 ⓒ과 ⓒ에 해당하는 스트레스에 대한 생리적 반응이 나타나는 이유를 시기에 따라 서술할 것

구분	일반상식	의학적 근거	의미 마무리
수험생 답안내용	위궤양을 결과로 생각하고 소진기(탈진기) 오류	• ⓒ 시험지를 받았을 때 → 최초임을 의미(경고기) • 스트레스 때문에 ⓒ 위궤양 → 스트레스 이후 시간 경과이므로 저항기	• ⓒ 교감 → 심박 증가 • ⓒ 진행된 스트레스 • 장기이므로 코티졸 과잉 분비, 부교감 항진 → 위산 과량 지속, 위점막 위축으로 위궤양
채점	모두 표현되면 1점		
채점기준 명시		0.5	0.5
첨삭으로 마무리	정확도 개선, 문제의 의도를 정확히 파악하여 문제가 요구하는 부분까지 끝까지 표현하도록 반복 훈련		

2023학년도 B형 7번 문제

지문	• **동료교사**: ⓛ 청색증이 나타난대요. • **보건교사**: 그렇군요. 아이가 호흡하기 힘들어할 때 (ⓒ)을/를 취하게 하면 도움이 돼요.
문제내용	Fallot 4징후에서 밑줄 친 ⓛ이 나타나는 원인을 서술할 것

구분	일반상식	의학적 근거	의미 마무리
수험생 답안내용	정맥혈(산화되지 못한 혈액이)이 전신을 순환하면서 청색증	폐동맥 협착과 심실중격으로 폐순환 저항이 커지면서 우좌단락이 형성되어	구조적 기형으로 결국 혈역학의 변화로 청색증
채점	모두 표현되면 1점		
채점기준 명시	0.5	0.5	
채점 시 주의	폐동맥 협착과 심실중격으로 폐순환 저항이 커지면서 우좌단락이 형성되어 산화되지 않은 정맥 혈액이 폐순환을 거치지 않고 전신순환으로 흘러들어간다. → 구조적 기형의 문제로 혈역학의 변화가 나타난다고 답해야 함		
첨삭으로 마무리	정확도 개선, 문제의 의도를 정확히 파악하여 문제가 요구하는 부분까지 끝까지 표현하도록 반복 훈련		

차례

Part 1 ◆ 지역사회 간호학

제1강 지역사회간호 총론 — 18

제2강 일차보건의료와 건강증진 — 32

제3강 가족간호 — 47

제4강 역학 감염병 — 58

제5강 공중보건 — 100

제6강 학교보건 — 134

제7강 보건교육 — 171

Part 2 ◆ 성인간호 및 응급

제1강 응급간호의 개요 — 192

제2강 기초간호학 — 227

제3강 소화계 — 250

제4강 호흡계 — 264

제5강 심혈관계 — 279

제6강 요로계 — 308

제7강 근골격계 — 317

제8강 신경계 — 332

제9강 내분비계 — 342

제10강 눈, 귀코목 / 피부 — 353

Part 3+ 아동 간호학

제1강 아동발달과 특성 ··· 372
제2강 아동의 신체적 건강문제 ··· 388
제3강 아동의 심리적 건강문제 ··· 406
제4강 청소년 심리적 건강문제 ··· 420

Part 4+ 여성의료 간호학

제1강 모성간호학 ··· 438
제2강 여성간호 ··· 467

Part 5+ 정신간호학

제1강 정신건강간호 ··· 496
제2강 정신장애 ··· 508

정답 및 해설

··· 538

PART 1

지역사회 간호학

제1강 지역사회간호 총론

제2강 일차보건의료와 건강증진

제3강 가족간호

제4강 역학 감염병

제5강 공중보건

제6강 학교보건

제7강 보건교육

신희원
보건교사 길라잡이
+ 10점 기출문제

제1강 | 지역사회간호 총론

출제경향 및 유형

'92학년도	
'93학년도	지역사회간호의 목표, 회환 효과, 지역사회 체계의 구성물
'94학년도	간호과정, 지역사회간호사업 평가, 기획, 기능연속 지표의 부정적 기능, 평가계획 수립시기, 회환 효과, 평가범주, 기획과정
'95학년도	헬렌 유라와 메리 워시의 간호과정의 단계
'96학년도	
'97학년도	
'98학년도	Gulick의 POSDCoRB에 근거한 간호 관리 및 각 단계 기술
'99학년도	조직의 원리 5가지
후 '99학년도	
2000학년도	
2001학년도	
2002학년도	
2003학년도	
2004학년도	
2005학년도	보건교육사업에 대한 5가지 평가 범주
2006학년도	
2007학년도	Orem의 자가간호이론, 건강관리실 활동의 장점 4가지, 평가의 5단계 절차
2008학년도	로이(Roy)의 적응이론에 따른 자극 유형과 적응 모드(양상)
2009학년도	건강관리 체계이론, 보건사업 평가
2010학년도	
2011학년도	학교간호과정, 정신건강 예방활동, 오마하 문제분류
2012학년도	체계모형에 의한 평가범주
2013학년도	베티 뉴만(B. Neuman)의 건강관리체계모델
2014학년도	
2015학년도	
2016학년도	체계 모형(체계요소, 평가영역)
2017학년도	
2018학년도	BPRS 우선순위
2019학년도	PEARL이론, SWOT분석, ROY 적응이론(인지기전, 자아개념)
2020학년도	뉴만이론(스트레스원, 정상방어선, 2차 예방활동)
2021학년도	
2022학년도	
2023학년도	

출제포인트

거의 매년 출제율을 보이는 영역입니다. 핵심출제포인트를 꼽는다면 지역사회간호이론, 기획이론, 간호과정입니다. 그리고 최근의 간호과정적용시 기획이론의 우선순위분석이 상당히 활용되고 있어 출제비중이 증가되고 있습니다. 또한 간호과정의 평가부분에 대한 출제비중도 항상 유지되므로 다양한 평가유형을 분석해두셔야 합니다.

유의해야 할 점으로 해가 갈수록 단순한 답을 요하는 질문이 아닌, 사례를 통해 깊이있게 이해되어진 개념을 질문하고 명확한 답을 요구하므로 개념 하나하나에 정확한 이해 및 키워드의 암기가 완성되어야 승산이 있다는 것을 명심합시다.

1절 ◆ 지역사회 간호의 이해

| 정답 및 해설 p.538

1. 지역사회 간호의 목표로서 가장 옳은 것은? '93 임용

① 질병을 조기에 발견하여 잘 치료한다.
② 특정 고위험 인구집단의 건강관리만 한다.
③ 지역사회 주민들의 질병예방 및 재활을 도모한다.
④ 지역사회 주민들의 자기건강관리 기능수준을 향상시킨다.

2. 기능 연속 지표에서 부정적인 기능요소에 속하는 첫 단계는? '93 임용

① 긴장을 유발하는 요소   ② 외상(증상)
③ 초기 경고신호   ④ 기능장애

2절 ◆ 지역사회 간호이론

| 정답 및 해설 p.538

1. 다음 중 나이팅게일의 간호이론에 해당되는 것은? '93 임용

① 상호작용이론에 기초를 둔 대인관계 과정
② 적응, 욕구, 긴장(stress) 이론을 제시
③ 지역사회 봉사, 숙련된 예술, 과학적인 기술로 제시
④ 돌봄, 핵심, 치료의 상호 관련설을 주장

2. 지역사회 간호체계는 목표 달성을 위해 투입, 변환, 산출의 절차를 가질 때 회환이 일어난다. 회환 기전의 효과가 아닌 것은? '93 임용

① 상부체계가 하부체계를 도와주도록 작용한다.
② 환경의 제약 요인을 완화시키는 작업을 한다.
③ 효율적이고 효과적인 방향으로 스스로 교정을 하게 된다.
④ 체계의 이상을 점검한다.

3. 지역사회 체계과정에서 일어나는 회환(feedback)의 효과를 설명한 것이다. 옳지 못한 것은? '94 임용

① 환경의 제약요인이 완화된다.
② 상부체계가 하부체계를 도와준다.
③ 하부체계 및 상부체계를 점검할 수 있다.
④ 효율적이고 효과적인 방향으로 스스로 교정이 된다.

4. 지역사회의 건강을 진단하기 위한 지역사회 체계 내의 구성물에 해당하는 것은? '93 임용

① 지역사회 인구를 둘러싸고 있는 상·하수도 시설, 주택환경, 농약, 공기, 오염 등의 인위적 환경
② 지역 내의 보건 의료시설, 보건소, 의원, 병원, 조산소
③ 지역 내의 보건사업에 종사하고 있는 모든 요원
④ 지역사회 주민, 학생, 근로자, 교원

5. 학교 간호사업은 하나의 체계를 이루는데, 이 체계에서 산출(output)에 해당되는 것은?
'94 임용

① 학교의 적정 기능수준 향상　　　② 보건교사의 지식과 기술
③ 간호제공과 보건교육　　　　　　④ 학교 간호과정

6. 다음은 보건교사가 작성한 학교 금연 사업 평가 계획안이다. 평가는 체계 모형에 근거하여 실시하려고 한다. 〈작성 방법〉에 따라 서술하시오. '16 임용

▍학교 금연 사업 평가 계획안

평가자	보건교사		
평가대상사업	2016년도 학교 금연 사업		
평가 목적	금연 사업의 효과를 체계적으로 평가하고, 사업 지속 가능 여부를 판정하기 위함		
참조 평가틀	일반 체계 모형		
평가 영역	**평가 지표**	**평가 시기**	**평가 방법 및 자료**
투입된 노력 평가	• 예산 • 인력 및 시간	• 사업 수행 전	• 계획서 평가
사업 진행 정도 평가	• 사업 추진 정도 • 학생 참여율 • 예산 집행율	• 각 분기 말	• 업무 일지 • 프로그램 출석부 • 지출 정산서
(㉠)	• 비용 − 효과 분석	• 사업 종료 후	• 설문조사
(㉡)	• 우선순위 결정의 타당도	• 사업 종료 후	• 설문조사
목표 달성 정도 평가	• 금연율	• 사업 종료 후	• 학생 대상 설문 평가와 호기 중 일산화탄소 측정

┌→ 작성 방법 ←
• 체계(system)의 정의를 제시할 것
• 학교의 금연 사업이 개방 체계로서 기능하기 위해 필요한 핵심 요소를 제시할 것
• 체계 모형에 따른 5개 체계 모형 중 괄호 안의 ㉠, ㉡에 해당하는 명칭과 목적을 순서대로 제시할 것

7. 베티 뉴먼의 건강관리 체계이론에 근거하여 지역사회를 사정하고자 한다. 이 이론의 핵심개념과 하위영역에 따라 사정 내용이 옳게 연결된 것을 〈보기〉에서 고른 것은? '09 임용

┌─ 보기 ┐
ㄱ 기본구조 − 생리적 특성 − 주민들의 인구 구조
ㄴ 방어선 − 유연방어선 − 의료 서비스의 질
ㄷ 방어선 − 정상방어선 − 주민의 경제 수준의 적절성
ㄹ 스트레스원 − 체계 간 요인 −물리적 환경

① ㄱ, ㄷ   ② ㄴ, ㄹ   ③ ㄱ, ㄴ, ㄷ
④ ㄹ   ⑤ ㄱ, ㄴ, ㄷ, ㄹ

8. 그림은 베티 뉴만(B. Neuman)의 건강관리 체계모델에서 대상자 체계를 나타낸 것이다. (가)~(라)에 대한 설명으로 옳지 <u>않은</u> 것은? [1.5점] '13 임용

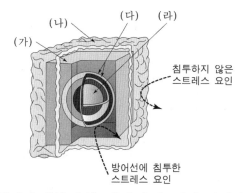

① (가)는 개인의 일상적인 대처 유형, 삶의 유형, 발달 단계와 같은 행위적 요인과 변수들의 복합물이다.
② (나)에 자극을 주는 스트레스원에는 내적 요인, 대인적 요인, 외적 요인이 있다.
③ (나)는 한 대상 체계가 오랫동안 유지해 온 평형 상태로서, 어떤 외적인 자극이나 스트레스원에 대해 나타내는 정상적 반응의 범위를 말한다.
④ (다)가 스트레스원에 의해 함락되면 기본 구조가 파괴되고, 이 상태를 방치하게 되면 결국은 사망에 이르게 된다.
⑤ (라)는 생존의 필수적인 구조이며, 건강관리 목표는 스트레스원이 이 구조까지 침범하지 않도록 방어선을 강화하는 것이다.

9. 지역사회 정신 건강 서비스 활동에는 1차, 2차, 3차 예방이 있다. (가)~(나)와 같은 수준의 예방 활동으로 옳게 짝지어진 것은? [1.5점] '11 임용

> 김 씨(남, 39세)는 평소 말이 없고 직장 동료와도 별로 어울리지 못하여 혼자 지내는 시간이 많았다. 김 씨의 회사에는 (가) 직원을 위한 다양한 인간관계 프로그램이 있으나 김 씨는 저녁 늦게까지 일하느라 참석하지 못하였다. 이틀 전 김 씨는 주차 문제로 이웃집 남자와 싸운 뒤 옆집에서 자신의 집에 도청 장치를 해 놓았다고 경찰에 신고하고, "직장 동료들이 나를 쳐다보며 수근거린다"며 더 이상 직장을 나가지 못하였다. (나) 김 씨는 4주 동안 항정신병 약물 투여와 활동치료를 받으면서 증상이 빠르게 호전되어 퇴원하였고, 집으로 돌아온 김 씨는 휴직 기간 동안 정신보건센터에 등록하고 센터의 프로그램에 참여하였다.

	(가)	(나)
①	치매선별검사	직업재활 프로그램
②	우울증선별검사	인지행동 치료 프로그램
③	인터넷 중독 집단검진	알코올 중독자 가족모임
④	직업재활 프로그램	청소년 금연교실
⑤	정신건강의 날 캠페인	우울증선별검사

10. 중학교에서 A형 간염환자가 발견되어 보건교사는 환자간호 및 질병의 확산을 방지하기 위한 간호를 계획하려고 한다. 로이의 간호이론에 따라 자극의 유형과 적응모드(양상)를 확인하고자 할 경우 다음의 각 항목에 해당되는 것이 무엇인지 쓰시오. '08 임용

항 목	자극 유형 또는 적응 모드
• A형 간염에의 이환	① 자극 유형 :
• 학생들의 손 씻기 습관	② 자극 유형 :
• 급식실 및 급수 환경	③ 자극 유형 :
• 감염 학생이 피로와 오심을 호소함	④ 적응 모드 :
• 감염 학생이 친구들로부터 따돌림을 당해 외로움을 경험함	⑤ 적응 모드 :
• 감염 학생이 황달로 인해 신체상 손상을 경험함	⑥ 적응 모드 :

11. 지역사회 간호과정 중 기획의 설명이 아닌 것은? '94 임용

① 변화에 따라 방침을 수정한다.　② 항상 미래에 연결되어 있다.
③ 계속적인 변화과정이다.　④ 수단이 아니고 목적이다.

12. 다음은 고등학교 보건교사가 작성한 상담 일지이다. 뉴만(B. Neuman)이 제시한 '건강관리체계이론(The Neuman Systems Model)'에 근거하여 〈작성 방법〉에 따라 순서대로 서술하시오. [4점] '20 임용

▌상담일지

이름	박○○	성별 / 연령	여 / 17세
상담 일시	○월 ○일 ○시	학년−반	2−5
주요 문제	비만		
상담개요	• 가족 구조 기능 현황 　− 아버지(58세), 어머니(56세)와 함께 살고 있음 　− 아버지는 일용직 일을 하시고, 어머니는 8년 전 교통사고로 인해 하반신 마비 상태이셔서 학생이 집안일을 도맡아 하고 있음 　− ㉠ 경제적으로 매우 어려워 현재 기초 생활 수급자 신청을 한 상태임 　− 복지관의 반찬 배달 서비스를 받고 있음 　− 학생의 비만 관리가 필요하지만 부모님의 지원을 받기에는 어려움이 많음 • 학생 현황 　− 비만 정도(BMI 32) 　− 아침 식사는 거의 거르는 편이며, 점심은 학교 급식을 먹고 있고, 저녁은 과자나 라면으로 끼니를 해결하고 있음 　− 비만 관리를 위해 필요한 운동을 진혀 하고 있지 않음 　− ㉡ 수면 시간이 부족하여 항상 피곤한 상태임 　− 현재 본인의 비만정도에 대해서 심각성을 느끼지 못하며, 비만이 지속될 때 나타날 수 있는 건강문제를 인지하지 못하고 있음		
건강관리계획	• ㉢ 2차 예방 활동 　− 보건실에 한 달에 한 번씩은 방문하여 비만 관리 상담을 받도록 함 　− 영양 교실과 운동 교실에 주 2회 참여하게 함 　− 비만 합병증 예방을 위한 교육을 받도록 함		
… (하략) …			

┌◆작성 방법◆─────────────────────────────────
• 밑줄 친 ㉠은 어떤 스트레스원에 해당하는지 제시할 것
• 밑줄 친 ㉡은 어떤 방어선에 해당하는지 제시하고, 그 방어선의 개념을 서술할 것
• 밑줄 친 ㉢은 어떤 방어선이 침범되었을 때 사용할 수 있는지 제시할 것
└──

13. 보건교사가 오렘(Orem)의 자가간호이론에 근거하여 간호활동을 제공하려고 한다. 다음에 제시된 간호문제가 자가간호 필수요구(self-care requisite) 유형 중에서 무엇에 해당되는지를 각각 쓰고, 자가간호결핍이 발생하는 이유를 오렘이 제시한 2가지 개념을 이용하여 2줄 이내로 쓰시오. '07 임용

간호문제	자가간호 필수 요구 유형
① 골절부위의 심한 출혈로 인한 의식장애	
② 운동 후 발한에 따른 일시적 갈증	
③ 초경에 대한 지식부족과 관련된 부적절한 대처	

14. 다음은 A남자 중학교 보건교사가 학생들의 건강행위 중 우선적으로 해결해야 할 것을 결정하기 위해 수집한 자료이다. PATCH 방법을 활용해 중요성 측면을 파악하여 우선순위를 결정하고자 한다. 작성방법에 따라 서술하시오. [4점] '17 임용

▍〈표 1〉 A남자 중학교 학생과 전국 남자 중학생의 흡연율 및 음주율

(단위 : %)

구분	흡연율	음주율
A남자 중학교 학생	6.8	9.8
전국 남자 중학생	4.8	8.8

▍〈표 2〉 우리나라 성인 남성의 흡연에 따른 암 발생 코호트 조사 결과

(단위 : 명)

구분		암 발생		계
		발생	비발생	
흡연	예	300	9,700	10,000
	아니오	100	99,900	100,000
계		400	109,600	110,000

▍〈표 3〉 우리나라 성인 남성의 음주에 따른 암 발생 코호트 조사 결과

(단위 : 명)

구분		암 발생		계
		발생	비발생	
음주	예	200	19,800	20,000
	아니오	200	99,800	100,000
계		400	119,600	120,000

┌ 작성 방법 ┐
- A남자 중학교에서 흡연과 음주 중 무엇을 우선적으로 해결해야 하는지 2가지 근거를 들어 서술할 것. 단 2가지 근거 중 1가지는 반드시 흡연과 음주의 암 발생에 대한 상대위험비를 구하고 중요성 측면에서의 의미를 포함할 것

15. A 중학교 보건교사가 작성한 건강생활실천프로그램 기획안이다. 〈작성 방법〉에 따라 보건 문제의 우선순위 결정과 평가 지표에 대해 서술하시오. [4점] '18 임용

[건강생활실천프로그램 기획안]

(가) 학교건강실태조사 결과

　　○ 운동 실천율 : 25%

　　○ 아침 결식률 : 20%

　　○ 흡연율 : 8.5%

　　○ 과체중률 : 35%

(나) ㉠ Basic Priority Rating System(BPRS)에 의한 우선 순위 결정

㉡ 보건문제	평가 요소		
	㉢ 건강문제의 크기(A)	건강문제의 심각도(B)	사업의 추정효과(C)
신체 활동 부족	10	7	6
부적절한 식습관	8	8	5
흡연	6	10	5
비만	10	9	5

(다) 긴강생활실천프로그램

　　○ 비만 관리 교육

　　　• 대상 : 체질량 지수 23.0kg/m² 이상인 학생

　　　• 기간 : 2018년 ○월~○월

　　　• 수행계획

　　　　- 보건교육 (집단교육)

　　　　- 식사일기 쓰기

　　　　- 요리 교실

　　　　- 줄넘기 교실

　　　• ㉣ 평가 지표

　　　　- 예산 집행률

　　　　- 전문가 확보율

　　　　- 과체중률

　　　　- 요리교실 운영 횟수

　　○ 금연교육

… (하략) …

◆작성 방법◆

• ㉠의 산출 공식을 쓰고, 우선순위에 따라 ㉡의 보건 문제들을 순서대로 제시할 것

• BPRS 평가 요소 중 ㉢은 무엇을 측정하는 것인지 서술할 것

• 논리모형(logic model)을 적용했을 때 ㉣ 중에서 결과(outcome) 평가에 해당하는 지표를 제시할 것

16. 다음은 A 고등학교 건강증진사업 기획을 위한 회의 내용의 일부이다. 〈작성 방법〉에 따라 순서대로 서술하시오. [4점] '19 임용

학교장 : 회의에 참석해 주셔서 감사합니다. 보건선생님, 지난 회의에서 논의되었던 SWOT 분석 기법에 대해 간단히 설명해 주셨으면 합니다.

보건교사 : 이 기법은 조직 외부 환경과 ⊙ 조직 내부 역량을 분석하는 것입니다.

학교장 : 건강증진사업 전략을 개발하기 위해 우리 학교 내외의 상황을 자유롭게 말해 주시기 바랍니다.

부장교사 : 여러 가지 업무로 우리 학교 선생님들의 건강증진사업에 대한 관심이 부족한 상황입니다.

보건교사 : 학교보건법에 따라 약물 오·남용 예방교육을 실시해야 합니다.

학교장 : 우리 학교는 건강증진사업을 위한 충분한 예산이 확보되어 있습니다.

보건교사 : 담배 회사의 공격 마케팅 전략으로 인해 청소년 흡연율이 증가할 수 있다는 기사가 이슈화되고 있습니다.

… (중략) …

보건교사 : 자료에 제시된 표를 보시면 BPRS(Basic Priority Rating System) 방식의 적용 후 우리 학교 건강문제의 우선 순위는 흡연, 비만, 음주, 부적절한 구강 관리 순이었습니다. 추가적으로 ⓒ PEARL을 적용한 결과를 보면 중점적으로 해결해야 할 건강문제로 (ⓒ)이/가 선정되었습니다.

A고등학교의 건강문제 우선 순위 선정 결과

건강문제	BPRS 점수	PEARL				
		P	E	A	R	L
흡연	240	1	0	1	1	1
비만	232	1	1	1	1	1
음주	224	1	1	1	0	1
부적절한 구강 관리	135	1	1	1	1	1

… (하략) …

┌─ 작성 방법 ─┐

• 밑줄 친 ⊙에 해당하는 SWOT 분석의 2가지 구성 요소와 이에 관련된 대화 내용을 찾아 제시할 것
• 밑줄 친 ⓒ의 목적을 서술하고, 괄호 안의 ⓒ에 들어갈 건강문제를 제시할 것

17. 다음은 보건교사와 수석교사의 대화이다. 〈작성 방법〉에 따라 순서대로 서술하시오. [4점]

'19 임용

> 수석교사 : 보건교사로 임용된 첫해인데 어려움은 없으신가요?
>
> 보건교사 : 로이(C. Roy)의 적응이론을 이용해서 새로운 학교 보건사업을 기획하려고 하는데 궁금한 게 있습니다.
>
> 수석교사 : 궁금한 게 무엇인가요?
>
> 보건교사 : 로이의 적응이론에 따르면 인간은 스스로 환경의 변화를 효과적으로 조정하기 위해서 개인의 능력이 중요한데, 그 능력에 영향을 주는 자극으로 초점자극, ㉠ 연관자극, 잔여자극을 제시하더라고요. 이 중 저는 잔여자극이 잘 이해되지 않아서요.
>
> 수석교사 : 잔여자극은 인간 행동에 간접적으로 영향을 줄 수 있는 요인으로 신념, 태도, 성격 등 개인의 특성을 의미해요.
>
> 보건교사 : 그래서 이러한 자극들이 조절기전과 (㉡)에 영향을 미치는 거군요.
>
> 수석교사 : 맞습니다. 이러한 두 가지 기전의 활동으로 생리적 기능, ㉢ 자아개념, 역할 기능과 상호의존의 네 가지 적응 양상이 나타나고, 적응 양상이 긍정적으로 반응할 때 적응 반응이라고 합니다.

┌ **작성 방법** ┤

• 밑줄 친 ㉠의 개념을 설명할 것
• 괄호 안의 ㉡에 해당하는 용어를 제시하고 개념을 설명할 것
• 밑줄 친 ㉢의 하위 구성 요인 2가지를 제시할 것

3절◆ 지역사회 간호수단

| 정답 및 해설 p.543

1. 지역사회간호사가 간호수단으로 건강관리실 활동을 활용할 경우 기대되는 장점을 4가지만 쓰시오. '07 임용

2. 피면접자 본인이 가지고 있는 문제를 혼돈하고 있을 때의 면접방법으로 옳은 것은? '94 임용

① 관찰　　　　　　　　　　② 청취
③ 질문　　　　　　　　　　④ 이야기하는 것

3. 효과적으로 청취하는 방법의 예를 들어 보시오. 4가지 이상 '99 임용

4절 지역사회 간호과정

| 정답 및 해설 p.544

1. 〈보기〉는 지역사회 간호과정들을 말한 것이다. 그 간호과정을 순서대로 바르게 나열한 것은? '94 임용

```
┌─ 보기 ─────────────────────────────────────────┐
│  ㉠ 목표설정                    ㉡ 우선순위 설정           │
│  ㉢ 평가계획                    ㉣ 집행계획              │
│  ㉤ 방법 및 수단 선택            ㉥ 수행                │
└──────────────────────────────────────────────┘
```

① ㉠, ㉤, ㉡, ㉣, ㉢, ㉥   ② ㉡, ㉤, ㉣, ㉠, ㉥, ㉢
③ ㉠, ㉡, ㉤, ㉣, ㉥, ㉢   ④ ㉡, ㉠, ㉤, ㉣, ㉢, ㉥

2. 지역사회 간호사업의 평가에 대한 개념을 설명한 것으로 적절하지 않은 것은? '94 임용

① 평가는 사업을 완전히 성취한 후에만 하는 것이다.
② 평가결과는 사업의 지침, 사업에 관련된 법령 등에 영향을 주어야 한다.
③ 평가목적은 기획 과정에서 수정할 사항이 있는지 없는지를 알아내는 데 있다.
④ 일의 양, 가치를 어떠한 기준에 따라 성취한 것을 비교하는 것이다.

3. 지역사회 간호사업을 평가하기 위한 평가계획을 언제 수립해야 되는가? '94 임용

① 사업 진행 도중에 수립한다.
② 평가하기 전 언제든지 수립한다.
③ 사업을 시작하기 전에 수립한다.
④ 사업이 완전히 끝났을 때 수립한다.

4. 지역사회 간호사업에 있어서 최소의 비용으로 최대의 효과를 얻었는지를 평가하는 것은 어느 범주에 속하는가? '94 임용

① 사업효율에 대한 평가
② 목표달성 정도에 대한 평가
③ 사업의 적합성에 대한 평가
④ 투입된 노력에 대한 평가

5. 헬렌 유라(Helen Yura)와 메리 월시(Mary Walsh)의 간호과정 단계는? '95 임용

① 사정 ⇨ 수행 ⇨ 계획 ⇨ 평가   ② 계획 ⇨ 사정 ⇨ 수행 ⇨ 평가

③ 계획 ⇨ 수행 ⇨ 사정 ⇨ 평가   ④ 사정 ⇨ 계획 ⇨ 수행 ⇨ 평가

6. C초등학교 보건교사가 학교간호과정의 4단계를 적용하여 건강증진사업을 운영하였다. (가)의 활동에 해당되는 내용으로 옳은 것은? '11 임용

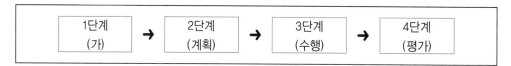

① 학부모에게 부모 교육용 뉴스레터를 매주 발송하였다.

② 사업요구도를 파악하기 위해 학교건강검사 결과를 분석하였다.

③ 사업 실시 후 학생들의 체지방 및 체중 변화 정도를 분석하였다.

④ 학생들의 식습관과 생활습관을 교정하기 위하여 행동수정 요법을 실시하였다.

⑤ 소재지 보건소에 의뢰하여 학생들에게 식이 처방과 운동 처방을 받게 하였다.

7. 오마하 문제분류체계(Omaha system problem classification scheme)를 적용한 지역 사회 간호진단 단계 중 (가), (나)에 해당되는 내용으로 옳은 것은? '11 임용

영역(1단계)	…	증상과 징후(4단계)
환경 영역 (environmental domain)	…	• 주요 급수원이 지하수임
사회 심리적 영역 (psychosocial domain)	…	• (가)
생리적 영역 (physiological domain)	…	• 주민들의 주요 건강 문제는 근육·골격 기능 손상이며 주요 원인은 관절염 때문임
건강관련행위 영역 (health-related behaviors domain)	…	• (나)

	(가)	(나)
①	마을 공터에 방치된 쓰레기로 인해 악취가 심함	흡연자의 비율이 높음
②	마을회관 앞 도로가 교통사고 다발 지역임	주민 다수의 개인위생이 불량함
③	독거노인들의 사회고립 문제가 심각함	관절염 환자의 30%가 처방받지 않은 관절염 치료제를 사용함
④	차상위계층에 속한 주민의 비율이 10%임	의료보호 대상 비율이 15%임
⑤	소외된 다문화 가정의 비율이 20%임	주민 대부분이 보건소에 갈 때 교통 편이 불편하다고 호소함

제2강 일차보건의료와 건강증진

출제경향 및 유형

'98학년도	일차보건의료의 개념(지방), 학교보건사업과 일차보건의료사업의 관련성(지방)
'99학년도	국민건강증진법 제정의 배경, 건강증진을 위해 보건교육에 포함되어야 할 내용, 흡연에 대한 건강증진 접근, 조직의 원리 5가지
후 '99학년도	PRECEDE모형의 교육적 진단의 개념 및 적용
2000학년도	WHO에서 제시한 '건강증진'의 개념, 청소년이 건강증진 프로그램의 표적대상자인 이유, 일차보건의료사업의 대두 배경, 학교보건에 있어 일차보건의료사업의 의의
2001학년도	
2002학년도	
2003학년도	
2004학년도	계획된 행위이론
2005학년도	건강신념 모형의 주요 5개념, PRECEDE모형의 행정진단 5단계
2006학년도	Pender의 행위별 인지와 감정요소 4가지, 일차보건의료 접근 시 필수 요소 4A
2007학년도	횡이론적 변화 단계 이론 5단계와 정의, 평가의 5단계 절차
2008학년도	합리적 행위 이론의 결정 요인 2가지 / 각 요인에 영향을 미치는 선행 요인 2가지, 국민건강증진사업의 4가지 중점 분야
2009학년도	PRECEDE-PROCEED
2010학년도	
2011학년도	
2012학년도	
2013학년도	프로체스카의 범이론모형
2014학년도	
2015학년도	건강 증진 활동 영역(Health Promotion Action Means)의 핵심 내용(오타와 회의)
2016학년도	프로체스카의 범이론모형
2017학년도	범이론모형, PRECEDE-PROCEED, 건강신념모형,
2018학년도	범이론모형, 건강증진학교의 정의와 구성요소, 건강증진이론의 특성
2019학년도	
2020학년도	Health2020 학교보건사업의 사업지표/변화단계모형의 준비단계, 변화과정의 자기해방, 의식고취
2021학년도	
2022학년도	계획된 행위 이론(지각된 행위 통제)
2023학년도	

출제포인트

일차보건의료와 건강증진관련 개념은 지역사회간호학에서 가장 출제빈도가 높은 중요부분이다. 그 중에서도 건강증진 이론, 즉 행동이론은 가장 중요하다. 횡이론은 2016학년도부터 무려 매년 출제가 되고 있다. 그런 중요도의 인지에도 불구하고, 사례를 통한 문제접근 시 명확한 답안을 서술해내지 못하는 경우들이 많은 것은 무엇을 시사하는 것인지 생각해보아야 한다. 이론을 실제로 적용할 수 있어야 한다는 것이다. 따라서, 심층적인 이해가 요구된다.

일차보건의료와 건강증진의 기본적 주요 개념들은 학교보건과의 연관성에 주목하여 공부해야 한다. 단순암기만으로는 좋은 성과를 기대하기 어렵고 완전한 이해가 필요한 부분이다.

1절 ✦ 일차보건의료

| 정답 및 해설 p.545

1. 일차보건의료의 개념을 쓰고 학교보건사업과 일차보건의료의 관련성을 기술하시오. '98 임용

2. 일차보건의료사업은 우리나라 건강관리 체계의 최 말단사업이다. 다음 질문에 답하시오.
'99 후기 임용

2-1. 일차보건의료사업이 대두하게 된 배경을 5가지 이상 쓰시오.

2-2. 학교보건에 있어 일차보건의료사업의 의의를 기술하시오.

3. 일차보건의료는 '2000년대에는 전 인류에게 건강을(health for all by the year 2000)' 이라는 목표를 성취하기 위한 접근법이다. 학교보건사업은 대표적인 일차보건의료사업의 한 형태이다. 세계보건기구(WHO)는 일차보건의료 접근에서 고려해야 할 필수 요소로 4A를 제시하고 있다. 4A란 무엇인지 쓰고, 각각에 대한 정의를 기술하시오. '06 임용

2절 ♦ 건강증진의 이해

| 정답 및 해설 p.546

1. 학교보건사업 중 청소년들을 위한 건강증진사업은 매우 중요하다. 이와 관련하여 다음 질문에 답하시오. '99 임용

1-1. 세계보건기구가 캐나다 오타와 회의(1986)에서 제안한 『건강증진』의 개념을 설명하시오.

1-2. 청소년이 건강증진 프로그램의 표적 대상자가 될 수 있는 이유를 3가지 이상 제시하시오.

2. 다음은 세계보건기구(WHO)의 국제건강증진회의와 관련된 방송보도 내용이다. 괄호 안의 ㉠에 해당하는 용어와 밑줄 친 ㉡에 해당하는 건강증진 활동 영역(Health Promotion Action Means) 4가지의 핵심 내용을 서술하시오. [5점] '15 임용

> 기자 : 저는 지금 WHO의 제8차 국제건강증진회의(8th Global Conference on Health Promotion)가 열리고 있는 현장에 나와 있습니다. 한국에서 오신 보건복지부 A 과장님을 모시겠습니다. 안녕하십니까? 이번이 벌써 8번째 회의인데, 첫 번째 회의는 언제 열렸지요?
> A과장 : 네, 1986년에 개최되었습니다.
> 기자 : 당시에는 건강증진에 대한 사회적 관심이 아무래도 적었을 텐데요.
> A과장 : 그렇죠. WHO 1차 회의에서 건강증진에 대한 정의가 제시되었고, 건강증진을 위한 5가지 주요 활동 영역도 그 당시 채택된 (㉠) 헌장에서 제시된 바 있습니다.
> 기자 : 그렇군요. 첫 번째 건강증진 활동 영역은 무엇입니까?
> A과장 : 네, 첫 번째 활동 영역은 '건강한 공공정책 수립'입니다. 이 영역은 정책 결정자들에게 건강에 대한 책임감 자각을 강조하고 입법, 재무, 조세, 조직 변화 등 다양한 측면을 포함한 건강 증진 정책 수립과 이를 촉진하기 위한 활동을 포함합니다.
> 기자 : 네, 나머지 ㉡ 4가지 건강증진 활동 영역의 핵심 내용은 무엇인가요?
> ⋯ (중략) ⋯
> 기자 : 이상 핀란드의 헬싱키에서 ○○○ 기자였습니다.

3. 우리나라에서는 1995년 1월 "국민건강증진법"이 제정되었다. 이와 관련하여 다음 사항에 답하시오. '99 임용

3-1. "국민건강증진법"의 제정배경을 설명하시오.

3-2. 국민건강증진을 위한 보건교육에 포함되어야 할 내용을 6가지 이상 제시하시오.
"국민건강증진법 시행령" 제17조의 보건교육에는 다음 각 호의 사항이 포함되어 있다.

3-3. 흡연에 대한 건강증진 접근에 대해 기술하시오.

4. 2002년 보건복지부에서 발표한 Health Plan 2010은 2010년까지 국민의 건강을 증진시키고자 하는 국민건강증진종합계획의 틀이다. 이 틀에서 제시하고 있는 국민건강증진사업은 4개의 중점 분야와 24개의 중점 과제로 분류된다. 이 사업의 중점 분야 4가지를 쓰시오. [4점] '08 임용

5. 다음은 우리나라의 제4차 국민건강증진종합계획(Health Plan 2020)에서 제시한 학교보건 사업과 지표이다. 괄호 안의 ㉠, ㉡에 해당하는 지표를 쓰시오. [2점] '20 임용

학교보건 사업과 지표	
사업명	지표
학교 건강 지원 기구의 설립	− 2020년까지 교육부에 1개 설치 − 2020년까지 17개 시·도교육청에 1개씩 설치
학생 정신건강 수준의 향상	− 중·고등학생 (㉠) − 중·고등학생 (㉡)
… (중략) …	
학생 개인위생 실천율의 증가	− 중·고등학생(13~18세) 학교에서 화장실 사용 후 비누 이용 손 씻기 실천율 − 중·고등학생(13~18세) 점심 직후 칫솔질 실천율
학생 손상 및 안전사고 발생 감소	− 학교 내 안전 사고 발생률 − 학교 안전 교육 경험률
건강한 교육 환경 조성	− 석면 함유 학교 건축물 개선율

6. 다음은 보건교사가 작성한 금연프로그램 결과 보고서이다. 이를 바탕으로 건강증진학교의 구성요소와 건강증진 전략을 〈작성 방법〉에 따라 논하시오. [10점] '18 임용

〈금연프로그램 결과 보고서〉
1. 목적
   학생들의 흡연율을 감소시켜 건강한 학교생활과 학습환경을 조성하기 위함
2. 추진 배경
   건강실태조사 결과 흡연율이 학생들의 가장 심각한 건강문제로 나타남

〈표 1〉 건강실태조사 결과

구분	흡연율	음주율	아침결식률	비만율
비율(%)	20.0	15.8	16.6	14.6

3. 금연프로그램 추진 근거들과 건강증진 이론
   1) WHO가 제시한 건강증진학교의 구성 요소

〈그림 1〉 WHO 건강증진학교의 6가지 구성 요소
   2) 프로채스카(J. Prochaska) 등이 개발한 변화단계모형(transtheoretical model ; TTM)
      … (중략) …
5. 프로그램 효과
   • 금연교실 등록: 등록률 100%
   • 흡연율 20.0%에서 15.0%로 감소
6. 첨부: 프로그램 종료 후 흡연 학생 분석표 1부. 끝.

[첨부] 프로그램 종료 후 흡연 학생 분석표

(N=80)

집단	특성	학생수
A	6개월 이내에 금연을 고려하지 않고 있음	20
B	6개월 이내 금연하고자 하는 의도를 갖고 있으나, 구체적인 계획은 없이 생각만 함	30
C	1달 이내에 금연 의도를 가지고 적극적으로 행동 변화를 계획함	10
D	금연을 실천하고 있지만, 행위 변화가 안정화되어 있지 않고 흡연 상태로 되돌아가려는 성향이 있음	20

┌─◆ 작성 방법 ◆─┐
• 서론, 본론, 결론의 형식을 갖출 것
• 보건교사가 흡연율 감소와 흡연 학생의 건강행태 변화를 위한 추진 근거틀로 WHO 건강증진학교와 변화단계모형(TTM)을 적용하려는 이유를 건강증진학교의 정의와 건강증진이론의 특성에 근거하여 1가지씩 제시할 것
• WHO가 제시한 건강증진학교의 6가지 구성 요소 중 〈그림 1〉의 ㉠과 ㉡에 해당하는 요소를 제시하고, 이에 대해 서술할 것

3절 · 건강증진이론

| 정답 및 해설 p.550

건강신념모형

1. Becker 등의 건강신념모형은 질병예방행위를 설명하기 위한 모형이다. 이 모형에서 제시된 개념을 5가지만 열거하고, 각 개념에 대한 정의를 1줄 이내로 쓰시오. [5점] '05 임용

2. 다음은 어느 중학생의 건강상담카드이다. '12 임용

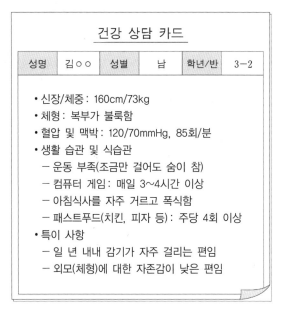

건강 상담 카드

성명	김○○	성별	남	학년/반	3-2

- 신장/체중 : 160cm/73kg
- 체형 : 복부가 불룩함
- 혈압 및 맥박 : 120/70mmHg, 85회/분
- 생활 습관 및 식습관
  - 운동 부족(조금만 걸어도 숨이 참)
  - 컴퓨터 게임 : 매일 3~4시간 이상
  - 아침식사를 자주 거르고 폭식함
  - 패스트푸드(치킨, 피자 등) : 주당 4회 이상
- 특이 사항
  - 일 년 내내 감기가 자주 걸리는 편임
  - 외모(체형)에 대한 자존감이 낮은 편임

보건교사는 글랜즈, 라이머와 루이스(Glanz, Rimer & Lewis, 2002)의 건강신념모델 (HBM : Health Belief Model)을 이용하여 김○○ 학생이 비만 관리 프로그램에 참여하도록 격려하고자 한다. (1) 건강신념모델을 구성하는 개념 중 '개인의 지각' 및 '행위 가능성'의 하위 개념을 각각 정의하시오. 또한 (2) 김○○ 학생의 비만 관리 프로그램 참여를 격려할 수 있는 중재 방안을 '개인의 지각' 및 '행위가능성'의 하위 개념별로 각각 5가지씩 제시하시오. [30점]

3. A 중학교 보건교사는 (가) 비만 관련 현황조사 결과를 반영하여 (나)와 같이 비만 관리 프로그램을 기획하고자 한다. (나)에 제시된 PRECEDE-PROCEED 단계별 사정 자료를 활용하는 방안을 〈작성 방법〉에 따라 논하시오. [10점] '17 임용

▎(가) 비만 관련 현황조사 결과

- 학생 건강조사 결과 : 전체 학생의 비만율이 지속적으로 증가하고 있음
- 전년도 학교 비만 프로그램 평가 결과 : 건강 신념 모델(Health Belief Model)에 의한 개별 상담 형식의 프로그램의 운영으로 ㉠ 비만 관련 질병과 관련된 지각된 민감성과 지각된 심각성은 많은 개선이 있었으나 비만 관련 질병 유병률 및 비만율의 감소와 비만 관련 건강 행위의 개선은 미흡함
- 비만 학생 초점 집단 면담(focus group interview)결과 :
상당수의 학생들이 비만으로 인해 건강 관련 삶의 질이 낮다고 말함. 비만 관련 건강 행위에 대한 지식과 자신감이 부족하다고 함. 학교에서 비만 상담이나 교육을 받고 싶으나 기회가 적다고 함. 체중 관리에 대한 부모의 관심과 지식이 적어 체중 관리를 지속하기 어렵다고 함. 학교 주변에 패스트푸드 상점이 너무 많아 쉽게 이용할 수 있다고 함. 학교 급식 열량이 높은 것 같다고 함

▎(나) 비만 관리 프로그램 기획안

- 비만 관리 프로그램 개요
  - 대상 : ○○○명
  - 내용 : 그린(L. Green) 등(2005)의 PRECEDE-PROCEED 모형에 근거한 비만 관리
  - 기간 : 2017년 3월~11월
- PRECEDE-PROCEED 단계별 사정 자료

	단계	사정 자료
1	사회적 진단	• 건강 관련 삶의 질
2	(㉡)	• 비만 관련 질병 유병률 • 비만율 • 비만 관련 건강행위
3	㉢ 교육 및 생태학적 진단	• 비만 관련 건강행위에 대한 지식과 태도 • 비만 관련 건강행위 자기 효능감 • 비만 관리에 대한 학교 교육 및 상담 경험 • 체중 관리에 대한 부모의 관심과 지식
4	행정 및 정책적 진단	• 비만 관리 프로그램 수행에 필요한 인력, 시설, 예산, 규정
	… (하략) …	

┌ 작성 방법 ┐
- 서론, 본론, 결론의 형식을 갖추되, 본론은 다음을 포함하여 작성할 것
- ㉠의 의미를 서술하고, ㉠이 ㉢단계의 3가지 요인 중 어디에 해당되는지 제시할 것

Pender의 건강증진행위모형

4. 바람직한 건강행위를 유도하기 위한 이론으로 펜더(Pender)의 건강증진모델(Health Promotion Model)이 있다. 이 모델은 개인의 특성과 경험, 행위별 인지와 감정, 행위결과의 세 영역으로 구성되어 있다. 세 영역 중 행위별 인지와 감정은 중재(intervention)의 대상으로 중요하다. 이 영역에 포함된 요소들(factors) 중 4가지만 쓰고, 그에 대한 정의를 기술하시오. [4점] '06 임용

PRECEDE-PROCEED Model(Green, 1991)

5. 보건교사는 보건에 관련된 학생들의 형태를 바람직한 방향으로 변화시킬 수 있는 효과적인 보건교육을 계획할 수 있어야 한다. 이를 위해 보건교육 프로그램 계획에 관하여 그린(Green) 등이 제시한 PRECEDE 모형을 활용할 수 있다. 다음 물음에 답하시오. '99 후기 임용

5-1. 이 모형 중 교육적 진단요인을 3가지로 분류하고, 각각의 개념에 대하여 설명하시오.

5-2. 개인의 체중조절을 적용하여 교육적 진단요인을 3가지 항목별로 구체적인 예를 들어 제시하시오.

6. Green의 PRECEDE-PROCEED 모형은 포괄적인 보건교육 및 건강증진 계획을 수립하는데 유용한 모형이다. 이 모형의 일부인 PRECEDE 과정은 보건교육 및 건강증진사업의 우선순위 결정과 목적 설정을 보여주는 진단단계이다. PRECEDE 과정의 5가지 사정단계를 제시하고, 각 단계에 대한 정의를 1줄 이내로 쓰시오. [10점] '05 임용

7. 건강증진 PRECEDE-PROCEED 모형에 따라 학생들의 흡연과 금연에 영향을 미치는 내용들을 사정하였다. 사정된 내용에 따라 각 요인이 바르게 짝지은 것은? [2.5점] '09 임용

① 촉진요인(enabling factor) - 친한 친구들이 흡연하고 있다.

② 강화요인(reinforcing factor) - 학생들은 흡연이 폐암의 원인이라는 것을 알고 있다.

③ 촉진요인(enabling factor) - 청소년에 대한 담배 판매 금지 규정이 있어 담배를 구입하기가 어렵다.

④ 성향요인(predisposing factor) - 생활지도부에서 흡연 학생에게 교내 봉사 활동을 하도록 하는 교칙이 있다.

⑤ 강화요인(reinforcing factor) - 보건교사가 학교 가까이에 있는 보건소 금연 프로그램의 무료 금연침에 관한 정보를 제공해 주었다.

8. 표준체중에 의한 상대체중으로 비만도를 산출하는 공식(Broca Index)과 판정 기준을 제시하고 보건교사가 비만 관리 프로그램 실시 후 그 효과를 평가할 수 있는 결과 지표를 5가지 제시하시오. 또한 아래 면담 자료에서 PRECEDE Model에 근거한 교육진단의 '성향 요인'을 모두 사정하고, 그 사정된 요인별로 비만관리 내용을 제시하시오. [25점] '11 임용

> 서울 소재의 초등학교 김○○ 보건교사는 신체발달상황 검사 자료를 분석한 결과 6학년 학생의 비만율이 23.2%로 그 지역 평균 비만율보다 높게 나타났으며, 최근 3년간 경도 이상 비만 학생이 계속 증가하고 있음을 파악하였다. 그래서 비만 학생 및 그 학부모들에 대한 면담을 실시한 후 비만 관리 프로그램을 계획하려고 한다. 면담 자료는 다음과 같다.
>
> 가. 학생 면담 자료
> 　귀찮아서 아침을 거르는 경우가 많았고, 주로 화가 나거나 짜증나면 많이 먹게 된다고 하였다. 주로 선호하는 음식은 케익, 치킨, 햄버거와 콜라, 피자 등이었다. 걷기가 싫어서 등교 시 또는 학원을 갈 때 교통수단을 주로 이용하였으며, 학원을 평균 2개 이상 다니므로 저녁식사는 햄버거나 라면 등으로 대신하거나 늦은 시간에 한번에 많이 먹게 되는 경우가 많았다. 살을 빼려고 노력하거나 자신이 비만이라고 인지하는 비율이 매우 낮게 나타났다. 좋아하는 활동으로 TV 보기와 게임하기 등을 들었고 그 소요시간이 정상체중 학생들보다 길었으며, 움직이기를 싫어해서 일주일의 평균 운동량이 매우 적게 나타났다. 또한 지난 1년간 건강 상담을 받았다는 비율도 낮게 나타났다.
>
> 나. 학부모 면담 자료
> 　학생들이 배고프지 않도록 좋아하는 간식을 충분히 준비해 두며, 살찐 것은 나중에 키로 갈 것이라고 생각하여 잘 먹으면 칭찬을 하였다고 한다. 또한 올바른 식습관에 대한 교육을 받은 경험이 없는 것으로 나타났다.

9. A 중학교 보건교사는 (가) 비만 관련 현황조사 결과를 반영하여 (나)와 같이 비만 관리 프로그램을 기획하고자 한다. (나)에 제시된 PRECEDE-PROCEED 단계별 사정 자료를 활용하는 방안을 〈작성 방법〉에 따라 논하시오. [10점] '17 임용

▌(가) 비만 관련 현황조사 결과

> • 학생 건강 조사 결과 : 전체 학생의 비만율이 지속적으로 증가하고 있음
> • 전년도 학교 비만 프로그램 평가 결과 : 건강 신념 모델(Health Belief Model)에 의한 개별 상담 형식의 프로그램의 운영으로 ㉠ 비만 관련 질병과 관련된 지각된 민감성과 지각된 심각성은 많은 개선이 있었으나 비만 관련 질병 유병률 및 비만율의 감소와 비만 관련 건강 행위의 개선은 미흡함
> • 비만 학생 초점 집단 면담(focus group interview) 결과 :
> 상당수의 학생들이 비만으로 인해 건강 관련 삶의 질이 낮다고 말함. 비만 관련 건강 행위에 대한 지식과 자신감이 부족하다고 함. 학교에서 비만 상담이나 교육을 받고 싶으나 기회가 적다고 함. 체중 관리에 대한 부모의 관심과 지식이 적어 체중 관리를 지속하기 어렵다고 함. 학교 주변에 패스트푸드 상점이 너무 많아 쉽게 이용할 수 있다고 함. 학교 급식 열량이 높은 것 같다고 함

▌(나) 비만 관리 프로그램 기획안

> • 비만 관리 프로그램 개요
> – 대상 : ○○○명
> – 내용 : 그린(L. Green) 등(2005)의 PRECEDE-PROCEED 모형에 근거한 비만 관리
> – 기간 : 2017년 3월~11월
> • PRECEDE-PROCEED 단계별 사정 자료
>
> | | 단계 | 사정 자료 |
> |---|---|---|
> | 1 | 사회적 진단 | • 건강 관련 삶의 질 |
> | 2 | (㉡) | • 비만 관련 질병 유병률
• 비만율
• 비만 관련 건강행위 |
> | 3 | ㉢ 교육 및 생태학적 진단 | • 비만 관련 건강행위에 대한 지식과 태도
• 비만 관련 건강행위 자기 효능감
• 비만 관리에 대한 학교 교육 및 상담 경험
• 체중 관리에 대한 부모의 관심과 지식 |
> | 4 | 행정 및 정책적 진단 | • 비만 관리 프로그램 수행에 필요한 인력, 시설, 예산, 규정 |
> | | … (하략) … | |

┌─ 작성 방법 ◆
• 서론, 본론, 결론의 형식을 갖추되, 본론은 다음을 포함하여 작성할 것
• ㉡에 들어갈 명칭을 쓰고, 이 단계에 추가로 파악해야 할 사정 자료 2가지를 (가)에서 찾아 제시할 것
• ㉢단계에 제시된 사정 자료를 소인(predisposing), 강화(reinfoercing), 가능(enabling) 요인으로 분류하고, 각 요인에 해당되는 이유를 각각 제시할 것

합리적 계획적 행위 이론(Theory of reasoned action, TRA)

10. 보건교사가 합리적 행위 이론(theory of reasoned action)을 적용하여 비만 아동의 체중 조절 프로그램을 계획하려고 한다. 합리적 행위 이론에서 행위 의도의 결정요인 2가지와 각 결정요인에 영향을 미치는 선행요인을 2가지씩 쓰시오. [4점] '08 임용

11. 계획된 행위 이론(theory of planned behavior)에서 행위 의도에 직접 영향을 미치는 3가지 요인을 쓰고, 각 요인을 운동 행위에 적용하여 예를 1가지씩 들어보시오. [총 6점]
'04 임용

12. 다음은 보건교사가 작성한 A 교사의 비만 관리 계획안이다. 〈작성 방법〉에 따라 서술하시오. [4점] '22 임용

A 교사의 비만 관리 계획안

1. 일반적 특성
   1) 성별, 연령 : 남자, 54세
   2) 신장, 체중 : 170cm, 100kg
2. 비만 관리
   1) 사정 : 식습관, 운동력, ㉠ 체질량지수(body mass index, BMI), ㉡ 허리둘레, 건강 상태, 가족력, 과거력
   2) 적용 이론

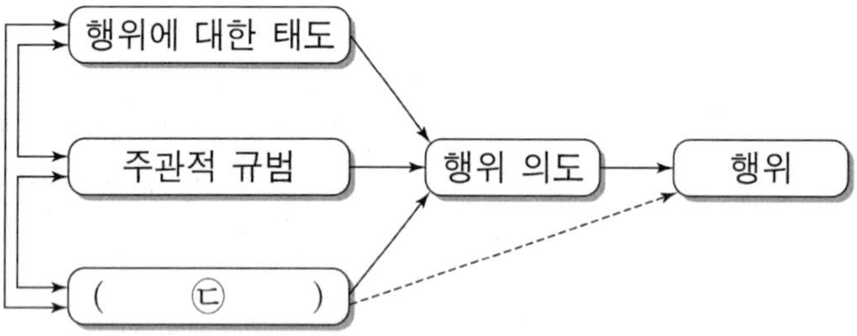

〈그림 1〉 계획된 행위 이론 모형
… (하략) …

┌ 작성 방법 ┐

- 밑줄 친 ㉠의 산출 값을 제시할 것(소수점 둘째 자리에서 반올림할 것)
- 대한비만학회(2018) 기준으로 밑줄 친 ㉡의 성인 남자 복부 비만 기준을 수치로 제시할 것(단위를 포함할 것)
- 괄호 안의 ㉢에 해당하는 요인을 쓰고 그 의미를 서술할 것

횡이론적 변화단계 이론(범이론 모형)

13. 청소년의 흡연행위를 변화시키기 위해서는 금연의 단계적 변화에 대한 이해가 필요하다. 프로체스카(Prochaska)의 횡이론적 변화단계이론(Transtheoretical Model and Stage of Change)에 근거하여 단계의 순서대로 금연의 5단계와 그에 대한 정의를 쓰시오. [5점]

'07 임용

14. 다음은 P군(남, 18세)과 보건교사의 대화 내용이다. 프로체스카(J. Prochaska)의 '범이론적 모형(Transtheoretical model)'을 바탕으로 학생이 현재 처한 '변화단계'와 '변화과정'을 바르게 연결한 것은? [2.5점] '13 임용

> 학생 : 담배를 끊으면 여러 가지로 좋겠다는 생각은 해 봤어요. 담배를 피우니까 기침도 나고 가래도 자꾸 생겨서 건강이 나빠지는 것 같아서 담배를 끊으면 좋겠다고 생각했어요. 그런데, 제 주변에 친한 친구들이 대부분 담배를 피우고 있어서 담배를 끊으면 친구들과 서먹해질 것 같아서 망설여져요.
> 보건교사 : 네가 현재 단계에서 금연을 위한 행동을 하는 것이 필요하단다.

	〈변화단계〉	〈변화과정〉
①	자각 전 단계 (Precontemplation stage)	의식 고취 (consciousness raising)
②	자각 단계 (Contemplation stage)	도움 관계 형성 (helping relationships)
③	자각 단계 (Contemplation stage)	자기 재평가 (self-reevaluation)
④	준비 단계 (Preparation stage)	의식 고취 (consciousness raising)
⑤	준비 단계 (Preparation stage)	극적 완화 (dramatic relief)

15. 다음은 보건교사가 작성한 상담 일지이다. 프로체스카(J. Prochaska) 등이 제시한 '범이론적 모형(transtheoretical model)'에 근거하여 밑줄 친 ㉠, ㉡에 해당하는 '변화 과정'의 명칭과 개념을 각각 서술하시오. [4점] '16 임용

상담 일지			
학년/반	2-1	성명	김○○
성별	여	나이	17세
상담일	2015년 ○월 ○일 목요일		
주요 상담 문제	비만		
상담 개요	• 밤늦게까지 TV를 보면서 라면과 피자를 먹는 습관이 있음 • ○○ 어머니는 딸의 비만에 대해 걱정을 하면서 야식을 못 먹게 하셨다고 함 • 운동을 하라고 권유도 받았지만 ○○는 전혀 귀 기울여 듣지 않았다고 함 • 보건 교육 시간에 비만도를 계산한 결과 체질량 지수(BMI)가 중등도 비만에 해당한다는 것을 알고 충격을 받음 • 비만의 심각성을 깨닫고 다이어트를 해야겠다고 결심함 • 구체적인 체중 감량 방법에 대한 도움을 받고자 보건실을 방문함		
변화 과정	• ㉠ 활기 넘치게 운동하는 모습과 무기력하게 TV를 보면서 야식을 먹고 있는 모습을 비교함으로써 자신의 서로 다른 모습에 대해 인식하고 느끼도록 함 • ㉡ 체중을 줄일 수 있다는 믿음을 가지고 자신의 생일 날 부모님과 친한 친구들 앞에서 그 결심을 공개하도록 함		

16. 다음 김○○ 학생의 건강 상담 카드이다. 〈작성 방법〉에 따라 서술하시오. [4점] '17 임용

건강 상담 카드							
							○○고등학교
날짜	2016년 ○○월 ○○일	학년-반	1-8	성별	여	성명	김○○
상담 내용	• 김○○ 학생은 경도 비만에서 정상 체중이 된 지 7개월이 되었음 • 평상시에는 운동과 식이요법을 비교적 잘 지키고 있으나, 스트레스가 증가하면 자꾸 음식물을 과다 섭취하려고 하여 다시 비만이 될까 봐 걱정하고 있음						
중재 방향	• '대체행동 형성/대응(counterconditioning)'이라는 변화 과정을 이용하여 스트레스가 많은 상황에서 음식물을 과도하게 섭취하는 불건강한 습관 대신 근육 이완법을 통해 스트레스를 해소하는 건강한 습관을 형성하도록 할 예정임 … (하략) …						

┌ 작성 방법 ┐
• 범이론 모형(변화 단계 모형)을 바탕으로 할 때, 김○○ 학생은 어느 변화 단계인지 제시할 것
• 김○○ 학생과 같은 변화의 단계에 있는 대상자를 위해 일반적으로 이용 가능한 변화의 과정 3가지를 기술하고 그 의미를 서술할 것(단, 대체행동 형성/대응은 제외할 것)

17. 다음은 보건교사가 작성한 금연프로그램 결과 보고서이다. 이를 바탕으로 건강증진학교의 구성요소와 건강증진 전략을 〈작성 방법〉에 따라 논하시오. [10점] '18 임용

〈금연프로그램 결과 보고서〉

1. 목적
   학생들의 흡연율을 감소시켜 건강한 학교생활과 학습환경을 조성하기 위함
2. 추진 배경
   건강실태조사 결과 흡연율이 학생들의 가장 심각한 건강문제로 나타남

〈표 1〉 건강실태조사 결과

구분	흡연율	음주율	아침결식률	비만율
비율(%)	20.0	15.8	16.6	14.6

3. 금연프로그램 추진 근거들과 건강증진 이론
   1) WHO가 제시한 건강증진학교의 구성요소

개인 건강 기술
ⓒ 학교 보건 정책
학교의 사회적 환경
지역사회 유대 관계

〈그림 1〉 WHO 건강증진학교의 6가지 구성 요소

   2) 프로채스카(J. Prochaska) 등이 개발한 변화단계모형(transtheoretical model ; TTM)

… (중략) …

5. 프로그램 효과
   • 금연교실 등록: 등록률 100%
   • 흡연율 20.0%에서 15.0%로 감소
6. 첨부: 프로그램 종료 후 흡연 학생 분석표 1부. 끝.

[첨부] 프로그램 종료 후 흡연 학생 분석표

(N=80)

집단	특성	학생수
A	6개월 이내에 금연을 고려하지 않고 있음	20
B	6개월 이내 금연하고자 하는 의도를 갖고 있으나, 구체적인 계획은 없이 생각만 함	30
C	1달 이내에 금연 의도를 가지고 적극적으로 행동 변화를 계획함	10
D	금연을 실천하고 있지만, 행위 변화가 안정화되어 있지 않고 흡연 상태로 되돌아가려는 성향이 있음	20

◆ 작성 방법 ◆

• 서론, 본론, 결론의 형식을 갖출 것
• 첨부 자료의 A집단은 변화단계모형(TTM)에 근거할 때 어느 '변화 단계'에 속하는지 제시하고, 흡연율 감소를 위해 보건교사가 이 단계에서 적용할 수 있는 '변화과정' 3가지를 〈그림 1〉의 ⓒ과 연계하여 서술할 것

18. 고등학교 보건교사가 흡연 학생들과 면담한 내용이다. 프로체스카(J. Prochaska) 등이 제시한 '변화단계모형(Transtheoretical Model)'에 근거하여 〈작성 방법〉에 따라 순서대로 서술하시오. [4점] '20 임용

보건교사 : 오늘은 여러분의 흡연 경험과 금연에 대한 생각을 나누는 시간입니다.

A학생 : 저는 중학교 3학년 때부터 흡연하기 시작했는데, 최근에는 몸이 피곤하고 가래도 많이 생기는 것 같아서 ㉠ 한 달 안에 담배를 끊으려고 해요.

B학생 : 저는 흡연을 시작하고 나서 친구들이 많이 생겼어요. 물론 담배를 사야 해서 용돈도 많이 들고, 가끔 반 친구들이 담배 냄새가 난다고 놀리기도 하지만 아직까지는 담배를 끊고 싶은 생각이 없어요.

보건교사 : 그렇군요. 흡연이나 금연 등의 행위는 ㉡ '의사결정 균형'을 통해 변화하게 됩니다.

A학생 : 그런데 선생님! 막상 담배를 끊으려고 결심은 했는데 구체적으로 어떤 노력을 해야 확실하게 담배를 끊을 수 있을까요?

보건교사 : 한 달 안에 담배를 끊겠다고 생각하고 있으니 함께 흡연하는 친한 친구들에게 ㉢ "이제부터 담배를 안 피울 거야."라고 말하는 것이 금연 의지를 다지는 데 도움이 돼요.

A학생 : 그럼 저는 며칠 내로 날을 정해서 친구들에게 금연 결심을 말할래요.

B학생 : 아직까지 흡연 때문에 건강에 아무 문제는 없는데, 정말 담배 피는 사람은 나이 들면 폐암에 걸린다는 게 맞나요?

보건교사 : 좋은 질문이에요. 그 궁금증을 해소할 수 있는 방법을 알려 줄게요. ㉣ 폐암 환자를 소재로 한 책을 빌려 줄테니 책에서 흡연의 유해성을 찾아보고, 흡연에 대한 생각을 이야기해보면 어떨까요?

… (하략) …

┌ 작성 방법 ┐

• 밑줄 친 ㉠에 해당하는 변화 단계를 제시할 것
• 밑줄 친 ㉡의 개념을 서술할 것
• 밑줄 친 ㉢, ㉣에 해당하는 변화 과정의 명칭을 각각 제시할 것

제3강 가족간호

출제경향 및 유형

'92학년도	
'93학년도	
'94학년도	가족간호사정도구
'95학년도	
'96학년도	
'97학년도	
'98학년도	
'99학년도	가족기능지수(APGAR SCORE)의 평가항목
후'99학년도	
2000학년도	
2001학년도	
2002학년도	청소년기 가족이 성취해야 할 특징적인 발달과업 2가지, 가족기능 평가도구-가계도, 외부체계도, 사회지지도, 가족 사정 시 기본원칙 3가지
2003학년도	
2004학년도	취약 가족이 경험하는 공통적 문제
2005학년도	만성질환이 가족에게 미치는 영향
2006학년도	
2007학년도	상징적 상호작용 이론의 토대가 되는 가정 3가지
2008학년도	
2009학년도	프리드먼, 핸슨과 보이드의 관점의 간호 대상으로 보는 접근법
2010학년도	가족사정도구, 구조적 가족치료
2011학년도	
2012학년도	위기의 종류(발달, 상황, 재난)
2013학년도	건강사정도구-외부체계도, 듀발(E. Duvall)의 가족발달이론(진수기 가족)
2014학년도	보웬(M. Bowen)의 다세대가족치료(가족체계치료)
2015학년도	가족 사정 도구의 명칭-가족연대기, 사회지지도
2016학년도	워커(I. Walker)의 가정폭력의 주기
2017학년도	
2018학년도	구조적 가족치료의 경계선유형, 사티어(V. Satir)의 경험적 가족치료의 역기능적 의사소통 유형
2019학년도	
2020학년도	
2021학년도	밀착도 사회지지도 가족발달단계(진수기)
2022학년도	
2023학년도	밀착도(단절관계)

출제포인트

가족단위의 간호접근이 효율성을 가진다는 의미에서, 최근 들어 상당히 많이 적용되어 가족간호와 정신간호가 연계되어 출제되고 있다. 가족에 대한 이해 즉, 가족이론의 분석(발달이론, 상호작용이론 등)은 물론, 가족간호과정에 대한 섬세한 적용이 필요하다.
가족사정의 원칙, 가족사정도구, 가족간호평가 등은 주요 출제 포인트가 된다.
취약가족(만성질환, 10대 미혼모, 학대가족 등)의 특징들도 주기를 가지며 출제되므로 간과하지 않도록 한다.
정신간호와 연계하여 다세대가족치료, 구조적 가족치료, 경험적 가족치료 등의 가족치료부분은 앞으로도 당분간 출제 비중 측면에서 강세를 보일 것으로 예상된다.

1절 ✦ 가족발달단계 및 가족이해

| 정답 및 해설 p.559

1. 아래의 내용은 A 중학교 보건교사가 기록한 학생건강상담일지의 일부분이다. 김○○ 학생의 두통을 가족적 문제에 기인한 것으로 판단한 보건교사는 문제 해결을 위해 가족적 접근을 하고자 한다. 다음 물음에 답하시오. [총 15점] '02 임용

> • 내담 학생 : ○학년 ○반 김○○
> • 내담자 호소내용 : 거의 매일 두통
> • 병리적 소견 : 병원 의뢰 결과 특이한 병리적 소견 없음
> • 담임 소견
>   − 학교생활 태도 : 잦은 결석과 정서불안, 낮은 학습집중력, 불결함, 친구도 별로 없고 모든 활동에 의욕이 없으며 항상 우울해 보임
>   − 가족상황 : 부모의 이혼으로 현재 할머니, 아버지, 동생과 살고 있음

1-1. Duvall은 가족의 생활주기단계를 8단계로 구분하고 있는데, 그중 청소년기 가족이 성취해야 할 특징적인 발달과업을 2가지만 기술하시오. [2점]

1-2. 학생의 가족기능을 평가하기 위하여 가계도, 외부체계도, 사회지지도를 사용하고자 한다. 이 3가지 도구를 각각 설명하시오. [6점]

1-3. 가족의 건강을 사정하기 위한 기본원칙을 3가지만 제시하시오. [3점]

1-4. 위 학생이 보이는 우울 증상을 해결하기 위하여 가족적 접근 외에 할 수 있는 간호중재를 4가지만 쓰시오. [4점]

2. 다음은 L교사(여, 50세) 가족의 가계도이다. 듀발(E. Duvall)의 가족발달이론에 근거하여 '가족생활주기'와 '가족발달과업'에 대해 설명한 것으로 바르게 연결한 것은? [1.5점]

'13 임용

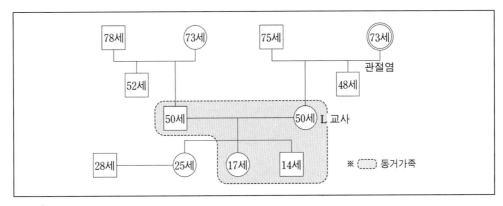

〈가족생활주기〉	〈가족발달과업〉
① 청소년기 가족	새로운 친족 관계의 결속 유지
② 청소년기 가족	자녀의 사회화와 교육적 성취 격려
③ 청소년기 가족	자녀 양육으로 인한 사생활 부족에 적응
④ 진수기 가족	가족 내 규칙과 규범의 확립
⑤ 진수기 가족	자녀의 출가에 따른 부모의 역할에 적응

3. 다음은 보건교사가 학생의 가족을 사정한 자료이다. 〈작성 방법〉에 따라 순서대로 서술 하시오. [4점] '21 임용

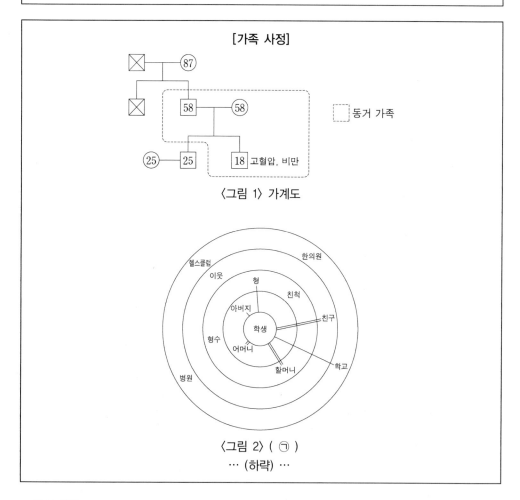

[학생 현황]
- 평소 짜고 자극적인 음식, 라면, 고기, 피자, 고지질 음식을 선호함
- 운동하는 것을 싫어함
- 키 : 165cm, 몸무게 : 100kg, 혈압 : 140/100mmHg

[가족 사정]

□ 동거 가족

〈그림 1〉 가계도

〈그림 2〉 (㉠)
… (하략) …

┌ 작성 방법 ┐
- 〈그림 1〉 가계도를 보고 듀발(E. Duvall)의 가족발달단계에 근거하여 이 가족에게 해당하는 발달단계의 명칭을 쓰고, 그 이유를 서술할 것
- 괄호 안의 ㉠에 들어갈 가족 사정도구의 명칭을 쓸 것
- 〈그림 2〉에 근거하여 학생과 형의 관계, 학생과 친구와의 관계를 순서대로 서술할 것

4. 다음은 보건교사가 한 가족을 사정한 자료이다. 괄호 안의 ㉠에 들어갈 가족 사정 도구의
명칭을 쓰고, 〈그림 1〉에 근거하여 ㉡에 해당하는 아버지와 아들의 관계를 쓰시오. [2점]

'23 임용

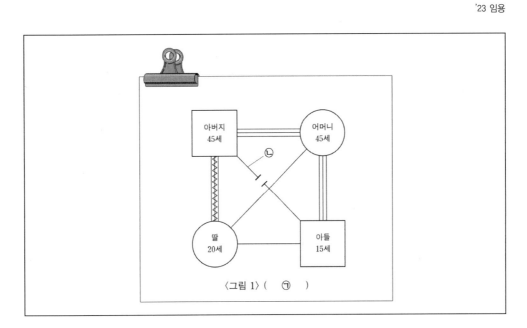

〈그림 1〉(㉠   )

2절 ✦ 가족간호과정

| 정답 및 해설 p.561

가족간호이론

1. 가족간호에서 적용하고 있는 상징적 상호작용 이론(Symbolic Interaction Theory)의 토대가 되는 가정(assumption) 3가지를 각각 2줄 이내로 쓰시오. [3점] '07 임용

2. 간호학에서 대상자의 가족을 이해하기 위하여 활용하는 이론적 접근에는 ㉠ 체계 이론, ㉡ 상징적 상호작용주의 이론, ㉢ 구조기능주의 이론 등이 있다. ㉠~㉢의 관점에 대한 설명으로 옳지 <u>않은</u> 것은? '10 임용

① ㉠은 가족을 가족 구성원들의 개인적 특성을 단순히 합친 것 이상의 체계로 본다. 따라서 부분의 상호 관계를 중심으로 전체적인 분석을 해야만 가족 체계를 온전히 이해할 수 있다.

② ㉡은 가족의 상호 작용은 그들이 부여하는 사물의 의미에 근거하여 이루어지므로 외부 관찰만으로 설명될 수 없으며 가족 구성원이 그 상황을 지각하는 방식으로 이해되어야 함을 강조한다.

③ ㉡은 가족을 권력 관계로 규정하고 구성원들 간의 갈등이 표출되는 특성을 고려하여 가족 내의 이해관계나 자원의 불균형 분배에 초점을 두고 가족 갈등을 처리하는 과정을 중시한다.

④ ㉢은 거시적 측면의 접근으로 가족이 사회 통합에 어떻게 기여하는가에 초점을 두므로 개인보다는 구조나 집단을 강조하며, 가족이나 가족 구성원들은 변화에 수동적인 구성 요소로 본다.

⑤ ㉢은 가족의 역할 구조, 의사소통 양상 등과 이러한 요소들의 연관성이 가족 전체 기능에 미치는 영향을 평가하는데, 이 때 상호 작용 과정보다는 구조 자체와 상호 작용 결과에 더 중점을 둔다.

가족간호대상

3. 보건실을 방문한 A 학생을 보건교사가 확인한 결과, 학생의 몸에 여러 군데 멍과 불에 덴 자국 등을 통해 신체적 아동학대를 받은 것으로 판단되었다. 이 경우, 프리드먼(M. M. Friedman) 또는 핸슨과 보이드(S. M. H. Hanson & S. T. Boyd)의 관점 중 하나를 선택하여 아동학대 가족을 간호 대상으로 보는 접근법과 이에 따른 간호 목표에 대하여 서술하시오. [20점] '09 임용

가족간호사정도구

4. 가족 건강을 위한 간호사정도구 중 정신적 요소에 속하지 않는 것은? '94 임용

① 종교 ② 문제 해결 능력
③ 유머감각 ④ 직장에서의 성취 정도

5. 보건소 간호사가 박 할머니 댁을 처음 방문하였다. 할머니는 고혈압과 당뇨를 앓고 있다. 할머니를 대상으로 3대 가족에 대해 생존한 사람과 사망한 사람을 포함하여 성별, 연령과 질병력에 관하여 자료를 수집하려고 한다. 가장 적절한 가족 사정 도구는? '09 임용

① 가족밀착도 ② 외부체계도
③ 사회지지도 ④ 가족구조도
⑤ 생의 변화 질문지

6. 다음은 정 군(남, 14세)의 가족 건강을 사정한 것이다. 그림에서 사용한 '가족건강사정 도구'에 대한 설명으로 옳은 것은? '13 임용

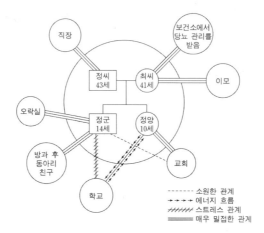

① 외부체계도(생태도)를 사용하여 가족 구성원들과 그들을 둘러싼 다양한 외부 환경 간의 상호작용을 나타낸 것이다.

② 외부체계(생태도)를 사용하여 가족 관계를 파악함으로써 가족 구성원들의 건강이나 가족 기능의 문제점을 나타낸 것이다.

③ 가족밀착도를 사용하여 가족 구성원들 간의 결속력이나 유대감을 나타낸 것이다.

④ 사회지지도를 사용하여 지역사회와 가족 구성원들의 건강에 중요한 영향을 주었다고 생각되는 사건을 나타낸 것이다.

⑤ 사회지지도를 사용하여 가족 내 취약한 가족 구성원을 중심으로 부모 형제, 친구, 기타 지역사회와의 관계를 나타낸 것이다.

7. 보건교사는 우울 증상을 보이는 A 학생의 가정을 방문하여 다음과 같이 가족 사정을 하였다. 보건교사가 작성한 ㉠, ㉡에 해당하는 가족사정도구의 명칭을 순서대로 쓰시오. [2점]

'15 임용

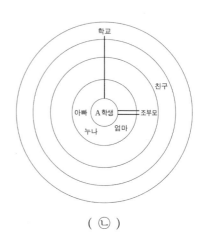

(㉠)　　　　　　　　　　(㉡)

가족간호평가

8. 학생상담을 위해 보건교사는 학생의 정상 성장 발달 특성과 가족기능을 이해해야 한다. 다음 물음에 답하시오. '99 임용

8-1. 스밀크스타인(Smilkstein)의 가족기능지수(Family APGAR)를 적용하여 가족 구성원의 기능을 파악하고자 한다. 이 도구에 포함된 평가항목을 기술하시오.

3절 ◆ 가족이해

| 정답 및 해설 p.564

1. 취약 가족이 경험하는 공통적 문제를 5가지만 쓰시오. [총 5점] '04 임용

> 기혼남인 35세 김 교사는 신체검진 결과에서 중등도(moderate to severe)의 '지방간'이라는 진단을 받았으며, 경증의 비만 이외에 특이 사항은 없었고 본인이 느끼는 불편감도 없는 상태이다. 김 교사는 평소 술과 담배를 즐기는 편이며, 현재 대학원에서 석사학위 논문을 쓰고 있는 중이어서 스트레스가 높은 상태이다. 또한 김 교사는 조부가 간경화로 사망한 가족력이 있다.

2. '지방간'이 만성질환으로 진행되었을 경우 김 교사나 가족에게 미칠 수 있는 영향을 4가지만 쓰시오. '05 임용

3. 다문화 가족의 자녀인 김 군(9세)의 일기 내용이다. 이 내용을 바탕으로 김 군의 어머니가 처해 있는 위기의 종류 (가)~(다)와 이에 해당하는 위기를 설명한 내용 ㄱ ~ ㄹ을 옳게 짝지은 것은? [1.5점] '12 임용

2011년 10월 ○일 ○요일	날씨 : 흐림

제목 : 불쌍한 우리 엄마

나는 요즘 너무 슬프다. 우리 엄마는 매일 매일 우신다.

우리 엄마는 베트남 사람이다. 아빠는 우리와 살고 싶지 않은가 보다.

엄마와 안 사신다고 매일 싸우시더니 집을 나가서 오랫동안 안 들어오신다.

엄마는 돈도 없다. 돈도 벌지 못하신다. 아빠는 우리가 미운가 보다. 돈도 안 주신다.

나는 아빠가 밉다. 동생이 울기만 한다. 불쌍하다.

(가) 성숙(발달) 위기
(나) 상황 위기
(다) 재난(우발적) 위기

ㄱ. 일상적인 사건이 개인의 정신적 평형 상태를 깨뜨릴 때 발생한다.
ㄴ. 위기의 출현은 점진적이며 인생 주기의 전환기에 발생한다.
ㄷ. 예상치 못한 사건이 개인의 생리적·심리적·사회적 통합을 위협할 때 발생한다.
ㄹ. 광범위한 환경적 변화로 큰 손실이 발생하여 많은 사람들이 같은 위기 상황에 처하게 된다.

① (가) ― ㄱ, ㄴ   ② (가) ― ㄴ, ㄷ   ③ (나) ― ㄱ, ㄷ
④ (나) ― ㄴ, ㄹ   ⑤ (다) ― ㄷ, ㄹ

4. 다음은 신문 기사의 일부이다. 〈작성 방법〉에 따라 서술하시오. [4점] '23 임용

'노인 학대 가해자'는 주로 배우자와 자녀

지난 1월 술을 마시고 폭력을 휘두르는 아들을 피하기 위해 80대 노인 A씨가 겨울인데 외투도 입지 않고 맨발로 집을 뛰쳐나와 인근에 있는 슈퍼마켓에 도움을 요청했다. ㉠ 사업실패로 인한 경제적 어려움을 겪던 아들이 이혼 후 A씨가 사는 집으로 들어오면서 A씨는 아들로부터 지속적인 폭력을 당했다고 한다. 아들은 이튿날 술이 깨면 ㉡ 다시는 그러지 않겠다고 하였다. 그러나 A씨를 향한 폭력을 반복하였고 결국 A씨는 경찰에게 아들과 분리해 줄 것을 요청했다고 한다. 보건복지부의 〈2021 노인 학대 현황보고서〉에 따르면 노인 학대 건수는 매년 늘고 있다. 특히 노인 학대가 가장 많이 발생한 장소는 가정이고 노인 학대 가해자는 배우자와 자녀(아들) 순이었다. 전문가에 따르면 폭력은 만성적일수록 쉽게 긴장이 고조되고 폭력적 파괴가 커진다고 한다. 지속적인 폭력에 노출된 대상자들은 ㉢ 플래시백(flashback), ㉣ 학습된 무력감(learned helplessness), 폭력에 대한 두려움, 절망감, 낮은 자존감 등의 증상을 보여 적절한 치료와 중재가 매우 중요하다고 한다.

코로나19로 이동이 제한되는 상황에서 고립된 노인들이 폭력과 학대에 노출될 가능성이 커진 만큼 국가와 사회의 관심과 적극적인 노인 보호 정책이 필요하다.

┌─ 작성 방법 ─┐

• 밑줄 친 ㉠에 해당하는 위기 유형의 명칭을 제시할 것
• 워커(L. E. Walker)의 폭력주기 이론에서 밑줄 친 ㉡에 해당하는 단계의 명칭을 제시할 것
• 밑줄 친 ㉢과 ㉣의 개념을 순서대로 서술할 것

제4강 역학 감염병

출제경향 및 유형

'96학년도	AIDS, 유행성 이하선염, 풍진
'97학년도	수두 유행 시 조치사항
'98학년도	예방접종의 의의(목적)/예진사항
'99학년도	
후 '99학년도	식중독의 종류 및 소화계 감염병과 다른 특성/획득방법에 따른 면역종류/감염력·병원력·독력
2000학년도	세균이질 발생 시 보건교사가 수행해야 할 업무 5가지, 가정통신문에 포함시켜야 할 내용
2001학년도	홍역 환자 급증 이유, 예방접종 시 피접종자의 주의사항 4가지
2002학년도	수두바이러스의 명칭, 격리기간, 전파양식 2가지, 피부관리 3가지, 법정 감염병의 분류기준과 각 군에 해당되는 감염병 3가지
2003학년도	장출혈성대장균 감염증(O-157) 환자 발생 시 학교 행정조치
2004학년도	결막염 발생 시 보건교사의 활동 3가지, 결핵의 전파방지
2005학년도	
2006학년도	2005년에 개정된 감염병 예방법에 의거한 국가 필수 예방접종 대상 감염병(2군) 수인성 또는 식품 매개성 질환에 대한 대책
2007학년도	감염병 환자 발생 시 법에 의거한 감염병 관리 활동 항결핵제 복용 시 교육해야 할 내용 양성예측도와 계산
2008학년도	후향성 코호트 연구, 상대 위험비
2009학년도	감염병 감염 가능 기간, A형 간염, B형 간염, 후천성 면역결핍증 전파경로
2010학년도	식중독, 역학연구
2011학년도	전염병 발생 현황, 특이도와 예측도
2012학년도	가을철 발열성 질환
2013학년도	수두, 상대위험도와 비례사망지수, 간흡충증, 말라리아, B형 간염, 후천성 면역 결핍증 전파경로
2014학년도	감염병모형(수레바퀴모형), 유병률과 발생률, 안전사고 발생률(조율 vs 특수율)
2015학년도	
2016학년도	복어독, 감염병모형과 예방수준, AIDS 진단기준
2017학년도	상대위험비
2018학년도	
2019학년도	홍역, 5군 감염병, 이하선염
2020학년도	직접표준화발생률, HPV예방접종
2021학년도	
2022학년도	보툴리누스 식중독, 노로바이러스, 상대위험도, 수두(전파방법, 면역)
2023학년도	민감도·특이도·예측도·관측자 오차, 후천성 면역결핍증 전파경로·신고의무자

감염병은 우리 생활환경과 직접적 연관성을 가지는 바, 그 역학적 특성을 모조리 이해하고 암기해두어야 함이 부담스러운 부분이다. 점점 더 역학의 섬세한 이해를 요구하는 문제들이 매년 출제되고 있기 때문에 개념은 물론, 그 지표들의 산출공식도 꼼꼼히 암기해 두어야 한다. 지표 산출공식의 결과에 대한 의미도 제대로 해석해야 함을 명심하자. 2020년도부터는 감염병의 분류가 대폭 개정되었기 때문에 1급~4급 감염병 분류의 이유와 주요 감염병 또는 그 해 이슈가 되는 유행 감염병들에 대한 섬세한 이해가 꼭 동반되어야 함도 명심하도록 한다. 이를 관리하기 위해 학교에서 가장 중요하게 여기는 예방접종의 완성도도 중요하다. 학교 급식에 따른 식중독 및 소화계 감염병의 위험성도 필히 함께 정리해두자.

1절 ✦ 역학의 이해

| 정답 및 해설 p.565

1. 역학 조사의 목적으로 가장 옳은 것은? '94 임용

① 지역사회 건강에 대한 사실적 정보를 제공한다.
② 질병의 원인을 기술하고 이 자료를 이용하여 질병의 조절 및 근절을 꾀하는 것이다.
③ 많은 보건 사업은 역학정보로 확인된 지역 사회의 문제를 다루는 노력으로 이루어진다.
④ 질병 발생의 역학적 기술에서는 집단의 인식, 시간적, 지리적 특성을 기술한다.

2. 〈보기〉는 전염병 관리의 효과적인 수행을 위하여 그 유행조사를 실시한 내용이다. 그 조사 실시를 위한 가장 바람직한 순서는? '94 임용

┌─ 보기 ──────────────────────────────────┐
│ ㉠ 진단의 확인   ㉡ 병원체의 전염원 파악과 전파기전 확인 │
│ ㉢ 유행 여부의 확인   ㉣ 유행의 특성 기술   │
│ ㉤ 감염 위험 집단의 확인   │
└──┘

① ㉠ ㉢ ㉣ ㉡ ㉤   ② ㉣ ㉢ ㉡ ㉠ ㉤
③ ㉡ ㉢ ㉠ ㉤ ㉣   ④ ㉠ ㉡ ㉤ ㉢ ㉣

3. 다음 표는 안전사고 발생에 대한 분석 자료이다. 〈표 1〉과 〈표 2〉에서 도출된 발생률의 명칭을 쓰고 각각의 특징을 서로 비교하여 서술하시오. [5점] '14 임용

▌안전사고 발생 분석표 Ⅰ

구분 \ 학교	A학교		B학교	
	학생(명)	발생(건수)	학생(명)	발생(건수)
여	200	10	100	5
남	100	10	200	20
계	300	20	300	25
발생률 (100명당)	6.7		8.3	

▌안전사고 발생 분석표 Ⅱ

구분 \ 학교	A학교		B학교	
	학생(명)	발생(건수)	발생률(100명당)	학생(명)
여	200	10	5.0	100
남	100	10	10.0	200
계	300	20		300

4. (㉠)에 해당하는 것은? '92 임용

$$(㉠) = \frac{\text{같은 기간 내에 새로 발생한 환자 수}}{\text{특정 기간 내에 위험에 폭로된 인구 수}} \times 100$$

① 시점 유병률(Point prevalence)　　② 기간 유병률(Period prevalence rate)
③ 발생률(Incidence rate)　　④ 발병률(Attack rate)

5. 다음은 K 및 S 지역의 지역 건강 현황 분석 자료이다. 자료에 근거한 두 지역의 상대 위험도(Relative Risk)와 비례사망지수(Proportional Mortality Indicator)를 비교한 것으로 옳은 것을 〈보기〉에서 고른 것은? [2.5점] '13 임용

〈K 및 S 지역의 지역 건강 현황 분석〉

ㅇ 목적
- 고등학생들에게 흡연의 장기적 위해성을 알리기 위함.
- 흡연과 후두암 발생률의 상관관계를 밝히기 위함.
- 생정 통계를 통한 지역의 건강 수준을 평가하기 위함.
ㅇ 구체적 과제(※산출값은 반올림 없이 소수점 첫째 자리까지 제시할 것)
- 지역의 상대 위험도 산출(과제 I)
- 지역의 비례 사망 지수 산출(과제 II)

과제 I. 코호트 연구에 의한 두 지역의 후두암 발생 현황

〈K 지역〉 　　　　　　　　　　　　　　　　단위: 명

흡연 유무	후두암		계
	환자군	비환자군	
흡연자	100	50	150
비흡연자	30	260	290
계	130	310	440

〈S 지역〉 　　　　　　　　　　　　　　　　단위: 명

흡연 유무	후두암		계
	환자군	비환자군	
흡연자	60	40	100
비흡연자	40	160	200
계	100	200	300

과제 II. 2011년 두 지역의 연령대별 사망 현황 　　　단위: 명

연령대	K 지역	S 지역
60세 이상	360	800
50-59세	120	600
40-49세	320	155
30-39세	180	40
20-29세	150	25
10-19세	30	50
0-9세	40	80
총사망자 수	1,200	1,750

┌ 보기 ┐
ㄱ. K 지역의 흡연군은 비흡연군에 비해 후두암 발생 위험이 6.4배 높다.
ㄴ. K 지역의 흡연군은 비흡연군에 비해 후두암 발생 위험이 17.3배 높다.
ㄷ. S 지역의 흡연군은 비흡연군에 비해 후두암 발생 위험이 3배 높다.
ㄹ. S 지역의 흡연군은 비흡연군에 비해 후두암 발생 위험이 6배 높다.
ㅁ. K 지역의 비례 사망 지수는 S 지역의 비례 사망 지수보다 낮다. 따라서 S 지역보다 K 지역의 건강 수준이 더 높다.
ㅂ. S 지역의 비례 사망 지수는 K 지역의 비례 사망 지수보다 높다. 따라서 K 지역보다 S 지역의 건강 수준이 더 높다.

① ㄱ, ㄷ, ㅁ　　　　　② ㄱ, ㄷ, ㅂ　　　　　③ ㄱ, ㄹ, ㅁ
④ ㄴ, ㄹ, ㅁ　　　　　⑤ ㄴ, ㄹ, ㅂ

6. 다음 〈보기〉와 관계있는 것은? '93 임용

> ┌─◆ 보기 ◆───
> 전교생이 1,500명인 고등학교에서 1학년 학생 500명에 대한 X-선 촬영 결과 6명의 결핵환자가
> 발견되었다.
> └──

① 유병률이 1.2%이다   ② 유병률이 0.4%이다.

③ 발생률이 1.2%이다.   ④ 발생률이 0.4%이다.

7. 다음은 보건교사가 작성한 A형 간염 발생에 대한 감염병 통계보고서이다. 괄호 안의 ㉠, ㉡에 해당하는 비율을 각각 구하시오.(단, 학생 100명당 비율로 계산하고 산출 값은 반올림 없이 소수점 이하 첫째 자리까지만 제시할 것) [2점] '14 임용

> ┌──┐
> │   **감염병 통계 보고서**   │
> │   │
> │ 2013년 ○월 ○일부터 ○월 ○일까지 4주간 A형 간염이 다음과 같이 발생하였기에 이에 대한 │
> │ 감염병 통계 결과를 보고합니다.   │
> │ ○학 교 명: ○○ 고등학교   │
> │ ○총학생 수: 100명   │
> │ ○기존 A형 간염 학생 수: 10명   │
> │   │
> │   〈표〉신규 A형 간염 발생 현황   │

항목 \ 기간	제1주	제2주	제3주	제4주	계
신규 A형 간염 발생자 수 (명)	2	8	3	2	15
유병률(%)			(㉠)		
발생률(%)			(㉡)		

> └──┘

8. 1940년대부터 전염성 질환이 급격히 감소되었다. 이와 같은 감소를 가져오게 된 가장 큰 원인은? '94 임용

① 영양개선   ② 백신의 개발

③ 항생제의 출현   ④ 환경위생 개선

9. 다음은 A 학교 보건교사가 안전사고 발생률을 B 학교와 비교한 자료이다. 〈작성 방법〉에 따라 순서대로 서술하시오. [4점] '20 임용

[표 1] A,B학교 안전사고 발생률(2018년)

(단위 : 명)

구분	A 학교		B 학교		표준인구	A 학교	
	학생 수	발생률 (1,000명당)	학생 수	발생률 (1,000명당)		기대발생 수	기대발생 수
남학생	2,000	4.0	4,000	3.0	6,000	24	18
여학생	4,000	1.5	2,000	1.5	6,000	9	9
계	6,000	—	6,000	—	12,000	33	27

┌─ 작성 방법 ─┐

• 발생률의 개념을 서술할 것
• A 학교와 B 학교의 직접 표준화 방법에 의한 안전사고 발생률(1,000명당)을 산출하여 순서로 제시할 것(단, 산출 값은 반올림 없이 소수점 아래 첫째 자리까지 제시할 것)
• A 학교와 B 학교의 안전사고 발생률을 직접 표준화 방법에 의한 발생률로 산출하는 이유를 서술할 것

2절 ✦ 전염병 모형

| 정답 및 해설 p.568

1. 질병 발생의 3대 요소가 아닌 것은? '92 임용

① 병원체　　　　　　　　　② 숙주
③ 면역　　　　　　　　　　④ 환경

2. 질병의 감염이나 발병에 관계되는 병인의 요소가 아닌 것은? '94 임용

① 특이성과 항원성
② 감염력과 발병력
③ 생리적 방어기전과 선천적 요소
④ 독력과 외계에서의 생존력

3. 보건교사는 체계적인 전염병 예방과 관리를 위하여 병원체, 숙주, 환경 간의 상호작용에 근거한 역학적 이해가 필요하다. 다음 물음에 답하시오. '99 후기 임용

3-1. 숙주의 발병 여부에 영향을 미치는 면역의 종류를 획득 방법에 따라 구체적으로 구분하여 설명하시오.

3-2. 병원체가 숙주를 전염시킬 때, 이와 관련된 특성에는 전염력(infectivity), 병원력(pathogenicity), 독력(virulence)이 있다. 각각을 정의하고, 산출공식을 쓰시오.

4. 병인 중 화학적 요인에 해당되는 것은? '94 임용

① 고온, 한랭, 소음, 방사   ② 곤충, 벌레, 곰팡이, 박테리아
③ 독극물, 알레르겐, 먼지, 수분   ④ 유전자를 통한 전이

5. 질병 발생에 관한 John Gorden의 평행개념으로 옳은 것은? '93 임용

① 숙주의 감수성이 증가하면 질병이 발생한다.
② 불량한 환경 상태가 병원체의 활동을 도우면 숙주의 저항성은 증가한다.
③ 인구 증가로 병원체의 독성이나 환경에 변화가 없어도 숙주의 감수성은 낮아진다.
④ 병원체의 형태가 변하여 그 결과 새로운 병원체에 면역이 없으면 감수성은 낮아진다.

6. 다음은 수레바퀴 모형(wheel model)에 대한 그림과 설명이다. 괄호 안의 ㉠, ㉡에 해당하는 용어를 차례대로 쓰시오. [2점] '14 임용

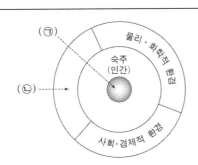

〈그림〉 수레바퀴 모형

수레바퀴 모형은 숙주와 환경과의 상호작용에 의해 질병이 발생한다고 설명한다. 이 모형에서는 생태계를 하나의 큰 원으로 표시하고 있는데 원의 중심 부분에는 숙주(인간) 요인이 있다. 숙주 (인간) 요인의 핵심에는 (㉠)이/가 점선으로 배치되어 있고 원의 가장자리에는 (㉡) 요인, 사회·경제적 환경 요인, 물리·화학적 환경 요인이 있다.

질병은 각 요인들의 상호작용에 의하여 발생하며, 요인들이 질병 발생에 기여하는 비중에 따라 각각 차지하는 면적을 다르게 표시한다. 따라서 질병의 종류에 따라 모형에서 각 요인이 차지하는 면적이 달라진다.

7. 다음은 고등학교의 보건교사가 작성한 〈교수 · 학습 지도안〉이다. 〈작성방법〉에 따라 서술하시오. [5점] '16 임용

교수 · 학습 지도안			
단원	질병 발생 모형	지도교사	보건교사
주제	원인망 모형(거미줄 모형)	대 상	2−1, 36명
차시	2/3	장 소	교실
학습목표	• 원인망 모형으로 질병 발생 과정을 이해하고, 예방 수준별 건강관리 방법을 적용할 수 있다.		
단계	교수 · 학습 내용		시간
도입	• 전시 학습 확인 : 질병 발생의 생태학적 모형과 수레바퀴 모형 • 동기 유발 : 우리나라 청소년의 생활습관병 실태에 관한 동영상 시청 • 본시 학습 목표 확인		5분
전개	• 질병 발생의 원인망 모형 ☞ 심근경색의 발생에 관한 원인망 모형 … (중략) … • 심근경색의 증상과 예후 • 질병의 자연사와 예방적 조치의 적용 수준 • 질병의 자연사 5단계 • 리벨(H. Leavell) 등이 제시한 질병예방 단계와 구체적 건강관리 전략 • 모둠별로 심장질환과 관련하여 원인망 모형에서 자신과 가족에게 해당되는 위험 요소를 찾고, 이를 관리하기 위한 방안을 3단계 예방 수준으로 분류하고 토론하기		35분
정리 및 평가	• 모둠 활동에서 정리한 것을 발표하기		10분

┌─ 작성 방법 ◆───────────────
│ • 수레바퀴 모형의 강점 2가지를 제시할 것
│ • 원인망 모형의 강점 2가지를 제시할 것
│ • 리벨(H. Leavell) 등이 제시한 '1차 예방'의 목적을 질병의 자연사 1, 2단계와 연계하여 제시할 것
└──────────────────────────

8. 결핵, 장티푸스 등과 같은 전염성 질환의 발생은 6단계(전염경로)를 거쳐 이루어지며, 이 중 한 단계라도 거치지 않으면 감염은 이루어지지 않는다. 전염성 질환 발생의 6단계를 순서대로 기술하시오. [총 7점] '01 임용

9. 다음은 중학교 보건수업 내용의 일부이다. 〈작성 방법〉에 따라 순서대로 서술하시오. '21 임용

보건교사 : 여러분, 오늘은 '건강한 생활을 위한 감염 예방'에 대해 공부해 봅시다. 다음 그림의 감염 회로에서 연결고리를 끊기 위해 일상생활에서 어떤 행동을 해야 하는지 한 명씩 말해 봅시다.

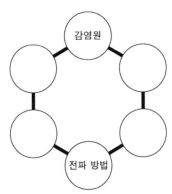

〈그림 1〉 감염 회로

학 생 A : 선생님, 외출할 때는 언제나 마스크를 착용해야 합니다.
보건교사 : 맞아요. 특히, ㉠ 결핵, 홍역의 경우 더 특별한 주의가 필요합니다.
학 생 B : 질병을 이겨 낼 수 있는 항체를 만들기 위해서는 예방접종을 해야 합니다.
학 생 C : 특히, ㉡ 어린 아이들이나 노인 분들은 예방 접종을 꼭 해야 합니다.
학 생 D : 비누로 손을 자주 씻습니다.
학 생 E : 손 소독제를 사용합니다.
학 생 F : 그런데, 선생님. 소독과 ㉢ 멸균이라는 말을 많이 들었는데 두 단어가 구분이 잘 안 돼요.

◆작성 방법◆
• 미국질병통제센터가 제시한 전파경로별 주의(transmission based precaution) 중 밑줄 친 ㉠의 전파 차단을 위해 필요한 '주의(precaution)'의 명칭을 쓸 것
• 〈그림 1〉의 감염 회로를 적용할 때, 밑줄 친 ㉡은 감염원과 어떤 요소와의 연결 고리를 끊는 것인지 그 구성 요소를 제시할 것
• 〈그림 1〉의 감염 회로를 적용할 때, 밑줄 친 ㉢은 감염원과 어떤 요소와의 연결 고리를 끊는 것인지 그 구성 요소를 제시하고, ㉢의 개념을 서술할 것

10. 곤충이 매개하는 전염병 중에서 이에 의한 것은? '93 임용

① 페스트　　　　　　　　② 발진열
③ 파라티푸스　　　　　　④ 발진티푸스

3절 · 역학연구

| 정답 및 해설 p.572

1. 역학연구방법에서 전향성 연구에 해당되는 것은? '94 임용

① 코호트 연구 방법

② 환자-대조군 연구 방법

③ 과학적 연구 분야에 많이 사용

④ 위험 요인에 노출 여부 확인

2. 2007년 6월 말 A 지역에 있는 3개 중학교에서 학교 급식을 받은 학생들 중 300여 명의 학생들에게서 식중독이 발생하였다. 역학조사 과정에서 특정 업체가 납품한 생오징어무침이 식중독 발생의 원인으로 의심되었다. 식중독 발생의 원인을 규명하기 위해, 이 음식을 먹은 집단과 먹지 않은 집단으로 분류하여 각 집단에서의 식중독 발병률을 분석하고자 한다. 이와 같은 역학연구방법의 유형을 쓰고, 두 집단 사이의 발병률을 비교하여 비(ratio)로 나타낸 값을 무엇이라고 하는지 쓰시오. [4점] '08 임용

3. 다음 사례를 읽고 물음에 답하시오. [30점] '10 임용

○○○○년 7월 21일 오전, A시에 소재하고 있는 B고등학교 보건실에 2학년 담임교사들이 많은 학생들에게 복통을 동반한 설사 증상이 있다고 알려왔다. 보건교사가 각 학급의 유사 환자 발생 여부를 확인한 결과 전교에 250명의 학생이 설사, 구토, 복통, 발열, 메스꺼움 등의 주요 증상 중 2가지 이상의 증상을 나타내고 있었다. 이러한 증상들은 7월 20일 점심 급식 후(교내, 학교 주변, 집 등에서 간식 없었음)부터 나타난 것으로 조사되었다. 보건교사는 소화기계 전염병 유행을 의심하여 즉시 학교장에게 환자 발생 수, 주요 증상, 교직원 발생 현황 등을 보고하였으며 그 내용은 다음과 같다.

〈보고 내용〉
7월 20일 학교 급식이나 학교의 음용수를 섭취한 학교 구성원(학생, 교직원, 조리종사자) 중 주요 증상 2가지 이상을 호소하는 자는 모두 학생이었다. 급식 식단별 섭취 여부, 학교 음용수 섭취 여부, 설사 및 동반 증상 여부, 최초 증상 발현 시점 등에 대해 조사를 실시하였는데 이 결과에서 추정되는 원인은 급식 식단 중 동태전이었다. 전교생 500명에서 중 동태전을 먹은 학생은 400명이었고, 이들 중 230명에게서 소화기계 전염병이 발생하였다. 그리고 동태전을 먹지 않은 학생 100명 중에서 20명에게 소화기계 전염병이 발생하였다.

위의 사례에서 학교와 보건교사가 취해야 할 학교 전염병의 신고 및 보고 체계와 확산 방지를 위한 조치에 대해 기술하시오. 또한, 위의 〈보고 내용〉을 근거로 하여 환자-대조군 방법으로 연구 설계를 작성하고, 이를 바탕으로 동태전이 소화기계 전염병의 원인이라는 것을 증명하시오.

4. 김 간호사가 여대생들을 대상으로 실시한 1차 연구와 2차 연구의 방법 및 특성에 관한 설명으로 옳은 것은? [2.5점] '10 임용

> 한국여자대학교 보건실 실장인 김 간호사는 보건교육 및 건강 상담에 관한 업무계획표를 작성하는 과정에서 학생들에 대한 관련 자료가 부족하였다. 그래서 여대생들의 현재 건강상태와 그에 영향을 미치는 건강 행위 및 위험 요인과의 관계를 조사하여 건강요구가 무엇인지를 정확히 파악하고자 하였다. 이에 1차 연구로, 준비한 설문지를 가지고 각 학년별로 표본을 추출하여 설문 조사를 실시하여 자료를 수집하였다. 이후 보건실에서 골밀도 검사를 실시하였는데 골감소증(골소공증)이 있는 여대생의 비율이 매우 높은 것을 발견하였다. 이에 김 간호사는 골밀도가 정상인 집단과 골감소증이 있는 집단을 대상으로 이전에 다이어트를 목적으로 복용했던 체중 조절 약물이 골감소증에 영향을 미쳤는가를 확인하기 위하여 2차 연구를 실시하였다.

① 1차 연구는 기술 연구이며 이 방법은 건강 수준과 질병 양상을 구체적으로 기술함으로써 대상자의 역학적 변수와 건강 문제 간의 인과관계적 연관성을 찾게 한다.
② 1차 연구는 단면 조사 연구이며 이 방법은 구체적 가설 없이 시행하는 현황 조사로서, 단기간에 조사가 이루어지므로 유병률이 높은 질병을 파악하는 데는 유용하지 않다.
③ 2차 연구는 전향성 코호트 연구이며, 이 방법은 대상자의 기억력 또는 과거 기록에 의존하므로 연구 대상자가 새로운 위험에 노출되는 일이 없는 안전한 연구 방법이다.
④ 2차 연구는 환자-대조군 연구이며, 이 방법은 통제가 필요한 변수에 대한 정보를 구하지 못할 때가 있지만 희귀질병이나 잠복기간이 긴 질병을 연구할 때 활용할 수 있다.
⑤ 2차 연구는 환자-대조군 연구이며, 이 방법은 많은 비용이 소요되기는 하지만 위험 요인 노출에서부터 질병 진행의 전 과정을 관찰할 수 있다.

5. K 보건교사는 최근 우리나라 청소년들 사이에서 결핵 유병률이 증가한다는 신문 기사를 접하고, 재직 중인 고등학교 학생들의 전반적인 건강 실태 및 결핵 감염 여부를 확인해야 겠다고 판단하였다. 다음은 구체적 실천을 위하여 K 보건교사가 작성한 결재안이다. 〈보기〉의 지시에 따라 서술하시오. [10점] '15 임용

결 재 안

수신 : 내부 결재
(참조) : 각 반 담임
제 목 : 전 학년 건강 실태 조사 및 결핵 집단 검진 시행
　　　보건실에서는 2014년 건강 실태 조사 및 결핵 집단 검진을 다음과 같이 실시하고자 합니다.

－ 다 음 －

1. 목적 : 1) 학생들의 건강 문제와 건강 행위 및 생활 습관 간의 상관 관계를 파악한다. (㉠)
　　　　2) 학생들의 결핵 유병율을 파악한다. (㉡)
　　　　3) 결핵 확진을 받은 학생들을 대상으로 결핵 유발 요인을 파악한다.(㉢)
　　　　　　… (중략) …

4. 세부 계획

구분	시기	추진 사항
1단계	12월 8일	전 학년 건강 실태 조사를 위한 설문조사 (㉠)
2단계	12월 10일	보건소 흉부 방사선 촬영 (㉣) 및 객담 검사에 의한 결핵 집단 검진
3단계	12월 17일 -26일	결핵으로 판정받은 학생군과 결핵이 없는 학생군을 대상으로 결핵 위험 요인의 노출 여부를 조사하기 위한 분석 역학 연구 (㉢)
4단계	12월 30일	결과 보고서 제출

5. 협조 사항
　　건강 실태 조사를 위한 설문 조사 실시 및 결핵 집단 검진 시 각 반 담임 교사의 지원
　　첨부 : 2011년 결핵 집단 검진 결과 분석표 1부. 끝.

첨부 : 2011년 결핵 집단 검진 결과 분석표

(단위 : 명)

흉부 방사선 촬영 검사 결과	확진에 의한		계
	결핵 양성	결핵 음성	
양성	20	10	30
음성	5	465	470
계	25	475	500

┌─보기─┐

1) K 보건교사가 ㉠과 ㉢을 위해 각각 적용하려는 역학 연구 방법이 무엇인지 제시하시오. 그리고 보건교사가 고려해야 할 각각의 연구 방법이 가지는 제한점 또는 단점을 4가지씩 서술하시오.

2) ㉣을 시행하기 앞서 K 보건교사는 과거 자료를 가지고 결핵 검사의 타당성을 확인하고자 한다. 첨부 자료 에서 제시한 '2011년 결핵 집단 검진 결과 분석표'에 근거해서 흉부 방사선 촬영 검사의 양성예측도와 음성예측도를 백분율로 산출하고(단, 산출값은 반올림 없이 첫째 자리까지 제시할 것), 산출값의 의미를 각각 서술하시오.

6. 다음은 보건교사의 연수 교육 자료이다. 〈작성 방법〉에 따라 순서대로 서술하시오. '21 임용

〈신종인플루엔자〉

1. 원인 병원체 : A형 인플루엔자 바이러스가 변이를 일으켜 생긴 새로운 바이러스
2. 발생 상황

〈표 1〉 ○○ 고등학교 신종인플루엔자 발생 상황

위험요인	신종인플루엔자		합계
	유	무	
노출	250	250	500
비노출	50	450	500
합계	300	700	1,000

3. 신종인플루엔자 확진 환자 신고
   (1) 신고 의무자 : 학교장
   (2) 신고 시기 : (㉠)
   (3) 신고 의무자는 (㉡)에게 신고함

··· (하략) ···

작성 방법

- 〈표 1〉을 이용하여 기여위험분율(attributable fraction) 산출값을 그대로 쓰고, 그 산출값의 의미를 설명할 것
- 감염병의 예방 및 관리에 관한 법률(법률 제17491호, 2020. 9. 29.,일부개정)에 근거하여 괄호 안의 ㉠과 ㉡에 들어갈 말을 순서대로 쓸것

7. 다음은 보건교사를 대상으로 한 연수 교육 자료의 일부이다. 〈작성 방법〉에 따라 서술하시오. [4점] '22 임용

식중독

1. 정의 : 식품 섭취로 인해 발생하는 급성 위장염을 주 증상으로 하는 건강문제

2. 종류

병인	유형	원인균	전파 경로
세균성	감염형	살모넬라균	오염된 식품 또는 감염된 육류, 유류(milk), 가공식품으로 조리한 음식물을 섭취
		장염 비브리오균	보균자의 오염된 손을 통해 조리한 해산물, 오징어, 생선 회 등을 섭취
	독소형	황색포도상 구균	원인균 장독소가 들어있는 빵, 우유, 가공된 육류, 과자류 등을 섭취
		(㉠)	독소를 만드는 아포가 파괴되지 않은 소시지, 육류, 통조림, 밀봉 식품 등을 섭취
		웰치균	식품 내 균이 증식하여 독소가 생성된 식육가공품, 어패류 조리식품 등을 섭취
바이러스성	바이러스	노로 바이러스	바이러스에 감염된 사람의 (㉡)을/를 통해 오염된 물과 음식물을 섭취

3. 발생 사례

〈표 1〉 ○○ 고등학교 식중독 발생 현황

(단위 : 명)

오염된 식품	식중독 발생		합계
	유	무	
섭취	40	10	50
미섭취	10	38	48
합계	50	48	98

… (하략) …

→ 작성 방법 ←

• 괄호 안의 ㉠과 ㉡에 들어갈 내용을 순서대로 제시할 것
• 〈표 1〉의 자료를 활용하여 상대위험도(relative risk, RR)의 산출 값을 쓰고(소수점 둘째 자리에서 반올림할 것), 그 의미를 서술할 것

4절 법정감염병 관리

| 정답 및 해설 p.574

법정감염병 분류

1. 제1법정 전염병만으로 짝지어진 것은? '93 임용

① 소아마비, 백일해   ② 콜레라, 황열

③ 장티푸스, 아메바성 이질   ④ 일본뇌염, 유행성 출혈열

2. 다음 중 2종 법정 전염병만 나열한 것은? '92 임용

① 유행성 이하선염, 폴리오, 세균성 이질

② 성홍열, 유행성 출혈열, 일본 뇌염

③ 백일해, 풍진, 파상풍

④ 말라리아, 홍역, 수두

3. 다음은 보건교사가 교직원을 대상으로 작성한 연수 자료의 일부이다. 감염병의 예방 및 관리에 관한 법률 시행규칙(보건복지부령 제593호, 2018. 9. 27., 일부개정)에 근거하여 ㉠, ㉡에 해당하는 명칭을 순서대로 쓰시오. [2점] '19 임용

학교 내 감염병 발생 시 위기 대응
○ 감염병의 예방 및 관리 • 학교장의 보건소 신고가 필요한 감염병

㉠	• 증상 : 발열, 기침, 콧물, 결막염, 코플릭반점(Koplik's spots), 반구진 발진 (maculopapular rash) 등 • 감염 경로 : 비말전파, 비인두 분비물과 직접 접촉

··· (중략) ···

• 표본 감시 대상이 되는 감염병

㉡	• 정의 : 기생충에 감염되어 발생하는 감염병으로서 정기인 조사를 통한 감시가 필요하여 보건복지부령으로 정하는 감염병 • 종류 : 회충증, 편충증, 요충증, 간흡충증, 폐흡충증, 장흡충증

··· (하략) ···

4. 법정감염병의 분류기준과 각 군에 해당되는 감염병을 3가지씩 제시하시오. [총 8점] '02 임용

수두

5. 수두의 설명으로 옳은 것은? '92 임용

① 수포 발생 후에는 전염력이 없다.
② 잠복 기간이 1~2주이다.
③ 원인균은 연쇄상구균(streptococcus)이다.
④ 아스피린을 사용할 때 라이증후군이 나타날 수 있다.

6. 수두의 발진 순서가 바르게 나열된 것은? '93 임용

① 가슴, 배 － 얼굴 － 어깨 － 사지
② 얼굴 － 어깨 － 가슴, 배 － 사지
③ 귀 － 얼굴 － 목 － 팔 － 사지
④ 얼굴 － 귀 － 목 － 팔 － 사지

7. 5세~6세 아동에서 수두가 많이 발생한다. 수두의 전염기간으로 옳은 것은? '94 임용

① 잠복기 동안 ② 딱지가 완전히 떨어진 후
③ 질병이 완쾌된 후 ④ 발진 1일전~6일 이내

8. 〈보기〉의 내용에 해당하는 질환은? '95 임용

┌─ 보기 ─────────────────────────────────┐
• 잠복기는 10~21일이다.
• 원인균은 바이러스이다.
• 홍반성 구진, 수포, 가피의 순서로 발진이 진행된다.
• 혈소판 감소, 관절염, 레이증후군 등의 합병증을 볼 수 있다.
└──┘

① 수두 ② 풍진
③ 홍역 ④ 성홍열

9. A지역에 소재하는 학교에서 집단적으로 수두가 발생하였다. 이에 보건교사는 수두에 관한 보건교육을 실시하고자 한다. 다음 물음에 답하시오. [총 7점] '02 임용

9-1. 수두 바이러스의 명칭을 쓰시오. [1점]

9-2. 수두에 걸린 학생을 격리시켜야 할 최소한의 기간을 쓰시오. [1점]

9-3. 수두의 전파양식을 2가지만 쓰시오. [2점]

9-4. 수두에 걸린 학생들에게 보내는 가정통신문에 포함시킬 피부관리에 대한 간호내용을 3가지만 쓰시오. [3점]

10. 다음은 B 중학교 보건교사가 제작한 수두 예방 관련 가정 통신문이다. (가)~(마) 중 옳지 <u>않은</u> 것은? [1.5점] '13 임용

가 정 통 신 문

수두 예방 안내

안녕하십니까?

최근 ○○ 교육청 관내 유치원, 초·중등학교에서 (가) <u>제2군감염병인 수두</u>가 지속적으로 발생하고 있습니다. 수두는 감염성이 아주 강하므로 확산되지 않도록 다음 사항을 숙지하여 학생이 건강한 학교생활을 할 수 있도록 협조 바랍니다.

- (나) <u>수두는 수포액과의 직접 접촉이나 수두에 감염된 사람의 타액에 의해 비말로 전파됩니다.</u>
- (다) <u>수두의 발진은 구진에서 시작하여 반점, 수포, 가피의 순으로 진행되며 가려움증을 동반합니다.</u>
- (라) <u>수두 예방접종은 수두를 앓은 적이 없거나, 수두 백신을 접종하지 않은 경우에 실시합니다.</u>
- (마) <u>수두의 감염력은 모든 수포가 가피로 변하면 없어집니다.</u>

2012. 9. 3.
○ ○ 중 학 교 장

① (가) 　　② (나) 　　③ (다)

④ (라) 　　⑤ (마)

11. 다음은 중학교 보건교사와 학부모의 전화 통화 내용 일부이다. 〈작성 방법〉에 따라 서술하시오. [4점] '22 임용

> 학부모 : 선생님, 어제 보건실에 들렀다가 조퇴한 1학년 김○○ 어머니예요. ○○이가 병원에서 ㉠ 수두(chickenpox)로 진단을 받았어요.
>
> 보건교사 : 학생이 힘들겠군요. 현재 상태는 어떤가요?
>
> 학부모 : 네, 많이 가려워해서 병원에서 처방받은 약을 바르고 있습니다.
>
> 보건교사 : 네, 잘하고 계시네요.
>
> 학부모 : 그런데 다음에 또 걸리면 어떡하죠? 우리 애가 다른 사람들에게 감염시킬 위험은 없나요?
>
> 보건교사 : 수두는 한 번 걸리고 나면 (㉡) 됩니다. 그리고 학생은 딱지가 형성될 때까지는 타인들과 접촉을 피해야 합니다.
>
> 학부모 : 어머 그래요? ○○이와 ㉢ 함께 생활하고 있는 동생이 어릴 때 수두 예방접종을 못했고, 지금 항암치료 중인데…
>
> … (하략) …

┌─ 작성 방법 ─
- 밑줄 친 ㉠의 전파 방법을 2가지 서술할 것
- 괄호 안의 ㉡에 해당하는 면역의 유형을 제시할 것
- 밑줄 친 ㉢의 상황에서 동생의 수두 감염을 예방하기 위한 주사 약물을 1가지 제시할 것

유행성 이하선염

12. 유행성 이하선염(Mumps)의 합병증이 아닌 것은? '92 임용

① 늑막염　　　　　　　　② 수뇌막염

③ 고환염　　　　　　　　④ 췌장염

13. 유행성 이하선염에 대해 옳지 <u>않은</u> 것은? '96 임용

① 바이러스

② 산성음식을 먹으면 통증이 경감되므로 권장한다.

③ 사춘기 이후 앓았을 때 고환염을 일으킨다.

④ 전염기간은 증상이 나타나기 전부터 부종이 사라질 때까지이다.

14. 아동에게 발생하는 전염성 질환인 유행성 이하선염에 대해 다음 물음에 답하시오. [4점]

'08 임용

① 원인균 :

② 감염 경로 :

③ 격리 기간 :

④ 예방 접종 시기 :

15. 다음은 ○○ 고등학교에서 발생한 유행성 이하선염에 대한 자료이다. ○○ 고등학교는 2013년 유행성이하선염이 유행할 당시에 보건소와 연계하여 학생 전원에 대해 혈청학적 검사를 실시한 바 있다. 유행성 이하선염의 원인이 되는 병원체를 제시하고, 표에 제시된 자료를 기초로 ㉠에 해당하는 값을 구하시오.(단, 산출값은 반올림 없이 첫째 자리까지 제시할 것) [2점] '15 임용

유행성이하선염 발생 현황

• 기 간 : 2013년 ○월 ○일~○월 ○일

• 장 소 : ○○ 고등학교

• 혈청학적 검사자 수 : 500명

• 병원력(발병력) : (㉠)%

[표] 2013년 환자 발생 수 및 증상별 분포도

(단위 : 명)

무증상 감염자	환자			계
	경미한 환자	중등도 환자	중증 환자 (합병증 발생)	
20	25	4	1	50

16. 다음은 보건교사와 동료교사의 대화 내용이다. 괄호 안의 ㉠과 밑줄 친 ㉡을 순서대로 쓰시오. [2점] '19 임용

동료교사 : 선생님. 우리 아이가 미열이 있고 머리가 아프다고 해서 자고 일어났는데 갑자기 왼쪽
아래턱 부위가 부었고 같은 쪽 귀도 아프다고 하네요. 혹시 볼거리를 하는 건가요?

보건교사 : 볼거리는 유행성 이하선염이라고 하는데 요즘 유행하고 있어요. 아이가 몇 살인가요?

동료교사 : 지금 중학교 1학년이에요.

보건교사 : 예방접종은 하셨지요?

동료교사 : 잘 기억이 나지 않는데 예방접종은 언제 해야 하나요?

보건교사 : 필수예방접종에서 1차 접종 시기는 (㉠)입니다.

동료교사 : 어떻게 전염되죠?

보건교사 : 감염자와의 직접 접촉 또는 비말감염으로 전염돼요. 그래서 ㉡ <u>전염 기간</u>에는 집에서
쉬어야 해요.

··· (하략) ···

풍진

17. 풍진에 대한 설명 중 맞는 것은? '96 임용

① 원인균은 chicken pox   ② 잠복기는 2~3개월

③ 임신 5개월 이후 태반 통과   ④ 기형 예방 위해 15세 여자는 예방 접종

18. 학교에 등교할 수 <u>없는</u> 전염성 질환을 〈보기〉에서 고른 것은? [2.5점] '09 임용

┌─◆보기◆───┐
│ ㉠ 발진 후 5일 된 풍진   │
│ ㉡ 발진 후 5일 된 홍역   │
│ ㉢ 이하선의 종창 발현 후 7일 된 유행성 이하선염(볼거리)   │
│ ㉣ 첫 수포가 생긴 후 8일이 지나고 수포에 딱지가 형성된 수두   │
└───┘

① ㉠, ㉢   ② ㉡, ㉣   ③ ㉠, ㉡, ㉢
④ ㉣   ⑤ ㉠, ㉡, ㉢, ㉣

가을철 유행성 감염병

19. 유행성 출혈열의 임상 경과를 바르게 나열한 것은? '92 임용

① 유열기 − 저혈압기 − 이뇨기 − 감뇨기 − 회복기
② 저혈압기 − 유열기 − 이뇨기 − 감뇨기 − 회복기
③ 저혈압기 − 감뇨기 − 유열기 − 이뇨기 − 회복기
④ 유열기 − 저혈압기 − 감뇨기 − 이뇨기 − 회복기

20. 유행성 출혈열의 증상과 경과기는? '96 임용

① 유열기 − 저혈압기 − 핍뇨기 − 이뇨기 − 회복기
② 유열기 − 저혈압기 − 이뇨기 − 감뇨기 − 회복기
③ 저혈압기 − 유열기 − 이뇨기 − 감뇨기 − 회복기
④ 저혈압기 − 감뇨기 − 유열기 − 이뇨기 − 회복기

21. 보건소 교육 자료의 (가)~(다)에 들어갈 내용으로 옳은 것을 <보기>에서 고른 것은? '12 임용

가을철 발열성 질병을 예방합시다

(가)는(은) 원인균이 감염된 동물(쥐, 소, 개 등)의 소변으로 배출된 후 점막이나 미세한 상처가 있는 피부를 통해 전파됩니다. 증상은 혈관염, 고열, 두통, 근육통 등이며 심할 경우 폐출혈, 간 기능장애 등이 나타날 수 있습니다.

(나)는(은) 원인균이 들쥐나 집쥐의 침이나 대소변을 통해 배설된 후 사람의 호흡기를 통해 전파됩니다. 증상은 초기 감기와 비슷하며 발열, 충혈 경향, 신장 기능 이상 등이 나타나기도 합니다.

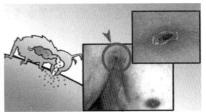

(다)는(은) 원인균에 감염된 털진드기 유충이 사람을 물 때 전파됩니다. 증상은 고열, 오한, 두통, 피부 발진 등이며 심할 경우 폐렴, 심근염, 뇌수막염 등으로 진행되기도 합니다.

┌─ 보기 ─┐

ㄱ. 신증후군출혈열   ㄴ. 렙토스피라증   ㄷ. 쯔쯔가무시

	(가)	(나)	(다)
①	ㄱ	ㄴ	ㄷ
②	ㄴ	ㄱ	ㄷ
③	ㄴ	ㄷ	ㄱ
④	ㄷ	ㄱ	ㄴ
⑤	ㄷ	ㄴ	ㄱ

인플루엔자

22. 다음은 인플루엔자 예방 수칙에 대한 가정 통신문이다. ⊙은 법정 감염병 중 몇 군에 해당하는지 제시하고, ⓛ에 의해 획득되는 후천성 면역의 유형을 쓰시오. [2점] '18 임용

가정 통신문

안녕하십니까? 겨울이 시작되면서 인플루엔자 환자가 급증하고 있습니다. 가정에서 다음과 같은 인플루엔자 예방 수칙을 참고하시어 자녀들의 건강관리에 유의하여 주시기 바랍니다.

○ ⊙ <u>인플루엔자의 개요</u>
  • 원인 : 인플루엔자 바이러스
  • 증상 : 고열, 오한, 기침, 인후통, 콧물, 근육통, 관절통 등
  • 감염 경로 : 기침, 재채기, 비말에 의한 직접 전파 등

○ 인플루엔자 예방 수칙
  • 외출 후에는 반드시 손 씻기를 생활화합니다.
  • 기침과 재채기를 할 때는 휴지나 손수건으로 가리는 등 기침 에티켓을 지킵니다.
  • 발열과 호흡기 증상이 있을 경우 사람들이 많이 모이는 장소를 피하고 외출을 삼갑니다.
  • 발열과 호흡기 증상이 있으면 마스크를 착용하고 가까운 의료기관에 내원하여 진료를 받습니다.

○ ⓛ <u>예방접종</u>을 통해 개인 면역력을 증강시킵니다.
                                        년   월   일
                                    ○○고등학교장

후천성 면역결핍증

23. 후천성 면역 결핍 증후군(AIDS)에 대한 설명으로 옳지 않은 것은? '93 임용

① HIV의 감염으로 발생한다.
② 신생아나 영아에서는 감염된 어머니로부터 감염된다.
③ 림프절 종대, 만성 폐렴 및 설사, Kaposi육종 등의 증상이 있다.
④ 중증 감염 및 패혈증은 아동보다 성인에서 흔히 볼 수 있다.

24. AIDS 전염의 직접적인 경로는? '96 임용

① 기침, 재채기
② 감염된 사람과의 성 접촉
③ 음식, 물, 대변, 공기, 곤충
④ 대화, 악수와 같은 일상적인 접촉

25. 후천성 면역 결핍증(Acquired Immune Deficiency Syndrome : AIDS)의 주 원인균인 인간 면역 결핍 바이러스(Human Immunodeficiency Virus : HIV)의 감염 가능성이 있는 경우에 해당하는 것을 〈보기〉에서 고른 것은? '09 임용

┌─ 보기 ───┐
ㄱ. HIV 감염자와 성 접촉을 한 성인
ㄴ. HIV 감염 모체로부터 모유 수유를 받고 있는 영아
ㄷ. HIV 감염자와 직장에서 같은 작업을 하고 있는 성인
ㄹ. HIV 감염자와 같은 화장실을 사용하는 아동
ㅁ. HIV 감염 모체로부터 질식 분만(vaginal delivery)으로 출생한 영아
└───┘

① ㄱ, ㄴ, ㄷ   ② ㄱ, ㄴ, ㅁ   ③ ㄱ, ㄹ, ㅁ
④ ㄴ, ㄷ, ㄹ   ⑤ ㄷ, ㄹ, ㅁ

26. 다음은 고등학교 보건교사가 작성한 〈교수·학습 지도안〉이다. 괄호 안의 ㉠, ㉡에 해당하는 명칭을 순서대로 쓰시오. [2점] '16 임용

교수 · 학습 지도안			
단원	면역과 건강한 생활	지도 교사	보건교사
주제	면역과 질환	대상	2~4, 32명
차시	2/3	장소	교실
학습목표	후천성면역결핍증후군(AIDS)의 개요, 선별 검사, 경과와 증상 및 진단 기준을 설명할 수 있다.		
단계	교수 · 학습 내용		시간
도입	•전시 학습 확인 : 면역의 개념과 면역계의 구성 세포 및 조직 •동기 유발 : AIDS에 대한 다큐멘터리 시청 •본시 학습 목표 확인		10분

전개	1. AIDS의 개요
	  •AIDS의 원인은 HIV임.
	  •HIV 전파는 성적 접촉, 혈액·체액 및 분만·수유에 의함.
	2. HIV 선별 검사
	  •(㉠)(이)라는 검사로 확인함.
	3. HIV 감염 / AIDS의 경과와 증상
	  •초기 단계 : 50~70%의 감염자에게서 열, 근육통, 감기 증상, 붉은 반점 등이 나타났다가 치료하지 않아도 사라짐.
	  •무증상(잠복기) 단계 : 평균 10년 정도 거의 아무런 증상이 없음.
	  •증상 발현 단계 : 치료하지 않을 경우 각종 기회 감염, 악성 종양, 치매 등의 증상이 나타남.
	4. AIDS의 진단 기준
	  •면역세포 (㉡)의 수가 200 개/μL 미만
	  •기회 감염
	          … (하략) …
			35분

정리 및 평가	•AIDS의 원인, 선별 검사, 경과와 증상 및 진단 기준에 대한 OX 퀴즈		5분

27. 다음은 고등학교 보건교사가 작성한 〈교수·학습 지도안〉의 일부이다. 〈작성 방법〉에 따라 서술하시오. [4점] '23 임용

교수·학습 지도안			
단원	성매개 감염병 예방	**대상**	2학년 1반
차시	2/2	**장소**	보건교육실
학습목표	후천성면역결핍증의 정의를 설명할 수 있다. 인체면역결핍바이러스(Human Immunodeficiency Virus, HIV) 감염인에 대한 신고 방법을 설명할 수 있다. HIV의 감염 경로를 설명할 수 있다.		
구분	**교육 내용**		**시간**
도입	동기 유발 : HIV 감염 사례 제시		5분
전개	1. 후천성면역결핍증의 정의 　HIV 감염 후 후천성면역결핍증 특유의 임상 증상(세포면역기능에 결함이 있고, 주폐포자충폐렴(住肺胞子蟲肺炎), 결핵 등의 기회감염 또는 기회질환)이 있는 경우 2. HIV 감염인 발생 신고 　1) 신고 기준 : HIV 확인검사기관으로부터 HIV 감염이 확인된 자 　2) 신고 의무자 : (㉠)이/가 HIV 감염인을 진단하거나 감염인의 사체를 검안한 사실을 관할 보건소장에게 신고 　3) 신고 시기 : (㉡) 이내에 신고 　　※ 근거 : 후천성면역결핍증 예방법[법률 제17472호, 2020. 8. 11., 타법개정] 3. <u>㉢ HIV 감염 경로</u>		35분

┌─ 작성 방법 ─
• 괄호 안의 ㉠과 ㉡에 들어갈 내용을 순서대로 제시할 것
• 밑줄 친 ㉢에 해당하는 감염 경로 2가지를 서술할 것

기생충 감염병

28. 옴(scabies)에 대한 설명으로 옳은 것은? '93 임용

① 곰팡이에 의해 발생한다.
② 가려움은 야간보다 주간이 더 심하다.
③ 소아에서는 머리, 손바닥, 발바닥 등에도 발생한다.
④ 별다른 치료약이 없으며, 내의 및 침구는 소독해서 사용한다.

29. M 초등학교 보건교사가 학생들 사이에 유행하고 있는 머릿니(Pediculus humanus capitis)의 확산 방지를 위해 작성하여 배포한 가정 통신문의 내용 중 옳지 <u>않은</u> 것은?

[1.5점] '11 임용

> ·•●● 가정 통신문 ●•·
>
> 결실의 계절입니다. 댁내 평안하십니까?
> 요즘 본교 학생들 사이에 '머릿니'가 급속히 유행하고 있어 이의 확산 방지를 위해 다음과 같은 안내 자료를 전해드리고자 합니다. 자녀들과 함께 읽어 보시고 위생 지도에 만전을 기해 주시길 당부드립니다.
>
> **머릿니의 예방과 관리**
>
> ① 알(서캐)은 귀 뒤, 뒤통수 쪽에 많이 있으므로 이 부위를 주의 깊게 관찰해 주십시오.
> ② 머릿니는 모자, 빗, 침구류 등을 통해 전파될 수 있으니 남과 함께 사용하지 않도록 합니다.
> ③ 머릿니의 수명(life span)은 약 30일 정도이므로 지속적인 관리가 필요합니다.
> ④ 머릿니의 성충은 사람에게서 떨어져 나와도 10일 이상 살 수 있으므로 꾸준한 관리가 필요합니다.
> ⑤ 극심한 소양증으로 학생이 두피를 긁게 되면 2차 감염의 우려가 있으니 주의 깊은 관찰이 필요합니다.

30. A 초등학교 보건교사가 작성한 보건 교육 계획서이다. (가)~(마)에 대한 설명으로 옳지 않은 것은? [1.5점] '12 임용

보건 교육 계획서			
주제	요충증의 전파 예방과 관리	일시	2011년 ○월 ○일 ○시
장소	학교강당	대상자	교사 30명
방법	강의, 동영상 시청	매체	빔 프로젝터
도입	• 인사말 • 요충증 아동의 항문 사진을 보여 주며 학습동기를 유발한다.		

전개	• 요충증의 정의 및 원인균 : Enterobius vermicularis
	• 발생 현황
	··· (중략) ···
	• 증 상 : (가) <u>야간에 극심한 항문 주위 가려움증</u>, 수면 장애, 안절부절못함,
	  잠자리에 오줌 싸기, 주의 산만, 주의 집중력 저하
	• 진 단 : (나) <u>테이프 검사</u>
	• 치료제 : (다) <u>메벤다졸(mebendazole, Vermox)</u>
	  재감염을 방지하기 위해 2주 후에 한 번 더 투여
	• 예 방 : (라) <u>항문 주변 긁지 않기, 손톱을 짧게 하고 입에 손 넣지 않기, 철저한 손 씻기</u>
	• 특 성 : (마) <u>가족 중에 감염된 사람이 있는 경우 가족 모두 치료</u>		

① (가) 밤 동안 성충이 항문 주변으로 기어 나와 알을 낳을 때 극심한 가려움증이 있다.

② (나) 아침에 일어나자마자 항문 주변에 투명 테이프의 접착 면을 압착하면 요충 알이 묻어 나온다.

③ (다) 요충 치료에 사용하는 구충제이며 임신부에게는 투여하지 않는다.

④ (라) 손이나 손톱 밑에 남아있는 알들이 입으로 들어가 재감염되는 것을 방지하기 위함이다.

⑤ (마) 요충 알은 몸 밖에서 1~2일 간 생존하면서 접촉한 모든 가족에게 쉽게 감염될 수 있다.

기타 감염병

31. 다음은 Y 고등학교 보건교사가 '말라리아'에 대하여 제작한 가정 통신문이다. (가)~(바) 중 옳은 것만을 있는 대로 고른 것은? [2.5점] '13 임용

◆ 가 정 통 신 문 ◆

말라리아를 예방합시다

1. 정의
   • (가) 말라리아는 플라즈모디움(Plasmodium) 속에 속하는 기생원충이 적혈구와 간세포 내에 존재함으로써 일어나는 급성 열성 감염증이다.
2. 병원소 및 증상
   • (나) 학질모기, 사람과 원숭이 등이 병원소이며, 고열, 두통, 오심, 심하면 혈액 섞인 구토와 황달 등의 증상이 나타난다.
3. 역학적 특성
   • (다) 국내에서는 70년대 말 박멸 선언 이후 2012년 현재까지 토착형 말라리아는 발생하지 않고 있으나, 최근 동남아시아, 아프리카 등의 여행자에 의한 해외 유입 말라리아가 발생하고 있어서 주의를 요하고 있다.
   • 암컷 모기가 인체를 흡혈하면서 전파하는 것이 주 감염 경로이지만, (라) 수혈이나 오염된 주사기 바늘의 공동 사용으로도 전파된다.
4. 예방과 관리
   • (마) 특별한 치료제나 예방약이 없으므로 유행 지역으로 여행 시에는 유행 여부를 반드시 확인하고 모기 기피제를 포함한 대비 물품을 철저히 준비한다.
   • (바) 검역감염병이므로, 체류 지역 시장이나 군수는 감염 의심자의 건강 상태를 최대 144시간 감시해야 한다.
   • 야외 캠핑 시에는 모기장을 설치하여 모기에 물리지 않도록 하고 모기 서식처를 제거하는 노력이 필요하다.

---

① (가), (라)
② (가), (다), (마)
③ (나), (라), (바)
④ (가), (다), (마), (바)
⑤ (가), (나), (다), (라), (바)

감염병발생 시 학교관리

32. 초등학교 보건교사가 지난 한 주간의 양호 일지를 분석하였더니 열이 나고, 머리가 아프며, 발진이 있는 사례가 늘고 있었다. 교의에게 의뢰하여 진단받은 결과 수두가 교내에서 유행하고 있음을 확인하였다. 보건교사는 이 경우에 어떻게 대처해야 하는지 기술하시오.

'97 임용

33. A도시의 한 학교에서 세균성 이질 환자가 발생하였다. 이와 관련하여 다음 질문에 답하시오. '00 임용

33-1. 환자 발생 정보를 접한 인근학교의 보건교사가 학교 내에서 수행해야 할 업무 내용을 5가지 이상 제시하시오.

33-2. 또한 이 학교의 보건교사가 가정 통신문을 작성할 때 포함시켜야 할 내용을 기술하시오.

34. 어느 학교에서 장출혈성대장균 전염증(O-157) 환자가 발생하였다. 학교보건법에 근거하여 학교에서 취해야 할 행정조치를 2가지만 쓰시오. [총 2점] '03 임용

35. 1순위 건강 문제(결막염)를 해결하기 위해 보건교사가 할 수 있는 보건 활동을 3가지만 쓰시오. '04 임용

36. 중학교에서 학교 급식 후 학생 2명이 반복적인 설사와 복통을 호소하며 보건실을 방문하였다. 학생들의 말에 의하면 옆 반에도 설사하는 학생이 한 명 더 있다고 하였다. 보건교사는 수인성 또는 식품 매개성 질환일 수 있다고 추정하여 이에 대한 대책을 마련하고자 한다. 보건교사가 취해야 할 대책을 5가지만 기술하시오. [5점] '06 임용

37. 학교에서 전염병 환자가 발생하였을 때, 학교보건법과 전염병예방법에 의거하여 학교당국(학교장이나 보건교사)이 취해야 할 전염병관리 활동을 우선순위에 따라 5가지만 쓰시오.
[3점] '07 임용

38. A중학교(전교생 500명)와 B중학교(전교생 500명)의 전염병 발생 현황 보고서이다. 전염병 발생 후에 각 학교에서 취한 조치로 옳은 것만을 〈보기〉에서 모두 고른 것은? '11 임용

전염병 발생 현황

기관명 : A중학교

1. 병명 : 세균성 이질
2. 최초 발생일 : 2010년 7월 6일
3. 이환 및 치료 상황

(단위 : 명)

| 일자 | 학교명 | 신규 환자 수 | 현재 치료 중인 환자 수 | | | | 완치자 수 | | 환자 연인원 수 |
			입원	자가	통원	계(a)	금일	누계(b)	(a+b)
7월 6일	A중학교	10	1	5	4	10	0	0	10
7월 7일	A중학교	15	6	10	9	25	0	0	25
7월 8일	A중학교	20	11	15	19	45	0	0	45

전염병 발생 현황

기관명 : B중학교

1. 병명 : 신종 인플루엔자 A(H1N1)
2. 최초 발생일 : 2010년 10월 4일
3. 이환 및 치료 상황

(단위 : 명)

| 일자 | 학교명 | 신규 환자 수 | 현재 치료 중인 환자 수 | | | | 완치자 수 | | 환자 연인원 수 |
			입원	자가	통원	계(a)	금일	누계(b)	(a+b)
10월 4일	B중학교	50	5	10	35	50	0	0	50
10월 5일	B중학교	100	5	20	125	150	0	0	150
10월 6일	B중학교	150	10	70	220	300	0	0	300

┌─ 보기 ─┐

ㄱ. A중학교 교장은 제1군 전염병인 세균성 이질 환자가 발생한 후 임시 휴업조치를 하였다.

ㄴ. B중학교 교장은 환자 발생 수가 증가하고 있어 임시 휴업조치를 하였다.

ㄷ. A중학교 교장은 의사가 세균성 이질에 감염되었다고 진단한 학생에 대하여 등교중지를 명하였고, 그 사유와 기간을 구체적으로 밝혔다.

ㄹ. B중학교 교장은 의사가 신종 인플루엔자 A에 감염되었다고 진단한 학생에 대하여 등교중지를 명하였고, 신종 인플루엔자 A가 제3군 전염병이므로 그 사유와 기간은 밝히지 않았다.

① ㄱ, ㄹ 　　　② ㄷ, ㄹ 　　　③ ㄱ, ㄴ, ㄷ
④ ㄴ, ㄷ, ㄹ 　　⑤ ㄱ, ㄴ, ㄷ, ㄹ

5절 ✦ 예방접종

| 정답 및 해설 p.584

1. 홍역 예방접종을 하지 못한 어린이가 홍역 환자와 접촉하였을 때 가장 옳은 처치 방법은?

'92 임용

① 예방접종 실시　　　　　　② 감마글로불린 주사
③ 항생제 복용　　　　　　　④ 충분한 영양 섭취

2. 최근의 예방 접종으로 PPD검사의 반응이 억제될 수 있는 것은? '92 임용

① DPT　　　　　　　　　② 홍역
③ 백일해　　　　　　　　　④ 장티푸스

3. 약독화 생백신을 접종하는 질환은? '95 임용

① 홍역　　　　　　　　　　② 백일해
③ 간염　　　　　　　　　　④ 파상풍

4. 일본뇌염 예방 접종에 관한 내용으로 옳지 <u>않은</u> 것은? '95 임용

① 접종 대상은 3~15세이다.
② 3세 이상은 1.0ml를 피하주사 한다.
③ 초회 접종은 7~14일 간격으로 2회 실시한다.
④ 백신 보관 적정온도는 0℃ 이하이다.

5. 예방접종의 의의(목적)을 설명하고 예방접종을 실시할 때 보건교사가 사전에 선별해야 할 건강문제(예진사항)을 제시하시오. '98 임용

6. 2005년에 개정된 전염병 예방법에 의거 국가 필수 예방 접종 대상 전염병(2군)에 해당되는 전염병의 종류 10가지를 쓰시오. [4점] '06 임용

7. 예방 접종 시 피접종자의 주의사항 4가지를 기술하시오. '01 임용

8. 다음은 ○○ 중학교 가정 통신문이다. 2019년도 질병관리본부 국가 예방접종사업 관리 지침에 근거하여 괄호 안의 ㉠에 해당하는 백신 명칭과 ㉡에 해당하는 연령을 쓰시오.
[2점] '20 임용

가정 통신문

학부모님, 댁내 건강과 평안을 기원합니다.
질병관리본부에서 국가예방접종사업으로 「건강여성 첫걸음 클리닉」을 시행하고 있으므로 안내 드립니다.
아래 내용을 확인하시어, 자녀의 건강 증진에 도움이 되기를 바랍니다.

건강여성 첫걸음 클리닉

건강여성 첫걸음 클리닉은 성장 발달과 초경에 대한 건강 상담을 통해 여성 청소년의 건강한 성장을 돕고 (㉠) 접종으로 자궁경부암을 예방하기 위한 사업입니다.
전국 보건소 및 지정 의료 기관에서 무료로 건강 상담과 예방 접종이 가능합니다.
○ 사업 내용
 - 지원 내용 : 표준 여성 청소년 건강 상담 방종 및 예방접종 비용
 - 무료 예방접종 대상 : 1차 접종은 해당 연도 만 (㉡)세 여성 청소년
… (하략) …

○○○○년 ○○월 ○○일
○ ○ 중 학 교 장

6절 ◆ 식중독

| 정답 및 해설 p.586

1. 장독소(Enterotoxin)를 형성하는 식중독의 원인균은? '92 임용

① 황색 포도상구균(Staphylococcus aureus)
② 연쇄상구균(Streptococcus pneumoniae)
③ 헤모필루스(Haemophilus influenzae)
④ 리켓챠(Rickettsia rickettsii)

2. 곰팡이가 생산하는 유독성 대사물에 의한 식중독은? '95 임용

① Tetrodotoxin
② Aflatoxin
③ Amanitatoxin
④ Saxitoxin

3. 바다 생선회를 먹었을 때 감염될 수 있는 기생충은? '92 임용

① Ascaris lumbricoides
② Anisakis sp.
③ Trichuris trichiura
④ Taenia saginata

4. 쇠고기를 생식하는 경우 나타날 수 있는 기생충은? '92 임용

① 무구 조충
② 유구 조충
③ 다구 조충
④ 왜소 조충

5. 보건교사는 학교에서 실시하는 집단 급식을 위생적으로 관리해야 할 책임이 있다. 다음 물음에 답하시오. [총 9점] '99 후기 임용

5-1. 집단 급식의 목적을 3가지 측면에서 구체적으로 설명하시오. [3점]

5-2. 집단 급식으로 발생할 수 있는 식중독의 종류를 원인에 따라 3가지 범위로 구분하여 설명하시오. [3점]

5-3. 식중독이 소화기계전염병과 다른 특성을 3가지 쓰시오. [3점]

6. 식중독은 세균, 식물성 및 동물성 자연독, 독성 화학 물질 등에 의하여 오염된 식품을 섭취함으로써 집단적으로 발생한다. 〈보기A〉에서 제시된 식중독의 원인균(독)과 특성을 각각 〈보기B〉와 〈보기C〉에서 골라 바르게 연결한 것은? [2.5점] '10 임용

┌─ 보기A ───┐
│ 가. 맥각 중독   나. 살모넬라 식중독   다. 호염균 식중독 │
│ 라. 복어 중독   마. 포도상구균 식중독 │
└───┘

┌─ 보기B ───┐
│ ㄱ. 아미그달린(amygdalin) │
│ ㄴ. 마이틸로톡신(mytilotoxin) │
│ ㄷ. 베네루핀(venerupin) │
│ ㄹ. 대변연쇄상구균(streptococcus faecalis) │
│ ㅁ. 에르고톡신(ergotoxine) │
│ ㅂ. 장염비브리오균(vibrio parahaemolyticus) │
│ ㅅ. 테트로도톡신(tetrodotoxin) │
│ ㅇ. 황색포도상구균(staphylococcus aureus) │
│ ㅈ. 장염균(salmonella enteritidis) │
└───┘

┌─ 보기C ───┐
│ A. 식후 평균 3시간 정도에 발병하고 급성 위장염 증상을 보이며, 치사율이 가장 높은 식중독 │
│   이다. │
│ B. 열에 약하고 담수에 사멸되는 특징이 있으므로, 먹기 전에 가열하거나 깨끗한 수돗물로 씻 │
│   는다. │
│ C. 산란기에 독성이 강해지며, 주 증상은 구순 및 혀의 지각마비, 호흡 장애, 위장 장애, 뇌 장 │
│   애 등으로 중추신경 및 말초신경에 대한 신경 독을 일으킨다. │
│ D. 열에 약하여 섭씨 60도에서 20분간 가열하면 균이 사멸되므로 먹기 전에 끓여 먹는다. │
│ E. 덜 익은 매실 속에 들어 있으며, 중독 시에는 구토, 두통, 출혈성 반점이, 심한 경우에는 의 │
│   식 혼탁과 토혈 등의 증상이 나타난다. │
└───┘

① 가 - ㄱ - E   ② 나 - ㅈ - A   ③ 다 - ㅂ - B
④ 라 - ㄴ - C   ⑤ 마 - ㅇ - D

7. 다음은 고등학교 보건교사가 수학여행을 앞두고 있는 학생들의 식중독 예방 교육을 위하여 작성한 〈교수 · 학습 지도안〉이다. 괄호 안의 ㉠, ㉡에 해당하는 내용을 순서대로 쓰시오.

[2점] '15 임용

교수 · 학습 지도안			
단원	식품과 건강	지도교사	김 ○○
주제	식중독 예방 및 관리	대상	남학생 35명
차시	2/3차시	장소	2-1 교실
학습 목표	식중독 유형에 따른 원인과 예방법을 설명할 수 있다.		
단계	교수 · 학습 내용		시간
도입	• 전시 학습 확인 : 우리나라 식중독 발생 현황 • 동기 유발 : 학생 집단 식중독 사례에 대한 동영상 시청 • 본시 학습 목표 확인		5분
전개	Ⅰ. 식중독 유형에 따른 원인과 특성 　1. 포도상구균 식중독 　　－ 황색 포도상구균(Staphylococcus aureus)이 생성하는 (㉠)이/가 원인이 되어 발병함 　　－ 오심, 설사, 구토, 복통 등의 급성 위장염 증상을 나타냄 　　－ 주로 우유와 유제품, 김밥, 도시락, 어패류 등의 식품이 원인이 됨 　　－ 식품 취급자가 (㉡) 질환이나 편도선염 등에 걸렸을 때는 조리 업무 종사를 금함 　2. 장염 비브리오 식중독 　　　　　… (중략) …		40분
정리 및 평가	• 식중독의 원인균과 원인 식품에 대한 O, X 퀴즈		5분

8. 다음은 보건교사가 중학생들을 대상으로 복어독 식중독 예방을 주제로 한 수업의 모둠 활동지이다. 괄호안의 ㉠, ㉡에 해당하는 용어를 순서대로 쓰시오. [2점] '16 임용

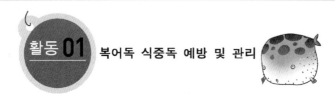

♣ 다음은 복어독의 명칭과 속성을 묻는 질문입니다. 답이 무엇인지 찾아봅시다.
  • 복어독은 계절, 복어의 종류 및 부위에 따라 독력이 다르게 나타난다. 복어에 들어있는 독소의 명칭은 무엇인가요? (㉠   )
  • 위 상황에서 식중독이 발생한 이유는 요리에 들어간 복어독의 어떤 속성 때문인가요?
  (㉡   )

9. 다음은 K 고등학교 보건교사가 '간흡충증'에 대하여 작성한 보건 게시판 홍보 내용이다. (가)~(마) 중 옳은 것만을 있는 대로 고른 것은? [2.5점] '13 임용

보건 게시판

간흡충증 바로 알기

1. 개요
   • (가) 간흡충증은 일명 간디스토마로 불리며, 한국, 일본, 중국, 동남아에 많이 분포함
   • 우리나라는 주요 강 유역에서 주로 발생함

2. 특성
   • (나) 성충은 사람, 개, 고양이 등의 담도에 기생함
   • (다) 분변으로 배출된 충란은 물속에서 제1숙주인 참붕어, 모래무지 등의 담수어에 섭취되어 피하 조직에서 피낭유충이 됨
   • (라) 초기 감염 시에는 자각 증상이 없으나, 반복적으로 감염이 되면 상복부 불쾌감, 소화 불량, 황달, 간비대 등이 나타남

3. 예방 및 관리
   • 민물고기는 절대 생식하지 말고, 조리 후에는 비누로 손을 깨끗이 씻어야 함
   • (마) 특별한 치료제가 없으니 감염되지 않도록 식생활 및 위생 수칙을 준수해야 함

---

① (가), (다)
② (가), (나), (라)
③ (나), (라). (마)
④ (다), (라). (마)
⑤ (가), (나), (라), (마)

제5강 | 공중보건

출제경향 및 유형

연도	내용
'92학년도	연 중독
'93학년도	인구 피라미드, 성비, 채용 전 건강검사 목적, 각종 중독 물질과 직업병, 산업재해 지수
'94학년도	보건의료 보수지불제도, 의료비 증가원인, 사회보장, 근로기준법상 근로시간, 산업보건 관리 사업의 4요소, 직업병의 정의, 산업재해 지수, 유해 물질과 오염원
'95학년도	
'96학년도	전국민 의료보험제도 실시 시기, 인구 피라미드
'97학년도	행위별 수가제의 문제점
'98학년도	DRG 지불제도
'99학년도	
후 '99학년도	
2000학년도	
2001학년도	대장균 검사의 의의와 그 평가 방법
2002학년도	
2003학년도	자유방임형 보건의료 체계, 경보 발령 시의 오존 농도 제시, 행동 지침
2004학년도	열중증
2005학년도	만성질환(지방간)이 개인과 가족에게 미치는 영향
2006학년도	먹는 물의 수질 기준 및 검사 항목 : 일반 세균 수, 탁도, 색도, 총 대장균 수 pH
2007학년도	
2008학년도	
2009학년도	노인의 신체·생리적 노화 과정
2010학년도	
2011학년도	모자보건 통계지표, 근로 건강진단(산업보건)
2012학년도	노인장기요양보험, 노화로 인한 생리적 변화 및 그와 관련된 약물 작용, 열중증, 먹는 물 기준
2013학년도	중금속 물질 중독관리(산업보건), 기온 역전
2014학년도	환경호르몬, 다이옥신/염소소독(불연속점)
2015학년도	
2016학년도	불쾌지수
2017학년도	배치 전 건강진단, 특수 건강진단, 수시 건강진단
2018학년도	노년 부양비와 노령화지수, 일반 건강진단의 검진 주기, 건강진단 결과구분, 작업환경 관리의 기본 원리(대치와 격리)
2019학년도	진폐증, VDT, 납중독(빈혈이 되는 기전), BOD, DO, 이타이 이타이병, 미나마타병
2020학년도	
2021학년도	장해급여, 요양급여, 직업안전, 자연재해, 최고허용농도
2022학년도	보건의료체계의 하부 구성 요소, 진료비지불제도(인두제), 근로자 건강관리(C2)
2023학년도	온실가스, 열섬현상

출제포인트

보건행정 영역에서는 사회보장 관련 부분이 우선적 출제 포인트가 된다. 인구의 노령화에 관련하여 출제가 좀 더 집중되어 있다. 예를 들면, 노인장기요양보험에 관련된 내용이라든가 인구지표 중에서는 노령지수, 부양비 등의 출제율이 증가되고 있다.

산업보건에서는 직업병이 우선적 출제 포인트가 된다. 중금속, 열중증에 대하여 세밀히 준비하는 것이 도움이 된다. 또한 건강진단이나 산업재해지표들도 놓쳐서는 안된다.

환경보건 영역은 대기오염물질이 우선적 출제 포인트가 된다. 2차오염물질, 미세먼지, 오존 등이 중요성이 높고, 먹는물 수질기준과 수질 검사의 주요 항목이 자주 출제되니 꼼꼼히 그 항목을 분류하고, 기준과 의미도 기억해 두어야 한다. 그 밖의 환경 파트로서 환경호르몬의 중요도가 점점 증가되고 있다는 것도 간과하지 않도록 한다. 재난발생 시의 단계별 대책도 필히 숙지해 놓도록 하자!

1절 · 보건행정

| 정답 및 해설 p.589

보건의료 전달체계, 자원, 조직, 경제적 지원

1. 행정 체계상 보건사회부에 속하는 보건의료 조직은? '95 임용

① 보건소   ② 국립경찰병원
③ 국립의료원   ④ 국립대학병원

2. 다음은 고등학교 보건교사가 작성한 보건교육 자료의 일부이다. 〈작성 방법〉에 따라 서술하시오. [4점] '22 임용

사회보장 제도 및 보건의료체계

Ⅰ. 사회보장 : 출산, 양육, 실업, 노령, 장애, 질병, 빈곤 및 사망 등의 사회적 위험으로부터 모든 국민을 보호하고 국민 삶의 질을 향상시키는 데 필요한 소득·서비스를 보장하는 사회보험, (㉠), 사회서비스

… (중략) …

Ⅱ. 보건의료체계 : 한 국가에서 국민에게 예방, 치료, 재활서비스 등의 의료서비스를 제공하기 위한 종합적인 체계
  1. 보건의료체계의 하부 구성 요소
    − 보건의료 자원의 개발
    − (㉡)
    − 보건의료의 제공
    − 경제적 지원
    − 관리
  2. 진료비 지불제도
    − 행위별 수가제
    − ㉢ 인두제
    − 봉급제
    − ㉣ 포괄수가제
    − 총액계약제
          … (하략) …

◆ 작성 방법 ◆

• 사회보장기본법(법률 제17202호, 2020. 4. 7., 일부개정)에 근거하여 괄호 안의 ㉠에 해당하는 용어를 제시할 것
• 괄호 안의 ㉡에 해당하는 보건의료체계의 하부 구성 요소를 제시할 것
• 밑줄 친 ㉢과 ㉣의 의미를 순서대로 서술할 것

보건의료재원 및 국민의료비

3. 국민의료비 증가의 원인으로 가장 알맞은 것은? '94 임용

① 의료 수요의 증가, 의료 생산 비용 상승, 의료 기술의 발전
② 의료 수요의 증가, 진료 시설의 표준화, 의료 기술의 발전
③ 진료 시설의 표준화, 의료 생산 비용 상승, 의료 기술의 발전
④ 진료 시설의 표준화, 의료 수요의 증가, 의료 생산 비용 상승

4. 우리나라와 일본이 채택하고 있는 보건의료의 보수지불제도는? '94 임용

① 인두제   ② 행위별 수가제
③ 봉급제   ④ 총괄계약제

5. 최근 간협신보에 DRG 지불제도의 시범 사업 중간평가 결과에 관한 기사가 실렸다. 이와 같은 시범사업을 하게 된 현행 제도의 문제점에 대하여 논하라. '98 임용

6. 자유방임형 보건의료체계에서는 정부의 통제력은 미약한 반면, 민간 의료부문의 비율이 높고 영향력이 크다. 자유방임형 보건의료체계의 단점을 5가지만 쓰시오. [총 5점] '03 임용

2절 ◆ 사회보장

| 정답 및 해설 p.590

1. 보건 의료에 있어서 사회보장을 크게 사회보험, 공적 부조, 공공 서비스의 3가지로 구분할 때 공적 부조에 해당되는 것은? '94 임용

① 소득 보장, 의료 보장   ② 생활 보호, 의료 보호
③ 복지 연금, 의료 보험   ④ 사회 복지 서비스, 보건의료 서비스

2. 민 군(13세)의 할머니가 제공받을 수 있는 '노인장기요양보험'에 대한 설명으로 옳은 것만을 〈보기〉에서 있는 대로 고른 것은? '12 임용

상담일지		
성명 : 민○○	성별 : 남	1학년 2반 10번
상담주제 : 할머니 간호, 노인장기요양보험 소개		
상담내용		
• 부모님은 모두 사망		
• 68세 할머니와 단 둘이 살고 있는 조손가족		
• 기초생활보장 수급권자		
• 할머니는 중풍으로 6개월 전부터는 혼자서 일상생활을 수행하기가 어려움		
• 학교에 있는 동안 혼자 계신 할머니가 걱정되어 수업에 집중할 수 없다고 함		
조치사항	노인장기요양보험을 설명해 줌	

→ 보기 ←

ㄱ. 재가급여를 받으려면 본인 부담금을 일부 내야 한다.

ㄴ. 장기요양인정의 유효 기간은 최소 6개월 이상이다.

ㄷ. 장기요양인정 및 등급판정은 방문 조사한 후에 이루어진다.

ㄹ. 장기요양등급판정기간은 신청서를 제출한 날부터 30일 이내이다.

ㅁ. 재가급여에는 방문요양, 방문목욕, 방문간호, 주·야간보호, 단기보호 등이 있다.

① ㄱ, ㄴ, ㄹ   ② ㄴ, ㄷ, ㅁ   ③ ㄷ, ㄹ, ㅁ

④ ㄴ, ㄷ, ㄹ, ㅁ   ⑤ ㄱ, ㄴ, ㄷ, ㄹ, ㅁ

3. 다음은 중학교 보건교사와 행정실 직원의 대화 내용이다. 〈작성 방법〉에 따라 서술하시오.

[4점] '22 임용

> 행정실 직원 : 선생님, 노인장기요양보험에 대해 문의드리고 싶어요.
>
> 보건교사 : 네, 말씀하세요.
>
> 행정실 직원 : 저희 할머니가 장기요양 4등급으로 판정을 받고 재가급여만 이용하고 있는데 등급이나 급여의 종류 등을 변경할 수 있다고 하더라고요. 장기 요양등급은 어떻게 구분되나요?
>
> 보건교사 : 등급판정기준에 따라 1등급에서 5등급, (㉠) 등급으로 구분해요.
>
> 행정실 직원 : 그렇군요. 장기요양 급여의 종류에는 재가급여 외에 뭐가 있나요?
>
> 보건교사 : 시설급여와 (㉡)이/가 있어요.
>
> 행정실 직원 : 그럼 저희 할머니도 시설급여를 이용할 수 있는 건가요?
>
> 보건교사 : 그건 아니에요. 다만 4등급이어도 장기요양등급 판정위원회로부터 시설급여가 필요한 것으로 인정받으면 이용 가능해요. 세 가지 경우가 있는데 치매 등에 따른 문제행동으로 재가급여를 이용할 수 없는 경우, (㉢), (㉣)이/가 있어요.

┌─ 작성 방법 ┄

- 괄호 안의 ㉠과 ㉡에 해당하는 용어를 순서대로 제시할 것
- 장기요양급여 제공기준 및 급여비용 산정방법 등에 관한 고시(보건복지부고시 제2021-119호, 2021. 4. 15., 일부개정)에 근거 하여 괄호 안의 ㉢과 ㉣에 해당하는 내용을 각각 서술할 것

3절 · 인구

| 정답 및 해설 p.592

사망 출생지표

1. 우리나라 모성사망의 원인 중에서 가장 많은 비중을 차지하는 것은? '93 임용

① 출혈   ② 자궁외 임신

③ 산욕열   ④ 임신 중독증

2. (㉠)에 해당하는 것은? '92 임용

$$모성\ 사망률 = \frac{임신,\ 분만,\ 산욕\ 합병증으로\ 사망한\ 부인\ 수}{(\ ㉠\ )} \times 100{,}000$$

① 가임 연령 여성 인구   ② 부인 사망 수

③ 총 출생 수   ④ 중앙 인구

3. 사망률을 추정하는 방법들 중 옳지 <u>않은</u> 것은? '94 임용

① 주산기사망률 $= \dfrac{같은\ 해에\ 일어난\ 28주\ 이후의\ 태아\ 사망\ 수}{1년간\ 출산\ 수} \times 1{,}000$

② 영아 사망률 $= \dfrac{(같은해)\ 출생\ 후\ 1년\ 미만에\ 사망한\ 영아\ 수}{(어떤\ 연도\ 1년간)\ 출생\ 수} \times 1{,}000$

③ 원인별 특수 사망률 $= \dfrac{같은\ 해\ 특정\ 원인에\ 의한\ 사망\ 수}{연평균(또는\ 중앙)\ 인구} \times 100{,}000$

④ 조사망률 $= \dfrac{같은\ 해의\ 총\ 사망자\ 수}{1년간\ 출산\ 수} \times 1{,}000$

4. 보건 통계 지표공식 중 옳은 것은? '95 임용

① 비례 사망지수 $= \dfrac{\text{연간 60세 이상의 사망자 수}}{\text{연간 총 사망자 수}} \times 1,000$

② 영아 사망률 $= \dfrac{\text{생후 28일 미만의 사망자 수}}{\text{연간 출생아 수}} \times 1,000$

③ 일반 출생률 $= \dfrac{\text{연간 출생아 수}}{15\sim49\text{세의 가임여자 인구}} \times 1,000$

④ 연령별 사망률 $= \dfrac{\times\text{세의 1년간 사망자 수}}{\text{연간 총 사망자 수}} \times 1,000$

5. 모자보건과 관련된 통계 지표에 대한 설명으로 옳은 것은? '11 임용

① 출산율은 인구 1,000명당 출생 수를 말하며 인구분석학적 이해를 돕는다.
② 순 재생산율은 1.0을 기준으로 1.0보다 크면 인구는 늘고 1.0보다 작으면 인구가 줄어드는 것을 의미한다.
③ 모성사망비는 임산부의 산전 · 산후관리 및 사회 경제적 수준을 반영하며 사고나 우발적 원인에 의한 모성사망도 포함된다.
④ 영아 후기 사망률은 1,000명 출생당 생후 6개월부터 1년 미만의 사망으로서 일반 사망률에 비하여 통계적 유의성이 높다.
⑤ 주산기 사망률은 10,000명 출산당 사산 수와 생후 2주일 이내 신생아 사망 수를 합친 것으로 보건 수준을 평가하는 지표이다.

6. 수집된 자료를 비교한 내용으로 옳은 것을 〈보기〉에서 고른 것은? [2.5점] '12 임용

자료	(가) 지역	(나) 지역
가임 여성 수	250,000명	200,000명
1년 간 출생아 수	9,000명	6,500명
1년 간 모성 사망 수	1명	1명
1년 간 신생아 사망 수	20명	16명
1년 간 영아 사망 수	30명	28명

┌ 보기 ┐

ㄱ. 모성 사망률은 (가) 지역이 (나) 지역보다 더 높다.
ㄴ. 영아 사망률은 (나) 지역이 (가) 지역보다 더 높다.
ㄷ. 신생아 사망률은 (가) 지역이 (나) 지역보다 더 높다.
ㄹ. 알파 인덱스(α-index)는 (나) 지역이 (가) 지역보다 더 높다.

① ㄱ, ㄴ   ② ㄱ, ㄷ   ③ ㄴ, ㄷ
④ ㄴ, ㄹ   ⑤ ㄷ, ㄹ

성비

7. 성비에 관한 설명으로 옳은 것은? '93 임용

① 남자의 수를 전체 인구 수로 나눈 것이다.
② 1차 성비는 남자가 여자보다 많다.
③ 보통 남자 100명에 대한 여자의 수를 말한다.
④ 총 인구에서 여자가 차지하는 비율이다.

부양비

8. 다음은 A 고등학교 봉사 동아리 학생들을 위한 교육 자료이다. 〈작성 방법〉에 따라 서술하시오. [4점] '18 임용

노인 체험 활동 교육 자료

○ 노인 인구의 증가

통계청(2016)에 의하면 우리나라는 전체 인구에서 65세 이상 노인이 차지하는 비율이 2000년에는 7.2%로 (㉠) 사회에 진입하였고, 2020년에는 15.6%로 (㉡) 사회로 진입할 예정이라고 함

○ 노년부양비와 노령화지수(A 지역 사례)

〈표〉 A 지역의 인구 구성 추계 (단위 : %)

구분	2010년	2030년	2050년
0~14세	2,000	1,600	1,200
15~64세	8,000	7,200	6,000
65세 이상	1,600	2,400	3,600

○ 노인의 특성
· 신체적 특성
· 심리적 특성
· 사회·경제적 특성

… (하략) …

┌→ 작성 방법 ←┐
· 유엔(UN)의 분류 기준에 따라 괄호 안의 ㉠과 ㉡에 해당하는 내용을 순서대로 서술할 것
· A 지역의 2010년과 2050년의 노년부양비와 노령화지수를 산출하여 각각 비교 설명할 것 (소수점 둘째 자리에서 반올림 없이 소수점 첫째 자리까지 제시할 것)

만성질환 및 노인보건

9. 노인의 신체·생리적 노화 과정에 대한 설명으로 옳은 것을 〈보기〉에서 고른 것은? [1.5점]

'09 임용

┌─ 보기 ┐
ㄱ. 타액 분비의 증가   ㄴ. 방광 용량의 증가   ㄷ. 흉곽 전후경의 증가
ㄹ. 땀샘의 위축   ㅁ. 체온조절 능력의 감소
└──────────────────────────┘

① ㄱ, ㄴ, ㄷ   ② ㄱ, ㄴ, ㅁ   ③ ㄱ, ㄹ, ㅁ
④ ㄴ, ㄷ, ㄹ   ⑤ ㄷ, ㄹ, ㅁ

10. 노화로 인한 생리적 변화 및 그와 관련된 약물 작용에 대하여 옳은 것만을 〈보기〉에서 있는 대로 고른 것은? '12 임용

┌─ 보기 ┐
ㄱ. 효소 활동의 증가는 간에서의 약물 해독 능력을 저하시키고 약물 반감기를 감소시킨다.
ㄴ. 혈청단백 감소는 단백질 결합 약물을 결합하지 않은 상태로 지속시켜 약물의 혈중 농도가 증가한다.
ㄷ. 신장으로의 혈류와 사구체 여과율 감소는 약물의 배설 능력을 변화시켜 수용성 약물의 혈중 농도를 증가시킨다.
ㄹ. 무지방 체중(lean body mass)의 증가와 체지방 감소는 수용성 약물의 독성과 지용성 약물의 작용 지속 시간을 증가시킨다.
└──────────────────────────┘

① ㄱ, ㄴ   ② ㄴ, ㄷ   ③ ㄱ, ㄷ, ㄹ
④ ㄴ, ㄷ, ㄹ   ⑤ ㄱ, ㄴ, ㄷ, ㄹ

4절· 산업보건

| 정답 및 해설 p.596

1. 산업보건 관리 사업에 반드시 포함해야 할 4가지 요소 중에 해당되지 않는 것은? '94 임용

① 산업보건 사업 원칙과 의료 정책 및 방침에 대한 기술
② 건강을 해치는 유해 인자에 폭로되지 않도록 보호
③ 산업보건 사업에 대한 조직 구성
④ 적절한 자원 확보

2. 다음은 학교 안전사고 발생 사건에 대한 내용의 일부이다. 〈작성방법〉에 따라 순서대로 쓰시오. [2점] '21 임용

고등학교 2학년 남학생 3명이 실험실에서 축제 준비를 하였다. 이때 학생 A가 오래된 시약을 버리던 중 알 수 없는 이유로 화학 반응이 일어나 폭발사고가 났다.

학생 A는 방호복, 안전모, 안전장갑 등 보호구를 착용하여 손상을 입지 않았다. 그러나 실험실에 함께 있었던 학생 B는 전신 5%, 1도 화상으로 통원치료를 받았고 장해가 없는 상태로 완치되었다. 학생 C는 전신 40%, 3도 화상으로 대학병원 중환자실에 입원하여 치료를 받았으며, 여러 차례 목과 팔 등에 피부 이식 수술을 받았다. 학생 C는 퇴원 후 간병이 필요 없는 상태에서 상당 기간 동안 재활치료를 받았으며, 요양을 모두 종료한 후에 신체 장해 제12급 판정을 받았다.

※ 근거: 학교안전사고 예방 및 보상에 관한 법률(약칭: 학교안전법)
　　　[법률 제15966호, 2018. 12. 18., 일부개정]

┌ 작성 방법 ┤
• 학생 B와 학생 C가 공통으로 보상받을 수 있는 공제급여의 종류 1가지를 법률에 제시된 명칭으로 쓸 것
• 학생 C가 추가로 보상받을 수 있는 공제급여의 종류 1가지를 법률에 제시된 명칭으로 쓸 것

3. 다음은 고등학교 보건교사가 학교안전교육을 위해서 준비한 교육계획 자료의 일부이다. 〈작성 방법〉에 따라 서술하시오. [4점] '21 임용

(㉠) 교육 계획			
대상 학급	2학년 5반	장소	보건 교육실
학습 주제	일터에서 발생할 수 있는 안전사고 예방		
교육 내용	1. (㉡)의 정의 　노무를 제공하는 사람이 업무에 관계되는 건설물·설비·원재료·가스·증기·분진 등에 의하거나 작업 또는 그 밖의 업무로 인하여 사망 또는 부상하거나 질병에 걸리는 것을 말한다(산업안전보건법, 제2조). 2. 작업장 유해 요인과 노출기준 　1) 작업장 유해 요인의 종류 　　• 화학적 인자 : 중금속, 유기화합물 등 　　• 물리적 인자 : 소음, 분진, 진동 등 　　• 생물학적 인자 : 박테리아, 미생물 등 　　• 기타 　2) 유해물질의 노출기준 　　• 시간 가중 평균노출기준(Threshold Limit Value-Time Weighted Average, TLV-TWA) 　　• 단시간 노출기준(TLV-Short Term Exposure Limit, TLV-STEL) 　　• ㉢ 최고노출기준(TLV-Ceiling) 　　　　　… (중략) …			
교육 방법	… (하략) …		

┌─◆ 작성 방법 ◆─
• 학교안전교육 7대 영역 중 괄호 안의 ㉠에 들어갈 안전교육 영역을 교육부 고시*에서 제시한 명칭으로 쓸 것
　* 학교안전교육 실시 기준 등에 관한 고시 개정안[교육부 고시 제2017-121호]
• 괄호 안의 ㉡에 들어갈 명칭을 쓸 것
• 밑줄 친 ㉢의 의미를 서술할 것

4. 다음은 고등학교 학생 안전교육 계획 자료의 일부이다. 〈작성 방법〉에 따라 서술하시오.

[4점] '23 임용

2023년 학생 안전교육 계획

1. 학생 안전교육 계획 수립·시행
(㉠)이/가 학교안전교육 7대 영역에 해당하는 안전교육 계획을 수립·시행하여야 한다.

2. 학교안전교육 7대 영역
생활안전교육, 교통안전교육, 폭력예방 및 신변보호교육, 약물 및 사이버 중독 예방 교육, (㉡),
직업안전교육, 응급처치교육

2-1. 생활안전교육

… (중략) …

2-6. 직업안전교육
1) 내용
• 작업장의 안전수칙 및 보호장비 알기
• 산업 재해의 의미·유형과 사례별 발생 현황 이해하기
• 직업병의 진단, 예방 및 대처방안 알기
– ㉢ 작업환경 관리의 기본 원칙에 근거한 소음성 난청 예방법
… (하략) …

※ 근거 : 학교안전교육 실시 기준 등에 관한 고시[교육부고시 제2021-21호, 2021. 7. 14., 일부
개정.]

┌ 작성 방법 ┐
• 괄호 안의 ㉠에 들어갈 수립·시행자를 제시할 것
• 괄호 안의 ㉡에 들어갈 영역을 제시할 것
• 밑줄 친 ㉢에 해당하는 예방법 중 소음 감소를 위한 공학적 조치 2가지를 서술할 것

근로자 건강관리

5. 근로자를 채용하기 전에 신체검사를 하는 이유는? '93 임용

① 생산의 질과 양의 두 측면에서 생산에 불리한 노동력이 축적되지 않도록 배려하기
위해서
② 근로자가 유해한 직무에 배치되지 않도록 보호하기 위해
③ 해당 직업에 적당치 않은 신체적 장애를 발견하기 위해
④ 치료 가능한 신체 결함을 근로자 스스로 교정할 수 있는 기회를 부여하기 위해

6. A 업체에 근무하는 근로자들의 건강진단에 대한 내용 중 현행 산업안전보건법 및 동법 시행규칙에 따른 조치로 옳은 것은? [2.5점] '11 임용

> 김 씨는 100데시벨(dB)의 연속 소음이 있는 A 업체의 금속판 가공 공장에서 기능직 정규 직원으로 5년째 일하고 있다. 최근 김 씨는 다른 사람과의 대화 시 정상적인 크기의 말소리를 잘 들을 수 없고 두통, 소화불량, 이명, 주의력 산만 등의 소음성 난청이 의심되는 자각증상이 있었다. 김 씨는 같은 작업장에서 일하는 동료들도 여러 명이 같은 증상이 있다는 이야기를 들었다. 김 씨는 추후에 건강진단을 받았으며 건강진단 결과 직업병 요관찰자로 분류되었다.

① 김 씨는 직업병 요관찰자이므로 업무 수행 적합여부 판정을 받아야 한다.

② 김 씨가 수시건강진단을 요청하는 경우에 사업주는 수시건강진단을 실시하여야 한다.

③ 이 작업장에 배치된 신규직원이 첫 번째 특수건강진단을 받는 시기는 배치 후 24개월 이후이다.

④ 사업주는 질병의 조기 진단을 위해 김 씨에 대하여 2년에 1회 이상 일반건강진단을 실시하여야 한다.

⑤ A 업체의 보건관리자가 임시건강진단을 건의하는 경우에 사업주는 임시건강진단을 실시하여야 한다.

7. 다음은 고등학교 보건교사가 작성한 〈교수·학습 지도안〉이다. 산업안전보건법 시행규칙 (고용노동부령 제169호, 2016. 10. 28., 일부개정)에 근거하여 괄호 안의 ㉠, ㉡에 해당하는 내용을 순서대로 쓰시오. [2점] '17 임용

교수 · 학습지도안			
단원	직업과 건강	보건교사	김○○
주제	근로자 건강진단	대상	3학년 취업반 30명
차시	2/3차시	장소	3학년 1반 교실
학습 목표	근로자 건강진단에 대해 설명할 수 있다.		
단계	교수 · 학습 내용		시간
도입	• 전시 학습 내용 확인 : 산업재해 • 동기 유발 : 직업병 예방 사례 동영상 • 본시 학습 목표 확인		5분
전개	1. 근로자 건강진단 종류별 대상과 시기 　○ 일반 건강진단 　　－ 사무직 근로자는 2년에 1회 이상, 비사무직 근로자는 1년에 1회 이상 실시 　○ 배치 전 건강진단 　　(　　㉠　　)에 종사할 근로자를 대상으로 배치하기 전에 실시 　○ (　　㉡　　) 　　－ (　　㉠　　)에 종사하는 근로자가 직업성 천식이나 직업성 피부염, 그 밖에 건강장해를 의심하게 하는 증상을 보이거나 의학적 소견이 있는 경우에 실시 　　　　　　　… (하략) …		40분

8. 다음은 고등학교 취업반 학생과 보건교사와의 대화 내용이다. 〈작성 방법〉에 따라 서술하시오. [4점] '18 임용

> 학생   : 선생님, 안녕하세요?
> 보건교사 : 현장 실습은 잘 다녀왔어요?
> 학생   : 네, ○○회사에서 실습하고 왔어요. 그곳은 ㉠ 판금 작업을 하는 곳이라 소음이 심했어요.
> 보건교사 : 그렇군요.
> 학생   : 그런데 선생님, 궁금한 게 있었어요. 그곳에서 근무하는 근로자분들이 청력 감소, 수면 장애, 집중력 저하, 두통으로 일상생활이 많이 불편하다고 했어요. 얼마 전에 한 분이 건강 진단을 받았는데, C_1이라는 판정을 받았다고 했어요. C_1이 무슨 뜻이에요?
> 보건교사 : C_1은 (㉡)을/를 의미해요. 소음이 많은 작업장에서 오래 근무하면 소음성 난청이 발생할 수 있어요.
> 학생   : 소음성 난청을 예방할 수 있는 방법은 어떤 것이 있나요?
> 보건교사 : 작업할 때는 보호구 착용 등 작업 기준을 준수해야 해요. 작업 시 정기적으로 소음을 측정해서 소음 허용한계를 넘지 않도록 해야 하고, ㉢ 저소음기계로 변경하거나 ㉣ 방음벽을 설치하는 등의 작업 환경을 개선하는 것도 예방 방법이에요.
> 학생   : 감사합니다.

┌→ 작성 방법 ┼
- 산업안전보건법 시행 규칙에 의거하여 ㉠의 생산직 근로자가 받아야 할 일반건강진단의 검진 주기를 제시할 것
- 괄호 안의 ㉡의 내용을 설명할 것
- ㉢과 ㉣의 예방 대책이 작업환경관리의 기본 원리 중 어디에 속하는지를 구분하여 설명할 것

9. 다음은 보건교사와 동료교사와의 대화 내용이다. 〈작성 방법〉에 따라 서술하시오. [4점]

'22 임용

> 동료교사 : 안녕하세요? 선생님. 제 남동생이 무거운 것을 옮기는 일을 하면서 허리가 아프다고 하더니 최근, ㉠ 건강진단 결과 C₂를 받았다고 해요. 그것이 무슨 의미인가요?
>
> 보건교사 : 그러시군요. C₂는 근로자 건강관리구분에 의하면 (㉡)을/를 의미합니다. 동생 분은 이에 대한 사후 관리를 받으시겠네요.
>
> 동료교사 : 그런데, 남동생이 일하는 사업장은 규모가 작아서 회사에서 사후 관리를 받는 것은 어렵다고 하네요.
>
> 보건교사 : (㉢) 미만 소규모 사업장의 경우, 근로자 건강센터 등을 통해 전문 건강 상담 등 다양한 직업건강 서비스를 받을 수 있습니다.
>
> 동료교사 : 그렇군요. 동생이 직장을 그만 둘 수도 없고…… 작업 시 주의 사항이 있을까요?
>
> 보건교사 : 네. ㉣ 항상 신체 선열이 유지되도록 노력해야 해요. 작업 자세를 자주 바꿔서 같은 자세를 오래 유지하지 않는 것이 좋습니다. 그리고 허리를 굽힌 상태에서 회전 동작을 금합니다. 물건을 옮길 때에는 무릎 관절의 힘보다 허리 관절의 힘을 이용해야 해요.
>
> 동료교사 : 좋은 정보 감사합니다.

┌─ 작성 방법 ┐
- 동료교사 남동생의 밑줄 친 ㉠의 주기를 제시하고, 괄호 안 ㉡의 의미를 고용노동부고시 제 2021-33호(2021. 4. 14., 개정)에 근거하여 서술할 것
- 괄호 안 ㉢의 내용을 제시할 것
- 밑줄 친 ㉣에서 <u>잘못된</u> 문장을 찾아 바르게 고쳐 쓸 것

산업재해 통계 지표

10. 산업보건 재해통계에서 1년 동안에 노동자 1000명당 몇 명이 재해를 입었는가를 알아보는 방법은? '93 임용

① 건수율   ② 도수율

③ 강도율   ④ 중독률

11. 건수율에 대한 설명으로 맞는 것은? '94 임용

① 산업장 근로자 1,000명당 평균 작업일 수

② 연작업 노동 시간당 손실 노동 시간 수

③ 산업장 근로자 1,000명당 재해 건 수

④ 일정 기간 중 연작업 시간당 손실일 수

직업병

12. 불량 환경 조건에서 발생하는 직업병을 바르게 연결한 것은? '93 임용

① 납중독, 수은중독 – 인쇄, 농약제조 – 농부폐증, 불면증

② 크롬, 니켈, 알루미늄 – 제련소피부염, 천식

③ 유리규산, 석면, 석탄 – 광부 – 규폐증, 석면폐증, 탄폐증

④ 진동 – 조선공 – 관절염, 신경염

13. 직업병이란? '94 임용

① 특수한 직업에서 발생하는 상해만을 말함

② 직장에서 방지할 수 없는 특수 질환을 말함

③ 특수한 직업에서 특이하게 발생하는 질병을 말함

④ 모든 직장에서 흔히 발생하는 모든 질명을 말함

14. 젖은 부위를 1~10℃의 기온에 노출시켰을 때 생기는 한랭 손상은? '95 임용

① 잠함병   ② 열쇠약

③ 참호족   ④ 울열증

15. 컴퓨터 보급이 확산되어 학생들이 오락이나 통신을 하면서 컴퓨터 앞에서 보내는 시간이 점차 증가하고 있다. 이런 현상은 학생들의 건강을 위협하며 컴퓨터 단말기(VDT)증후군을 야기하기도 한다. 컴퓨터 단말기 증후군에 대해 설명하고 예방요령을 제시하시오. '99 임용

16. 다음은 보건교사가 작성한 〈교수 · 학습 지도안〉의 일부이다. ㉠, ㉡에 해당하는 용어를 순서로 쓰시오. [2점] '19 임용

교수 · 학습 지도안			
단원	사회와 건강	지도교사	보건교사
주제	작업 환경과 건강	대상	고등학교 2학년 1반
차시	1/3	장소	교실
학습 목표	작업환경에 의해 유발되는 건강 장해를 설명할 수 있다.		
단계	교수 · 학습 내용		시간
도입	○동기 유발 : 작업 환경 유해 요인과 관련된 건강 장해의 최신 기사 제시 ○본시 학습 목표 확인		5분
전개	1. 작업 환경 유해 요인별 건강 장해 　1) 분진에 의한 건강 장해 　　㉠ ・유기성 분진 또는 무기성 분진 등이 폐에 침착되어 조직 반응을 일으킨 상태의 총칭 　　・증상 : 호흡곤란, 기침, 흉통 등 　　・합병증 : 활동성 폐결핵, 흉막염, 기관지염, 기관지확장증, 기흉, 폐기종, 폐성심, 원발성 폐암, 비정형 미코박테리아 감염 　2) 작업 형태에 의한 건강 장해 　　㉡ ・음극선관(Cathode, CRT) 화면, 액정 표시(Liquid Crystal Display, LCD) 화면 등을 장시간 사용함으로써 발생하는 장해 　　・증상 : 눈의 피로, 근골결계 이상(경견완증후군, 요통 등), 정신 신경계 이상(두통, 피로감 등) 　　　　… (하략) …		35분

중금속 중독

17. 중금속 중독과 관련된 직업 종사자를 바르게 연결한 것은? '92 임용

① 크롬 중독 - 피혁, 합금, 염색업 종사자

② 비소 중독 - 석탄공, 도금공

③ 수은 중독 - 축전기 취급자, 연관 배관공

④ 비스무트(Bismuth)중독 - 청동판 제작자, 석판용 잉크 취급자

18. 공장 폐수 중의 유해 물질과 오염원이 바르게 연결된 것은? '94 임용

① 카드뮴 - 아연 제련, 도금

② 비소 - 도자기 공장, 합금 제조

③ 무기 수은 - 건전지, 염화비닐 제조

④ 시안 화합물 - 농약, 암모니아 비료 제조

19. 〈보기〉와 같이 인체에 영향을 미치는 중독 물질은? '92 임용

┌─◆보기◆──────────────────────────────────┐
│ • 소화기, 호흡기, 음식물, 피부로 흡수되어 체내에 축적됨   │
│ • 빈혈 초래, 소화기, 중추 신경계 장애   │
│ • 만성 중독 : 중독 물질이 0.3ppm 이상   │
│ • 뇌손상, 손이 늘어지는 것이 특징임   │
└──────────────────────────────────────┘

① 납   ② 카드뮴

③ 비소   ④ 크롬

20. 다음은 보건교사가 작성한 '중금속 물질 중독증과 관리 방법'에 대한 〈교수·학습 지도안〉이다. (가)~(마) 중 옳은 것만을 있는 대로 고른 것은? '13 임용

교수·학습 지도안			
단원	직업과 건강의 관계	지도 교사	K
주제	중금속 물질과 직업병	대상	고등학교 3학년 취업반 40명
차시	2/3차시	장소	3-3 교실
학습 목표	중금속 물질의 종류별 중독 증상과 관리 방법을 구분할 수 있다.		
단계	교수·학습내용		시간
도입	• 전시 학습 내용 확인: 작업장에서의 근로자 건강 관리 • 동기 유발: 중금속 중독 사례 동영상 • 본시 학습 목표 확인		5분
전개	작업장의 유해한 물질 유형에 따른 건강장애와 관리 방법 ◦납 중독 　－중독 증상: 식욕부진, 변비, 급성 복부 산통, 손 처짐을 동반하는 팔과 손의 마비 등이 나타난다. 　－관리법: (가) <u>분진이 손에 묻은 채로 담배를 피우거나 음식을 먹지 않는다.</u> ◦수은 중독 　－중독 증상: (나) <u>금속성 입맛이 나고 잇몸이 붓고 압통이 있는 구내염이 나타난다.</u> 　－관리법: 급성 중독 시에는 우유와 계란 흰자위를 먹인 후 위세척을 한다. ◦카드뮴 중독 　－중독 증상: (다) <u>빈혈, 적혈구 수명단축 등의 조혈 기능 장애가 나타난다.</u> 　－관리법: 작업복과 통근복을 구별하여 착용한다. ◦크롬 중독 　－중독 증상: (라) <u>장기간 노출되면 골연화증과 허리 및 다리의 통증을 수반하는 보행 장애가 나타난다.</u> 　－관리법: 호흡 보호구나 고무장갑 등의 개인 보호구를 착용한다. ◦베릴륨 중독 　－중독 증상: (마) <u>자극성 피부염, 비중격 천공이 발생하며, 소변에서 코프로폴 피린(Corproporphyrin) 성분이 검출된다.</u> 　－관리법: 분진이 발생하는 작업은 습식 작업을 하고, 흄 생성 작업 공정은 반드시 밀폐한다.		40분
정리 및 평가	중금속 물질 중독에 관한 OX 질문		5분

① (가), (나)　　　　② (가), (마)　　　　③ (나), (다), (라)

④ (다), (라), (마)　　⑤ (가), (나), (다), (마)

21. 다음은 인터넷 기사이다. 〈작성 방법〉에 따라 순서대로 서술하시오. [5점] '19 임용

납중독에 노출된 아이들

○○지역은 오래된 납 공장의 부도로 작업이 중단된 상태라서 아이들이 놀이터로 이용하고 있습니다. 납 공장의 물품들이 여기저기 산재해 있어 아이들이 납 성분에 노출될 위험이 높은 상황입니다.

납은 우리 몸에 축적되면 중독으로 이어지고 특히 신장, 조혈계, 신경계 등 인체에 심각한 영향을 미칠 수 있다고 합니다. 최근 들어 ○○지역 아동들 중에는 심한 ㉠ 빈혈을 호소하는 사례가 많다고 합니다.

납 중독을 방치하면 공격성, 과다행동, 충동 등의 여러 가지 인지적, 행동적 문제를 일으킬 수 있고, 만성화되면 성장과 생식 기능에도 영향을 미치므로 고농도 납 중독시 ㉡ 전문적인 치료가 필요합니다.

더 이상 납에 노출되지 않도록 관련 기관의 철저한 조사와 적극적인 조치를 촉구합니다.

△△ 인터넷 뉴스 이○○ 기자

┌─ 작성 방법 ┤
- 납 중독으로 인해 밑줄 친 ㉠이 나타나는 기전을 서술할 것
- 밑줄 친 ㉡에서 착화제 중 하나인 calcium EDTA의 약리 작용과 근육주사 시 procaine을 함께 투여하는 이유를 서술할 것
- calcium EDTA 투여 전에 확인해야 할 사항과 그 이유를 서술할 것

5절 · 환경

| 정답 및 해설 p.605

기후

1. 감각 온도에 종합적으로 작용하는 3요소는? '95 임용

① 기습, 기압, 기류   ② 기온, 기습, 기압

③ 기온, 기압, 기류   ④ 기온, 기습, 기류

2. A 고등학교에서는 교실 에어컨의 적정 사용 기준을 제시하기 위한 지표로 '불쾌지수'를 활용하기로 하였다. 아래에 제시된 온도를 근거로 교실 내 불쾌지수 ㉠을 산출하고, 실외에서는 이 지수가 불쾌감을 나타내는 적정 지표가 아닌 이유를 쓰시오. [2점] '16 임용

> **교실 온도 및 불쾌지수**
> • 측 정 자 : 보건교사
> • 장　　소 : A 고등학교 2학년 1반
> • 일　　시 : 7월 10일(월) 10 : 00
> • 온　　도 : 건구온도 28℃, 습구온도 25℃
> • 불쾌지수 : (　㉠　) [단, 온도는 섭씨(℃)로 계산하고 그 산출 값은 반올림 없이 소수점 이하 둘째 자리까지만 제시할 것]

먹는 물

3. 식수 판정 기준으로 옳은 것은? '92 임용

① 탁도는 4도를 넘지 아니한다.

② 페놀은 0.005ppm을 넘지 않는다.

③ 일반 세균수는 1cc당 150마리 이내이어야 한다.

④ pH는 2.6~4.5 이내이어야 한다.

4. 다음 중에서 음용수의 수질 기준에 알맞은 것은? '93 임용

① 페놀은 0.05mg/L를 넘지 아니할 것
② 황산이온은 300mg/L를 넘지 아니할 것
③ 염소이온은 150mg/L를 넘지 아니할 것
④ 암모니아성 질소는 5mg/L를 넘지 아니할 것

5. 현행 음료수 수질 기준 등에 관한 규칙에 맞지 않는 것은? '95 임용

① 일반 세균은 1ml 중 100을 넘지 아니할 것
② 대장균은 100ml에서 검출되지 아니할 것
③ 납은 0.05mg/l를 넘지 아니할 것
④ 페놀은 0.05mg/l를 넘지 아니할 것

6. 학교 보건업무 중 식수관리는 보건교사의 중요한 임무이다. 식수의 위생적 관리를 위하여 실시하는 수질검사 방법의 하나인 대장균 검사의 의의와 그 평가방법을 설명하시오.

[총 6점] '01 임용

6-1. 대장균 검사의 의의 [4점]

6-2. 대장균 검사의 평가방법 [2점]

7. 학생과 교직원에게 양질의 음용수를 제공하기 위하여 수질 검사를 실시한 결과는 아래와 같다. 먹는 물의 수질 기준 및 검사 등에 관한 규칙 제2조 제1항에 제시된 기준을 초과하는 항목을 3가지 찾아 각각의 기준치를 쓰시오. [3점] '06 임용

• 일반 세균 수 : 1ml 중 200CFU	• 탁도 : 1도(NTU) • 색도 : 2도
• 총 대장균 수 : 100ml 중 10개	• pH : 4

8. 현재 학교보건법 시행규칙에는 학교장이 관리해야 할 교사 안에서의 환경관리항목으로 공기의 질 이외에 8가지를 제시하고 있다. 해당되는 항목을 모두 쓰시오. [4점] '07 임용

9. 지역 주민 중 특히 영유아에게 돌발성 매트-헤모글로빈혈증을 일으켰다. 그 원인으로 추정되는 것은? '94 임용

① 수소 이온 농도　　　　　　② 대장균
③ 일반 세균　　　　　　　　　④ 질산성 질소

10. 지하수를 먹는 물로 사용하는 학교의 수질 검사 결과이다. 〈보기〉에서 조치가 필요한 항목을 고른 것은? '12 임용

┌─ 보기 ─
▌**먹는물 수질검사결과**

	항 목	기 준
ㄱ.	일반세균	1ml 중 110CFU
ㄴ.	총 대장균	100ml 중 불검출
ㄷ.	유리잔류염소	1.0mg/L
ㄹ.	색도	4도
ㅁ.	질산성 질소	12mg/L

① ㄱ, ㄴ　　　　　　② ㄱ, ㅁ　　　　　　③ ㄴ, ㄷ
④ ㄷ, ㄹ　　　　　　⑤ ㄹ, ㅁ

11. 다음은 보건교사 연수 교육 자료의 일부이다. 밑줄 친 ㉠을 포함해 국가 및 지방자치단체가 행하는 재난 및 안전관리 업무를 총괄, 조정하는 자(재난 및 안전관리 기본법, 법률 제17698호, 2020. 12. 22., 일부개정)와 괄호 안 ㉡에 해당하는 수치를 순서대로 쓰시오.

[2점] '22 임용

자연 재난

1. 정의 : 자연현상으로 인하여 국민의 생명, 신체, 재산과 국가에 피해를 주거나 줄 수 있는 재해
2. ㉠ 재난 관리
    1) 재난 전 단계 : 예방, 대비
    2) 재난 단계 : 대응
    3) 재난 후 단계 : 복구
        ① 이재민 지원, 임시 거주지 마련(식수, 음식 제공)
        ② 감염병 예방 관리

○ 먹는 물 수질 기준

수질검사 항목	수질 기준
총 대장균군	검수 100mL 중 불검출
일반 세균	검수 1mL 중 100 CFU(Colony Forming Unit) 이하
수소이온 농도	pH 5.8 이상 pH 8.5 이하
유리잔류 염소	(㉡)mg/L 이하

※ 근거 : 먹는 물 수질기준 및 검사 등에 관한 규칙(환경부령 제942호, 2021. 9. 16., 타법개정)
··· (하략) ···

---

12. 그림은 상수도 소독 방법 중 하나를 나타낸 것이다. ㉠의 명칭과 정의를 쓰고, 상수도 소독에서 ㉠의 활용 방법과 그에 따른 장점을 서술하시오. [5점] '14 임용

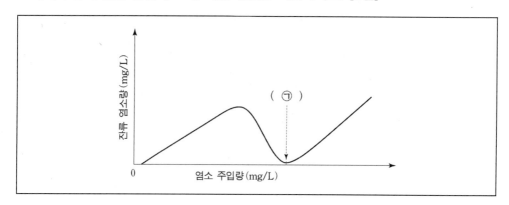

13. 물을 자연 정화하는 방법 중에서 폭기의 효과는? '93 임용

① 물속의 부패물질이 제거된다.
② 침사작용이 촉진된다.
③ 유기물 및 병균이 제거된다.
④ 물 속에 산소가 혼합된다.

14. Imhoff tank에서 일어나는 작용은? '93 임용

① 액체와 고체의 분리 및 산화작용
② 액체와 고체의 분리 및 부패작용
③ 액체와 고체의 소독 및 부패작용
④ 액체와 고체의 분리 및 소독작용

15. 〈보기〉의 설명과 관계가 깊은 것은? '92 임용

> ┤보기├
> • 물속에 용해되어 있는 산소량은 ppm단위로 표시한다.
> • 수온이 낮고 기압(산소분압)이 높을수록 증가하며, 유기물질이 많으면 감소한다.
> • 물의 오염도를 판단하는 데 중요한 자료다.

① BOD   ② DO
③ COD   ④ IDOD

16. 수질오염 지표에 대한 설명 중 옳은 것은? '95 임용

① BOD는 숫자가 클수록 오염도가 낮은 물이다.
② DO는 수온이 낮을수록 기압은 높을수록 증가한다.
③ COD는 물속의 유기물질이 미생물에 의해 분해될 때 필요한 산소 요구량이다.
④ pH는 외부로부터 산, 알칼리성 물질이 유입되면 쉽게 변하므로 오염 지표가 될 수 없다.

17. 다음은 보건교사가 작성한 〈교수·학습 지도안〉이다. 〈작성 방법〉에 따라 순서대로 서술 하시오. [5점] '19 임용

교수·학습 지도안			
단원	환경과 건강	지도교사	보건교사
주제	수질 오염과 건강	대상	고등학교 1학년 3반
차시	1/3	장소	스마트교실
학습 목표	수질 오염이 건강에 미치는 영향을 설명할 수 있다.		

단계	교수·학습 내용	시간
도입	○동기 유발 : 수질 오염의 심각성과 관련된 동영상 시청 ○본시 학습 목표 확인	5분
전개	… (상략) … ○수질 오염의 지표인 사례 <table><tr><td>㉠ <u>미나마타병</u></td><td>1950년대 일본 구마모토현 미나마타시에서 발생 임상 증상 : 사지마비, 청력장애, 시야협착, 언어장애, 선천성 신경장애 등</td></tr><tr><td>㉡ <u>이타이 이타이병</u></td><td>1940년대 일본 도야마현에서 발생 임상 증상 : 보행장애, 심한 요통과 대퇴관절통, 신기능장애 등</td></tr></table>○수질 오염 지표 • 용존산소(Dissolved Oxygen, DO) • ㉢ <u>생물화학 산소요구량</u>(Biochemical Oxygen Demand, BOD) … (중략) … ○수질 오염 예방 대책 〈모둠 활동〉 수질 오염이 건강에 미치는 영향을 ㉣ <u>수인성 감염병</u>, 화학물질에 의한 중독 측면에서 태블릿 PC를 이용하여 검색하고, 일상생활에서 실천할 수 있는 수질 오염예방 대책에 대해 토론하기	35분
정리	모둠 활동에서 정리한 것 발표하기	10분

┌◆작성 방법┝
- 밑줄 친 ㉠, ㉡의 발생 원인 물질의 명칭을 순서대로 제시할 것
- 밑줄 친 ㉢을 정의하고, ㉢과 용존산소(DO)와의 관계를 서술할 것
- 밑줄 친 ㉣과 관련한 Mills-Reincke 현상에 대해 서술할 것

18. 해역의 적조 현상은 어떤 상태에서 일어나는가? '94 임용

① 염분 농도가 높고 수온이 낮을 때
② 질소, 인 등 영양 염류의 감소로 인하여
③ 식물성 plankton의 번식 감소로 인하여
④ 영양 염류의 질소와 인의 농도비가 10 − 15 : 1 일 때

공기(대기오염)

19. 일산화탄소(CO)중독 시 혈액 중에 탄소포화도가 어느 정도일 때 혼수상태가 올 수 있는가?

'93 임용

① 10~20% ② 20~30%
③ 30~40% ④ 40~50%

20. 아황산가스에 대한 설명으로 옳지 <u>않은</u> 것은? '95 임용

① 무색, 무자극기체이다.
② 허용치는 0.05ppm이다.
③ 대기 오염의 지표이다.
④ 식물에 가장 큰 피해를 준다.

21. 지구의 온실효과를 초래하는 대기오염의 주원인은? '93 임용

① 수증기 ② 공업적 질소 고정
③ 기온 역전 ④ 이산화탄소의 농도 증가

22. 다음 중 온실효과를 일으키는 대기의 성분으로 옳게 짝지어진 것은? '96 임용

① O_3, CO_2 ② O_3, H_2O
③ H_2O, CO_2 ④ CO_2, SO_2

23. 온실효과(Green house effect)의 주 원인이 되는 것은? '92 임용

① 일산화탄소(CO) 　　　　② 이산화탄소(CO_2)

③ 아황산가스(SO_2) 　　　　④ 이산화질소(NO_2)

24. 온실효과에 의한 지구 온난화 현상을 설명하고 이것이 환경에 미치는 영향을 기술하시오.

'98 지방

25. 다음은 중학교 보건교사가 작성한 〈교수·학습 지도안〉의 일부이다. 〈작성 방법〉에 따라 서술하시오. [4점] '23 임용

교수 · 학습 지도안			
단원	대기오염과 건강	대상	1학년 3반
차시	1/3	장소	보건교육실
학습목표	• 대기오염과 관련된 용어를 설명할 수 있다. • 대기오염 현상을 설명할 수 있다.		
구분	교육 내용		시간
도입	동기 유발 : 대기오염 사례 동영상 시청		5분
전개	1. 용어 정의 　1) 대기오염물질 : 대기 중에 존재하는 물질 중 대기오염의 원인으로 인정된 가스 · 입자상 물질 　2) ㉠ <u>온실가스</u> 　　- 6대 온실가스 : (㉡), (㉢), 아산화질소, 수소불화탄소, 과불화탄소, 육불화황 　　※ 근거 : 대기환경보전법[법률 제18905호, 2022. 6. 10., 일부개정] 　　　　… (중략) … 2. 대기오염 현상 　1) 산성비 : 공장이나 자동차 배기가스에서 배출된 황산화물과 질소산화물이 대기 중에 산화되어 황산, 질산으로 변환되고 비의 형태로 지상에 강하하는 것 　2) ㉣ <u>열섬효과</u>		35분

┌─ 작성 방법 ─

• 밑줄 친 ㉠의 정의를 서술할 것
• 괄호 안의 ㉡과 ㉢에 들어갈 온실가스를 각각 제시할 것
• 밑줄 친 ㉣의 현상을 서술할 것

26. 오존층을 파괴시키는 주된 물질은? '96 임용

① 이산화탄소   ② 메탄가스

③ 일산화질소   ④ 프레온가스

27. 다음은 보건교사가 작성한 '기온 역전'에 대한 〈교수·학습 지도안〉이다. (가)~(마) 중 옳은 것만을 있는 대로 고른 것은? '13 임용

교수·학습 지도안			
단원	환경과 건강의 관계	지도교사	L
주제	기온 역전	대상	고등학교 1학년 3반 30명
차시	3/3차시	장소	1−3 교실
학습 목표	대기오염으로 발생하는 기온 역전을 이해한다.		
단계	교수·학습 내용		시간
도입	• 전시 학습 내용 확인: 대기 오염 물질 • 동기 유발: 기온 역전 사례 동영상 • 본시 학습 목표 확인		5분

전개	I. 기온 역전
	  1. 정의 및 특성
	    (가) 상공에는 오염 물질이 흩어지지 않고 머무는 돔(dust dome) 현상이 발생하며, 지역 전체가 비닐하우스에 둘러싸인 것 같은 현상이다.
	    (나) 공기의 교환이 적고 확산이 일어나지 않아서 고도가 증가함에 따라 기온이 증가하는 현상이다.
	    (다) 인위적인 열 생산량이 증가함에 따라 도심의 온도가 변두리 지역보다 높아지는 현상이다.
	  2. 사례
	    (라) 1948년 미국의 도노라 사건과 1952년 영국의 런던 스모그 사건이 그 예이다.
	  3. 유형
	    (마) 복사성 역전은 고지대에서는 크고 두꺼운 역전층이 생기는 반면, 저지대에서는 역전층이 거의 생기지 않기 때문에 발생한다.
	        침강성 역전은 공기층 전체가 하강할 때 형성 ······
	        ··· (중략) ···
			40분

정리 및 평가	기온 역전의 정의, 유형, 사례에 관한 OX 질문		5분

① (가), (다)   ② (나), (라)

③ (나), (다), (마)   ④ (나), (다), (마)

⑤ (가), (나), (라), (마)

28. 대기오염은 국민의 건강이나 환경에 위해를 초래한다. 따라서 건강하고 쾌적한 환경에서 생활하기 위해서는 대기오염물질을 관리할 필요가 있다. 대기오염에 대한 다음 물음에 답하시오. [총 6점] '03 임용

28-1. 환경정책 기본법 시행규칙에 의하면 오존농도에 따라 대기오염 경보를 발령하도록 되어 있다. 경보 발령 시의 오존농도를 제시하고, 행동지침에 대해 2가지만 쓰시오. [3점]

28-2. 환경정책 기본법에 규정된 우리나라 대기오염 측정 항목을 6가지만 쓰시오. [3점]

29. 다음은 학교의 재난관리 내용이다. 재난 및 안전관리 기본법(법률 제14079호, 2016. 3. 22., 타법개정)에 근거하여 밑줄 친 ㉠이 해당되는 재난유형을 쓰고, 괄호 안의 ㉡에 해당하는 재난 관리 단계를 쓰시오. [2점] '17 임용

㉠ 감염병 재난 관리 (㉡) 단계 임무 및 역할

• 감염자 및 유증상자, 유사 환자 파악(교직원 등 포함) 보고
• 방역 기관 협조하에 감염자 및 유증상자 치료 기관 이송 및 격리 조치
• 환자 접촉을 통한 2차 감염 우려자 정밀 진단 실시, 잠복 기간 동안 별도 격리 및 학부모에게 통보
• 교육 시설, 교육 기자재 등에 대한 방역 실시 및 손 씻기 철저 지도 등 개인위생 관리 강화
• 음용수 및 급식 제공 시설 등 위생 관리 강화
• 환자 발생교는 음용수 및 급식 제공 중단
• 방역 기관 및 교육청 등과 협의하에 필요 시 휴업/휴교 조치
• 수학여행, 체험학습, 수련 활동 등 단체 활동 금지

---

30. 다음은 보건교사가 작성한 〈교수·학습 지도안〉이다. 괄호 안의 ㉠, ㉡에 해당하는 내용을 차례대로 쓰시오. [2점] '14 임용

교수·학습 지도안			
단원	환경과 건강	지도 교사	최○○
주제	(㉠)와/과 건강	대상	고등학교 2학년 3반 (30명)
차시	2/3	장소	2−3 교실
학습 목표	(㉠)이/가 건강에 미치는 영향을 설명할 수 있다.		

단계	교수·학습 내용	시간
도입	○ 전시 학습 확인 : 환경 문제의 분류와 현황 ○ 동기 유발 : (㉠)이/가 건강에 미치는 영향에 관한 동영상 시청	5분
전개	1. (㉠)의 정의 　생체 내 호르몬의 생산, 분비, 이동, 대사, 결합 및 배설을 간섭하는 외인성 물질 2. (㉠)의 종류와 특징 및 영향 <table><tr><td>종류</td><td>특징 및 영향</td></tr><tr><td>(㉡)</td><td>○ 제초제와 살균제의 제조 과정, 염소 화합물의 연소 과정에서 발생하는 일련의 화합물 ○ 주로 소각장에서 배출되며, 대표적으로 2,3,7,8−TCDD가 있음 ○ 암의 원인이 되기도 하고 면역력을 저하시키기도 함</td></tr></table>	40분

제6강 학교보건

'92학년도	보건교사의 직무, 가슴둘레 측정법, PPD 검사, 신체검사의 신뢰도 높이는 방법, BCG 후 Koch현상, 시력검사, 청력검사의 Weber test, 정화구역관리, 학교환경관리 기준
'93학년도	T-test 양성반응, 보건교사 활동, 시력검사, 신체검사 규칙, 질문, 학교보건사업 평가 절차, 정화구역, 환기 횟수
'94학년도	학교보건법 제정년도, 학교체계, 질문, 보건교사 배치기준, 집단검진, 학교환경기준, 인공조명 구비조건
'95학년도	신체검사, 체격검사 측정방법, 보건교사의 직무, 약독화생백신 종류, 양호실 설비기준, 초등학교 입학학생의 예방접종 완료시기, 뇌염 예방접종
'96학년도	중·고등학교 병리검사, 건강기록부 관리, 보건교사의 역할, 신장측정 방법, 정화구역
'97학년도	학교보건교육의 필요성, 금연교육 후 평가 범주별 지표, 집단지도안 작성, 학교 간호과정의 진단요소 및 우선순위 기준, 신체검사 전 준비사항, 비만도
'98학년도	예방접종 목적 및 예진사항, 학교보건사업의 4범위, 척추측만증의 진단방법, 집단검진 조건, 소아비만의 문제점과 관리(지방)
'99학년도	상담, 비만 문제점과 관리방법
후 '99학년도	정화구역 거리 기준, 정화구역 안에서의 금지행위 및 시설, 학교환경위생관리 항목 6가지, 보건교사의 직무 중 허용되는 의료행위 5가지
2000학년도	학교보건교육의 궁극적 목표 2가지, 학교보건교육의 중요성 3가지, 학교보건교육 실시 후 이행을 증진시키기 위한 전략 5가지, 시력 저하 원인 및 예방방법, 신체검사(소변검사) 이상자 관리, 학교 내 환경관리
2001학년도	집단검진의 목적, 체격검사 측정방법
2002학년도	학교보건 활동에서의 기록의 목적, 학교보건의 중요성, 학교보건의 목적
2003학년도	보건교사의 직무, 척추측만증 검사방법, 시력 건강 유지 행위, 교실 내 조도관리
2004학년도	학교간호과정에서의 우선순위, 난청 검사, 비만평가 시 신체 측정자료, 비만식이요법 및 비만 판정 방법
2005학년도	학생건강기록부 관리, 안전관리(전기취급기구 주의), 평가계획에 포함되어야 할 4가지 평가요소, 집단검진의 민감도와 특이도
2006학년도	학교간호 문제 파악 시 자료 수집 방법, 먹는 물의 수질 기준(일반세균, 총대장균군, pH), 보건교사의 직무(의료 행위 5가지)
2007학년도	교실 환경 관리 항목으로 공기의 질 이외에 8가지, 학교보건사업 시 평가 5단계 절차, 양성 예측도
2008학년도	별도검사의 종류와 대상, 비만 정도 판정
2009학년도	집단검진 시 정확도, 비만 정도 판정
2010학년도	학교환경위생정화구역(이하 "정화구역") 설정 및 관리, 학교건강검사
2011학년도	건강검진 항목, 특이도 양성 예측도
2012학년도	건강검사 실시기관과 실시내용, 방법/학교보건사업평가범주와 평가내용
2013학년도	학교간호과정의 우선순위별 건강문제 해결
2014학년도	교사 내 공기의 질과 교실 내 환경, 비만도
2015학년도	건강검사규칙(건강검사분류)
2016학년도	건강검사규칙(검진기관)
2017학년도	
2018학년도	
2019학년도	건강검사규칙(응급처치) 척추측만증 검사방법
2020학년도	보건교육과정, 건강검사규칙(응급처치)
2021학년도	
2022학년도	체질량지수(BMI, kg/m²) 산출값
2023학년도	학교안전·구조, 과정 결과 평가의 목적과 지표

출제포인트

학교보건에서 최근 출제 비중이 가장 높은 부분은 '건강검사'이다. 그러므로 학교보건법, 학교보건법 시행령, 시행규칙 및 건강검사규칙의 세부 사항들을 꼼꼼히 정리하고 기억해 두어야 한다. 실제 보건교사로서 가장 많이 활용할 부분이므로 필히 완성시켜 놓아야 하는 영역이다.
법령이므로 매년 개정되어 개선되는 실제 문제들을 빠르고 정확히 숙지해 두어야 한다.
학교간호과정도 출제율이 꾸준히 유지되는 영역이므로 학교보건의 진단 시 우선순위, 목표, 평가 등 모든 과정이 세밀히 정리되어야 한다.
최근 학교 교실환경의 출제 비율도 증가하고 있다. 교실 내 공기의 질을 포함한 교실환경 관리 기준과 그 관리 내용도 꼼꼼히 익혀 두자.

1절 ✦ 학교보건의 이해

| 정답 및 해설 p.611

학교보건의 개요(정의, 목적, 중요성, 사업의 범주)

1. 학교보건교육은 학생과 교직원 건강관리를 위한 중요한 간호활동이다. 학교보건교육이 건강관리에 필요한 이유를 기술하시오. '97 임용

2. 만성질환이 증가함에 따라 보건교육의 중요성이 강조되고 있다. 다음 질문에 답하시오.
'00 임용

2-1. 만성질환 예방을 위한 학교보건교육의 궁극적인 목표를 2가지 이상 쓰시오.

2-2. 만성질환 예방에 있어 학교보건교육의 중요성을 3가지 이상 제시하시오.

2-3. 만성질환 예방을 위한 학교보건교육 실시 후 학생의 이행(compliance)을 증진시키기 위한 전략을 5가지 이상 제시하시오.

3. 학생집단을 대상으로 하는 학교보건사업은 학교라는 특수성으로 인하여 타 분야의 보건사업과는 다른 중요성이 있다. 다음 물음에 답하시오. [총 7점] '02 임용

3-1. 학교보건의 중요성을 5가지만 쓰시오. [5점]

3-2. 학교보건의 목적을 기술하시오. [2점]

4. 학교보건은 포괄적 사업이다. 학교보건사업의 범위를 4가지로 구분하여 설명하시오. '98 임용

학교보건 인력의 배치 및 직무

5. 교육법 시행령에 명시된 보건교사 배치기준에 대한 내용은? '94 임용

① 18학급 이상의 초등학교에는 학교 의사 1인, 학교 약사 1인과 보건교사 1인을 둔다.
② 18학급 미만의 초등학교에는 학교 의사 또는 학교 약사 중 1인과 보건교사 1인을 둔다.
③ 9학급 미만의 중·고등학교에는 학교 의사 또는 학교 약사 중 1인과 보건교사 1인을 둔다.
④ 중·고등학교 보건교사는 정원 외에 이를 둘 수 있다.

6. 보건교사의 직무로 볼 수 없는 것은? '92 임용

① 학교보건 계획 수립
② 상병 악화 방지를 위한 의약품 부여
③ 학생 및 교직원의 건강 진단 실시와 평가
④ 학교환경위생 관리 및 개선

7. 학교보건 시행령에 규정된 보건교사의 직무는? '95 임용

① 학교보건 교육계획 수립에 의한 자문
② 학교에서 사용하는 의약품 및 독극물의 실험
③ 학생 및 교직원의 건강 진단
④ 상병의 악화 방지를 위한 처치

8. 〈보기〉에서 보건교사의 역할을 모두 고르면? '96 임용

┌─ 보기 ─────────────────────────────────────┐
│ ㉠ 환경위생   ㉡ 학교보건 사업 평가   │
│ ㉢ 보건교육 계획 및 실시   ㉣ 학교보건 봉사계획 및 실시   │
└──┘

① ㉠ ㉡ ㉢   ② ㉠ ㉢ ㉣
③ ㉡ ㉢ ㉣   ④ ㉠ ㉡ ㉢ ㉣

9. 보건교사의 직무를 10가지 이상 쓰시오. '99 지방 임용

10. 학교보건법 시행령 제6조에서는 학교보건 관리자인 보건교사의 직무를 제시하고 있다. 학교보건법 시행령에 제시된 보건교사의 직무를 8가지만 쓰시오. [총 8점] '03 임용

11. 학교 보건 관리자인 보건교사의 직무는 '학교보건법 시행령 제 6조'에 제시되어 있다. 이 중 보건교사가 할 수 있는 의료 행위 5가지를 쓰시오. [5점] '06 임용

2절 ✦ 학교간호과정

| 정답 및 해설 p.614

학교 건강 진단

1. C 초등학교 보건교사가 학교간호과정의 4단계를 적용하여 건강 증진사업을 운영하였다. (가)의 활동에 해당되는 내용으로 옳은 것은? [1.5점] '11 임용

① 학부모에게 부모 교육용 뉴스레터를 매주 발송하였다.
② 사업 요구도를 파악하기 위해 학교건강검사 결과를 분석하였다.
③ 사업 실시 후 학생들의 체지방 및 체중 변화 정도를 분석하였다.
④ 학생들의 식습관과 생활습관을 교정하기 위하여 행동수정 요법을 실시하였다.
⑤ 소재지 보건소에 의뢰하여 학생들에게 식이 처방과 운동 처방을 받게 하였다.

자료수집 방법

2. 보건교사가 학교간호 문제를 파악하려고 할 때, 사용할 수 있는 자료 수집 방법을 5가지만 기술하시오. [4점] '06 임용

자료수집 항목

3. 학교건강사정(Assessment)을 통해 학교간호 사업계획을 세우고자 한다. '97 임용

3-1. 자료수집 항목을 기술하시오.

학교간호 사업의 우선순위 설정

4. 학교건강사정(Assessment)을 통해 학교간호 사업계획을 세우고자 한다. 문제의 우선순위를 설정하는 기준을 제시하시오. '97 임용

5. 다음 표는 A고등학교의 학생 신체검사 실시 결과를 보여주는 학생체질검사 통계표이다. 이 표와 관련하여 다음 질문에 답하시오. [총 8점] '04 임용

학생체질검사통계표

20×× 년도	기관명 : A고등학교
□초 □중 ☑고 ☑남 □여	

구 분			1학년	2학년	3학년	합 계
눈	시력	교정 대상	131	107	153	391
		색 각	25	21	23	69
	눈병	전염성 결막염	23	25	18	66
		그 밖의 눈병	·	·	·	·
귀		청력장애	2	1	2	5
		중이염	3	2	3	8
		그 밖의 귓병	·	·	·	·
코		부비동염	1	2	1	4
		그 밖의 콧병	·	·	·	·
목		편도선비대	5	3	3	11
		그 밖의 목병	·	·	·	·
피부		전염성 피부병	·	·	·	·
		그 밖의 피부병	10	15	7	32
구강		치아우식증	174	201	188	563
		치주질환	1	3	1	5
		부정교합	10	21	8	39
⋮			⋮	⋮	⋮	⋮
	검사인원 수		765	767	778	2,310

5-1. 학교간호 과정에서 건강 문제의 우선순위를 결정할 때 이용하는 기준은 무엇인지 4가지만 쓰시오.[2점]

5-2. A고등학교의 보건교사는 앞의 표를 참고하여 학생들의 건강 문제를 파악하고자 한다. 표에 나타난 학생들의 건강 문제 중 우선적으로 해결해야 할 문제를 1순위부터 3순위까지 쓰시오. [3점]

5-3. 문항 〈5-2〉에서 확인된 1순위 건강 문제를 해결하기 위해 보건교사가 할 수 있는 보건 활동을 3가지만 쓰시오.

학교간호의 수행계획과 평가계획

6. K중학교 보건교사는 2013년도 학교간호 계획을 세우기 위하여 사정 자료를 수집하였다. 아래 제시된 사정 자료를 근거로 우선 순위(건강 문제의 크기, 문제의 심각성)에 따른 학교간호 문제 2가지를 제시하시오. 그리고 제시한 문제에 대해 목표를 1가지씩 설정하고, 목표별 수행 계획과 평가 계획을 각각 3가지씩 수립하시오. [25점] '13 임용

항목	사정 내용
학교간호의 목표	학교의 적정 기능 수준 향상, 학생 및 교직원 등의 건강 유지 및 증진
학생 및 교직원 수	남학생 384명, 교직원 38명
학교간호 관련 인력	보건교사, 인근 지역 종합병원·병원·의원의 의사와 치과 의사, 약국의 약사
학교 내 물리적 환경	• 교실 내 이산화탄소 농도 : 자연 환기 상태에서 2,000ppm • 교실 내 조도 : 책상 면을 기준으로 300lx(럭스)
연간 건강 문제 발생 현황	• 2011년도 건강문제 발생 현황(총 364명 대상) • 2012년도 건강 문제 발생 현황(총 384명 대상)

• 2011년도 건강문제 발생 현황(총 364명 대상)

건강 문제	보유 학생 수 (a)	완치 학생 수 (b)	새로 발생한 학생 수(c)	총 수 (a-b+c)
근시	164명	0명	20명	184명
치아 우식증	14명	7명	3명	10명
부정 교합	12명	0명	1명	13명

• 2012년도 건강 문제 발생 현황(총 384명 대상)

건강 문제	보유 학생 수 (a)	완치 학생 수 (b)	새로 발생한 학생 수(c)	총 수 (a-b+c)
근시	184명	0명	50명	234명
치아 우식증	10명	7명	2명	5명
부정 교합	13명	1명	0명	12명

학생 건강 생활과 관련된 행동	• 인터넷이나 게임을 하루에 2시간 이상 한다(63.9%). • 인터넷 중독 자가진단에 따른 고위험 사용군은 15%, 잠재적 위험 사용군은 30%이다. • 주 3회 이상 땀이 나거나 숨이 찰 정도로 운동을 하거나 일을 한다(92%).

7. 학교 간호과정 중 평가계획에 포함되어야 하는 4가지 평가요소를 쓰고 1줄 이내로 설명하시오. [3점] '05 임용

학교간호의 평가 및 재계획

8. 다음 〈보기〉의 학교 보건 사업의 평가 절차를 순서대로 바르게 나열한 것은? '93 임용

┌─ 보기 ┐
ㄱ 기준선 결정   ㄴ 성공과 실패의 판단 기준
ㄷ 평가방법 선정   ㄹ 평가방법 선택과 예비심사
ㅁ 목적 결정
└────────────────────────┘

① ㄱ ㄴ ㄷ ㄹ ㅁ   ② ㄴ ㄷ ㄹ ㅁ ㄱ
③ ㅁ ㄴ ㄷ ㄱ ㄹ   ④ ㄷ ㅁ ㄹ ㄱ ㄴ

9. 보건교사가 학교보건사업을 수행한 후 사업평가를 하려고 한다. 체계적인 평가가 이루어 지기 위해 필요한 5단계 평가 절차를 순서대로 쓰시오. [4점] '07 임용

10. 중학교 보건교사가 흡연으로 적발된 학생 30명을 대상으로 금연 교육을 실시하였다. 1주 1시간씩 4주간의 교육을 실시한 후 교육 종료일과 3개월 후 두 차례에 걸쳐 교육효과에 대한 평가를 하려고 한다. 평가 범주별로 평가 지표를 기술하시오. '97 임용

11. 보건 간호 사업으로 비만 아동들에게 운동 프로그램을 실시한 후 평가하려고 한다. 이 사업을 평가할 때 평가 유형과 내용을 바르게 짝지은 것은? '09 임용

① 과정 평가 : 학생의 참석률
② 과정 평가 : 학생의 삶의 질
③ 결과 평가 : 학생의 집중도
④ 결과 평가 : 학생에게 제공된 프로그램 내용
⑤ 구조 평가 : 학생의 비만에 대한 지식 변화

12. A 중학교 보건교사가 작성한 건강생활실천프로그램 기획안이다. 〈작성 방법〉에 따라 보건 문제의 우선순위 결정과 평가 지표에 대해 서술하시오. [4점] '18 임용

건강생활실천프로그램 기획안

(가) 학교건강실태조사 결과
- ○ 운동 실천율 : 25%
- ○ 아침 결식률 : 20%
- ○ 흡연율 : 8.5%
- ○ 과체중률 : 35%

(나) ㉠ Basic Priority Rating System(BPRS)에 의한 우선 순위 결정

㉡ 보건 문제	평가 요소		
	㉢ 건강문제의 크기(A)	건강문제의 심각도(B)	사업의 추정효과(C)
신체 활동 부족	10	7	6
부적절한 식습관	8	8	5
흡연	6	10	5
비만	10	9	5

(다) 건강생활실천프로그램
- 대상 : 체질량 지수 23.0kg/m² 이상인 학생
- 기간 : 2018년 ○월~○일
- 수행 계획
  - 보건교육 (집단 교육)
  - 식사일기 쓰기
  - 요리 교실
  - 줄넘기 교실
- ㉣ 평가 지표
  - 예산 집행률
  - 전문가 확보율
  - 과체중률
  - 요리교실 운영 횟수
- ○ 금연교육

··· (하략) ···

┌─ 작성 방법 ─┐
- ㉠의 산출 공식을 쓰고, 우선순위에 따라 ㉡의 보건 문제들을 순서대로 제시할 것
- BPRS 평가 요소 중 ㉢은 무엇을 측정하는 것인지 서술할 것
- 논리모형(logic model)을 적용했을 때 ㉣ 중에서 결과(outcome) 평가에 해당하는 지표를 제시할 것

13. 학교 보건 사업을 수행한 후 체계 모형에 따라 평가하려고 한다. 평가 범주에 따른 평가 내용으로 옳은 것만을 〈보기〉에서 있는 대로 고른 것은? '12 임용

	평가 범주	평가 내용
ㄱ	사업 진행에 대한 평가	집행 계획대로 차질 없이 수행하였는지를 평가
ㄴ	사업 효율성에 대한 평가	인적·물적 자원 등을 비용으로 환산하여 목표 달성 정도와 비교하여 평가
ㄷ	투입된 노력에 대한 평가	사용된 인적·물적 자원 등을 평가
ㄹ	목표 달성 정도에 대한 평가	지역 사회 요구를 파악하여 평가
ㅁ	사업의 적합성에 대한 평가	물적 자원의 소비량과 비용을 평가

① ㄱ, ㄴ 　　　　② ㄴ, ㄹ 　　　　③ ㄱ, ㄴ, ㄷ
④ ㄱ, ㄷ, ㄹ 　　　⑤ ㄴ, ㄷ, ㅁ

14. 다음은 초등학교 보건교사의 비만 관리 프로그램 기획안의 일부이다. 〈작성 방법〉에 따라 서술하시오. [4점] '23 임용

2023년 비만 관리 프로그램 기획안

○ 프로그램 목표
- 비만 학생 40명이 프로그램에 참여한다.
- 운영 예산 500만 원을 확보한다.
- 가정통신문을 월 1회 발송한다.
- 학생의 비만율이 2% 감소한다.
- 비만 관리 프로그램 전문가를 3명 확보한다.
- 비만 학생의 건강 식생활 실천율이 15% 증가한다.
- 비만 학생의 유산소 신체활동 실천율이 10% 증가한다.

○ 프로그램 운영 계획
- 대상 : 연령별 체질량지수(Body Mass Index, BMI) 95백분위수 이상의 비만 학생
- 프로그램 운영기간 : 4월~6월
- 프로그램 내용 : 영양, 운동, 가정 연계

… (중략) …

○ 프로그램 평가 계획

평가유형	평가지표
구조평가	• 예산 확보율 • 전문가 확보율
㉠ 과정평가	(㉡)
㉢ 결과평가	(㉣)

… (하략) …

┌─ 작성 방법 ─┐
- 밑줄 친 ㉠의 목적을 서술하고, 괄호 안의 ㉡에 들어갈 평가지표를 '프로그램 목표'에 근거하여 2가지 제시할 것
- 밑줄 친 ㉢의 목적을 서술하고, 괄호 안의 ㉣에 들어갈 평가지표를 '프로그램 목표'에 근거하여 3가지 제시할 것

15. 다음은 보건교육사업에 대한 예문이다. 보건교육사업에 대한 5가지 평가범주를 제시하고, 예문에서 제시된 보건교육사업을 적용하여 각 평가범주별로 해당되는 평가지표를 모두 쓰시오. [5점] '05 임용

○○고등학교는 총 학급 수가 30학급이다. 이 학교 보건교사는 성교육이 전교생에게 필요하지만, 우선 고3 학생들을 대상으로 실시하기로 하였다. 보건교사는 3학년(총 10학급)을 대상으로 1학급당 2시간의 교육 계획을 세우고 인체모형 구입비로 100만원을 사용하였다. 성교육은 수능시험 직후에 실시되었고, 따라서 학생들의 관심도는 시험 결과에만 쏠려있었다. 결국 보건교사는 5학급에서만 성교육을 실시할 수 있었다. 또한 남녀학생들이 같이 성교육을 받는 과정에서 일부 학생은 쑥스러움에 고개를 숙이고 있었다. 교육 실시 후 보건교사는 인체모형과 동일한 효과가 있으면서도 비용은 20만원으로 저렴한 교육 자료가 있음을 알게 되었다.

3절 ✦ 건강검사

| 정답 및 해설 p.620

1. 서울 소재의 A 중학교에서는 『학교건강검사규칙』에 근거하여 학생 및 교직원을 대상으로 2009년 학교건강검사를 실시하였다. 이 규칙을 바르게 준수한 것으로 옳은 것은? [1.5점] '10 임용

① 학교장은 교무 회의를 거쳐 1개의 검진 기관을 선정한 후 3학년 학생들의 건강검진과 신체의 발달사항 측정을 의뢰하여 실시하였고, 1~2학년의 신체의 능력검사 및 건강조사는 학교에서 자체 시행하였다.

② 학교장은 학생건강검사를 실시한 후 그 결과를 학생건강기록부에 작성·관리하고, 교직원들에 대해서는 『국민 건강보험법』에 의한 건강검진결과를 관리하였다.

③ 학교장은 건강검진 결과 결핵 초기로 판정받은 50세 임 교사에게 복무에 지장이 있다고 판단하여 휴직을 결정하였다.

④ 여학생들을 대상으로 한 신체능력검사를 하기 위하여 달리기, 오래달리기-걷기, 제자리멀리뛰기, 팔굽혀펴기, 윗몸일으키기 및 앉아윗몸앞으로굽히기를 실시하였다.

⑤ 3학년 1학기를 마친 후 자퇴하고 외국 유학을 준비 중인 학생의 담임 교사는 부모에게 학생건강기록부 원본을 교부하였으며, 공증을 받은 후 외국 학교에 제출하도록 하였다.

2. 중학생을 대상으로 건강 검사를 하려고 한다. (가)~(다)에 들어갈 내용으로 옳은 것은?

'12 임용

검사 항목	대상 학년	실시 기관	조사항목 및 실시 방법
신체 발달 상태	중학교 1학년	(가)	키, 몸무게, 비만도
	중학교 2,3학년	―	
건강 조사	중학교 1학년	―	건강 조사 항목을 문진표로 조사
	중학교 2,3학년	(나)	(다)
건강 검진	중학교 1학년	―	근·골격 및 척추 등을 검진

	(가)	(나)	(다)
①	학교 자체	학교 자체	문진표로 조사
②	학교 자체	검진 기관	문진표로 조사
③	검진 기관	검진 기관	문진표로 조사
④	검진 기관	학교 자체	구조화된 설문지로 조사
⑤	학교 자체	학교 자체	구조화된 설문지로 조사

3. 다음은 ○○고등학교로 새로 발령받은 초임 보건교사 A와 선임 보건교사 B의 대화 내용이다. ㉠~㉤에 들어갈 내용을 학교건강검사규칙[교육부령 제31호]에 근거하여 순서대로 서술하시오. [5점] '15 임용

A교사 : 선생님! 안녕하세요? 처음 뵙겠습니다.

B교사 : 어서 오세요. 발령을 축하드려요. 보건교사로서 첫 직장이시지요?

A교사 : 네. 선생님은 학교 경력이 많으시죠?

B교사 : 저는 보건교사로 근무한 지 10년이 되었어요.

A교사 : 제가 초임이라 잘 몰라서 그러는데 학교건강검사에 대한 것을 상세히 여쭈어 봐도 될까요?

B교사 : 그러세요. 학교건강검사는 학교건강검사규칙에 준해서 실시하는데요. 뭐가 궁금하시죠?

A교사 : 학생들에게 시행해야 하는 건강검사는 어떤 종류가 있나요?

B교사 : 학생의 건강검사에는 4가지가 있는데 구체적으로 ㉠ _____(으)로 구분합니다.

A교사 : 학교 건강검사 실시 계획은 매년 수립하는 것으로 알고 있는데, 언제까지 수립해야 하나요?

B교사 : 아! 그건 학교장이 매년 ㉡ _____까지 수립하면 됩니다. 혹시 당해 연도에 천재지변과 같이 부득이한 사유로 건강 검사를 실시할 수 없을 때는 교육장이나 교육감 승인하에 ㉢ _____.

A교사 : 마지막으로 한 가지만 더 여쭤 볼게요. 학생건강기록부는 학생들의 졸업 시에 어떻게 관리해야 하나요?

B교사 : 졸업하는 학생의 경우는 ㉣ _____,
휴학이나 퇴학으로 졸업하지 못하는 학생의 경우는 ㉤ _____.

… (하략) …

---

4. 다음은 수도권 지역 30학급 규모의 중학교에서 건강검진을 수행하기 위하여 나눈 대화의 일부이다. 괄호 안의 ㉠, ㉡에 해당하는 내용을 학교건강검사규칙[교육부령 제31호]에 근거하여 쓰시오. [2점] '16 임용

> 보건교사 : 내년도 학생건강검진 계획에 대해 의논드리려고 합니다.
>
> 교감   : 올해 우리 학교건강검진을 실시한 병원들이 불친절하고 오래 기다리게 했다고 학부모들 사이에 말이 많았어요.
>
> 보건교사 : 네, 저도 그런 말을 들었어요. 내년에는 검진 기관을 바꿔보면 어떨까요?
>
> 교감   : 시골에 있는 내 친구가 근무하는 학교는 병원 검진 차량이 학교로 와서 건강 검진을 해 준다고 하던데…… 우리 학교도 병원 검진 차량을 학교로 오게 할 수는 없나요?
>
> 보건교사 : 우리 학교는 해당이 되지 않습니다.
>
> 교감   : 왜 해당이 안 되나요?
>
> 보건교사 : (㉠   )
>
> 교감   : 네, 그렇군요. 그럼 검진 기관은 몇 개 선정해야 하나요?
>
> 보건교사 : 2개 이상 선정해야 합니다.
>
> 교감   : 그렇군요. 검진 기관을 꼭 바꾸고 싶은데 2개 이상 선정하지 못하면 어떻게 해야 하나요?
>
> 보건교사 : (㉡   )
>
> 교감   : 잘 알겠습니다.

건강검사결과에 대한 관리 및 조치

5. 학교보건법에 규정된 학교신체검사규칙 제9조에는 「신체검사 결과의 관리」가 제시되어 있다. 이 관리 내용 중 학생건강기록부 관리에 관한 사항을 4가지만 쓰시오. [4점] '05 임용

6. 다음은 학교장과 보건교사의 대화 일부이다. 〈작성 방법〉에 따라 순서대로 서술하시오.
[4점] '19 임용

> 학교장 : 보건선생님, 우리 학교의 요양호자 학생은 몇 명인가요?
> 보건교사: 현재 15명인데 그 중에서 응급을 요하는 학생은 2명입니다.
> 학교장 : 응급을 요하는 학생의 생명이 위급하면 보건교사가 투약 행위를 할 수 있다고 하던데 이를 위해 어떤 사전조치를 취해야 하나요?
> 보건교사: 생명이 위급한 학생이 있을 경우 학교보건법 제15조의 2에 의거하면 학교의 장은 사전에 (㉠) 을/를 받아야 합니다. 그리고 보건교사로 하여금 (㉡)(으)로 인하여 생명이 위급한 학생에게 투약 행위 등 응급 처치를 제공하게 할 수 있습니다.
> 학교장 : 그렇군요. 앞으로 학교보건법 개정 사항에 맞게 잘 준비해 주시기 바랍니다.

┌─ 작성 방법 ─

학교보건법 제15조의2(법률 제15534호, 2018. 3. 27, 타법개정)에 근거하여 작성할 것
• 괄호 안의 ㉠에 해당하는 사전 조치 사항 2가지를 제시할 것
• 괄호 안의 ㉡에 해당하는 쇼크 2가지를 제시할 것

7. 다음은 학교보건법 시행규칙(교육부령 제194호, 2019. 10. 24., 일부개정) 제11조에 근거한 ○○중학교의 보건 보조인력 채용 공고문이다. 〈작성 방법〉에 따라 순서대로 서술하시오. [4점] '20 임용

보건 보조인력 채용 공고

1. 근무 기간 : 2019. 3. 1.~2020. 2. 29.
2. 근무 장소 : ○○중학교
3. 지원 자격 : (㉠   )
4. 직무 : 학교보건법 제15조의2 제3항에 따른 보조 인력은 같은 조 제1항에 따른 보건교사 등의 지시를 받아 질병이나 장애로 인하여 특별히 관리·보호가 필요한 학생에 대해서 보건교사 등이 행하는 다음 각 호의 활동을 보조함

   가. 학교보건법 제15조의2 제1항에 따른 (㉡   ) 등 응급처치
   나. 각종 질병의 예방처치, 건강 관찰 및 건강 상담 협조 등의 보건 활동
5. 선발 방법 : ㉢ <u>패널 면접(panel interview)</u>

··· (하략) ···

◆작성 방법◆

• 괄호 안의 ㉠에 해당하는 내용을 제시할 것
• 괄호 안의 ㉡에 해당하는 내용을 제시할 것
• 밑줄 친 ㉢의 방법을 쓰고, 장점 1가지를 서술할 것

✧ ✦ ✧ ✦
www.pmg.co.kr

8. 다음은 초등학교 보건교사가 작성한 당뇨병 학생의 응급상황 조치 계획서이다. 〈작성 방법〉에 따라 순서대로 서술하시오. [4점] '20 임용

당뇨병 학생 응급 상황 조치 계획

학년-반	6-1	성명	김○○	체중	52kg
저혈당 증상	… (상략) …				
저혈당 시 응급 처치	○ 의식이 있는 경우 … (중략) … ○ 먹지 못하거나, 의식이 없거나, 발작 또는 경련을 보이는 경우 − ㉠ 학생을 옆으로 눕힌다(측위). − (㉡)을/를 근육 주사한다. − 119와 보호자에게 연락한다.				
비 고	학교보건법 제15조의2(응급처치 등) 제2항 : 보건교사등이 제1항에 따라 생명이 위급한 학생에게 응급처치를 제공하여 발생한 재산상 손해와 사상에 하여 고의 또는 중대한 과실이 없는 경우 해당 보건교사등은 (㉢)와/과 상해에 대한 (㉣)을/를 지지 아니하며 사망에 대한 (㉣)은/는 감경하거나 면제할 수 있다.				

출처 : 학교보건법(법률 제16339호, 2019. 4. 23., 일부개정)

┌─ 작성 방법 ┐
• 밑줄 친 ㉠을 해야 하는 이유를 서술할 것
• 괄호 안의 ㉡에 해당하는 약물을 제시할 것
• 괄호 안의 ㉢, ㉣에 해당하는 내용을 순서로 제시할 것

신체발달 상황 검사

9. 〈보기〉의 내용 중 질병 측정의 신뢰도를 저하시키는 요인에 해당되는 것은? '94 임용

┌──보기──────────────────────────────────┐
│ ㉠ 관측자의 편견과 미숙   ㉡ 측정 도구의 부정 상태 │
│ ㉢ 인구의 성별   ㉣ 측정 시 환경 조건   │
└──┘

① ㉠, ㉡, ㉢   ② ㉡, ㉢, ㉣

③ ㉠, ㉡, ㉣   ④ ㉠, ㉢, ㉣

10. 학교 신체검사를 실시할 때 검사의 신뢰도를 높이는 방법으로 옳지 <u>않은</u> 것은? '92 임용

① 측정 도구를 객관화해야 한다.
② 측정자의 소양을 높여야 한다.
③ 측정 기간을 충분히 길게 하여 실시하여야 한다.
④ 여러 사람의 공동 측정치를 종합하는 것이 좋다.

11. 체격검사에서 키와 몸무게를 측정하려 한다. 측정 시 타당도와 신뢰도를 유지하기 위한 다음의 사항을 설명하시오. '97 임용

11-1. 보건교사로서 계측 실시 전에 준비해야 할 사항을 기술하시오.

11-2. 키와 몸무게 측정결과의 해석 방법을 설명하시오.

12. 체격검사 측정 방법으로 옳지 <u>않은</u> 것은? '95 임용

① 측정단위는 'cm, kg'을 사용한다.

② 키 측정 시 후두부에 잣대를 붙인다.

③ 앉은키는 등, 궁둥이를 잣대에 붙인다.

④ 가슴둘레는 선 자세에서 자연스럽게 팔을 내린다.

13. 11세 여학생의 신장과 체중을 측정한 결과 신장 145cm, 체중 49kg이었다. 이 학생의 신장에 대한 표준체중은 39kg이다. 학교건강검사규칙(제4조 2항 관련 별표1)에 기초하여 표준체중에 의한 상대체중으로 비만도를 산출(소수점 첫째 자리까지)하고, 비만 정도를 판정하시오. [4점] '08 임용

14. (그림) 중 키(신장)재는 방법으로 맞는 것은? '96 임용

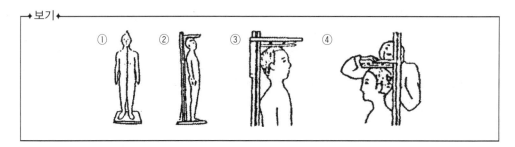

① 정중선   ② 등

③ 후두부   ④ 후두부

15. 학교신체검사규칙 제3조에 의거하여 학교장은 매년 학생들의 키, 몸무게, 가슴둘레, 앉은키 네 항목의 체격검사를 시행하여야 한다. 학교신체검사규칙에서 제시한 각 항목별 측정 방법을 구체적으로 설명하시오. [총 8점] '01 임용

16. 다음은 K 초등학교 보건교사가 상담한 다섯 학생의 신체 발달 상황과 건강조사 결과의 일부이다. 물음에 답하시오. '09 임용

❙〈표 1〉 신체 발달 상황

이 름	연령(세)	성 별	키(cm)	몸무게(kg)	상대체중[1]	BMI[2]
A	12	여	154	64	30.6%	27.0
B	12	여	154	67	36.7%	28.3
C	12	남	156	69	50.0%	28.4
D	12	남	148	62	55.0%	28.3
E	12	남	150	67	67.5%	29.8

1) 상대체중 : (실제체중 − 신장별 표준체중) ÷ 표준체중의 백분율이며, 키가 148~150cm인 경우 표준 체중은 남자 40kg, 여자 42kg이고, 키가 154~156cm인 경우 표준체중은 남자 46kg, 여자 49kg이다.
2) BMI(Body Mass Index) : 체질량 지수(kg/m²)

※ 다음 그림은 한국 아동의 BMI 백분위수 곡선이다.

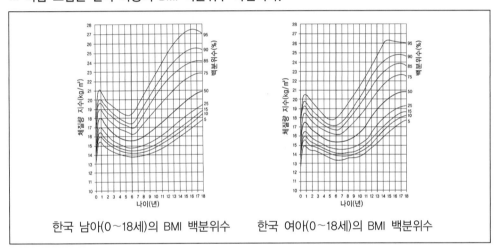

한국 남아(0~18세)의 BMI 백분위수　　　한국 여아(0~18세)의 BMI 백분위수

〈표 2〉 건강조사 결과

조사 문항	내 용	예 명(%)	아니오 명(%)
식생활 / 비만	아침을 규칙적으로 먹는 편이다.	1(20)	4(80)
	매일 우유나 유제품을 먹는다.	4(80)	1(20)
	매일 채소와 과일을 먹는다.	1(20)	4(80)
	평소 단 음식과 짠 음식을 거의 먹지 않는다.	1(20)	4(80)
	콜라나 음료수 또는 과자를 하루에 두 번 이상 먹는다.	5(100)	0(0)
	햄버거나 피자 또는 라면을 거의 매일 먹는다.	5(100)	0(0)
신체활동	주 3회 이상 땀이 나거나 숨이 찰 정도로 운동을 한다.	0(0)	5(100)
	잠은 매일 7시간 이상 충분히 잔다.	5(100)	0(0)
	학교 체육 활동 이외의 운동은 거의 하지 않는다.	5(100)	0(0)

위의 결과를 보고 학교건강검사규칙에서 제시하고 있는 비만도 판정 기준을 근거로 하여 각 학생의 비만 정도를 설명하고, A~E 다섯 명의 학생들에게 공통으로 예측 가능한 건강문제에 대하여 근거를 들어 논하시오.

17. 다음은 김○○ 학생의 신체 발달 상황 검사 결과를 알려 주는 가정 통신문이다. 괄호 안의 ㉠, ㉡에 해당하는 내용을 차례대로 쓰시오. [2점] '14 임용

<table>
<tr><td colspan="4" align="center">가정 통신문</td></tr>
<tr><td>이름</td><td>김○○</td><td>성별/연령</td><td>남/15세</td></tr>
<tr><td>일시</td><td>2013년 ○월 ○일</td><td>학년-반</td><td>3-2</td></tr>
</table>

안녕하십니까?

귀 자녀의 2013년도 신체 발달 상황 검사 결과를 다음과 같이 알려드리오니 가정에서의 건강 관리에 참고하시기 바랍니다.

○신체 발달 상황 검사 결과

키	체중	표준 체중
150.0cm	60.0kg	45.0kg

○비만도 판정 : (㉠)

○건강관리방법

… (하략) …

비만도 판정표*

1. 표준 체중에 의한 (㉡)으로 산출
2. 표기 방법
   1) 표준 체중보다 20퍼센트 이상 30퍼센트 미만 무거운 경우 : '경도 비만'
   2) 표준 체중보다 30퍼센트 이상 50퍼센트 미만 무거운 경우 : '중등도 비만'
   3) 표준 체중보다 50퍼센트 이상 무거운 경우 : '고도 비만'

* 출처 : 학교건강검사 시행규칙 [시행 2013. 3. 23] [교육부령 제1호, 2013. 3. 23. 타법개정]

18. 학교건강검사규칙 「제6조 제1항」에 의해 학교의 장은 별도의 검사를 실시할 수 있다. [개정 2006. 1. 10.] 학교에서 실시하는 별도 검사의 종류와 대상을 개정된 규정에 따라 쓰시오. '08 임용

19. 고등학교 1학년 여학생 예은이의 신체 발달상황과 학교건강검사규칙에 근거하여 올해 예은이가 받아야 할 건강검진 항목으로 옳은 것은? [2.5점] '11 임용

가. 신체 발달 상황

체중조절건강 검사 실시 현황

구 분		초등학교(학년)			···	중학교(학년)		고등학교(학년)		
		1	2	3	···	2	3	1	2	3
키(cm)		122	125	132	···	157	160	160		
몸무게(kg)		24	25	30	···	60	65	70		
비만도	체질량지수	16.1	16.0	17.2	···	24.4	25.7	27.3		
	상대체중	21.2	11.1	4.16	···	16.9	22.4	29.6		

① 흉부X선 검사, 색각 검사
② 간염 검사(B형 간염 항원검사), 혈색소 검사
③ 흉부X선 검사, 간염 검사(B형 간염 항원검사)
④ 색각 검사, 혈액 검사(혈당·총콜레스테롤·AST·ALT)
⑤ 혈액 검사(혈당·총콜레스테롤·AST·ALT), 혈색소 검사

검진항목

20. 〈보기〉와 같은 이마에 음차를 대고 청력 검사를 했을 때, 전음성 난청으로 판단되는 것은?

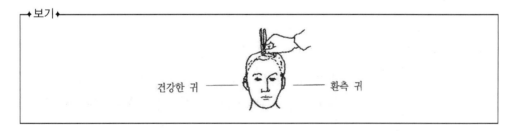

보기

건강한 귀 ———— 환측 귀

① 환측 귀에서 더 크게 들린다.   ② 건강한 귀에서 더 잘 들린다.
③ 양쪽 귀에서 같이 들린다.   ④ 양쪽 귀 모두 들리지 않는다.

21. 1.5m 거리에서 3m용 시력표의 0.1을 볼 수 있다면 그의 시력은 얼마인가? '94 임용

① 0.02　　　　　　　　　　② 0.03

③ 0.05　　　　　　　　　　④ 0.06

22. A학생의 시력검사 결과 거리 2m에서 시력표(5m용)의 0.1에 해당하는 기호를 읽었다면, 이 학생의 시력은 얼마인가? '93 임용

① 0.01　　　　　　　　　　② 0.02

③ 0.03　　　　　　　　　　④ 0.04

23. 약시의 정의로 맞는 것은? '92 임용

① 양안 시력이 0.2 이하
② 양안 교정시력이 0.4 이하
③ 양안 시력이 0.02 이상, 0.1 이하
④ 양안 교정시력이 0.04 이상, 0.3 이하

24. 다음은 동료 교사(여/40세)와 보건교사의 대화내용이다. 〈작성 방법〉에 따라 순서대로 서술하시오. [4점] '17 임용

동료교사 : 책을 볼 때 작은 글씨가 잘 안보여 안과에 갔어요. 양쪽 눈 모두 20/20 이라는 시력검사 결과가 나왔는데 시력이 어떻다는 거죠?

보건교사 : 20/20이라는 결과는 정상 시력이라는 의미에요.

동료교사 : 시력을 분수로 표시하던데 분수에서 분자와 분모는 각각 무엇을 나타내는 건가요?

보건교사 : (㉠)

동료교사 : 일반적인 시력검사와 다르게 측정하던데요?

보건교사 : 시력검사에는 근거리 시력검사와 원거리 시력검사가 있어요. 근거리 시력검사는 포켓용 근거리 시력표를 눈에서 35cm 떨어진 거리에서 읽도록 합니다. 원거리 시력검사는 차트에서 3m 떨어진 곳에 서서 정면을 보고 측정하고 작은 시표부터 차차 큰 시표로 읽도록 합니다.

동료교사 : 시력표의 맨 위에 있는 글자를 읽지 못하면 어떻게 하나요?

보건교사 : 검사 대상자가 1m씩 앞으로 나갑니다. 1m 앞에서도 맨 위의 시표를 읽지 못하면 50cm 앞에서 손가락 세기, 30cm 앞에서 손 움직임을 검사하는 수동 운동(hand movement)로 측정합니다.

동료교사 : 녹내장 가족력이 있다고 말했더니 ㉡ 검사자와 마주보고 한쪽 눈을 가린 다음, 검사자가 팔을 뻗어 손가락을 주변의 여러 방향에서 중심을 향해 움직이며 제가 볼 수 있는 각도를 측정하는 검사도 했어요. 양쪽 눈 모두 검사 결과 귀 쪽 70°, 코 쪽 50°, 위쪽 40도, 아래쪽 60°라고 하던데 어떻다는 건가요?

보건교사 : 양쪽 눈 모두 시야 범위가 감소했네요. 추가 검사가 필요할 것 같아요.

┌ 작성 방법 ┐

• 괄호 안의 ㉠에 들어갈 내용 서술할 것
• 밑줄 친 ㉡이 설명하고 있는 검사명을 제시할 것
• 보건교사가 말한 부분 중 잘못된 내용이 있는 문장 1개를 찾아 그 내용을 바르게 서술할 것

25. 학생신체검사 결과 전년도에 비해 시력이 저하된 학생의 수가 증가하였다. 다음 질문에 답하시오. '00 임용

25-1. 학생들의 시력이 저하되는 원인을 5가지 이상 제시하시오.

25-2. 근시를 예방할 수 있는 방법을 5가지 이상 제시하시오.

26. 보건교사는 학생들의 시력 건강 증진 프로그램을 기획하려고 한다. 다음 물음에 답하시오.
[총 9점] '03 임용

26-1. 보건교사는 시력저하를 초래하는 요인으로 개인행위가 중요하다고 판단하였다. 시력건강을 유지하기 위해 요구되는 개인 건강 행위에 대해 5가지만 쓰시오. [5점]

26-2. 보건교사는 시력저하를 초래하는 요인으로 교실 내 조도관리가 중요하다고 판단하였다. 시력건강을 위해 필요한 조도관리 방법을 4가지만 쓰시오. [4점]

27. 보건교사가 학교에서 특별한 기구 없이 척추측만증을 진단할 수 있는 방법을 5가지 이상 제시하시오. '98 임용

28. 학생들의 척추측만증은 조기에 발견하여 치료, 교정하여야 하는 주요 질환이다. 다음 물음에 답하시오. [총 7점] '03 임용

28-1. 척추측만증이 계속 진행될 때 나타날 수 있는 주요 증상을 3가지만 쓰시오. [3점]

28-2. 척추측만증 여부를 판별하기 위한 전방굴곡 검사(forward bending test)의 실시 방법을 4가지만 쓰시오. [4점]

29. 보건교사가 청소년기에 증가하는 척추측만증에 관해 가정 통신문을 발송하고자 한다. 이때 예방 방법으로 제시해야 할 내용을 4가지만 기술하시오. [3점] '06 임용

30. 그림은 보건교사가 학생들을 대상으로 척추측만증을 검진하는 장면이다. 〈그림 1〉의 자세에서 검진해야 할 내용 3가지와 〈그림 2〉의 자세에서 검진해야 할 내용 2가지를 서술하시오. [5점] '14 임용

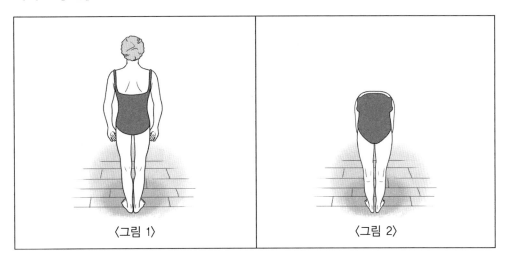

〈그림 1〉   〈그림 2〉

31. 다음은 ○○중학교 1학년 학생이 보건교사와 대화한 내용이다. 〈작성 방법〉에 따라 순서로 서술하시오. [4점] '19 임용

보건교사 : 오랜만이에요. 그동안 키가 많이 자랐네요.
학생   : 안녕하셨어요? 선생님, 여름 방학동안 10cm 컸어요.
보건교사 : 이제 선생님보다 더 클 것 같네요.
학생   : 그런데 교복치마가 자꾸 틀어지고, 친구가 제 몸이 한쪽으로 기울었다고 해요.
보건교사 : 척추측만증 검사를 해 볼게요. 그럼 스크린 안쪽으로 가서 ㉠ 겉옷을 벗고 뒤돌아 서 보세요. 이번엔 ㉡ 몸을 앞으로 숙이고 팔을 바닥으로 쭉 뻗어 보세요.
          (검사를 마친 후)
                    … (중략) …
학생   : 선생님, 저 어때요?
보건교사 : 급성장기에는 척추측만증이 발생할 수도 있으니까, 병원에서 진료를 받아 보는 게 좋을 것 같아요.

━ 작성 방법 ━
• 밑줄 친 ㉠의 방법으로 검진해야 할 사항 2가지를 서술할 것
• 밑줄 친 ㉡에 해당하는 검사명과 이 방법으로 검진해야 할 사항 1가지를 서술할 것

집단검진

32. 집단검진의 효율성을 위하여 갖추어야 할 조건을 제시하시오. '98 임용

33. 집단검진(screening test)의 목적을 설명하시오. [4점] '01 임용

34. 어느 학교에서 당뇨병 집단검진을 위해 매년 소변검사를 실시하고 있다. 이 학교 보건교사는 소변검사가 당뇨병 여부를 확인하는데 정확한 검사방법인지 알아보기 위해 전교생의 정밀검진을 통해 확진을 받도록 하였다. 다음의 결과 표에서 소변검사의 정확도를 확인할 수 있는 대표적 지표인 민감도와 특이도를 1줄 이내로 설명하고 각각의 값을 구하시오. [4점] '05 임용

(단위 : 명)

구분		병원검진 결과		총계
		당뇨병환자	정상	
학교 소변 검사 결과	양성	45	20	65
	음성	5	1,980	1,985
총계		50	2,000	2,050

35. 학생들에게 우울선별검사를 실시하여 우울증 위험군과 정상군으로 분류하고 병원 검진을 실시하였다. 두 가지 결과가 다음과 같을 때, 양성 예측도에 대해 1줄 이내로 설명하고 그 값을 구하시오(소수점일 경우 반올림해서 소수점 첫째 자리까지 쓰시오). [3점] '07 임용

구분		병원검진 결과		총계
		우울증	정상	
우울증 선별검사	위험군	10	15	25
	정상군	5	170	175
총계		15	185	200

36. 만성 퇴행성 질환에 대한 고위험군을 선별하기 위해 집단 검진 시 측정의 정확도(측정 방법의 타당도)에 대한 설명으로 옳은 것을 〈보기〉에서 고른 것은? [2.5점] '09 임용

┌─ 보기 ───┐
ㄱ 민감도와 특이도가 높으면 정확도가 낮다.
ㄴ 측정의 신뢰도가 높으면 정확도도 높다.
ㄷ 정확도 지표는 가양성률과 가음성률에 의해 좌우된다.
ㄹ 정확도 지표는 검사 결과의 양성과 음성을 구분하는 한계치(cutting point)에 따라 달라진다.
└──┘

① ㄱ   ② ㄴ, ㄷ   ③ ㄴ, ㄹ
④ ㄷ, ㄹ   ⑤ ㄴ, ㄷ, ㄹ

37. S중학교에서 학생을 대상으로 우울 위험군 선별 검사를 실시하였다. 위험군 선별 기준치를 A(16점 이상)와 B(24점 이상)의 두 가지로 하였다. 선별 검사 결과와 의료 기관의 진단 검사 결과가 표와 같을 때, A와 B의 특이도와 양성예측도를 비교한 설명으로 옳은 것은? [2.5점] '11 임용

A. 기준치를 16점 이상으로 한 결과
(단위 : 명)

진단 검사 선별 검사	우울증		합 계
	유	무	
양성(우울 위험군)	80	20	100
음성(정상군)	120	880	1,000
합 계	200	900	1,100

B. 기준치를 24점 이상으로 한 결과
(단위 : 명)

진단 검사 선별 검사	우울증		합 계
	유	무	
양성(우울 위험군)	60	20	80
음성(정상군)	140	880	1,020
합 계	200	900	1,100

① 특이도와 양성예측도 모두 A가 B보다 더 높다.
② 특이도는 A가 더 높으며, 양성예측도는 B가 더 높다.
③ 특이도는 B가 더 높으며, 양성예측도는 A와 B가 같다.
④ 특이도는 A와 B가 같으며, 양성예측도는 A가 더 높다.
⑤ 특이도는 A와 B가 같으며, 양성예측도는 B가 더 높다.

38. K 보건교사는 최근 우리나라 청소년들 사이에서 결핵 유병률이 증가한다는 신문 기사를 접하고, 재직 중인 고등학교 학생들의 전반적인 건강 실태 및 결핵 감염 여부를 확인해야겠다고 판단하였다. 다음은 구체적 실천을 위하여 K 보건교사가 작성한 결재안이다. 〈보기〉의 지시에 따라 서술하시오. [10점] '15 임용

결 재 안

수　신 : 내부 결재
(참 조) : 각 반 담임
제　목 : 전 학년 건강상태 조사 및 결핵 집단 검진 시행

보건실에서는 2014년 건강 실태 조사 및 결핵 집단 검진을 다음과 같이 실시하고자 합니다.

－ 다　음 －

1. 목적 : 1) 학생들의 건강 문제와 건강 행위 및 생활 습관 간의 상관 관계를 파악한다.(㉠)
　　　　 2) 학생들의 결핵 유병률을 파악한다.(㉡)
　　　　 3) 결핵 확진을 받은 학생들을 대상으로 결핵 유발 요인을 파악한다.(㉢)

… (중략) …

4. 세부 계획

구분	시기	추진 사항
1단계	12월 8일	전 학년 건강 실태 조사를 위한 설문 조사 (㉠)
2단계	12월 10일	보건소 흉부 방사선 촬영 (㉡) 및 객담 검사에 의한 결핵 집단 검진
3단계	12월 17일~26일	결핵으로 판정받은 학생군과 결핵이 없는 학생군을 대상으로 결핵 위험 요인의 노출 여부를 조사하기 위한 분석 역할 연구 (㉢)
4단계	12월 30일	결과 보고서 제출

5. 협조 사항

　건강 실태 조사를 위한 설문 조사 실시 및 결핵 집단 검진 시 각 반 담임 교사의 지원
첨부 : 2011년 결핵 집단 검진 결과 분석표 1부. 끝.

첨부 : 2011년 결핵 집단 검진 결과 분석표　　　　　　　　　　　　　　(단위 : 명)

흉부 방사선 촬영 검사 결과	확진에 의한		계
	결핵 양성	결핵 음성	
양성	20	10	30
음성	5	465	470
계	25	475	500

보기

1) K 보건교사가 ㉠과 ㉢을 위해 각각 적용하려는 역학 연구 방법이 무엇인지 제시하시오. 그리고 보건교사가 고려해야 할 각각의 연구 방법이 가지는 제한점 또는 단점을 4가지씩 서술하시오.

2) ㉡을 시행하기 앞서 K 보건교사는 과거 자료를 가지고 결핵 검사의 타당성을 확인하고자 한다. 첨부 자료 에서 제시한 '2011년 결핵 집단 검진 결과 분석표'에 근거해서 흉부 방사선 촬영 검사의 양성 예측도와 음성 예측도를 백분율로 산출하고(단, 산출값은 반올림 없이 첫째 자리까지 제시할 것), 산출값의 의미를 각각 서술하시오.

39. 다음은 초등학교 교직원 회의 내용의 일부이다. 〈작성 방법〉에 따라 서술하시오. [4점]

'23 임용

보건교사 : 코로나19 집단검사를 위해 검사도구를 선정해야 합니다. 다양한 의견을 부탁드립니다.

교사 A : 코로나19 집단검사 도구를 선정할 때 고려할 사항은 무엇인가요?

보건교사 : 집단검사 도구가 갖추어야 할 요건으로 정확도가 중요합니다. 정확도는 검사도구의 타당도를 의미하며 ㉠ 민감도(sensitivity), ㉡ 특이도(specificity), ㉢ 예측도(predictability)가 있습니다. 회의 자료에 첨부된 검사 도구의 성능 평가 분석표를 보고 선정하시지요.

교사 B : 집단검사를 실시할 때 검사도구의 정확도 이외에 무엇을 더 고려해야 하나요?

보건교사 : 신뢰도도 중요합니다. 집단검사에서 신뢰도에 영향을 미치는 요인은 관측자 내 오차(intrapersonal error), ㉣ 관측자 간 오차(interpersonal error), 생물학적 변동에 따른 오차(biological error)가 있습니다.

첨부 자료

〈표 1〉 검사도구의 성능 평가 분석표 (단위 : 명)

검사 결과	코로나19		계
	유(확진)	무(정상)	
양성	39	17	56
음성	1	183	184
계	40	200	240

··· (하략) ···

┌ 작성 방법 ┤

• 〈표 1〉의 자료를 활용하여 밑줄 친 ㉠과 ㉡의 값을 백분율로 산출하여 순서대로 제시할 것(산출값은 반올림 없이 소수점 첫째 자리까지 제시할 것)

• 밑줄 친 ㉢ 중에서 양성 예측도의 개념을 서술할 것

• 밑줄 친 ㉣이 발생하는 이유를 서술할 것

4절· 보건실 운영

| 정답 및 해설 p.633

1. 보건교사는 학교보건활동을 함에 있어서 각종 문서와 기록(공문서, 보고서, 보건일지, 가정 통신문 등)을 작성하게 된다. 학교보건활동에서의 기록의 목적을 5가지만 제시하시오.
[5점] '02 임용

5절· 학교환경관리

| 정답 및 해설 p.633

1. 학교보건법에 규정된 다음의 사항에 대해 서술하시오. '99 임용

1-1. 학교환경위생 정화구역의 종류와 각각의 구체적 거리 기준을 제시하고, 정화구역 안에서의 금지행위 및 시설 10가지를 쓰시오.

2. 『학교보건법』과 『학교보건법 시행령』에 명시된 학교환경위생정화구역(이하 "정화구역") 설정 및 관리에 관한 내용으로 옳은 것은? [1.5점] '10 임용

① 교육감은 정화구역을 설정할 때에는 절대정화구역과 상대정화구역으로 구분하여 설정한다. 이때, 상대정화구역은 학교출입문으로부터 직선거리로 300m까지인 지역 중 절대정화구역을 제외한 지역으로 한다.

② 정화구역은 정화구역이 설정된 해당 학교의 장이 관리한다. 학교 간에 절대정화구역과 상대정화구역이 서로 중복될 경우에는 상대정화구역이 설정된 학교의 장이 이를 관리한다.

③ 상·하급 학교 간에 정화구역이 서로 중복될 경우에는 상급학교가 관리하며, 같은 급의 학교 간에는 학생 수가 적은 학교가 관리한다.

④ 학교설립예정지를 결정·고시한 자나 학교설립을 인가한 자는 학교설립예정지가 확정되면 지체 없이 해당 학교장에게 그 사실을 통보해야 하며, 학교장은 학교설립예정지가 통보된 날부터 정화구역을 관리해야 한다.

⑤ 교육감은 정화구역을 고시할 때 정황구역의 위치 및 면적과 정화구역이 표시된 지적도면을 포함하여야 하고, 게시판 또는 인터넷 등을 이용하여 그 내용을 국민에게 공개하여야 한다.

3. 학교보건법에 규정된 다음의 사항에 대해 서술하시오. 후 '99 임용

3-1. 학교환경위생관리 항목 6가지를 쓰시오.

4. 학생들의 학습효과를 높이고, 건강유지 및 증진에 기여할 수 있는 학교 내(內) 환경 관리 내용을 기술하시오. '00 임용

5. 다음은 보건교사가 수집한 2013년도 학교 보건 환경 검사 자료이다. 학교보건법 시행규칙*에 규정된 정상 기준에서 벗어난 항목 2가지를 찾아 각각의 정상 기준치와 함께 쓰시오. **[2점]** '14 임용

영역	내용		
학교 소개	도시 근교에 위치한 50년 역사의 중학교		
교외 환경	학교 정화 구역 내에 유해 시설 없음		
교내 환경	1. 공기 〈표 1〉 교사 내 공기의 질 검사 결과		

〈표 1〉 교사 내 공기의 질 검사 결과

검사 항목	결과	조사 시설
미세 먼지	90 μg/m³	모든 교실
이산화탄소	900 ppm	
⋯ (중략) ⋯		
석면	0.04개/cc	지하 음악실

2. 교사 내 소음 : 50 dB(A)
3. 교실 내 환경
   1) 온도 및 습도 : 중앙 자동 조절 장치(법적 기준 충족)
   2) 조도 및 환기

〈표 2〉 교실 내 검사 결과

검사 항목	결과	
조도(인공 조명)	책상면 조도	320 Lux
	최대 조도와 최소 조도 비율	10 : 1
1인당 환기량		21.6m³/hr

4. 식수
⋯ (하략) ⋯

* 출처: 학교보건법 시행규칙
[시행 2013. 3. 23.] [교육부령 제1호, 2013. 3. 23. 타법개정]

제7강 보건교육

학년도	내용
'92학년도	
'93학년도	보조자료 선정 시 고려점, 심포지엄, 가정 통신문의 장점, 일방식 교육 방법, 보건교육 계획순서, 학습목표 진술 조건
'94학년도	고등학교 보건교육의 목표, 심포지엄, 일방식 교육방법의 특징, 가정 통신문의 장점, 보건교육 계획 순서
'95학년도	
'96학년도	
'97학년도	
'98학년도	WHO가 제시한 보건교육의 목표
'99학년도	보건교육의 평가요소 및 성교육 시 교사의 자세, 건강 증진에서의 주요 보건교육내용
후 '99학년도	패널토의·집단토의, 시청각교육 매체의 효과 및 매체 선정 시 고려점
2000학년도	교육방법 선정 시 고려할 사항 5가지, 또래교육방법 활용 시 기대효과, 시범 시 유의사항 5가지
2001학년도	역할극 장점, 역할극의 시행 시 주의점 3가지
2002학년도	
2003학년도	컴퓨터 보조 학습의 장점 5가지
2004학년도	Bloom의 인지적 영역, 정의적 영역, 심리·운동적 영역의 교육 목표
2005학년도	역할극과 시뮬레이션의 공통된 장점
2006학년도	직소(Jigsaw)교육방법의 장점, 행동 목록표를 작성하고 평가할 시 고려사항
2007학년도	집단토의 교육 방법의 장점 학습목표 서술에 포함되어야 할 5가지 요소 프로체스카(Prochasca)의 횡이론적 변화단계이론 5단계와 정의
2008학년도	보건교육 시 학습자의 준비도 파악 요소 4가지 논리적 구조(특성)에 따라 교육 내용을 배열할 때 고려해야 할 사항 합리적 행위 이론(theory of reasoned action)에서 행위 의도의 결정 요인 2가지와 각 결정 요인에 영향을 미치는 선행 요인 2가지
2009학년도	보건교육사업의 평가, 프리시드 모형의 교육적 진단요인, 집단교육방법, 교수-학습활동과정의 도입, 전개, 정리단계의 활동사항
2010학년도	학습 동기를 증진시키기 위한 전략
2011학년도	보건교육 방법(프로젝트법, 배심토의)
2012학년도	
2013학년도	
2014학년도	
2015학년도	
2016학년도	
2017학년도	메이거가 제시한 학습목표 구성의 3가지 요소
2018학년도	토의 방법(분단토의, 패널토의)
2019학년도	
2020학년도	패널면접
2021학년도	
2022학년도	역할극
2023학년도	

1절 ✦ 수업단계와 활동

| 정답 및 해설 p.637

1. 보건교사가 초등학교 1학년을 대상으로 위생과 관련된 보건교육을 교실에서 실시하였다. 학생들의 학습 동기를 증진시키기 위한 전략으로 바람직한 것을 〈보기〉에서 모두 고른 것은? '10 임용

> ┌─◆ 보기 ◆─
> ㄱ. 학생들이 교사를 좋아하게 만들기 위하여 수업 분위기를 적절하게 통제하면서도 자유롭고 온화하게 조성하였다.
> ㄴ. 직접 체험 경험, 관찰을 통한 대리 경험, 그리고 격려 등의 언어적 설득 전략을 활용하여 학생들이 자신의 과제를 잘 수행할 수 있다는 자신감을 갖게 하였다.
> ㄷ. 수업 시간에 외적 동기를 증진시키기 위하여 호기심, 탐험, 재미 등 다양한 학습 방식을 제공함으로써 학생들이 문제를 해결하고 이해하면서 의미를 느끼도록 하였다.
> ㄹ. 즉각적이고 구체적으로 피드백을 제공하여 학생들로 하여금 자신이 가진 지식이 정확한지를 평가하게 하였다.
> ㅁ. 처벌은 일시적인 효과는 있으나 비효과적이므로 수업 시간에 집중하지 않은 학생들을 꾸짖는 것을 가급적 삼가하였다.

① ㄱ, ㄹ   ② ㄴ, ㄷ   ③ ㄱ, ㄴ, ㅁ
④ ㄴ, ㄷ, ㄹ   ⑤ ㄱ, ㄴ, ㄹ, ㅁ

2. 다음은 K초등학교 보건교사가 상담한 다섯 학생의 신체 발달 상황과 건강조사 결과의 일부이다. 물음에 답하시오. [30점] '09 임용

▌〈표 1〉 신체 발달 상황

이름	연령(세)	성별	키(cm)	몸무게(kg)	상대체중[1]	BMI[2]
A	12	여	154	64	30.6%	27.0
B	12	여	154	67	36.7%	28.3
C	12	남	156	69	50.0%	28.4
D	12	남	148	62	55.0%	28.3
E	12	남	150	67	67.5%	29.8

1) 상대체중 : (실제체중－신장별 표준체중)÷표준체중의 백분율이며, 키가 148~150 cm인 경우 표준체중은 남자 40Kg, 여자 42Kg이고, 키가 154~156cm인 경우 표준체중은 남자 46Kg, 여자 49Kg이다.
2) BMI(Body Mass Index) : 체질량 지수(kg/m^2)

※ 다음 그림은 한국 아동의 BMI 백분위수 곡선이다.

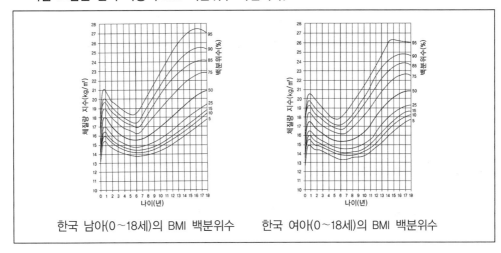

한국 남아(0~18세)의 BMI 백분위수   한국 여아(0~18세)의 BMI 백분위수

▌〈표 2〉 건강조사 결과

조사 문항	내용	예 명(%)	아니오 명(%)
식생활/비만	아침을 규칙적으로 먹는 편이다.	1(20)	4(80)
	매일 우유나 유제품을 먹는다.	4(80)	1(20)
	매일 채소와 과일을 먹는다.	1(20)	4(80)
	평소 단 음식과 짠 음식을 거의 먹지 않는다.	1(20)	4(80)
	콜라나 음료수 또는 과자를 하루에 두 번 이상 먹는다.	5(100)	0(0)
	햄버거나 피자 또는 라면을 거의 매일 먹는다.	5(100)	0(0)
신체활동	주 3회 이상 땀이 나거나 숨이 찰 정도로 운동을 한다.	0(0)	5(100)
	잠은 매일 7시간 이상 충분히 잔다.	5(100)	0(0)
	학교 체육 활동 이외의 운동은 거의 하지 않는다.	5(100)	0(0)

위 학생들을 대상으로 강의식 보건교육을 실시하고자 한다. 가장 적절한 보건교육의 주제를 정하고, 교수-학습 활동 과정의 도입, 전개, 정리 단계에서 강조해야 할 교사의 활동 사항과 교육 내용에 대하여 논하시오. [20점]

2절· 보건교육의 개념

| 정답 및 해설 p.638

1. 학교 보건교육은 학생과 교직원 건강관리를 위한 중요한 간호활동이다. 학교 보건교육이 건강관리에 필요한 이유를 기술하시오. '97 임용

2. WHO가 제시한 보건교육의 기본목표를 제시하시오. '98 임용

3. 우리나라에서는 1995년 1월 "국민건강증진법"이 제정되었다. 이와 관련하여 다음 사항에 답하시오. '99 임용

3-1. 국민 건강 증진을 위한 보건 교육에 포함되어야 할 내용을 6가지 이상 제시하시오.

3절 ◆ 수업이론 및 학습이론

| 정답 및 해설 p.639

1. 보건교사가 성교육을 계획하는 단계에서 학습자의 준비 정도를 파악하려고 한다. 준비 정도란 학습자가 학습에 필요한 준비 조건을 어느 정도 갖추고 있는지를 말한다. 학습자의 준비 정도를 파악하기 위해서 포함시켜야 하는 요소 4가지를 쓰시오. [4점] '08 임용

4절 ◆ 보건교육계획 – 학습지도안

| 정답 및 해설 p.640

1. 다음 〈보기〉는 보건교육을 계획하는 과정을 말한 것이다. 순서대로 나열된 것은? '93 임용

┌─ 보기 ┐
ㄱ 학습 내용 선정   ㄴ 교육 목표 설정
ㄷ 시간 배정   ㄹ 교육 방법 선정
ㅁ 교육 요구 추정   ㅂ 교육 보조자료 선정
ㅅ 평가 방법 및 기준 설정
└────────────────────────┘

① ㄱ – ㄴ – ㄷ – ㄹ – ㅁ – ㅂ – ㅅ
② ㄱ – ㄴ – ㄹ – ㄷ – ㅁ – ㅅ – ㅂ
③ ㄴ – ㅁ – ㄱ – ㄹ – ㄷ – ㅂ – ㅅ
④ ㅁ – ㄴ – ㄱ – ㄷ – ㄹ – ㅂ – ㅅ

2. 〈보기〉는 보건교육계획들을 나열한 것이다. 그 과정 순서상 바르게 된 것은? '94 임용

┌─ 보기 ┐
ㄱ 학습 내용 선정   ㄴ 교육 방법 선정
ㄷ 구체적 목표 설정   ㄹ 교육 요구 측정
ㅁ 평가   ㅂ 보조 자료 선정
ㅅ 적절한 시간 배정
└────────────────────────┘

① ㄱ – ㄴ – ㄷ – ㄹ – ㅅ – ㅂ – ㅁ
② ㄹ – ㅅ – ㄱ – ㄴ – ㅂ – ㄷ – ㅁ
③ ㄹ – ㄷ – ㄱ – ㅅ – ㄴ – ㅂ – ㅁ
④ ㄱ – ㄷ – ㄹ – ㄴ – ㅂ – ㅅ – ㅁ

3. 학교 어머니회를 대상으로 건강교육을 실시하고자 한다. 다음 물음에 답하시오. '97 임용

3-1. 건강교육 주제를 선정하기 위해 고려해야 할 사항을 기술하시오.

3-2. 집단지도 계획서 작성에 포함되는 항목을 기술하고 "가정에서의 성교육"이라는 주제를 가지고 설명하시오.

4. 보건교육 실시 과정에서 학습목표 진술에 요구되는 조건으로 옳지 <u>않은</u> 것은? '93 임용

① 변화를 요구하는 조건의 제시
② 목표한 변화의 달성
③ 변화 내용의 기술
④ 행동용어로 기술

6. 고등학생들의 비만 예방을 위한 보건교육안을 작성하기 위해 학습목표를 수립하려고 한다. 학습목표 서술에 포함되어야 할 5가지 요소를 모두 제시하고, 비만예방 교육을 예로 4가지 이상의 요소가 들어가도록 구체적 학습목표의 예를 1가지만 쓰시오. [5점] '07 임용

7. 다음은 보건교사가 약물 사용에 관한 교육 후 학습 목표 달성을 확인하기 위해 작성한 평가 계획서 일부이다. 메이거(R. F. Mager)가 제시한 학습 목표 구성의 3가지 요소를 쓰고 평가 계획서를 근거로 하여 이들 요소를 모두 포함하는 학습 목표를 서술하시오. [4점] '17 임용

〈평가 계획서〉	
평가 대상	○○ 중학교 2학년
평가 단원	약물과 건강
평가 내용	약물 사용과 관련된 용어 학습 확인
평가 문항	※ 다음 문장이 맞으면 ○, 틀리면 X를 쓰시오 1. 열이 나고 기침이 심해 한 달 전에 동생이 처방받아 복용했던 감기약을 먹는 것은 약물 오용이다. (　) 2. 두통약을 오래 복용했더니 1알 먹고 듣지 않아 2알로 늘린 것은 금단 증상 때문이다. (　) 3. 오랫동안 피우던 담배를 끊었더니 불안과 불면증이 생긴 것은 약물 내성 때문이다. (　)
성취도 판별 기준	평가 문항 3개 중 2개 이상 맞아야 함

8. 보건교사가 AIDS에 관한 교육을 하기 위해 학습 목표를 설정하려고 한다. 이와 관련하여 다음 물음에 답하시오. [총 5점] '04 임용

8-1. Bloom 등에 의하면 교육 목표는 인지적 영역, 정의적 영역, 심리·운동적 영역으로 구분 된다. 다음을 간단히 설명하시오. [3점]

① 인지적 영역 :

② 정의적 영역 :

③ 심리·운동적 영역 :

8-2. 보건교사는 AIDS 교육과 관련하여 다음과 같은 인지적 영역의 학습 목표를 설정하였다. 각각은 Bloom의 인지적 영역 중 어느 단계에 해당되는지 그 이름을 쓰시오. [2점]

번호	학습 목표	단 계
①	학생은 AIDS 원인균의 이름을 말할 수 있다.	
②	학생은 AIDS 증상을 설명할 수 있다.	

9. 보건교사가 보건 교과 내용을 조직하기 위해서는 계속성, 계열성, 통합성의 3가지 원리 를 기초로 하여, 구체적으로 교육 내용을 어떤 순서로 전개해 나갈 것인지를 계획해야 한다. 논리적 구조(특성)에 따라 교육 내용을 배열할 때 고려해야 할 사항을 5가지만 쓰 시오. '08 임용

5절 ◆ 보건교육방법

| 정답 및 해설 p.643

방법 선정의 기준(보건교육 실시 시 유의사항)

1. 고등학교 1학년 학생을 대상으로 『흡연 예방 교육 계획서』를 작성하고자 한다. 이와 관련하여 다음 질문에 답하시오. '00 임용

1-1. "흡연이 청소년에게 미치는 영향을 설명할 수 있다"라는 학습 목표에 도달할 수 있는 교육 내용을 선정하시오.

1-2. 교육 방법을 선택할 때 고려해야 할 사항을 5가지 이상 제시하고 간략하게 설명하시오.

1-3. 또래 교육(peer teaching) 방법을 활용하여 청소년 흡연 예방 교육을 실시한다면 기대할 수 있는 효과가 무엇인지 2가지 이상 제시하시오.

보건교육방법

2. 보건 교육에 있어서 일방식 방법의 특징이 아닌 것은? '93 임용

① 교육 대상자와 질의·응답을 중심으로 교육이 이루어진다.
② 한꺼번에 많은 수의 인원을 대상으로 교육할 때 편리하다.
③ 적은 예산으로 많은 수의 집단을 교육시킬 때 이용된다.
④ 교육 대상자가 교육 내용에 관해 별로 기본 지식이 없을 때 이용된다.

3. 보건 교육의 방법 중 일방식 방법의 특징을 설명한 것은? '94 임용

① 의견 통일과 행동하는 내용 등을 협동할 수 있다.
② 효과 면에서 설득력이 강하고 시간과 경비가 절약된다.
③ 교육대상자가 교육내용에 기존 지식이 있을 때 적용할 수 있다.
④ 교육 대상자의 의견이 교육 내용에 반영되지 않고 받아들이는 태도의 교육 방식으로 취한다.

4. 보건교사가 학생을 면접할 때 사용하는 질문방법으로 옳지 않은 것은? '93 임용

① 관심과 친절감 있는 언어를 사용한다.
② '예', '아니오'로 대답을 유도하는 질문을 한다.
③ 지나치게 많은 질문은 혼란스럽게 하므로 피한다.
④ 직접적인 질문보다 일반적인 유도 질문을 한다.

5. 피면접자 본인이 가지고 있는 문제를 혼돈하고 있을 때의 면접 방법으로 옳은 것은? '94 임용

① 관찰   ② 청취
③ 질문   ④ 이야기하는 것

6. 〈보기〉에 면담 시 상호작용을 특징짓는 요소를 모두 고르면? '96 임용

┌─보기──┐
│ ㉠ 반응   ㉡ 사고과정   │
│ ㉢ 질문   ㉣ 비언어적 의사소통   │
└──┘

① ㉠ ㉡   ② ㉠ ㉢ ㉣
③ ㉡ ㉢   ④ ㉡ ㉢ ㉣

7. 보건교사가 상담 시 중요하게 활용되는 의사소통 기법의 하나가 경청이다. 효과적인 경청기술(청취를 효과적으로 하기 위해 고려할 사항)을 4가지 이상 제시하고 상담 시 유의사항을 4가지 이상 쓰시오. '99 임용

7-1. 효과적으로 청취하는 방법

7-2. 상담 시 유의사항

8. 시범(demonstration)은 동기 유발, 주의 집중, 실제 적용 등의 학습효과를 기대할 수 있다. 보건교사가 『응급처치법』을 시범보이고자 할 때 유의해야 할 사항을 5가지 이상 제시하시오. '00 임용

9. 역할극(role-playing)은 보건교육에 사용되는 방법 중의 하나로 상황설정, 역할놀이 준비, 참가자 선정, 청중의 준비, 역할놀이 시행의 단계로 이루어진다. 역할극의 장점과 시행 시 주의점을 쓰시오. [총 8점] '01 임용

9-1. 역할극의 장점 3가지 [4점]

9-2. 역할극의 시행 시 주의점 3가지

10. 보건교육 방법 중에서 컴퓨터 보조 학습(Computer Assisted Instruction : CAI)은 교수–학습 전략을 개선하는데 효과가 있다. 컴퓨터 보조 학습의 장점을 교수–학습 측면에서 5가지만 쓰시오. [총 5점] '03 임용

11. 다음은 보건교육 방법에 대한 예문이다. 제시된 글에서 보건교사는 2가지 교육방법을 혼용하여 사용하고 있다. 여기에서 사용한 교육방법 2가지를 명시하고, 이 교육방법들의 공통된 장점을 3가지만 쓰시오. [5점] '05 임용

> 보건교사가 후천성면역결핍증(AIDS)에 대한 교육을 실시하고 있다. 보건교사는 학생들이 HIV의 체내 침입 시 신체 반응을 가상으로 체험하게 하기 위하여 실제와 같은 상황을 설정하였다. 학생들은 커다란 신체 모형 내에서 각각 HIV, 호중구, T세포의 임무를 맡아 HIV가 신체에 침입했을 때의 역할을 재현하고 있다. 예를 들어 HIV를 담당한 학생이 세포를 맡은 여러 학생을 공격하자, 호중구를 담당한 학생들이 HIV를 물리치려고 달려들었다.

12. 다음은 고등학교 보건교사가 작성한 교직원 대상 연수 계획안의 일부이다. 밑줄 친 ㉠에 해당하는 교육 방법과 괄호 안의 ㉡에 해당하는 감염병의 명칭을 순서대로 쓰시오. [2점]

'22 임용

○○○○ 학년도 감염병 예방 및 대응 역량강화 연수			
교육 주제	감염병 예방 및 대응	교육 시간	2시간
교육 방법	• 1교시 : 질병관리청 전문가 1인의 발표 후 사회자의 진행에 따라 발표 내용 중심으로 교직원들과 질의응답 전개		
	• 2교시 : 학교 내 감염병 발생을 가정하고 ㉠ 교직원들이 직접 실제 상황 중의 인물로 등장하여 연기를 하면서 상황을 분석하며 각자의 대응 방법을 찾는 방식으로 진행		

1. 감염병별 예방 및 대응
   1) (㉡)
      ① 임상증상 : 전신 감염증으로 주 감염부위에 따라 임상 증상이 매우 다양함

일반적인 공통 증상		발열, 전신 피로감, 식은땀, 체중감소 등
주 감염부위에 따른 임상증상	폐	발열, 기침, 가래, 혈담, 흉통, 심한 경우 호흡곤란 등
	폐 외	일반적인 증상 외에 침범 장기에 따른 증상

      ② 학교장의 조치 : 학교장은 (㉡)이/가 발생한 경우에는 의사, 치과의사 또는 한의사의 진단이나 검안을 요구하거나 해당 주소지를 관할하는 보건소장에게 신고
      ※ 근거 : 감염병의 예방 및 관리에 관한 법률(법률 제18507호, 2021. 10. 19., 일부개정)
                     … (하략) …

13. 다음의 특성을 가진 집단교육 방법이 무엇인지 쓰고, 이 방법의 장점을 3가지만 서술하시오. [3점] '07 임용

• 4~6명의 전문가들이 단상에서 교육주제에 대해 정해진 시간 내에 자신의 의견을 발표하고 사회자의 진행에 따라 상반된 입장에서 토론한다.
• 청중들은 대부분 일반인이며, 질문이나 발언의 기회를 갖는다.
• 주제에 맞는 전문가를 선정하기가 어렵고, 전문가 위촉에 따른 경제적 부담이 크다.

14. 다음 글에서 보건교사가 사용한 교육 방법이 무엇인지 쓰고, 이 방법의 장점을 4가지만 기술하시오. [5점] '06 임용

> 보건교사는 대기 오염을 방지하기 위해 '깨끗한 공기'란 주제로 교육을 하고 있다. 한 조를 5명으로 하여 7조를 만들었으며, 각 조에서 한 명씩 ㉮, ㉯, ㉰, ㉱, ㉲의 주제를 나누어 맡도록 하였다. 각 조에서 ㉮를 맡은 7명의 학생들은 함께 모여 '기온 역전 현상과 예방법', ㉯를 맡은 7명의 학생은 '지구 온난화와 예방법' 등 각각 다른 주제에 대해 5개의 전문가 팀을 구성하였다. 각 전문가 팀은 주어진 주제를 탐구하여 정리한 후, 제각기 소속된 조로 되돌아가 학습한 내용을 집단 구성원에게 가르쳤다.

15. 상황에 적절한 보건교육 방법을 〈보기〉에서 고른 것은? '09 임용

> ┌ 보기 ┐
> ㉠ 고혈압을 앓고 있는 학부모 10명을 대상으로 고혈압 자가 관리를 주제로 그룹 토의를 하였다.
> ㉡ 학생들을 소그룹으로 나누어 환경오염에 대한 시나리오를 주고, 스스로 문제 발견과 해결 과정을 통해 환경오염 예방 능력을 배양하도록 문제 중심 학습(PBL : Problem Based Learning) 방법을 적용하였다.
> ㉢ 성인을 대상으로 건강과 운동에 대해 4~6명의 전문가의 의견과 사회자 진행에 따른 단상 토론을 통해 건강과 운동에 대한 태도 변화를 유도하고자 패널 토의를 개최하였다.
> ㉣ 효율적인 학교 보건 사업을 위해 전문가 2~3명이 의견을 발표한 후, 사회자 진행에 따라 보건교사들과 질의·응답을 통해 공개 토론을 하면서 문제 해결에 접근하기 위해 심포지엄을 개최하였다.

① ㉠, ㉢ 　　　　② ㉡, ㉣ 　　　　③ ㉠, ㉡, ㉢

④ ㉣ 　　　　⑤ ㉠, ㉡, ㉢, ㉣

16. 중학교에서 '비만 예방 및 관리'를 주제로 보건 교육을 하려고 한다. 보건교사가 적용할 수 있는 보건교육방법 및 매체의 특성에 대한 설명으로 옳은 것을 〈보기〉에서 모두 고른 것은? [1.5점] '10 임용

┌─ 보기 ┐
- ㉠ 강의는 짧은 시간에 '비만 예방 및 관리'에 대한 많은 지식과 정보를 제공할 수 있지만 학생들의 학습 진행 정도와 개인차를 인지하기 어려운 점이 있다.
- ㉡ 집단 토의는 '비만 예방 및 관리'라는 주제에 대해 학생들이 자유롭게 의견을 나눌 수 있지만 토의진행이 잘 이루어지지 않으면 시간이 낭비될 수 있다.
- ㉢ 멀티미디어를 활용한 웹 기반 학습 방법은 학생들 간에 '비만 예방 및 관리'에 대한 정보를 주고받을 수 있으며 학생들이 교사나 외부인과도 정보를 교류할 수 있다
- ㉣ 컴퓨터 보조학습(Computer Assisted Instruction)은 '비만 예방 및 관리'에 대한 교육을 학생의 성과에 맞추어 전개할 수 있으며 학생들에게 즉각적인 피드백을 줄 수 있다.

① ㉣　　　　　　② ㉠, ㉢　　　　　　③ ㉡, ㉣
④ ㉠, ㉡, ㉢　　　⑤ ㉠, ㉡, ㉢, ㉣

17. 다음은 학교보건법 시행규칙(교육부령 제194호, 2019. 10. 24., 일부개정) 제11조에 근거한 ○○중학교의 보건 보조인력 채용 공고문이다. 〈작성 방법〉에 따라 순서대로 서술하시오. [4점] '20 임용

┌─────────────────────────────────────┐
보건 보조인력 채용 공고
1. 근무 기간 : 2019. 3. 1.~2020. 2. 29.
2. 근무 장소 : ○○중학교
3. 지원 자격 : (　　㉠　　)
4. 직무 : 학교보건법 제15조의2 제3항에 따른 보조 인력은 같은 조 제1항에 따른 보건교사 등의 지시를 받아 질병이나 장애로 인하여 특별히 관리·보호가 필요한 학생에 대해서 보건교사 등이 행하는 다음 각 호의 활동을 보조함
　가. 학교보건법 제15조의2 제1항에 따른 (　㉡　) 등 응급처치
　나. 각종 질병의 예방처치, 건강 관찰 및 건강 상담 협조 등의 보건 활동
5. 선발 방법 : ㉢ <u>패널 면접(panel interview)</u>
　　　　　　　… (하략) …
└─────────────────────────────────────┘

┌─ 작성 방법 ┐
- 밑줄 친 ㉢의 방법을 쓰고, 장점 1가지를 서술할 것

18. K중학교 보건교사가 작성한 보건교육 계획이다. (가), (나)에 가장 적합한 보건교육 방법으로 옳은 것은? '11 임용

┃보건 교육 계획

시기	교육 주제	교육방법	교육방법의 특성
월	환경 오염과 건강	(가)	• 교실 중심의 교육에서 벗어나 소집단별로 학생들 스스로 현장을 방문하여 환경오염과 건강의 관계를 파악하기 위한 자료를 수집함 • 이 과정에서 학생들은 전체 학습 과정을 스스로 계획하고 실행함 • 현장 조사나 자료 수집 과정에서 학생들의 의사결정 능력과 관찰 능력이 함양됨
수	흡연 유혹의 거절법	역할극	• 학생들이 실제 흡연 상황 중의 인물로 등장하여 연기를 보여줌으로써 흡연 권유 상황을 분석하여 해결 방안을 찾을 수 있도록 유도함
금	인터넷 중독	(나)	• 인터넷 중독에 대하여 상반된 견해를 가진 전문가들이 각자의 의견을 발표한 후 사회자의 안내에 따라 토의를 진행함 • 토의 과정을 통해 학생들은 주제에 대한 관심을 갖게 되고 다양한 의견을 수용하여 합리적인 결정을 할 수 있는 능력을 배양함

<table>
<tr><td></td><td>(가)</td><td>(나)</td></tr>
<tr><td>①</td><td>분단토의(buzz session)</td><td>세미나(seminar)</td></tr>
<tr><td>②</td><td>모의상황학습(simulation)</td><td>심포지엄(symposium)</td></tr>
<tr><td>③</td><td>프로젝트법(project method)</td><td>배심토의(panel discussion)</td></tr>
<tr><td>④</td><td>프로젝트법(project method)</td><td>문제중심학습법(problem based learning)</td></tr>
<tr><td>⑤</td><td>세미나(seminar)</td><td>집단토의(group discussion)</td></tr>
</table>

19. 다음은 보건교사 A와 B의 대화 내용이다. ㉠, ㉡에 해당하는 토의 방법의 명칭을 순서대로 쓰시오. [2점] '18 임용

> 보건교사A : 학생들과 보건수업을 하는데 걱정이 많아요. 연명의료를 주제로 토의수업을 하고 싶은데 어떤 방법이 좋을까요?
>
> 보건교사B : 요즘 언론에도 자주 등장하는 내용이라 학생들이 흥미로워 하겠네요. 생각해 두신 토의 방법이 있나요?
>
> 보건교사A : ㉠ 연명 의료에 대한 다양한 견해를 가진 전문가 4~6명을 초청하여 사회자의 진행에 따라 연명 의료에 대한 의견을 찬 · 반으로 나누어 토의하게 함으로써, 토의과정에 참석한 학생들이 연명 의료에 대한 지식을 얻고, 생명의 존엄성에 대해 생각해 보는 기회를 가져보려고 해요.
>
> 보건교사B : 네, 학생들이 전문가의 다양한 의견을 들을 수 있어서 좋은 방법인 것 같습니다. 그런데 그 방법은 전문가 선정을 하는 게 어려울 수 있어요. 토의에 참여하는 학생 수는 몇 명인가요?
>
> 보건교사A : 30명이에요.
>
> 보건교사B : 그러면, 혹시 이 방법은 어떨까요? ㉡ 학생들을 여러 모둠으로 나누어 토의하게 한 후, 전체 토의 시간을 가져 상호 의견을 교환하게 하는 방법을 추천 드려요.
>
> 보건교사A : 선생님, 좋은 의견 감사합니다.

6절 · 보건교육매체

| 정답 및 해설 p.648

1. 보건교육의 보조자료 선정 시 고려할 점으로 적절한 것은? '93 임용

① 경제성 있고, 적절한 시간이 배정되어야 한다.

② 정해진 시간에 가능한 한 많은 내용을 다룰 수 있는 것이어야 한다.

③ 내용은 과학적인 근거보다는 흥미위주로 되어야 한다.

④ 구하기 어려워도 조작이 간편하여야 한다.

2. 학교 보건교육의 효과를 높이기 위하여 최근에는 여러 종류의 교육 매체를 활용하고 있다. 다음 물음에 답하시오. '99 임용

2-1. 시청각 교육 매체의 사용 효과 3가지를 기술하시오.

2-2. 적합한 교육 매체를 선택할 때 고려해야 할 요소 5가지를 기술하시오.

7절 ♦ 보건교육평가

| 정답 및 해설 p.649

1. 청소년기 조기 흡연은 성인기 흡연보다 유해한 영향이 더 심각함에도 불구하고 최근 청소년의 흡연 시작 연령이 점차 낮아지고 있어, 더욱 강화된 흡연 예방 사업이 요구되고 있다. 2008학년도에 A 중학교에서는 흡연의 유해성에 대한 교육과 캠페인 등을 포함한 포괄적인 흡연 예방 사업을 실시하고자 한다. 이 사업을 시작하기 전에 보건교사가 계획해야 하는, 평가 시기별 평가 종류 3 가지를 쓰시오. [3점] '08 임용

2. 보건교사가 '근 골격의 건강관리' 수업의 2차시 내용으로 '요통 예방을 위한 운동법'에 대하여 교육하였다. 교육 후 10단계로 구성된 행동목록표(checklist)를 사용하여 평가하고자 한다. 행동 목록표를 작성하고 평가할 때 고려해야 할 사항을 4가지만 쓰시오. [4점]

'06 임용

3. 보건 간호 사업으로 비만 아동들에게 운동 프로그램을 실시한 후 평가하려고 한다. 이 사업을 평가할 때 평가 유형과 내용을 바르게 짝지은 것은? '09 임용

① 과정 평가 : 학생의 참석률
② 과정 평가 : 학생의 삶의 질
③ 결과 평가 : 학생의 집중도
④ 결과 평가 : 학생에게 제공된 프로그램 내용
⑤ 구조 평가 : 학생의 비만에 대한 지식 변화

성인간호 및 응급

제1강 응급간호의 개요

제2강 기초간호학

제3강 소화계

제4강 호흡계

제5강 심혈관계

제6강 요로계

제7강 근골격계

제8강 신경계

제9강 내분비계

제10강 눈, 귀코목 / 피부

합격기준 **박문각 임용**

신희원

보건교사 길라잡이
+ 10점 기출문제

제1강 응급간호의 개요

출제경향 및 유형

학년도	내용
'97학년도	심폐소생술
'98학년도	화상 환자 즉시 후송의 적응
'99학년도	
후 '99학년도	쇼크증상·응급처치
2000학년도	복통의 신체사정방법 5가지, 복통 완화를 위해 실시할 수 있는 간호중재 6가지
2001학년도	하지골절 시 증상과 처치방법, 상처의 치유과정과 합병증
2002학년도	발작 시 대처
2003학년도	
2004학년도	열중증 쇼크 처치
2005학년도	상기도의 완전폐쇄 시 의식상실 전에 나타나는 증상, 하임리히법 시행방법 4단계, 두통 발생 시 간호중재, 뇌압 상승이 원인이 되어 나타나는 두통의 생리적 기전, 실신 시 조치
2006학년도	부목의 효과, 발목 염좌 시 간호중재
2007학년도	실신 시 응급처치, 비출혈 시 응급처치
2008학년도	외상으로 인한 치아 적출 사고 시 응급처치
2009학년도	쇼크, 골절, 응급 환자 분류, 심폐소생술, 화상, 호흡곤란, 중독, 치아 손상, 척추골절
2010학년도	심폐소생술, 기도이물폐색 시 응급처치, 안구이물 응급처치
2011학년도	기도폐쇄 시 응급처치, 열중증 응급치료, 벌자상 알러지 응급치료
2012학년도	염좌 시 처치, 열중증 처치
2013학년도	간질발작 시 처치, 외출혈 시 응급처치
2014학년도	
2015학년도	
2016학년도	재난 발생 시 환자 분류 − START(Simple Triage And Rapid Treatment) 알고리듬
2017학년도	심폐소생술 가이드라인 순서
2018학년도	
2019학년도	기흉
2020학년도	영아심폐소생술
2021학년도	저혈량성 쇼크시 자율신경계에 의한 심장의 보상기능, 제세동 심장 리듬분석
2022학년도	척수손상시 기도유지법(하악견인), 통나무굴리기법,
2023학년도	심폐소생술 비율, 자동제세동기 절차

학교에서 자주 출현되는 응급상황이 출제비율이 높다. 예를 들어 잦은 외상 시 응급치료, 즉 근골격계 손상이 가장 많고, 일반적 상황인 두통, 복통, 발열, 상처들에 대한 처치도 꾸준한 출제비율을 보인다. 학교 응급처치에서 가장 우선시하는 부분은 역시 생명에 영향을 주는 처치인 심폐소생술과 제세동기 사용, 완전기도폐색 시 처치, 쇼크의 병태생리와 그 처치 부분이다. 더불어 대형재난발생 시 중증환자를 분류하는 것도 중요하다.

학교 응급처치 시 주의 깊게 관찰해야 하는 1형당뇨환자의 급성합병증, 즉 저혈당에 대한 대처법이라든지, 간질발작 시의 처치, 여름철 야외활동으로 나타날 수 있는 열중증 처치나 사고와 관련된 외부출혈 시의 처치, 눈손상 시 처치 등도 주의 깊게 정리해야 한다.

1절 ◆ 응급관리

| 정답 및 해설 p.650

1. 대량의 응급환자가 발생하였을 경우 중증 분류(triage)의 1순위로 응급처치를 받아야 하는 사람들로 구성한 것을 〈보기〉에서 고른 것은? '09 임용

┌─ 보기 ─
  ㉠ 복부에 창상이 있는 사람
  ㉡ 동공이 확대된 상태로 고정되고 활력 징후가 없는 사람
  ㉢ 외상은 없으나 기도 폐쇄가 있는 사람
  ㉣ 개방성 흉부 손상을 입은 사람
  ㉤ 청색증을 동반한 흉통이 있는 사람
└

① ㉠, ㉡, ㉢   ② ㉠, ㉡, ㉤
③ ㉠, ㉣, ㉤   ④ ㉡, ㉢, ㉣
⑤ ㉢, ㉣, ㉤

2. 다음 〈그림〉은 재난 발생 시 환자 분류를 위해 적용할 수 있는 중증도 분류 알고리듬이다. 아래 그림에 따라 분류하고자 할 때 ㉠에서 파악해야 할 대상자의 상태와 ㉡에 해당하는 중증도 분류 결과를 쓰시오. [2점] '16 임용

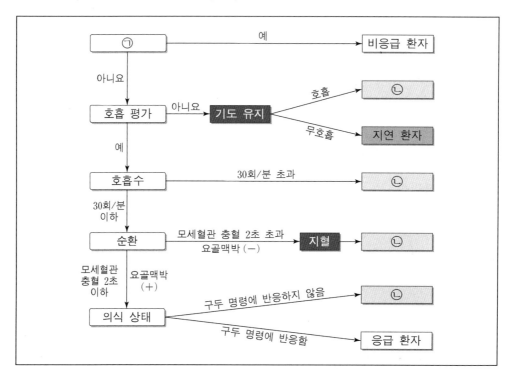

2절 ◆ 심폐소생술

| 정답 및 해설 p.651

1. 중학교 체육시간에 한 학생이 청색증을 보이면서 주저앉자 체육교사가 학생을 데리고 보건실로 왔다. 오감을 이용한 방법으로 이 학생에게 실시해야 할 신체 검진내용을 기술하시오. '97 임용

2. 기본 심폐소생술을 쓰시오. '99 지방

3. 고등학교 남학생이 친구와 싸우다가 가슴을 얻어맞고는 실신하였다. 보건교사가 뛰어갔을 때 의식이 없었고 누워 있는 상태였다. '97 임용

3-1. 이 학생에 대한 응급처치를 순서대로 실시하고

3-2. 심장 압박 시 알아야 할 내용을 설명하시오.

4. 응급 상황에서 기본심폐소생술(Basic Life Support)은 매우 중요한 처치이다. 기본심폐소생술 중 심장 마사지(chest compression) 시 발생할 수 있는 합병증을 3가지만 쓰시오.
[3점] '06 임용

5. 심폐 소생술 방법에 대한 설명 중 옳은 것을 〈보기〉에서 고른 것은? [2.5점] '09 임용

┌─ 보기 ┐
　㉠ 기도 유지, 호흡 보조 및 순환 보조는 환자를 평가하는 시점부터 시작한다.
　㉡ 1세 이상 소아와 성인의 흉부 압박 대 구조 호흡은 30 : 2로 시행한다.
　㉢ 1세 이상 소아와 성인의 흉부 압박점은 흉골의 하부 1/2을 압박한다.
　㉣ 영아가 반응이 없고 호흡이 없으면, 119에 신고한 후 심폐 소생술을 시작한다.
└──┘

① ㉠, ㉢　　　　　　② ㉡, ㉣　　　　　　③ ㉠, ㉡, ㉢
④ ㉣　　　　　　　　⑤ ㉠, ㉡, ㉢, ㉣

6. 초등학교 3학년 혜교가 화장실에서 나오다가 쓰러지는 것을 보건교사가 목격하였다. 보건
교사는 혜교의 의식을 확인하였으나 전혀 반응이 없었다. 옆에 있던 학생에게 119 응급
센터에 신고해 달라고 부탁하고, 다음과 같이 기본소생술을 실시하다가 신고를 받고 출동
한 119 구급대원과 2인 기본소생술을 실시하였다. ㉠~㉤ 중 옳은 것은? [2.5점] '10 임용

보건교사는 혜교의 이마를 누르며, 턱을 들어 올리고(head tilt-chin lift) 기도를 유지하였다.

(그림 1)

(그림 2)

㉠ 휴대하고 있던 포켓마스(그림 1)로 혜교의 입과 코를 덮고, 코는 집게처럼 집은 뒤, 인공호흡
을 1회 실시하였다. 그 후 한쪽 손으로 이마를 젖히고

㉡ 반대쪽 손으로 혜교의 경동맥을 5~10초 동안 촉진하였더니, 맥박이 촉진되지 않았다.

㉢ 혜교의 양쪽 젖꼭지 연결선(그림 2)과 만나는 흉골 부위를 분당 80회의 속도로 압박하였다.
30 : 2의 비율로 흉부 압박과 인공호흡을 계속 하는 동안 119 구급대원이 도착하였다.

㉣ 구급대원은 소아용 패드를 꺼내서, 한쪽 패드는 혜교의 오른쪽 쇄골 중앙 바로 아래에, 나머
지 한쪽 패드는 좌측 유두선과 액와 중앙선이 만나는 부위에 부착하고 난 다음에, 케이블을
자동식 제세동기에 연결한 뒤, 제세동기의 스위치를 켠 후, "모두 물러나세요!"를 외쳤다. 자
동식 제세동기는 소아용 모듈로 자동전환되면서 심전도가 분석되었다. 기계에서 충전 완료
메시지와 함께 쇼크단추를 누르라는 메시지가 나오자, 구급대원은 다시 "모두 물러나세요!"라
고 외치고, 혜교와 접촉한 사람이 아무도 없음을 확인하였다.

㉤ 구급대원은 쇼크단추를 누른 후 즉시 흉부 압박을 다시 시작하였다. 이후 보건교사는 구급대
원과 함께 2인 소생술을 계속하였다.

---

① ㉠, ㉡   ② ㉠, ㉤   ③ ㉡, ㉣

④ ㉡, ㉤   ⑤ ㉢, ㉤

7. 다음은 고등학교 보건교사가 심폐소생술 교육을 위하여 작성한 〈교수·학습 지도안〉의 일부이다. 괄호 안의 ⊙, ⓒ에 해당되는 내용을 순서대로 쓰시오. [2점] '17 임용

교수·학습 지도안			
단원	안전 및 사고예방과 응급처치	보건교사	김○○
주제	기본소생술	대상	1학년 40명
차시	2/3차시	장소	1학년 3반 교실
학습목표	기본소생술의 단계별 순서와 자동제세동기(자동심장충격기)의 사용법을 설명할 수 있다.		

단계	교수·학습 내용	시간
도입	• 일상생활에서 심폐소생술에 의해 생명을 구한 사례 동영상 시청 • 본시 학습목표 확인	5분
전개	○ 기본소생술의 단계 : 반응이 없는 환자 발견 ↓ 119 요청 및 자동제세동기 (자동심장충격기) 확인 ↓ 무호흡 또는 비정상 호흡 (심정지 호흡) 확인 ↓ 심폐소생술 ↓ 자동제세동기 (자동심장충격기) 사용 ↓ 심장 충격 필요 ← 심장 리듬 분석 → 심장 충격 불필요 제세동 (심장충격) ↓ 심폐소생술 ○ 2010년 미국심장협회의 심폐소생술 가이드라인 변경에 따라 2011년 대한심폐소생협회 가이드라인부터 A(기도유지) − B(인공호흡) − C(가슴압박)에서 (⊙)(으)로 순서가 변경되었다. (단, 신생아와 익수 환자는 ABC를 권고함) … (중략) … ○ 자동제세동기 적용방법 전원을 켠다 − 2개의 패드 부착 − 심장 리듬 분석 − 제세동(심장충격)시행 − 즉시 심폐소생술 다시 시행 ○ 제세동(심장충격) 시행단계에서 주의사항 − 제세동(심장충격)실시 버튼을 누르기 전에 안전을 위하여 반드시 (ⓒ)을/를 확인해야 한다. … (하략) …	

8. 다음은 중학교 보건교사가 작성한 심폐소생술 교육 자료이다. 〈작성 방법〉에 따라 순서대로 쓰시오. [4점] '20 임용

♡ 심폐소생술로 생명을 살릴 수 있다 ♡

▌영아를 위한 기본소생술의 주요내용

		영아(생후 1년 미만)	
심정지의 확인		무반응	
		무호흡 혹은 심정지 호흡 10초 이내 ㉠ 맥박 촉지 되지 않음 (의료 제공자만 해당)	
심폐소생술의 순서		가슴압박 − 기도유지 − 인공호흡	
가슴압박 속도		분당 100~120회	
가슴압박 깊이		가슴 두께의 최소 1/3 이상(4cm)	
가슴이완		가슴압박 사이에 완전한 가슴 이완	
가슴압박 중단		가슴압박의 중단은 최소화(불가피한 중단 시는 10초 이내)	
기도 유지		머리 기울임 − 턱 들어올리기 (head tilt − chin lift)	
가슴압박 대 인공호흡 비율	전문기도 확보 이전	㉡ 1인 구조자	30 : 2
		㉢ 2인 구조자	15 : 2 (의료제공자만 해당)
	전문기도 확보 이후	가슴압박과 상관없이 6초마다 인공호흡	
일반인 구조자		'가슴압박 소생술' 시행	

− 출처: 2015 심폐소생술 가이드라인(대한심폐소생협회, 2015)

┌─◆ 작성 방법 ◆─────────────────────────────
• 밑줄 친 ㉠ 부위를 제시하고, 그 부위에서 촉지하는 이유를 서술할 것
• 밑줄 친 ㉡, ㉢일 때의 가슴 압박 부위와 방법을 순서대로 서술할 것

9. 다음은 중학교 보건교사가 작성한 보건교육 계획서의 일부이다. 〈작성 방법〉에 따라 서술하시오. [4점] '21 임용

차시	학습주제	학습목표	교육방법 및 내용
	**2020학년도 2학기 보건교육 계획서**		

차시	학습주제	학습목표	교육방법 및 내용
1	학교 내·외 환경의 건강 위험요인 찾기	학교 내·외 환경의 건강 위험요인을 나열할 수 있다.	[교육방법] • ㉠ 분임토의(buzz session) [교육내용] • 학교 내 환경의 건강 위험요인 • 학교 외 환경의 건강 위험요인
2	안전사고의 예방 및 응급처치	외상 시 대처 방법을 설명할 수 있다.	[교육방법] • 강의 [교육내용] • ㉡ 두부 손상의 응급처치 • 화상의 응급처치
3	심폐소생술 및 자동제세동기 사용	심폐소생술을 수행할 수 있다.	[교육방법] • 시뮬레이션 학습 [교육내용] • 심폐소생술 절차 • ㉢ 자동제세동기 사용법

┌─ 작성 방법 ─┐
• 밑줄 친 ㉠의 토의방법에 대해 서술할 것
• 밑줄 친 ㉡의 경우, 병원 이송 전 응급처치로서 척추손상이 없는 상태에서 뇌압상승을 예방하기 위해 적합한 환자의 자세(position)를 제시할 것
• 밑줄 친 ㉢에서 전극 부착 후 이루어지는 단계로서, 제세동 여부를 결정하기 위한 분석의 명칭을 쓸 것

10. 다음은 중학교 보건교사가 작성한 〈응급처치 및 환자이송 기록지〉이다. 밑줄 친 ㉠에 해당하는 '가슴압박 : 인공호흡'의 비율을 쓰고, 밑줄 친 ㉡의 사용 방법에서 전원을 켠 후 구조자가 수행해야 할 바로 다음 단계를 쓰시오. [2점] '23 임용

응급처치 및 환자이송 기록지			
성명	이○○	성별/나이	남/60세
사고 개요	오후 4시 교직원 회의 도중 이○○ 교장이 갑자기 가슴을 움켜쥐며 바닥에 쓰러짐		
환자 상태	• 반응 확인 : 반응 없음 • 맥박과 호흡 확인 : 맥박과 호흡 없음		
응급 처치 내용	• 성인 병원 밖 심장정지 기본소생술을 실시함 　－ 동료교사에게 119에 신고하고 자동제세동기(AED)를 가져올 것을 동시에 요청함 　－ 심폐소생술 실시 : ㉠ 가슴압박과 인공호흡을 시행함 　－ ㉡ 자동제세동기가 도착하여 제세동을 실시함 　－ 제세동 시행 후 바로 심폐소생술을 실시함		
환자 이송	• 119 구급차가 도착하여 △△병원 응급실로 이송함		

3절 ◆ 의식장애

| 정답 및 해설 p.655

실신

1. 한 여중생이 동아리 선배에게 심한 꾸지람을 듣다가 발작적인 행동을 보이며 의식을 잃고 쓰러졌다. 이 학생은 신체검진 결과에서는 특별한 문제가 없었다. 이때 보건교사가 제공해야 할 응급조치를 5가지만 쓰시오. [3점] '05 임용

2. 한 학생이 어지럼증을 느낀 후 의식을 상실하면서 쓰러졌다고 한다. '실신(syncope)'으로 판단한 보건교사가 응급처치로 제공해야 할 내용을 5가지만 쓰시오. [4점] '07 임용

쇼크

3. 학교에서 심한 출혈을 동반한 개방성 골절환자가 발생하였다. 다음 물음에 답하시오. '99 임용

3-1. 보건교사가 현장에서 확인해야 할 출혈성 쇼크(Shock)의 증상 8가지를 기술하시오. [4점]

3-2. 쇼크상태가 예상될 경우, 실시해야 할 응급처치 내용 7가지를 기술하시오. [4점]

4. 다양한 원인에 의한 쇼크 환자의 응급처치 및 간호에 대한 설명으로 옳은 것을 〈보기〉에서 고른 것은? '09 임용

┌→보기┌
│ ㉠ 복부 창상에 의한 저혈량성 쇼크 환자의 보온을 위해 뜨거운 물주머니를 하지에 대어 준다.
│ ㉡ 심근경색증에 의한 심장성 쇼크 환자의 순환 혈액량을 확인하기 위해 중심정맥압을 측정한다.
│ ㉢ 정신적 충격에 의한 신경성 쇼크 환자의 혈압 회복을 위해 하지를 높이고 안정을 취하게 한다.
│ ㉣ 알레르기 반응에 의한 과민성 쇼크 환자의 기관지 경련발작에 대비해 기도 내 삽관을 준비한다.
│ ㉤ 척추 손상에 의한 척수 쇼크(spinal shock) 환자의 뇌압 감소를 위해 머리 부분을 15°상승시
│   켜 준다.

① ㉠, ㉡, ㉢   ② ㉠, ㉡, ㉤   ③ ㉠, ㉣, ㉤
④ ㉡, ㉢, ㉣   ⑤ ㉢, ㉣, ㉤

5. 현장학습 중 30대 K교사가 말벌에 쏘였다. 그는 같이 있던 동료 교사에게 머리가 아프고 숨이 차다고 말하면서 현기증을 일으키고 쓰러졌다. 동료 교사가 119에 연락하고 난 몇 분 후 병원으로 이송되었고 응급실에 도착할 당시 전신에 두드러기가 나 있었고 의식불명 상태였다. 이때 K교사에게 일차적으로 투약해야 할 약물과 투약의 목적으로 옳은 것은?

[1.5점] '11 임용

① 만니톨(mannitol)을 투여하며 심신세동을 치료하고 뇌압을 하강시키기 위함이다.
② 날록손(naloxone)을 투여하며 혈관을 이완시키고 이뇨작용을 증가시키기 위함이다.
③ 아테노롤(atenolol)을 투여하며 기관지 경련을 완화시키고 혈압을 하강시키기 위함이다.
④ 에피네프린(epinephrine)을 투여하며 혈관을 수축시키고 기관지평활근을 이완시키기 위함이다.
⑤ 스트렙토키나제(streptokinase)를 투여하며 기관지 평활근을 이완시키고 심박수를 증가시키기 위함이다.

6. 다음은 고등학교 보건교사가 작성한 응급 환자 이송 및 사고 기록지이다. 〈작성 방법〉에 따라 순서대로 서술하시오. [4점] '21 임용

응급환자 이송 및 사고기록	결재	계	교감	교장

학년/반	학생명	성별	보호자 전화번호	담임교사
1/2	김○○	남	010-○○○-○○○○	최○○

사고 개요	오후 5시 05분경 김○○ 학생이 학교 운동장에서 축구를 하다가 축구골대에 심하게 부딪혀 넘어진 뒤 우측 상지 부위에 통증과 출혈을 호소함. 함께 축구를 하던 1학년 2반 박○○ 학생으로부터 사고 신고를 받음. 신고를 받고 운동장으로 가서 다친 학생의 상태를 확인한 후 응급 조치하고 병원으로 이송함
환자 상태	• 의식 상태는 명료함 • 활력징후(측정시간: 오후 5시 12분) − 혈압: 110/80 mmHg, 맥박수: 102회/분, − 호흡수: 28회/분, 체온: 36.3℃ • 우측 상지부위에 가로 1cm, 세로 5cm 정도의 열상과 주변 의복이 흠뻑 젖을 정도의 ㉠ 출혈이 관찰됨 • 우측 상지의 움직임에는 제한이 없음 • ㉡ 불안한 정서상태와 빠르고 깊은 호흡이 관찰됨 • 다른 신체부위의 통증은 없었고 외상도 관찰되지 않음
응급 조치 내용	• 119에 신고함 • 출혈부위 지혈 후 상처세척을 실시하고 압박드레싱 함 • ㉢ 하지를 약 20° 정도 올려 줌 • 우측 상지에 부목을 적용함 • 구급차를 이용하여 ○○병원 응급실로 이송함

┌→ 작성 방법 ←┐
• 밑줄 친 ㉠으로 인해 저혈량성 쇼크가 발생할 경우, 쇼크 초기에 자율신경계의 보상 작용 결과로 나타날 수 있는 심장의 반응 2가지를 제시할 것
• 밑줄 친 ㉡에 의해 발생할 수 있는 산-염기 불균형의 명칭을 쓸 것
• 밑줄 친 ㉢의 목적을 정맥계를 중심으로 제시할 것

간질

7. 수업 도중 학생이 대발작을 일으켜 교실바닥에 쓰러져 있다. 발작이 있는 동안과 발작 후 보건교사가 취해야 할 응급처치 중 우선적으로 해야 하는 처치 내용을 5가지만 쓰시오.
[5점] '02 임용

8. 그림은 P 학생(남, 12세)의 간질 발작의 경위를 나타낸 것이다. 그림을 바탕으로 보건교 사가 P 학생에게 실시해야 하는 응급 처치 내용으로 옳은 것만을 〈보기〉에서 있는 대로 고른 것은? [1.5점] '13 임용

┌─ 보기 ┐

ㄱ. 혀를 깨물거나 혀가 기도를 막을 위험이 크므로 기도 확보를 위해 발작 중인 학생의 치아 사이에 개구기를 삽입함

ㄴ. 발작 중 기도 유지가 중요하므로 가능하면 학생을 측위로 취해주고, 입에서 흘러나오는 분비 물을 닦아 줌

ㄷ. 발작을 하는 동안 신체 손상이 우려되므로 학생의 머리 아래에 담요를 받쳐 보호하고, 팔과 다리를 억제함

ㄹ. 발작이 끝난 후 기도 개방 여부를 확인하고, 발작 동안 다른 부위의 외상이 없는지 전신 상태 를 확인함

① ㄱ, ㄷ   ② ㄱ, ㄹ   ③ ㄴ, ㄹ

④ ㄱ, ㄴ, ㄹ   ⑤ ㄴ, ㄷ, ㄹ

질식

9. 다음 글을 읽고 물음에 답하시오. '05 임용

> 컵젤리를 먹으며 장난을 치던 초등학교 1학년 아동이 갑자기 숨이 막히는 듯 안절부절 못하는 모습을 보였다. 컵젤리의 흡인에 의한 상기도의 완전폐쇄가 의심되어 응급처치를 하려고 한다.

9-1. 상기도의 완전폐쇄 시 의식상실 전에 나타나는 증상을 5가지만 쓰시오. [3점]

9-2. 앞의 아동에게 복부 압박법인 하임리히법(Heimlich maneuver)을 시행하고자 한다. 구체적인 시행방법을 순서에 따라 4단계로 나누어 쓰시오. [3점]

10. 다음 사례에서 간호사가 취할 수 있는 가장 적절한 응급처치는? '10 임용

> 임신 7개월인 여성이 점심 식사 도중 고기 덩어리가 목에 걸려서, 손으로 목을 움켜쥐고 신음하면서 기침하려고 했지만, 전혀 기침이 나오지 않았다. 그때 간호사가 이를 발견하고 바로 달려가서 "말할 수 있나요?"라고 질문하자, 손을 내저으면서 전혀 목소리를 내지 못한 채, 얼굴이 새파랗게 질려 있었다.

① 복부 압박(abdominal thrust)
② 흉부 압박(chest thrust)
③ 등 두드리기(back slaps)
④ 구강대 구강 인공호흡(mouth to mouth ventilation)
⑤ 손가락으로 이물질 제거(finger sweep)

11. 보건소에 예방 접종을 하러 온 6개월 된 영아가 이물질로 상부기도가 폐쇄되어 질식 상태가 되었다. 그러나 의식은 있어 등 두드리기(back blow)와 가슴 누르기(chest thrust)를 실시하였다. (가)~(라)의 응급처치 중에서 옳은 것만을 모두 고른 것은? '11 임용

첫째, 얼굴이 아래로 향하게 영아의 얼굴을 잡고 몸의 나머지 부분을 간호사의 팔에 오도록 하였다〈그림 참조〉.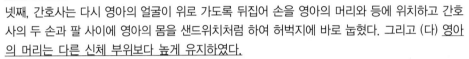
둘째, 손으로 영아의 머리와 얼굴을 지지하고 (가) 몸의 나머지 부분보다 머리가 높게 오도록 유지하였다.
셋째, (나) 손바닥의 두툼한 부분(손꿈치)을 이용하여 양 견갑골 사이를 5회 쳤다.
넷째, 간호사는 다시 영아의 얼굴이 위로 가도록 뒤집어 손을 영아의 머리와 등에 위치하고 간호사의 두 손과 팔 사이에 영아의 몸을 샌드위치처럼 하여 허벅지에 바로 눕혔다. 그리고 (다) 영아의 머리는 다른 신체 부위보다 높게 유지하였다.
다섯째, (라) 영아의 양 젖꼭지를 이은 가상선과 흉골이 만나는 지점 바로 아래 위치에 두 손가락으로 빠르게 5회 압박하였다.

① (가), (다)　　　　② (나), (라)　　　　③ (가), (나), (다)
④ (가), (나), (라)　　　⑤ (나), (다), (라)

4절· 주요증상에 대한 응급관리

| 정답 및 해설 p.659

통증

1. 냉(cold)은 각종 치료목적으로 사용되며 국소적 효과를 나타낸다. 그 효과의 적용 예를 3가지 제시하시오. '98 임용

2. 보건교사가 아래 김 ○○ 학생의 통증을 사정하고자 할 때 포함해야 할 항목을 5가지 제시하시오. 그리고 진동 마사지기 적용이유를 관문통제 이론(gate control theory)에 근거하여 설명하시오. 또한 학생이 처방받은 비스테로이드 소염제(nonsteroidal antiinflammatory drug, NSAID)인 diclofenac의 작용기전을 기술하고, 이 기전과 관련된 주요 부작용 1가지를 설명하시오. [25점] '13 임용

보건상담 기록부			
학년/반	2학년 7반	성명	김○○
성별	여	나이	15세
상담일	2012. 10. ○○. 오전 10시 30분		
주호소	오른쪽 허리 통증		
처치 내용	1) 진동 마사지기를 적용함 2) 처방받은 diclofenac을 투여함		

2-1. 김 ○○ 학생의 통증을 사정하고자 할 때 포함해야 할 항목을 5가지 제시하시오.

2-2. 학생이 처방받은 비스테로이드 소염제(nonsteroidal antiinflammatory drug, NSAID)인 diclofenac의 작용기전을 기술하고, 이 기전과 관련된 주요 부작용 1가지를 설명하시오.

2-3. 진동 마사지기 적용이유를 관문통제이론(gate control theory)에 근거하여 설명하시오.

3. 다음은 고등학교 보건교사가 2학년 학생과 상담한 내용이다. 〈작성 방법〉에 따라 순서대로 서술하시오. [4점] '21 임용

> 학생   : 선생님! 저희 할머니가 ㉠ <u>바이러스성 폐렴</u>으로 병원에 입원하셨어요.
> 보건교사 : 그랬군요. 많이 놀랐겠네요.
> 학생   : 할머니가 기침도 심하게 하시고 숨쉬기도 힘들어 하셨는데, 프레드니손(prednisone)이라는 약을 쓰시고 많이 좋아지셨어요. 프레드니손은 어떤 약인가요?
> 보건교사 : 그것은 우리 몸에서 분비되는 글루코코르티코이드(glucocorticoid) 호르몬 역할을 하는 약물이에요.
> 학생   : 그렇군요. 그 약은 어떤 효과가 있나요?
> 보건교사 : 네, 여러 가지 방법으로 항염증 작용을 하는데, 그 중에서도 (㉡)의 작용을 억제하여, 세포막으로 부터 프로스타글란딘과 류코트리엔의 전구물질인 (㉢)이/가 생성되는 것을 방해합니다. 즉, 염증관련 물질의 생성 억제를 통해 항염증 효과를 나타내는 거예요.
> 학생   : 네, 알겠습니다. 혹시 그 약을 투여할 때 주의해야 할 사항이 있나요?
> 보건교사 : 있어요. 그 약이 글루코코르티코이드 호르몬 역할을 하기 때문에, ㉣ <u>고용량으로 투여하다가 갑자기 중단하면 위험하므로</u> 양을 서서히 줄여가야 해요.
> 학생   : 네, 알겠습니다. 자세한 설명 감사드립니다.

┌─ 작성 방법 ┐
• 밑줄 친 ㉠에서 삼출액의 양과 관련하여 나타나는 기침의 양상을 제시할 것
• 괄호 안의 ㉡에 들어갈 효소의 명칭과, 괄호 안의 ㉢에 들어갈 물질의 명칭을 순서대로 쓸 것
• 밑줄 친 ㉣의 이유를 서술할 것

4. 다음은 고등학교 보건교사가 약물요법 교육을 위해 준비한 지도안의 일부이다. 〈작성 방법〉
에 따라 서술하시오. [4점] '21 임용

교육 지도안	
일 시	○월 ○일 ○시
대 상	1학년 5반 20명
수업단원	III. 통증관리를 위한 약물요법
수업 목표	통증관리를 위한 약물요법에 관하여 설명할 수 있다.
교육내용	1. 약물-수용체 상호작용 　○ ⑦ 작용제(agonist) 　○ ⑥ 대항제(antagonist) 　　　　　　　　　　… (중략) … 2. 통증관리를 위한 약물요법의 종류 　○ 비마약성 진통제 　　• (⑥): 안전한 비마약성 진통제로서 프로스타글란딘의 합성을 억제하여 진통 효과 　　　를 나타내고, 체온조절 중추에 직접 작용해 해열작용을 나타내지만 항염증 효과는 　　　거의 없음 　　• 비스테로이드 소염제: 시클로옥시게나아제(cyclo-oxygenase, COX)라는 효소의 　　　작용을 억제함으로써 프로스타글란딘의 생성을 방해하여 진통작용을 나타냄 　　　ー 비선택적 COX 억제제 예 ibuprofen 　　　ー ⑧ 선택적 COX-2 억제제 예 celecoxib 　○ 마약성 진통제 　　　　　　　　　　… (하략) …

┌ 작성 방법 ┐
• 밑줄 친 ⑦, ⑥의 약리작용 기전을 순서대로 서술할 것
• 괄호 안의 ⑥에 들어갈 약물의 명칭을 일반명으로 쓸 것
• 비선택적 COX 억제제와 비교할 때, 밑줄 친 ⑧의 장점을 위장관계(gastrointestinal system)
　와 관련하여 제시할 것

복통

5. 중학교 체육시간에 한 학생이 청색증을 보이면서 주저앉자 체육교사가 학생을 데리고 보건실로 왔다. 오감을 이용한 방법으로 이 학생에게 실시해야 할 신체 검진내용을 기술하시오. '97 임용

6. 복통을 호소하는 학생이 보건실을 방문하였다. 다음 질문에 답하시오. '00 임용

6-1. 복통의 신체사정(assessment)방법 5가지를 제시하고 각 방법에 따른 구체적인 내용을 설명하시오. [5점]

6-2. 보건교사가 복통 완화를 위해 실시할 수 있는 간호중재에는 어떠한 것들이 있는지 6가지 이상 제시하시오. [3점]

두통

7. 주위에서 흔히 볼 수 있는 증상 중 하나인 두통의 원인은 매우 다양한 것으로 알려져 있다. 가끔 두통 때문에 보건실을 방문한 적이 있는 한 여중생이 두통을 호소하며 보건교사를 찾아왔다. 두통 발생 시 보건교사가 제공할 수 있는 간호중재를 5가지만 쓰시오. [3점]

'05 임용

8. 두통은 신경학적 문제의 공통적인 징후이다. 두개 내(intracranial) 용량의 증가로 뇌압 상승이 원인이 되어 나타나는 두통의 생리적 기전을 5단계로 구분하여 순서에 따라 기술하시오. [3점] '05 임용

5절 · 외상처치

| 정답 및 해설 p.663

골절

1. 중학교 1학년 학생이 체육시간에 심하게 부딪혀 운동장에 쓰러졌다. 기구가 전혀 준비되지 않은 상태에서 보건교사가 학생을 관찰하여 보니, 출혈은 없고 의식이 또렷하였으나 하지의 골절이 의심되었다. 이때, 보건교사가 시행하여야 할 사정내용과 응급처치를 설명하시오. '01 임용

1-1. 골절 시 시행해야 할 사정의 내용 4가지 [4점]

1-2. 골절 시 응급처치 3가지 [4점]

2. 단순 골절에서 나타나는 증상이 아닌 것은? '95 임용

① 운동이상   ② 외출혈
③ 동통   ④ 부종

3. 다음 사례를 읽고 물음에 답하시오. [30점] '10 임용

> 다음은 ○○초등학교에서 발생한 상황이다.
>
> 신장과 체중이 정상발달 상태에 있는 5학년 남학생 철수는 평소 건강하게 지내며 학교생활에 잘 적응하고 있다. 오늘 2교시를 마치고 쉬는 시간에 과학실을 가기 위해 계단을 한번에 2~3칸씩 내려가다가 미끄러져 넘어지면서 계단 아래 바닥에 떨어지게 되었다. 철수는 혼자 일어나려고 애썼으나 도저히 일어날 수 없었고, 이를 발견한 친구들이 도와서 교실까지 오게 되었다. 교실에 도착한 철수의 상태를 담임교사가 알게 되어 즉시 보건교사에게 보내졌다. 철수는 제대로 걷지 못하고 한쪽 다리에 의지해 양쪽에서 보건교사와 친구들의 부축을 받으면서 보건실에 도착했다. 보건교사가 철수의 신체검진을 일부분 실시하였고 그 결과는 다음과 같다.
>
> • 의식상태 : 명료하다.
> • 지남력 : 시간, 장소, 사람에 대하여 분명하게 인식한다.
> • 활력증후 : 맥박은 90회/분, 호흡은 22회/분, 혈압은 105/60mmHg이다.
> • 두경부 : 두피에 병변이 없으며 두개골이 정상이다.
> • 팔과 어깨 : 양팔을 올릴 수 있고 어깨는 대칭적이다.
> • 복부 : 부드럽고 압통은 없다.
> • 기타 : 외관상 골조직이 외부에 노출되어 있지 않다.

보건교사가 철수의 다리 부위가 골절되었음을 의심한다면 더 확인해야 할 신체사정 내용과 철수에게 시행해야 할 응급처치를 기술하고 초등학생의 발달 특성과 관련하여 학교 복도와 계단에서의 낙상 예방을 위한 방안을 제시하시오.

4. 척추골절 시의 응급간호로 적합한 것을 〈보기〉에서 고른 것은? '09 임용

┌─ 보기 ┐
㉠ 경추골절 시 호흡곤란이 없다면 목은 발견 당시의 자세로 부목을 댄다.
㉡ 척추골절이 의심되면 몸통을 굴려서 측위를 취하게 하여 척추골절 여부를 확인한다.
㉢ 척추손상의 수준을 확인하기 위하여 흉식호흡과 복식호흡 여부를 관찰한다.
㉣ 경부 양측에서 골격이 현저히 움직이면 흉추와 요추의 손상을 검사한 후 머리를 고정한다.

① ㉠, ㉡   ② ㉠, ㉢   ③ ㉡, ㉢
④ ㉡, ㉣   ⑤ ㉢, ㉣

5. 다음은 중학교 보건교사가 작성한 응급 환자 이송 및 사고 기록지이다. 밑줄 친 ㉠의 경우 기도유지 방법과 괄호 안 ㉡의 방법을 순서대로 쓰시오. [2점] '22 임용

응급 환자 이송 및 사고 기록지				
학년/반	학생명	성별	보호자 연락처	담임교사
3/3	박○○	남	010-○○○-○○○○	이○○
사고 개요	오후 3시 박○○ 학생이 쉬는 시간에 복도에서 친구들과 장난치다가 뒤로 넘어져 같은 반 학생이 보건실로 연락함. 사고 연락을 받고 현장에 가서 박○○ 학생 상태를 확인한 후 응급조치함			
환자 상태	- 의식상태 : 명료 - 지남력 : 있음 - 활력징후(오후 3시 5분) : 혈압 100/70mmHg, 맥박수 102회/분, 호흡수 28회/분, 체온 36.5℃ - 빠르고 얕은 호흡이 관찰됨 - 전반적인 모습 : 얼굴을 찡그리고 괴로워함 - 머리와 얼굴 : 외상 병변 없음 - 목과 허리 : 심한 통증 호소함 - 팔과 어깨 : 움직임과 감각 정상 - 다리 : 움직임과 감각 정상			
응급 조치 내용	- 119에 신고함 - ㉠ 경추손상이 의심되어 경추보호대를 적용함 - (㉡)을/를 이용하여 척추고정판(long spine board)에 환자를 옮긴 후 구급차로 ○○병원 응급실로 이송함			

6. 한 학생이 슬리퍼를 신고 복도를 급히 달려가다가 발목을 삐어 보건실을 방문하였다. 이 상황에서 상태 악화를 방지하기 위해 처음 6~12시간 이내에 제공해야 할 간호 중재의 원칙을 4가지만 쓰시오. [3점] '06 임용

7. 뜀틀 수업 중 오른쪽 발목을 삔 김 군의 증상 (가)~(라)와 처치 방법 ㄱ~ㄹ로 옳은 것은?

[1.5점] '12 임용

사고 요약

일시 : 2011년 10월 ○○일 오후 3시
장소 : 학교 운동장
내용 : 뜀틀 수업 중 넘어져서 발목을 삠.
특이 사항 : 개방성 상처는 없음.

(가) 통증(pain)	ㄱ. 손상된 다리를 올린다.
(나) 골 마찰음(crepitus)	ㄴ. 체중 부하를 줄이거나 막는다.
(다) 부종(edema)	ㄷ. 안정을 취하고 손상된 부위를 고정하거나 부목을 댄다.
(라) 변형(deformity)	ㄹ. 손상 받은 직후 치료를 촉진하기 위해 온습포를 적용한다.

	〈증 상〉	〈처치 방법〉
①	(가), (다)	ㄱ, ㄴ, ㄷ
②	(가), (다)	ㄱ, ㄴ, ㄹ
③	(나), (다)	ㄱ, ㄷ, ㄹ
④	(나), (라)	ㄱ, ㄷ, ㄹ
⑤	(다), (라)	ㄴ, ㄷ, ㄹ

8. 다음은 K 중학교 보건교사가 작성한 응급처치 기록지의 일부이다. 아래 내용에 대한 간호진단 4가지를 제시하고 각 간호진단별로 간호계획을 4가지씩 수립하시오. [25점] '12 임용

▌K 중학교 응급처치 기록지

1. 사고일시 / 장소	2011년 10월○일 오후 2시 30분 경 / 자전거 전용 도로
2. 사고 대상(성별)	2학년 5반 이○○(남)

3. 사고 개요	창의적 체험활동 중 교사의 안전 지시를 어기고 친구들과 경쟁적으로 자전거를 타고 달리다가 넘어짐. 이때 양손으로 바닥을 짚으며 넘어졌고, 턱과 양 무릎, 손바닥에 찰과상을 입었으며 손목에 통증을 호소함. 헬멧과 보호장구를 미착용한 상태였음. 담당 교사가 학생을 부축하여 보건실을 데리고 옴
	
	〈환자 상태〉
	• 활력징후 : 체온 36.4℃, 맥박 90회/분, 호흡 18회/분, 혈압 115/65mmHg
	• 지남력 : 의식 명료하고 의사소통이 가능함
	• 전반적 외양
	  − 얼굴을 찡그리며 괴로운 표정을 지음
	  − 턱 부분을 휴지로 대고 있음
	• 신체부위 사정
	  − 얼굴 및 두부 : 턱부분에 직경 2cm의 열상이 있음
	  − 근골격계 : 다리는 걷거나 움직임에 문제 없음
	    오른쪽 손목에 통증을 호소하고 부종이 있음
	  − 흉곽 및 복부 : 통증이나 압통 없음
	  − 피부 : 손바닥은 왼쪽 3×5cm, 오른쪽 4×6cm의 찰과상, 왼쪽 무릎은 타박상과 5×2cm의 찰과상이 있으며, 오른쪽 무릎은 10×3cm로 패여 있고 상처에는 흙이 묻어 있음
	  − 기타 : 특이 사항 없음

4. 조치 사항	

상처

9. 개방창의 처치로 옳은 것은? '92 임용

① 죽은 조직을 제거하지 않는다.
② 상처 주위를 깨끗이 한 후 털이 있으면 그대로 둔다.
③ 상처가 교상(Biting injury)일 때는 봉합할 수 없다.
④ 상처를 8시간 이상 처치하지 못했을 경우 즉시 봉합한다.

10. 학교 안전공제 신청서의 내용을 참고하였을 때 사고 당시 보건교사가 취했을 처치 내용 중 옳은 것을 〈보기〉에서 고른 것은? '11 임용

<table>
<tr><td colspan="4" align="center">학교 안전공제 신청서</td></tr>
<tr><td>사고일시</td><td>2010년 9월 30일</td><td>장 소</td><td>1학년 3반 교실</td></tr>
<tr><td>사고대상</td><td colspan="3">1학년 3반 손○○</td></tr>
<tr><td>사고내용</td><td colspan="3">• 12시 45분경 친구와 장난치다가 칼로 왼쪽 집게손가락의 끝마디가 절단됨
• 12시 47분경 보건교사와 담임교사에게 연락됨
• 12시 49분경 보건교사와 담임교사가 현장에 와서 손○○의 상태를 확인하고 119에 연락함
• 12시 54분경 119가 도착하여 병원으로 이송함
• 12시 57분경 학부모에게 연락함</td></tr>
<tr><td colspan="4" align="center">2010년 9월 30일</td></tr>
<tr><td colspan="4" align="right">○○○ 중학교장</td></tr>
</table>

┌─ 보기 ─┐
㉠ 맥박과 혈압을 측정했다.
㉡ 왼쪽 집게손가락의 근위부에 있는 동맥을 찾아서 압박했다.
㉢ 잘려 나간 손가락을 얼음에 직접 닿게 하여 아이스박스에 넣었다.
㉣ 손가락 끝에 대준 거즈가 피에 젖을 때마다 계속 바꿔 주었다.
㉤ 손을 심장보다 높이 올리게 하고 출혈 부위에 거즈를 대고 직접 압박했다.

① ㉠, ㉡, ㉤   ② ㉠, ㉢, ㉣   ③ ㉠, ㉢, ㉤
④ ㉡, ㉢, ㉣   ⑤ ㉡, ㉣, ㉤

11. 외상에 대한 설명으로 옳지 <u>않은</u> 것은? '96 임용

① 찰과상 - 마찰에 의해 표피나 진피의 일부분이 벗겨진 상태
② 자상 - 못과 같은 날카로운 기구에 의해 생긴 좁고 깊은 상처
③ 열상 - 예리한 물체로 외상을 받아 조직이 절개된 상태
④ 타박상 - 둔하게 외상을 입어 피부의 파열이 생기는 상처

12. 운동 중 무릎에 상처가 난 학생이 치료를 받으러 보건실에 왔다. 상처에는 소량의 삼출물만 나오고 있어서 학생에게 하이드로콜로이드 드레싱(hydrocolloid dressing)을 적용하려고 한다. 거즈 드레싱과 비교했을 때 하이드로콜로이드 드레싱이 가지는 장점 5가지를 서술하시오. [5점] '15 임용

비출혈

13. 체육 수업 중 공에 맞아 비출혈이 생긴 학생에게 보건교사가 제공해야 할 간호중재 내용을 6가지만 쓰시오. [3점] '07 임용

6절. 기타 손상

| 정답 및 해설 p.668

기타 손상

1. 날카로운 이물질에 눈이 찔렸을 때 간호법으로 옳은 것은? '92 임용

① 눈을 벌려서 상처 부위를 확인한다.
② 지혈을 위한 압박은 피해야 한다.
③ 면봉에 식염수를 적셔 상처를 치료한다.
④ 안대 후 보건실에서 안정을 취하게 한다.

2. 안구 전방 출혈에 관한 응급간호로 옳지 <u>않은</u> 것은? '95 임용

① 환자의 활동을 극소화시킨다.
② 양쪽의 눈에 안대를 착용케 한다.
③ 눈을 산동시키는 약물을 투여한다.
④ 침상의 상체를 30도 정도 올려 준다.

3. 과학 실험 중 황산이 눈에 들어갔을 때 제일 먼저 해야 할 일은? '95 임용

① 식염수나 물로 씻는다.
② 알칼리로 중화시킨다.
③ 병원으로 후송시킨다.
④ 눈을 비벼서 눈물이 나오게 한다.

4. 다음 사례에서 보건교사가 실시한 응급처치로 옳은 것은? '10 임용

> 고등학교 1학년 여학생이 실험실에서 실험을 하던 중에 양잿물이 쏟아지면서 학생의 눈에 양잿물이 들어갔다. 사고 소식을 듣자마자 보건교사가 실험실로 달려갔더니, 학생은 눈을 꼭 감고, 안구 통증으로 괴로워하며 울고 있었다.

① 산성 액체로 중화시킨 뒤 생리식염수로 안세척을 실시하였다.

② 멸균된 생리식염수로 5분 정도 안세척을 실시하고 귀가시켰다.

③ 실험실에 비치된 앞치마와 글러브를 착용하고, 수돗물로 안세척을 하면서 병원으로 후송하였다.

④ 통증 자극을 줄이기 위해 국소적 마취제를 점안하고, 양 눈에 드레싱을 적용한 뒤, 병원으로 후송하였다.

⑤ 안검을 벌리고 환측 눈의 외측 안각에서 내측 안각 쪽 방향으로 생리식염수로 안세척을 실시하였다.

5. 중학교 2학년 남학생이 야구를 하다가 안면에 공을 맞아 중절치 1개가 적출된 상태로 보건실을 방문하였다. 이 학생에게 제공해야 할 간호중재를 5가지만 쓰시오. [4점] '08 임용

6. 학령기 아동에게 발생하는 응급 상황에 따른 처치가 옳은 것을 〈보기〉에서 고른 것은?

'09 임용

> ┌─ 보기 ┐
> ㉠ 팔에 뜨거운 물로 화상을 입었을 경우 팔을 찬물에 식힌다.
> ㉡ 질식으로 호흡곤란이 있으면 기침을 세게 하도록 유도한다.
> ㉢ 부식성 소독제를 마셨을 경우 구토를 유도한다.
> ㉣ 넘어져서 영구치가 빠지면 치아를 멸균된 거즈에 싸서 치과를 방문한다.

① ㉠, ㉡   ② ㉠, ㉢   ③ ㉡, ㉢

④ ㉡, ㉣   ⑤ ㉢, ㉣

열손상

7. 더운 여름날, 운동장 조회를 하던 중 한 학생이 담임 교사에게 부축을 받으면서 보건실로 들어왔다. 학생은 두통과 어지러움, 오심을 호소했고, 얼굴은 창백하고, 피부 상태는 축축하였으며, 체온을 측정한 결과 37.5℃였다. 이 학생을 위해 보건교사가 할 수 있는 간호 중재에 대해 5가지만 쓰시오. [총 5점] '04 임용

8. 보건교사 신규 임용 시험에 응시한 김 양이 시험에서 작성한 답안지의 내용 중 옳지 <u>않은</u> 것은? [1.5점] '11 임용

20**년도 보건과 중등 교사 임용 시험

〈문제〉 사례에서 보건교사가 해야 할 응급처치 방법을 다섯 가지 기술하시오.

여름철 극기 훈련을 하던 중학생 철민이가 갑자기 쓰러졌다. 철민이의 활력징후를 측정한 결과 체온 41.2℃, 맥박 98회/분, 호흡 28회/분, 혈압 100/70mmHg이었고, 피부는 붉은색으로 뜨겁고 건조하며 땀은 나지 않았다. 이름을 불렀을 때 철민이는 간신히 눈을 뜨며 대답하고는 의식을 잃었다.

〈답안지〉

㉠ 의식 변화 여부, 기도 개방 여부, 경동맥 맥박 유무를 확인한다.

㉡ 서늘하고 바람이 잘 통하는 그늘진 곳으로 옮긴다.

㉢ 정제소금을 입에 넣어 염분 소실을 보충해 준다.

㉣ 옷을 벗긴다.

㉤ 물을 몸 전체에 뿌려 준다.

---

① ㉠   ② ㉡   ③ ㉢

④ ㉣   ⑤ ㉤

9. 고온 환경에서 심한 육체적 노동을 하던 김 씨와 최 씨가 다음과 같은 증상을 호소하였다. 의심되는 질병 (가)~(다) 와 관리방법 ㄱ~ㄷ을 옳게 짝지은 것은? '12 임용

건강 상담 일지			건강 상담 일지		
성명: 김○○	성별: 남	연령: 58세	성명: 최○○	성별: 남	연령: 58세
상담 내용			상담 내용		
주 증상: 근육 통증 활력 징후: 체온 37.8°C 　　　　　맥박 90회/분 　　　　　호흡 22회/분 　　　　　혈압 120/80 mmHg 피부 상태: 차고 축축함			주 증상: 혼돈, 실조(ataxia) 활력 징후: 체온 40°C 　　　　　맥박 108회/분 　　　　　호흡 24회/분 　　　　　혈압 120/80 mmHg 피부 상태: 건조하고 뜨거움		

(가) 열사병(heat stroke) (나) 열경련(heat cramp) (다) 열피로(heat exhaustion)	ㄱ. 눕히고 다리를 올려준다. ㄴ. 염분이 들어있는 음료수를 마시게 한다. ㄷ. 미온수를 뿌리고 바람을 일으켜 열이 발산되게 한다.

	김 씨	최 씨
①	(가) - ㄱ	(나) - ㄷ
②	(가) - ㄷ	(다) - ㄴ
③	(나) - ㄴ	(가) - ㄷ
④	(나) - ㄷ	(가) - ㄴ
⑤	(다) - ㄷ	(나) - ㄱ

화상

10. 화상은 일상생활에서 자주 발생하는 사고 중 하나이다. 화상 환자 사정 시 즉시 의료기관에 의뢰하여야 할 경우를 5가지 이상 제시하시오. '98 임용

11. 화상 시 간호법으로 옳지 <u>않은</u> 것은? '93 임용

① 통증 감소, 감염 및 쇼크에 대한 예방을 한다.
② 1도, 2도 화상은 바셀린 연고나 화상 연고를 발라준다.
③ 물집이 형성된 것은 터뜨려서 소독을 한다.
④ 소독거즈나 탈지면 등으로 상처에 직접 대지 않는다.

12. 2도, 3도 화상환자의 응급처치에 속하지 않는 것은? '93 임용

① 환부를 냉각시킨다.　　　　　② 물집을 터뜨리지 않는다.
③ 윤활유나 바셀린을 발라준다.　④ 의식 환자에게는 찬 소금물을 준다.

13. 화상 환자의 합병증으로 발생할 수 있는 궤양은? '93 임용

① Chrome ulcer　　　　　② Amputating ulcer
③ Marginal ulcer　　　　④ Curling's ulcer

14. 다음의 사례를 읽고 A 학생에 대한 간호 사정 7가지와 간호 중재 6가지를 서술하고, 학교 응급 환자 발생에 대한 교직원 행동강령에 비추어 보건교사가 A 학생에 대해 가장 우선적으로 취해야 할 지침 3가지를 서술하시오. [25점] '11 임용

> 한국고등학교 2학년에 재학 중인 A 학생은 올해 18세로 건강 상태가 양호하고 성격이 활달하며 교우들과 학교생활도 원만하게 잘 지내고 있었다. 그런데 11월 27일 오전 11시 조리 실습 시간에 실습 도중 A 학생이 끓는 물에 화상을 입는 사고가 발생하였다. 담당 교사는 즉시 보건실로 응급 상황을 알리고 연락을 받은 보건교사가 조리 실습실로 왔다.
>
> A 학생은 겁에 질린 표정으로 담당 교사와 친구들의 도움을 받아 화상을 입은 왼쪽 손과 팔은 찬물에 담그고, 허벅지는 찬 물수건으로 덮고 있었다. A 학생은 심한 통증을 호소하였고 왼쪽 손등에는 물집이 여러 개 있었으며, 상의는 남방셔츠, 하의는 교복 치마에 긴 양말을 신고 있었다. 보건교사가 확인한 화상 부위는 왼쪽 손을 포함한 팔 전체의 2/3, 왼쪽 다리 앞면 1/2로 그림과 같다.

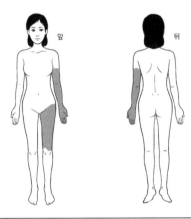

14-1. 화상 시 간호 사정(7가지) 및 간호 중재(6가지)

14-2. 보건교사가 우선적으로 취해야 할 지침(3가지)

15. 다음은 K 양(여, 18세)의 간호 기록지이다. 간호 기록지 내용을 바탕으로 산출한 '화상 부위의 비율'과 '수액 보충 방법'을 바르게 연결한 것은? '13 임용

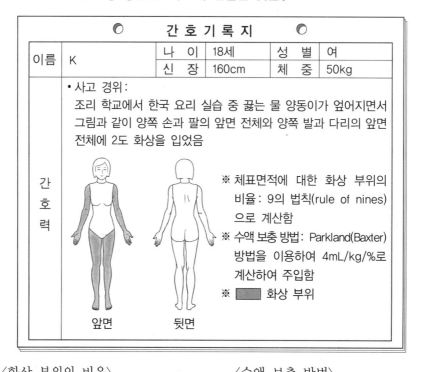

이름	K	나 이	18세	성 별	여
		신 장	160cm	체 중	50kg

간호기록지

- 사고 경위:
조리 학교에서 한국 요리 실습 중 끓는 물 양동이가 엎어지면서 그림과 같이 양쪽 손과 팔의 앞면 전체와 양쪽 발과 다리의 앞면 전체에 2도 화상을 입었음

간호력

앞면   뒷면

※ 체표면적에 대한 화상 부위의 비율: 9의 법칙(rule of nines)으로 계산함
※ 수액 보충 방법: Parkland(Baxter) 방법을 이용하여 4mL/kg/%로 계산하여 주입함
※ ▨ 화상 부위

〈화상 부위의 비율〉 〈수액 보충 방법〉

① 18% 화상을 입은 후부터 처음 24시간 동안 보충해야 할 수액의 총량은 3,600mL이다.

② 18% 병원에 도착하면서부터 첫 8시간 동안 보충해야 할 수액의 양은 1,800mL이다.

③ 27% 화상을 입은 후부터 처음 24시간 동안 보충해야 할 수액의 총량은 2,700mL 이다.

④ 27% 화상을 입은 후부터 처음 24시간 동안 보충해야 할 수액의 총량은 5,400mL이다.

⑤ 36% 병원에 도착하면서부터 첫 8시간 동안 보충해야 할 수액의 양은 2,700mL이다.

출혈

16. 개방성 창상으로 외출혈이 있는 아동에게 할 수 있는 국소적 처치법을 쓰고, 그 내용을 간단히 기술하시오. '98 지방

17. 응급처치 중 맞는 것은? '96 임용

① 타박상 – pain, 부종 – Hot bag apply
② 뇌빈혈 – Head up, 따뜻하게 함
③ 지속적 비출혈 – 고개 숙이고 앞으로 한다.
④ 화상 – Gauze, 손은 상처에 닿지 않게 한다. 물집은 터뜨리지 않는다.

18. 다음은 학교 행정실에 근무하는 C 직원(남, 47세)의 사고 경위이다. 사고 경위를 바탕으로 C 직원에게 나타날 수 있는 '증상' (가)~(바)와 '응급처치' ㄱ~ㄹ 중 옳은 것을 골라 바르게 연결한 것은? '13 임용

사고경위

일시 : 2012년 9월 ○○일 오후 2시

내용 : 학교 정원을 정리 하던 중 날카로운 제초기 날에 의해 종아리 부위에 깊은 상처가 생기고 앞정강동맥(전경골동맥, Anterior tibial artery) 출혈이 심함

증상

(가) 호흡수 증가	(나) 맥박수 증가	(다) 천명음
(라) 갈증	(마) 축축한 피부	(바) 경정맥 팽창

응급처치

ㄱ. 무릎관절을 지혈대로 묶는다.

ㄴ. 담요를 덮어 체온을 유지시킨다.

ㄷ. 꼭 조이는 옷은 느슨하게 해 준다.

ㄹ. 반듯하게 눕힌 후 다리를 허리 높이보다 높게 올린다.

	〈증상〉	〈응급처치〉
①	(가), (나), (다), (라)	ㄱ, ㄴ, ㄷ
②	(가), (나), (라), (마)	ㄴ, ㄷ, ㄹ
③	(가), (나), (라), (마)	ㄱ, ㄴ, ㄹ
④	(나), (다), (마), (바)	ㄱ, ㄷ, ㄹ
⑤	(나), (다), (마), (바)	ㄴ, ㄷ, ㄹ

제2강 기초간호학

학년도	내용
'98학년도	냉요법의 효과와 적용 예
후 '99학년도	스트레스 증상 유발 기전, 염증의 원인, 증상
2000학년도	
2001학년도	상처발생 시 사정할 요소와 합병증
2002학년도	
2003학년도	
2004학년도	체액량 조절을 위해 분비되는 호르몬, 체액 부족 시 간호중재, 노인의 불면증 간호
2005학년도	스트레스에 대한 심리적 반응
2006학년도	
2007학년도	
2008학년도	
2009학년도	아토피성 피부염, 수분 전해질 불균형, 스트레스, 암
2010학년도	면역력의 형태, 탈수증상, 항암치료의 합병증, 저나트륨혈증
2011학년도	면역거부반응(이식거부반응), 대사성 산증
2012학년도	방사선 치료의 주의점, 아나필락틱 쇼크
2013학년도	항암요법, 대사성 산증, 면역글로불린
2014학년도	
2015학년도	상처 치유 과정
2016학년도	HIV 선별 검사, AIDS의 진단 기준
2017학년도	대사성산증 – Kussmaul 호흡
2018학년도	예방접종의 후천성 면역의 유형
2019학년도	
2020학년도	저나트륨혈증, 전신성홍반성 낭창
2021학년도	아토피(태선화)
2022학년도	고칼륨혈증(신부전)
2023학년도	후천성 면역결핍증(HIV) 전파경로

기초간호과학은 어렵다. 즉, 심층 있는 병태생리의 이해가 바탕이 되고, 염증의 병태생리와 증상, 치료/면역의 분류와 면역반응의 병태생리, 과민반응의 분류별 병태생리와 주요 질환의 진단 및 치료법들이 모두 정리되어야 한다. 스트레스는 출제비율이 가장 높다. 호르몬의 이해, 병태생리기전의 이해, 스트레스에 대한 대처가 모두 중요하다. 그래서 기초영역뿐만 아니라 성인, 정신간호와 연계해서 반복적으로 정리해야 한다. 수분전해질 균형 영역에서는 기본적으로 탈수, 나트륨, 칼륨의 출제비율이 높고, 산염기의 균형도 출제비율은 꾸준히 유지되고 있다. 악성종양의 일반적인 개념과 2차 조기진단의 내용, 주요 항암요법의 내용과 그 부작용 관리들도 확실히 정리해야 한다.

1절 ◆ 수분전해질

| 정답 및 해설 p.673

체액조절

1. 심한 설사로 인해 나타나는 수분 전해질 불균형 증상으로 옳은 것을 〈보기〉에서 고른 것은?
[1.5점] '09 임용

┌ 보기 ┐
ㄱ. 목 정맥의 팽창   ㄴ. 소변량 감소   ㄷ. 맥박 상승
ㄹ. 체위성 저혈압   ㅁ. 안구 부종

① ㄱ, ㄴ, ㄷ   ② ㄱ, ㄴ, ㅁ   ③ ㄱ, ㄹ, ㅁ
④ ㄴ, ㄷ, ㄹ   ⑤ ㄷ, ㄹ, ㅁ

2. 인체가 수분을 상실하면 일차적 방어기전으로 갈증을 느껴 수분을 섭취하게 된다. 체액의 불균형이 일어나면 인체는 여러 가지 화학 물질을 분비하여 체액 균형을 유지하려고 한다. 이와 관련하여 다음 물음에 답하시오. '04 임용

2-1. 인체가 체액량 조절을 위해 생성하는 주요 화학 물질을 3가지만 쓰시오. [3점]

2-2. 탈수로 인하여 체액 불균형을 일으킨 대상자에게 '체액 부족'이라는 간호 진단을 내렸다. 이 대상자에게 요구되는 간호 행위를 3가지만 쓰시오. [3점]

3. 탈수를 의심할 수 있는 증상으로 옳은 것을 〈보기〉에서 모두 고른 것은? '10 임용

> ┌─◆보기◆─
> 28세의 여교사가 물만 마셔도 울렁거려 어제는 거의 물도 마시지 못하였다고 한다. 이 여교사의 건강상태를 사정한 결과는 다음과 같았다.
> 활력징후 측정 결과 체온은 36.8°C였고,
> ㄱ. 혈압은 선 자세에서 115/75mmHg, 앙와위에서는 120/80mmHg이었으며, 맥박은 선 자세에서 78회/분, 앙와위에서 73회/분이었다.
> ㄴ. 키는 163cm, 체중은 61kg으로서 어제보다 1.8kg 감소하였다고 한다.
> ㄷ. 앉은 자세에서 경정맥이 팽만되어 있었다.
> ㄹ. 혀의 유두가 현저하게 보였다.
> ㅁ. 눈은 움푹 꺼져 보이면서, 다크 서클(dark circle)이 깊었다.

① ㄱ, ㄹ   ② ㄷ, ㅁ   ③ ㄱ, ㄴ, ㄷ

④ ㄱ, ㄷ, ㄹ   ⑤ ㄴ, ㄹ, ㅁ

4. 다음은 중학교 보건교사가 작성한 상담 일지이다. 〈작성 방법〉에 따라 순서대로 서술하시오. [4점] '20 임용

상담 일지			
이름	강○○	성별 / 연령	여 / 15세
상담 일시	○월 ○일 ○시	학년−반	3−2
주요 문제	과도한 체중 감량		
상담 개요	**학생 상황** − 현재 신장 160cm, 체중 48kg임 − 지난주 수업 중에 경련성 복통을 호소함 − 응급실에 학부모와 함께 방문하여 치료를 받은 후 귀가함 − 평소 날씬한 연예인들이 부러워 본인도 살을 빼서 멋지게 변신하고 싶었다고 함 − 살을 빼기 위해 약국에서 설사제를 구입해 3개월 동안 1주일에 2~3회 복용했다고 함 − 3개월 동안 매 끼니 바나나만 먹어서 체중이 10kg 빠짐 **응급실 검사 결과(학생이 가져옴)** 1. 혈액 검사 　가. ㉠ <u>전해질 검사</u> 　　− Na^+ : 125mEq/L 　　− K^+ : 3.8mEq/L 　　− Cl^- : 99mEq/L 　　− $HCO3^-$: 24mEq/L 　나. ㉡ <u>전혈구 검사</u> 　　− RBC : $3.36 \times 10^6/mm^3$ 　　− WBC : $7,500/mm^3$ 　　− Hemoglobin : 9.6g/dL 　　− Hematocrit : 30.2% 　　− Platelet : $280 \times 10^3/mm^3$ 2. 소변 검사 　− ㉢ <u>Ketone bodies</u> : ＋＋ <div align="center">… (하략) …</div>			

┌→ 작성 방법 ◆──────────────────────

• 밑줄 친 ㉠에서 나타난 전해질 불균형의 명칭을 제시할 것
• 밑줄 친 ㉡에서 나타난 건강 문제를 제시할 것
• 밑줄 친 ㉢이 소변 검사 결과에서 나타나는 기전을 2단계로 서술할 것

5. 평소 건강했던 박 교사가 과식한 다음날 새벽에 오심·구토·설사를 하였다. 오전 10시 경 보건소에서 혈액 검사와 진료를 받은 뒤, 보건실을 찾아왔다. 아래와 같은 간호 조사 지를 토대로 보건교사가 설정할 수 있는 적절한 간호 문제는? [2.5점] '10 임용

간호 조사지

작성일 : 2009. 10. 30. 13시

- 성명 : 박** • 연령 : 45세 • 성별 : 남성
- 주 호소 : 구토와 설사, 경증의 어지럼증과 두통
- 발병 시기 : 새벽 2시경
- 혈청 정해질 : Na^+ 132Eq/L, K^+ 4.8mEq/L, Cl^- 98mEq/L
- 활력 징후 : 혈압 115/70 mmHg, 맥박 90회/분, 호흡 18회/분, 체온 36.9℃(액와 측정)
- 식이 섭취 : 새벽에 구토 3회로 거의 음식 섭취 안 함
- 혀 점막 : 약간 건조함
- 복부 : 약간의 복부 팽만. 청진 시 활발한 장음이 들림
- 배변 : 새벽 2시 이후 물과 같은 설사 3회 봄, 혈변은 없음
- 배뇨 : 노란색 소변, 아침부터 오후 1시까지 2회 봄

---

① 체액 결핍(body fluid deficit)과 저나트륨혈증(hyponatremia)

② 체액 과다(body fluid excess)와 저나트륨혈증(hyponatremia)

③ 체액 결핍(body fluid deficit)과 고나트륨혈증(hypernatremia)

④ 체액 과다(body fluid excess)와 저칼륨혈증(hypokalemia)

⑤ 체액 결핍(body fluid deficit)과 고칼륨혈증(hyperkalemia)

2절 ◆ 산염기균형

| 정답 및 해설 p.675

1. 혈액 속의 과다한 CO_2 정체가 원인인 것은? '93 임용

① 대사성 산독증　　　　　　　② 호흡성 산독증
③ 호흡성 알칼리혈증　　　　　④ 대사성 알칼리혈증

2. 〈보기〉와 같은 증상과 증후로 보아 예측할 수 있는 환자의 상태는? '96 임용

┌─◆보기◆─────────────────────────────┐
│　* Stupor　　　　　　　　* Kussmaul호흡　　　　　　　│
│　* 당뇨병성 Ketosis　　　　* pH 4.5 이하인 소변　　　　│
└───────────────────────────────────┘

① 대사성 산독증　　　　　　　② 호흡성 산독증
③ 대사성 알칼로시스　　　　　④ 호흡성 알칼로시스

3. 응급실에 호흡곤란으로 실려 온 남자의 혈액검사에서 동맥혈 가스분석(ABGA)과 전해질(electrolyte)중 K^+소견이 다음과 같았다. 이 남자에게 제공해야 할 투약이나 처치로 옳지 <u>않은</u> 것은? [2.5점] '11 임용

검사 종목		결과치
ABGA	pH	7.30
	PaO$_2$	72mmHg
	PaCO$_2$	50mmHg
	HCO$_3^-$	25mEq/L
electrolyte	K$^+$	6.1mEq/L

① 기침과 심호흡을 권장한다.
② 무감각, 저림 증상을 관찰한다.
③ 중탄산나트륨($NaHCO_3$)을 투여한다.
④ 쿠스마울(Kussmaul) 호흡이 나타나므로 호흡 양상을 관찰한다.
⑤ 부정맥을 관찰하기 위한 심장 모니터링(EKG monitoring)을 한다.

4. 다음 검사 결과지에 대한 설명으로 옳은 것만을 〈보기〉에서 있는 대로 고른 것은? [2.5점]

'13 임용

검사결과지		
구분	검사항목	검사결과
전해질 검사	Na^+	136mEq/L
	K^+	2.8mEq/L
	Cl^-	110mEq/L
동맥혈 가스 분석(ABGA)	pH	7.3
	PCO_2	35mmHg
	HCO_3^-	15mEq/L
소변 검사	pH	7.8
	단백뇨	++
검진일 및 검진기관	검진일	2012. 9. 15.
	검진기관명	○○ 병원

┌─◆보기◆─────────────────────────────┐

ㄱ. 대사성 산증을 나타낸다.

ㄴ. 과소호흡으로 PCO_2가 높아졌다.

ㄷ. 산·염기불균형은 HCO_3^-의 감소가 원인이다.

ㄹ. 음이온 격차(Anion gap)는 정상 범위를 벗어났다.

ㅁ. 고칼륨혈증을 나타낸다.

└──────────────────────────────────┘

① ㄱ, ㄷ　　　　② ㄱ, ㄴ, ㄷ　　　　③ ㄱ, ㄷ, ㄹ

④ ㄴ, ㄹ, ㅁ　　　⑤ ㄱ, ㄴ, ㄹ, ㅁ

5. 다음은 제1형 당뇨병을 앓고 있는 중학생의 응급실 방문 기록의 일부이다. 〈작성 방법〉에 따라 순서대로 서술하시오. [4점] '17 임용

진료 기록지			
성명	박○○	성별/연령	남/14세
응급실 도착 시간	2016년 ○○월 ○○일 ○○시 ○○분		
주 호소	• 의식 상태 : 기면(drowsy) • 응급실 방문 당일 아침 8시 경 시야가 흐려지고 어지러워 쓰러짐 • 심한 감기로 3일 전부터 란투스(Lantus) 주사를 맞지 않음 • 내원 2일 전부터 심한 복통과 함께 잦은 설사, 오심, 구토가 계속됨 • 제 1형 당뇨병(2년 전 진단) • 중학교 2학년 재학 중임		
검사 결과	• 혈중 포도당 농도 389mg/dL • 백혈구 10,800/mm³, 혈색소 15.6g/dL, 헤마토크릿 58.9% • ㉠ 동맥혈 가스 분석 : pH 7.24, $PaCO_2$ 31mmHg, PaO_2 98mmHg, HCO_3^- 18mEq/L • 소변 검사 : 요비중 1.05, ㉡ 케톤$^{+++}$, 포도당$^{+++}$		
신체 검진	• 혈압 : 90/50mmHg, 맥박수 : 120회/분, 호흡수 : 24회/분, 체온 : 37.2℃ • ㉢ 쿠스마울(Kussmaul)호흡이 나타남 • ㉣ 호흡시 과일 냄새가 남 • 피부의 긴장도 감소, 건조한 점막 • 홍조를 띤 건조한 피부, 빠르고 약한 맥박		
작성자	면허번호		○○○○○
	의사명		○○○

┌→ 작성 방법 ←┐
• 산·염기 불균형의 4가지 중 밑줄 친 ㉠이 나타내는 산·염기 불균형을 제시할 것
• 밑줄 친 ㉡~㉣의 발생 기전을 각각 서술할 것

3절 ✦ 스트레스

| 정답 및 해설 p.676

1. 스트레스 반응이 나타나는 생리기전을 기술하고, 그로 인하여 발생하는 스트레스 관련 질환을 6가지 이상 기술하시오. '99 임용

2. 모든 종류의 스트레스에 대한 적응과 저항력에 영향을 주는 호르몬은? '95 임용

① Mineralo corticoid　　　　② Gluco corticoid

③ Aldosterone　　　　　　　④ Androgen

3. 스트레스에 대한 심리적 반응을 4가지만 쓰시오. [2점] '05 임용

4. 셀리(Selye)의 스트레스에 대한 적응으로 나타나는 신체적 반응이다. 첫 단계인 경고 단계에 나타나는 대항 · 도피 반응(fight-or-flight response)에 대한 생리적 반응 중 옳은 것을 〈보기〉에서 고른 것은? '09 임용

> ┌ 보기 ┐
> ㄱ. 동맥압이 증가한다.
> ㄴ. 위장관의 혈류량이 감소한다.
> ㄷ. 혈중 포도당 농도가 증가한다.
> ㄹ. 근력이 감소한다.

① ㄱ, ㄷ　　　　② ㄴ, ㄹ　　　　③ ㄱ, ㄴ, ㄷ

④ ㄹ　　　　　　⑤ ㄱ, ㄴ, ㄷ, ㄹ

5. 다음은 고등학교 보건교사와 학생의 상담 내용이다. 〈작성 방법〉에 따라 서술하시오. [4점]

'23 임용

학생   : 선생님, 공부를 잘하고 싶은데 마음만 앞서고 집중이 잘 안 돼요. 스트레스 때문인가요? 보건교사 : 학업 스트레스로 많이 힘든가 보구나. 셀리에(H. Selye)의 일반적응증후군(General Adaptation Syndrome, GAS)에 따르면 스트레스에 대한 생리적 반응은 경고단계 (alarm stage), (㉠), 소진단계(exhaustion stage)로 이루어져 있다고 해. 학생   : 최근에 ㉡ <u>시험지를 받았을 때 심장이 빨리 뛰고 숨이 가쁜 적도 있었어요.</u> 보건교사 : 그랬구나. 스트레스 때문에 ㉢ <u>위궤양이 생기거나 상처가 잘 아물지 않을 수도 있단다.</u> 학생   : 스트레스로 다양한 증상이 있을 수 있네요. 하지만 ㉣ <u>저에겐 공부가 전부라 공부를 잘하지 못하면 행복할 수가 없어요.</u> 보건교사 : 너에겐 스트레스 관리가 필요할 것 같아. 여기에는 신체활동, 심상요법, 인지 재구성, 심호흡, 명상 등 여러 가지 방법이 있는데 이 중 너에게 맞는 방법을 찾으면 된단다. 학생   : 네. 말씀해 주신 것 중에 저한테 어떤 방법이 맞을지 살펴보고 실천해 볼게요.

┌─ 작성 방법 ◆
- 괄호 안의 ㉠에 들어갈 단계의 명칭을 제시할 것
- 밑줄 친 ㉡과 ㉢에 해당하는 스트레스에 대한 생리적 반응이 나타나는 이유를 시기에 따라 서술할 것
- 밑줄 친 ㉣의 문장을 보건교사가 제시한 스트레스 관리 방법 중 인지 재구성 방법에 따라 수정하여 서술할 것

6. 다음 사례를 읽고 물음에 답하시오. [20점] '09 임용

평소 학업성적이 항상 상위권에 속하는 중학교 2학년 A 학생이 두통과 어지러움, 메스꺼움으로 수업을 받기 힘들어 보건실을 찾았다. 이 학생의 건강검진 결과 신체적 질병은 없는 것으로 확인되었다. 보건교사가 학생을 면담한 결과, 지난주에 부모가 이혼하였고 A 학생은 평소 관계가 소원했던 고모 집으로 이사를 하였으며, 예전에 비해 성적이 떨어진 것을 알게 되었다. 보건교사가 A 학생을 종합적으로 사정한 결과 A 학생의 현재 상태는 스트레스로 인한 것으로 판단하였다.

위 사례를 라자루스(R. S. Lazarus)의 스트레스 이론을 적용하여 서술하고, 위의 증상 이외에 A 학생에게 나타날 수 있는 신체적 반응과 심리적 반응을 제시하고, 보건교사가 실시할 수 있는 스트레스 관리기법 4가지를 근거와 함께 서술하시오.

4절· 염증

| 정답 및 해설 p.679

1. 다음 물음에 간단히 답하시오. '99 임용

1-1. 조직손상의 원인을 크게 4가지로 구분하시오.

1-2. 염증의 4대 증상을 쓰시오.

1-3. 염증의 전신적 영향을 3가지로 쓰시오.

2. 신체에 개방성 상처(open wound)가 생기면 상처 치유과정이 일어나는데, 이는 상처의 크기, 범위, 깊이 등에 따라 다르다. 보건교사가 사정해야 할 상처의 치유과정과 그 과정에서 나타날 수 있는 합병증을 설명하시오. [8점] '01 임용

3. 다음은 ○○고등학교 보건교사가 피부의 상처 치유 과정을 지도하기 위해 작성한 〈교수·학습 지도안〉이다. 다음 내용에서 괄호 안의 ㉠, ㉡에 해당하는 단계의 명칭을 순서대로 쓰시오. [2점] '15 임용

교수·학습 지도안			
단원	피부의 기능	지도교사	김○○
주제	상처 치유 과정	대상	남학생 35명
차시	2/3차시	장소	2−3 교실
학습목표	• 상처 치유 과정을 이해한다.		
단계	교수·학습 내용		시간
도입	• 전시 학습 확인 : 피부의 구조 • 동기 유발 : 상처 치유 과정에 관한 애니메이션 동영상 시청 • 본시 학습 목표 확인		5분
전개	• 손상으로 피부가 벗겨져 피가 나는 상처의 치유 과정에 대해 알아본다. 　− 상처 치유 과정 　1) 지혈 단계 : 손상된 혈관을 막아 주고 안정된 혈괴를 형성하기 위하여 혈소판이 작용한다. 　2) (㉠) : 불필요한 조직과 미생물을 파괴하는 단백질 분해 효소가 상처 부위에서 분비된다. 　3) 증식 단계(섬유 증식기) : 상처가 육아조직으로 채워지고 수축되어 상피화에 의해 상처 표면을 재형성한다. 　4) (㉡) : 콜라겐이 재조직화되고 흉터가 재건되어 상처가 치유된다. 　　　… (중략) …		40분
정리 및 평가	• 상처 치유 과정 O, X 퀴즈		5분

5절 · 면역

| 정답 및 해설 p.680

1. 인간의 면역력은 여러 가지 형태로 구분되는데, 이에 관한 설명으로 옳은 것을 〈보기〉에서 모두 고른 것은? [2.5점] '10 임용

> ┌─ 보기 ┐
> ㄱ. 수동면역은 능동면역에 비하여 면역 효력이 늦게 나타나며, 효력 지속 시간이 짧은 것이 특징이다.
> ㄴ. 자연능동면역은 현성감염 또는 불현성감염 이후 형성되는 것으로, 두창(천연두), 성홍열, 일본뇌염, 세균성 이질, 인플루엔자 등이 해당된다.
> ㄷ. 현성감염 후 영구면역이 형성되어 두 번 이환되는 일이 거의 없는 전염병에는 수두, 유행성 이하선염, 디프테리아, 수막구균성 수막염 등이 있다.
> ㄹ. 인공능동면역 중 사균백신에 해당되는 질병은 황열, 탄저, 홍역, 백일해 등으로 면역 유지를 위해서는 추가 면역이 필요하다.
> ㅁ. 비특이성 면역은 숙주의 해부생리학적 특성에 따라 좌우되며, 신체점막의 점액이나 섬모활동 및 백혈구의 식균작용등이 이에 해당된다.

① ㄱ, ㄴ   ② ㄴ, ㅁ   ③ ㄷ, ㅁ
④ ㄱ, ㄹ, ㅁ   ⑤ ㄴ, ㄷ, ㅁ

2. 태반 또는 모유에 의하여 어머니로부터 면역 항체를 받는 상태는? '95 임용

① 자연 능동 면역   ② 자연 수동 면역
③ 인공 능동 면역   ④ 인공 수동 면역

3. 알레르기 및 가족성 과민성 증상의 요인이 되는 면역글로불린은? '95 임용

① IgA   ② IgD

③ IgE   ④ IgM

4. 예방접종 후 생성되는 혈중 면역글로불린(Immunoglobulin, Ig)에 대한 설명으로 옳은 것은? [2.5점] '13 임용

① 예방접종 후에는 IgM이 생성되고, 그 이후에는 IgG가 생성된다.

② 투여한 백신(vaccine)은 보체(complement)를 일부 소모하면서 IgM을 생성한다.

③ 예방접종 후에는 1차 면역 반응(primary immune response)의 주 요소인 IgA가 생성된다.

④ 투여한 백신(vaccine)으로 인해 IgE가 가장 먼저 생성되어 보체(complement)를 활성화시킨다.

⑤ 백신(vaccine) 투여 후 생긴 IgD는 비만 세포(mast cell)와 안전하게 결합하여 서서히 증가한다.

6절 · 과민반응

| 정답 및 해설 p.681

천식

1. 알레르기성 천식 아동이 알레르기를 일으키는 인자에 노출되었을 때 체내에서 일어나는 과민반응의 기전(병태생리)을 5가지만 쓰시오. [4점] '07 임용

아나필락시스

2. 보건 일지에 기록된 김 군(18세)의 사례이다. 10월 14일 상황에서 보건교사가 간호하기 위하여 알아야 할 사항 중 옳은 것만을 〈보기〉에서 있는 대로 고른 것은? [2.5점] '12 임용

학교 보건 일지

△△고등학교

번호	날짜 (요일)	학년 /반	성명	증상 및 조치 사항	
1	10. 6.(목)	3-3	김○○	증상	• 발열, 두통, 안면통, 압통, 누런 콧물
				조치 사항	• 부비동염으로 병원에서 처방받은 항생제를 잘 복용하도록 지도 • 코를 세게 풀지 않도록 교육
				… (중략) …	
25	10. 14.(금)	3-3	김○○	증상	• 약이 떨어져 같은 병명으로 치료 중인 동생의 약을 4일간 복용하였다고 함 • 목이 막히는 것 같고 숨을 쉬기 어렵다고 호소 • 흉부 압박감 호소, 팔과 가슴 상부에 두드러기 • 맥박 104회/분, 호흡 28회/분, 혈압 80/60mmHg
				조치 사항	• 119 구급대에 연락 • 요양호자 관리 기록부에서 페니실린 알레르기가 있음을 확인 (이하 생략)

┌→ 보기 ←┐

ㄱ. 히스타민에 의해 두드러기가 발생한다.
ㄴ. 유발 물질(항원)에 처음으로 노출될 때 인체가 나타내는 정상적인 면역 반응이다.
ㄷ. 기도가 폐쇄될 수 있으므로 천명음과 쉰 목소리를 사정한다.
ㄹ. 에피네프린(epinephrine) 투여는 항히스타민제가 투여된 후에 고려되어야 한다.

① ㄱ, ㄴ　　　　② ㄱ, ㄷ　　　　③ ㄱ, ㄷ, ㄹ

④ ㄴ, ㄷ, ㄹ　　　⑤ ㄱ, ㄴ, ㄷ, ㄹ

7절 · 면역질환

| 정답 및 해설 p.682

1. 자가면역병(Autoimmune disease)이 아닌 것은? '92 임용

① 다발성 경화증(Multiple sclerosis)
② 만성 사구체 신염(Chronic glomerulo nephritis)
③ 류머티스 열(Rheumatic fever)
④ 히스토플라스모시스 병(Histoplasmosis)

2. 전신 홍반성 낭창(SLE)을 바르게 설명한 것은? '92 임용

① 자가 항체의 과소 생산으로 인한 질환이다.
② 사춘기와 청년기의 남자에게 많다.
③ 자외선 노출과 스트레스에는 별 관계가 없다.
④ 발진은 특히 뺨과 코에 나비 모양으로 나타난다.

3. 〈보기〉의 설명에 해당되는 질환은? '96 임용

> ┌ 보기 ┐
> * 여자에게서 많이 발생　　　　　* 면역기전의 이상과 관련
> * 뺨에 나타나는 나비모양의 홍반　* 혈관 및 결체조직을 침범하는 전신적 질환

① SLE　　　　　　　　② Morphea
③ Scleroderma　　　　④ Purpura tularinans

4. 다음은 보건교사가 고등학생과 나눈 대화 내용이다. 〈작성 방법〉에 따라 순서대로 서술하시오. [4점] '20 임용

학생　　　: 선생님! 궁금한 게 있어서 왔어요. 엄마가 아파서 병원에 가셨는데, '전신 홍반 루푸스'라는 진단을 받았어요. 그 병은 어떤 거예요?

보건교사: 전신 홍반 루푸스는 일종의 자가 면역 질환이에요. 자가 면역이란 (　　⊙　　)을/를 의미해요.

학생　　　: 네, 그런데 엄마 양쪽 뺨에 나비 모양의 붉은 발진이 생겼던데 왜 그런 거예요?

보건교사: 발진이 생기는 기전은 (　　ⓛ　　)입니다.

학생　　　: 지난 일요일 아침에 엄마와 산책을 갔는데, 날씨가 추워서 그런지 손끝이 차고 창백하게 변했어요. 이 병과 관련이 있나요?

보건교사: 네, 관련이 있을 수 있어요. 레이노(Raynaud) 현상이라는 것이 있는데, 이러한 현상이 발생하는 이유는 (　　ⓒ　　) 때문입니다.

학생　　　: 선생님 설명을 듣고 나니 엄마 상태에 대해 많이 이해가 되었어요.

… (하략) …

┌ 작성 방법 ┐
- 괄호 안의 ⊙에 자가 면역의 정의를 제시할 것
- 괄호 안의 ⓛ에 해당하는 발생 기전을 2단계로 서술할 것

5. 신장이식을 받은 박씨(남, 49세)는 정기검진을 받기 위해 병원을 방문하였다. (가)~(마)에서 만성 신장이식 거부 반응이라고 의심할 수 있는 징후로 옳은 것만을 모두 고른 것은?

[2.5점] '11 임용

- 활력징후
  (가) 혈압 : 150/95mmHg, 맥박 : 82회/분, 호흡 : 22회/분, 체온 : 37℃(액와)
- 최근 4개월 동안 (나) 체중이 2.3kg 감소함
- 혈액검사 결과
  (다) 혈액 요소 질소(BUN) : 32mg/dL
  (라) 크레아티닌(creatinine) : 2.6mg/dL
  (마) K⁺(potassium) : 4.2mEq/L
      Na⁺(sodium) : 137mEq/L
- 과거력
  − 9년 전부터 만성 신부전을 앓고 있었으며 4개월 전 신장이식 수술을 받았음
  − cyclosporine과 prednisone을 포함한 면역억제제를 복용하였고 합병증 없이 치료가 잘 되어 퇴원함
  − 퇴원 당시 활력징후는 혈압 125/80mmHg, 맥박 68회/분, 호흡 18회/분, 체온 36.6℃(액와)이었음

---

① (가), (나)　　　　② (나), (마)　　　　③ (가), (나), (다)

④ (가), (다), (라)　　⑤ (다), (라), (마)

8절· 암

| 정답 및 해설 p.683

1. 〈보기〉에서 악성 종양의 특징을 모두 고르면? '96 임용

┌─ 보기 ┐

ㄱ 피막이 있다.   ㄴ 일반적으로 전이된다.
ㄷ 유사분열이 왕성하다.   ㄹ 성장양식이 확장성이다.
ㅁ 성장양식이 침윤성이다.   ㅂ 성장속도가 비정상적으로 빠르거나 느리다.

① ㄱ, ㄴ, ㄷ, ㄹ   ② ㄱ, ㄷ, ㅁ, ㅂ
③ ㄴ, ㄷ, ㄹ, ㅁ   ④ ㄴ, ㄷ, ㅁ, ㅂ

2. 암 진단 후 화학 요법을 받고 있는 환자를 위한 간호중재로 옳은 것을 〈보기〉에서 고른 것은? '09 임용

┌─ 보기 ┐

ㄱ. 머리를 자주 감아서 감염을 예방한다.
ㄴ. 고단백 식이로 적혈구 생성을 촉진한다.
ㄷ. 화학 요법 중에는 월경이 없을 수 있으나 피임은 계속하라고 교육한다.
ㄹ. 절대호중구수(ANC : Absolute Neutrophil Count)가 1,000/mm^3 미만인 환자는 최근에 수두 예방 접종을 받은 아동과의 접촉을 피한다.
ㅁ. 구강 통증이 심할 경우 아스피린(aspirin)을 투여하여 통증을 완화한다.

① ㄱ, ㄴ, ㄷ   ② ㄱ, ㄴ, ㅁ   ③ ㄱ, ㄹ, ㅁ
④ ㄴ, ㄷ, ㄹ   ⑤ ㄷ, ㄹ, ㅁ

3. 다음은 유방암 수술을 받고 퇴원한 K 교사(여, 45세)가 보건교사와 상담한 내용이다. (가)~(마) 중 옳은 것만을 있는 대로 고른 것은? '13 임용

> K교사   : 1주일 전 병원에서 항암제를 처방 받았어요.
> 보건교사 : 어떤 항암제인데요?
> K교사   : 처방전에 사이클로포스파마이드(Cyclophosphamide; Cytoxan®라고 씌어 있었어요.
> 보건교사 : (가) 사이클로포스파마이드는 대사길항제 항암제입니다.
> K교사   : 그게 뭔데요?
> 보건교사 : (나) 사이클로포스파마이드는 세포주기의 모든 단계에서 암세포를 죽이는 약물로 (다) DNA와 RNA의 단백질 합성을 방해하는 항암제예요. (라) 심각한 부작용으로 출혈성 방광염이 나타날 수 있습니다.
> K교사   : 부작용이 생기지 않도록 하려면 어떻게 해야 하나요?
> 보건교사 : 우선, (마) 그 약을 드시는 중에는 평소보다 물을 많이 드세요.

① (가), (나)   ② (가), (다)   ③ (다), (라)
④ (나), (라), (마)   ⑤ (다), (라), (마)

4. 보건교사가 김 교사를 면담한 뒤 작성한 간호 조사지와 병원검사 결과지이다. 밑줄 친 자료 (가)~(바)를 근거로 설정한 실제적 문제로 옳은 것을 〈보기〉에서 모두 고른 것은?

[2.5점] '10 임용

〈간호 조사지〉

작성일 2009. 10. 16.

- 성명 : 김**   • 연령 : 55세   • 성별 : 남성
- 현재 병력 : 위암 진단 후 위절제술 받음
  1차 보조적 화학 요법 후 10일째 되었음
- 투약 상태 : 현재 투약 중인 약물은 없음
- 활력 징후 : 혈압 120/85mmHg, 맥박 79회/분,
  체온 36.8℃(액와 측정), 호흡 17회/분
- 체질량 지수(BMI) : 22kg/m²
- (가) 주 호소 : 구강이 헐고, 통증이 심함. 목젖이 붓고, 쉰 목소리가 남
- (나) 피부·모발 상태 : 탈모가 심하여 가발 구입처를 궁금하게 여김
- 식이 섭취 상태 : 소화가 용이하고, 자극이 적은 음식을 소량씩 자주 먹고 있음. 탄수화물이 많이 포함된 음식을 피하고 있으며, 식사 직후 눕지 않음
- 배설 상태 : 설사나 변비 없음. 배뇨 장애 없음

〈병원 검사 결과지〉

성명 : 김**　　　　　　　　　　날짜 : 2009. 10.15.

총 혈구수(CBC)검사

- 헤모글로빈 14.5g/dℓ
- 적혈구 4,400,000개/mm³
- (다) 적혈구 1,350개/mm³, 호중구 40.5%
  호염구 3.1%, 호산구 0.2%
  림프구 50.1%, 단핵구 6.1%
- (라) 혈소판 200,000개/mm³

〈일반 화학 검사〉	〈소변 분석 검사(UA)〉
- 총단백질　　　7.5g/dℓ	- 요비중 1.021
- (마) 알부민　　4.3g/dℓ	- (바) 백혈구 1개
	- 적혈구 없음

→ 보기 ←

ㄱ. (가) - 구강 점막 손상　　ㄴ. (나) - 신체상 장애　　ㄷ. (다) - 골수 기능 저하
ㄹ. (라) - 출혈　　　　　　　ㅁ. (마) - 영양 결핍　　　　ㅂ. (바) - 요로 감염

① ㄱ, ㄴ, ㄷ　　　　② ㄱ, ㄴ, ㄹ　　　　③ ㄱ, ㄷ, ㄹ
④ ㄱ, ㄴ, ㄷ, ㅂ　　⑤ ㄱ, ㄴ, ㄷ, ㅁ, ㅂ

5. 방사선 치료를 받고 있는 암 환자와 간호사의 대화 내용 (가)~(라) 중 옳은 것만을 있는 대로 고른 것은? '12 임용

환자 : 방사선 치료를 받고 있는 부위의 표시는 지워도 되나요?

간호사: (가) 그 표시는 치료 부위를 나타낸 것이기 때문에 지우면 안 됩니다. 그리고 표시 부위를 매일 관찰해야 합니다.

환자 : 무엇을 관찰해야 되나요?

간호사: (나) 피부가 빨갛게 되거나 벗겨지고 피부색이 변하는 등의 피부 부작용이 나타나는지를 관찰하고 관리해야 합니다.

환자 : 그럼 방사선을 쪼이는 피부 부위는 어떻게 관리해야 하나요?

간호사: 그 부위는 항상 건조하고 청결하게 유지해야 합니다. 씻을 때 (다) 약한 비누로 부드럽게 씻고 충분히 헹군 후 살살 두드리면서 말리세요. 그리고 (라) 피부를 건강하게 하고 뼈도 튼튼하게 하기 위해 매일 햇볕을 쪼이세요.

---

① (가), (다)　　　② (나), (라)　　　③ (가), (나), (다)

④ (나), (다), (라)　　　⑤ (가), (나), (다), (라)

6. 다음은 ○○학교 건강 게시판 내용의 일부이다. 괄호 안의 ㉠, ㉡을 순서대로 쓰시오. [2점]

'19 임용

건강 게시판

우리가 알아야 할 국민 암 예방 수칙

1. 담배를 피우지 말고, 남이 피우는 담배 연기도 피하기
2. 채소와 과일을 충분하게 먹고, 다채로운 식단으로 균형 잡힌 식사하기
3. 음식을 짜지 않게 먹고 탄 음식을 먹지 않기

… (중략) …

9. 발암성 물질에 노출되지 않도록 작업장에서 안전 보건 수칙 지키기
10. 암 조기 검진 지침에 따라 검진을 빠짐없이 받기

〈암의 종류별 검진 주기와 연령 기준 및 검사 항목〉

암의 종류	검진 대상	검진 주기	검사 항목
위암	40세 이상의 남·여	2년	1. 위내시경 2. 조직검사 3. 위장조영검사
간암	40세 이상 남·여 중 간암 발생 고위험군	6개월	1. 간초음파 검사 2. 혈청알파태아단백 검사
(㉠)암	50세 이상 남·여	1년	1. (㉠) 2. (㉡)내시경검사 3. 조직검사 4. (㉠)이중조영검사
유방암	40세 이상의 여성	2년	유방촬영
자궁경부암	20세 이상의 여성	2년	자궁경부세포검사

* 암의 종류별 검진 주기와 연령 기준 : 암관리법 시행령 제8조(대통령령 제28206호, 2017. 7. 24., 타법개정)
* 검사 항목 : 암검진 실시 기준(보건복지부고시 제2018 -1호, 2018. 1. 2., 일부개정)

소화계

출제경향 및 유형

'92학년도	충수염, 비타민 용도
'93학년도	
'94학년도	단백질 결핍 증상
'95학년도	소화효소, 구내염
'96학년도	충수염, 췌장의 외분비선, B형 만성간염
'97학년도	
'98학년도	식이문제를 지닌 학생의 식사지도
'99학년도	B형 간염 고위험군(지방)
후 '99학년도	
2000학년도	복통의 신체사정(assessment)방법 5가지, 복통 완화를 위해 실시할 수 있는 간호중재
2001학년도	
2002학년도	
2003학년도	
2004학년도	
2005학년도	지방간을 조절하기 위한 자가관리방법
2006학년도	복막염이라고 의심할 수 있는 특징적인 증상, 치질의 원인과 내과적 중재
2007학년도	과민성대장증후군의 예방법
2008학년도	
2009학년도	간경변증
2010학년도	간경변증 병태생리, A형 간염
2011학년도	소화성 궤양, 충수염 증상, 섭식장애
2012학년도	
2013학년도	장루술, B형 간염
2014학년도	
2015학년도	A형 간염의 혈청학적 임상 경과와 주요 전파경로
2016학년도	
2017학년도	신경성 식욕부진증, 덤핑신드롬
2018학년도	
2019학년도	역류성식도염(약물요법, 비만이 미치는 영향)
2020학년도	
2021학년도	맥버니점(McBurney's point)위치, 충수염 간호(관장 금함)
2022학년도	간성뇌병증(락툴로즈, 네오마이신)
2023학년도	소화성궤양의 원인균, 헬리코박터균의 생존 이유, 복막염 증상

출제포인트

소화계는 출제비율이 비교적 낮은 편이나 최근 간, 담도계 질환의 증가 추세로 본다면 앞으로의 출제비율은 늘어날 것으로 예상되는 부분이다. 학교에서 자주 발생하는 충수염, 과민성대장증후군의 증상과 처치를 완성해야 하고, 교직원들에게서 자주 발생하는 소화성궤양의 병태생리, 증상과 처치도 정리해야 한다.

1절 ◆ 식도 위 십이지장질환

| 정답 및 해설 p.687

1. 복부의 신체 검진 방법으로 옳은 것을 〈보기〉에서 고른 것은? '09 임용

→ 보기 ←

㉠ 통증 부위를 가장 나중에 촉진한다.
㉡ 대상자의 팔을 옆으로 붙이게 한다.
㉢ 시진, 청진, 촉진, 타진의 순서로 검진한다.
㉣ 대상자는 무릎을 편 자세로 앙와위를 취하게 한다.
㉤ 타진은 우상복부부터 시작하여 시계방향으로 진행한다.

① ㉠, ㉡, ㉢   ② ㉠, ㉡, ㉤   ③ ㉠, ㉣, ㉤
④ ㉡, ㉢, ㉣   ⑤ ㉢, ㉣, ㉤

2. 〈보기〉에서 설명한 소화 호르몬은? '95 임용

→ 보기 ←

• 십이지장 및 공장점막에서 분비된다.   • 위운동 억제작용을 한다.
• 인슐린 분비를 촉진한다.

① C.C.K   ② Secretin
③ Gastrin   ④ GIP

3. 다음은 보건교사와 동료 교사의 대화 내용이다. 밑줄 친 ㉠, ㉡이 나타나는 발생 기전을 순서대로 서술하시오. [4점] '17 임용

동료교사 : 선생님, 제 건강관리에 대해 상담하고 싶어요. 저는 6개월 전 위암으로 진단받고 위를 3분의 2 이상 잘라냈어요.

보건교사 : 그러셨군요. 수술 후 일상생활에 불편하신 점은 없으세요?

동료교사 : ㉠ 밥을 먹고 나면 얼마 지나지 않아 갑자기 꾸르륵 소리가 심해지고 배가 아파 화장실에 가고 싶어 수업을 중단해야 하는 경우가 자주 있어요. 어떤 때는 토할 것 같고 가슴이 심하게 뛰고 어지러워서 쓰러질 것 같기도 하고요. 자주 이런 일이 생기니 암이 재발한 건지 걱정이 되고 5교시 수업이 두려워요.

보건교사 : 많이 힘드시겠어요. 부분 위절제술 후 나타나는 합병증인데요. 이러한 증상들을 예방하기 위해 한꺼번에 많이 드시지 말고 소량씩 여러 번 나누어 식사하시고, 식사 중 수분을 섭취하지 않으셔야 해요. 고단백, 고지방, 저탄수화물 식이를 섭취하고, 식사 후에 누워서 쉬는게 좋아요.

동료교사 : 네, 고맙습니다. 그런데 ㉡ 식사 후 2시간 정도 지나면 식은땀이 나고 가슴이 심하게 뛰고 갑자기 기운이 빠져 쓰러질 것 같고 불안해져요.

소화성궤양

4. 수산화마그네슘이 제산제로 쓰일 때 약리작용으로 옳지 <u>않은</u> 것은? '92 임용

① 변비를 일으키는 작용이 있다.

② 칼슘 제산제나 알루미늄 제산제와 병용한다.

③ 위산과 반응하여 생성된 염은 흡수가 잘 되지 않는다.

④ 제산 작용을 하는 시간은 탄산수소나트륨(Sodium bicarbonate)보다 길다.

5. 최근 시범학교 보고회 준비 때문에 스트레스를 받고 있는 김 교장(남, 61세)이 보건실을 방문하였다. 대화 내용 중 (가)~(마)에 대한 설명으로 옳은 것은? '11 임용

보건교사 : 어서오세요, 교장선생님. 요즈음 십이지장 궤양으로 병원에 다니신다고 들었어요. 교장 선생님 : 예. 마침 오늘 병원에 다녀왔어요. 보건교사 : 어떤 약을 드세요? 교장 선생님 : (가) <u>시메티딘</u>과 (나) <u>암포젤</u>을 먹어요. 보건교사 : 그러면 약의 부작용을 알고 계세요? 교장 선생님 : 예. (다) <u>시메티딘은 부작용 때문에 간이 나빠질 수 있고</u>, (라) <u>시메티딘을 복용하면 드물지만 여자처럼 유방이 나올 수도 있대요.</u> 그리고 (마) <u>암포젤은 변비가 생길 수 있다고 알고 있어요.</u>

① (가) 위 점막의 표면을 덮어 자극을 방지해 주고 염증을 감소시키는 약물이다.

② (나) 위산을 중화시켜 위내의 산도를 감소시키는 약물이다.

③ (다) 간 기능이 떨어지면 활성형으로 되어 간에서의 약물대사가 빨라지기 때문이다.

④ (라) 시메티딘이 항에스트로겐으로 작용하여 내분비계에 영향을 미칠 수 있기 때문이다.

⑤ (마) 장내 삼투압을 증가시키기 때문이다.

6. 다음은 보건교사와 김 교사의 대화 내용이다. 〈작성 방법〉에 따라 순서로 서술하시오. [4점] '19 임용

> 김 교사 : 아침에 일어나면 가끔 목소리가 변하고, 잠을 자려고 누우면 속이 쓰렸는데 이번 건강 검진 결과 식도역류질환이 있다고 해요. 커피를 좋아하는데 병원에서 커피가 해롭다고 해요.
> 보건교사 : ㉠ 커피뿐만 아니라 차, 페퍼민트, 초콜릿, 술 등도 피하셔야 합니다.
> 김 교사 : 제가 좋아하는 것은 모두 피해야 하네요.
> 보건교사 : 식사는 ㉡ 한꺼번에 많이 드시는 것보다 매일 4~6회로 나누어 소량씩 드시면 좋아요.
> 김 교사 : 그군요. ㉢ 비만이 되지 않게 체중을 잘 관리하라고도 했어요.
> 보건교사 : 체중을 조절하셔야 해요. 혹시, 약도 드시나요?
> 김 교사 : 네. 약 이름은 정확히 모르지만 ㉣ 히스타민2 수용체 길항제(H2 receptor antagonists)라고 했어요.
> 보건교사 : 약을 복용하면서 꾸준히 식이요법과 생활습을 잘 조절하는 것이 중요합니다. 식사 후 2~3시간 이내에는 눕지 않아야 하고 잘 때는 머리를 10~15 cm 정도 올리고 자는 게 좋아요.
> 김 교사 : 감사합니다.

┌─ 작성 방법 ┐
- 밑줄 친 ㉠, ㉡의 이유를 각각 서술할 것
- 밑줄 친 ㉢과 관련하여 비만이 위식도역류질환에 미치는 영향을 서술할 것
- 밑줄 친 ㉣의 약리작용을 서술할 것

7. 다음은 고등학교 보건교사와 학생의 대화 내용이다. 〈작성 방법〉에 따라 서술하시오. [4점]

'23 임용

학생	: 선생님, 아빠가 어제 갑자기 배가 심하게 아프셔서 병원에 갔는데 ㉠ <u>장이 천공되어 생긴 복막염</u>으로 수술하셨어요.
보건교사	: 저런, 걱정이 많겠구나. 그런데 어쩌다 그렇게 되신 거니?
학생	: 평소에 십이지장궤양을 앓고 계시기는 했는데 요즘 스트레스를 많이 받으시면서 술과 담배를 다시 하셨던 것 같아요.
보건교사	: 아버님이 많이 힘드셨겠구나. 가족들도 많이 놀랐을 거고.
학생	: 네, 지금은 조금 나아졌어요. 그런데 십이지장궤양은 왜 생기는 건가요?
보건교사	: ㉡ <u>십이지장궤양의 원인균</u>이 있는데 많은 사람들이 감염되어 있고, 꾸준한 관리와 치료가 필요하단다.
학생	: 그렇군요. 잘 알려 주셔서 감사합니다.

┌─● 작성 방법 ●─────────────────────────────────
• 밑줄 친 ㉠의 진단을 위해 필요한 복부 청진과 촉진의 신체검진 결과를 각각 서술할 것
• 밑줄 친 ㉡에 해당하는 원인균의 명칭을 제시하고, 이 균이 위 속에서 생존 가능한 이유를 서술할 것

2절 · 소장 대장질환

| 정답 및 해설 p.690

1. 과민성대장증후군은 기질적 병변 없이 복통, 변비, 설사, 복부팽만감 및 불쾌감의 증상을 나타내는 질환이다. 이러한 문제의 예방법으로 보건교사가 교육해야 할 내용을 5가지만 쓰시오. [4점] '07 임용

2. 정장제(Purgative)에 대한 설명으로 옳지 <u>않은</u> 것은? '92 임용

① 장시간 사용하면 체중감소, 저칼륨증 등을 초래한다.
② 일반적으로 정장제의 사용은 배변을 규칙적으로 만든다.
③ 식물성 섬유(Vegetable fiber)의 대량 사용은 장폐색을 일으킬 수 있다.
④ 대장 또는 직장 수술 시에 사용한다.

3. 그림은 장루술(Colostomy)과 관련된 신문 기사이다. (가)~(라) 중 옳은 것만을 있는 대로 고른 것은? '13 임용

○○일보　　　　　　**기획**　　　　　2012년 11월 10일

암을 이기자 – 직장암 –

요즈음 직장암 환자가 늘어나고 있다. 직장암 수술 후 장루술을 받은 환자는 일상생활에 많은 불편을 겪는다. 장루 관리에 대한 전문가의 의견이다. 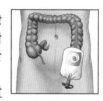 "장루술을 한 경우 (가) <u>수치심이나 좌절감 같은 감정을 잘 표현하도록 도와주고, 적극적으로 경청합니다.</u> 그리고 앞으로 장루에 대한 관리를 잘 하여야 하는데 먼저, (나) <u>장루 주위의 피부는 중성 비누와 물로 닦고,</u> (다) <u>장루 주머니를 부착하기 전에 피부를 철저하게 말립니다.</u> 장을 비운 후에 장루 주머니를 교환하면 교환하는 동안 배설물이 흘러나올 위험이 적고, 장루 주머니는 3~7일마다 교환해야 합니다. 수술 후 6~8주가 지나면 (라) <u>다른 문제가 없는 한 목욕, 수영 같은 일 상생활이 가능합니다.</u> 냄새를 유발하는 음식과 가스를 형성하는 음식에 대한 정보를 제공하여 도움을 줄 수 있습니다."

① (가), (나)　　　　② (다), (라)　　　　③ (가), (나), (다)
④ (가), (나), (라)　　⑤ (가), (나), (다), (라)

3절 · 간담도질환

| 정답 및 해설 p.691

1. Bilirubin은 장내에서 무엇으로 변화되어 배설되는가? '96 임용

① Urobilin   ② Urobilinogen
③ Stercobilin   ④ Stercobilinogen

2. 만성 B형 간염에 대한 설명으로 옳지 <u>않은</u> 것은? '96 임용

① 소아에서는 황달이 3개월 이상 지속된다.
② 간생검상 Piecemeal necrosis가 특징적이다.
③ 염증소견은 없으나 간괴사소견은 볼 수 있다.
④ 예후가 좋은 만성 지속성과 예후가 나쁜 만성 활동성이 있다.

3. B형 간염의 고위험군을 6가지 이상 쓰시오. '99 지방

4. 다음 이 군의 사례에서 보건교사가 인지하고 있어야 할 질병의 특성 및 관리에 대해 옳은 것을 〈보기〉에서 모두 고른 것은? '10 임용

> 중학생 이 군은 발열, 쇠약감, 오심, 구토, 식욕 부진과 우측 상복부 통증이 수일간 지속되었다. 그 후 소변 색깔이 담황색으로 진해지면서 회색 변, 황달 증상이 나타나 병원에서 검사를 받은 결과, 혈액검사에서 IgM형 anti-HAV 항체가 양성으로 나타났다.

> ┌─보기─┐
> ㉠ 주로 혈액을 통해 감염되며, 만성화 경향이 있다.
> ㉡ 특별한 치료법은 없으며, 증상 발현 시 보존 용법을 시행한다.
> ㉢ 우리나라에서는 제2군 법정전염병으로 분류하여 관리하고 있다.
> ㉣ 개인위생이나 공중위생이 불량한 곳에서 많이 발생한다.
> ㉤ 감염자와 접촉 후 2주 내에 면역글로불린을 접종하면 예방에 효과적이다.

① ㉠, ㉡   ② ㉡, ㉢   ③ ㉢, ㉣
④ ㉠, ㉡, ㉢   ⑤ ㉡, ㉣, ㉤

5. 췌장의 외분비선에서 분비되는 것은? '96 임용

① Insulin-Trypsin-Lipase
② Amylase-Glucargon-Lipase
③ Trypsin-Amylase-Lipase
④ Insulin-Glucargon-Amylase

6. 다음은 K 교사의 보건 일지이다. 보건 일지에 나타난 K 교사의 질병에 대한 설명으로 옳은 것만을 〈보기〉에서 있는 대로 고른 것은? [1.5점] '13 임용

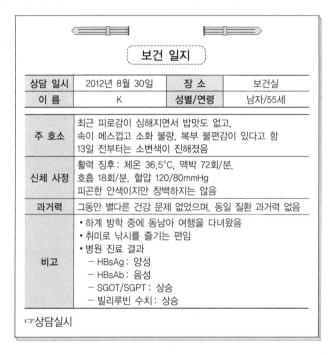

보건 일지

상담 일시	2012년 8월 30일	장 소	보건실
이 름	K	성별/연령	남자/55세

주 호소	최근 피로감이 심해지면서 밥맛도 없고, 속이 메스껍고 소화 불량, 복부 불편감이 있다고 함 13일 전부터는 소변색이 진해졌음
신체 사정	활력 징후: 체온 36.5℃, 맥박 72회/분, 호흡 18회/분, 혈압 120/80mmHg 피곤한 안색이지만 창백하지는 않음
과거력	그동안 별다른 건강 문제 없었으며, 동일 질환 과거력 없음
비고	• 하계 방학 중에 동남아 여행을 다녀왔음 • 취미로 낚시를 즐기는 편임 • 병원 진료 결과 　－ HBsAg : 양성 　－ HBsAb : 음성 　－ SGOT/SGPT : 상승 　－ 빌리루빈 수치 : 상승

☞상담실시

보기

ㄱ. 오염된 음식, 식수, 대변 － 구강 경로로 감염되므로 배변 후 손 씻기를 철저히 하고, 술잔을 돌리는 것을 피해야 한다.

ㄴ. 만성 환자 치료에 인터페론 알파(Interferon alpha)가 유용하다.

ㄷ. 이 질환은 집단 발생의 우려가 커서 유행 즉시 방역 대책을 마련해야 하는 제1군감염병이다.

ㄹ. 적절히 치료받지 않으면 만성 보균자가 될 위험과 간세포 성암(Hepatocellular carcinoma)으로 진행될 가능성이 있다.

① ㄱ
② ㄴ
③ ㄱ, ㄷ
④ ㄴ, ㄹ
⑤ ㄷ, ㄹ

7. 총담관 조루술로 인하여 담즙이 유출됨으로써 나타날 수 있는 부작용은? '95 임용

① 말초 신경염   ② 펠라그라병

③ 악성빈혈   ④ 출혈성 소인

8. 다음은 A형 간염의 혈청학적 임상 경과를 나타낸 그림이다. ㉠은 과거에 감염된 후 면역이 형성되어 있음을 나타내고 있다. 이에 해당하는 항체명과 HAV의 주요 전파 경로를 쓰시오. [2점] '15 임용

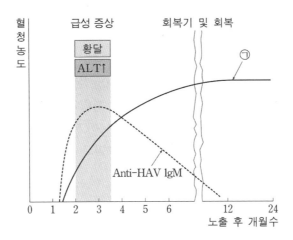

[그림] A형 간염의 혈청학적 임상 경과

9. 다음 글을 읽고 물음에 답하시오. '05 임용

> 기혼남인 35세 김 교사는 신체검진 결과에서 중등도(moderate to severe)의 '지방간'이라는 진단을 받았으며, 경증의 비만 이외에 특이 사항은 없었고 본인이 느끼는 불편감도 없는 상태이다. 김 교사는 평소 술과 담배를 즐겨하는 편이며, 현재 대학원에서 석사학위 논문을 쓰고 있는 중이어서 스트레스가 높은 상태이다. 또한 김 교사는 조부가 간경화로 사망한 가족력이 있다.

9-1. 김 교사의 '지방간'을 조절하기 위한 자가관리방법을 5가지만 쓰시오. [3점]

10. 간경변증(liver cirrhosis) 진단을 받은 지 10년 된 53세의 남자가 말이 어눌해지고 장소에 대한 지남력(orientation)이 떨어져서 병원에 입원하였다. 사정한 결과 간 떨림(flapping tremor) 증상과 복수가 나타났다. 이 환자는 수분 정체 완화를 위해 이뇨제인 퓨로세마이드(Furosemide : Lasix)를 투여받고 있다. 이 환자를 위해 간호중재로 옳은 것을 〈보기〉에서 고른 것은? '09 임용

> ┌─ 보기 ─
> ㉠ 변의 색깔을 확인한다.　　　　　㉡ 저칼륨혈증을 관찰한다.
> ㉢ 저단백식이를 공급한다.　　　　㉣ 중추신경자극제를 투여한다.

① ㉠, ㉢　　　　　　　　　　② ㉡, ㉣
③ ㉠, ㉡, ㉢　　　　　　　　④ ㉣
⑤ ㉠, ㉡, ㉢, ㉣

11. 간경변(liver cirrhosis)의 병태생리에 관한 설명으로 옳지 <u>않은</u> 것은? '10 임용

① 간세포의 광범위한 파괴로 황달이 나타난다.

② 간의 알부민 합성 능력이 저하되어 저알부민혈증이 초래되므로 복강 내로의 수분 유출이 억제된다.

③ 문맥으로 혈류를 보내는 비장과 위장관의 울혈 현상으로 식도정맥류가 나타난다.

④ 간경변증이 심하면 문맥계 안에서 혈류에 대한 저항이 증가되어 문맥성 고혈압이 발생한다.

⑤ 간성혼수는 단백질 대사산물인 암모니아를 요소로 전환시키는 간의 능력이 저하되기 때문에 나타난다.

12. 다음은 보건교사와 동료교사의 대화 내용이다. 〈작성 방법〉에 따라 서술하시오. [4점]

'22 임용

> 동료교사 : 선생님, 제 남편이 8년 전에 간경화증(liver cirrhosis) 진단을 받고 별 문제 없이 지내 왔어요. 그런데, 2~3일 전부터 손목을 아래쪽으로 파닥거리며 떠는 증상 (flapping tremor, asterixis)과 함께 의식이 점점 저하 되어서 병원에 입원했어요.
>
> 보건교사 : 얼마나 놀라셨어요.
>
> 동료교사 : 병원에서는 간성뇌병증(hepatic encephalopathy)이 라고 하던데 왜 그런 증상이 나타나는 걸까요?
>
> 보건교사 : 간기능이 저하되어 ㉠ <u>장으로 흡수된 단백질 대사산물이 간에서 전환되지 못해 혈중에 축적되어 뇌에서 신경학적 독성을 일으키기 때문이에요.</u>
>
> 동료교사 : 지금도 의식이 회복되지 않고 있어요. 약물 치료는 어떻게 하나요?
>
> 보건교사 : ㉡ <u>장관 내 삼투압을 상승시켜 대사산물의 배설을 촉진하고, 장 내용물을 산성화하는 약물을 투여합니다.</u> ㉢ <u>상황에 따라 네오마이신(neomycin sulfate)이라는 약을 사용하기도 해요.</u>
>
> 동료교사 : 식이 섭취는 어떻게 하는 게 좋을까요?
>
> 보건교사 : 당분간 단백질 섭취는 줄이는 것이 좋겠습니다.

┌→ 작성 방법 ←┐
- 밑줄 친 ㉠을 유발하는 물질을 제시할 것
- 밑줄 친 ㉡에 해당하는 약물의 일반명과 위 상황에 적합한 투여 경로를 제시할 것
- 밑줄 친 ㉢의 투여 목적을 서술할 것

4절· 외과적 질환

| 정답 및 해설 p.695

1. 충수염의 특징이 아닌 것은? '92 임용

① 오심과 구토가 일어난다.

② 염증이 계속되면 복막염을 일으킨다.

③ McBurney's point에 통증이 있으며, 백혈구는 감소된다.

④ 세균감염이나 굳은 분변이 충수강을 폐쇄하여 일어난다.

2. 다음 충수염의 설명으로 맞는 것은? '96 임용

㉠ WBC 감소	㉡ 맥박, 호흡수 증가
㉢ 변비, 중등도의 열	㉣ 우측 하복부에 더운 찜질시 동통 완화
㉤ 염증 진행에 맥버니 포인트로 국한	

① ㉠, ㉡, ㉢   ② ㉠, ㉡, ㉣

③ ㉡, ㉢, ㉤   ④ ㉡, ㉣, ㉤

3. 복부 사정에서 충수염(appendicitis)이라고 생각할 수 있는 증상으로 옳은 것만을 〈보기〉에서 모두 고른 것은? '11 임용

→ 보기 ◆

㉠ 배꼽 주위가 푸르게 변색되었다.

㉡ 왼쪽 옆구리 피부가 푸르게 변색되었다.

㉢ 좌하복부(LLQ)에 압력을 가했을 때 대칭점인 우하복부(RLQ) 통증을 호소하였다.

㉣ 우측 하복부의 맥버니점(Mcburney's point)을 깊이 누른 다음 손을 떼었을 때 통증을 호소하였다.

㉤ 우측 늑골하를 촉진하면서 심호흡을 하도록 했을 때 심한 압통을 호소하면서 흡기를 멈추었다.

① ㉠, ㉢   ② ㉡, ㉤   ③ ㉢, ㉣

④ ㉡, ㉢, ㉤   ⑤ ㉢, ㉣, ㉤

4. 다음은 고등학교 보건교사가 작성한 〈교수·학습 지도안〉의 일부이다. 밑줄 친 ㉠의 위치 확인을 위한 기준점으로 활용되는 뼈의 명칭과 밑줄 친 ㉡이 초래할 수 있는 위험이 무엇인지 순서대로 쓰시오. [2점] '21 임용

교수·학습 지도안				
단원	건강의 이해와 질병 예방	지도교사	최○○	
주제	충수염	대상	1학년	
차시	2/3	장소	보건교육실	
학습 목표	•충수염의 정의를 설명할 수 있다. •충수염의 증상을 말할 수 있다. •충수염 의심 시 주의 사항을 말할 수 있다			
단계	교수·학습 내용			시간
도입	•전시 학습 확인 •동기유발 : 소화기계 구조에 대한 퀴즈 •본시 학습 문제 확인			5분

전개	1. 충수염의 정의
	  충수에 발생한 염증성 장질환
	2. 충수염의 증상
	  ─ 초기에는 배꼽 주위의 통증으로 시작함
	  ─ 통증은 우측 하복부로 이동하여 ㉠ 맥버니점(McBurney's point)으로 국한됨
	3. 충수염 의심 시 주의 사항
	  ㉡ 변완화제 사용이나 관장은 위험하므로 금함
	             …(하략)…
				40분

5. 한 학생이 허리를 구부린 자세로 복통을 호소하며 보건실을 방문하였다. 이 학생은 어젯밤부터 오른쪽 배가 아프기 시작하였고, 보건실 방문 당시 통증이 심해졌으며, 발열, 오심과 구토 증상을 호소하였다. 이 증상 이외에 보건교사가 신체 사정 결과 복막염이라고 의심할 수 있는 특징적인 증상을 3가지만 쓰시오. [3점] '06 임용

6. 교사나 입시를 앞둔 학생들은 생활 여건으로 인해 치질의 발생 빈도가 높다. 치질을 예방하기 위해서는 그 원인과 증상 및 관리에 대한 교육이 중요하다. 치질의 원인과 내과적 중재에 대해 각각 3가지만 쓰시오. [4점] '06 임용

제4강　호흡계

출제경향 및 유형

'92학년도	유행성 출혈열, 항결핵약의 부작용, 무기폐, 천식, 폐렴, 결핵검사의 PPD검사, BCG접종 후 코흐씨(Koch's)현상
'93학년도	항결핵약 부작용, 호흡성 산독증, 결핵
'94학년도	결핵약 부작용, 감기 바이러스
'95학년도	체인 스토크 호흡, 부비동 수술간호, 폐결핵 집단검진순서
'96학년도	유행성 출혈열, 체내 가스교환, 금연방법
'97학년도	
'98학년도	
'99학년도	흡연이 인체에 미치는 영향 – 기관별(지방), 흡연 건강 증진 접근
후 '99학년도	
2000학년도	'흡연이 청소년에게 미치는 영향'의 교육내용
2001학년도	'니코틴 의존도가 높은 사람의 특성' 3가지
2002학년도	
2003학년도	
2004학년도	폐결핵의 전파 방지, 알러지성 천식의 병태생리
2005학년도	
2006학년도	
2007학년도	폐결핵 약물요법
2008학년도	
2009학년도	천식
2010학년도	천식, 호흡계 치료약물
2011학년도	폐암, 천식의 호기 유속기 사용방법 및 관리내용, COPD
2012학년도	폐결핵의 병태생리
2013학년도	호흡계의 병태생리 변화(기흉), 결핵약 부작용
2014학년도	천식의 병태생리
2015학년도	
2016학년도	
2017학년도	
2018학년도	
2019학년도	기흉
2020학년도	천식의 약물요법(기관지확장제)
2021학년도	
2022학년도	
2023학년도	

출제포인트

우리나라는 유난히 결핵이 강조된다. 그렇기 때문에 호흡계에서 출제비율이 가장 높은 것도 여전히 결핵이다. 결핵의 병태생리, 증상, 치료의 모든 부분이 골고루 출제되므로 집중분석해야 한다.

최근 대기오염의 영향 및 오랜 흡연습관과 관련하여 만성 폐색성 폐질환이 증가하고, 이에 따라 출제비율도 높아지고 있다. 교직원이라면 만성기관지염, 학생이라면 천식에 비중을 두고 꼼꼼히 분석하도록 한다. 또한 호흡기 감염병으로 인한 합병증으로 폐렴 및 ARDS의 병태생리와 관리도 정리해야 한다.

1절 ◆ 호흡계의 해부생리

| 정답 및 해설 p.697

1. 〈보기〉와 같은 호흡 형태는? '95 임용

┌ 보기 ┐

• 대사성 질환이나 뇌의 구조변화가 있을 때 볼 수 있다.

① 무기문식 호흡
② 운동실조성 호흡
③ 체인-스토크스 호흡
④ 중추신경에 의한 과호흡

2. 체내 가스교환에 대한 설명으로 옳은 것은? '96 임용

① 내호흡은 폐포와 모세혈관 사이의 가스교환이다.
② 외호흡은 모세혈관과 조직 사이의 가스교환이다.
③ 가스분자는 분압이 높은 곳에서 낮은 곳으로 이동한다.
④ 가스분자는 분압이 낮은 곳에서 높은 곳으로 이동한다.

3. 다음 〈보기〉에 해당하는 체위는? '93 임용

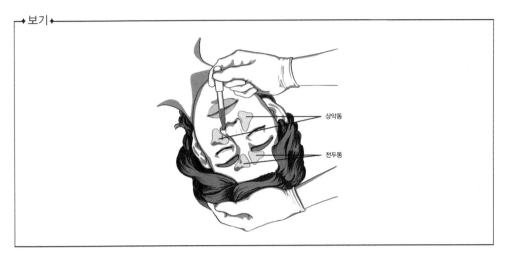

① Protez 체위   ② Supine 체위
③ Parkinson 체위   ④ Trendelenburg 체위

2절. 호흡기 질환

| 정답 및 해설 p.698

결핵

1. 최근의 예방접종으로 PPD검사의 반응이 억제될 수 있는 것은? '92 임용

① DPT   ② 홍역
③ 백일해   ④ 장티푸스

2. BCG접종 후 나타나는 코흐씨(Koch's) 현상을 설명한 것으로 옳은 것은? '92 임용

① 접종 후 10일 후에 나타난다.   ② 급성 염증반응으로 치료가 잘 안 된다.
③ PPD반응 양성자에게 나타난다.   ④ 켈로이드(keloid) 체질에서만 나타난다.

3. 항결핵제를 장기간 투여했을 때 주로 나타나는 부작용으로 바르게 짝지어진 것은? '92 임용

① EMB – 신장기능장애   ② PAS – 간장애
③ INH – 시각장애   ④ SM – 근육경련

4. 투베르쿨린 반응검사에서 양성 반응이 나타나는 것은? '93 임용

① INH를 투여할 경우
② 프리텐성 결막염일 경우
③ ACTH, corticosteroid를 사용할 경우
④ 시약을 피하에 주입했을 경우

5. 소아결핵의 치료제 중에서 제8뇌신경장애를 유발할 수 있는 약물은? '93 임용

① PAS   ② INH
③ Rifampin   ④ Streptomycin

6. 성인 결핵에 대한 설명으로 옳은 것은? '93 임용

① 국소 임파선 침범이 흔하다.
② 치유 과정에 석회화 경향이 있다.
③ 폐의 하부보다 상부 혹은 쇄골 직하부위에 잘 발생한다.
④ 혈행성 감염으로 속립 결핵과 결핵성 뇌막염이 많다.

7. 결핵의 치료제와 그 치료제로 인한 주요 부작용이 바르게 연결된 것은? '94 임용

① EMB - 8차 뇌신경 장애   ② INH - 시신경염
③ SM - 말초신경염   ④ RFP - 혈소판 감소증

8. 유아 및 학동기 어린이의 폐결핵 집단검진 순서는? '95 임용

① 간접촬영 ⇨ 직접촬영 ⇨ 배양검사
② 방사선 촬영 ⇨ 투베르쿨린 테스트 ⇨ 배양검사
③ 간접촬영 ⇨ 투베르쿨린 테스트 ⇨ 직접촬영
④ 투베르쿨린 테스트 ⇨ 방사선 촬영 ⇨ 배양검사

9. 서구의 Tb 발병 증가원인은? '96 임용

① 성병   ② 알러지

③ AIDS   ④ 만성 피로증후군

10. 보건교사는 활동성 폐결핵으로 약물치료를 받고 있는 한 남학생과 건강 상담을 하고 있다. 이 학생에게 폐결핵의 전파 방지를 위해 교육해야 할 내용을 5가지만 쓰시오. '94 임용

11. 항결핵제 복용을 시작해야 하는 학생에게 약물복용과 관련하여 교육해야 할 내용을 4가지만 쓰시오. [4점] '07 임용

12. 다음은 결핵약을 복용하고 있는 학생(남, 17세)과 보건교사의 상담 내용이다. (가)~(라) 중 옳은 것 만을 있는 대로 고른 것은? '13 임용

> 보건교사: 어서 와, 약은 잘 먹고 있니? 약 먹은 지 한달 쯤 됐지?
> 학생 : 예.
> 보건교사: 네가 먹는 약이 아이나(Isoniazid, INH) 맞지? 약 먹으면서 이상 증상은 없었니?
> 학생 : 예, 아직은 잘 모르겠어요.
> 보건교사: 아이나에 대해서 설명해 주려고 불렀다. (가) 아이나는 부작용 때문에 간이 나빠질 수 있고, (나) 말초 신경염이 생길 수도 있단다. (다) 말초 신경염은 비타민B12를 먹으면 예방할 수 있다. 그리고 (라) 아이나를 복용하면 소변이 붉은 오렌지색으로 나올 수 있는데, 걱정하지 않아도 된단다.

① (가), (나)   ② (가), (라)   ③ (다), (라)
④ (가), (나), (다)   ⑤ (가), (나), (다), (라)

13. 장 씨의 병태 생리에 대한 설명 중 옳은 것만을 〈보기〉에서 있는 대로 고른 것은? '12 임용

〈진료 소견〉

장○○ (남, 72세)

- 주 호소 : 혈액이 섞인 객담과 기침
- 최근 발병일 : 15일 전
- 동반 증상 : 식욕 부진, 피로, 체중 감소, 감기에 자주 걸림, 오후에 미열이 있음
- 과거 병력 : 젊었을 때 폐결핵으로 진단받은 적이 있으나 처방된 약을 꾸준히 복용하지 않았음
- 신체 검진 : 흉부 청진 결과 수포음(crackle), 감소된 폐포음
- 객담 항산균 도말 검사 : 양성

→ 보기 ◆

ㄱ. 병소에는 괴사 과정으로 이루어진 건락화가 나타난다.
ㄴ. 치료 여부에 따라 육아종은 반혼으로 되거나 석회화된다.
ㄷ. 재발 시 원인균이 활동하는 부위를 시몬(Simon) 병소라고 한다.
ㄹ. 액화된 물질이 소결절에서 배농된 후 공기가 차 있는 공동(cavity)을 형성하기도 한다.

① ㄱ, ㄴ   ② ㄱ, ㄷ   ③ ㄱ, ㄷ, ㄹ
④ ㄴ, ㄷ, ㄹ   ⑤ ㄱ, ㄴ, ㄷ, ㄹ

14. 다음은 K 군(남, 18세)의 진료 소견이다. K 군의 호흡기계 병태생리적 변화에 대한 설명으로 옳은 것은? '13 임용

〈진료 소견〉

- 신장 : 189cm, 체중 : 59kg
- 체온 36.7℃, 맥박 102회/분, 호흡 24회/분, 혈압 100/70mmHg
- 얕고 가쁜 숨을 쉬며, 숨을 들이쉴 때 가슴통증이 나타남
- 타진 상 왼쪽 가슴 윗부분에서 과다공명음(hyperresonance)이 들림
- 청진 상 왼쪽 가슴에서 호흡음이 감소됨

---

① 감염된 폐 조직이 괴사되어 건락화(caseation)된 상태이다.
② 흉막강 내에 들어간 공기가 폐를 압박하여 폐가 허탈된 상태이다.
③ 폐포 모세혈관의 손상으로 폐포의 가스 교환 기능이 상실된 상태이다.
④ 폐포 내에 세균으로 인한 염증이 있고 액체성 삼출물이 폐포 내에 축적된 상태이다.
⑤ 폐포의 과도한 팽창으로 인하여 폐포막이 파괴되고 폐의 신장성이 상실된 상태이다.

15. 다음은 보건교사가 고등학생을 대상으로 작성한 폐결핵 예방 교육 자료이다. 〈작성 방법〉에 따라 서술하시오. [4점] '16 임용

♣ 폐결핵을 예방하자!

- ㉠ 폐결핵이란?
  결핵균이 폐에 침범하여 감염된 상태
- 원인균은?
  결핵균
- 선별 검사는?
  ㉡ 투베르쿨린 피부 반응 검사
- 진단 검사는?
  − 객담의 도말 및 배양 검사
  − 흉부 X-ray 검사
- 폐결핵 환자의 흉부 X-ray 예시
  ㉢ 공동(cavity)

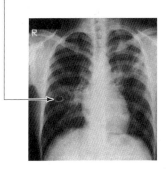

… (하략) …

┌─ 작성 방법 ─
- ㉠이 『제3군 법정감염병』으로 구분되는 이유를 제시할 것
- ㉡에서 판독 기준으로 삼는 피부 반응을 제시할 것
- ㉢이 형성되는 병태생리적 기전을 제시할 것

폐색성 폐질환(COPD)

16. 21세부터 시작하여 30년간 흡연을 하고 있는 박 교사(남, 51세)는 기침, 가래 및 호흡 곤란의 증상이 있다. 진료 소견을 참고했을 때 박 교사에게 나타나는 호흡기계의 병태생리적 변화에 대한 설명으로 옳은 것은? '11 임용

[진료 소견]

〈신체검진〉
• 흉부 시진 시 전후경이 넓은 가슴(barrel chest)을 보임
• 흉부 청진 시 천명음(wheezing) 또는 악설음(crackle)이 들림
• 흉부 타진 시 과다공명음(hyperresonance)이 들림

〈폐기능검사〉
• 잔기량(residual volume)이 증가함
• 1초 강제호기량(forced expiratory volume in first second)이 감소함

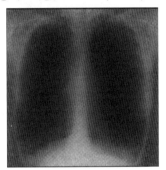 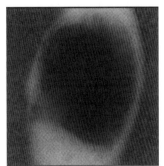

〈흉부 X선 후 – 전면 촬영 사진〉 　　　　〈흉부 X선 측면 촬영 사진〉

---

① 폐 조직 내에 회색의 반투명한 결절이 있다.
② 흉강 내에 들어온 공기 때문에 폐가 압박되어 쭈그러든다.
③ 순환계에 유입된 과립 물질 혹은 공기로 인해 폐혈관이 막힌다.
④ 폐포가 지속적으로 확장되어 폐 탄력성이 감소되고 과잉 팽창된다.
⑤ 폐실질 조직에 염증이 생겨 폐포가 삼출액으로 채워졌다가 폐조직이 경화된다.

17. 무기폐(Atelectasis)의 설명으로 옳은 것은? '92 임용

① 심한 고열이 계속되며, 흉부 X-선 촬영 시 하얗게 삼각형 모양이 나타난다.
② 겨울이나 이른 봄에 흔히 생기는 전염성 호흡기 질환으로 비말에 의해 직접 전염된다.
③ 공기가 폐에서 늑막으로 새어나와 폐를 허탈시키고 호흡을 저해한다.
④ 심한 호흡곤란, 점액성 객담, 호기 시에 쌕쌕 소리가 나는 등 세 가지 특징적인 증상이 있다.

기흉

18. 다음은 호흡기질환 관리에 관한 보건교사 연수 자료의 일부이다. 〈작성 방법〉에 따라 순
서로 서술하시오. [4점] '19 임용

기흉

◦ 정의
  • 흉막강에 공기나 가스가 고여 폐의 일부 또는 전체가 허탈된 상태
◦ 분류
  • 자연 기흉 : 원발성, 이차성
  • 외상성 기흉 : 개방성, 폐쇄성
  • 긴장성 기흉
◦ 증상
  • ㉠ 갑작스럽고 날카로운 흉통, 빈호흡, 호흡곤란, 심계항진, 기침, 불안, 발한 등
◦ 신체 검진
  • 타진 : 손상된 쪽의 (㉡   )
  • 청진 : 손상된 쪽의 호흡음 감소 또는 소실
  • 시진 : 비대칭적 흉곽 팽창, 손상된 쪽의 흉부 움직임 감소, 청색증, ㉢ 경정맥의 팽대
◦ 진단검사
  • ㉣ 흉부 X-선 촬영

… (하략) …

┌─ 작성 방법 ♦─────────────────────────────
• 밑줄 친 ㉠의 발생기전을 설명할 것
• 괄호 안 ㉡의 타진음을 제시할 것
• 밑줄 친 ㉢이 긴장성 기흉에서 발생하는 기전을 설명할 것
• 밑줄 친 ㉣ 검사로 긴장성 기흉에서 폐 허탈 이외에 확인할 수 있는 특징인 소견을 제시할 것

천식

19. 기관지 천식(Bronchial asthma)에 해당하지 않는 것은? '92 임용

① 알레르기성 물질이 기관지에 수축, 경련, 염증을 일으키는 현상이다.
② 먼지, 꽃가루, 동물의 비듬, 깃털 등이 원인이다.
③ 특징적인 증상은 발작(Paroxysm)으로, 밤에 잘 일어난다.
④ 발작이 오는 동안 환자를 편안히 눕혀둔다.

20. 알레르기성 천식 아동이 알레르기를 일으키는 인자에 노출되었을 때 체내에서 일어나는 과민반응의 기전(병태생리)을 5가지만 쓰시오. [4점] '07 임용

21. 천식 아동의 치료를 위한 약물 중 주 기능이 기관지 확장인 것을 〈보기〉에서 고른 것은?
'09 임용

┌─ 보기 ───┐
│ ㉠ 류코트리엔 길항제(leukotriene antagonist : singulair)
│ ㉡ 코르티코스테로이드(corticosteroid : prednisolone)
│ ㉢ 항콜린제(anticholinergic : atropine)
│ ㉣ 메틸산틴(methylxanthine : aminophylline)
│ ㉤ 베타2 교감신경자극제(β2-agonist : ventoline)
└───┘

① ㉠, ㉡, ㉢   ② ㉠, ㉡, ㉤   ③ ㉠, ㉣, ㉤
④ ㉡, ㉢, ㉣   ⑤ ㉢, ㉣, ㉤

22. 아래 사례에서 보건교사가 김나래 학생에게 내릴 수 있는 간호진단과 이에 따른 간호계획을 구체적으로 서술하시오. [20점] '10 임용

중학교 3학년 김나래 학생이 친구와 함께 보건실로 왔다. 김나래 학생은 호흡 시 쌕쌕거리는 소리를 내면서 기침을 하고, 숨쉬기 힘들어 하며, 땀을 흘리고 있다. 얼굴은 창백하고 입술이 푸르스름하다.

보건교사 : "어디가 불편해요?"
친구　　 : "선생님, 나래가 체육시간에 달리기를 하다가 갑자기 숨쉬기가 힘들다고 해서 데리고 왔어요."
보건교사 : (김나래 학생을 살펴보며) "진단 받은 병이 있나요?"
친구　　 : (생각난 듯) "나래가 일주일 전에 병원에 간다고 결석했어요."
김나래　 : (가쁜 숨을 쉬면서) "…천식이래요."
보건교사 : "혹시 처방 받은 약을 가지고 있나요?"
김나래　 : (가쁜 숨을 쉬면서) "제...책가방에... 약이 있는데... 사용할 줄을...잘 몰라서요."
보건교사 : (친구를 바라보며) "교실에 가서 나래 책가방을 가져다줄래요?"
친구　　 : "네, 제가 교실에 가서 가져올게요."

보건교사는 김나래 학생의 책가방에서 적정용량흡입기(metered dose inhaler; MDI)로 되어 있는 알부테롤[albuterol, 벤토린(Ventolin)] 약물을 발견하였고, 김나래 학생의 가방과 핸드폰에 털이 있는 곰인형이 달려 있는 것을 보았다. 김나래 학생의 호흡수는 1분에 28회 이었고, 천명음이 청진되었다.
김나래 학생은 평소에 꽃가루가 날리면 콧물이 나는 증상이 있었고, 최근 건조한 날씨가 계속되면서 숨이 차서 병원을 방문하여 천식으로 진단받았다.

23. 재규(남, 6세)는 천식이 있어 휴대용 최대 호기 유속기(peak expiratory flow rate meter)를 사용하고 있다. 병원에서 받아 온 최대 호기 유속기 사용 방법과 아동 관리 내용 중 옳은 것만을 모두 고른 것은? [2.5점] '11 임용

최대 호기 유속기 사용 방법과 아동 관리

▎사용 방법
◇ 측정기의 화살표가 '0'을 가리키는지 확인하고 사용한다.
◇ (가) 아동을 의자에 똑바로 앉힌다.
◇ 숨을 깊게 들이마신 후 측정기 입구에 입을 대고 최대한 힘껏 숨을 불어 내쉰다.
◇ 측정기의 화살표가 가리키는 눈금을 확인한다.
◇ (나) 위의 단계를 3회 실시하여 평균 점수를 아동의 최대 호기 유속량 측정치로 한다.

▎최대 호기 유속량 측정치가 녹색 구역일 때
◇ 천식이 잘 조절되고 있는 상태이다.
◇ 현재의 처방대로 하면 된다.

▎최대 호기 유속량 측정치가 황색 구역일 때
◇ (다) 병원에 가서 의사의 진료를 받는다.
◇ (라) 기도가 심하게 좁아져 있으므로 응급실로 간다.
◇ (마) 처방받은 속효성 기관지 확장제를 즉시 투여한다.

▎최대 호기 유속량 측정치가 적색 구역일 때

---

① (가), (다) ② (나), (라) ③ (가), (나), (라)
④ (가), (다), (마) ⑤ (나), (라), (마)

24. 다음은 보건교사가 동료교사와 나눈 대화 내용이다. 괄호 안의 ㉠, ㉡에 해당하는 내용을 쓰시오. [2점] '20 임용

> 동료교사 : 선생님, 안녕하세요? 제가 천식 약물에 대해서 여쭤볼 것이 있습니다.
> 보건교사 : 어떤 것이 궁금하세요?
> 동료교사 : 제가 천식 치료를 받고 있는데, 이번에 '테오필린(theophylline)'이라는 약을 처방 받았어요. 그런데 이 약 때문에 다음 진료 전에 미리 혈액 검사를 해야 한다고 하는데 왜 그런 거예요?
> 보건교사 : 혈액 검사로 혈중 약물 농도를 측정하기 위해서예요. 왜냐하면 테오필린은 치료 지수 (therapeutic index)가 낮기 때문이에요. 검사를 통해 혈중약물 농도를 확인할 수 있고, 이 결과를 토대로 테오필린의 다음 처방 용량을 결정합니다.
> 동료교사 : 그런데, 치료 지수가 낮다는 게 무슨 뜻이에요?
> 보건교사 : 치료 지수가 낮다는 것은 (㉠)와/과 (㉡) 사이가 좁다는 뜻입니다.
> … (하략) …

25. 다음은 천식의 병태 생리를 설명하는 그림이다. 괄호 안의 ㉠, ㉡에 해당하는 용어를 차례대로 쓰시오. [2점] '14 임용

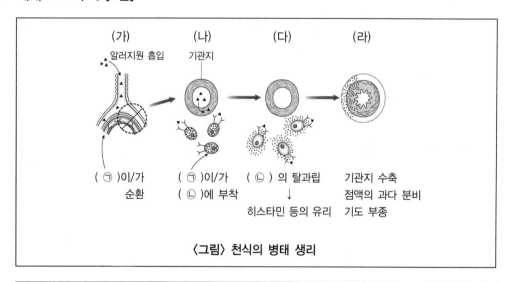

〈그림〉 천식의 병태 생리

> (가) 알러지원이 기도로 흡입되면 (㉠)이/가 순환한다.
> (나) 기관지에서 (㉠)이/가 (㉡)에 부착하여 알러지원의 수용체가 된다.
> (다) (㉡)이/가 탈과립되면서 히스타민, 류코트리엔, 프로스타글란딘 등이 유리된다.
> (라) 기관지 수축, 점액의 과다 분비, 기도 부종으로 기도가 좁아진다.

폐렴

26. 폐렴에 관한 설명으로 잘못된 것은? '92 임용

① 호흡수가 증가하며 마른 기침을 한다.
② 절대 안정이 필요하므로 체위를 자주 변경하지 않는다.
③ 기관지 확장증과 폐농양 등의 합병증을 유발한다.
④ 원인균의 대부분은 뉴모코커스(Pneumococcus)이다.

폐암

27. 폐암(lung cancer)에 관한 특성으로 옳은 것을 〈보기〉에서 고른 것은? '11 임용

┌─ 보기 ─
│ ㄱ. 폐암은 조기발견이 쉬우므로 생존율이 높다.
│ ㄴ. 소세포암(small cell carcinoma)은 외과적 절제로 치료 효과가 좋다.
│ ㄷ. 편평세포암(squamous cell carcinoma)은 흡연과 밀접한 관련이 있다.
│ ㄹ. 선암(adenocarcinoma)은 여성에게 더 흔하며, 폐의 말초에 발생하는 경우가 많다.
└─

① ㄱ, ㄴ   ② ㄱ, ㄹ   ③ ㄴ, ㄷ
④ ㄴ, ㄹ   ⑤ ㄷ, ㄹ

3절 · 호흡계 약물

| 정답 및 해설 p.707

1. 다음 호흡기계 치료 약물에 대한 설명으로 옳은 것을 〈보기〉에서 고른 것은? '10 임용

→ 보기 ←

⊙ 항히스타민제(antihistamine)는 기관지 부종, 평활근 경련, 모세혈관의 투과성을 감소시키기 위해 사용된다.

© 에피네프린(epinephrine)은 기관지를 확장하는 β2 수용체에만 작용한다.

© 테오필린(theophylline)은 혈중농도가 높으면 독성 반응이 나타날 수 있으므로 투여 후 혈중 농도를 모니터한다.

② 코데인(codeine)은 기침반사를 억제하고, 시럽 형태의 약은 인두점막의 국소 진정 효과를 지속시키기 위하여 복용 후 물을 마시지 말아야 한다.

⑩ 브롬헥신(bromhexine)은 폐포의 표면활성제의 작용을 상승시켜 기관지를 확장시킨다.

① ⊙, ©, © 　　② ⊙, ©, ② 　　③ ⊙, ©, ⑩

④ ©, ②, ⑩ 　　⑤ ©, ②, ⑩

2. 다음은 보건 일지의 일부이다. 보건교사가 이○○ 학생에게 아세트아미노펜(acetaminophen) 이 아닌 이부프로펜(ibuprofen)을 투여한 것은 이부프로펜의 어떤 약리 작용 때문이며, 식후 30분에 복용하도록 한 이유는 무엇인지 순서대로 쓰시오. [2점] '17 임용

〈보건 일지〉

2016년 ○○월 ○일 ○○중학교

번호	학년-반	성명	건강문제	조치사항
1	3-3	박○○	머리가 지끈거리고 아픔	아세트아미노펜 500mg 복용하도록 함
2	3-5	이○○	편도가 부어있고 음식물을 삼킬 때 통증이 있으며 37.7℃임	이부프로펜 200mg을 식후 30분에 복용하도록 함
…(하략)…				

제5강 심혈관계

출제경향 및 유형

'92학년도	활로 4징후, 간헐맥, 동맥관 개존증, 고혈압성 두통
'93학년도	청색증형 심질환, 심음, 백혈병의 구강간호
'94학년도	청색증형 심질환, 고혈압 치료제 중 이뇨제 부작용
'95학년도	류마티스 심질환, 협심증, 심근경색, 백혈구의 과립구 작용, 혈액응고요소, 조혈기관, 재생불량성 빈혈
'96학년도	류마티스 심질환, 동맥관 개존증, 울혈성 심부전, 조혈기관, 백혈구작용, 혈우병, 빌리루빈 작용, 악성빈혈
'97학년도	청색증 환아발견 시 신체사정법, CPR
'98학년도	철분결핍성빈혈(지방)
'99학년도	기본 심폐소생술(지방), 심음(지방)
후 '99학년도	고혈압 종류, 이뇨제·β차단제의 부작용, 고혈압 환자의 간호관리
2000학년도	
2001학년도	
2002학년도	하지 정맥류의 병태생리기전과 예방법
2003학년도	혈압상승의 순환계 요인, 순환계 질환의 예방관리(생활양식), 선천성 심장질환 아동에게 요구되는 건강관리 내용
2004학년도	
2005학년도	허혈성 심질환의 조절가능요인
2006학년도	
2007학년도	혈우병 발생 확률, 실신(syncope)의 응급처치
2008학년도	혈관이상에 의한 출혈성 질병(Henoch-Schonlein purpura)의 증상, Trendelenburg 검사
2009학년도	울혈성 심부전, 빈혈
2010학년도	심바스타틴의 약리작용, 선천성 심질환의 신체소견
2011학년도	허혈성 심질환
2012학년도	심실조기수축, 협심증 시 니트로글리세린(nitroglycerin, Nitrostat)복용의 중요성, 고혈압 약물 부작용
2013학년도	대사증후군
2014학년도	
2015학년도	겸상적혈구빈혈
2016학년도	심부정맥혈전증, 호만징후
2017학년도	
2018학년도	
2019학년도	협심증 시 흡연의 영향(죽상반, HDL)
2020학년도	고혈압으로 인해 심근경색에 발생기전, nitroglycerine(NTG) 투여목적, 빈혈, 악성빈혈, 레이노(Raynaud) 현상
2021학년도	철분결핍성 빈혈(철분제 복용 시 주의점)
2022학년도	
2023학년도	울혈성 심부전(병리), Fallot 4징후

심혈관계는 거의 매년 출제되는 주요영역이다. 최근 대사증후군의 증가율과 더불어 심뇌혈관질환의 이환율 및 사망률도 함께 증가하고 있어 이에 관련한 고혈압, 고지혈증, 허혈성심질환이 집중 출제되므로 관련 질환의 모든 부분을 확실히 파악하고 있어야 한다.

학교 학생의 건강검진 시 꼭 발견되는 것이 선천성심질환자이다. 선천성심질환의 신체소견을 정확히 이해하고 관리방법도 꼼꼼히 정리해야 한다. 드물지만 학교 학생에서 발견되는 혈우병이나 재생불량성빈혈 및 혈소판질환, 백혈병 등은 아동사망률에 영향을 주는 질환들이므로 주객관적 자료를 분석하고 관리할 수 있어야 한다. 또한 여학생들의 빈번한 섭식제한식이와 관련하여 철분결핍성빈혈도 간과할 수 없고, 교직원에게 자주 발생되는 하지정맥류도 간과할 수 없다.

마지막으로, 울혈성심부전의 철저한 이해를 도모해야 한다. 병태생리와 증상뿐만 아니라 합병증으로 나타나는 부정맥에 대한 이해와 약물치료요법까지 알아두어야 할 것이다.

1절 · 심혈관계 건강문제

| 정답 및 해설 p.708

심장역학 및 부정맥

1. 심음(Heart sound)에 대한 설명으로 옳은 것은? '93 임용

① 제 1심음은 심실 확장 직후에 대동맥판과 폐동맥판이 닫힘으로써 발생한다.

② 제 2심음은 제 1심음 후 심장 확장기 초에 일어나는 심실의 충만 소리로서 청진상으로 잘 들린다.

③ 제 3심음은 40대 이후에 잘 들리며, 갑상선 기능 항진증 환자에게서는 들리지 않는다.

④ 제 4심음은 정상 심장을 갖고 있는 사람에게서 일반적으로 들을 수 없으며 선천성 심장 질환자에게서 청진된다.

2. 심전도(EKG)에서 보이는 결과 (가)~(라), 나타날 수 있는 증상 또는 징후 ㄱ~ㄹ과 치료 A~D가 옳게 연결된 것은? [2.5점] '12 임용

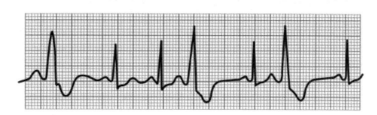

(가) 심방세동	(나) 3도 방실 차단
(다) 심방 조기수축	(라) 심실 조기수축

ㄱ. 실신	ㄴ. 경련
ㄷ. 서맥	ㄹ. 흉부 불편감

A. 경정맥동 마시지	B. 인공 심박동기 삽입
C. 아트로핀(atropine) 투여	D. 리도카인(lidocaine) 투여

① (가) - ㄴ - C   ② (나) - ㄴ - D   ③ (다) - ㄱ - B
④ (라) - ㄷ - A   ⑤ (라) - ㄹ - D

3. 다음은 고등학교 보건교사의 교육용 자료이다. 심장전도계와 심전도를 보고 〈작성 방법〉에 따라 서술하시오. [4점] '16 임용

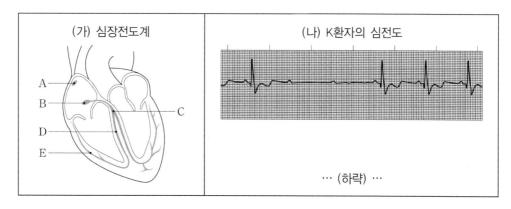

┌─작성 방법─
• (가)에서 C의 명칭을 제시할 것
• 정상 심전도와 비교했을 때 (나)에서 누락된 파형의 명칭을 쓰고, 그 의미를 제시할 것
• K 환자의 요골 동맥을 촉지할 때 확인할 수 있는 맥박의 양상을 제시할 것

기계적 심질환 - 선천성 심질환

4. 활로 4징후(Tetralogy of Fallot)가 아닌 것은? '92 임용

① 폐동맥 협착증   ② 심방 중격 결손
③ 우심실 비대   ④ 대동맥 우측 전위

5. 다음 선천성 심장질환 중에서 청색증을 동반하지 <u>않은</u> 것은? '93 임용

① Fallot 4 징후(Tetralogy of Fallot)
② 대동맥판 협착증(Aortic stenosis)
③ 삼첨판 폐쇄증(Tricuspid atresia)
④ 엡스타인 기형(Ebstein's anomaly)

6. 청색증형 선천성 심질환에 해당되는 것은? '94 임용

① 대혈관 전위   ② 동맥관 개존
③ 심실 중격 결손   ④ 심방 중격 결손

7. 다음은 심장질환이 있는 중학교 신입생이 보건교사에게 제출한 진료 소견서의 일부이다. 괄호 안의 ㉠, ㉡에 해당하는 내용을 순서대로 쓰시오. [2점] '17 임용

진료소견서

성명: ○○○   성별: 남   연령: 14세
주소: ○○시 ○○구 ○로

진단명 (㉠   )

상기 환자는 아래 사항으로 진료 중입니다.

- 아 래 -

• 선천적으로 심실 사이의 비정상적인 개구가 존재함
• (㉡) 단락과 우심실의 비대가 있고 폐동맥 압력이 증가됨
• 청색증은 없음
따라서 울혈성 심부전, 세균성 심내막염 등의 합병증 발생에 대한 주의 및 관찰 요구됨

2016년 ○○월 ○○일

면허번호 : ○○○○○
주 치 의: ○○○

○○○○○○ 병원

8. 〈보기〉에 해당되는 질병은? '92 임용

┌─ 보기 ┄
- 남아보다 여아에게 더 많다.
- 폐동맥에 있는 맥관압이 증가한다.
- 청진시 기계성 심잡음(machinery murmur)이 들린다.
└─────

① 심실 중격 결손증 ② 심방 중격 결손증
③ 동맥관 개존증 ④ 대동맥 협착증

9. 선천성 심질환이 의심되는 다음 사례의 아동에게서 발견할 수 있는 신체소견을 〈보기〉에서 모두 고른 것은? [2.5점] '10 임용

초등학교 1학년인 민아는 자주 호흡 곤란이 있고, 걸을 때 숨이 차서 평소에도 결석이 잦았다. 생후 2세 이전부터 가끔 무산소 발작(hypoxic spells)이 일어나 의식을 잃고 경련을 일으킨 적도 있다고 한다. 이번 정기 신체검사에서 흉부 X선 사진 촬영 결과는 아래와 같았다.

- 정상 크기의 심장
- 좌측 폐혈관 음영 감소
- 장화 모양의 심장

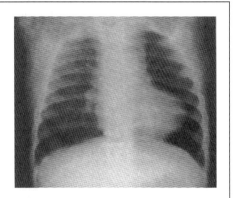

〈흉부 X선 결과〉

┌─ 보기 ┄
- ㉠ 또래 아동에 비해 성장 발육 상태가 지연되어 있다.
- ㉡ 손가락과 발가락에 곤봉지(clubbing)를 보인다.
- ㉢ 계단을 오를 때 청색증이 있으며, 자주 쪼그리고 앉는 자세를 취한다.
- ㉣ 맥박 산소측정기(pulse oximeter)로 측정한 산소포화도가 96%이다.
- ㉤ 심음 청진 시 흉곽의 우측 쇄골 상부에서 수축기 박출성 심잡음이 들린다.
└─────

① ㉠, ㉡, ㉢ ② ㉠, ㉢, ㉤ ③ ㉡, ㉢, ㉣
④ ㉡, ㉢, ㉤ ⑤ ㉠, ㉡, ㉢, ㉤

10. 다음은 보건교사와 동료교사의 대화 내용이다. 〈작성 방법〉에 따라 서술하시오. [4점]

'23 임용

> 동료교사 : 선생님, 제 조카가 ㉠ <u>Fallot 4징후(Tetralogy of Fallot)</u>를 가지고 태어났는데 벌써 세 살이 되었어요.
>
> 보건교사 : 보통의 경우 Fallot 4징후는 태어나자마자 수술을 통해 치료하는데, 조카는 수술을 안 하고 내과적으로 관리해 왔나 봐요.
>
> 동료교사 : 네. 그런데 요즘 호흡곤란도 심해지고 ㉡ <u>청색증</u>이 나타난대요.
>
> 보건교사 : 그렇군요. 아이가 호흡하기 힘들어할 때 (㉢)을/를 취하게 하면 도움이 돼요.

> ┌ 작성 방법 ┐
>
> ○ 밑줄 친 ㉠에 해당하는 해부학적 특징 중 2가지를 제시할 것
> ○ Fallot 4징후에서 밑줄 친 ㉡이 나타나는 원인을 서술할 것
> ○ 괄호 안의 ㉢에 들어갈 체위의 명칭을 제시하고, 이 체위가 도움이 되는 이유를 서술할 것

11. 그림에서 나타내는 질환은? '96 임용

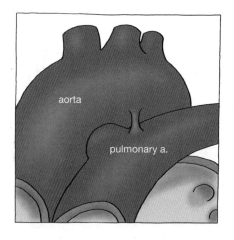

① 심방 중격 결손   ② 대동맥 축착
③ 동맥관 개존증   ④ 폐동맥 협착

12. 선천성 심장질환 아동의 수가 증가되었으나 수술기법의 발달로 많은 아동들이 삶을 영위할 수 있게 되었다. 그러나 일상생활에서 건강한 삶을 유지하기 위해 주의해야 할 요소들이 있다. 신체적 측면에서 선천성 심장질환 아동에게 요구되는 건강관리 내용을 4가지만 쓰시오. [4점] '03 임용

울혈성 심질환

13. 울혈성 심부전 합병증 중 가장 많은 것은? '95 임용

① 류마티스열　　　　　　　　② 폐부종
③ 만성 심장질환　　　　　　　④ 심근경색

14. 울혈성 심부전(congestive heart failure)의 증상에 대한 병태 생리 설명으로 옳은 것을 〈보기〉에서 고른 것은? '09 임용

┌─ 보기 ─────────────────────────────────────
│ ㉠ 전체 순환 혈액량을 증가시키기 위해 빈맥을 초래한다.
│ ㉡ 오른쪽 심장의 울혈성 심부전은 전신부종을 초래한다.
│ ㉢ 왼쪽 심장의 울혈성 심부전은 호흡곤란을 초래한다.
│ ㉣ 신장으로 가는 혈류량이 증가되어 소변량이 증가한다.
│ ㉤ 부종에 대한 보상작용으로 부교감 신경계를 자극하여 발한이 나타난다.
└───

① ㉠, ㉡, ㉢　　　　　② ㉠, ㉡, ㉤　　　　　③ ㉠, ㉣, ㉤
④ ㉡, ㉢, ㉣　　　　　⑤ ㉢, ㉣, ㉤

15. 다음은 보건교사가 동료교사와 나눈 대화 내용의 일부이다. 〈작성 방법〉에 따라 서술하시오. [4점] '23 임용

> 동료교사 : 선생님, 제가 5년 전에 고혈압 진단을 받고 치료 중인데 혈압 조절이 잘 안 되어 최근 혈압계를 사서 집에서 혈압을 재고 있어요. 그런데 병원에서 측정할 때와 차이가 있더라고요.
>
> 보건교사 : 혈압측정 결과에 영향을 줄 수 있는 여러 가지 요인이 있을 수 있는데 혈압계 커프가 영향을 줄 수 있어요. ㉠ 혈압계 커프의 폭이 너무 좁거나 길이가 짧을 때, 또는 커프를 너무 헐겁게 감았을 때 생기는 오류로 인해 혈압 수치가 다르게 나타날 수 있어요.
>
> 동료교사 : 그렇군요. 제대로 다시 측정해 봐야겠어요. 그나저나 고혈압 관리가 잘 안 되면 여러 가지 합병증이 생긴다고 들었어요.
>
> 보건교사 : 잘 알고 계시네요. 그중에 특히 ㉡ 심장이 신체의 조직 활동에 필요한 혈액을 충분히 박출하지 못하는 상태가 발생할 위험이 큽니다. 이렇게 되면 심장은 보유능력을 총동원하여 자체의 힘을 보강하려는 보상기전이 발생해요. 이 기전은 ㉢ 신경계와 신장에서의 호르몬 반응을 통해 일어납니다.
>
> … (하략) …

┌─ 작성 방법 ◆────────────────────────────────
- 밑줄 친 ㉠에 해당하는 혈압측정 결과를 서술할 것
- 밑줄 친 ㉡에 해당하는 질환명을 제시할 것
- 밑줄 친 ㉢에 해당하는 보상기전을 각각 서술할 것

고지혈증, 대사증후군

16. 55세의 최 교사는 다음과 같이 대사증후군의 검진 소견을 보여서, HMG-CoA 환원효소 억제제인 심바스타틴(Simvastatin®)을 처방받았다. 이 약물의 약리 작용을 가장 잘 반영해 주는 것으로서, 일차적으로 관찰해야 될 것은? [1.5점] '10 임용

> **최 교사의 투약 전 검진 결과**
> - 저밀도 지단백 콜레스테롤(LDL) : 240mg/dℓ
> - C-반응성 단백(CRP) : 0.9mg/dℓ
> - 공복 시 혈당(FBS) : 170mg/dℓ
> - 혈압(BP) : 150/100mmHg
> - 체질량 지수(BMI) : 28kg/m^2

① 저밀도 지단백 콜레스테롤　　　② C-반응성 단백
③ 공복 시 혈당　　　　　　　　　④ 수축기 혈압
⑤ 체질량 지수

17. 다음 표는 50세인 박 교사의 건강검진 결과지이다. 박 교사는 특별한 질환은 없으나 정상 범위를 벗어난 몇 가지 검사 항목으로 인하여 걱정을 하고 있다. 박 교사는 현재 하루에 한 갑 정도의 담배를 피우고, 술과 커피는 마시지 않는다. '03 임용

▌〈표〉 건강검진 결과지 − 피검자 : 박 철수

항 목	측정치	정상범위
비만도	29kg/m^2	19−24kg/m^2
혈압	140/90mmHg	140/90mmHg 미만
총콜레스테롤	250mg/dl	160−220mg/dl
중성지방	200mg/dl	50−150mg/dl
고밀도 지단백	32mg/dl	40−70mg/dl

17-1. 위의 검사 결과를 근거로, 발생 가능한 만성질환을 예방하기 위하여 박 교사에게 필요한 건강관리 내용 중 생활양식을 중심으로 4가지만 쓰시오. [4점]

18. 다음은 미국 콜레스테롤 교육 프로그램(National Cholesterol Education Program [NCEP])의 진단 기준에 따라 대사증후군으로 판정받은 K교사 (남, 55세)의 건강 검진 결과 통보서이다. 판정 결과의 근거가 되는 검사 항목 및 검사 결과 (가)~(사) 중 옳은 것을 있는 대로 고른 것은? '13 임용

건강검진결과통보서			
이름	K	생년월일	1957. 10. 10.
성별	남	주민등록번호	571010−○○○○○○○

흡연 : 30년 간 하루 1갑씩 흡연함
체중 : 점진적으로 체중이 증가하여 2년 전 보다 10kg 증가함
생활습관 : 퇴근 후에는 주로 소파에 누워 텔레비전을 보면서 시간을 보냄

구분	검사 항목	검사 결과	구분	검사 항목	검사 결과
신체 검진	신장	172cm	소변 검사	요단백	음성
	(가) 체중	80kg		백혈구	음성
	(나) 허리둘레	105cm		잠혈	음성
기관 계통	호흡기계	이상없음	혈액 검사	(다) 공복시혈당	180mg/dL
	순환기계	이상없음		(라) 중성지방	180mg/dL
	비뇨기계	이상없음		(마) 총콜레스테롤	238mg/dL
	소화기계	이상없음		(바) 고밀도지단백 HDL)	30mg/dL
	신경계	이상없음		AST	25IU/L
	기타	이상없음		ALT	28IU/L
진찰 및 상담	과거병력	없음	(사) 혈압	수축기/이완기	140/90mmHg
	외상 및 후유증	없음			
판정 의사	면허번호	000000	검진일 및 검진 기관	검진일	2012. 9. 15.
	의사명	박○○		검진기관명	○○ 병원
판정 결과	대사증후군으로 관리를 요함				

① (가), (마), (사)
② (가), (나), (마), (사)
③ (다), (라), (마), (바)
④ (나), (다), (라), (바), (사)
⑤ (다), (라), (마), (바), (사)

관상동맥질환 - 허혈성질환

19. 〈보기〉와 같은 특징을 보이는 질환은? '95 임용

┌─ 보기 ─
• 허혈성 심질환의 가장 흔한 증후군이다.
• 통증이 예고 없이 갑자기 나타난다.
• 과로 → 동통 → 휴식 → 완화로 진행된다.
• 환자 중 일부는 정상 심전도를 나타낸다.

① 부정맥   ② 심근 경색증
③ 대동맥 협착증   ④ 협심증

20. 허혈성 심장 질환을 유발시킬 수 있는 요인 중 조절 가능한 요인을 5가지만 쓰시오. [3점]

'05임용

21. 허혈성 심장질환(ischemic heart disease)으로 입원한 대상자들의 심장재활 교육 내용으로 옳지 <u>않은</u> 것은? [1.5점] '11 임용

① 심장재활은 병원에 입원할 때부터 계획하여야 한다.
② 금단증상이 나타나는 흡연자는 점차적으로 금연하도록 한다.
③ 운동요법은 고밀도 지단백 콜레스테롤(HDL-C) 수치를 올려 준다.
④ 운동시 수축기 혈압이 하강하거나 변화가 없으면 운동을 지속한다.
⑤ 운동, 식이요법 등을 통한 비만관리는 허혈성 심장질환의 위험요인을 감소시킨다.

22. 건강 조사 내용을 보고 홍 교사의 심장에 나타난 병태생리적 변화에 대한 설명으로 옳은 것은? [2.5점] '11 임용

날 짜: 2010년 ○월 ○일

이 름: 홍○○   성 별: 남   나 이: 57세

직 업: 고등학교 교사

건강 조사 내용	
활력징후	체온: 36.4°C 맥박: 68회/분 호흡: 16회/분 혈압: 135/90mmHg
주 호소	• 평소에는 괜찮았으나 등산이나 운동 도중 흉통을 느꼈음 • 기타 불편감은 없음
건강습관	• 육식을 자주 먹고 생활이 불규칙함 • 규칙적인 운동은 하지 않음 • 최근 학교 문제로 스트레스를 많이 받음
심전도 검사결과	
관상동맥 조영술 결과	• 좌측 관상동맥 전하행가지 80%가 막힘 • 우측 관상동맥에 측부순환이 생김

① 심낭내의 삼출액이 빠른 속도로 다량 축적된 상태이다.

② 심근에 아소프체(Aschoff body)가 형성되어 반흔 조직이 생긴 상태이다.

③ 심근의 섬유가 두꺼워지고 섬유의 배열이 변하게 되어 심근의 무게가 무거워진 상태이다.

④ 심장의 펌프기능에 장애가 생겨 조직대사에 필요한 혈액을 충분히 박출하지 못하는 상태이다.

⑤ 관상동맥의 산소공급량이 심근의 산소요구량보다 부족하여 심근에 충분한 혈액을 공급할 수 없는 상태이다.

23. 김 씨(남, 56세)는 협심증(angina pectoris)으로 니트로글리세린(nitroglycerin, Nitrostat)을 처방 받았다. 김 씨가 알아야 할 사항으로 옳은 것만을 〈보기〉에서 있는 대로 고른 것은? '12 임용

┌─ 보기 ┌
ㄱ. 협심통이 예견되는 활동을 하기 전에 예방적으로 니트로글리세린을 복용할 수 있다.
ㄴ. 니트로글리세린이 알코올과 상호작용하면 심한 고혈압 위기를 일으킨다.
ㄷ. 니트로글리세린을 휴대하고 다닐 때는 솜이 깔린 휴대용 플라스틱 용기를 사용한다.
ㄹ. 니트로글리세린은 심장 박동수와 심근 수축력을 감소시켜 심근의 산소 요구량을 감소시키기 위해 복용한다.
ㅁ. 니트로글리세린 복용 후 기립성 저혈압(orthostatic hypotension)이 발생할 수 있으므로 세심한 주의가 필요하다.

① ㄱ, ㄹ   ② ㄱ, ㅁ   ③ ㄴ, ㄹ, ㅁ
④ ㄱ, ㄴ, ㄷ, ㅁ   ⑤ ㄴ, ㄷ, ㄹ, ㅁ

24. 다음은 협심증을 진단받은 최 교사와 보건교사가 나눈 대화의 일부이다. 〈작성 방법〉에 따라 순서대로 서술하시오. [4점] '19 임용

보건교사: 선생님! 방학 동안 협심증 진단을 받으셨다고 들었는데 건강은 어떠세요?
최교사   : 요즘음 괜찮은데 다시 가슴통증이 있을까 봐 생활 습관을 바꾸려고 노력하고 있어요.
보건교사: 그렇군요. 협심증은 위험 요인들을 꾸준히 관리하는 것이 중요합니다.
최교사   : 20년 동안 하루에 한 갑 이상 피워오던 담배를 끊어야 한다고 해서 두 달 전부터 금연하고 있어요. 그런데 담배와 협심증은 어떤 관련이 있나요?
보건교사: 담배의 ⊙ 니코틴은 혈압과 맥박을 상승시키고, 관상 동맥을 수축시켜요. 흡연은 혈관 내피세포를 손상시키고 혈소판 응집을 증가시켜 (ⓒ)의 형성을 촉진합니다. 담배를 피울 때 연기에서 나오는 ⓒ 일산화탄소는 심장근육에 유용한 산소량을 감소시킵니다. 그래서 간접흡연도 피하셔야 해요.
최교사   : 아! 그렇군요. 꼭 금연해야겠어요. 이번 검사에서 고지혈증이 있다고 하면서 ⓔ 고밀도지질단백질(HDL)을 높여야 한대요.
… (하략) …

┌─ 작성 방법 ┌
• 밑줄 친 ⊙의 이유를 설명할 것
• 괄호 안 ⓒ에 해당하는 용어를 제시할 것
• 밑줄 친 ⓒ의 기전을 설명할 것
• 밑줄 친 ⓔ의 이유를 설명할 것

25. 다음은 보건교사가 교감과 나눈 대화 내용이다. 〈작성 방법〉에 따라 순서대로 서술하시오.

[4점] '20 임용

교감	: 선생님, 제가 지난번에 심한 가슴 통증으로 쓰러졌을 때 신속하게 병원으로 이송해 주셔서 감사합니다.
보건교사	: 저도 그 때 정말 놀랐어요. 쓰러진 원인은 찾으셨어요?
교감	: ㉠ 고혈압 합병증으로 인해 급성 심근 경색이 와서 그런 거래요.
보건교사	: 그래서 병원에서 무슨 치료를 받으셨나요?
교감	: 가슴 통증을 호소하니 응급실에서 ㉡ 혀 밑에 작은 알약을 넣어 주었어요. 그리고 입원해서 '인공 심장 박동 조율기'라는 기계를 심었어요. 그런데 이 기계가 작동을 잘 하는지 어떻게 알 수 있나요?
보건교사	: 병원에서는 심전도로 확인할 수 있지만, 가정이나 직장에서는 교감 선생님께서 (㉢) 측정을 통해서 확인할 수 있습니다.

┌─◆작성 방법◆─
• 밑줄 친 ㉠이 발생하는 병태생리 기전을 2단계로 서술할 것
• 밑줄 친 ㉡에 해당하는 약물명과 투여 목적을 서술할 것
• 괄호 안의 ㉢에 해당하는 내용을 제시할 것

고혈압

26. 치료를 위한 이뇨제 중 〈보기〉와 같은 부작용을 가져올 수 있는 것은? '95 임용

> ┌─ 보기 ┐
> 두통, 설사, 보행 실조증, 월경불순, 남자의 여성형 유방, 털이 많아짐

① Lasix   ② Thiazide
③ Aldactone   ④ Chlorthalidone

27. 고혈압을 진단받은 K 선생님은 현재 다른 질병이 없는 상태로 혈압은 160/100mmHg 수준이며, 혈압 강하제로 이뇨제와 $\beta-$ 차단제($\beta-$ adrenergic blocking)를 복용하고 있다. 다음 물음에 답하시오. '99 후기

27-1. 고혈압의 종류를 2가지로 나누어 설명하시오.

27-2. 이뇨제와 $\beta-$차단제의 부작용 증상을 각각 5가지씩 기술하시오.

27-3. 보건교사가 K 선생님에게 교육해야 할 자가 간호 내용 5가지를 기술하시오.

28. 다음 표는 50세인 박 교사의 건강검진 결과지이다. 박 교사는 특별한 질환은 없으나 정상 범위를 벗어난 몇 가지 검사 항목으로 인하여 걱정을 하고 있다. 박 교사는 현재 하루에 한 갑 정도의 담배를 피우고, 술과 커피는 마시지 않는다. '03 임용

▌〈표〉 건강검진 결과지 – 피검자 : 박 철수

항 목	측정치	정상범위
비만도	29kg/m^2	19−24kg/m^2
혈압	140/90mmHg	140/90mmHg 미만
총콜레스테롤	250mg/dl	160−220mg/dl
중성지방	200mg/dl	50−150mg/dl
고밀도 지단백	32mg/dl	40−70mg/dl

28-1. WHO의 고혈압 분류기준에 의하면 박 교사는 1단계 고혈압이다. 혈압은 연령, 체중, 정서 등의 외부적 요인과 순환계 요인에 의해 영향을 받는다. 혈압상승을 초래하는 순환계 요인(circulatory factor)을 4가지만 쓰시오. [4점]

29. 처방된 약물 복용으로 발생할 수 있는 고혈압 위기와 관련된 주의 사항으로 옳은 것만을 〈보기〉에서 있는 대로 고른 것은? [2.5점] '12 임용

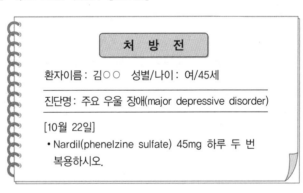

처 방 전

환자이름 : 김○○ 성별/나이 : 여/45세

진단명 : 주요 우울 장애(major depressive disorder)

[10월 22일]
• Nardil(phenelzine sulfate) 45mg 하루 두 번 복용하시오.

┌ 보기 ┐
ㄱ. 고혈압 위기로 서맥이 되면 의료진에게 알린다.
ㄴ. 교감신경 흥분제와 함께 사용하면 고혈압 위기를 막을 수 있다.
ㄷ. 치즈, 요구르트 등을 섭취하면 고혈압 위기가 올 수 있다.
ㄹ. 고혈압 위기 시 펜톨라민 (phentolamine, Regitine) 5mg을 천천히 정맥주사한다.

① ㄱ, ㄴ   ② ㄱ, ㄷ   ③ ㄷ, ㄹ
④ ㄱ, ㄴ, ㄹ   ⑤ ㄴ, ㄷ, ㄹ

30. 고등학교 2학년 교실에서 고혈압 예방교육에서의 교사와 학생간의 대화이다. '12 임용

미국 고혈압 합동위원회 제7차 보고서(JNC-7)에 근거하여 고혈압의 단계를 혈압 수치를 제시해 분류하고, 단계별 '초기약물치료(initial drug therapy)'를 기술하시오. 또한 항고혈압제로 사용되는 이뇨제의 종류를 2가지 제시하고, 각 이뇨제의 작용 기전 1가지와 부작용 5가지를 기술하시오. [25점]

2절 ◆ 맥관계 건강문제

| 정답 및 해설 p.717

적혈구장애 − 빈혈

1. 조혈기관이 바르게 나열된 것은? '96 임용

① 골수 − 비장 − 간 − 췌장
② 골수 − 간 − 비장 − 임파절
③ 골수 − 췌장 − 임파절 − 위
④ 골수 − 임파절 − 신장 − 위

2. 보기와 같은 현상을 보이는 빈혈은? '95 임용

┌─◆보기◆─
• 적혈구 낱개의 크기와 기능은 정상이다.
• 백혈구 중 과립구가 특히 저하된다.
• 혈소판이 30,000mm²이하로 떨어진다.

① 악성 빈혈
② 골수 부전 빈혈
③ 용혈성 빈혈
④ 겸상 세포 빈혈

3. 악성 빈혈을 일으킬 수 있는 것은? '96 임용

① 비장적출
② 위절제
③ 동맥출혈
④ 임파선종

4. 다음은 학교 보건교사가 작성한 상담 일지이다. 〈작성 방법〉에 따라 순서대로 서술하시오.

[4점] '20 임용

상담일지			
이름	강○○	성별 / 연령	여 / 15세
상담 일시	○월 ○일 ○시	학년-반	3-2
주요 문제	과도한 체중 감량		
상담 개요	**학생 상황** − 현재 신장 160cm, 체중 48kg임 − 지난주 수업 중에 경련성 복통을 호소함 − 응급실에 학부모와 함께 방문하여 치료를 받은 후 귀가함 − 평소 날씬한 연예인들이 부러워 본인도 살을 빼서 멋지게 변신하고 싶었다고 함 − 살을 빼기 위해 약국에서 설사제를 구입해 3개월 동안 1주일에 2~3회 복용했다고 함 − 3개월 동안 매 끼니 바나나만 먹어서 체중이 10kg 빠짐 **응급실 검사 결과(학생이 가져옴)** 1. 혈액 검사 　가. ⊙ <u>전해질 검사</u> 　　− Na^+ : 125mEq/L 　　− K^+ : 3.8mEq/L 　　− Cl^- : 99mEq/L 　　− $HCO3^-$: 24mEq/L 　나. ⓒ <u>전혈구 검사</u> 　　− RBC : $3.36 \times 10^6/mm^3$ 　　− WBC : $7,500/mm^3$ 　　− Hemoglobin : 9.6g/dL 　　− Hematocrit : 30.2% 　　− Platelet : $280 \times 10^3/mm^3$ 2. 소변 검사 　− ⓒ <u>Ketone bodies</u> : ++ 　　　　　　　　　　… (하략) …			

┌─ 작성 방법 ─┐

• 밑줄 친 ⊙에서 나타난 전해질 불균형의 명칭을 제시할 것
• 밑줄 친 ⓒ에서 나타난 건강 문제를 제시할 것
• 밑줄 친 ⓒ이 소변 검사 결과에서 나타나는 기전을 2단계로 서술할 것

5. 다음은 보건교사가 첫 아이를 임신한 동료교사와 나눈 대화 내용이다. 〈작성 방법〉에 따라 순서대로 서술하시오. [4점] '20 임용

동료교사 : 선생님, 안녕하세요? 제가 임신 진단을 받았는데 노산이라 여러 가지가 걱정이 돼요. 태아의 건강 상태를 어떻게 알 수 있나요?

보건교사 : 혈액이나 초음파를 이용한 검사가 있어요.

동료교사 : 그렇군요. 다음 산전 검사에서 ㉠ 태아에게 기형이 있는지 선별하는 4가지 혈액 검사를 한다고 들었는데 어떤 검사인지 알려주시겠어요?

보건교사 : 네, 자세한 내용을 설명 드릴게요.

… (중략) …

동료교사 : 그런데 혈액 검사 외에도 ㉡ 아 목덜미 투명대 검사를 한다고 했어요. 이 검사로 어떤 것을 알 수 있나요?

보건교사 : 그 검사는 초음파를 보면서 태아의 염색체 이상뿐만 아니라 다양한 선천성 이상을 측정할 수 있는 거예요.

동료교사 : 그런데 선생님, 결혼 전부터 제가 완전 채식주의자예요. 그래서 임신 진단을 받고 나서 채식을 계속해도 되는지 걱정이 많이 돼요. 채식을 고수하면 어떤 영양소가 결핍될까요?

보건교사 : 여러 가지 영양소가 결핍될 수 있지만, 그 중에서도 (㉢)은/는 고기, 달걀, 유제품 등 동물성 식품에만 포함되어 있기 때문에 채식주의자들에게는 결핍 현상이 나타날 수 있어요.

동료교사 : 그러면 어떤 문제가 발생할까요?

보건교사 : 이 영양소가 결핍되면 특징적으로 ㉣ 거대적아구성 빈혈, 설염, 신경계 질환이 임부에게 나타날 수 있으니 주의하셔야 해요.

… (하략) …

┌─ 작성 방법 ┐
- 밑줄 친 ㉠ 중에서 신경 결손을 선별할 수 있는 검사 항목을 제시할 것
- 밑줄 친 ㉡에서 '태아 목덜미의 투명대'를 확인할 수 있는 부위를 서술할 것
- 괄호 안의 ㉢에 해당하는 영양소의 명칭과, 밑줄 친 ㉣에서 나타나는 혈구의 특징을 제시할 것

6. 다음은 중학교 학부모와 보건교사의 전화 통화 내용이다. 〈작성 방법〉에 따라 서술하시오.

[4점] '21 임용

학부모

선생님, 안녕하셨어요? 1학년 최○○ 어머니입니다. 선생님의 조언대로 병원을 다녀왔는데 철결핍 빈혈로 진단을 받았어요. 병원에서 ㉠ 철분제를 먹으라고 해서 처방을 받아왔어요.

네. 철결핍 빈혈(iron deficiency anemia)은 처방받은 철분제를 잘 먹으면 빈혈이 교정될 수 있어요.

보건교사

학부모

네. 다행이에요. 그런데, ㉡ 액상으로 된 철분제도 있더군요.

… (중략) …

학부모

철분제는 언제까지 먹어야 할까요?

㉢ 혈색소가 정상화된 후에도 일정 기간 동안 철분제를 먹어야 합니다.

보건교사

… (하략) …

┌─ 작성 방법 ┼─────────────────────────────────
• 밑줄 친 ㉠의 경우, 함께 섭취를 권장하는 영양소의 명칭을 쓰고, 그 이유를 서술할 것
• 밑줄 친 ㉡을 빨대나 점적기를 이용하여 복용하는 이유를 제시할 것
• 밑줄 친 ㉢의 이유를 제시할 것
└───

7. 다음은 보건교사가 작성한 보건 일지이다. ㉠, ㉡에 해당하는 용어를 순서대로 쓰시오.

[2점] '15 임용

보건 일지			
상담일	2014년 12월 1일	**성 별**	여
이 름	이 ○ ○	**나 이**	17세

〈주호소〉

• 체육 시간에 걷기 운동을 한 후 숨이 차고 힘이 없다고 함

〈면담 및 관찰 내용〉

• 겸상적혈구 빈혈(sickle cell anemia)이 있다고 함

• 10일 전에 넘어져 발목 외측에 상처가 생겼으나 잘 호전되지 않음

• 손발이 차갑고 피부가 창백함

〈간호 내용〉

• 혈압과 호흡을 사정함

• 발목 외측 부위의 상처에 드레싱을 실시함

• 몸을 따뜻하게 해 주고 침대에 누워서 쉴 수 있게 함

• 학생이 겸상적혈구 빈혈의 유전적인 부분에 대해 알고 싶다고 하여 설명해 줌 : 겸상적혈구 빈혈은 보인자(carrier)인 양쪽 부모 모두로부터 유전되는 (㉠) 열성 질환임. 유전자의 돌연변이로 인해 정상 HbA 대신 (㉡)이/가 만들어져 낫 모양의 적혈구가 생성됨. 이 적혈구는 체내 산소 공급을 감소시켜서 호흡 이상 등의 다양한 증상을 유발함

• 병원 진료를 받을 수 있도록 안내함

백혈구장애 - 백혈병

8. 〈보기〉에 해당하는 백혈구는? '95 임용

> ┌─ 보기 ┌─
> • 식균 작용을 한다.
> • 백혈구 중 가장 많은 수를 차지한다.
> • 정상 수명은 약 8일이다.

① 호중구   ② 호산구
③ 호염기성구   ④ 임파구

9. WBC는 과립구와 무과립구로 구성되어 있다. 과립구의 주요 작용은? '96 임용

① 식균작용   ② 항원생산 작용
③ 항체생산 작용   ④ 단백질 합성작용

10. 조혈기관이 바르게 나열된 것은? '96 임용

① 골수 - 비장 - 간 - 췌장   ② 골수 - 간 - 비장 - 임파절
③ 골수 - 췌장 - 임파절 - 위   ④ 골수 - 임파절 - 신장 - 위

11. 성인이 된 후에도 계속 조혈작용이 이루어지고 골수천자를 할 때 흔히 사용되는 부위는?

'95 임용

① 요골   ② 흉골
③ 늑골   ④ 쇄골

12. 다음은 S 학생(여, 8세)의 진료 기록지이다. S 학생에게 일어난 병태생리적 변화에 대한 설명 중 옳은 것을 〈보기〉에서 고른 것은? '13 임용

진료 기록지			
이름	S	생년월일	2004. 00. 00.
성별	여	진료번호	000
구분	검사 항목		검사 결과
신체 검진	신장		119cm
	체중		19.2kg
혈액 검사	혈색소		8.3g/dL
	백혈구		1,000/mm3
	호중구		7%
	미성숙 호중구		7%
임상 증상	한 달 전보다 체중이 1.5kg 감소함 식욕부진과 피로감, 두통을 호소함 간과 비장이 커져 있음		
진단	급성 림프구성 백혈병		
판정 의사	면허 번호		000000
	의 사 명		박○○

┌─보기─┐
ㄱ. 호중구 감소로 감염의 발생 가능성이 높아짐
ㄴ. 미성숙 림프구가 간에서 지속적으로 생성되어 간비대가 나타남
ㄷ. 골수의 기능 부전으로 적혈구 생산이 감소하여 빈혈이 나타남
ㄹ. 호중구의 감소 및 미성숙 호중구의 증가로 절대 호중구 수가 증가함
ㅁ. 미성숙 림프구의 증식에 따른 대사항진으로 체중이 감소하고 식욕부진, 피로가 나타남

① ㄱ, ㄴ, ㅁ   ② ㄱ, ㄷ, ㄹ   ③ ㄱ, ㄷ, ㅁ
④ ㄴ, ㄷ, ㄹ   ⑤ ㄴ, ㄹ, ㅁ

하지 정맥류

13. 교사들을 대상으로 '하지 정맥류 예방'에 대한 보건교육을 실시하고자 한다. 다음 물음에 답하시오. '02 임용

13-1. 정맥류는 정맥혈이 정체되어 정맥이 늘어난 상태이다. 정맥류가 발생하는 기전을 쓰시오. [2점]

13-2. 하지 정맥류의 증상을 3가지만 쓰시오. [3점]

13-3. 하지 정맥류를 예방하기 위한 구체적인 간호 중재를 4가지만 쓰시오. [4점]

14. 종아리 부위에 정맥류가 의심될 때, 하지정맥의 판막기능을 비침습적으로 사정하기 위해 트렌델렌버그 검사(Trendelenburg검사; 지혈대 검사)를 실시하고자 한다. 이 검사 방법을 순서대로 4단계로 쓰시오. [4점] '08 임용

혈전성 정맥염(DVT)

15. 다음은 보건교사가 박 교사와 상담한 내용이다. 괄호 안의 ㉠에 들어갈 혈전이 생기는 병태생리적 기전을 쓰고, 그림 ㉡의 신체 검진 방법의 명칭과 괄호 안의 ㉢에 들어갈 신체 검진 결과의 양성 반응을 순서대로 서술하시오. [4점] '16 임용

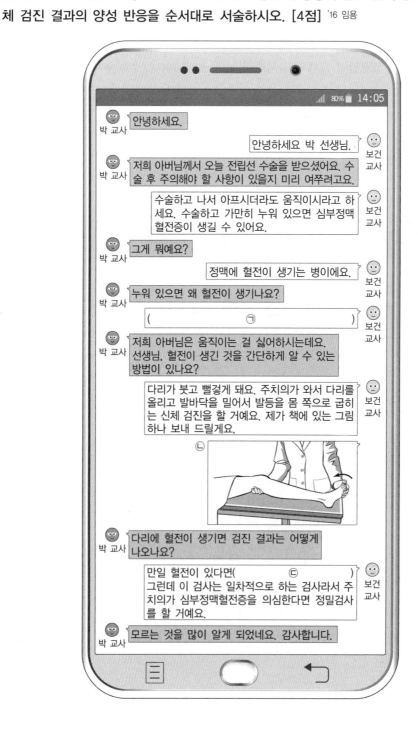

혈소판 감소증

16. 다리에 이상한 반점이 생겨 보건실에 온 초등학교 1학년 학생을 보고, 보건교사는 아나필락시스양 자반증(anaphylactoidpurpura, Henoch-Schonlein purpura, allergic purpura)을 의심하였다. 피부 증상 외에 이 질환에서 침범되는 3가지 주요 기관과 각 기관별 증상 1가지씩을 쓰시오. [3점] '08 임용

혈우병

17. 〈보기〉는 혈액응고과정이다. (　　　)에 알맞은 것은? '95 임용

> ┌ 보기 ┐
>
> 혈액응고 ← 섬유소원
> 　　　　⇑
> 　트롬빈 ← 프로트롬빈
> 　　　　⇑
> 　　트롬보플라스틴, (　)

① K^+　　　　　　　　　② Ca^{++}
③ 비타민 K　　　　　　　④ Fe

18. 혈우병은 성염색체 열성 유전 질환이다. 다음 3가지의 상황이 발생할 수 있는 확률을 각각 구하시오. '07 임용

18-1. 보인자인 어머니와 정상인 아버지에게서 자녀가 태어날 경우, 혈우병이 있는 아들이 태어날 확률 : ＿＿＿＿＿％

18-2. 정상인 어머니와 혈우병 아버지에게서 자녀가 태어날 경우, 보인자인 딸이 태어날 경우 : ＿＿＿＿＿％

18-3. 보인자인 어머니와 혈우병 아버지에게서 아들이 태어났을 경우, 그 아들이 혈우병일 확률 : ＿＿＿＿＿％

19. 다음은 보건교사가 혈우병 가족력을 가진 동료 여교사와 상담한 내용이다. 대화 내용을 읽고 〈작성 방법〉에 따라 서술하시오. [4점] '16 임용

여교사 : 선생님, 결혼을 하려니 여러 가지 걱정이 돼요.

보건교사: 무슨 걱정이 있으세요?

여교사 : 우리 가족에게 유전 질환이 있어요. 저는 혈우병 보인자를 가지고 태어났어요.

보건교사: 네, 걱정되시겠어요.

여교사 : 결혼을 하려고 하니 유전 질환이라 아기가 태어나면 어떻게 될지 불안해요. 제가 결혼을 하여 아들이나 딸을 낳는다면, 어떻게 유전이 되나요?

보건교사: 남편 되실 분이 혈우병이 아니라면 두 분 사이에서 태어날 아들은 ㉠ _____,
딸은 ㉡ _____,

여교사 : 네, 그렇군요.

보건교사: 선생님의 부모님 중에서 어느 분이 유전 질환을 가지고 계신가요?

여교사 : 어머니는 혈우병이 아니고, 보인자도 없으신데 아버지가 혈우병이셨어요. 제 오빠와 남동생은 ㉢ _____. ㉣ 아들과 딸이 다르게 유전이 되는 이유는 뭔가요?

··· (하략) ···

┌─ 작성 방법 ─┐

• 혈우병 보인자인 여성이 자녀에게 유전적 결함을 어떻게 물려주는지 ㉠, ㉡에 각각 제시할 것
• 혈우병인 아버지가 아들에게 유전적 결함을 어떻게 물려주는지 ㉢에 제시할 것
• ㉣의 이유를 제시할 것

동정맥 폐색질환

20. 다음은 보건교사가 고등학생과 나눈 대화 내용이다. 〈작성 방법〉에 따라 순서대로 서술하시오. [4점] '20 임용

학생　　　: 선생님! 궁금한 게 있어서 왔어요. 엄마가 아파서 병원에 가셨는데, '전신 홍반 루푸스'라는 진단을 받았어요. 그 병은 어떤 거예요?

보건교사 : 전신 홍반 루푸스는 일종의 자가 면역 질환이에요. 자가 면역이란 (　　㉠　　)을/를 의미해요.

학생　　　: 네, 그런데 엄마 양쪽 뺨에 나비 모양의 붉은 발진이 생겼던데 왜 그런 거예요?

보건교사 : 발진이 생기는 기전은 (　　㉡　　)입니다.

학생　　　: 지난 일요일 아침에 엄마와 산책을 갔는데, 날씨가 추워서 그런지 손끝이 차고 창백하게 변했어요. 이 병과 관련이 있나요?

보건교사 : 네, 관련이 있을 수 있어요. 레이노(Raynaud) 현상이라는 것이 있는데, 이러한 현상이 발생하는 이유는 (　　㉢　　) 때문입니다.

학생　　　: 선생님 설명을 듣고 나니 엄마 상태에 대해 많이 이해가 되었어요.

··· (하략) ···

◆ 작성 방법 ◆

• 괄호 안의 ㉢에 해당하는 내용을 서술할 것

요로계

출제경향 및 유형

'92학년도	
'93학년도	
'94학년도	
'95학년도	신증후군, 사구체 여과율
'96학년도	신장 역할, Na$^+$제한 질환
'97학년도	
'98학년도	
'99학년도	
후 '99학년도	
2000학년도	신장의 기능 3가지, 뇨검사 시 '단백' 검출되었을 때 대표적인 질환 4가지, '단백'이 검출된 학생들에게 학생들에게 취해야 할 조치사항 5가지
2001학년도	
2002학년도	
2003학년도	
2004학년도	여성의 하부 요로 감염이 빈번한 이유와 간호중재방법
2005학년도	
2006학년도	
2007학년도	연쇄상구균 감염 후 급성사구체신염 시 사정(assessment)해야 할 주요 내용
2008학년도	
2009학년도	만성신부전
2010학년도	
2011학년도	사구체신염
2012학년도	
2013학년도	신증후군 4대증상, 신부전증 혈액투석환자 주의점
2014학년도	
2015학년도	전립선암 검사
2016학년도	
2017학년도	
2018학년도	급성사구체신염
2019학년도	
2020힉년도	신증후군의 전신부종 시 저혈량증에 대한 신장의 보상 기전, 소변혈액검사
2021학년도	
2022학년도	신부전 시 고칼륨혈증 응급처치(인슐린 작용), 혈액투석 목적
2023학년도	

출제포인트

신장질환에서 가장 우선은 신증후군이다. 신증후군의 병태생리과정 및 간호관리에 역점을 두도록 한다. 앞으로 출제 예상되는 질환은 신부전이다. 신부전을 이해하기 위해서 신장의 기능과 신부전의 주요증상의 병태생리과정을 꼼꼼히 분석해야 할 것이다.

교직원 중에는 혈액투석을 하면서 신부전을 관리하는 경우가 있다. 이 경우를 대비하여 혈액투석의 과정들의 이해도 같이 해야 한다.

학생들에게 가장 많이 발생되는 질환은 사구체신염이다. 이는 연쇄상구균에 의한 상기도감염과 관련이 있으므로 사구체신염의 주객관적 소견을 알고 사정해내는 것이 가장 중요하다. 학교에서 건강검사로 실시하는 소변검사의 내용과 그 결과의 의미도 반드시 정리해야 한다.

1절 • 신장기능

| 정답 및 해설 p.722

1. 1998년 1월 1일부터 모든 초 · 중 · 고등학생은 집단 소변검사를 하게 되었다. 이와 관련하여 다음 질문에 답하시오. '00 임용

1-1. 신장의 기능을 3가지 이상 쓰시오.

1-2. 학생 소변검사 결과 「단백」이 검출되었을 때, 의심해 볼 수 있는 대표적인 질환을 4가지 이상 쓰시오.

1-3. 보건교사가 「단백」이 검출된 학생들에게 취해야 할 조치 사항을 5가지 이상 제시하시오.

2절 · 신장질환

| 정답 및 해설 p.723

사구체 신염

1. 초등학교 2학년 학생이 혈뇨가 있어 보건실을 방문하였다. 보건교사가 '연쇄상구균 감염 후 급성 사구체 신염'으로 의심하였을 때 사정(assessment)해야 할 주요 내용을 4가지 만 쓰시오. [4점] '07 임용

2. 윤호(남, 7세)는 2~3일 전부터 핍뇨와 부종이 나타나 병원을 방문하여 다음과 같은 결 과를 받았다. 윤호를 위한 간호중재로 옳지 <u>않은</u> 것은? '11 임용

진단명	급성 사구체 신염
주 호소	핍뇨, 눈 주위에 현저한 부종
활력징후	혈압 : 140/100mmHg 체온 : 38.3℃(액와), 호흡 : 28회/분 맥박 : 92회/분
요분석	혈뇨(++++), 요단백(+++) 적혈구 조직절편(cast) 양성
혈액 요소 질소(BUN)	42mg/dL

① 염분 섭취를 제한한다.
② 단백질 섭취를 제한한다.
③ 신체 활동 놀이에 참여시킨다.
④ 두통, 오심 및 경련의 징후를 사정한다.
⑤ 칼륨이 많이 들어 있는 음식 섭취를 제한한다.

PART 2

3. 다음은 보건교사와 담임 교사의 대화 내용이다. ㉠에 해당하는 원인균의 명칭과 괄호 안의 ㉡에 들어갈 내용을 순서대로 쓰시오. [2점] '18 임용

> 선생님, 갑자기 우리 반 아이가 급성 사구체신염으로 입원을 했어요. 학부모님께서 말씀하시기로는 3일 전에 갑자기 얼굴이 붓고, 소변 색이 진해지더니 점점 배가 나오고 소변 양이 줄어 병원에 갔대요.

> 아, 그래요. 평소 건강이 안 좋았어요?

> 아니요. 평소엔 건강했어요. ㉠ <u>2주 전 급성인두염으로 열이 심해 며칠 결석을 했었는데,</u> 병원에서 그게 원인이 되었다고 하더라고요. 오늘 제가 병문안을 갔었는데, 아이의 얼굴이 많이 부었고, 평소보다 소변 양이 반으로 줄었대요. 그리고 체중을 자주 재서 짜증난다고 하더라고요. 체중 측정은 왜 자주 하나요?

> 체중 측정은 (㉡)의 정도와 영양 상태를 확인하는 데 필요해요.

신증후군

4. 신증후군에 관한 설명으로 옳지 <u>않은</u> 것은? '95 임용

① 신정맥 혈전증의 발생 빈도가 높다.
② 신세뇨관 상피의 퇴행성 질병이다.
③ 혈청 알부민에 대한 반응으로 저지혈증이 생긴다.
④ 단백뇨, 저알부민혈증, 부종 등의 임상소견을 보인다.

5. ○○초등학교 1학년 7세 남아가 신증후군(nephrotic syndrome)으로 어제 병원에 입원하였다. 보건교사가 이 아동의 상태에 대해 아동의 어머니로부터 전달 받은 내용은 다음과 같다. '13 임용

> • 1주일 전보다 체중이 3kg 증가되었다.
> • 소변 양이 많이 감소되었다.
> • 병원 침대에 계속 누워 있다.
> • 입맛이 없다며 먹지 않으려 한다.

신증후군의 병태생리와 이에 따른 4가지 특징적인 증상을 서술하시오. 또한 이 아동에게 가능한 간호진단 3가지와 간호 진단별 간호 계획을 각각 4가지씩 수립하시오. [25점]

6. 다음은 초등학교 보건교사가 학부모와 상담 후 작성한 상담 일지 내용이다. 〈작성 방법〉에 따라 순서대로 서술하시오. [4점] '20 임용

상담일지			
이름	최○○	성별 / 연령	남 / 7세
상담 일시	○월 ○일 ○시	학년－반	1－3
주요 문제	미세변화형 신증후군		
상담내용	○ 주요 병력 － 3세경에 신증후군으로 치료 받은 병력 있음 － 최근 4주간 체중이 서서히 증가함 － 1주일 전 병원을 방문함 ○ 병원 방문 당시 증상 － 체중 증가 － ㉠ 전신 부종 － 얼굴의 부종(특히 눈 주위) － 복부 팽창(복수) ○ 병원 검사 결과지(학부모가 가져옴) － ㉡ 혈액 검사 － ㉢ 소변 검사 ○ 최근 진단명 － 미세변화형 신증후군(minimal change nephrotic syndrome)		

정보 제공자: 최○○ 학부모(연락처 010－△△△△－○○○○)

··· (하략) ···

┌◆작성 방법◆
• 밑줄 친 ㉠이 발생되는 과정 중 저혈량증에 대한 신장의 보상 기전을 2단계로 서술할 것(단, 안지오텐신 II 증가 단계 이후부터 서술할 것).
• 미세변화형 신증후군에서 밑줄 친 ㉡, ㉢으로 확인할 수 있는 필수적인 검사 소견을 순서로 제시할 것

3절 ✦ 신부전

| 정답 및 해설 p.725

1. 만성 신부전(chronic renal failure) 환자의 간호중재로 옳지 <u>않은</u> 것은? '09 임용

① 근육 경련, 오심, 산통과 같은 고칼륨혈증 증상이 있는지를 관찰한다.

② 배설 기능 저하로 칼슘이 침착되고 인산이 부족해지므로 저칼슘, 고인산 식이를 섭취하도록 한다.

③ 적혈구 생성이 억제되어 빈혈을 초래하므로 헤마토크릿(Hematocrit)을 정기적으로 검사한다.

④ 혈액 투석 동안 출혈성 경향이 있으므로 응고 시간을 자주 감시한다.

⑤ 혈액 투석 동안 저혈량 쇼크를 사정하기 위해 활력 징후를 자주 측정한다.

2. 다음은 말기 신질환(End-Stage Renal Disease, ESRD)으로 동정맥루(arterio-venous shunt) 시술을 받은 M 교사(남, 45세)가 혈액투석(hemodialysis) 시 알아야 할 내용이다. 옳은 것을 〈보기〉에서 고른 것은? '13 임용

> ┌─ 보기 ┐
> ㄱ. 동정맥루 시술 후 처음 투석을 하는 중 혹은 투석 직후에 두통, 경련 등이 나타날 수 있음
> ㄴ. 투석을 주 3회 정기적으로 5년 이상 꾸준히 받다 보면 투석 불균형 증후군(dialysis-disequilibrium syndrome)이 나타날 수 있음
> ㄷ. 동정맥루가 있는 부위를 압박하지 말아야 하며, 동정맥루가 있는 팔로 무거운 물건을 들지 않아야 함
> ㄹ. 처음 투석할 때 낮은 pH의 투석액이 복막을 자극하여 복부 통증을 유발할 수 있음
> ㅁ. 손으로 동정맥루가 있는 부위를 촉진하여 진동(thrill)이 느껴지면 동정맥루가 개통(open)되어 있는 상태임
> ㅂ. 나트륨 섭취를 제한해야 하므로 칼륨이 든 대용 소금(salt substitutes)을 섭취하도록 함

① ㄱ, ㄴ, ㅂ   ② ㄱ, ㄷ, ㅁ   ③ ㄴ, ㅁ, ㅂ

④ ㄷ, ㄹ, ㅁ   ⑤ ㄷ, ㄹ, ㅂ

3. 다음은 보건교사와 동료교사의 대화 내용이다. 〈작성 방법〉에 따라 서술하시오. [4점]

'22 임용

> 보건교사 : 선생님, 어머니께서 급성 신부전(acute renal failure) 으로 입원하셨다고 들었는데 치료는 잘 받고 계신가요?
>
> 동료교사 : 네. 그런데, 어머니께서 다리에 쥐가 나고 입술이 얼얼하고 속도 메스껍다고 해요. 병원에서는 급성신부전으로 인한 ㉠ 전해질 불균형 때문이라고 해요. 더 심해지면 부정맥이 발생할 수 있고 심정지까지 올 수 있다고 하니 걱정이 많아요.
>
> 보건교사 : 그러시겠어요. 그 외에도 설사, 장 경련, 간헐적인 위장관 급성 통증 등의 증상이 나타날 수 있으니 잘 살펴보셔야 합니다.
>
> 동료교사 : 궁금한 게 있어요. 어머니는 당뇨가 없으신데 수액에 인슐린을 혼합해서 맞고 계신다고 해요. 그 이유는 무엇인가요?
>
> 보건교사 : 그건 인슐린의 (㉡) 작용 때문입니다.
>
> 동료교사 : 병원에서는 혈액투석의 가능성을 말씀하시던데, 왜 하는 건가요?
>
> 보건교사 : 혈액투석을 하는 이유는 전해질 불균형을 교정하는 것과 (㉢)입니다. 치료 잘 받으시고 빨리 회복되시기를 바랍니다.

┌─ 작성 방법 ┐
- 밑줄 친 ㉠에 해당하는 상태를 제시할 것
- 괄호 안의 ㉡에 해당하는 내용을 서술할 것
- 괄호 안의 ㉢에 들어갈 주요 목적 2가지를 서술할 것

4절· 요로염

| 정답 및 해설 p.726

1. 비뇨기계의 감염을 일으키는 가장 흔한 원인균은? '96 임용

① 대장균   ② 캔디다균

③ 포도상구균   ④ 연쇄상구균

2. 한 여교사가 배뇨시 작열감, 빈뇨를 호소하면서 보건실을 방문하였고, 보건교사는 이를 하부 요로 감염의 증상으로 판단하였다. 이와 관련하여 다음 물음에 답하시오. '04 임용

2-1. 일반적으로 여성은 남성에 비해 하부 요로 감염이 빈번하다. 그 이유에 대하여 3가지만 쓰시오. [3점]

2-2. 하부 요로 감염을 완화시킬 수 있는 자가 간호 방법을 3가지만 쓰시오. [3점]

남성생식계

3. '양성 전립선 비대증'이 의심되는 아래의 남성에게서 점진적 요로폐색으로 인해 나타날 수 있는 일차적 증상 4가지만 쓰시오. [3점] '07 임용

> 68세 된 남성이 소변을 보기 어렵고 요의가 있을 때 참지 못하며, 밤에 소변을 보기도 한다고 호소하였다. 이 남성은 최근 가족 문제로 갈등을 겪으면서 평소보다 많은 술을 마신다고 하였다.

4. 성인의 건강사정 결과 전문가에게 의뢰하여 추후 검사가 필요한 비정상 소견을 〈보기〉에서 고른 것은? '09 임용

> ┌─ 보기 ─┐
> ㉠ 폐 타진 : 탁음(grade)이 들린다.
> ㉡ 광선투시법으로 부비동 검진 : 전두동에 붉은 빛이 투시된다.
> ㉢ 슬개건반사(patellar deep tendon reflex) : 등급(grade)이 2＋이다.
> ㉣ 고환 검사 : 1.5 cm 이하로 작고 부드러운 고환이 촉진된다.
> ㉤ 린네(Rinne) 검사 : 골 전도(bone conduction)가 공기 전도(air conduction) 소리보다 더 오랫동안 들린다.

① ㉠, ㉡, ㉢   ② ㉠, ㉡, ㉤   ③ ㉠, ㉣, ㉤
④ ㉡, ㉢, ㉣   ⑤ ㉢, ㉣, ㉤

5. 다음은 보건교사와 김 교사(남, 57세)의 대화 내용이다. 밑줄 친 ㉠에 해당하는 검사명과 ㉡에 해당하는 종양 표지자의 명칭을 순서대로 쓰시오. [2점] '15 임용

> 김 교사 : 제가 요즘 화장실에 자주 가는데, 소변도 예전처럼 잘 나오지 않고, 소변볼 때 통증이 있어서 힘들어요. 혹시 전립선암이 아닌가 걱정이 되어 검사를 해 보고 싶은데 병원에서 간단하게 할 수 있는 검사가 있나요?
> 보건교사 : 병원에 가시면 의사가 ㉠ 촉진을 통해 전립선의 크기나 단단함의 정도를 직접 확인할 것입니다. 이는 전립선이 해부학적으로 직장벽과 가깝기 때문에 가능한 검사입니다. 또한 ㉡ 혈액검사를 통해 전립선과 관련된 의미 있는 종양 표지자를 확인할 수 있습니다. 그러나 문제가 있는 경우에 초음파 및 CT 등의 추가 검사를 받을 수도 있으니 담당 의사와 잘 상의하시기 바랍니다.

제7강 근골격계

출제경향 및 유형

학년도	내용
'92학년도	외상(염좌·타박·골절·관절염)간호, 척추측만증, 류마티스관절염의 증상, 개방창 처치
'93학년도	근육퇴화증
'94학년도	
'95학년도	견인장치, 단순골절 증상, 잦은 척수 손상부위, 골절치유에서 골화과정
'96학년도	
'97학년도	
'98학년도	척추측만증의 진단방법, 냉요법의 적응증
'99학년도	골다공증의 원인과 예방대책(지방)
후 '99학년도	
2000학년도	
2001학년도	하퇴골절 시 사정내용 및 응급처치
2002학년도	
2003학년도	척추측만증이 계속 진행 시 나타날 수 있는 주요 증상 3가지, 척추측만증 판별을 위한 전방굴곡 검사(forward bending test) 실시 방법
2004학년도	
2005학년도	
2006학년도	척추측만증 때 예방 방법 4가지, 부목의 효과, 염좌 시 응급처치 RICE
2007학년도	
2008학년도	류머티스양 관절염의 신체적 간호, 골다공증 증상
2009학년도	상하지 골절, 척추 골절
2010학년도	목발 보행시 주의점, 골다공증의 요인
2011학년도	
2012학년도	염좌 시 처치, 석고붕대 시 처치, 통풍 시 처치
2013학년도	골다공증, 의족관리
2014학년도	통풍, 류마티스열, 척추측만증 검사
2015학년도	수근관증후군 검사
2016학년도	
2017학년도	
2018학년도	통풍, 목발보행
2019학년도	척추측만증(전방굴곡 검사)
2020학년도	
2021학년도	
2022학년도	목발보행(3점보행)
2023학년도	

1절 ◆ 염증성 질환

| 정답 및 해설 p.728

1. 류마티스성 관절염의 병리학적 소견이 아닌 것은? '92 임용

① 울혈(Congestion) ② 부종(Edema)

③ 퓨린(Purine) ④ 관절낭염(Synovitis)

2. 보건교사가 연소성 류머티스양 관절염(Juvenile rheumatoid arthritis)의 소수관절형으로 진단 받은 여중생에 대한 간호를 계획하고 있다. 약물의 투여 및 이에 따른 부작용 관리 외에, 이 질환의 증상을 고려하여 학생에게 제공해야 할 주요한 신체적 간호를 5가지만 쓰시오. [4점] '08 임용

3. 근골격계 건강 문제 (가)~(다), 병태 생리 ㄱ~ㄷ, 징후 A~C가 옳게 연결된 것은? [2.5점]

'12 임용

(가) 골 관절염	(나) 류머티즘 관절염	(다) 통풍성 관절염

ㄱ. 면역 복합 질환으로 관절 활막과 결합 조직이 손상되어 발생
ㄴ. 마모로 인한 관절의 점진적 퇴행과 관절의 과부하 등으로 인해 연골이 파괴되어 발생
ㄷ. 혈청요산 침전물 증가로 인해 관절 및 결체 조직에 요산나트륨이 축적되어 발생

A. 척골 기형
B. 토피(tophi)
C. 헤베르덴 결절(Heberden's node)

① (가) - ㄴ - C 　　② (가) - ㄷ - B 　　③ (나) - ㄷ - A

④ (다) - ㄱ - A 　　⑤ (다) - ㄴ - B

4. 다음은 통풍에 대한 신문 기사 내용이다. 괄호 안의 ㉠, ㉡에 해당하는 내용을 차례대로 쓰시오. [2점] '14 임용

○○신문 　　　　　　　　　○○년 ○월 ○일

통풍 치료 시 맥주·등푸른 생선 등 과다 섭취 금물

질병 치료를 위해 약물을 복용할 때 음식 조절에 각별한 주의가 요구된다. 약효를 떨어뜨리거나 부작용을 유발하는 식품이 있기 때문이다. (㉠) 이/가 과다 생성되거나 배설이 안 되는 통풍의 경우 콜히친(colchicine), 프로베네시드(probenecid), 알로퓨리놀(allopurinol) 등을 복용한다. 이때 맥주나 (㉡) 이/가 많은 내장류, 등푸른 생선, 조개, 멸치, 새우 등을 과다 섭취하면 통풍이 악화될 수 있다.

… (하략) …

오○○기자/abcd@dong.com

5. 다음은 류마티스 관절염 환자인 강○○의 진료 기록지이다. 진료 기록지의 밑줄 친 부분에서 유추할 수 있는 류마티스 관절염의 특징 6가지를 쓰시오. 그리고 그 6가지 특징을 골관절염과 비교하여 설명하시오. [10점] '14 임용

진료 기록지					
이름	강○○	성별/나이	여/38세	진료일	2013년 ○월 ○일

○ 주 호소
  － 특정 부위 관절이 붓고 아픔
  － 하루 중 특정 시간에 손이 뻣뻣하여 주먹을 쥐기 어려움

○ 검진 내용
  － 손: 검지와 중지의 중수지 관절이 부어 있고 열감이 있음
  － 팔꿈치: 그림과 같은 특징이 나타남

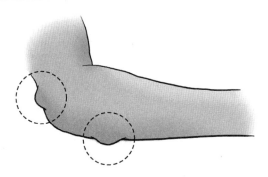

○ 검사 결과
  － 혈액검사: 골 관절염에서 나타나지 않는 특정 물질이 검출됨
  － X-ray: 사진과 같은 결과가 나타남

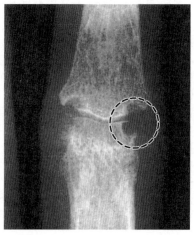

··· (하략) ···

6. 다음은 보건교사와 동료 교사와의 대화 내용이다. 〈작성 방법〉에 따라 순서대로 서술하시오. [4점] '18 임용

보건교사 : 어제 야외 체험활동 후 술을 마셨는데 새벽부터 오른쪽 엄지발가락이 빨갛고 부은 것 같더니 너무 심하게 쑤시고 아파서 잠을 못 잤어요. '아침에 일어나면 괜찮겠지' 했는데 통증이 심해 신발을 신을 수도 없고 걸을 수도 없는 거예요. 병원에 갔더니 ㉠ 요산결정체가 관절에 축적되어 염증 반응이 일어나 심한 발작성 관절통을 유발한 것이라고 하더군요.

동료교사 : 통증이 심하셨죠?

보건교사 : 세상에 태어나 그런 통증은 처음이에요. 다시 통증이 있을까봐 두려워요. 또 통증이 있을 때에는 어떻게 해야죠?

동료교사 : 급성 통증이 있을 때에는 해당 관절을 (㉡), 냉습포도 도움이 되고요. 약을 잘 드시는 것이 중요해요.

보건교사 : 의사가 콜히신(colchicine), 알로퓨리놀(allopurinol)과 ㉢ 프로베네시드(probenecid)를 처방해 주었어요. 그런데 선생님, 이 병이 있을 때 혹시 주의해야 할 음식이 있나요?

동료교사 : 간, 곱창과 같은 내장이나 고기 국물, 멸치 같은 ㉣ 퓨린 함량이 높은 음식은 질병을 악화시킬 수 있어요.

┌─ 작성 방법 ┐

• ㉠에 해당하는 질환의 명칭을 쓰고, 괄호 안의 ㉡에 적합한 중재를 1가지 제시할 것
• ㉢의 투여 목적을 제시할 것
• ㉣의 이유를 설명할 것

---

7. 김 교사는 손목의 이상을 호소하며 보건실을 방문하였다. 다음은 보건교사가 김 교사에게 시행한 검진 방법을 나타낸 그림이다. 괄호 안의 ㉠, ㉡에 해당하는 검사(혹은 징후) 명칭을 쓰고, 각 검사의 정상 소견과 비정상 소견을 서술하시오. 또한 보건교사가 ㉠, ㉡ 검사를 통하여 검진하고자 하는 증후군은 무엇인지 쓰시오. [5점] '15 임용

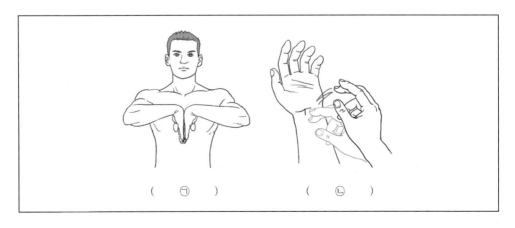

(㉠)   (㉡)

| 정답 및 해설 p.731

2절 ✦ 기계적 근골격질환

골절

1. 골절 치유에서 외가골 형성 – 골수내 가골 형성 – 피질 절편 사이의 가골형성 과정을 거치는 단계는? '95 임용

① 혈종 형성 단계　　　　　　　　② 가골 형성 단계
③ 골화 과정단계　　　　　　　　　④ 골재 형성 단계

2. 한 남학생이 운동장에서 놀다가 친구들과 부딪쳐 팔이 뒤로 꺾인 채 넘어진 후, 팔의 통증과 부종을 호소하였다. 보건교사는 골절이 의심되어 병원으로 이송하기 전 부목을 대주었다. 부목을 대 줌으로써 얻을 수 있는 효과를 3가지만 쓰시오. [3점] '06 임용

3. 견인장치에 대하여 올바르게 설명한 것은? '95 임용

① 단순 골절에 많이 사용한다.
② 근육이 약한 곳에 사용한다.
③ 골절된 골편이 겹치지 않도록 하기 위함이다.
④ 성인 다리에 사용하는 추의 무게는 14~15파운드이다.

석고붕대

4. 김 씨는 교통사고로 상지와 하지에 골절을 입고 입원 치료 중이다. 왼쪽 상지에는 장상지 석고붕대(long arm cast)를, 왼쪽 하지에는 단하지 석고붕대(short leg cast)를 하고 있다. 김 씨를 위한 재활 간호로 옳은 것을 〈보기〉에서 고른 것은? '09 임용

┌─보기┐
　㉠ 상·하지 석고붕대의 제거 후 관절운동의 범위는 통증을 느끼는 범위를 넘지 않도록 한다.
　㉡ 상지 석고붕대의 제거 후 액와용 목발의 사용 시 액와보다 손을 사용하여 체중을 지탱하도록 한다.
　㉢ 석고붕대를 하고 있는 손상 부위의 근력 증진을 위해 등장운동(isotonic exercise)을 격려한다.
　㉣ 상지 석고붕대 시 앞 단추가 있는 상의를 입을 때는 오른쪽을 먼저 입도록 한다.

① ㉠, ㉡　　　　　　② ㉠, ㉢　　　　　　③ ㉡, ㉢
④ ㉡, ㉣　　　　　　⑤ ㉢, ㉣

목발보행

5. 다음 사례의 오 씨를 위한 간호교육으로 옳은 것은? '10 임용

> 35세의 오 씨는 교통사고로 경골의 폐쇄성 사선 골절상을 입었다. 정형외과 수술 후 석고붕대를 한 뒤, 액와 목발을 짚고, 부인의 도움 아래 실내 이동이 가능하게 되었다. 간호사는 오 씨를 사정한 결과 '부적절한 목발 보행과 관련된 낙상 위험성'이란 간호문제를 설정하였다.

① 목발 보행 시 팔꿈치를 구부리지 않고 곧게 편 상태로 걷는다.

② 겨드랑이와 목발의 액와받침대 사이에 여유 공간이 없도록 밀착시킨다.

③ 복도에서 목발 보행 시 고개를 숙이고 시선은 발끝을 바라보고 걷는다.

④ 팔에 통증, 무감각, 저림 증상 등이 있을 때는 간호사나 의사에게 보고한다.

⑤ 계단을 올라갈 때에는 아픈 쪽 다리를 먼저 윗계단에 올려놓은 다음, 목발과 건강한 쪽 다리를 올려놓는다.

6. 다음과 같은 기동성 장애가 있는 대상자를 위한 교육 내용 중 옳은 것을 〈보기〉에서 고른 것은? [1.5점] '12 임용

> 김 씨(남, 45세)는 우측 하지 골절로 인해, 수술 후 우측 장하지 석고 붕대(long leg cast)를 하고 목발 보행을 시작했다.

┌─ 보기 ─
ㄱ. 미끄럼을 방지하기 위해 목발 끝의 고무 밑창이 닳거나 벗겨졌는지 점검해야 한다.
ㄴ. 장기간 부동으로 인한 근육량 감소를 방지하기 위해 석고 붕대를 한 우측 하지에 등척성 (isometric) 운동을 하도록 한다.
ㄷ. 팔의 신경 손상을 방지하기 위해 체중이 액와에 실리게 손잡이의 위치를 조정하도록 한다.
ㄹ. 체중 부하를 안전하게 하기 위해 계단을 내려올 때는 건강한 다리를 먼저 내린 다음 아픈 다리와 목발을 동시에 내린다.

① ㄱ, ㄴ   ② ㄱ, ㄷ   ③ ㄴ, ㄷ
④ ㄴ, ㄹ   ⑤ ㄷ, ㄹ

7. 다음은 보건교사와 목발보행을 하고 있는 학생과의 대화이다. 〈작성 방법〉에 따라 순서대로 서술하시오. [4점] '18 임용

보건교사 : 다리를 다쳤나보군요! 목발로 걸으려니 힘들죠?

학생 : 네, 축구하다 오른쪽 발목이 부러져 석고붕대를 했어요. 목발로 서 있는 것도 힘들어요. 처음 목발을 사용해보니 어깨도 아프고 겨드랑이도 아프고요. 어떻게 해야 할지 모르겠어요.

보건교사 : 내가 도와줄게요. 액와용 목발이네요. 액와 목발은 키(신장)를 이용해 목발 길이를 측정하고, 팔꿈치의 각도를 측정해 (㉠)을/를 조절할 수 있어요. 목발의 길이가 길면 겨드랑이를 압박하게 되고, (㉠)이/가 올바르지 않으면 체중이 겨드랑이에 실리게 되어 신경이 눌려 팔에 마비가 올 수 있어요. 그런데 기본 목발 자세에 대해서는 알고 있나요?

학생 : 네, 병원에서 배웠어요. ㉡ 목발 위치가 양 발끝에서 앞쪽으로 15cm, 다시 옆쪽으로 15cm 떨어진 곳에 두는 삼각위(tripod position)로 하는 거죠?

보건교사 : 네, 맞아요. 기본 목발 자세에서 머리와 목, 척추를 바로 세우고 엉덩이와 무릎을 펴면 신체 선열이 잘 유지되는 거예요.

학생 : 선생님, 의자에 앉고 설 때는 어떻게 해야 할지 모르겠어요.

보건교사 : 의자에 앉고 설 땐 체중 이동의 원리를 이용해야 해요. 의자에 앉을 땐 먼저 의자 앞면에 다리의 뒤가 닿도록 선 후 다치지 않은 다리 쪽인 왼쪽 손에 목발 2개를 포개어 손잡이를 잡으세요. 다음으로 체중은 (㉢)에 실리도록 합니다.

… (하략) …

◆작성 방법◆

• 괄호 안의 ㉠에 들어갈 내용을 서술할 것
• 기본 목발 자세에서 ㉡이 중요한 이유를 서술할 것
• 괄호 안의 ㉢에 해당하는 내용을 서술할 것

8. 다음은 보건교사와 학생의 대화 내용 일부이다. 〈작성 방법〉에 따라 서술하시오. [4점]

'22 임용

학생 : 선생님, 제가 며칠 전 넘어져 왼쪽 발목이 골절되어 석고붕대를 했어요. 목발을 처음 사용해 봤는데 적응하기가 쉽지 않아요.

보건교사 : 액와용 목발을 사용하고 있군요. 목발의 길이가 너무 길거나 목발을 잘못 사용하면 (㉠) 손상으로 목발 마비(crutch paralysis)가 발생할 수 있어요.

학생 : 병원에서 목발 사용법을 배웠는데 잘 모르겠어요.

보건교사 : 그러면 올바른 목발보행 방법을 가르쳐 줄게요. 먼저 삼각위를 취한 다음, ㉡ <u>건강한 오른쪽 다리에 전체 체중을 지탱하고, 양쪽 목발과 아픈 왼쪽 다리를 이동한 후 건강한 다리를 이동합니다.</u> 이렇게 반복 하면 됩니다. 할 수 있겠지요?

학생 : 네, 선생님. 감사합니다. 그런데, 계단을 이용할 때는 어떻게 해야 하나요?

보건교사 : 계단 아래에서 먼저 삼각위를 취한 다음, ㉢ <u>계단 올라갈 때와 계단 내려갈 때 목발보행</u>을 연습해 봅시다.

┌─◆ 작성 방법 ◆
• 괄호 안의 ㉠에 해당하는 신경의 명칭을 제시할 것
• 밑줄 친 ㉡에 해당하는 목발보행의 명칭을 제시할 것
• 밑줄 친 ㉢의 목발보행 순서를 다리 상태를 포함하여 순서대로 서술할 것

골절의 합병증

9. 다음은 보건교사가 남학생과 나눈 대화 내용이다. 남학생의 다리에 나타난 증후군의 명칭과 발생 기전을 쓰시오. [2점] '16 임용

남학생 : 선생님! 어제 학교에서 축구할 때 슬라이딩하는 친구에게 제 왼쪽 종아리를 걷어차였는데, 자다가 너무 아파서 진통제를 먹었어요. 아침에 일어났더니 다리가 이렇게 퉁퉁 붓고 계속 아파요.

보건교사 : 그래, 다리를 만지면 감각은 어떠니?

남학생 : 다리를 만지면 얼얼해요.

보건교사 : 다리 좀 볼까? 발가락을 움직여 보렴.

남학생 : 발가락이 움직여지지 않아요.

보건교사 : (다리가 창백하고 발등 동맥에서 맥박이 안 잡히네.) 빨리 병원에 가야겠다. 부모님께서 너의 상태를 알고 계시니?

남학생 : 정확히는 모르고 계세요.

… (중략) …

의사 : 다리에 근막절개술을 해야겠어요.

보건교사 : 그렇군요. 학부모님과 통화하겠습니다.

3절 · 대사장애질환

| 정답 및 해설 p.734

1. 폐경기 이후 여교사의 골다공증이 증가하고 있다. 골다공증의 원인과 예방대책을 기술하시오. '99 지방

2. 갱년기 여성은 폐경 이후 에스트로겐의 분비 감소로 인한 골관절계의 변화로 골다공증을 경험할 수 있다. 골다공증을 의심할 수 있는 특징적인 증상을 4가지만 쓰시오. [4점] '08 임용

3. 다음 61세 여성의 신체 소견 중 골다공증 발생 위험 요인으로 옳은 것을 모두 고른 것은?
[1.5점] '10 임용

> ㉠ 폐경 후 10년 경과.
> ㉡ 체질량 지수(BMI) : 16kg/m²
> ㉢ 50세부터 당뇨병을 앓고 있음
> ㉣ 혈중 콜레스테롤 : 180mg/dl

① ㉠

② ㉠, ㉢

③ ㉡, ㉣

④ ㉠, ㉡, ㉢

⑤ ㉡, ㉢, ㉣

4. 다음은 J 여자 고등학교 보건교사가 작성한 〈교수·학습 지도안〉이다. (가)~(마) 중 옳지 않은 것은? '13 임용

교수·학습 지도안			
단원	근골격계 건강 관리	지도 교사	K
주제	골다공증의 위험 요인과 예방법	대상	3-2반 30명
차시	2/3차시	장소	3-2반 교실
학습 목표	골다공증의 위험 요인과 예방법을 이해할 수 있다.		
단계	교수·학습 내용		시간

전개	1. 위험 요인 • (가) 여성은 폐경으로 인해 골손실이 빠르게 진행되므로 골다공증이 발생할 수 있음 • (나) 코르티코스테로이드(Corticosteroid)를 장기간 투여하면 골다공증이 발생할 수 있음 • (다) 비타민 D 결핍으로 장에서 칼슘의 흡수가 감소되어 골다공증이 발생할 수 있음 • (라) 칼슘 섭취가 부족하면 갑상선호르몬 분비가 증가되어 골다공증이 발생할 수 있음 2. 예방법 • (마) 골질량 유지를 위해 체중 부하 운동을 권장함 • 흡연과 과도한 음주를 피하도록 함 … (이하 생략) …	40분

① (가)   ② (나)   ③ (다)

④ (라)   ⑤ (마)

4절 · 기타

| 정답 및 해설 p.735

척추측만증

1. 학생들의 척추측만증은 조기에 발견하여 치료, 교정하여야 하는 주요 질환이다. 다음 물음에 답하시오. '03 임용

1-1. 척추측만증이 계속 진행될 때 나타날 수 있는 주요 증상을 3가지만 쓰시오. [3점]

1-2. 척추측만증 여부를 판별하기 위한 전방굴곡 검사(forward bending test)의 실시 방법을 4가지만 쓰시오. [4점]

2. 보건교사가 학교에서 특별한 기구 없이 척추측만증을 진단할 수 있는 방법을 5가지 이상 제시하시오. '98 임용

3. 보건교사가 청소년기에 증가하는 척추측만증에 관해 가정 통신문을 발송하고자 한다. 이 때 예방 방법으로 제시해야 할 내용을 4가지만 기술하시오. [3점] '06 임용

4. 그림은 보건교사가 학생들을 대상으로 척추측만증을 검진하는 장면이다. 〈그림 1〉의 자세에서 검진해야 할 내용 3가지와 〈그림 2〉의 자세에서 검진해야 할 내용 2가지를 서술하시오. [5점] '14 임용

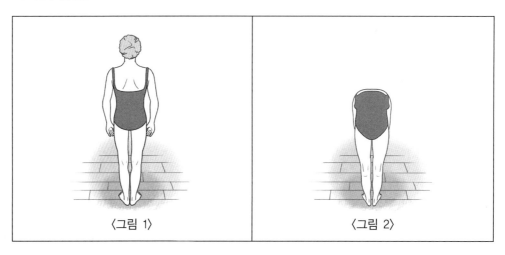

〈그림 1〉　　　　〈그림 2〉

5. 다음은 ○○학교 1학년 학생이 보건교사와 대화한 내용이다. 〈작성 방법〉에 따라 순서로 서술하시오. [4점] '19 임용

> 보건교사 : 오랜만이에요. 그동안 키가 많이 자랐네요.
> 학생　　 : 안녕하셨어요? 선생님, 여름 방학동안 10cm 컸어요.
> 보건교사 : 이제 선생님보다 더 클 것 같네요.
> 학생　　 : 그런데 교복치마가 자꾸 틀어지고, 친구가 제 몸이 한쪽으로 기울었다고 해요.
> 보건교사 : 척추측만증 검사를 해 볼게요. 그럼 스크린 안쪽으로 가서 ⊙ 겉옷을 벗고 뒤돌아 서 보세요. 이번엔 ⓒ 몸을 앞으로 숙이고 팔을 바닥으로 쭉 뻗어 보세요.
> 　　　　　(검사를 마친 후)
> 　　　　　　　　　　　… (중략) …
> 학생　　 : 선생님, 저 어때요?
> 보건교사 : 급성장기에는 척추측만증이 발생할 수도 있으니까, 병원에서 진료를 받아 보는 게 좋을 것 같아요.

┌ 작성 방법 ┐
- 밑줄 친 ⊙의 방법으로 검진해야 할 사항 2가지를 서술할 것
- 밑줄 친 ⓒ에 해당하는 검사 명과 이 방법으로 검진해야 할 사항 1가지를 서술할 것

절단과 간호

6. 의족착용 및 관리 방법에 대한 설명으로 옳은 것만을 〈보기〉에서 있는 대로 고른 것은?

'13 임용

> **보기**
>
> ㄱ. 의족을 착용하기 전에 소켓(socket) 속을 마른 수건으로 건조시킨다.
> ㄴ. 절단부 상처가 치유될 때까지는 체중을 증가시켜 지구력을 강화한다.
> ㄷ. 절단부는 단련을 위하여 봉합 부위가 치유되지 않아도 의족 착용을 시작한다.
> ㄹ. 봉합부위가 치유된 다음에는 절단부의 부종을 감소시키기 위해 착용한 의족을 수시로 벗는다.
> ㅁ. 절단부에 찰과상이 발견되면 일회용 반창고를 붙이고 의족을 착용하여 감염으로부터 보호한다.
> ㅂ. 절단부가 있는 다리가 외회전 되지 않도록 하고 규칙적으로 내전시킨다.

① ㄱ, ㅂ
② ㄱ, ㄹ, ㅂ
③ ㄴ, ㄹ, ㅂ
④ ㄱ, ㄷ, ㄹ, ㅁ
⑤ ㄱ, ㄹ, ㅁ, ㅂ

출제경향 및 유형

'92학년도	뇌압상승, 소발작간질, 파상풍, 자율신경계 호르몬, 뇌신경, 파킨슨씨병, 뇌막자극증상, 제10신경
'93학년도	Reye증후군
'94학년도	뇌성마비
'95학년도	3차신경, 뇌좌상증상, 뇌신경(제5신경)
'96학년도	무의식 환자 간호, 열성경련과 간질 비교
'97학년도	
'98학년도	
'99학년도	
후 '99학년도	
2000학년도	
2001학년도	
2002학년도	간질 발작 환아 발생 시 발작 동안과 발작 후 응급처치 중 우선적 처치 내용 5가지
2003학년도	
2004학년도	
2005학년도	발작 시 응급조치 사항 5가지, 뇌압상승이 원인이 되어 나타나는 두통의 생리적 기전
2006학년도	
2007학년도	뇌수막염 시 뇌막자극 징후 2가지
2008학년도	
2009학년도	
2010학년도	
2011학년도	
2012학년도	
2013학년도	뇌진탕 증상
2014학년도	세균성뇌막염 징후 검사
2015학년도	Glasgow Coma Scale, 외상성 뇌손상에 의한 두개골절 징후
2016학년도	
2017학년도	
2018학년도	
2019학년도	
2020학년도	
2021학년도	뇌종양(발생부위, BBB)
2022학년도	알츠하이머(메만틴약물, 파국반응, 일몰증후군)
2023학년도	

출제포인트

성인질환에서 낮은 출제비율을 보이는 영역이나 최근 출제율이 증가되고 있다는 것에 유의해야 한다.
주관식으로 뇌막염이나 뇌외상 시 출혈증상 등이 출제되었으나, 최근 뇌퇴행성 질환이 증가하고 있으므로 파킨슨병,
알츠하이머치매 등의 퇴행성 뇌질환에 대한 준비가 잘 되어 있어야 한다.
의식의 단계나 의식의 사정, 말초뇌신경의 사정내용들은 출제비율이 꾸준하므로 제5신경, 제7신경 등과 관련된 질환
에도 꼭 관심을 두도록 하자!

1절 ◆ 신경계 구조와 생리적 기능

| 정답 및 해설 p.737

1. 측두근과 저작근 운동에 관계되는 뇌신경은? '92 임용

① 활차신경   ② 삼차신경
③ 안면신경   ④ 미주신경

2. 저작 운동에 관여하는 뇌신경은? '95 임용

① 제1뇌신경   ② 제3뇌신경
③ 제5뇌신경   ④ 제7뇌신경

3. 〈보기〉와 같은 연구개 모양은 어느 신경의 장애로 나타나는가? '92 임용

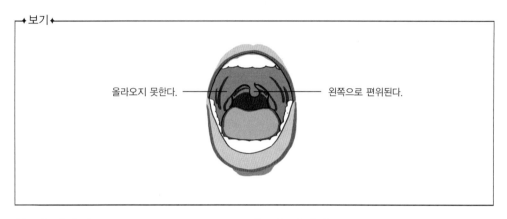

올라오지 못한다. ———— 왼쪽으로 편위된다.

① 제2뇌신경   ② 제7뇌신경
③ 제8뇌신경   ④ 제10뇌신경

4. 뇌신경 검진 방법 (가)~(마)와 그에 해당되는 뇌신경 ㄱ~ㅁ을 옳게 연결한 것은? [1.5점]
'12 임용

(가) 빛을 비추어 직접·간접 동공반사를 확인한다.
(나) 웨버(Weber) 검사와 린네(Rinne) 검사를 한다.
(다) 대상자의 얼굴을 찡그리도록 한 후 대칭성을 관찰한다.
(라) 검진자의 손에 저항하여 어깨를 으쓱하듯이 올려 보게 한다.
(마) 눈을 감고 한 쪽 비강을 막아 냄새(커피, 비누 등)를 맡게 한 후 그 냄새가 무엇인지 말하게 한다.

ㄱ. 제1뇌신경   ㄴ. 제3뇌신경   ㄷ. 제7뇌신경
ㄹ. 제8뇌신경   ㅁ. 제11뇌신경

	〈검진 방법〉	〈뇌신경〉
①	(가)	ㄴ
②	(나)	ㅁ
③	(다)	ㄱ
④	(라)	ㄹ
⑤	(마)	ㄷ

5. 김○○ 학생은 장난치다가 넘어지면서 머리를 다쳐 의식을 잃었다. 보건교사는 학생의 상태 확인에서부터 병원 이송까지를 보건 일지에 기록하였다. 밑줄 친 ㉠의 각 점수가 의미하는 자극-반응을 구체적으로 설명하고, 보건교사가 병원 이송 직전까지 학생에게 확인한 ㉡, ㉢의 징후를 순서대로 서술하시오. [5점] '15 임용

보건 일지			
상담일	2014년 11월 28일	**성 별**	남
이 름	김 ○ ○	**나 이**	18세

〈관찰 및 처치 내용〉
- 10 : 15 a.m.　　현장 도착 당시에 학생은 의식을 잃고 쓰러져서 누워 있는 상태였음
　　　　　　　　　귀와 코에서 맑은 액체가 흘러나오고 있었음
- 10 : 16 a.m.　　학생의 호흡 상태를 사정하고 기도를 확보한 상태로 119에 신고함
- 10 : 18 a.m.　　앰뷸런스 도착 직전까지 글래스고 혼수 척도(Glasgow coma scale)를 사용하여 의식 수준을 사정함
- 10 : 30 a.m.　　앰뷸런스 도착 직전의 사정 결과 ㉠ 눈반응 2점, 언어반응 2점, 운동반응 3점으로 혼수상태. 두개 골절을 의심할 수 있는 ㉡ 라쿤 징후(racoon sign, racoon eye) 및 ㉢ 배틀 징후 (Battle's sign)는 없었음
- 10 : 35 a.m.　　119 요원에게 학생의 의식 수준의 변화 과정 및 그 밖의 상태를 인계해 주고 병원까지 동행함

뇌혈관성 질환

6. 뇌동맥 경화증에 대한 설명으로 옳지 않은 것은? '93 임용

① 뇌동맥 경화증의 뇌 증후는 일반적으로 노인성 치매보다 훨씬 뒤늦게 나타난다.
② 기억력의 장애가 시간이 감에 따라 점차 심해지며 현저해진다.
③ 실어증을 보이며 불안이 증가하고 질투와 의심이 많아진다.
④ 뇌동맥 경화증에 의한 만성 뇌증후군은 경감될 수 있으나 완치는 어렵다.

2절· 감염성질환

| 정답 및 해설 p.739

1. 〈보기〉와 같은 병적 반사를 보이는 것은? '92 임용

┌─◆보기◆─
│ 환자를 뉘어 다리를 쭉 편 다음, 머리를 전면으로 구부리면 하지도 따라서 구부러진다.
└─

① 브루진스키(Brudzinski) 증후　　② 오펜하임(Oppenheim) 증후
③ 케르니그스(Kernig's) 증후　　④ 바빈스키(Babinski) 증후

2. 뇌수막염이 의심되는 학령기 아동이 있다. 보건교사가 경부강직 외에 확인해 볼 수 있는 뇌막자극 징후 2가지의 이름을 쓰고, 그 징후에 대하여 각각 2줄 이내로 설명하시오. [3점]

'07 임용

3. 세균성 뇌막염(bacterial meningitis)의 징후를 확인하기 위하여 그림과 같이 검진을 시행하고 있다. 괄호 안의 ㉠, ㉡에 해당하는 명칭을 차례대로 쓰시오. [2점] '14 임용

・ (㉠) 징후
　방법 : 앙와위로 눕히고 대퇴를 복부 쪽으로 굴곡시켜 무릎을 대퇴와 90°가 되게 한 후, 무릎을 신전시키면 대퇴 후면의 통증과 무릎 저항 및 통증을 느낀다.

〈그림 1〉

・ (㉡) 징후
　방법 : 앙와위로 눕히고 목을 가슴 쪽으로 굴곡시키면, 목의 통증과 함께 양쪽 대퇴, 발목, 무릎이 굴곡된다.

〈그림　2〉

3절 · 두개내 중추신경 결손 및 기능 장애

| 정답 및 해설 p.739

1. 다음은 뇌진탕으로 진단 받은 K군(남, 17세)의 간호 기록지 내용이다. (가)~(사) 중 옳은 것을 고른 것은? '13 임용

간호기록지					
성명	K	성별	남	연령	17세

- 사고 경위 : 방과 후 학교 운동장에서 축구를 하다가 공을 몰고 달려오던 중 골대에 부딪혀서 넘어짐
- 주 증상 : (가) 넘어지면서 순간적으로 의식이 소실됨
  (나) 투사성 구토(projectile vomiting)를 함
- 현재 의식 상태 : 명료함
- 동공 반사 : (다) 정상
- 두개골 X-선 촬영 : (라) 이상 없음
- MRI 소견 : (마) 점상 출혈이 보임
- 추후관리 : (바) 입원하여 두개 내압을 모니터하고 발작 증상이 나타나는지 관찰을 요함
  (사) 귀가 후 뇌진탕 증후군(postconcussional syndrome)에 대한 지속적인 관찰을 요함

① (가), (나), (마), (바)
② (가), (다), (라), (사)
③ (나), (다), (라), (바)
④ (나), (라), (마), (사)
⑤ (다), (라), (마), (사)

2. 뇌좌상에 관한 설명으로 옳지 <u>않은</u> 것은? '95 임용

① 전두엽의 좌상에서는 즉시 혼수상태에 빠진다.
② 대뇌 좌상과 뇌간 좌상으로 나눈다.
③ 측두엽의 좌상에서는 실어증성 증상이 나타난다.
④ 후에 뇌수종, 부종, 뇌압 상승이 나타나기도 한다.

뇌압 상승

3. 뇌압 상승 시 나타나는 증상으로 옳은 것은? '92 임용

① 맥박은 1분에 90회 이상으로 올라간다.
② 수축기 혈압과 이완기 혈압이 동시에 떨어진다.
③ 피부는 차고 축축하다.
④ 쿠스마울(Kussmaul)호흡이 특징이다.

4. 두통은 신경학적 문제의 공통적인 징후이다. 두개 내(intracranial) 용량의 증가로 뇌압 상승이 원인이 되어 나타나는 두통의 생리적 기전을 5단계로 구분하여 순서에 따라 기술하시오. [3점] '05 임용

경련성 질환

5. 소발작 간질을 설명한 것은? '92 임용

① 급작스런 의식 상실과 함께 온 몸의 근육이 굳어지는 상태가 10~20초 계속된다.
② 간대성 경련기(clonic phase)로 이행되며, 혀를 깨물기도 하고 대소변의 실금이 있다.
③ 의식 상실이 약 5~30초 동안 오며, 경련을 일으키거나 혼수상태에 빠지는 일은 없다.
④ 경련이 수반되지 않으며, 의식상실이 아닌 의식장애가 삽화적(episodically)으로 일어난다.

6. Dilantin을 복용하고 있는 간질 환자에게서 자주 나타나는 부작용은? '95 임용

① 호흡저하   ② 잇몸비대
③ 체액정체   ④ 저혈압

7. 열성경련과 간질을 비교한 것 중 틀린 것은? '96 임용

		열성경련	간질
①	연령	6개월 13년	무관
②	뇌파	정상	언제나 이상소견
③	가족력	빈도 높다.	빈도 낮다.
④	경련증상	언제나 전신성	전신성 또는 국소성

4절· 퇴행성질환

| 정답 및 해설 p.742

1. 파킨슨씨 병에 해당하지 않는 것은? '92 임용

① 중추신경계의 기저 신경절을 침범한다.

② 50세 이상, 백인, 남자에게 더 많다.

③ 벨라도나(Belladonna)계 약물을 사용한다.

④ 움직이는 것보다는 안정하는 것이 좋다.

2. Korsakoff 정신증이나 노인성 질환에서 기억의 결함을 조작하여 메우는 현상으로 맞는 것은? '96 임용

① 작화증   ② 실어증

③ 기억과잉   ④ 기억착오

3. 다음 사례에서 (가)~(마)에 대한 설명으로 옳지 <u>않은</u> 것은? '10 임용

> 김 씨는 75세의 노인으로 약 18개월 전부터 (가) <u>아침 식사를 했는지 안 했는지를 모르고</u>, (나) <u>이웃집 여자를 아느냐는 질문에 "물론 알지, 어제 그 여자 남편과 맥주를 마셨어."라고 대답했다.</u> 그녀의 남편은 5년 전에 사망하였고 김 씨는 그녀의 남편을 한 번도 만난 적이 없었다. 그리고 (다) <u>"올해(2009년도)가 몇 년도냐?"는 질문에 1991년이라고 답하였다.</u> (라) <u>시력 장애가 없음에도 불구하고 의자나 연필 같은 물건을 지각하지 못하더니 결국은 가족까지도 알아보지 못했다.</u> 이러한 증상으로 김 씨는 딸과 함께 병원에 가서 검사한 결과 양성자방출 단층촬영(PET)검사에서 양쪽 두정-측두엽 부위의 포도당 대사율이 떨어졌으며 (마) <u>'알츠하이머병(Alzheimer's disease)'</u>으로 진단받았다.

① (가)는 기억장애로, 질병 초기에는 장기기억보다 최근기억을 하지 못한다.

② (나)는 작화증으로, 기억이 잘 나지 않은 부분을 무의식적으로 상상이나 사실이 아닌 경험으로 채우는 것이다.

③ (다)는 지남력장애로, 대부분 시간, 장소, 사람의 순으로 지남력 상실이 온다.

④ (라)는 실행증으로, 측두엽과 두정엽의 손상으로 인하여 나타난다.

⑤ (마)는 치매의 한 종류로, 대뇌 신경세포에서 콜린아세틸 전달효소 효능이 떨어지고, 아세틸콜린의 흡수가 저하된다.

4. 다음은 보건교사가 동료교사와 나눈 대화 내용이다. 〈작성 방법〉에 따라 서술하시오. [4점]

'22 임용

> 동료교사 : 선생님, 안녕하세요? 알츠하이머병(Alzheimer's disease)을 앓고 있는 어머니께서
> 도네페질(donepezil)을 드시고 계셨는데, 약이 추가되었어요. ㉠ 메만틴(memantine)
> 이라는 약인데 부작용은 없나요?
> 보건교사 : 흔한 부작용으로 어지러움, 두통, 변비, 혼동 등이 있어요.
> 동료교사 : 어머니를 돌보면서 주의할 것은 무엇인가요?
> 보건교사 : 알츠하이머병과 함께 ㉡ 갑자기 의식의 변화가 심하고 과다한 행동, 환각 및 초조함
> 을 보이며 시간과 장소에 대한 인식을 못하는 증상을 보일 수 있는데 이럴 땐 즉시 치료
> 를 받으셔야 합니다. 그리고 일상적인 생활에서 ㉢ 파국반응(catastrophic reaction)
> 이나 ㉣ 일몰증후군(sundown syndrome)을 보일 수 있어요. 이때는 안전함을 인지
> 시키고 공포나 불안 요소를 제거하여 산만함을 최소화하는 것이 필요해요.
> 동료교사 : 네, 그렇군요. 알려 주셔서 감사합니다.

┌─ 작성 방법 ┌──
• 밑줄 친 ㉠의 약리작용을 서술할 것
• 밑줄 친 ㉡의 명칭을 제시할 것
• 밑줄 친 ㉢과 ㉣의 의미를 순서대로 서술할 것

기타

5. Aspirin을 사용했을 때, Reye 증후군이 나타날 수 있는 질환으로 옳은 것은? '93 임용

① 결핵, 수두　　　　　　　　　　② 수두, 종양
③ 수두, 소아마비　　　　　　　　④ 수두, 인플루엔자

6. 다음은 보건교사가 지도하고 있는 고등학교 보건 동아리 학생들이 작성한 영상 제작 대본의 일부이다. 〈작성 방법〉에 따라 순서대로 서술하시오. [4점] '21 임용

작성일자	○년 ○월 ○일
주제	뇌종양 바로 알기
대본	학생　　: 안녕하세요? 오늘은 뇌종양이라는 질병에 대해 알아보려고 합니다. 도움 말씀을 주실 보건선생님을 한 분 모셨습니다. 보건교사: 반갑습니다. 보건교사 정○○입니다. 학생　　: 선생님! 뇌종양은 뇌 조직 중에서 어디에 많이 생기나요? 보건교사: 네, 뇌종양은 뇌신경세포보다는 지지세포인 (㉠)에서 흔히 발생합니다. 학생　　: 그렇군요. 그러면 뇌종양이 생기면 어떤 증상이 나타나나요? 보건교사: 뇌종양의 증상은 종양의 위치와 성장 속도에 따라 다양하게 나타날 수 있지만 종양이 커지면서 두통과 ㉡ 구토가 나타납니다. 학생　　: 그렇군요. 그런데 뇌종양이라고 하면 뇌에 생기는 암이죠? 보건교사: 그렇지는 않아요. 양성 종양도 있고 보통 암이라고 불리는 악성 종양도 있어요. 학생　　: 뇌종양이 다 암은 아니라고 하니 다행이네요. 악성 뇌종양의 경우는 어떻게 치료하나요? 보건교사: 수술이나 항암 화학요법(chemotherapy)으로 치료를 하게 됩니다. 단, 항암 화학요법은 제한점이 있는데, 뇌에는 다른 부위와는 달리 (㉢)(이)라고 하는 특수한 구조가 있어서 이것을 통과할 수 있는 약물을 사용해야 합니다. … (하략) …

┌→ 작성 방법 ◆
• 괄호 안의 ㉠에 들어갈 명칭을 쓸 것
• 밑줄 친 ㉡이 뇌종양에 의해 발생되는 기전을 구토 중추의 명칭을 포함하여 서술할 것
• 괄호 안의 ㉢에 들어갈 명칭을 쓸 것

제9강 내분비계

출제경향 및 유형

'92학년도	갑상선 기능 저하 및 항진, 부갑상선 기능 저하 및 항진, 애디슨씨병, 소아당뇨, 쿠싱증후군
'93학년도	당뇨 치료의 인슐린 작용
'94학년도	소아당뇨, 애디슨병의 증상
'95학년도	당뇨의 저혈당증
'96학년도	소아 당뇨관리, 갑상선 기능저하증, 성호르몬 분비기관, 2차 성징 호르몬
'97학년도	소아 당뇨 환아의 저혈당증 발생 시 응급간호, 저혈당증 발생 원인, 당뇨병의 치료 지침을 지키고 있는지 알기 위한 내용
'98학년도	
'99학년도	당뇨병의 고혈당, 당뇨, 다뇨, 다음과 다식, 체중감소 등의 증상이 나타나는 병태생리 기전
후 '99학년도	
2001학년도	
2002학년도	
2003학년도	
2004학년도	
2005학년도	
2006학년도	당뇨병성 케톤산증(Diabetic Ketoacidosis)에서 3다(3多 : 다뇨, 다갈, 다식) 증상 외에 증상 6가지
2007학년도	
2008학년도	
2009학년도	당뇨 교육내용 – 저혈당대처, 발관리
2010학년도	1형 당뇨 교육내용
2011학년도	말단 비대증의 증상
2012학년도	저혈당증 조치, 당뇨발관리, 저칼슘혈증
2013학년도	
2014학년도	성장호르몬 결핍증, 당뇨병진단기준(당화혈색소)
2015학년도	
2016학년도	인슐린요법 시 새벽현상
2017학년도	당뇨병태생리(케톤산혈증)
2018학년도	
2019학년도	당뇨합병증, 당뇨발관리
2020학년도	저혈당 시 응급처치, 당뇨임부의 거대아, 호흡곤란증후군
2021학년도	
2022학년도	프로락틴(FSH, LH)
2023학년도	

출제포인트

내분기계에서는 당뇨병의 출제비율이 압도적으로 높다. 당뇨병의 출제는 매년 예상되고 거의 빠지지 않고 출제되나 의외로 답안의 정확도가 전반적으로 부족하다. 이는 당뇨의 병태생리 및 증상과 치료의 모든 과정이 세밀하게 완성되어야 함을 시사한다.
그 외 뇌하수체호르몬, 특히 스트레스 관련 호르몬의 출제 비중이 높음을 인식하도록 하자.
그리고 최근 출제비율은 떨어지나 학교에서 빈번히 발견되는 갑상선호르몬질환을 꼭 숙지해놓도록 해야 할 것이다.

1절 ✦ 내분비 해부생리

| 정답 및 해설 p.744

1. 성장 호르몬이 분비되는 기관은? '96 임용

① 갑상선
② 부갑상선
③ 뇌하수체 전엽
④ 뇌하수체 후엽

2. 말초 혈관 수축과 혈압 상승 작용에 영향을 주는 호르몬은? '92 임용

① 노로아드레날린(Noradrenaline)
② 알도스테론(Aldosterone)
③ 코티손(Cortisone)
④ 옥시토신(Oxytocin)

2절 ✦ 뇌하수체장애

| 정답 및 해설 p.745

1. 김 교사가 두통을 호소하며 보건실을 방문하였다. 보건교사가 병원 진료를 받도록 권한 결과 김 교사는 뇌하수체 선종(pituitary adenoma)에 의한 말단 비대증(acromegaly) 진단을 받았다. 건강 상담 내용을 읽고 김 교사에게 추가적으로 나타날 수 있는 증상을 나열한 것으로 옳은 것은? '11 임용

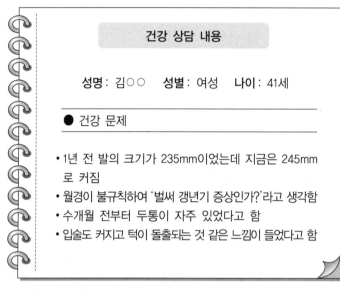

건강 상담 내용

성명 : 김○○   성별 : 여성   나이 : 41세

● 건강 문제

• 1년 전 발의 크기가 235mm이었는데 지금은 245mm로 커짐
• 월경이 불규칙하여 '벌써 갱년기 증상인가?'라고 생각함
• 수개월 전부터 두통이 자주 있었다고 함
• 입술도 커지고 턱이 돌출되는 것 같은 느낌이 들었다고 함

① 시력장애, 고혈압, 고혈당
② 저혈당, 발한, 고지혈증
③ 무기력, 저혈당, 성욕저하
④ 관절통, 저콜레스테롤혈증, 저혈압
⑤ 저콜레스테롤혈증, 성욕저하, 시력장애

3절 · 갑상선 부갑상선장애

| 정답 및 해설 p.745

갑상선 장애

1. 다음 중 옳게 연결된 것은? '92 임용

① 갑상선 기능 항진증 - 점액수종(Myxedema)
② 갑상선 기능 저하증 - 안구 돌출증
③ 부갑상선 기능 부전증 - 시몬드(Simond)병
④ 부신 기능 항진증 - 쿠싱(Cushing)증후군

2. 〈보기〉 중 갑상선 기능저하로 올 수 있는 질환은? '96 임용

> ┌ 보기 ┐
> ㉠ Grave's disease ㉡ Myxedema
> ㉢ Cretinism ㉣ Cushing syndrome

① ㉠, ㉡ ② ㉠, ㉣
③ ㉡, ㉢ ④ ㉢, ㉣

부갑상선 장애

3. 저칼슘혈증의 양성 반응을 사정하는 검사 (가)~(라)와 중재 ㄱ~ㄹ로 옳은 것은? '12 임용

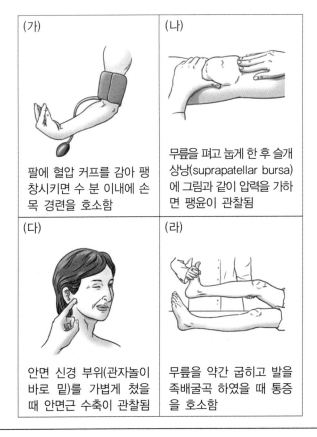

| (가) 팔에 혈압 커프를 감아 팽창시키면 수 분 이내에 손목 경련을 호소함 | (나) 무릎을 펴고 눕게 한 후 슬개상낭(suprapatellar bursa)에 그림과 같이 압력을 가하면 팽윤이 관찰됨 |
| (다) 안면 신경 부위(관자놀이 바로 밑)를 가볍게 쳤을 때 안면근 수축이 관찰됨 | (라) 무릎을 약간 굽히고 발을 족배굴곡 하였을 때 통증을 호소함 |

ㄱ. 비타민 D를 투여한다.
ㄴ. 인(phosphorus)을 투여한다.
ㄷ. 칼시토닌(calcitonin)을 투여한다.
ㄹ. 글루콘산칼슘(calcium gluconate)을 투여한다.

	〈 검사 〉	〈 중재 〉
①	(가), (다)	ㄱ, ㄴ
②	(가), (다)	ㄱ, ㄹ
③	(나), (다)	ㄴ, ㄷ
④	(나), (라)	ㄴ, ㄹ
⑤	(다), (라)	ㄷ, ㄹ

4절 ♦ 부신장애

| 정답 및 해설 p.746

1. 기초 대사량의 이상 감소가 나타나는 질환은? '92 임용

① 백혈병   ② 바세도우(Basedow)씨병

③ 당뇨병   ④ 에디슨(Addison)씨병

2. 에디슨씨 병의 증상으로 모은 것은? '95 임용

① 저혈압, 체중감소   ② 고혈압, moon face

③ 저혈압, 고혈당증   ④ 고혈압, 월경불순

5절 ♦ 당뇨병

| 정답 및 해설 p.747

병태생리

1. 당뇨병은 고혈당, 당뇨, 다뇨, 다음과 다식, 체중감소 등의 증상 및 대사성 과산증을 일으킬 수 있다. 이들 증상이 나타나는 병·생리 기전을 각각 기술하시오. '99 임용

2. 45세 김 교사는 최근 교직원 신체검사를 통해 체질량 지수(Body Mass Index)가 $25kg/m^2$이며 고혈당이 있어 제2형 당뇨병으로 통보받았다. 보건교사가 김 교사를 위해 실시할 당뇨교육 내용으로 옳지 않은 것은? '09 임용

① 움직임이 많은 부위에 인슐린을 주사하여 저혈당을 예방한다.

② 감염은 혈당을 상승시키므로 감염되지 않도록 주의한다.

③ 총섭취량의 55~60%는 탄수화물로 섭취한다.

④ 고혈당과 함께 케톤증이 있는 동안에는 운동은 금기이다.

⑤ 발톱을 일직선으로 자르고 환기가 잘되는 신발을 신는다.

3. 다음은 김○○ 학생의 건강 상담 일지이다. 괄호 안의 ㉠, ㉡에 해당하는 내용을 차례대로 쓰시오. [2점] '14 임용

건강 상담 일지

			○○초등학교
이름	김○○	**성별**	남
상담일시	○월 ○일 ○시	**학년-반**	5-1
특이사항	○최근 1형 당뇨병 진단을 받음 ○당뇨병 관리에 대한 지식이 부족함		
관리목표	○식이 및 운동 요법을 실천한다. ○혈당 검사와 인슐린 주사의 필요성에 대해 이해한다.		

당뇨병 관리			
혈당관리	○매 식사 전과 잠자기 전 하루 총 4번 검사한다. ○최근 3개월 동안의 혈당 조절 상태를 반영하는 (㉠)을/를 검사한다.		
식이요법	○일일 필요 열량을 계산하여 세 번의 식사와 두 번의 간식에 대한 식이 계획을 수립한다. ○(㉡)을/를 활용하여 개인의 기호에 따라 6가지 기초 식품군을 바꾸어 먹을 수 있도록 한다.		
운동요법	○혈당 조절이 잘 되도록 규칙적인 일상생활과 운동을 하도록 한다.		
인슐린요법	○혈당을 기준으로 인슐린 용량을 결정하여 주사기나 펌프를 이용하여 피하 주사한다.		

저혈당

4. 당뇨병에 의한 혼수상태 시 즉시 투여해야 할 인슐린은? '93 임용

① NPH
② Lente insulin
③ Regular insulin
④ Ultralente insulin

5. 다음 사례를 읽고 박 교사가 저혈당이 된 요인을 분석하고, 저혈당이면서 의식 있는 경우에 대한 간호 중재 4가지와 예방법 5가지를 기술하시오. 또한 박 교사가 주의해야 할 발 관리 방법 9가지를 기술하시오. [25점] '11 임용

> 한국고등학교 국어 담당 박 교사가 오후 4시경 운동장에서 학생들과 달리기를 한 후 보건실에 들어왔다.
> 박교사는 평소에 당뇨병으로 매일 오전 7시에 NPH(중간형 인슐린)로 치료를 하고 있었다.
>
> 박교사 : 지금 매우 피곤하고 약간 어지러운데······. 발을 철봉대에 부딪쳤거든요. 좀 봐 주세요.
> 보건교사: 혈당 먼저 측정해 보고, 발의 상처를 봐 드릴게요.
>
> 혈당을 검사한 결과 60mg/dL이었다.

6. 다음 사례에서 간호사가 가장 먼저 해야 하는 중재로 옳은 것은? '12 임용

> 당뇨병으로 입원한 박 씨(남, 54세)는 중간형 인슐린(Neutral Protamine Hagedorn, NPH)과 속효성 인슐린(Regular Insulin, RI)을 아침 7시 30분에 투여받았으며, 8시에 아침 식사를 하였다. 박 씨는 오전 11시 경에 순회를 하고 있던 간호사에게 기운이 없으며 떨린다고 말하였고 당시 의식은 명료하였다.

① 50% 포도당을 정맥 주사한다.
② 고지방 우유를 마시도록 한다.
③ 혈당 검사로 혈당치로 확인한다.
④ 탄수화물과 단백질로 된 소량의 간식을 준다.
⑤ 클로르프로파미드(chlorpropamide, Diabinese)를 투여한다.

7. 다음은 중학교 보건교사가 체육 교사 및 학부모와 대화한 내용이다. 밑줄 친 ㉠의 저혈당 증상이 나타난 기전을 쓰고, ㉡의 현상에 대한 명칭과 기전을 서술하시오. [4점] '16 임용

> 체육교사 : 보건 선생님, 아까 정말 감사했어요. 저 이런 일을 처음 당했어요. 체육 시간에 축구를 하고 있었는데 영수가 주저앉아 있었어요. 운동하기가 싫어 꾀병을 부리는 줄 알았어요. 가까이 가 보니 ㉠ 얼굴이 백지장처럼 하얗게 변하면서 땀을 비 오듯 흘리고 있더군요. 그리고 배도 아프고 토할 것 같다고 했어요. 그래서 바로 보건실로 데리고 온 거예요.
> 보육교사 : 선생님, 많이 놀라셨죠!
> 체육교사 : 담임 선생님이 그러는데 영수가 지난 1학기에 당뇨병 진단을 받았대요. 오늘 아침에 밥도 잘 먹고, 주사도 맞고 왔다는데 체육 시간에 왜 그런 증상이 일어난 거죠?
> 보육교사 : 그건 저혈당 때문이에요. 다행히도 선생님께서 보건실로 학생을 빨리 데리고 오신 건 잘하신 거예요. 제가 영수 어머니께 오늘 일을 전화드릴게요.
> 체육교사 : 네, 선생님께서 잘 조치해 주셔서 감사합니다.
> … (중략) …
> 보육교사 : 안녕하세요? 저 영수 중학교 보건교사입니다. 오늘 영수가 체육 시간에 저혈당 증상이 있었어요. 체육 선생님이 빨리 보건실로 데리고 오셔서 바로 조치를 했답니다. 집에서는 별일 없었나요?
> 학부모 : 선생님, 감사합니다. 영수가 지난번 중간고사 기간에 ㉡ 스트레스를 많이 받았는지 머리가 아프다고 하면서 잠이 들었는데 새벽 2시경에 악몽을 꾸는지 소리를 지르고 식은땀을 흘리더군요. 걱정이 되어 당을 체크해 보니 저혈당이었어요. 아침 7시에 다시 혈당을 체크했는데 이번에는 고혈당이었어요. 그래서 병원에 데리고 갔더니 의사 선생님이 인슐린 처방을 바꿔 준 적이 있어요.
> 보육교사 : 그랬군요. 학교에서도 영수를 잘 살펴보도록 하겠습니다.

고혈당

8. 당뇨병이 있는 청소년에게 혈당 관리는 특히 중요하다. 인슐린이 부족하여 나타나는 합병증의 하나인 당뇨병성 케톤산증(Diabetic Ketoacidosis)에서 3대(3多: 다뇨, 다갈, 다식) 증상 외에 보건교사가 관찰할 수 있는 증상을 6가지만 쓰시오. [4점] '06 임용

9. 다음은 제1형 당뇨병을 앓고 있는 중학생의 응급실 방문 기록의 일부이다. 〈작성 방법〉에 따라 순서대로 서술하시오. [4점] '17 임용

진료 기록지			
성명	박○○	성별/연령	남/14세
응급실 도착 시간	2016년 ○○월 ○○일 ○○시 ○○분		
주 호소	• 의식 상태 : 기면(drowsy) • 응급실 방문 당일 아침 8시 경 시야가 흐려지고 어지러워 쓰러짐 • 심한 감기로 3일 전부터 란투스(Lantus) 주사를 맞지 않음 • 내원 2일 전부터 심한 복통과 함께 잦은 설사, 오심, 구토가 계속됨 • 제 1형 당뇨병(2년 전 진단) • 중학교 2학년 재학 중임		
검사 결과	• 혈중 포도당 농도 389mg/dL • 백혈구 10,800/mm³, 혈색소 15.6g/dL, 헤마토크릿 58.9% • ㉠ 동맥혈 가스 분석 : pH 7.24, $PaCO_2$ 31mmHg, PaO_2 98mmHg, HCO_3^- 18mEq/L • 소변 검사 : 요비중 1.05, ㉡ 케톤$^{+++}$, 포도당$^{+++}$		
신체 검진	• 혈압 : 90/50mmHg, 맥박수 : 120회/분, 호흡수 : 24회/분, 체온 : 37.2℃ • ㉢ 쿠스마울(Kussmaul)호흡이 나타남 • ㉣ 호흡 시 과일 냄새가 남 • 피부의 긴장도 감소, 건조한 점막 • 홍조를 띤 건조한 피부, 빠르고 약한 맥박		
작성자	면허번호		○○○○○
	의사명		○○○

╭─ 작성 방법 ─
• 산·염기 불균형의 4가지 중 밑줄 친 ㉠이 나타내는 산·염기 불균형을 제시할 것
• 밑줄 친 ㉡~㉣의 발생 기전을 각각 서술할 것

10. 다음은 보건교사가 작성한 건강 상담 일지이다. 〈작성 방법〉에 따라 순서대로 서술하시오.

[4점] '19 임용

건강 상담 일지			
날짜	2018년 ○○월 ○○일	이름	윤○○
대상	교사	연령/성별	52세/남

〈건강 문제〉

○ 오른쪽 엄지발가락 외측에 물집이 터지고 피부가 벗겨짐

〈면담 신체 사정〉

○ 제2형 당뇨병으로 혈당강하제 복용 중임

(가)
┌ ○ 오른쪽 엄지발가락 상처 부위 통증은 없음
│ ○ 양쪽 발이 자주 쑤시고 저리며 화끈거림
└ ○ 단사(monofilament)를 이용한 양측 발가락과 발바닥 접촉 검사에서 감각저하가 있음

(나)
┌ ○ 최근 3층 이상 계단을 오를 때 간헐적 파행증이 있음
│ ○ 오른쪽 엄지발가락의 모세혈관 충만 시간은 4초임
│ ○ 발등 동맥의 맥박이 약하게 촉진됨
│ ○ 양쪽 다리를 올렸을 때 발이 30초 이내에 광범위하게 창백해짐
└ ○ 양쪽 다리를 내렸을 때 발에 의존성 발적이 나타남

○ 평소 '발 관리 방법'을 확인함
　• 매일 발을 따뜻한 물로 잘 씻고 완전히 말린다고 함
　• 잘 보이지 않는 곳은 거울을 이용해 관찰한다고 함
　• 발톱은 상처가 나지 않도록 일직선으로 자른다고 함
　• 건조하지 않도록 발과 발가락 사이사이에 로션을 바른다고 함

〈조치 사항〉

○ 발의 상처를 소독함
○ ㉠ 병원에서 발 검사를 받도록 권유함
○ 발 관리법을 교육함

┌─ 작성 방법 ─┐
• (가)와 (나)의 신체 사정 결과로 알 수 있는 당뇨병의 합병증을 각각 제시할 것
• 밑줄 친 ㉠과 같이 조치한 이유를 설명할 것
• 윤 교사의 평소 '발 관리 방법' 중 잘못된 것을 찾아 올바른 방법으로 고쳐 쓸 것

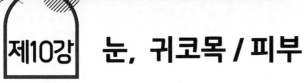

제10강 눈, 귀코목 / 피부

출제경향 및 유형

'92학년도	사시 검사 방법, 다래끼, 약시의 정의, 눈의 천공상 외상/비출혈, 편도절제술 적응/농가진, 수두, 전신성 홍반성낭창, 대상포진
'93학년도	중이염, 편도적출금기, 중이염, 부비동염/옴, 수두
'94학년도	수두 전염기간
'95학년도	유행성 각결막염, 안구전방출혈, 화학약품(산)에 의한 안구손상 시의 처치/감음성난청/1차 피부발진, 수두
'96학년도	약시의 정의/중이염 합병증, 알레르기성 비염, 중이염 합병증, 비출혈의 원인/바이러스 피부질환, 전신홍반성낭창
'97학년도	수두 유행 시 조치사항
'98학년도	시력보호방법(지방)
'99학년도	
후 '99학년도	
2000학년도	시력저하의 원인, 근시의 예방법
2001학년도	
2002학년도	수두 바이러스의 명칭, 격리기간, 전파양식 2가지, 소양감 감소를 위한 피부관리
2003학년도	시력증진을 위한 개인행위
2004학년도	전도성 난청
2005학년도	
2006학년도	
2007학년도	비출혈 시 응급간호
2008학년도	사시 검사법
2009학년도	사시 검사법/아토피성 피부염
2010학년도	
2011학년도	머릿니, 농가진
2012학년도	
2013학년도	스넬렌 시력검사, 녹내장, 망막박리/대상포진
2014학년도	
2015학년도	청력검사(웨버, 린네검사)
2016학년도	
2017학년도	시력검사
2018학년도	
2019학년도	알레르기성 비염
2020학년도	전신홍반성낭창
2021학년도	아토피(태선화)
2022학년도	적반사, 시력(스넬른 차트시력)
2023학년도	

1절 ◆ 눈

| 정답 및 해설 p.752

눈기능

1. 안구에 영양을 공급하는 혈관성 조직으로 포도막에 포함되지 않는 것은? '94 임용

① 홍채   ② 모양체
③ 맥락막   ④ 섬유막

2. 다음은 보건교사가 작성한 보건 상담일지이다. 괄호 안의 ㉠에 해당하는 시각전도로와 ㉡ 부위가 손상되었을 때 나타나는 시야 결손을 쓰시오. [2점] '18 임용

<보건 상담일지>

2017년 △△고등학교

이름	김○○	학년/반	2학년 1반 담임교사		
성별	남	연령	48세		
번호	월/일 (요일)	상담 내용			
1	○○/ ○○ (월)	주 호소	• 옆에서 다가오는 학생을 보지 못해 부딪힘 • 몸이 왼쪽으로 기울어진다는 얘기를 들음 • 걸음걸이가 불안정함		
		면담 및 검진	• 항고혈압제 복용 중임 • 혈압 : 140/100mmHg, 맥박: 82회/분 • 대면법 검사 결과 시야장애가 있음		
		조치 사항	• 전문의 진료를 빨리 받도록 조치함		
2	○○/ ○○ (금)	주 호소	• 병원에서 시각전도로(시각경로) 장애로 관련 질환을 검사 중임 • 시각전도로에 대해 알고 싶어 보건실을 찾음		
		조치 사항	• 시각전도로를 설명함 － 시각 자극이 망막에서 대뇌의 후두엽까지 전달되는 경로 － 망막 → 시신경 → (㉠) → 시삭 → 외측슬상체 → 시방사 → 후두엽 → 시각피질 • 김○○ 교사에게 나타난 시야결손을 다음 그림을 이용하여 설명함 양안 비측 시야 좌측 측두 / 우측 측두 시신경 (㉠) 시삭 외측 슬상체 ㉡ 시방사 후두엽 시각피질 <그림> 시각전도로와 시야결손		

시력검사

3. 다음은 K 교사(여, 43세)와 보건교사의 대화 내용이다. (가)~(마) 중 옳은 것만을 있는 대로 고른 것은? '13 임용

> K교사 : 안과에서 20/30이라는 시력 검사 결과가 나왔는데 이게 무슨 뜻인가요?
> 보건교사 : (가) <u>근거리 시력을 검사하는 스넬렌(Snellen) 차트로 검사를 하셨군요.</u>
> (나) <u>20/30은 정상 시력이랍니다.</u> 차트 몇 미터 앞에 서서 측정하셨어요?
> K교사 : (다) <u>차트에서 6m 떨어진 곳에 서서 정면을 보고 측정을 했어요.</u> 큰 시표부터 차차 작은 시표로 읽어서 읽을 수 있는 최소 시표까지 읽었어요. 그런데 선생님, 저의 부모님께서 두 분 모두 녹내장 수술을 하셨는데 저는 괜찮을까요?
> 보건교사 : (라) <u>녹내장은 가족적 소인, 고혈압, 당뇨병 등이 위험 요인이 됩니다.</u>
> (마) <u>녹내장 가족력이 있는 경우에는 정기적으로 안압을 측정하여야 합니다.</u>

① (가), (나)   ② (나), (라)   ③ (다), (라), (마)
④ (나), (다), (라), (마)   ⑤ (가), (나), (다), (라), (마)

4. 다음은 동료 교사(여/40세)와 보건교사의 대화 내용이다. 〈작성 방법〉에 따라 순서대로 서술하시오. [4점] '17 임용

> 동료교사 : 시력표의 맨 위에 있는 글자 읽지 못하면 어떻게 하나요?
> 보건교사 : 검사 대상자가 1m씩 앞으로 나갑니다. 1m 앞에서도 맨 위의 시표 읽지 못하면 50cm 앞에서 손가락 세기, 30cm 앞에서 손 움직임 검사하는 수동 운동(hand movement)로 측정합니다.
> 동료교사 : 녹내장 가족력이 있다고 말했더니 ㉠ <u>검사자와 마주 보고 한쪽 눈을 가린 다음, 검사자가 팔을 뻗어 손가락(또는 연필)을 주변의 여러 방향에서 중심을 향해 움직이며 제가 볼 수 있는 각도를 측정하는 검사도 했어요.</u> 양쪽 눈 모두 검사 결과 귀 쪽 70°, 코 쪽 50°, 위쪽 40°, 아래쪽 60°라고 하던데 어떻다는 건가요?
> 보건교사 : 양쪽 눈 모두 시야 범위가 감소했네요. 추가 검사가 필요할 것 같아요.

┌→ 작성 방법 ◆────────────────────
• 밑줄 친 ㉠이 설명하고 있는 검사명을 제시할 것

사시

5. 사시 검사방법이 아닌 것은? '92 임용

① 히르쉬버그 테스트(Hirschberg test)
② 스넬른 이 차트 테스트(Snellen E. chart test)
③ 커버 테스트(Cover test)
④ 프리즘 테스트(Prism test)

6. 눈의 부정렬(사시)을 사정하기 위해 보건교사가 시행할 수 있는 검사 2가지를 쓰고, 각 검사의 시행 방법을 쓰시오. [4점] '08 임용

7. 사시를 검사하는 방법으로 옳은 것은? '09 임용

① 검진자는 어두운 방에서 대상자의 동공에 광선을 직접 비추어 동공 반응을 관찰하고, 빛을 사선으로 한쪽 눈에 비추어 반대편 눈의 동공 반사도 관찰한다.
② 대상자에게 먼 곳을 주시하도록 한 후 검진자는 검안경의 불빛을 동공에 유지하고, 15° 각도에서부터 대상자의 눈에 가까이 이동하여 눈의 시신경 유두와 혈관을 검사한다.
③ 대상자의 눈 표면 속에 손전등을 옆에서 비추어 표면의 만곡도를 관찰하고, 형광물질(fluorescein) 염색약을 떨어뜨려 녹색으로 변화하는지를 관찰한다.
④ 검진자와 대상자의 반대편 눈을 가리고, 두 사람의 중간 지점에서 검진자의 손가락을 주변에서부터 중심까지 이동하여 검진자와 대상자의 시야를 비교한다.
⑤ 멀리 있는 물체를 주시하도록 한 후 한쪽 눈을 가리고 가리지 않은 쪽 눈의 움직임을 관찰하고, 가리개를 제거한 후에도 가리지 않은 쪽 눈의 움직임을 관찰한다.

8. 다음은 보건교사가 사시가 의심되는 아동의 학부모와 전화상담한 내용이다. 밑줄 친 ㉠에 들어갈 차폐검사 절차를 순서대로 쓰고, ㉡이 나타나는 이유를 서술하시오. [4점] '16 임용

> 보건교사 : 안녕하세요? 어머니 저는 서준이 학교 보건교사입니다. 다름이 아니라 서준이가 보건실에 왔었는데 저를 볼 때 눈이 한쪽으로 몰리는 것 같아서 전화드렸어요.
> 학부모 : 어머, 심각한가요?
> 보건교사 : 심각해 보이진 않는데 안과 검사가 필요한 것 같아서요.
> 학부모 : 어떤 검사를 해야 하나요?
> 보건교사 : 차폐검사를 받아보면 좋을 것 같아서요.
> 학부모 : 그 검사는 어떻게 하는 건가요?
> 보건교사 : 차폐검사는 ㉠ _____,
> _____, _____ 순서로 합니다.
> 학부모 : 검사에서 비정상일 경우 어떻게 나타나나요?
> 보건교사 : 서준이가 사시가 있다면 ㉡ 안구가 고정되지 않고 움직일 거예요.
> 학부모 : 네, 그렇군요. 선생님, 감사합니다. 당장 서준이를 데리고 안과에 다녀와야겠어요.

9. 다음은 보건교사와 담임교사의 대화 내용 일부이다. 〈작성 방법〉에 따라 서술하시오. [4점]

'22 임용

> 담임교사 : 요즈음 초등학생들이 컴퓨터나 핸드폰을 많이 사용하니까 눈 건강이 중요한 것 같아요. 눈이 건강한지는 어떤 검사를 통해 알 수 있을까요?
> 보건교사 : 눈의 이상을 알기 위해서는 ㉠ 한쪽 눈을 가리고 가까운 곳(33cm)이나 먼 곳(6m)에 있는 물체를 바라볼 때 다른 쪽 눈의 움직임을 관찰하는 검사를 합니다.
> 담임교사 : 또 다른 검사도 있나요?
> 보건교사 : 안저검사라고 하는 눈의 내부 구조를 알아보는 검사가 있는데, 불을 끈 깜깜한 방에서 검안경의 불빛을 학생의 동공에 비추면 정상적으로 (㉡)이/가 일어나게 됩니다.
> 담임교사 : 시력을 측정하기 위해서는 어떻게 하나요?
> 보건교사 : 시력 측정은 가장 흔히 문자 시력표를 이용하는데, 학생을 시력표로부터 3m 정도 떨어진 거리에 세운 후 문자열을 읽게 해요. 먼저 한쪽 눈을 가리고 다른 쪽 눈부터 검사를 하는데, 안경을 쓰고 있는 학생은 안경을 쓴 상태에서 검사를 합니다.
> 담임교사 : 그렇군요. 저희 반 학생이 ㉢ 스넬런(Snellen) 차트를 이용해서 시력을 측정했을 때, 양쪽 시력이 20/40으로 나왔어요.
> …(하략)…

┌ 작성 방법 ┐
- 밑줄 친 ㉠에 해당하는 검사명과 가리지 않은 쪽 눈 움직임의 정상소견을 각각 서술할 것
- 괄호 안의 ㉡에 들어갈 반사의 명칭을 제시할 것
- 밑줄 친 ㉢의 의미를 분모와 분자의 수치를 포함하여 서술할 것

눈질환

10. 다래끼(external hordeolum)에 대한 설명으로 옳지 <u>않은</u> 것은? '92 임용

① 안검 가장자리 모낭과 부선에 나타나는 바이러스성 감염이다.

② 일단 농이 형성되기 시작하면 온습포를 계속하여 완전히 곪도록 한다.

③ 분비물의 접촉으로 재발되는 수가 있다.

④ 초기에 짜면 오히려 감염이 퍼져 안검 근육염이 될 수 있다.

11. 다음은 망막박리(Retinal detachment)로 진단받은 S 교사(남, 58세)가 알아야 할 내용이다. (가)~(바) 중 옳은 것만을 있는 대로 고른 것은? '13 임용

> • 원인 : (가) 노화, 백내장 적출, 망막의 퇴화, 외상, 고도근시 및 가족적 소인으로 인해 나타날
> 　　　　 수 있음
> • 증상 : (나) 섬광이 나타나고, 눈앞에 커튼이 쳐진 것 같으며, 시야가 점점 더 흐려지면서 충혈
> 　　　　 과 통증이 나타남
> • 진단 : (다) 시야검사로 확진할 수 있음
> • 중재 : (라) 안대로 눈을 가리는 것이 좋음
> 　　　　 (마) 갑작스럽게 머리를 움직이는 것과 같은 행동은 안압이 상승하므로 하지 말아야 함
> 　　　　 (바) 치료하지 않으면 실명이 될 수 있음

① (나), (다)　　　　　　② (가), (나), (라)　　　　③ (가), (라), (마), (바)

④ (나), (다), (마), (바)　　⑤ (가), (다), (라), (마), (바)

2절 귀

| 정답 및 해설 p.756

1. 내이신경이나 뇌신경의 신경전도 장애가 있을 때 난청 유형은? '95 임용

① 전도성 장애   ② 감음성 난청

③ 중추성 난청   ④ 혼합성 난청

2. 보건교사는 청력 장애가 의심되는 학생에게 음차(소리굽쇠)를 이용한 청력 검사를 실시하였다. 이와 관련하여 다음 물음에 답하시오. '04 임용

2-1. 검사 결과 골전도가 공기전도보다 더 오래 지속되었다면 이는 어떤 장애를 의미하는가? [2점]

2-2. 문항 〈2-1〉과 같은 결과가 발생될 수 있는 원인을 4가지만 쓰시오. [4점]

PART 2

3. 다음은 교직 실습 중인 간호대학생과 보건교사와의 대화 내용이다. 보건교사가 대답한 ⊙~㉣에 해당하는 내용을 순서대로 서술하시오. [5점] '15 임용

간호대학생 : 선생님, 제 친구가 이어폰으로 음악을 많이 듣더니 소리가 잘 안 들린다고 해요.
보건교사   : 그래요. 요즘 젊은 층에서 청력 감소가 빈번하다는 이야기를 나도 들었어요.
간호대학생 : 보건실에서 간단히 청력검사를 할 수 있는 방법이 있나요?
보건교사   : 네. 음차를 이용하는 청력검사로 린네 검사(Rinne test)와 웨버 검사(Weber test)
            가 있어요.
간호대학생 : 그러면 린네 검사와 웨버 검사는 어떻게 하는지 알려 주세요.
보건교사   : 린네 검사의 방법은 ⊙ _____.
            웨버 검사의 방법은 ㉡ _____.
            아, 그렇군요. 그럼 정상 소견은 무엇인가요?
간호대학생 : 린네 검사의 정상 소견은 ㉢ _____.
보건교사   : 웨버 검사의 정상 소견은 ㉣ _____.

3절 ‣ 코

| 정답 및 해설 p.757

1. 〈보기〉의 ⊙~㉣ 중 비출혈이 잦은 부위는? '92 임용

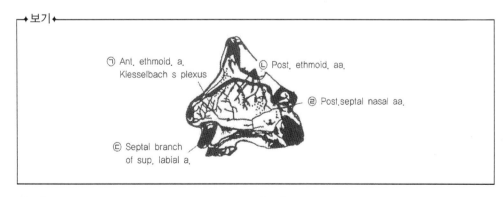

① ⊙

② ㉡

③ ㉢

④ ㉣

2. 다음 중 비출혈을 일으킬 수 있는 원인을 바르게 연결한 것은? '96 임용

① Leukemia － Hemophilia － Hypertension － Chronic sinusitis
② Trauma － Hemophilia － Hypertension － 기압 변동
③ Trauma － Hypertension － 기압 변동 － Asthma
④ Hemophilia － Hypertension － 기압변동 － Chronic sinusitis

4절 · 목 및 기타

| 정답 및 해설 p.757

1. 편도선 절제술의 대상이 되지 않는 것은? '92 임용

① 급성 편도선염으로 인한 비대증　　② 만성적 염증 비대
③ 일측성 고도 비대　　④ 비대로 인한 호흡장애

2. 다음 중에서 어느 전염병이 유행할 시기에 편도선 적출술을 금해야 하는가? '93임용

① 유행성 이하선염　　② 회백수염
③ 유행성 출혈열　　④ 뇌막구균성 뇌막염

5절 ◆ 피부

| 정답 및 해설 p.758

1. 1차 발진에 속하는 피부 발진은? '95 임용

① 인설   ② 가피

③ 농포   ④ 궤양

2. 다음은 찰과상을 입은 N 학생(남, 12세)의 보건 일지이다. 보건 일지를 바탕으로 N 학생에게 일어난 '합병증'과 '원인균'을 바르게 연결한 것은? '13 임용

보건 일지

2012학년도   ○○ 초등학교

번호	날짜(요일)	학년/반	성명		증상 및 조치 사항
1	10월 19일 (금)	6-6	N	증상	- '선생님 너무 쓰리고 아파요.' 라며 통증을 많이 호소함 - 오른쪽 대퇴부에 심한 찰과상 (가로 5cm × 세로 7cm)을 입은 상태임
				조치 사항	- 상처 부위를 소독한 후 드레싱을 함 - 병원 진료를 반드시 받도록 권유함 - 상처를 오염시키지 않도록 지도함
27	10월 25일 (목)	6-6	N	증상	- 오른쪽 다리의 심한 통증과 두통을 호소함 - 상처 부위의 발적과 압통, 국소적으로 서혜부 림프절 부종이 있음 - 체온 36.8℃, 맥박 80회/분, 호흡 23회/분, 혈압 110/70mmHg

	〈합병증〉	〈원인균〉
①	농가진(Impetigo)	연쇄상구균
②	농가진(Impetigo)	피부사상균
③	연조직염(Cellulitis)	피부사상균
④	연조직염(Cellulitis)	포도상구균
⑤	패혈증(Sepsis)	그람음성 장내세균

3. 아토피 피부염(atopic dermatitis) 아동을 위한 간호중재로 옳은 것을 〈보기〉에서 고른 것은? '09 임용

┌─── 보기 ───
ㄱ. 아동의 손톱을 짧게 자른다.
ㄴ. 덥지 않은 환경을 유지한다.
ㄷ. 모직 의류보다 면으로 된 옷을 입힌다.
ㄹ. 피부가 접히는 곳에 파우더를 도포해 준다.
ㅁ. 보습제는 목욕 후 물기를 완전히 제거한 후 빠른 시간 내에 발라 준다.
└──────

① ㄱ, ㄴ, ㄷ   ② ㄱ, ㄴ, ㅁ   ③ ㄱ, ㄹ, ㅁ
④ ㄴ, ㄷ, ㄹ   ⑤ ㄷ, ㄹ, ㅁ

4. 다음 사례를 읽고 물음에 답하시오. [20점] '09 임용

초등학교 4학년 여학생이 체육 시간에 달리기를 한 후, 땀을 흘리면서 피부의 가려움증을 호소하여 담임교사가 그 학생을 데리고 보건실을 찾았다. 학생의 양쪽 팔과 무릎 뒤의 겹쳐진 부위에서는 피부 발진과 함께 심하게 긁어 생긴 상처와 부종이 관찰되었다. 보건교사가 학생과 면담한 결과, 학생은 너무 가려워서 밤에 침구나 침대에 얼굴을 비비거나 긁는 것을 멈출 수 없으며, 이로 인해 밤에 자다가 종종 깬다고 호소하였다. 또 학교 학예회 때 무대에 나가 발표를 하고 싶지만 피부가 드러나서 할 수 없으며, 다른 아이들이 자신의 피부를 보고 '코끼리'라고 놀린다고 속상해 하였다.

학생의 부모님은 많은 종류의 화초를 가꾸고 있었고, 집 안에서는 애완동물로 강아지를 기르고 있었다. 학생은 밤에 잘 때는 인형을 안고 자며, 평소에 과자를 즐겨 먹는다고 하였다. 가려움증이 있을 때마다 간헐적으로 병원을 방문하였지만, 이러한 증상이 계속 반복되고 완치되지 않아 최근 2개월 전부터는 증상이 있어도 병원을 방문하지 않는다고 하였다. 학생의 어머니는 주위 사람들에게 들은 이야기를 근거로 1주일 1회 정도 식초를 희석한 물로 피부를 닦아내고, 이를 지속적으로 시행하면 앞으로 학생의 병이 완치될 수 있다고 믿고 있다. 또 앞으로 가려움증을 없애기 위해서 학생에게 고기반찬을 주지 않고 야채만을 줄 것이라고 말했다고 한다. 학생은 학교 수련회도 가고 싶지만, 항상 어머니의 보호를 받아야 한다는 이유 때문에 참여할 수 없다고 말하였다.

보건교사는 학생과의 면담, 신체 검진과 사정을 기초로 현재 학생에게 아토피성 피부염이 있음을 확인하였다. 위 사례에 나타나 있지 않은 아토피성 피부염의 진단 기준을 나열하고, 위 사례에서 나타난 간호문제와 이에 따른 간호중재에 대하여 논하시오.

5. 다음은 중학교 보건교사가 작성한 상담 일지이다. 〈작성 방법〉에 따라 서술하시오. [4점]

'21 임용

상담 일지			
이름	김○○	성별	여
상담 일시	○월 ○일 ○시	학년/반	2/3
주요 문제	⊙ 아토피 피부염(atopic dermatitis)		
상담 개요	• 학생 현황 – 체육 시간 이후에 양쪽 팔과 무릎 뒤의 겹쳐진 피부와 발목에 가려움증을 호소하며 방문함 • 상담 내용 – 피부의 ⓒ 태선화(lichenification)가 관찰됨 – 병원의 지시 사항을 잘 이행하지 않고 있음 – 병원에서 알려준 대로 샤워 후 ⓒ 로션을 충분히 바르도록 함 – 일상생활 중에 아토피 피부염 증상의 완화를 위한 여러 가지 방법에 대해 상담하고 교육함 … (하략) …		

┌─ 작성 방법 ┐
• 밑줄 친 ⊙의 진단에 활용할 수 있는 혈청검사의 항목을 쓸 것
• 밑줄 친 ⓒ의 피부 상태를 서술할 것
• 밑줄 친 ⓒ의 이유를 제시할 것

6. 전신 홍반성 낭창(SLE)을 바르게 설명한 것은? '91 임용

① 자가 항체의 과소 생산으로 인한 질환이다.
② 사춘기와 청년기의 남자에게 많다.
③ 자외선 노출과 스트레스에는 별 관계가 없다.
④ 발진은 특히 뺨과 코에 나비 모양으로 나타난다.

7. 〈보기〉의 설명에 해당되는 질환은? '96 임용

> ┌─◆ 보기 ◆─
> • 여자에게서 많이 발생
> • 면역기전의 이상과 관련
> • 뺨에 나타나는 나비모양의 홍반
> • 혈관 및 결체조직을 침범하는 전신적 질환

① SLE ② Morphea
③ Scleroderma ④ Purpura fularinans

8. 농가진(impetigo)의 특성 중 옳지 <u>않은</u> 것은? [1.5점] '11 임용

① 불량한 위생 상태와 관련이 깊다.
② 얼굴, 입 주위에 흔하게 나타난다.
③ 홍반과 소양증을 동반한 소수포가 있다.
④ 자가면역 질환이며 수포가 쉽게 터진다.
⑤ 전염성이 강하므로 피부접촉을 피하도록 한다.

9. Virus성 전염병은? '96 임용

① Carbuncle − Fruncle − Herpes simplex
② Herpes simplex − Warts − Tinea pedis
③ Fruncle − zoster − Warts
④ Herpes simplex − Warts − Herpes zoster

10. 대상포진(Herpes zoster)을 바르게 설명한 것은? '92 임용

① 20~30세에서 많이 발생한다.
② 주로 몸의 한 쪽에만 나타난다.
③ 피부 발진 전에는 동통이 없다.
④ 홍반성 구진과 수포가 산재하여 나타난다.

11. 다음은 보건교사가 K 교사와 상담한 보건 일지 내용이다. (가)~(바) 중 옳은 것만을 있는 대로 고른 것은? '13 임용

보건일지			
상담일	2012. 9. ○○.	**장소**	보건실
이름	K	**성별/나이**	여/45세

주 호소 :
• 오후가 되면 심한 피로감이 생김을 호소함
• 2~3일 전부터 오른쪽 옆구리에 소양증과 콕콕 찌르는 통증이 발생함(통증이 점점 심해지고 있음)

관찰 내용 :
• 오른쪽 옆구리 피부분절(dermatome)을 따라 여러 형태의 크고 작은 물집이 생김
• 물집이 있는 부위의 피부는 약간 부종이 있고 홍반성임
• 발진 부위가 넓은 띠 모양으로 퍼져 있음

간호 교육 내용 :
(가) <u>원인은 varicella zoster 바이러스임</u>
(나) <u>잠복하고 있던 바이러스가 재활동하여 발생함</u>
(다) <u>수포에는 감염성이 없음</u>
(라) <u>손씻기와 같은 개인 위생을 철저히 하도록 함</u>
(마) <u>70% 알코올을 도포하여 병소를 소독함</u>
(바) <u>포진후 신경통(postherpetic neuralgia)이 발생할 수 있음</u>

① (가), (다), (라) 　　　　　② (나), (라), (마)

③ (가), (나), (라), (바) 　　　④ (가), (다), (라), (마)

⑤ (나), (다), (마), (바)

12. 다음은 고등학교 보건교사가 작성한 건강 게시판 자료이다. 〈작성 방법〉에 따라 순서대로 서술하시오. [4점] '20 임용

〈건강 게시판〉
여드름 제대로 알아봅시다!

❖여드름이란?
  ○ ㉠ <u>사춘기</u>와 젊은 연령층에 흔히 발생하는 피부 질환
❖분류
  ○ 면포의 수와 유형 및 영향을 받는 피부의 정도에 따라 구분
❖치료적 관리
  ○ 일반적 관리
    • 적당한 휴식, 알맞은 운동, 균형 잡힌 식이, 정서적 스트레스 감소
  ○ 청결
    • 자극이지 않은 순한 비누로 하루에 1~2회 세안
  ○ 약물 관리
    • 국소용 : tretinoin 연고 − ㉡ <u>감광성</u> 주의
    • 전신용 : 경구용 항생제

┌ 작성 방법 ┐
• 밑줄 친 ㉠ 시기 남학생의 여드름 발생에 관련된 호르몬 2가지와 작용을 서술할 것
• 밑줄 친 ㉡의 특성을 고려하여 연고 도포 시 주의해야 할 내용 2가지를 서술할 것

PART 3

아동간호학

제1강 아동발달과 특성

제2강 아동의 신체적 건강문제

제3강 아동의 심리적 건강문제

제4강 청소년 심리적 건강문제

합격
기준 **박문각 임용**

신희원
보건교사 길라잡이
➕ 10점 기출문제

제1강 아동발달과 특성

출제경향 및 유형

'92학년도	Erikson의 정서발달단계, 제1대구치 연령
'93학년도	학령기(7~12세)의 성장발달단계(Erikson, Freud, Piaget), 성 역할이나 성 유형이 뚜렷해지는 시기
'94학년도	건강한 1세 유아의 신체적 발달과업, 유아(1~3세)의 대소변 훈련
'95학년도	에릭슨의 학령기(6~12세)의 과업
'96학년도	성장통, 신생아 관리의 4대 원칙, 영아기수분전해질 특징
'97학년도	
'98학년도	
'99학년도	
후 '99학년도	프로이드·에릭슨·피아제 이론에서 14~16세에게 적용되는 단계
2000학년도	
2001학년도	
2002학년도	
2003학년도	
2004학년도	
2005학년도	
2006학년도	
2007학년도	유아의 발달특성(분노발작, 퇴행)
2008학년도	학령전기 아동의 인지발달특성, 콜버그의 도덕발달
2009학년도	아동의 정상 성장발달을 평가(한국형 Denver Ⅱ), 성장발달 단계별 신체적 발달특성
2010학년도	에릭슨이 제시한 심리 사회발달의 특성
2011학년도	프로이드(Freud), 콜버그(Kohlberg) 및 피아제(Piaget)의 이론에 근거한 행동특성별 발달단계
2012학년도	한국형 덴버 Ⅱ 검사 결과(정상, 주의, 지연), 통증사정 도구
2013학년도	
2014학년도	
2015학년도	보울비(J. Bowlby) 이론에 근거한 애착의 4단계
2016학년도	프로이드(S. Freud)의 심리성적 발달이론, 배변훈련과 성격형성, 방어기제(퇴행)
2017학년도	미숙아의 Apgar Score, 캥거루식 돌보기
2018학년도	놀이 유형
2019학년도	태너의 성적성숙단계
2020학년도	
2021학년도	아프가점수, 마유, 포유반사
2022학년도	거부반응, 퇴행
2023학년도	성장발달곡선, 사춘기 급성장 이유

출제포인트

아동의 발달특성은 기출비율이 비슷하게 유지되고 있을 뿐 아니라, 앞으로도 출제될 가능성이 큰 영역이다. 학교보건의 주인공이 학생인 만큼, 이들의 성장과 발달의 특성은 중요할 수밖에 없다.

심리사회적·인지적·신체적·성적·도덕적 발달의 단계, 과업, 특성에 대해 정확히 암기하고 이해하고 있어야 한다. 신생아는 신체적 발달에 중심을 두고 정상발달, 비정상발달을 구분하는 것이 중요하므로 DDST 같은 발달사정도구가 꾸준히 출제되고 있다. 유아 및 학령전기 아동인 경우 자기중심적 사고, 의식주의 및 분노발작의 정상적 특성을 이해하고 이들의 훈육방법 등을 제대로 적용하는 것에 중점을 두고 학습하도록 한다. 학령기 아동은 구체적 조작, 또래관계를 통해 사회심리적 발달, 법을 중시하는 도덕발달 그리고 2차 성징이 시작되고 영구치가 거의 완성되는 매우 중요한 시기이므로 자주 출제가 된다는 점에 중점을 둬야 한다.

1절 ◆ 아동의 성장과 발달

| 정답 및 해설 p.763

발달 단계별 발달특성

1. Erikson의 정서 발달 단계에서 최초에 형성되는 것은? '92 임용

① 독립감　　　　　　　　　② 신뢰감
③ 절망감　　　　　　　　　④ 자율감

2. 다음 학자들이 제시한 학령기(7~12세)의 성장발달단계를 바르게 짝지은 것은? '93 임용

	Erikson	Freud	Piaget
①	근면성 대 열등감	잠복기	구체적 조작기
②	근면성 대 열등감	청년기	구체적 조작기
③	창의감 대 죄책감	청년기	형식적 조작기
④	창의감 대 죄책감	잠복기	형식적 조작기

3. 에릭슨이 말하는 학령기(6~12세)의 과업과 위기가 옳게 짝지어진 것은? '95 임용

① 친밀감 - 소외감　　　　　② 주체성 확립 - 주체성 혼동
③ 신뢰감 - 불신감　　　　　④ 근면성 - 열등감

4. 다음에 제시된 학자의 이론에서 14~16세에게 적용되는 단계를 쓰고 간단히 설명하시오.
(프로이드, 에릭슨, 피아제) '99 후기

5. 에릭슨(E. Erikson)이 제시한 심리 사회발달의 특성이 바르게 설명된 것을 〈보기〉에서
고른 것은? [1.5점] '10 임용

> ➔보기➔
>
> ㉠ 영아기 : 신뢰감이 형성되는 시기로, 영아를 돌보는 사람을 통하여 수유, 옷 입기, 달래기와
>   같은 영아의 기본욕구가 충족될 때 발달한다.
> ㉡ 유아기 : 솔선감이 형성되는 시기로, 이 시기의 과업을 달성하지 못한 유아는 죄책감을 갖게
>   된다.
> ㉢ 학령전기 : 자율성이 형성되는 시기로, 이 시기의 과업을 달성하지 못한 아동은 수치심이나
>   의심을 갖게 된다.
> ㉣ 학령기 : 근면성이 형성되는 시기로, 부모와 교사의 지지는 근면성 발달에 긍정적인 영향을
>   주는 요인이다.
> ㉤ 청소년기 : 자아정체성이 확립되는 시기로, 이 시기를 어떻게 보내느냐에 따라 주체성이 확립
>   되거나 역할혼돈의 상태가 된다.

① ㉠, ㉡, ㉢   ② ㉠, ㉡, ㉤   ③ ㉠, ㉣, ㉤
④ ㉡, ㉢, ㉣   ⑤ ㉢, ㉣, ㉤

6. 프로이드(Freud), 콜버그(Kohlberg) 및 피아제(Piaget)의 이론에 근거하여 (가), (나),
(다)의 행동 특성에 해당하는 발달 단계를 바르게 짝지은 것은? '11 임용

> 민호는 (가) 축구와 게임을 좋아하며 공부에도 관심을 보이고 동성 또래 친구들과 놀기를 좋아하
> 였다. 또한 (나) 수업시간에 조용히 하면 선생님이 착한 아이로 생각할 거라며 조용히 하려고
> 노력하였다. 그리고 수업 시간에 (다) 같은 양의 찰흙으로 공 모양이나 긴 막대 모양을 만들어도
> 찰흙의 양이 같다는 것을 이해하고 친구들 앞에서 발표하였다.

	(가)	(나)	(다)
①	남근기	전 인습적 단계	전 조작기
②	잠복기	전 인습적 단계	구체적 조작기
③	잠복기	인습적 단계	구체적 조작기
④	남근기	인습적 단계	형식적 조작기
⑤	잠복기	후 인습적 단계	형식적 조작기

7. 다음은 보건교사가 고등학교 3학년 학생들을 대상으로 '미래에 성공적인 부모 되기'라는 주제로 교육을 실시하기 위한 자료이다. 괄호 안의 ㉠에 해당하는 단계의 명칭을 제시하고, ㉡, ㉢에 해당하는 특성을 각각 2가지씩 서술하시오. [5점] '15 임용

애착 형성과 성격 발달

애착이란?
• 아기와 양육자 간에 형성되는 친밀한 정서적 유대감
• 성격 발달에 큰 영향을 미침

▌보울비(J. Bowlby) 이론에 근거한 애착의 4단계

구분		특성
1단계	(㉠)	붙잡기, 미소 짓기, 울기, 눈 응시하기 등 다양한 신호체계를 통해 주위 사람들과 가까운 관계를 형성한다.
2단계	애착 형성 단계 (attachment in the making)	(㉡)
3단계	명백한 애착 단계 (clear-cut attachment)	이미 애착이 형성된 사람에게 적극적으로 접근한다. 따라서 애착 대상이 떠나면 분리 불안을 보인다.
4단계	목표 수정 동반자 관계 단계 (goal-corrected partnership)	(㉢)

8. 다음은 초등학교 보건교사가 작성한 〈교수·학습 지도안〉이다. 〈작성 방법〉에 따라 서술하시오. [4점] '23 임용

교수·학습 지도안			
단원	아동의 성장 발달	보건교사	박○○
학습 주제	성장과 발달 개념 이해하기	대상	3학년 1반
차시	1/3	장소	교실
학습 목표	• 성장과 발달의 개념을 이해할 수 있다. • 아동의 신체부위별 성장과 발달 속도를 설명할 수 있다.		
단계	교수·학습 내용		시간
도입	• 전시 학습 문제 확인		5분
전개	1. 성장과 발달의 개념 　1) 성장 : 생물학적 변화와 신체의 양적 증가 　2) 발달 : 전 생애에 걸쳐 일어나는 모든 변화의 양상과 과정 2. 성장발달곡선 　1) Scammon의 성장곡선 		30분

┌─ 작성 방법 ─┐
• 그래프의 ㉠과 ㉡에 해당하는 계통(system)을 순서대로 제시할 것
• 그래프의 ㉢에서 사춘기에 처음 발현되는 기관(organ)의 명칭을 성별에 따라 제시하고, 사춘기에 그 기관들의 성장과 발달 속도가 급속히 증가하는 이유를 서술할 것

발달사정

9. 아동의 정상 성장발달을 평가하는 방법과 해석에 대한 옳은 설명을 〈보기〉에서 고른 것은? [2.5점] '09 임용

> **┌─ 보기 ┐**
> ㄱ. 한국형 Denver II는 출생에서 3세까지 아동의 발달 지연을 선별하는 도구이다.
> ㄴ. 한국형 Denver II는 개인 사회성, 미세 운동, 언어, 운동 발달을 평가한다.
> ㄷ. 소아 발육 곡선(growth chart)은 아동의 전반적인 신체 성장 양상을 감시하는 데 사용한다.
> ㄹ. 9세 남아의 체질량 지수(Body Mass Index)가 19.8kg/m² (85 percentile)이면 9세 남아의 84%는 이 아동보다 체질량 지수가 낮다는 것을 의미한다.
> ㅁ. 키를 측정한 결과가 90백분위수(percentile)이면 동일 연령과 성별 집단의 89%는 이 아동보다 키가 크다는 것을 의미한다.

① ㄱ, ㄴ, ㄷ   ② ㄱ, ㄴ, ㅁ   ③ ㄱ, ㄹ, ㅁ
④ ㄴ, ㄷ, ㄹ   ⑤ ㄷ, ㄹ, ㅁ

10. 성장 발달 단계별 신체적 발달 특성이 바르게 설명된 것을 〈보기〉에서 고른 것은? '09 임용

> **┌─ 보기 ┐**
> ㄱ. 영아기: 양안시(binocularity) 발달이 완성되어 두 눈을 동시에 사물에 고정할 수 있다.
> ㄴ. 유아기: 척수의 완전한 유수화(myelination)로 항문과 요도 조임근의 조절이 이루어진다.
> ㄷ. 학령전기: 림프 조직이 급격히 성장하여 최고조에 이른다.
> ㄹ. 학령기: 골격의 광화작용(mineralization)이 완성되어 근육과 골격 간의 균형이 이루어진다.
> ㅁ. 청소년기: 호르몬의 영향으로 아포크린(apocrine)한선이 활발하게 작용한다.

① ㄱ, ㄴ, ㄷ   ② ㄱ, ㄴ, ㅁ   ③ ㄱ, ㄹ, ㅁ
④ ㄴ, ㄷ, ㄹ   ⑤ ㄷ, ㄹ, ㅁ

11. 김 군(17개월)의 한국형 덴버 II 검사를 실시한 결과의 일부이다. (가)~(라)의 각 항목별 해석으로 옳은 것은? [2.5점] '12 임용

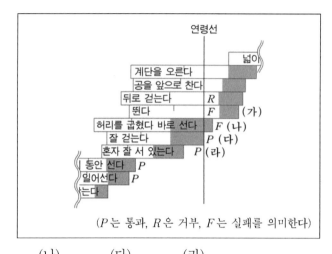

(P는 통과, R은 거부, F는 실패를 의미한다)

	(가)	(나)	(다)	(라)
①	주의	지연	주의	정상
②	지연	정상	지연	주의
③	정상	정상	정상	정상
④	지연	지연	주의	주의
⑤	정상	주의	정상	정상

통증

12. 성장통에 대한 설명으로 옳은 것은? '96 임용

① 대개 아침에 나타난다.
② 움직일 때 통증이 사라진다.
③ 아픈 곳을 만지면 싫어한다.
④ 어린이가 아픈 데를 정확하게 가리킨다.

13. 만성재발성 복통의 설명 중 옳지 않은 것은? '96 임용

① 복통의 방사는 없다.
② 사춘기에서 흔히 볼 수 있다.
③ 학동기 아동의 10% 정도가 경험한다.
④ 대부분은 기질적 원인에 의한다.

14. 통증을 호소하고 있는 민 군(4세)의 통증사정 도구로 적합한 것만을 〈보기〉에서 있는 대로 고른 것은? '12 임용

> ◆보기◆
> ㄱ. Eland 색상 척도(Color Tool)
> ㄴ. CRIES 통증 척도(CRIES Pain Scale)
> ㄷ. 포커칩 척도(Poker Chip Tool)
> ㄹ. 소아 청소년 통증 척도(Adolescent Pediatric Pain Tool, APPT)

① ㄴ ② ㄱ, ㄴ ③ ㄱ, ㄷ
④ ㄱ, ㄷ, ㄹ ⑤ ㄴ, ㄷ, ㄹ

구강건강

15. 다음은 여 교사가 보건교사와 상담한 내용이다. 괄호 안의 ㉠, ㉡에 해당하는 내용을 순서대로 쓰시오. [2점] '17 임용

2절◆ 각 성장 단계별 특성

| 정답 및 해설 p.767

신생아기

1. 신생아 관리의 4대 원칙에서 제외되는 것은? '96 임용

① 호흡유지　　　　　　　　② 체온유지

③ 감염예방　　　　　　　　④ 선천성 기형방지

2. 다음은 미숙아를 출산한 여 교사가 보건교사와 전화 통화한 내용이다. 괄호 안의 ㉠에 해당하는 용어 쓰고 밑줄 친 ㉡을 수행하는 방법을 서술하시오. [4점] '17 임용

> 여 교사 : 선생님, 그동안 잘 지내셨어요?
>
> 보건교사 : 네, 선생님도 잘 회복하고 계시죠?
>
> 여 교사 : 저는 집에서 산후 조리를 하고 있고, 아이가 아직 병원에 있어서 면회를 다녀요.
>
> 보건교사 : 아기 상태는 어떤가요?
>
> 여 교사 : 병원에서 아기가 태어난 직후 1분과 5분에 평가한 (㉠) 점수를 봐서는 자궁 밖의 생활에 적응이 어려운 상태라고 했어요. 그런데, 오늘 아기를 보러 병원에 갔더니, 아기의 상태가 안정적이라면서 다음 면회 시에는 제가 원한다면 ㉡ 캥거루식 돌보기를 할 수 있다고 했어요. 이게 아기에게 어떤 점이 좋은가요?
>
> 보건교사 : 캥거루식 돌보기는 아기의 체온이 유지되는 등 생리적 반응과 심리적 안정에 도움이 되어 성장발달을 촉진해요. 어머니도 아기를 돌볼 기회를 가지게 되니 심리적으로 안정되고, 어머니와 아기 간 상호작용도 증진됩니다.

3. 다음은 출산 휴가 중인 국어교사와 보건교사의 SNS 대화 내용의 일부이다. 〈작성 방법〉에 따라 순서대로 서술하시오. [4점] '21 임용

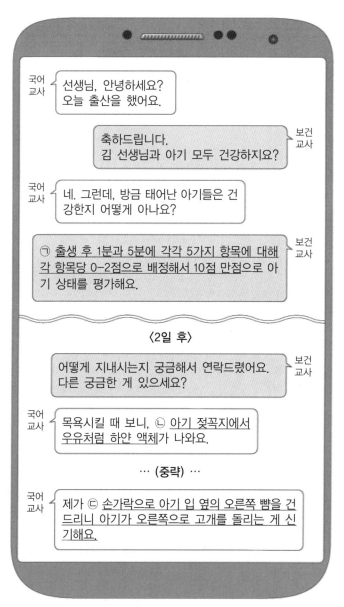

┌─ 작성 방법 ┤
- 밑줄 친 ㉠에 해당하는 평가의 명칭을 쓸 것
- 밑줄 친 ㉡의 명칭을 쓰고, 이것이 나타나는 이유를 서술할 것
- 밑줄 친 ㉢을 나타내는 반사(reflex)의 명칭을 쓸 것

영아기

4. 영아기가 성인보다 수분의 섭취와 배설이 많은 이유는? '96 임용

① 신진대사가 어른보다 왕성하다.　② 신기능이 미숙하다.
③ 영아는 세포내 체액이 많다.　④ 어른에 비해 적은 체표면적이다.

5. 영아 후기 사망의 주 원인은? '92 임용

① 출생 시 손상　② 선천성 기형
③ 감염증과 사고　④ 호흡장애

유아의 성장과 발달

6. 건강한 1세 유아의 신체적 발달과업에 해당되는 것은? '94 임용

① 서서히 기는 것처럼 움직인다.
② 혼자 서 있을 수 있다.
③ 발을 가지고 놀며 발을 입으로 가지고 간다.
④ 잠깐 동안 앉을 수 있다.

7. 유아(1세~3세)의 대소변 훈련과 관계없는 것은? '94 임용

① 즐거운 경험이 되게 한다.
② 혼자 설 수 있을 때 해야 한다.
③ 새로운 기술을 배울 수 있을 때 시작한다.
④ 만약 훈련에 성공하면 어떤 외적요소에도 변화가 없다.

8. 엄마가 둘째 아기를 출생한 후 아기 돌보기에 집중하고 있어 큰 아기에게 많은 관심을 보이지 못하자, 2년 6개월 된 첫째 아이가 자기도 젖병을 달라고 요구하며 드러누워 발을 구르고 소리를 지르고 있다. 유아에서 흔히 볼 수 있는 이러한 발달적 행동 특성이 무엇인지 2가지를 쓰고, 마슬로우(Maslow)의 욕구단계이론 중 어떤 욕구에 해당되는지 쓰시오. [3점] '07 임용

9. 다음의 예에서 나타난 민서의 인지 발달 특성 4가지를 피아제(Piaget)의 인지발달이론에 근거하여 쓰고, 민서의 도덕 발달 수준과 단계를 콜버그(Kohlberg)의 도덕발달이론에 근거하여 쓰시오. [5점] '08 임용

> • 인지 발달 특성 : 3년 6개월 된 민서는 간호사가 되고 언니와 인형은 환자가 되어 병원 놀이를 하였다. 다음날 언니가 넘어져서 다리를 다치자 민서는 "언니가 병원 놀이를 했기 때문에 다쳤다."라고 말하며, 인형도 병이 날까 봐 걱정하였다. 출근하신 아빠가 화상 통화가 아닌 전화를 걸어 "언니는 병원에 갔니?"라고 묻자, 전화기를 들고 대답 대신 고개를 끄덕였다.
> • 도덕 발달 수준과 단계 : 민서는 "언니를 때리면 엄마에게 혼이 나기 때문에 안 때려요."라고 말했다.

10. 다음은 보건교사가 두 자녀를 둔 동료 교사와 대화한 내용이다. 〈작성 방법〉에 따라 서술하시오. [5점] '16 임용

보건교사 : 선생님! 이제 출산 휴가 마치셨군요?

동료교사 : 네, 그동안 별고 없으셨지요?

보건교사 : 저는 차라리 출근하는 게 덜 힘든 것 같아요. 동생이 생기고 나니 민아가 저를 너무 힘들게 해요.

동료교사 : 민아가 지금 몇 살인가요?

보건교사 : 25개월 되었어요. 제가 요즘 걱정이 있어요.

동료교사 : 그게 뭔데요?

보건교사 : 민아에게 배변 훈련을 시키는 것도 힘든데…… 동생이 태어난 후 민아가 변했어요.

동료교사 : 민아가 어떻게 변했나요?

보건교사 : 제가 동생을 안고 있으면 자기도 안아 달라고 떼를 써요. 게다가 동생 젖병을 물고 누워서 맘마 먹는다고 하고 아기처럼 말하기도 해요.

동료교사 : 동생이 태어나서 민아가 스트레스를 받는군요.

┌─ 작성 방법 ─

• 프로이드(S. Freud)의 심리성적 발달이론에 근거했을 때 민아는 어느 단계에 해당하는지 제시할 것

• 배변 훈련과 성격형성과의 관계를 프로이드(S. Freud)의 심리 성적 발달이론에 근거하여 제시할 것

• 밑줄 친 민아의 행동에서 나타나는 심리적 방어기제의 명칭과 그 개념을 제시할 것

11. 다음은 보건교사와 A 교사의 전화 통화 내용이다. 밑줄 친 ㉠과 ㉡에 해당하는 유아기 특성의 명칭을 순서대로 쓰시오. '22 임용

보건교사 : 선생님, 둘째 아이 출산을 축하드려요.

A 교사 : 네, 전화 주셔서 감사합니다.

보건교사 : 아기 돌보시느라 힘드시지요?

A 교사 : 아기보다 3살 된 첫째 아이 때문에 무척 힘이 들어요. ㉠ 모든 질문에 대한 대답을 '싫어', '안돼'라고 해요. 어떻게 해야 좋을지 모르겠어요.

보건교사 : 선생님이 당황하셨겠네요. 그 시기의 정상적 반응이에요. 아이에게 '예', '아니요'라는 대답이 나오는 질문을 피하시고, 그 대신 아이가 선택할 수 있는 질문을 하시는 것이 좋겠어요.

A 교사 : 그렇군요. 그런데, 첫째 아이가 ㉡ 대소변 조절이 가능했는데, 옷에 소변을 보고 아기처럼 우유병을 빨려고 해요.

보건교사 : 첫째 아이가 스트레스를 받고 있는 것 같아요. 아이에게 더욱 관심과 사랑을 표현해 주고 아이의 행동에 대해서 일관성 있는 반응을 보여 주세요.

학령전기 아동

12. 제1대구치가 나오는 일반적인 연령은? '92 임용

① 6~7세   ② 8~9세

③ 10~11세   ④ 12~13세

13. 소아가 자신의 성 역할이나 성 유형이 뚜렷해지는 시기는? '93 임용

① 유아기   ② 학령 전기

③ 학령기   ④ 사춘기

14. 다음은 보건교사와 김 교사의 대화 내용이다. ㉠과 ㉡에 해당하는 놀이 유형을 순서대로 쓰시오. '18 임용

> 보건교사 : 선생님, 아이들은 발달 단계별 놀이 유형이 있다고 들었는데요. 우리 아이가 노는 것을 보니 궁금한 점이 있어요.
>
> 김 교사 : 무엇이 궁금하신가요?
>
> 보건교사 : ㉠ 제 조카가 노는 것을 본적이 있는데, 또래 친구들과 우르르 몰려다니면서 공놀이를 하기도 하고, 미끄럼틀을 타고 어울려 노는데, 특별히 놀이에 규칙은 없더라고요. 그런데, ㉡ 우리 아이는 또래와 한 장소에서 같은 종류의 장난감을 갖고 놀기는 하는데, 서로 어울려 놀지는 않더라고요. 우리 아이가 혹시 사회성에 문제가 있는 것은 아니겠지요?
>
> 김 교사 : 애들 나이는 어떻게 되나요?
>
> 보건교사 : 조카는 다섯 살이고, 우리 아이는 24개월이에요.
>
> 김 교사 : 둘 다 정상적인 발달 과정에서 보이는 놀이를 하고 있는 것이니 걱정하지 마세요.

출제경향 및 유형

'92학년도	선천성 매독, 허치슨(Hutchison) 치아, 지질대사 결핍질환, 활로 4징후, 동맥관개존증, 로타바이러스, 비출혈부위(키셀바하), 편도절제술 적응증, 크룹, 소아당뇨의 특징
'93학년도	Tay-Sachs disease, 비청색증 심질환, 급성 중이염 증상, 부비동염 발생부위, 편도적출술 금기증, 백혈병, 진행성 근퇴화증
'94학년도	성염색체질환, 다운증후군, 청색증 심질환, 뇌성마비, 퀘시오카, 감기바이러스(Adeno virus), 소아당뇨병의 특징, Reye증후군
'95학년도	Turner 증후군, 부비동 수술환자 간호방법, 유행성 각결막염
'96학년도	동맥관개존증, 중이염의 합병증, 알레르기 비염
'97학년도	
'98학년도	
'99학년도	
후 '99학년도	
2000학년도	뇨검사 시 '단백'이 검출되었을 때 대표적인 질환
2001학년도	
2002학년도	
2003학년도	선천성 심장질환 아동에게 요구되는 건강관리 내용
2004학년도	
2005학년도	
2006학년도	
2007학년도	천식의 과민반응기전(병태생리), 연쇄상구균 감염 후 급성 사구체 신염 시 사정해야 할 주요 내용
2008학년도	아나필락시스 자반증, 연소성 류머티스양 관절염
2009학년도	천식아동의 치료약물(기관지확장제 분류), 철분결핍빈혈영아의 간호중재
2010학년도	선천성심질환-팰로씨4증후군의 신체소견, 기관지 천식환아의 간호진단과 간호계획(MDI사용법, 벤토린(Ventolin 약물요법), 1형 당뇨병의 주요특징과 부모교육내용
2011학년도	천식[최대 호기 유속기(peak expiratory flow rate meter) 사용법], 철분결핍, 사구체 신염
2012학년도	가와사키 질환, 기생충질환(요충증), 아동급성 중이염의 특성 및 간호중재, 통증사정도구
2013학년도	급성 림프성 백혈병의 병태생리적 변화, 신증후군 4대 증상, 가성 성조숙증, 베커형(Becker type) 근이영양증, 성적 성숙 변화 단계(Tanner stage)
2014학년도	천식의 병태생리, 류마티스열, 저신장증
2015학년도	
2016학년도	
2017학년도	선천성 심실중격결손편도선염의 약물요법(아세트아미노펜과 이부프로펜)
2018학년도	급성사구체신염, 고관절탈구(Allis-sign, 피스톤징후), 뇌수종(일몰징후, 마퀴인 징후), 알레르기 비염의 약물
2019학년도	태너의 성적 성숙단계, 흡연이 심혈관질환에 미치는 영향
2020학년도	당뇨병 학생의 응급상황 조치, 미세변화형신증후군의 전신부종기전과 소변 혈액검사, 여드름 관련 호르몬과 여드름관리, 천식의 테오필린 치료지수
2021학년도	
2022학년도	가와사키
2023학년도	핵황달

출제포인트

신생아의 경우 유전질환, 모체로부터의 감염질환, 선천성대사장애 등의 출제비율이 높다. 영아는 생리적 빈혈, 유아 및 학령전기는 연쇄상구균의 상기도 감염, 이로 인한 류마티스열과 사구체신염 그리고 크론의 호흡기 문제가 출제비율이 높다. 학령기는 좀 더 광범위하게 질환에 접근하지만 응급조치로 법령까지 제정된 당뇨병이 출제 핵심이 되고, 최근 성조숙증 및 저신장증도 출제비율이 증가하고 있다. 청소년층은 터너의 성적 성숙변화단계와 여드름 등이 신체적 문제로 출제비율이 높다.

1절 ✦ 신생아

| 정답 및 해설 p.771

유전 및 염색체 질환

1. 성염색체가 XXY로 남아에게만 발생하는 증후군은? '94 임용

① 터너 증후군   ② 페닐케톤 증후군
③ 다운 증후군   ④ 클라인펠터 증후군

2. 다운 증후군(Down's syndrome)에 관한 설명 중 옳지 않은 것은? '94 임용

① 성별과 사회 경제적인 지위와는 무관하다.
② 원인은 염색체의 변형에서 온다.
③ 외모가 특징적이다.
④ 지능은 정상인 경우가 많다.

3. 〈보기〉와 같은 염색체 이상 질환은? '95 임용

> ┌─ 보기 ┌───
> • 키가 작고 목에 주름이 있으며 특유한 외모를 나타낸다.
> • 난소는 미성숙 상태이고 불임이 된다.
> • X염색체가 하나가 없는 45개의 염색체로 구성되어 있다.
> └──

① Down 증후군　　　　　　　② Cri du Chat 증후군
③ Klinefelter 증후군　　　　④ Turner 증후군

감염성 질환

4. 〈보기〉 중 선천성 매독에 해당하는 것만으로 짝지어진 것은? '92 임용

> ┌─ 보기 ┌───
> ㉠ 임신 5개월 이내에 모체의 태반을 통해서 감염된다.
> ㉡ 비성 호흡(snuffles), 패혈증, 뇌막염 등이 나타난다.
> ㉢ 출생 직후 안염 예방을 위해 1% 질산은 용액을 점적시킨다.
> ㉣ 입, 코, 항문의 점막 부위에 반점상 구진이 생긴다.
> └──

① ㉠, ㉡　　　　　　　　② ㉠, ㉢
③ ㉡, ㉣　　　　　　　　④ ㉢, ㉣

5. 허치슨(Hutchison) 치아의 특징이 아닌 것은? '92 임용

① 정상 치아보다 작다.　　　　② 깨무는 표면에 절흔이 생긴다.
③ 치아 사이의 간격이 넓어진다.　④ 유치에 침범을 받는다.

선천성 대사장애

6. 지질대사 결핍(Defects in metabolism of lipid)으로 인한 질환은? '92 임용

① 가와사끼 병(Kawasaki's disease)
② 아나필락시스양 자반증(Anaphylactoid purpura)
③ 크론 병(Crohn's disease)
④ 영아성 뇌반점 퇴행(Tay-Sachs disease)

7. 선천성 대사 이상 증후군 중에서 유전성 지질대사 이상으로 발생되는 질환은? '93 임용

① Tay-Sachs disease
② 페닐케톤뇨증(Phenylketonuria)
③ 갈락토스혈증(Galactosemia)
④ 선천성 갑상선기능 저하증(Cretinism)

신경계 질환

8. 뇌성마비아에게 수반되는 가장 두드러진 장애는? '94 임용

① 지능 장애   ② 언어 장애
③ 시각 장애   ④ 청각 장애

9. 다음은 보건교사와 분만 휴가를 마치고 학교에 나온 동료 교사의 대화 내용이다. 〈작성 방법〉에 따라 서술하시오. [4점] '18 임용

> 보건교사 : 선생님, 오랜만이에요. 아기는 잘 자라나요?
> 동료교사 : 우리 아기가 입원했어요.
> 보건교사 : 어디가 아픈가요?
> 동료교사 : 아기가 평상시와 다르게 무기력하고, 젖을 잘 못 빨아서 병원에 갔더니 수두증이라고 해서 입원했어요. 의사가 질병을 설명하는데 ㉠ 일몰 징후(sun-setting sign)도 있고, ㉡ 마퀴인 징후(Macewen sign)도 있다고 하네요. 그런데, 설명을 들어도 무슨 뜻인지 이해를 잘 못했어요. 그게 무슨 뜻인가요?

> ┌──◆작성 방법◆───────────────────────
> • ㉠의 양성 소견과 발생 기전을 서술할 것
> • ㉡을 검진하는 방법과 양성 소견을 서술할 것

근육 및 골격계 질환

10. 다음은 육아 휴직 중인 여 교사와 보건교사가 통화한 내용이다. 〈작성 방법〉에 따라 서술하시오. [4점] '18 임용

> 여 교사 : 선생님, 안녕하셨어요?
>
> 보건교사 : 네, 선생님. 그동안 잘 지내셨어요? 아기는 건강하게 잘 크고 있지요?
>
> 여 교사 : 실은, 궁금한 게 있어서 전화 드렸어요. 아기 엉덩이 부위가 기저귀를 갈 때마다 이상한 점이 있어서 병원에 가야 하는지 여쭤 보려고요.
>
> 보건교사 : 어떤 점이 이상한가요?
>
> 여 교사 : 기저귀를 갈 때 아기 다리를 벌리면 왼쪽 고관절이 완전히 벌어지지 않고, 왼쪽 고관절 부위에서 미끄러지는 느낌이 들어서요.
>
> 보건교사 : 아기의 고관절이 비대칭적으로 벌어지고, ㉠ <u>아기를 눕히고 무릎을 세워 보았을 때 양쪽 무릎 높이의 차이가 있으면</u> 병원에 가서서 검진을 받고 ㉡ <u>가능한 한 빨리 치료를 시작하셔야</u> 해요.
>
> … (중략) …
>
> 여 교사 : 선생님, 안녕하세요?
>
> 보건교사 : 네, 아기의 상태에 대해 병원에서 뭐라고 하던가요?
>
> 여 교사 : 병원에서 의사가 초음파 검사와 신체검진을 하더니 ㉢ <u>피스톤 징후</u>가 있다고 하면서 '발달성 고관절 이형성증'이라고 하네요.

┌→ 작성 방법 ◆─────
• ㉠에 해당하는 징후의 명칭을 제시할 것
• ㉡의 이유를 서술할 것
• ㉢을 검진하는 방법과 양성 소견을 서술할 것

뇌 손상

11. 다음은 보건교사와 동료교사의 전화 통화 내용이다. 〈작성 방법〉에 따라 서술하시오. [4점]

'23 임용

> 동료교사 : 선생님, 안녕하세요?
> 보건교사 : 출산하느라 고생하셨어요.
> 동료교사 : 네. 아기가 ㉠ 미숙아로 태어났는데 빌리루빈 수치가 20mg/dL로 증가해서 뇌손상의
> 위험이 있다고 하네요.
> 보건교사 : 걱정되시겠군요. 신생아는 성인과 달리 간기능이 미숙해서 ㉡ 글루쿠론산전이효소
> (glucuronyltransferase)의 활성도가 떨어져요. 그로 인해 빌리루빈 수치가 증가하
> 게 되지요.
> … (하략) …

┌─◆작성 방법◆─
• 밑줄 친 ㉠에 해당하는 질환명을 제시할 것
• 밑줄 친 ㉠에 해당하는 질환의 초기에 소실되는 신경계 반사(reflex)의 명칭을 제시하고, 이
  반사의 개념을 서술할 것
• 밑줄 친 ㉡의 빌리루빈 대사 작용을 서술할 것

2절 ◆ 영아

| 정답 및 해설 p.773

1. 〈보기〉에 해당하는 설사의 원인균은? '92 임용

> ┌─ 보기 ┤
> • 영아에게서 많이 볼 수 있다.
> • 잠복기는 48시간 정도이고 발병 3~4일경에 가장 전염성이 높다.
> • 호흡기 증상과 함께 수액성 설사를 한다.

① 콕사키 바이러스(Coxsackie virus)　② 로타 바이러스(Rota virus)
③ 살모넬라(Salmonella)　④ 대장균(E. coli)

2. 현재 조제유만을 섭취하고 있는 7개월 된 영아가 소아과를 방문하여 혈액 검사를 받았다. 검사결과 혈청-철 농도(Serum-iron concentration)가 정상보다 낮았고 총 철결합능(total iron-capacity)이 정상보다 높게 나타났다. 이 영아를 위한 간호중재로 옳은 것을 〈보기〉에서 모두 고른 것은? '09 임용

> ┌─ 보기 ┤
> ㉠ 철분공급을 위해 철분강화 생우유를 첨가하여 준다.
> ㉡ 비타민 C는 철분흡수를 방해하므로 철분제와 같이 주어서는 안 된다.
> ㉢ 철분이 많이 함유된 곡분으로 고형식이를 시작한다.
> ㉣ 무증상 출혈이 있을 수 있으므로 대변의 잠혈을 관찰한다.

① ㉠　② ㉡, ㉢　③ ㉡, ㉣
④ ㉢, ㉣　⑤ ㉡, ㉢, ㉣

3절 ✦ 유아

| 정답 및 해설 p.774

1. 〈보기〉의 내용 중 필수 아미노산을 함유한 단백질 섭취량의 부족 현상으로 나타나는 증상을 바르게 나열한 것은? '94 임용

┌─ 보기 ┐
ⓐ 발육 장애   ⓒ 퀘시오카
ⓑ 내장기관의 기능 저하   ⓓ 산혈증
└─────────────────────────────┘

① ㉠, ㉡, ㉢   ② ㉡, ㉢, ㉣
③ ㉠, ㉡, ㉣   ④ ㉠, ㉢, ㉣

2. 다음 〈보기〉와 같은 증상을 나타내는 질병은? '93 임용

┌─ 보기 ┐
• 이폐색감, 이통, 이명
• 고막 천공 후에는 이통이 약화됨
• 발열(38~40℃), 박동감, 두통
└─────────────────────────────┘

① 외이도염   ② 구씨관염
③ 급성 중이염   ④ 만성 중이염

3. 중이염의 합병증이 아닌 것은? '96 임용

① 뇌막염   ② 부비동염
③ 패혈증   ④ 유양돌기염

4. 급성 중이염에 관한 신문 기사 내용 (가)~(마)에 대한 설명으로 옳지 <u>않은</u> 것은? [1.5점]

'12 임용

제 ○○○호 ○○관　　　　　　○○ **신문**　　　　　　2011년 00월 00일 수요일

• 최근 날씨가 쌀쌀해지면서 감기 환자가 급증하고 있다. 특히 3세 이하의 영·유아들은 감기에 걸리기 쉽고, 적시에 치료를 하지 못하면 급성 중이염으로 진행되기 때문에 각별히 주의해야 한다.

=(중략)=

• 어린 자녀가 열이 나고, 잘 먹지 않으며, 귀의 통증으로 머리를 좌우로 흔들고, 양 쪽 귀를 잡아당기면서 심하게 울고 보채는 행동 반응을 나타내면 급성 중이염을 의심할 수 있으니 즉시 병원을 방문하여 진단 검사를 받도록 한다.
• 급성 중이염 예방과 재발 방지를 위해 영·유아기 자녀를 둔 부모들은 자녀가 (가) <u>간접흡연에 노출되지 않도록</u> 하고, (나) <u>생후 6개월 이상 모유 수유를 실시</u>하며, 감기에 걸렸을 때에는 코를 세게 풀지 않도록 한다. 또한 (다) <u>젖병 수유 시에는 아기를 똑바로 눕힌 상태에서 수유하지 않는다.</u> 급성 중이염을 앓고 있는 어린 아이들에게 치료를 할 때에는 (라) <u>증상이 호전되어도 처방된 약을 모두 먹고</u>, (마) <u>치료 후에는 병원을 방문하여 귀 검진을 받도록 한다.</u>

○○○ 기자 k001@○○○.com

① (가) 담배 연기는 유스타키오관을 자극하여 중이염을 유발할 수 있다.
② (나) 모유 속에 함유된 면역 성분이 유스타키오관과 중이 점막을 병원체로부터 보호해준다.
③ (다) 3세 이하 영·유아의 유스타키오관은 성인에 비해 짧고 좁으며 중이와 수직으로 연결되어 있기 때문이다.
④ (라) 처방 받은 대로 충분히 치료하지 않으면 중이염은 재발이 잘 되기 때문이다.
⑤ (마) 치료 효과를 확인하고 고막의 운동성 회복 여부 및 청력의 상실 유무를 판단하기 위함이다.

4절· 학령전기 아동

| 정답 및 해설 p.775

1. 다음 진료 기록지의 진단명을 근거로 하여 진료 기록지의 <u>잘못된</u> 내용 3가지를 찾아 바르게 고쳐 쓰시오. [5점] '14 임용

진료 기록지			
이름	김○○	성별/연령	남/13세
임상 증상	○ 무릎 관절통을 호소한다. ○ 손목에 압통을 동반하는 피하 결절이 있다. ○ 수면 중에는 불수의적인 운동장애가 나타나지 않는다. ○ 얼굴에 분홍색의 유연성 홍반(erythema marginatum)이 보인다.		
검사 소견	○ CRP(C-반응 단백) : 증가 ○ ESR(적혈구 침강 속도) : 증가 ○ ASO(antistreptolysin-O) titer : 양성		
진단명	류마티스 열(rheumatic fever)		

특이 사항
○ 3주일 전에 황색 포도상구균성 인두염으로 입원한 병력이 있음

2. 이 군(3세)의 사례에서 가와사키병(Kawasaki disease)의 증상 또는 징후로 옳은 것만을 있는 대로 고른 것은? [2.5점] '12 임용

> 이 군은 (가) <u>5일 이상 열이 지속되었고</u>, 몹시 보채고 불안정하여 응급실을 통해 소아과 병동에 입원하였다.
> 신체 검진 소견은 다음과 같다.
>
> 눈 : (나) <u>화농성 분비물을 동반한 일측성(우측) 결막 충혈이 관찰됨</u>
> 입 : 구강 점막의 발적, 입술의 홍조와 균열, (다) <u>딸기(모양) 혀가 관찰됨</u>
> 목 : (라) <u>1.5cm 이상의 경부 림프절 종창이 촉진됨</u>
> 사지 : (마) <u>손과 발의 부종과 손바닥, 발바닥의 홍반이 관찰됨</u>
> … (이하 생략) …

① (가), (다)
② (나), (마)
③ (가), (나), (다), (마)
④ (가), (다), (라), (마)
⑤ (가), (나), (다), (라), (마)

3. 다음은 보건교사와 동료교사의 대화 내용 일부이다. 〈작성 방법〉에 따라 순서대로 서술하시오. [4점] '22 임용

동료교사 : 선생님, 4세 된 제 조카가 어젯밤에 ㉠ <u>가와사키병(Kawasaki disease)</u>으로 입원했다고 해요.

보건교사 : 걱정되시겠어요. 아이 상태가 어땠는데요?

동료교사 : 5일 전부터 ㉡ <u>고열</u>이 있었대요.

··· (중략) ···

동료교사 : 가와사키병은 위험한가요?

보건교사 : ㉢ <u>심장 합병증 여부</u>에 따라 예후가 결정됩니다.

동료교사 : 네, 알려 주셔서 감사합니다.

┌ 작성 방법 ┐

• 밑줄 친 ㉠의 진단기준 중 급성기에 나타나는 눈과 혀의 특징적인 증상을 각각 서술할 것
• 밑줄 친 ㉡의 특성을 서술할 것
• 위의 상황에서 밑줄 친 ㉢을 확인하기 위한 비침습적 검사의 명칭을 제시할 것

---

4. Allergy성 비염의 설명으로 옳은 것은? '96 임용

① 전염성이 현저하다.
② 눈의 증상은 거의 없다.
③ 코 분비물의 도말에서 호산구가 증가한다.
④ 코가 막히고 열이 나면서 서서히 발병한다.

5. 다음은 알레르기 비염에 관한 신문 기사이다. ㉠을 매개하는 항체와 괄호 안의 ㉡에 들어갈 약물을 순서대로 쓰시오. [2점] '18 임용

○○ 일보   2017년 ○○월 ○○일

알레르기 비염 치료제 알고 써야 ……

알레르기 비염은 증상이 유사해 감기로 오인하는 사례가 많다. 알레르기 비염은 ㉠ 특이 항원에 대한 코 점막의 과민반응으로 우리나라에서는 주로 집먼지 진드기나 꽃가루 등에 의해 발생한다. 주요 증상으로 코나 목안의 가려움, 발작적인 재채기, 맑은 콧물, 코막힘, 후각 기능의 감소가 나타난다.
알레르기 비염은 원인 항원을 피하는 환경요법이 중요한데, 특히 꽃가루에 민감한 계절성 비염 환자는 꽃가루의 농도가 높은 날에는 가급적 외출을 자제하는 것이 좋다. 치료 약물 중 코에 분무하는 (㉡)은/는 장기간 사용 시 코막힘이 더 심해지는 반동 작용이 나타날 수 있어 주의가 필요하다고 전문가들은 권고한다. 알레르기 비염을 방치하면 천식, 부비동염, 중이염 등의 합병증 발생 위험이 높아 적극적인 예방과 관리가 필요하다.

[○○○ 의학전문기자]

6. 부비동염(sinusitis)이 가장 잘 발생하는 곳은? '93 임용

① 상악동   ② 사골동
③ 접형동   ④ 전두동

7. 부비동 수술환자의 간호 방법으로 옳지 않은 것은? '95 임용

① 가습기를 틀어준다.   ② 얼음주머니를 대준다.
③ 코를 자주 풀도록 한다.   ④ 비인후로 나오는 침을 삼키도록 한다.

8. 감기를 일으키는 가장 흔한 virus는? '94 임용

① Rhino virus   ② Coxsackie virus

③ Adeno virus   ④ Influenza virus

9. 편도선 절제술의 대상이 되지 않는 것은? '92 임용

① 급성 편도선염으로 인한 비대증

② 만성적 염증 비대

③ 일측성 고도 비대

④ 비대로 인한 호흡장애

10. 다음 중에서 어느 전염병이 유행할 시기에 편도선 적출술을 금해야 하는가? '93 임용

① 유행성 이하선염   ② 회백수염

③ 유행성 출혈열   ④ 뇌막구균성 뇌막염

11. 〈보기〉의 특징을 나타내는 질환은? '92 임용

> ┌─◆ 보기 ◆─
> • 추운 계절 밤에 잘 일어난다.
> • 흡기 시 천명음과 흉부 함몰이 동반된다.
> • 호흡 촉진을 위하여 고습도 환경을 유지해야 한다.

① 크룹(Croup) 증후군   ② 급성 인두염(Acute pharyngitis)

③ 기흉(Pneumothorax)   ④ 급성 편도선염(Acute tonsillitis)

12. 백혈병으로 입원한 아동의 구강 간호로 거리가 먼 것은? '93 임용

① 부드러운 칫솔로 이를 닦는다.

② 잇몸의 기계적 자극을 줄이기 위해 연식을 준다.

③ 과산화수소나 레몬 액으로 입 안을 헹구어 낸다.

④ 건조감과 구열을 막기 위해 윤활유를 바른다.

13. 다음 중에서 주로 남아에게서 볼 수 있는 질환은? '93 임용

① 소아마비(poliomyelitis)
② 다발성 신경감염 증후(Guillain-Barre증후)
③ 진행성 근육 퇴화증(Progressive muscular dystrophy)
④ 골연골증(osteochondroma)

5절 ▸ 학령기 아동

| 정답 및 해설 p.779

1. 유행성 각결막염(아폴로 눈병)의 원인균은? '95 임용

① 포도상구균   ② 연쇄상구균
③ 엔테로 바이러스   ④ 아데노 바이러스

2. 소아 당뇨의 특징으로 옳은 것은? '92 임용

① 식이요법만으로 조절이 잘 된다.
② 대부분 인슐린 의존형이 아니다.
③ 인슐린 과잉, 체중감소, 탈수 증상이 있다.
④ 갑자기 발생하여 바이러스 감염 후 종종 발병한다.

3. 소아당뇨병에 대한 설명으로 맞는 것은? '94 임용

① 비만증과 관계있으며 서서히 진행된다.
② ketoacidosis가 성인보다 흔하다.
③ 내복용 혈당저하제가 1/3에서만 도움이 된다.
④ 식사요법만으로 충분하며 insulin이 꼭 필요하지 않다.

4. 소아형 당뇨에 대한 설명으로 옳지 않은 것은? '96 임용

① 갑자기 시작   ② ketoacidosis가 잘 온다.
③ 식사용법으로 충분하다.   ④ 흔히 신우신염, 호흡기 감염이 진행된다.

5. Aspirin을 사용했을 때, Reye증후군이 나타날 수 있는 질환으로 옳은 것은? '94 임용

① 결핵, 수두
② 수두, 종양
③ 수두, 소아마비
④ 수두, 인플루엔자

6. 1형 당뇨병으로 진단 받은 초등학생의 부모를 대상으로 하는 보건교육 내용으로 옳은 것을 〈보기〉에서 모두 고른 것은? '10 임용

┌─ 보기 ─┐

ㄱ. 하루 세 번 규칙적으로 식사를 하게 하고, 간식은 주지 않는다.
ㄴ. 저혈당 시에는 다뇨, 다갈, 둔감한 감각, 느리고 약한 맥박 등이 나타난다.
ㄷ. 고혈당 시에는 케톤산증을 일으킬 가능성이 높다.
ㄹ. 혈당이 300~400mg/dℓ 이상인 경우에는 강도가 높은 운동을 하도록 한다.
ㅁ. 당화혈색소(HbA1c) 검사치는 혈당 조절 상태를 반영한다.

① ㄱ, ㄴ
② ㄷ, ㅁ
③ ㄱ, ㄹ, ㅁ
④ ㄴ, ㄷ, ㄹ
⑤ ㄷ, ㄹ, ㅁ

7. K 군(남, 12세)은 베커형(Becker type) 근이영양증(Muscular dystrophy) 진단을 받았다. K 군의 부모에 대한 교육 내용으로 옳지 <u>않은</u> 것은? '13 임용

① 반성 열성 유전에 의해 발생됨을 인지시킨다.
② 근육의 기능을 유지하기 위한 운동을 권장한다.
③ 호흡 운동을 자주 시켜 호흡 근육을 강화시킨다.
④ 하지의 골격근부터 근육의 소모와 위축이 발생하므로 잘 넘어질 수 있음을 인지시킨다.
⑤ 디스트로핀(Dystrophin)이 존재하지 않아 근섬유의 괴사가 빨리 진행되어 증상이 심하게 나타남을 인지시킨다.

6절· 청소년기 아동

| 정답 및 해설 p.780

1. 보건교사가 연소성 류머티스양 관절염(Juvenile rheumatoid arthritis)의 소수관절형으로 진단 받은 여중생에 대한 간호를 계획하고 있다. 약물의 투여 및 이에 따른 부작용관리 외에 이 질환의 증상을 고려하여 학생에게 제공해야 할 주요한 신체적 간호를 5가지만 쓰시오. [4점] '08 임용

2. 유치원에 다니는 Y 양(여, 7세)이 가성 성조숙증(말초성 성조숙증, Peripheral precocious puberty) 진단을 받았다. Y 양의 부모 교육 내용으로 옳은 것만을 〈보기〉에서 있는 대로 고른 것은? '13 임용

┌─◆보기◆──┐
ㄱ. 성선자극호르몬의 조기 분비로 인해서 유방 비대와 음모 출현, 월경 등의 이차 성징이 나타난다.
ㄴ. 또래에 비해 골성숙이 일찍 나타나 빠르게 성장하지만, 성장판이 조기에 닫힐 수 있다.
ㄷ. 나이에 비해 신체적으로 성숙한 외모를 지녔지만, 실제 나이에 맞는 활동을 하게 해 주어야 한다.
ㄹ. 성선의 발달로 성숙한 난자가 생산될 수 있어서 임신에 대한 성교육이 필요하다.
└──┘

① ㄱ, ㄴ   ② ㄱ, ㄷ   ③ ㄴ, ㄷ
④ ㄱ, ㄴ, ㄹ   ⑤ ㄴ, ㄷ, ㄹ

3. 남아의 이차성징 호르몬은? '93 임용

① 에스트로겐   ② 안드로겐
③ 성장호르몬   ④ 갑상선 호르몬

4. 다음은 사춘기 남학생과 여학생의 성적 성숙 변화 단계(Tanner stage)를 나타낸 그림이다. 그림에 대한 설명으로 옳은 것은? [2.5점] '13 임용

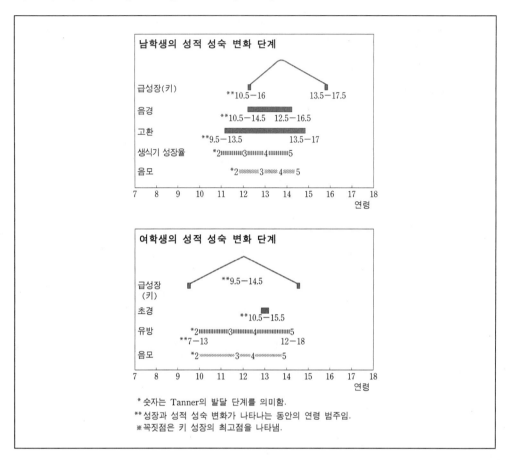

① 남학생은 음경이 커지면서, 여학생은 유방이 돌출되면서 성적 성숙이 시작된다.

② 키 성장의 최고점을 나타내는 꼭짓점은 여학생이 남학생보다 먼저 나타난다.

③ 남학생은 고환이 커진 후 약 1년 정도 지나면 음경과 음모가 발달하고, 여학생은 성장이 시작되는 시기에 초경이 나타난다.

④ 남학생은 음경의 변화와 음모의 발달로, 여학생은 월경의 변화와 음모의 발달로 성적 성숙 변화의 2~5단계 계측을 한다.

⑤ 여학생이 남학생보다 먼저 이차 성징이 나타나고, 남학생과 여학생 모두 성적 성숙 변화의 3단계에 이른 후에 키의 성장이 일어난다.

5. 다음 김○○ 학생의 진료 기록지를 근거로 (   ) 안에 들어갈 진단명을 쓰시오. [2점] '14 임용

진료 기록지			
이름	김○○	성별/연령	남/12세
구분	항목	결과	
신체검진	신장	130.0cm(3백분위 수 미만)	
	체중	33.5kg(10백분위 수)	
	머리둘레	51.0cm(정상범위)	
진단검사	약물자극검사	성장호르몬 최고 반응치 4.2ng/mL	
	방사선검사	골격 발육 지연	
병력 조사	○ 전반적인 건강 상태 : 양호 ○ 부모와 누나의 키 : 정상 ○ 키의 성장 속도 : 지연 ○ 학급에서 가장 키가 작고 친구들이 어린아이로 취급하는 경향이 있음		
진단명	( )		
판정의사	면허 번호	XXXX	
	의 사 명	이○○	

6. 다음은 ○○고등학교의 보건 교육 시간에 A학생이 발표한 남·여의 성적 성숙에 대한 내용이다. ㉠, ㉡에 해당하는 신체 부위를 순서대로 쓰시오. [2점] '19 임용

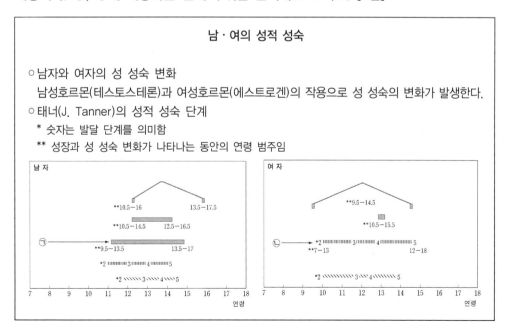

남·여의 성적 성숙

○ 남자와 여자의 성 성숙 변화
남성호르몬(테스토스테론)과 여성호르몬(에스트로겐)의 작용으로 성 성숙의 변화가 발생한다.

○ 태너(J. Tanner)의 성적 성숙 단계
  * 숫자는 발달 단계를 의미함
  ** 성장과 성 성숙 변화가 나타나는 동안의 연령 범주임

아동의 심리적 건강문제

출제경향 및 유형

'92학년도	
'93학년도	
'94학년도	
'95학년도	
'96학년도	
'97학년도	
'98학년도	소아비만의 문제점과 관리방법(지방)
'99학년도	소아비만의 원인, 정도, 문제점과 구체적인 체중 관리방법
후 '99학년도	
2000학년도	
2001학년도	
2002학년도	강간상해 증후군 심리적 반응 3단계
2003학년도	ADHD 아동의 관리방법 중 약물요법을 제외한 일반적인 관리 방법
2004학년도	비만학생의 식이요법 실천방안, 비만평가 시 신체측정자료
2005학년도	학령기 아동에게 사고위험이 높은 이유, 신체적 학대 시 나타나는 신체적 징후
2006학년도	전기기구 취급에 관한 주의사항(안전교육)
2007학년도	외상 후 스트레스 장애(PTSD) 간호중재
2008학년도	ADHD 진단기준(과잉행동-충동성의 진단 기준), 비만도 산출과 판정
2009학년도	비만판정 및 비만 시 예측 가능한 건강문제, ADHD 대처방안, 아동학대 발견 시 보건교사의 우선적 조치, 아동학대의 사정, 응급조치, 중재방안, 공황장애
2010학년도	주의력 결핍 과잉행동장애 약물 메틸페니데이트(methylphenidate)의 부작용, 읽기장애, 틱, 뚜렛 장애, 렛트 장애, 품행장애, 반항성장애, 학교복도와 계단 낙상예방 방안(안전교육)
2011학년도	
2012학년도	외상 후 스트레스 장애(PTSD)의 주요 증상, 신체적 학대에 의한 신체부위
2013학년도	주의력 결핍 과잉행동장애의 지도를 위해 교사가 알아야 할 내용
2014학년도	아동학대 유형과 신고
2015학년도	
2016학년도	외상 후 스트레스 장애(PTSD)의 진단기준에 주요 임상적 양상 4가지
2017학년도	
2018학년도	
2019학년도	PTSD의 재경험, 플래시백
2020학년도	아동학대 유형
2021학년도	틱, 뚜렛 장애
2022학년도	
2023학년도	

출제포인트

아동의 심리적 건강문제의 주요 출제 포인트는 아동학대이다. 아동학대의 사정요소 및 응급처치 및 관리내용이 자주 출제된다. 이외 주의력 결핍 과잉행동장애 또한 학교에서 증가함을 보이는 만큼 출제율도 지속적이다. 또, 성인의 대사증후군의 시작은 소아아동부터 진행되는 비만과 관련성이 높은 만큼 소아비만의 판단사정도구들과 관리방법들을 자세히 정리해 두어야 한다.
아동과 청소년의 자기중심적 심리특성과 관련한 안전사고도 상당히 중요하게 다루어져야 하고, 성학대나 학교 집단따돌림, 학교폭력 등과 함께 외상 후 스트레스 장애도 높은 비중으로 관심 있게 정리해야 할 분야들이다.

1절 ✦ 외상 후 스트레스 장애(PTSD)

| 정답 및 해설 p.783

1. 강간 피해자는 일반적으로 강간상해 증후군이라는 생명을 위협하는 상황에 대한 급성 스트레스성 반응을 보인다. 강간상해 증후군을 보이는 피해자의 심리적 반응 3단계의 명칭과 그 특성을 기술하시오. [6점] '02 임용

2. 최근 집의 화재를 경험한 학생이 심한 불안 증상을 보이며 보건실을 방문하였다. 보건교사는 '외상 후 스트레스 장애(Post-traumatic Stress Disorder)'로 판단하고 간호중재를 하려고 한다. 이에 포함할 내용을 6가지만 쓰시오. [4점] '07 임용

3. 방 양(11세)에게 적절한 간호 사정 및 중재만을 〈보기〉에서 있는 대로 고른 것은? '12 임용

> 방 양은 자다가 갑자기 몸을 떨고 울면서 괴성을 질렀다.
> 그래서 부모님은 방 양을 데리고 소아정신과를 방문하였고
> 면담 내용은 아래와 같다.
>
> 면담 내용 : 방 양은 2개월 전 성폭행을 당하였고, 경찰관에게
> 발견되어 곧바로 가까운 응급실로 후송되었다고
> 한다. 당시 방 양은 엄마를 알아보지 못하였고 가
> 쁜 숨을 몰아쉬었으며 안절부절못하였다고 한다.
> 또한 경찰관이 다가가자 화들짝 놀라며 구석으로
> 도망쳐 아빠가 불러도 나오지 않았다고 한다.
>
> 진   단 : 외상후 스트레스 장애

┌ 보기 ┐
ㄱ. 외상성 사건이 재현하는 것 같은 플래시백(flashbacks)을 경험한다.
ㄴ. 외상 당시 방 양이 보였던 불안, 충격 반응은 중등도 불안수준에 해당한다.
ㄷ. 이완 요법을 적용하면 외상 상황에 대한 강박적 반추를 조절하는 데 도움이 된다.
ㄹ. 외상 사건의 회상을 동반하는 정서적 반응을 관리하기 위해 인지 행동 치료를 한다.

① ㄱ, ㄴ   ② ㄴ, ㄷ   ③ ㄷ, ㄹ
④ ㄱ, ㄴ, ㄷ   ⑤ ㄱ, ㄷ, ㄹ

4. 정신질환의 진단 및 통계 편람 제5판(DSM-5)에서는 '외상 후 스트레스 장애(PTSD)'의 진단 기준에 주요 임상적 양상 4가지를 제시하고 있다. 보건 상담기록부에서 학생이 호소하는 증상을 근거로 하여 주요 임상적 양상 2가지를 쓰시오. [2점] '16 임용

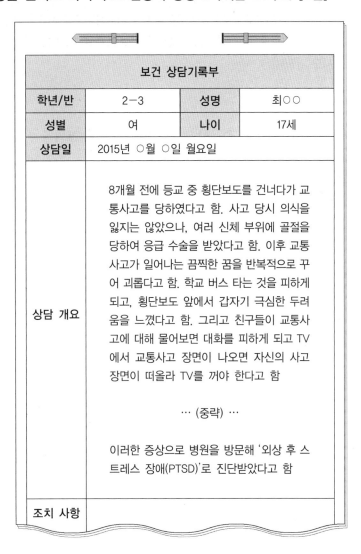

보건 상담기록부			
학년/반	2-3	성명	최○○
성별	여	나이	17세
상담일	2015년 ○월 ○일 월요일		
상담 개요	8개월 전에 등교 중 횡단보도를 건너다가 교통사고를 당하였다고 함. 사고 당시 의식을 잃지는 않았으나, 여러 신체 부위에 골절을 당하여 응급 수술을 받았다고 함. 이후 교통사고가 일어나는 끔찍한 꿈을 반복적으로 꾸어 괴롭다고 함. 학교 버스 타는 것을 피하게 되고, 횡단보도 앞에서 갑자기 극심한 두려움을 느꼈다고 함. 그리고 친구들이 교통사고에 대해 물어보면 대화를 피하게 되고 TV에서 교통사고 장면이 나오면 자신의 사고 장면이 떠올라 TV를 꺼야 한다고 함 … (중략) … 이러한 증상으로 병원을 방문해 '외상 후 스트레스 장애(PTSD)'로 진단받았다고 함		
조치 사항			

2절 · 주의력 결핍 과잉행동장애(ADHD)

| 정답 및 해설 p.785

1. 학령기 아동의 주의력 결핍 과잉행동장애(Attention Deficit Hyperactivity Disorder, ADHD)는 적절한 중재를 하지 않는 경우 사춘기, 성인기까지 연장되어 여러 가지 문제를 유발하게 된다. ADHD 아동의 관리방법 중 약물요법을 제외한 일반적인 관리 방법을 5가지만 쓰시오. [5점] '03 임용

2. 국내의 질병분류기준에서 적용하고 있는 미국정신의학협회의 주의력 결핍 과잉행동장애 (ADHD) 진단 기준에 따르면, 주의력 결핍과 과잉행동 − 충동성에 대해 각각 9가지 특징적인 증상 중 6가지 이상이 해당될 경우 진단을 내리도록 제시하고 있다. 그중 과잉행동 − 충동성의 진단 기준을 6가지만 쓰시오. [5점] '08 임용

3. 주의력 결핍 과잉행동장애(Attention Deficit/Hyperactivity Disorder) 진단을 받은 아동의 어머니가 보건교사와 상담 중에 "우리 아이가 이런 병에 걸린 건 내가 아이한테 뭔가 잘못한 것 같아요. 병을 낫도록 하기 위해 아이와 더 많은 시간을 함께 보내고 신경을 써야 하는데, 때때로 참을 수 없이 아이의 행동에 화가 치밀어 스스로 겁이 나요."라고 말하였다. 보건교사가 아동의 어머니에게 제시한 대처 방안 중 가장 적절한 것은?

'09 임용

① 주의력 결핍 과잉행동장애는 증상이 나아지기 어려우므로 어머니에게 성취감을 느낄 수 있는 다른 일을 찾아보도록 권유한다.
② 매일 이웃이나 친구를 만나 차를 마시며 대화를 나누도록 권유한다.
③ 어머니를 화나게 하는 아이의 분노나 공격심과 같은 감정은 어머니가 수용할 수 없다는 것을 아이에게 이해시키도록 권유한다.
④ 어머니가 아이의 문제를 다루기 어렵다고 생각되면 특수 시설에 맡길 것을 고려해 보도록 제시한다.
⑤ 아이를 잠깐씩 돌보아 줄 수 있는 자원을 활용해 어머니에게 규칙적인 휴식을 취하도록 권유한다.

4. 사례에서 보건교사가 정 군의 어머니에게 약물에 대하여 설명한 내용 중 옳은 것을 〈보기〉에서 모두 고른 것은? [2.5점] '10 임용

> 8세인 정 군은 돌출된 행동과 차례를 기다리지 못하는 태도 때문에 친구와 싸움이 잦았다. 또한 정 군은 교실에서 주의를 집중하지 못하고 자리를 지키지 못해 수업에 방해를 준다고 담임 선생님의 지적을 받았다. 정 군은 정신과에서 주의력 결핍 과잉행동장애로 진단을 받고 메틸페니데이트(methylphenidate)를 처방받았다. 그 후 정 군의 어머니는 약물에 대해 궁금하여 보건교사를 찾아왔다.

┌─ 보기 ─
│ ㄱ. "잠을 잘 자지 못할 수도 있습니다. 그때는 담당의사와 상의하여 투약 시간을 조절하십시오."
│ ㄴ. "식욕이 증진될 수 있으므로 영양 섭취를 제한하여 비만을 예방하여야 합니다."
│ ㄷ. "중추신경이 억제되므로 집중력이 증가되고 충동적인 행동이 줄어듭니다."
│ ㄹ. "장기 복용으로 인한 부작용을 예방하기 위해 학습에 영향이 적다고 생각되는 기간에는 약물 투여를 일시 중단할 수 있습니다."
│ ㅁ. "복통, 오심, 두통 등이 나타날 수 있습니다."

① ㄱ, ㄴ   ② ㄷ, ㅁ   ③ ㄱ, ㄹ, ㅁ
④ ㄴ, ㄷ, ㄹ   ⑤ ㄷ, ㄹ, ㅁ

5. 다음은 주의력 결핍 과잉행동장애(Attention Deficit Hyperactivity Disorder, ADHD) 진단을 받은 K 군(남, 9세)을 위한 교사 교육 내용이다. K 군의 지도를 위해 교사가 알아야 할 내용으로 옳은 것만을 〈보기〉에서 있는 대로 고른 것은? [1.5점] '13 임용

┌─ 보기 ─
│ ㄱ. 아동이 할 수 있는 일상 활동을 목록으로 만들어 메모해 주고, 하루의 계획에 미리 대비할 수 있도록 한다.
│ ㄴ. 집중력 부족, 과다행동, 충동성이 특징임을 이해한다.
│ ㄷ. 과제의 양은 아동이 스스로 할 수 있는 만큼 조정해 주고, 과제는 구체적이고 쉽게 제시하여 자신감을 키워 준다.
│ ㄹ. 아동은 자극에 민감하고 충동적이므로 환경적 자극을 최소화하고, 환경을 일관성 있게 유지한다.
│ ㅁ. 보건교사는 아동의 특별한 요구를 이해하고, 담임교사나 관련 교사와 협력하여야 한다.

① ㄱ, ㄴ, ㄹ   ② ㄱ, ㄹ, ㅁ   ③ ㄴ, ㄷ, ㄹ
④ ㄴ, ㄷ, ㅁ   ⑤ ㄱ, ㄴ, ㄷ, ㄹ, ㅁ

3절· 특정학습장애

| 정답 및 해설 p.787

1. 올해 초등학교에 입학한 성길이는 소아정신과 진료 결과 '읽기장애(reading disorder)' 로 진단받았다. 성길이의 학교생활을 걱정한 어머니는 보건교사와 상담을 하였다. (가)~(마)의 내용 중 옳지 않은 것은? [1.5점] '11 임용

> 어머니 : 읽기장애가 도대체 뭐지요?
> 보건교사: (가) 읽기장애는 정상적 수업을 받았는데도 글자를 인지하지 못하는 것입니다.
> 어머니 : 그럼 읽기장애가 있다는 것은 지능이 떨어진다는 말인가요?
> 보건교사: (나) 아니에요, 단지 읽기에 어려움이 있는 것이지 지능은 정상입니다.
> 어머니 : 지능이 정상이라면 눈에 이상이 있다는 말인가요?
> 보건교사: (다) 읽기장애 아동의 10% 정도에서 시각장애를 보입니다.
> 어머니 : 여동생이 있는데 그 아이는 괜찮을까요?
> 보건교사: (라) 여자 아이는 남자 아이보다 읽기장애가 더 많으니까 검사를 미리 해보는 것이 좋습니다.
> 어머니 : 지금까지는 별 문제없이 잘 자랐는데 왜 이제 문제가 생긴 건가요?
> 보건교사: (마) 읽기장애는 일곱 살에서 아홉 살 사이에 진단이 가능합니다.

① (가)   ② (나)   ③ (다)
④ (라)   ⑤ (마)

2. 다음은 보건교사가 동료교사와 나눈 대화 내용의 일부이다. 밑줄 친 ㉠과 ㉡에 공통으로 해당하는 장애의 명칭과 괄호 안의 ㉢에 들어갈 장애의 명칭을 순서대로 쓰시오. [2점]

'21 임용

> 동료교사 : 우리 반 남학생 한 명이 ㉠ 스트레스 상황이 되면 갑자기 반복적으로 눈을 깜박이고 머리를 흔들며 헛기침을 하고 얼굴이나 이마를 씰룩거리기도 해요. 왜 그럴까요?
>
> 보건교사 : ㉡ 정확한 원인은 밝혀져 있지 않으나 여러 요인이 복합적으로 작용해서 발생해요. 남자에게 더 많이 발생하고요. 불수의적이고 반복적인 신체 움직임으로 잘 알아차리지 못하는 경우도 있지만, 심하면 일상생활에 지장을 주기도 하지요.
>
> 동료교사 : 어떻게 하면 관리가 될까요?
>
> 보건교사 : 일반적으로 관리는 학생의 일상생활에서 스트레스를 줄여 주는 데 중점을 두어야 합니다. 행동에 대해 야단치거나 못하게 하고 지적하는 것은 오히려 증상을 더 심하게 할 수 있어요.
>
> 동료교사 : 아… 그렇군요. 그런데 그런 아이들 중에는 소리도 내고 욕도 같이 하는 경우도 있다는데요. 그건 뭔가요?
>
> 보건교사 : 그것은 다른 유형으로, 그 증상이 1년 이상 지속되면 (㉢)(이)라고 합니다. 때로는 사회적으로 용납되지 않는 단어나 욕설 등을 반복적으로 하기도 하지요.
>
> … (하략) …

4절 안전

| 정답 및 해설 p.788

1. 초등학교 보건교사가 안전사고 예방교육을 계획하고 있다. 효과적인 교육을 위해서는 발달특성에 대한 이해가 필요하다. 학령기 아동에게 사고위험이 높은 이유를 발달특성과 관련하여 5가지만 쓰시오. [3점] '05 임용

2. 보건교사가 가정에서의 전기사고에 대한 안전교육을 위해 교육자료를 만들고자 한다. 교육자료에 포함되어야 할 전기기구 취급에 관한 주의사항을 8가지만 쓰시오. [4점] '05 임용

3. 다음 사례를 읽고 물음에 답하시오. [30점] '10 임용

> 다음은 ○○초등학교에서 발생한 상황이다.
>
> 신장과 체중이 정상 발달 상태에 있는 5학년 남학생 철수는 평소 건강하게 지내며 학교생활에
> 잘 적응하고 있다. 오늘 2교시를 마치고 쉬는 시간에 과학실을 가기 위해 계단을 한번에 2~3칸
> 씩 뛰어 내려가다가 미끄러져 넘어지면서 계단 아래 바닥에 떨어지게 되었다. 철수는 혼자 일어
> 나려고 애썼으나 도저히 일어날 수 없었고, 이를 발견한 친구들이 도와서 교실까지 오게 되었다.
> 교실에 도착한 철수의 상태를 담임교사가 알게 되어 즉시 보건교사에게 보내졌다. 철수는 제대
> 로 걷지 못하고 한쪽 다리에 의지해 양쪽에서 담임교사와 친구들의 부축을 받으면서 보건실에
> 도착했다. 보건교사가 철수의 신체검진을 일부분 실시하였고 그 결과는 다음과 같다.
>
> • 의식상태 : 명료하다.
> • 지남력 : 시간, 장소, 사람에 대하여 분명하게 인식한다.
> • 활력증후 : 맥박은 90회/분, 호흡은 22회/분, 혈압은 105/60mmHg이다.
> • 두경부 : 두피에 병변이 없으며 두개골이 정상이다.
> • 팔과 어깨의 양팔을 올릴 수 있고, 어깨는 대칭적이다.
> • 복부 : 부드럽고 압통은 없다.
> • 기타 : 외관성 골조직이 외부에 노출되어 있지 않다.

보건교사가 철수의 다리 부위가 골절되었음을 의심한다면 더 확인해야 할 신체사정 내용
과 철수에게 시행해야 할 응급처치를 기술하고, 초등학생의 발달 특성과 관련하여 학교
복도와 계단에서의 낙상 예방을 위한 방안을 제시하시오.

5절 ✦ 아동학대

| 정답 및 해설 p.789

1. 초등학교 보건교사가 보건실을 찾아 온 아동의 신체에서 상해 흔적을 발견하고, 아동학
대의 징후가 있는지 확인하고자 한다. 아동의 신체적 학대 시 나타나는 신체적 징후를
4가지만 기술하시오. [3점] '05 임용

2. 보건교사가 두통을 호소하며 보건실을 방문한 학생을 사정한 결과 몸 전체에서 멍을 발견하였다. 학생은 아버지로부터 상습적인 폭행을 당하고 있어 집으로 돌아가는 것을 두려워하며 위축되어 있다. 보건교사가 가장 우선적으로 취해야 할 조치는? '09 임용

① 교육감에게 보고한다.

② 학생을 아버지로부터 격리한다.

③ 아버지 이외의 다른 보호자와 면담한다.

④ 학생의 가정과 양육 환경에 대해 조사한다.

⑤ 아동보호 전문기관 또는 수사기관에 신고한다.

3. 다음 사례에 근거하여 보건교사가 실시할 수 있는 사정, 응급조치 및 중재방안에 대하여 논하시오. [10점] '09 임용

> Y 초등학교 2학년 4반 담임교사가 7월 초에 보건교사에게 자신이 담임을 맡고 있는 학급의 B 학생 문제를 상담하였다. B 학생은 친구들에게 자주 폭력을 행사하고 수업 시간에 집중을 하지 못하며 교실을 돌아다니는 산만한 행동을 보이는 등 담임교사는 B 학생을 어떻게 다루어야 할지 잘 모르겠다고 말하였다. 보건교사가 B 학생을 상담할 때 B 학생은 보건교사와 눈을 마주치지 못하였고, 팔과 다리를 가리는 긴 옷을 입고 있었다. 보건교사가 팔을 걷어보니 멍 자국이 여러 군데 있어 이유를 물으니 넘어져서 생긴 것이라고 말하면서 옷을 얼른 내렸다.
> 보건교사가 담임교사와 함께 B 학생의 집을 방문하였는데, B 학생은 두려운 표정을 지으며 자신의 어머니가 오기 전에 빨리 돌아가 달라고 애원하였다. 그래서 이웃에 사는 B 학생의 이모와 상담한 결과, B 학생의 어머니는 어릴 때 계모 밑에서 매를 맞으며 자랐고, 어린 나이에 결혼하여 B 학생을 미숙아로 출산하였다고 한다. 또 가정불화로 남편과 이혼한 후 경제적으로 어렵게 살아가고 있고, 아들이 짐스럽고 힘들다며 욕설을 하고 때린다고 하였다. 그러나 주위 사람들에게는 아이가 없으면 못 산다고 말하는 등 이모가 볼 때, B 학생의 어머니는 아이를 무척 사랑한다고 하였다. B 학생의 이모는 자주 와서 B 학생을 돌봐주고 싶지만 생활이 어려워 그렇게 하지 못하는 실정이다. 이러한 상황을 고려하여 보건교사는 '아동학대'로 결론을 내렸다.

4. 유아(1~3세)의 그림 (가)~(마) 중에서 신체적 학대에 의한 멍이나 상처의 가능성이 가장 낮은 신체부위는? [1.5점] '12 임용

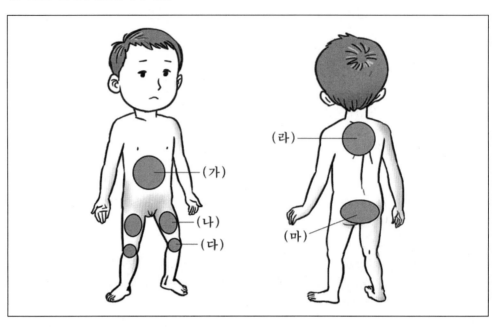

① (가)　　　　　　② (나)　　　　　　③ (다)

④ (라)　　　　　　⑤ (마)

5. 다음은 교사들을 대상으로 한 아동 학대에 대한 교육 자료이다. 괄호 안의 ㉠, ㉡에 해당하는 내용을 차례대로 쓰시오. [2점] '14 임용

아동 학대 유형 및 예방*

대상	○○초등학교 교사	인원	○○명
일시	2013년 ○월 ○일 ○시	장소	교무실

□ 기본 방침
  ○ 학생의 권익 보호와 최적의 발달을 고려한 체계적·실질적인 학교 보건 교육의 내실화
  ○ 폭력 및 아동 학대로부터 학생을 보호하고 학대 아동의 발견, 보호, 치료에 대한 신속한 처리

1. 아동 학대의 유형

유형	주요 내용
신체 학대	신체에 손상을 주는 학대 행위
정서 학대	정신 건강 및 발달에 해를 끼치는 정서적 학대 행위
성 학대	성적 수치심을 주는 성희롱, 성폭행 등의 학대 행위
(㉠)	자신의 보호 감독하에 있는 아동을 유기하거나 의식주를 포함한 기본적 보호, 양육 및 치료를 소홀히 하는 학대 행위

2. 아동 학대의 신고

항목	주요 내용
신고 기관	아동 보호 전문 기관 또는 수사 기관
(㉡)	교직원, 의료인, 아동 복지 시설의 장 및 종사자, 가정 폭력 관련 종사자, 사회복지 전담 공무원 등
신분 보호	신고인 신분은 보호되어야 하며, 그 의사에 반하여 신원이 노출되어서는 안 된다.

3. 아동 학대 예방 프로그램

1차 프로그램	정보 제공, 교육 훈련, 인식 변화를 위한 각종 홍보 및 캠페인

… (하략) …

* 출처 : 아동복지법[시행 2013. 6. 19.] [법률 제11572호, 2012. 12. 18., 타법개정]

6. 다음은 인터넷 뉴스에서 발췌한 기사이다. 밑줄 친 ⊙, ⓒ에 해당하는 아동학대 유형을 순서대로 쓰시오. [2점] '20 임용

매년 증가하는 아동학대 '우리 아이들을 지켜주세요.'

아동학대 신고 접수 건수가 매년 증가하고 있다.
이는 2014년 아동학대범죄의 처벌 등에 한 특례법이 제정되면서 아동학대를 바라보는 시선이 단순 가정사라는 인식에서 범죄라는 인식으로 변화된 것에 기인한다.
그동안 가정 내에서 발생하여 표면적으로 드러나지 않았던 아동학대에 대해 주변의 이웃 또는 학대를 당한 아동들의 적극적인 신고가 이어지고 있다.

아동학대는 다음과 같이 다양한 형태로 나타난다.
− 신체 폭력이나 가혹 행위
− 아동 대상의 모든 성적 행위
− ⊙ 언어적 폭력
− 가족 내에서 왕따 시키는 행위
− 필요한 의료적 처치를 하지 않는 것
− 잠을 재우지 않는 것
− 의식주를 제공하지 않는 것
− 위험한 환경에 아동을 내버려 두는 것
− 형제나 친구 등과 비교·차별하는 것
− ⓒ 아동의 만성 무단결석을 방치하는 것
− 아동을 보호하지 않고 버리는 것

… (하략) …

○○ 뉴스 차△△ 기자

6절· 소아비만

| 정답 및 해설 p.792

1. 소아비만이 성인비만보다 문제시되는 이유는 무엇인지 밝히고 소아비만의 관리방법에 대하여 기술하시오. '98 지방

2. 11세 여학생의 신장과 체중을 측정한 결과 신장 145cm, 체중 49kg이었다. 이 학생의 신장에 대한 표준체중은 39kg이다. 학교건강검사규칙(제4조 2항 관련 별표1)에 기초하여 표준체중에 의한 상대체중으로 비만도를 산출(소수점 첫째 자리까지)하고, 비만 정도를 판정하시오. [4점] '08 임용

3. 체육시간이면 배가 아프다고 자주 양호실을 찾는 초등학교 3학년 힘찬이의 어머니가 전화를 하였다. 어머니는 힘찬이가 친구들이 뚱뚱하다고 놀리며 따돌려서 학교에 가기 싫어한다고 말하였다. 힘찬이의 키는 130cm이며 몸무게는 40kg이다. 부모님은 가게를 운영하느라 밤늦게 돌아오는데, 힘찬이는 이때까지 기다렸다가 함께 식사를 한다. 힘찬이는 기다리는 동안에 좋아하는 튀김류의 간식을 먹으며 컴퓨터 게임을 즐긴다. 보건교사가 어머니에게 알려 주어야 할 힘찬이의 비만 정도, 비만의 원인 및 문제점, 구체적인 체중 관리 방법에 대하여 기술하시오. '99 임용

4. 보건교사는 초등학교 학생들의 비만이 심각한 상태라고 판단하고 신체 계측을 실시하여 비만 학생을 선별하였다. 이와 관련하여 다음 물음에 답하시오. '04 임용

4-1. 비만 학생을 위해 보건교사는 식이 요법, 운동 요법, 행동 요법, 스트레스 관리, 가족에게 협조 요청 등의 중재 전략을 설정하였다. 이 가운데 식이 요법과 관련된 구체적인 실천 방법을 5가지만 쓰시오. [5점]

4-2. 비만 학생에게 8주 동안 식이 요법을 시행하였다. 그 효과를 평가하려고 할 때, 사용할 수 있는 신체 측정 자료를 6가지만 쓰시오. [3점]

제4강 청소년 심리적 건강문제

출제경향 및 유형

'92학년도	
'93학년도	
'94학년도	
'95학년도	
'96학년도	
'97학년도	
'98학년도	초등학교 고학년 학생의 성장발달 과정에 나타나는 특징, 약물남용의 1차 예방법
'99학년도	자살예고행동, 자살위험사정, 자살예고 행동단서, 자살위험 정도의 사정
후 '99학년도	중학생(12~15세)의 Freud · Erikson · Piaget의 발달단계, 흡연이 인체에 미치는 기관별 영향, 약물남용 학생의 행동적 특성
2000학년도	'흡연이 청소년에게 미치는 영향'의 교육내용, 청소년 흡연이 특히 나쁜 이유
2001학년도	청소년기 발달과업 5가지, 발달과업 성취를 위한 중재내용 3가지, 니코틴 의존도가 높은 사람의 특성 3가지
2002학년도	청소년기 가족 발달과업, 우울증의 간호중재, 우울 증상을 해결하기 위하여 가족적 접근 외에 할 수 있는 간호중재
2003학년도	학생의 폭력 피해 징후-신체적, 정서적, 사회적 측면에서 5가지
2004학년도	집단 따돌림의 학교 대책방안
2005학년도	신경성 식욕부진증 증상과 간호중재
2006학년도	청소년 초기의 자기중심적 사고 - 상상적 청중(imaginary audience)과 개인적 우화(personal fable), 거식증의 진단 기준
2007학년도	
2008학년도	청소년의 주요한 자살 심리
2009학년도	성폭력, 공황장애, 자살 위험도를 사정
2010학년도	성학대 예방교육, 1형당뇨병 부모교육, 물질남용의 물질에 대한 이해교육, 틱, 뚜렛 장애, 렛트 장애, 품행 장애, 반항성 장애, 자살증상 판단 후 자살 예방간호
2011학년도	신경성 식욕부진증과 신경성 폭식증의 증상 비교
2012학년도	폭력 잠재성 위험을 가진 학생의 간호, 약물중독 관련 용어(오용, 내성, 의존, 금단증상)
2013학년도	
2014학년도	
2015학년도	
2016학년도	
2017학년도	신경성 식욕부진증의 진단 및 대처방법
2018학년도	
2019학년도	자살의 유형, 위험요인, 중재
2020학년도	섭식 장애의 유형(신경성 식욕부진증, 신경성 폭식증)
2021학년도	
2022학년도	적대적 반항 장애, 품행 장애, 카페인 중독
2023학년도	

출제포인트

청소년의 우울과 자살, 섭식 장애는 매우 출제비율이 높다. 우울은 새로운 DSM5 진단에 맞추어 정리하고, 자살은 사정(위험요인), 중재가 중요하다. 섭식 장애는 외모에 대한 지나친 집착으로 정상에서 벗어난 증상과 사고들을 사정할 수 있어야 한다. 약물 오남용이나 흡연 및 음주는 앞으로 출제비율이 지금보다 높아질 것으로 예상된다. 2019학년도에 기출된 흡연처럼 상당히 상세한 병태생리의 질문에도 대비해야 한다.
학교폭력이나 집단따돌림의 증후도 미리 관찰해내는 것이 중요하고, 이로 인한 청소년의 외상 후 스트레스 장애(PTSD)에 대한 대비도 해야 한다.

1절 ◆ 청소년 발달특성

| 정답 및 해설 p.793

1. 초등학교 고학년 학생의 성장발달 과정에 나타나는 특징을 제시하시오. '98 임용

2. 청소년기는 성장발달과 학습과정에 많은 변화가 일어나는 시기이다. 청소년기에 성취해야 할 발달과업과 이 시기의 학생들에게 보건교사가 중재해야 할 내용을 설명하시오. [총 8점] '01 임용

3. 청년 초기는 청년 후기에 비해 신체 변화가 급격하여 자기중심적 성향이 강하게 나타나고, 때로는 위험이 따르는 다양한 활동에 쉽게 가담하게 되기도 한다. 이와 같은 청년 초기의 자기 중심적 사고를 반영하는 특성에는 상상적 청중(imaginary audience)과 개인적 우화(personal fable)가 있다. 이들에 대해 각각 2줄 이내로 설명하시오. [4점] '06 임용

2절· 청소년 우울

| 정답 및 해설 p.795

1. 아래의 내용은 A 중학교 보건교사가 기록한 학생건강상담일지의 일부분이다. 김○○ 학생의 두통을 가족적 문제에 기인한 것으로 판단한 보건교사는 문제 해결을 위해 가족적 접근을 하고자 한다. 다음 물음에 답하시오. '02 임용

> ○ 내담 학생: ○학년 ○반 김○○
> ○ 내담자 호소내용: 거의 매일 두통
> ○ 병리적 소견: 병원 의뢰결과 특이한 병리적 소견 없음
> ○ 담임 소견
> • 학교생활 태도: 잦은 결석과 정서불안, 낮은 학습집중력, 불결함, 친구도 별로 없고 모든 활동에 의욕이 없으며 항상 우울해 보임
> • 가족상황: 부모의 이혼으로 현재 할머니, 아버지, 동생과 살고 있음

위 학생이 보이는 우울 증상을 해결하기 위하여 가족적 접근 외에 할 수 있는 간호중재를 4가지만 쓰시오. [4점]

3절· 청소년 자살

| 정답 및 해설 p.795

1. 십대들이 자살하는 사례가 증가하여 사회 문제가 되고 있으므로 보건교사는 이러한 문제에 대한 예방교육을 실시하여야 한다. '99 임용

1-1. 보건교사가 학부모 및 교사들을 대상으로 자살 예방교육을 할 때, 학부모와 교사들에게 알려주어야 하는 자살 예고 행동단서를 10가지 이상 나열하시오.

1-2. 교육실시 후 어느 담임교사로부터 자살 위험이 있는 학생의 상담을 의뢰받았다. 이 학생의 자살 위험 정도를 사정할 때 반드시 포함해야 할 내용을 5가지 이상 제시하시오.

2. 아래의 글을 읽고 A양의 자살 위험 증상을 도출하고, A양의 자살 예방을 위한 간호계획을 구체적으로 서술하시오. [20점] '10 임용

고등학교 2학년 학생이 보건교사에게 와서 자신의 친구 A양이 보낸 "죽고만 싶다."라는 문자를 보여 주면서 걱정하였다. 그래서 보건교사가 A양의 담임교사와 부모를 통해서 다음과 같은 내용을 파악하였다.

○ 가족 관계
- 2녀 중 막내이다.
- 부모는 언니와 밀착되어 있다.
- 아버지가 지배적이고 성격이 강박적이며 완벽주의자이다.
- 부모 사이가 갈등상태에 있다.

○ A양의 상황
A양의 언니는 중학교 때부터 대학교 1학년 현재까지 계속 장학금을 받아왔으며 팔방미인이라는 소리를 듣고 있고 부모님의 사랑을 독차지하고 있다. 반면에 A양은 어렸을 때부터 언니와 비교되면서 자신이 열등하다는 생각에 사로잡히고 자신을 무가치하다고 여기며 의기소침해지는 경우가 많다. 자신도 인정을 받으려고 노력하여 1학년 때는 성적이 상위권이었으나 요즘 들어 성적은 계속 떨어져 불안해지면서 잠을 제대로 잘 수가 없다. 성적에 대한 아버지의 비난과 질책으로 고통스러워했고, 아버지에 대한 분노가 마음속에 있지만 두려워서 표현하지 못하고 그냥 참고 지낸다. 학교에서 친구들이 부모님 이야기를 하면 슬그머니 자리를 피하곤 했다. 그동안 친하게 지내던 몇 명 안 되는 친구들과 사이가 멀어지면서 외로움이 밀려와 공부를 해도 집중이 안 된다. 친구들로부터 자기만 따돌려지는 것 같아 소외감이 들고, 자신감이 없어지고 한편으로는 화가 나고 한없이 자신이 초라하게 느껴졌다. 방과 후에도 거의 활동을 하지 않고, 집안에서는 부모님과 대화를 거의 하지 않고 방에 들어가 울기만 하면서 이렇게 사는 것보다는 '차라리 죽는 것이 낫지 않을까'라는 생각을 자주 한다.

3. 우울증이 있는 16세 청소년의 자살 위험도를 사정하기 위한 질문으로 가장 적절한 것은?

'09 임용

① "자살에 대해 어떻게 생각하세요?"
② "요즘 죽고 싶다는 생각을 하세요?"
③ "가족 중에 혹시 자살을 하신 분이 있으세요?"
④ "최근에 본 죽음에 관한 영화나 책의 제목이 무엇인가요?"
⑤ "지난달에는 얼마나 자주 매사에 흥미가 없어 괴로워하였나요?"

4. 청소년의 자살을 예방하기 위해서는 청소년기의 특성과 이들의 다양한 자살 심리를 이해 하는 것이 중요하다. 청소년의 주요한 자살 심리를 4가지만 쓰시오. [4점] '08 임용

5. 다음은 보건교사와 학생이 나눈 대화의 일부이다. 이를 바탕으로 자살의 유형, 위험요인, 중재에 대해 〈작성 방법〉에 따라 논술하시오. [10점] '19 임용

〈학생 정보〉
○ 고등학교 1학년(만 16세)인 여학생으로 '주요 우울장애'로 진단받아 지속으로 면담해 오고 있다.

보건교사 : 잘 지내고 있는지 궁금했어요. 병원에서 준 약은 잘 먹고 있나요?

학생　　 : 변비가 심하지만 억지로 먹고 있어요. 선생님, 제가 요즘 마음이 많이 무겁고 답답해요.

보건교사 : 무엇이 마음을 무겁고 답답하게 하나요?

학생　　 : 지난달 엄마가 자궁암으로 돌아가셨어요. 그날 이후 엄마와 함께 했던 기억이 계속 떠오르고 엄마가 너무 보고 싶어서 눈물만 나요.

보건교사 : 그런 일이 있었군요.

학생　　 : 엄마가 안 계시니 마음 기댈 곳이 없어요. 넓은 우주에 혼자 남겨진 것 같아요. 엄마 생각을 하다보면 밥도 먹고 싶지 않고 잠도 안 와요. 한 달 동안 하루에 두세 시간밖에 못 잤어요. 잠이 안 오니까 밤엔 엄마를 따라 죽는 방법밖에 없다는 생각만 자꾸 들고요.

보건교사 : 그동안 많이 힘들었겠어요. 무엇이 제일 힘든가요?

학생　　 : 엄마한테 너무 미안한 거예요. 엄마가 돌아가신 건 다 저 때문이에요. 제가 그렇게 속 썩이지만 않았어도 엄마한테 암 덩어리가 생기진 않았을 텐데……. 다 저 때문이에요. 전 태어나지 말았어야 해요.

보건교사 : 어머니께서 돌아가신 것이 본인 탓인 것 같아 많이 속상하고 힘들군요.

학생　　 : 그것만이 아니에요. 제가 속을 썩이는 바람에 아빠도 다니던 직장을 그만두시게 되었거든요. 결국 제가 문제예요. 저만 없어지면 다 행복해질 거예요.

… (중략) …

보건교사 : 그럼 과제를 하나 내줄게요.

학생　　 : 무슨 과제인가요?

보건교사 : 어떤 상황에 대해 떠오르는 생각들을 써 보는 거예요.

학생　　 : 어떻게 쓰면 되나요?

보건교사 : ㉠ 노트에 두 칸을 만들어 한 칸에는 어떤 일에 대한 상황을 쓰고, 나머지 한 칸에는 그 상황에 대해 바로 떠오르는 생각을 쓰세요. 그 다음은 …….

… (하략) …

┌─ 작성 방법 ◆
- 서론, 본론, 결론의 형식을 갖추되, 본론은 다음 4가지를 포함하여 논술할 것
- 뒤르켐(E. Durkheim)의 자살유형을 바탕으로 학생이 속하는 유형을 제시하고 그 이유를 서술할 것
- 학생 정보와 대화문을 통해 파악된 학생의 자살위험요인 4가지를 제시할 것
- 보건교사가 학생에게 인지치료를 적용하려는 근거를 학생의 대화에서 찾아 서술할 것
- 라이트, 벡과 태스(J. Wright, A. Beck, & M. Thase)의 인지치료 중 ㉠에 해당하는 기법의 명칭을 쓰고, 학생이 써온 과제를 보건교사가 활용하는 방법과 효과를 서술할 것

4절 · 집단따돌림

| 정답 및 해설 p.799

1. 집단따돌림을 당한 학생이 보건실을 방문하였다. 보건교사가 학교 당국과 협조하여 대처할 수 있는 방안을 5가지만 쓰시오. [5점] '04 임용

5절 · 학교폭력

| 정답 및 해설 p.799

1. 학교폭력으로 인한 피해는 매우 심각한 것으로, 부모나 교사는 학생의 폭력 피해 징후를 신속히 찾아내어야 한다. 학교폭력 때문에 고통 받는 학생의 폭력 피해 징후를 신체적 · 정서적 · 사회적 측면에서 5가지만 쓰시오. [5점] '03 임용

6절 · 파괴적, 충동조절 및 품행장애

| 정답 및 해설 p.800

1. 정 군(17세)의 입원 후 폭력 잠재성 위험을 해결하기 위해 적용할 수 있는 간호로 옳은 것만을 〈보기〉에서 있는 대로 고른 것은? '12 임용

> 정 군은 방과 후 친구를 때리고 돈을 빼앗는 등의 행동 문제로 소아정신과에 입원하였다. 정 군은 "난 미치지 않았는데 정신 병원에 왜 입원시켜!"라고 소리치며, 병실 문 앞에 서서 노려보면서 주먹을 불끈 쥐고 있다.

> ┌ 보기 ┐
> ㄱ. 신체 활동을 통해 긴장을 감소시킨다.
> ㄴ. 정 군과 낮고 조용한 어조로 이야기한다.
> ㄷ. 정 군에게 일관성 있고 확고한 태도로 대한다.
> ㄹ. 정 군이 안전하다고 느끼도록 넓은 공간을 제공한다.
> ㅁ. 간호사는 정 군에게 화가 나더라도 자신이 수행할 간호 행위를 다른 간호사에게 위임하지 않는다.

① ㄱ, ㄹ   ② ㄴ, ㄷ, ㄹ   ③ ㄱ, ㄴ, ㄷ, ㄹ
④ ㄱ, ㄴ, ㄷ, ㅁ   ⑤ ㄱ, ㄴ, ㄷ, ㄹ, ㅁ

2. 아동정신장애와 그에 따른 특성에 대한 설명으로 옳은 것은? '10 임용

① 뚜렛 장애(Tourette's disorder) : 다양한 운동 틱과 하나 또는 그 이상의 음성 틱이 1년 이상 지속되며, 운동 틱과 음성 틱이 동시에 또는 각각 나타난다.

② 레트 장애(Rett's disorder) : 자폐 장애와 유사하며 사회적 교류의 장애를 보이지만, 지능이 정상이고 언어 장애가 없다.

③ 품행 장애(conduct disorder) : 거부적 행동, 적대적 행동, 반항적 행동이 주요 증상이나, 사회적 규범을 위반하거나 타인의 권리를 침해하는 공격적 행동을 보이는 경우는 드물다.

④ 중증 정신 지체(severe mental retardation) : IQ 35~49 정도로서 정신연령은 4~8세 정도에 머무르고 적절한 지도를 받아야 단순 작업이 가능하다.

⑤ 적대적 반항 장애(oppositional defiant disorder) : 다른 사람의 기본 권리를 침해하거나, 사회적 규범이나 규율을 위반하는 행동이 반복적이고 지속적으로 나타난다.

3. 다음은 초등학교 보건교사가 작성한 학부모 상담일지이다. 〈작성 방법〉에 따라 서술하시오. [4점] '22 임용

대상자	2학년 1반 이○○ 학생의 어머니		
상담일시	○월 ○일 ○시	상담방법	전화통화
주요문제	학생의 문제 행동 및 가족 갈등		

상담내용	• 현재 상황
	  – 학생의 문제 행동 : ㉠ 작은 일에도 과민함, 짜증이 많음, 반려견을 발로 자주 참, 부모와 잦은 언쟁을 함, 담임 선생님에게 여러 차례 대듦
	  – 최근 학생이 ㉡ 적대적 반항장애(oppositional defiant disorder)로 진단받음
	  – 학생의 문제 행동으로 인해 어머니도 많이 힘들고 가족들도 스트레스가 많음
	• 중재
	  – 어머니의 어려움을 경청하고 공감하며 정서적으로 지지함
	  – 가족들이 학생의 질병을 이해하고, 구성원들 각자가 본인이 느끼는 감정을 수용하고 서로 지지할 것을 당부함
	  – 학생의 문제 행동 감소를 위해 행동치료 중 ㉢ 모델링, ㉣ 자기주장훈련에 대한 정보를 제공함		

┌ 작성 방법 ┐
• 밑줄 친 ㉠의 내용 중 적대적 반항장애의 증상이 <u>아닌</u> 것을 1가지 찾아 있는 그대로 제시할 것(DSM-5 진단 기준을 적용할 것)
• 밑줄 친 ㉡의 진단을 내릴 수 있는 증상의 최소 지속 기간을 제시할 것(DSM-5 진단 기준을 적용할 것)
• 밑줄 친 ㉢과 ㉣의 의미를 순서대로 서술할 것

7절 · 섭식장애

| 정답 및 해설 p.801

1. 미국정신의학협회(American Psychiatric Association)에서 제시한 거식증(대식증, Bulimia)의 진단 기준 5가지를 쓰시오. [4점] '06 임용

2. 보건교사는 전교생을 대상으로 식이 태도를 조사한 결과 섭식장애가 의심되는 A, B 두 학생을 상담하게 되었다. 두 학생의 증상에 대한 설명으로 옳은 것은? [2.5점] '11 임용

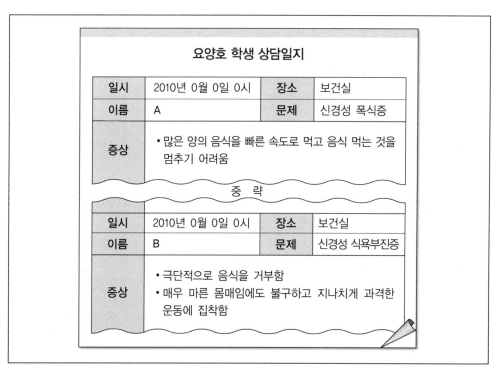

① A 학생은 지난 3개월 이내 15% 이상의 체중감소가 있다.
② A 학생은 심각한 저혈압, 저체온을 보인다.
③ B 학생은 피부건조와 모발손상이 심하다.
④ B 학생은 음식을 감추어 놓고 몰래 먹는 행동을 자주 보인다.
⑤ B 학생은 빨리 먹고 쉽게 토할 수 있는 부드럽고 단맛이 나는 고칼로리 음식을 먹는다.

3. 다음 글을 읽고 물음에 답하시오. '05 임용

> 중학교 3학년 여학생이 어지러움이 심해 친구의 부축을 받고 보건실을 방문하였다. 상담을 하던 보건교사는 학생이 마른 체형임에도 불구하고 최근 식이 감량을 하면서 운동에 지나치게 몰두하고 체중조절 약물을 사용하고 있다는 사실을 파악하고 '신경성 식욕부진'을 의심하게 되었다.

3-1. '신경성 식욕부진'으로 진단할 수 있는 중요한 신체적 증상을 5가지만 쓰시오. [3점]

3-2. 보건교사가 '신경성 식욕부진'의 소견을 보이는 위의 여학생에게 제공할 수 있는 간호중재를 4가지만 쓰시오. [2점]

4. 다음은 영재(여/16세) 어머니와 보건교사 대화 내용이다. 〈작성 방법〉에 따라 순서대로 서술하시오. [4점] '17 임용

> 어머니 : 안녕하세요. 선생님! 우리 아이가 식사를 거의 하지 않아 걱정이 많아요. 애가 말랐는데도 자신이 뚱뚱하다고 생각해요. 그리고 체중이 증가하는 것에 대한 두려움까지 느껴 매일 시간을 정해서 3시간씩 열심히 운동하고 있어요.
>
> 보건교사 : 어머니의 걱정이 크시겠어요. 영재의 건강기록을 보니 키가 162cm인데 체중은 지난주 측정한 게 40kg이군요. 그 문제로 병원을 방문하신 적은 있으신가요?
>
> 어머니 : 안 그래도 정산과 병원에 가서 (㉠)(이)라고 진단을 받았어요.
>
> 보건교사 : 당황스러우시겠어요. 집에서 어머니는 영재 상태에 대해 어떻게 대처하실 건가요?
>
> 어머니 : 제 생각에는 ㉡ 일단은 식사를 하도록 하여 체중이 정상이 되어야 할 것 같아요. 그래서 체중 증량 식단을 짜서 1주일 내 정상 체중으로 회복하는 것을 목표로 하려고 해요. 그리고 운동이야 건강을 위해 매일 하는 게 좋으니까 지금처럼 그대로 두려고요.
>
> 보건교사 : 평소 영재가 자신이 말랐음에도 불구하고 뚱뚱하다고 생각하는 것에 대해 대화를 나누시나요?
>
> 어머니 : ㉢ 워낙 바쁘게 생활하는 아이라서 따로 그것에 대해 대화할 시간은 없어요. 또 우리 딸이 성적이 나쁜 것도 아니고 무슨 문제를 일으키는 것도 아니라서 특별히 대화를 나누고 있지는 않아요.
>
> … (하략) …

┌ 작성 방법 ┐
- 괄호 안의 ㉠에 해당되는 임상 진단명을 제시할 것
- 밑줄 친 ㉡, ㉢에 제시된 어머니의 대처 방법에서 잘못된 내용 3가지를 수정하여 서술할 것

5. 다음은 고등학교 보건교사가 작성한 〈교수 · 학습 지도안〉이다. 〈작성 방법〉에 따라 순서대로 서술하시오. [4점] '20 임용

교수 · 학습 지도안				
단원	정신건강		보건교사	박○○
주제	섭식 장애/인지 행동 치료기법		대상	2학년
차시	2/3		장소	2−1
학습목표	○주요 섭식 장애의 유형과 특성을 이해할 수 있다. ○인지 행동 치료기법의 종류를 설명할 수 있다.			
단계	교수 · 학습 내용			시간
도입	○전시 학습 확인 ○동기 유발 : 섭식 장애에 관한 동영상 시청 ○본시 학습 문제 확인			5분
전개	1. 섭식 장애의 유형과 특성			35분
	(㉠)	• 지나치게 음식물 섭취를 제한함 • 체중 증가나 비만에 대한 극심한 두려움이 있음 • 체중 증가를 막기 위한 행동을 지속함 • 심각한 저체중 상태나 이에 대한 심각성을 인지하지 못함		
	(㉡)	• 식사 조절감을 상실함 • 반복적이고 부적절하게 스스로 구토를 유발하거나, 이뇨제나 설사제 등을 복용함 • 자기 가치에 대한 평가에 체형과 체중이 과도하게 영향을 미침 • 최소 3개월 동안 일주일에 1회 이상 지나치게 많은 양의 음식을 섭취하고 부적절한 보상 행동이 나타남		
	2. 인지 행동 치료기법의 종류 　가. ㉢ 자기감시법(self−monitoring) 　나. ㉣ 형성법(shaping) 　　　　　　　　　… (하략) …		

┌─◆ 작성 방법 ◆───────────────
괄호 안의 ㉠, ㉡에 해당하는 섭식 장애 유형을 순서로 제시할 것
└──────────────────────────

8절· 약물오남용

| 정답 및 해설 p.803

1. 약물남용의 1차 예방이란 무엇이며 청소년 약물남용에 대한 1차 예방 대책을 제시하시오.
[6점] '98 임용

2. 보건교사가 어떤 학생을 약물남용 학생이라고 추정한다면 그 학생에게서 발견한 행동적 특성을 기술하시오. '98 지방

3. 고등학생을 대상으로 물질 남용(substance abuse)에 관한 보건 교육을 하려고 한다. 보건교사가 알고 있는 내용 중 옳지 <u>않은</u> 것은? [1.5점] '10 임용

① 물질 남용자의 심리 및 성격 특성에는 우울, 불안, 반사회적 성격 등이 있다.

② 암페타민 약물은 중추신경 억제제로 기분을 진정시켜 주는 효과가 있다.

③ LSD(lysergic acid diethylamide)는 환각제로 공간에 대한 지각 변화, 착각, 환각 등의 증상을 일으킨다.

④ 물질 남용을 예방하기 위해서는 적응적인 대처 전략을 발달시키는 것이 중요하다.

⑤ 흡입제로 사용되는 물질에는 본드, 시너 등이 있으며, 이 물질들은 중추신경 억제 제이다.

4. ○○고등학교 보건교사가 약물 중독 예방에 대한 교육 자료를 준비 중이다. 약물 중독과 관련된 용어 (가)~(다)를 옳게 짝지은 것은? [1.5점] '12 임용

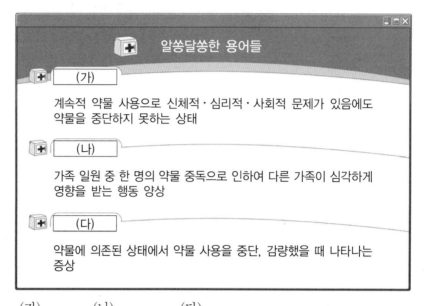

	(가)	(나)	(다)
①	오용	내성	금단 증상
②	내성	공동 의존	금단 증상
③	남용	오용	공동 의존
④	오용	의존	남용
⑤	남용	공동 의존	금단 증상

5. 다음은 중학교 보건교사가 작성한 〈교수 · 학습 지도안〉의 일부이다. 〈작성 방법〉에 따라 서술하시오. [4점] '22년 임용

교수 · 학습 지도안			
단원	정신건강	보건교사	이○○
주제	물질관련 및 중독장애	대상	2학년
차시	2/2	장소	강당
학습목표	물질관련 및 중독장애가 신체에 미치는 영향을 확인하고 중독을 예방한다.		
단계	교수 · 학습 내용		시간
도입	○전시 학습 문제 확인 ○본시 학습 문제 확인		5분
전개	1. (㉠) 　○알칼리성이며 크산틴유도체(xanthine derivative) 계열의 중추신경계 각성제 　○섭취 경로 : 커피, 콜라, 에너지 음료, 초콜릿, 진통제 등 　○작용기전 : 아데노신 수용체(adenosine receptor)에 대한 길항작용 　○신체적 반응 : 심장 박동수, ㉡ 혈압 및 소변량의 변화 　○(㉢) 　　− 물질의 혈액 내 농도 감소에 따른 생리적 · 정신적 증상으로 물질을 다시 사용하게 하는 원인 　　− 증상 : 두통, 졸음, 집중력 저하, 피로, 발한, 구역질, 불안, 과민성 등 　　　　　　　　…(하략)…		35분

┌─ 작성 방법 ┐
○괄호 안의 ㉠에 해당하는 물질을 제시할 것
○밑줄 친 ㉡에 해당하는 생리적 반응의 결과를 각각 서술할 것
○괄호 안의 ㉢에 해당하는 용어를 제시할 것

9절• 흡연 및 음주

| 정답 및 해설 p.805

1. 고등학교 1학년 학생을 대상으로 흡연 예방교육 계획서를 작성하고자 한다. 이와 관련하여 다음 질문에 답하시오. '00 임용

1-1. '흡연이 청소년에게 미치는 영향을 설명할 수 있다'라는 학습목표에 도달할 수 있는 교육 내용을 선정하시오.

1-2. 청소년 흡연이 특히 나쁜 이유

2. 흡연이 인체에 미치는 영향을 기관별로 쓰시오. '99 지방

3. 보건교사가 고등학교 학생들을 대상으로 "흡연의 유해성"에 대한 보건교육을 실시하고자한다. 보건교육 내용에 포함될 '니코틴 의존도가 높은 사람의 특성' 3가지를 설명하시오.
[5점] '01 임용

4. 임신 시 술의 남용은 태아 알코올 증후군을 초래한다. 태아 알코올 증후군의 효과적인 중재를 위해서는 조기 발견이 중요하다. 다음 물음에 답하시오. '03 임용

4-1. 태아 알코올 증후군을 가진 아동에게 많이 나타나는 외견상 얼굴 특성을 3가지만 쓰시오. [3점]

4-2. 태아 알코올 증후군을 가진 아동의 행동 특성을 3가지만 쓰시오. [3점]

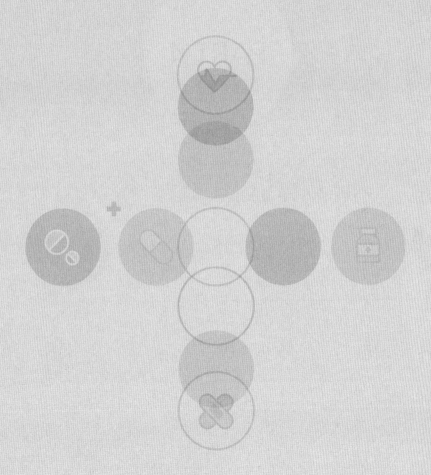

PART 4

여성의료 간호학

제1강 모성간호학

제2강 여성간호

합격기준 박문각 임용

신희원

보건교사 길라잡이
➕ 10점 기출문제

출제경향 및 유형

연도	내용
'92학년도	자궁근종
'93학년도	임신 시 요통 감소 운동, Progesterone의 작용, 모성사망의 원인, 모닐리아 질염과 아구창
'94학년도	
'95학년도	유방암의 자가검진, 산과력 조사, Progesterone의 작용, PID
'96학년도	어린 임부의 산과적 합병증, 여성형 유방, 산모의 성병으로 인한 신생아질환
'97학년도	
'98학년도	초등학교 고학년의 성장·발달 과정 특성-신체·생리적, 심리적
'99학년도	성교육 교사의 유의사항, 성폭력 직후 대처방법(지방)
후 '99학년도	월경곤란증(지방)
2000학년도	
2001학년도	
2002학년도	성폭력의 개념, 강간 상해 증후군을 보이는 피해자의 심리적 반응 3단계의 명칭과 그 특성, 월경전 긴장증후군
2003학년도	
2004학년도	
2005학년도	
2006학년도	폐경기 여성 질 점막의 특성, 유방 자가 진단 시기, 유방 시진 시 취해야 하는 자세, 인공 유산 시 신체 회복과 생식기 2차 감염 예방 위한 교육 내용
2007학년도	'원발성 월경곤란증(월경통)'의 통증발생의 원인
2008학년도	임신 중 임질에 감염된 경우 발생할 수 있는 주요 합병증
2009학년도	성폭력, 피임법, 임부와 산모 교육, 임신 중 신체 변화
2010학년도	성학대 예방교육, 성 전파성 질환의 진단방법, 임신의 가정적 징후, 월경곤란증의 간호중재, 임신기간 모체의 생리적 변화, 갱년기 건강문제의 관련 요인, 산욕기의 생리적 변화
2011학년도	다태임신 산전교육내용, 정상분만간호
2012학년도	임신 및 분만 중 당 대사 변화, 원발성 월경곤란증, 클라미디아(Chlamydia) 감염, 경구피임법, 산전관리내용(철분제, 엽산, 부종, 유방관리), 분만 후 간호, 임신 시 태아의 건강사정법, 임부의 요통관리, 자간전증
2013학년도	조기분만, 월경증후군, 유방암 항암요법, 피임법(월경주기조절법), 자간전증 약물요법
2014학년도	경구피임약부작용(혈전증), IUD, 자궁근종, 임신중 생리적 빈혈, 양막파수, 산전관리
2015학년도	모유수유반사(프로락틴, 옥시토신)
2016학년도	정상 분만의 전구 증상, 월경전증후군 기전, 워커(I. Walker)의 폭력 주기, 응급 피임약의 피임 원리 및 부작용
2017학년도	불임진단검사와 합병증, 배란기 점액양상, 자궁외 임신진단검사, 자간증응급처치, MgSO₄(황산마그네슘) 투여되는 임부를 위한 간호중재
2018학년도	자궁목 무력증(Incompetent cervix)의 검사소견
2019학년도	월경주기, 임신과정, 생리, 태반조기박리
2020학년도	경구피임약기전, 배란시기 경관점액의 양상(견사성, 양치엽상), 태아신경결손검사(산전혈액검사), 당뇨임부의 거대아와 호흡곤란증후군
2021학년도	자간전증(HELLP증후군)
2022학년도	자궁탈출증, 자궁내번증, 모유수유 호르몬(프로락틴, FSH, LH), 산전관리(4자리체계, 양수지수, 무자극검사NST)
2023학년도	태반호르몬, 분만 시 태반 만출 방법, 분만 시 태아 만기하강과 좌측위

출제포인트

최근 여성간호학은 출제비율이 지속적으로 증가하고 있다. 여성의 생리적 변화는 임신뿐만 아니라 폐경도 강조된다.
정상임부의 생리적 기능(특히 심혈관, 혈당의 변화, 요로생식계의 변화 등), 고위험 임부(임신성 고혈압장애, 당뇨임부,
태반조기박리 및 전치태반, 자궁외 임신 등)는 특히 중요하게 다루어야 할 부분이므로 자주 출제되는 분야는 자세히
정리해야 한다.
그리고 분만과정과 산욕관리, 고위험 분만도 최근 출제비율이 증가하고 있으므로 놓치지 말아야 한다. 분만의 전구증
상, 분만단계, 분만 후 산욕관리(오로의 변화와 심혈관변화 및 요로계의 변화 등)와 합병증 등으로 정리한다.

1절 ◆ 여성 건강사정

| 정답 및 해설 p.808

여성 생식기의 구조와 기능

1. 여성의 생리적 변화를 조절하는 내분비계에 관한 설명으로 옳은 것은? '11 임용

    ① 난포자극호르몬(FSH)은 황체기에 분비가 증가하면서 난포를 발달시킨다.
    ② 배란 후 수정과 착상이 되지 않으면 황체화호르몬(LH)이 증가하여 자궁내막이 탈
    락한다.
    ③ 에스트로겐(estrogen)의 분비가 증가하면 경관점액의 점도가 높아지고 경관점액의
    양이 늘어난다.
    ④ 에스트로겐의 농도가 최고 수치에 이르면 난포자극호르몬(FSH)이 분비되기 시작
    하면서 배란이 된다.
    ⑤ 신생아가 젖을 빨 때 산모의 뇌하수체 후엽에서 옥시토신(oxytocin)이 분비되어 자
    궁과 유선관(mammary duct)이 수축된다.

2. 프로게스테론 호르몬의 작용에 대한 설명으로 옳은 것은? '93 임용

① 수정란의 착상과 임신의 유지
② 난포 자극 호르몬의 분비 억제
③ 난관 근육 운동의 촉진
④ 가중 근육의 이상 증대(Hypertrophy)

3. 다음은 월경과 관련된 고민을 갖고 있는 중학생들의 사례이다. '13 임용

> 〈사례 1〉 1학년 이○○ : 7개월 전 초경을 시작하였다. 월경주기는 불규칙하여 2개월 만에 하기
> 도 한다. 기간은 7일 이상이며, 처음 2~3일 동안은 패드 5~6개를 적실 정도로 양이
> 많다. 걱정이 되어 산부인과 진료를 받았더니 초경 시 흔히 나타나는 월경 양상이라고
> 한다.
> 〈사례 2〉 3학년 김○○ : 월경이 끝나고 3~4일 정도 지나면 악취 없는 질 분비물이 많아지고
> 가끔 하복부 통증이 있다. 산부인과 진료를 받았더니 특별한 질병은 아니라고 한다.
> 월경주기는 규칙적이다.

뇌하수체 전엽과 호르몬에 따른 자궁내막의 주기별 변화를 설명하시오. 그리고 〈사례 1〉
에서의 월경 양상과 그 원인에 대해 서술하고, 〈사례 2〉에서의 질 분비물 증가와 하복부
통증의 원인에 대해 설명하시오. 또한 질 분비물 증가가 임신에 미치는 영향을 서술하시오.
[25점]

4. 다음은 여성의 월경주기에 관한 건강 게시판 자료이다. 〈작성 방법〉에 따라 순서대로 서술하시오. [4점] '19 임용

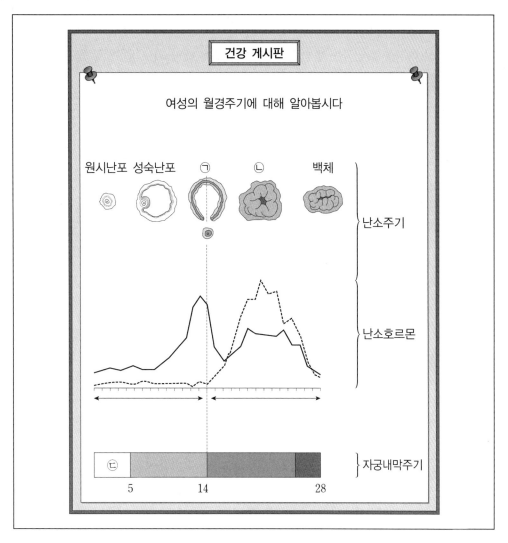

┌─◆작성 방법◆─────────────────────────────
- ㉠ 시기에 나타나는 기초체온의 변화 양상을 설명할 것
- ㉡의 기능을 제시할 것
- ㉢ 시기의 명칭과 자궁내막의 특징을 설명할 것
└──────────────────────────────────────

5. 기초체온 측정 시 배란직후의 체온변화 양상과 그 변화에 영향을 주는 호르몬은? '95 임용

① 상승 − progesterone　　　　② 하락 − estrogen
③ 상승 − FSH　　　　　　　　④ 하락 − LH

2절 정상임부

| 정답 및 해설 p.811

임신의 징후

1. 임신 여부를 확인하는 방법 중 가정적 징후에 해당되는 내용으로 옳은 것을 〈보기〉에서 고른 것은? [1.5점] '10 임용

> ┌─ 보기 ┐
> ㉠ 빈뇨
> ㉡ 자궁 경부 끝이 부드러워지는 징후(Goodell's sign)
> ㉢ 무통성의 불규칙적인 자궁수축(Braxton Hicks contraction)
> ㉣ 부구감(ballottement)
> ㉤ 유방의 울혈 및 예민함 증가

① ㉠, ㉡, ㉢   ② ㉠, ㉡, ㉣   ③ ㉠, ㉢, ㉤
④ ㉡, ㉢, ㉣   ⑤ ㉢, ㉣, ㉤

2. 임신 진단을 받은 김 교사가 보건실을 방문하였다. 김 교사와 보건교사가 상담한 다음 내용 중 괄호 안의 ㉠, ㉡에 해당하는 용어를 순서대로 쓰시오. [2점] '15 임용

> 보건교사 : 김 선생님, 어서 오세요.
> 김 교사 : 안녕하세요? 선생님, 잘 지내시지요? 저는 지금 병원에 다녀오는 길인데, 임신이라
> 고 하네요.
> 보건교사 : 축하드려요.
> 김 교사 : 감사합니다. 초임부라 궁금한 게 많아요. 임신을 하면 몸에는 어떤 변화들이 나타나죠?
> 보건교사 : 임부에게는 많은 변화들이 있습니다. 임신을 하면 혈관 발달로 자궁 경부가 부드러워
> 지는데 이것을 구델 징후(Goodell's sign)라고 하고, 자궁 경부나 질 점막이 자청색
> 을 띠는데 이것을 (㉠)(이)라고 해요. 임신 초에 자궁 경부 바로 위에 위치한 자궁
> 하부(자궁 협부)가 매우 부드러워지는데, 이를 (㉡)(이)라고 하고요. 또 임신 초기부
> 터 말기까지 전 임신 기간에 걸쳐 간헐적으로 불규칙적인 자궁 수축이 발생하는데
> 이것을 브랙스톤 힉스 수축(Braxton Hicks contraction)이라고 합니다. 이런 징후들
> 은 검사자에 의해 감지되는 변화들이라 임신의 가정적 징후라고 하지요.
> … (중략) …
> 김 교사 : 많은 도움이 되었네요. 감사합니다.

3. 다음은 보건교사가 첫 아이를 임신한 동료교사와 나눈 대화 내용이다. 〈작성 방법〉에 따라 순서대로 서술하시오. [4점] '20 임용

> 동료교사 : 선생님, 안녕하세요? 제가 임신 진단을 받았는데 노산이라 여러 가지가 걱정이 돼요. 태아의 건강 상태를 어떻게 알 수 있나요?
>
> 보건교사 : 혈액이나 초음파를 이용한 검사가 있어요.
>
> 동료교사 : 그렇군요. 다음 산전 검사에서 ㉠ 태아에게 기형이 있는지 선별하는 4가지 혈액 검사를 한다고 들었는데 어떤 검사인지 알려주시겠어요?
>
> 보건교사 : 네, 자세한 내용을 설명 드릴게요.
>
> … (중략) …
>
> 동료교사 : 그런데 혈액 검사 외에도 ㉡ 태아 목덜미 투명대 검사를 한다고 했어요. 이 검사로 어떤 것을 알 수 있나요?
>
> 보건교사 : 그 검사는 초음파를 보면서 태아의 염색체 이상뿐만 아니라 다양한 선천성 이상을 예측할 수 있는 거예요.
>
> 동료교사 : 그런데 선생님, 결혼 전부터 제가 완전 채식주의자예요. 그래서 임신 진단을 받고 나서 채식을 계속해도 되는지 걱정이 많이 돼요. 채식을 고수하면 어떤 영양소가 결핍될까요?
>
> 보건교사 : 여러 가지 영양소가 결핍될 수 있지만, 그중에서도 (㉢)은/는 고기, 달걀, 유제품 등 동물성 식품에만 포함되어 있기 때문에 채식주의자들에게는 결핍 현상이 나타날 수 있어요.
>
> 동료교사 : 그러면 어떤 문제가 발생할까요?
>
> 보건교사 : 이 영양소가 결핍되면 특징적으로 ㉣ 거대적아구성 빈혈, 설염, 신경계 질환이 임부에게 나타날 수 있으니 주의하셔야 해요.
>
> … (하략) …

┌─ 작성 방법 ─
• 밑줄 친 ㉠ 중에서 신경관 결손을 선별할 수 있는 검사 항목을 제시할 것
• 밑줄 친 ㉡에서 '태아 목덜미의 투명대'를 확인할 수 있는 부위를 서술할 것
• 괄호 안의 ㉢에 해당하는 영양소의 명칭과, 밑줄 친 ㉣에서 나타나는 혈구의 특징을 제시할 것

4. 다음은 고등학교 보건교사가 작성한 보건교육 자료의 일부이다. 〈작성 방법〉에 따라 서술하시오. [4점] '23 임용

보건교육 자료

△△고등학교 보건교사 이○○

1. 태반의 내분비 기능

호르몬	특성 및 기능
융모생식샘 자극호르몬(hCG)	• 임신 60~70일경에 분비량이 가장 많음 • 임신 반응검사에 사용됨
(㉠)	• 수유 준비를 위해 유방 발달을 촉진함 • 모체의 당, 단백 및 지방 수준을 조절하여 태아 성장을 증진함
에스트로겐	• 임신 6~12주 사이에 태반과 태아로부터 분비되어 임신 말기까지 계속됨 • 유방의 샘(선) 조직을 증식함
(㉡)	• 임신 초기에는 황체에서 분비되고, 임신 12~13주경에 태반이 형성되면 태반에서 분비되어 32주에 분비량이 최고 수준에 도달함 • 유방의 포상조직(alveoli tissue) 발달과 모체의 신진대사를 촉진함

2. 분만 시 태반 만출 방법
- 슐츠 기전(Schultz mechanism)
- ㉢ 던칸 기전(Duncan mechanism)

… (하략) …

┌ 작성 방법 ┐
- 괄호 안의 ㉠에 들어갈 호르몬의 명칭을 제시할 것
- 괄호 안의 ㉡에 들어갈 호르몬의 명칭을 제시하고, 이 호르몬이 임신 중 자궁에 미치는 영향을 서술할 것
- 밑줄 친 ㉢에 해당하는 만출 방법을 서술할 것

임부의 정상생리기능

5. 임신에 따른 신체적 변화에 대한 설명으로 옳은 것을 〈보기〉에서 고른 것은? '09 임용

> ┌─ 보기 ─
> ㉠ 릴랙신(relaxin) 호르몬에 의해 골반 관절의 기동성(mobility)이 증가한다.
> ㉡ 사구체 여과율이 감소되어 혈장 크레아틴 농도가 증가한다.
> ㉢ 장의 연동운동과 긴장도가 증가하여 음식물 통과 시간이 빨라져 식욕이 증진한다.
> ㉣ 태반에서 에스트로겐이 생성되어 임부의 소변으로 배설된다.
> ㉤ 혈액량이 증가하여 심박출량이 증가한다.

① ㉠, ㉡, ㉢   ② ㉠, ㉡, ㉤   ③ ㉠, ㉣, ㉤
④ ㉡, ㉢, ㉣   ⑤ ㉢, ㉣, ㉤

6. 임신 기간 중 나타날 수 있는 모체의 생리적 변화에 대한 설명으로 옳은 것을 〈보기〉에서 모두 고른 것은? '10 임용

> ┌─ 보기 ─
> ㉠ 에스트로겐은 염산의 분비를 증가시키므로 위궤양이 흔히 발생한다.
> ㉡ 적혈구 생산은 증가하나 혈장량의 증가보다 적게 증가하므로 생리적 빈혈 상태가 된다.
> ㉢ 담낭이 비워지는 시간이 지연되고, 프로게스테론이 상승되어 혈중 콜레스테롤치가 증가할 수 있다.
> ㉣ 당에 대한 신장의 요역치가 저하되고 사구체의 여과작용 증가로 소변으로 당이 배출될 수 있다.

① ㉠, ㉡   ② ㉠, ㉢   ③ ㉡, ㉣
④ ㉠, ㉡, ㉣   ⑤ ㉡, ㉢, ㉣

7. 그림은 임산부를 위한 블로그의 운영자와 회원 간의 '질문 및 답변'을 나타낸 것이다.
(가)~(라) 중 옳은 것만을 있는 대로 고른 것은? '13 임용

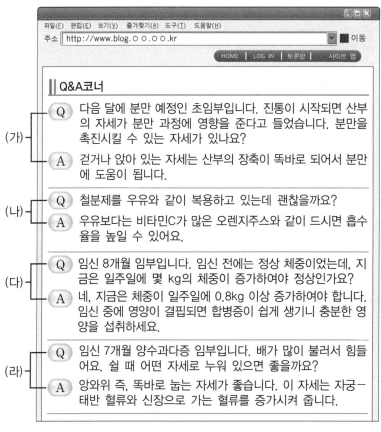

① (가), (나)　　　　② (나), (다)　　　　③ (다), (라)
④ (가), (나), (다)　　⑤ (가), (나), (라)

8. ○○여자고등학교의 보건교사는 아래와 같은 주제로 보건 교육을 시행하고자 한다. 〈교수 · 학습 지도안〉을 참고하여 질문에 답하시오. '12 임용

보건과 교수 · 학습 지도안			
단원	2. 건강한 임신	**지도교사**	임○○
차시	2/3차시	**대상**	3학년 3반(30명)
학습목표	임신 중 태아 발달과 임부의 신체적 변화 및 자가 관리 방법을 이해할 수 있다.		
단계	교수 · 학습 내용		**시간**
도입	• 전시 학습 내용 확인 : 생명의 소중함 • 본시 학습 목표 확인 : 임신 중 태아 발달과 임부의 신체적 변화 및 자가 관리 방법의 이해		5분
전개	• 임신 중 태아 발달 단계 　− 임신 과정에 대한 비디오 시청 • 태아의 건강 사정법 　− 초음파 측정법 : 초음파상 태아 움직임, 태아 심음, 태아 신체기관에 대한 동영상 시청 　− 임부 자가 측정법 : (가) <u>구체적인 측정 방법 및 정상 판단 기준</u> • 임신 중 신체적 변화 • 임부에게 발생하는 신체적 불편감 및 관리방법 　− 입덧의 원인 및 관리방법 　　　　　　　 ⋯ (중략) ⋯ 　− (나) <u>임신으로 인한 요통의 발생기전 및 관리 방법</u> • 임신으로 인한 합병증 　− 자간전증 : (다) <u>발생시기와 경한 자간전증의 증상 및 자가관리방법</u> 　− 자간증 : 증상 및 관리방법 　　　　　　　 ⋯ (중략) ⋯		40분
정리	• 학습 내용 정리 및 질의 응답 • 차시예고		5분

〈교수 · 학습 지도안〉의 (가), (나), (다)에 제시된 내용을 각각 설명하시오. [20점]

9. 다음의 〈교수·학습 지도안〉을 읽고 물음에 답하시오. '14 임용

교수·학습 지도안			
단원	임신, 출산	지도교수	김○○
주제	임신 및 산전관리 / 출산 및 산후 관리	대상	○○여고
차시	2/3차시	장소	2−3교실
학습목표	○임신 및 산전 기간 중 자가 건강관리 방법을 이해할 수 있다. ○출산 및 산후 기간 중 자가 건강관리 방법을 이해할 수 있다.		
단계	교수·학습 내용		
도입	○전시 학습 내용 확인 : 인체의 신비 ○본시 학습 목표 확인 − 임신 및 산전 기간 중 자가 건강관리 방법의 이해 − 출산 및 산후 기간 중 자가 건강관리 방법의 이해		
전개	1. 임신 및 산전 관리 − 임신 1, 2, 3기 구분하기 − 수정이 일어난 후부터 자궁 내 성장 발달 3단계 설명하기 − 전통적, 현대적 태교 방법 비교하기 − ㉠ <u>임신 초기에 약물, 감염, 화학물질, 방사선 등을 피해야 하는 이유 설명하기</u> − ㉡ <u>임신 중 생리적 빈혈이 생기는 기전 설명하기</u> − 임신 중 불편감 완화 방법 설명하기 2. 출산 및 산후 관리 − 태아 폐 성숙을 확인하기 위한 shake test 방법 설명하기 − ㉢ <u>양막 파수를 확인하는 방법 2가지 설명하기</u> − 분만 1, 2, 3, 4기 구분하기 − 분만 통증 완화법 알아보기 − 산후 관리의 목적 설명하기 − ㉣ <u>조기 이상(early ambulation)이 출산과 관련된 산모의 생리적 변화에 미치는 영향 3가지 설명하기</u> <div align="center">… (하략) …</div>		
정리 및 평가	임신, 출산에 관한 ○, × 질문		

9-1. 밑줄 친 ㉠, ㉡에 해당하는 내용을 각각 서술하시오. [5점]

9-2. 밑줄 친 ㉢, ㉣에 해당하는 내용을 각각 서술하시오. [5점]

10. 임산부 카페 운영자와 회원 간의 건강 상담 내용 (가)~(라)에서 옳은 것을 고른 것은?

'12 임용

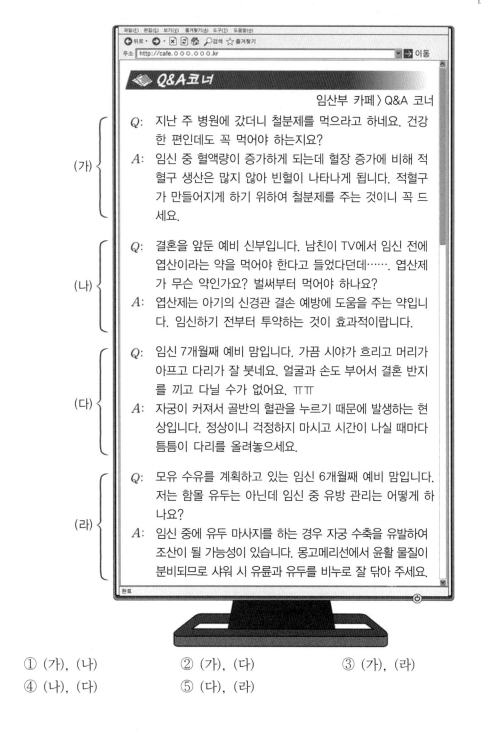

① (가), (나) ② (가), (다) ③ (가), (라)
④ (나), (다) ⑤ (다), (라)

11. 다음은 중학생 교육용으로 제작된 '건강한 임신과 출산'에 관한 보건교육 자료의 일부이다. 〈작성 방법〉에 따라 순서대로 서술하시오. [4점] '19 임용

건강한 임신과 출산

임신은 미리 충분히 준비한 후에 하는 것이 바람직하다.

1. 임신 준비하기
   ○ 계획 임신을 통해 건강한 임신을 위한 준비가 가능하다.
   ○ 건강한 임신 관리를 위한 구성 요소
     • 가족력 : 가계도를 그려본다.
     • 영양 : ㉠ 임신 전부터 엽산 섭취를 권장한다.
                             … (중략) …

2. 임신 과정 알아보기
   ○ 정자와 난자가 만나서 수정이 된다.
   ○ ㉡ 수정란이 착상한다.

3. 임신 확인하기
   ○ 월경이 중단된다.
   ○ 임신반응검사로 ㉢ 임신 여부를 확인한다.

4. 분만 예정일 확인하기
   ○ 네겔 법칙(Nagele's rule)을 이용하여 분만 예정일을 계산한다.
     ☞ 퀴즈 : ㉣ 마지막 월경 시작일(LMP)이 2018년 10월 25일인 여성의 분만 예정일을 계산해 보기
                             … (하략) …

┌─ 작성 방법 ─┐
• 밑줄 친 ㉠을 권장하는 이유를 제시할 것
• 밑줄 친 ㉡ 과정에서 출혈이 발생하는 이유를 제시할 것
• 밑줄 친 ㉢을 확인할 수 있는 호르몬의 명칭을 제시할 것
• 밑줄 친 ㉣의 분만 예정일을 제시할 것(연월일로 제시)

3절 · 정상 분만과 산욕

| 정답 및 해설 p.817

분만 단계

1. 다음은 보건교사가 고등학생에게 '정상 분만의 전구 증상'을 교육하기 위하여 작성한 자료이다. 전구 증상 ㉠, ㉡의 발생 기전을 쓰시오. [2점] '16 임용

정상 분만의 전구 증상

전구증상은 임신 말기의 분만을 암시하는 신체 변화들이다.
임부들은 다음 전구 증상 중 1가지 이상을 경험한다.

〈표〉 분만 전구 증상의 발생 기전 및 특징

전구 증상	발생 기전 및 특징
하강감	아두가 골반강 내로 들어가게 되어 복부 팽만이 완화되고 횡격막의 압박이 경감되는 증상
㉠ 요통	
가진통	불규칙한 자궁 수축이 반복되면서 나타나는 복부 통증
㉡ 체중 감소	
에너지 분출	에피네프린 방출 증가로 신체 활동이 증가되는 것
자궁 경부 연화	태아가 통과될 수 있도록 자궁 경부가 부드러워지면서 부분적으로 소실되고 개대되는 것
양막 파열	태아와 양수를 싸고 있는 막이 파열되는 것

---

2. 분만을 앞두고 있는 최 교사와 보건교사의 대화 내용이다. 〈작성 방법〉에 따라 서술하시오.

[4점] '18 임용

> 최 교사 : 선생님, 분만 예정일이 아직 2주나 남았는데 아침부터 배가 생리할 때처럼 살살 아파서 왔습니다.
>
> 보건교사 : 임신 38주니까 분만 진통이 시작된 것일 수도 있겠네요. 통증이 얼마나 자주 있는지, 얼마나 오래 가는지 한 번 측정해 보지요. 여기 침대에 누워 보실래요. (최 교사의 배에 손을 대고 시계를 본다.)
>
> 최 교사 : (배가 아파 얼굴을 찡그리고 있다.)
>
> 보건교사 : ㉠ 통증은 규칙적으로 5분마다 있고 40초 이상 지속되는데요.
>
> 최 교사 : 선생님, 그런데 통증이 계속되는 게 아니고 아팠다. ㉡ 안 아팠다 하니까 견딜 만해요.
>
> 보건교사 : 네, 그것이 분만 통증의 특징입니다. 또 통증은 산부가 조절할 수 없습니다.
>
> 최 교사 : 선생님, 잠깐만요. 아래로 물 같은 게 흐르는데요.
>
> 보건교사 : 그래요? 양수가 터졌나보네요. 양수가 터지면 분만이 빨리 진행되니 병원에 입원하시는 게 좋겠어요.
>
> 최 교사 : 네, 제가 학교 앞에 있는 병원에 다니거든요. 빨리 입원하러 가야겠네요.
>
> 보건교사 : 선생님, ㉢ 아기가 아직 안 내려온 상태에서 양수가 터졌을 때는 아기가 위험할 수 있습니다. 저랑 같이 병원에 가요. 제가 휠체어로 모셔다 드릴게요.
>
> 최 교사 : 선생님, 정말 고맙습니다.

┌─ 작성 방법 ┐
- ㉠의 특성을 보이는 분만 단계의 구간을 제시할 것
- 자궁수축에서 ㉡의 시기가 모체와 태아에게 미치는 영향을 각각 서술할 것
- 보건교사가 ㉢과 같이 말한 이유를 서술할 것

정상 산욕

3. 산과력 조사 시 만삭분만 1회, 자연유산 1회, 2회, 생존아이수가 1인 여성의 임신과 출산을 4자리수로 표시한 것은? '95 임용

① 1 - 1 - 2 - 1
② 1 - 3 - 0 - 1
③ 1 - 0 - 3 - 1
④ 1 - 1 - 0 - 3

4. 산욕기 동안 산모에게 나타나는 생리적 변화에 대한 설명으로 옳은 것을 〈보기〉에서 모두 고른 것은? [2.5점] '10 임용

> **◆보기◆**
> ㉠ 분만 후 자궁으로부터 분비되는 오로의 양과 특성으로 자궁내막의 재생 정도를 알 수 있다.
> ㉡ 분만 후 발생하는 혈액량의 변화는 분만 시 혈액 손실, 수분의 혈관 외 이동과 이뇨 현상으로 초래된다.
> ㉢ 분만 후 복벽의 탄력성이 회복되고, 임신 동안 탄력섬유의 파열로 인해 생긴 임신선은 사라지게 된다.
> ㉣ 자궁이 복구하는 과정에서 자가 분해 작용이 일어나 혈액요소질소(BUN) 수치가 증가한다.

① ㉠, ㉡ 　　　　② ㉠, ㉢ 　　　　③ ㉡, ㉣
④ ㉠, ㉡, ㉣ 　　　⑤ ㉡, ㉢, ㉣

5. 정상 분만 후 3주가 지난 여성을 면담한 결과이다. (가)~(마)에 대하여 교육해 준 내용으로 옳지 <u>않은</u> 것은? '11 임용

> (가) 백색 오로(lochia)가 소량 분비되고 (나) 성교 시 질분비물이 적어 통증이 있다고 하였다. (다) 하루 8시간 이상 서서 무거운 물건을 옮기는 일을 해야 하며, (라) 현재 모유수유 중이므로 월경이 시작되면 그때부터 피임을 할 예정이라고 하였다. (마) 복부가 늘어져서 임신 전과 같은 상태로 돌아가지 <u>않는</u>다고 걱정하였다.

① (가) 태반 부착 부위의 치유가 완료된 시기이므로 백색 오로가 소량 나오는 것은 정상이다.
② (나) 에스트로겐 분비 부족으로 질분비물이 적어서 성교 시 통증이 올 수 있다.
③ (다) 자궁인대와 골반근육이 늘어나 있는 상태이므로 장시간 서서 일하는 것은 피해야 한다.
④ (라) 모유수유 중에도 월경이 시작되기 전에 배란이 될 수 있으므로 성교 시에는 피임을 하도록 한다.
⑤ (마) 개인차가 있으나 복벽이 임신 전의 상태로 회복되기까지는 약 6주 걸린다고 알려준다.

6. 초산모 신 씨(31세)의 사정 내용 중 정상 상태에 대한 설명만을 〈보기〉에서 있는 대로 고른 것은? '12 임용

> 신 씨는 정상 질 분만으로 3.1kg의 딸을 낳았으며 현재 분만 3일째이다.

┌─보기┐
ㄱ. 자궁 저부는 제와부에서 촉진된다.
ㄴ. 발한이 심하고 소변량 증가를 호소한다.
ㄷ. 회음 절개 부위는 약간의 부종이 있으나 발적은 없고 깨끗하다.
ㄹ. 아기에게 모유를 먹일 때 오로가 더 많이 분비되며 배가 아프다고 한다.

① ㄱ, ㄴ   ② ㄴ, ㄷ   ③ ㄷ, ㄹ
④ ㄴ, ㄷ, ㄹ   ⑤ ㄱ, ㄴ, ㄷ, ㄹ

모유수유

7. [그림 1]과 [그림 2]는 산모의 모유 수유 반사를 나타낸 것이다. 모유 수유와 관련하여 뇌하수체 전엽과 후엽에서 분비되는 ㉠, ㉡에 해당하는 호르몬의 명칭을 순서대로 쓰고, 분만 후 각 호르몬의 작용에 대하여 2가지씩 서술하시오. [5점] '15 임용

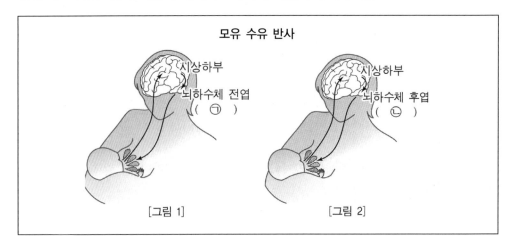

8. 다음은 보건교사와 동료교사의 전화 통화 내용이다. 〈작성 방법〉에 따라 서술하시오. [4점]

'22 임용

동료교사 : 안녕하세요, 선생님. 제가 첫 아이를 2주 전에 출산하고 모유를 먹이고 있는데 궁금한 점이 있어 연락드렸어요.

보건교사 : 무엇이 궁금하신지 말씀해보세요.

동료교사 : 제가 3년 뒤에 둘째를 낳으려고 생각 중인데 적당한 피임 방법을 잘 모르겠어요. 주변에서는 모유를 먹일 경우 임신이 안 된다고 말하지만……

보건교사 : ㉠ 모유수유가 피임을 가능하게 해요. 그렇지만 완전하지는 않아요.

동료교사 : 그러면 혹시 모유수유 중에 경구피임약을 먹는 것이 가능한 건가요?

보건교사 : (㉡)이/가 함유된 복합 경구피임제는 피하셔야 하지만 (㉢)이/가 함유된 단일 경구피임제는 모유의 양과 질에 영향을 미치지 않아 모유수유 중에 복용이 가능합니다.

동료교사 : 아, 그렇군요. 좋은 정보 감사드려요. 나중에 학교에서 뵙겠습니다.

… (하략) …

┌─ 작성 방법 ┐

• 밑줄 친 ㉠의 이유를 호르몬 조절기전으로 설명할 것
• 괄호 안의 ㉡과 ㉢에 해당하는 호르몬의 명칭을 순서대로 제시할 것

4절· 고위험 임부

| 정답 및 해설 p.821

임신 중 출혈성 합병증

1. 다음은 보건교사가 여고생을 대상으로 실시한 자궁목 무력증(Incompetent cervix)에 대한 교육 자료이다. 〈작성 방법〉에 따라 순서대로 서술하시오. [4점] '18 임용

자궁목 무력증

○ 정의 : 자궁목의 구조적 기능적 장애로, 임신 2기에 진통이나 자궁의 수축 없이 무통성으로 자궁목이 개대(열림)되어 태아와 그 부속물이 배출되는 임신 전반기 출혈성 합병증
○ 원인
　- 외상성 : 과거 분만 시 받은 자궁목 열상, 소파술, 원추조직절제술 등
　- 선천성 : 길이가 짧은 자궁목, 자궁기형
○ 증상 : 자궁목의 무통성 개대, 이슬, 양막 파열
○ 진단 : 임상 병력, 질경 검사, ㉠ 초음파 검사
○ 치료
　- 내과적 관리 : 침상안정, 페서리, 항생제, 소염제, 프로게스테론 사용
　- ㉡ 외과적 관리 : 교정술 시행
　　　　　　　　　　　　　　　　… (하략) …

┌◆작성 방법◆
• 자궁목 무력증에서 보이는 ㉠의 검사 소견 2가지를 서술할 것
• ㉡에 해당되는 외과적 교정술 중 1가지 명칭을 쓰고, 그 방법을 서술할 것

자궁외 임신

2. 다음은 여 교사가 보건교사와 상담한 내용이다. 〈작성 방법〉에 따라 순서대로 서술하시오.

[4점] '17 임용

> 여 교사 : 안녕하세요, 선생님. 제가 현재 임신 5주 정도 되었는데 오늘 질에서 약간 출혈이 있어요.
>
> 보건교사 : 질 출혈 이외의 다른 증상은 없으신가요?
>
> 여 교사 : 아랫배가 아픈 것 같기도 해요.
>
> 보건교사 : 그러시군요. 임신 초기의 질 출혈은 유산과 자궁 외 임신을 의심해 볼 수 있으니, 검사를 받아 보시는 게 좋을 듯해요.
>
> 여 교사 : 네. 병원에 가 볼게요. 그런데 자궁 외 임신은 어느 부위에 잘 생기고 어떤 검사로 알 수 있나요?
>
> 보건교사 : 자궁 외 임신은 난소, 복강 등의 부위에서도 생기지만 난관에서 가장 많이 생겨요. 그리고 (㉠) 검사가 자궁 외 임신을 조기 진단하는 데 이용돼요.
>
> 여 교사 : 아, 그렇군요. 만약에 제가 자궁 외 임신이라고 하면 수술을 받아야 하나요? 제 주변에 자궁 외 임신으로 수술한 친구가 있거든요.
>
> 보건교사 : 자궁 외 임신은 무조건 수술을 하는 것은 아니고요. 경우에 따라서는 수술하지 않고 ㉡ <u>메소트랙세이트(methotrexate)</u> 약물을 사용하기도 해요. 그런데 이때에는 질 내에 아무것도 삽입하지 않도록 하고, 햇빛에 노출되는 것과 알코올 섭취를 삼가고, (㉢) 이/가 함유된 제제는 피해야 해요.
>
> 여 교사 : 네, 알겠습니다. 감사합니다.

┌─ 작성 방법 ─
• 괄호 안의 ㉠에 해당하는 검사 2가지를 제시할 것
• 밑줄 친 ㉡ 약물의 작용 기전을 서술할 것
• 괄호 안의 ㉢에 해당하는 성분의 명칭을 제시할 것

3. 다음은 보건교사가 여고생을 대상으로 실시한 '태반조기박리'에 대한 교육 자료이다. 〈작성 방법〉에 따라 순서대로 서술하시오. [4점] '19 임용

태반조기박리

○ 정의
- 태아만출 이전에 태반이 착상 부위로부터 부분적 또는 완전히 박리되는 것

○ 원인 및 유발요인
- 자궁 나선동맥 변성
- 코카인 등 약물 복용, 자궁 크기 감소, 외 회전술 적용 시, 다산 등

○ 분류
- 박리 정도와 태아에게 미치는 영향에 따른 분류 : 0~3등급
- 출혈 양상에 따른 분류 : 외출혈, 은닉출혈

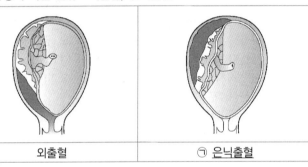

| 외출혈 | ㉠ <u>은닉출혈</u> |

○ 증상
- ㉡ <u>복통</u>, 질 출혈, 자궁 압통

○ 진단
- 초음파 검사, 양수 검사

○ 산모와 태아에게 미치는 영향
- 산모 : 저혈량 쇼크, 파종성 혈관내 응고,
  2차적으로 ㉢ <u>시한증후군(Sheehan's syndrome)</u> 발생
- 태아 : 질식, 사망

… (하략) …

┌─ 작성 방법 ─┐
- 밑줄 친 ㉠일 때 복부촉진으로 확인할 수 있는 증상과 자궁 수축 양상을 제시할 것
- 태반조기박리에서 밑줄 친 ㉡의 전형적인 특징을 제시할 것
- 밑줄 친 ㉢의 정의를 제시할 것

임신 중 고혈압성 장애

4. 나이 어린 임산부의 첫 임신 시 합병증은? '96 임용

① 빈혈, 임신중독증, 저체중아　　　　② 저혈당, 자궁외 임신, 고체중아

③ 포도상 기태, Down's syndrome　　④ 자궁경관 경직, 자궁기능 장애, 저체중아

5. 산부인과 병동에 근무하는 간호사가 임부와 산모를 대상으로 수행한 간호중재 중 옳은 것은? '09 임용

① 자궁내막염이 있는 경우 오로 배출을 위해 트렌델렌버그(Trendelenburg) 체위를 해준다.

② 임신 1기의 당뇨병 임부에게는 임신 전보다 더 적은 양의 인슐린을 투여한다.

③ 분만 후 출혈 예방을 위해 자궁이 부드러워질 때까지 자궁 저부를 마사지한다.

④ 유선염인 경우에는 완치될 때까지 모유 수유를 중단하라고 교육한다.

⑤ 자간전증(preeclampsia) 임부에게는 저단백, 저염분 식이를 제공한다.

6. P 교사(여, 38세)는 자간전증(Preeclampsia)으로 입원하여 황산마그네슘(Magnesium sulfate)을 투여 중이다. 간호 중재 (가)~(마) 중 옳은 것만을 있는 대로 고른 것은? '13 임용

> (가) 경련을 예방하기 위해서 투여하므로 경련의 전구 증상을 관찰한다.
> (나) 말초 혈관이 수축하여 중증의 고혈압이 초래될 수 있으므로 혈압을 자주 측정한다.
> (다) 시간당 소변이 50ml 이상이면 독성 반응을 의심해 볼 수 있으므로 의사에게 보고하여 투약을 중지한다.
> (라) 해독제인 터부탈린(Terbutaline)을 항상 환자 곁에 준비해둔다.
> (마) 신경근을 차단하여 반사가 줄어들거나 소실될 수 있으므로 투약 전 심부건 반사(deep tendon reflex)를 확인한다.

① (가), (마)　　　　② (나), (마)　　　　③ (라), (마)

④ (가), (나), (다)　　⑤ (나), (다), (라)

7. 다음은 자간전증(preecalmpsia)으로 치료 중인 35주된 임부의 간호 기록지 일부이다.
〈작성 방법〉에 따라 순서대로 서술하시오. '17 임용

간호 기록지	
성명 : 이○○	성별/연령 : 여/40세

- • ㉠ 황산마그네슘(MgSO₄)을 정맥으로 주입 중임
- • 두통 있음. 흐린 시야 없음
- • 태아 심박동수(fetal heart rate) : 130회/분
- • 혈압 : 160/110mmHg, 맥박수 : 90회/분, 호흡수 : 12회/분, 체온 : 36.8℃
- • ㉡ 심부건 반사(deep tendon reflex) : 양쪽 무릎 관절 1+

… (이하) …

	담당 간호사 : ○○○
	○○ 병원

┌─ 작성 방법 ◆─────────────────────────────────
- • 밑줄 친 ㉠을 투여하는 이유를 서술할 것
- • 밑줄 친 ㉡을 확인하는 이유와 양쪽 무릎 관절 1+의 의미를 서술할 것
- • 황산마그네슘으로 인한 독성 작용이 나타났을 때 투여하는 약물을 제시할 것

8. 다음은 보건교사와 동료교사가 나눈 대화의 일부이다. 〈작성 방법〉에 따라 순서대로 서술하시오. [4점] '21 임용

> 동료교사 : 선생님, 안녕하세요?
> 아내가 임신 34주인데 병원에서 자간전증이라고 해서 조심하는 중이었어요. 그런데 갑자기 토하고 명치끝이 아프다고 해서 병원에 갔더니 간이 부었다고 해서 입원했어요.
> 보건교사 : 그러시군요. 황달도 있으셨나요?
> 동료교사 : 네, 그랬어요. 병원에서는 ⑤ 피 검사 결과 혈소판 수치가 낮고, 간 효소 수치도 많이 높고, 적혈구도 많이 깨졌다고 하네요. 그래서 지금 약물 투여를 하며 지켜보고 있습니다.
> 보건교사 : ⓛ 자간증으로 진행되지 않도록 조심하셔야 돼요. 그러기 위해서는 병실 환경을 조성하는 것도 중요합니다.
> … (중략) …
> 동료교사 : 선생님의 설명을 들으니 병실 환경을 어떻게 조성해야 하는지 알겠어요. 아내가 심리적 안정을 찾도록 ⓒ 방의 조명을 밝게 해 주어야겠어요.
> … (하략) …

> ┌ 작성 방법 ┐
> ○ 밑줄 친 ⑤의 증상을 특징으로 하는 증후군의 명칭을 쓸 것
> ○ 자간전증에서 밑줄 친 ⓛ으로 진행되었음을 확인할 수 있는 특징적인 증상 또는 징후를 제시할 것
> ○ 밑줄 친 ⓒ은 동료교사가 잘못 이해한 내용이다. 그 이유를 서술할 것

임신과 관련된 질환과 간호

9. 초임부인 29세의 여교사가 산부인과를 다녀 온 후 임신 8주이며 쌍태 임신임을 알게 되었다. 이 여교사에게 제공해야 할 산전교육 내용과 그 근거로 옳은 것은? '11 임용

① 양수과다증으로 인해 거대아를 출산할 위험이 있으므로 염분 섭취를 제한한다.

② 저체중아를 출산할 위험이 있으므로 단태임신 여성보다 하루 1,000칼로리를 더 섭취하도록 한다.

③ 자궁증대로 인해 혈전이 형성될 위험이 높기 때문에 임신 기간 내내 침상 안전을 취하도록 한다.

④ 모체 혈량의 감소로 임신성 고혈압의 위험이 있으므로 하지 부종이 나타나면 즉시 병원으로 가도록 한다.

⑤ 전치태반 위험이 있으므로 임신 후반기 이후에는 복부 통증을 동반하지 않는 질출혈이 있는지 확인한다.

10. 임신 및 분만 중 당 대사 변화에 관한 설명으로 옳은 것만을 〈보기〉에서 있는 대로 고른 것은? [2.5점] '12 임용

> ┌─ 보기 ┐
> ㄱ. 임신 1기 동안 모체 췌장의 베타 세포(β-cell)가 자극되어 인슐린 분비가 증가하여 혈당치가 저하될 수 있다.
> ㄴ. 모체의 포도당과 인슐린은 태반을 통과하여 태아의 혈당 상승과 인슐린 분비를 촉진한다.
> ㄷ. 분만 시에는 태반이 만출되면서 순환하던 태반 호르몬이 갑자기 감소하고, 코르티솔(cortisol)과 인슐린 분해 효소 등이 증가하여 모체는 인슐린에 대한 민감성을 회복한다.
> ㄹ. 임신 2기와 3기에는 에스트로겐(estrogen), 프로게스테론(progesterone), 코르티솔, 태반 락토겐(placental lactogen) 등이 인슐린 길항제로 작용한다.

① ㄱ, ㄹ   ② ㄴ, ㄹ   ③ ㄱ, ㄴ, ㄷ
④ ㄱ, ㄷ, ㄹ   ⑤ ㄱ, ㄴ, ㄷ, ㄹ

11. 다음은 보건교사가 박 교사와 나눈 대화 내용이다. 〈작성 방법〉에 따라 순서대로 서술하시오. [4점] '20 임용

> 박 교사 : 지난주 산부인과 검사 결과 임신성 당뇨로 진단을 받았어요. 처방된 당뇨 식이를 잘 지키고, 규칙적으로 운동하고 혈당 체크를 매일 하라고 하는데 걱정이 되어서 왔어요.
> 보건교사: 임신성 당뇨 진단을 받아 걱정이 많이 되시겠네요.
> 박 교사 : 그런데 임신성 당뇨가 지속되면 태아에게 어떤 영향을 미칠까요?
> 보건교사: 엄마가 임신성 당뇨로 고혈당 상태가 지속되면 태아도 고혈당 상태가 됩니다. 그래서 ㉠ <u>거대아(macrosomia)</u>로 태어나거나, 출생 후 ㉡ <u>호흡 곤란 증후군(respiratory distress syndrome)</u>이 발생할 가능성이 증가합니다.
> … (중략) …
> 박 교사 : 자세한 설명을 들으니 이해가 잘 되네요.
> 보건교사: 출산까지 정상 혈당을 유지하도록 꾸준히 운동과 식이 요법을 병행하시기 바랍니다.

> ┌─ 작성 방법 ┐
> • 밑줄 친 ㉠이 발생하는 기전을 2단계로 서술할 것
> • 밑줄 친 ㉡이 발생하는 기전을 2단계로 서술할 것

5절 ◆ 고위험 분만

| 정답 및 해설 p.827

조기분만

1. 다음은 배가 아파서 응급실로 내원한 K 교사(여, 31세)의 검진 결과이다. K 교사를 위한 관리 방안으로 옳은 것만을 〈보기〉에서 있는 대로 고른 것은? '13 임용

성명	K	성별	여	나이	31세
입원 날짜	2012. 10. 13. 16 : 39				
진단명	임신 29주				

간호력	경과 기록지
출산력 : 0 − 1 − 2 − 1	경관 개대 : 2.0cm
수축 간격 : 10~15분	경관 소실 : 50%
수축 기간 : 30초	하강(Station) : −2
발생 시점(Onset) : 3시간 전	양막 : 파열되지 않음

┌─ 보기 ┤
ㄱ. 좌측위를 취한다.
ㄴ. 침상 안정으로 활동을 제한한다.
ㄷ. 리토드린(Ritodrine)을 투여한다.
ㄹ. 태아의 폐 성숙을 촉진시키기 위해 베타메타손(Betamethasone)을 투여할 수 있다.

① ㄱ, ㄴ　　　　　　② ㄴ, ㄷ　　　　　　③ ㄱ, ㄷ, ㄹ
④ ㄴ, ㄷ, ㄹ　　　　⑤ ㄱ, ㄴ, ㄷ, ㄹ

기타

2. 다음은 고등학교 보건교사가 작성한 교육 자료의 일부이다. 괄호 안의 ㉠에 해당하는 기구명과 괄호 안의 ㉡에 해당하는 관리 방법을 순서대로 쓰시오. [2점] '22 임용

주제	자궁탈출증(uterine prolapse)	대상/장소	여교사 ○명/소강당
교육목표	○자궁탈출증의 치료 및 관리 방법을 설명할 수 있다.		
구분	교육 내용		시간
도입	○ 동기 유발 : 자궁탈출증에 대한 퀴즈		5분

전개	1. 자궁탈출증의 치료 및 관리 방법
	 1) 비수술요법
	  ○ 적응증 : 경미한 정도의 탈출증 환자나 다른 질병으로 수술을 할 수 없는 경우 등
	 ⑴ (㉠)의 삽입
	  – 개인에게 크기가 맞는 것을 사용함
	  – 삽입된 상태에서는 질의 산도를 pH 4.0~4.5로 유지하기 위하여 (㉡)을/를 실시함
	  – 폐경 후에는 삽입 전 질을 에스트로겐화한 후 사용함
	 ⑵ 케겔(Kegel) 운동
	  – 복근이나 둔근을 사용하지 않고 골반저근육과 회음부 근육을 이용함
	 … (하략) …
			35분

3. 다음은 고등학교 보건교사가 작성한 교육 자료의 일부이다. 〈작성 방법〉에 따라 서술하시오. [4점] '22 임용

주제	산후 출혈성 건강문제	대상/장소	여교사 ○명/소회의실
교육목표	○산후 출혈성 건강문제의 원인, 증상 및 치료를 이해할 수 있다.		
구분	교육 내용		시간
도입	○ 동기 유발 : 산후출혈에 대한 퀴즈		5분

전개	I. 태반의 이상
	1. 태반 융모의 자궁 벽 침범 정도에 따른 분류
	  • (㉠)
	  • 감입태반(placenta increta)
	  • 첨입태반(placenta percreta)
	2. 원인
	  • 전치태반
	  • 소파수술
	  • 제왕절개술 등
	3. 증상
	  • 임신 중에는 증상이 거의 없음
	  • 전치태반을 동반한 경우 산전 출혈이 있음
	  • 태반 만출 시도 시 출혈
	…(중략)…
	II. (㉡)
	1. 원인
	  • 태반박리 전 제대를 잡아당김
	  • 태반박리와 만출을 위해 과도하게 자궁저부를 압박하는 경우
	  • 태반의 용수박리 등
	2. 증상
	  • 질 내 무엇인가 꽉 찬 느낌
	  • 심한 통증
	  • 출혈
	  • 저혈량성 쇼크
	3. 치료법
	  • ㉢ 터부탈린(terbutaline) 투여 후 응급조치 시행
	  • ㉣ 옥시토신(oxytocin) 투여
	  • 자궁절제술(hysterectomy)
	… (하략) …
			35분

┌→작성 방법 ◄┐
• 괄호 안의 ㉠에 해당하는 용어를 제시할 것
• 괄호 안의 ㉡에 해당하는 질병명을 제시할 것
• 밑줄 친 ㉢과 ㉣의 목적을 순서대로 서술할 것

4. 다음은 보건교사와 동료교사의 대화 내용의 일부이다. 〈작성 방법〉에 따라 서술하시오.

[4점] '23 임용

동료교사 : 선생님, 안녕하세요?

보건교사 : 선생님이 분만 휴가 중이라 얼굴 뵙고 싶었는데 이렇게 방문해 주셔서 반가워요.

동료교사 : 감사해요. 제가 궁금한 게 있어요. 분만실에서 전자태아감시장치(Electronic Fetal Monitoring, EFM)를 부착하고 있었는데 이런 그래프를 받았어요.

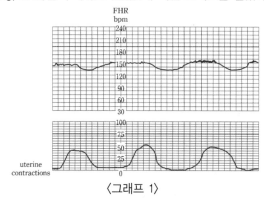

〈그래프 1〉

보건교사 : 〈그래프 1〉은 (㉠)을/를 의미하네요.

동료교사 : 분만실에서 제가 천장을 보고 똑바로 누운 자세로 있었더니 간호사 선생님이 체위를 (㉡)(으)로 변경해 주셨어요. 그랬더니 아기가 괜찮아졌다고 하더라고요.

보건교사 : 네. 다행이네요.

동료교사 : 그런데 제 옆에 있던 산부는 모니터 상 태아심음이 매우 불안정하다고 하면서 갑자기 수술실로 갔어요. 왜 그런 걸까요?

보건교사 : 책에서 보여 드릴게요. 아마도 그 산부의 아기는 〈그래프 2〉와 같은 상태였을 거예요. 이런 경우에는 태아가 위험할 수 있어요.

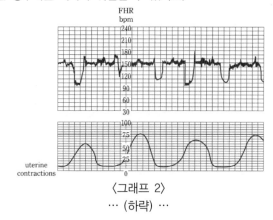

〈그래프 2〉

··· (하략) ···

┌ 작성 방법 ┐
- 괄호 안의 ㉠에 들어갈 태아 심박동 양상의 명칭을 제시할 것
- 괄호 안의 ㉡에 들어갈 체위명을 제시하고, 이 체위로 태아의 상태가 개선되는 기전을 서술할 것
- 〈그래프 2〉에 해당하는 태아 심박동 양상의 발생 원인을 서술할 것

제2강 여성간호

연도	내용
'92학년도	자궁근종
'93학년도	모닐리아 질염과 아구창
'94학년도	
'95학년도	유방암의 자가 검진, PID
'96학년도	산모의 성병으로 인한 신생아질환
'97학년도	
'98학년도	
'99학년도	성교육 교사의 유의사항, 성폭력 직후 대처방법(지방)
후 '99학년도	월경곤란증(지방)
2000학년도	
2001학년도	
2002학년도	성폭력의 개념, 강간상해 증후군을 보이는 피해자의 심리적 반응 3단계의 명칭과 그 특성, 월경전 긴장증후군
2003학년도	
2004학년도	
2005학년도	
2006학년도	폐경기 여성 질 점막의 특성, 유방 자가 진단 시기, 유방 시진 시 취해야 하는 자세, 인공 유산 시 신체 회복과 생식기 2차 감염 예방 위한 교육 내용
2007학년도	'원발성 월경곤란증(월경통)'의 통증 발생의 원인
2008학년도	임신 중 임질에 감염된 경우 발생할 수 있는 주요 합병증
2009학년도	성폭력, 피임법, 임부와 산모 교육, 임신 중 신체 변화
2010학년도	성학대 예방교육, 성 전파성 질환의 진단방법, 갱년기 건강문제의 관련 요인
2011학년도	
2012학년도	원발성 월경곤란증, 클라미디아(Chlamydia) 감염, 경구 피임법
2013학년도	월경전 증후군, 유방암 항암요법, 피임법(월경주기조절법)
2014학년도	경구피임약부작용(혈전증), IUD, 자궁근종
2015학년도	
2016학년도	월경전 증후군 기전, 워커(I. Walker)의 폭력 주기, 응급 피임약의 피임 원리 및 부작용
2017학년도	불임진단검사와 합병증, 배란기 점액양상
2018학년도	
2019학년도	월경주기
2020학년도	경구피임약 기전, 배란시기 경관점액의 양상(견사성, 양치엽상)
2021학년도	점막하근종
2022학년도	피임(자궁 내 장치, 프로게스테론 작용)
2023학년도	유방암 호발부위, 타목시펜 약리기전, 가정폭력 cycle(밀월단계), 자궁경부암 검사(pap smear)

1절 ◆ 월경장애

| 정답 및 해설 p.828

월경장애

1. 월경과 관련된 건강 문제를 상담하기 위하여 ○○중학교 1학년 여학생 2명이 보건실을 방문하였다. 두 여중생과 보건교사의 상담 대화에서, 괄호 안의 ㉠, ㉡에 해당하는 용어를 순서대로 쓰시오. [2점] '15 임용

A학생 　　 : 선생님, 안녕하세요?

보건교사 : 안녕? 어서들 오렴.

B학생 　　 : 저희 둘 다 월경과 관련된 상담을 하고 싶어서 왔어요.

보건교사 : 그래, 잘 왔다. 무슨 문제가 있는 거니?

A학생 　　 : 저는 월경의 양이나 기간은 정상인데요, 정상적인 주기보다 길어요. 주기가 35~40일 이상이 돼요.

보건교사 : 그렇구나. 그런 월경은 비정상 자궁출혈의 유형 중의 하나인데, (㉠)(이)라고 한다.

B학생 　　 : 저도 월경의 양이나 기간은 정상인데요, 정상적인 주기보다 짧고 보통 21일 미만이에요.

보건교사 : 그것도 비정상 자궁출혈의 유형 중의 하나인데, (㉡)(이)라고 하지.

B학생 　　 : 왜 그런 거죠?

보건교사 : 비정상 자궁출혈의 주된 원인은 배란 장애(무배란)와 연관이 있고, 특히 초경이 시작되는 시기에는 시상하부 − 뇌하수체 − 난소축의 미성숙으로 야기되는 경우가 많단다.

A학생 　　 : 아, 그렇군요. 감사합니다. 선생님!

월경전 증후군

2. 한 여학생이 학교에서 주기적인 도벽으로 인하여 양호실로 상담 의뢰되어 왔다. 보건교사가 상담한 결과 긴장, 정서불안, 신경과민, 더부룩함, 오심 등의 전형적인 월경전 긴장 증후군 증상을 보였다. 학생이 이를 올바르게 인식하고 스스로 극복하도록 돕기 위하여 보건교사가 지도할 수 있는 내용을 6가지만 열거하시오. [6점] '02 임용

3. 다음은 보건 교육 시간에 C 학생(여, 18세)이 발표한 월경전 증후군에 대한 내용이다. (가)~(마) 중 옳은 것만을 있는 대로 고른 것은? [1.5점] '13 임용

월경전 증후군(Premenstrual syndrome)에 대해 알아봅시다.

• 월경전 증후군이란?
월경과 관련된 정서 장애로, 일상생활에 지장을 줄 정도의 신체적, 정서적 또는 행동적으로 복합된 증후군이 월경 전 2~10일에 나타났다가 월경 시작 직전이나 월경 직후에 소실되는 증후군을 말한다.

• 자가 관리를 위해 우리가 실천할 수 있는 방법들은?
(가) 월경 일지를 만들고, 월경 일지에 모든 증상과 배란일을 기록한다.
(나) 부종을 확인하기 위해 매일 체중을 잰다.
(다) 탄수화물, 야채, 콩류 및 섬유소를 섭취한다.
(라) 스트레스와 통증을 줄이고, 언짢은 기분을 완화시키기 위해 규칙적인 운동을 한다.
(마) 카페인이 든 음료, 초콜릿 및 단 음식의 섭취는 제한한다.

• 치료약은?
… (하략) …

---

① (가), (나)　　　② (다), (마)　　　③ (나), (다), (라)
④ (가), (다), (라), (마)　　　⑤ (가), (나), (다), (라), (마)

4. 다음은 보건교사가 월경전 증후군에 대해 학생과 상담한 내용이다. 밑줄 친 ㉠, ㉡의 원인 기전을 순서대로 서술하시오. [4점] '16 임용

> 학생   : 선생님, 안녕하세요. 월경 전 증후에 대해 궁금한 게 있어요.
> 보건교사 : 궁금한 게 뭐니?
> 학생   : 저는 월경 시작하기 2~3일 전부터 손발이 퉁퉁 붓고 체중이 많이 늘어요.
> 보건교사 : ㉠ 체액 축적 현상이 심한가 보구나.
> 학생   : 그게 무엇인가요?
> 보건교사 : 그것은 일시적으로 몸에 수분이 많이 쌓이는 것을 말한단다.
> 학생   : 아, 그렇군요.
> 보건교사 : 다른 증상들은 없니?
> 학생   : ㉡ 불안하고 예민해지면서 주의 집중이 잘 안되는데 심하지는 않아요.
> 보건교사 : 그래, 지금 너에게 있는 증상들은 월경이 시작되면 금방 사라질 거다.
> 학생   : 자세히 설명해 주셔서 감사합니다.

월경곤란증

5. 월경 시 동통을 느끼게 하는 원인은? '96 임용

① 자궁내막의 탈락
② estrogen 분비 감소
③ progesterone 분비 감소
④ prostaglandin 분비 증가

6. 보건교사가 '원발성 월경곤란증(월경통)'의 소견을 보이는 아래의 학생에게 통증발생의 원인으로 설명할 수 있는 내용을 3가지만 쓰시오. [3점] '07 임용

> 중학교 1학년인 학생이 심한 골반통증으로 보건실을 방문하였다.
> 학생은 초경을 한 지 8개월이 되었으며 골반의 기질적인 문제가 없고, 2시간 전 생리를 시작하면서부터 갑자기 통증이 유발되었다.

7. 다음의 소견을 보이는 여학생이 보건실에 왔다. 이때 보건교사가 학생에게 해 줄 수 있는 간호중재와 그 원리로 옳은 것을 〈보기〉에서 모두 고른 것은? '10 임용

> 14세 여학생이 수업 도중 월경 시작과 동시에 갑작스런 골반통증이 있어 보건실에 왔다. 이 여학생은 13세에 초경을 했으며 현재 하복부와 치골상부에 국한된 통증이 있고, 통증의 양상은 둔하게 쑤시는 형태로 나타난다고 하였다.

┌─ 보기 ┐
- ㉠ 열요법으로 통증 부위에 혈류를 감소시키고 고긴장성 근수축을 감소시킨다.
- ㉡ 골반 흔들기 등의 운동으로 혈관 이완을 증가시켜 자궁허혈을 감소시킨다.
- ㉢ 복부 마사지로 2차적인 자극을 주어 통증의 역치를 감소시킨다.
- ㉣ 요가나 명상으로 이완을 유도하여 통증을 감소시킨다.

① ㉠, ㉡   ② ㉠, ㉢   ③ ㉡, ㉣
④ ㉠, ㉡, ㉣   ⑤ ㉡, ㉢, ㉣

PART 4

8. 보건 상담 기록부의 내용 (가)~(라)에 대한 설명으로 옳은 것만을 〈보기〉에서 있는 대로 고른 것은? '12 임용

보건 상담 기록부

학년반	2학년 3반	성명	김○○	성별	여	나이	15세
상담일	2011. 10. ○○.						

건강 문제 :
• 하복부 통증 – 월경통, 월경 1일째

상담 내용 :
• (가) 통증으로 인해 교실에 앉아 수업을 들을 수가 없음
• 불규칙한 월경 주기에 대해 걱정함
• (나) 10개월 전 초경을 시작하였으며 월경통으로 산부인과를 방문했더니 원발성 월경통이라고 진단을 받았다고 함

지도 내용 :
• (다) 원발성 월경통에 대해 설명함
• 더운물 주머니 적용 및 복부 마사지 제공함
• (라) 약물 투여 관련 정보를 제공함

┌─◆보기◆─
ㄱ. (가) 통증 조절을 위해 월경통이 있을 때는 비스테로이드 소염제(NSAIDs) 등을 투여한다.
ㄴ. (나) 원발성 월경통은 주로 초경 후 첫 6개월~1년간 나타나는 경우가 많다.
ㄷ. (다) 자궁내막증으로 인한 골반 내 울혈의 결과로 원발성 월경통이 나타남을 설명한다.
ㄹ. (라) 약물 치료로는 프로스타글란딘(prostaglandin)의 수준을 낮추는 경구 피임약 등을 사용한다.

① ㄱ, ㄷ   ② ㄱ, ㄹ   ③ ㄴ, ㄹ
④ ㄱ, ㄴ, ㄹ   ⑤ ㄱ, ㄴ, ㄷ, ㄹ

2절◆ 유방검진

| 정답 및 해설 p.930

유방검진

1. 여성의 유방 자가 검진 시기를 생리를 하는 여성과 생리를 하지 않는 여성으로 구분하여 쓰고, 유방 시진(inspection) 시 취해야 하는 자세 4가지를 기술하시오. [4점] '06 임용

2. 다음은 보건교사가 작성한 보건교육 자료의 일부이다. 〈작성 방법〉에 따라 서술하시오.

[4점] '23 임용

주제	유방암 예방 및 관리	대상	교사 ○○명
		장소	교직원 연수실
교육목표	○유방암의 위험요인과 발생부위를 설명할 수 있다. ○유방암의 예방 및 관리 방법을 설명할 수 있다.		
단계	교육 내용		시간
도입	○동기 유발 : 유방암에 대한 퀴즈		5분
전개	1. 유방암 위험요인 및 발생 부위 　1) 위험요인 　　•가족력, 자궁암이나 난소암 등의 병력 　　•이른 초경 또는 늦은 폐경 　　•출산 경험이 없거나 30세 이후 첫 출산 　　　　　　　　…(중략)… 　2) ㉠ 발생부위 　2. 유방암 예방 　1) 건강검진 　　•40세 이상 여성은 2년마다 (　㉡　)을/를 실시함 3. 유방암 치료 및 관리 　1) 약물요법 　　•항암화학요법 　　•호르몬요법 : ㉢ 타목시펜(tamoxifen) 아로마타제 등		

┌ 작성 방법 ┐
• 밑줄 친 ㉠에서 가장 많이 발생하는 부위의 기호를 그림의 A∼E 중에서 제시하고, 그 이유를 서술할 것
• 암검진 실시기준[보건복지부고시 제2021-355호, 2021. 12. 30., 일부개정.]에 근거하여 괄호 안의 ㉡에 들어갈 검사항목 명칭을 제시할 것
• 밑줄 친 ㉢의 약리기전을 서술할 것

3절 ✦ 폐경과 노화

| 정답 및 해설 p.831

1. 폐경기 이후 여교사의 골다공증이 증가하고 있다. 골다공증의 원인과 예방대책을 기술하시오. '19 지방

2. 폐경기 이후 여성에게는 호르몬의 변화로 인한 질염이나 외음 소양증이 자주 나타난다. 이와 같은 결과를 초래할 수 있는 폐경기 여성 질 점막의 특성을 3가지만 기술하시오.

[3점] '06 임용

3. 갱년기 여성의 건강 문제와 그 관련 발생 요인을 옳게 설명한 것은? '10 임용

건강 문제	발생요인
① 질염	얇아진 질 벽으로 글리코겐의 분비가 많아지고 되덜라인막대균(Döderlein bacillus)의 수가 감소하여 질의 살균 작용 저하
② 관절 손상	연골세포의 증식은 증가하고 분해는 감소하여 연골세포의 증식과 분해의 불균형
③ 관상동맥 질환	고밀도 지단백 콜레스테롤의 증가와 저밀도 지단백 콜레스테롤의 감소
④ 골밀도 저하	장내의 칼슘 흡수 증가로 혈중 칼슘 농도가 저하되어 뼈에서 칼슘이 유출
⑤ 홍조	자율신경계의 불안정으로 인한 혈관 수축과 이완의 장애

4절♦ 생식기 질환

| 정답 및 해설 p.832

생식기 감염 질환

1. 어떤 산모가 모닐리아성 질염에 감염되었다면, 그 산모에게서 출생한 신생아는 어떤 질병이 유발될 수 있는가? '93 임용

① 폐렴

② 아구창

③ 신생아 안염

④ 신생아 피부염

2. 임신 32주인 28세 교사가 질분비물과 외음부 소양증 및 성교 시 통증을 호소하였다. 이 여교사에게 의심되는 질염, 증상과 교육 내용으로 맞게 짝지어진 것은? [2.5점] '11 임용

〈질염〉

가. 트리코모나스 질염(trichomonas vaginitis)

나. 칸디다성 질염(vaginal candidiasis)

다. 세균성 질염(bacterial vaginosis)

〈증상〉

ㄱ. 계란 흰자위 같은 점액 농성 질분비물

ㄴ. 우유 찌꺼기 같은 백색 질분비물

ㄷ. 거품이 있는 녹황색의 화농성 질분비물

〈교육 내용〉

A. 질강 세척(douche)을 하도록 한다.

B. 배우자도 함께 치료를 받도록 한다.

C. 에스트로겐 질 크림을 바르도록 한다.

D. 조산 우려가 있으므로 조속히 치료받도록 한다.

① 가 - ㄱ - A

② 가 - ㄷ - B

③ 나 - ㄱ - A

④ 나 - ㄴ - C

⑤ 다 - ㄷ - D

3. 골반 내 장기 염증(PID)으로 맞지 않는 것은? '95 임용

① 자궁을 포함한 골반 내 장기의 염증성 질환이다.
② 가장 흔한 원인균은 연쇄상구균이다.
③ 급성기 환자는 절대 안정을 취한다.
④ semi-fowler 자세를 취한다.

4. 임산부가 임신 3개월 전에 감염되면 선천성 기형아를 출산할 수 있는 질환은? '92 임용

① 홍역　　　　　　　　　② 수두
③ 풍진　　　　　　　　　④ 성홍열

성전파성 질환

5. 임신 중 임질에 감염된 경우 발생할 수 있는 주요한 합병증을 4가지만 쓰시오. [4점] '08 임용

6. 다음 〈보기〉의 특징을 가진 질병은? '93 임용

┌─◆ 보기 ◆─────────────────────────────┐
│ • 병원체는 스피로헤타이다.   │
│ • 여성보다 남성에서 흔히 발생한다.   │
│ • 서혜부 임파선염이 연관되어 발생한다.   │
│ • 질이나 자궁경관보다 외음부에 더욱 흔하다.   │
└──────────────────────────────────────┘

① 임질　　　　　　　　　② 경성하감
③ 연성하감　　　　　　　④ 서혜육아종

7. 다음은 성전파성 질환의 일례에 대한 설명이다. 이 질환의 진단 방법으로 옳은 것은?

[1.5점] '10 임용

> 이 질환은 원인균이 주로 성교에 의해 피부나 점막으로 침입하며, 심각한 전신 질환을 유도할 수 있는 복합 질환이다. 감염 시 임상 양상과 시간 경과에 따라 독특한 질병의 단계를 거친다. 전염성이 강하며, 전형적인 일차적 병변은 경성하감(chancre)의 형태로 나타난다.

① 요도구, 직장, 자궁경부, 바르톨린샘에서 검사물을 채취하여 TM(Thayer-Martin) 배지에서 배양검사를 한다.

② 궤양의 삼출물을 배양하여 도말표본검사로 듀크레이 간균(haemophilus ducreyi)을 발견한다.

③ 서혜부의 특징적인 과립 모양의 병소와 급성기와 아급성 시기에 라이트(Wright) 방법으로 조직을 염색하여 도노반소체를 발견한다.

④ 바이러스에 감염된 쥐의 뇌로부터 추출한 항원을 주사한 후 양성 피부 반응을 보는 프라이(Frei)검사로 진단한다.

⑤ 현미경으로 환부에서 원인균을 확인하고 혈청학적 검사(VDRL, FTA-ABS)를 이용하여 진단한다.

첨형 콘딜로마

8. 출산 전 산모의 성병 감염이 원인이 되어 올 수 있는 신생아의 질환이 아닌 것은? '94 임용

① 임질 – 신생아 안염 ② Condyloma – 폐렴
③ 매독 – 지속성 비염 ④ Candida 질염 – 아구창

9. 성전파성 질환의 일종으로 여성의 외음부에 생긴 첨형 콘딜로마(condyloma acuminatum)에 대한 특성이다. 이 질병에 대한 설명으로 옳은 것은? [1.5점] '11 임용

〈특성〉
• 꽃양배추(cauliflower) 모양을 지닌 돌기형의 무통성 사마귀
• 외음부 소양증을 초래하기도 함
• 임신부와 면역 저하 환자에서는 병변이 자라는 속도가 빨라짐

① 협착과 천공이 생긴다.
② 사마귀를 제거하면 재발되지 않는다.
③ 질분만 시 신생아에게 안염을 일으킨다.
④ 2기가 되면 병변이 회백색의 삼출물로 덮이고 악취가 난다.
⑤ 원인균은 인유두종바이러스(human papilloma virus)이다.

클라미디아

10. 클라미디아(Chlamydia) 감염에 대한 서○○ 학생의 생각 (가)~(라) 중 옳은 것만을 있는 대로 고른 것은? [2.5점] '12 임용

① (가), (나)　　　　② (나), (다)　　　　③ (다), (라)
④ (가), (나), (다)　　⑤ (가), (나), (다), (라)

자궁 종양과 자궁내막질환

11. 자궁근종을 설명한 내용 중 옳은 것은? '92 임용

① 폐경기 이후에 많이 발생한다.
② 주로 자궁 경부에서 빈발한다.
③ 임신 기간에는 크기가 축소되었다가 분만 후 커진다.
④ 자궁출혈이 월경과다의 형태로 나타난다.

12. 다음은 ○○ 여자 고등학교 보건 교육 시간에 김○○ 학생이 발표한 자궁근종에 대한 자료이다. 괄호 안의 ⊙, ⓛ에 해당하는 내용을 차례대로 쓰시오. '14 임용

자궁근종에 대해 알아볼까요?

일시 : 2013년 ○월 ○일
발표자 : 3-2 김○○

1. 자궁근종(uterine myoma)이란?
   평활근종, 섬유종으로도 불리며, 자궁에서 발생하는 종양 중 가장 흔한 종양임

2. 유형
   1) 점막하 근종   2) 근층내 근종   3) (⊙   ) 근종

3. 증상
   무증상인 경우가 많으나 월경과다, 비정상 자궁출혈, 만성 골반통 등의 증상이 있음

4. 이차성 변성
   1) 초자성 변성 : 소용돌이 형태가 없어지고, 조직이 균일하게 보이는 것
   2) 낭포성 변성 : 초자성 변성이 액화되어 투명액 또는 젤라틴 물질 및 낭강(cystic cavity)을 형성하는 것
   3) (ⓛ   ) 변성 : 혈액순환 장애로 인해 허혈성 괴사를 형성한 후 인산칼슘, 탄산칼슘 등이 침착하여 딱딱해지는 것

… (하략) …

---

13. 다음은 보건교사가 동료교사와 나눈 대화의 일부이다. 〈작성 방법〉에 따라 순서대로 서술하시오. [4점] '21 임용

동료교사 : 선생님, 상의드릴 것이 있어요.

보건교사 : 네, 선생님.

동료교사 : 저희 어머니가 52세이신데 자궁근종으로 진단받으셨어요. 곧 폐경이 되실 것 같은데… ㉠ 폐경이 되면 근종은 어떻게 되나요?

… (중략) …

동료교사 : 그런데 병원에서 저도 마찬가지로 자궁근종이라고 하네요.

보건교사 : 두 분이 같은 진단을 받으셨군요. 자궁근종은 자궁에서 발생하는 종양 중 가장 흔한 양성 종양이에요.

동료교사 : 저 같은 경우는 담당 의사가 자궁근종 때문에 ㉡ 빈혈이 생겼다고 했어요.

보건교사 : 그래서 얼굴색이 창백하신가 봐요. 그런데 근종이 어디에 위치한다고 하나요?

동료교사 : 저의 경우에는 ㉢ 자궁근종이 자궁 내막 바로 아래에 위치한대요.

… (하략) …

┌ 작성 방법 ┐

- 밑줄 친 ㉠이 자궁근종에 미치는 영향에 대해 호르몬의 명칭을 포함하여 서술할 것
- 밑줄 친 ㉡을 유발하는 자궁근종의 월경 관련 증상을 제시할 것
- 발생 위치에 따른 분류를 기준으로 밑줄 친 ㉢에 해당하는 자궁근종의 종류를 제시할 것

여성생식기 암

14. 다음은 보건교사와 동료교사의 대화 내용의 일부이다. 밑줄 친 ㉠의 검사항목 명칭과 괄호 안의 ㉡에 들어갈 발생부위를 순서대로 쓰시오. [2점] '23 임용

동료교사 : 선생님, 제 건강검진 결과가 나왔는데 궁금한 것이 있어서 왔어요.

보건교사 : 결과가 어떻게 나왔나요?

동료교사 : 다른 검사는 모두 정상이라는데 자궁경부암 검사에서 이상이 있다고 나왔어요. 암이라는 건가요?

보건교사 : ㉠ 암 검진 기준에 있는 자궁경부암 검사항목을 말씀하시는 거죠? 그 검사에서 이상이 있다는 것이 곧 자궁경부암이라는 뜻은 아니에요.

동료교사 : 그래도 걱정이 되네요. 자궁경부암은 주로 어디에서 발생하나요?

보건교사 : 자궁경부는 내자궁경부와 외자궁경부로 이루어져 있는데 이 둘을 덮고 있는 세포들이 만나는 지점인 (㉡)에서 자궁경부암이 잘 발생해요.

… (하략) …

※근거 : 암검진 실시기준[보건복지부고시 제2021-355호, 2021. 12. 30., 일부개정.]

5절 · 가족계획

| 정답 및 해설 p.836

가족계획과 출산

1. 생리적 피임법에 들어가는 것은? '96 임용

① 오기노씨법, 콘돔

② 점액관찰법, 루프

③ 오기노씨법, 점액관찰

④ 기초체온법, Jelly질정

2. 경구 피임법에 대한 안내지의 (가)~(다)에 들어갈 말로 옳은 것은? '12 임용

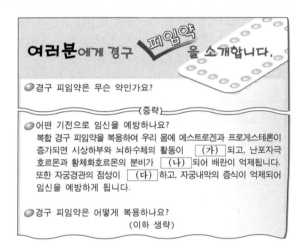

여러분에게 경구 **피임약**을 소개합니다.

◯경구 피임약은 무슨 약인가요?
〈중략〉

◯어떤 기전으로 임신을 예방하나요?
복합 경구 피임약을 복용하여 우리 몸에 에스트로겐과 프로게스테론이 증가되면 시상하부와 뇌하수체의 활동이 (가) 되고, 난포자극호르몬과 황체화호르몬의 분비가 (나) 되어 배란이 억제됩니다. 또한 자궁경관의 점성이 (다) 하고, 자궁내막의 증식이 억제되어 임신을 예방하게 됩니다.

◯경구 피임약은 어떻게 복용하나요?
(이하 생략)

	(가)	(나)	(다)
①	증가	감소	증가
②	증가	증가	증가
③	억제	감소	감소
④	억제	증가	감소
⑤	억제	감소	증가

3. 다음은 Y 고등학교 보건교사가 제작한 피임 교육 자료이다. (가)~(마)에 들어갈 말로 옳은 것은? '13 임용

내 몸의 주인은 나!
피임은 남녀 공동 책임!

⚙ 피임이란?

⚙ 피임 방법

• 월경 주기 조절법
기초 체온법(Basal Body Temperature, BBT)은 배란이 일어나기 전과 후에 체온의 자연적인 변화에 의해 배란을 예측할 수 있는 피임 방법이다. 기초 체온의 변화는 가장 신뢰할 수 있는 배란의 징후로 난포기 때는 기초 체온이 (가) 이고, 배란 후 황체기에는 (나) 이며, 배란기는 (다) 에서 (라)(으)로 변화할 때이다. 체온은 (마)의 영향으로 0.2. −0.3℃ 정도 변화가 있다. 배란 후 3일 저녁부터 월경이 시작될 때까지는 안전한 피임 기간이다.

… (이하 생략) …

	(가)	(나)	(다)	(라)	(마)
①	고온	저온	저온	고온	프로게스테론
②	고온	저온	고온	저온	에스트로겐
③	저온	고온	고온	저온	난포호르몬
④	저온	고온	저온	고온	에스트로겐
⑤	저온	고온	저온	고온	프로게스테론

4. 다음은 당뇨병이 있는 김○○ 교사(여, 32세)가 휴대폰을 통해 보건교사와 상담한 내용이다. 괄호 안의 ㉠, ㉡에 해당하는 내용을 차례대로 쓰시오. [2점] '14 임용

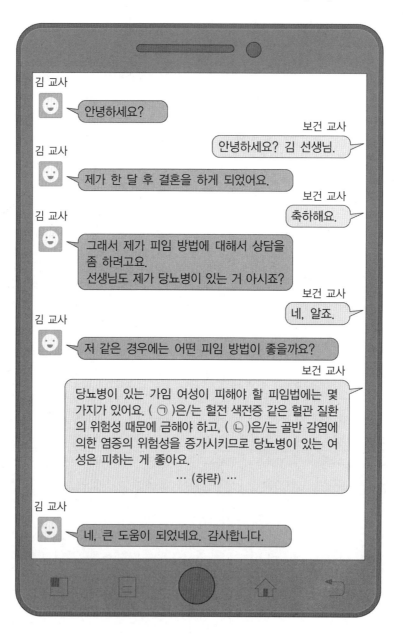

김 교사
> 안녕하세요?

보건 교사
> 안녕하세요? 김 선생님.

김 교사
> 제가 한 달 후 결혼을 하게 되었어요.

보건 교사
> 축하해요.

김 교사
> 그래서 제가 피임 방법에 대해서 상담을 좀 하려고요.
> 선생님도 제가 당뇨병이 있는 거 아시죠?

보건 교사
> 네, 알죠.

김 교사
> 저 같은 경우에는 어떤 피임 방법이 좋을까요?

보건 교사
> 당뇨병이 있는 가임 여성이 피해야 할 피임법에는 몇 가지가 있어요. (㉠)은/는 혈전 색전증 같은 혈관 질환의 위험성 때문에 금해야 하고, (㉡)은/는 골반 감염에 의한 염증의 위험성을 증가시키므로 당뇨병이 있는 여성은 피하는 게 좋아요.
> … (하략) …

김 교사
> 네, 큰 도움이 되었네요. 감사합니다.

5. 피임법을 주제로 한 수업 중에 보건교사와 학생의 질의응답 내용이다. 〈작성 방법〉에 따라 서술하시오. [4점] '16 임용

학생 : 선생님, 예기치 못한 성관계 후 임신을 방지하는 데 어떤 피임 방법이 사용되나요?

보건교사 : 사후 피임법을 질문하는 거구나. 사후 피임법에는 여러 가지가 있지. 그중에서 많이 사용하는 방법이 먹는 응급 피임약이란다.

학생 : 그 약은 어떤 원리로 임신이 안 되게 하는 거예요?

보건교사 : 피임 원리는 ㉠ _____.

학생 : 약은 언제 먹는 거예요?

보건교사 : 일반적으로 ㉡ 성교 후 72시간 내에는 먹어야 한단다.

학생 : 약은 한 번만 먹는 건가요?

보건교사 : 그건 약의 종류에 따라 다르단다.

학생 : 약의 부작용은 없나요?

보건교사 : 메스꺼움과 구토가 있지.

학생 : ㉢ 메스꺼움과 구토가 생기는 것은 왜 그런 건가요?

… (하략) …

┌─ 작성 방법 ─

• ㉠에 응급 피임약의 피임 원리 2가지를 제시할 것

• ㉡의 이유를 제시할 것

• ㉢을 일으키는 피임약의 성분을 제시할 것

6 다음은 고등학교 보건교사가 작성한 〈교수·학습 지도안〉이다. 〈작성 방법〉에 따라 순서대로 서술하시오. [4점] '20 임용

교수·학습 지도안			
단원	성 건강	보건교사	박○○
주제	준비된 임신과 피임	대상	2학년
차시	3/3	장소	2-5
학습목표	○ 피임법의 종류와 원리를 이해할 수 있다. ○ 다양한 피임법의 장·단점을 설명할 수 있다.		
단계	교수·학습 내용		시간
도입	○ 전시 학습 확인 ○ 동기 유발 : 다양한 피임법에 대한 퀴즈 ○ 본시 학습 문제 확인		5분
전개	1. 피임법의 정의 　수정이나 임신을 피하는 방법이다. 2. 피임법의 종류 　가. 월경 주기법 　　1) 자궁 경부 점액 관찰법 　　　- 방법 : 경부 점액 양상을 관찰하여 배란일로 예측되는 시기에 　　　　피임한다. 　　　- 배란 시기가 되면 자궁 경부 점액은 맑고 투명해지며, ㉠ 견사 　　　　성과, ㉡ 양치엽상 등의 변화가 나타난다. 　　　　　　… (중략) … 　나. 복합 경구 피임약 　　1) 작용 　　　- ㉢ 난소 　　　- 자궁 내막 　　2) 복용법 : 매일 한 알씩 일정한 시간에 복용한다. 　　　　　　… (하략) …		35분

┌ 작성 방법 ┐
- 밑줄 친 ㉠, ㉡의 확인 방법과 양상을 서술할 것
- 복합 경구 피임약 성분이 밑줄 친 ㉢에서 배란을 억제시키는 기전을 2가지로 서술할 것

7. 다음은 보건교사가 동료교사와 나눈 대화의 일부이다. 밑줄 친 ㉠의 명칭과 밑줄 친 ㉡의 작용을 하는 호르몬의 명칭을 순서대로 쓰시오. [2점] '21 임용

> 동료교사 : 선생님, 안녕하세요? 피임 방법에 대해 잠시 여쭤보고 싶은데요?
>
> 보건교사 : 어떤 피임 방법에 대해 알고 싶으세요?
>
> 동료교사 : 아이가 둘이라 몇 년간은 임신 계획이 없어서 적당한 피임 방법을 찾고 있어요.
>
> 보건교사 : 장기적인 피임 방법으로는 ㉠ 피임 기구를 자궁 안에 위치하도록 하여 수정란의 착상을 방해하는 방법이 있어요.
>
> 동료교사 : 그런 기구에서 호르몬이 나오게 하는 것도 있다면서요?
>
> 보건교사 : 네, 맞아요. 호르몬이 나오는 피임 도구를 자궁 안에 위치하도록 하여, 거기서 매일 일정한 양의 호르몬이 지속적으로 방출되도록 해요. 거기서 나오는 호르몬이 ㉡ 자궁경부 점액을 끈적끈적하게 만들고, 정자가 자궁경부를 통과하기 어렵게 만드는 작용을 합니다. 또 피임 효과는 5년간 지속된다고 합니다.
>
> … (하략) …

성교 후 응급피임법

8. 박 씨는 1명의 자녀를 둔 24세 기혼 여성으로 1개월 전에 풍진 예방접종을 하였다. 그런데 피임을 하지 않은 상태에서 성관계 후 80시간이 지났다. 이 시점에서 임신을 예방하기 위해 가장 적절한 피임 방법은? [1.5점] '09 임용

① 질세척
② 살정제
③ 경구용 피임약
④ 응급 복합 피임약
⑤ 구리 자궁내 기구(Copper IUD)

불임

9. 다음은 보건교사가 작성한 불임 관련 교육 자료의 일부이다. 〈작성 방법〉에 따라 순서대로 서술하시오. [4점] '17 임용

불임이란?

1. 불임의 정의 : 정상적 부부 관계에서 피임을 하지 않고 (㉠) 이내 임신이 되지 않은 상태
… (중략) …

2. 진단검사
   1) 난관 및 복강 요인 사정 : 자궁난관조영술 검사, 복강경 검사,
      루빈(Rubin) 검사
      ⑴ 자궁난관조영술 검사
         • 자궁경부에 조영제를 주입하여 자궁강과 난관의 해부학
           적 특성을 보는 것
         • 월경 후 2~5일경 검사를 시행함
         • 검사 중 ㉡ <u>어깨 통증</u>이 발생하면 체위변경이나 경한 진
           통제로 조절함

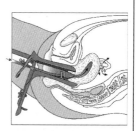

┌→ 작성 방법 ◆──────────────────────────────
• 괄호 안의 ㉠에 들어갈 기간을 제시할 것
• 밑줄 친 ㉡이 발생하는 이유를 서술할 것
• 배란기 자궁경부 점액의 정상 양상 3가지를 서술할 것
└───

6절· 성교육

| 정답 및 해설 p.839

성교육

1. 성교육 평가 시 고려해야 할 요소와 성교육에 임하는 교사의 자세에 대해 기술하시오.
[총 8점] '99 임용

생리 중 건강과 위생(월경 시 몸가짐)

2. 다음은 보건교사가 여중생을 대상으로 실시한 생리대 사용법에 대한 교육 자료의 일부이다. 괄호 안의 ㉠에 해당하는 용어를 쓰고, 밑줄 친 ㉡에 해당하는 내용 4가지를 서술하시오. [5점] '17 임용

⟨생리대 이렇게 사용하세요!⟩

1. 생리대의 종류
   1) 질 내로 삽입하는 유형(예 : 탐폰)

   2) 속옷에 부착하는 유형 (예 : 팬티라이너, 패드)

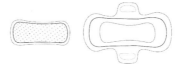

2. 생리대 사용과 관련된 건강 문제와 유의 사항
   1) 탐폰
   (1) 탐폰을 교환하지 않고 장시간 사용 시, 포도상구균(포도알균) 감염에 의해 (㉠) 증후군이 발생할 수 있고, 주요 증상으로 고열, 홍반성 반점, 쇼크 등이 나타날 수 있다.
   (2) ㉡ <u>이 증후군을 예방하기 위한 탐폰 사용 시 유의 사항</u>은 다음과 같다.

… (하략) …

성폭력

3. 우리나라 성폭력 범죄율은 세계 3위이며, 이 중 대부분의 피해자들이 18세 미만의 어린이와 청소년인 것으로 확인되고 있다. 또한 그 범죄 양상이 점차로 다양화 · 연소화 추세에 있어 심각한 사회문제로 대두되고 있다. 다음 물음에 답하시오. [총 8점] '02 임용

3-1. 성폭력의 개념을 정의하시오. [2점]

3-2. 강간 피해자는 일반적으로 강간상해 증후군이라는 생명을 위협하는 상황에 대한 급성 스트레스성 반응을 보인다. 강간상해 증후군을 보이는 피해자의 심리적 반응 3단계의 명칭과 그 특성을 기술하시오. [6점]

4. 한 여학생이 성폭력으로 인한 임신으로 인공 유산을 하였다. 이 여학생의 신체 회복과 생식기 2차 감염 예방을 위하여 제공해야 할 교육 내용을 각각 3가지만 기술하시오. [4점]

'06 임용

5. 고등학생들에게 성폭력 피해 시 대처 방안에 대한 교육 내용으로 옳지 <u>않은</u> 것은? [1.5점]

'09 임용

① 피해자는 범인을 알게 된 후 2년 내에 고소한다.
② 가해자의 신장, 체중, 인상착의를 기억해 둔다.
③ 강간은 결코 자신의 잘못 때문이 아님을 명심한다.
④ 안전한 장소로 몸을 옮기고 빨리 주위에 도움을 청한다.
⑤ 옷을 갈아입거나 목욕을 하지 말고 병원으로 간다.

6. 초등학생을 대상으로 하는 성학대 예방 교육의 내용으로 옳지 <u>않은</u> 것은? [1.5점] '10 임용

① '괜찮은', '적절한' 신체 접촉과 '안 되는', '부당한' 신체 접촉을 구별할 수 있도록 한다.
② 원치 않은 신체 접촉이 일어났을 때, "안 돼"라고 말할 권리가 있음을 상기시킨다.
③ 성과 관련된 신체 부위는 부끄러워하지 않도록 은유적인 용어를 사용하여 교육한다.
④ 원치 않은 신체 접촉은 낯선 사람뿐만 아니라 가까운 주변사람들과의 사이에서도 발생할 수 있음을 알린다.
⑤ 원치 않은 신체 접촉을 당했을 때, 이 사실을 숨기지 말고 즉시 믿을 만한 어른들에게 이야기하도록 한다.

가정폭력

7. 보건교사는 가정폭력을 주제로 사례 발표 수업을 진행하였다. 발표한 사례와 토의 내용을 근거로 〈작성 방법〉에 따라 서술하시오. [4점] '16 임용

〈사 례〉

- 발표자 : 김○○
- 대상자 : 여자 A(30세, 결혼 2년차)
- 폭력 피해 상황 : 일주일 전 A 씨의 남편은 술을 먹고 집에 들어와, 갑자기 흥분하면서 A 씨에게 "너 때문에 되는 일이 없어"라고 소리치며 폭력을 마구 휘둘렀다. 이때, 가족들은 말렸지만 남편의 폭력 행동은 멈추지 않았다. 결국 A 씨는 골절상을 입고 병원 응급실에 실려 가게 되었다. A 씨 남편의 폭력은 이번이 처음이 아니며 올해 들어서만도 세 번째이다.

〈사례 출처 : 여성상담전화센터〉

김○○ : 이상으로 사례 발표를 마치겠습니다.

보건교사 : 수고했어요. 여러분은 지난 시간에 워커(I. Walker) 의 폭력 주기를 배웠습니다. 그러면 발표 사례와 여러분이 배운 폭력 주기를 한번 연결하여 설명해 볼까요?

… (중략) …

이○○ : 선생님, A 씨의 사례는 폭력 주기의 단계와 연관 지어 잘 이해할 수 있는데 <u>다른 단계들은</u> 이해가 잘 안돼요.

… (하략) …

◆ 작성 방법 ◆

- 워커(I. Walker)의 폭력 주기에 근거하여 A 씨의 사례가 어느 단계에 해당하는지 그 명칭과 이유를 제시할 것
- 워커(I. Walker)의 폭력 주기에 근거하여 밑줄 친 나머지 2단계의 명칭과 특징을 제시할 것

8. 다음은 신문 기사의 일부이다. 〈작성 방법〉에 따라 서술하시오. [4점] '23 임용

'노인 학대 가해자'는 주로 배우자와 자녀

지난 1월 술을 마시고 폭력을 휘두르는 아들을 피하기 위해 80대 노인 A씨가 겨울인데 외투도 입지 않고 맨발로 집을 뛰쳐나와 인근에 있는 슈퍼마켓에 도움을 요청했다. ㉠ 사업실패로 인한 경제적 어려움을 겪던 아들이 이혼 후 A씨가 사는 집으로 들어오면서 A씨는 아들로부터 지속적인 폭력을 당했다고 한다. 아들은 이튿날 술이 깨면 ㉡ 다시는 그러지 않겠다고 하였다. 그러나 A씨를 향한 폭력을 반복하였고 결국 A씨는 경찰에게 아들과 분리해 줄 것을 요청했다고 한다.

보건복지부의 〈2021 노인 학대 현황보고서〉에 따르면 노인 학대 건수는 매년 늘고 있다. 특히 노인 학대가 가장 많이 발생한 장소는 가정이고 노인 학대 가해자는 배우자와 자녀(아들) 순이었다. 전문가에 따르면 폭력은 만성적일수록 쉽게 긴장이 고조되고 폭력적 파괴가 커진다고 한다. 지속적인 폭력에 노출된 대상자들은 ㉢ 플래시백(flashback), ㉣ 학습된 무력감(learned helplessness), 폭력에 대한 두려움, 절망감, 낮은 자존감 등의 증상을 보여 적절한 치료와 중재가 매우 중요하다고 한다.

코로나19로 이동이 제한되는 상황에서 고립된 노인들이 폭력과 학대에 노출될 가능성이 커진 만큼 국가와 사회의 관심과 적극적인 노인 보호 정책이 필요하다.

┌─ 작성 방법 ─
- 밑줄 친 ㉠에 해당하는 위기 유형의 명칭을 제시할 것
- 워커(L. E. Walker)의 폭력주기 이론에서 밑줄 친 ㉡에 해당하는 단계의 명칭을 제시할 것
- 밑줄 친 ㉢과 ㉣의 개념을 순서대로 서술할 것

PART 5

정신간호학

제1강 정신건강간호

제2강 정신장애

합격
기준 **박문각 임용**

신희원

보건교사 길라잡이
➕ 10점 기출문제

제1강 | 정신건강간호

출제경향 및 유형

후 '99학년도	중학생(12~15세)의 Freud · Erikson · Piaget의 발달단계
2000학년도	
2001학년도	청소년기 발달과업 5가지, 발달과업 성취를 위한 중재내용 3가지
2002학년도	
2003학년도	
2004학년도	
2005학년도	
2006학년도	청년 초기의 자기중심적 사고-상상적 청중과 개인적 우화
2007학년도	Maslow의 욕구, PTSD 중재
2008학년도	
2009학년도	마리 야호다 정신 건강 평가 기준
2010학년도	신경인지장애(작화증 등)
2011학년도	방어기제, 지역사회정신건강서비스활동(정신보건사업), 페플라우의 대인관계모델
2012학년도	약물 중독 단계
2013학년도	
2014학년도	환각과 착각, 콜버그의 도덕발달단계
2015학년도	
2016학년도	배변훈련과 성격형성장애, 유아의 방어기제(퇴행), 사고내용의 장애(피해망상)
2017학년도	방어기제(부정)
2018학년도	방어기제의 특징과 분류(합리화)
2019학년도	
2020학년도	사고내용장애(망상)
2021학년도	정신분석모형
2022학년도	정신질환자 복지서비스 지원에 관한 법(자의입원)
2023학년도	셀리에의 일반적응증후군(저항단계), 인지 재구성법

출제포인트

DSM-5 진단기준 변경 이후 정신간호학의 출제비율이 높아질 것을 예상했다. 실제로 점점 출제비율이 증가되고 있으므로 어렵지만 정신간호에 도전해야 할 시기이다. 아동에서 발달의 특성개념을 정리하였다면, 정신에서는 그 발달의 특성을 정신심리의 역동과 연결시켜 정리해야 한다. 예를 들면, 배변훈련이 인격형성에 미치는 영향 같은 내용들이다. 인격의 구조나 방어기제는 늘 출제되므로 개념의 암기보다 사례를 통해 이해할 수 있도록 준비해두자. 정신간호이론 모형의 출제비율은 현재는 낮으나, 앞으로 증가가 예상되므로 이에 대한 대비도 해야 한다. 여기까지 정리하였다면 최근 증가하고 있는 정신건강사정(사고내용장애−망상의 분류, 인지장애−작화증, 실어증 등의 구분)이 어렵지 않을 것이다. 이 부분은 꼭 사례에서 도출해야 하므로 기본개념이 탄탄해야 한다.

1절 ✦ 정신간호의 이해

| 정답 및 해설 p.844

정신건강의 이해

1. 마리 야호다(Marie Jahoda)가 제시한 정신 건강 평가 기준에 부합하는 것을 〈보기〉에서 고른 것은? [1.5점] '09 임용

> ┌─ 보기 ┤
> ㉠ 자신의 욕구와 행동에 대한 인식
> ㉡ 새로운 성장과 발달에 대한 도전
> ㉢ 새로운 사물에 대한 이해와 인식 능력
> ㉣ 옳고 그름에 대한 윤리 의식
> ㉤ 외부 세계에 대한 검증 능력

① ㉠, ㉡, ㉢   ② ㉠, ㉡, ㉤   ③ ㉠, ㉣, ㉤
④ ㉡, ㉢, ㉣   ⑤ ㉢, ㉣, ㉤

2. 인격구조를 Id, Ego, Superego로 나눈 정신분석학자는? '96 임용

① Freud   ② Caran
③ Jung   ④ Piaget

3. 강박적 성격은 어느 시기가 퇴행 억압일 때 나타나는가? '96 임용

① oral stage   ② anal stage
③ phallic stage   ④ latency stage

4. 다음은 보건교사가 두 자녀를 둔 동료 교사와 대화한 내용이다. 〈작성 방법〉에 따라 서술하시오. [5점] '16 임용

> 보건교사 : 선생님! 이제 출산 휴가 마치셨군요?
> 동료교사 : 네, 그동안 별고 없으셨지요?
> 보건교사 : 저는 차라리 출근하는 게 덜 힘든 것 같아요. 동생이 생기고 나니 민아가 저를 너무 힘들게 해요.
> 동료교사 : 민아가 지금 몇 살인가요?
> 보건교사 : 25개월 되었어요. 제가 요즘 걱정이 있어요.
> 동료교사 : 그게 뭔데요?
> 보건교사 : 민아에게 배변 훈련을 시키는 것도 힘든데…… 동생이 태어난 후 민아가 변했어요.
> 동료교사 : 민아가 어떻게 변했나요?
> 보건교사 : <u>제가 동생을 안고 있으면 자기도 안아 달라고 떼를 써요. 게다가 동생 젖병을 물고 누워서 맘마 먹는다고 하고 아기처럼 말하기도 해요.</u>
> 동료교사 : 동생이 태어나서 민아가 스트레스를 받는군요.

┌─ 작성 방법 ┐
• 프로이드(S. Freud)의 심리성적 발달이론에 근거했을 때 민아는 어느 단계에 해당하는지 제시할 것
• 배변 훈련과 성격형성과의 관계를 프로이드(S. Freud)의 심리성적 발달이론에 근거하여 제시할 것
• 밑줄 친 민아의 행동에서 나타나는 심리적 방어기제의 명칭과 그 개념을 제시할 것

방어기제

5. 부부싸움을 하고난 후 부인이 자녀에게 화를 낼 경우에 해당되는 방어기제는? '94 임용

① 거부 　　　　　　② 감정 전이
③ 억압 　　　　　　④ 반동 형성

6. 방어기제 가운데 충분히 젖을 먹지 못한 어린애가 긴장해소를 위해 젖꼭지 대신 손가락이나 장난감을 빠는 것은? '95 임용

① 보상 　　　　　　② 전치
③ 대리형성 　　　　④ 고착

7. 부하가 상사에 대한 미움으로 장작을 패거나 공을 차는 건설적인 행위로 감정을 표현하는 방어기제는? '97 임용

① 보상   ② 이동

③ 격리   ④ 대리형성

8. 다음은 고등학교 3학년인 정수 어머니와 보건교사와의 전화 통화 내용이다. 밑줄 친 ㉠에 해당하는 정수의 정신 증상과 ㉡에 해당하는 어머니의 방어기제(defense mechanism)를 순서대로 쓰시오. [2점] '15 임용

보건교사   : 정수 어머니! 정수가 학교생활에 문제가 있어서 전화 드렸습니다.

정수 어머니 : 무슨 문제가 있나요?

보건교사   : 정수가 친구와 어울리지 않고 말도 잘 안 하는데, 가끔씩 혼잣말로 알아들을 수 없는 말을 중얼거려요. 그리고 ㉠ 친구들이 욕하지도 않았는데 자꾸 자기를 욕한다고 생각하면서 친구들에게 따지는 거예요. 그래서 제가 면담을 해 보니 정수는 사실이 아닌데도 누군가가 자기를 대학에 가지 못하도록 모든 수단을 동원해서 괴롭히고 있다는 생각을 하고 있더군요.

정수 어머니 : 그렇지 않아도 남편이 정수를 데리고 정신과 병원에 간 적이 있어요.

보건교사   : 아, 그러셨어요. 병원에서는 뭐라고 하던가요?

정수 어머니 : 의사 선생님은 정수가 조현병(정신분열병)이라고 하면서 입원 치료를 권했지만, ㉡ 제 생각은 달라요. 우리 아들은 치료받을 필요가 없어요. 고3이라 힘들어서 그런 거지 아무 문제가 없거든요. 저는 정수를 어느 대학에 보낼지 고민하고 있어요. 정신과 의사 선생님이 잘못 진단하신 거예요.

… (하략) …

9. (가)~(라)의 내용과 관련이 있는 방어기전으로 옳은 것은? [2.5점] '11 임용

외국어 고교를 가고 싶어 하는 현경이는 집안이 어려워지면서 학원을 다니지 못하게 되었고 지난 달 모의고사에서 성적이 떨어져 불안하고 초조해졌다. 아버지는 사업 실패에 대한 비관으로 자주 술을 마셨고 어머니를 때리거나 집안의 물건을 던져 부수는 일이 잦아졌다.
(가) 아버지를 점점 미워하게 된 현경이는 최근 가출하고 싶은 생각이 들었지만 그래서는 안 된다고 스스로를 달래며 참고 있었다. 중간고사가 얼마 남지 않자 안절부절못하며 공부에 집중하기 힘들었고 점차 짜증이 늘어나 남자 친구들과 어울려 술을 마시게 되었다. 이를 알게 된 아버지로부터 심한 꾸중을 듣자 현경이는 (나) "내가 술 마신 것도 다 아빠 때문이야!"라고 소리치며 아버지에게 덤벼들었고 어머니는 (다) "착했던 네가 아빠한테 덤벼들다니 내가 교육을 잘못시킨 탓이다!"라고 통곡하며 울었다. (라) 현경이는 시험 당일 등교하던 중 갑자기 오른쪽 팔에 마비가 나타나 응급실에 방문하였고, 오후에 상태가 호전되어 귀가하였다.

→ 보기 ←

ㄱ. 억압(repression)　　　　　　ㄴ. 억제(suppression)
ㄷ. 투사(projection)　　　　　　ㄹ. 반동형성(reaction formation)
ㅁ. 함입(introjection)　　　　　　ㅂ. 상환(restitution)
ㅅ. 전환(conversion)　　　　　　ㅇ. 해리(dissociation)

	(가)	(나)	(다)	(라)
①	ㄱ	ㄷ	ㅁ	ㅅ
②	ㄱ	ㄹ	ㅂ	ㅇ
③	ㄴ	ㄷ	ㅁ	ㅅ
④	ㄴ	ㄷ	ㅁ	ㅇ
⑤	ㄴ	ㄹ	ㅂ	ㅅ

10. 다음은 예비 보건교사가 작성한 〈교수·학습 지도안〉이다. 방어기제와 관련하여 〈작성 방법〉에 따라 서술하시오. [4점] '18 임용

교수 · 학습 지도안			
단원	정신건강	보건교사	김○○
주제	방어기제	대상	2학년 1반 30명
차시	2/3차시	장소	2-1교실
학습목표	방어기제의 특징과 분류를 설명할 수 있다.		
단계	교수 · 학습내용		시간
도입	• 전시 학습 내용 확인 : 성격과 의식의 구조 • 동기유발 : '프로이드의 정신역동' 그림 설명 • 본시 학습 목표 확인		5분
전개	Ⅰ. 방어기제의 특징 　1. 방어기제는 갈등과 감정을 관리하는 주요 수단이다. 　2. 방어기제는 불안으로부터 이드(id)를 보호하기 위한 수단이다. 　3. 억제를 제외한 방어기제는 의식적인 수준에서 작용한다. Ⅱ. 방어기제의 분류 　1. (　　　㉠　　　) 　　• 사례 : 17세 여학생은 실력이 없어 시험 점수가 안 좋게 나오자 시험 당일 컨디션이 좋지 않아 시험을 잘 볼 수 없었다고 말한다. 　　• 이솝우화 : 「여우와 포도」에서 '여우와 신포도' 기제 … (하략) …		30분

┌─ 작성 방법 ─
• 위 자료에서 제시한 방어기제의 특징 3가지 중 잘못 기술된 2가지를 찾아 바르게 서술할 것
• 괄호 안의 ㉠에 해당하는 방어기제의 명칭을 쓰고, 그 개념을 설명할 것

2절 · 정신간호이론모형

| 정답 및 해설 p.848

1. 페플라우(Peplau)의 대인관계 모델은 치료적 인간관계 형성을 돕는 4단계 과정으로 각
단계마다 수행해야 하는 특정한 과업이 있다. (가)~(라)에 넣을 수 있는 내용으로 옳은
것은? '11 임용

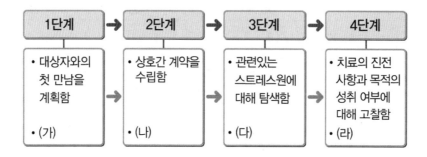

┌→ 보기 ┌─
ㄱ. 저항행위 극복하기   ㄴ. 상담자 자신의 느낌 탐색
ㄷ. 대상자의 생각 탐색   ㄹ. 상실감 탐색

	(가)	(나)	(다)	(라)
①	ㄱ	ㄴ	ㄷ	ㄹ
②	ㄴ	ㄷ	ㄱ	ㄹ
③	ㄴ	ㄷ	ㄹ	ㄱ
④	ㄷ	ㄴ	ㄱ	ㄹ
⑤	ㄹ	ㄱ	ㄴ	ㄷ

2. 다음은 정신분석이론에 대한 보건교사 연수 교재 내용의 일부이다. 〈작성 방법〉에 따라 순서대로 서술하시오. [4점] '21 임용

정신분석이론

1. 개요

    프로이트(S. Freud)는 정신분석이론을 통하여 성격 구조와 의식의 수준, 불안, 방어기전의 역할, 정신성적 발달단계를 제시하였다.

    … (중략) …

2. 성격의 구조

    ㉠ <u>이드(id)</u>는 출생 시부터 존재하며 동기 부여, 충동, 본능, 반사, 욕구의 원천이다. 이드는 현실적인 제한이나 미래에 관계하지 않고 즉각적인 본능 충족을 추구한다. 자아(ego)는 모든 정신 현상을 총괄하며, 주관적인 경험, 기억의 이미지 등을 구분할 수 있다. 또한 성장 과정을 통하여 자아의 강도가 커지면서 (㉡) 원칙에 따라 움직이게 된다. 성숙한 성격으로 성장하기 위해서는 자아의 건전한 발달이 필수적이다.

    … (중략) …

3. 정신분석 치료 과정

    프로이트는 감정적으로 힘든 문제를 드러내는 것이 정신 질환을 일으키는 상처를 치유하는 잠재력이 있음을 설명했다. 그래서 정신분석 치료 과정에 ㉢ <u>어떤 의식적 점검이나 검열 없이 떠오르는 대로 생각과 느낌을 그대로 언어화하는 것</u>과 꿈 분석을 사용하였다.

    … (하략) …

┌─ 작성 방법 ─┐

- 밑줄 친 ㉠이 추구하는 원칙의 명칭을 쓸 것
- 괄호 안의 ㉡에 들어갈 명칭을 쓰고, 그 개념을 서술할 것
- 밑줄 친 ㉢에 해당하는 방법의 명칭을 쓸 것

3절 ◆ 정신건강사정

| 정답 및 해설 p.848

1. 기질적 뇌증후 장애로 입원한 노인환자가 "오늘 남북통일 문제를 의논하기 위해 청와대에 가야 한다."고 말하였다. 이러한 증상은? '95 임용

① 신어 조작증　　　　　　　　② 생각의 비약
③ 상동증　　　　　　　　　　④ 작화증

2. Korsakoff 정신증이나 노인성 질환에서 기억의 결함을 조작하여 메우는 현상으로 맞는 것은? '96 임용

① 작화증　　　　　　　　　　② 실어증
③ 기억과잉　　　　　　　　　④ 기억착오

3. 김○○ 교사의 남편은 알코올 의존(alcohol dependence) 진단을 받았다. 김○○ 교사가 보건교사에게 상담한 다음 내용 중 괄호 안의 ㉠, ㉡, ㉢에 해당하는 정신 증상을 차례대로 쓰시오. [2점] '14 임용

> 김 교사 : 남편이 술 때문에 병원에 여러 번 입원했었어요.
> 보건교사 : 네, 걱정이 많으시겠어요.
> 김 교사 : 그런데 이번에 이상한 증상을 보여서 무슨 일인지 궁금해요.
> 보건교사 : 어떤 증상인데요?
> 김 교사 : 이번에 술 때문에 다시 입원해서 4일째 되던 날 제가 병원을 방문하게 되었어요. 그런데 남편이 아무것도 없는데 허공을 보면서 수많은 뱀들이 얼굴로 쏟아져 내려온다면서 막 소리를 지르는 거예요. 그리고 정맥 수액이 들어가고 있는 주사 줄을 보더니 뱀이 기어간다는 거예요. 왜 그런 증상이 나타나는지 걱정도 되고 궁금하기도 해요.
> 보건교사 : 네, 아무 것도 없는데 뱀이 있다고 하는 것은 (㉠) 증상 중에서도 (㉡) 증상이고요, 정맥 수액 줄을 보고 뱀이라고 하는 것은 (㉢) 증상이라고 해요.
> … (하략) …

4. 다음 사례에서 (가)~(마)에 대한 설명으로 옳지 <u>않은</u> 것은? '10 임용

> 김 씨는 75세의 노인으로 약 18개월 전부터 (가) <u>아침 식사를 했는지 안 했는지를 모르고</u>, (나)
> <u>이웃집 여자를 아느냐는 질문에 "물론 알지. 어제 그 여자 남편과 맥주를 마셨어."라고 대답했다.</u>
> <u>그녀의 남편은 5년 전에 사망하였고, 김 씨는 그녀의 남편을 한 번도 만난 적이 없었다.</u> 그리고
> (다) <u>"올해(2009년도)가 몇 년도냐?"는 질문에 1991년이라고 답하였다.</u> (라) <u>시력 장애가 없음에</u>
> <u>도 불구하고 의자나 연필 같은 물건을 지각하지 못하더니 결국 가족까지도 알아보지 못했다.</u> 이
> 러한 증상으로 김 씨는 딸과 함께 병원에 가서 검사한 결과 양성자방출 단층촬영(PET) 검사에서
> 양쪽 두정-측두엽 부위의 포도당 대사율이 떨어졌으며, (마) <u>'알츠하이머 병(Alzheimer's</u>
> <u>disease)'</u>으로 진단받았다.

① (가)는 기억장애로, 질병초기에는 장기기억보다 최근기억을 하지 못한다.

② (나)는 작화증으로, 기억이 잘 나지 않은 부분을 무의식적으로 상상이나 사실이 아
닌 경험으로 채우는 것이다.

③ (다)는 지남력장애로, 대부분 시간, 장소, 사람의 순으로 지남력 상실이 온다.

④ (라)는 실행증으로, 측두엽과 두정엽의 손상으로 인하여 나타난다.

⑤ (마)는 치매의 한 종류로, 대뇌 신경세포에서 아세틸콜린 전달효소 효능이 떨어지
고, 아세틸콜린의 흡수가 저하된다.

5. 다음은 보건교사와 담임교사의 대화 내용이다. 밑줄 친 ⊙, ⓒ에 해당하는 이상행동의
명칭을 순서대로 쓰시오. [2점] '19 임용

> 담임교사 : 선생님, 안녕하세요. 상의드릴 일이 있어서 왔어요.
> 보건교사 : 네, 안녕하세요.
> 담임교사 : 어제 중간고사 성적 면담을 하는데 학생이 ⊙ <u>성적 얘기가 끝나기도 전에 제 생일이</u>
> <u>언제인지를 물어 봤어요. 그러더니 제가 질문에 답하기도 전에 친구와 도서관에 다녀</u>
> <u>온 얘기를 하다가 갑자기 키우고 있는 고양이 얘기를 하는 거예요.</u> 학생의 얘기가 빠
> 르게 바뀌니 정신이 없더라고요.
> 보건교사 : 그랬군요. 다른 이상한 점은 없었나요?
> 담임교사 : 한창 얘기 중에 ⓒ <u>창밖에서 들리는 빗소리가 친구들이 자기를 욕하는 소리라고 하더</u>
> <u>라고요.</u> 그래서 제가 빗소리만 들린다고 얘기해주긴 했는데…….
> 보건교사 : 제가 학생을 만나 볼게요.

6. 다음은 심리 검사에 대한 보건교사 보수 교육 자료의 일부이다. 괄호 안의 ㉠에 추가해야 할 임상 척도 1개의 명칭과 밑줄 친 ㉡에 해당하는 명칭을 순서대로 쓰시오. [2점] '21 임용

---

1. 심리 검사의 개념

   심리 검사는 환자의 환경과 인지적, 정서적으로 상호 작용하는 최근의 인지, 성격 또는 정신 병리적 요소까지 측정할 수 있다.

2. 심리 검사 도구의 종류

   1) MMPI(Minnesota Multiphasic Personality Inventory, 미네소타 다면적 인성 검사)
      - MMPI는 자기 보고식의 객관적 인성 검사 도구로 집단적인 인성 검사에 많이 이용되고 있다. 이 도구는 정신상태의 정도를 객관적으로 파악하고 수량적으로 표시할 수 있으며, 사회적, 정서적 적응과 관련된 정서 장애나 정신과적 장애의 특징을 측정하는 데 초점을 두고 있다.
      - MMPI는 임상 척도와 타당도 척도로 구성된다. 임상 척도는 건강염려증(Hs), 우울증(D), 히스테리(Hy), 편집증(Pa), 강박증(Pt), 조현병(Sc), 경조증(Ma), 사회적 내향성(Si), 남성여성성(Mf), (㉠) 척도로 구성된다.
      - 타당도 척도는 응답의 객관성이나 솔직성에서 문제 발생을 보완하기 위해 무반응 척도, 신뢰도 척도(F), 교정 척도(K), ㉡ <u>자신을 좋게 보이려는 고의적이고 부정직한 경향을 찾기 위한 척도</u>로 구성된다. 타당도 척도들이 비교표의 규준 T점수 70점 이상이면 응답 전체의 신뢰성을 일단 의심한다.

   … (하략) …

---

7. 다음은 보건교사와 학생의 대화 내용이다. 괄호 안의 ㉠에 해당하는 숫자와 밑줄 친 ㉡에 해당하는 입원 유형을 순서대로 쓰시오.(정신건강증진 및 정신질환자 복지서비스 지원에 관한 법률, 법률 제17794호, 2020. 12. 29., 일부개정) [2점] '22 임용

학생 : 선생님, 알코올 중독인 아버지가 어제 저녁에 술을 많이 드신 후 집 안의 물건을 부수고 엄마를 때려서 제가 경찰에 신고를 했어요. 출동한 경찰관이 아버지를 보시고, 경찰관과 의사의 동의로 정신병원에 입원시키셨어요. 아버지는 어떻게 되시는 건가요?

보건교사 : 그랬구나. 많이 놀라고 힘들었겠다. 아버지는 정신질환자의 응급입원 절차에 따라 공휴일을 제외하고 (㉠)일 이내에 입원이 가능하단다.

학생 : 그다음에는 어떻게 진행되나요?

보건교사 : 정신건강의학과전문의 진단 결과, 계속하여 입원할 필요가 있다고 인정되면 다른 입원 유형으로 조치되실 거야. 유형에는 ㉡ <u>아버지가 입원을 신청하는 경우</u>, 아버지가 보호의무자의 동의를 받아 입원을 신청하는 경우, 보호의무자 2명 이상이 입원을 신청하는 경우, 정신건강의학과전문의나 정신보건전문요원이 특별자치시장·특별자치도지사·시장·군수·구청장에게 대통령령으로 정하는 바에 따라 아버지의 입원을 신청하는 경우가 있단다.

학생 : 네, 그렇군요. 알려 주셔서 감사합니다.

---

8. 다음은 고등학교 보건교사와 학생의 상담 내용이다. 〈작성 방법〉에 따라 서술하시오. [4점]

'23 임용

학생 : 선생님, 공부를 잘하고 싶은데 마음만 앞서고 집중이 잘 안 돼요. 스트레스 때문인가요?

보건교사 : 학업 스트레스로 많이 힘든가 보구나. 셀리에(H. Selye)의 일반적응증후군(General Adaptation Syndrome, GAS)에 따르면 스트레스에 대한 생리적 반응은 경고단계 (alarm stage), (㉠), 소진단계(exhaustion stage)로 이루어져 있다고 해.

학생 : 최근에 ㉡ 시험지를 받았을 때 심장이 빨리 뛰고 숨이 가쁜 적도 있었어요.

보건교사 : 그랬구나. 스트레스 때문에 ㉢ 위궤양이 생기거나 상처가 잘 아물지 않을 수도 있단다.

학생 : 스트레스로 다양한 증상이 있을 수 있네요. 하지만 ㉣ 저에겐 공부가 전부라 잘하지 못하면 행복할 수가 없어요.

보건교사 : 너에겐 스트레스 관리가 필요할 것 같아. 여기에는 신체활동, 심상요법, 인지 재구성, 심호흡, 명상 등 여러 가지 방법이 있는데 이 중 너에게 맞는 방법을 찾으면 된단다.

학생 : 네. 말씀해 주신 것 중에 저한테 어떤 방법이 맞을지 살펴보고 실천해 볼게요.

┌→ 작성 방법 ←┐
- 괄호 안의 ㉠에 들어갈 단계의 명칭을 제시할 것
- 밑줄 친 ㉡과 ㉢에 해당하는 스트레스에 대한 생리적 반응이 나타나는 이유를 시기에 따라 서술할 것
- 밑줄 친 ㉣의 문장을 보건교사가 제시한 스트레스 관리 방법 중 인지 재구성 방법에 따라 수정 하여 서술할 것

제2강 | 정신장애

출제경향 및 유형

후 '99학년도	
2000학년도	
2001학년도	
2002학년도	
2003학년도	
2004학년도	
2005학년도	
2006학년도	
2007학년도	
2008학년도	
2009학년도	공황장애
2010학년도	불안수준의 간호, 양극성장애, 구조적 가족치료, 신경인지장애(작화증 등)
2011학년도	범불안장애, 환청치료, 인지행동치료, 섭식장애(신경성 식욕부진증), 조현병 약물 중 콜린성약물(Bethanechol(Urecholine))투여 시 요정체 완화
2012학년도	전환장애(Conversion disorder), PTSD 증상, 조현병의 양성/음성 증상, 성격장애분류, 약물중독 단계, 항우울제, 항우울제(MAO억제제)투여 시 티라민 식이제한(고혈압 위기)
2013학년도	
2014학년도	강박장애(발모광), 환각과 착각, 보웬(M. Bowen)의 다세대가족치료(가족체계치료)
2015학년도	강박사고의 개념 및 중재, 인지행동치료법-체계적 둔감법, 사고중지법
2016학년도	인지적 왜곡(과잉일반화, 개인화), PTSD 양상, 워커(I. Walker)의 가정폭력의 주기
2017학년도	인지행동치료-인지적 왜곡, 합리적 행동치료 ABCDE 모형, 주요우울장애증상, 조현병의 음성증상, 양성증상과 망상치료시 주의점, 항우울제(MAO억제제)투여 시 티라민 식이제한(고혈압 위기)
2018학년도	인지행동치료-인지적 왜곡, 공황장애, 알프라졸람의 금단증상, 구조적 가족치료의 경계선 유형, 사티어(V. Satir)의 경험적 가족치료의 역기능적 의사소통 유형
2019학년도	인지행동치료(자기감시법), 자살유형 및 위험요인
2020학년도	인지행동치료(자기감시법, 형성법), 섭식장애, 신체 관련 장애간호, 사고내용장애(망상), 우울증의 치료약물 플루옥세틴 약물기전, 강박사고와 강박행동
2021학년도	사회불안장애 양극성장애, 라모트리진약물
2022학년도	적대적 반항장애 인지행동치료(모델링, 자기주장훈련), 메만틴약물(NMDA(N-methyl-d-aspartate) 수용체 길항제)
2023학년도	PTSD(플래시백), 조현병(망상·지리멸렬 개념), 조현병 약물 부작용(추체외로계 증상), 인지재구성법, 의사소통(명료화, 일시적 안심), 수면장애(악몽장애, 야경증)

정신장애는 향후 출제될 비율이 매우 높다. 불안장애 중 공황장애, 강박 관련 장애로 전환장애 등이 자주 출제되지만 범불안장애처럼 그 범위가 지속적으로 확대될 것으로 예상된다. 불안장애, 우울장애 등의 치료에 절대적으로 필요한 인지행동치료법은 해가 갈수록 사례와 더불어 상세한 개념과 해석을 요하므로 깊이 있게 준비해야 한다. 조현병이나 성격장애는 현재 사회적 이슈가 되는 경우들이 늘어나면서 출제비율도 높아지고 있으므로 사정, 분류하고 관리 치료 까지 면밀히 정독해 두어야 한다. 또한 정신과 약물요법도 증가되고 있음을 간과하지 말자.

최근 출제비율이 급상승되고 있는 가족치료도 관심 있게 보고, 어렵지만 이해수준까지 완성시켜 두자.

1절 ✦ 불안장애

| 정답 및 해설 p.851

1. 공황장애에 대한 설명 중 옳은 것을 〈보기〉에서 고른 것은? '09 임용

> ┌ 보기 ┐
> ㄱ. 공황발작을 경험한 후에는 다음에 올 공황발작에 대해 지속적으로 염려한다.
> ㄴ. 공황발작이 시작되면 즉시 약을 먹어야 한다.
> ㄷ. 공황장애의 증상은 자기 통제가 가능하다.
> ㄹ. 유아기에 분리불안 경험이 있던 사람에게 더 자주 발생한다.
> ㅁ. 공황발작의 증상은 한시적이므로 시간이 지나면 완화된다.

① ㄱ, ㄴ, ㄷ   ② ㄱ, ㄴ, ㅁ   ③ ㄱ, ㄹ, ㅁ

④ ㄴ, ㄷ, ㄹ   ⑤ ㄷ, ㄹ, ㅁ

2. 고등학생이 수업을 마친 후 불안을 호소하며 보건실에 왔다. 보건교사가 학생을 사정한 결과는 다음과 같다. 이 학생에게 나타난 불안 수준에 적절한 간호중재를 〈보기〉에서 고른 것은? '10 임용

학생은 불안하고 초조하여 보건교사의 질문에 집중을 하지 못해 대답하는 데 어려움이 있다. 손이 떨려 연필을 잡는데 어려움이 있다고 호소하였으며, 손가락의 진전(tremor), 안절부절, 심한 발한, 혈압 및 맥박 상승 등의 신체 증상을 보이고 있다.

◆ 보기 ◆
㉠ 학생에게 친구들과 어울려 놀거나 대화를 나누게 한다.
㉡ 학생을 심리적으로 지지하고 감정을 표현하도록 한다.
㉢ 학생이 심리적인 고통이나 불안에 대해 호소하는 것을 적극적으로 경청한다.
㉣ 학생에게 자신이 경험하는 불안한 상황에 직면하도록 하여 스스로 불안을 극복하게 한다.

① ㉠, ㉡   ② ㉠, ㉢   ③ ㉡, ㉢
④ ㉡, ㉣   ⑤ ㉢, ㉣

3. 다음 사례를 읽고 물음에 답하시오.
고등학교 3학년 김대범 학생이 보건실로 찾아왔다. 보건교사는 학생을 면담하는 과정에서 다음과 같은 사실을 확인하였다. '11 임용

〈주관적 사정 내용〉

"저는 마음에 안 드는 친구들이 많아요. 그래서 말은 못해도 신경 쓰이고 마음이 불편해요. 2학년 때부터 친구들과 어울리는 게 부담스럽고 힘들어요."
"3학년이 돼서는 집중이 잘 안 되고 그래서 더 불안하고 조급해요. 밤에도 계속 공부해야 한다는 생각 때문에 잠들기가 힘들고, 또 잠들었다가도 쉽게 깨고, 그러다 보니 낮에는 너무 피곤하고……하루하루가 긴장의 연속이에요."

〈객관적 사정 내용〉

최근 1년 동안 소화불량이 잦고 현기증으로 인해 교실에서 2회 실신하였다. 대범이는 지난 6개월 동안 대학 입시와 관련된 생각이 날 때마다 빈뇨와 긴박뇨로 인해 수업 중에 꼭 한두 번은 화장실을 다녀와야 했고, 이로 인해 학교생활의 어려움을 호소하였다. 1개월 전에 ○○종합병원 신경외과와 비뇨기과에서 검사를 하였으나 특이 소견이 없었으며, 정신과 상담을 권유받았다. 보건교사와 면담 중에도 화장실에 2차례 다녀왔다.
가족 관계에서는 맞벌이를 하는 부모님과는 평소 대화가 거의 없었다. 외아들인 대범이에 대한 부모님의 기대는 큰 편이었으며, 부모님은 대범이를 매우 엄격한 방식으로 양육하였다.

〈면담 내용(축어록)〉

대범	: 저는 열심히 공부를 해도 성적이 오르질 않아요. 제 생각엔 그 누구보다도 열심히 공부를 하는 것 같은데 지난 기말고사 결과를 보면, 저의 이런 노력이 모두 수포로 돌아간 것 같아요. 앞으로 어떻게 해야 될지 모르겠어요.
보건교사	: 대범아, 네 이야기를 들어보니 정말 열심히 노력했는데도 원하는 결과를 얻지 못해서 실망스럽고 좌절한 것처럼 들리는구나.
대범	: 솔직히 저 자신에게 실망스러워요. 저 자신에 대해서 많은 기대를 했고, 부모님도 마찬가지예요.
보건교사	: 나라면 그렇게 실망스러워하지 않을 거야. 대부분의 3학년 학생들은 자신에 대해 실망스러워한단다. 그러니 너무 걱정하지 않아도 돼.
대범	: 저는 이제 제가 잘 할 수 있을 거라는 생각이 들지 않아요. 부모님도 실망이 크시고, 친구들도 자꾸 짜증나게 하고, 수업 중에 화장실 다니는 것도 불편하고, 시간이 지날수록 긴장되고 힘들어요.
보건교사	: 대범아, 방금 여러 가지 문제점들을 말했는데, 정리해 보면 자신감이 없고, 부모님의 실망감, 친구들과의 어려움, 그리고 화장실 다니는 것에 대한 불편함에 대해 이야기했어. 이 중에서 어떤 문제가 가장 중요한지, 그리고 어떤 문제를 가장 먼저 다루고 싶은지 말해주겠니?
대범	: 선생님, 부모님이 원하시는 학과는 저에게 안 맞는 것 같아요, 그렇지만 저는 외아들이고, 그러니 당연히 책임 있게 행동을 해야겠지요? 아, 너무 혼란스러워요.
보건교사	: 대범이가 생각하고 있는 것을 분명하게 해 보자. 네가 부모님과 의견이 달라서 무책임하게 느껴진다고 말하는 거니?
대범	: 매우 혼란스러워요. 제가 어느 때는 무책임하게 느껴지고, 또 어느 때는 너무 완벽하려고만 하는 것 같아요. 이런 나 자신이 모순이라는 생각이 들어요.
보건교사	: 그것은 네가 잘못 생각하고 있는 거야. 그러니 그것에 대해서는 다음에 이야기하도록 하고, 오늘은 왜 자꾸 화장실에 가야만 하는지에 대해 이야기하자.

위의 사례에서 DSM-Ⅳ-TR(정신장애의 진단 및 통계 편람) 기준에 따라 입시 불안(범불안장애)으로 진단할 수 있는 근거를 제시하고, 또한 대범이와 보건교사의 대화 내용에서 보건교사의 언어적 반응 중 효과적인 의사소통 방법과 비효과적 의사소통 방법을 분류하고 그 근거를 제시하시오. [25점]

4. 다음은 보건교사와 학생의 대화 내용의 일부이다. 밑줄 친 ㉠에 해당하는 치료적 의사소통 기법과 밑줄 친 ㉡에 해당하는 비치료적 의사소통기법의 명칭을 순서대로 쓰시오. [2점]

'23 임용

학생 　　　: 선생님, 요즘 반려견 때문에 학교 수업에 집중이 잘 안 되고 생활하기가 너무 힘들어요.

보건교사: ㉠ 반려견 때문에 힘들다는 것이 무슨 말인지 더 얘기해 주겠니?

학생 　　　: 제가 10년 동안 키웠던 반려견이 지난달에 죽었어요. 제가 어릴 때부터 항상 곁에 있어 준 가장 친한 친구였거든요. 집에 가면 반려견 생각에 눈물만 나고 잠도 잘 못 자요. 전 이대로 괜찮을까요?

보건교사: 그럼. ㉡ 너무 걱정하지 마. 금방 좋아질 거야.

학생 　　　: 네….

… (하략) …

---

5. 다음은 보건교사와 민호(고3, 남)와의 대화 내용이다. 〈작성 방법〉에 따라 순서대로 서술하시오. [5점] '18 임용

보건교사 : 민호는 밝고 쾌활했는데, 요즘 들어 많이 힘들어 보여요. 무슨 일이 있어요?

민호 : 네, 집에서 쉬고 있는데, 갑자기 가슴이 두근거리면서 몸이 떨리고 질식할 것 같았어요. 그래서 죽을 것 같은 공포가 드는 거예요. 그런데 이런 증상이 다시 생길 것 같아 두려워 자려고 할 때면 불안해서 쉽게 잠을 들지 못해요.

보건교사 : 언제부터 그랬어요?

민호 : 두 달 정도 됐어요.

보건교사 : 힘들겠어요. 그런 증상이 나타나는 특별한 상황이 있나요?

민호 : 상황을 예상하지 못하겠어요. 갑작스럽게 나타나요. 이유도 모르겠고요.

보건교사 : 그래요. 그럼 그런 증상이 나타나면 얼마나 지속되나요?

민호 : 10분간은 지속되다 서서히 사라져요.

보건교사 : 그래서 병원에는 갔었나요?

민호 : 네, 한 달 전에도 이런 증상이 나타나 제가 죽을 것 같아서 엄마랑 응급실에 갔었어요. 여러 검사를 하더니 아무 이상이 없어서, 정신과 진료를 받았는데 (㉠)(이)라고 했어요.

보건교사 : 그랬군요.

민호 : 참, 병원에서 알프라졸람(alprazolam)이라는 약을 주었어요. 약을 먹다가 내 맘대로 갑자기 약 먹는 걸 중단하지 말라고 하는데 이유가 뭔지 모르겠어요.

보건교사 : 그 이유는 (㉡) 때문이에요.

민호 : 네, 약 먹는 동안은 조심해야 하겠어요. 그런데 선생님! 제가 빨리 나아서 입시 준비도 해야 하는데 약물치료와 병행할 수 있는 또 다른 치료법이 있나요?

보건교사 : 벡(A. Beck)의 인지치료가 있는데, 예를 들면 ㉢ <u>파국화(catastrophizing)</u>, ㉣ <u>선택적 추론(selective abstraction)</u> 등과 같은 인지적 왜곡을 수정하는 거예요.

┌→ 작성 방법 ◆

• 괄호 안의 ㉠에 해당하는 임상 진단명을 쓰고, 관련 증상 1가지를 위 대화문에서 찾아 서술할 것
• 괄호 안의 ㉡에 해당하는 내용을 서술할 것
• ㉢과 ㉣의 개념을 서술할 것

6. 다음은 고등학교 보건교사와 학생의 상담 내용이다. 〈작성 방법〉에 따라 순서대로 서술하시오. [4점] '21 임용

학생은 병원에서 ㉠ <u>사회불안장애(social anxiety disorder)</u>로 진단을 받았고, 보건교사와 〈n차 상담〉을 하고 있다.

보건교사 : 오늘 하고 싶은 이야기는 무엇인가요?

학생　　 : 사실은… 저는 어려서부터 애들한테 못난이라고 자주 놀림을 받았어요.

보건교사 : 힘들었겠네요. 그럴 때는 어떻게 했어요?

학생　　 : 뭐 별로… 그냥 참고 지냈어요. 사람들 눈에 띄면 괜히 떨리고 불안해서요.

보건교사 : 그랬군요. 고등학교에 와서는 어때요?

학생　　 : 괜찮아요. 애들이 나한테 관심도 없으니까요.

보건교사 : 그러면 학교생활에서 또 다른 어려움은 없나요?

학생　　 : 있어요. 수업 중에 제가 발표를 해야 할 때는 실수할까 봐 걱정이 되면서 몸이 굳어져요.

보건교사 : 그럴 때는 어떻게 하는데요?

학생　　 : 어쩔 수 없이 떨면서 해요. 학교를 안 다닐 수도 없고요. 그래도 저는 다른 애들과 이야기도 하고 잘 지내려고 마음먹고 어떻게든 해 보려고 하는데 막상 닥치면 잘 안 돼요. 모든 것이 헛수고 같아요. 어떻게 해야 할지 모르겠어요.

보건교사 : ㉡ <u>학생의 이야기를 들어 보니 열심히 노력했는데도 잘 안 되어서 답답하고 매우 속</u> <u>상한 것처럼 들리네요.</u>

학생　　 : 네. 너무 답답하고 힘들어요.

　　　　　　　　　　　　… (하략) …

┌─ 작성 방법 ◆

• 밑줄 친 ㉠의 증상인 '사회적 불안', '수행 불안'을 나타내는 대화의 문장을 위 내용에서 찾아, 있는 그대로 각각 순서대로 제시할 것

• 밑줄 친 ㉡에 해당하는 효과적인 의사소통 기법의 명칭을 쓰고, 그 개념을 서술할 것

2절 · 강박 관련 장애

| 정답 및 해설 p.85

1. 다음은 충동 조절 장애에 대한 상반기 보건교사 연수 교재 내용이다. 괄호 안의 ㉠, ㉡에 해당하는 임상 진단명을 차례대로 쓰시오. [2점] '14 임용

충동 조절 장애 (Impulse-Control Disorders)

○ (㉠)

김○○ (여, 13세)의 사례

보건 교사는 김○○의 머리 정수리 부분에 군데군데 머리카락이 빠져 있는 것을 보고 머리카락이 왜 이렇게 빠졌냐고 묻자, 김○○은 잠시 머뭇거리다가 피부질환은 없는데 자기 전에 머리카락을 반복적으로 잡아 뽑는 버릇이 있다고 대답하였다. 보건 교사가 그 이유를 묻자, 일곱 살 때 엄마 아빠가 이혼한 후 엄마가 밖에 나가 일을 해야만 했고, 자기는 혼자 집에 있게 되면서부터 가끔씩 머리카락을 잡아 뽑기 시작했던 것 같다고 하였다. 또한 머리카락을 뽑지 않으려고 참으면 불안하고 긴장이 심해지지만 잡아 뽑으면 기분이 좋아진다고 하였다. 그리고 머리카락을 뽑을 때 아프지는 않지만 머리카락이 없는 것을 사람들이 알아볼 것 같아 친구들도 만나지 않는다고 하였다.

… (하략) …

○ (㉡)

이△△(남, 17세)의 사례

이△△의 어머니는 이△△가 신체적으로 아무런 문제도 없고 평소에는 괜찮은데, 사소한 상황에서 지나치게 화를 내고 공격적으로 변한다며 걱정이 되어 담임교사를 찾아왔다. 어머니가 말리려고 해도 아무 소용이 없고 발작적이고 폭발적으로 기물을 부수고 소리를 지른다고 한다. 여러 차례 이런 일이 있었고, 한번은 어머니가 운전하면서 함께 차를 타고 가다가 화가 난다고 의자를 발로 차고 소리를 질러 차 내부가 일부 파손되고 사고의 위험도 있었다고 한다. 이△△은 이런 행동에 대해 후회스럽고 어머니께 미안하지만 이런 행동을 하지 말아야 하는 걸 알면서도 강렬한 충동으로 어쩔 수 없다고 한다.

… (하략) …

주) 본 교재에서 사용된 진단명은 정신장애 진단 및 통계편람(Diagnostic and Statistical Manual of Mental Disorders-IV-Text Revision, DSM-IV-TR)에 의한 것임

2. 다음은 중학교 1학년인 민수의 담임교사와 보건교사가 나눈 대화 내용이다. 〈보기〉의 지시에 따라 서술하시오. [10점] '15 임용

> 담임교사 : 우리 반에 민수라는 아이가 있는데, 이상한 행동을 해서 걱정이 많아요.
> 보건교사 : 민수의 어떤 행동 때문인가요?
> 담임교사 : 수업 시간에 여러 번 화장실에 가서 손을 씻는 거예요. 그러다 보니 본인도 수업받기가 힘들고 다른 학생들도 수업에 방해를 받아요.
> 보건교사 : 민수 부모님을 만나 보셨나요?
> 담임교사 : 네, 부모님 말씀이 민수가 학교에서 사용한 책, 문고리 등 모든 것이 오염되었고, 세균이 있다는 생각을 계속한대요. 그래서 이런 물건을 만지기 전과 후에 수십 번씩 손을 씻거나 그런 물건을 피한다고 해요.
> 보건교사 : 민수가 학교생활이나 가정생활에서 힘든 점이 많겠네요.
> 담임교사 : 부모님 말씀이 민수가 집에서 학교 숙제를 하기도 힘들어 보인다고 해요. 그리고 손을 씻는 데 많은 시간이 필요하고, 이런 행동 때문에 친구들 앞에서 창피당하는 게 싫어 학교에 가기를 꺼린다고 하네요. 그래서 부모님도 걱정을 많이 하세요.
> 보건교사 : 걱정이 많이 되시겠어요. 병원에는 갔대요?
> 담임교사 : 네, 3일 전에 소아 정신과에서 강박장애라고 진단을 받았다고 해요. 이럴 때 병원에서는 어떤 치료를 하나요?
> 보건교사 : 약물 치료와 인지 행동 치료를 병행할 거예요.
> 담임교사 : 인지 행동 치료 중에서 어떤 유형의 치료를 하나요?
> 보건교사 : 강박장애일 경우에 체계적 둔감법, 사고 중지 등을 사용하여 치료할 거예요.
> 담임교사 : 아, 그렇군요. 그러면 오늘도 민수가 수업 시간에 손을 씻으러 가고자 할 때 제가 어떻게 해야 할까요?
>
> … (하략) …

┌─ 보기 ┐
1) 강박장애에서 강박사고와 강박행동의 개념을 서술하고, 각 개념과 관련한 민수의 증상을 위 대화문에서 찾아 서술하시오. 또, 강박사고와 강박행동 간의 심리적 기전에 대해 서술하시오.
2) 위의 대화를 고려하여 수업 시간 중에 민수가 손을 씻으러 가고자 할 때 담임교사가 취해야 할 적절한 대응 방법 1가지와 그 이유를 서술하시오.

3. 다음은 보건교사가 담임교사에게 의뢰받은 학생과 처음으로 면담한 내용이다. 밑줄 친 ㉠, ㉡과 같은 증상에 해당하는 용어를 순서로 쓰시오. [2점] '20 임용

학생 : 선생님, 안녕하세요!

보건교사 : 그래, 어서 와요. 담임선생님으로부터 힘들어한다는 얘기를 들었어요. 요즘은 어떻게 지내고 있어요?

학생 : 힘들어요. 계속 같은 생각이 떠올라 멈춰지지 않아요.

보건교사 : 어떤 생각이 떠오르나요?

학생 : 수업 시간에 ㉠ '중간고사 답안지를 백지로 내서 망칠 것 같다.'는 생각이 자꾸 떠올라요. 아무리 생각을 멈추려고 해도 제 마음대로 되지 않아요. 수업에 집중이 안 되고, 선생님이 설명하시는 것도 머리 속에 들어오지 않아요.

보건교사 : 많이 힘들겠어요. 그럴 때는 어떻게 하나요?

학생 : ㉡ 글씨를 같은 크기로 쓰려고 해요. 그리고 마음 속으로 1부터 100까지 1분 안에 틀리지 않게 세려고 해요. 그러면 불안이 조금 나아져요.

… (하략) …

3절 · 신체증상 관련 장애 간호

| 정답 및 해설 p.856

1. 손 양이 보이는 정신 심리 현상에 대한 설명으로 옳은 것을 〈보기〉에서 고른 것은? [1.5점]

'12 임용

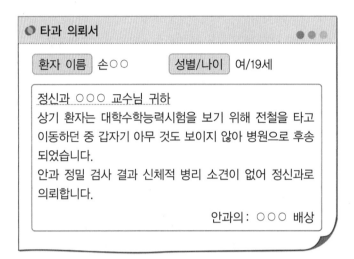

┌─ 보기 ◆───
│ ㄱ. 손 양의 증상 형성에 관여한 방어 기전은 억압과 전환이다.
│ ㄴ. 손 양에게는 만족스러운 무관심(la belle indifference)이 나타날 수 있다.
│ ㄷ. 손 양의 갑작스러운 시력 장애는 해리성 장애(dissociative disorder)에서 보이는 증상이다.
│ ㄹ. 손 양은 시력 장애로 인해 시험을 보지 않아도 되는 일차적 이득(primary gain)을 얻었다.
└──

① ㄱ, ㄴ   ② ㄱ, ㄹ   ③ ㄴ, ㄷ
④ ㄴ, ㄹ   ⑤ ㄷ, ㄹ

2. 다음은 보건교사가 작성한 건강 상담 카드이다. 괄호 안의 ㉠에 들어갈 임상 진단명과 밑줄 친 ㉡에 해당하는 내용을 순서대로 쓰시오. [2점] '17 임용

건강 상담 카드

○○고등학교

날짜	2016년 ○○월 ○○일	학년-반	2-4
성명	최○○	성 별	여

〈면담 및 관찰 내용〉

- 학기말고사를 보기 위해 교실에 앉아 답안지를 작성하려 하자 갑자기 손가락을 움직일 수 없어 시험을 볼 수 없었다. 즉시 병원으로 후송되어 신경과에서 정밀 검사를 받은 결과 정상으로 판정되었다. 그 후 정신과로 의뢰되어 상담 및 검사를 받은 결과 '신체 증상 및 관련 장애' 중 (㉠)(으)로 진단을 받았다.
- 학생은 ㉡ 손가락을 움직일 수 없는 증상에 대하여 걱정을 하지도 않으며 무관심한 태도를 보였다.

··· (하략) ···

3. 다음은 학기 초부터 거의 매일 보건실을 방문하여 건강 문제를 호소하는 고등학생과 보건교사가 나눈 대화 내용이다. 〈작성 방법〉에 따라 순서대로 서술하시오. [4점] '20 임용

> 학생 : 선생님, 오늘은 소화가 더 안 되는 것 같아요. 아무래도 불치병에 걸린 것이 확실해요. 6개월이 넘었는데, 나아지지도 않고 오히려 더 심해지는 것 같아요.
>
> 보건교사 : ㉠ 지난 번 병원에서 검사한 결과는 어땠나요?
>
> 학생 : 의사 선생님이 검사결과는 정상이라고 했어요. 그렇지만 믿을 수가 없어요. 제가 죽을 병에 걸린 것 같아요. 걱정돼서 공부도 못하겠고, 아무 것도 못 하겠어요. 엄마에게 다른 병원에 가서 다시 철저하게 검사를 받자고 해야겠어요. 곧 죽게 될 거라고 생각하면 초조하고 기분이 우울해요.
>
> 보건교사 : 병원에서는 어떻게 하라고 했나요?
>
> 학생 : 처방해 주는 약을 먹으라고 하셨어요. 그리고 학교 스포츠클럽에도 참여하라고 하셨는데 이해가 안 가요. 그게 제 병에 어떤 도움이 되나요?
>
> 보건교사 : 스포츠클럽과 같은 ㉡ 다른 활동에 참여하는 것이 어떤 도움이 되는지 설명해 줄게요.
>
> ··· (하략) ···

┌→ 작성 방법 ◆
- 밑줄 친 ㉠과 같은 질문이 위 사례에서 필요한 이유를 서술할 것
- 밑줄 친 ㉡이 위 사례의 학생에게 필요한 이유를 서술할 것
- '정적 강화(positive reinforcement)'의 원리를 설명하고, 밑줄 친 ㉡을 독려하기 위하여 정적 강화를 적용한 구체적인 예 1가지를 서술할 것

4절◆ 조현병 스펙트럼장애 간호

| 정답 및 해설 p.858

조현병

1. 정신과 병동 입원 환자의 간호 기록지이다. '음성 증상(negative symptom)'으로 옳은 것은? '12 임용

이름	한○○ (남, 56세)
진단명	정신 분열병

이름	시간	내용
10월 21일	○am	병실에 들어가며 (가) <u>인사해도 무감동한 얼굴로 쳐다봄</u>. 질문에 상관없이 (나) <u>횡설수설하며 앞뒤가 맞지 않는 말을 계속 중얼거림</u>
	○○pm	(다) <u>주위에 아무도 없는데 창문 커튼 옆에 서서 "시끄러워 그만 해" 라고 말함</u>. 데이 룸(day room) 으로 나가자고 격려하자 병실이 더운데도 (라) <u>"암살에 대비하여 방탄 조끼를 입어야 해."</u> 라며 겨울 점퍼를 입고 나옴
10월 22일	○pm	차 모임(tea time)에도 참여하지 않고 저녁 식사 시간까지 병실에서 나오지 않음. (마) <u>사람들을 계속 피하고 하루 종일 혼자 지냄</u>

① (가), (나) 　　② (가), (마) 　　③ (나), (다)

④ (다), (라) 　　⑤ (라), (마)

2. 다음은 조현병(정신분열병)으로 입원과 퇴원을 반복하고 있는 정아에 대하여 정아 어머니와 보건교사가 나눈 대화 내용이다. 〈작성 방법〉에 따라 순서대로 서술하시오. [5점]

'17 임용

어머니	: 안녕하세요? 선생님! 우리 애가 조현병으로 계속 치료를 받고 있는데도 크게 나아진 게 없는 것 같아 걱정이에요.
보건교사	: 걱정이 많으시겠어요. 담임 교사가 그러던데 학교에서도 늘 외톨이로 친구들과 전혀 어울리지 않는다고 해요. 저도 관심 있게 보니 그렇더군요.
어머니	: 학교에서도 그렇군요. 집에서도 모든 일에 전혀 의욕이 없어요. 어제는 날씨가 추워져 겨울 옷으로 갈아 입으라고 했더니 ㉠'나를 더 이상 실험대상으로 이용하지 말란 말이에요. 그리고 엄마가 동네사람들한테 내 욕을 하고 다니는 걸 내가 모르는 줄 알아요!'라고 말하면서 저를 노려 보더라고요.
보건교사	: 당황스러우셨겠네요. 그때 어머니는 어떻게 하셨어요?
어머니	: 하도 어이가 없어서 ㉡'뭐라고? 내가 너를 실험 대상으로 이용하고 네 욕을 하고 다녔다니… 정말 어처구니가 없구나. 그런 생각을 할만 한 무슨 증거라도 있는 거야? 또 내가 네 욕을 하고 다닌다는 말은 어디서 누구한테 들었는데?'라고 따졌더니 글쎄… 참, 이럴 때는 내가 어떻게 대처하여야 할지 모르겠어요.
보건교사	: 어머니도 답답하시죠. 그런데 그렇게 말씀하시는 것은 정아의 증상 관리에 도움이 되지 않아요.
어머니	: 그럼 제가 어떻게 해야 할까요?
	… (하략) …

┌ **작성 방법** ┐
- 대화 내용 중 조현병의 음성 증상에 해당하는 2개 문장을 찾아 그대로 쓸 것
- 밑줄 친 ㉠은 조현병의 양성 증상 중에서 무엇인지 제시할 것
- 밑줄 친 ㉡과 같은 대처 방법이 정아에게 도움이 되지 <u>않는</u> 이유를 서술할 것

3. 다음은 보건교사와 동료교사의 대화 내용이다. 〈작성 방법〉에 따라 서술하시오. [4점]

'23 임용

> 동료교사 : 선생님, 고등학생인 제 조카가 얼마 전에 조현병(schizophrenia)으로 진단받았어요.
> 병명은 들어봤지만 잘 몰라서요.
>
> 보건교사 : 그런 일이 있으셨군요. 조현병은 현실과 비현실을 판단하는 기본적인 능력에 장애를
> 갖는 질환인데 흔한 증상으로 ㉠ 망상(delusion), ㉡ 지리멸렬(incoherence), 환각
> (hallucination)이 있어요. 그 외에도 주의력결핍이나 무의욕증 같은 증상도 있을 수
> 있고요.
>
> 동료교사 : 다양한 증상들이 나타날 수 있군요. 병원에서 클로르프로마진(chlorpromazine)을 처
> 방받았다고 하는데 약물의 부작용은 없나요?
>
> 보건교사 : 그 약물은 ㉢ 가성 파킨슨병(pseudoparkinsonism), 정좌불능증(akathisia), 근긴장
> 이상증(dystonia) 등의 증상이 나타나는지 잘 살펴보셔야 해요.
>
> 동료교사 : 네. 약물치료 외에 할 수 있는 치료가 있나요?
>
> 보건교사 : 다양한 사회적 기술과 일상생활 활동 기술을 가르치기 위해 사회기술훈련(social
> skills training)을 할 수 있어요. 예를 들면, 대화를 할 때 어떤 반응이 있어야 하는지
> 먼저 설명해 주고, 조카가 얘기하는 동안 선생님이 얘기를 들으면서 머리를 끄덕이는
> 반응을 보여 주세요. 그런 후 선생님이 얘기하는 동안 조카에게 머리를 끄덕여 보도
> 록 하고 ㉣ 어떻게 반응하는 것이 좋았는지 혹은 어떻게 반응해야 하는지 얘기해 주
> 는 방법이에요.
>
> 동료교사 : 그렇군요. 알려 주셔서 감사해요.

> ┌ 작성 방법 ◆
> • 밑줄 친 ㉠과 ㉡의 개념을 순서대로 서술할 것
> • 밑줄 친 ㉢을 유발하는 부작용의 명칭을 제시할 것
> • 사회기술훈련의 습득 원리 중에서 밑줄 친 ㉣에 해당하는 단계의 명칭을 제시할 것

5절 · 우울장애

| 정답 및 해설 p.859

주요우울장애

1. 다음은 보건교사가 '주요우울장애'로 진단 받은 수지(고1, 여)와 상담한 내용의 일부이다. 수지의 증상에 대해 인지행동치료 관점에서 파악한 내용을 〈작성 방법〉에 따라 논하시오.

[10점] '16 임용

> 보건교사: 수지야, 요즘 기분이 어떠니?
> 수지 : 매일 모든 게 슬프고 우울해요. 학교 오기도 싫고, 하루하루 생활이 재미가 없고, 흥미도 없어요.
> 보건교사: 가장 힘든 게 뭔지 이야기해 줄 수 있을까?
> 수지 : 잠 못 자는 거예요. 그래서 학교에 오면 짜증이 나고 피곤해요. 밥맛도 없고요. 몸무게도 많이 빠졌어요.
> 보건교사: 언제부터 그랬어?
> 수지 : 중학교 때 그런 적이 있었어요. 그때 병원에서 우울증이라고 했어요. 약도 먹었는데…… 최근 다시 우울하고 불안해졌어요.
> 보건교사: 무슨 일이 있었니?
> 수지 : 중간고사에서 영어 시험을 망쳤어요.
> 보건교사: 아, 그랬어. 속상했겠구나. 영어 시험을 망쳤을 때 수지는 어떤 생각이 들었어?
> 수지 : 남은 과목들도 모두 망칠 거라는 생각이 들었어요.
> 보건교사: 그렇구나. 또, 수지를 힘들게 하는 게 뭐니?
> 수지 : 선생님, 제가 봄 소풍 가는 걸 엄청 기대를 했거든요.
> 보건교사: 기대를 많이 했겠구나.
> 수지 : 네, 그런데 제가 소풍갈 때 마다 비가 오는 거예요. 비가 오는 건 전부 제 탓이라고 생각해요.
> 보건교사: 그런 생각을 할 때 기분이 안 좋았겠네?
> 수지 : 네, 속상하고 우울했어요.
> … (중략) …
> 보건교사: 이제부터 선생님과 함께 기분 나쁘게 하는 부정적인 생각들을 긍정적인 생각으로 바꾸는 연습을 할 거야.
> 수지 : 아, 그런 게 있어요?
> … (하략) …

┌ 작성 방법 ┐
- 정신질환의 진단 및 통계 편람 제5판(DSM-5)에 의한 수지의 주요우울장애 증상 4가지를 위 대화문에서 찾아 제시할 것
- 벡(A. Beck)의 인지치료 관점에서 수지의 인지적 왜곡 2가지를 위 대화문에서 찾아 쓰고, 그 명칭을 각각 제시할 것
- 엘리스(A. Ellis)에 의해 창시된 합리적 정서 행동치료(REBT)의 'ABCDE' 모형을 설명하고, 위 대화문에서 나타난 수지의 비합리적 신념 2가지를 이 모형에 적용하여 ABC 요소를 각각 제시할 것
- 서론, 본론, 결론의 형식을 갖출 것

2. 다음은 보건실에서 건강 상담을 받고 있는 학생과 보건교사가 나눈 대화 내용이다. 〈작성 방법〉에 따라 순서대로 서술하시오. [4점] '20 임용

보건교사 : 요즘은 어때요?

학생 : 정말 힘들어요. ㉠ 제 주변에서 일어나는 안 좋은 일들은 모두 다 제 탓이에요. 우리 학교 야구부가 전국 대회에서 진 것도 다 제 잘못이고, 저 때문에 이번 모의고사에서 도 저희 학교가 꼴찌할 거예요.

보건교사 : 그런 생각을 하니 많이 힘들겠어요. 지난 번 병원 진료 받으라고 한 것은 어떻게 되었 나요?

학생 : 엄마와 함께 병원에 다녀왔어요. 의사 선생님이 '주요 우울 장애'라고 ㉡ 플루옥세틴 (fluoxetine)이라는 약을 처방해 주셨어요.

보건교사 : 약은 잘 복용하고 있나요?

학생 : 네, 잘 먹고 있어요. 그런데 별로 좋아지지는 않고 오히려 더 힘든 것 같아요.

보건교사 : 약 복용 후 초기에는 여러 가지 불편한 증상도 있을 수 있어요. 시간이 지나면서 불편 한 것도 나아지고 치료 효과가 나타날 거예요.

학생 : 네, 그런데 ㉢ 경두개 자기 자극법(transcranial magnetic stimulation)을 할 수도 있 다고 했는데 그것이 무엇 인가요?

··· (하략) ···

◆작성 방법◆

• 밑줄 친 ㉠에 해당하는 '사고 내용 장애'의 구체인 유형을 제시할 것
• 밑줄 친 ㉡의 약물 작용 기전을 설명하고, 작용 기전이 이루어지는 부위를 제시할 것
• 밑줄 친 ㉢이 주요 우울 장애의 치료에 효과를 나타내는 기전을 서술할 것

6절 · 양극성장애 간호

| 정답 및 해설 p.861

1. '양극성 장애 I형, 조증삽화, 반복형(bipolar I disorder, manic episode, recurrent)'이 의심되어 입원한 대상자에게 나타날 수 있는 증상을 〈보기〉에서 모두 고른 것은? '10 임용

┌─ 보기 ─────────────────────────────┐
  ㉠ 사고의 비약   ㉡ 정신운동(psychomotor) 지연
  ㉢ 수면 욕구 감소   ㉣ 망상
└────────────────────────────────┘

① ㉠, ㉡   ② ㉠, ㉢   ③ ㉡, ㉣
④ ㉠, ㉢, ㉣   ⑤ ㉡, ㉢, ㉣

2. 다음은 보건교사와 담임교사의 대화 내용 중 일부이다. 〈작성 방법〉에 따라 순서대로 서술하시오. [4점] '21 임용

> 담임교사 : 선생님. 우리 반에 제II형 양극성장애를 진단받은 학생이 있는데, 이 질병은 어떤 특징이 있는지요?
> 보건교사 : ㉠ 제II형 양극성장애(bipolar II disorder)는 주요 우울(삽화)과 경조증(삽화)이 1번 이상 나타나는데, 거의 대부분 우울로 시작되어서 주로 침울하고 무기력할 때가 많을 거예요. 조용할 때는 없는 듯이 있다가 기분이 들뜨면 에너지가 넘치고, 평소보다 말이 많고 ㉡ 계속해서 말을 해요. 또 잠도 거의 안 자고 주의가 산만한 모습을 보이기도 합니다.
> 담임교사 : 그렇군요. 그래서 약을 먹고 있다는데 기분의 변화가 약으로 해결되는지요?
> 보건교사 : 네. 처음 진단받으면 ㉢ 1차 선택약이 주로 사용됩니다.
> … (하략) …

┌─ 작성 방법 ──────────────────────────┐
• 밑줄 친 ㉠의 제II형 양극성장애가 제I형 양극성장애에 비해 진단이 늦어지는 이유와 그로 인해 발생할 수 있는 가장 심각한 위험을 서술할 것
• 밑줄 친 ㉡에 해당하는 증상을 DSM-5*에 근거하여 제시할 것
• 밑줄 친 ㉢의 약물 중 저조한 기분에 작용하며, 정기적인 혈중 농도 확인이 필요하지 않은 항경련제의 일반명을 제시할 것
* DSM-5 : 정신장애의 진단 및 통계 편람(제5판)
└────────────────────────────────┘

7절 성격장애 간호

| 정답 및 해설 p.862

1. 정신 장애의 진단 및 통계 편람(Diagnostic and Statistical Manual of Mental Disorders-IV- Text Revision, DSM-IV-TR)에 의하면 인격 장애를 행동의 유사성에 근거하여 세 군으로 분류한다. 분류군과 세부 진단 및 행동 특성 옳게 연결한 것은? [2.5점]

'12 임용

분류군	세부진단	행동특성
A군	(가) 회피적 인격장애	㉠ 자기 욕구를 경시하고 주요 결정을 타인에게 넘기는 사람
	(나) 의존성 인격장애	㉡ 정서 변화가 심하고 충동적이어서 예측불가능한 행동을 많이 하는 사람
B군	(다) 경계성 인격장애	㉢ 마술적 사고, 천리안 또는 투시력이 있다고 주장하기도 하고 자신이 초능력자라고 믿는 사람
	(라) 분열형 인격장애	㉣ 자존감이 낮아 타인의 거절에 상처받고 타인과의 관계 형성이 어려워 위축된 사람
C군	(마) 반사회적 인격장애	㉤ 가까운 사람 특히 성적 대상과의 관계유지가 어려운 사람

① A군 - (가) - ㄹ ② B군 - (다) - ㅁ ③ B군 - (마) - ㄴ
④ C군 - (나) - ㄱ ⑤ C군 - (라) - ㄷ

8절 수면장애

| 정답 및 해설 p.863

1. 다음은 보건교사와 교사 A, B의 대화 내용이다. 밑줄 친 ㉠과 ㉡에 해당하는 수면 장애의 명칭을 순서대로 쓰시오. [2점] '23 임용

> 교사 A : 선생님, 우리 딸이 다섯 살인데요. 요즘 ㉠ 잠을 자다 울면서 "엄마, 귀신이 쫓아왔어. 창문 밖에 있는데 우리 집에 들어오려고 해."라고 하면서 꿈과 현실을 구분하지 못하는데 제가 어떻게 해야 할까요?
> 보건교사 : 낮 시간 동안에 아이의 스트레스를 줄여 주는 게 도움이 될 거예요.
> 교사 B : 우리 아들도 같은 나이인데 ㉡ 잠들고 난 후 서너 시간쯤 지나면 깊이 잠든 상태에서 갑자기 울거나 소리를 지르기도 하는데 잠에서 깨면 기억을 못 해요.
> 보건교사 : 두 아이가 조금 다른 현상을 겪고 있지만 그 나이 또래에서 흔히 나타날 수 있는 생리적 수면 장애입니다.

9절 ⟩ 생물학적 치료

| 정답 및 해설 p.863

1. 환청을 호소하는 박 씨(남, 42세)의 입원 간호 기록지를 읽고, 8월 9일 의사가 처방한 약물
(bethanechol chloride)을 박 씨에게 투여하였을 때 치료될 수 있는 증상으로 옳은 것은?

'11 임용

이름	박○○ (남, 42세)
진단명	정신분열병(schizophrenia)

간호기록

이름	내용	서명
6월 10일	haloperidol(Haldol) 50mg bid 처방을 받아서 경구 투여함	주○○
중 략		
8월 8일	환자는 진전(tremor), 경직(rigidity), 근긴장이상(dystoria), 정좌불능(akathisia), 요정체(urinary retention)를 호소함 haloperidol의 부작용으로 판단됨	주○○
8월 9일	bethanechol chloride 10mg tid 추가 처방을 받아서 경구 투여함	주○○

① 진전(tremor)　　② 경직(rigidity)　　③ 정좌불능(akathisia)

④ 근긴장이상(dystonia)　⑤ 요정체(urinary retention)

2. 처방된 약물 복용으로 발생할 수 있는 고혈압 위기와 관련된 주의 사항으로 옳은 것만을 〈보기〉 있는 대로 고른 것은? [2.5점] '12 임용

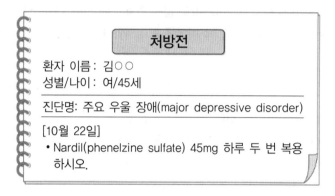

> **처방전**
>
> 환자 이름 : 김○○
> 성별/나이 : 여/45세
> ───────────────
> 진단명: 주요 우울 장애(major depressive disorder)
>
> [10월 22일]
> • Nardil(phenelzine sulfate) 45mg 하루 두 번 복용 하시오.

┌─ 보기 ────────────────────────────────┐
ㄱ. 고혈압 위기로 서맥이 되면 의료진에게 알린다.
ㄴ. 교감신경 흥분제와 함께 사용하면 고혈압 위기를 막을 수 있다.
ㄷ. 치즈, 요구르트 등을 섭취하면 고혈압 위기가 올 수 있다.
ㄹ. 고혈압 위기 시 펜톨라민(phentolamine, Regitine) 5mg을 천천히 정맥 주사한다.
└──────────────────────────────────────┘

① ㄱ, ㄴ　　　　② ㄱ, ㄷ　　　　③ ㄷ, ㄹ
④ ㄱ, ㄴ, ㄹ　　　⑤ ㄴ, ㄷ, ㄹ

3. 다음은 주요우울장애 진단 후 치료를 받고 있는 민지(여/18세)와 보건교사의 대화 내용이다. 괄호 안의 ㉠, ㉡에 해당되는 내용을 순서대로 쓰시오. [2점] '17 임용

┌──┐
보건교사 : 민지야! 병원에서 처방받고 있는 토프라닐(삼환계항우울제)은 잘 먹고 있니?
민지　　 : 네! 선생님 그런데 병원에서 약을 나르딜(모노아민 산화효소 억제제)로 바꾸어 주었어요.
보건교사 : 아! 그래. 무슨 일이 있었어?
민지　　 : 입이 너무 마르고 변비 증상이 심해 약을 계속 복용하기가 힘들었어요.
보건교사 : 그랬구나. 바뀐 약에 대한 주의사항은 들었니?
민지　　 : 소와 닭의 간, 발효 음식인 요거트 종류, 오래된 치즈, 훈제 생선, 절인 생선 같은 것은 먹지 말래요. 선생님! 왜 먹지 말아야 하지요?
보건교사 : 그런 음식은 (㉠)이/가 함유되어 있어 섭취 시 (㉡) 증상이 나타날 수 있단다.
└──┘

10절 · 정신 치료

| 정답 및 해설 p.864

1. 인지행동치료는 세 범주로 구성되어 있다. (가)~(다)에 해당하는 프로그램 내용으로 옳게 짝지어진 것은? '11 임용

범주	인지행동치료 프로그램의 내용 구성		
불안 감소시키기	반응예방	감각 기관에의 노출	(가)
인지 재구성하기	증거탐문	대안검토	(나)
새로운 행동의 학습	우발적 계약	행동형성	(다)

	(가)	(나)	(다)
①	이완훈련	탈감작화	역할극
②	탈비극화	사고중지	토큰경제
③	홍수요법	사고중지	혐오요법
④	이완훈련	탈감작화	탈비극화
⑤	탈감작화	홍수요법	토큰경제

2. 다음은 중학교 1학년인 민수의 담임교사와 보건교사가 나눈 대화 내용이다. 〈보기〉의 지시에 따라 서술하시오. '15 임용

담임교사 : 우리 반에 민수라는 아이가 있는데, 이상한 행동을 해서 걱정이 많아요.

보건교사 : 민수의 어떤 행동 때문인가요?

담임교사 : 수업 시간에 여러 번 화장실에 가서 손을 씻는 거예요. 그러다 보니 본인도 수업받기가 힘들고 다른 학생들도 수업에 방해를 받아요.

보건교사 : 민수 부모님을 만나 보셨나요?

담임교사 : 네, 부모님 말씀이 민수가 학교에서 사용한 책, 문고리 등 모든 것이 오염되었고, 세균이 있다는 생각을 계속한대요. 그래서 이런 물건을 만지기 전과 후에 수십 번씩 손을 씻거나 그런 물건을 피한다고 해요.

보건교사 : 민수가 학교생활이나 가정생활에서 힘든 점이 많겠네요.

담임교사 : 부모님 말씀이 민수가 집에서 학교 숙제를 하기도 힘들어 보인다고 해요. 그리고 손을 씻는 데 많은 시간이 필요하고, 이런 행동 때문에 친구들 앞에서 창피당하는 게 싫어 학교에 가기를 꺼린다고 하네요. 그래서 부모님도 걱정을 많이 하세요.

보건교사 : 걱정이 많이 되시겠어요. 병원에는 갔었대요?

담임교사 : 네, 3일 전에 소아 정신과에서 강박장애라고 진단을 받았다고 해요. 이럴 때 병원에서는 어떤 치료를 하나요?

보건교사 : 약물 치료와 인지 행동 치료를 병행할 거예요.

담임교사 : 인지 행동 치료 중에서 어떤 유형의 치료를 하나요?

보건교사 : 강박장애일 경우에 체계적 둔감법, 사고 중지 등을 사용하여 치료할 거예요.

담임교사 : 아, 그렇군요. 그러면 오늘도 민수가 수업 시간에 손을 씻으러 가고자 할 때 제가 어떻게 해야 할까요?

… (하략) …

┌ 보기 ┐

보건교사가 제시한 인지 행동 치료 중 체계적 둔감법(systematic desensitization)과 사고 중지(thought stopping)의 실시 방법을 각각 서술하시오.

3. 다음은 보건교사와 학생이 나눈 대화의 일부이다. 이를 바탕으로 자살의 유형, 위험요인, 중재에 대해 〈작성 방법〉에 따라 논술하시오. [10점] '19 임용

〈학생 정보〉

○ 고등학교 1학년(만 16세)인 여학생으로 '주요우울장애'로 진단받아 지속으로 면담해 오고 있다.

보건교사 : 잘 지내고 있는지 궁금했어요. 병원에서 준 약은 잘 먹고 있나요?

학생 : 변비가 심하지만 억지로 먹고 있어요. 선생님, 제가 요즘 마음이 많이 무겁고 답답해요.

보건교사 : 무엇이 마음을 무겁고 답답하게 하나요?

학생 : 지난달 엄마가 자궁암으로 돌아가셨어요. 그날 이후 엄마와 함께 했던 기억이 계속 떠오르고 엄마가 너무 보고 싶어서 눈물만 나요.

보건교사 : 그런 일이 있었군요.

학생 : 엄마가 안 계시니 마음 기댈 곳이 없어요. 넓은 우주에 혼자 남겨진 것 같아요. 엄마 생각을 하다보면 밥도 먹고 싶지 않고 잠도 안 와요. 한 달 동안 하루에 두 세 시간밖에 못 잤어요. 잠이 안 오니까 밤엔 엄마를 따라 죽는 방법밖에 없다는 생각만 자꾸 들고요.

보건교사 : 그동안 많이 힘들었겠어요. 무엇이 제일 힘든가요?

학생 : 엄마한테 너무 미안한 거예요. 엄마가 돌아가신 건 다 저 때문이에요. 제가 그렇게 속 썩이지만 않았어도 엄마한테 암 덩어리가 생기진 않았을 텐데······. 다 저 때문이에요. 전 태어나지 말았어야 해요.

보건교사 : 어머니께서 돌아가신 것이 본인 탓인 것 같아 많이 속상하고 힘들군요.

학생 : 그것만이 아니에요. 제가 속을 썩이는 바람에 아빠도 다니던 직장을 그만두시게 되었거든요. 결국 제가 문제예요. 저만 없어지면 다 행복해질 거예요.

… (중략) …

보건교사 : 그럼 과제를 하나 내줄게요.

학생 : 무슨 과제인가요?

보건교사 : 어떤 상황에 대해 떠오르는 생각들을 써 보는 거예요.

학생 : 어떻게 쓰면 되나요?

보건교사 : ㉠ 노트에 두 칸을 만들어 한 칸에는 어떤 일에 대한 상황을 쓰고, 나머지 한 칸에는 그 상황에 대해 바로 떠오르는 생각을 쓰세요. 그 다음은 ······.

… (하략) …

◆작성 방법◆

• 보건교사가 학생에게 인지치료를 적용하려는 근거를 학생의 대화에서 찾아 서술할 것
• 라이트, 벡과 태스(J. Wright, A. Beck, & M. Thase)의 인지치료 중 ㉠에 해당하는 기법의 명칭을 쓰고, 학생이 써온 과제를 보건교사가 활용하는 방법과 효과를 서술할 것

4. 다음은 고등학교 보건교사가 작성한 〈교수 · 학습 지도안〉이다. 〈작성 방법〉에 따라 순서대로 서술하시오. [4점] '20 임용

교수 · 학습 지도안			
단원	정신건강	보건교사	박○○
주제	섭식 장애/인지 행동 치료기법	대상	2학년
차시	2/3	장소	2-1 교실
학습목표	○주요 섭식 장애의 유형과 특성을 이해할 수 있다. ○인지 행동 치료기법의 종류를 설명할 수 있다.		
단계	교수 · 학습 내용		시간
도입	○전시 학습 확인 ○동기 유발 : 섭식 장애에 관한 동영상 시청 ○본시 학습 문제 확인		5분
전개	1. 섭식 장애의 유형과 특성 (㉠) ・지나치게 음식물 섭취를 제한함 ・체중 증가나 비만에 대한 극심한 두려움이 있음 ・체중 증가를 막기 위한 행동을 지속함 ・심각한 저체중 상태나 이에 대한 심각성을 인지하지 못함 (㉡) ・식사 조절감을 상실함 ・반복적이고 부적절하게 스스로 구토를 유발하거나, 이뇨제나 설사제 등을 복용함 ・자기 가치에 대한 평가에 체형과 체중이 과도하게 영향을 미침 ・최소 3개월 동안 일주일에 1회 이상 지나치게 많은 양의 음식을 섭취하고 부적절한 보상 행동이 나타남 2. 인지 행동 치료기법의 종류 　가. ㉢ 자기 감시법(self-monitoring) 　나. ㉣ 형성법(shaping) 　　　　　　　… (하략) …		35분

┌─ 작성 방법 ◆─────────────────────────────────
• 괄호 안의 ㉠, ㉡에 해당하는 섭식 장애 유형을 순서로 제시할 것
• 밑줄 친 ㉢의 목적을 서술할 것
• 밑줄 친 ㉣의 개념을 서술할 것

11절 · 가족치료

| 정답 및 해설 p.867

1. 다음 사례의 가족에게 가족치료를 하고 있다. 이 가족에게 '구조적 가족치료'를 적용한 것으로 옳은 것을 〈보기〉에서 모두 고른 것은? [2.5점] '10 임용

> 중학교 1학년생인 승기는 학교에서 다른 학생의 물품을 빼앗는 행동을 하거나, 하교 길에 자신보다 키가 작거나 약해 보이는 학생에게 자신의 가방을 들고 가도록 하는 등 다른 학생들을 괴롭히는 행동을 하였다. 이에 담임 교사가 가족에게 연락을 취해 상담을 받을 것을 권하여 가족치료를 받게 되었으며 오늘이 3회기 째이다.
> 승기의 어머니는 "승기가 외아들이라 저는 많은 관심과 정성을 쏟아 키우고 있지요. 승기와 저는 관계가 아주 좋은데, 남편과 아들 간에는 전혀 대화가 없어요."라고 상담자에게 말하였다. 또한 "제가 이렇게 정성을 쏟아 키우고 있는데, 아들이 지난주에도 일요일만 빼고는 일주일 내내 다른 학생들을 괴롭힌 행동을 해서 너무 속이 상해요."라고 말하였다.

┌─ 보기 ┐

ㄱ. 승기의 문제 행동의 원인을 가족구조의 측면에서 파악한다.
ㄴ. 승기에게 지난 일주일간 문제 행동을 하지 않았던 예외의 상황에 대해 이야기하도록 한다.
ㄷ. 승기 어머니에게 아들과 더욱 밀착된 관계가 될 수 있으므로 점차 적절한 경계선을 유지하도록 한다.
ㄹ. 승기 어머니에게 아들과 관계가 좋으므로 아들과 대화하는 시간이나 활동하는 시간을 예전보다 많이 갖도록 한다.

① ㄱ, ㄴ   ② ㄱ, ㄷ   ③ ㄱ, ㄹ
④ ㄱ, ㄴ, ㄷ   ⑤ ㄱ, ㄴ, ㄹ

2. 다음의 대화를 읽고 물음에 답하시오. '14 임용

[상담 1회기]

보건교사 : 철민아! 요즘 보건실에 자주 오는 걸 보니 힘든가 보구나?

철민 : 네, 힘들어요.

보건교사 : 뭐가 철민이를 힘들게 할까?

철민 : 엄마 아빠가 매일 싸우시고 싸울 때마다 아빠가 엄마를 때려요.

보건교사 : 철민이는 그럴 때 어떤 생각이 드니?

철민 : 제 입장이 난처해요.

보건교사 : 뭐가 철민이를 난처하게 만드니?

철민 : 엄마가 아빠는 나쁜 사람이라고 자꾸 그러니까 이젠 아빠가 나쁜 사람 같고 엄마를 괴롭히는 아빠가 싫어졌어요.

보건교사 : 철민이가 힘들겠구나.

철민 : 네, 친구들이 놀러 가자고 해도 엄마가 걱정되고, 내가 없으면 위험해질 것 같아 엄마 곁을 떠날 수 없어요.

보건교사 : 아! 그랬어. 철민이가 많이 힘들겠구나.

… (중략) …

[상담 3회기]

보건교사 : 어서 와. 어떻게 지냈어?

철민 : 어제 엄마 아빠가 또 싸우셨어요.

보건교사 : 엄마 아빠가 사이좋게 지내셨으면 좋겠는데 자꾸 싸우시니까 힘들지?

철민 : 네, 힘들어요. 선생님, 할머니가 편찮으시대요. 근데 병원 가실 돈이 없어 엄마랑 아빠랑 싸우셨어요.

보건교사 : 할머니가 많이 편찮으시니?

철민 : 네, 할머니가 병원에 안 가시면 돌아가실지도 모른대요.

보건교사 : 그래! 병원에서 치료받을 방법을 함께 찾아보자.

철민 : 선생님, 할머니가 치료받으실 방법이 있을까요?

보건교사 : 그럼!

철민 : 세상은 평등해야 하는데 돈이 없어서 치료를 못 받는 사람이 있다면 세상의 법은 바뀌어야 한다고 생각해요.

… (하략) …

보웬(M. Bowen)의 다세대가족치료(가족체계치료)에서 삼각관계 및 자기(자아)분화의 개념을 각각 설명하고, 각각의 개념과 관련된 상담 내용을 상담 1회기 내용에서 찾아 한 문장씩 쓰시오. 또한 상담 3회기 내용을 중심으로 콜버그(L. Kohlberg)의 도덕 발달 6단계 중 철민이가 속한 단계의 명칭을 쓰고, 이 단계를 나타내는 문장 하나를 찾아 제시한 후, 그 문장이 이 단계에 해당하는 이유를 설명하시오. [10점]

3. 다음은 고등학교 3학년 담임교사가 보건교사에게 상담한 내용이다. 〈작성 방법〉에 따라 순서대로 서술하시오. [4점] '18 임용

담임교사 : 선생님, 안녕하세요.

보건교사 : 네, 안녕하세요. 무슨 일로 오셨나요?

담임교사 : 우리 반에 경철이라는 아이가 있는데, 자신의 진로에 대해 스스로 결정하지 못하고 부모님의 결정에 뭐든지 좌지우지 되는 거예요. 고등학교 3학년인데…… 걱정돼요.

보건교사 : 진로 문제만 그런가요?

담임교사 : 아니요. 학원 문제, 대학 문제, 친구 문제 등 모든 일처리를 혼자서는 결정을 하지 못하고, 부모님이 모든 것을 결정하세요.

보건교사 : 선생님이 보시기에 부모님과 경철이의 관계는 어때요?

담임교사 : 경철이가 외아들이라 그런지 부모님이 모든 일에 일일이 간섭하는 거예요. 과잉보호를 하시면서 맹목적으로 사랑을 주시는 것 같았어요.

… (중략) …

담임교사 : 선생님, 우리 반에 걱정되는 아이가 또 한 명 있어요. 머리가 아프다고 하면서 항상 우울해 보이는 학생이에요.

보건교사 : 아, 영수를 말씀하시는 거죠?

담임교사 : 네, 맞아요. 선생님이 어떻게 아세요?

보건교사 : 머리가 아프다고 보건실에 자주 오는데 지나치게 착해 보여요. 죄송할 일도 아닌데 죄송하다고 하면서 제 기분을 맞추려 하더라고요.

담임교사 : 네, 맞아요. 저랑 이야기할 때도 모든 게 자신의 잘못이라며 본인 책임이라는 말을 자주 해요. 그리고 항상 하고 싶은 말을 제대로 하지 못하는 것 때문에 뒤돌아서면 속상하다고 하고요.

보건교사 : 부모님과의 관계는 어떤가요?

담임교사 : 아버지가 영수 어릴 때 조금만 잘못해도 고함을 치고 매를 들었다고 해요. 그래서 아버지를 대하는 것이 어려웠고 자주 야단을 맞았는데, 그때마다 아버지 기분을 맞추기 위해 열심히 공부를 했다고 해요.

… (하략) …

┌→ 작성 방법 ◆
- 미누친(S. Minuchin)의 구조적 가족치료 관점에서, 경철이와 부모님 간의 경계선 유형을 쓰고, 이 유형에 의한 경철이의 심리적 특징을 '자율성' 측면에서 서술할 것
- 사티어(V. Satir)의 경험적 가족치료 관점에서, 영수에게 해당하는 역기능적 의사소통 유형을 쓰고, 그 특징을 '자기(자기자신)', '타인', '상황'의 용어를 포함하여 서술할 것

정답 및 해설

신희원
보건교사 길라잡이
➕ 10점 기출문제

Part 01 지역사회 간호학

 제1강 지역사회간호 총론

1절 · 지역사회 간호의 이해

| 본문 p.19

1. ❹

2. ❶

| Freshman의 기능연속지표

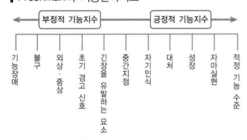

2절 · 지역사회 간호이론

| 본문 p.19

1. ❹

2. ❶

3. ❷

4. ❹

5. ❶

6. 1) 체계(system)의 정의

체계는 사물 사이에 환경과 상호관계하고 있는 요소들의 집합체로서, 항상 투입, 변환, 산출의 절차를 가지면서 목표를 향하여 움직이고 있다.

2) 개방 체계 핵심 요소

지역사회를 하나의 체계로 볼 때 이를 구성하는 요소는 다음과 같다.

① 인구

인구는 지역사회라는 일 체계를 구성하는 주체

② 자원 및 환경

지역사회 체계 내에서 인구가 아닌 다른 부분들은 모두 자원 및 환경으로 구분할 수 있다.

③ 상호작용

지역사회 체계 내의 인구와 자원 및 환경 간에 이루어지는 작용을 의미한다. 건강수준의 향상이라는 목표를 향하여 이들은 끊임없이 상호작용을 하고 있다.

④ 목표

인구와 자원 및 환경 간의 상호작용이 긍정적 방향으로 이루어지도록 하는 것을 목표라고 한다.

⑤ 경계

지역사회 체계 내에서 이루어지는 사업의 한계를 한정하는 것이 경계이다. 학교나 산업체의 경우에는 지역사회간호사가 하고자 하는 사업을 위해 그 대상과 내용의 범위를 한정해야 한다.

3) 체계 모형에 따른 평가

① 사업의 효율에 대한 평가(산출/투입) : 사업을 수행하는 데 투입된 노력, 즉 인적, 물적 자원 등을 비용으로 환산하여 그 사업의 단위 목표량에 대한 투입된 비용이 어느 정도인지를 산출함. 최소의 비용으로 최대의 효과를 얻는 것이 가장 바람직함

② 사업의 적합성에 대한 평가 : 모든 사업의 실적을 산출하고 그 산출한 자료로 지역사회 요구량과의 비율을 계산하여 평가함

7. ❸

대상자 체계 안정성은 내부나 외부 환경요인에 의해서 영향을 받을 수 있는데, 뉴먼은 이를 스트레스원이라고 설명하였다. 스트레스원은 체계 내, 체계 간, 체계 외의 세 가지로 분류된다.

• 체계 내적 요인 – 통증, 상실, 분노, 동맥경화증, 고혈압 등

• 체계 간 요인 – 역할기대, 가족에서의 대상자 역할, 간호제공자의 인식, 친구관계 등

• 체계 외적 요인 – 관습의 변화, 경제생활, 실직, 지역사회 자원, 재정상태, 대상자 개인의 고용 등

ㄹ 물리적 환경은 체계 내적 요인이다.

8. ❸

(가)는 정상방어선

(나)는 유연방어선

(다)는 저항선

(라)는 기본구조를 말한다.

따라서 ③은 정상방어선에 대한 설명이므로 틀린 선택지이다.

9. ❺

(가) **일차예방 차원**: "최적의 건강증진을 위하여, 혹은 특별한 질병을 일으키는 원인으로부터 인간을 보호하기 위해 고안된 방법"이라고 정의, 건강증진과 건강보호의 영역을 포함하고 있다.

(나) **이차예방 차원**: 존재하고 있는 건강문제를 조기발견하고, 조기치료하는 데 초점을 맞추며, 건강 문제가 생긴 이후에 일어난다. 이차예방 활동은 집단검진 및 조기진단, 현존해 있는 건강문제의 치료 등이다.

10. ① 초점자극
② 잔여자극
③ 관련자극
④ 생리적 양상
⑤ 상호의존 양상
⑥ 자아개념 양상

11. ❹

기획의 특성은 ① 미래지향적 ② 목표지향적 ③ 목표달성을 위한 최적의 수단을 제시 ④ 행동지향적 ⑤ 체계적인 일련의 의사결정과정 등이다.

12.

㉠ 체계 외 요인(17세 여아의 입장에서 경제적 배경은 외적 요인임)
㉡ 정상방어선
　개념) 대상자의 안녕 상태 혹은 스트레스원에 대해 정상 범위로 반응하는 상태
　• 한 대상 체계가 오랫동안 유지해온 평형 상태
　• 대상체계가 기능하는 동안 경험하는 어떤 외적인 자극이나 스트레스원에 대해 나타내는 정상적 반응의 범위 및 스트레스원에 대하여 대처하는 근본적인 방법
㉢ 정상방어선을 침범하고 저항선 도달 시 2차 예방활동

1차적 예방활동	− 스트레스원을 제거 or 약화 − 유연방어선 및 정상방어선을 침범하지 못하게 보호
2차적 예방활동	− 증상을 완화하거나 저항선을 강화하여 스트레스원이 저항선을 뚫고 기본구조를 손상시키지 못하도록 보호하고 저항선과 정상방어선의 재구성이 빨리 이루어지도록 강화 − 정상방어선을 침입하여 저항에 도달함으로써 증상이 나타날 때 시행하는 중재방법 − 나타나는 반응에 대해 조기발견, 바른 처치 시행
3차적 예방활동	− 기본 구조에 손상이 왔을 때 재구성하도록 도움

13. 1) 간호문제의 자가간호 필수요구(self-care requisite) 유형
　① 건강이탈적 간호요구
　② 일반적 간호요구
　③ 발달적 간호요구

2) 자가간호결핍 발생 이유
　자가간호 수행자로서 인간의 자가간호역량이 자가간호요구를 충족시키지 못할 때 자가간호결핍이 발생된다. → 또는 자가간호요구가 자가간호역량보다 더 크게 되면 자가간호능력이 부족하여 자가간호결핍이 발생한다.

14. 1) A남자 중학교에서 흡연과 음주 중 우선적으로 해결해야 하는 것

① 상대위험비＝노출군 발생률/비노출군 발생률
- 흡연으로 인한 암 발생에 관한 상대위험비

$(300/10000) \div (100/100000) = 30$

흡연 시 흡연하지 않을 때보다 암 발생률이 30배 더 높다.
- 음주로 인한 암 발생에 관한 상대위험비

$(200/20000) \div (200/100000) = 5$

음주 시 음주하지 않을 때보다 암 발생률이 5배 더 높다.

② PATCH모형에서의 우선순위근거 두 가지는 '문제해결의 중요성'과 '문제해결을 위한 변화가능성'이다. '문제해결의 중요성'은 그 심각성과 문제의 크기가 클 때 우선순위가 높다. 이 경우 흡연이 음주보다 상대위험비가 높아 그 심각성이 음주보다 흡연이 심각하므로 흡연을 우선적으로 해결해야 한다.

또한 흡연은 변화가능성이 높은 건강문제이다.

15. 1) ㉠ BPRS(Basic Priority Ration System)의 산출 공식

$BPRS = (A + 2B) \times C$

A는 문제의 크기, B는 문제의 심각도, C는 사업(중재)의 추정효과

㉡ 보건문제에 BPRS에 의한 우선순위를 산출해 보면
- 신체활동부족 $(10+14) \times 6 = 144$
- 부적절한 식습관 $(8+16) \times 5 = 120$
- 흡연 $(6+20) \times 5 = 130$
- 비만 $(10+18) \times 5 = 140$

따라서 보건문제의 우선순위는 신체활동부족 ＞ 비만＞ 흡연 ＞ 부적절한 식습관 순이다.

2) BPRS 평가 요소 중 ㉢건강문제의 크기(A)가 측정하는 것은

유병률(만성 질환) 및 발생률(급성 질환)의 크기를 점수화하는 것이다.

즉, 건강문제를 지닌 인구비율을 반영하여 0~10점까지 점수를 부여하는 방식으로 건강문제를 많이 가지고 있는 인구비율이 높을수록 건강문제가 크다는 것을 의미한다.

<u>BPRS(Basic Priority Ration System)를 이용한 우선순위 결정</u>

$BPRS = (A + 2B) \times C$
- A : 문제의 크기
- B : 문제의 심각도
- C : 사업의 추정효과

① 건강문제의 크기
만성질환은 유병률, 급성질환은 발생률의 크기를 이용하여 점수화한다.
② 건강문제의 심각성
<u>4가지 세부항목(긴급성, 중증도, 경제적 손실, 타인에게 미치는 영향)</u>을 고려하여 평가한다.
③ 사업의 효과
사업의 최대효과와 최소효과를 추정하여 점수를 부여한다.

3) 논리모형(logic model)을 적용했을 때 ㉣ 중에서 결과(outcome) 평가에 해당하는 지표
- 과체중률
- 사업종료 시 사업효과 측정

16. 1) ㉠ (조직내부역량)에 해당하는 SWOT 분석의 2가지 구성 요소와 이에 관련된 대화 내용

내부요인

① 강점(S : strength)

조직의 역사 및 체계, 직원 간의 응집력, 직원들의 업무에 대한 열의, 인적·물적 자원의 확보, 서비스 전달 능력

"우리 학교는 건강증진사업을 위한 충분한 예산이 확보되어 있습니다"

② 약점(W : weakness)

직원들의 고령화, 직원들의 업무에 대한 의욕 저하, 지역사회보건사업의 비전문성과 낙후성, 인적·물적 자원의 부족, 승진기회의 부족, 부서 간의 조정기능 약화 등이 약점으로 고려될 수 있다.

"여러 가지 업무로 우리 학교 선생님들의 건강증진사업에 대한 관심이 부족한 상황입니다"

2) ㉡ PEARL의 목적을 서술하고, 괄호 안의 ㉢에 들어갈 건강 문제를 제시

① PEARL의 목적

BPRS 방식에 의해 아무리 문제가 중요하다 판단되어도 정치적·경제적 이유, 행정적·윤리적 이유 등으로 보건사업을 통하여 해결하지 못하는 경우도 있다. 따라서 건강문제의 우선순위와 보건사업의 실행가능성은 반드시 동일하다고 할 수 없다.

그러므로 PEARL과정으로 사업을 계획할 때 적절성, 경제적 타당성, 수용성 자원의 이용가능성, 적법성을 고려하여 사업의 실행가능성 여부를 판단한다.

BPRS를 계산한 후 <u>사업의 실현가능성 여부를 판단</u>하는 기준으로 PEARL을 주로 사용한다.

② PEARL 적용 후 건강문제 선정

BPRS × P * E * A * R * L (모두 곱한다)

- 흡연＝240×(1 * 0 * 1 * 1 * 1)＝0
- 비만＝232×(1 * 1 * 1 * 1 * 1)＝232
- 음주＝224×(1 * 1 * 1 * 0 * 1)＝0
- 부적절한 구강 관리＝135×(1 * 1 * 1 * 1 * 1)＝135

※ 비만에 대한 건강문제를 가장 우선적으로 해결해야 한다.

	A	B	C	D
	문제의 크기	문제의 심각도	중재의 효과성	PEARL
BPRS요소	0~10	긴급성0~10 중등도0~10 경제적 비용0~10 타인의 영향0~10	0~10	P적절성 E경제적 타당성 A수용성 R자원이용 가능성 L적법성
	BPRS=(A+2B) × C*D			P*E*A*R*L (모두 곱한다)

17. 1) ㉠ 연관자극의 개념

초점자극 이외에 행동유발과 관련된 다른 모든 자극

예 피곤, 일이 늦어질 것에 대한 근심

> **자극-환경에 대처하기 위한 개인의 능력에 영향을 주는 자극**
> ① 초점자극 – 인간의 행동유발에 가장 큰 영향을 미치는 즉각적이며, 직접적으로 직면하고 있는 사건이나 상황변화
> ② 잔여자극 – 인간행동에 간접적으로 영향을 줄 수 있는 요인 (측정되기 어려움)
> 　　예 신념, 태도, 개인의 성품

2) ㉡ '인지기전(사회심리적 반응)'

자극이 투입될 때 인지적 정보처리과정, 학습, 판단, 정서 등의 복잡한 과정을 통해 반응하는 하부체계 대처기전, 자아개념, 역할기능, 상호의존 적응양상과 관련

자극이 투입 시 인지적 정보처리 과정, 학습, 판단, 정서과정을 통하여 사회심리적 반응을 관장

① 인지적 정보처리 과정 : 주의집중 · 기억
② 학습 : 모방 · 강화의 행동
③ 판단 : 문제해결과 의사결정에 관한 행동
④ 정서과정 : 애착 · 애정 · 불안해소 등의 행동 관장

3) ㉢ 자아개념의 하위 구성 요인 2가지

• 신체적 자아 : 신체적으로 자신을 지각하고 형성하는 능력 또는 자신의 신체에 대한 주관적인 생각
　→ 감각과 신체상이 포함
• 개인적 자아 : 자신의 성격, 기대, 가치에 대한 평가
　→ 도덕-윤리적 자아, 자아일관성, 자아이상 · 기대가 포함

3절 ◆ 지역사회 간호수단

| 본문 p.28

1. 1) 방문활동과 비교해 볼 때 간호사의 시간을 절약할 수 있다.
2) 건강관리실에 비치된 다양한 비품, 기구, 물품 등을 사용할 수 있다.
3) 외부의 산만성이 적다.
4) 특수한 상담 및 의뢰활동을 즉각적으로 실시할 수 있다.
5) 대상자 스스로가 자신의 건강문제에 적극성을 가지고 자력으로 문제를 해결할 수 있는 능력을 갖게 할 수 있다.

2. ❸

3. 1) 대상자가 대화하는 도중에 잠깐씩 중지하는 점에 관심을 기울인다.
2) 지나친 간섭, 혹은 적은 간섭은 피한다.
3) 대상자가 계속 대화를 할 수 있도록 가끔 반응을 나타내어 경청하고 있다는 것을 알린다. 경우에 따라서 환자의 말을 반복하고 조언이나 질문을 한다.
4) 경청하고 있다는 것을 대상자가 알 수 있도록 대상자를 정면으로 보는 자세, 얼굴 표정 및 적당한 몸짓 등을 취한다.

4절 지역사회 간호과정

| 본문 p.29

1. ❹

2. ❶

3. ❸
평가는 사업 전, 중, 후에 모두 가능하다.
② 보건사업에 대한 새로운 지식 획득 관련
③ 보건사업의 개선방안 찾기(기획의 정의와 목적 관련해 이해하기)
④ 보건사업의 효과나 효율 판정
그 외, 목적달성 정도 파악, 사업 책임을 명확히 하기 위해서 활용하는 방법이다.

4. ❶

5. ❹

6. ❷

7. ❸

	증상과 징후	영역
(가)	마을 공터에 방치된 쓰레기로 인해 악취가 심함	환경영역(위생)
	마을회관 앞 도로가 교통사고 다발지역임	환경영역(안전)
	독거노인들의 사회고립 문제가 심각함	사회심리영역(사회접촉)
	차상위계층에 속한 주민의 비율이 10%임	환경영역(수입)
	소외된 다문화 가정의 비율이 20%임	사회심리영역(사회접촉)
(나)	흡연자의 비율이 높음	건강관련행위영역(약물오용)
	주민 다수의 개인위생이 불량함	건강관련행위영역(위생)
	관절염 환자의 30%가 처방받지 않은 관절염 치료제를 사용함	건강관련행위영역(약물오용)
	의료보호 대상 비율이 15%임	환경영역(수입)
	주민 대부분이 보건소에 갈 때 교통편이 불편하다고 호소함	사회심리영역(의사소통-이동수단장애)

제2강 일차보건의료와 건강증진

1절 ✦ 일차보건의료

| 본문 p.33

1.   1) 개념

일차보건의료는 실제적이고 과학적으로 건전하며 사회적으로 수용할 수 있는 방법을 통하여 쉽게 이용할 수 있는 사업방법으로, 주민들의 적극적인 참여하에 그들의 지불능력에 맞게 그들이 사는 지역 내에서 실시되는 필수적인 건강관리사업이다. 일차 건강관리는 주민이 건강관리 체계 내에서 처음으로 들어오는 관문이며 전체 건강관리 체계의 일부로서 최 말단 사업으로 계속성을 가지며, 보편적으로 흔한 질환을 관리하며 상급의료기관에 후송하게 되는 특징이 있다.

2) 학교보건사업과 일차보건의료의 관련성

학생의 건강문제라고 해서 모두가 학교보건을 통하여 해결되는 것은 아니나 학교에서 발생하는 기본적 건강문제는 학교보건을 통하여 해결될 수 있다. 이와 같이 학교보건문제는 일차보건의료의 문제라 할 수 있고, 따라서 일차보건의료의 관점에서 접근하는 것이 가장 효과적이라고 하겠다. 학교에서 이루어지는 보건사업인 건강관리, 보건교육, 환경위생관리, 지역사회연계사업은 일차보건의료가 제시하고 있는 기본사업내용을 전체 포괄하여 제공하고 있으며, 학교인구의 건강을 구현하기 위해 4가지 접근법으로 제공되고 있다.

2-1.   1) 보건의료가 주민 모두에게 제공되고 있지 못하다.

2) 의료생산비용 증가로 인한 의료비용의 상승

3) 보건의료서비스의 지역적 편중

4) 질병예방, 건강증진의 필요성이 강조됨으로써 일차보건의료의 중요성이 대두된다.

5) 국가의 핵심보건사업조직과 그 지역사회의 전반적인 사회·경제 개발의 구성요소가 된다.

2-2.   학교보건을 통한 일차보건의료가 바람직하게 제공된다면 어려서부터 질병을 예방하고 자신의 건강을 스스로 관리할 수 있는 능력이 개발되어 국민의 건강권을 보장하는 토대가 마련되며, 국민의 건강 기반이 확립될 것이다.

일차보건의료의 개념이 학교보건에서 구체적으로 수용되어 나갈 때에 학교보건은 올바른 방향으로 발전되어 2000년대에 만인의 건강권으로 보장하는 데 크게 기여할 것으로 본다.

3.

4A	정의
1) 수용성(acceptability)	모든 주민에게 쉽게 받아들일 수 있는 방법으로 사업이 제공되어야 한다.
2) 근접성, 접근성(accessibility)	근접한 거리에서 / 쉽게 사업이 제공되어야 한다.
3) 유용성 및 주민참여 (availability)	주민에 유용한 것이어야 하며 지역사회의 적극적인 참여에 의해서 사업이 이루어져야 한다.
4) 지불부담능력(affordable)	주민의 지불능력에 맞는 보건의료 수가로 사업이 제공되어야 한다.

2절 ◈ 건강증진의 이해

| 본문 p.34

1-1. 세계보건기구는 「건강증진이란 사람들이 자신들의 건강을 스스로 조절하고 향상시킬 수 있도록 하는 과정이다」라고 정의한 바 있다. 건강증진을 통하여 모든 사람들의 건강잠재력을 최대한 발휘할 수 있도록 동등한 기회와 자원을 확보하는 데 목표를 둔다. 즉, 건강은 일상생활을 누리기 위한 일종의 자원이지 생활의 목적은 아니라는 것이며 신체적 능력만이 아니라 사회적 개인적 자원임을 강조하는 긍정적 개념이라고 본다.

건강증진의 교과서적 정의는 1986년 WHO의 오타와 현장에서 찾을 수 있다.

1) 1984년 : 건강증진은 사람들에게 건강에 대한 권리를 증가시켜 건강을 향상할 수 있도록 하는 과정이다. 즉 "사람들이 건강에 대한 관리의 능력을 높이고 자신의 건강을 향상시킬 수 있게 하는 과정 (the process of increase control over, and to improve, their health)"으로 정의하였다.

2) 1986년 : 모든 사람들이 건강능력을 최대한 개발하는 것이며, 평등한 기회와 자원의 확보를 목적으로 한 공공정책수립, 지지적 환경확보, 개인의 건강관리기술 개발, 치료적인 관리 이상의 건강관리를 포함한 모든 활동으로 확대 적용된 개념

1-2. 1) 청소년기에 형성된 생활양식은 일생의 생활양식을 좌우한다.

2) 이 시기는 부모의 간섭과 통제로부터 벗어나 정보와 문화를 많이 접하게 되므로 나쁜 습관이나 유행의 영향을 받기 쉽다.

3) 청소년기는 본인의 의지보다 또래 그룹의 영향을 많이 받게 된다.

4) 이 시기는 성인기보다 유해물질이나 습관의 영향에 대하여 더 민감한 시기이다.

2. ㉠ 오타와

㉡ 4가지 건강증진 활동 영역

1) 건강을 지원하는(지지적) 환경 조성

사회, 경제, 정치, 문화 등 제반 환경이 건강에 유익한 방향으로 조성되어야 한다는 것

2) 지역사회 활동의 강화(Strengthen community action)

지역사회의 건강문제에 주민들의 참가와 지도 강화, 정보에 대한 충분한 접근과 학습 기회, 재원 마련 등이 중요하다.

"금연운동"을 예로 들면 금연구역의 지정이나 금연동호회 모임 등의 다양한 활동이 병행되어야 한다.

3) 개인의 기술 개발=주민의 자기건강관리능력 향상(Self Health Care Ability)

건강에 대한 교육, 정보를 제공하고 삶의 방식에 대한 기술을 길러줌으로써 개인과 사회의 발전을 지원한다.

4) 보건의료체계의 방향 전환(Reorient health services)

보건사업의 재정립 치료중심에서 생활습관개선 및 환경관리 등이 초점을 이루는 건강증진 사업으로 전환

3-1. 1) 건강문제 유발요인 변화

급성감염성 질환 감소 → 노령화로 인한 암, 고혈압, 당뇨병, 심장질환 등의 만성화, 난치병 증가
→ 치료위주의 현 의료제도의 보완요구

2) 유병인구 비율의 증가추세

3) 건강수명의 단축

4) 균에 의한 건강문제에서 생활습관 환경 요인성 건강문제로의 변화

사회발전에 따른 생활양식, 식생활 및 생활환경의 변화(환경오염)는 각종 질환발생의 새로운 요인
→ 생활습관 변화 유도를 위한 교육, 환경, 제도의 개선 요구

5) 건강이 국민의 최종목표이며 삶의 수단이라는 개념의 확산

의료에 관심과 기대의 급격한 증가, 건강인력은 국익의 원동력

6) 의료비 부담 증가(의료비 부족 문제)

전 국민 의료보험의 실시와 건강보험공단의 통합, 의료에 대한 국민요구 증대 및 서비스의 고급화
등 → 보건교육을 포함한 건강증진사업의 강화만이 해결방법

7) 국민의 건강에 대한 가치관의 변화

3-2. 1) 금연, 절주 등 건강생활의 실천에 관한 사항
2) 만성 퇴행성 질환 등 질병의 예방에 관한 사항
3) 영양 및 식생활에 관한 사항
4) 구강건강에 관한 사항
5) 공중위생에 관한 사항
6) 건강증진을 위한 체육활동에 관한 사항
7) 그밖에 건강증진사업에 관한 사항

3-3. 건강증진의 접근에는 법적 통제·재정적 통제·기타 규제를 포함하는 건강보호적 접근, 보건교육적
접근, 질병예방적 접근이 있다.

1) 예방적 접근

① 금연관리를 위한 준비로 흡연자를 도울 수 있는 지역사회 혹은 국가 내에 있는 기관에 접촉하여
필요한 자원들이 어떤 것이 있는지를 알아내어 흡연자가 금연을 희망하면 도움을 받을 수 있다
는 사실을 알려 주어 금연동기를 부여한다.
② 금연을 결심한 흡연자에게 건강관리자는 그룹 프로그램, 개인 상담, 자아-금연프로그램 등 가
장 적합한 방법을 선택하도록 돕는다.

2) 건강보호적 접근

① 학교 내에 금연정책을 세워 학교의 교사들 모두 좋은 역할 모델자가 되도록 한다.
② 지역사회 내의 보건의료 시설이나 보건의료 인력이 지역주민 중 희망하는 사람들에게 금연침을
놓아주는 금연침 프로그램을 개발한다.
③ 법적 조치
• 담배판매에 관한 법적 통제를 마련하고, 담배에 세금을 부과해 규제한다.
• 담배갑 포장지 앞·뒷면에 흡연이 건강에 해롭다는 내용의 경고 문구를 표기하여야 한다.
• 금연구역 설정
• 미성년자 등을 보호하는 구역에서의 담배자동판매기의 설치 금지

3) 보건교육

흡연에 관한 지식, 건강신념, 태도, 흡연행위 조사를 하여 흡연자와 비흡연자에게 담배의 구성물
질 및 인체에 미치는 영향에 관한 수준별 보건교육프로그램을 마련한다.

4. ▌제5차 국민건강증진종합계획(HP 2030) 사업과제

건강생활 실천	정신건강 관리	비감염성질환 예방관리	감염 및 환경성질환 예방관리	인구집단별 건강관리	건강친화적 환경 구축
• 금연 • 절주 • 영양 • 신체활동 • 구강건강	• 자살예방 • 치매 • 중독 • 지역사회 정신건강	• 암 • 심뇌혈관질환(심뇌혈관질환, 선행질환) • 비만 • 손상	• 감염병예방 및 관리(결핵, 에이즈, 의료감염·항생제 내성, 예방행태 개선 등 포함) • 감염병 위기대비 대응(검역/감시, 예방접종 포함) • 기후변화성 질환	• 영유아 • 아동·청소년 • 여성 • 노인 • 장애인 • 근로자 • 군인	• 건강친화적 법제도 개선 • 건강정보 이해력 제고 • 혁신적 정보 기술의 적용 • 재원마련 및 운용 • 지역사회 자원(인력 시설) 확충 및 거버넌스 구축

5. ㉠ 자살시도율
㉡ 스트레스 인지율

인구집단 건강관리
중점과제 24. 학교보건(2020 현재)

지표명	사업명
24-1. 학교건강지원기구설립	
24-2. 학생건강행태 및 건강상태의 개선 • 중·고등학교 현재 흡연율(금연) • 중·고등학교 현재 음주율(절주) • 비만유병률 • 신체활동실천율	가. 학교 건강지원기구 설립 나. 학생들의 건강행태 및 건강상태의 개선 다. 학생들의 개인위생 실천율의 증가 라. 학생들의 정신건강 수준 향상 마. 학생들의 건강한 성 태도 함양 바. 학생들의 손상 예방 및 안전사고 발생 감소 사. 학생들의 인터넷 중독 감소 아. 건강한 학교 환경 조성
24-3. 학생 개인위생 실천율의 증가 • 화장실 사용 후 비누 이용, 손 씻기 실천율 • 중·고등학생(13~18세) 점심 직후 칫솔질 실천율	
24-4. 학생 정신건강 수준의 향상 • 중·고등학생 자살시도율 • 중·고등학생 스트레스 인지율	
24-5. 학생 건강한 성 태도 함양 • 중·고등학생 성관계 경험률 • 중·고등학생 연간 성교육 경험률	
24-6. 학생 손상 안전사고 발생 감소 • 학교 내 안전사고 발생률 • 학교 안전교육 경험률	

24-7. 학생 인터넷 중독 감소	
	• 인터넷 중독 위험군 비율
	• 스마트폰 중독 위험군 비율
24-8. 건강한 교육환경 조성	
	• 석면 함유 학교 건축물 개선율

6.

1) WHO 건강증진학교와 변화단계모형(TTM)을 적용하려는 이유(정의와 건강증진 이론의 특성에 근거하여 1가지씩)

첫째, 학교와 지역사회가 협력하여 흡연 학생들의 건강을 증진시키고 보호하기 위하여 통합되고 긍정적인 경험과 구조를 제공하는 건강증진 학교가 되게 하기 위함이며

둘째, 흡연 학생을 비롯한 학교 인구의 최고의 건강수준을 유지하면서 삶의 질을 향상시키도록 돕는 모든 교육적, 정책적, 행정적, 환경적 조치를 포함시켜 흡연 학생의 건강증진을 도모하기 위함이다.

> **건강증진학교의 정의**
>
> 학교와 지역사회가 협력하여 학생들의 건강을 증진시키고 보호하기 위하여 통합되고 긍정적인 경험과 구조를 제공하는 학교이다.
>
> **건강증진이론의 특성**
>
> 건강증진은 개인이나 집단이 최고의 건강수준을 유지하면서 삶의 질을 향상시키고, 건강·장수할 수 있도록 돕는 모든 교육적, 정책적, 행정적, 환경적 조치를 포함한다.

2) WHO가 제시한 건강증진학교의 6가지 구성 요소 중 〈그림 1〉의 ㉠과 ㉡에 해당하는 요소

㉠과 ㉡은 학교의 물리적 환경과 건강서비스, 즉 학교보건봉사이다.

> **건강증진학교의 6가지 구성 요소**
>
> 1) 학교보건 정책
>   ① 건강한 음식 섭취 정책
>   ② 금연/음주 정책
>   ③ 남녀평등 정책
>   ④ 응급처치정책
>   ⑤ 기생충관리 정책
>   ⑥ 약품관리 정책
> 2) 학교의 물리적 환경
>   ① 안전한 환경
>   ② 적절한 음용수
>   ③ 학교 기구 관리
>   ④ 환경 유지
> 3) 학교의 사회적 환경
>   ① 학생과 교직원의 사회적 요구와 정신건강
>   ② 학교 활동에 학생의 참여 격려
>   ④ 장애 학생 지지
>   ③ 학부모의 교육적 요구 배려
>   ⑤ 학생들의 가치와 개성 존중
> 4) 지역사회 유대관계
>   ① 가족과 지역사회의 참여 촉진
>   ② 지역사회와 학교와의 연결

> 5) 개인 건강 기술
>   ① 교과 과정에 건강 관련 내용 포함
>   ② 교사들이 역할 모델을 제공
> 6) 건강서비스 – 학교보건봉사
>   ① 건강증진 요구도에 근거한 서비스 제공
>   ② 지역 보건소가 학교 건강 프로그램에 기여
>   ③ 교사들에게 건강서비스 교육

3절 · 건강증진이론

| 본문 p.37

1.

개념	정의
① 질병에 대한 지각된 감수성	자신이 그 질병에 걸릴 수 있다고 지각하는 정도
② 질병에 대한 지각된 심각성	질병에 걸렸을 경우나 치료를 하지 않았을 때 어느 정도 심각한 상태가 될 것인가에 대해 지각하는 것(질병으로 인하여 초래되는 신체적, 정신적, 사회적 기능 장애 및 어려움)
③ 행동의 계기(동기화)	특정행위에 참여하도록 '준비성'을 촉진하는 전략(캠페인, 상담, 의료인의 조언, 신문광고, 잡지 등)
④ 지각된 유익성	건강행위를 실행함으로써 질병의 위험이나 심각성을 줄일수 있는 점
⑤ 지각된 장애성	행위 수행에 대한 인지된 장애 : 사람들이 특정 행위를 수행하는 데 부딪칠 어려움에 대한 인지 정도(비용, 불편감 등)

2.

1) 건강신념모델 구성 개념 중 '개인의 지각' 및 '행위가능성'의 하위개념
   (1) '개인의 지각'에 해당하는 하위개념
      ① '질병X에 대한 인지된 감수성'이란 대상자가 질병에 걸릴 가능성이 있다는 것을 인지하는 것으로 예를 들어 지속적인 비만 시 고혈압, 당뇨, 고지혈증 등과 같은 성인병에 환자 자신도 이환될 가능성이 있다는 것을 환자가 인지하는 것이다.
      ② '질병X에 대한 인지된 심각성'이란 대상자가 질병에 걸리게 되면 자신에게 심각한 결과를 초래하게 될 것이라고 인지하는 것이다.
   (2) '행위 가능성'의 하위개념
      ① '행위에 대한 인지된 유익성'이란 어떠한 행위 시 자신에게 유익한 점이 있을 것이라고 인지하게 되는 것이다.
      ② '행위에 대한 인지된 장애'란 '행위 시 대상자가 느끼는 장애점, 불편감, 쓸모없음, 비용, 거리 등 장애점을 인지하는 것이다.
2) 비만 관리 프로그램 참여를 격려할 수 있는 중재 방안
   (1) '질병X에 대한 인지된 감수성'을 높이는 방법
      ① 비만 시 내분비 교란물질에 장애를 가져와 인슐린 요구량이 증가되거나 인슐린 저항성이 증가되므로 결국 당뇨병이 오기 쉽다는 것을 인지시킨다.
      ② 비만 시 심박출량을 증가시켜 고혈압이 되기 쉽고, 고지혈증을 유발하여 동맥경화증이 오기 쉽다는 것을 인지시킨다.

③ 비만 시 척추하부와 체중을 지탱하는 관절 장애가 오기 쉽다는 것을 인지시킨다.

④ 비만 시 폐기능이 감소함을 인지시킨다. 지방축적이 흉부 운동을 억제하여 폐기능에 영향을 주기 때문이다.

⑤ 비만 시 잉여지방의 간 침착으로 지방간, 고콜레스테롤 혈증에 의한 담석증 등으로 간담도계 질환에 이환될 가능성이 있다는 것을 인지시킨다.

(2) '질병X에 대한 인지된 심각성'을 높이는 방법

① 비만 시 고혈압, 당뇨, 담석증 등 각종 질환에 이환되어 사망률이 정상체중군보다 높아짐을 알려준다.

② 소아비만은 지방세포증식형 비만이므로 대부분 성인비만으로 이어지는 비율과 이유를 설명한다.

③ 청소년으로의 성장 시 성장 호르몬의 증가로 키가 성장하고 관절이나 뼈가 튼튼해져야 하는 시기인데 비만은 이러한 성장발달을 저해하고 무릎관절이나 척추 통증 등의 불편감을 증가시킨다는 것을 교육한다.

④ 청소년이 되어가는 과정에서 자아정체감 형성에 부정적 영향은 물론 자존감 저하, 우울 등 정신건강에 미치는 영향에 대해 정보를 제공한다.

⑤ 복부비만은 대사증후군으로의 이행이 쉬우며 이로 인해 만성질환(심뇌혈관 질환, 고지혈증, 지방간 등)의 위험성이 증가됨을 교육한다.

(3) '행위에 대한 인지된 유익성'을 높이는 중재방안

① 비만프로그램 참여 시 운동량이 늘어남에 따라 기초대사율의 증가로 비만도가 개선됨을 알려준다. 운동이 비만의 개선과 대사증후군 및 만성질환(심뇌혈관 질환, 고지혈증, 지방간 등)으로의 이행을 감소시켜 준다는 것을 인식시킨다.

② 비만프로그램 참여 시 식이습관과 내용의 개선으로 비만도가 개선되어 외모에 대한 자신감이 증가하고 또래활동이 늘어나는 등 자존감 향상과 자아정체감 형성에 긍정적 영향을 줌을 인식시킨다.

③ 비만프로그램에 참여하여 목표달성으로 인한 보상(운동시행 시 칭찬, 혹은 학생이 원하는 강화물이나 토큰 등)을 강조하여 더 적극적 참여를 조장한다.

④ 재미있게 구성된 비만프로그램 참여로 또래친구가 늘고 그 관계의 밀착도가 높아지면서 사회성이 향상됨을 강조한다.

⑤ 비만프로그램에 참여하여 목표달성이 되었을 때 만성질환의 위험도가 낮아지며 건강수명이 증가됨을 확신시켜 준다.

(4) '행위에 대한 인지된 장애'를 낮추는 중재방안

① 쓸모없음에 대한 믿음을 낮춘다. 식이요법과 운동요법에 대해 교육하여 비만의 관리에 도움이 된다고 교육한다.

② 거리에 대한 장애를 낮춘다. 집 근처나 학교 근처의 체육관을 알아보고 소개시켜주어 거리 때문에 운동요법을 기피하는 일을 피할 수 있다.

③ 비용에 대한 장애를 낮춘다. 무료로 이용할 수 있는 학교 내 체육관이나 지역사회 센터를 알선해 주어 비용으로 인해 시행하지 못하는 것에 대해 대처할 수 있다.

④ 불편함에 대한 장애를 낮춘다. 어렵고 복잡한 운동요법이나 식이요법이 아닌, 따라하기 쉽고 간편한 식이요법과 운동요법을 교육하여 실행 가능하도록 한다.

⑤ 지루함에 대한 장애를 낮춘다. 비만프로그램의 시행 시 혼자서 하기보다는 학교 내 모둠별로 시행하거나 친한 짝을 맺어 시행함으로써 지루함에 대한 장애를 낮출 수 있다.

3.
- ㉠의 의미를 서술하고, ㉠이 ㉢단계의 3가지 요인 중 어디에 해당되는지 제시할 것
  - ㉠ 지각된 민감성은 특정 질병에 걸릴 것이라는 위험을 인지하는 정도이며, 실제 비만으로 인해 질병이 걸릴 확률이 낮아도 자신이 걸릴 확률이 높아지면 건강행위를 하게 될 확률이 높다.
  - ㉠ 지각된 심각성은 자신에게 나타난 결과에 대한 심각성 정도를 느끼는 것이며, 비만으로 인해 심각한 질병에 걸려 신체적 문제가 생길 수 있다는 신체적 결과와 이런 질병으로 인해 학교를 가지 못하게 되는 등의 사회적 결과로 나타나며 심각성은 실제적이거나 주관적으로 나타날 수 있다. 이러한 ㉠은 소인요인으로 볼 수 있다. 개인의 지각된 민감성이나 심각성은 개인의 신념이기 때문이다.

4.

	요소	정의
1)	행위의 지각된 이익	이전의 직접적 경험의 결과나 다른 사람을 관찰함으로써 얻은 대리경험
2)	활동의 지각된 장애	쓸모없음, 불편함, 비용부담, 어려움, 시간소모 등의 실제적 혹은 상상의 장애
3)	지각된 자기 효능감	어떤 수준의 행위를 성취할 수 있는 능력
4)	행동과 관련된 감정	긍정적 혹은 부정적 감정을 말하며, 긍정적 감정과 관련 행위는 반복경향을 가짐

그 외,
5) **인간 상호 간의 영향** : 가족, 또래집단, 건강관리 제공자에 의한 규범, 지지, 모범에 영향을 받음
6) **상황적 영향** : 적합하다고 느끼고, 관련되어 있으며, 안전하고 안심할 수 있는 환경이나 상황에서 보다 능력껏 행동할 수 있게 된다.

5-1.
1) **성향요인(predisposing)** : 행위에 앞서 내재된 요인으로 개인이나 집단의 동기화에 관련된 개인의 지식, 태도, 신념, 가치, 자기효능 등을 포함한다.
2) **강화요인(reinforcing)** : 보상, 칭찬, 처벌 등을 통하여 그 행위를 계속 유지하거나 중단시키는 역할을 갖는다. 사회적 · 신체적 유익성과 대리, 보상, 사회적 지지, 친구의 영향, 충고와 보건의료제공자에 의한 긍정적 · 부정적 반응을 말한다.
3) **촉진요인(enabling)** : 동기가 실현 가능하도록 하는 데 필요한 기술과 자원을 말한다. 여기에는 보건의료 및 지역사회자원의 이용가능성, 접근성, 제공성, 개인의 기술(신체운동, 휴식요법, 의료 기기, 자가간호 프로그램 등)과 자원(보건의료시설, 인력, 비용, 거리, 이용 가능한 교통수단, 사용가능한 시간 등)이 포함된다.

5-2.
1) **성향요인** : 대부분의 비만이 대사증후군으로의 진행 후 심뇌혈관질환으로 삶의 질이 떨어진다는 것을 알고 체중을 조절할 수 있는 방법들을 배우기 시작했다.
2) **강화요인** : 체중감소를 위해 지지해 주고 협조해 줄 가족, 평가해 줄 의료인 덕분에 체중 감소를 위한 건강행위를 실천할 수 있었다.
3) **촉진요인** : 운동을 실천할 수 있는 동료나 기관의 유무, 식이요법에 관련된 음식을 조리할 수 있는 기술이 있다면 체중 조절이 훨씬 쉬워질 것이다.

6.
1) **사회적 사정** : 대상자의 삶의 질을 저하시키는 문제 확인 / 대상자의 사회적, 경제적, 의사소통상태 확인
2) **역학적, 행위적, 환경적 사정**
   ① 1)에서 확인한 삶의 질을 저하시키는 문제의 크기, 영향을 주는 요인 확인
   ② **건강위험행위 및 건강기여행위 확인** : 1)에서 확인된 건강문제의 원인이 될 수 있는 건강위험행위(또는 환경요소) 및 건강기여행위 사정

3) 교육 및 생태학적 사정
① 성향요인 : 동기화에 관련된 개인의 지식, 태도, 신념, 가치, 자기효능 등
② 강화요인 : 가까운 사람들(가족, 동료 등)이 특정 건강행동을 했을 때 보내는 보상, 칭찬, 처벌 등
③ 촉진요인 : 동기가 실현 가능하도록 하는데 필요한 기술과 자원(의료기관 이용 가능성, 수입, 경제상태, 보험종류 등)
4) 행정 및 정책적 사정 : 3)의 요인에 영향을 주는 국가의 제반 행정적, 정책적 문제를 확인

7. ❸

1) 친한 친구들이 흡연하고 있다. − 강화요인(reinforcing factor)
2) 학생들은 흡연이 폐암의 원인이라는 것을 알고 있다. − 성향요인(predisposing factor)
3) 생활지도부에서 흡연 학생에게 교내 봉사 활동을 하도록 하는 교칙이 있다. − 강화요인(reinforcing factor)
4) 보건교사가 학교 가까이에 있는 보건소 금연 프로그램의 무료 금연침에 관한 정보를 제공해 주었다. − 촉진요인(enabling factor)

8.

1) 비만도 산출 공식(Broca Index) 및 판정기준
⑴ 표준체중 & Broca지수 활용
① 표준체중＝[신장(cm)−100] × 0.9
② 비만도(%) = $\dfrac{\text{자신의 체중−표준체중}}{\text{신장별 표준체중}} \times 100$
③ 판정
㉠ 경도 비만 : 비만도 20~29%
㉡ 중등도 비만 : 비만도 30~49%
㉢ 고도 비만 : 비만도 50% 이상
㉣ 정상 : 비만도 (−19)−(+19)%
㉤ 저체중 : 비만도 −20% 이하

2) 프로그램 실시 후 효과 평가를 위한 결과지표 5가지
① 체중 및 비만도(BMI 혹은 표준체중에 의한 상대체중),
② 허리둔부비율로 허리/엉덩이(남성은 0.9 이상, 여성은 0.8 이상 시 비만)
③ 체지방량(남 25%, 여 30% 이상 비만 판정)
④ 피부주름 두께 − 상완삼두근, 장골능(중간액와선상 장골능 바로 위 대각선), 대퇴부(서혜부와 슬개골 중간 부위 수직), 견갑하부(견갑 바로 밑 대각선)를 캘리퍼를 이용하여 3회 측정 후 평균치
⑤ • 지식(자신이 비만임을 인식, 비만이 신체에 미치는 영향 인식)
• 태도(살을 빼려는 노력을 할 것이라는 설문조사에 응함)
• 행위변화(아침을 거르지 않고, 규칙적인 식사를 함/ 식사시간 이외에는 음식 섭취를 하지 않음 / 케익, 치킨, 햄버거는 주당 한 번씩만 먹고 식이섬유 섭취를 늘림 / 학교 등하교시 걸어서 다님/ TV 보기와 게임하는 시간을 운동시간으로 계획하여 일주일에 평균 3회 이상 30분 이상씩 운동함/ 비만 측정과 건강상담을 한 달에 한 번씩 받음)

3) PRECEDE Model에 근거한 교육진단의 '성향요인'을 모두 사정

성향요인(predisposing factors)

행위를 하기에 앞서 내재된 요인으로, 개인이나 집단의 동기화에 관련된 태도, 신념, 가치, 인식 등이다.

행위의 근거나 동기를 제공하는 인지적, 정서적 요인으로, 건강행동에 영향을 주는 지식, 태도, 믿음, 가치, 자기효능감 등을 말한다. 이 요인은 변화에 대한 동기를 촉진시키기도 하고 억제하기도 한다.

(학생)

→ 귀찮아서 아침을 거르는 경우가 많았고(태도),

→ 주로 화가 나거나 짜증나면 많이 먹게 된다고 하였다.(태도)

→ 주로 선호하는 음식은 케익, 치킨, 햄버거와 콜라, 피자 등이었다.(가치)

→ 걷기가 싫어서 등교 시 또는 학원을 갈 때 교통수단을 주로 이용하였으며,(태도)

→ 학원을 평균 2개 이상 다니므로 저녁 식사는 햄버거나 라면 등으로 대신하거나 늦은 시간에 한번에 많이 먹게 되는 경우가 많았다.(인지부족)

→ 살을 빼려고 노력하거나 자신이 비만이라고 인지하는 비율이 매우 낮게 나타났다.(인지)

→ 좋아하는 활동으로 TV 보기와 게임하기 등을 들었고 그 소요시간이 정상체중 학생들보다 길었으며,(인지)

→ 움직이기를 싫어해서 일주일의 평균 운동량이 매우 적게 나타났다.(태도, 인지부족)

→ 또한 지난 1년간 건강 상담을 받았다는 비율도 낮게 나타났다.(인지부족)

(학부모)

→ 학생들이 배고프지 않도록 좋아하는 간식을 충분히 준비해 두며(태도)

→ 살찐 것은 나중에 키로 갈 것이라고 생각하여 잘 먹으면 칭찬을 하였다고 한다.(인지)

→ 올바른 식습관에 대한 교육을 받은 경험이 없는 것으로 나타났다.(인지)

4) 사정된 성향요인별 비만 관리 내용

① 인지 개선

• 비만의 정의 및 비만도 산출, 비만도 판정 기준, 소아비만의 증상과 징후, 소아비만의 문제점, 비만 관리방법으로 식이요법, 운동요법, 행동요법 등을 안내한다.

② 태도, 가치 개선

• 건강한 식습관의 원칙과 신체활동 증가전략의 계획을 세우고, 체크리스트 등을 활용하여 개인의 일일 태도개선 및 이행증가의 과정을 평가해본다.

건강한 식습관을 위한 예

1. 음식일지(food diary)를 기록한다.
2. 식사양상을 변화시킨다.
    • 식사는 작은 밥공기에 작은 접시를 사용하여 하루 세끼 균형 있게 규칙적으로 하며, 천천히 한다.
    • 식이섬유소가 많은 음식(잡곡밥, 야채, 과일)을 섭취한다.
    • 성장에 필요한 저지방단백질, 비타민, 무기질 등의 영양소는 충분히 섭취한다.
    • 지방과 염분이 많은 음식은 줄인다.
    • 설탕이 들어가지 않은 음료나 저지방 우유를 선택한다.
    • 패스트푸드 및 가공식품 섭취를 제한한다.
3. 식사 행동을 변화시킨다.
    • 식탁에서 식사하고 주위가 산만해지지 않도록 한다(예 식사 시에 텔레비전 시청을 하지 않는다).
    • 천천히 식사한다. 식사는 적어도 20~30분간 한다.
4. 취미활동, 걷기, 음악 듣기, 친구와 전화로 이야기하기 등 스트레스 관리법을 다른 활동으로 대체한다.
5. 강화나 성취를 위해 대안적인 보상을 제시한다.
6. 긍정적으로 생각한다.
7. 가족이 지지하고 참여한다.

신체활동을 증가시키기 위한 전략

1. 좌식 활동(비디오게임, TV시청 등)을 줄인다.
2. 일상에서 더 많은 신체 활동을 한다.
   - 반려견 산책시키기
   - 걸어서 학교/학원 가기
   - 일주일에 3~5일, 하루 30분 정도 규칙적인 운동을 하도록 한다. 혼자 하는 운동보다는 단체로 하는 것이 효과적이다 : 댄스, 태권도, 수영 등의 강좌 혹은 팀 스포츠에 참여하기
3. 하교 후 집에서 숙제하려 앉기 전에 1시간 활동하기
4. 컴퓨터 게임이나 스마트폰보다는 활동적으로 놀 수 있는 장난감을 구입하기

9. 1) ⓛ 역학, 행위 및 환경적 사정(진단)
   ① 행위, 비행위 사정
      - 부모의 관심과 지식이 적어 변화 가능성이 낮은 행위
   ② 환경 사정
      - 학교 주변에 패스트푸드상점이 너무 많아 쉽게 이용
      - 학교에서 비만 상담이나 교육을 받고 싶으나 기회가 적음

▌행위 진단요소의 사례

비행위적 요인	행위적 요인
유전적 요인, 가정의 사회·경제적 수준, 부모의 교육 수준	과식, 불규칙한 식사, 운동량 부족, 고열량·고지방 식이 선호, 부모의 과보호나 무관심, TV시청 시간에 항상 간식 섭취, 스트레스로 인한 폭식, 어렸을 적의 지방은 키로 갈 것이라는 무조건적인 신념

변화 가능성 높은 요인	변화 가능성 낮은 요인
과식 불규칙한 식사 운동량의 절대적 부족 TV시청 시간에 항상 간식 섭취 스트레스로 인한 폭식	고열량·고지방 식이 선호 부모의 과보호나 무관심

2) ⓒ단계에 제시된 사정자료와 교육진단요인
   − 소인(predisposing), 강화(reinfoercing), 가능(enabling)요인

사정 자료	교육진단 및 이유
• 비만 관련 건강 행위에 대한 지식과 태도	소인(predisposing)요인 행위에 대한 동기와 타당성을 부여하는 행위의 전구요인으로 행위를 하는 지식, 태도, 신념, 가치, 인식요인이다.
• 비만 관련 건강 행위에 대한 자기 효능감	소인(predisposing)요인 행위에 대한 동기와 타당성을 부여하는 행위의 전구요인으로 행위를 하는 지식, 태도, 신념, 가치, 인식요인이다.
• 비만 관리에 대한 학교 교육 및 상담 경험	가능(enabling)요인 성취하기를 바라는 동기와 열망으로 개인적 기술이나 자원의 사용가능성, 수용성, 접근성을 의미한다.
• 체중 관리에 대한 부모의 관심과 지식	강화(reinforcing)요인 행위 이후에 오는 결과에 따른 반응으로 내·외부적인 가족·친지, 사회로부터 받는 유인, 벌, 보상, 사회적·물리적 보상 등이다.

10.

행위 의도의 결정요인	선행요인
① 행위에 대한 태도	⊙ 행위 신념 : 행위를 수행하고 난 후 기대되는 결과에 대한 신념
	ⓒ 행위의 결과 평가
② 행동에 대한 주관적 규범	⊙ 규범적 신념 : 주변 사람들이 행위수행을 찬성/ 반대에 대한 신념
	ⓒ 순응동기(준거를 이행하려는 동기화)

11.

번호	요인	적용 예
1)	행위에 대한 태도	운동행위에 대한 긍정적, 부정적 평가 정도를 의미한다. 즉, 운동을 좋아한다. 또는 싫어한다 등
2)	주관적 규범	운동행위의 수행 여부에 대해 느끼는 사회적 압력(주변사람에게 실망을 주지 않으려는, 또는 주변사람이 자신이 운동할 것을 믿음)을 뜻한다.
3)	지각된 행위통제	운동행위 수행의 용이성 또는 어려움에 대한 지각으로서 과거 경험 및 수행 의지가 영향을 미친다. 학교 비만 프로그램에 참여해보니 운동 프로그램대로 운동을 함께 할 수 있어서 혼자 하는 것보다 훨씬 쉬워졌다.

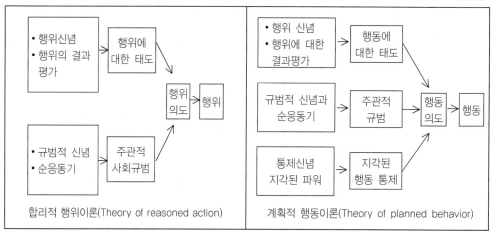

12. ⊙ 체질량지수(BMI, Body Mass Index : kg/m²)＝100/(1.7)2＝34.602≒34.6

ⓒ 90cm 이상

ⓒ 지각된 행위 통제(～때문에/～덕분에 어렵다/쉽다)

요인	정의
지각된 행위 통제	운동행위 수행의 용이성 또는 어려움에 대한 지각으로서 과거 경험 및 수행 의지가 영향을 미친다. (행위를 수행하는 데 자원, 기회, 방해요인 등으로 인한 어려움이나 용이함에 대한 지각) 도움이 되는 자원이나 방해가 되는 요소를 파악하면서 대상자가 건강행위를 실시하는 것을 어려워하거나 용이하게 지각하는 것으로 "～때문에/～덕분에 어렵다/쉽다"

13.

단계와 정의	행동의 특성
1단계 : 계획 이전 단계 6개월 이내 금연 의지 없음	• 가까운 미래에 행동을 변화시킬 의사가 없음 • 문제를 인식하지 못하거나 간과함 • 변화를 강요당하는 느낌을 받음
2단계 : 계획 단계 6개월 이내 금연 의지 있음	• 문제를 인식함 • 가까운 미래에 변화할 의사가 있음 • 구체적인 계획은 없음 • 이 단계에 머물러 다음 단계로 넘어가지 못하는 경우 많음 • 자기효능감은 낮으나 인지된 유익성은 높음
3단계 : 준비 단계 1개월 내 금연 의지 있음	• 한 달 이내에 행동으로 옮길 계획이 있음 • 과거에 시작하였던 계획이 실패한 경험이 있기도 함 • 작은 행동의 변화가 나타나기도 함
4단계 : 행동 단계 금연이 1주일에서 6개월 지속됨	• 현재의 문제를 극복하기 위하여 행동, 경험, 환경을 조성시킴 • 상당한 시간과 정성이 필요함 • 행동이 지속적으로 이루어지지 않음 • 1주일에서 6개월 정도 지속함 • 자율성과 자기효능감이 향상되지만, 죄의식, 실패감, 개인의 자유가 제한됨을 느끼기도 함
5단계 : 유지 단계 금연 습관이 6개월 이상 지속됨	• 중독성 또는 습관성 행동이 없음 • 새로운 생활 습관이 6개월 이상 지속됨 • 새로운 행동이 자신의 한 부분으로 정착됨

14. ❸

• 금연의 의지(계획)는 있으나 한달 이내 구체적인 실행계획은 없음 → 자각단계
• 자기재평가 : 문제를 자기 자신과 연결하여 감정 내지 인지적 측면에서 재조명한다.

15. ㉠ 자기재평가(self reevaluation)

문제를 자기 자신과 연결하여 감정 내지 인지적 측면에서 재조명한다.

㉡ 자기해방(self liberation)＝자기결심

스스로 변화할 수 있다는 믿음을 갖고 그 믿음을 실행하여 나간다.

16. 1) 범이론모형(변화 단계 모형)의 변화 단계

– 유지 단계(정상 체중이 된 지 7개월)

2) 변화 과정

① 조력 관계＝지지 관계(helping relationship)

신뢰할 수 있고, 터놓고 이야기할 수 있으며 도움을 받을 수 있는 관계를 정립한다.

"나의 흡연에 대하여 터놓고 말할 수 있는 대상이 있다."

② 강화 관리(reinforcement management)

긍정적이고 건강에 유익한 행동은 강화하고 건강에 위해한 행동에는 제재를 가한다.

"금연을 지속하면 가족이 칭찬, 흡연을 계속하면 잔소리"

③ 자극 통제(stimulus control)

환경 및 경험 등을 조정하고 준비하여 문제 유발의 가능성을 줄인다.

"흡연이 불가능하도록 재떨이, 담배, 라이터 등을 없앤다."

반대 조건 부여＝역조건 형성＝대체 방법(counterconditioning)은 제외됨

그 외 자기재평가 가능

17. • A집단은 변화단계모형(TTM)에 근거할 때 어느 '변화 단계'에 속하는지 제시

A집단은 변화단계모형(TTM)에 근거할 때 6개월 이내에 금연을 고려하지 않고 있으므로 계획 전 단계에 해당한다.

변화단계 모형에서는 건강증진 행위를 인식하고 실천하려는 의도가 있는지 등에 따라 계획 전 단계, 계획 단계, 준비 단계, 실행 단계, 유지 및 종료 단계 등 5단계로 구분

• 흡연율 감소를 위해 보건교사가 이 단계에서 적용할 수 있는 '변화 과정' 3가지를 〈그림 1〉의 ⓒ과 연계하여 서술

흡연율 감소를 위해 보건교사가 이 단계에서 적용할 수 있는 '변화 과정'을 ⓒ 학교보건정책과 관련 지어 제시해 보겠다.

첫째, 의식고취의 변화과정을 적용해 보겠다.

흡연에 대한 문제점(**예** 폐암 및 뇌심혈관장애, 학습집중력 저하 등)에 대한 정보와 금연에 대한 긍정적인 정보(학습능력 개선, 구취감소 등)를 제공해 주는 등 흡연에 관한 정확한 정보를 접하게 하여 의식을 고취시킨다.

둘째, 극적완화를 적용해 보겠다.

교내에 흡연으로 인해 질병에 걸린 여러 경우를 사진전(학교정책적용) 등을 통해 보여주고 감정을 느끼는 계기를 마련한다.

셋째, 자기재평가를 적용해 보겠다.

흡연이 지속될 때의 자신의 모습과 금연 시 자신의 모습의 변화를 상상하는 글짓기 대회(학교보건정책적용)를 통하여 자신을 스스로 평가하는 계기를 마련한다.

금연 일기쓰기 대회를 통하여 매일매일 자신의 흡연행위와 금연행위를 기록으로 남겨봄으로써 스스로 자기를 평가하는 동기를 부여한다.

이처럼 보건교사는 변화단계모형(TTM)을 적용하여 흡연율 감소와 흡연 학생의 건강행태 변화를 도모하여 학교건강증진에 이바지하도록 한다.

18. 1) ㉠에 해당하는 변화 단계

준비 단계 (한 달 안에)

2) ㉡의 개념 : 의사결정 균형

개인이 어떤 행동을 변화시킬 때 자신에게 생기는 긍정적인 측면과 부정적인 측면을 비교하고 평가하는 것/어떤 행위를 변화시킬 때 평가하는 의사결정

• 자신과 중요한 타인에게 생기는 이득 및 손실 평가
• 자신과 다른 사람으로부터 인정을 받는지 못 받는지에 대해 비교
• 자신에게 생기는 긍정적인 측면과 부정적인 측면을 비교 평가

3) ㉢, ㉣에 해당하는 변화 과정의 명칭

• ㉢ 자기 해방=자기 결심=자기 선언(self liberation)
변화할 수 있다고 믿고 결심하는 것/ 믿음을 실행해 나간다.
• ㉣ 의식고취=의식고양(consciousness raising)
정확한 정보를 접하고 의식을 키운다.

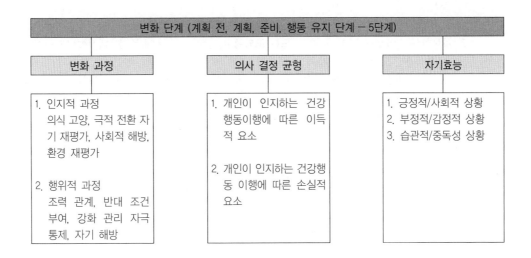

제3강 가족간호

1절 ✦ 가족발달단계 및 가족이해

| 본문 p.48

1-1.
1) 성숙한 청소년으로서의 책임감과 부모로부터의 해방감에 균형을 유지, 성숙한 부모로서의 자질과 능력을 갖춤
2) 직업(수입)의 안정화, 자녀들의 독립성 증가에 따른 부모의 역할 적응

1-2.
1) **가계도** : 3대 이상에 걸친 가족구성원의 정보와 그들 간의 관계를 도표로 기록하여 복잡한 가족유형을 한눈에 보도록 한 도구
2) **외부체계도** : 가족관계와 외부체계와의 관계를 그림으로 나타내는 도구로 가족의 에너지 유출, 유입을 관찰할 수 있고 가족구성원들에게 영향을 미치는 스트레스원을 찾는 데 도움을 준다.
3) **사회지지도** : 취약가구원의 지지체계를 이해해서 가족중재에 활용하는 데 도움이 되는 도구

1-3.
1) 가구원보다는 가족 전체에 초점을 맞춘다.
2) '정상가족'이라는 일반적인 고정관념이 아닌 가족의 다양함과 변화성에 대한 인식을 가지고 접근한다.
3) 가족의 문제점뿐만 아니라 강점도 사정한다.

> <u>위 3가지 이외의 사정의 원칙</u>
> ④ 가족이 함께 사정에서부터 전 간호과정에 참여함으로써 간호사와 대상자가 함께 진단을 내리고 중재방법을 결정하도록 한다.
> ⑤ 대부분의 가족사정 자료들은 질적 자료가 필요하며, 따라서 충분한 시간을 할애해야 한다.
> ⑥ 한 가지 정보나 단면적인 정보에 의존하기보다는 여러 사람으로부터 복합적인 정보를 수집해야 한다.
> ⑦ 사정된 자료 자체는 가족의 문제가 아니다.

1-4. 1) 청소년기의 성장발달, 과제, 특성을 충분히 알고 있어야 한다.

2) 가능한 자기표현을 많이 할 수 있도록 도와주고, 감정을 수용해 준다. 내적에너지를 발산할 수 있는 활동을 찾도록 해 준다.
　　－ 운동, 마음에 드는 옷 입고 외출하기, 쾌적한 용모 유지, 기타 취미활동 격려

3) 내적 충동에 대해 자기조절을 할 수 있도록 필요한 제한과 자기성찰의 경험을 갖도록 도와준다.

4) 또래와의 인간관계를 넓힐 기회를 갖게 해 준다.

2. ❺

<u>가족발달과업</u>

1) 새로운 친족 관계의 결속 유지　　　　　　신혼기
2) 자녀의 사회화와 교육적 성취 격려　　　　학령기
3) 자녀 양육으로 인한 사생활 부족에 적응　 학령전기
4) 가족 내 규칙과 규범의 확립　　　　　　 학령기
5) 자녀의 출가에 따른 부모의 역할에 적응　 진수기

<u>듀발의 가족발달이론</u>

가족발달 과업

1) **청소년기 가족** : 첫 자녀 13∼20세
　• 10대 자녀들의 자유와 책임의 균형 유지
　• 직업(수입)의 안정
　• 세대 간의 충돌 대처
　• 안정된 결혼관계 유지

2) **진수기 가족** : 첫 자녀가 독립하여 집을 떠남∼막내 자녀 독립
　• 성인이 된 자녀의 독립 및 결혼
　• 자녀의 출가에 따른 부모의 역할 적응
　• 부부관계 재조정

3. • 진수기 가족, 첫 자녀가 결혼해서 집을 떠나는 때부터 막내 자녀가 결혼을 해서 떠나는 때까지가 포함되는 발달단계이다. → 첫 자녀가 분가
• ㉠ 사회지도(가장 취약한 구성원을 중심으로 가족 내 및 가족 외와의 상호작용을 그린 도구)
• 학생에게 형의 밀착도는 보통이고, 학생에게 친구의 밀착도는 친밀하다.

밀착도	• 바람직한 가족 밀착도는 모든 가족 구성원 간의 관계가 서로 친밀한 관계(=)를 형성하는 것 　－ 서로 소원한 관계는 한 줄 　－ 서로 친밀한 관계는 두 직선으로 표시 　－ 매우 밀착된 관계는 세 직선으로 표시 　－ 친밀감이 약한 관계는 한 직선으로 표시 　－ 갈등이 있는 관계는 톱니선으로 표시 　－ 갈등이 심한 관계는 두 줄의 톱니선으로 표시

4. ㉠ 가족밀착도
　 ㉡ 단절된 관계

2절 **가족간호과정**

| 본문 p.52

1. 1) 인간은 인간이 사물에 대하여 가지고 있는 의미에 근거하여 행동한다.
2) 이러한 사물에 대한 의미는 인간이 동료들과 관계를 형성하고 있는 사회적 상호작용으로부터 나온다.
3) 의미는 인간이 접하는 사물들을 처리하는 데 단순히 형성된 의미의 적용이 아니라 해석의 과정을 통해 의미를 사용한다.

2. ❸
구조기능주의 이론에 해당한다.

3. 1) 프리드먼의 관점

(1) 개인 환경으로서의 가족 (대상자의 주요 배경)	구체적인 간호목표는 개인에게 초점을 맞추고, 가족은 어떻게 개인을 지지(격려) 해줄 것인가를 고려한다. • 환자 : 아동학대에 대해 잘 이해하고 있습니까? 아동학대로 인한 생활상의 변화와 적응 정도는 어떠합니까? • 가족 : 아동학대 아동의 관리방법을 얼마나 잘 이해하고 있습니까?
(2) 대인관계 체계로서의 가족	체계로서의 가족은 부분의 합 이상인 가족 간의 상호작용 체계에 초점을 둔다. 개인과 가족 전체에 동시에 초점을 두는 것이다. 가족 구성원들 간의 상호작용은 간호중재의 목표가 된다. • 환자 : 아동학대로 인해 아내에게 부담을 주는 것 같은가요? 둘의 관계가 변화한 것 같은가요?
(3) 전체 체계로서의 가족	가족이 먼저이고, 개인은 그 다음이다. 가족이 중요하고 개인이 배경이 된다. 가족은 개별 가족 구성원의 합이다. 이 관점은 각 구성원들이 가족에게 영향을 준다는 것이다. 간호목표는 가족 내 상호관계, 가족역동, 가족기능 중심이 되고 이를 파악하기 위하여 가족원 개인이나 다른 사회 조직과의 관계를 분석한다. • 가족 : 가장의 아동학대로 인해 집안의 의사결정권이 변화되지는 않았습니까? 가장의 아동학대 인해 가족 구성원의 역할변화나 행위 등에 변화가 있나요?

2) 핸슨과 보이드의 관점

(1) 배경 또는 구조로서의 가족	개인이 먼저이고, 가족은 그 다음이다. 배경으로서의 가족은 개인의 건강과 질병에 대해 스트레스원이 되거나 자원을 제공한다.
(2) 대상자로서의 가족	가족이 먼저이고, 개인은 그 다음이다. 가족은 개별 가족 구성원의 합이다. 이 관점은 각 구성원들이 가족에게 영향을 준다는 것이다.
(3) 체계로서의 가족	체계로서의 가족은 부분의 합 이상인 가족 간의 상호작용 체계에 초점을 둔다. 이 관점은 개인과 가족 전체 모두에 초점을 두는 것이다. 가족 구성원들 간의 상호작용은 간호중재의 목표가 된다.

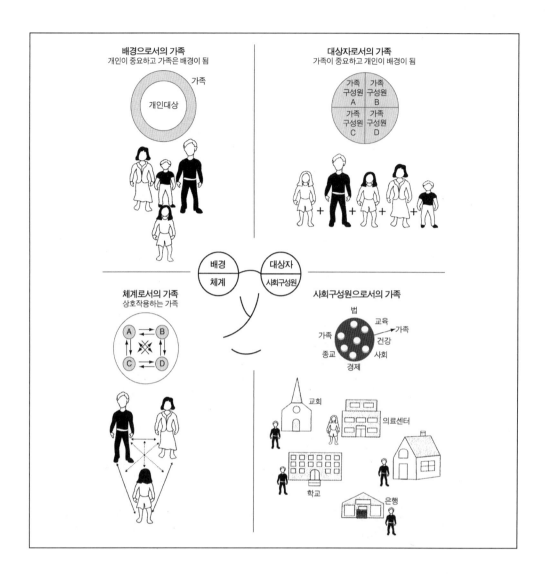

4. ❹

1. 가족구조 / 발달주기	가족형태, 동거형태 및 가족 외 동거인, 가족구조, 가족의 발달단계와 발달과업 등
2. 가족체제 유지	재정(직업, 재정자원, 수입의 분배), 관습과 가치관(일상생활과 관련된 습관, 종교, 여가활동), 자존감(교육 정도, 관심과 목표, 삶의 질 또는 만족도), 가족규칙
3. 상호작용 및 교류	가족의사소통(의사결정 유형, 가족갈등), 역할(역할 만족/편중, 업무의 위임과 분배, 업무 수행의 융통성), 사회참여와 교류(사회화, 사회참여, 사회적 고립), 양육(훈육 및 자녀교육, 가치관, 가훈), 의사결정과 권위(권력구조, 가족구성원의 자율성 정도)
4. 지지	정서적·영적 지지(가족밀착도, 편애나 소외된 가족원에 대한 파악), 경제적 협동, 지지자원(가족 내외, 친족이나 이웃, 전문조직, 사회지지도)
5. 대처/적응	문제해결과정(대처방식, 참여자와 지도자, 가정폭력, 아동폭력, 환자수발로 인한 가족의 부담, 역할과다), 생활의 변화(급작스럽거나 과도한 생활변화)

6. 건강관리	가족건강력(유전질환 등 가족질병력, 심리적 문제에 대한 가족력, 질병상태), 건강교육/상담(건강관리와 관련된 지식, 태도, 실천), 환자관리(외상환자, 치매환자, 마비환자, 임종환자, 처치가 필요한 환자, 정신질환자, 신체장애인, 만성질환자, 감염성 질환자), 지속적인 관리대상(임산부, 영유아, 노인, 재활대상자, 장애인), 건강증진과 관련된 행위
7. 위험행위	지나친 음주·흡연, 스트레스, 부적합한 건강관리 방법, 식습관 문제(불규칙적 식사, 편식, 맵고 짠 음식), 약물 남용 등
8. 주거환경	안전/사고의 위험성, 집/방의 출입 어려움, 사생활/생활공간 부족, 위생관리 불량, 주거환경 불량, 주택구조 불량, 부적합한 식수/난방/환기/채광/소음이나 공해
9. 가족의 강점	자신의 가족에 대한 긍지, 효과적 의사소통 능력, 자기관리능력과 적합하게 도움 요청 및 수용하는 능력, 위기나 부정적 경험을 성장수단으로 사용하는 능력, 가족의 구심점이 되거나 이끌어가는 리더의 존재, 지지의 제공, 가족이 통합될 수 있는 취미나 종교의 존재, 역할의 융통성, 유머 또는 삶의 긍정적 자세, 건강에 대한 관심

5. ❹
- **가족구조도** : 가족구조도란 가족 전체의 구성과 구조를 한눈에 볼 수 있도록 고안된 그림으로 3세대에 걸친 가족 구성원에 관한 정보와 그들 간의 관계를 도표로 기록하는 방법이다. 가족에 관한 정보가 도식화되어 있기 때문에 복잡한 가족의 정보를 한눈에 볼 수 있는 장점이 있다.
- **가족밀착도** : 밀착도는 주로 동거가구원 간의 밀착관계를 표시함으로써 가족 구조를 구성하고 있는 관계의 본질을 파악하고, 가족의 전체적인 상호작용을 바로 볼 수 있어 가족 간의 문제를 확인하기가 용이하다.
- **외부체계도** : 가계도나 가족밀착도가 가족 전체를 파악하는 것이라면, 외부체계도는 가족을 둘러싸고 있는 다양한 외부체계와 가족 구성원과의 관계를 그려봄으로써 가족과 외부와의 다양한 상호작용을 한눈에 파악할 수 있도록 한 것이다.
- **사회지지도** : 가족 중 가장 취약한 구성원을 중심으로 부모형제관계, 친척관계, 친구와 직장동료 등 이웃관계, 그 외 지역사회와의 관계를 그려봄으로서 취약가족 구성원의 가족 하위체계뿐만 아니라 가족 외부체계와의 상호작용을 파악할 수 있다. 실제 사회 지지도는 가족의 지지체계를 이해함으로써 가족중재에도 활용할 수 있다.
- **생의 변화 질문지** : 질병을 앓는 위험에 있는 사람들을 파악하기 위해 이용되어 온 도구로 가정이나 지역사회 또는 임상에서 복합적인 스트레스를 경험하는 개인을 신속히 가려내는 데 유용하다.

6. ❶
그림에서 사용한 '가족건강사정도구'는 외부체계도이다.
②의 설명은 '가계도'에 해당되는 내용이다.

7. ㉠ 가족연대기
(가족의 역사 중에서 중요하다고 생각되는 사건을 순서대로 열거하여 봄으로써 그러한 사건들이 가족 구성원에게 어떠한 영향을 미쳤는지 알 수 있으며, 특히 건강문제가 발생했을 때 사건과의 관련성을 파악할 수 있게 한다.)

> **가족생활사건**
> 일상적으로 축적되어 온 사건들로 인해 쌓인 스트레스는 정신장애와 신체장애 원인의 중요한 요소이며, 신체는 항상성과 평형성 상태를 유지하려 하기 때문에 놀라게 한 특정 사건에 대해 적응을 해야 한다. 이를 이용하여 최근에 가족이 경험하는 일상사건의 수를 표준화한 도구가 가족생활사건 도구

순위	생활변화	점수
1.	• 자식의 죽음	74
8.	• 부모의 이혼이나 재혼	53
27.	• 부동산을 사는 것	35

ⓒ 사회지지도

(가족 구성원 중 취약 구성원을 대상으로 하여 가족 구성원과의 상호관계와 외부체계와의 관련성을 알 수 있는 도구)

8-1. Smilkstein(1978)은 가족건강의 다섯 가지 항목을 설정하고 그 정도에 따라 점수를 매김으로써 가족의 기능을 파악하도록 하는 방법을 고안하였다. APGAR 점수가 7~10인 경우는 가족기능이 좋은 상태이다.
1) A(Adaptation) : 가족의 적응력, 가족 위기 시 문제해결을 위한 내적·외적 가족자원의 활용
2) P(Partnership) : 가족 간의 동료의식 정도. 가족 구성원들과 의사결정을 공유하고 책임감을 기른다.
3) G(Growth) : 가족 간의 성숙도. 가족 구성원 간의 상호지지와 지도를 통한 신체적·정신적 성숙과 자아실현
4) A(Affection) : 가족 간의 애정 정도. 가족구성원 간의 돌봄과 애정적 관계
5) R(Resolved) : 친밀감. 가족 구성원들의 신체적·정서적 성숙을 위해 시간을 함께 보내려는 의지

3절◆ 가족이해

| 본문 p.55

1.
1) 사회집단으로서 가족의 조직이 약화되어 기능상의 장애를 일으키고, 스트레스가 증가되어 있다.
2) 가족 구성원의 의식, 태도, 가치관, 이해관계 등이 대립되어 상호관계가 결여되어 있다.
3) 가족 구성원은 서로에 애착이나 유대가 없고, 역할수행이 바람직하게 이루어지지 않으므로 여러 종류의 갈등, 부적응, 부조화가 나타난다.
4) 정서, 신체 욕구에 대한 표현능력이 부족하다.
5) 재정적 곤란함이나 아이 훈육의 어려움을 흔히 경험한다.

2.
1) 김 교사에게는 일상 활동 장애, 만성통증, 자존심 저하
2) 사회적인 교제 욕구충족의 장애 및 문제대처능력의 장애
3) 가족에게는 불안, 우울, 상실감, 안녕감 저하
4) 낮은 가족기능, 역할갈등, 재정적 곤란함, 의사소통장애, 훈육의 어려움, 위기대처능력 저하 등

3. ❸
ㄱ. 일상적인 사건이 개인의 정신적 평형 상태를 깨뜨릴 때 발생한다.(상황 위기)
ㄴ. 위기의 출현은 점진적이며 인생 주기의 전환기에 발생한다.(성숙(발달) 위기)
ㄷ. 예상치 못한 사건이 개인의 생리적·심리적·사회적 통합을 위협할 때 발생한다.(상황 위기)
ㄹ. 광범위한 환경적 변화로 큰 손실이 발생하여 많은 사람들이 같은 위기 상황에 처하게 된다.(재난 (우발적) 위기)

성숙 위기	• 인생 주기의 전환기에 발생 • 전환기에 발달 과업을 성취하는가에 따라 위기는 성숙의 기회 • 순서를 벗어난 경우 부정적 결과를 경험하기도
상황 위기	• 개인이나 집단의 정신적 균형을 깨뜨릴 만한 사건이 발생할 때 생김 • 실직, 사랑하는 사람의 상실, 가치 있는 물건의 상실, 질병, 원치 않은 임신, 이혼, 학교적응 문제, 범죄 목격 등
우발적 위기	• 돌발적이고 예상치 못한 사건 • 큰 환경적 변화에 따라 많은 손실이 발생 　－ 화재, 지진, 태풍, 홍수 같은 자연 재해 　－ 전쟁, 집단 유괴, 집단 살인, 비행기 추락, 시내 폭동, 변화가 폭발 사고 등

4.　㉠ 상황위기
　㉡ 밀월단계(사랑과 화해기)
　㉢ 외상성 사건 재경험(꿈, 회상 반복)
　㉣ 피할 수 없는 혐오 상태(폭력 등)에 노출된 이후, 혐오 자극으로부터 도피하지 못하게 되는 것

 제4강 역학 감염병

1절· **역학의 이해**

| 본문 p.59

1.　**❷**
역학 조사의 목적
① 질병의 원인과 위험요인을 파악한다. 이는 질병 예방대책 수립의 기초가 된다.
② 지역사회의 질병 규모를 파악한다. 발생률, 유병률 및 사망률을 파악하는 것은 이를 관리하기 위한 보건의료인력, 시설 및 재원에 대한 기획 시에 긴요한 일이다.
③ 질병의 자연사와 예후를 파악한다.
④ 질병을 예방하고 치료하는 등 질병관리 방법의 효과를 평가한다.
⑤ 환경문제에 대한 정책을 수립하는 데 기초자료를 제공한다.

2.　**❶**
　㉠ 진단의 확인(건강문제확인)
　㉢ 유행 여부의 확인
　㉣ 유행의 특성 기술
　㉡ 병원체의 전염원 파악과 전파기전 확인
　㉤ 감염 위험 집단의 확인

유행조사 단계(전염병의 역학단계)
• 유행 발생 및 그 규모의 파악 → 유행자료의 수집 및 파악 → 유행원인의 규명 → 방역활동
• 진단의 확인 → 유행의 확인 → 유행자료의 수집 및 분석(시간별/지리적 또는 장소별/인적 특성) → 감염원과 전파방식에 대한 가설설정 → 가설검정 → 방역활동 → 보고서 작성

3. 〈표 1〉 안전사고 발생률은
조발생률(보통 발생률, Crude rate)
일정 기간 동안 전체 인구 중에서 실제로 발생한 건수를 나타내는 것으로 흔히 사용되는 것
〈표 2〉 안전사고 발생률은
특수 발생률(성별 특수 발생률 Specific rate)이다.
인구학적인 특성을 고려하여 성별 혹은 연령별로 측정하는 것으로서 두 지역사회의 연령이나 성별이
다르다면 특수율을 사용하여 두 지역사회를 비교하여야 한다.

4. ❹

① 시점 유병률 $= \dfrac{\text{그 시점에서의 환자 수}}{\text{특정 시점에서의 인구 수}} \times 1000$

② 기간 유병률 $= \dfrac{\text{그 기간 내에 존재하는 환자 수}}{\text{특정 기간의 중앙 인구 수}} \times 1000$

③ 발생률 $= \dfrac{\text{관찰 기간 내에 위험에 노출된 인구 중 새로 발생한 환자 수}}{\text{관찰 기간 내에 발병 위험에 노출된 인구 수}} \times 1000$

④ 발병률 $= \dfrac{\text{유행 기간 중 새로이 발생한 환자 수}}{\text{집단 내 전체 인구 수}} \times 1000$

5. ❷

K 지역의 상대위험비를 구하기 위해
K 지역 흡연군, 비흡연군 질병 발생률을 계산하고
두 질병 발생률 비(상대위험비)를 통해 질병 발생 위험 측정

K 지역 흡연군 발생률 100/150
K 지역 비흡연군 발생률 30/290
K 지역 상대위험비 100/150/30/290=6.4
따라서, K 지역 흡연군은 비흡연군에 비해 후두암 발생 위험이 6.4배 높다.
S 지역 흡연군 발생률 60/100
S 지역 비흡연군 발생률 40/200
S 지역 상대위험비 60/100/40/200=3
따라서, S 지역 흡연군은 비흡연군에 비해 후두암 발생 위험이 3배 높다.
K 지역의 비례 사망 지수 480/1200 × 1000
=K 지역의 사망자 1,000명당 400명은 50대 이상 사망자이다.
S 지역의 비례 사망 지수 1400/1750 × 1000
=S 지역의 사망자 1,000명당 800명은 50대 이상 사망자이다.
즉, K 지역보다 S 지역의 건강수준이 더 높다.

* **코호트연구의 상대위험비**

(1) 정의 : 폭로군과 비폭로군의 질병 발생률 비

(2) 해석 : 상대위험비=1 폭로군과 비폭로군의 발생 위험 같음

　　　　　상대위험비<1 폭로군의 질병 발생 위험이 낮음

　　　　　상대위험비>1 폭로군의 질병 발생 위험이 높음

* **비례 사망 지수**

(1) 정의 : 그 해 50세 이상 사망자 수/연간 총사망자 수 × 1000

(2) 해석 : 비례 사망 지수가 높을수록 건강 수준 높음

6. ❶

고1 학생 500명 중 X-선 촬영 결과 6명의 결핵환자가 발견된 것이므로 유병률을 구하는 것이고,

$\dfrac{6}{500}$×100=1.2%이다.

7. ㉠ 유병률(기간유병률)

　　=그 기간 내에 존재한 환자 수/특정 기간의 중앙 인구 수×100

　　=10+15/100×100=25%

　　유의) 분자에 기존의 A형 간염환자 수 10명을 더해야 한다.

　㉡ 발생률

　　유행 전 기간의 발생률

　　=같은 기간 내 새로 발생한 환자 수/기간내 위험요인에 노출된 인구 수

　　=15/(100−10)×100=16.6%

　　유의) 분모에 이미 감염된 A형 간염환자 수 10명을 제하여야 한다.

8. ❸

1928년 페니실린의 발견 이후 여러 항생제의 출현으로 1940년대 전염성 질환이 급격히 감소하였다. 이후 백신의 개발 및 환경위생 개선, 영양 개선 등의 효과로 전염성 질환의 감소가 가속화, 지속화되었다. 비슷한 시기에 시작된 백신 개발, 환경위생 개선, 영양 개선 등은 우위를 가릴 수 없다.

9. 1) 발생률의 개념

　　기간 내 위험 노출 인구수 중에서 특정 질병이 관찰 기간 동안 새로 발생한 환자 수

　2) A 학교와 B 학교의 직접 표준화 방법에 의한 안전사고 발생률(기대발생 수/표준인구)

　　• A 학교 안전사고 발생률=(33/12,000) × 1,000=2.75 ≒ 2.7

　　• B 학교 안전사고 발생률=(27/12,000) × 1,000=2.25 ≒ 2.2

　3) A 학교와 B 학교의 안전사고 발생률을 직접 표준화 방법에 의한 발생률로 산출하는 이유

　　A 학교와 B 학교의 성별 구성 차이를 통제하여 편견 없는 비교를 하기 위함(각 모집단의 구성비의 차이에서 오는 오차 제거)

2절• 전염병 모형

| 본문 p.63

1. ❸

질병 발생의 3대 요소는 병원체, 숙주, 환경이며 면역은 숙주의 특징이다.

2. ❸

병인의 특성(＝병원체의 생물학적 특성)에는

1) 발병력(병원력)   2) 감염력

3) 침투력   4) 독력(균력)

5) 병원체의 양   6) 외계에서의 생활력(생육성)

7) 특이성   8) 치명성 등이 있다.

※ 생리적 방어기전과 선천적 요소는 숙주의 특성이다.

3. 1) 면역의 종류

① **선천면역** : 외부와의 접촉 없이 숙주 개체요인에 의해 결정되는 면역, 면역력의 개인차, 인종, 종 특이성 등을 들 수 있다.

② **후천면역** : 면역 획득 양식에 따라 자연면역과 인공면역으로 구분하여 면역물질 생산 주체에 따라 숙주가 직접 항체를 생산하는 능동면역과 다른 개체에서 생산된 면역체를 받는 수동면역으로 다시 구분된다.

   ㉠ **자연능동면역** : 숙주가 질병을 앓거나 불현성 전염 후에 형성된 면역

   ㉡ **자연수동면역** : 태아가 모체의 태반을 통해, 신생아가 모유를 통해 면역물질을 받는 것

   ㉢ **인공능동면역** : 예방접종을 통하여 면역체를 형성한 것

   ㉣ **인공수동면역** : 파상풍의 항독소나 감마글로불린을 주입하는 것과 같이 다른 사람 또는 동물이 생산한 항체를 받는 것

2) 전염력, 병원력, 독력의 정의와 산출공식

① **전염력(infectivity)** : 전염력은 전염을 일으킬 수 있는 병원체의 최소량의 수로써 전염력을 측정한다.

   → 전염자 수 / 접촉자 수

② **병원력(pathogenicity)** : 병원체가 전염된 숙주에 질병을 일으키는 능력

   → 발병자 수 / 총 전염자 수

③ **독력(virulence)** : 병원체가 숙주에 대하여 어느 정도 심한 상태의 질병을 일으키게 하는지를 나타내는 능력

   → 중증환자 및 사망자 수 / 총 발병자 수

4. ❸

화학적 병인은 외인성과 내인성으로 구분해서 볼 수 있다. 외인성 요인에는 자극성물질, 독성물질, 알레르겐 등이 있고, 내인성 요인으로는 신체 내 대사과정의 이상으로 발생되는 산물이다.

① 물리적 요인

② 생물학적 요인

④ 유전적 요인

5. ❶

② 불량한 환경 상태가 병원체의 활동을 도우면 숙주의 저항성은 감소한다.

③ 인구 증가로 병원체의 독성이나 환경에 변화가 없어도 숙주의 감수성은 높아진다.(집단 내에서 면역이 없는 신생아가 계속해서 태어나거나, 면역이 없는 사람이 그 집단 내로 이주해 옴으로써 집단 면역의 정도는 점차 감소하다가 일정한 한도 이하로 떨어지면 유행이 일어난다.)

④ 병원체의 형태가 변하여 그 결과 새로운 병원체에 면역이 없으면 감수성은 높아진다.

6. ㉠ 유전적 요인

㉡ 생물학적 환경

7. 1) 수레바퀴 모형의 강점 2가지

① 수레바퀴 모형은 인간이 속한 생태계를 하나의 큰 동심원으로 표시하고 인간과 환경의 상호작용에 의하여 만성병이 발생하는 것을 설명하는 모형으로, 질병의 종류에 따라 바퀴를 구성하는 각 부분의 크기도 달라진다. 바퀴의 크기를 보고 주요 요인을 빠르게 감별할 수 있다. 만성 비감염성 원인을 표현하는 데 적합하다.

② 숙주요인과 환경요인을 구별하고 있어 역학적인 분석을 하는 데 용이하다.

숙주를 둘러싼 환경요인이 뱅글뱅글 돌면서 영향을 미친다.

질병 발생에 대한 원인요소들의 기여 정도에 중점을 두어 표현함으로써 역학적 분석에 용이

2) 원인망 모형의 강점 2가지

① 여러 가지 질병 요인을 강조하고 있으며, 특히 만성병이 사람의 내부 및 외부의 여러 환경에 서로 얽히고 연결되어 발생되는 것을 설명하기 적절하다. 만성 비감염성 원인을 표현하는 데 적합하다.

② 많은 원인요소 중 질병 발생 경로상의 몇 개의 요인만 제거하면 질병을 예방할 수 있다는 개념을 명확히 보여주고 있다.

3) 리벨(H. Leavell) 등이 제시한 '1차 예방'의 목적을 질병의 자연사 1, 2단계와 연계하여 제시할 것

자연사의 1단계는 건강이 유지되는 단계이고 자연사의 2단계는 병원체의 자극이 시작되는 시기로 숙주의 저항력을 키우는 것이 요구되는 시기이다. 질병의 1, 2단계는 체내에 침입하기 전 균주와 숙주, 그리고 균주가 숙주 내로 침입하여 증상을 나타내기 전단계이다. 이는 저항력 강화와 균주나 원인 발생 요인을 차단하는 1차 예방목적은 건강증진과 건강보호이다.

8. 1) 병원체

세균(bacteria), 바이러스, 리케치아, 동물성 기생물(원충류, 후생동물), 식물성 기생물(병원성 진균, 곰팡이균, 사상균) 등의 종류가 있으며, 결핵과 장티푸스는 세균성 질환이다.

2) 병원소

병원체가 생활하고 증식하여 다른 숙주에게 전달될 수 있는 형태로 저장되는 장소

⑴ 인간 병원소

① 환자 : 임상증상이 뚜렷한 병원소

② 무증상 전염자 : 임상증상이 아주 미약해 간과하기 쉬운 환자

③ 보균자 : 임상증상이 없으면서 체내에 병원체를 보유하고 균을 배출하는 상태

　　• 회복기 보균자(병후 보균자) : 장티푸스

　　• 잠복기 보균자(발병 전 보균자) : 홍역, 디프테리아, 백일해, 유행성 이하선염 등

　　• 건강 보균자 : 디프테리아, 소아마비, 일본뇌염

　　• 만성 보균자 : 보균기간이 3개월 이상이 되는 보균자, 장티푸스

(2) 동물 병원소

예 광견병(개), 일본뇌염(돼지), 유행성 출혈열(쥐)

(3) 기타 병원소

예 파상풍(흙)

3) 병원소로부터의 병원체 탈출

호흡기계, 소화기계, 비뇨기계, 개방된 병소, 기계적 탈출, 태반 등을 통해 이루어진다.

4) 전파

배출된 병원체가 새로운 숙주에게 운반되는 과정

(1) 직접 전파 : 운반체가 없이 숙주에서 숙주로 전파

직접 접촉, 직접 비말 접촉, 병원체 접촉에 의한다.

(2) 간접 전파 : 중간 매개체를 통해 숙주에게 전파

① 활성 매개체에 의한 전파 : 곤충이나 동물이 매개하여 전파됨

② 비활성 매개체에 의한 전파 : 물, 우유, 식품, 공기, 토양에 의한 전파

③ 개달물에 의한 전파 : 위의 비활성 매개체를 제외한 기물들에 의한 전파

5) 새로운 숙주에의 침입

호흡기계, 비뇨기계, 점막 및 피부 등을 통해 침입하는데 병원체에 따라 진입 경로가 정해져 있어 그 경로가 아니면 전염이 안 되는 것이 특징이다. 침입 양식은 탈출 양식과 대체로 일치한다.

6) 신숙주의 감수성과 면역

① 면역성 : 숙주가 가지는 저항력으로 선천적 면역과 후천적 면역이 있고, 면역 획득 방법에 따라 선천면역과 후천면역으로 나뉜다. 후천면역은 자연면역과 인공면역으로, 자연면역과 인공면역은 각각 능동면역과 수동면역으로 나뉜다.

② 감수성 : 급성 전염병에 폭로된 적이 없었던 미전염자가 병원체와 접촉한 후 발병하는 비율

① 병원체 : 박테리아, 바이러스, 리케치아, 프로토조아, 메타조아, 곰팡이
② 병원소 : 인간병원소, 동물병원소, 기타 병원소
③ 병원소로부터의 병원체 탈출 : 호흡기계, 소화기계, 비뇨생식기계, 기계적 탈출, 개방병소
④ 전파방법 : 직접전파, 간접전파(활성 매개체, 비활성 매개체)
⑤ 새로운 숙주로의 침입 : 호흡기계, 소화기계, 비뇨생식기계, 기계적 침입, 개방병소
⑥ 새로운 숙주의 감수성 및 면역

9. • ㉠의 전파 차단을 위해 필요한 '주의(precaution)'의 명칭

<u>공기전파주의</u>

감염경로(미생물 전파경로)	
접촉감염	• 직접접촉과 간접접촉 • O-157, 이질, A형 간염, 로타바이러스,단순포진, 농가진, 이기생증, 옴, 대상포진, 바이러스성/출혈성 결막염
공기감염	• 5마이크로미터 이하 입자가 공기중에 떠다니다 감염 • 홍역, 결핵, 수두 등
비말감염	• 5마이크로미터 이상, 1m이내 낙하 • 결국 접촉감염으로 이어짐 • 풍진, 인플루엔자바이러스, 이하선염, 레지오넬라 등

ⓛ은 감염원과 '숙주(=신숙주)'와의 연결고리를 끊은 것이다.
예방접종으로 신숙주의 감수성을 낮추고 면역력을 높인다.
ⓒ은 감염원과 '전파과정'과의 연결고리를 끊은 것이다.

감염의 전파 단계

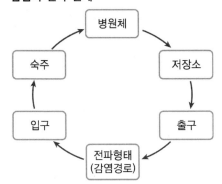

• ⓒ 멸균 : 아포를 포함한 모든 미생물을 없애는 과정

멸균/소독/방부 구분
멸균 : 모든 생물을 전부 사멸
소독 : 병원체 파괴- 감염력을 없애는 것
　　　　아포를 제외한 모든 병원성 미생물을 파괴
방부 : 미생물을 사멸

10. ❹

매개동물	매개 질환
모기	말라리아(중국얼룩날개모기), 일본뇌염(작은빨간집모기), 사상충증(토고숲모기), 황열(열대숲모기), 뎅기열(흰줄숲모기), 웨스트나일뇌염(빨간집모기, 등줄숲모기 등)
파리	• 소화기 : 장티푸스, 세균성 이질, 소아마비 • 호흡기 : 결핵, 디프테리아, 소아마비 • 각종 기생충 질환 • 화농성 질환, 나병 • 수면병(체체파리)
진드기	• 참진드기 : 재귀열, 진드기뇌염, Q열, 록키산홍반열 • 털진드기 : 양충병, 유행성 출혈열
쥐벼룩	페스트, 발진열, 흑사병
쥐	• 세균성 – 페스트, 와일씨병, 이질, 서교증, 살모넬라증 • 리케치아성 – 발진열, 양충병(쯔쯔가무시병) • 바이러스성 – 유행성 출혈열 • 기생충 – 선충증, 흡충증, 선모충증 • 원충성 – 아메바성 이질
이	발진티푸스, 재귀열
바퀴벌레	파리와 동일

3절 **역학연구**

| 본문 p.68

1. **❶**

코호트 연구는 특정 인구집단을 선정하고, 그 연구 대상으로부터 특정 질병의 발생에 관여하리라 의심되는 어떤 특성 혹은 질병의 원인이라 생각되는 인자에 노출된 정보를 수집한 후, 특정 질병의 발생을 시간경과에 따라 전향적(때로 후향적)으로 추적·관찰·조사함으로써 특정 요인에 노출되지 않은 집단에 비해 노출된 집단에서의 질병 발생률을 비교하는 연구방법이다.

② 후향성 연구

③ 실험연구에 관한 설명이다.

역학 연구방법으로는 관찰 연구 방법인 환자대조군 연구나 코호트 연구, 단면 연구가 주로 사용된다.

④ 환자대조군 연구는 환자군과 대조군 간에 질병의 원인 또는 위험 요인이라고 의심되는 요인이 과거에 노출된 분율을 구하여 비교함으로써 질병 유무와 연구하고자 하는 요인의 상관관계를 비의비(교차비)로 제시하는 설계를 갖는 연구방법이다.

2. 1) 역학연구방법 : 후향성 코호트 연구

2) 비(ratio) : 상대위험비

후향성 코호트	환자-대조군
관찰 후 문서를 찾아본다.	코호트가 아니다.
과거의 기록이 있다.	문서가 없다.
같은 코호트가 있다.	

3. 1) 학교 감염병의 신고 및 보고 체계와 확산 방지를 위한 조치

① 교육청 보고 및 방역당국(보건소) 신고

② 환자관리 : 등교 중지(격리) 및 의사의 처방에 따른 치료. 필요 시 휴업 또는 휴교

③ 접촉자관리 : 관찰, 상담을 통해 발병 여부 감시함

④ 역학 조사 : 방역 당국의 가검물 채취 협조 및 검사 결과를 확인

⑤ 보건 교육 : 질병 예방 및 개인위생 교육 강화/ 가정통신문 발송

⑥ 환경위생관리

- 살균살충소독 – 방역기관의 협조를 받아 교내/외 방역 소독을 실시한다.
  화장실, 급수장, 쓰레기장, 하수도 등 취약 지역을 집중 관리한다.
- 안전식수 공급 – 수인성감염병의 경우 반드시 끓인 물을 공급한다.
- 위생적인 급식 – 급식소 종사자에 대한 위생교육을 실시한다.

2) 환자대조군 방법으로 연구설계

구분	식중독 발생	식중독 발생하지 않음	합계
동태전 먹음	230	170	400
동태전 먹지 않음	20	80	100
합계	250	250	500

교차비는 식중독이 발생한 집단과 식중독이 발생하지 않은 집단을 확인한 후 이들이 특정 유해요인(동태전)에 대한 노출이 어느 정도였는지를 조사함으로써 유해 요인이 건강문제 발생의 원인이 되었는지를 확인하는 것이다.

$$= \frac{\text{소화계 감염병 환자군에서 동태전에 폭로된 사람과 폭로되지 않은 사람의 비}}{\text{소화계 감염병이 없는 비환자군에서 동태전에 폭로된 사람과 폭로되지 않은 사람의 비}}$$

$$\text{교차비(OR)} = \frac{A/C}{B/D} = \frac{AD}{BC} = \frac{230 \times 80}{170 \times 20} = \frac{18400}{3400} = 5.41$$

이는 동태전을 먹은 집단이 동태전을 먹지 않은 집단에 비해 식중독에 이환될 확률이 약 5.41배 높다는 것을 의미한다.

교차비가 1보다 높으므로 요인인 '동태전 먹음'은 식중독 발생의 위험요인이 된다. 즉, 동태전이 소화계 전염병의 원인이 된다.

4. ❹

1차 연구: 단면 연구(유병률 연구)
2차 연구: 환자 - 대조군 연구
① 건강 수준과 질병 양상을 구체적으로 기술함으로써 대상자의 역학적 변수와 건강문제 간의 인과관계적 연관성을 찾는 것은 환자 - 대조군 연구임
② 단면 조사 연구는 구체적 가설 없이 시행하는 현황조사로서 단기간에 조사가 이루어지므로 유병률이 높은 질병을 파악하는 데는 유용하다.
③ 대상자의 기억력 또는 과거 기록에 의존하여 연구 대상자가 새로운 위험에 노출되는 일이 없는 안전한 연구 방법은 환자 - 대조군 연구이다.
⑤ 많은 비용이 소요되기는 하지만 위험요인 노출에서부터 질병 진행의 전 과정을 관찰할 수 있는 것은 전향성 코호트 연구이다.

5. 1)

㉠은 단면조사 연구이다.
제한점 또는 단점은 첫째, 환자가 강인하거나 위중도가 낮은 대상자가 선택되어 연구될 수 있다는 것이다. 위중도가 높은 환자는 병원에 입원 중이거나 사망할 확률이 높기 때문이다. 이는 연구 결과에 많은 영향을 미친다.
둘째, 여러 복합 요인들 중 관련 요인만 찾기 어렵다는 것이다.
셋째, 질병과 관련요인의 원인 - 결과에 대한 선후관계가 불명확하다.
넷째, 연구하는 인구 집단이 비교적 커야 한다.
㉡은 환자 - 대조군 연구이다.
제한점 또는 단점은 첫째, 대조군 선정이 어렵다. 이상적으로 연령, 성별, 인종, 경제 상태 등이 환자군과 비슷해야 하기 때문이다.
둘째, 과거 기억이나 기록에 의존하므로 정보 편견의 위험성이 있다.
셋째, 알고자 하는 요인에 대한 정보를 얻기가 어려울 수 있다.
넷째, 통제가 필요한 변수에 대한 정보를 얻기 어려울 수 있다.
이 외에도 발생률이나 유병률을 구하기 어렵다.

2)

양성예측도는 검사 도구가 질병이 있다고 판단한 사람들 중 실제 질환을 확진받은 환자의 비율이다.
20/30 × 100(%)=66.6% 검사 도구가 질병이 있다고 판단한 사람들 중 66.6%가 실제 질환이 있다고 확진받았다.
음성예측도는 검사 도구가 질병이 없다고 판단한 사람들 중 실제 질환이 없는 사람의 비율이다.
465/470 × 100(%)=98.9% 검사 도구가 질병이 없다고 판단한 사람들 중 98.9%가 실제 질환이 없다고 확진받았다.

양성예측도가 66.6%라는 것은 흉부 방사선 촬영 검사의 양성자 100명 중 66.6명은 실제로 결핵을 가지고 있는 자이고, 음성예측도가 98.9%라는 것은 흉부 방사선 촬영 검사의 음성자 100명 중 98.9명은 실제로 결핵에 이환되지 않은 자이다.

6.
- 기여위험백분율
= 귀속위험도/속성을 가진 집단에서의 발생률
= (폭로군에서 발생률 − 비폭로군에서의 발생률/폭로군에서의 발생률) × 100
= [{(250/500) − (50/500)}/(250/500)] × 100
= 80%
- 산출값의 의미
  신종인플루엔자 발생에 위험요인의 노출이 80%기여함
  즉, 신종인플루엔자 발생의 80%가 위험요인의 노출로 발생되었다.
- ㉠ 발생 또는 유행 즉시(신종인플루엔자는 1급이므로)
- ㉡ 관할 보건소장

7.
1) ㉠ 보툴리누스 식중독, ㉡ 분변
2) (40/50)/(10/48)＝3.8406≒3.8

$$상대위험비 = \frac{의심되는\ 요인에\ 폭로된\ 집단에서의\ 특정\ 질환\ 발생률}{의심되는\ 요인에\ 폭로되지\ 않은\ 집단에서의\ 특정\ 질환\ 발생률}$$

오염된 식품을 섭취한 군이 오염된 식품을 섭취하지 않는 군에 비하여 식중독 발생률이 3.8배 높다.
→ 상대위험비가 1.0보다 큰 것은 오염된 식품을 섭취한 군에서의 식중독 발생위험이 더 크다는 것을 의미한다.
→ 상대위험비가 1.0보다 크므로 오염된 식품 섭취가 식중독 발생의 원인이다.

4절 **법정감염병 관리**

| 본문 p.73

1. ③ (2023년 현재 해당 사항 아님)

2. ③ (2023년 현재 해당 사항 아님)

3. ㉠ 홍역
㉡ 4급 감염병 (2023년 현재)

4.

구분	제1급 감염병(17종)	제2급 감염병(21종)	제3급 감염병(26종)	제4급 감염병(23종)
유형	생물테러 감염병 또는 치명률이 높거나 집단 발생의 우려가 커서 발생 또는 유행 즉시 신고하여야 하고, 음압 격리와 같은 높은 수준의 격리가 필요한 감염병	전파 가능성을 고려하여 발생 또는 유행 시 24시간 이내에 신고하여야 하고, 격리가 필요한 다음 각 목의 감염병	그 발생을 계속 감시할 필요가 있어 발생 또는 유행 시 24시간 이내에 신고하여야 하는 다음 각 목의 감염병	제1급 감염병부터 제3급 감염병까지의 감염병 외에 유행 여부를 조사하기 위하여 표본 감시 활동이 필요한 감염병

종류	가. 에볼라바이러스병 나. 마버그열 다. 라싸열 라. 크리미안콩고출혈열 마. 남아메리카출혈열 바. 리프트밸리열 사. 두창 아. 페스트 자. 탄저 차. 보툴리눔독소증 카. 야토병 타. 신종감염병증후군 파. 중증급성호흡기증후 　군(SARS) 하. 중동호흡기증후군 　(MERS) 거. 동물인플루엔자 인체 　감염증 너. 신종인플루엔자 더. 디프테리아	가. 결핵(結核) 나. 수두(水痘) 다. 홍역(紅疫) 라. 콜레라 마. 장티푸스 바. 파라티푸스 사. 세균성이질 아. 장출혈성대장균감염증 자. A형 간염 차. 백일해(百日咳) 카. 유행성이하선염 　(流行性耳下腺炎) 타. 풍진(風疹) 파. 폴리오 하. 수막구균 감염증 거. b형 헤모필루스 　인플루엔자 너. 폐렴구균 감염증 더. 한센병 러. 성홍열 머. 반코마이신내성황색 　포도알균(VRSA) 　감염증 버. 카바페넴내성장내 　세균속균종(CRE) 　감염증 서. E형 간염	가. 파상풍(破傷風) 나. B형 간염 다. 일본뇌염 라. C형간염 마. 말라리아 바. 레지오넬라증 사. 비브리오패혈증 아. 발진티푸스 자. 발진열(發疹熱) 차. 쯔쯔가무시증 카. 렙토스피라증 타. 브루셀라증 파. 공수병(恐水病) 하. 신증후군출혈열 　(腎症侯群出血熱) 거. 후천성면역결핍증 　(AIDS) 너. 크로이츠펠트-야콥병 　(CJD) 및 변종크로이츠 　펠트-야콥병(vCJD) 더. 황열 러. 뎅기열 머. 큐열(Q熱) 버. 웨스트나일열 서. 라임병 어. 진드기매개뇌염 저. 유비저(類鼻疽) 처. 치쿤구니야열 커. 중증열성혈소판 감소 　증후군(SFTS) 터. 지카바이러스 감염증	가. 인플루엔자 나. 매독(梅毒) 다. 회충증 라. 편충증 마. 요충증 바. 간흡충증 사. 폐흡충증 아. 장흡충증 자. 수족구병 차. 임질 카. 클라미디아감염증 타. 연성하감 파. 성기단순포진 하. 첨규콘딜롬 거. 반코마이신내 성장알 　균(VRE) 감염증 너. 메티실린내성황색 포 　도알균(MRSA) 감염증 더. 다제내성녹농균 　(MRPA) 감염증 러. 다제내성아시네토 박 　터바우마니균 　(MRAB) 감염증 머. 장관감염증 버. 급성호흡기감염증 서. 해외유입기생충감염증 어. 엔테로바이러스감염증 저. 사람유두종바이러스 　감염증

5.　❹

① 전파경로는 비말감염과 수포내용물에 의한 접촉이다.
② 수두의 잠복 기간은 2~3주이다.
③ 원인균은 Varicella Zoster virus이다.

6.　❶

③ 홍역(귀 뒤에서 시작해서 몸통 아래 방향으로 진행)
④ 풍진(얼굴이나 목에서 시작해서 몸통 아래 방향으로 진행)

7.　❹

수두의 전염기간
발진 1~2일 전부터 발진 후 6~7일(가피 형성까지)

8.　❶

9-1. Varicella Zoster virus

9-2. 발진 1~2일 전부터 발진 후 6~7일(가피 형성까지) 격리

9-3. **직접접촉감염**

1) 호흡기분비물(비말감염, 공기감염-에어로졸전파)
2) 수포 내용물 접촉

9-4. 1) 전분 및 온수 목욕, 침구와 의복을 매일 갈아주고 깨끗이 유지하며 수건 등은 함께 사용하지 않는다.
2) 손톱은 짧게 깎고 긁지 않도록 하여 2차 전염 예방, 긁으면 장갑을 끼우기도 한다. 소양감 감소를 위해 다른 일에 몰두시킨다.
3) 약물 사용-항히스타민제를 투여하거나 칼라민 로션 등을 바른다.

10. ❸

다) 수두의 발진 순서는 반점 → 구진 → 수포 → 농포 → 가피이다.

발진의 특징

1) 지각신경의 분포를 따라서 나타난다.
2) 발진이 나타나는 부위에는 심한 통증이 발진이 생기기 4~5일 전부터 나타난다.
3) 수포, 농포, 가피가 생기고 병변의 크기나 경중에는 정도의 차이가 많고 1~7일 지속되고 때로는 융합되어 대수포가 됨
4) 가피가 떨어지면 동통은 없어지지만 60세 이상의 환자인 경우 1년 정도 장기간 지속되기도 한다.
5) 특징적인 수포는 2~5일에 걸쳐 반점 → 구진 → 수포 → 농포 → 가피의 순서로 급격히 변화한다.
6) 발진의 시작은 가슴, 배 및 몸통에서 시작하여 차츰 팔다리나 얼굴로 옮아가는데, 가려움도 동반된다.
7) 수포가 가피(딱지)로 변하면 수두의 감염력을 상실하게 된다.
8) 가피가 떨어지고 나면 그 자리에 수두를 앓은 자국이 남지만 수개월 내지 수년이 지나면 정상 피부로 회복된다.

11. ㉠ 전파 방법
① 호흡기감염 : 호흡기분비물(비말감염), 공기감염
② 수포를 통한 전파 : 수포의 직접접촉 또는 피부나 점막에서 오염된 기물을 통한 간접접촉 가능

> • 직접접촉
>   - 호흡기 분비물(비말): 감염된 환자가 기침이나 재채기
>   - 수포내용물: 진물접촉
> • 간접접촉
>   - 공기감염(비말핵)
>   - 피부나 점막에서 오염된 기물을 통한 전파

㉡ ★자연능동면역으로 인한 영구면역
㉢ 수두 면역글로불린제 ZIG(Zoster immunoglobulin) : 수두에 노출된 면역결핍소아의 수동 면역제

> **채점 시 주의**
> 면역의 유형이라고 명명되었기 때문에 "영구면역"만 표현되면 안 됨 → "자연능동면역"으로 인한 영구면역

12. ❶

합병증으로 수뇌막염, 고환, 부고환염, 난소염, 췌장염, 갑상선염, 신염, 농아, 유양돌기염 등이 발생할 수 있다.

13. ❷

① 바이러스 : Mumps virus
② 환자를 안정, 신음식을 먹이면 동통이 심해지므로 신음식은 먹이지 않도록
③ 수뇌막염, 고환·부고환염, 난소염, 췌장염, 유양돌기염, 귀머거리의 합병증을 동반
④ 전염기간은 증상이 나타나기 전부터 부종이 사라질 때까지이다.
　　: 이하선이 붓기 24시간 전부터 종창이 가라앉을 때까지(7~9일) 감염력이 있다.

14. ① 원인균 : mumps virus＝paramyxo virus(생식기신경)
② 감염 경로 : 비말에 의한 직접 전파, 비말핵
③ 격리 기간 : 이하선의 종창이 소실될 때까지. 이하선 종창 전 7일~종창 후 9일
④ 예방 접종 시기 : 생후 12~15개월에 MMR접종, 4~6세 추가접종

15. • 유행성 이하선염 병원체 : Mumps virus
• ㉠ 병원력
　병원력＝발병자 수/감염자 수 × 100＝30(25＋4＋1)/50 × 100＝60%

16. ㉠ 1차 접종 시기 ‒ MMR로 생후 12~15개월
㉡ 전염 기간 ‒ 등교 중지 기간으로 침샘비대 발생 후 9일까지 또는 부기가 모두 호전될 때 까지(종창이 가라앉을 때까지)

17. ❹

병원체는 Rubella virus이고, 잠복기는 14~21일이며, 임신 초기에 바이러스가 태반을 통과하여 태아에게 심각한 영향을 미치므로 가임 연령에서는 접종 3개월 전후에 임신을 피해야 한다.
* 선천성 풍진 증후군 : 백내장, 심장질환(동맥관 개존증, 심방 중격 결손, 심실 중격 결손) 귀머거리, 심한 지능 박약을 동반하는 소두증

18. ❸

질병	전파 경로	잠복기	감염가능 기간		역학 (호발시기, 연령)	임상 증상
			등교중지 기간			
수두	비말 에어로졸	10~21일 (14~16일)	수포가 생기기 1~2일 전부터 모든 수포에 가피가 형성이 될 때까지		5~6월/ 11~1월	발열, 피로감, 피부발진, 수포
			모든 수포에 가피가 형성될 때까지		4~6세/ 15세미만	
유행성 이하선염	비말	7~23일 (14~18일)	침샘이 커지기 1~2일 전부터 모두 가라앉았을 때까지 또는 증상발현 후 9일까지		5~7월 6~17세	발열, 두통, 근육통 이하선 부종
			증상발현 후 9일까지			
홍역	비말 에어로졸	7~18일 (평균 10~12일)	발진이 나타난 후 5일까지		봄철 5~10세	발열, 기침, 콧물 koplik 반점, 발진
			발진이 나타난 후 5일까지			

| 풍진 | 비말
태반 | 12~23일
(16~18일) | 발진 생기기 7일 전부터 생긴 후 7일까지 | 초봄/
늦겨울
젊은 성인 | 구진성 발진
림프절 종창
미열, 등
감기증상 |
| | | | 발진이 나타난 후 7일까지 | | |

19. ❹

유열기(3~8일간 – 고열, 결막의 충혈과 부종, 점상출혈) → 저혈압기(발병 후 5일 – 저혈압, 쇼크, 단백뇨, 혈뇨, 신부전, 백혈구 수 증가) → 감뇨기(약 3~5일간 – 핍뇨, 고칼륨혈증, 저나트륨혈증, 저칼슘혈증, BUN, Cr 상승) → 이뇨기(수일/수주일간 – 다뇨, 탈수증, 저칼륨혈증) → 회복기(3~12주 – 천천히 회복됨, 소변의 농축 기능도 정상화)로 진행된다.

20. ❶

21. ❷

(가) 렙토스피라증은 보균동물의 소변으로 상처난 피부접촉을 통해 감염된다.
(나) 신증후군 출혈열은 들쥐의 타액, 소변을 통해 호흡기로 감염된다.
(다) 쯔쯔가무시는 털 진드기 유충이 사람을 물어서 감염된다.

질병명 특성	신증후군출혈열	쯔쯔가무시병	렙토스피라증
병원체	Hantaan virus	R. tsutsugamushi	Leptospira interrogans
숙주	등줄쥐, 집쥐	집쥐, 들쥐, 들새 등	들쥐, 집쥐, 족제비, 개
감염경로	들쥐 등에 있는 바이러스가 호흡기를 통해 전파	관목숲이나 들쥐에 기생하는 털 진드기의 유충이 사람을 물 때	감염된 동물의 소변으로 배출된 균이 상처를 통해 감염
주요 증상	발열, 출혈, 신장병변 육안으로 볼 수 있는 혈뇨, 혈압 강하, 신부전	고열, 오한, 두통, 피부발진 및 림프절 비대 1cm의 구진이 몸통, 목에서 온몸으로 퍼지며 건조가피 형성 폐렴, 심근염, 뇌수막염	두통, 오한, 눈의 충혈, 호흡곤란, 객혈 눈의 충혈, 1~3일 후 기침과 객담, 각혈, 호흡곤란, 황달 폐출혈, 간기능장애
관리 및 예방법	• 유행지역의 산이나 풀밭은 피할 것 • 들쥐의 배설물에 접촉하지 말 것 • 잔디에 눕거나 잠자지 말 것 • 잔디 위에 침구나 옷을 말리지 말 것 • 야외활동 후 귀가 시에는 옷에 묻은 먼지를 털고 목욕할 것 • 격리는 필요 없음 • 대증요법, 절대안정	• 유행지역의 관목, 숲이나 유행지역에 가는 것을 피할 것 • 들쥐 등과 잡초가 있는 환경 등을 피할 것 • 밭에서 일할 때는 가능한 긴 옷을 입을 것 • 야외활동 후 귀가 시에는 옷에 묻은 먼지를 털고 목욕을 할 것 • 가능한 한 피부의 노출을 적게 할 것 • 진드기에 물린 상처가 있거나 피부발진이 있으면서 급성 발열증상이 있으면 쯔쯔가무시증을 의심하고 서둘러 치료를 받을 것 • 격리는 필요 없음 • 혈청검사로 확진	• 작업 시에는 손발 등에 상처가 있는지를 확인하고, 반드시 장화, 장갑 등 보호구 착용할 것 • 가능한 한 농경지의 고인물에는 손발을 담그거나 닿지 않도록 주의할 것 • 가급적 논의 물을 빼고 마른 뒤에 벼 베기 작업을 할 것 • 비슷한 증세가 있으면 반드시 의사의 진료를 받도록 할 것 • 들쥐, 집쥐 등 감염 우려 동물을 없애도록 노력할 것 • 격리시킬 필요 없음

발생확인	1985년 내국인	1951년 이후	1981년, 84년 규명
환자분포	남 < 여(50, 60대)	남 > 여(20~50대)	남 > 여(40~50대)

22. ㉠ 4급 법정 감염병

㉡ 인공능동면역

23. ❹

② 모체가 AIDS에 걸렸을 경우 태아감염은 분만 시 태반을 통해, 출산 시 산모의 혈액이나 체액의 접촉을 통해, 출산 후 모유수유를 통하거나 기타 다른 접촉을 통해 전염될 가능성이 높다.

③ 주요 감염질환으로는 카리니폐렴, 톡소플라즈마증, 결핵, 거대세포바이러스(CMV), 단순포진바이러스(HSV) 감염 등이 있다. 면역기능이 저하되면 암 발생도 증가하는데, 특히 Kaposi 육종, 비호지킨성 림프종, 뇌림프종, 자궁경부암 등이 잘 생긴다.

24. ❷

전 세계적으로 HIV 전파의 주요 형태는 성접촉을 통한 것이다. 그 외 전파방법은 혈액, 조직 및 장기이식을 통한 전파, 주산기 감염은 임신과 질분만 혹은 분만 후 모유수유를 통해 발생한다.

25. ❷

후천성 면역결핍증(Acquired Immune Deficiency Syndrome : AIDS)의 주요 전파경로는 성접촉이다. 그 밖에도 혈액 및 혈액 제제 접촉, 조직 및 장기이식을 통한 전파, 모체 전파가 된다. 주산기 감염은 임신과 질분만 혹은 분만 후 모유수유를 통해 발생한다.

26. ㉠ ELISA(Enzyme linked immunosorbent assay)

㉡ CD4+T세포

1) 병태생리

HIV는 체내에 들어와 T림프구 세포 표면에 존재하는 특수 수용체인 CD4와 결합하면서 감염과정을 시작한다. 특히 보조 T림프구가 가장 쉽게 영향을 받기 때문에 세포 매개성 면역의 장애가 심각하게 나타난다.

2) 진단

① HIV에 감염된 환자들의 대부분은 6~12주 내에 항체가 형성된다.

② 혈청학적 진단방법으로 ELISA(enzyme-linked immunosorbent assay)

③ 양성을 보인 경우 확진을 위해 웨스턴 블럿(western blot)

3) 기회감염

① 뉴모시스티스 카르니 폐렴 (Pneumocystis carinii Pneumonia : PCP) : AIDS 환자의 주요 사망원인

② 거대세포 바이러스(cytomegalovirus : CMV) : herpes virus과의 하나이며 PCP와 같이 AIDS 환자들에게서 매우 흔하게(90%) 보고된다. CMV감염은 망막염, 폐렴, 구내염, 식도염, 대장염, 뇌염, 부신염, 간염 등의 원인이 된다.

③ 단순포진 바이러스

④ 아구창, 칸디다

⑤ 톡소플라즈마증

⑥ 크립토코쿠스속 뇌막염

⑦ 크립토스포리디움

⑧ 히스토플라스마증

⑨ 복합 마이코박테리움 아비움

⑩ 콕시디오이데스증

⑪ 결핵균

4) HIV 관련 질환

① 카포시 육종

㉠ HIV와 관련된 악성종양

㉡ 피부, 폐, 위장관, 신경계 등 신체의 어느 부위나 침범

㉢ 무통의 붉은 자주빛 병변

㉣ 치료는 방사선요법, 화학요법, α-인터페론이 사용

② HIV 신경계 질환 : 중추·말초신경계 침범/AIDS의 치매복합증(dementia complex)은 인지 운동과 행동장애가 특징/말초신경질환은 HIV 감염의 흔한 합병증으로 발, 다리, 손의 화끈거림이나 저릿함이 있다. 치료는 대증적이다.

27. ㉠ 의사 또는 의료기관

> **후천성 면역결핍증 예방법 제5조(의사 또는 의료기관 등의 신고)**
> ① 감염인을 진단하거나 감염인의 사체를 검안한 의사 또는 의료기관은 보건복지부령으로 정하는 바에 따라 24시간 이내에 진단·검안 사실을 관할 보건소장에게 신고하고, 감염인과 그 배우자(사실혼 관계에 있는 사람을 포함한다. 이하 같다) 및 성 접촉자에게 후천성면역결핍증의 전파 방지에 필요한 사항을 알리고 이를 준수하도록 지도하여야 한다. 이 경우 가능하면 감염인의 의사(意思)를 참고하여야 한다.

㉡ 24시간 : HIV는 3급 감염병이므로 24시간 이내 신고

㉢ 감염 경로 : 성적 접촉, 혈액 및 혈액제제 접촉, 모체로부터의 전파

HIV는 체액 내에서 생존함으로 체액을 통해 감염된다. 특히 성적 접촉, 혈액 및 혈액 제제 접촉, 모체 전파 이 세 경로를 통해 감염된다.

28. ❸

홍반성 수포와 농포에서 수백 개의 병변까지 있을 수 있다.

발진의 분포 : 주로 액와, 손가락 사이, 슬와 그리고 서혜부와 같이 피부가 접히는 부위에 집중

1) 옴은 Sarcoptes scabiei라는 기생충성 진드기 종류에 의해 생기는 전염성의 피부 질병이다.

2) 밤에 심해지는 전신소양증, 전통적인 홍반성 수포발진이 옴의 특징적 증상이다.

3) 5% permethrin(Elimite)크림이 옴 치료제로 선호된다. 1% Lindane 크림(Kwell)은 자주 사용되나 부작용으로 경련을 포함한 신경독성이 있다. 이러한 부작용으로 50kg 이하의 사람에게는 주의해서 사용하도록 권장한다.

옴은 잠복기(2~6주)가 길다. 이 때문에 모든 가족구성원과 가까운 신체접촉을 한 사람은 예방적으로 치료를 받아야 한다. 치료 2일 이전까지 아동이 사용한 모든 옷, 침구류, 이불은 뜨거운 물로 세탁하고 뜨거운 건조기로 건조한다.

29. ❹

머릿니는 특히 학령기 아동에게 매우 흔한 기생충으로, 인간 이 기생충(Pediculus humanus capitis)에 의한 두피감염이다. 이는 하루에 대략 5회 정도 피를 흡혈하여 살아가는 유기체이다.

성충은 숙주인 인간으로부터 떨어져서는 48시간 정도 생존이 가능하고 암컷의 평균 생명주기는 1개월이다. 이의 알은 따뜻한 환경을 요구하기 때문에 암컷은 밤에 머리카락 줄기부위나 두피에 가까운 곳에 알을 낳는다. 알 또는 서캐는 약 7일~10일 후에 부화한다.

- **증상** : 보통은 피부에 이가 기어가는 것과 이의 타액으로 생긴 소양증이 유일한 증상이다. 가장 흔한 침범부위는 후두부, 귀 뒤, 목덜미이고 간혹은 눈썹과 속눈썹 부위이다. 진단은 머리카락 줄기 부위에 단단히 부착된 흰색의 알을 보고 내린다. 머릿니는 작고 회색빛이 도는 황갈색으로 날개가 없다.
- **치료** : 이 살충제를 도포하고 손으로 알집을 제거하는 것이다. 참빗으로 서캐가 발견되지 않을 때까지 매일 아동의 머리 전체를 꼼꼼하게 빗질해 주도록 한다.
- **간호** : 머릿니의 감염은 나이, 사회경제적 수준이나 위생 상태에 관계없이 누구나 걸릴 수 있다. 머릿니는 날거나 뛰지 못하며 단지 사람에서 사람으로, 개인의 소지품을 통해 전파된다. 따라서 빗, 머리장신구, 모자, 스카프, 코트 등을 서로 같이 사용하는 것에 대해 아동에게 주의를 준다.

30. ❺

(마) 요충 알은 몸 밖에서 2~3주 간 생존하고, 건조에 강해서 공기 중에 섞여 있다가 가족 내, 공동생활 구성원 사이에 감염이 흔히 발생된다.

① 특징적인 증상은 항문 주위 소양감이다. 이는 암컷이 밤에 항문 주위로 이동하여 항문 주위에 산란하므로 주로 밤에 항문 주위 가려움증이 더 심해지며, 항문 주위의 피부가 벗겨지거나 세균의 중복 감염까지 일어날 수 있다.

② 요충란은 장 내로 배출되지 않으므로 대변에서 충란을 찾기는 쉽지 않다. 대신 투명 셀룰로오스 테이프를 이용한 항문 주위 도말법을 아침에 실시해 충란을 검출할 수 있다.

③ Mebendazole(Vermox)은 안전하고 효과적이고 편리하며 부작용이 거의 없다. 그러나 2세 이하 아동이나 임산부에게는 금기이다. 만약 Pyrvinium pamoate(Pavan)가 처방되면 대변과 토물이 선홍색으로 변한다는 것을 알려주어야 한다. 약은 재감염을 방지하기 위해서 2~3주 후에 재투여한다.

④ 재감염을 막기 위해서는 요충 치료 원칙을 지켜야 한다.

> **요충 감염**
> ① 요충의 정상적인 감염 부위는 맹장이지만 충란(egg)은 항문 주위에 산란
> ② 산란 후 수 시간 이내에 감염력이 매우 강한 자충포장란(embryonated egg)이 된다.
> ③ 일차적으로는 항문 주위를 긁은 손에 묻어서 전파가 시작되지만, 일부는 침구, 속옷, 침실, 목욕탕, 교실 등에 떨어져 먼지와 함께 흡입되어 감염이 발생한다. 요충란은 매우 가볍기 때문에 대기 중에 쉽게 부유할 수 있다. 공기를 통해 전파된다. 따라서 요충은 전파력이 강하고 재감염이 잘 된다(치료 원칙을 지키지 않으면 재발 빈번). 그리고 장내에 있는 유충은 구충제로 제거되지 않으므로 반복 치료가 되어야 한다.
>
> **요충 치료 원칙**
> ① 감염자의 전 가족 또는 단체 생활에서의 전 구성원이 동시에 치료를 받아야 한다. 환경이 오염된 후 공기를 통해 전염되므로 집단 감염이 특징이다. (접촉감염성 기생충)
> ② 3주 간격으로 3회 이상 반복 치료를 한다. 기생충약은 성충은 죽이지만 유충은 죽이지 못하기 때문이다.
> ③ 손톱을 잘 깎고 손톱 밑을 깨끗이 하며, 목욕과 손 씻기를 자주 한다.
> ④ 의복이나 침구를 뜨거운 물로 빨고, 햇볕에 널어 일광소독을 한다. 요충란은 열과 직사광선에 약하다.
> ⑤ 방 안의 먼지를 깨끗이 진공청소기로 청소를 해야 한다. 요충란은 건조에 강해 방 안 먼지 속에서 상당기간 생존한다.
> ⑥ 좌변기를 비눗물로 매일 닦는다.

31. ❶
말라리아는 'Plasmodia'라 불리는 혈액 기생충 질환으로, 암컷 모기(중국얼룩날개모기)의 흡혈을 통해 전염되는 감염성 질환이며, 4종류(3일열, 열대열, 4일열, 난형)의 말라리아가 있으나 우리나라에서는 3일열 말라리아(Plasmodium vivax)가 주로 나타난다.

- **정의** : 말라리아 원충에 감염된 모기에 물렸을 때 모기의 타액과 더불어 원충이 인체에 들어가 적혈구를 파괴하면서 발열 등 전신증상을 일으킨다.
- **역학적 특성** : 병원체는 3일열 원충이며, 말라리아의 유일한 병원소는 사람이다. 전파 방법은 감염된 중국얼룩날개(학질)모기에 물렸을 때 전파된다. 이 외에도 일부의 경우 수혈이나 수직 감염 등도 전염 경로가 된다. 잠복기는 감염 모기에 물린 후 8일에서 12개월까지로 증상이 뒤늦게 나타나는 것이 특징이다.
- **임상적 특징** : 말라리아의 초기 증상은 막연한 불편감, 두통, 피로, 근육통, 발열 등으로 비특이적이므로 최근에 열대지역(동남아, 아프리카 등)과 경기도 북부 지역(위험지역)을 여행한 경력이 있으면 의심할 필요가 있다. 오한기(춥고 떨림), 고열기(체온이 39~41℃까지 상승), 발한기(침구나 옷을 적실 정도로 땀을 흘린 후 체온이 정상으로 떨어짐)를 반복한다.
- **예방과 관리법** : 집 안에서 모기에 물리지 않도록 주의한다.

32.
1) 이환된 환자 관리
    ① 치료법 및 보건지도 교육(소양감관리, 영양관리 등)
    ② 격리 및 등교 중지/발생 현황 파악 및 보고, 신고/휴업, 휴교 등의 조치

2) 접촉자 관리 및 조기발견 대책 강구
    ① 건강 관찰 및 상담을 통한 환자의 조기 발견 및 조기치료
    ② 공동이 집회하지 않도록 함/공동의 수건, 대야를 비치하지 않도록 함/화장지 밀봉 폐기/필요 시 임시휴업, 휴교 등의 조치

3) 예방 대책
    ① 보건교육 및 가정 통신문 발송 : 손 씻기, 양치질 등의 개인 위생 관리/수두에 대한 홍보 등
    ② **학교 환경 관리** : 소독 및 방역 활동 강화
    ③ 가능하다면 예방 접종 실시 및 의뢰

33-1. ① 가정 통신문 발송으로 세균성 이질의 유행을 홍보하고 주요 전염 경로를 교육
② **예방법 교육**
    4대 수칙 준수(손 씻기, 음료수 끓여 먹기, 음식물을 오래 보관하지 않기, 조리 기구 세척 및 소독)
③ 건강 관찰 및 상담을 통한 환자의 조기 발견 및 조기 치료
학교 환경 관리
④ 급식소 및 조리 종사자 관리, 음료수 관리
⑤ 교내 소독 및 분뇨, 오물, 하수 위생 점검, 취약 지역 대청소 및 위해 해충 구제

33-2. ① 세균성 이질의 병원체, 전파 방법 및 경로
② 세균성 이질의 주요 증상
③ 가정에서 전파를 막기 위해 유의할 예방 사항

34. ① 신고 및 보고
② 등교 중지(격리) 및 휴업·휴교
    등교 중지 대상자 : 전염병 환자, 전염병 의사환자 및 전염병 병원체 보유자

35. 1) 환자 치료 및 보건 교육 : 공동 장소(수영장 등) 출입을 삼가하고, 타인과 수건, 소지품 등을 함께 사용하지 않는다. 필요 시 진료한다.

2) 예방법 보건교육 및 가정 통신문을 통한 홍보 : 눈병 환자와 접촉을 피하고, 공용 물건을 사용하지 않는다. 손과 눈의 청결을 유지한다.

3) 학교 소독, 방역 등의 환경 위생 관리, 발생 환자 감시 및 관리, 눈병 환자 발생 시 등교 중지 및 필요 시 휴교 조치를 한다.

36. 1) 설사 환자 조치 : 격리 조치(등교 중지)하고 관할 교육청과 보건소에 보고 및 신고/보건 교육(적절한 치료, 장내 배설물 철저한 관리, 개인위생 강조, 확진 전까지 음식 조리, 육아 금지)

2) 접촉자 및 공동 폭로자 관리 : 주기적 발병 여부 감시(최대 잠복 기간까지)

3) 추정 원인/전파 경로 관리를 위한 역학 조사 : 음식물 폐기, 오염 가능 식수원 공급 차단 조치

4) 환경 위생 관리 : 취약 지역(특히 급식소)에 대한 살균, 살충 소독 실시, 안전한 음용수 제공 조치

5) 전파 방지를 위한 홍보, 교육 실시, 가정 통신문 발송

37. 1) 환자 관리 : 등교 중지(격리) 및 필요 시 휴업 또는 휴교/의사의 처방에 따른 치료

2) 보건소 신고 및 교육청 보고, 역학조사에 따른 협조

3) 접촉자 공동 폭로자 관리 : 관찰 상담 통해 발병 여부 색출, 감시함

4) 보건 교육 및 가정 통신문 발송 : 전염병의 역학적 특성 및 예방법 교육(개인위생-손 씻기 등), 필요시 예방접종

5) 학교 환경 위생 관리 철저 : 안전수 제공, 취약 지역 위생 처리 및 방역 소독, 위생적 급식 등

38. ❸

전염성 질환 발생 시 관리

1) 전염병 발생 시 학생 조치

⑴ 학교장은 전염병 발생으로 정상 수업이 곤란하다고 인정될 경우에는 학교보건법 제8조 및 같은 법 시행령 제22조에 의하여 등교중지 등을 취한다.

> **학교보건법 시행령 제22조(등교중지)**
> ① 학교의 장은 법 제8조의 규정에 의하여 학생 및 교직원 중 다음 각 호의 어느 하나에 해당하는 자에 대하여 등교중지를 명할 수 있다.
> - 「전염병 예방법」 제2조에 따른 전염병환자·전염병 의사환자·전염병병원체보유자. 다만, 의사가 다른 사람에게 전염될 우려가 없다고 진단한 사람은 제외한다.
> - 제1호 이외의 환자로서 의사가 전염성이 강한 질환에 감염되었다고 진단한 사람
> ② 학교의 장이 제1항의 규정에 의하여 등교중지를 명할 때에는 그 사유와 기간을 구체적으로 밝혀야 한다. 다만, 질환증세 또는 질병유행의 양상에 따라 필요한 경우에는 그 기간을 단축 또는 연장할 수 있다.

⑵ 전염병 등으로 말미암아 학생 출결처리는 「교육인적자원부 훈령 제616호 학교생활기록부 전산 처리 및 관리지침」을 참고하여 출석으로 처리하되 전국단위교육정보시스템, 교무학사, 출석인 정 결석란에 체크한다.

2) 전염병 발생 후 조치

학교보건법 제8조 및 초·중등교육법시행령 제47조의 규정에 의거 학교의 장은 전염병 발생으로 인하여 정상수업이 곤란하다고 인정할 경우에는 학생 및 교직원에 대하여 임시휴업 또는 등교를 중지시킬 수 있으며, 임시휴업 및 등교중지 현황, 전염병 발생 현황 등을 즉시 감독청에 보고한다.

3) 전염병 발생 신고 체계

5절 · 예방접종

| 본문 p.92

1. ❷

인공수동면역인 감마글로불린을 주사한다.

2. ❷

바이러스 백신 접종 후 4주가 경과되지 않은 경우 PPD 검사의 반응이 억제될 수 있다.

PPD 반응은 4형 과민반응으로 감작림프구와 항원의 결합에 의해서 발현되며, 혈청 항체는 관여하지 않는다.

감작림프구와 항원의 반응은 T림프구 세포 표면 수용체에 의해 일어나는데, 항원에 의해 자극받은 T림프구는 유약화되며, 세포분열을 일으키고 다양한 면역학적 활동을 갖는 림포카인을 방출한다. 림포카인 생성 세포인 대식세포와 백혈구의 유주를 유도하기도 하고, 저지하여 국소에 축적하기도 하고, 조직세포에 변성괴사를 일으키며 혈관투과성을 항진시킨다. 그 결과 발생되는 것이다.

T림프구는 대부분의 바이러스 감염에 대한 방어기전으로 중요하게 작용하고, 면역기전에서 중요한 조절작용을 한다. T림프구는 항체를 분리할 수 없다. 대신에 직접적으로 그들의 표적과 결합해야만 한다. 이러한 과정을 세포매개성 면역이라고 하는 것이다. 활성화된 T세포는 세포매개성 면역을 준비하기위해 며칠 동안 적절한 항원에 노출되는 시간이 요구된다. 또한 기억세포를 만들고, 1차와 2차 반응을 보여준다. 1차 반응은 세포독성(살해)작용을 하고, 2차 반응은 기억세포가 되어 이후 같은 병원체에 대응하는 신속한 반응이다. T림프구의 90% 이상이 1차 반응을 통해 제거된다. 이는 림프조직 안의 T세포 과잉을 방지하기 위한 필수 과정이나, 한 달 이내에 바이러스 백신을 투여 받은 경우 T림프구의 부족으로 PPD반응이 억제를 초래하게 된다.

3. ❶

- **생백신** : 소아마비, 홍역, 풍진, 유행성이하선염, 결핵, 광견병
- **사백신** : 장티푸스, 콜레라, 간염, 백일해, 일본뇌염, 인플루엔자
- **톡소이드** : 디프테리아, 파상풍

4. ❹

- **백신 관리 방법** : 2~8℃ 냉장 보관
- **접종 시기** : 기초 접종 생후 12~24개월 기간 중 1~2주일 간격으로 2회의 접종을 하고, 2차 접종 후 12개월 후 3차 접종 실시, 추가 접종은 만 6세, 만 12세에 실시
- **접종 용량** : 3세 미만에서 0.5mL, 3세 이상에서 1.0mL

5. 1) 예방접종의 의의(목적)

인공능동면역을 보유할 수 있도록 백신을 투여하여 전염병을 예방함을 목적으로 한다.

2) 예진사항

- 열이 있는 급성질환자(단, 열이 없는 감기와 같은 가벼운 감염증일 때는 금기가 되지 않음)
- 현재 병을 앓고 있거나 병후 쇠약자 및 영양장애자
- 결핵, 심장병, 당뇨병, 위장병, 간장 질환, 각기증 및 설사환자, 특이 체질자(알레르기 및 경련성 체질자)
- 면역억제치료(스테로이드 및 방사선 치료 포함)를 받은 자
- 임산부 최근 3개월 이내에 감마글로불린 또는 혈청주사를 맞았거나 수혈을 받은 자
- 홍역, 볼거리, 수두 등은 이환 후에 뇌염을 일으킬 가능성이 있는 병이기 때문에 1개월 이상 지난 후 예방접종을 하는 것이 바람직하다.
- 과거 예방주사를 맞고 상태가 나빴던 일이 있는 자
- 기타 접종자가 부적합하다고 인정하는 자
- 학교에서 예방접종을 실시하는 경우에는 학교 건강관리카드를 활용하고 담임교사 및 가정통신, 보건교사의 관찰을 통하여 개인건강 상태 및 병력을 파악한 후 접종을 실시한다.

6.
- 감염병 예방법 제24조에 규정된 필수예방접종 대상(2020)
디프테리아, 폴리오, 백일해, 홍역, 파상풍, 결핵, B형 간염, 유행성이하선염, 풍진, 수두, 일본뇌염, b형헤모필루스인플루엔자, 폐렴구균, 인플루엔자, A형 간염, 사람유두종바이러스 감염증, 그밖에 보건복지부장관이 감염병의 예방을 위하여 필요하다고 인정하여 지정하는 감염병

7.
1) 접종 후 20~30분간 접종기관에 머물러 아이의 상태를 관찰한다.
2) 귀가 후 적어도 3시간 이상 주의 깊게 관찰한다.
3) 접종 당일과 다음날은 과격한 운동을 삼간다.
4) 접종 당일은 목욕을 시키지 않는다.
5) 접종부위를 청결하게 유지한다.
6) 접종부위를 긁거나 손을 대지 않도록 한다.
7) 접종 후 최소 3일 간은 특별한 관심을 가지고 관찰하며 고열, 경련이 있을 때에는 곧 의사진찰을 받도록 한다.

예방접종 전 주의사항
1) 아이의 건강상태를 가장 잘 알고 있는 사람이 데리고 병원이나 보건소 등을 방문한다.
2) 집에서 아이의 체온을 측정하고 열이 없는 것을 확인하고 방문한다.
3) 모자보건수첩 또는 아기수첩을 지참하고 방문한다.
4) 접종 전날 목욕을 시키고, 깨끗한 옷을 입혀서 데리고 방문한다.
5) 접종은 가능하면 오전에 한다.

8.
㉠ 인유두종 바이러스 예방접종(HPV 백신)
㉡ 만 12세

예방접종 대상 질환(감염병 예방법 제24조)
디프테리아, 폴리오, 백일해, 홍역, 파상풍, 결핵, B형 간염, 유행성이하선염, 풍진, 수두, 일본뇌염, b형헤모필루스인플루엔자, 폐렴구균, 인플루엔자, A형 간염, 사람유두종바이러스 감염증, 그밖에 보건복지부장관이 감염병의 예방을 위하여 필요하다고 인정하여 지정하는 감염병

6절 ✦ **식중독**

| 본문 p.94

1. ❶

황색포도상구균은 포도상구균이 생성하는 장독소(Enterotoxin)에 의해 발생한다.

2. ❷

곰팡이 독소 중 가장 식품위생적으로 문제가 되는 것은 아스페르길루스 플라부스에 의해 산출되는 아플라톡신이며, 이 독소는 발암성 물질로 알려져 중요시된다. 이 곰팡이는 땅콩, 옥수수, 콩, 쌀, 보리 등과 같은 농산물에 오염되어 아플라톡신을 생산하고 중독시키는 원인체로 이를 방지하기 위해서는 저장 중의 오염방지는 물론 오염된 곡식의 섭취를 금하는 것이 좋다.
① 복어독소, ③ 독버섯 독소, ④ 조개류 독소

3. ❷

바다 생선회 섭취 시 감염될 수 있는 기생충은 아나사키스증(Anasakis simple, A. physeteris)이다.
① 회충, ③ 편충, ④ 무구조충

▌기생충 질병의 종류

채소를 통한	• 회충(Ascaris lumbricoides), 구충(Hookworm), 편충(Trichuris trichiura) • 동양모양선충(Trichostrongylus orientalis) • 유구낭충증(Cysticercus cellulosae) • 람블편모충(Giardia lamblia)
수육을 통한	• 쇠고기 – 무구조충(Taenia saginata) • 돼지고기 – 유구조충(Taenia solium), 선모충(Trichinella spiralis)
담수어를 통한	• 담수산게, 참게, 가제 – 폐디스토마(Paragonimus westermani) • 담수어(참붕어 등) – 간디스토마(Clonorchis sinensis) • 은어, 숭어 – 요코가와 흡충(Metagonimus yokogawai), 이형흡충(Heterophyes heterophyes)
해수어류를 통한	• 아니사키스증(Anisakis simplex, A. physeteris)

4. ❶

5-1. 1) **건강적 측면**: 연령에 따른 적절한 영양공급으로 건강증진 및 체위향상을 도모할 수 있다.
2) **교육적 측면**: 질서의식과 생활 규칙을 습득할 수 있으며 바람직한 식습관을 형성할 수 있고 편식 등 나쁜 식습관의 교정이 가능하고 위생관념을 향상시킬 수 있다.
3) **사회경제적인 측면**: 최소의 경비로 최고의 영양식을 공급할 수 있어 경제적이며 농수산물의 구조 개선 촉진 및 식품의 생산과 소비에 관한 지식이 향상될 수 있다.

5-2. 1) **세균성 식중독**
① **감염형 식중독**: 균이 장내 감염을 일으키는 것. 살모넬라
② **독소형 식중독**: 세균에서 생성된 장 독소에 의한 것으로 황색 포도상 구균, 보툴리즘 등
③ **혼합형 식중독**: 장염비브리오

2) 자연 독

① **동물성** : 복어 알의 tetrodotoxin, 조개의 venerupin 등이 있다.

② **식물성** : 독버섯의 muscarine, 감자싹의 solanine, 맥각류의 ergotoxin 등이 있다.

3) **화학형 식중독** : 화학 물질이 장에 대해 독성을 가져 발생하는 것으로 농약, 살충제, 유해금속류, 식품첨가물 등에 의한 것이 있다.

5-3. 1) 소화기계 전염병은 비교적 소량의 균으로 발생되는데 비해서 세균성 식중독은 다량의 세균이나 독소량이 있어야 발병한다.

2) 소화기계 전염병은 2차 감염이 이루어지는 데 반하여, 세균성 식중독은 2차 감염은 없고 원인 식품의 섭취로 발병한다.

3) 식중독은 잠복기가 짧고 병후면역이 형성되지 않는다.

6. ❸

A.

가. 맥각 중독 - 에르고톡신(ergotxine)

나. 살모넬라 중독 - 장염균(Salmonella enteritidis) - 열에 약하여 섭씨 60도에서 20분간 가열하면 균이 사멸되므로 먹기 전에 끓여 먹는다.

다. 호염균 식중독 - 장염비브리오균(Vbrio parahaemolyticus) - 열에 약하고 담수에 사멸되는 특징이 있으므로, 먹기 전에 가열하거나 깨끗한 수돗물로 씻는다.

라. 복어중독 - 테트로도톡신(tetrodotoxin) - 산란기에 독성이 강해지며, 주증상은 구순 및 혀의 지각마비, 호흡장애, 뇌장애 등으로 중추신경 및 말초신경에 대한 신경 독을 일으킨다.

마. 포도상구균 식중독 - 황색포도상구균(Staphylococcus aureus)

- 식후 평균 3시간 정도에 발병하고 급성 위장염 증상을 보이며, 치사율은 낮다.

- 치사율이 가장 높은 식중독이다(X) : 보툴리누스 중독 시 치명률은 6.7%(가장 높다)이다.

B.

ㄱ. 아미그달린(amygdalin) - 덜 익은 매실에 있는 독소, 청매중독 - 덜 익은 매실 속에 들어 있으며, 중독 시에는 구토, 두통, 출혈성 반점이, 심한 경우에는 의식혼탁과 토혈 등의 증상이 나타난다.

ㄴ. 마이틸로톡신(mytilotoxin) - 홍합의 간 등 패류

ㄷ. 베네루핀(venerupin) - 굴과 모시조개에 생성

ㄹ. 대변연쇄상구균(Streptococcus faecalis)

항목	급성 경구감염병	세균성 식중독
섭취균량	극소량 (주로 체내에서 증식)	다량 (대부분 음식물에서 증식)
잠복기	일반적으로 길다.	아주 짧다.
경과	대체로 길다.	대체로 짧다.
전염성	심하다.	거의 없다.
식품의 역할	매개체	식품에서 증식

7. ㉠ 장독소

㉡ 감염성 **예** 1군 소화계 감염병 및 화농성피부질환

8. ㉠ 테트로도톡신(tetrodotoxin)

㉡ 신경독(신경독소) - 복어중독은 일종의 신경독으로 지각이상, 위장장애, 호흡장애, 운동장애, 혈액장애 및 뇌증으로 구분함

- 복어의 알, 정소 등 생식기관을 비롯해 내장과 혈액에 포함된 테트로도톡신은 신경독소로 구토나 신경마비를 일으키며, 심한 경우 호흡마비, 혼수, 의식소실, 사망까지 초래된다.
- 자연산 복어의 독은 청산가리의 독성보다 1,000배 가까이 위험하다.
  → 단 1mg만 먹어도 자칫 생명을 잃을 수 있다.
- 처음 15~30분 사이에는 입 주위 감각이상이나 안면마비 등이 나타난다. 구역질이나 구토, 복통 등의 증세를 보이며 심할 경우 전신 마비가 나타나고 최악의 경우에는 호흡근이나 뇌간이 마비되면서 숨을 쉬지 못한다.

9. ❷

간흡충증은 간디스토마(Distoma sinensis)라고 하며, 이 충은 극동(한국, 일본, 중국, 베트남, 동남아시아 등)에 분포하고, 우리나라는 낙동강, 한강, 영산강, 금강, 만경강 등 5대강 유역 주위에 많이 감염되어 있다.

- **병원체**: Clonorchis sinensis
- **생활사 및 전파**: 인체 내에서 간의 담관에 기생한다. 성충이 충란을 산란하면 간 담도를 통하여 장관을 거쳐 분변으로 배출된다. 담수에서 충란은 제1중간 숙주인 왜우렁이나 쇠우렁에게 섭취되어 유미유충이 된다. 이 유미유충은 탈출하여 수중에서 돌아다니다가 제2중간 숙주인 담수어(주로 잉어과의 참붕어에 많으며 피라미, 모래무지, 긴몰개 등)와 접촉하면 그 숙주 내에서 피낭유충이 된다. 이 피낭유충이 있는 담수어를 사람이 생식하면 인체에서 피낭유충이 분리된 후 십이지장에서 소화액의 작용으로 탈낭하게 되며, 인체의 총담관을 거쳐서 담도의 말단부로 이행하여 기생한다.
- **감염 증상**: 증상은 충체의 수 등으로 달라지나 충체의 기계적 또는 독소에 의하여 담관에 병변을 가져오고 심해지면 간경변의 원인과 원발성 간암의 원인이 될 수도 있다.
- **예방 대책**: 민물고기의 생식을 금하고, 민물고기의 조리 후에는 2차 감염이 되지 않도록 조리기구의 소독을 철저히 한다. 또한, 분변 관리에 유의하고 민물의 생수를 마시지 말며, 개나 고양이, 쥐 등도 숙주이므로 충체에 감염되지 않도록 애완동물 관리를 철저히 한다.
- **진단**: 대변 내 충란검사법, 영상진단으로서 초음파와 내시경적 역행성 담도 조영술, 피내반응검사로서 피부반응검사(CS skin test) 그리고 혈액검사를 통한 기생충 항체검사 등으로 진단한다.
- **치료**: 구충제 프라지콴텔(디스토시드)는 폐흡충에도 똑같이 효과를 나타내며 효과가 좋다.

제5강 공중보건

1절 ✦ 보건행정

| 본문 p.101

1. ❸

2. ㉠ 공공부조
ㄴ 자원의 조직적 배치
ㄷ 의료의 질이나 종류에 상관없이 그 의사에게 등록된 환자 또는 사람 수에 따라 진료비가 지불되는
방법
ㄹ 환자에게 제공되는 의료서비스의 양과 질에 상관없이 그 의사에게 환자 1인당 또는 환자 요양 일수
별 혹은 질병별로 보수단가를 정해 미리 정해진 진료비(pre-payment)를 의료기관에 지급하는 제도

3. ❶

국민의료비 증가요인

- **공급자 측면** : 의료 기술의 발전, 고가 장비 도입, 인건비 상승, 의료 생산 비용 상승
- **수요자 측면** : 소득 수준 향상, 의료 수요에 대한 다양한 욕구, 고령화 사회의 진전, 만성 질환의
증가, 사회보장의 양적 · 질적 확대(접근성의 확대)
- **제도적 측면** : 전달 체계(자유방임형), 지불 보상 제도(행위별 수가제), 의료의 공공성

4. ❷

우리나라는 관행 수가제에 근거하여 책정된 행위별 수가제를 기본으로 하고 있으며, 비합리적 수가를
개선하기 위하여 2001년부터 상대가치를 고려하여 수가를 책정하는 상대가치 수가제를 적용하고 있다.

5.

DRG(Diagnosis Related Group)은 일명 "포괄 수가제"라고도 한다. 현행 의료 보수 지불 제도인 "행위별
수가제"의 단점을 보완한 제도라고 할 수 있다. 단위 서비스에 대한 의료 수가를 미리 정해 놓고 지불하는
제도이다. 본 문제는 현행 제도의 문제점을 논하는 것이므로 "행위별 수가제"의 문제점들을 기술해야 한다.

1) 과잉 진료의 위험성
2) 의료비용의 상승
3) 의료 기관의 과다 설비 투자
4) 보건의료의 수준과 자원이 지역적, 사회 계층적으로 불균등하게 분포한다.
5) 지불 능력이 있는 자만이 의료 기관을 이용할 수 있다.

6. 1) 지역적, 사회 계층적 불균형 : 의료 내용, 의료 수준, 의료 자원
2) 의료 자원의 비효율적 활용
3) 의료비의 상승(이로 인해 정부의 간섭이나 통제가 불가피함)
4) 보건의료 전달이 질서정연하게 이루어지지 못함
5) 과잉 진료, 의료 남용의 우려
6) 행정적으로 복잡하다.
7) 국가의 통제가 제한되어 있다.

8) 민간 의료 단체의 힘이 세다.
9) 건강 문제는 본인의 책임

2절 ✦ 사회보장

| 본문 p.103

1. ❷
   • 사회보험 : 소득보장(연금보험, 고용보험), 의료보장(건강보험, 산재보험), 노인요양(노인장기요양보험)
   • 공공부조 : 소득보장(기초생활보장), 의료보장(의료급여)
   • 사회복지서비스 : 노인복지, 아동복지, 장애인복지, 가정복지

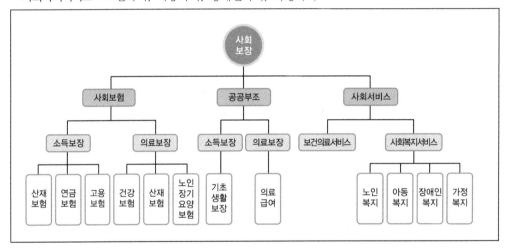

2. ❸
   ㄱ. 재원 : 장기요양보험료 및 국가지원, 본인 일부 부담금, 단 국민기초생활수급 노인은 무료
   ㄴ. 유효기간 최소 1년 이상(유효기간 만료 후 갱신 신청)

> 노인장기요양보험
> 1. 신청대상 및 판정절차
>   ① 소득수준과 상관없이 노인장기요양보험 가입자(국민건강보험 가입자와 동일)와 그 피부양자, 의료급여수급권자로서 65세 이상 노인과 64세 이하 노인성 질병이 있는 분
>   ② 65세 이상 노인 또는 치매, 중풍, 파킨슨병 등 노인성 질병으로 6개월 이상의 기간 동안 혼자서 일상생활을 수행하기 어려우신 분
>   ③ 건보공단 직원 방문조사. 장기요양 등급판정위원회에서 수급자 여부 판정
>
> 2. 장기요양급여의 종류
>   ① 재가급여
>   ㉠ 방문요양 : 가정 방문하여 신체활동 및 가사활동 등을 지원
>   ㉡ 방문목욕 : 가정 방문하여 목욕을 제공

ⓒ 방문간호 : 가정 방문하여 간호, 진료의 보조, 요양에 관한 상담 또는 구강위생 제공
ⓔ 주·야간보호 : 하루 중 일정 시간 동안 장기요양기관에 보호
ⓜ 단기보호 : 일정 기간 동안 장기요양기관에 보호
ⓗ 기타재가급여
② 시설급여 : 노인의료복지시설 등에 장기간 동안 입소하여 신체활동 지원 및 심신기능의 유지·향상을 위한 교육·훈련 등을 제공하는 장기요양급여
③ 특별현금급여
　가. 가족요양비 : 제24조에 따라 지급하는 가족장기요양급여
　나. 특례요양비 : 제25조에 따라 지급하는 특례장기요양급여
　다. 요양병원간병비 : 제26조에 따라 지급하는 요양병원장기요양급여

3. 장기요양인정 유효기간
　장기요양인정 유효기간은 1년으로 한다. 다만, 법 제20조에 따른 장기요양인정의 갱신 결과 직전 등급과 같은 등급으로 판정된 경우에는 그 갱신된 장기요양인정의 유효기간은 다음 각 호의 구분에 따른다.
　1. 장기요양 1등급의 경우 : 4년
　2. 장기요양 2등급부터 4등급까지의 경우 : 3년
　3. 장기요양 5등급 및 인지지원등급의 경우 : 2년

3.　ⓐ 인지지원등급(＝장기요양인정등급)
　　ⓑ 특별현금급여
　　ⓒ 1. 주수발자인 가족구성원으로부터 수발이 곤란한 경우
　　　2. 주거환경이 열악하여 시설입소가 불가피한 경우

장기요양수급자 판정

신청자격요건을 충족하고 6개월 이상 혼자서 일상생활을 수행하기 어렵다고 인정하는 경우 심신상태 및 장기요양이 필요한 정도 등 등급판정 기준에 따라 수급자로 판정한다.
1. 장기요양 1등급 : 심신의 기능상태 장애로 일상생활에서 전적으로 다른 사람의 도움이 필요한 자로서 장기요양인정 점수가 95점 이상인 자
2. 장기요양 2등급 : 심신의 기능상태 장애로 일상생활에서 상당 부분 다른 사람의 도움이 필요한 자로서 장기요양인정 점수가 75점 이상 95점 미만인 자
3. 장기요양 3등급 : 심신의 기능상태 장애로 일상생활에서 부분적으로 다른 사람의 도움이 필요한 자로서 장기요양인정 점수가 60점 이상 75점 미만인 자
4. 장기요양 4등급 : 심신의 기능상태 장애로 일상생활에서 일정부분 다른 사람의 도움이 필요한 자로서 장기요양인정 점수가 51점 이상 60점 미만인 자
5. 장기요양 5등급 : 치매환자로서 장기요양인정 점수가 45점 이상 51점 미만인 자
6. 장기요양 인지지원등급 : 치매환자로서 장기요양인정 점수가 45점 미만인 자

3절 ◆ 인구

| 본문 p.106

1. ❶

우리나라 모성사망의 원인은 출혈성 질환, 고혈압성 질환, 산욕기 감염 순이다.

2. ❶

WHO에서는 모성 사망을 임신 기간과 장소에 상관없이 임신 또는 산후조리의 부재와 관계되었거나 이에 의해 악화된 어떤 원인으로 인하여(사고 등의 우발적인 원인은 제외) 임신 중 또는 출산한 지 42일 이내인 여성의 사망으로 정의한다.

모성 사망률은 가임 여성 1만 명 가운데 임신과 출산 관련으로 사망한 여성의 수이다.

3. ❶, ❹

$$주산기사망률 = \frac{같은 \ 해 \ 임신 \ 28주 \ 이후 \ 태아 \ 사망 \ 수 + 생후 \ 7일 \ 이내 \ 신생아 \ 사망 \ 수}{특정 \ 연도의 \ 출산 \ 수} \times 1000$$

$$조사망률 = \frac{같은 \ 해 \ 총 \ 사망자 \ 수}{특정 \ 연도의 \ 중앙 \ 인구} \times 1000$$

4. ❸

① $비례 \ 사망지수 = \dfrac{연간 \ 50세 \ 이상의 \ 사망자 \ 수}{연간 \ 총 \ 사망자 \ 수} \times 1,000$

* 비례 사망지수가 클수록 건강수준이 좋은 것임

② $영아 \ 사망률 = \dfrac{영아 \ 사망자 \ 수}{연간 \ 출생아 \ 수} \times 1,000$

* 영아 사망률은 태아발육, 호흡곤란, 심장기형 등이 주원인임

④ $연령별 \ 사망률 = \dfrac{\times세의 \ 1년간 \ 사망자 \ 수}{연간 \ 중앙인구} \times 1,000$

5. ❷

① 조출생률(crude birth rate, CBR)은 인구 1,000명에 대한 1년간 총 출생 수를 나타낸다.
   일반출산율(general fertility rate, GFR)은 15~49세의 가임 여성 1,000명에 대한 1년간 총 출산 수를 나타낸다.
   • 조출생률＝연간 총 출생아 수 / 연 중앙인구(그 해 7월 1일 현재의 총 인구 수) × 1000
   • 일반출산율＝연간 총 출생아 수 / 가임연령 여성인구 × 1000
   출산율은 15세에서 49세의 가임 여성 1,000명당 출산 수를 말하며 인구분석학적 이해를 돕는다.
② 순재생산율(net reproduction rate)은 가임기간의 각 연령에서 여자아이를 낳는 연령별 여아 출산 율에 태어난 여자아이가 죽지 않고 가임연령에 도달할 때까지 생존하는 생산율을 곱해서 산출한 것이다. 즉, 여아의 연령별 사망률을 고려한 재생산율이다.

   • $순재생산율 = 합계 \ 출산율 \times \dfrac{여아 \ 출생 \ 수}{총 \ 출생 \ 수} \times \dfrac{가임 \ 연령시 \ 생존 \ 수}{여아 \ 출생 \ 수}$

   순재생산율이 1 이상이면 다음 세대에 인구가 증가하는 것을 의미하는 것으로서 확대 재생산이 라고 하고, 1 이하이면 인구의 감소를 나타내는 것으로서 축소 재생산이라고 한다.

③ 모성사망률(Maternal mortality rate) : 가임여성 천 명 가운데 임신과 출산으로 사망한 여성의 수

$$모성\ 사망률 = \frac{모성\ 사망\ 수(같은\ 해\ 임신,\ 분만,\ 산욕으로\ 인한\ 모성\ 사망자\ 수)}{15\sim49세\ 가임기\ 여성\ 수} \times 100,000$$

※ 모성 사망비(출생아 10만 명당)=모성 사망수/출생아수 × 100,000

　모성 사망비는 10만 명의 신생아 출생당 임신과 출산 관련으로 사망한 산모의 비율로, 임산부의 산전·산후관리 및 사회 경제적 수준을 반영하며, 사고나 우발적 원인에 의한 모성 사망은 제외된다.

④ 영아 사망률=생후 12개월 내 사망한 영아수/어떤 연도의 출생 수 × 1000

　생후 1년간의 출생아 수 1,000명에 대한 1년 미만 영아의 사망 수로, 일반적으로 영아는 주위의 환경, 영양, 질병 등에 매우 민감하므로 지역사회의 보건환경과 자원의 상태파악을 통해서 건강수준을 파악하는 가장 가치있는 대표적 지표이다.

　신생아 사망률=생후 28일 이내의 사망수 / 어떤 연도의 출생 수 × 1000

⑤ 주산기 사망률 = $\dfrac{그해\ 임신\ 28주\ 이후의\ 태아사망\ 수+생후\ 7일\ 이내의\ 신생아\ 사망\ 수}{어떤\ 연도의\ 출생\ 수} \times 1000$

　제1주산기 사망률은 1,000명 출산당 임신 28주 이후의 사산 수와 초생아(7일 이내 신생아) 사망 수를 합친 것이고, 제2주산기 사망률은 1,000명 출산당 임신 20주 이후의 사산 수와 신생아 사망 수를 합친 것으로 보건 수준을 평가하는 지표이다.

6. ❹

1) 모성 사망률(Maternal mortality rate)

가임 여성 천 명 가운데 임신과 출산으로 사망한 여성의 수

$$모성\ 사망률 = \frac{모성\ 사망\ 수}{15\sim49세\ 여성\ 수} \times 100,000$$

※ 모성 사망비(출생아 10만 명당) = 모성 사망 수/출생아 수×100,000

ㄱ. 모성 사망률은 (나) 지역이 (가) 지역보다 더 높다.

ㄷ. 신생아 사망률은 (나) 지역이 (가) 지역보다 더 높다.

2) 영아 사망률(Infant mortality rate)

생후 1년간의 출생아 수 1,000명에 대한 1년 미만 영아의 사망 수로, 일반적으로 여아보다 남아가 더 높다. 일반적으로 영아는 주위의 환경, 영양, 질병 등에 매우 민감하므로 지역사회의 건강 수준을 파악하는 가장 가치 있는 지표이다.

$$영아\ 사망률 = \frac{연간\ 영아\ 사망\ 수}{연간\ 총\ 출생아\ 수} \times 1000$$

3) 신생아 사망률(Neonatal mortality rate)

생후 28일 이내의 사망률로서 그 지역사회에서 미숙아 문제를 어떻게 관리하는가에 따라 많은 영향을 받는다.

$$신생아\ 사망률 = \frac{연간\ 신생아\ 사망\ 수(생후\ 28일\ 미만)}{연간\ 총\ 출생아\ 수} \times 1000$$

4) 알파 인덱스(α-index)

$$알파\ 인덱스(α\text{-}index) = \frac{생후\ 1년\ 미만의\ 사망\ 수(영아\ 사망\ 수)}{28일\ 미만의\ 사망\ 수(신생아\ 사망\ 수)}$$

유아 사망의 원인이 선천적 원인만이라면 값은 1에 가깝다. 1에 근접할수록 거의 모든 영아 사망이 신생아 사망으로 그 지역의 건강 수준이 높은 것을 의미하고, 그 값이 클수록 신생아기 이후의 영아 사망률이 높기 때문에 영아 사망에 대한 예방대책이 필요하며, 영아의 건강 수준과 국민 건강과 생활수준 및 문화 수준을 파악할 수 있는 척도이다.
- 알파 인덱스가 1
  신생아 사망률=영아 사망률/영아 사망의 원인이 선천적 원인만이라면 값은 1에 가깝다.
  1에 가까울수록 건강수준이 높다.
- 알파 인덱스가 0
  최적의 상황(신생아 사망 수 0=보건 수준이 최상의 상태)

7. ❷

인구의 성별 구조를 명확하게 표현하는 척도로 가장 많이 사용되는 것이 성비(sex ratio)이다. 이 성비는 남녀 인구의 균형 상태를 나타내는 지수로서 보통 여자 100명에 대한 남자의 수로써 표시되며, 이를 남성 성비라 한다.
1) 1차 성비(primary sex ratio) : 태아의 성비로서 110이 된다.
2) 2차 성비(secondary sex ratio) : 출생 시의 성비로서 105가 된다.
3) 3차 성비(tertiary sex ratio) : 현재 인구의 성비로서 101이 된다.

8. ㉠ 고령화(노령화) : 65세 이상 인구가 전체 인구에서 차지하는 비율이 7% 이상
ㄴ 고령(노령) : 65세 이상 인구가 전체 인구에서 차지하는 비율이 14% 이상

○ A 지역의 2010년과 2050년의 노년 부양비
(값) 65세 이상의 인구 수/15~64세의 인구 수(경제활동 연령인구)×100

2010년	(1600/8000)×100=20
2050년	(3600/6000)×100=60

(의미) 경제활동이 가능한(15~65)의 사람들이 부양해야 할 65세 이상 노인의 비율로 고령 인구에 대한 생산 가능 인구의 경제적 부담을 나타내는 지표이다. UN에서 조사한 세계 인구 전망에 따르면 앞으로 우리 사회의 노인 부양 비율은 OECD 국가에서 최고치를 기록하였다. 즉, 고령 인구의 증가로 인해 <u>젊은 세대들이 짊어질 부담이 증가할 것</u>으로 예상되고 있다. 사회의 고령화 추세를 파악하고 이에 대한 정책 기초 및 노후생활 안정 대책과 젊은 세대의 부담 완화 방안 마련을 위한 자료로 활용된다.

○ A 지역의 2010년과 2050년의 노령화지수
(값) 65세 이상의 인구수(노년층)/0~14세의 인구 수(유소년층) × 100

2010년	(1600/2000)×100=80
2050년	(3600/1200)×100=300

(의미) 유소년층 인구(0~14세)에 대한 노년층 인구(65세 이상)의 비율이다. 노령화지수가 30이 넘으면 노령화 사회로 분류한다. 이 지역사회의 노령화지수는 2010년 80%, 2050년 300%로 세계 평균치인 19.1%를 상회하여 <u>노령화사회로 접어들었음</u>을 알려준다.

9.   ❺

▍ 신체적 측면에서의 노화 과정

1) 근골격계	감소	근력↓, 골밀도↓(신장, 흉곽후굴), 총 수분량
	증가	관절굴절(인대가 약해져 가동성이 약해짐) 및 강직, 근육통(제어 장애가 일어나 근력 저하), 피로도, 체지방
2) 심맥관계	감소	좌심실의 수축 이완능력↓(심장확장), 혈관탄력성, 압력수용체 효율성(혈압조절 부전)
	증가	관상동맥폐색, 수축기압상승(말초혈관저항), 심벽비후, 고혈압
3) 호흡계	감소	폐포 감소와 탄력성↓(→ 폐활량, 최대 환기량↓) → 노인성 폐기종, 섬모활동↓→ 분비물 배설 기능 저하로 호흡계 감염↑
	증가	잔류량
4) 비뇨 생식계	감소	신혈류(→ 신기능 저하), 신사구체 여과력, 신세뇨관 기능, 방광기능, 괄약근 퇴화(요실금, 소변정체 → 방광염), 난소 및 자궁 위축
	증가	질점막 위축, 야뇨, 감염, 발기 시간
5) 신경계	감소	신경세포(총 뉴런 수)의 손실과 기능저하 → 시력, 청력, 촉각, 미각↓, 반응속도↓(각종 사고 발생)
	증가	뇌실의 미세한 증대(∵뇌위축)
6) 소화계	감소	위소화 기능(염산 분비), 장기능, 간으로의 혈류↓(약물투여 시 주의)
	증가	변비
7) 피부계	감소	지방 조직, 탄력성, 체온 조절
	증가	주름, 피부 표면 상처, 감염
8) 면역계	감소	T세포활동 저하, 발열반응감소, 세균의 방어기전 저하
	증가	감염 민감, 대상포진이나 종양질환이 잘 발생
9) 치아	감소	잇몸의 탄력성 → 치아손실
	증가	치주염, 치아손실

10.   ❷

- 노인의 약물 위장관 내 저류시간은 증가되어 약물의 생체이용시간이 감소된다.(노인의 위 pH 증가, 위 배출시간 지연, 위운동 감소)
- 노인기에는 체내 총 수분량의 감소, 무지방체중(몸무게에서 체지방을 제외한 체중)의 감소, 체지방의 증가로 지용성 약물 분포용적의 증가, 체내축적 및 약물 반감기가 증가된다.
- 노인의 단백결합도 변화됨 : 연령의 증가 시 혈중알부민의 농도의 감소로 단백결합률이 높은 약물은 혈장 내 유리농도가 증가됨

4절 산업보건

| 본문 p.111

1. **❶**

산업보건 사업의 권장 목표(ILO)
- 노동과 노동 조건으로 일어날 수 있는 건강 장해로부터의 근로자 보호
- 작업에 있어서 근로자들의 정신적 · 육체적 적응, 특히 채용 시 적정 배치에 기여
- 근로자의 정신적 · 육체적 안녕의 상태를 최대한으로 유지, 증진시키는 데 기여

산업보건 사업의 기본 업무
- 기본 방향
  - 예방 사업 중심으로 건강 문제를 폭넓게 다룸
  - 사업장이 자주적이며, 능동적으로 참여하도록 조직
  - 직장의 다양성을 고려하여 지역별, 직능별 특징을 가진 보건사업을 전개
- 기능
  - 직장에 있어서의 건강 유해 요인에 의한 위험의 확인과 평가
  - 근로자의 건강에 영향을 주는 작업 환경, 직업 방법 등의 모든 요인 점검
  - 작업 계획과 조직, 기계와 기타 설비의 선택 보수와 사용 상태, 작업에 사용되는 물질에 관한 조언
  - 작업 방법의 개선과 새로운 설비의 건강면의 검사와 평가를 위한 계획의 참여
  - 산업보건 · 안전 · 위생에 관한 인간공학적 조건과 보호구에 관한 조언
  - 노동에 관련된 근로자 건강 상태의 점검
  - 근로자의 적합한 노동에 대한 적합성의 추진
  - 작업 재활 대책의 기여
  - 산업보건 위생와 인간 공학의 영역에 있어서의 정보와 훈련, 교육의 제공에 있어서의 협력
  - 응급 조치와 긴급 치료의 조직
  - 산업 재해와 직업병 분석의 참여

2.
- 학생 B와 학생 C가 공통으로 보상받을 수 있는 공제급여 : 요양급여
- 학생 C가 추가로 보상받을 수 있는 공제급여 : 장해급여

> **학교안전사고 예방 및 보상에 관한 법률[2022. 3. 25. 시행]**
> 제34조(공제급여의 종류)
> 공제회가 지급하는 공제급여의 종류는 다음 각 호와 같다.
> 1. 요양급여 2. 장해급여 3. 간병급여 4. 유족급여 5. 장례비
>
> 제36조(요양급여)
> ① 요양급여는 학교안전사고로 인하여 피공제자가 부상을 당하거나 질병에 걸린 경우에 피공제자 또는 그 보호자 등에게 지급한다.
> ② 요양급여는 학교안전사고로 인하여 피공제자가 입은 부상 또는 질병의 치료에 소요된 비용 중 「국민건강보험법」 제44조에 따라 피공제자 또는 그 보호자 등이 부담한 금액으로 한다. 다만, 법원의 판결 등으로 「국민건강보험법」 제58조에 따라 공단의 구상권 행사에 따른 손해배상액이 확정된 경우 학교의 장이 부담할 부분은 공제회가 부담한다.

③ 제2항의 규정에 따른 요양급여의 범위는 다음 각 호와 같다.
  1. 진찰·검사
  2. 약제·치료재료의 지급
  3. 처치·수술 그 밖의 치료
  4. 재활치료
  5. 입원
  6. 간호
  7. 호송

④ 제1항부터 제3항까지의 규정에도 불구하고 다음 각 호의 비용은 이 법에 따른 요양급여로 보아 공제회가 이를 부담한다.
  1. 「학교폭력예방 및 대책에 관한 법률」 제2조 제1호에 따른 행위로 인하여 같은 법 제16조 제1항 제1호부터 제3호까지의 조치를 이행하는 데 필요한 비용
  2. 인공팔다리·틀니, 안경·보청기 등 「장애인복지법」 제65조 제1항에 따른 장애인보조기구의 처방 및 구입 비용
  3. 요양 중인 피공제자의 부상·질병 상태가 의학적으로 다른 사람의 간병이 필요하다고 인정되는 경우의 간병료

⑤ 피공제자의 보호자등이 제4항 제3호에 따른 간병을 하는 경우에는 같은 호에도 불구하고 간병에 소요되는 부대경비를 지급한다.

⑥ 제1항부터 제5항까지의 규정에 따른 요양급여 및 부대경비의 지급기준 등에 관하여 필요한 사항은 대통령령으로 정한다.

제37조(장해급여)
① 장해급여는 제36조의 규정에 따른 요양급여를 받은 피공제자가 요양을 종료한 후에도 장해가 있는 때에는 「국가배상법」 제3조 제2항 제3호에서 정한 금액 및 같은 법 제3조 제5항에서 정한 위자료를 피공제자 또는 그 보호자등에게 지급한다.

② 제1항의 규정에 따른 장해정도의 판정기준·장해급여액의 산정 및 지급방법 등에 관하여 필요한 사항은 대통령령으로 정한다.

3. ㉠ 직업안전
  ㉡ 산업재해

산업안전보건법[2022. 8. 18. 시행]
제2조(정의) 이 법에서 사용하는 용어의 뜻은 다음과 같다.
1. "산업재해"란 노무를 제공하는 사람이 업무에 관계되는 건설물·설비·원재료·가스·증기·분진 등에 의하거나 작업 또는 그 밖의 업무로 인하여 사망 또는 부상하거나 질병에 걸리는 것을 말한다.
2. "중대재해"란 산업재해 중 사망 등 재해 정도가 심하거나 다수의 재해자가 발생한 경우로서 고용노동부령으로 정하는 재해를 말한다.
3. "근로자"란 「근로기준법」 제2조 제1항 제1호에 따른 근로자를 말한다.
4. "사업주"란 근로자를 사용하여 사업을 하는 자를 말한다.

㉢ 근로자가 1일 작업시간 동안 잠시라도 노출되어서는 안 되는 기준 / 순간적으로도 이 농도를 초과해서는 안 되는 기준

4. ㉠ 학교의 장

㉡ 재난안전교육

㉢ 대치, 격리(보호구) 방법들
- 저소음 기계 변경(금속을 두들겨 자르는 것을 톱으로 잘라 소음을 감소시킨 것)
- 방음벽(흡음, 차음, 방음 방법)
- 귀마개 착용

5. ❷

채용 시 건강진단은 근로자를 신규로 채용할 때에 사업주가 비용을 부담하여 실시하는 건강진단으로서 사무직과 생산직의 모든 근로자를 대상으로 한다. 목표는 근로자의 기초 건강 자료를 수집하고 또 배치하고자 하는 직종에 근로자의 건강 수준과 적성의 적합 여부를 판정하기 위함이다.

6. ❷

근로자 건강진단

<u>업무수행 적합 여부</u>는 유해인자에 노출되는 근로자에 대한 특수 건강진단 실시 결과를 사업주 및 근로자가 쉽게 이해하여 올바른 건강관리를 할 수 있도록 도와주는 기준이다. 업무수행 적합 여부는 건강진단(배치 전/특수/수시/임시) 실시 결과 건강관리 구분이 <u>일반질병 유소견자(D2)</u> 또는 <u>직업병 유소견자(D1)로 판정받은 근로자에 대하여 반드시 판정하도록</u> 되어 있으며 다음 4가지 경우로 분류한다.

a. 건강관리상 작업환경과 작업조건의 변화가 없는 한 조건 없이 현 작업에 계속 종사 가능

b. 건강관리상 작업환경 개선, 철저한 보호구 착용 및 건강진단 실시 주기의 단축 등 일정한 조치가 이루어지는 경우에 한하여 현 작업에 계속 종사 가능

c. 건강장해의 발생이 우려되어 작업환경 및 작업조건의 개선 또는 건강이 회복되는 등 문제가 해결될 때까지 한시적으로 현 작업에 종사 금지

d. 발생된 건강장해의 악화 또는 영구적인 건강장해가 우려되어 영구적으로 현 작업에 종사 불가능

진단	대상자	시기
일반 건강진단	모든 근로자	• 사업주가 주기적으로 실시 • 사무직: 2년 1회 • 나머지: 1년 1회
배치 전 건강진단	특수건강진단대상 업무에 종사할 근로자 • 신규 채용 • 배치 전환	• 법정 유해 인자 노출 부서에 신규 배치 시 • 배치 예정 업무에 대한 의학적 적합성 평가의 목적
특수 건강진단	법정 유해인자노출 근로자	• 주기적으로 실시 (사업주 비용부담) • 유해인자 노출에 의한 직업성 질환 조기 발견, 적절한 치료, 관리를 통해서 근로자 건강 유지 보호가 목적 • 특수건강진단 대상 유해인자에 노출되는 업무에 종사하는 근로자 • 근로자 건강진단 실시 결과 <u>직업병 유소견자로 판정받은 후 작업 전환</u>을 하거나 작업 장소를 변경하고, 직업병 유소견 판정의 원인이 된 유해인자에 대한 건강진단이 필요하다는 의사의 소견이 있는 근로자

수시 건강진단	특수건강진단대상 업무로 인하여 해당 유해인자에 의한 직업성 천식, 직업성 피부염, 그 밖에 건강장해를 의심하게 하는 증상을 보이거나 의학적 소견이 있는 근로자	• 필요할 때마다 사업주가 실시하는 건강진단 • 증상 소견을 보이는 해당 근로자가 직접 요청하는 경우 • 근로자 대표 또는 명예산업안전감독관이 당해 근로자 대신 요청하는 경우 • 당해 사업장의 산업보건의 또는 보건관리자가 건의하는 경우 • 사업주가 특수건강진단을 직접 실시한 의사로부터 당해 근로자에 대한 수시건강진단이 필요치 않다는 자문을 서면으로 제출받은 경우에는 수시건강진단을 실시하지 아니할 수 있다.
임시 건강진단		특수건강진단 대상 유해인자 또는 그 밖의 유해인자에 의한 <u>중독 여부</u>, 질병에 걸렸는지 여부 또는 질병의 발생 원인 등을 확인하기 위하여 <u>지방 고용노동관서의 장</u>의 명령에 따라 사업주가 실시하는 건강진단 • 같은 부서에 근무하는 근로자 또는 같은 유해인자에 노출되는 근로자에게 <u>유사한 질병의 자각·타각증상</u>이 발생한 경우 • 직업병 유소견자 발생 or 여러 명이 발생할 우려가 있는 경우 　예 사스, 에볼라, 방사선 누출

7. ㉠ 특수건강진단 대상 업무 또는 법정 유해인자에 노출되는 업무
　㉡ 수시건강진단

8. 1) ㉠의 생산직 근로자가 받아야 할 일반건강진단의 검진 주기
　　생산직 근로자의 경우 일반건강진단의 검진은 1년에 1회 이상 실시해야 함
　2) ㉡ C₁은 직업성 질병으로 진전될 우려가 있어 추적검사 등 관찰이 필요한 근로자로 직업병 요관찰자이다.

결과		건강관리구분 내용
A		건강관리상 사후관리가 필요 없는 자(건강자)
C	C₁	직업성 질환으로 진전될 우려가 있어 추적조사 등 관찰이 필요한 자(요관찰자)
	C₂	일반질병으로 진전될 우려가 있어 추적관찰이 필요한 자(요관찰자)
	C_N	질병으로 진전될 우려가 있어 야간 작업 시 추적관찰이 필요한 근로자(요관찰자)
D	D₁	직업성 질환의 소견을 보여 사후관리가 필요한 자(직업병 유소견자)
	D₂	일반질병의 소견을 보여 사후관리가 필요한 자(일반질병 유소견자)
	D_N	질병의 소견을 보여 야간작업 시 사후관리가 필요한 근로자(유소견자)
R		건강진단 1차 검사결과 건강수준의 평가가 곤란하거나 질병이 의심되는 근로자(제2차 건강진단 대상자)

　3) ㉢과 ㉣의 예방 대책이 작업환경관리의 기본 원리 중 어디에 속하는지를 구분
　　• ㉢ 저소음기계로 변경 → <u>대치</u>의 공정 변경
　　• ㉣ 방음벽을 설치 → 위험 시설의 <u>격리</u>

> **작업환경 관리의 기본 원리**
> 1) 대치
> 　① 공정, 시설, 물질을 변경하는 방법
> 　② 공정을 변경하는 예
> 　　• 페인트를 공산품에 분무하여 도장하던 일을 페인트에 담그거나 전기 흡착적 방법으로 변경하는 것
> 　　• 금속을 두들겨 자르는 것을 톱으로 잘라 소음을 감소시킨 것

> ③ 시설을 변경하는 예
>   • 화재 예방을 위해 유리병에 저장하던 가연성 물질을 철제통에 보관하는 것
> ④ 물질을 변경하는 예
>   • 성냥 제조 시 황인을 적인으로 대치하는 것
>   • 화재 예방을 위하여 드라이 클리닝 시에 석유 대신 perchloroethylene을 사용하는 것
> 2) 격리
> ① 작업장과 유해인자 사이에 물체, 거리, 시간 등으로 차단하는 방법
> ② 격리의 예로는 방사선 동위원소 취급 시 격리와 밀폐, 원격장치를 사용하는 것 등이 있다.
> ③ 유해환경으로부터 근로자를 격리시키기 위하여 보호구를 착용하게 한다.
> 3) 환기
> 4) 교육

9. ㉠ 1년에 1회 이상
㉡ 일반질병으로 진전될 우려가 있어 추적관찰이 필요한 자(=일반질병 요관찰자)
㉢ 상시근로자 50인
㉣ 물건을 옮길 때는 허리관절의 힘보다 무릎 관절의 힘을 이용해야 해요.
 (=허리는 곧게 펴고 무릎은 굽힌 상태에서 대퇴근육을 이용해야 해요.)

10. ❶
① 건수율(=천인율, 발생률), 산업재해 발생 상황의 총괄적 파악 가능, 작업 시간이 고려되지 않은 결점이 있음
 건수율=산업장 근로자 1,000명당 재해 건수
② 도수율은 발생 상황을 파악하기 위한 표준적 지표
 도수율=연작업 100만 시간당 재해 발생 건수
③ 강도율은 재해에 의한 손상의 정도 파악에 활용, 사망 또는 영구적으로 노동이 불가능한 경우 작업 손실일 수를 7,500일로 계산한다.
 강도율=연작업 1000시간당 작업 손실일 수

11. ❸

12. ❸
① 납 중독 – 축전지, 유리 제조, 교통기관 배기가스, 피에트나 안료 제조, 도자기 제조, 인쇄염 등 : 소화기 증상, 관절통, 뇌 증상 발생
 수은 중독 – 피륙, 박제 제조, 사진 공업 등 : 구내염, 근육 진전, 정신 증상 등
② 크롬 – 화학비료, 염색, 시멘트 제조 : 결핍 시 인슐린 저하로 인한 것과 같은 탄수화물 대사장애 유발, 비중격 천공, 피부궤양, 폐암 등
 니켈 – 케켈광의 정련과 제조, 니켈 도금업 : 접촉성 피부염, 폐암, 비중격 천공
 알루미늄 – 제련, 도금 용접 : 신경계 직접 독성 작용
④ 진동 – 교통기관 승무원, 기중기 운전자, 분쇄기 사용자, 공기 해머, 착암기, 병타기, 연마기 등 사용 : 레이노드 현상, 위장장애, 내장하수증 등

13. ❸
직업병의 정의
- 직업병은 근로자들이 그 직업에 종사함으로써 발생하는 상병, 즉 일정한 직접에 종사함으로써 작업 조건이나 작업 방법이 직접적인 원인이 되거나 이와 관련하여 발생하는 질병으로서, 업무와의 상당한 인과관계가 있다.
- 넓은 의미의 직업성 질환은 산업재해로 발생되는 질병과 질환인 직업병으로 구분하는데, 직업병은 직업의 종류에 따라 그 직종이 가지고 있는 특정한 이유로 인해 그 직종에 종사하는 사람에게만 발생하는 특징의 질환을 말한다.

직업병 발생의 특징
- 만성적 경과를 거치므로 조기 발견이 어렵고 환경개선에 의한 예방효과도 일정 시일 경과 후 나타남
- 특수검진으로 판명됨
- 예방이 가능하나 적시에 효과적으로 이루어지기 어려움
- 유기물질의 채취 방법과 분석법이 다르고 고가 장비나 기계에 의한 정량 분석이 요구됨
- 임상적 또는 병리적 소견이 일반 질병과 구분하기 어려움
- 직업병은 근로관계상의 요인과 기타요인이 복합적으로 작용하여 발생하는 경우가 많음
- 산업의 발달에 따라 새로운 직업병이 발생하지만 그에 대한 의학적 지식은 늦음

14. ❸
한랭 손상은 한랭 환경에서 생리적 변화로 온도가 정상적인 체온보다 하강하게 되면 증발·전도·대류·복사에 의한 열손실이 열생산을 초과하여 발생하는 건강장해이다. 건강장해 유형에 참호족이 있다. 참호족(침수족)은 직접 동결상태에 이르지 않더라도 한랭한 상태에서 계속해서 장기간 폭로되고 동시에 지속적으로 습기나 물에 잠기게 되면 발생한다. 지속적인 국소의 산소결핍으로 모세혈관, 울혈과 조직세포와 신경퇴화가 계속 발생한다. 그러므로 그 부분에 발적, 충혈, 작열감, 부종 피부는 청홍색이며 때로는 괴저와 궤양이 발생한다.

15. VDT증후군이라 함은 현대인의 필수품이라 할 수 있는 컴퓨터, 계기판 등 각종 영상 표시 단말기(Visual Display Terminal)를 취급하는 작업이나 활동으로 인하여 어깨, 목, 허리 부위에서 발생하는 경견완증후군 및 기타 근골격계 증상(팔, 손, 손목 등), 눈의 피로 및 질환(눈의 충혈, 눈물 흘림, 복시, 시력 감퇴 등), 피부 증상, 정신 신경계 증상을 말한다.
이를 예방하기 위한 대책으로는 작업 환경의 개선, VDT 기기 조건개선, 작업 환경 시간조정, 작업 공간 조절 등이다.
작업 시 조명은 빛이 화면에 비치지 않도록 배치하고, 키보드상 조도는 300~500lux로 하며, 서류에는 보조조명 사용을 한다. 그 외 적절한 온습도 조절을 한다. VDT 기기는 아른거림이 적고, 무광택인 디스플레이 장치 사용, 작업은 1회 연속 작업을 1시간 이내로 하고, 시간당 10~15분의 휴식을 취해야 한다. 작업공간 구성 시 높낮이가 조절되는 의자를 사용하여 무릎의 각도가 90도가 유지되도록 높이를 조절하고, 의자에 깊숙이 앉아서 등을 지지한다. 키보드나 마우스를 두는 곳은 높낮이를 조절하여 키보드를 치는 팔꿈치의 각도가 90도 이상 유지되도록 하고, 모니터의 높이를 조절해서 시선이 모니터 상단에 수평으로 일치되어야 한다. 모니터 화면과 눈의 거리는 40cm 이상이 되도록 유지한다. 그 외 작업 전후, 작업 도중에 스트레칭을 한다.

16. ㉠ 진폐증
㉡ VDT 증후군

17. ❶

유해 중금속	유해 작업장	인체에 미치는 영향
크롬	합금 제조, 제련, 전기 도금, 안료 공장, 염색, 광산, 내화벽돌 제조, 크롬 도금 등	• 침입 경로: 증기 또는 분진 흡입 • 금속 크롬은 무해, 산화물 및 그 염이 유해(6가 크롬 등 중크롬산이 유해) • 급성 중독으로 인한 심한 신장 장해로 과뇨증, 진전 시 무뇨증(요독증으로 사망 초래), 장기 폭로 시 기침, 두통, 호흡곤란 유발, 비중격 천공
비소	염색 공장, 유리 공장, 식품 구충제 제조업, 불꽃 제조업 등	• 증상으로 현기증, 불면증, 권태, 습진, 구진, 당뇨병, 단백뇨, 근무력감, 흑피증, 황달, 결막염, 위장 장애, 구강궤양, 헤모글로빈 감소 등 • 손과 발바닥의 작은 염증 또는 암 유발
수은	도금, 피륙, 박제 제조, 사진 공업, 도료, 수은등 제조, 수은 광산, 수은 추출 작업,	• 대개 수은 증기에 폭로되어 발생(기도를 통한 흡수), 그 외 경구 침입과 직접 피하 흡수됨 • 유기 수은은 흡수 시 신장과 뇌에 축적, 무기 수은은 신장에 축적 • 증상은 구내염, 근육 진전 및 정신 증상이 특징, 초기 증상으로 안색이 누렇게 변하고, 두통, 구토, 복통, 설사 등 소화불량 증세가 나타남, 만성 중독 시 뇌조직에 침범하여 나중에는 청력, 시력, 언어장해 및 보행장해를 유발하고, 모체를 통해 태아에게 중독 증상 유발 • 수은 작업장 허용 농도는 0.05ppm임
비스무트	납(연) 정련, 합금	증상은 잇몸 염증, 단백뇨, 신증후군, 피부염 발생
카드뮴	염화비닐안정제, 용접, 금속 도금, 플라스틱 제조, 전기 도금이나 용접, 카드뮴 합금 제조 및 가공업, 카드뮴 전지, 화합물 제조, 합성수지, 도료·안료 제조	• 호흡기계로 체내 흡수된 카드뮴은 혈액을 거쳐 그 2/3는 간과 신장으로 이동하고 나머지는 혈액을 통해 다른 장기로 이동, 체내에 축적된 것 중 50~70%는 간과 신장에 축적 • 카드뮴의 작업상 허용농도는 0.05ppm • 급성기 증상은 구토, 설사, 급성 위장염, 복통, 착색뇨, 간과 신장기능장해 • 만성중독 시 3대 증상(폐기종, 신장기능장해, 단백뇨)과 뼈의 통증, 골연화증, 골소공증 등 골격계 장해가 대표적 증상임 • 이타이 이타이병(약 50년 전 일본 도야마현의 납과 아연을 제련하는 공장에서 방류된 폐수에 카드뮴이 다량 포함, 이 물을 먹은 사람과 이 강에 사는 어패류를 먹은 사람에게 골연화증이 발생, 이타이 이타이는 '아프다 아프다'를 뜻함)
시안	도금 공업 (은, 동 등), 금속제련, 사직공업, 금속열(아연흄)처리, 도시가스 제조공업 배출수 등	• 자연수에는 거의 존재하지 않는 물질로 시안 화합물을 함유한 배출수 혼입으로 발견됨 • 급성 독성은 매우 강하고, 심한 중독 증상 유발, 치사율이 높음 • 하천수를 오염시켜 물고기가 떠오르는 사고나 지하수를 오염시키는 경우가 있었음

18. ❶

② 도자기 공장과 합금 제조원의 배출유해물질은 망간으로 그 외 배출원으로는 유리 제조와 색소나 안료 제조 등이다. 급성 폭로 시 호흡곤란, 과다노출 시 화학성 폐렴, 간독성과 신독성이 유발된다. 만성 시 신경계 증상(1기: 망간신경증/무기력/식욕감퇴/망간성정신병 - 흥분과 성욕 증가, 2기: 가면양 얼굴/언어장애, 3기: 근긴장 항진/현저한 운동실조)과 폐렴 증상 등이 발생한다.
③ 건전지와 염화비닐 제조원에서 배출되는 오염물질은 카드뮴이다.
④ 농약, 암모니아 비료 제조소에서 배출되는 주된 오염물질은 질산염으로 이는 급성 혈액장애를 유발한다.

19. ❶

┃ 납중독

정의	용해성 납을 흡입하거나 삼킴으로써 일어나는 직업병으로 연중독이라고도 함
발생원	연의 소결, 용광, 소상하는 작업, 용해 또는 주입하는 장소에서의 작업, 축전지의 연도포 작업, 활자의 문석·식자 또는 조판 작업, 연안교를 사용하는 작업, 연용접 등
침입 경로	• 호흡기계 : 분진이나 증기 형태로 침입, 폐포 흡입 시 중독 증상이 빠르고 위험함 • 경구침입 : 작업자의 손을 통해 침입, 간장에서 일부가 해독되므로 증상 발현은 드물고 경미함
증독 기전	급성기전에는 간, 신장, 십이지장 등의 장기에서 연이 검출되는데, 만성기에는 난용성인 인산염($Pb_3(PO_4)_2$)의 형태로 골에 침착됨, 골중의 연은 용해성 인산염으로 되어 혈중에 나타나서 혈중 농도가 어느 한도 이상 시 발생됨
증상	• 초기 증상 : 권태, 체중 감소, 식욕감퇴, 변비와 적혈구수의 감소, 헤모글로빈량의 저하, 더 진행 시 관절통, 신근마비를 일으키기도 함 • 납중독 4대 증상(조기진단 시 활용) : 연빈혈, 연선, 염기성 과립적혈구수의 증가, 소변의 코프로폴피린 검출
예방	일반공업 중독 예방에 준하는 납 증가나 가루가 발생하지 않도록 작업 방식을 개선, 피부·손가락·작업복을 통해 납이 체내에 들어가지 않도록 하고, 손을 잘 씻거나 양치질을 자주 하며, 작업복과 통근복을 구별하여 착용, 마스크와 장갑 착용
치료 및 대책	• 예방이 우선됨 • 정기적인 건강진단 필요 • 납과의 접촉을 피하고, 칼슘이 풍부한 식이를 섭취(납의 배출을 도움) • 최근 납의 배설을 돕기 위해 칼슘나트륨 에틸렌디아민테트라아세트산(Ca-EDTA)을 주사하며 글루타티온이나 비타민제를 사용

20. ❶

(가) 납 중독 시 분진이 손에 묻은 채로 담배를 피우거나 음식을 먹지 않는다.
(나) 수은 중독의 3대 증상으로 구내염, 근육진전, 정신증상이 있다.
(다) 조혈장애는 납 중독 증상이다.
(라) 골연화증은 베릴륨 중독 증상이다.
(마) 자극성 피부염은 크롬 중독 증상이다.
　　 비중격 천공은 크롬 중독 증상이다.
　　 소변에서 코프로폴피린 성분 검출은 납 중독 증상이다.

유해물질 중금속 및 중독 증상

⑴ **납 중독 4대 증상** : 피부창백, 치은부 납 침착, 과립적혈구 증가, 소변 중 코프로폴피린 검출
⑵ **수은 중독 3대 증상** : 구내염, 근육진전, 정신증상
⑶ **크롬 중독** : 코, 폐, 위장점막 병변, 장기간 폭로 시 기침, 비중격 천공
⑷ **카드뮴** : 폐기종, 단백뇨, 골연화증, 골다공증

구분	증상	예방 및 관리
납	피부창백, 사지 신근쇠약 정신착란	납 분진이 묻은 손으로 담배를 피우거나 음식을 먹지 않음
수은	보행 장애 구내염 청력, 시력 장애	급성 중독 시 우유와 계란 흰자를 먹음

크롬	비중격 천공 인후염 과뇨증	우유와 화원제로 비타민 C를 줌 고무장갑, 고무앞치마 착용 비중격 점막에 바세린 도포
카드뮴	골다공증 구토, 설사 간, 신기능 장애	채용 시 신질환 과거력 확인
베릴륨	만성폭로 시 폐육아종성 변화 인후염 폐부종	반드시 밀폐시키고 환기 장치 설치

21.

1) 납 중독으로 인해 밑줄 친 ㉠(빈혈)이 나타나는 기전
   → 납(연) 중독이 조혈장기에 미치는 영향
   • Heme 합성 장해
   • 적혈구 생존기간 단축
   • 망상(호염기구) 적혈구 증가

2) calcium EDTA의 약리 작용과 근육주사 시 procaine을 함께 투여하는 이유
   • calcium EDTA의 약리 작용
     작은 아미노산인 EDTA는 화학적으로 금속이나 미네랄에 결합하는 성질이 있어(납을 흡착하여) 체내에 축적된 독성 중금속을 배출시킨다.(킬레이트요법)
   • 근육주사 시 procaine을 함께 투여하는 이유
     주입 부위에 통증을 느끼는 사람은 리도카인이나 프로카인을 혼합하여 통증을 완화 또는 제거한다. 근육주사 시 저칼슘혈증으로 인한 부정맥이 나타날 수 있는데, 이 때 프로카인(또는 리도카인)을 투여하여 교정하도록 한다.

3) calcium EDTA 투여 전에 확인해야 할 사항과 그 이유
   • 혈중 칼슘 농도 확인
     EDTA를 과량 또는 너무 빠르게 투여하면 EDTA와 결합하는 칼슘양이 많아지기 때문에 저칼슘혈증(hypocalcemia)이 초래될 수 있다. 저칼슘혈증으로 근육통, 이명(stridor), 복시(diplopia)가 나타날 수 있으며 심하면 신경근육의 흥분도가 높아지는 강축(tetany)이 올 수 있다.
   • 혈뇨, 단백뇨 확인, 섭취량, 배설량 확인
     과량 또는 주입 속도가 너무 급속할 때 신장에 독성을 일으킬 수 있다. 신장 독성 증상 여부를 파악하기 위해 혈뇨, 단백뇨, 다뇨, 빈뇨 야기/크레아티닌 청소율(Ccr)을 주기적으로 측정하고 소변을 자주 스틱으로 찍어 검사한다.

5절· 환경

| 본문 p.123

1. ❹
- 기후의 3대 요소 : 기온, 기습, 기류
- 온열조건 : 기온, 기습, 기류, 복사열

2. 불쾌지수＝(건구온도℃＋습구온도℃)×0.72＋40.6 또는
불쾌지수＝(건구온도℉＋습구온도℉)×0.4＋15
∴ ㉠불쾌지수＝(28＋25) × 0.72＋40.6＝78.76
불쾌지수가 실외에서는 적정지표가 아닌 이유는 기류와 복사열 등 실외 조건을 전혀 고려하지 않았기 때문이다.

3. ❷
① 탁도는 1도 이하
③ 일반 세균수는 1ml 중 100CFU 이하
④ pH 5.8~8.5

4. 답 없음(1992년 당시와 2023년 현재 기준이 달라져서 답이 없음)
현행 음용수 수질 기준
① 페놀 0.005mg/L
② 황산이온은 200mg/L 이하
③ 염소이온은 250mg/L 이하
④ 암모니아성 질소는 0.5mg/L 이하

5. ❸, ❹
납은 0.01mg/L 이하, 페놀은 0.005mg/l 이하

6-1. 대장균 검사의 의의
1) 대장균 자체가 유해한 경우는 적으나 분변 오염의 지표로서 의의가 있다.
2) 저항성이 병원균과 비슷하거나 강해서 다른 병원성 미생물의 오염을 의심할 수 있다.
3) 검출 방법이 간편하고 비교적 정확하기 때문에 실시한다.
4) 질산성 질소 같은 물질이 산화물로 생겨 질병이 생길 수 있다.

6-2. 대장균 검사의 평가방법
1) Coli Index : 대장균 지수로서 대장균을 검출할 수 있는 최소 검수량의 역수로써 표시한다.
   예 50cc에서 처음 대장균을 검출했다면 coli index는 1/500이다.
2) MPN : 검수 100ml 중 대장균군 수가 몇인지 이론상으로 가장 가능성이 있는 수치
   예 대장균군의 MPN치가 1000이면 물 100ml 중에 대장균군이 1000이 있다는 의미이다.

7.
1) 일반 세균은 1ml 중 100CFU를 넘지 아니할 것
2) 총대장균군은 100ml에서 발견되지 아니할 것
3) PH는 5.8~8.5이어야 할 것

8. 학교 내 환경관리 기준(학교보건법 제4조)

① 환경위생

    ㉠ 환기·채광·조명·온습도의 조절

    ㉡ 유해중금속 등 유해물질의 예방 및 관리

    ㉢ 상하수도·화장실의 설치 및 관리

    ㉣ 오염공기·석면·폐기물·소음·휘발성 유기화합물·세균·분진 등의 예방 및 처리

② 식품위생

    ㉠ 식기·식품·먹는 물의 관리 등 식품위생을 적절히 유지·관리

9. ❹

질산성 질소는 헤모글로빈과의 친화력이 일산화탄소보다 훨씬 강하므로 혈액 중의 헤모글로빈과 결합하여 매트-헤모글로빈혈증을 유발한다. 질산성 질소의 농도가 10ppm 이상이면 만 1세 미만의 유아(특히 생후 3개월 이하의 갓난아기)에게 청색증(blue baby syndrome, 의학명은 Methemoglobinemia)을 일으켜 심한 경우 사망에 이를 수도 있다.

10. ❷

ㄱ. **일반세균** : 1ml 중 100CFU를 넘지 아니할 것

ㄴ. **총 대장균군** : 100ml에서 검출되지 아니할 것

ㄷ. **유리잔류염소** : 4.0mg/L를 넘지 아니할 것

ㄹ. **색도** : 5도를 넘지 아니할 것

ㅁ. **질산성 질소** : 10mg/L를 넘지 아니할 것

11. ㉠ 행정안전부장관

㉡ 4.0

> **재난 및 안전관리 기본법**
> 제6조(재난 및 안전관리 업무의 총괄·조정) 행정안전부장관은 국가 및 지방자치단체가 행하는 재난 및 안전관리 업무를 총괄·조정한다.

12. • ㉠의 명칭 : 불연속점(Break-Point)

   정의 : 염소처리할 때 일정한 시간까지는 염소 주입량과 비례하여 잔류 염소가 증가하지만 일정한 시간이 지나면 주입 염소량이 증가하여도 잔류 염소는 감소하여 최저 수준에 달하며 이후에 다시 투입량에 비례하며 잔류하게 된다. 이 최저 수준에 달한 시기를 불연속점이라고 한다.

• ㉠의 활용방법

불연속점 이상까지 염소처리하는 것을 잔류염소처리라고 한다. 즉, 소독효과를 유지하기 위해 불연속점(Break-Point) 이상으로 염소를 주입해야 함을 의미한다. 잔류염소의 농도는 0.2ppm 이상, 4.0ppm을 넘지 않도록 해야 한다.

• 염소 소독의 장단점

  1) 장점

    ① 강한 소독력 ② 큰 잔류 효과 ③ 값싼 경비 ④ 간단한 조작

  2) 단점

    냄새가 많고 독성이 있다.

13. ❹

폭기의 효과로 물은 대기 중 산소를 용해, 흡수하고 자체 내의 분해물질인 이산화탄소, H_2S, CH_4 등을 내보낸다.

14. ❷

Imhoff tank는 침전실(상부)과 부패실(하부)로 분리하여 부패실에서 냄새가 역류하여 밖으로 나오지 않도록 고안되었다.

15. ❷

생물화학적 산소요구량 (BOD)	• 수중의 유기물이 호기성 세균에 의해 산화분해될 때 소비되는 산소량 • 수질 오염의 지표(하수, 공공수역) • 유기성 오염이 심한 하천일수록 BOD가 높음 • BOD5 : 호기성 상태에서 분해 가능한 유기물질을 20℃에서 5일간 안정화시키는 데 필요한 산소량
화학적 산소요구량 (COD)	• 유기물질을 강력한 산화제로 화학적으로 산화시킬 때 소모된 산화제의 양에 상당하는 산소량 • 수중의 유기물질을 간접적으로 측정하는 방법(하수, 특히 폐수) • 우리나라 환경오염공정시험법에 과망간산칼륨법이 사용
용존산소량 (DO)	• 물의 오염 상태를 나타내는 하나의 지표로서 물에 녹아 있는 유리산소량 • DO가 높은 물은 천수, 지표수, 복류수, 지하수 • DO가 부족(5 이하)하게 되면 수중에 서식하는 어패류의 생존을 위협한다. 유기물이 너무 많이 분해되면 용존산소의 과다소비로 인한 산소결핍으로 혐기성 상태가 되어 메탄, 암모니아 등이 발생 • 20℃에서 물의 포화용존산소량은 9.2ppm

16. ❷

① BOD는 숫자가 클수록 오염도가 높은 물이다.
③ BOD는 물속의 유기물질이 미생물에 의해 분해될 때 필요한 산소 요구량이다.
④ pH는 외부로부터 산, 알칼리성 물질이 유입되면 쉽게 변하므로 오염 지표가 될 수 있다.

17. 1) ㉠, ㉡의 발생 원인 물질
   ㉠ 메틸수은   ㉡ 카드뮴
2) ㉢의 정의 및 ㉢과 용존산소(DO)와의 관계
   • 생물화학 산소요구량(Biochemical Oxygen Demand, BOD)
     ⇒ "호기성 미생물이 물속의 유기물을 분해하는 데 필요한 산소의 양"
        DO는 물에 녹아 있는 유리산소로서 BOD가 높으면 DO는 낮다.
3) ㉣ 수인성 감염병과 관련한 Mills-Reincke 현상
   먹는물을 여과 정화 처리하여 급수하면 장티푸스와 같은 수인성 감염병으로 인한 사망률 뿐만 아니라 일반 사망률도 현저히 저하됨
   • Mills(1893, 미국) : 수돗물을 여과하여 급수하니 장티푸스, 이질, 설사, 기생충 감염↓ 일반 사망률↓
   • Reincke(1893, 독일) : 여과 급수 활용 시 일반 사망률↓

18. ❹

적조현상은 일반적으로 미세한 식물성 플랑크톤이 바다에 무수히 발생해서 해수가 적색을 띠는 현상을 말하며, 해역오염의 중요한 문제점으로서 수산피해를 초래한다. 임해공업단지와 공장폐수, 연안도시의 하수가 유입되어 수온 상승, 염분농도 저하, N(질소)·P(인) 등의 영양염류의 증가로 인해 발생하는 것으로 추정된다. 해류 정체 시 더욱 촉진되고 특히 영양염류로서 N과 P의 농도비가 10~15 : 1정도가 될 때 식물성 플랑크톤이 크게 번식하여 적조현상을 일으킨다.

19. ❹

일산화탄소-헤모글로빈 농도	증상
0~10%	정상
10~20%	강한 두통, 피부 혈관 확장, 전두부 긴박감
20~30%	현기증 및 약간의 호흡 곤란
30~40%	심한 두통, 구역, 구토, 시력 저하
40~50%	근력 감퇴, 허탈, 호흡 및 맥박의 증진
50~60%	가사, 호흡 및 맥박 증진, 혼수, 경련
60~70%	혼수, 경련, 심장 박동 및 호흡의 미약
70~80%	맥박이 약하고 호흡이 느리며, 호흡 정지, 사망
80% 이상	즉사

20. ❶

아황산가스는 무색이나 물에 잘 녹기 때문에 90%가 상기도에 흡수되어 기관지 점막 자극, 그 외 눈과 코 점막을 자극한다.

② 연간 평균치 $0.02 \times 10-6$ppm 이하, 24시간 평균치 $0.05 \times 10-6$ppm 이하, 1시간 평균치 $0.15 \times 10-6$ppm 이하

③ 우리나라 대기환경기준에 포함되어 있음(아황산가스, 일산화탄소, 이산화질소, 미세먼지, 초미세먼지, 오존, 납, 벤젠 - 환경정책기본법 시행규칙)

④ 농작물 피해, 숲 파괴, 시계를 흐리게 함

21. ❹

지구의 온실효과

① 정의: 대기 중에 방출된 이산화탄소 등이 층을 형성하여 지표로부터 복사되는 적외선을 흡수해서 열의 방출을 막고 다시 지상으로 복사해서 지구의 기온이 상승하게 되는 현상. 즉, 지구 주위를 둘러싼 가스들이 지구층의 가열된 복사열의 방출을 막고 지구가 더워지는 현상

② 주요 원인 물질: 이산화탄소(CO_2), 메탄(NH_4), 오존(O_3), 염화불화탄소(CFC, 프레온가스), 이산화질소(NO_2) 등

③ 영향: 해수면 상승, 생태계 변화, 기상 이변 등으로 각종 산업에 영향

22. ❶

23. ❷

온실효과를 일으키는 온실기체들 중에 이산화탄소는 주로 에너지 사용 및 산업공정에서 발생하고, 메탄은 주로 폐기물, 농업 및 축산 분야에서, 이산화질소는 주로 산업 공정과 비료 사용으로 인해 발생되며, CFCs, PFCs, SF₆ 등은 냉매 및 세척 용도의 사용으로부터 배출된다. 이 물질들 가운데 이산화탄소가 전체 온실가스 배출량 중 80% 이상을 차지하고 있다.

이산화탄소는 현재 온실효과를 일으키는 가장 큰 주범으로 여겨지고 있는 온실기체이다. 이산화탄소가 온실효과에 미치는 영향이 가장 큰 이유는 이 기체가 대기 중에서 열에너지를 저장하는 능력이 뛰어나서가 아니라, 같은 농도의 메탄과 비교해 보았을 때 약 1/20배 정도로 온실효과에 미치는 영향이 약하지만 다른 온실기체에 비해 대기의 성분 중에 차지하는 절대량이 많기 때문이다.

24. 1) 지구의 온난화는 지구의 평균기온이 점차적으로 증가하는 현상이다.

지구의 평균기온은 과거 100년 간 0.3도~0.6도씩 상승하고 있으며 이는 대기 중에 이산화탄소 (50%), 메탄(18%), 프레온가스(15~20%), 기타 가스(15%)가 복사열을 흡수하기 때문이다.

2) 지구 온난화가 환경에 미치는 영향
① 기온 상승, 토양의 건조화, 생물 성장의 남방·북방 한계에 영향
② 해면 상승
③ 해류, 바람, 기압 등의 변화 – 엘리뇨 현상
④ 기온의 상승은 대류권 오존 생성을 촉진하여 오존 농도가 상승
⑤ 오염 물질 방출량 증가로 산성우의 피해 증가

25. ㉠ 적외선, 복사열을 흡수하거나 다시 방출하여 온실효과를 유발하는 대기 중의 가스 상태 물질
㉡ 이산화탄소(CO₂)
㉢ 메탄(CH₄)
㉣ 대도시의 수직적으로 들어선 대형건물 및 공장들은 불규칙한 지면을 형성하여 자연적인 공기의 흐름이나 기류를 차단한다. 또한 매연, 도시가옥과 건물, 차량 등에서 방출되는 인공열 등에 의해 인위적인 열의 생산량이 증가함에 따라 도심의 온도는 변두리 지역보다 높아 도심의 따뜻한 공기는 상승하게 되며, 도시 주위로부터 도심으로 찬 바람이 지표로 흐르게 되는 현상이다.

26. ❹

오존층 파괴의 주된 물질은 냉장고의 냉매제로 사용되는 프레온가스(염화불화탄소)이다. 프레온가스 (염화불화탄소), 할론가스가 원인으로 다른 화학물질과는 달리 성층권까지 도달하여 염소화합물을 형성하며 오존층을 침식(염화불화탄소(CFCₛ)가 방출되면 염소가 오존과 반응하여 오존층을 파괴)함으로써 자외선 투과를 허용할 뿐 아니라 온실효과의 20~30%까지 기여할 것으로 추정한다.

27. ❷

기온 역전은 공기의 층이 반대로 형성되는 것으로, 고도가 상승되어도 기온이 상승하여 상부의 기온이 하부 기온보다 높아 대기가 안정되고 공기의 수직 확산이 일어나지 않는 현상이다. 공기의 수직 이동이 없어지고 가스나 오염 물질이 지표면에 침체되므로 중독 사고가 나기 쉽다.

• **복사성 역전**: 낮 동안에 태양 복사열이 큰 경우 지표의 온도는 높아지나 밤에는 복사열이 적어 지표의 온도가 낮아짐으로써 발생, 지표 가까이서 발생하고, 주로 지표로부터 120~250m 정도의 낮은 상공에서 발생하며 아침 햇빛이 비치면 쉽게 파괴되는 야행성.

• **침강성 역전**: 맑은 날 고기압 중심부에서 공기가 침강하여 압축을 받아 따뜻한 공기층을 형성. 보통 1000m 내외의 고도에서 발생한다.

(가)는 온실 효과에 대한 설명

(다)는 열섬 현상에 대한 설명

(마)는 침강성 역전에 대한 설명

28-1. 1) 오존의 농도 : 0.3ppm 이상

2) 행동지침

① 당해 지역 유치원, 학교 실외 활동 제한(특히 노약자, 유아, 환자 등의 실외 활동 억제)

② 당해 지역 차량 통행 금지, 발령 지역 우회 운행

> **오존 경보제 발령기준과 농도**
>
> ① 주의보 : 0.12ppm 이상   ② 경보 : 0.3ppm 이상   ③ 중대경보 : 0.5ppm 이상

28-2. 1) 아황산가스(SO_2)

2) 일산화탄소(CO)

3) 이산화질소(NO_2)

4) 미세먼지(PM-10)

5) 초미세먼지(PM-2.5)

6) 오존(O_3)

7) 납(pb)

8) 벤젠

29. ㉠ 사회 재난

㉡ 대응

> **재난의 분류**
>
> ① 자연 재난 : 태풍, 홍수, 호우, 강풍, 풍랑, 해일, 대설, 낙뢰, 가뭄, 지진, 황사, 조류 대발생, 조수, 화산 활동 등과 그밖에 이에 준하는 자연 현상으로 인하여 발생하는 재해를 말한다.
>
> ② 사회 재난 : 인적 재난인 화재, 붕괴, 폭발, 교통 사고(항공 사고 및 해상 사고 포함), 화생방 사고, 환경 오염 사고 등으로 인하여 발생하는 대통령령으로 정하는 규모 이상의 피해와 사회적 재난인 에너지, 통신, 교통, 금융, 의료, 수도 등 국가기반체계의 마비, 감염병의 예방 및 관리에 관한 법률에 따른 감염병 또는 가축감염병 예방법에 따른 가축감염병의 확산 등으로 인한 피해를 통합한 재난으로 정의한다.

❚ 재난 관리 4단계

단계	구분	재난관리활동
예방 · 완화	재난 발생 전	• 위험성 분석 및 위험 지도 작성 • 건축법 정비 제정, 재해 보험, 토지 이용 관리 • 안전 관련법 제정, 조세 유도
준비 · 계획	재난 발생 전	• 재난 대응 계획, 비상 경보 체계 구축 • 통합 대응 체계 구축, 비상 통신망 구축 • 대응 자원 준비, 교육 훈련 및 연습
대응	재난 발생 후	• 재난 대응 적용, 재해 진압, 구조 구난 • 응급의료체계 운영, 대책 본부 가동 • 환자 수용, 간호, 보호 및 후송
복구	재난 발생 후	• 잔해물 제거, 감염 예방, 이재민 지원 • 임시 거주지 마련, 시설 복구

30. ㉠ 환경호르몬 ㉡ 다이옥신

1. 환경호르몬의 정의
   생물체에서 정상적으로 생성·분비하는 물질이 아니라 인위적으로 만들어진 화학물질로서 체내에서 유입되어 마치 호르몬과 같은 작용을 하면서 내분비계의 정상적인 기능을 방해하는 물질/내분비계 교란물질 또는 내분비계 장애물질

2. 환경호르몬의 특성
   ① 생체 호르몬과는 달리 쉽게 분해되지 않고 안정적이다.
   ② 환경 중 및 생체 내에 잔존하며 심지어 수년간 지속되기도 한다.
   ③ 인체 등 생물체의 지방 및 조직에 농축되는 성질이 있다.

3. 기전
   ① 호르몬 유사작용[정상호르몬처럼 행세(유사)]
      예 합성 에스트로겐 DES(임산부들이 유산방지제로 복용한 DES의 부작용), PCB, 비스테놀 A
   ② 호르몬 봉쇄작용(정상 호르몬을 대신하여 세포물질과 결합)
      예 DDT(여러 경로로 몸속에 들어온 DDT의 변이물질이 남성 호르몬(테스토스테론)의 작용을 봉쇄하면서 성기가 위축된 플로리다 아포카 호수의 수컷 악어들)
   ③ 촉발작용(환경호르몬이 완전히 새로운 세포반응)
      예 다이옥신

제6강 학교보건

1절 학교보건의 이해

| 본문 p.135

1.
1) 학생 시절은 건강 행위를 위한 습관을 형성하는 시기로서, 만성질환 예방 교육은 학생들의 건강 증진 생활양식을 변화시킬 수 있기 때문에 효과 면에서 능률적이다.
2) 학생들을 위한 교육은 학부모와 가족, 즉 지역사회 주민에게 파급 효과가 있다.
3) 학생인구는 전체 인구의 25% 정도로 수적인 면에서도 중요한 비중을 차지한다.
4) 질병 예방과 건강 증진에 가장 효과적인 전략은 보건교육이다. 교육의 기회를 자연스럽게 활용할 수 있다.
5) 학생들은 학교라는 한 장소에 모여 있으므로 지역 주민들을 위한 사업 시 지역을 방문해야 하는 것을 고려할 때 학교는 사업의 효율성을 높여준다.
6) 교직원은 그 지역사회에서 지도적 입장에 있고 항상 보호자와 접촉하고 있으므로 교직원이 먼저 보건에 관한 지식을 습득하고 이것을 생활화함으로써 지역사회의 시범이 될 수 있다.

2-1.
1) 학생들의 생활양식에 대한 지식, 태도, 행동에 변화를 초래하여 질병 예방과 건강 증진을 위한 생활양식을 실천한다.
2) 학교교육의 능률을 높인다.

2-2. 1) 학생 시절은 건강 행위를 위한 습관을 형성하는 시기로서, 만성질환 예방 교육은 학생들의 건강 증진 생활양식을 변화시킬 수 있기 때문에 효과면에서 능률적이다.
2) 학생들을 위한 교육은 학부모와 가족, 즉 지역사회 주민에게 파급 효과가 있다.
3) 학생 인구는 전체 인구의 25% 정도로 수적인 면에서도 중요한 비중을 차지한다.
4) 교육의 기회를 자연스럽게 활용할 수 있다.
5) 질병 예방과 건강 증진에 가장 효과적인 전략은 보건교육이다.

2-3. 1) 개인이 어떤 상태에 민감하다고 느낄 때, 즉 자신이 만성질환에 이환될 수 있다고 믿게 한다(민감성 증진).
2) 만성질환에 걸릴 경우 자신에게 심각한 결과를 가져올 수 있다고 믿도록 한다(심각성).
3) 만성질환 예방 행위가 자신들의 민감성이나 심각성을 감소시켜 준다고 믿도록 한다(이익).
4) 만성질환 예방 행위를 취하는 데 방해요소(비용, 위험성, 부작용, 고통, 불편감 등)를 제거한다(장애 제거).
5) 기타 개인이 만성질환 예방을 하도록 동기화하도록 한다.
6) 만성질환 예방 행위를 성공적으로 수행할 수 있다는 확신을 준다(자기효능감).

3-1. 1) 학생 시절은 건강 행위를 위한 습관을 형성하는 시기로서 이 시기에 형성된 건강 습관은 일생 동안 지속되므로 습관화 또는 생활화하기 용이하고 영구적이다.
2) 학생들을 위한 교육은 학부모와 가족, 즉 지역사회 주민에게 파급 효과가 있다.
3) 학생 인구는 전체 인구의 25% 정도로 수적인 면에서도 중요한 비중을 차지한다.
4) 질병 예방과 건강 증진에 가장 효과적인 전략은 보건교육이다. 교육의 기회를 자연스럽게 활용할 수 있다.
5) 학생들은 학교라는 한 장소에 모여 있으므로 지역사회 간호사업 시 지역을 방문하는 것을 고려할 때 학교는 사업의 효율성을 높여준다.
6) 교직원은 그 지역사회에서 지도적 입장에 있고 항상 보호자와 접촉하고 있으므로 교직원이 먼저 보건에 관한 지식을 습득하고, 이것을 생활화함으로써 지역사회의 시범이 될 수 있다.
7) 학생은 성장발달 시기이므로 질병을 조기에 발견함으로써 불구를 예방할 수 있고, 적은 경비로 큰 성과를 얻을 수 있다.

3-2. 「학교보건법」 제1조는 학교보건의 목적을 "학교의 보건관리에 필요한 사항을 규정하여 학생과 교직원의 건강을 보호·증진함을 목적으로 한다."라고 제시하였다.

4. 학교보건사업의 가장 큰 4가지 범주와 그에 따른 사업내용들에 대한 문제이다.
1) 학생 및 교직원의 건강관리 : 건강평가, 예방사업(전염병 관리, 응급 관리), 치료사업, 건강증진 사업
2) 보건교육 : 전염병 예방 및 기생충 감염 예방 교육, 구강위생관리, 매체 활용
3) 환경관리 : 급수시설 및 음료수 관리, 하수 및 오물처리, 변소 및 분뇨처리, 안전관리, 학교환경관리, 학교급식 관리
4) 지역사회와의 연계

5. ❹
[94년 기준과 현행의 차이가 있음]

6. ❸

학생 및 교직원의 건강진단 실시와 평가는 학교의사의 직무이다.

7. ❹

8. ❹

9. 1) 학교보건계획의 수립
2) 학교환경위생의 유지·관리 및 개선에 관한 사항
3) 학생 및 교직원에 대한 건강진단의 준비와 실시에 관한 협조
4) 각종 질병의 예방처치 및 보건지도
5) 학생과 교직원의 건강관찰과 학교의사의 건강상담, 건강평가 등의 실시에 관한 협조
6) 신체가 허약한 학생에 대한 보건지도
7) 보건지도를 위한 학생가정의 방문
8) 교사의 보건교육 협조와 필요 시의 보건교육
9) 보건실의 시설·설비 및 약품 등의 관리
10) 보건교육 자료의 수집·관리
11) 학생건강기록부의 관리
12) 다음의 의료행위(간호사 면허를 가진 사람만 해당한다.)
  • 외상 등 흔히 볼 수 있는 환자의 치료
  • 응급을 요하는 자에 대한 응급처치
  • 부상과 질병의 악화를 방지하기 위한 처치
  • 건강진단 결과 발견된 질병자의 요양지도 및 관리
  • 1)~4)까지의 의료행위에 따르는 의약품의 투여
13) 그 밖에 학교의 보건관리

10. 1) 학교보건계획의 수립
2) 학교환경위생의 유지·관리 및 개선에 관한 사항
3) 학생 및 교직원에 대한 건강진단의 준비와 실시에 관한 협조
4) 각종 질병의 예방처치 및 보건지도
5) 학생과 교직원의 건강관찰과 학교의사의 건강상담, 건강평가 등의 실시에 관한 협조
6) 신체가 허약한 학생에 대한 보건지도
7) 보건지도를 위한 학생가정의 방문
8) 교사의 보건교육 협조와 필요 시의 보건교육
9) 보건실의 시설·설비 및 약품 등의 관리
10) 보건교육 자료의 수집·관리
11) 학생건강기록부의 관리
12) 다음의 의료행위(간호사 면허를 가진 사람만 해당한다.)
  • 외상 등 흔히 볼 수 있는 환자의 치료
  • 응급을 요하는 자에 대한 응급처치
  • 부상과 질병의 악화를 방지하기 위한 처치
  • 건강진단 결과 발견된 질병자의 요양지도 및 관리
  • 1)~4)까지의 의료행위에 따르는 의약품의 투여
13) 그 밖에 학교의 보건관리

11. 1) 외상 등 흔히 볼 수 있는 환자의 치료
2) 응급을 요하는 자에 대한 응급처치
3) 상병 악화 방지를 위한 처치
4) 건강진단 결과 발견된 질병자에 대한 요양지도 및 관리
5) 1)~4)까지의 의료행위에 따른 의약품의 투여

2절◆ 학교간호과정

| 본문 p.138

1. ❷
① 수행 ② 사정 ③ 평가 ④ 수행 ⑤ 수행

2. 1) **기존 자료의 활용** : 출석부, 보건일지, 공문, 건강기록부, 물품관리대장, 통계자료, 연구논문 자료
2) **직접 정보수집**
    (1) 조사(=설문지, Survey) : 가정, 시설 및 기관 등을 방문하여 대상자를 직접 면담하여 자료를 얻는 매우 구체적인 방법으로 구조화된 또는 비구조화된 질문지를 사용. 비경제적, 비효율적이며 시간이 많이 들고 비용이 많이 들지만 학교보건의 특정한 문제를 규명하기 위해서는 필요한 방법
    (2) 참여 관찰(Participant observation) : 학교인구에 영향을 미치는 행사 등에 직접 참석하여 관찰하면서 그들의 가치, 규범, 신념 등의 정보를 수집하는 방법
    (3) 정보원 면담(Community interview) : 학교보건의 문제해결 과정 등에 대한 정보를 교사, 학부모, 지역행정장 등을 통해 수집하는 방법
    (4) 차창 밖 조사(=지역 시찰, Windshield survey) : 직접 보고, 듣고, 만지고, 느끼면서 자료를 수집하는 방법. 학교 및 지역사회를 두루 다니며 신속하게 학교 내·외 환경상태, 생활리듬 등을 관찰하는 방법, 자동차 유리너머로 관찰하거나 걸어서 다닐 수도 있다.
    (5) 공청회(학교 내 위원회, 학생회, 학부모회를 통하여 학교 보건 상황 파악) 및 언론 매체(학교 신문, 방송, 컴퓨터 등 이용하여 자료사정)를 통한 자료수집 방법

> **자료수집의 예**
> 보건교사는 학교 주변을 걷거나 자동차를 이용하여 둘러보면서 주택, 쓰레기 처리 상태, 위생 상태, 지역주민의 특징, 지리적 경계, 교통상태, 지역사회의 생활리듬, 분위기 등을 신속히 관찰하였다. 또한 보건지도가 필요한 학생의 가정을 방문하여 직접 면담하거나 질문지를 활용하여 자료를 수집하였으며, 지역주민들에게 영향을 미치는 의식 행사에 참여하여 관찰하기도 하였다. 또한 학교보건의 현황을 분석하고 파악하기 위하여 지역지도자나 지역유지를 통하여 지역사회의 건강문제를 수집한다. 군수와 부녀회장, 종교계 지도자 등을 만나 자료를 수집하기도 하였다. 더 필요한 부분들은 정부 및 각종 관련 기관에서 발행한 보고서, 통계자료, 회의록, 건강기록, 연구논문 등의 자료를 이용하여 보충하였다.

3-1. ▌학교건강사정 영역별 구체적인 자료수집 항목과 지표

	학교 인구 통계	수, 연령, 성별, 결석, 결근, 전출입 : 성비, 평균연령, 결근율, 출석률
구성물	보건통계	1. 성장발달 : 신장, 체중, 비만도(신장과 체중의 평균, 표준편차, 비만율) 2. 통상질환(만성질환, 전염성 질환) 및 증상 : 유병률, 발생률 3. 건강 행위 : 운동, 식습관, 흡연, 약물, 음주수준, 사고 위험 행위(각 건강 행위 실천율, 불구 아동 발생률) 4. 사회 심리적 건강상태 : 비행 학생 수, 학교 폭력 발생 수(비행 발생률, 학교폭력 발생률)
자원	학교환경	1. 물리적 환경(교실의 환기, 채광, 조명, 난방, 음료시설, 화장실, 안전관리 등의 상태 확인) 2. 사회적 환경(학교 내 조직원의 조직, 학생조직을 파악해 보건 활동 여부를 알아봄)
	학교 주변 환경	정화구역 파악 : 금지 행위 시설 유무
	학교의 보건 자원	1. 인적 자원(보건교사, 교의, 치과의, 학교 약사, 교직원, 학부모 등) 2. 시설물(보건실, 학교 지정 또는 인근 병원, 의원, 약국 등의 수) 3. 기구 및 도구(건강검사기구, 응급처치기구, 약품, 간호기구) 4. 자료(참고서적, 보건교육자료, 건강기록부, 학교건강관리 지침서 등) 5. 재정(학교 보건 예산 및 출처) 6. 시간(학교보건사업을 위하여 이용 가능한 시간) 7. 지원체계 : 학교보건위원회, 응급관리체계
상호작용		1. 학교보건사업 실태 파악(보건봉사, 보건교육, 환경관리, 지역사회 연계사업 상태를 파악) 2. 보건봉사(각종 검사 참여율, 예방접종률, 응급처치 횟수, 보건실 이용률, 물품과 약품 이용률, 비품 미충족률, 건강 증진 프로그램 실시 횟수, 체력단련실 이용 빈도, 건강 증진사업 참여율, 탈락률, 응급처치율) 3. 보건교육 : 보건교육 시간 및 빈도, 차시 4. 환경관리 : 관리 횟수 5. 지역사회연계사업 : 의뢰율
목표		적정기능수준에의 도달
경계		경계의 명확성

4. 학교사정을 통해 밝혀진 문제는 동시에 해결될 수 있는 것이 아니므로 사업별 우선순위를 설정하는 것이 필요하다. 우선순위의 설정 기준은
1) 얼마나 많은 대상 집단이 그 문제를 가졌느냐(유병률, 문제의 크기)
2) 얼마나 중요하게 생각하는 문제인가(문제의 관심도, 심각성)
3) 해결 가능한 자원은 있는가(인력의 수, 인력의 능력, 시간배정은 가능한가, 재원은 있는가, 이용 가능한 시설이 있는가), 해결 후 효과는 있는가(비용은 효과적인가, 경제적인가)
4) 신속히 해결 가능한가
5) 해결 방안은 대상자에게 수용 가능한 것인가
의 측면에서 검토되어야 한다.

저 자	내 용
Stanhope & Lancaster의 기준(2004)	1) 지역사회 주민들의 지역사회건강문제에 대한 인식 정도 2) 지역사회가 건강문제를 해결하려는 동기 수준 3) 지역사회 간호사의 건강문제 해결에 미치는 영향력 4) 전문가들의 건강문제 해결에 관련된 준비도 5) 건강문제 해결이 안 될 때의 심각성 6) 건강문제 해결에 소요되는 시간
Pickett & Hanlon(1990) Hanlon's community priority setting model	1) 문제의 크기 2) 질병의 심각성 3) 문제 해결을 위한 과학적인 충분한 지식 및 기술 4) 자원의 동원 가능성 5) 제안된 프로그램에 대한 지역사회의 수용
PATCH(Planned Approach To Community Health)	1) 건강문제의 중요성 2) 건강문제의 변화가능성
Bryant	문제의 크기, 문제의 심각도, 사업의 기술적 해결 가능성, 주민의 관심도
BPRS(Basic Priority Rating System)	BPRS=(A+2B) × C A : 문제의 크기 B : 문제의 심각도 C : 사업의 추정효과
PEARL(Propriety, Economics, Acceptability, Resource, Legality)	적절성, 경제성, 수용성, 자원 이용 가능성, 적법성
NIBP(Needs/Impact–Based Palnning)	건강문제의 크기와 해결방법의 효과에 따라 반드시 수행해야 할 문제, 수행해야 할 문제, 연구를 촉진해야 할 문제, 프로그램 수행을 금지해야 할 문제
CLEAR	• 지역사회의 역량(community capacity) • 합법성(legality) • 효율성(efficiency) • 수용성(acceptability) • 자원의 활용성(resource availability)

5-1. 1) 영향을 받는 인구집단의 범위(문제의 크기)
2) 문제의 심각성
3) 자원 동원 가능성
4) 시급성 또는 긴급성

5-2. 1) 1순위 : 전염성 결막염
2) 2순위 : 치아 우식증
3) 3순위 : 시력 교정 대상자

5-3. 1) 환자 치료 및 보건 교육 : 공동 이용 시설(수영장 등) 출입을 삼가도록 하고, 타인과 수건, 소지품 등을 함께 사용하지 않도록 하며, 필요시 진료
2) 예방법 보건 교육 및 가정 통신문을 통한 홍보 : 눈병 환자와 접촉을 피하고, 공용 물건은 사용하지 않고 손과 눈의 청결을 유지하도록 함
3) 학교 소독, 방역 등의 환경 위생 관리, 발생 환자 감시 및 관리, 눈병 환자 발생 시 등교 중지 및 필요 시 휴교 조치

6.

1) 우선 순위(건강 문제의 크기, 심각성)에 따른 학교 간호 문제 2가지

건강 문제의 크기는 유병률과 발생률로 판단, 심각성은 긴급성, 경중도, 경제적 손실, 타인에의 영향의 세부 항목을 고려한다.

건강 문제의 크기	
근시	유병률≒61%, 발생률 25%
치아 우식증	유병률≒1.3%, 발생률 0.5%
부정교합	유병률≒3%, 발생률 0%
교실 내 이산화탄소 농도	전교생과 교직원의 건강의 위험 요인임
인터넷 위험 사용군 (잠재, 고위험 포함)	유병률 45%

심각성	세부 항목별 5점 척도			
근시=12	긴급성 4	경중도 3	경제적 손실 3	타인에의 영향 2
치아 우식증=12	긴급성 4	경중도 3	경제적 손실 3	타인에의 영향 2
부정교합=8	긴급성 2	경중도 2	경제적 손실 2	타인에의 영향 2
교실 내 이산화탄소 농도=17	긴급성 5	경중도 4	경제적 손실 3	타인에의 영향 5
인터넷 위험 사용군=13	긴급성 4	경중도 4	경제적 손실 3	타인에의 영향 2

근시와 교실 내 이산화탄소 농도를 학교 간호문제로 선정한다.

2) 제시한 문제의 목표 수립, 목표별 수행 계획과 평가 계획 각 3가지

목표 수립	수행 계획 (누가, 언제, 무엇을, 어디서)	평가 계획 (평가자, 평가 시기, 평가 도구, 평가 범주)
근시 발생률을 2012년 25%에서 2013년까지 15%로 떨어뜨린다.	① 보건교사는 연중 근시예방법에 대한 보건교육을 각 교실에서 실시한다. ② 보건교사는 3월에 정기적인 시력검사에 관련된 가정 통신문을 각 가정에 배포한다. ③ 보건교사는 3~4월 동안 전학년 학생을 대상으로 시력검사를 실시한다.	① 보건교사는 연초에 근시 예방 교육 계획서를 일관성 있고, 실현 가능하게 작성하였는지 평가한다. ② 담임교사는 정기적인 시력검진에 관한 가정 통신문을 배부한 후 회신란을 통해 시력검진 실천 여부를 확인한다. ③ 학교장은 연말에 학생시력검사 결과서 및 통계지표를 통해 전교생 근시 유병률을 확인한다.
교실 내 이산화탄소 농도를 2013년 3월 학기 시작 시까지 학교보건법에서 정하고 있는 1000ppm 수준으로 낮춘다.	① 보건교사는 매달 마지막 날 각 교실에서 교실 내 이산화탄소 농도를 측정을 실시한다. ② 보건교사는 1년에 한 번 이상 교무회의 때 실내 공기오염 예방 및 환기의 중요성에 대한 보건교육을 일반 교사들을 대상으로 실시한다. ③ 보건교사는 쉬는 시간마다 환기창을 열거나 환기용 기계설비를 가동하도록 전교생을 대상으로 안내방송을 한다.	① 보건교사는 연초에 실내 공기오염 예방 교육을 계획대로 실시하였는지 평가한다. ② 담임교사는 담당자를 정해 매 쉬는 시간마다 환기창을 개방하거나 기계용 환기설비 가동을 하였는지 확인하도록 지도한다. ③ 학교장은 매 학기말에 교실내 이산화탄소 농도 측정 결과를 확인한다.

7.　1) **평가의 주체**: 보건교사, 학생, 교사, 학부모, 평가위원 등 다양한 사람들로 구성
　2) **평가의 시기**: 사업진행 중, 사업종료 후 가운데 적절한 평가시기를 결정
　3) **평가의 수단(방법)**: 설문지, 관찰, 면담, 각종 건강관리 자료 등 효과적 방법을 선택
　4) **평가의 범주**: 사업의 목표달성, 투입된 노력, 사업의 진행, 사업의 효율성 등 고려
　5) **평가의 내용**: 사업목표에 기술된 내용을 중심으로 평가내용을 결정
　6) **평가의 장소**

평가 요소	설　명
① 평가의 주체	보건교사, 평가위원회 구성
② 평가의 시기	사업도중, 사업이 완전히 끝났을 때
③ 평가의 수단	평가 도구가 되는 평가서, 평가설문서 등
④ 평가의 범주	사업의 목표달성, 투입된 노력, 사업의 진행, 사업의 효율성

8.　❸

9.　1) 무엇을 평가하며 어떠한 측정기준으로 평가할 것인가를 결정한다. 평가대상 및 기준 평가되어져야 할 것의 결정과 평가를 위한 측정기준을 설정하는 것이다.
　2) 평가하기 위한 정보 및 자료를 수집한다(평가자료 수집). 평가되어야 할 것을 알아내기 위하여 관련된 정보나 자료를 수집해야 한다.
　3) 계획(또는 정상수준)과 실적을 비교한다(비교). 사업이 수행되어 나타난 결과의 양과 질을 측정하여 사업목표 등의 당초 계획과 비교한다.
　4) 목표에 도달하였는지, 계획대로 되었는지, 어느 정도 성취되었는지 등에 대한 원인을 분석하고, 성취된 정도에 대한 가치를 부여한다(가치판단).
　5) 미래 사업 진행 방향을 결정한다(재계획). 현행 계획 또는 차기 계획에 있어서, 지금까지 진행해온 사업을 변화 없이 계속할 것인지, 그것을 변경하여 수행할 것인지, 혹은 사업을 중단할 것인지 등을 결정한다.

10.　보건교육사업은 대상자의 지식, 태도, 실천(행동)의 긍정적 변화를 목적으로 하기 때문에 사업평가 항목(지표)을 선택할 때는 이 요인들을 고려해야 한다. 그러므로 사업평가의 범주인 결과 평가, 과정 평가, 영향 평가를 실시하며, 평가항목은 각 범주 내에서 지식, 태도, 실천(행동)의 측면에서 제시할 수 있다.

인과 모형 (Green)	1. 과정 평가	프로그램의 수행 과정을 평가
	2. 영향 평가 (효과 평가)	프로그램을 투입한 결과로 대상자의 지식, 태도, 신념, 가치관, 기술, 행동 또는 실천 양상에 일어난 변화(사업의 즉각적인 효과)
	3. 성과 평가 (결과 평가)	프로그램을 시행한 결과로 얻어진 건강 또는 사회적 요인의 개선점들을 측정 (장기적 목표 도달)
투입산출모형 (Donabedian)	1. 구조 평가	사업에 들어간 시설, 자원, 설비에 대한 평가로 인력, 자원, 장소, 기구, 물품, 예산, 시설 등에 대한 평가
	2. 과정 평가	관심의 대상이 전문적인지, 수용된 기준은 적합한지를 평가하고, 질적 측면의 심사, 동료 집단 평가, 신용, 확인, 감독 등 다양한 수단으로 살펴볼 수 있도록 해야 함. 만족감/흥미도, 프로그램 참여율, 도구 적절성, 준비 자료의 적절성, 대상자의 적절성 등에 대한 평가
	3. 결과 평가 · 효과 평가	설정된 목표 도달 여부로 목표 달성 정도, 사업의 만족도 등
	3. 결과 평가 · 효율 평가	실제로 투입한 노력과 사업 결과를 비교하는 것으로 총 소요 비용과 대상자 수, 사업으로 인해 변화된 결과 등

평가 범주	평가 지표
과정 평가	금연 프로그램 참석률(실천) 교육내용에 대한 만족도(태도) 사업진행 중 예기치 않게 발생한 문제와 해결 방안(실천)
효과 평가	흡연율 감소(실천) 흡연에 대한 부정적 태도 형성(태도) 흡연에 대한 지식 증가(지식)
산출 평가	건강 습관 형성 및 유지(실천) 질병이환율 감소(실천) 학업태도 향상(실천) 긍정적 자아상(혹은 가치관) 정립(태도)

11. ❶

12. ※ 결과 평가 지표 : 과체중률
　　 − 예산 집행률(과정 평가) − 전문가 확보율(과정)
　　 − 요리교실 운영 횟수(과정)

평가 범주	평가 내용
구조 평가	보건 사업에 투입된 보건 의료 인력의 수, 전문 인력의 투입 정도, 사업에 투입되는 예산, 사업에 투입된 기간, 시설 및 정비, 보건사업을 위한 정보의 수집
과정 평가	목표 대비 사업이 진행되고 있는 정도, 서비스의 질, 서비스의 접근 가능성, 서비스에 대한 지역 주민의 수용성(acceptibility), 이용자 특성, 사업 진행상의 문제점
결과 평가	결과 평가 : 건강 수준이나 기능 장애, 삶의 질 향상 영향 평가 : 건강 관련 지식, 행위, 태도의 변화

13. ❸
　　ㄹ. 사업의 적합성에 대한 평가
　　ㅁ. 사업의 효율성에 대한 평가

14. ㉠ 과정평가의 목적 : 사업에 투입된 인적 물적 자원이 계획대로 실행되고 있는지, 사업이 일정대로 진행되는지 평가
　　㉡ 과정평가의 지표 : 프로그램 참가율, 가정통신문 발송률
　　㉢ 결과평가의 목적 : 초기에 설정한 단기(지식, 태도, 실천 변화) 및 장기 사업목표(이환율, 사망률, 삶의 질의 변화)가 얼마나 달성되었는가를 평가하는 과정
　　㉣ 결과평가의 지표 : 건강 식생활 실천율, 유산소 신체활동 실천율, 비만율 감소

15. 1) 목표 달성 정도에 대한 평가 : 성교육 후 성교육으로 인한 지식, 태도, 행위변화 측정
　　2) 사업진행에 대한 평가 : 대상자의 적절성 평가 − 고등학교 3학년 / 대상자의 흥미 및 참여 정도 평가 − 관심도는 시험 결과에만 쏠려 있었고 / 프로그램의 진행 과정상의 적절성 평가 − 1학급당 2시간의 교육이 진행되었는지, 성교육은 수능시험 직후에 실시, 10학급 중 실제 5학급만 교육, 일부 학생은 쑥스러워 고개만 숙임
　　3) 투입된 노력에 대한 평가 : 계획된 인적·물적·사회적 자원에 대한 평가 − 인체모형 구입비로 100만 원을 사용

4) 사업 효율성에 대한 평가 : 총 소요 비용과 성교육으로 인한 결과를 비교, 교육 후 인체모형과 동일한 효과가 있으면서도 비용은 20만 원으로 저렴한 교육 자료가 있음을 알게 되었다.

5) 사업 적합성에 대한 평가 : 학생들의 관심도는 시험 결과에만 쏠려 있었다. 일부 학생은 쑥스러움에 고개를 숙이고 있었다.

학교 간호 사업 평가 시 체계 이론에 따른 평가 범주	
1. 목표 달성 정도의 평가	설정된 사업목표를 제한된 기간 동안 얼마나 근접하게 달성했는지를 평가 각각 목표별로 그 정도의 달성을 이루게 된 원인을 규명하여 다시 목표를 세움
2. 사업 진행에 대한 평가	사업 진행의 내용 및 일정이 계획에 맞추어 수행되었는지를 파악하고 차질이 있다면 그 원인을 분석한다.
3. 투입된 노력에 대한 평가	계획된 인적·물적·사회적 자원(보건사업에 들어간 재정적 예산, 보건교육 요원 수, 보건교사가 제공한 시간, 방문 횟수, 자원 활용 횟수)의 소비 평가
4. 사업 효율성에 대한 평가	최소의 비용으로 최대의 목표를 달성하기 위하여 단위 목표량에 대해 투입된 비용을 산출하여 다른 목표량에 대한 비용과 비교함으로써 측정된다.
5. 사업 적합성에 대한 평가	사업 실적을 지역사회의 요구량과 비교하여 지역사회 요구에 대하여 얼마나 충족시켰는지, 적합했는지를 평가한다.

3절 · 건강검사

| 본문 p.146

1. ❷

① 학교의 장은 학생의 건강검사를 실시하기 위하여 2개 이상의 검진기관을 선정하여야 한다. 다만, 검진기관을 2개 이상 선정할 수 없는 경우에는 당해 교육감의 승인을 얻어 1개의 검진기관만 선정할 수 있다. 건강검진 학년은 초1~4, 중1, 고1이다.

③ 학교의 장은 교직원에 대하여 건강검사 또는 건강검진을 실시한 결과 전염성 질환 또는 신체의 심한 허약 등으로 복무에 지장이 있다고 인정되는 경우에는 휴직 기타 적절한 조치를 취하도록 임면권자에게 건의하여야 한다.

④ 여학생들을 대상으로 한 신체능력검사를 하기 위하여 왕복오래달리기(중·고등학교 학생 : 남·여 구분 없이 20미터), 오래달리기 – 걷기(중·고등학교 학생 : 여학생은 1,200미터), 스텝검사(중학교 남·여 학생, 고등학교 여학생 : 45.7센티미터), 앉아윗몸앞으로굽히기, 종합유연성 검사, 무릎대고팔굽혀펴기, 윗몸말아올리기, 악력, 50미터 달리기, 제자리멀리뛰기 등이 있다. 팔굽혀펴기는 남학생을 대상으로 한 신체능력검사 항목이다.

⑤ 고등학교의 장은 소속 학생이 고등학교를 졸업할 때 학생건강기록부를 교부하여야 한다. 학생이 중학교 또는 고등학교에 진학하지 아니하거나 휴학 또는 퇴학 등으로 고등학교를 졸업하지 못하는 경우에는 그 학생이 최종적으로 재적하였던 학교는 학생건강기록부를 비롯한 건강검사 등의 실시 결과를 학생이 최종적으로 재적한 날부터 5년간 보존하여야 한다.

교육감은 제7조제1항에 따른 신체능력검사 결과에 따라 학생 개인별 신체활동 처방을 제공하는 학생건강체력평가시스템을 교육정보시스템과 연계하여 구축하고, 학생·학부모가 조회할 수 있도록 관리하여야 한다.

2. ❹

검사항목	대상 학년	실시 기관	조사항목 및 실시 방법
신체 발달 상태	중학교 1학년	검진 기관	키, 몸무게, 비만도
	중학교 2,3학년	학교 자체	
건강 조사	중학교 1학년	검진 기관	건강 조사 항목을 문진표로 조사
	중학교 2,3학년	학교 자체	구조화된 설문지로 조사
건강 검진	중학교 1학년	검진 기관	근·골격 및 척추 등을 검진

3. ㉠ 신체의 발달상황, 신체의 능력, 건강조사, 정신건강상태검사 및 건강검진
　　㉡ 3월 말

> **학교건강검사규칙** 학교의 장은 건강검사를 원활하게 실시하기 위하여 건강검사에 필요한 소요예산을 포함한 구체적인 건강검사 실시계획을 매년 3월 말까지 수립하여야 한다.

　　㉢ 신체의 발달상황 및 신체의 능력과 건강조사를 생략할 수 있고, 건강검진은 다음 학년도로 연기할 수 있다.

> **제14조(건강검사실시의 예외)** 학교의 장은 당해 연도에 건강검사를 실시할 수 없는 경우에는 관할 교육감 또는 교육장의 승인을 얻어 신체의 발달상황 및 신체의 능력과 건강조사를 생략할 수 있고, 건강검진은 다음 학년도로 연기할 수 있다.

　　㉣ 당해 학생이 고등학교를 졸업할 때 교부하여야 한다.

> **제9조(건강검사 등의 실시결과 관리)**
> ⑤ 고등학교의 장은 소속 학생이 고등학교를 졸업할 때 학생건강기록부를 해당 학생에게 교부하여야 한다.
> ⑥ 학생이 중학교 또는 고등학교에 진학하지 아니하거나 휴학 또는 퇴학 등으로 고등학교를 졸업하지 못한 경우 그 학생이 최종적으로 재적하였던 학교는 학생건강기록부를 비롯한 건강검사 등의 실시결과를 학생이 최종적으로 재적한 날부터 5년간 보존하여야 한다.

　　㉤ 그 학생이 최종적으로 재적하였던 학교에서 이를 5년간 보존하여야 한다.

4. ㉠ [학교건강검사규칙 제5조의2 제4항]에 의거
　　검진기관이 없는 지역에 소재한 학교의 장은 교육감의 승인을 얻어 검진기관의 출장에 의한 검진을 하게 할 수 있다. 즉, 검진기관이 없는 지역만 출장검진이 가능하다.
　　㉡ [학교건강검사규칙 제5조의2 제1항]에 의거
　　검진기관을 2개 이상 선정할 수 없는 경우에는 당해 교육감의 승인을 얻어 1개의 검진기관만 선정할 수 있다.

5. 1) 학교의 장은 건강검사의 실시결과를 다음 각 호의 기준에 따라 작성·관리하여야 한다.
　　1. 대상자가 학생인 경우 : 다음 각 목의 구분에 따라 작성·관리
　　　가. 신체발달상황 및 신체능력검사 결과 : 별지 제1호서식에 따른 학생건강기록부로 작성·관리
　　　나. 건강검진 결과 : 검진기관이 통보한 자료를 학생건강기록부와 별도로 관리
　　2. 대상자가 교직원인 경우 : 「국민건강보험법」에 따른 건강검진의 결과를 관리
　　2) 학교의 장은 별도검사의 실시결과를 학생건강기록부와 별도로 관리하여야 한다.

3) "교육부령으로 정하는 사항"이란 다음 각 호의 사항을 말한다.

   1. 예방접종 완료 여부

   2. 건강검진의 검진일자 및 검진기관명

   3. 별도검사의 종류, 검사일자 및 검사기관명

4) 학교의 장은 법 제7조의3제2항 각 호의 사항을 교육정보시스템을 이용하여 처리하기 위하여 학생 건강기록부에 기록해야 한다.

5) 고등학교의 장은 소속 학생이 고등학교를 졸업할 때 학생건강기록부를 해당 학생에게 교부하여야 한다.

6) 학생이 중학교 또는 고등학교에 진학하지 아니하거나 휴학 또는 퇴학 등으로 고등학교를 졸업하지 못한 경우 그 학생이 최종적으로 재적하였던 학교는 학생건강기록부를 비롯한 건강검사 등의 실시 결과를 학생이 최종적으로 재적한 날부터 5년간 보존하여야 한다.

7) 교육감은 제7조제1항에 따른 신체능력검사 결과에 따라 학생 개인별 신체활동 처방을 제공하는 학생건강체력평가시스템을 교육정보시스템과 연계하여 구축하고, 학생·학부모가 조회할 수 있도록 관리하여야 한다.

6. 1) ㉠에 해당하는 사전 조치 사항 2가지

   • 학부모의 동의

   • 전문의약품을 처방한 의사의 자문

  2) ㉡에 해당하는 쇼크 2가지

   제1형 당뇨로 인한 저혈당 쇼크 또는 아나필락시스 쇼크

> **학교보건법 제15조의2(응급처치 등)**
>
> ① 학교의 장은 사전에 학부모의 동의와 전문의약품을 처방한 의사의 자문을 받아 제15조 제2항 및 제3항에 따른 보건교사 또는 순회 보건교사(이하 이 조에서 "보건교사 등"이라 한다)로 하여금 제1형 당뇨로 인한 저혈당쇼크 또는 아나필락시스 쇼크로 인하여 생명이 위급한 학생에게 투약 행위 등 응급처치를 제공하게 할 수 있다. 이 경우 보건교사 등에 대하여는 「의료법」 제27조 제1항을 적용하지 아니한다.
>
> ② 보건교사 등이 제1항에 따라 생명이 위급한 학생에게 응급처치를 제공하여 발생한 재산상 손해와 사상(死傷)에 대하여 고의 또는 중대한 과실이 없는 경우 해당 보건교사 등은 민사책임과 상해(傷害)에 대한 형사책임을 지지 아니하며 사망에 대한 형사책임은 감경하거나 면제할 수 있다.
>
> ③ 학교의 장은 질병이나 장애로 인하여 특별히 관리·보호가 필요한 학생을 위하여 보조인력을 둘 수 있다. 이 경우 보조인력의 역할, 요건 등에 관하여는 교육부령으로 정한다.

7. ㉠ 의료법에 따른 간호사 면허가 있는 사람

  ㉡ 투약 행위

  ㉢ 패널 면접(panel interview)

   • **방법**

   한 명의 지원자가 여러 명의 면접관을 상태로 진행되는 방법으로 2명 이상의 면접관을 패널로 구성하여 서로 협동하면서 면접을 진행하는 방식

   • **장점**

   ① 질문하지 않는 면접관이 지원자의 비언어적 행동을 효과적으로 관찰할 수 있다.

   ② 패널을 구성하는 면접관들의 다양한 평가로 지원자를 종합적으로 평가할 수 있다. (즉, 면접관 개인의 편견이 줄어든다.)

   ③ 다양한 전문가(면접관)의 기술과 견해를 종합할 수 있다.

8. ㉠ 의식이 없으므로 혀로 기도를 막거나 침이나 구토물에 질식되지 않도록 머리를 옆으로 돌려준다.
㉡ 글루카곤

> **심한 저혈당의 경우**
> - 50% 포도당을 정맥주입
> - 의식이 없는 경우 글루카곤을 근육주사 또는 피하주사
> - 글루카곤은 간에 저장된 글리코겐을 포도당으로 전환시키며 혈당을 상승시키는 데 15~20분 정도 소요된다. 그 이후 아동이 처치에 반응을 보이면 설탕이 포함된 수분을 제공하여 글리코겐을 보충해 준다.

㉢ 민사책임
㉣ 형사책임

9. ❸
신뢰도를 저하시키는 요인은 다음과 같다.
① 측정자의 편견, 기술 미숙 ② 평가 도구의 부정 상태 ③ 측정 당시 환경 조건

10. ❸
1) 측정 기구의 지정 및 점검
　① 매년 같은 종류의 것, 표준화된 기구(제조 회사, 연도, 검인정 표시)를 사용하여 오차 줄이기
　② 실시 전 측정 도구의 이상 유무 점검 후 결과를 기록, 비치
　③ 검사 도중 수시로 기구의 정확성 여부를 점검하여 이상 시 즉시 교정 조치하고 검사 실시
2) 측정자와 측정 장소 지정
　① 검사 종목별 조를 정하고 정·부 책임자, 측정자와 기록자 명단 작성
　② 측정 장소는 교실이나 강당 이용(대기실 → 키 → 몸무게)
　③ 측정 기구를 한 곳에 고정시키며, 학생들이 이동하여 측정 받도록 함(측정 기구의 이동은 정확성을 낮출 수 있음)
3) 신체발달상황검사의 측정자에 대한 교육
　① 신체 발육 통계의 중요
　　㉠ 신체 발육 통계치는 그 집단의 건강을 평가하는 자료로 사용한다(즉, 학교 지역 사회의 건강 수준을 나타낸다).
　　㉡ 신체의 형태, 즉 키, 몸무게와 같은 것이 어느 정도 발육되었는지를 나타내는 것은 발육량(수치)으로 표시하므로 비교 및 평가하기가 쉽다.
　　㉢ 신체 발달 상황 검사는 학생의 신체의 형태를 수치로 표현하는 작업이다.
　　㉣ 신체 발달 상황 검사의 결과를 수치로 표현하여 학생의 신체 형태를 알 수 있으며, 이를 통해 학생의 건강 수준을 파악한다.
　② 정확한 측정 방법 : 교육 후 연습을 통해 일관성 있는 측정값이 나오는지 확인한다.
　③ 통계 처리 방법
　　㉠ 각 신체 발달 상황 검사 항목에 학년별, 성별 통계를 낸다.
　　㉡ 비만아에 대한 학년별, 성별 통계를 낸다. 비만 정도에 대한 통계를 포함한다.

11-1. 1) 계측자료가 정확한지 표준화 눈금과 비교하여 기구의 정확도를 평가하고 교정한다.
2) 체계적이고 효율적인 측정을 위해 측정 장소를 정하고 순서대로 기구를 배치한다. 기구의 잦은 이동이 결과의 타당도를 떨어뜨린다는 점에서는 일정 장소의 지정이 필요하다.
3) 측정을 도와준 사람을 확정짓고 표준화된 계측사업을 교육하고, 연습을 통해 일관성 있는 측정값이 나오는지 확인한다.

4) 가정 통신문 활용 — 신체검사의 실시 목적, 시기 및 내용에 대해 학부모에게 알려주고 개인위생 및 복장 등 필요한 준비를 하도록 한다.

11-2. 키와 몸무게의 측정결과 비만을 판정한다.

1. 비만도는 학생의 키와 몸무게를 이용하여 계산된 체질량지수(BMI, Body Mass Index : kg/㎡)를 성별·나이별 체질량지수 백분위수 도표에 대비하여 판정한다.
2. 비만도의 표기방법은 다음 각 목과 같다.
   가. 체질량지수 백분위수 도표의 5 미만인 경우 : 저체중
   나. 체질량지수 백분위수 도표의 85 이상 95 미만인 경우 : 과체중
   다. 체질량지수 백분위수 도표의 95 이상인 경우 : 비만
   라. 가목부터 다목까지의 규정에 해당되지 않는 경우 : 정상

12. ❹

[현행 앉은키, 가슴둘레 측정은 삭제됨]

13. ① 산출 비만도(%) : (49 − 39)/39×100＝25.6% (실제체중−표준 체중/표준 체중)×100(%)

② 비만 정도 판정 : 몸무게가 키에 대한 표준 체중보다 20% 이상 30% 미만인 경우이므로 경도 비만에 해당한다.

14. ❷

키를 잴 때 대상자의 자세는

1) 신발을 벗은 상태에서 발꿈치를 붙일 것
2) 등, 엉덩이 및 발꿈치를 측정대에 붙일 것
3) 똑바로 서서 두 팔을 몸 옆에 자연스럽게 붙일 것
4) 눈과 귀는 수평인 상태를 유지할 것

15. ┃ 학교건강검사규칙 [별표 1] 〈개정 2020. 1. 9.〉

신체의 발달상황에 대한 검사항목 및 방법(제4조 제2항 관련)

검사항목	측정단위	검사방법
키	센티미터 (cm)	1. 검사대상자의 자세 　가. 신발을 벗은 상태에서 발꿈치를 붙일 것 　나. 등·엉덩이 및 발꿈치를 측정대에 붙일 것 　다. 똑바로 서서 두 팔을 몸 옆에 자연스럽게 붙일 것 　라. 눈과 귀는 수평인 상태를 유지할 것 2. 검사자는 검사대상자의 발바닥부터 머리끝까지의 높이를 측정
몸무게	킬로그램(kg)	옷을 입고 측정한 경우 옷의 무게를 뺄 것
비만도	−	1. 비만도는 학생의 키와 몸무게를 이용하여 계산된 체질량지수(BMI, Body Mass Index : kg/㎡)를 성별·나이별 체질량지수 백분위수 도표에 대비하여 판정한다. 2. 비만도의 표기방법은 다음 각 목과 같다. 　가. 체질량지수 백분위수 도표의 5 미만인 경우 : 저체중 　나. 체질량지수 백분위수 도표의 85 이상 95 미만인 경우 : 과체중 　다. 체질량지수 백분위수 도표의 95 이상인 경우 : 비만 　라. 가목부터 다목까지의 규정에 해당되지 않는 경우 : 정상

※ 비고 : 수치는 소수 첫째자리까지 나타낸다(측정값이 소수 둘째자리 이상까지 나오는 경우에는 둘째자리에서 반올림 한다).

16-1. 1) 비만도 판정기준

BMI(Body Mass Index) – 체질량지수

$$BMI = \frac{체중(kg)}{신장(m^2)}$$

① 비만도는 학생의 키와 몸무게를 이용하여 계산된 체질량지수(BMI, Body Mass Index : kg/m^2)를 성별·나이별 체질량지수 백분위수 도표에 대비하여 판정한다.

② 비만도의 표기방법은 다음 각 목과 같다.

　가. 체질량지수 백분위수 도표의 5 미만인 경우 : 저체중

　나. 체질량지수 백분위수 도표의 85 이상 95 미만인 경우 : 과체중

　다. 체질량지수 백분위수 도표의 95 이상인 경우 : 비만

　라. 가목부터 다목까지의 규정에 해당되지 않는 경우 : 정상

2) 비만 시 예측 가능한 건강문제

① 학동기와 사춘기의 비만은 80% 이상이 성인 비만으로 이행이 쉽다. 이는 체중 조절을 해도 세포의 크기는 줄어드나 세포의 수는 감소하지 않기 때문이다.

② 소아 비만의 성인 비만으로의 이행은 고지혈증, 동맥경화, 당뇨병, 지방간, 고혈압 등 성인병으로의 조기이환 우려가 발생한다.

③ 비만 학생은 자신의 외모에 대한 열등감으로 자신감이 결여되고, 놀이나 운동경기에서 자주 제외됨으로써 더욱 비활동적이 되어 정상적인 성장발달에 장애가 될 수 있고 인성 형성에까지 영향을 미칠 수 있음 → 우울증과 같은 심리적 문제점으로 나타날 수 있다.

④ 학대를 받거나 단체 활동에서 제외되는 경우가 많아 더욱 비활동성이 되어 비만의 상태가 더 진행될 수 있다.

⑤ 따라서, 비만 치료는 가능하면 어릴 때 시작하여 좋은 식습관과 식사 행동을 유지하고 체형에 대한 개념이 올바르게 형성되도록 해야 한다.

17. ㉠ 중등도 비만이다.

비만도(%)＝실제체중－표준 체중/표준 체중×100

60－45 / 45×100＝33.3%

> **현 2023년 개정 비만도 판정기준**
>
> 1. 비만도는 학생의 키와 몸무게를 이용하여 계산된 체질량지수(BMI, Body Mass Index : kg/m^2)를 성별·나이별 체질량지수 백분위수 도표에 대비하여 판정한다.
> 2. 비만도의 표기방법은 다음 각 목과 같다.
>   가. 체질량지수 백분위수 도표의 5 미만인 경우 : 저체중
>   나. 체질량지수 백분위수 도표의 85 이상 95 미만인 경우 : 과체중
>   다. 체질량지수 백분위수 도표의 95 이상인 경우 : 비만
>   라. 가목부터 다목까지의 규정에 해당되지 않는 경우 : 정상

㉡ 상대 체중

18.

별도 검사의 종류	대상
1) 소변 검사 및 시력 검사	초등학교·중학교 및 고등학교의 학생 중 교육감이 지정하는 학년의 학생
2) 결핵 검사	고등학교의 학생 중 교육감이 지정하는 학년의 학생
3) 구강 검사	중학교 및 고등학교의 학생 중 교육감이 지정하는 학년의 학생

19. ❺

▌학교건강검사규칙 [별표 2] 〈개정 2020. 1. 9.〉

건강검진 항목 및 방법(제5조 제2항 관련)

건강 검진 검사 항목		검사 방법(세부 항목)
1. 척추		척추옆굽음증(척추측만증) 검사
2. 눈	가. 시력 측정	1) 공인시력표에 의한 검사 2) 오른쪽과 왼쪽의 눈을 각각 구별하여 검사 3) 안경 등으로 시력을 교정한 경우에는 교정 시력을 검사
	나. 안질환	결막염, 눈썹 찔림증, 사시 등 검사
3. 귀	가. 청력	1) 청력계 등에 의한 검사 2) 오른쪽과 왼쪽의 귀를 각각 구별하여 검사
	나. 귓병	중이염, 바깥귀길염(외이도염) 등 검사
4. 콧병		코곁굴염(부비동염), 비염 등 검사
5. 목병		편도선 비대·목부위림프절 비대 및 갑상선비대 등 검사
6. 피부병		아토피성피부염, 전염성피부염 등 검사
7. 구강	가. 치아 상태	우식치아, 우식발생위험치아, 결손치아 검사
	나. 구강 상태	구내염 및 연조직 질환, 부정교합, 구강 위생 상태 등 검사
8. 병리 검사 등	가. 소변	요컵 또는 시험관 등을 이용하여 신선한 요를 채취하며, 시험지를 사용하여 측정 (요단백·요잠혈 검사)
	나. 혈액	1회용 주사기나 진공 시험관으로 채혈하여 다음의 검사 1) 혈당(식전에 측정한다), 총콜레스테롤, 고밀도지단백(HDL) 콜레스테롤, 중성지방, 저밀도지단백(LDL) 콜레스테롤 및 간 세포 효소(AST·ALT) 2) 혈색소
	다. 결핵	흉부 X-선 촬영 및 판독
	라. 혈압	혈압계에 의한 수축기 및 이완기 혈압
9. 허리둘레		줄자를 이용하여 측정
10. 그 밖의 사항		제1호부터 제9호까지의 검진 항목 외에 담당 의사가 필요하다고 판단하여 추가하는 항목(검진비용이 추가되지 않는 경우로 한정한다)

※ 적용 범위 및 판정 기준
1. 다음 각 목의 검진 항목에 대한 검사 또는 진단은 해당 목에 따른 학생을 대상으로 하여 실시한다.
   가. 위 표 제8호나목1) 및 같은 표 제9호의 검진 항목 : 초등학교 4학년과 중학교 1학년 및 고등학교 1학년 학생 중 비만인 학생
   나. 위 표 제8호나목2)의 검진 항목 : 고등학교 1학년 여학생
   다. 위 표 제8호다목의 검진 항목 : 중학교 1학년 및 고등학교 1학년 학생
2. 위 표에서 정한 건강 검진 방법에 관하여 필요한 세부적인 사항 및 건강 검진 결과의 판정 기준은 교육부장관이 정하여 고시하는 기준에 따른다.
3. 위 표 제1호부터 제10호까지의 검진 항목 외의 검진 항목에 대한 검진 방법 및 건강검진 결과의 판정 기준은 「국민건강보험법」 제52조 제4항 및 같은 법 시행령 제25조 제5항에 따라 보건복지부장관이 정하여 고시하는 기준에 따른다.

20. ❶

> **Weber test(음차 검사)**
> 음차를 가볍게 진동시켜 대상자의 머리 중앙이나 이마 가운데 댄 후 어디에서 소리가 들리는지 확인한다.
> • 결과 : 대상자의 머리에 진동하는 음차를 놓으면, 정상인은 양쪽 귀에서 똑같이 소리가 들리나 전도성 난청인 경우 손상된 귀에서 더 크게 들리고 감각신경성 난청인 경우 손상된 귀에서 잘 들리지 않는다.

21. ❸
(보이는 거리×0.1/측정 거리=시력) 1.5m : x=3m : 0.1 x=0.05

22. ❹
판정 : (보이는 거리 × 0.1/측정 거리=시력) 2m × 0.1/5=0.04
이 학생의 시력은 0.04이고 시력 교정 대상자이다.

23. ❹
근시 기준은 나안 시력 0.6 이하
준맹시는 교정 시력 0.02 초과 0.04 미만
맹시는 교정 시력 0.02 이하

24. 1) ㉠ 〈Snellen 시력표와 Snellen 시력〉

$$스넬렌의 시력(표시법) = \frac{시력\ 측정\ 거리}{시표번호} = \frac{20feet}{시표\ 번호}$$

• Snellen 시력표는 원거리 시력을 측정하는 도구이다. 시력은 대상자를 20feet(6m) 떨어진 곳에서 한쪽 눈을 가리고 다른 쪽 눈을 측정한다. 대상자가 읽을 수 있는 가장 작은 줄의 기호와 글자를 읽도록 한다.
• 분자는 시력표로부터 대상자 사이의 거리를 말하고, 분모는 그 거리에서 정상인이 읽을 수 있는 글자의 줄(시표 번호)을 의미한다. 시력 표시법은 검사거리/시표 번호와 같이 분수로 표기하거나 소수로 표기한다. 분모가 (시표번호가) 크면 클수록 대상자의 시력은 나쁘다.
• 정상 시력은 20/20 (한국 시력표시법의 1.0에 해당) − 시력이 정상인 사람이 6m 거리에서 읽을 수 있는 글씨를 대상자도 6m에서 읽을 수 있다는 것을 의미한다.
2) ㉡ 대면 검사 (성인 '눈질환' 참조)
3) 수정 사항
보건교사 : 시력검사에는 근거리 시력검사와 원거리 시력검사가 있어요. 근거리 시력검사는 포켓용 근거리 시력표를 눈에서 35cm 떨어진 거리에서 읽도록 합니다. 원거리 시력검사는 차트에서 3m 떨어진 곳에 서서 정면을 보고 측정하고 작은 시표부터 차차 큰 시표로 읽도록 합니다.
⇒ 근거리 시력표는 일반적으로 한천석 씨 시력표로 5m 떨어진 거리에서 읽으며 원거리 시력표는 스넬렌 시력표로 6m 떨어진 거리에서 읽으며 큰 시표부터 작은 시표로 읽어나간다.

25-1. 1) 유전
2) 근거리 작업이나 독서 시 부적당한 생활 환경
3) 신체 허약, 영양 섭취 부족
4) 부적당한 조명
5) 나쁜 자세
6) 눈에 적당한 휴식을 주지 않는 것, 눈의 과다한 사용

25-2. 1) 규칙적인 야외 활동 권장
  • 멀리 자주 볼수록 근시 진행이 더디어진다.
 2) 바른 자세
  • 책과 눈의 거리는 30cm 이상 유지한다.
  • TV나 컴퓨터는 너무 가까이서 보지 않는다.
 3) 적정 조명
  • 충분한 조명 (300lux 이상), 균일한 조명과 눈부심 방지(커튼 및 유리)
  • 조명의 방향은 좌측에서 비추도록 한다.
 4) 균형 잡힌 영양소 섭취
  • 단백질이 풍부하고, 카로틴(비타민 A)이 풍부한 영양소
 5) 자주 휴식을 취한다.
  • 50분 동안 책 읽기와 컴퓨터 작업을 했다면 10분간 휴식을 한다.
 6) 정기적인 시력 검진 및 교정
  • 시력이 저하되면 적절한 안경을 착용한다.

26-1. [A 유형]

 1) 눈을 가늘게 뜨지 않는다.
 2) 올바른 자세를 유지한다.
 3) 눈을 긴장한 상태에서 사용하지 않는다.
 4) 컴퓨터나 TV, 독서 등 가까운 곳을 볼 때에는 1시간에 한 번은 눈을 쉬게 한다.
 5) 안경, 콘택트렌즈 사용자는 안경, 콘택트렌즈에 의존하지 않는 시간을 힘써 만든다.
 6) 음식은 균형 있게, 특히 비타민 A, B, C를 풍부하게 섭취한다.
 7) 가까운 곳을 보는 작업을 할 때에는 적당한 조명에 신경을 쓴다.
 8) 스트레스가 쌓이지 않도록 한다.

 [B 유형]

 1) 신체를 튼튼히 한다.
  ⑴ 영양을 충분히 취하여 편식을 피한다.
  ⑵ 옥외에서의 운동을 장려한다.
  ⑶ 충분한 수면과 휴식을 취하도록 한다.
 2) 눈의 과로를 방지한다.
  ⑴ 눈에 적당한 휴식을 준다(1시간에 10분가량 쉬면서 창 너머 먼 곳의 물체를 본다).
  ⑵ 독서 또는 정밀한 작업 시에는 장시간 지속하지 않도록 하며 독서나 작업 중 적당히 운동을
   하며 눈의 피로 회복을 도모한다.
 3) 채광, 조명에 주의한다.
  ⑴ 쾌적한 조도 아래 수업을 받는다.
  ⑵ 직사광선 또는 강하게 반사하는 물체, 전구가 노출된 것 등은 피한다.
  ⑶ 채광은 왼쪽 위에서 비쳐지게 하여 그림자가 생기지 않도록 한다.
 4) 수업 시 자세를 바르게 한다.
  ⑴ 체격에 맞는 책상에서 수업을 받도록 하고 책과 눈의 거리는 30cm를 유지하도록 한다.
  ⑵ 바른 자세로 독서하도록 한다.
 5) 인쇄물 선택에 주의한다.
   선명하지 않은 활자, 나쁜 종이에 작은 활자로 인쇄한 책은 피한다.
 6) 시력검사를 정기적으로 받는다(연 1~2회).
 7) 근시가 있는 학생에게는 안과의 검사 및 처방에 따라 맞는 안경을 쓰도록 한다.

26-2. 1) 학교장은 교실 조도 측정을 학교 자체 또는 해당 교육청에 의뢰하여 조명이 미달되는 교실(각종 실험·실습실 포함)에 대해서는 『고등학교 이하 각급학교설립·운영규정』의 교실 내 조도 기준인 300lux 이상이 유지될 수 있도록 개선하여 학생 및 교직원의 시력보호와 쾌적한 면학분위기를 조성하도록 한다.

2) 교실에는 햇빛의 반사로 인한 눈부심이 없도록 창문에 커튼을 설치한다. 이때 유리나 커튼을 통과할 때 생기는 또 다른 광선에 주의한다.
칠판의 도면 및 도색 상태를 수시로 점검, 보완한다(흑판은 둔하고 밝은 색깔).

3) 학교장은 학생들이 수업(학습) 중인 교실에 절전을 이유로 감등이나 소등하는 일이 없도록 한다.

4) 조도가 부족할 때는 조명기구 청소 또는 등을 더 달아 채광, 조명에 적절한 조치를 해야 한다.

27. 1) 촉진 시 C자형

2) 선 자세에서 어깨 높이의 차이

3) 견갑(어깻죽지)이 후방으로 튀어나옴

4) 손을 앞으로 하고 등을 앞쪽으로 90도 구부렸을 때 등 높이의 차이

5) 허리 부분의 근육 높이 차이

28-1. 1) 척추변위와 관련된 심장기능의 저하

2) 척추변위와 관련된 폐기능의 저하

3) 척추변위로 신경의 압박으로 인한 요통

4) 이로 인한 수명단축

5) 디스크가 돌출되거나 찢어질 확률이 있다.

6) 근육의 경우 한쪽은 무리가 가해지고 반대쪽은 약해진다.

7) 천골의 균형이 무너져 기울어진다.

28-2. (1) 먼저 학생을 런닝셔츠만 입힌 상태 또는 상의를 다 벗은 상태에서 바른 자세로 약간 다리를 벌리고 바로 세운다.
① 촉진 시 C자형인지 확인한다.
② 좌우 어깨선 높이의 차이 및 견갑골 높이의 차이를 본다.

(2) 좌우 견갑골의 후방 돌출유무를 확인한 다음 양팔을 나란히 하여 등을 90도까지 전방으로 굽히게 하고 검사자가 앞에서 혹은 뒤에서 등과 같은 눈높이로 하고,
③ 좌우 등높이(늑골 돌출고)의 돌출정도를 본다.
④ 좌우 허리높이(요추부 돌출고)의 돌출을 보면 된다. 돌출된 모습이 확인되면 자세 이상자로 보면 된다.

(3) 자세 이상자의 경우 대부분 척추가 휘기 시작하는 모습이 정밀 X-선 검사에서 관찰되지만 10도 이상의 휜각도가 측정될 때 임상적으로 척추측만증이라고 진단한다.

29. 1) 정기적 검사 및 이학적 검사. 특히 학부모가 일주일에 한번 정도 목욕을 같이 하면서 척추 이상을 체크-조기발견 / 자세이상 시 X-선 검사

2) 척추 주변 근육 강화 운동의 생활화(정적 운동-윗몸일으키기, 상체 들기 운동 등 / 전신 운동-줄넘기, 수영, 자전거 타기)

3) 바른 자세 생활화(경추 전만 곡선을 감소시키는 좋은 자세, 바르게 앉기, 바르게 책읽기, 바른 자세로 자기, 무거운 물건 주의)

4) 일상에서 주의(척추 압력 제거) : 체격에 맞는 책·걸상 사용 / 가방 무게 줄이기 / 학업 시 한 시간 마다 일어나 허리 운동 하기, 컴퓨터 게임을 한 시간 이상 하지 않기 등

5) 그 외 스스로 본인의 자세가 나쁘다고 생각되거나 어깨, 등, 허리에 아픈 증상이 있다고 생각되면 의사의 진단 받기

30. <u>그림 1</u>
- 촉진 시 C자형이나 S자형을 확인한다.
- 좌우 어깨선 높이의 차이와 견갑골 높이의 차이를 본다.
- 좌우 견갑골의 후방 돌출 유무를 확인한다.

<u>그림 2</u>
- 좌우 등높이(늑골 돌출고)의 돌출 정도를 본다.
- 좌우 허리높이(요추 돌출고)의 돌출 정도를 본다.

31. 1) ㉠의 방법으로 검진해야 할 사항 2가지
- 촉진 시 C자형이나 S자형을 확인한다.
- 좌우 어깨선 높이의 차이와 견갑골 높이의 차이를 본다.
- 좌우 견갑골의 후방 돌출 유무를 확인한다.

2) ㉡에 해당하는 검사명과 이 방법으로 검진해야 할 사항 1가지
- 검사명 : Adams 전방굴곡 검사
- 좌우 등높이(늑골 돌출고)의 돌출 정도를 본다.
- 좌우 허리높이(요추부 돌출고)의 돌출 정도를 본다.

32. 1) 정확도가 높을 것(민감도, 특이도, 예측도가 높아야 한다.)
2) 신뢰도가 높을 것
3) 대상자의 수용도가 높을 것
4) 비용의 효율성
5) 검사상 안전도가 높을 것
6) 검사의 시행이 용이하고 간편할 것
7) 발견된 질환에 대한 효과적인 치료법이 있을 것
8) 조기 발견의 이점이 있을 것
9) 질병 자체가 비교적 흔한 것이어서 많은 사람에게 이득이 될 수 있을 것

<u>정확도에 영향을 주는 요인</u>
① 기준의 명확성
② 설정 기준치 수준
③ 집단 내 측정 질병 유병률
④ 측정의 신뢰성
⑤ 연구자의 편견과 양심

33.
1) **질병의 역학적 연구**

집단검진을 통하여 어떤 지역사회의 유병률과 질병 상태를 정확히 파악하고, 질병 발생에 관계되는 요소를 규명할 수 있으며, 질병 전체의 규모나 발생 양상을 알 수 있는 많은 정보를 얻을 수 있다.

2) **질병의 자연사와 발병기전 규명**

집단검진으로 질병을 조기 상태에서 파악하면 그 질병의 자연사나 발생기전을 이해하는 데 도움이 된다.

3) **질병의 조기 진단**

집단검진의 가장 중요한 목적은 조기 발견이라고 할 수 있는데, 많은 질병에서 조기 진단을 하여 조기에 치료함으로써 생명의 연장과 질병의 치유에 도움이 된다. 그러나 많은 비감염성질환은 아직 조기 진단이 어려운 실정이다.

4) **보건교육에 도움**

집단검진을 실시하는 과정에서 주민들에게 질병 발생에 대한 지식과 예방의 중요성을 인식시키고 정기적인 건강 진단을 받도록 유도할 수 있다.

34.

지표설명	값
1) 민감도 : 질병을 가진 군을 검사결과상 질병이 있다고 확인해내는 능력	45/50×100=90%
2) 특이도 : 질병을 가지지 않은 군을 검사상 질병이 없다고 확인하는 능력	1980/2000×100=99%

집단검진의 정확도

1. 정의

정확도는 어떤 측정치 또는 측정 방법이, 측정하고자 목적하는 것을 성취하는 정도이다. 즉, 검사 결과와 실제 질병 여부의 일치 정도를 평가한다.

2. 지표

민감도와 특이도, 예측도로 구분된다.

집단검진의 정확도가 높으려면 민감도와 특이도가 높아야 한다.

1) 민감도(sensitivity) 질병을 가진 군을 검사 결과상 질병이 있다고 확인해 내는 능력

검사 양성 수 / 총 환자 수(×100)

2) 특이도(specificity) 질병을 가지지 않은 군을 검사상 질병이 없다고 확인하는 능력

검사 음성 수 / 총 비환자 수(×100)

3) 예측도(predictability) 그 측정 도구가 그 질병이라고 판단한 사람들 중에서 실제 그 질병을 가진 사람들의 비율로서 그 측정 자체의 예측 능력을 의미한다.

양성 예측도 : 검사결과가 양성인 사람들 중에서 질환이 있는 사람의 비율

음성 예측도 : 검사결과가 음성인 사람들 중에서 건강한 사람의 비율

• 양성예측도=확진된 환자 수 / 총 검사 양성 수 (×100)

• 음성예측도=확진된 비환자 수 / 총 검사 음성 수 (×100)

35.
1) **양성예측도 설명** : 측정 도구가 질병이 있다고 판단한 사람 중에서 실제 그 질병을 가진 사람들의 비율

2) **양성예측도 값** : 10/25(확진된 환자 수 / 총 검사 양성자 수) × 100=40%

36. ❹

㉠ 민감도와 특이도가 높으면 정확도가 높다.

㉡ 신뢰도란 반복 측정 시 같은 값이 측정되는 결과로 측정의 신뢰도가 높다고 반드시 정확도가 높은 것은 아니다.

측정의 정확도에 영향을 미치는 요인(지역사회간호학, 김정남, 2000.)

• 사례 정의에 대한 기준의 명확성

질병이 있는 사람과 없는 사람을 구분하는 기준이 불명확한 경우 질병이 있는 사람을 없는 사람으로, 없는 사람을 있는 사람으로 잘못 분류할 수 있다.

• 검사 결과의 양성과 음성을 구분하는 한계치(cutting point)

예를 들어, 자궁경부암을 진단하는 세포진검사(pap smear)를 하여 세포진의 분류가 Ⅰ인 경우를 검사음성, Ⅱ 이상을 검사양성이라고 하는 경우는, 세포진의 분류가 Ⅱ 이하 음성, Ⅲ 이상을 양성이라고 하는 경우와 정확도 지표는 달라진다.

• 대상인구 집단에서의 측정하고자 하는 건강 상태의 유병률

어떤 측정치의 정확도 지표는 그 집단의 유병률과 깊은 관계를 가지고 있으며, 유병률이 낮을수록 가양성률이 높아지는 반면 가음성률은 낮아진다. 민감도는 진양성/(진양성+가음성)이고 특이도는 진음성/(진음성+가양성)이다. 예측도는 가양성률과 가음성률이 관여하므로 정확도 지표는 모두 가양성률과 가음성률에 좌우된다.

• 측정의 신뢰도

정확도가 높은 측정이 되려면 신뢰도는 높아야 하지만 신뢰도가 높다고 하여 반드시 정확도가 높은 것은 아니다.

• 측정자의 성실성

측정이 이루어지는 상황은 측정자만이 알 수 있으므로 측정자가 정확한 측정 결과를 얻으려는 마음의 자세가 준비되었느냐에 따라 측정 결과는 달라질 수 있다.

---

37. ❹

A의 특이도 : $\dfrac{880}{900} \times 100 = 97.78$

A의 양성예측도 : $\dfrac{80}{100} \times 100 = 80$

B의 특이도 : $\dfrac{880}{900} \times 100 = 97.78$

B의 양성예측도 : $\dfrac{60}{80} \times 100 = 75$

즉, 설정 기준치(cutting point) 수준의 변화는 정확도(민감도, 특이도, 예측도)에 영향을 준다.

38. 2) 양성예측도는 검사 도구가 질병이 있다고 판단한 사람들 중 실제 질환을 확진받은 환자의 비율이다. 20/30×100(%)=66.6% 검사 도구가 질병이 있다고 판단한 사람들 중 66.6%가 실제 질환이 있다고 확진받았다.

음성예측도는 검사 도구가 질병이 없다고 판단한 사람들 중 실제 질환이 없는 사람의 비율이다. 465/470×100(%)=98.9% 검사 도구가 질병이 없다고 판단한 사람들 중 98.9%가 실제 질환이 없다고 확진받았다.

양성예측도가 66.6%라는 것은 흉부 방사선 촬영 검사의 양성자 100명 중 66.6명은 실제로 결핵을 가지고 있는 자이고, 음성 예측도가 98.9%라는 것은 흉부 방사선 촬영 검사의 음성자 100명 중 98.9명은 실제로 결핵에 이환되지 않은 자임을 나타낸다.

39. ㉠ $(39/40) \times 100 = 97.5\%$

㉡ $(183/200) \times 100 = 91.5\%$

㉢ 양성예측도는 측정에 의해 질병이 있다고 판단한 사람들 중에 실제로 그 질병을 가진 사람들이 비율이다.

㉣ 관측자 간 오차는 측정자 수를 줄여서 측정자 간 오차를 줄여야 한다.

4절 · 보건실 운영

| 본문 p.169

1.
1) 학교보건활동의 증거 서류로서의 역할
2) 학교보건활동계획의 기본 자료로서의 역할
3) 학교 및 보건의료 전문인 사이의 의사소통 수단으로서의 역할
4) 학교 관련 연구 및 통계 자료의 역할
5) 학교보건사업의 평가 도구로서의 역할

5절 · 학교환경관리

| 본문 p.169

1-1.

1) 교육환경보호구역의 종류와 각각의 구체적 거리 기준

〈교육환경법 제8조(교육환경보호구역의 설정 등)〉

① 학교경계 또는 학교설립예정지 경계로부터 직선거리 200미터의 범위 안의 지역을 다음 각 호의 구분에 따라 교육환경보호구역으로 설정·고시하여야 한다.

1. 절대보호구역 : 학교출입문으로부터 직선거리로 50미터까지인 지역(학교설립예정지의 경우 학교경계로부터 직선거리 50미터까지인 지역)

2. 상대보호구역 : 학교경계등으로부터 직선거리로 200미터까지인 지역 중 절대보호구역을 제외한 지역

2) 교육환경보호구역 안에서의 금지행위

〈교육환경법 : 제9조(교육환경보호구역에서의 금지행위 등)〉

1. 「대기환경보전법」에 따른 배출허용기준을 초과하여 대기오염물질을 배출하는 시설

2. 「물환경보전법」에 따른 배출허용기준을 초과하여 수질오염물질을 배출하는 시설과 폐수종말처리시설

3. 「가축분뇨의 관리 및 이용에 관한 법률」에 따른 배출시설, 처리시설 및 공공처리시설

4. 「하수도법」에 따른 분뇨처리시설

5. 「악취방지법」에 따른 배출허용기준을 초과하여 악취를 배출하는 시설

6. 「소음·진동관리법」에 따른 배출허용기준을 초과하여 소음·진동을 배출하는 시설

7. 「폐기물관리법」에 따른 폐기물처리시설

8. 「가축전염병 예방법」에 따른 가축 사체, 오염물건 및 수입금지 물건의 소각·매몰지

9. 「장사 등에 관한 법률」에 따른 화장시설 및 봉안시설

10. 「축산물 위생관리법」에 따른 도축업 시설

11. 「축산법」에 따른 가축시장

12. 「영화 및 비디오물의 진흥에 관한 법률」의 제한상영관

13. 「청소년 보호법」에 따라 여성가족부장관이 고시한 영업에 해당하는 업소

14. 「고압가스 안전관리법」에 따른 고압가스, 「도시가스사업법」에 따른 도시가스 또는 「액화석유가스의 안전관리 및 사업법」에 따른 액화석유가스의 제조, 충전 및 저장하는 시설

15. 「폐기물관리법」에 따른 폐기물을 수집·보관·처분하는 장소(규모, 용도, 기간 및 학습과 학교보건위생에 대한 영향 등을 고려하여 대통령령으로 정하는 장소는 제외한다)

16. 「총포·도검·화약류 등의 안전관리에 관한 법률」에 따른 총포 또는 화약류의 제조소 및 저장소

17. 「감염병의 예방 및 관리에 관한 법률」에 따른 격리소·요양소 또는 진료소

18. 「담배사업법」에 의한 지정소매인, 그 밖에 담배를 판매하는 자가 설치하는 담배자동판매기

19. 「게임산업진흥에 관한 법률」에 따른 게임제공업, 인터넷컴퓨터게임시설제공업 및 복합유통게임제공업

20. 「게임산업진흥에 관한 법률」에 따라 제공되는 게임물 시설

21. 「체육시설의 설치·이용에 관한 법률」에 따른 체육시설 중 당구장, 무도학원 및 무도장(「유아교육법」에 따른 유치원, 「초·중등교육법」에 따른 초등학교, 「초·중등교육법」에 따라 초등학교 과정만을 운영하는 대안학교 및 「고등교육법」 제2조 각호에 따른 학교의 교육환경보호구역은 제외한다)

22. 「한국마사회법」에 따른 경마장에 따른 장외발매소, 「경륜·경정법」에 따른 경주장에 따른 장외매장

23. 「사행행위 등 규제 및 처벌 특례법」에 따른 사행행위영업

24. 「음악산업진흥에 관한 법률」에 따른 노래연습장업

25. 「영화 및 비디오물의 진흥에 관한 법률」에 해당하는 비디오물감상실업 및 복합영상물제공업의 시설

26. 「식품위생법」에 따른 식품접객업 중 단란주점영업 및 유흥주점영업

27. 「공중위생관리법」에 따른 숙박업 및 「관광진흥법」에 따른 호텔업(「국제회의산업 육성에 관한 법률」에 따른 국제회의시설에 부속된 숙박시설은 제외한다)

28. 삭제 〈2021. 9. 24.〉

29. 「화학물질관리법」에 따른 사고대비물질의 취급시설 중 대통령령으로 정하는 수량 이상으로 취급하는 시설

[시행일 : 2022. 6. 29.]

2. ❺

교육환경보호구역 관리

① 제3조에 따라 설정된 정화구역은 정화구역이 설정된 해당 학교의 장이 관리한다. 다만, 학교 설립 예정지의 경우에는 학교가 개교하기 전까지는 정화구역을 설정한 자가 관리한다.

② 학교 간에 정화구역이 서로 중복되는 경우에는 다음 각 호에 해당하는 학교의 장이 그 중복된 구역을 관리한다.

  ㉠ 상·하급 학교 간에 정화구역이 서로 중복될 경우에는 하급학교. 다만, 하급학교가 유치원인 경우에는 그 상급학교

  ㉡ 같은 급의 학교 간에 정화구역이 서로 중복될 경우에는 학생수가 많은 학교

③ 학교 간에 절대정화구역과 상대정화구역이 서로 중복될 경우에는 제2항에도 불구하고 절대정화구역이 설정된 학교의 장이 이를 관리한다.

3-1. • 환기·채광·조명·온습도의 조절

• 유해중금속 등 유해물질의 예방 및 관리

• 상하수도·화장실의 설치 및 관리

• 오염공기·석면·폐기물·소음·휘발성 유기화합물·세균·분진먼지 등의 예방 및 처리

| 학교 내 환경관리 기준

학교보건법 제4조	학교보건법 시행규칙
환경위생 ① 환기·채광·조명·온습도의 조절 ② 유해중금속 등 유해물질의 예방 및 관리 ③ 상하수도·화장실의 설치 및 관리 ④ 오염공기·석면·폐기물·소음·휘발성 유기화합물·세균·먼지 등의 예방 및 처리 식품위생 ⑤ 식기·식품 먹는물관리 등 식품위생을 적절히 유지·관리	제3조(환경위생 및 식품위생의 유지관리) ① 「학교보건법」(이하 "법"이라 한다) 제4조에 따라 학교의 장이 유지·관리해야 하는 학교시설[교사대지(校舍垈地)·체육장, 교사·체육관·기숙사 및 급식시설, 교사대지 또는 체육장 안에 설치되는 강당 등을 말한다. 이하 같다]에서 환경위생 및 식품위생에 관한 기준은 다음 각 호와 같다. 1. 환기·채광·조명·온습도의 조절기준과 환기설비의 구조 및 설치기준(별표2) 1의2. 유해중금속 등 유해물질의 예방 및 관리 기준(별표2-2) 2. 상하수도·화장실의 설치 및 관리기준(별표3) 3. 폐기물 및 소음의 예방 및 처리기준(별표4) 3의2. 교사 안에서의 공기의 질에 대한 유지·관리기준(별표4의2) 4. 식기·식품·먹는물의 관리 등 식품위생에 관한 기준(별표5)

4.

1) 환기 : 환기용 창 등을 수시로 개방하거나 기계 환기 설비를 수시로 가동하여 1인당 환기량이 시간당 21.6세제곱미터 이상이 되도록 할 것

2) 채광(자연조명)
　① 옥외 수평조도와 실내조도와의 비가 평균 5퍼센트 이상, 최소 2퍼센트 미만이 되지 아니할 것
　② 최대조도와 최소조도의 비율이 10대 1을 넘지 아니하도록 할 것
　③ 교실 바깥의 반사물로부터 눈부심이 발생되지 아니하도록 할 것

3) 조도(인공조명)
　① 교실의 조명도는 책상면을 기준으로 300lux 이상이 되도록 할 것
　② 최대조도와 최소조도의 비율이 3대 1을 넘지 아니하도록 할 것
　③ 인공조명에 의한 눈부심이 발생되지 아니하도록 할 것

4) 실내온도
　① 18도 이상 28도 이하로 하되
　② 난방온도는 섭씨 18도 이상 20도 이하
　③ 냉방온도는 섭씨 26도 이상 28도 이하로 할 것

5) 비교습도 : 30% 이상~80% 이하

6) 소음 : 55데시벨 이하(교사 내)

5. 석면 : 0.01개/cc 이하
인공조명의 최대 조도와 최소 조도의 비율 3 : 1을 넘지 아니할 것

1. 공기질 유지기준(학교보건법 시행규칙 별표 4의 2, 2019. 10. 24)

오염물질 항목	기준(이하)	적용 시설	비 고
미세먼지(μg/m³)	35μg/m³	교사 및 급식시설	직경 2.5μm 이하 먼지
	75μg/m³	교사 및 급식시설	직경 10μm 이하 먼지
	150μg/m³	체육관 및 강당	직경 10μm 이하 먼지
이산화탄소(ppm)	1,000ppm	교사 및 급식시설	해당 교사 및 급식시설이 기계 환기 장치를 이용하여 주된 환기를 하는 경우 1,500ppm 이하
폼알데하이드(μg/m³)	80μg/m³	교사, 기숙사(건축 후 3년이 지나지 않은 기숙사로 한정한다) 및 급식시설	건축에는 증축 및 개축포함
총부유세균(CFU/m³)	800CFU/m³	교사 및 급식시설	
낙하세균(CFU/실당)	10CFU/실	보건실 및 급식시설	
일산화탄소(ppm)	10ppm	개별 난방 교실 및 도로변 교실	난방 교실은 직접 연소 방식의 난방 교실로 한정
이산화질소(ppm)	0.05ppm	개별 난방 교실 및 도로변 교실	난방 교실은 직접 연소 방식의 난방 교실로 한정
라돈(Bq/m³)	148Bq/m³	기숙사(건축 후 3년이 지나지 않은 기숙사로 한정한다) 1층 및 지하의 교사	
총휘발성유기화합물(μg/m³)	400μg/m³	건축한 때부터 3년이 경과되지 아니 한 학교	건축에는 증축 및 개축 포함
석면(개/cc)	0.01개/cc	「석면안전관리법」 제22조제1항 후단에 따른 석면건축물에 해당하는 학교	
오존(ppm)	0.06ppm	교무실, 행정실	적용 시설 내에 오존을 발생시키는 사무기기(복사기 등)가 있는 경우로 한정
진드기(마리/m²)	100마리/m²	보건실	
벤젠	30μg/m³	건축 후 3년이 지나지 않은 기숙사	건축에는 증축 및 개축 포함
톨루엔	1,000μg/m³	건축 후 3년이 지나지 않은 기숙사	건축에는 증축 및 개축 포함
에틸벤젠	360μg/m³	건축 후 3년이 지나지 않은 기숙사	건축에는 증축 및 개축 포함
자일렌	700μg/m³	건축 후 3년이 지나지 않은 기숙사	건축에는 증축 및 개축 포함
스티렌	300μg/m³	건축 후 3년이 지나지 않은 기숙사	건축에는 증축 및 개축 포함

2. 관리기준

대상 시설	중점관리기준
가. 신축 학교	1) 「실내공기질 관리법」 제11조제1항에 따라 오염물질 방출 건축자재를 사용하지 않을 것 2) 교사 안에서의 원활한 환기를 위하여 환기시설을 설치할 것 3) 책상·의자 및 상판 등 학교의 비품은 「산업표준화법」 제15조에 따라 한국산업표준 인증을 받은 제품을 사용할 것 4) 교사 안에서의 폼알데하이드 및 휘발성유기화합물이 유지기준에 적합하도록 필요한 조치를 강구하고 사용할 것
나. 개교 후 3년 이내인 학교	폼알데하이드 및 휘발성유기화합물 등이 유지기준에 적합하도록 중점적으로 관리할 것
다. 개교 후 10년 이상 경과한 학교	1) 미세먼지 및 부유세균이 유지기준에 적합하도록 중점 관리할 것 2) 기존 시설을 개수 또는 보수하는 경우 「실내공기질 관리법」 제11조제1항에 따라 오염물질 방출 건축자재를 사용하지 않을 것 3) 책상·의자 및 상판 등 학교의 비품은 「산업표준화법」 제15조에 따라 한국산업표준 인증을 받은 제품을 사용할 것
라. 「석면안전관리법」 제22조제1항 후단에 따른 석면건축물에 해당하는 학교	석면이 유지기준에 적합하도록 중점적으로 관리할 것
마. 개별 난방(직접 연소 방식의 난방으로 한정한다) 교실 및 도로변 교실	일산화탄소 및 이산화질소가 유지기준에 적합하도록 중점적으로 관리할 것
바. 급식시설	미세먼지, 이산화탄소, 폼알데하이드, 총부유세균 및 낙하세균이 유지기준에 적합하도록 중점적으로 관리할 것
사. 보건실	낙하세균과 진드기가 유지기준에 적합하도록 중점적으로 관리할 것

제7강 보건교육

1절 · 수업단계와 활동

| 본문 p.172

1.   ❺

　ㄷ. 호기심, 탐험, 재미 등은 내재적(자연적) 동기 유발 방법이다.

⑴ 자연적 동기 유발 방법

　① 학습하고자 하는 목적을 학습 활동에 들어가기 전에 명확히 제시해 준다.

　② 학습자의 흥미를 환기시킨다.

　③ 학습 진행 결과를 학습자들에게 알려준다.

　④ 학습에 대한 성취감을 느끼게 한다.

⑵ 인위적 동기 유발 방법

학습자의 개인차를 고려하여 적절하게 칭찬과 벌을 이용하여 동기를 유발시킨다.

켈러는, 교육자는 수업을 통해 학습자가 수업 주제에 대해 주의집중하고 자신과의 관련성을 찾아서 자신감과 만족감을 갖도록 해 주어야 한다고 하였다. 그러므로 교육자는 함께 문제를 해결하기 위해서 학습자의 동기 요인을 찾아 학습지도에 반영하고 그들의 적극적인 참여를 유도하는 지도자 및 협조자의 역할을 수행해야 할 것이다.

보건교육자는 일방적으로 학습 내용을 전달하는 데서 그치는 것이 아니라, 학습자로 하여금 자신의 과제를 스스로 잘 수행할 수 있다는 자신감을 강화시키고, 학습자 스스로 자신의 학습을 통제할 수 있는 자율성을 갖게 함으로써 더욱 동기화시킬 수 있는 자율적인 학습 분위기를 조성해야 한다.

2.

1) 도입 단계의 성격과 주요 활동(5~10분)
   ① 학습자의 동기 유발 : 다양한 방법을 사용하여 학습자의 관심과 흥미를 불러일으킴
   ② 학습 목표 제시
   ③ 선수 학습과 관련짓기 : 과거의 학습 경험들을 회상시키거나 재생

2) 전개 단계의 성격과 주요 활동
   ① 학습 내용의 제시 : 기본 → 일반/ 단순 → 복잡/학습 내용을 학습자의 수준, 특성, 수업의 조건과 활동 상황 등을 고려하여 제시할 것
   ② 학습 자료 제시 : 학습 목표를 달성하는 데 도움이 되는 다양한 프로그램이나 매체를 제시
   ③ 학습자의 참여 유도 : 적극적인 참여 유도를 위해서는 다양한 표현의 기회를 제공하거나, 적극적으로 토론을 유도하거나, 학습자들에게 학습 과제를 제시하는 것 등을 들 수 있다.
   ④ 다양한 수업 방법의 사용 : 학습 방법은 학습 목표, 학습 상황, 학습 자료의 특징, 학습자의 수준 등에 따라 다양해질 수 있다.
   ⑤ 시간과 자원의 관리 : 수업 시간의 약 65~70%를 차지한다. 따라서 몇 개의 하위 단계 또는 활동으로 구분하여 시간과 자원을 관리하는 것이 필요하다.

3) 정리 단계의 성격과 주요 활동
   ① 학습 과제에 대한 요약정리
   ② 연습을 통한 강화 : 학습한 내용을 학습자가 실제 상황이나 이와 유사한 상황에서 적용할 수 있는 기회를 제공하는 활동
   ③ 일반화 : 학습자들이 학습한 내용을 주변의 생활 문제에 적용해서 그 문제를 해결해 보는 경험을 하는 활동
   ④ 보충 자료 제시 및 차시 예고

2절◆ 보건교육의 개념

| 본문 p.174

1.

1) 학생 시절은 건강 행위를 위한 습관을 형성하는 시기로서 만성질환 예방 교육은 학생들의 건강 증진 생활양식을 변화시킬 수 있기 때문에 효과면에서 능률적이다.

2) 학생들을 위한 교육은 학부모와 가족, 즉 지역사회 주민에게 파급 효과가 있다.

3) 학생 인구는 전체 인구의 25% 정도로 수적인 면에서도 중요한 비중을 차지한다.

4) 질병 예방과 건강 증진에 가장 효과적인 전략은 보건교육이다. 교육의 기회를 자연스럽게 활용할 수 있다.

5) 학생들은 학교라는 한 장소에 모여 있으므로 지역주민들을 위한 사업 시 지역을 방문해야 하는 것을 고려할 때 학교는 사업의 효율성을 높여 준다.

6) 교직원은 그 지역사회에서 지도적 입장에 있고 항상 보호자와 접촉하고 있으므로 교직원이 먼저 보건에 관한 지식을 습득하고 이것을 생활화함으로써 지역사회의 시범이 될 수 있다.

2. 세계보건기구(WHO)가 제시한 보건교육의 목표는 3단계로 구성되어 있다.

첫째, "지역사회 구성원의 건강이 지역 발전에 중요한 열쇠임을 인식시킨다"는 지역사회 구성원의 건강이 중요하며 지역사회의 발전에 기초라는 기본 가정이라 할 수 있다.

둘째, "자신의 건강을 스스로 관리하는 능력"의 중요성과 효율성을 설명하고 있다.

셋째, 첫째와 둘째의 기본 가정을 바탕으로 "중요한 지역 구성원의 건강을 스스로 관리하는 능력을 갖도록 하는 것"이라는 궁극적 목적이 서술되어 있다.

따라서 첫째와 둘째의 기본 가정들을 잘 이해하고 세 번째 이를 통합하는 능력을 측정하는 문제이다.

1) 지역사회 구성원의 건강은 지역사회의 발전에 중요한 열쇠임을 인식시킨다.

2) 개인이나 지역사회 구성원들이 자기 스스로 자신의 건강을 관리할 능력을 갖도록 한다.

3) 자신들이 속한 지역사회에 건강문제를 스스로 인식하고 자신들이 해결할 수 있는 문제는 해결하려는 노력을 통하여 지역사회의 건강을 자율적으로 유지·증진하도록 하는 힘을 갖도록 한다.

3-1. "국민 건강 증진법 시행령" 제17조의 보건교육에는 다음 각 호의 사항이 포함되어 있다.

1. 금연, 절주 등 건강생활의 실천에 관한 사항
2. 만성퇴행성질환 등 질병의 예방에 관한 사항
3. 영양 및 식생활에 관한 사항
4. 구강건강에 관한 사항
5. 공중위생에 관한 사항
6. 건강 증진을 위한 체육활동에 관한 사항
7. 그밖에 건강 증진사업에 관한 사항

3절· 수업이론 및 학습이론

| 본문 p.175

1. 1) P(Physical) 신체적 준비 정도 : 능력 정도, 건강 상태 등
2) E(Emotional) 정서적 준비 정도 : 불안 수준, 동기화 정도, 관심 정도 등
3) E(Experience) 경험 정도 : 성공이나 만족한 경험 정도, 문화적 배경 등
4) K(Knowledge) 지식의 정도 : 현재 지식의 정도, 인지적 능력 등

	학습 동기	내적 동기 / 외적 동기	
	학습의 준비도	PEEK	
교수-학습조건	학습 환경	인적 환경	교육자(전문가, 촉진자, 연구자, 평가자) 학습자(교육자와 상호작용)
		물리적 환경	시간, 실내 환경, 일반 환경
		사회적 환경	교육과 관련된 이슈, 정책, 법

4절 · 보건교육계획 - 학습지도안

| 본문 p.175

1. ❹

ⓜ 교육 요구 추정 → ⓛ 교육 목표 설정 → ㉠ 학습 내용 선정 → ⓒ 시간 배정 → ⓔ 교육 방법 선정 → ⓗ 교육 보조자료 선정 → ⓐ 평가 방법 및 기준 설정

2. ❸

① 지식/암기 : 인간의 기억력에 의존하여 개념, 원리, 방법, 유형 구조 등 꼭 알아야 할 내용을 암기하는 것이다. 암기수준의 지식은 오래가지 못하므로 실용성이 적고, 단편적이므로 활용성이 적다.

　　예 대상자들은 흡연의 피해를 열거할 수 있다.

② 이해 : 어떤 사물이나 현상을 해석하거나 판단하는 데 필요한 지식으로 여러 가지 현상을 비교 분석하거나 적절한 방법을 선택하거나 결정할 수 있으며 새로운 상황에 적용할 수 있으므로 활용도가 높다.

　　예 대상자들은 니코틴의 작용을 말할 수 있다.

3-1. 집단지도를 시작하기 이전에 교육 대상의 특성과 교육환경에 대해 파악하고 이를 기반으로 보건교육 요구를 사정한다.

1) 교육 대상의 특성으로서
　① 집단의 경험, 즉 지식과 기술 정도, 집단이 갖고 있는 정규 교육과 특별 교육
　③ 교육적 배경
　④ 집단의 신념·습관·전통·규범을 파악할 수 있는 문화적 배경
　등을 확인해야 한다.

2) 교육 환경에 관한 정보로서
　① 교육에 참여 가능한 인적 자원
　② 할애할 수 있는 시간
　③ 교육 자료, 시설, 건물 등의 물적 자원 및 집단지도
　④ 사용 가능한 재정의 범위
　등이 확인되어야 한다.
　또한 집단이 필요하다고 느끼는 교육 주제나 특별히 관심을 두고 있는 내용을 고려하여 보건교육 주제를 선정하고 내용을 구성한다.

3-2.

1) 집단지도의 제목이 제목식, 방법식, 문제식으로 열거될 수 있다. 그러므로 "가정에서의 성교육", "가정에서 성교육을 시키자", "가정에서 성교육은 어떻게 하나?" 등으로 열거될 수 있다.

2) 교육 대상에는 집단의 특성, 집단의 참가 예상 수, 성별 보건교육 요구 등을 기록한다. 교육 실시 장소는 지역명, 건물명, 방 호수를 기록한다.

3) 학습 목적에는 대상자가 학습을 통해 바람직하게 변화되어야 할 학습자의 지식, 태도 혹은 실천을 기술한다.
　그러므로 학습 목적을 기술할 때는 한 문장 안에 학습자가 경험할 내용, 학습자가 수행할 행동, 학습 내용의 조건, 학습자가 수행할 행동의 기준 등을 포함한다. 문제에서 제기한 주제에 의하면 "어머니들은 <u>자녀들의</u> <u>성적 변화</u> <u>3가지를</u> <u>설명할 수 있다</u>"와 같이 예시를 들 수 있다.
　　　　　　　조건　　　내용　　　기준　　　　활동

4) 학습 내용에는 동기 유발, 준비, 방향 제시를 위한 도입 단계와 지도하고자 하는 내용이 중점적으로 포함되어 있는 전개 단계, 학습된 내용을 총괄하고 결론짓는 요약단계로 나누어 볼 수 있다.

5) 학습 방법은 강의, 패널토의, 심포지엄, 집단 토론회, 분단 토론회, 시범회, 역할극, 연극 등을 사용할 수 있다.

6) 평가 계획은 계획서에 반드시 포함되어야 한다. 학습 목적에 도달한 정도의 결과 평가, 학습 진행 과정상 발생한 예기치 못한 문제와 해결 방식을 기술한 과정 평가, 그리고 교육 직후 평가하기 어렵지만 태도, 실천(행위) 변화를 평가하는 영향 평가가 있다.

4. ❷

학습목표 설정의 4요소(Mager)

① 행동용어로 기술(the act)

② 변화의 내용 기술(the content)

③ 변화를 요구하는 조건의 제시(the condition)

④ 변화의 기준제시(the criteria)

5. 1) 학습목표에 포함되어야 할 요소

① 대상 : 학습자(audience) : 목표의 대상이 누구인가

② 행위 동사(act) : 건강교육 후 기대되는 최종 행위를 구체적으로 나타내는 명시적 행위 용어

③ 조건(condition) : 행위(변화)가 일어날 것이라고 기대되는 중요한 상황

④ 변화의 기준(criteria)

⑤ 변화내용(content)

예 학습목표를 제시했을 때(조건) 학습목표에 맞는(기준) 교육방법(내용)을 바로 제시할 수 있어야 한다(행동용어).

2) 구체적 학습목표 : 수업 후 학생들은 주어진 그림을 보고 적정체중유지에 제시한 8가지 음식 중 해로운 음식 4가지와 이로운 음식 4가지를 정확하게 분류할 수 있다.

> **Mager가 제시한 학습목표 진술의 ABCD 원칙**
>
> ① 학습자(Audience) : 목표의 대상이 누구인가
>
> ② 행동(Behavior) : 학습의 결과 학습자는 어떤 행동을 나타내야 하는가
>
> ③ 필요한 조건(Condition) : 그 행동을 수행하는 조건은 무엇인가
>
> ④ 학습성취의 정도(Degree) : 새로 학습된 기능이 어느 정도 숙달되어야 하는가

6. 1) 메이거가 제시한 학습 목표 구성의 3가지 요소

① <u>도달점 행동(구체적인 행동)</u>을 명시하라 : 필수 요건(behavior)

② 도달점 행동을 <u>수행해야 할 조건</u>을 제시하라 : 선택 요건(condition)

③ <u>수행 표준 혹은 준거</u>를 진술하라 : 선택 요건(degree) 기준

2) 구체적 학습 목표 : 수업 후 학생들은 주어진 평가서를 보고 약물 사용과 관련된 용어 3가지 중 2가지 이상을 정확히 분류한다.

교육목표 진술의 기본 요건(ABCD)

• 구체적인 행동으로 진술하라 : 필수 요건(behavior)

교육목표는 직접 관찰하고 측정할 수 있는 외현적 행동으로 진술해야 하며(관찰 가능 목표, 행동 목표), 행동 목표는 직접 관찰할 수 있는 <u>동작을 묘사하는 행위동사(action verbs)</u>로 진술해야 한다. 즉, "계산한다. 발음한다. 분해한다."는 외현적 행동으로 직접 관찰이 가능한 반면, "안다. 이해한다. 파악한다. 감상한다." 등은 관찰할 수 없는 내재적 행동으로 진술한 목표이다.

- 학습자를 주체로 진술하라 : 필수 요건(audience)

  '할 수 있게 한다'와 같이 교육가의 행동을 주체로 진술하는 것이 아니라 '할 수 있다'와 같이 학습자의 행동으로 진술하는 것이 바람직하다.

- 도달점 행동을 명시하라 : 필수 요건(behavior)

  도달점 행동에는 내용과 행동의 두 가지 요소를 반드시 포함하여야 한다. 즉, 어떤 내용(자료, 조건, 상황)에 대해 어떤 행동을 수행해야 하는지를 구체적으로 명시한다.

- 도달점 행동을 수행해야 할 조건을 제시하라 : 선택 요건(condition)

  조건이란 도달점 행동을 수행해야 할 일련의 상황을 의미한다. 질문, 과제 제시 방식, 자료, 장비, 도구, 시간 제한, 장소, 물리적 환경, 심리적 환경 등을 말한다.

- 수행표준 혹은 준거를 진술하라 : 선택 요건(degree)

  수행표준 혹은 준거란 도달점 행동의 달성 여부를 판단할 수 있는 기준을 의미한다. 일반적으로 정답률, 시간, 정확도, 오류 등에 비추어 진술한다. 수행 표준은 100%가 이상적이며, 100%일 경우 생략하는 것이 원칙이다. 100%의 목표 달성은 극히 예외적인 경우가 아니면 불가능하기 때문에 적정 수준의 표준을 설정하여야 한다.

7-1.　① 인지적 영역 : 생각하는 행위를 다루는 영역 - 지식, 이해, 응용, 분석, 종합, 평가로 분류함

② 정의적 영역 : 느낌이나 태도를 다루는 것, 태도 가치 신념 등의 정서적 행위를 말함

　수용(경청하고 관심을 보임), 반응(참여하고 반응함), 가치화(용납하고 가치를 인정함), 조직화(가치를 내면화시킴), 성격화, 즉 채택(새로운 가치를 생활 속으로 통합함)으로 분류함

③ 심리·운동적 영역 : 행동하는 행위를 다룸, 신경 - 근육의 조정을 필요로 하는 기술의 발휘 정도를 말임 지각(단서 선택), 유도반응(모방, 시행 착오), 기계화(자신감, 습관적 행위), 태세 고정 등이 속한다.

7-2.

번호	학습 목표	단 계
①	학생은 AIDS 원인균의 이름을 말할 수 있다.	지식
②	학생은 AIDS 증상을 설명할 수 있다.	이해

8.　1) 쉬운 것에서 어려운 것으로

2) 구체적인 것에서 추상적인 것으로

3) 가까운 것에서 먼 것으로

4) 간단한 것에서 복잡한 것으로

5) 익숙한 것에서 미숙한 것으로/전체적 내용에서 부분적 내용으로

구분	심리적 조직	논리적 조직	절충적 조직
정의	• 학생의 심리적 특성 토대	• 교과나 학문의 논리적 구조에 따라 조직	학습자의 심리적 특성을 중심으로 교재의 논리적 순서와 그 발전이 보장되도록 배열
특징	• 학생의 성숙과 성장 발달의 특징, 심리적·정신적 경험의 민감성, 흥미와 욕구, 학습의 곤란도, 성공이나 실패	• 조직방법 ① 쉬운 것 → 어려운 것 ② 구체적 → 추상적 ③ 가까운 것 → 먼 것 ④ 간단 → 복잡 ⑤ 익숙 → 미숙 ⑥ 전체 → 부분	
장점	심리적 특색을 토대 → 논리적 방법에 비해 진보적 방법		학생의 발달 순서와 교재의 논리적 발전을 조화롭게 취급

5절 ✦ 보건교육방법

| 본문 p.178

1-1.
1) 담배 중에 포함되어 있는 대표적인 유해물질인 타르는 폐암을 유발, 니코틴은 동맥경화, 고혈압, 말초혈관 질환 및 심질환을 유발하거나 악화시키고 일산화탄소는 세포의 신진대사에 장애를 주고 만성 저산소증을 일으키며 조기노화 현상을 가져오고 기억력이 감퇴를 초래하여 학습에 지장을 줄 수 있다.
2) 니코틴의 금단현상으로 수업에 집중하기 어렵고 담배를 끊기가 점점 힘들어진다.
3) 청소년의 흡연은 신체의 생리기능의 발달이 미완성 단계이므로 성인의 흡연에 비해 더욱 유해하다.
4) 경제적 자립이 어렵기 때문에 담배를 구입하는 데 과다한 지출을 하게 되고 때로는 부당한 방법으로 담배 구입 비용을 마련하게 되어 청소년 범죄를 유발할 수 있다.

1-2.
1) 대상자의 흡연에 대한 지식이나 경험 : 출발점 행동을 사정하고 교육 내용을 구성하기 위하여 반드시 실시하여 반영하여야 한다.
2) 대상자의 수 : 대상자의 수가 많으면 강의와 같은 방법을 택할 수밖에 없다.
3) 학습 목표의 난이도 : 학습 목표가 어려울수록 소집단을 요하며, 보조자료나 매체, 시범 등이 요구되고 많은 시간이 소요된다.
4) 교육을 위해 배정할 수 있는 시간 : 시간이 충분하지 못하다면 강의식 방법이 선택될 수 있다.
5) 교육 장소 : 교육 장소의 넓이, 장비 사용가능 유무에 따라 교육 방법이 달라질 수 있다.

1-3.
1) peer leader를 통해 대리경험을 할 수 있다.
2) 교육자와 피교육자 간의 세대 차이를 극복할 수 있다.
3) peer group 내에서 잦은 접촉을 통해 금연 행위를 강화할 수 있다.
4) 외부 강사를 섭외하는 번거로움이 없다.
5) 비용 효과면에서 효율적이다(cost effectiveness).

2. ❶
일방식 교육방법은 피교육자가 교육할 내용에 대해 기본 지식이 없을 때 주로 이용되는 방법으로 강의법, 영화상영, 전단, 회람, 포스터, 광고, 라디오, TV, 녹음기 등이 있다.
장점은 (1) 왕래식보다 더 많은 대중에게 교육할 수 있다는 점과 시간, 비용 절약이다.
단점으로는 (1) 왕래식보다 습득 효과가 낮다, (2) 피교육자의 의견은 반영됨이 없이 교육자의 일방적 교수법이다, (3) 교육자가 피교육자의 반응이나 습득 내용에 대한 느낌을 모른다는 것이다.

3. ❹
① ② ③은 왕래식 교육방법의 특징이다.

4. ❷
1) 직접적인 질문보다 일반적인 유도 질문을 한다.
2) '예', '아니오'로 대답을 유도하는 것보다 설명을 요하는 질문을 한다.
3) 관심과 친절감이 있는 언어를 사용한다.
4) 지나치게 많은 질문, 혹은 너무 적은 질문은 피면접자를 혼돈시키거나 관심이 없어 보이므로 피하도록 한다.

5. ❸

질문시기로 적합한 때는

1) 피상담자가 하고 있는 말을 이해하지 못할 때
2) 피상담자 본인이 가지고 있는 문제를 혼돈하고 있을 때
3) 구체적으로 필요한 정보를 얻으려고 할 때
4) 화제의 방향이 빗나갔을 때
5) 피상담자가 좀 더 구체적인 설명을 할 필요가 있을 때

6. ❷

면담 시 활용할 수 있는 상호작용 방법은 관찰, 청취, 질문, 이야기하기 등이고, 이를 위해 치료적 관계를 수립하고, 의사소통 방법(언어적, 비언어적)을 활용한다.

7-1.
1) 대상자가 대화하는 도중에 잠깐씩 중지하는 점에 관심을 기울인다.
2) 지나친 간섭, 혹은 지나친 무관심은 피한다.
3) 대상자가 계속 대화를 할 수 있도록 가끔 반응을 나타내어 경청하고 있다는 것을 알린다. 경우에 따라서 대상자의 말을 반복하고 조언이나 질문을 한다.
4) 경청하고 있다는 것을 대상자가 알 수 있도록 대상자를 정면으로 보는 자세, 얼굴 표정 및 적당한 몸짓 등을 취한다.

7-2.
1) 신뢰감 있는 분위기를 조성하고 관심, 친절한 언어 사용에 유의하도록 한다.
2) 상담자는 문제를 해결해 주는 사람이 아니라 문제를 발견하고 해결하도록 도와주는 사람이라는 사실을 명심한다.
3) 대상자에 대한 긍정적인 태도를 가진다.
4) 대상자가 믿을 수 있도록 말과 태도가 일치하는 신중한 태도를 가진다.
5) 관련 문제와 연결짓지 말고, 현재의 문제만으로 공감대를 형성하도록 한다.
6) 대상자가 자유롭게 의사를 표현할 수 있도록 안락한 분위기를 조성한다.
7) 적극적인 경청의 자세를 가지고 직접적인 질문보다는 유도 질문을 한다.
8) 대상자가 스스로 말할 수 있을 때까지 여유를 가지고 기다린다.
9) 대상자가 부정적으로 반응하더라도 충분히 감정을 표시할 수 있도록 이를 받아들인다.
10) 대상자에게 지시, 명령, 훈계, 설득 등은 피한다.

8.
1) 시범자는 시범을 보이는 동작과 절차 하나하나가 정확하고 가장 진보적인 실천 가능한 방법을 선택하여야 한다.
2) 교육장소의 준비는 모두가 볼 수 있도록 교육대상자보다 약간 높은 위치로 선택하여야 한다.
3) 대상자들에게 오류를 범하기 쉬운 어려운 동작이나 기술이라고 생각되는 부분을 반복해서 서서히 보여주도록 고려한다.
4) 시범자는 사전에 충분한 연습을 통해서 익숙하게 진행할 수 있는 자신감을 가져야 한다.
5) 교육자가 시범을 실시한 후에는 대상자들이 완전히 이해했는지 확인하기 위하여 재시범을 실시하여 미숙한 부분을 교정하도록 하여야 한다.

9-1. 역할극(Role-Playing)이란 어떤 상황을 극화해 보임으로써 문제를 이해하고 이의 해결방안을 찾고
자 하는 데에 교육목표가 있을 때, 참가자 중에서 인물을 선정하거나 연기자를 초청하여 배역을 맡겨
서 실제 상황을 연출함으로써 새로운 지식이나 태도의 변화를 유도하고자 하는 방법이다.
1) 흥미 있게 목표에 도달할 수 있다.
2) 청중은 역할극을 통하여 마치 그와 같은 어떤 상태에 있는 것 같이 느끼면서, 어떤 태도가 좋은가
   또는 나쁜가를 비평하면서 배우게 된다.
3) 실제 활용에 가능한 기술 습득이 용이하다.
4) 대상자 수가 많아도 적용 가능하다.
5) 문제 해결에 대한 이해 능력이 개발된다.
6) 실제 상황과 유사하여 목표 도달이 용이하다.

9-2. ① 역할의 선택이 용이하지 않다.
   • 억지로 출연시키지 말고 맡지 않겠다는 역을 강제로 맡겨서는 안 된다.
   • 출연자는 역할극 시행 전에 극 전체의 흐름이나 내용을 알고 각자가 맡은 역할이 어떤 부분을
     차지하는지 이해가 필요하다.
   • 역할극의 출연자들은 서로 잘 알고 있거나 인간관계가 좋아야 한다.
   • 성격상 나서기를 꺼리는 사람은 참관만 시키는 것이 좋다.
   ② 다른 교육 방법보다 계획 및 준비시간이 많이 요구되므로 충분한 시간을 고려한다.
   ③ 목표, 시설, 보조자료 등이 현실적인 것이어서 교육 후 실제 적용할 수 있는 것이어야 한다.

10. 1) 학습자가 자신의 능력에 따라 학습할 수 있고 반복할 수 있다.
2) 학습 자료를 다룰 수 있는 양만큼으로 나눌 수 있다.
3) 학습 진행을 개인의 능력에 맞게 할 수 있으며, 매 과정마다 즉각적인 회답을 받을 수 있다.
4) 스스로 컴퓨터 작동을 함으로써 능동적으로 참여할 수 있다.
5) 교육자의 시간을 절약한다(교수 시간을 절약함으로써 새로운 학습 환경을 창출한다).
   ＝교육자가 학습 대상자 개개인과 접촉할 수 있는 시간 할애가 가능하다.
6) 반복적인 축적이 가능하여 교육자가 따로 없어도 행동변화가 용이하다.
7) 주의집중이 용이하여 동기 부여가 강하게 유발된다.
8) 다양한 시청각 제시 방법을 활용함으로써 흥미롭게 진행하여 목표 도달이 용이하다.
   ＝학습 주제에 따른 목표를 명확히 성취하고자 자아 향상에 기여할 수 있다.
9) CAI는 종래의 프로그램 방법보다 다양한 강화 기법을 활용할 수 있다.

11. 1) 교육 방법
   ① 역할극
   ② 시뮬레이션(모의실험극)
2) 공통된 장점
   ① 실제 상황과 유사하여 목표 도달이 용이하다.
   ② 교육 후 실제 적응력이 뛰어나다.
      ＝실제 활용에 가능한 기술 습득이 용이하다.＝문제 해결에 대한 이해 능력이 개발된다.
   ③ 직접 참여함으로써 흥미와 동기 유발이 용이하다.

12. ㉠ 역할극

㉡ 결핵

13. 1) 교육 방법 : 배심 토의(패널 토의)

2) 장점

① 제한된 시간에 많은 전문가의 의견을 들을 수 있고 청중은 비교적 높은 수준의 토론을 경험할 수 있다.

② 어떤 주제에 대하여 다각도로 분석하고 미래를 예측할 수 있는 능력이 배양된다.

③ 타인의 의견을 들음으로써 비판하는 능력이 배양되며 대상자 수가 많아도 강의 대신 흥미 있게 진행할 수 있다.

14. 1) 교육 방법 : 직소(Jigsaw)

2) 장점

① 교과에 대한 지식이 증대된다 : 혼자서 학습해서 얻은 지식보다 여러 사람이 협동해서 얻게 되는 지식이 클 수밖에 없다.

② 학습자들은 과제에 도전하는 데 필요한 적절한 기질, 성행, 태도 등을 개발하게 된다. 다소 위험 부담이 따르는 일이다 싶어도 여럿이 하다보면 기꺼이 도전하는 동기가 형성된다.

③ 구성원을 통한 학습 : 학습자들은 구성원들을 통해 다른 사람의 자원, 즉 그 사람의 능력, 성향, 기질, 태도, 기능, 시간 등을 활용하는 것을 배운다.

④ 역할분담의 학습 : 구성원들이 무슨 일이든지 나누어 하다 보면 이러한 역할 분담을 소중히 여기게 된다.

⑤ 자신과 타인에 대한 이해 : 소집단 활동을 통해 자신에게도 장점과 약점이 있고, 다른 사람에게도 장점과 약점이 있다는 것을 알게 되어 사람에 대한 이해가 확장된다.

⑥ 자신의 자원관리 : 협동 학습을 통해 학습자들은 자신의 자원, 즉 자신의 시간, 에너지, 능력, 성질 등을 스스로 관리하고 통제할 수 있게 된다.

15. ❺

문제 중심 학습

건강 문제에 대처하는 건강 행위의 학습은 문제 해결 과정 자체이므로 이 방법은 특히 보건교과 수업에서 유용한 방식으로서, 학습자에게 문제를 던져주고 그것을 해결해 나가는 과정을 통해 학습이 이루어지게 하는 교육방법이다.

문제기반 수업의 단계

가. 사전 활동 : 문제해결학습을 소개하고 팀을 구성한다.

나. 문제 제시(문제 정의) : 사례를 중심으로 실질적, 맥락적, 비구조화된 문제 제시

다. 문제해결 계획(가설) : 사실과 문제점을 바탕으로 각자의 의견(가설)을 제시

라. 개별학습(검증, 추리) : 할당된 과제에 대한 자료를 수집하고 해결안 모색

마. 결과정리 및 발표(검증)

바. 성찰 및 평가

16. ❺

방법	장점	단점
강의	• 단시간에 많은 양의 지식이나 정보 전달 • 많은 사람들을 교육할 수 있어 경제적 • 학습자의 긴장감이 적음 • 교육자가 자료를 조절하여 교육 • 학습자가 기본적 지식이 없어도 됨	• 학습자의 개인적 차이 고려할 수 없음 • 지식이나 정보의 양이 많아 충분한 학습이 어려움 • 학습자의 자발적인 참여가 없어 문제해결능력을 기를 수 없음 • 학습자의 학습수준과 진행정도 파악이 어려움 • 일방적 교육
집단 토의	• 학습자의 능동적 참여 기회 • 효과적인 의사소통능력 함양 • 반성적 사고와 태도 형성 • 선입견이나 편견 수정 가능 • 학습자의 자발적 참여로 자율성 향상 • 학습자의 참여로 학습의욕이 증가	• 시간이 많이 소요됨 • 토의 목적이나 초점에서 벗어나는 경우가 많음 • 지배적인 참여자와 소극적인 참여자가 있음 • 예측하지 못한 상황 발생 가능 • 토의 주제와 목적을 충분히 파악하지 못하면 목적 달성이 어려움
컴퓨터활용 교육(CAI)	• 교수와 학습자 간 계속적인 상호작용 가능 • 개별화된 교수–학습과정 • 학습자의 흥미를 유발 • 운영이 용이함 • 비용 – 효과적	• 비용부담이 큼 • 컴퓨터의 모니터 영상과 실제와의 차이 • 프로그램의 다양성 부족
멀티미디어 학습(WBI)	• 역동적인 진행 • 학습자의 자율성과 창의성이 보장 • 수준별 개별학습 가능 • 학습동기와 성취감 배양 • 실시간 상호작용이 가능	• 학습목표에 도달하지 못하고 혼란에 빠질 가능성 • 비용부담이 큼 • 교과내용과 직접 관련되는 교육 프로그램 부족 • 제한된 상호작용

17. <u>패널 면접(panel interview)</u>

1) 방법

한 명의 지원자가 여러 명의 면접관을 상대로 진행되는 방법으로 2명 이상의 면접관을 패널로 구성하여 서로 협동하면서 면접을 진행하는 방식

2) 장점

① 질문하지 않는 면접관이 지원자의 비언어적 행동을 효과적으로 관찰할 수 있다.

② 패널을 구성하는 면접관들의 다양한 평가로 지원자를 종합적으로 평가할 수 있다. (즉, 면접관 개인의 편견이 줄어든다.)

③ 다양한 전문가(면접관)의 기술과 견해를 종합할 수 있다.

18. ❸

• **집단토의** : 집단 내의 참가자들이 어떤 특정 주제에 대하여 자유로운 입장에서 상호 의견을 교환하고 결론을 내리는 회화식 방법이다.

• **분단토의(buzz session)** : 대상자 전체의 의견을 반영해야 하거나 분위기가 침체되었을 때 실시하는 방법으로 전체를 몇 개의 소집단으로 나누어 토의시키고 다시 전체 회의에서 종합하는 방법으로 각 분단은 6명 내지 8명이 가장 알맞으며 각 분단에는 의장과 서기를 두고 회의를 진행하는 것이 효과적이다.

- 배심토의 : 어떤 주제에 상반되는 견해를 가진 전문가 4명 내지 7명이 의장의 안내에 따라 토의를 진행하는 방법이다.
- 세미나 : 토의, 연구 및 선정된 문제를 과학적으로 분석하기 위해서 이용하는 전문가나 연구자들로 구성된 집회 형태이다.
- 심포지엄 : 동일한 주제에 대해 전문적인 지식을 가진 몇 사람을 초청하여 주제에 대하여 의견을 발표하도록 한 후 발표된 내용을 중심으로 사회자는 마지막 토의 시간을 마련하여 문제 해결에 임하고자 하는 방법이다.
- 모의실험 및 시뮬레이션 : 학습자에게 실제와 유사한 상황을 제공하여 실제에서는 있음직한 위험부담 없이 학습을 할 수 있는 환경을 의미한다.
- 문제중심학습 : 학습자들이 제시된 상황을 통해 문제점을 발견하고 이러한 문제해결 과정을 거치면서 필요한 지식, 기술, 태도를 학습하게 되고 앞으로 이와 유사한 상황에 대처할 수 있도록 하는 학습방법이다.

19. ㉠ 패널토의
㉡ 분단토의(소집단토의, 와글와글학습법, 버즈토의)

6절 ✦ 보건교육매체

| 본문 p.187

1. ❶

교육매체 선정 기준

1) 적절한 시간 배정
2) 질적으로 불량한 매체는 사용하지 말 것
3) 매체의 효율성과 교육 대상과 내용에 적합성을 고려
4) 적은 경비로 좋은 매체를 사용(경제성)
5) 교육 내용과 관련성
6) 모든 대상자들이 다 듣고 볼 수 있어야 한다.
7) 목적에 따라 단계별로 제시
8) 적절한 시간 배정
9) 피교육자 수준, 이용 가능한 시간과 장소, 학습 목표 등을 사정한다.

교육매체 활용 시 유의점

1) 교육자 대용으로 사용하지 말 것
2) 기능에 대한 적절한 사전 검사 없이 사용하지 말 것
3) 비용을 절약하기 위해 사용하지 말 것
4) 피교육자들이 매체 사용에 적응하지 못하는 경우는 사용하지 말 것
5) 내용보다 시청각 테크닉에 중점을 두지 말 것
6) 한 과목에 너무 많은 매체를 쓰지 말 것
7) 장기간 활용할 수 있도록 사용 후 주의점을 꼭 지켜서 보관하고, 쓰고 난 다음에 자료실에 즉시 돌려주어 교육 자료 운영 시 차질이 없도록 한다.
8) 매체의 다양성에 대한 기본적인 지식을 갖추고 강의 전략과 매체를 통합할 수 있어야 한다.
9) 교육자는 기자재에 대한 긍정적인 태도를 전달해야 한다.

2-1. 1) 교육 대상자들에게 산 경험을 제공해 줄 수 있어 학습이 능동적으로 흥미롭게 이루어질 수 있다.
2) 교육대상자의 교육자에 대한 의존도가 낮아진다.
3) 시간과 공간을 초월해서 교육 대상자에게 교육 목표 도달을 위한 사건이나 사물을 제시할 수 있어 경험의 폭을 넓혀준다.
4) 목표 도달이 용이하다.

2-2. 1) 전체 대상자가 다 듣고 볼 수 있을 것
2) 학습 목적에 따라 단계별로 제시할 것
3) 적절한 시간 배정
4) 경제성
5) 쉽게 구할 수 있고 조작이 간편할 것

7절 ♦ 보건교육평가

| 본문 p.188

1.

평가 시기	평가 종류
1) 사업 전	진단 평가(요구사정), 구조 평가(투입된 노력 평가)
2) 사업 중	형성 평가(교육 진행 정도 파악), 과정 평가(사업 진행 과정)
3) 사업 후	총괄 평가(목표 달성도 평가), 결과 평가(산출 평가)

2. 1) 평가하려는 영역에 대해 충분한 지식을 갖추도록 노력해야 한다.
2) 평가 대상인 학습자의 특성을 올바르게 이해한다.
3) 행동 분류 목록을 이용해 평가하므로 행동 분류 목록이 관찰하려는 행동 단위를 자세히 분류하고 있는지, 행동 분류가 배타적으로 행위 하나하나가 명료하게 단일해야 하며 관찰하려는 주요내용이 모두 포함되어 있는지 확인한다.
4) 사전에 충분히 계획을 세운다.
5) 편견이나 의견이 들어가지 않도록 객관성을 유지한다.
6) 관찰 시의 상황과 조건, 돌발 사건 등이 충분히 고려되어 기록으로 남도록 한다.
7) 관찰한 행동 표본이 전체를 대표할 수 있을 만한 것이어야 한다.
8) 적절한 기록 방법을 유지해야 한다.

3. ❶
② 학생의 삶의 질 : 결과 평가
③ 학생의 집중도 : 과정 평가
④ 학생에게 제공된 프로그램 내용 : 구조 평가
⑤ 학생의 비만에 대한 지식 변화 : 결과 평가

Part 02 성인간호 및 응급

 제1강 응급간호의 개요

1절 응급관리

| 본문 p.193

1. ❺

4대 색깔 환자 분류체계에 따르면, 기도폐쇄, 개방성 흉부 손상, 쇼크, 심한 출혈, 30% 이상 3도 화상, 급성 심근경색증, 혼수상태는 빨간색으로 위기 혹은 생명의 위험이 있는 상태이다.

㉠ 복부에 창상이 있는 사람은 노란색으로 초기 응급치료를 받은 후 후송을 기다릴 수 있는 대상자로 움직일 수 없는 폐쇄성 골절, 출혈 없는 조직손상, 40%의 화상환자 등을 포함한다.

㉡ 동공이 확대된 상태로 고정되고 활력징후가 없는 사람은 검은색으로 사망자, 두부나 몸체가 절단된 경우, 심폐소생술을 하여도 효과가 없다고 판단되는 경우 등이다.

2. ㉠ 걸을 수 있는가

㉡ 긴급환자

START(Simple Triage And Rapid Treatment) 체계

① 현장에 처음 도착했을 때 구조자가 걸을 수 있는 환자의 경우에 지정된 장소로 이동하라고 말함으로써 부상자를 명확히 한다.

② 분류평가는 60초 이내에 Respiration, Perfusion, Mental status(RPM)으로 평가한다.

③ 적색(immediate, 긴급), 황색(delayed, 응급), 녹색(minor, 비응급), 흑색(deceased, 지연) 분류

▌긴급환자 적색 – 즉각적으로 생명을 구하거나 사지를 구해야 하는 환자

A	• 기도폐색, 기도화상, 안면화상, 경추손상의심
B	• 호흡곤란이나 청색증을 동반한 흉통, 호흡정지, 긴장성 기흉, 개방성 흉부 손상
C	• 심장마비, shock를 일으킬 수 있는 손상, 즉각적인 지혈을 요하는 출혈, 주요화상(20~60% 체표면 화상, 50% 이상 2~3도 화상)
H	• 의식불명, 정신적인 황폐, 뇌혈관 질환, 혼수상태의 중증두부손상
기타	• 갑작스런 시력상실, drug intoxication • 심각한 내과적 문제(심장병, 저체온증, 지속적 천식/경련, 인슐린 쇼크 저혈당)

▌응급환자 황색 – 수시간 내에 치료하지 않으면 생명이나 사지를 잃을 수 있는 환자

B	• 천식, 만성폐쇄성폐질환(COPD), 흉통
C	• 복강내출혈, 개방성 복부열상, 진행성 출혈, 계속되는 오심과 구토, 설사 • 중증의 화상(30% 미만의 3도 화상/중등도 화상 : 10~20% 체표면 화상) • 경추를 제외한 부위의 척추 골절, 다발성 골절
H	• 의식이 없어지는 폐쇄성 뇌손상, 갑작스런 마비
기타	• 고열, 심한 통증(신산통, 급성 복통), 안구돌출성 외상, 감전화상 등

비응급환자 녹색 - 수시간/수일 후에 치료하여도 생명에 지장이 없는 환자
- 소량의 출혈
- 단순골절, 염좌, 타박상
- 경증의 화상

지연환자 흑색 - 사망하였거나 생존의 가능성이 없는 환자

2절 · 심폐소생술

| 본문 p.194

1. 신체적 진단 절차의 4가지 주요 기술로는 시진, 촉진, 타진, 청진이 있다.

1) 시진(Inspection) : 시각을 이용한 신체 검진으로서 학생의 부종 유무 및 위치, 피부 색깔, 경정맥 돌출 정도, 호흡의 양상 및 호흡하는 자세를 관찰한다.

2) 촉진(Palpation) : 손의 감각을 이용하여 신체 검진하는 방법이며, 피부에서는 대상 학생의 요흔성 부종 정도 및 위치, 피부온도(차가운지, 축축한지)를 측정하고 흉곽에서는 PMI(최대 충격 지점) 위치를 측정한다.

3) 타진(Percussion) : 손을 이용하여 신체 표면을 두드리면서 나는 소리에 의한 진단방법으로 조직의 밀도(공기 혹은 수액, 고형 물질로 차 있는지)를 측정한다. 위 학생의 경우는 심장의 위치와 크기를 타진으로 사정할 수 있다.

4) 청진(Auscultation) : 이는 신체에 의해 산출되는 음을 이용하여 신체 검진을 하는 방법이다. 위의 학생의 경우는 심음과 폐음을 청진하여 심장에서는 심장박동의 힘, 불규칙성, 비정상 심음을 사정할 수 있고 폐에서는 폐포 내 수분 축적, 기도의 개존성 정도를 사정할 수 있다.

2.
1) 의식확인
어깨를 가볍게 두드리며 "괜찮으세요?" 의식이 있는지 확인
2) 119신고
발생장소와 상황, 환자수와 상태 등 신고, AED가 있다면 가져오도록 요청
3) 가슴압박(30회)
분당 100~120회, 5cm 깊이로 강하게 규칙적으로 압박한다.
4) 기도유지
머리를 뒤로 젖히고 턱을 들어 올림(경추 등 손상이 없을 때)
5) 인공호흡(2회)
가슴이 올라오도록 2회 불어 넣는다.
6) 가슴압박(30회)과 인공호흡(2회)의 반복

3-1.
1) 의식확인
어깨를 가볍게 두드리며 "괜찮으세요?" 의식이 있는지 확인
2) 119신고
발생장소와 상황, 환자 수와 상태 등 신고, AED가 있다면 가져오도록 요청
3) 가슴압박(30회)
분당 100~120회, 5cm 깊이로 강하게 규칙적으로 압박한다.
4) 기도유지
머리를 뒤로 젖히고 턱을 들어 올림(경추 등 손상이 없을 때)

5) 인공호흡(2회)

　가슴이 올라오도록 2회 불어 넣는다.

6) 가슴압박(30회)과 인공호흡(2회)의 반복

3-2. 심장압박에 필요한 내용은 압박위치, 압박횟수, 호흡수 대 심장 압박수의 비율, 압박깊이, 압박요령이다. 이들을 모두 정확히 알고 시행한다 해도 정상 심박출량의 40%만 가능하므로 기본적인 뇌관류량을 위하여는 정확한 지식이 필수적이다.

1) 심장압박의 위치

　- 가슴의 중앙인 흉골의 아래쪽 절반부위(환자의 유두연결선이 흉골과 만나는 지점)

2) 압박횟수 : 강하게 규칙적으로, 빠르게(100~120회/분)

3) 심장압박과 호흡비율

　심장압박 : 호흡=30 : 2의 비율

4) 압박깊이 : 약 5cm, 6cm를 넘지 않도록

5) 압박요령 : 두 손에 깍지 끼고(혹은 두 손바닥을 겹쳐서) 손가락이 흉벽에 닿지 않도록 하며 어깨와 팔이 직각, 팔꿈치를 펴고 팔이 바닥에 수직을 이룬 상태에서 체중을 이용하여 압박한다.

4.
1) 위팽만, 구토로 인한 기도폐색
2) 심장압박 관련 손상 : 늑골골절, 기흉, 혈흉, 비장·간장·폐의 열상 및 파열, 심장압전
3) 뇌 저산소증, 대사성 산증, 경련

5.
⑤ (2020년 현재에는 모두 옳은 답이다. 문제가 출제된 2009년 당시에서는 ③이 공식 답이었다. 성인과 달리 영아나 소아에서는 기도나 환기의 문제로 인한 일차성 호흡정지가 심정지의 가장 흔한 원인이다. 따라서 성인과 달리 소아심정지의 목격자는 2분간 심폐소생술을 먼저 한 다음 응급의료체계에 신고하도록 권장하는 국가가 많다. 그러나 일반인에게 '전화 우선', '심폐소생술 우선'의 개념을 교육하는 것은 매우 어렵다. 또 2분간 심폐소생술을 시행한 후 신고한다면 병원 도착까지의 시간이 지연될 수 있다. 우리나라는 휴대폰 보급률이 높아서 현장에서 즉시 신고가 가능하다. 따라서 심정지 환자의 연령에 관계 없이 목격자는 119에 전화신고를 먼저 한 후 심폐소생술을 시작하도록 권장한다(전화 우선).

▌기본소생술의 요점정리

구분	성 인	소 아	영 아
심정지의 확인	무반응 무호흡 혹은 심정지 호흡 10초 이내 확인된 무맥박(의료인만 해당)		
심폐소생술의 순서	가슴압박 - 기도유지 - 인공호흡		
가슴압박 속도	분당 100~120회		
가슴압박 깊이	약 5cm 이상 6cm를 넘지 않도록	가슴 두께의 최소 1/3 (5cm)	가슴 두께의 최소 1/3 (4cm)
압박위치	가슴뼈의 아래쪽 절반부위	가슴뼈의 아래쪽 1/2	젖꼭지 연결선 바로 아래의 가슴뼈
가슴이완	가슴압박 사이에는 완전한 가슴 이완		
가슴압박 중단	가슴압박의 중단은 최소화(불가피한 중단 시는 10초 이내)		
기도유지	머리 기울임 - 턱 들어올리기(head tilt-chin lift)		
가슴압박 대 인공호흡 비율			

전문기도 확보 이전	30 : 2	1인 구조자	30 : 2
		2인 구조자	15 : 2 (의료제공자만 해당)
전문기도 확보 이후	가슴압박과 상관없이 6초마다 인공호흡		
심폐소생술 교육을 받지 않았거나 할 수 없는 일반인 구조자	'가슴압박 소생술' 시행		

6. ❹

AED

전원 켜기 − 2개의 패드 부착 − 제세동 시행 − 심장 리듬 분석 − 심폐소생술을 다시 시작

자동제세동기(AED)의 사용방법

1) 전원 켜기

자동제세동기는 반응과 정상적인 호흡이 없는 심정지 환자에게만 사용하여야 하며, 심폐소생술에 방해가 되지 않는 위치에 놓은 뒤에 전원 버튼을 누른다.

2) 2개의 패드 부착

패드 1: 오른쪽 빗장뼈 바로 아래 부착(우측 쇄골의 바로 아래에 위치)

패드 2: 왼쪽 젖꼭지 옆 겨드랑이에 부착. 패드와 제세동기 본체가 분리되어 있는 경우에는 연결한다.(좌측 유두의 왼쪽으로 액와 중앙선에 부착)

3) 심장리듬분석

"분석 중…"이라는 음성 지시가 나오면, 심폐소생술을 멈추고 환자에게서 손을 뗀다. 제세동이 필요 없는 경우에는 "환자의 상태를 확인하고, 심폐소생술을 계속하십시오"라는 음성 지시가 나오면 즉시 심폐소생술을 다시 시작한다.

4) 제세동 시행

제세동이 필요한 경우에만 제세동 버튼이 깜박이기 시작한다. 깜박이는 제세동 버튼을 눌러 제세동을 시행한다. 제세동 버튼을 누르기 전에는 반드시 다른 사람이 환자에게서 떨어져 있는지 다시 한 번 확인하여야 한다.

5) 즉시 심폐소생술 다시 시행

제세동을 실시한 뒤에는 즉시 가슴압박과 인공호흡 비율을 30 : 2로 심폐소생술을 다시 시작한다.

7. ㉠ C(가슴압박) − A(기도유지) − B(인공호흡)

㉡ clear 전원 물러남 (접촉한 사람이 아무도 없음을 확인)

8. 1) 부위를 제시

• 위팔동맥

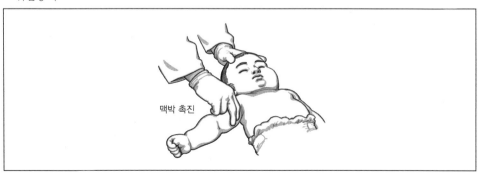

맥박 촉진

그 부위에서 촉지하는 이유 : 영아인 경우 목이 매우 짧고 지방이 많아 목동맥을 촉지하기 어렵다. 따라서 위팔동맥에서 맥박을 확인한다.

2-1) ㉡ 1인 구조자일 때의 가슴 압박 부위와 방법
• **압박부위** : 젖꼭지 연결선 바로 아래의 가슴뼈
• **방법** : 두 손가락 가슴압박법

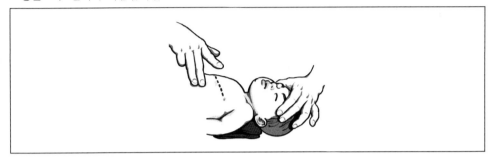

2-2) ㉢ 2인 구조자일 때의 가슴 압박 부위와 방법
• **압박부위** : 젖꼭지 연결선 바로 아래의 가슴뼈
• **방법** : 양손 감싼 두 엄지 가슴압박법
    가슴을 두 손으로 감싼 후 양손의 엄지로 환자의 가슴뼈를 압박
    양손 감싼 두 엄지 가슴압박법의 장점은 두 손가락 가슴압박법보다 심장동맥 관류압을 증가시키고, 적절한 압박 깊이와 힘을 일관되게 유지할 수 있으며 수축기압과 이완기압을 더 높게 생성할 수 있다.

9. ㉠ 분단토의는 전체 참가자를 제한된 시간 내에 소그룹(6~8명)으로 나누어 토론하게 한 뒤 다시 전체 토의시간을 가져 의견을 상호교환하는 방법이다.
㉡ 뇌압상승을 예방하기 위해 적합한 환자의 자세(position) : 머리를 30도 정도 높여준다.
㉢에서 전극 부착 후 이루어지는 단계 : 심장 리듬 분석

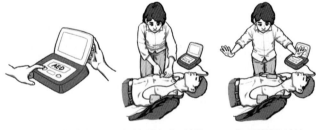

① 전원을 켠다. ② 두 개의 패드 부착 ③ 심장리듬 분석

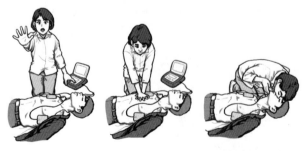

④ 제세동 시행 ⑤ 즉시 심폐소생술 다시 시행

10. ㉠ 30:2
㉡ 패드 부착

3절 ● 의식장애

| 본문 p.200

1. 1) 기도확보 및 호흡유지/분비물의 기도 흡인을 방지하기 위해 고개를 옆으로 돌려준다.
2) 손상방지 및 안전한 환경 제공
3) 머리를 낮춰주고 조이는 옷을 느슨하게 하여 준다(뇌순환 개선).
4) 비닐봉지를 입과 코에 대고 호흡하게 한다. 자기가 내쉰 숨을 도로 마실 수 있도록 한다.
5) 안정을 유지시키고 조용히 쉬게 하며 지나친 관심은 보이지 않도록 유의한다.

2. 1) 환자의 머리를 낮추어 뇌혈류량을 최대로 늘리도록 한다(구토 시에 머리 또는 몸 전체를 옆으로 향하게 해 준다).
2) 꼭 조이는 옷은 느슨하게 풀어주고 머리를 측면으로 돌려 혀가 기도를 막지 않도록 한다.
3) 머리는 덥게 손발은 차게 한다.
4) 환자가 쓰러질 때 다른 손상을 입지 않았는지 확인한다.
5) 의식이 회복되면 잠시 동안 앉아 있도록 하고 삼킬 수 있다면 당분이 있는 시원한 음료를 마시게 하고 자세를 천천히 똑바로 하도록 도와준다.
6) 맑은 공기를 마시게 하고 얼굴에 찬 물건을 대주면 회복에 도움이 된다.
7) 조용한 곳에서 쉬게 한다.
실신의 예방은 실신이 발생하는 기전에 따라 다르다. 혈관억제실신은 혈관확장이 잘 일어날 만한 상황(더운 환경, 허기, 피곤, 알코올중독)이나 정서적 흥분상태를 피하는 것으로 충분히 예방할 수 있다. 기립저혈압환자의 경우 잠자리에서 급히 일어나지 않도록 한다. 일어나기 전에 수초간 다리 운동을 하고, 침대 모서리에 앉았을 때 어지럼증을 느끼지 않으면 걷기 시작하도록 한다.
8) 증상이 완화되지 않으면 병원으로 후송

3-1. 1) 저혈압(수축기 혈압 90mmHg 이하)
2) 과호흡(hyperventilation)
3) 차고 끈적끈적하고 창백한 피부(Cold, Clammy Skin)
4) 약하고 빠른 맥박
5) 여러 가지 정도의 의식장애(불안으로부터 혼수까지의)
6) 핍뇨(Oliguria, 시간당 20mL 이하의 소변량)
7) 비가역적인 단계에서는 동공이 확대됨
8) 체온의 저하

3-2. 1) 기도 및 호흡유지, 흡인방지, 필요시 심폐소생술 실시
2) 변형된 트랜델렌버그 포지션을 취한다 : 머리에는 가벼운 베개 하나, 몸통 수평, 엉덩이부터 45도 상승(발치를 20~30cm 상승)
3) 지혈을 도모 : 골절된 부위를 생리식염수로 세척한 뒤 출혈되고 있는 부위의 심장 쪽 상단을 눌러 지혈을 도모한다. 골절된 부위는 누르지 않도록 한다.
4) 골절된 부위에 무균방포나 깨끗한 천을 대준다.

5) 골절부위에 부목을 대준다 : 골절된 부위보다 넓고 긴 부목을 사용하고, 부목적용 시 골절된 부위를 펴려고 하지 말고, 정복하려고 하지도 말고, 골절편을 제거하려고 하지도 말고. 발견된 그대로 한다.

6) 심신의 안정을 도모한다.

7) 금식을 한다.

8) 추워하므로 담요 하나 정도를 덮어 따뜻하게 한다. 절대로 땀을 낼 정도로 덮지 않는다.

9) 꽉 조이는 옷은 다 느슨하게 풀어준다.

10) 골절된 부분은 심장보다 높게 한다.

11) 활력증상, 의식상태 등을 파악하여 병원으로 후송한다.

4. ❹

㉠ 복부 창상에 의한 저혈량성 쇼크 환자의 보온을 위해 뜨거운 물주머니를 하지에 대어 준다.
→ 쇼크 시 국소열은 적용하지 않는다. 그 이유는
 • 혈관 이완시켜 혈류 정체 가져오므로 금기
 • 대사작용 촉진시켜 조직의 산소와 영양소의 요구량을 증가시켜 심장의 부담이 커지므로 금기

㉢ 알레르기 반응에 의한 과민성 쇼크 환자의 기관지 경련발작에 대비해 기도 내 삽관을 준비한다.
→ 아나필락틱 쇼크 시 기도청결을 확보한 후 즉각적인 adrenaline(epinephrine)투여하여 기도개방 유지

㉣ 척추 손상에 의한 척수 쇼크(spinal shock) 환자의 뇌압 감소를 위해 머리 부분을 15°상승시켜 준다.
→ 경추의 절대안정(경추의 고정)을 유지해주면서 기도확보를 하도록 한다.
 경추손상이 있는 경우에는 턱 밀기법(하악견인법, jaw-thrust maneuver)으로 기도개방

5. ❹

1차 과민반응(아나필락시스)에 대한 응급약물은 교감신경흥분성 신경전달물질인 카테콜라민, 즉 에피네프린을 비경구적으로 신속히 투여한다.

① 만니톨은 삼투성 이뇨제로 수분배설 증가를 위한 목적으로 사용된다. 그러므로 뇌내압 증가, 약물 독성 및 외상에 의한 급성 신부전증 환자 치료에 사용된다.

② 날록손은 아편류의 과용량에 의한 호흡 억제와 혼수상태를 역전시키기 위해 사용하는 마약길항제이다.

③ 아테노롤은 선택적으로 β1 수용체를 차단하는 약물로 천식환자에서 프로프라놀롤의 원하지 않은 기관지 수축효과(β2)를 제거하기 위해 개발된 약물로, 이는 심장에만 선택적으로 작용한다.

⑤ 스트렙토키나제는 혈전용해제이다.

---

1. 벌자상의 증상

벌에 쏘인 직후에 생긴 증상으로 전 증상 중에서 80%가 1시간 이내에 생긴다. 특히 15~30분 후에 생긴 전신성 알레르기 반응은 사망원인이 되기도 하므로 주의를 요한다.

① 국소 반응 : 자상과 동시에 국소에 동통, 소양, 발적, 종창, 출혈이 생긴다.

② 전신 반응 : 전신성 두드러기, 소양, 전신 권태감, 복통, 오심, 구토, 흉부압박감, 천명, 불안, 전신부종이 생길 가능성이 있으며, 더욱이 중증이 되면 호흡곤란, 연하곤란, 착란이 생기고 충격 상태(청색증, 혈압 저하, 실금, 의식소실)가 되면 생명이 위험하다.

③ 자발 반응 : 자상된 다음 얼마간의 시간이 경과하고 나서 생기는 증상으로서 쏘인 국소가 홍반, 소수포, 피부괴사, 전신성 아나필락시스 반응이 생긴다.

2. 아나필락시스시 응급 치료

- 즉각적인 adrenaline(epinephrine)투여 :
  Aqueous adrenaline 1 : 1000, 0.01mL/kg(maximum 0.5mL)를 즉각 근육(피하)주사
  ⊙ 증상이 경한 경우에 피하주사
  ⓛ 증상의 호전이 없는 경우 약 20분 이내에 다시 주사한다(최대 3회까지 가능).
- 의료기관이 아닌 곳에서 일어난 아나필락시스 반응에 대한 응급처치
- 적절한 환기와 조직관류 증진

6. ⊙으로 인해 저혈량성 쇼크 초기 시 심장의 반응
  ① 저혈량성 쇼크 시 자율신경계가 자극되어 심박동수를 증가시키고 말초혈관수축으로 심장귀환 혈액을 증가시킨다.
  ② 자율신경계가 자극되어 심장수축력이 증가하여 심박출량을 증가시킨다.
  ⓛ 호흡성 알칼리증(쇼크 초기단계에서 산화상태의 변화에 대응하기 위해 호흡수와 깊이가 증가되어 발생됨)
  ⓒ 하지로부터 정맥혈류의 심장 귀환율을 증가시켜 심박출량을 증가시킬 수 있다. 이로 인해 생명유지 장기에 관류를 돕는다.

7. 1) 주위 위험물은 치워주어 우발적으로 생길 수 있는 외상으로부터 환자를 보호하고 불필요한 자극을 제거하고 주위를 조용히 한다.
  2) 발작하는 동안 절대로 환자의 입에 손을 넣지 말고 가능하면 비인두기(nasopharyngeal way)를 사용하도록 한다.
  3) 의복은 느슨하게 해 주고 옆으로 눕히거나 머리를 모로 돌려 점액과 타액이 쉽게 흘러나오도록 한다.
  4) 혀나 볼을 깨물지 않도록 설압자를 어금니 깊숙이 넣어주는 것이 좋으나 무리해서 넣지 않도록 한다.
  5) 발작하는 사람의 동작을 멈추지 않는다. 움직이지 못하도록 붙잡거나 주무르기 또는 손가락을 따는 등의 행동은 하지 않는다.
  6) 발작 후 수치감을 가지지 않도록 도와주면서 충분히 휴식할 수 있도록 도와준다.
  7) 정확한 경련기간, 경련 종류, 무의식 기간, 청색증, 발한, 발열, 거품, 실금이나 실변, 동공 확대나 축소, 모양 등의 증상을 기록하여 의사진찰 시 도움이 되도록 한다.

8. ❸
  ㄱ. 발작 중인 학생의 치아 사이에 개구기를 삽입함
    → 이미 경련이 시작되어 입을 다문 상태에서는 입을 억지로 벌리지 말고 입안으로 어떤 것도 넣지 않는다.
  ㄷ. 발작을 하는 동안 학생의 머리 아래에 담요를 받쳐 보호하고, 팔과 다리를 억제함
    → 경련상태를 억제하려고 시도하거나 환자를 이동시키지 않는다. 눕히고 조용히 곁에서 지켜본다.
    → 경련하는 동안 억제대로 묶지 않는다.

환자 보호를 위한 간호
① 눕히고 조용히 곁에서 지켜본다.
② 경련상태를 억제하려고 시도하거나 환자를 이동시키지 않는다. 머리는 바닥에 다치지 않도록 타월이나 담요를 받혀 안전한 환경을 만들어 주며 주위에 부딪힐 만한 것은 제거한다.
③ 경련하는 동안 억제대로 묶지 않는다.

④ 기도유지와 적절한 호흡을 위해 의복은 느슨히 풀어주고 측위로 눕혀 분비물이 흡인이 되지 않도록 하며 혀가 뒤로 넘어가 기도를 폐쇄하지 않도록 한다. 경련하는 동안 피부색이 변화되는 경우에는 산소를 제공한다.

⑤ 혀를 깨물지 않도록 설압자를 거즈에 싸서 물려주거나 손수건 등을 꽉 말아서 치아 사이에 끼워준다.

⑥ 그러나 이미 경련이 시작되어 입을 다문 상태에서는 입을 억지로 벌리지 말고 입안으로 어떤 것도 넣지 않는다.

⑦ 경련이 끝나면 이완상태가 되며 반응이 없어지기도 한다. 이때는 측위로 안전하고 편안하게 눕히며 보온해 주고 의식이 명료해질 때까지 유지시키며 자주 상태를 관찰한다. 자존감을 손상시키지 않도록 배려한다.

9-1.
1) 말하거나 울지 못한다.
2) 호흡이 어려워지고 안절부절 못하고 흥분한다.
3) 천명음이 들리며 청색증이 진행된다(점차 얼굴이 새파래지며 목의 정맥이 확장되어 뚜렷이 보인다).
4) 폐쇄된 것을 없애려고 투쟁하며 자신의 옷을 찢거나 목을 움켜 쥔다(V사인).
5) 동공산대가 일어나며 눈을 부릅뜨고 눈에 충혈이 있다.

9-2.
① 등 두드리기를 5회 연속 시행한다.
② 환자의 뒤에서 양팔을 환자의 어깨 밑으로 넣는다.
③ 한손은 주먹을 쥐고 엄지손가락 방향을 환자의 명치와 배꼽 사이에 위치시킨다.
④ 다른 손으로 주먹을 감싼 후에 양손으로 상복부를 후상방으로 강하게 밀쳐 올리는 것을 반복한다.

10. ❷

┃ 이물질에 의한 폐색일 경우 응급간호

기침법	부분적 폐색인 경우에는 어느 정도 호흡이 가능하므로 강하게 기침을 시킨다.
등 두드리기 (back slaps)	
복부 밀어내기 (abdominal thrust, 하임리히법)	등 두드리기를 5회 연속 시행한 후에도 효과가 없다면 5회의 복부 밀어내기(abdominal thrust, 하임리히법)를 시행한다. 1세 미만의 영아는 복강 내 장기손상이 우려되기 때문에 복부 압박이 권고되지 않는다.
가슴 밀어내기 (chest thrust)	임산부나 고도 비만 환자의 경우에는 등 두드리기를 시행한 후 이물이 제거되지 않으면, 복부 밀어내기 대신 가슴 밀어내기(chest thrust)를 시행한다.
손가락으로 이물질 제거(finger sweep)	이 방법은 무의식 환자에게만 적용되며 의식이 있는 경우는 연하반사로 이물질이 더욱 깊숙이 들어갈 수 있으므로 금한다.

11. ❷

영아나 8세 이하의 아동에서 어림짐작으로 손가락을 기도 내에 넣어서는 안 된다. 영아에서 이물질로 인한 기도폐쇄를 완화시켜 주기 위하여 등 두드리기(back blow)와 가슴 밀기(chest thrust)의 병행이 추천된다. 하임리히법이나 복부 밀기는 1세 이상의 아동에서 사용된다. 복부장기의 손상 위험성 때문에 영아에게 복부 밀기(abdominal thrust)를 시행해서는 안 된다.

1) 영아

(가) 질식이 발생된 영아는 얼굴을 밑으로 향하게 하고 영아의 머리를 몸통보다 낮춘 자세로 지지해 주며 구조자의 팔 위에 올려놓는다. 만일 구조자가 자신의 팔을 넓적다리 위에 둔다면 잘 지지될 수 있다. 구조자의 손바닥 끝으로(손꿈치) 영아의 견갑골 사이를 힘주어 재빠르고 날카롭게 5회 정도 두드린다. 이때 어른에게 가해지는 힘보다 적은 힘이어야 한다. 등을 내려친 후에 내리친 손을 영아의 등 위에 올려놓아 영아가 그의 목과 턱이 지지된 채로 구조자의 두 팔 사이에 있도록 한다.

구조자가 (다) 영아의 머리를 몸통보다 낮춘 자세로 지지를 계속하면서 영아를 뒤집어 돌려서 구조자의 넓적다리에 앙와위로 눕힌다. 그 상태에서 흉부압박과 같은 절차로 환아의 가슴 밀기를 빠르게 다섯 번 시행한다. 등 치기와 가슴 밀기는 이물질이 제거될 때까지 또는 의식을 되찾을 때까지 계속해서 시행한다.

2) 아동

하임리히법은 횡격막 하부 복부압박법으로 1세 이상의 아동에게 추천된다. 이 방법은 공기를 밀어내는 강한 기침을 유발시켜 이물질이 기도 밖으로 배출되도록 하는 것이다. 이 방법은 아동을 세우거나 앉히거나 눕힌 자세에서 시행한다. 의식이 있는 질식 아동은 늑골 바로 밑에서 주먹 쥔 손으로 상복부를 향해 밀어 넣는다.

내부 장기의 손상을 예방하기 위해서 구조자의 손이 흉골의 검상돌기 하부 늑골 가장자리를 건드려서는 안 된다. 이물질이 배출될 때까지 5회 이상 빠르게 밀어내기를 반복한다. 이 과정은 몸을 누르거나 끌어안는 것이 아니고 팔을 압박하지 말아야 한다. 아동은 기도폐쇄가 완화된 후에 구토를 하게 될 것이며, 흡인을 예방할 수 있는 자세를 취해 주어야 한다. 호흡이 돌아온 후에 합병증의 발생을 사정하기 위해 아동에게 의학적인 주의를 기울여야 한다.

이 방법은 최대호흡을 발생시키면 성공적이다. 아동은 흡기 시에 음식으로 인한 질식이 잘 발생한다. 폐에는 1회 호흡량에 호기 시 잔여량을 더한 것이 남아 있다가 횡격막 위에 압력이 가해지면 음식 덩어리는 튀어 오르는 공기의 힘에 의해서 바깥으로 배출된다.

4절◆ 주요증상에 대한 응급관리

| 본문 p.207

1. 열(heat)과 냉(cold)은 대표적인 물리요법으로 일상 간호에서도 흔히 사용되는 방법이다. 냉은 말초혈관을 수축시켜 혈행을 감소시키고 화농을 억제하며 모세혈관 투과성을 억제하여 부종 감소의 효과가 있다. 그밖에 체열의 방산을 촉진하여 체온을 하강시키는 효과가 있다.

본 문제에서는 냉(cold)을 사용하는 목적의 예를 기술하면 된다.

1) 출혈을 억제

2) 부종 및 종창의 예방과 감소

3) 체열 방산 촉진

2-1. 통증 사정 시 포함할 항목은 주호소 내용의 PQRST이다.

1. 주호소(PQRST)	
1) Palliate and provoke	완화요인과 악화요인이 있는지 사정한다. 통증이 움직일 때 심해지는가? 혹은 휴식, 체위, 날씨에 따라서 악화되는가? 통증이 휴식, 약물섭취, 열이나 얼음을 적용하면 완화되는가?
2) Quality	통증의 질을 사정한다. 통증의 양상이 찌르는 것 같은지, 뻣뻣한지, 날카로운지, 둔한지, 쿡쿡 쑤시는지 사정한다.
3) Region	통증 부위를 사정한다. 통증이 있는 곳이 어느 쪽인지? 대칭인지? 사정한다.
4) Severity	통증 강도를 사정한다. 통증의 정도를 ten (10) point scale을 적용하여 사정한다.

5) Time	통증 발생 시간, 지속시간을 사정한다. 하루 중에 언제 통증이 발생하는가? 얼마나 오랫동안 지속되는가? 얼마나 자주 발생하는가?
2. 관련증상	통증이 오한이나 열, 반복적인 활동과 관련이 있는가? 무감각 증상이나 저리는 증상이 있는가? 절름거리는가?
3. 현병력	최근 뼈나 관절에 영향을 미치는 골절, 관절 좌상, 염좌, 탈구 같은 사고를 당했는가? 어떤 사고인가? 사고가 언제 발생했는가? 어떤 치료를 받았는가? 그 결과로 지금은 어떤 문제가 있는가?
4. 과거력	과거의 요통으로 수술이나 입원 치료한 경험이 있는가?
5. 개인, 사회, 가족력	직업적으로 관절과 근육에 영향을 미칠 수 있는 위험이 있는가? 무거운 물건을 드는 작업인가? 관절에 반복적이고 만성적인 자극을 주는 작업인가? 이러한 작업 활동을 완화시키려고 노력하는가? 근골격계 문제로 인해 아스피린, 항염증성제제, 근육이완제, 통증완화제 같은 약물을 복용하는가?

2-2. • 성분명 : 디클로페낙(Diclofenac)
  • 계열 : 비스테로이드성 소염진통제(Nonsteroidal antiinflammatory drugs, NSAIDs)
  • 작용기전과 부작용

작용기전	• NSAID제제로 사이클로옥시나아제 아라키돈산 과정에서 Cox-1과 Cox-2를 차단하여 염증매개물질인 Prostaglandin의 합성을 저해하여 소염, 해열, 진통작용을 나타낸다. • 기계적·화학적 자극에 의한 조직 손상, 염증 질병이 있을 때 말초에서 prostaglandin이 분비되어 조직에 있는 통각 수용기를 활성화하고 중추신경계에서 통증을 자극하여 통증을 심하게 느끼며 NSAID는 prostaglandin합성을 억제하여 통증을 감소시킨다. • 항염증, 진통, 해열 작용을 갖는다.
부작용	정제의 투여량 및 사용기간에 따라 심근경색이나 뇌졸중 위험이 증가, 위벽을 보호하는데 COX-1(prostaglandin) 합성을 억제로 위속의 점액생성 감소, HCO_3^- 분비 감소, 위산 생성을 증가시켜 소화성 궤양에 걸려 상복부 통증, 위장관 출혈이 발생할 수 있다.

2-3. 1) 관문통제이론
  ① 척수로 통증을 전달하는 말초신경섬유는 뇌로 전달 전 척수에서 통증유입 변경 가능
  ② 척수후각(Lamina Ⅱ)의 시냅스에 관문이 있어 통증자극이 관문의 개폐에 따라 뇌에 도달
  ③ 과잉감각이 투입되면 관문은 문을 닫을 수 있다. **예** 음악 감상, TV 시청 등
  ④ 상행전도 조절은 굵은 A섬유가 자극되므로 관문이 닫혀 통증 자극 전달을 방해(통증억제 효과 : 마사지, 온·냉요법, TENS의 사용, 침술, 박하연고제 도포 등)
  ⑤ 하행전도 조절의 다양한 방법(통증자극 하행전도 방해)
    • 생화학적 통증자극 하행방해[엔돌핀과 엔케팔린(enkephalins)] 분비
    • 통증에 대한 인지적 정서적 반응은 불안이나 공포가 교육이나 정서적 지지를 통해 완화될 때
    • 통증경험의 지각이나 해석의 변화(유도심상요법, 최면술 등)
    • 통증으로부터 관심을 돌리는 전환 활동(음악 감상, TV 시청, 노래 부르기, 게임 등)
  2) 마사지의 완화(생리)기전
    ① 피부의 대섬유를 자극시켜 척수의 통증관문을 닫게 한다.
    ② 근육을 이완시킨다.
    ③ 진정작용
    ④ 순환증진

3. ㉠ 바이러스성 폐렴 시 반복적인 마른기침이 특징적이다.

삼출액은 없거나 소량의 묽은 점액성 객담이 존재한다. 세기관지에 고인 삼출액이 기관지점막을 자극하여 마른기침이 반복된다. 삼출액양이 많아지면 그렁거리는 기침(습성기침)과 객담배출을 한다.

㉡ 인지질용해제(Phospholipase A2)

㉢ 아라키돈산

㉣ 글루코코르티코이드 호르몬 약물을 투여하다가 갑자기 중단하게 되면 부신기능을 급격하게 떨어 뜨릴 수 있다.(＝한기를 느끼고, 저혈압, 저혈당 등의 부신기능 저하 증상이 발생될 수 있다.)

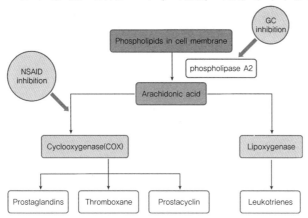

4. ㉠ 작용제는 수용체와 결합하여 세포의 기능을 최대로 자극하는 약물

㉡ 대항제는 작용제와 경쟁적으로 수용체와 결합하여 작용을 억제하거나 수용체 구조를 변화시켜 작 용제와의 결합을 방해하는 약물. 비가역적으로 작용제가 이용할 수 있는 수용체의 수를 감소시키 기도 하고 작용제에 의한 수용체 활성화를 차단하기도 하며 작용제와 기능적으로 반대 효과를 나 타내기도 한다.

㉢ 아세트아미노펜

㉣ 선택적 COX-2 억제제는 COX-1이 억제하는 프로스타글란딘(prostagladin)은 억제하지 않아 위 장관계 부작용이 적다.

비선택적 COX 억제제는 COX-1&COX-2를 억제하여 위벽을 보호하는 프로스타글란딘(prostagladin) 합성을 억제함으로써 위장관계부작용이 있다.

아세트아미노펜('13기출)	− 사이클로옥시게나아제의 중추신경 억제 가능성 − 시상하부 열 조절 중추에 직접 작용 − 약한 통증부터 중증 통증, 열: 관절염, 근골격계 통증, 두통
이부프로펜('17기출)	− 프로스타글란딘 합성 억제/해열제 − 약한 통증부터 중증 통증, 열, 염증성 질환의 치료
아스피린	레이증후군을 일으킬 위험이 크기 때문에 아동의 진통제나 해열제로 사용해서 는 안 된다.
NSAIDs(케토로락, 디클로페낙, 인도메타신, 나프록센)	− 프로스타글란딘 합성 억제 − 중증에서 심한 통증

| 아편제(몰핀, 코데인, 펜타닐, 하이드로몰핀, 옥시코돈, 메타돈) | • 효현제(약물이 수용체 부위에서 신경전달 물질로 작용)
• 길항제(약물이 수용체 부위에서 작용을 차단할 때)
　－ 몰핀 : 다루기 힘든 통증, 수술 전 안정
　－ 코데인 : 기침 반사 억제
　－ 펜타닐 : 골수 흡인, 골절 정복, 봉합 같은 단기 치료절체와 관련된 통증
• 길항제 : 펜타조신, 부토파놀, 날부핀
　－ 중증~심한 통증
　－ 편두통 완화
　－ 수술 전 진통제(날부핀)
아편제를 반복적으로 투여하면 약물 내성(이전과 같은 통증 경감 작용을 얻기 위해서는 증가된 용량의 약물이 필요함)과 신체적 의존성(금단증상을 예방하기 위해서 지속적인 투약이 필요함)을 유발 |

▎NSAIDs

살리실산	아스피린, 살리실산
프로피오닉산 파생물	이부프로펜 나프록센
초산 파생물	인도메타신, 케토록락, 디클로페낙

5. 신체적 진단 절차의 4가지 주요 기술로는 시진, 촉진, 타진, 청진이 있다.

1) **시진(Inspection)** : 시각을 이용한 신체 검진으로서 학생의 부종 유무 및 위치, 피부색깔, 경정맥 돌출정도, 호흡의 양상 및 호흡하는 자세를 관찰한다.

2) **촉진(Palpation)** : 손의 감각을 이용하여 신체 검진하는 방법이며, 피부에서는 대상 학생의 요흔성 부종 정도 및 위치, 피부온도(차가운지, 축축한지)를 측정하고 흉곽에서는 PMI(최대 충격 지점) 위치를 측정한다.

3) **타진(Percussion)** : 손을 이용하여 신체표면을 두드리면서 나는 소리에 의한 진단방법으로 조직의 밀도(공기 혹은 수액, 고형 물질로 차 있는지)를 측정한다. 위 학생의 경우는 심장의 위치와 크기를 타진으로 사정할 수 있다.

4) **청진(Auscultation)** : 이는 신체에 의해 산출되는 음을 이용하여 신체 검진을 하는 방법이다. 위 학생의 경우는 심음과 폐음을 청진하여 심장에서는 심장박동의 힘, 불규칙성, 비정상 심음을 사정할 수 있고, 폐에서는 폐포내 수분 축적, 기도의 개존성 정도를 사정할 수 있다.

6-1. 1) **문진(History taking)** : 복통 및 압통의 위치, 지속시간, 변화과정, 섭취한 음식물의 내용, 설사/변비 유무, 오심/구토 유무와 시기

2) **시진** : 피부를 관찰하여 상처, 선의 크기와 색, 확장된 정맥, 발진과 병변을 관찰하고 제대를 관찰하여 윤곽, 위치, 염증이나 탈장의 증상을 관찰한다. 좌우대칭과 덩어리, 연동운동, 박동 등을 관찰한다.

3) **청진** : 타진과 촉진에 의해 장운동과 장음에 변화를 줄 수 있으므로 타진·촉진 전에 시행하도록 한다. 장음 또는 연동음을 청진한다. 우상복부, 우하복부, 좌상복부, 좌하복부, 심와부의 순서로 장음을 청진한다.

4) **타진** : 간이나 비장의 크기, 위와 장의 공기 등을 확인한다.

5) **촉진** : 복부내 장기의 크기를 확인하고, 덩어리·결절·압통 등의 유무를 환인하기 위함이다. 고통이 없는 곳부터 만지고 증상에 대한 성상을 확인하면서 실시한다.(누르면 어떻게 되는가 등)

6-2. 1) 금식

2) 의복을 느슨하게 해 주어 복압을 감소시킨다.

3) 복부 마사지

4) 체위 : 무릎을 구부려 복압을 낮춘다. 생리통 시 슬흉위를 취한다.

5) 더운물 주머니

6) 진정, 진통제 사용

7) 위산과다로 인한 복통의 경우 우유나 알칼리성 식품 섭취

8) 구토나 배변으로 복통완화를 도모할 수 있으나 억지로 유도하지 않도록 한다.

7. 1) 안정 : 본인이 편안한 자세로 눕게 하고, 편두통 등에서는 아픈 쪽을 위로 하여 눕는 것이 대체로 편하며, 더울 때는 서늘한 곳에, 추울 때는 따뜻한 곳에서 쉬게 하는 것이 좋다.

2) 의복과 목둘레를 느슨하게 해 준다. 이는 뇌의 순환을 잘 되게 하고 뇌압을 내리기 위해 필요하다.

3) 환기를 잘 시켜 주고 필요시 두부 냉각, 두통 유발 음식을 제거한다.

4) 두통이 심한 경우 진통제 투여(Allergy 또는 부작용에 주의하고 증상 은폐로 진단 감별이 어려워질 수 있으므로 유의)

5) 반복적인 두통 호소 시 원인 진찰을 받도록 한다.

8. 1) 뇌척수액의 재배치(두개 외로 이동) 및 감량(흡수 증가, 생산 저하)과 혈액량의 감량 [보상기전] → 이에 실패하면서

2) 부적절한 관류(O_2와 CO_2의 부적절한 가스교환)를 동반한 뇌혈류 저하

3) PCO_2 증가

4) 정맥계 압력상승 및 혈관확장

5) 뇌혈류량 증가에 따른 두통 발생

5절 ◆ 외상처치

| 본문 p.211

1-1. 1) 국소증상

① 환부에 통증을 호소하고, 몸의 일부가 닿거나, 움직이면 싫어한다.

② 환부에 발적, 종창, 열감이 있다.

③ 환부의 변형, 기능장애, 이상 등의 가능성이 있다.

④ 장관골에서 삐걱거리는 소리가 들리기도 한다.

2) 전신증상

① 골절 직후에 쇼크 증상을 일으키기도 한다.

② 골절 후 얼마 지나서 발열, 오한 등이 보일 때가 있다.

1-2. 우선 환자를 안정시키고 기구가 준비되지 않은 상태이므로 즉제 부목의 사용 또는 골절이 없는 다른 쪽 다리를 부목으로 이용하여 고정하며 이때 절대 골절부위를 움직이거나 펴려고 하지 말고 환자가 취한 자세로 고정하고 거상, 안정 및 냉찜질, 전신보온을 도모하면서 병원으로 후송한다. 이송하는 동안에 활력증후를 계속 관찰하도록 하며 출혈이 없고 의식이 뚜렷하므로 쇼크를 예방하는 차원에서 음료수 공급도 가능하다.

2. ❷

단순골절은 피부손상이 없는 폐쇄골절로, 증상으로는 변형, 부종, 점상출혈, 근육경직, 압통 등의 증상을 보인다.

3. 1) 골절 신체 사정

① 통증 : 골절부위의 종창, 근육경련, 골막손상 등으로 인함

  ㉠ 즉각적이고 심한 통증 ㉡ 손상부위의 압박 시 악화 ㉢ 움직일 때 악화

② 정상 기능의 상실 : 손상된 부위의 수의운동 불능

③ 골절로 인한 기형, 변형

④ 비정상적인 움직임, 가성 움직임

⑤ 골절단 부위의 마찰음

⑥ 손상 부위의 연조직 부종 : 체액과 혈액이 손상부위로 스며듦

⑦ 손상부위의 반상출혈

⑧ 감각 손상, 근육경련, 손상 하부의 마비

⑨ 심한 손상, 혈액 상실, 격심한 통증으로 인한 쇼크 증상

> 4대증상: 통증 / 발적·종창·열감 / 변형·기능장애 / 마찰음

2) 골절 시 응급처치

골절의 일반적인 응급처치 시 환부는 부목을 대기 전에 절대 움직이지 않는 것을 원칙으로 한다.

① 활력징후, 의식상태 등 전신 상태를 관찰한다.

② shock 예방과 치료에 중점을 둔다.

③ 환부를 움직이지 않고, 환자가 취한 자세로 고정한다.

  (골절부위 정복× 움직× 당기지× 골절편 제거×)

  ㉠ 복합골절 시 감염에 유의하여 상처를 처치하고, 출혈 시 지혈한 후 멸균드레싱하여 부목으로 고정한다.

  ㉡ 개방성 골절인 경우 외부로 드러난 뼈는 그대로 두고 무균거즈나 깨끗한 헝겊으로 가볍게 덮는다.

④ 부목은 관절보다 긴 것을 사용하고 부목이 없으면 즉제 부목을 사용한다.(단단하고 평평하며 가벼운 것으로 넓이와 길이가 충분한 것)

⑤ 동통과 부종의 경감을 위하여 환부는 냉찜질하고 환자는 적당히 보온시킨다.

⑥ 출혈이 없고 의식이 있다면 따뜻한 음료수를 공급한다.

⑦ 부목으로 고정 후 환부를 몸체보다 상승시키고 활력징후를 확인하면서 신속히 병원으로 후송한다.

⑧ 운송 시 손상부위가 움직이지 않게 하고 손상 후 6시간 내에는 깨끗하게 봉합되나 24시간 이상 지연되면 개방치료 해야 하므로 유의한다.

3) 초등학생의 발달 특성과 관련지어 학교 복도와 계단에서의 낙상 예방을 위한 방안

⑴ 발달 특성과 관련된 학령기 아동에게 사고위험이 높은 이유

① 신체적 손상을 줄 수 있는 활동(격렬한 운동, 위험한 장난, 속력 있는 활동 등)을 즐긴다.

② 새로운 것을 하고자 하고 새로운 기술을 배우는 데(모험심, 호기심) 관심이 많으나 능숙하지 않다.

③ 환경을 조절하는 능력이 부족하고 위험 상황을 예측하기 어려움. 판단력이 미숙. 운동 조정 능력 미숙

④ 또래의 영향으로 그들의 능력의 한계를 벗어나는 활동에 참여한다.(집단 충성심, 또래 지지 갈망)

⑤ 통찰력과 예견력이 부족(적절히 대처하는 기술 부족)하고 순간적인 충동에 의하여 행동하는 시기이다.

(2) 복도 및 계단 안전 수칙

① 복도나 계단을 다닐 때는 좌측으로 다녀 오가는 학생들의 충돌을 예방한다.

② 호주머니에 손을 넣고 다니는 등 몸의 균형을 잃거나 부주의한 상태에서 계단을 오르내리지 않는다.

③ 계단은 한 칸씩 내려가고 두세 칸씩 뛰어내리지 않으며, 난간에 매달리지 않는다.

④ 양손에 물건을 들고 발밑이 보이지 않은 상태에서 계단을 오르내리지 않는다.

⑤ 계단의 물기를 잘 닦아 미끄러지지 않게 한다.

⑥ 겨울철에 물이 얼어 있는 계단을 다닐 때는 조심한다.

⑦ 자기 발보다 큰 신발이나, 신발 끈을 묶지 않은 채 걷지 않는다.

⑧ 뒤꿈치가 높은 신발이나 미끄러운 신발을 신지 않는다.

⑨ 복도나 계단에 조명이 없을 때는 관계자에게 알려 즉시 조처한다.

4. ❷

경부와 척추손상 시의 응급간호

경부손상 환자는 더 큰 손상을 예방하기 위해 조심스럽게 다루어야 한다. 경추의 손상은 주로 목의 과굴곡(hyperflexion), 과신전(hyperextension)에 의해 생기며 그 부위의 부종, 출혈, 척추동맥의 순환장애 등으로 인해 영구적으로 치유 불가능한 상태가 초래된다. 두부손상 환자 중 의식불명인 경우의 환자는 대부분 경추손상을 의심할 수 있으며 턱이나 이마의 좌상은 경부의 과신전에 의해 흔히 발생한다. 경추 손상 시에는 심한 통증, 주변척수근의 경축, 상하지 마비 및 운동 불능, 호흡곤란, 저혈압 등이 온다.

• 척추손상 환자를 이동시킬 때는 척추의 굴곡과 신전 및 염전(torsion)을 예방하기 위하여 적어도 2명의 간호사가 통나무를 굴리는 식(log rolling method)으로 옮기도록 한다.

• 경추를 고정할 때는 손으로 환자의 턱 아래서 머리 쪽으로 잡고 견인한다.

• 환자를 이송할 때 고정시키는 방법으로는 경추칼라(cervical collar, philadelphia collar)를 대주고 목 뒤 머리 양쪽에 적당한 높이의 모래주머니를 댄 후 척추판(spine board)에 환자를 눕힌다. 필요하면 턱에 halter띠(chin halter device)를 댄 후 머리와 가슴, 다리 부분을 척추판에다 억제대로 묶고 환자의 머리는 돌리지 않도록 조심한다.

• 기도유지 / 산소공급

• 치료 시에 crutchfield, gardnerwells나 vinke tongs를 사용하여 10~25lb(4.5~11.5kg) 정도의 무게로 골격견인을 시킨다.

5. ㉠ 턱 밀어올리기(하악견인법)

㉡ 통나무굴리기법

명명	통나무굴리기법
방법	척추손상 환자를 이동시킬 때는 척추의 굴곡과 신전 및 염전(torsion)을 예방하기 위하여 적어도 2명의 이송자가 통나무를 굴리는 식(log rolling method)으로 옮기도록 한다.
이유	경부손상 환자는 더 큰 손상을 예방하기 위해 조심스럽게 다루어야 한다. 이송 시 목의 과굴곡(hyperflexion), 과신전(hyperextension)에 의해 그 부위의 부종, 출혈, 척추동맥의 순환장애 등으로 영구적으로 치유 불가능한 상태가 초래될 수 있다. 경추 손상 시에는 심한 통증, 주변척수근의 경축, 상하지 마비 및 운동 불능, 호흡곤란, 저혈압 등이 온다.

6.

1) **휴식·안정(Rest)** : 상해 시 적어도 24~48시간 동안은 휴식을 취해야 한다.

2) **냉각(Ice)** : 혈관을 수축하게 하여 상처범위를 제한시키고 통증과 경련을 감소시키며 부종과 염증을 줄이고 회복시간을 단축한다.

3) **압박(Compression)** : 압박붕대 등을 사용하여 부기를 억제하고 회복기간을 단축시킨다. 단, 너무 오래 압박하지 않도록 주의한다.

4) **환부올림(Elevation)** : 상처부위를 심장보다 높이 하여 부종을 억제한다. 수면 시에도 계속 높인 상태를 유지하도록 한다.

7. ❶

염좌

관절이 정상 ROM에서 무리하게 벗어났을 때 인대의 손상이 초래되어 갑작스러운 관절의 강한 타격으로 염좌가 올 수 있다.

1) **증상** : 관절운동 시 통증, 종창, 국소 출혈, 근육경련, 손상 몇 시간 후에 더 통증부위가 넓어진다.

2) **치료** : Protect(보호), Rest(안정), Ice(냉적용), Compression(압박), Elevation(거상)

① 부상된 관절의 운동을 제한하고, 관절낭이나 관절주위 조직의 손상이 회복될 때까지는 안정유지

② 경한 염좌라도 부목이나 탄력붕대로 고정(심하면 석고붕대)

③ 냉찜질 실시

④ 손상부위를 심장보다 높게 유지하는 것이 좋으며, 종창과 동통이 심하거나 동요가 되는 경우는 수주일간의 고정을 요하며, 또 의사의 진찰을 받을 필요가 있다.

8.

간호진단	간호계획
개방성 창상과 관련된 감염 위험성	① 개방상처는 깨끗한 물이나 생리식염수로 세척 ② 지혈 : 직접압박법, 거상법, 지압법 등을 활용하여 지혈 ③ 소독 및 드레싱 : 지혈 후 과산화수소나 베타딘을 이용하여 소독한다. 필요시 항생제 연고 도포 후 깨끗한 거즈로 덮고 테이프로 고정 ④ 감염예방 : 손 씻기 방법 지도, 감염증상 관찰, 감염의 증상과 징후 교육, 감염예방법 교육, 파상풍 예방접종 권장, 활력징후 감시
외상과 관련된 급성 통증	① 물리요법 : 냉적용으로 대섬유를 자극하여 통증자극을 차단하고 혈관수축을 통한 혈액삼출물을 감소시켜 통증완화 ② 이완요법, 심상요법들을 교육시켜 뇌간을 자극하게 하여 통증을 감소 ③ 불안감소 : 침착하고 신뢰감 주는 접근법 사용, 대상자와 함께 있어줌. 불안완화를 위한 이완법 교육 ④ 동통완화를 촉진하기 위해 적절한 수면과 휴식하도록 함

손상과 관련된 염좌 위험성	① 손상부위 움직이지 않도록 보호
	② 폐쇄적 상처에 얼음찜질이나 찬물수건과 같은 냉을 적용. 냉은 혈관과 임파조직을 수축시켜 삼출물발생을 감소시켜 통증을 완화시키고 부종을 감소시켜 회복기간을 단축시키는 이점이 있음
	③ 손상부위를 압박, 손상부위 압박 시 삼출물 발생이 감소되어 통증과 부종이 감소됨. 단, 말초의 순환과 감각을 사정하여 손상되지 않도록 압박 시 주의함
	④ 손상부위 거상, 손상부위를 심장보다 높은 위치로 하여 삼출물 형성을 억제함으로써 통증과 부종을 감소시킴. 거상은 수면시에도 유지하는 것이 좋음
안전한 자전거 타기와 관련된 지식 부족	① 운동에 참여하기 전에 준비운동하도록 함. 대상자의 능력과 나이에 따라 자전거타기 규칙 및 안전 규칙에 대해 교육
	② 자신의 체격에 맞는 자전거를 구입하고 타기 전 브레이크나 바퀴공기 등 이상점검
	③ 헬멧이나 무릎보호대 등 보호장비를 갖추고 탐으로써 예기치 못한 사고가 나더라도 손상으로부터 몸을 보호하여 손상의 정도를 감소시킬 수 있음
	④ 옷은 밝은색으로 입고, 밤이나 흐린 날에는 타지 말도록 함
	⑤ 자전거타고 경주하거나 곡예하듯 타지 말도록 안전한 자전거 타기를 교육

9. ❸

물린 부위는 봉합하지 않는 것을 원칙으로 한다.(감염 우려)
① 죽은 조직을 제거해서 감염을 예방하고, 회복을 돕는다.
② 상처 주위를 깨끗이 한 후 털이 있으면 제거하여 감염을 예방한다.
④ 6시간 이상 된 상처는 파상풍 발생위험이 있는 상처이므로 봉합하지 말고, 감염발생 여부를 관찰한다.

10. ❶

ㄷ. 잘려나간 손가락을 얼음에 직접 닿지 않도록 비닐에 싸서 아이스박스에 넣는다.
ㄹ. 손가락 끝에 대준 거즈가 피에 젖을 때마다 계속 바꿔주지 않고 그 위에 계속해서 덧대는 것이 정석이다. 거즈가 피에 젖을 때마다 교환하는 것은 노출된 내부조직이 자극받아 더욱 출혈이 심해질 수 있으므로, 거즈를 교환하지 말고 위에 덧대어 준다.

11. ❹

타박상은 신체의 일부분이 둔탁한 물건에 부딪히므로 생기는 폐쇄성 상처로, 피부의 파열이 발생하지 않는다. 특징적인 증상은 부종, 피부색의 변화, 동통 등이다.
참고로 폐쇄성 연부조직 손상의 종류에는 타박상 외에 혈종과 찰과상이 있다.

12.

1) 습윤상처 환경 생성(삼출물 흡수 및 혈관 신생 촉진, 섬유아세포와 육아조직 생성 자극, 합성 콜라겐의 양 증가)
2) 자가분해 조직제거 과정 촉진(괴사조직과 부유조직을 부드럽게 완화시키고 다시 수분을 공급하여 습윤 상태로 만들어줌)
3) 미생물에 대한 장벽 제공
4) 새롭게 형성된 피부보호(경계면의 마찰 감소)
5) 통증 관리 지원(산소가 고갈된 습윤 환경은 신경종판을 보호하며 그에 따라 상처 기저부에서 통증을 감소시키는 데 도움)

13. 1) 불안과 혈압을 감소시키기 위해 대상자를 안심시키고 안정시킨다.
2) 똑바로 앉은 자세에서 머리를 약간 숙여 혈액을 삼키거나 흡인되는 것을 예방한다.
3) 비중격(비익)을 5~10분 정도 부드럽게 압박한다.
4) 가능하면 코, 얼굴에 냉찜질하는 것도 도움이 된다.
5) 만약 위의 방법으로 출혈이 조절되지 않는다면 비심지를 비공에 느슨하게 삽입한다.
6) 비출혈이 멈춘 후에도 코를 풀지 않도록 하고 당일은 심한 운동을 삼가하도록 지도한다.
7) 만일 비출혈이 자주 일어나고 위의 방법으로 효과가 없다면 의학적 치료(병원후송)를 한다.

6절 ◆ 기타 손상

| 본문 p.218

1. ❷

눈이나 안검에서 출혈이 될 때에는 직접 압박을 가해 지혈하면 안구의 후방에서 유입되는 혈관에 압력이 전달되어 혈류공급이 저해되어 망막에 손상을 주고, 압박으로 초자체가 안구 손상부위를 통해 외부로 돌출될 수 있으므로 절대 압박은 하지 말아야 한다.

눈이 날카로운 이물질에 찔린 경우, 압박하지 말고, 손상된 눈을 거즈로 덮은 후에 종이컵이나 안구보호장비를 이용해 외부의 물리적 충격이 차단되도록 한다. 손상된 눈의 안구운동을 감소시키기 위해서 손상된 눈과 정상안구까지 가리고(양안대), 병원으로 후송한다.

2. ❸

안구전방 출혈 시 치료 및 간호내용이다.
1) 상체를 약 30도 정도 세운 채로 침상 안정을 유지하여 전방 내의 출혈이 아래로 가라앉을 수 있도록 함
2) 염증을 줄이기 위한 스테로이드 안약을 점안함
3) 전방출혈이 심하면 방수 유출길을 막아 안압이 올라 갈 수 있으므로 축동제를 점안함
4) 각막이 출혈에 의하여 착색이 되거나, 8일 이상 치료해도 반 이상의 감소를 보이지 않을 때, 안압을 낮추려는 치료를 계속 함에도 불구하고 계속 안압이 높게 유지될 때에는 출혈을 제거하는 수술을 하기도 함. 그 외 안구의 움직임을 방지하기 위해 양 눈에 안대를 착용하도록 함

3. ❶

사고 즉시 생리식염수나 물로 눈을 세척한다. 눈 속으로 들어간 화학물질 제거를 위해서는 적어도 5분 이상 세척해야 하며, 화학물질이 알칼리성 용액이라면 적어도 20분간은 세척해야 한다.

4. ❸

알칼리 화학 눈 화상 시 즉시 생리식염수나 수돗물로 눈의 내안각에서 외안각으로 세척한다. 알칼리성 용액은 20분 이상 세척한다.

눈에 상해를 입으면 안근육의 경련으로 통증이 유발되므로 산동제를 투여하기도 한다. 한눈을 다쳤어도 양안 모두 드레싱한다. 알칼리성 화상 시 즉시 안과 이송치료해야 한다.

5.
1) 환아를 안정시키고 출혈이 있다면 생리식염수로 세척 후 지혈시킨다.
2) 치아 적출부위에 부종 동통이 있을 수 있으므로 냉적용한다(지혈, 부종, 동통감소).
3) 적출치아를 가지고 있는지 확인하고 사고 장소에서 치아를 찾아낸다.
4) 적출치아를 생리식염수로 씻고, 입안(혀밑)이나 우유 등과 같은 생리적 환경에 보관한다.
5) 치아 재식(다시 심음)을 위해 신속히 병원으로 후송한다(30분 이내면 재식 성공 90%).

6. ❶
㉠ 화상 입은 즉시 찬물에 담가 식히거나 습포를 하여 수포를 예방한다(통증, 부종완화).
㉡ 불완전 기도폐쇄 시 효과적인 기침으로 뱉어내도록 한다. 완전기도폐쇄 시는 하임리히법을 적용한다.
㉢ 독물질을 삼킨 후 시간이 오래 경과하지 않았을 경우 구개반사(gag reflex)를 이용하여 구토를 유발시켜 배출시킨다. 단, 의식이 흐리거나 혼수환자, 부식성물질(강산이나 강알칼리) 섭취환자, 경련환자, 급성심근경색이 우려되는 환자, 임산부 등을 구토를 유발시키면 위험하다.
㉣ 치아가 부러진 경우는 가능한 한 빨리 치아의 재이식술을 시도해야 한다. 부러지거나 빠진 치아를 생리식염수 등의 생리적 환경에 담근 채 병원에 가져간다.

7.
1) 의식상태, 맥박, 혈압을 관찰하고 기도를 확보한다.
2) 열피로증이므로 서늘한 곳에 편안히 눕혀주어 안정시킨다.
3) 뇌혈류를 유지하기 위하여 하지를 15°~30°정도 올려준다.
4) 뇌혈류 개선을 돕기위해 목둘레 및 복부의 옷을 느슨하게 풀어준다.
5) 탈수로 인한 쇼크 증상이 보이고 의식은 있으므로 생리식염수 등을 공급한다.

8. ❸
체온이 10~15분 이내에 급격히 상승(41.2℃), 피부가 뜨겁고 건조, 의식저하
→ 열사병
→ 즉시 시원한 장소 이동 → 시원한 물을 적용하여 가능한 한 빨리 체온 하강
㉢ 정제소금을 입에 넣어 염분 소실을 보충해 준다 → 열경련의 처치임

9. ❸

질환	주증상	이학적 소견				치료의 착안점
		피부	체온	혈중 Cl 농도	혈액농축	
열경련	경련, 발작	습, 온	정상 약간 상승	현저히 감소	현저	수분 및 NaCl 보충
열피로	실신, 허탈	습, 온 또는 냉	정상 범위	정상	정상	휴식, 수분 및 염분 공급, 5% 포도당
열사병	혼수, 섬망	습 또는 건, 온	현저히 상승 (41~43℃)	정상	정상	체온의 급속한 냉각 시원한 환경으로 옮기고, 옷을 벗기고, 시원한 물을 적용하고(젖은 수건), 부채를 부쳐주기

열에 의한 손상

높은 온도 습도 장기 노출 → 체온 조절 기능의 한계를 초과 → 말초혈관 확장 → 혈류량 증가 → 심박수·심박출량 증가 → 빈맥, 뇌의 혈류량 감소 → 두통, 현기증, 사고력 저하, 정서불안 등의 신경계증상과 발한 증가로 인한 Na, Cl 등의 이온들이 피부를 통해 소실 → 근경련과 탈수현상(응급상황 초래)

1) **열성경련**

   심한 발한으로 나트륨이 과다하게 소실, 약간의 저혈압, 오심, 빈맥과 차고 축축한 피부

   팔, 다리, 복부 등의 근육에 강직이 일어난 상태(경련, 발작)

   → 고온으로부터 이동시켜 안정

   → 염분이 함유된 수액 공급(의식이 명료 시 소금물)

2) **열성피로**

   심한 발한으로 염분과 수분 소실, 혈관신경이 잘 조절되지 않거나 심박출량의 부족으로 심한 순환성 쇼크

   두통, 현기증, 졸도, 오심, 구토 / 피부가 차고 축축 / 의식 혼미

   → 환자를 시원하고 공기가 잘 통하는 장소 이동 / 식염수, 염분이 함유된 음료수 및 수액 공급

3) **열사병과 일사병**

   신체의 열조절 기전 마비 → 체온이 10~15분 이내에 급격히 상승(41℃), 피부가 뜨겁고 건조, 의식저하 → 혼수, 저혈압, 쇼크 → 시원한 장소에 즉시 이동 → 찬물에 담그거나 찬물수건을 대어서 [시원한 물을 적용하고(젖은 수건), 부채를 부쳐주기] 가능한 한 빨리 체온을 하강

10. 보건교사의 간이처치의 범위를 벗어나 응급의료기관에 의뢰하여야 할 상황을 파악하는 문제로 보건실무에서 흔히 발생되는 중요한 문제이다.

1) 기도의 부종을 일으킬 수 있는 입과 인후부의 화상

2) 안구의 화상

3) 전기에 의한 화상

4) 쇼크를 일으킬 수 있는 광범위한 화상

5) 감염의 위험이 큰 화상

11. ❸

수포를 터뜨리면 감염될 가능성이 커지고, 치유 후 흉터가 크게 남을 수 있으므로 수포는 터뜨리지 않는다.

④ 탈지면을 화상부위에 직접 대거나 참기름, zinc oil 등을 바르면 미란면에 부착되고, 이물질이 되어 이를 제거하기 어렵고 치유가 어렵고 피부이식을 못하게 되는 결과를 초래하므로 병원으로 옮길 때는 화상부위 냉각처치 외에는 아무것도 하지 않는 것이 좋다.

그러나 20% 이상 넓은 범위의 화상 시에는 대상자를 시트, 큰 타월 등으로 싸매고 일체 연고류 등을 바르지 말고 병원으로 후송한다.

12. ❸

윤활유나 바셀린은 1도 화상의 처치이다.

2도 화상의 처치내용은 냉각하고 수포를 터뜨리지 않는 것과 윤활유와 의사의 처방에 따른 항생제 연고 도포이다. 3도 화상은 냉각하고 윤활유는 바르지 않는다. 의사의 처방에 따라 항생제 연고를 도포할 수 있다. 2도와 3도 화상은 피부의 진피층까지 손상된 경우로 모세혈관 투과력이 증가하여 부종이 생기고 혈액량이 감소하게 된다. 이러한 체액손실에 따라서 의식 있는 환자에게는 찬 소금물을 제공해 준다.

13. ❹

심한 화상 시 위액의 과분비와 위장 점막의 미란 및 화상에 대한 스트레스의 반응으로 위와 십이지장의 궤양에 걸리기 쉽다.

① Chrome ulcer은 크롬의 급성 중독의 경우에 피부에 자극 증상을 일으키고 궤양(헐어서 파이는 것)을 형성하며 말초신경 마비 작용을 일으킨다. 처음 궤양이 생겼을 때에는 아프지 않아서 무심히 지나가기 쉬우나 계속 궤양이 심해져 골막(뼈를 둘러싸는 막)에 이르게 되면 심한 통증이 생긴다.

② Amputating ulcer은 당뇨발과 같은 수족을 둘러싸고 발생하는 궤양을 말한다.

③ Marginal ulcer은 변연성궤양으로, 위공장문합술 부위 부근의 공장점막에 생긴 위궤양이다.

14-1. 1) 간호사정

① 1차사정 : 의식 여부, 기도유지, 호흡유무, 순환상태 사정

  (열성화상 부위가 넓을 때 우선적으로 고려해야 할 것은 ABC이다.)

② 2차사정 : 화상부위, 심도, 정도(범위), 발생시간 및 경과, 동반증상 등

  ㉠ ABC : 의식 여부, 기도유지, 호흡유무, 순환상태 사정

  ㉡ 화상부위 : 왼쪽 손을 포함한 팔 전체의 2/3, 왼쪽다리 앞면 1/2

  ㉢ 응급처치 : 왼쪽 손과 팔은 찬물에 담그고, 허벅지는 찬 물수건으로 덮고 있었다.

  ㉣ 증상 : 심한 통증을 호소하였고 왼쪽 손등에는 물집이 여러 개

  ㉤ 화상발생 시 환자 상태 : 끓는 물에 화상 / 상의는 남방셔츠, 하의는 교복치마에 긴양말

  ㉥ 화상범위(9의 법칙) : 왼쪽 손을 포함한 팔 전체의 2/3(6%), 왼쪽다리 앞면 1/2(4.5%) ⇒ 10.5%

2) 간호중재

① 화상부위에 냉찜질(20~30분간)을 한다.

  ㉠ 통증경감·수포발생 방지의 목적

  ㉡ 세면기에 물이 넘쳐흐르게 하여 그 속에 화상부위를 담그게 한다.

② 수포는 터트리지 않는다. 수포가 벗겨져 표피가 손상되지 않도록 유의한다.

③ 젖은 의복은 식기 시작하면 벗기되, 무리해서 벗기면 안 된다.

  (탄 옷가지들은 그을음과 녹아내린 합성물질로 인해 손상을 가중시킬 수 있으므로 벗겨내야 한다.)

④ 부어오르기 전에 시계, 반지는 제거한다. (보석 액세서리도 금속을 통한 열의 전도현상과 부종형성으로 인한 조임을 막기 위해 몸에서 떼어내야 한다.)

⑤ 화상부위를 깨끗한 천(멸균거즈)으로 덮어 공기와의 접촉을 막음으로써 감염을 방지하고 고통을 완화할 수 있다.

⑥ 화상면적을 확인하여 10% 이상이므로 병원으로 후송한다.

  ㉠ 진통제 투여 : 초기에는 통증 경감을 위해 정맥주사로 투여한다.

  ㉡ 화상연고(실마진) 도포 : 상처를 세척한 후 국소 항생제를 도포한다. 국소적으로 도포한 약들이 가피에 스며들어 상처에 세균들이 침입하는 것을 막는다.

  ㉢ 파상풍 예방 : 화상 상처의 혐기성균 감염 가능성 때문에 모든 화상 환자에게 파상풍 예방주사를 접종한다. 화상을 입기 10년 전 동안 능동면역이 없었다면 파상풍 면역글로불린 항체를 주입해야 한다.

  ㉣ 손과 팔은 부종을 최소화하기 위해 베개 위에 놓거나 팔걸이를 사용한다. 화상 입은 손을 편안하게 고정시키기 위해서 부목이 필요할 수도 있다.

14-2. 1) 신속하고 침착하게 사고원인과 환자상태를 파악한다.

2) 주위의 도움을 받아 가까운 의료시설에 이송하도록 한다.

3) 후속조치 : 이송 중에는 미처 발견하지 못한 부분이 있는지 환자를 살펴 모든 손상을 발견한다.

4) 사고경위, 발견 장소, 시간, 상태, 처치상황, 주위환경 등을 기록하고, 상부에 보고하고, 학교안전 공제회에 연락한다.

15. ❹

화상 부위 비율을 구하기 위해 9의 법칙을 이용한다.

신체 부위	비율
머리와 목	9%
양팔앞면	9%
양팔뒷면	9%
몸통앞면	18%
몸통뒷면	18%
양쪽다리앞	18%
양쪽다리뒤	18%
회음부	1%
계	100%

위 사례의 화상 부위는 양쪽 손과 팔 앞면과 양쪽 발과 다리 앞면이므로 9%(양쪽 손과 팔 앞면)+ 18%(양쪽 발과 다리 앞면)이다. 따라서, 신체의 화상부위 비율은 27%이다.

수액 보충 총량을 구하기 위해 Parkland Baxter방법을 이용한다.

Parkland Baxter는 링거 락테이트 수액(Ringer's lactate) 4cc/kg/% 총 체표면적(TBSA)을 화상을 입은 후부터 처음 24시간 동안 공급하는 방법이다.

위 사례의 몸무게는 50kg, 화상 신체 비율 27%이므로, 4×50×27=5400cc/kg/24hr 이다.

따라서, 화상을 입은 후부터 처음 24시간 동안 보충해야 할 수액의 총량은 5,400mL이다.

16. 1) 상처의 청결 유지(세척) : 상처를 덮고 있는 의복은 잘라내고 상처부위를 물이나 식염수를 부어 깨 끗이 한다. 상처주위의 지저분한 조직, 이물질이 있다면 제거한 후 다시 생리식염수를 부어 세척한다.

2) 지혈 도모

  ㉠ **직접 압박법** : 상처부위를 손가락, 손바닥 등으로 직접 압박하는 방법으로 소독 거즈나 깨끗한 천 또는 손수건 등으로 접어서 대고 압박한다.

  천이 피를 빨아들이면 그 위에 다른 천을 덮는다. 절대로 처음에 덮었던 천을 떼어내지 않는다.

  ㉡ **국소 거양법** : 출혈 부위를 심장의 높이보다 높게 들어주어 중력의 영향으로 출혈을 최소화시킨다.

  ㉢ **지압법** : 출혈 부위로 가는 가장 가까운 동맥 혈관을 지압한다.

  ㉣ **지혈대 사용법** : 지혈대를 이용하여 상처부위보다 심장에서 가까운 동맥을 완전히 차단시킬 수 있도록 졸라맨다. 지혈대는 신경과 근육을 손상시킬 위험이 있고 단단히 감지 못하면 정맥 혈 류만을 차단시키고 동맥혈은 그대로 흘러 더 많은 출혈이 일어날 수 있다.

3) 상처 소독 : 과산화수소수나 포비딘액으로 멸균소독한다.

4) 감염예방 및 관찰 : 상처에 생길 수 있는 감염을 예방할 목적으로 항생제 연고를 도포하고 드레싱을 해준다.

5) 편안한 자세를 취하고 상처부위를 움직이지 않게 한다.

6) 상처부위가 크고 관절면에 깊게 생긴 경우 병원으로 후송하여 봉합을 한다(상처를 입은 후 12시간 경과 후에는 감염의 위험이 있으므로 봉합하지 않음을 알고 있어야 한다).

17. ❹

① 부종과 통증이 동반되는 타박상에서는 냉요법이 효과적이다.

② 뇌빈혈 시에는 하지를 높이고, 전신은 체온보존 정도의 전신 보온을 해 준다.

③ 지속적인 비출혈 시에 어지러움증이나 두통이 발생할 수 있으므로 머리를 약간 상승시킨 자세를 유지한다. 단, 머리를 뒤로 젖히면 폐나 소화기계로 혈액이 흘러들어갈 수 있으므로 금한다.

18. ❷

전경골동맥 출혈

1) 외출혈 응급처치
   ① 처치자 보호
   ② 출혈지점 확인
   ③ 직접 압박법
   ④ 거상법
   ⑤ 압박점 지혈법
   ⑥ 지혈대 지혈
   ⑦ 고정
   ⑧ 활력증상과 쇼크 증상을 수시로 관찰, 사정한다.

2) 저혈량성 쇼크 처치
   ① 하지상승
   ② 수액공급
   ③ 지혈
   ④ 산소공급
   ⑤ 도파민 등의 혈압상승제 투여
   ⑥ 보온 및 휴식

제2강 기초간호학

1절 ◆ 수분전해질

| 본문 p.228

1. ❹

세포외액량 결핍증의 증상 징후

• 갈증 • 근육의 약화 • 피부 탄력성 저하 • 피부와 점막의 건조
• 안구의 함몰(심한 경우)
• 불안감, 안절부절못함, 두통, 혼동, 혼수(심한 경우)
• 체온 상승 • 빈맥 • 말초 정맥 채우기 > 5초

- 체위성 수축기 혈압 차이 > 25mmHg
- 체위성 이완기 혈압 차이 > 20mmHg
- 맥압의 감소, 중심정맥압과 폐모세관 계입압 감소
- 누운 자세에서 경정맥을 볼 수 없음
- 체중 감소 • 핍뇨(<30mL)/시간) • 대변의 횟수 감소와 수분 감소

2-1. 1) 항이뇨호르몬
2) Renin-Angiotensin, 알도스테론
3) 심방나트륨 이뇨 펩티드(atrial natriuretic peptide, ANP) - 나트륨의 배설과 혈관확장, 소변배설량 증가를 촉진하여 항이뇨호르몬의 영향에 균형을 유지하는 호르몬
이외 나트륨항상성 조절 호르몬으로 프로스타글란딘, 칼리크레인(kallikrein) 등이 있다.
- 프로스타글란딘 : 신장에서 분비, 레닌의 생성을 자극
- 칼리크레인(kallikrein) : 키닌(kinin)을 분비하는 신장에서 생성되는 단백질, 키닌은 나트륨이 신장에서 배설되는 것을 촉진하는 강력한 신장 혈관확장제

2-2. 1) 의식이 있다면 구강으로 생리식염수 등 공급
2) 구강간호 및 피부간호(보습제 도포, 잦은 체위변경)
3) 섭취량, 배설량, 체중, 활력징후 변화 측정

3. ❺
ㄱ. 정상적으로 앙와위로 혈압을 측정할 때는 앉거나 서서 잴 때에 비하여 수축기 혈압이 10~15mmHg, 이완기 혈압이 10mmHg 정도 높게 측정되며 맥박은 10~20%가 감소된다. 이것은 선 자세에서는 중력에 의해 심장으로의 귀환혈량이 감소되어 박동량이 감소하기 때문이다.
ㄴ. 경정맥의 팽만은 수분과잉의 증상이다.

4. 1) ㉠에서 나타난 전해질 불균형의 명칭
저나트륨 혈증 (Na$^+$: 125mEq/L vs. 정상치 135~145mEq/L)
2) ㉡에서 나타난 건강 문제
빈혈(Hemoglobin : 9.6g/dL vs. 여자 정상치 12~16g/dL)
3) ㉢이 소변 검사 결과에서 나타나는 기전 2단계
케톤체는 지방의 분해로 간에서 생성된다.
1단계 - 당을 에너지로 이용하기 힘들게 되면 당 대신 에너지로서 지방에서 지방산을 만들어 이용한다.
2단계 - 지방산이 간에서 케톤체로 바뀌어 소변으로 다량 배설되어 나오는 것이 '케톤뇨'이다.

5. ❶
Na$^+$ 132mEq/L이므로 저나트륨혈증이고, 새벽에 구토 3회로 거의 음식섭취를 하지 않았고, 약간 건조한 혀 점막, 설사, 노란색 소변(농축됨)을 보아 체액결핍임을 알 수 있다.

항목	정상수치	항목	정상수치
creatinine	0.6~1.5mg/dL	BUN/Cr 비율	10:1
혈액요소질소(BUN)	6~20mg/dL		
요 비중	1.010~1.030		
사구체 여과율	120~125mL/min		

혈액 삼투질 농도	275~295mOsm/kg	소변 삼투질 농도	300~900mOsm/kg
		ICP	5~15mmHg
나트륨	135~145mEq/L		
칼륨	3.5~5.1mEq/L		
칼슘	8.5~11mg/dL	인	3~4.5mg/dL
pH	7.35~7.45	저혈당	60 이하mg/dL
$PaCO_2$	35~45mmHg		
HCO_3^-	22~26		
$H_2CO_3 : NaHCO_3$	1:20		
PaO_2	80~100mmHg		
SaO_2	95~100%		

2절 ◆ 산염기균형

| 본문 p.232

1. ❷

혈액 속의 CO_2정체라고 하는 것은 $PaCO_2$가 정상보다 높다는 것을 의미하므로 호흡성 산독증이다.

2. ❶

대사성 산증(산독증)은 비휘발성 산의 축적과 염기의 상실로 인해 발생한다.
- 과다한 비휘발성 산 : 신부전, 당뇨성 케톤산증, 젖산증, 독성물질의 섭취(아스피린, 부동액)
- 염기의 부족 : 신세뇨관 산증, 탄산 탈수소효소 억제제(acetazolamide-Diamox)

3. ❹

pH 7.30으로 산증이며, $PaCO_2$ 50mmHg, HCO_3^- 25mEq/L이므로 호흡성 산증이다. 또한 K^+ 6.1mEq/L이므로 고칼륨혈증이다.
④ 쿠스마울(Kussmaul) 호흡은 대사성 산증 때 나타난다.

4. ❶

ㄱ. 동맥혈 가스 분석 결과 pH 7.3이고, HCO_3^- 15mEq/L이기 때문에 대사성 산증이다.
   pH < 7.35, HCO_3^- < 22mEq/L가 되면 산증에 해당된다.
ㄴ. PCO_2 검사결과 35mmHg는 정상이다.
ㄷ. 산・염기불균형은 HCO_3^-의 감소가 원인이다. 22mEq/L보다 떨어졌기 때문이다.
ㄹ. 음이온 격차는 소듐 농도에서 주요 음이온인 중탄산과 염소의 합의 차이로 계산한다.
   $136 - (15 + 110) = 11$
ㅁ. 칼륨 정상범위는 3.5~5.0mEq/L이다. 칼륨 검사결과 2.8mEq/L이므로 저칼륨혈증이다.

음이온의 격차	
정상범위	3–11mEq/L 사이(약 5~15mEq/L)
공식	AG(mEq/L)=[Na^+]−([Cl^-]+[HCO_3^-])
상승 시 의미	대사성 산성혈증 • 혈내 pH 저하와 탄산수소염(bicarbonate)의 수치 저하가 특징 • 신체에 비정상적인 산성 물질이 나타나게 되면, 탄산수소염(HCO_3^-)으로 인해 H^+가 완충되고 탄산수소염의 수치는 저하되게 된다. 그 후, 이 반응으로 인해 발생한 CO_2는 폐를 통해 배출되며, 저하된 탄산수소염의 수치는 콩팥에서 재흡수를 통해 보충되게 된다.

5. 1) ㉠이 나타내는 산·염기 불균형

　　대사성 산증이다. pH가 감소하고 Hco_3^-가 감소했기 때문이다 정상 pH수치는 7.35~7.45이며, 정상 중탄산염은 21~26mEq/L이다.

2) ㉡ 케톤$^{+++}$발생기전

　　지방을 당으로 전환시키면서 인슐린의 부족으로 불완전 대사 발생 → 케톤의 형성, 케톤은 수소이온을 생성 → 과산증

3) ㉢ 쿠스마울(Kussmaul)호흡의 발생기전

　　산증에 대한 보상작용으로 산을 배설하기, 호흡의 수와 깊이 증가

4) ㉣ 호흡 시 과일 냄새의 발생기전

　　케톤산 증가로 인한 산 배설 시 호흡(호기) 시 아세톤 냄새

3절 ◆ 스트레스

| 본문 p.235

1. 1) 생리적 반응

㉠ 스트레스 → 대뇌에서 감지 → 시상하부로 전달 → 뇌하수체 전엽과 후엽 자극 → 내분비계호르몬 방출

• 뇌하수체 전엽에서는 부신피질자극호르몬 → 미네랄로코티코이드와 글루코코르티코이드 분비

－ 광물 코르티코이드 증가 : Na^+보유, 혈당 상승, 단백 합성 증가

－ 당질 코르티코이드 증가 : (항염증 기능), 단백이화 증가, 당합성 증가

• 뇌하수체 후엽에서는 항이뇨호르몬 방출(체내 수분을 보유)

㉡ 스트레스 → 대뇌에서 감지 → 교감신경계와 부교감신경계 자극 → 부신수질 자극 → 에피네프린, 노르에피네프린을 분비(동공 이완, 기관지 이완, 심장박동수 증가, 혈관 수축, 소화기운동과 소화액 분비 감소, 혈당증가 등)

2) 관련 질환

㉠ **심혈관계** : 빈맥, 부정맥, 고혈압, 협심증, 심근경색증 등

㉡ **소화기계** : 식욕부진, 신경성 구토, 위경련, 소화성 궤양, 변비, 설사, 과민성 대장증후군, 궤양성 대장염등

㉢ **호흡기계** : 신경성 기침, 기관지천식, 과호흡증후군 등

㉣ **내분비계** : 당뇨병, 비만증, 갑상샘질환 등

㉤ **비뇨생식기계** : 빈뇨, 발기부전, 불감증, 조루증, 월경불순, 불임증

㉥ **신경계** : 긴장성 두통, 편두통, 수전증, 뇌졸중 등

Ⓐ **근육계** : 근육통, 만성 요통, 류머티즘 관절염 등
Ⓞ **면역계** : 저항력 감소, 자가면역성 질환
Ⓩ **피부계** : 여드름, 두드러기, 습진, 원형탈모증, 가려움증, 신경성 피부염, 다한증 등
Ⓩ **정신계** : 불면증, 우울, 불안, 약물남용, 알코올중독, 신경증, 정신분열증, 자살 등
ⓚ **각종 암**

2. ❷

Gluco corticoid는 부신피질호르몬의 한 종류로 기능은 면역체계에 작용해 항염증 작용과 면역 억제 작용, 그 외에도 포도당이나 지방대사에 영향을 미쳐 포도당 합성 증가, 인슐린에 대한 반응을 현저히 떨어뜨려 혈당을 상승, 말초에 있는 지방들을 내장지방으로 이동시켜 복부비만 발생(체내 지방분포 변화), 뼈 형성을 억제, 심혈관계에서 아드레날린을 도와 혈압 유지

3. 1) 신경과민, 성급함, 짜증, 신경질, 분노, 공격성
2) 불안, 초조, 안절부절 못함
3) 우울, 무력감, 의욕상실, 두려움, 수면장애
4) 근심, 걱정, 만성적 걱정

4. ❸

ⓔ 근력이 증가한다.

┃ 스트레스에 대한 반응단계

제1단계 : 경고기 (Alarm stage)	생리적 각성상태, 부신 및 흉선 비대, 호르몬 분비 증가 → 카테콜라민(수질) : norepineprine, epineprine, → 코티졸(피질)	① 근육작용에 대비하여 간에 저장된 포도당을 방출시킨다. → 에너지의 빠른 공급을 위해 간에서 당이 분비됨 ② 심혈관계의 활동을 증가시켜 심박수가 증가하고 혈압이 상승한다. ③ 혈액의 점도를 증가시키고 소화기관과 피부로 가는 혈액을 뇌와 근육으로 가도록 한다. → 소화 속도가 느려진다. 판단이 빨라진다. ④ 세포의 산소 공급을 위해 호흡의 빈도와 깊이를 증가시킨다. ⑤ 동공을 확대시키고 청각이 예민해진다.
제2단계 : 저항기 (Resistance stage)	부신피질 위축, 흉선의 정상화, 호르몬 분비 유지	① 경계 단계에서 불필요한 몸의 변화를 정상으로 되돌린다. ② 아드레날린 분비가 중단된다. ③ 심장 박동 수, 혈압이 정상이 된다. ④ 동공 크기가 정상이 된다. ⑤ 근육의 긴장이 풀어진다. ⑥ 당분이 다시 간에 저장된다.
제3단계 : 탈진기 (Exhaust stage)	림프선 비대/기능부전, 호르몬 분비 증가, 적응호르몬의 소모 → 회복(휴식기) 또는 사망	① 계속해서 스트레스원에 노출되면 적응력을 상실하고 발전 단계의 시작임을 신호로 보낸다(오랜 스트레스에 힘이 고갈된다). ② 스트레스원을 어떤 방법으로도 해결할 수 없는 상황이나 건강하지 못한 사람만이 갖게 되는 단계이다. ③ 몸의 여러 체계에 영향을 준다. ④ 면역체계가 무리하게 사용되어 악화됨으로써 병에 감염되기 쉽다. ⑤ 순환 체계가 무리하게 사용되어 악화된다. ⑥ 심장 박동 수, 혈압이 다소 높아지기 쉽다. ⑦ 근육 체계와 신경 체계가 피곤해진다. ⑧ 똑바로 생각하기 어렵다. ⑨ 사고가 발생하기 쉽다.

5. ㉠ 저항단계

㉡ 경고단계 : 대뇌 → 스트레스 인지 → 시상하부 → 교감신경계 활성화 → 카테콜라민(수질) : norepinephrine, epinephrine↑ → 심장이 빨리 뛰고 숨이 가쁜 증상 出

㉢ 저항기 : 스트레스 장기 지속 시 → 코티졸의 과잉 분비, 부교감신경 흥분 → 위장운동항진, 충혈, 부종 궤양성 변화 → 위염이 악화되어 위궤양이 생기거나, 상처가 잘 아물지 않을 수 있다.

㉣ "공부가 전부다.", "공부를 못하면 행복할 수가 없다."

→ 인지적 왜곡(비합리적 신념으로 인한 우울감정)

→ 인지 재구성 방법(사고와 감정의 근거를 확인하여 합리적이고 긍정적 사고로 재구성)

"공부를 잘하진 못해도 나는 운동을 잘해. 잘하는 운동을 할 때는 즐겁고 자랑스럽기도 해. 공부를 잘하지 못해도 얼마든지 행복할 수 있어."

6. 1) 라자루스의 스트레스 이론

라자루스의 스트레스 평가는 다음과 같은 3단계의 평가를 거친다.

① 일차평가

• 일차평가에서는 요구(demand)가 개인의 안녕감에 미치는 잠재적 영향에 따라 사정된다.

• 요구는 부적절한(irrelevent), 긍정적인(benign-positive), 또는 스트레스가 많은(stressful) 것으로 판단될 수 있다.

• 요구를 스트레스가 많은 것으로 평가한다면, 이것을 다시 해(harm) 또는 손실(loss), 위협(threat), 또는 도전(challenge)으로 분류할 수 있다. 손실을 주는 요구는 실제적인 손상 및 위협을 주는 요구는 잠재적인 해 또는 손실을 포함한다.

→ A 학생은 위의 생활사건이 스트레스로 평가되어 성적저하와 두통, 어지러움, 메스꺼움 등의 신체반응으로 나타나고 있다.

• 도전을 주는 요구는 이득 또는 성장의 가능성으로 간주된다.

② 이차평가

• 이차평가에서는 이용 가능한 대처자원과 대안(option)을 인지하고 평가하며, 그 비용과 이익을 고려하게 된다.

→ 이용가능한 대처자원을 사정한다. 그러나 부모는 이혼하고, 소원한 고모집으로 이사를 하게 되어 가족이 아닌 다른 대안을 찾도록 하여야 한다. 학교선생님과의 상담이나 운동, 이완요법, 음악감상, 독서 등으로 스트레스에 대한 정서적 변화를 경험하도록 지지한다.

③ 재평가

→ 난 앞으로 꿈을 이루기 위해, 해야 할 중요한 일들이 많아', '부모님이 이혼했다고 해서 모든 게 잘못되진 않을 거야' 등의 스트레스 상황의 의미를 다시 평가해 본다.

2) 스트레스의 신체적·심리적 증상

스트레스로 발생할 수 있는 증상은 신체적으로 숨이 막히고, 목이나 입이 마르고, 불면증, 편두통, 눈 피로, 어깨나 목의 결림, 가슴이 답답하고 토할 것 같은 기분, 식욕저하, 변비나 설사, 신체가 나른하고 피로를 느끼는 등의 반응이 나타날 수 있다.

또 심리적으로 초조하고, 흥분을 잘하고 화를 잘 내거나, 건망증이 심해지고, 집중력 저하, 우울, 의욕저하, 의심 많고 망설이거나 성급한 판단을 내리는 경우가 자주 발생하는 등의 심리적 증상이 나타날 수 있다.

3) 스트레스 관리기법

① 라이프스타일(Life style) 관리 : 습관화, 과도한 변화의 회피(균형유지, 규칙적인 일상), 휴식, 여유시간 활용

② 스트레스 내구성을 높이는 심리적 준비(대처강화 및 지지간호) : 자존감 증진, 자기효능감 증진, 자기주장의 증진, 목표설정의 대안

③ 이완요법으로 신체적 안정도모 : 심호흡(사상하부의 각성상태를 줄임), 점진적 근육이완법, 자율이완훈련, 명상 등
④ 정서적 육체적(물질적) 배출을 도모하여 승화시키기 : 음악, 운동, 유머, 그림, 독서, 운동 등 / 타인과의 대화, 문장으로 표현

4절 · 염증

| 본문 p.237

1-1. 1) 물리적 요인(열, 냉, 빛, 전기외상, 자외선 등)
2) 화학적 요인(내재적 요인 중 위산 등과 유독물질 같은 외재적 요인)
3) 생물학적 요인(세균, 바이러스 등)
4) 면역학적 요인(항원항체복합체)

1-2. 열감, 발적, 부종, 동통

1-3. 백혈구증가증, 발열, 맥박증가, 호흡수 증가, 식욕결핍, 체중감소, 전신허약, 오한 등

2. 1) 상처의 치유과정

상처 치유 단계	설명
염증기	염증이 진행(혈관투과성 증가 및 혈관확장), 부종, 통증, 홍반, 온감 증상
증식기 (섬유아세포형성기)	섬유소 형성, 섬유아세포 분열, 콜라겐 자극, 반흔조직 형성, 혈관 형성, 과립조직 형성, 상피조직 형성
성숙기 (적응기/재건기)	상흔조직이 생기며 치유 장력이 커지고, 얇게 되고, 색이 옅어짐

2) 상처 치유과정에서 나타날 수 있는 합병증
출혈로 인한 기능상실, 흉터, 감염, 켈로이드 형성, 누공, 열개 등

3. ㉠ 염증 단계
㉡ 성숙(재건) 단계

상처 치유 단계	설명
염증기 (잠정기)	손상시작 4~6일 / 염증이 진행(혈관투과성 증가 및 혈관확장) / 지혈성, 혈관성, 세포성 과정 / 부종, 통증, 홍반, 온감 증상
증식기 (섬유아세포형성기)	상처를 받은 후 4~5일부터 시작하여 21일까지 지속. 섬유소 형성, 섬유아세포 분열, 콜라겐 자극, 반흔조직 형성, 혈관 형성, 과립조직 형성, 상피조직 형성/상처는 자주빛이며, 불규칙적으로 약간 올라온 반흔이 형성된다.
성숙기 (적응기/재건기)	상처를 받은 후 약 2주 후부터 시작되어 6개월에서 2년까지 소요. 상흔조직이 생기며 치유 장력이 커지고, 얇게 되고, 색이 옅어짐 / 교원질 섬유가 손상되기 이전의 형태로 변하나, 이전의 조직만큼 강해지지는 않는다. 사정요소 : 발적, 동통, 농, 외양, 염증, 부종 등을 관찰

| 본문 p.239

5절◆ 면역

1. ❷

ㄱ. 수동면역은 능동면역에 비하여 면역 효력이 빠르고, 효력 지속 시간이 짧다.(2~4주)

ㄴ. 자연능동면역은 현성감염 또는 불현성감염 및 효과적인 빈번 접촉을 통해서 얻어지는 면역(이는 병원미생물에 빈번하게 접촉하는 직업인, 의사, 간호사, 의료기사들이 병을 앓지 않고 자기도 모르는 사이에 면역이 되어 있는 경우이다.)

ㄷ. 현성감염, 즉 병후 영구면역이 되는 것은 장티푸스, 소아마비, 홍역, 천연두, 일본뇌염, 발진티푸스 등이 있고, 반대로 감기, 인플루엔자, 폐렴, 이질 등은 면역의 지속기간이 짧은 일시면역을 일으킨다.

ㄹ. 백일해, 디프테리아, 파상풍 등은 톡소이드로 부작용이 적고 안전하나 면역의 효과는 가장 떨어져 충분한 면역을 얻기 위해 몇 번의 접종이 필요하다.

선천면역	종 간 면역, 종족 간 면역 및 개인 간 면역의 차이		
후천면역	능동면역	자연능동면역	두창, 홍역, 장티푸스 등
		인공능동면역 — 백 신	두창, BCG, 홍역, 디프테리아, 인플루엔자 등
		인공능동면역 — 독 소	파상풍, 보툴리즘 등
	수동면역	자연피동면역	경태반면역(소아마비, 홍역, 디프테리아 등)
		인공피동면역	B형간염 면역글로불린, 파상풍 항독소

2. ❷

자연수동면역은 태반이나 초유를 통해서 분비되는 면역항체를 신생아가 섭취함으로써 획득하는 것, 생후 약 6개월간 지속된다. 임신 후기에 태반을 통해 전달받는 면역글로불린(IgG)과 수유기 동안에 전달받는 면역글로불린(IgA, IgM)이 있다. 생후 면역계가 성숙하는 데는 16~18개월이 소요되므로 수동면역을 통해 항체를 전달받을 수 있다는 것은 방어기전의 측면에서 매우 중요하다.

3. ❸

IgE은 전체 면역글로불린의 0.02%를 차지하며 혈청 내에 존재, 기생충으로부터 인체를 보호하며 건초열이나 천식, 두드러기 같은 일반적인 알레르기 반응을 일으키는 항체이다.

4. ❶

1차 면역반응 시 생산되는 항체는 IgM이 주류이고 B세포는 도움T세포 관여로 IgG, IgE, IgA도 생산한다.

예방접종으로 항원 침입 시, 면역반응으로 IgM이 먼저 생성되고, 그 후 IgG, IgE, IgA가 생성된다. 예방접종은 감염병에 면역시키기 위해 몸에 예방약을 넣어 면역성을 인공적으로 생기도록 하는 일로 약독화된 생균이나 사균을 인공적으로 접종하여 항원에 대한 1차 면역 반응으로 IgM이 생성되고, 그 이후에 IgG가 생성된다.

오답

② 항체생성세포란 항체를 합성하여 분비하는 세포의 총칭이다.
- IgM항체생성세포는 주로 비장이나 림프절 등의 말초 림프계 조직에 분포하는 대형의 림프구이고, IgG, IgA, IgE항체는 IgM항체생성세포에서 유래되는 플라스마세포로부터 생성된다.
- IgG생성플라스마세포는 비장이나 림프절 등에 존재한다.

- IgA생성플라스마세포는 타액샘 간질 등에 존재하고, 생성된 IgA는 타액, 눈물, 장액, 초유 등의 분비액 중에 존재한다.
- IgE생성플라스마세포는 주로 점막 밑에 존재한다.
③ 예방접종 후 1차 면역 반응의 주요소는 IgM이다.
④ 투여한 백신으로 인해 IgM이 가장 먼저 생성되어 보체를 활성화시킨다.
⑤ IgE는 비만세포에 결합하고, 비만세포가 탈과립된 후 즉시형 과민증이 발생하게 한다.

예방접종의 원리

1, 2차 면역반응의 정의와 예방접종 원리는 다음과 같다.

1) 1차 면역 반응

이물질을 항원으로 인식하면, 느리고 약하게 항체를 생성한다. 이때, 항체는 IgM클래스가 주류이다.

그 후, 림프구 일부가 기억림프구로서 장기간 생존하며 이물질이 다시 침입하는 것에 대비한다.

2) 2차 면역 반응

1차 면역 반응이 감쇠한 후 같은 항원이 재자극 할 때에 일어나는 것으로, 1차 면역 반응에 비하여 급속하고 강한 반응이 나타난다.

따라서, 예방접종은 항원을 인식시켜 기억림프구를 생성하고, 같은 항원에 재노출 시 기억림프구에 의해 빠르고 강력한 항체생성을 유도하여 숙주 면역력을 증강시키는 건강보호활동이다.

6절 ◆ 과민반응

| 본문 p.241

1.
1) 알레르기원이 IgE와 결합
2) 비만세포(mast cell)와 호염기구에 붙음
3) 비만세포가 활성화되면서 히스타민, 브라디키닌, 프로스타글란딘 등의 매개물질 분비 − 국소적인 염증반응
4) leukotriene, IL-4, eotaxin 등 생화학 물질들이 후기 염증반응에 작용 → 염증 부위에 더 많은 백혈구(호산구, 호염기구, 대식세포) 유인 → 혈관 확장, 모세혈관 투과도 증가, 부종유발, 분비물과 점액 생산 증가
5) 기관지 수축, 점막부종, 과다분비물 → 기도 폐쇄 → 환기장애

2. ❷
ㄴ. 아나필락시스를 일으키는 물질이 있다.
ㄹ. 응급으로 즉각적인 adrenaline(epinephrine)을 투여한다.

아나필락시스의 약물치료

1) 에피네프린(1 : 1000) 투여 − 0.2~0.5mL, 증상이 심할 때는 20분 간격으로 반복투여 가능
2) 항히스타민제제 투여 − 두드러기, 혈관부종 등이 나타날 때
3) 아미노필린 투여 − 기관지 수축 및 연축 시
4) 콜티솔의 정맥관 투여 − 즉각적인 효과는 없으나, 예방효과 있음

| 본문 p.242

1. ❹

자가면역병의 유형

- 단일장기 자가면역병 : 하시모토씨 갑상선염, 용혈성 빈혈, 중증근무력증, 갑상선 기능항진증, 사구체 신염, 다발성 경화증(뇌, 척수, 시신경 등 침범) 등
- 전신성 자가면역병 : 전신성 홍반성 낭창, 류마티스 열, 쇼크렌증후군, 다발성근염–피부근염, 피부경화증 등

히스토플라스모시스병(Histoplasmosis)

- 원인병원체 : Histoplasma capsulatum 진균감염병. (적절한 화학성분을 가진 축축한 토양, 버섯 저장소, 양계장 바닥과 박쥐동굴, 새 특히 찌르레기의 배설물 등에 산다.)
- 전파 : 호흡기 전파
- 증상 : 약 1~2개월간 발열, 피로, 기침, 호흡곤란, 체중감소 등/소수의 대상자에서 파종성 혹은 만성적인 형태의 진균질환이 나타난다. 만성적인 경우 결핵과 유사한 진행성 변화를 보인다. 폐기종과 유사한 폐의 구조적 변화도 일어날 수 있다.
- 치료 및 조치 : 격리는 필요 없고, 오염된 물체의 소독을 하도록 하고, 항진균제를 투여하여 치료/약물반응이 없는 경우 수술 절제

2. ❹

SLE는 사구체신염, 광과민성, 피부발진, 중추신경계 질환, 쿰스검사가 양성반응인 용혈성 빈혈, 백혈구 증가증, 혈소판 감소증 등을 포함한 다양한 혈구 감소증이 발생한다. 피부병변으로는 코와 뺨을 중심으로 나비모양의 발진, 일시적 탈모, 통증이 없는 구강궤양, 피부에 분포된 혈관의 병변 등이 나타난다.

① 자가 항체의 과다생산으로 인한 자가면역질환이다.
② 가임기 여성에게 호발, 대다수의 젊은 흑인 여성들에게서 발생한다.
③ 자외선 노출로 피부염을 유발, 광민감성이 있으므로 일광 노출 삼가, 자외선 차단제 사용/자외선 차단 위해 햇빛 가리개나 모자, 보호 옷을 사용한다.

3. ❶

SLE 진단기준

① 뺨의 발진 : 고정된 뺨의 홍반(나비모양의 발진)
② 원판상 발진 : 여러 개의 모인 홍반성 병변
③ 광과민성 : 태양광선 노출 시 발진
④ 구강궤양 : 구강과 비강에 동통 없는 궤양
⑤ 기형이 동반되지 않는 관절염
⑥ 장막염 : 늑막염/심막염
⑦ 신장애 : 지속적인 단백뇨/cast
⑧ 신경장애 : 신경증/경련
⑨ 혈액장애 : 용혈성 빈혈, 혈소판감소증, 백혈구감소증, 림프구감소증
⑩ 면역장애
⑪ 항핵항체

4.

1) ㉠ 자가 면역의 정의

   자기와 비자기를 구분하는 면역계가 자신의 조직에 대해 부적절한 면역 반응을 보이는 것

   몸의 정상적인 구성 성분을 "자신"으로 인식하지 못하고 자신의 세포, 조직 그리고 기관을 공격하는 항체인 자가항체를 생산하여 항체 또는 T임파구가 자신의 조직을 공격하여 염증을 일으키는 질환을 자가면역질환이라 한다.

2) ㉡ 발생 기전 2단계

   - 자신의 조직을 공격하는 자가항체(세포핵 내 DNA, RNA에 저항하는 항체)를 대량생산하고, 특이항원(감염성 병원체, 자외선, 약물 등)에 결합하여 면역복합체 축적
   - 피부, 혈관벽에 면역복합체가 침착되고 보체가 활성화되어 염증을 일으켜 부종, 열, 피부염, 두드러기, 혈관염, 관절염 등을 일으킨다.

5. ❹

신장이식 후 거부 반응

신장이식(renal transplantation)은 신장이 점차 기능을 잃어 회복이 불가능한 신부전이 되었을 경우에 건강한 신장을 신체 내에 이식하는 외과적 수술을 말한다. 거부반응에는 초급성, 급성, 만성 거부반응이 있으며, 만성 거부 반응은 수개월에서 수년에 걸쳐 서서히 나타난다. 항체와 보체가 관련하여 만성적으로 일어나는 이식 장기의 퇴화가 발생하는 것이다. 치료방법은 이식 거부 반응 약물(면역억제제, 스테로이드) 사용으로 진행과정 지연이 가능하다.

- 혈액요소질소(BUN) : 단백질 대사의 최종산물이며, 신장을 통해 체외로 배설된다. 정상치는 8∼18mg/dL이다.
- 크레아티닌(creatinine) : 신장 기능을 평가할 때 BUN보다 더 신뢰도가 높은 검사이다. 신기능이 저하되면 크레아티닌은 상승된다. 정상치는 0.5∼1.5mg/dL이며 BUN과 creatinine의 비율은 10 : 1이다.
- 신장이식 거부반응 시 증상
  - ⓐ 혈청 크레아티닌과 혈중 요소질소가 점점 증가
  - ⓑ 전해질 불균형
  - ⓒ 체중증가, 고혈압, 요량감소, 부종

8절 ✦ 암

| 본문 p.245

1. ❹

특징	양성	악성
피막	있음	없음
성장양식	확장성(팽창성)(expansive)	침윤성(invasive)
조직의 파괴	적음	많음
혈관침범	없음	흔함
성장속도 및 한계성	일반적으로 느리고 범위가 한정	신속히 성장하고 범위는 한정되지 않음
재발 경향	극히 드묾	흔함
세포특징	거의 정상	모양, 구성이 비정상적이고 미성숙함
과염색소성	정상	증가
전이	없음	흔함

혈관분포	적음	현저
유사분열활동	거의 없음	왕성함

2. ❹

ㄱ. 머리를 자주 감게 되면 자극이 될 수 있기 때문에 주의한다.

ㅁ. 구강 통증이 심할 경우에는 매 2~3시간마다 구강간호를 한다. 따뜻한 물로 함수한다. 부드러운 칫솔이나 스펀지를 사용하고 너무 뜨겁거나 찬 음식, 향신료나 탄산음료는 피하고, 술과 담배는 금한다. 아스피린은 출혈을 유발할 우려가 있으므로 투여하지 않는다.

3. ❹

(가) 사이클로포스파마이드는 대사 길항제가 아닌 알킬화제 항암제이며

(다)의 설명은 대사 길항제에 대한 설명이다. 사이클로포스파마이드는 알킬화그룹이므로 DNA 구조 복제 예방과 유사분열을 예방한다.

(라) 주된 부작용은 출혈성 방광염이나 골수억제, 오심, 구토, 원형탈모증이 있다.

(마) 사이클로포스파마이드는 치료하는 동안 방광점막을 자극하여 만성 출혈성 방광염을 유발하며, 신독성을 예방하기 위해서는 수분 공급을 증가시키며, 독성증상이 나타나면 약물을 중단한다. 항암화학요법의 기본은 세포주기를 방해하는 것으로 세포주기에 따라 주기 특이적 또는 비특이적 항암제로 분류할 수 있다. 주기 비특이적 항암제는 세포주기의 단계와 관계없이 작용하는 항암제로 알킬화제제와 항암 항생제가 있다. 주기 특이적 항암제는 특정 세포주기의 단계에 작용하는 항 대사성 제제와 식물성 알칼로이드 제제가 해당된다.

1) 알킬화 제제

세포주기의 DNA 합성단계(G_1단계)로 가는 것을 방해하여 암세포를 죽이거나 효소체계를 방해한다.

대표 약물로는 Cyclophosphamide, iosphamide, cisplastin, carboplatin 등이 있다.

2) 항암항생제

세포주기의 DNA 합성을 방해하여 DNA 합성(S단계)의 연결을 파괴한다.

대표 약물로는 Doxorubicin, bleomycin, dactinomycin 등이 있다.

3) 항대사성 제제

효소 자체와 연합하거나 효소를 불활성화시켜 DNA합성(G_1단계)을 방해한다.

대표 약물로는 Methotrexate, 5-Fluorouracil, imidazole carboxamide 등이 있다.

4) 식물성 알칼로이드제제

세포주기의 방추형성 방해와 중기를 초래하여 RNA합성(G_2단계)을 방해한다.

대표 약물로는 Paclitaxel, docetaxel, vincristine 등이 있다.

4. ❶

혈액 내의 고형성분은 적혈구, 혈소판, 백혈구를 포함한다. 적혈구와 혈소판은 전부 혈관 내에서만 작용하고 백혈구는 주로 혈관 밖의 조직에서 작용한다.

혈소판은 혈액 중에 130,000~370,000/mmu로 숫자가 많다. 평균 수명은 8~12일 정도이다. 혈소판 결핍증은 5만 개 이하일 때이고 2만 개 이하일 때는 자가 출혈이 생길 수 있다.

백혈구는 호중구, 호산구, 호염기구, 단핵세포, 림프구 등의 다섯 가지 형태가 있으며, 총 백혈구의 수는 혈액 1mmu당 4,900~10,900개 정도이다. 그 중 가장 많은 과립세포인 호중구는 백혈구의 47.6~76.8%를 차지하며 식작용 능력이 있기 때문에 외부물질에 대항하는 첫세포방어로서 작용한다. 과립구는 비율보다 순환중이 과립구의 수가 감염에 대한 저항성이나 민감성을 결정한다. 과립세포의 수가 적을수록 감염의 위험이 높다.

화학요법제의 독작용과 간호

1) 골수기능 저하
   - ㉠ 감염위험

     백혈구 감소증은 절대호중구수치(absolute neutrophil count, ANC)가 중요한 지표가 된다. 절대호중구수치는 WBC호중구의 %로 계산한다. 예를 들어 WBC가 2,000/mm³이고 호중구가 30%이면 ANC=2,000×0.3=600이다. 이 수치가 1,000/mm³ 이하이면 호중구감소증이라고 하고 500/mm³ 이하로 떨어지면 감염의 위험이 커진다.

   - ㉡ 출혈위험

     혈소판 감소증은 점상출혈, 반상출혈, 비출혈로 나타난다. 출혈은 생명을 위협할 정도로 심각해질 수도 있다. 혈소판 수가 20,000/mm³ 이하이면 출혈 위험이 있으므로 약물을 중단하고 혈소판을 수혈한다. 혈소판 수치가 10,000/mm³ 이하로 저하되면 뇌출혈과 심한 위장출혈이 초래된다.

2) 위장관 장애
   - ㉠ 오심, 구토
   - ㉡ 설사
   - ㉢ 구내염
   - ㉣ 변비

3) 피부 독작용

   항암제의 부작용으로 탈모증, 발진, 색소침착, 광선민감증, 비정상적으로 손톱과 발톱이 자라는 것 등이 나타날 수 있다. 모낭은 세포분열이 빠르기 때문에 항암제에 민감하게 반응하여 두부 전체 또는 부분적인 탈모증이 나타날 수 있다. 머리카락은 저절로 빠지거나 머리를 빗거나 감을 때에 빠지게 된다. 탈모는 보통 치료 후 2~3주경에 발생한다.

4) 생식기계의 영향

   일반화학검사에서 알부민의 정상수치는 3.5~5.5g/dL이며 간경화증, 간염, 간암 등 간손상 시 수치가 감소한다.

5. ❸
   - 방사선 치료의 초기 부작용 중에서 피부 : 탈모증, 건조 혹은 습윤성 피부박리
   - 간호중재 : 가발을 소개한다. 두피를 깨끗이 하고 추위로부터 머리를 보호한다. 피부를 깨끗하게 유지한다. 햇볕의 노출을 피한다. 피부건조 시 윤활제를 사용한다. 피부박리 시 피부위생과 간호를 위해 전문가에게 상담한다.

피부반응

1) 방사선 치료로 초래될 수 있는 부작용이다.
2) 즉각적인 피부반응
   - 1단계 : 홍반, 2단계 : 건성박리, 3단계 : 습성관리
   - 지연된 피부반응(드물다) : 좀 더 심한 반응은 방사선 치료 후 몇 달이나 몇 년 후에 나타난다. 표피의 위축이나 주름 형성, 모세관 확장증(혈관 손상으로 인한 모세혈관의 확장), 탈색, 피하층의 섬유화, 피부암, 괴사와 궤양성 병변
3) 피부 부작용은 회복될 수 있으며 천천히 치유된다.
4) 간호진단 : 방사선 조사와 관련된 피부 통합성 장애

5) 간호중재
   ① 매일 방사선 조사부위를 관찰한다. 발적이나 박리가 나타나면 즉시 방사선 치료사에게 알린다.
   ② 피부간호지침에 대한 교육제공
      • 치료부위를 건조하게 유지한다.
      • 부위를 물로만 닦으며, 비누는 사용하지 않는다. 물기를 말릴 때는 피부를 가볍게 두드리며, 문지르는 일은 피한다.
      • 방사선 치료사에 의해 처방되지 않는 한 치료부위에 연고나 파우더, 로션 등을 바르지 않는다.
      • 치료받은 후에는 그 부위에 열을 적용하지 않는다. 피부는 수년 동안 열이나 햇빛에 민감하게 된다.
      • 치료부위에 직접적으로 햇빛을 쏘이거나 찬 것이나 바람에 노출시키지 않는다.
      • 전기면도기를 사용하여 면도를 한다. 피부가 붉거나 아프다면 그 부분을 면도하는 일은 피해야 한다.
      • 피부에 자극을 주거나 마찰을 일으키는 의복을 피하고 부드러운 면직물이 가장 좋다.

6. ㉠ 대장
   ㉡ 분변 잠혈 반응 검사

암의 종류	검진주기	연령 기준/검사방법
위암	2년	• 40세 이상의 남·여 • 위장조영검사 또는 위내시경 검사 중 선택
간암	6개월	• 40세 이상의 남·여 중 간암 발생 고위험군 • 간초음파검사＋혈청알파태아단백검사
대장암	1년	• 50세 이상의 남·여 • 분변잠혈검사(대변검사) 　* '양성'의 경우 대장이중조영 촬영검사 또는 대장내시경 검사 실시
유방암	2년	• 40세 이상의 여성 • 유방촬영검사
자궁경부암	2년	• 20세 이상의 여성 • 자궁경부세포검사
폐암	2년	• 54세 이상 74세 이하의 남·여 중 • 폐암 발생 고위험군 • 저선량 흉부CT검사(3차원적 검사로-3~5mm 크기의 결절들도 발견 가능)

1. "간암 발생 고위험군"이란 간경변증, B형간염 항원 양성, C형간염 항체 양성, B형 또는 C형 간염 바이러스에 의한 만성 간질환 환자를 말한다.
2. "폐암 발생 고위험군"이란 30갑년[하루 평균 담배소비량(갑) × 흡연기간(년)] 이상의 흡연력(吸煙歷)을 가진 현재 흡연자와 폐암 검진의 필요성이 높아 보건복지부장관이 정하여 고시하는 사람을 말한다.

제3강 소화계

1절 식도 위 십이지장질환

| 본문 p.251

PART 2

1. ❷

수정사항 :

ⓒ 시진, 청진, 타진, 촉진의 순서로 검진한다.

ⓔ 대상자는 무릎을 굽힌 자세로 앙와위를 취한다.

내용 보충 :

㉠ 복근긴장을 예방하기 위함이다.

ⓛ 팔을 옆에 붙이고, 다리를 구부리게 함으로써 복부근육 긴장에 영향을 미치지 않게 한다.

ⓜ 복부검진은 우상복부 → 좌상복부 → 좌하복부 → 우하복부 순서로 진행한다.

2. ❹

Gastrin	• 위산분비 촉진(단백질 → 가스트린 → 염산이나 펩시노겐↑) • 위 운동촉진 : 새로운 음식물이 들어왔을 때 위장관 내용물이 위장관을 통해 이동하게 함
Secretin	• 췌장자극 NaHCO₃를 분비(십이지장으로 배출되어 그곳에 존재하고 있는 산을 중화 → 소장점막 보호) • 산성음식물이 십이지장으로 들어감 → 십이지장점막에서 세크레틴분비 → 혈류 내 세크레틴 이동 → 세크레틴 췌장 이동 → 탄산수소나트륨이 포함된 췌장액이 산성음식물 중화
CCK	• CCK(Cholecystokinin)는 소장에서 작용하는 호르몬 • 담낭수축으로 담즙배출 • 담낭수축시킴. 그리고 담즙이 지방의 소화나 흡수를 돕기위해 십이지장으로 방출되도록 오디괄약근을 이완시킴. 담즙염의 세정작용은 췌장의 리파아제가 소화작용을 수행할 수 있도록 하는 데 있어서 매우 중요함. 지방소화에 효과적임
GIP	• 위장관 억제펩타이드(Gastric inhibitory peptide) • 위운동 위산분비억제 • 췌장의 인슐린분비 촉진(포도당의존성 인슐린 분비 펩타이드 : 십이지장안의 포도당은 GIP분비를 증가시킴)

3. ㉠은 부분 위절제술 후 나타나는 덤핑신드롬이며 음식과 유미즙이 섞여 삼투압 불균형이 유발되면서 과다하게 빠르게 소화되어 공장 내로 유입되어 어지럼증, 현기증 등이 나타난다. 이는 고탄수화물식이 섭취 시 현저하게 나타난다.

ⓛ은 저혈당 증상으로 식후 약 2시간 뒤 카테콜라민 반응증가로 발한, 심계항진, 불안 등이 나타나게 된다.

급성이동 증후군(Dumping syndrom)

식사 후 섭취된 음식물이 적절히 섞이지 않고 십이지장 소화과정을 거치지 않고 공장으로 바로 들어가기 때문에 생긴다.

1) 증상

㉠ 어지러움, 빈맥, 발한, 창백, 심계항진, 설사, 복부경련

ⓛ 식후 5~30분 후 발생, 위수술의 50%가 경험한다.

2) 간호
  ㉠ 소량, 천천히 자주 먹고 잘 씹는다.
  ㉡ 고단백, 고지방, 저탄수화물, 저수분음식을 섭취한다.
  ㉢ 단 음식은 철저히 제한한다.
  ㉣ 식후 30분간 똑바로 또는 옆으로 눕게한다.
  ㉤ 수분은 식사 중, 식사 직후에 먹지 않는다.
3) 증상은 두 가지 형태에 따른 발생 기전
  ㉠ 식후 수분~45분 이내에 일어나는 경우를 덤핑증후군 초기증세라고 한다.
  ㉡ 식후 2~3시간 후 일어나는 것을 덤핑증후군 후기증세라고 한다.
  ㉢ 위의 유문부 절제로, 음식을 소량씩 십이지장으로 보내는 과정이 절제로 인해 음식 조절 기능이
    상실되면 위의 음식물이 소장으로 빨리 내려가면서 소장으로 내려간 음식물은 삼투압이 높아
    소장 내로 수분이 몰리며 혈관 내에 수분의 양이 부족하게 되고 소장의 팽창에 따라 분비되는
    물질로 증상이 발생한다. 특히 당질의 섭취인 경우 많이 발생한다.
  ㉣ 식사 90분~3시간 후에 저혈당 증상이 나타나는 것은 탄수화물이 많은 식사가 소장으로 들어와
    서 갑자기 혈당을 높이고 인슐린 분비가 많아지기 때문에 저혈당 증상이 나타나게 된다.

4. ❶

1) 수산화마그네슘은 설사와 고마그네슘 혈증의 부작용이 있다(삼투압작용으로 물을 흡수).
2) 수산화마그네슘은 약염기 이온결합물질이다. 수산화마그네슘은 물에 대한 용해도가 매우 낮아 물
  에 혼합하게 되면 용액이 과포화되어 우유와 흡사하게 하얀빛을 띤다. 이 때문에 '마그네시아의
  우유'라는 별칭이 있다. 주로 제산제의 주성분으로 사용하며, 엽산과 철, 칼륨 흡수를 방해한다(고
  칼륨증 치료에 사용하기도 한다. 과다복용시 고마그네슘의 위험).

> **제산제 복용 시 주의점**
> 1. 알루미늄제제는 무기질인 인의 흡수를 감소시켜 장기복용 시 뼈에 무기질이 쌓이지 않는 장애를 일으킬
>   수 있음/과다복용 시 변비와 빈혈을 유발할 수 있고 체내 과다축적 시 신경독성을 유발
> 2. 마그네슘 칼슘제제는 다량의 우유나 일반칼슘약과 함께 복용하면 탈수증이나 구토 등을 일으키는 우유
>   알칼리 증후군(고칼슘혈증, 고질소혈증, 알칼리증)이 나타날 수 있어 주의/잦은 과다복용 시 마그네슘제
>   제는 설사, 칼슘제는 신장결석 및 신부전에 주의
> 3. 탄산수소나트륨제제는 탄산가스가 발생해 오히려 위 점막을 자극할 수 있으므로 소화성궤양환자는 조심
>   해야 함

5. ❷

① 시메티딘은 위점막 보호제가 아니라 히스타민II 수용체 길항제로서 위산분비를 감소시킨다.
② 암포젤은 위산과 반응하여 염화마그네슘을 형성함으로써 산을 중화한다.
③ 시메티딘의 부작용은 드문 가운데 가장 일반적인 부작용은 두통, 현기증, 설사, 근육통 등이다.
  대부분의 약물은 간과 신장에서 주로 대사되므로 장기복용 시 드물지만 간기능이 저하될 수 있다.
  하지만 간기능이 저하되면 약물대사가 빨라진다는 설명은 틀린 것이다.
④ 시메티딘은 비스테로이드성 항안드로겐으로 작용하기 때문에 드물게 여성유방화, 유즙분비, 정자
  수 감소가 나타날 수 있다.
⑤ 암포젤은 수산화 알루미늄 제제의 제산제로 삼투성 수분체류를 유발함으로써 대장을 확장시켜 연동
  운동을 증진하여 배변을 증진시킨다(장기투여 시 고마그네슘혈증, 인산염 저하가 나타날 수 있음).

6. 1)
"㉠ 커피뿐만 아니라 차, 페퍼민트, 초콜릿, 술 등도 피하셔야 합니다."
→ 식도괄약근의 압력감소 요인이므로 식도역류질환의 악화 요인이 된다.

> **식도괄약근 압력감소 요인**
> 알코올, 니코틴, 페퍼민트, 기름진 음식, 커피, diazepam(Valium), 프로게스테론, 모르핀계, 칼슘채널차단제, 베타아드레날린 차단제
> **식도괄약근 압력증가 요인**
> Bethanechol(Urecholine), Metoclopramide(Reglan)

"㉡ 한꺼번에 많이 드시는 것보다 매일 4~6회로 나누어 소량씩 드시면 좋아요."
→ 한꺼번에 과식하면 하부식도 괄약근에 압력을 증가시켜 역류의 기회가 늘어나 식도염을 악화시키는 요인이 된다. 그러므로 소량씩 식사를 하여 하부식도 괄약근의 압력을 떨어뜨리는 것이 식도역류질환 개선에 도움이 됨

2) ㉢ 비만이 되지 않게 체중을 잘 관리하라
→ 비만이 식도역류질환에 미치는 영향
   비만 시 복압을 증가하여 하부식도 괄약근의 압력을 증가시킨다. 이로 인해 지속적으로 위산의 역류가 진행되고 식도역류질환이 악화될 수 있으므로 복압증가를 방지하기 위해 체중을 조절하는 것이 바람직하다.

3) ㉣ 히스타민2 수용체 길항제(H2 receptor antagonists)의 약리작용
   히스타민(histamine) 수용체 길항제로 위산을 분비하는 세포기능에 길항하여 위산 분비를 억제한다.

7. ㉠ 청진 시 장음 소실, 촉진 시 복부강직(or 복부 근육이 판자처럼 딱딱)
㉡ 헬리코박터 파이로리균(Helicobacter pylori). 이 균은 위점막 점액층에 침투하여 요소분해효소를 생성(요소를 분해해서 암모니아를 만들어 위산을 중화시킴)하므로 강한 위산이 분비되는 위 속에서 생존이 가능하다. 즉, 위 내벽의 보호 점액층에서 성장하며 urease라는 효소를 만들고 이 효소가 요소를 암모니아와 이산화탄소로 분해하는데 여기서 생성된 알카리성 암모니아가 위산을 중화시키기 때문에 위 속에서 생존이 가능하다.

2절✦ 소장 대장질환

| 본문 p.256

1.　1) 지방식, 가스형성 식품은 피한다.

2) 규칙적인 식사시간, 장습관을 가진다.

3) 매일 6~8잔의 물을 섭취하여 변비를 예방한다.

4) 건강증진 : 적당한 휴식 및 스트레스 관리(심리적 요인 제거) / 규칙적인 유산소 운동

5) 장기능을 조절하는 약(하제, 항경련제, 지사제, 항운동성 제제) 및 정신신경안정제를 병용하여 복통의 조절 및 예방

식이관리(식이내용과 습관)

- 규칙적인 식사시간의 준수
- 규칙적인 장 습관을 세우도록 돕는다.
- 섬유질이 많은 식이 권장
  - 변비인 경우, 식이에 포함된 섬유질이 부드럽고 양이 많은 대변을 만들어 대변통과시간을 줄인다.
  - 설사인 경우, 섬유질은 수분흡수를 도와 대변의 모양을 형성하고 대변이 장을 통과하는 시간을 지연시킨다.
- 물은 대변의 경도와 배변 횟수를 조절하는 데 도움을 준다. 하루 6~8잔 섭취 권장

위험요인 관리하기(자극식이 제한, 스트레스 감소)

- 찬 음료 및 찬 음식은 피한다.
- 가스생성 및 자극음식 피하기
- 카페인이 들어 있는 음료수와 술은 피한다.
- 우유와 유제품은 제한한다.
- 콩과 같이 소화되지 않는 탄수화물이 있는 음식물은 피한다.
- 휴식을 취하게 하며, 점진적 이완요법, 생체회환요법, 규칙적인 운동과 같은 스트레스를 감소시키는 방법들을 시행하도록 권한다. 적절한 수면과 운동 및 휴식 등의 중요성을 강조

2.　❷

정장제(Purgative)/하제는 장운동을 촉진하여 장내용물을 배설시키며 급·만성 변비 또는 검사, 수술 전 처치에 사용된다. 그리고 필요 이상의 정장제 사용은 오히려 정장제의 의존도를 높여 정상적인 배변활동을 저해한다.

① 장기간 사용 시 잦은 설사로 수분 전해질 불균형을 초래할 수 있다.

③ 식물성 섬유는 소화 흡수되지 않으므로 포만감과 변의를 유발하고, 장내 찌꺼기 제거에 유용하다. 그러나 노인, 만성질환자의 경우처럼 장의 연동운동 저하 및 장내 연동운동능력이상자가 식물성 섬유(Vegetable fiber)의 대량 사용은 장 폐색의 원인이 될 수도 있다.

3.　❺

(가) 수치심이나 좌절감 같은 감정을 잘 표현하도록 도와주고 적극적으로 경청

(나) 장루 주위의 피부는 물로 씻고 피부사정 필요

(다) 장루 부착하기 전 피부를 철저히 말려 감염예방

(라) S상 결장루 시행자는 사우나, 통목욕, 수영 가능

　　무거운 물건을 들거나 꽉 조이는 벨트나 옷 피해야 한다.

3절 · 간담도질환

| 본문 p.257

1. ②

Hb ─ ㉠ heme ┌ 철 : RBC 만드는 인자로 사용됨
　　　　　　　└ 포피린 : albumin＋bilirubin (비결합/간접 빌리루빈)

　　㉡ globin
　　　　↓
　　간 효소에 의해서 albumin 제거되며 직접 bilirubin(포합/직접 빌리루빈)으로 전환 배설됨
　　　　↓
　　담낭에 저장, 농축됨
　　　　↓
　　소장으로 분비되어 장내세균에 의해서 "Urobilinogen"으로 전환됨
　　　　↓
　　소장말단에서 대부분 흡수(혈액)된 후 일부는 간에서 흡수되어 담즙으로 재배설되고,
　　일부는 신장으로 배설되며, 이는 체외배출되면서 산화되어 "Urobilin"이 됨
　　　　↓
　　소장에서 흡수되지 않는 일부는 대장에서 "Stercobilinogen"이 되고
　　이것이 배출되어서 산화되면 "Stercobilin"이 됨(이는 대변의 색깔형성)

2. ❸

만성 B형 간염이란 B형 간염 바이러스(hepatitis B virus, HBV) 감염이 6개월 이상 지속되는 상태로, 이로 인하여 간에 만성 염증 괴사가 발생하는 질환

3.
1) B형간염 바이러스 보유자의 가족
2) 혈액제제를 자주 수혈 받아야 하는 환자
3) 혈액투석을 받는 환자
4) 주사용 약물중독자
5) 타인의 혈액이나 분비물에 자주 접촉하는 의료 기관 종사자
6) 수용시설의 수용자 및 근무자
7) 성 매개 질환 노출 위험이 큰 집단

4. ❺

A형 간염

▌바이러스성 간염 종류에 따른 비교

요인	A형 간염	B형 간염
발병률	• 위생상태가 불량한 지역에서 지역적으로 발생 • 가을과 초겨울에 많이 나타남	• 전 세계적이며 특히 약물중독자나 동성연애자, 혈액 제품사용자나 수혈자등에서 많이 발생함 • 일 년 내내 고르게 발생함
위험인자	• 밀접한 신체적 접촉 • 대변에 오염된 쓰레기를 손으로 만지는 것	• 체액, 혈액, 혈액 제품을 다루는 건강 기관에서 일하는 사람 • 수혈 후나 혈액투석 환자 • 약물 중독자와 남성 동성애자

감염경로	• 감염된 대변, 대변에 오염된 음식물의 섭취 • 분비물이 많을 때는 공기로도 전염됨 • 오염됨 물에서 잡은 조개류 • 드물게는 비경구적으로도 가능함	• 혈액, 체액, 수직감염
질병정도	• 치사율 거의 없음	• 좀 더 심각하며 사망하기도 함 • 30~50%가 급성으로, 2~10%가 만성감염상태가 됨
진단검사	• 급성 감염일 때 Anti HAV IgM 양성 감염 후에는 IgG 양성	• HBsAg 혹은 anti-HBc-IgM, 혹은 HBeAg가 양성임
예방과 면역	• 위생, 수동적으로 면역글로불린 주사, 능동면역으로는 A형 간염 백신	• 위생, 위험요인을 피하는 것, 수동적으로 면역글로불린주사, 능동면역으로 B형 간염 백신

5. ❸

췌장의 외분비(external secretion)

• trypsin : 단백질 → 아미노산
• amylase : 탄수화물 → 이당류
• Lipase : 지방 → 지방산+glycerol

구조	랑그한스섬			샘꽈리세포(acini cell)		
기능	내분비			외분비		
분비세포	α세포	β세포	ɣ세포	샘꽈리세포(acini cell)		
분비물	글루카곤	인슐린	성장호르몬억제인자	트립신	아밀라제	리파제
작용	혈당 상승 필요 시 글리코겐을 포도당으로 전환	포도당을 글리코겐으로 전환하여 혈당↓	성장호르몬, 인슐린, 가스트린 억제	단백분해	탄수화물을 덱스트린, 말토즈로 분해	지방을 글리세롤, 지방산으로 분해

6. ❹

B형 간염

❚ 바이러스성 간염 종류에 따른 비교

요인	A형 간염	B형 간염
발병률	• 위생상태가 불량한 지역에서 지역적으로 발생 • 가을과 초겨울에 많이 나타남	• 전 세계적이며 특히 약물중독자나 동성연애자, 혈액제품 사용자나 수혈자등에서 많이 발생함 • 일 년 내내 고르게 발생함
위험인자	• 밀접한 신체적 접촉 • 대변에 오염된 쓰레기를 손으로 만지는 것	• 체액, 혈액, 혈액 제품을 다루는 건강 기관에서 일하는 사람 • 수혈 후나 혈액투석 환자 • 약물 중독자와 남성 동성애자

감염경로	• 감염된 대변, 대변에 오염된 음식물의 섭취 • 분비물이 많을 때는 공기로도 전염됨 • 오염됨 물에서 잡은 조개류 • 드물게는 비경구적으로도 가능함	• 혈액, 체액, 수직감염
질병정도	• 치사율 거의 없음	• 좀 더 심각하며 사망하기도 함 • 30~50%가 급성으로, 2~10%가 만성감염상태가 됨
진단검사	• 급성 감염일 때 Anti HAV IgM 양성 감염 후에는 IgG 양성	• HBsAg 혹은 anti-HBc-IgM, 혹은 HBeAg가 양성임
예방과 면역	• 위생, 수동적으로 면역글로불린 주사, 능동면역으로는 A형 간염 백신	• 위생, 위험요인을 피하는 것, 수동적으로 면역글로불린주사, 능동면역으로는 B형 간염 백신

7. ❹

총담관조루술(choledochostomy)은 총담관을 절개 후 T-tube를 삽입하는 것

T-tube를 삽입하여 수술 후 부위의 부종이 생길 때 총담관의 개방성을 유지시키고 담즙을 배출시킨다. 담즙의 기능은 직접 소화에 작용하지는 않지만 지방 소화 및 흡수를 촉진한다. 지용성 비타민 K의 흡수 시에도 담즙이 필요하다. 따라서 담즙부재 시 비타민 K의 결핍으로 출혈성 질병에 걸릴 수 있다. 이는 비타민 K 부족이 있는 경우 간장에서 비타민 K에 의존하여 형성되는 혈액응고인자의 부족으로 출혈성 경향이 생기기 때문이다. 즉, 비타민 K는 혈액 응고인자 중 프로트롬빈, 제 7, 9, 10인자의 형성에 필요한 것이기 때문에 비타민 K가 부족한 경우 출혈성 경향이 생긴다(warfarin은 비타민 K 의존성 응고인자인 위의 응고인자 형성을 억제하여 항응고제 작용을 한다).

8. ㉠ Anti-HAV Ig G

• IgM anti-HAV : 발병 첫 주에 최고치 - 급성간염 여부 확인
• IgG anti-HAV : 발병 1개월에 최고치 - 수년간 남아서 면역 활동
• 주요 전파경로

경구감염 : 분변-구강 경로, 오염된 음식을 통해서도 가능

　- 오염된 음식물과 물을 통한 경구감염
　- 오염된 물에서 자란 조개류를 날로 섭취한 경우
　- 수입동물 취급업자들을 통한 감염
　- 드물게 혈청 또는 혈액을 통한 감염

9-1. 1) 일상생활에서 건강습관 : 올바른 식습관, 규칙적인 운동, 금연, 금주, 규칙적인 수면, 스트레스 관리, 정기적인 건강검진 등의 생활습관
2) 운동습관 : 개인에게 적합한 운동으로 매일 15~25분 이상 꾸준히 한다.
3) 식이습관 : 고콜레스테롤 식이, 과식을 피하고 반드시 금연, 금주한다.
4) 체중조절 및 비만관리
5) 정기 건강검진

PART 2

10. ❸

㉠ 변의 색깔로 출혈 여부를 확인한다.

㉡ 저칼륨증 – 루프 이뇨제(퓨로세마이드 : 라식스)의 부작용

㉢ 간재생을 위해 질좋은 단백질이 필요하나, 간성 뇌질환을 유발할 만큼 많은 단백질을 공급은 안 됨, 간 떨림(flapping tremor, 팔을 뻗친 다음 손가락을 뒤로 짝 벌리고 있게 하면, 벌리고 있는 손가락이 파리를 잡으려는 듯 앞으로 움직이는 섬세한 운동)은 간성 뇌증상이므로, 저단백식이를 제공해야 한다.

㉣ 중추신경자극제 투여는 간장애 악화요인이 될 수 있다.

간경화로 퓨로세마이드(Furosemide : Lasix)를 투여 받고 있는 환자의 간호중재

- 퓨로세마이드(Furosemide : Lasix)의 약리작용 : 상행 Henle고리와 원위세뇨관에서 나트륨과 염소의 재흡수를 억제, 염소가 결합하는 수용체를 방해해서 물과 나트륨, 칼륨의 배설이 증가하므로 저칼륨혈증을 관찰하여야 한다.
- 간성혼수는 음식물 속의 단백질의 분해 산물인 독성 물질이 간에서 해독되지 않고 혈액 속으로 흘러들어 뇌에 도달하여 나타나는 증상이다. 이를 예방하려면 단백질을 제거하고 탄수화물을 충분히 공급해야 한다.
- 빌리루빈 배설과 관련하여 변의 색깔을 관찰한다.

11. ❷

사정자료	병태생리적 근거
수척함, 복수증	영양 불량, 문맥성 고혈압, 저알부민혈증, 고알도스테론증
비장 비대	문맥성 고혈압
하지부종	저알부민혈증, 고알도스테론증, 복수로 인한 압력으로 인해 하지에서 돌아오는 정맥이 폐쇄되기 때문
현저해진 복부정맥	문맥혈액이 흉터조직이 있는 간을 거치지 않고 상대정맥으로 가기 위해 측부순환을 형성하기 때문
내치질	문맥압 상승으로 인하여 직장정맥이 확장되기 때문
손바닥 홍반, 거미모양 혈관종, 변화된 체모 분포, 무월경, 고환위축, 여성형 유방	간의 호르몬 대사 저하로 인해 에스트로겐이 과다하게 축적되기 때문
출혈성 경향(특히 위장계)	저프로트롬빈혈증, 혈소판 감소증, 문맥성 고혈압과 식도정맥류
빈혈	위장계 출혈로 인한 혈액소실, 커진 비장의 기능 과다로 인한 적혈구 파괴의 증가, 부적절한 식사로 인한 엽산결핍증
신부전	간으로 들어오는 혈액량의 급속한 감소로 인해 초래 : 간신증후군(hepatorenal syndrome)
감염	커진 비장의 기능 과다로 인한 백혈구 감소증, 문맥혈이 간을 측부순환함으로써 쿠퍼세포에 의해 제거될 수 있는 박테리아가 제거되지 않기 때문
뇌병증	간에서 암모니아를 더 이상 제거할 수 없으므로 독물질이 뇌에 축적되기 때문
간염의 초기 또는 재발증상(황달)	경화증으로 진행되는 만성 바이러스성, 독성, 알코올성 간염이 염증을 악화
식도정맥류	문맥혈액이 흉터조직이 있는 간을 거치지 않고 상대정맥으로 가기 위해 측부순환을 형성하기 때문, 이때 문맥압의 상승이 식도정맥을 확장시키기 때문

12. ㉠ 암모니아

㉡ 일반명 : Lactulose, 관장(위 상황은 의식의 저하이므로 경구투여는 제외되고 관장을 통한 투여만 인정됨)

㉢ 광범위 항생제로 장내 정상 세균을 파괴하여

→ ★단백질 분해를 감소시켜 암모니아의 생성을 줄인다.

→ 신경계상태를 개선

위장관에서 ★암모니아를 형성하는 세균을 저지하여 암모니아를 떨어뜨리고 신경계 상태를 개선시킨다.

나절✦ 외과적 질환

| 본문 p.262

1. ❸

백혈구는 증가(10,000/㎣ 이상이며, 호중구가 75% 이상 상승)

2. ❸

㉠ 백혈구는 증가(10,000/㎣ 이상이며, 호중구가 75% 이상 상승)

㉣ 복부에 열요법 적용은 천공을 초래할 수 있으므로 절대 금기이다.

3. ❸

1) 충수돌기염의 진단

앞-위 장골능과 배꼽을 연결하는 직선상의 1/3지점(McBurney's point)을 눌렀다 손을 뗄 때 통증이 발생한다. 또한 맥버니점과 대칭적인 복벽(LLQ)에 압력을 가하면 맥버니점(RLQ)에서 통증을 느끼는데 이것을 Rovsing's 징후 양성이라고 한다.

2) 췌장염의 증상

심한 출혈성췌장염일 경우에는 터너증후군(Turner's sign : 왼쪽 옆구리가 푸르게 변색됨)과 쿨렌 징후(Cullen's sign : 배꼽주위가 푸르게 변색됨)의 특징적인 증상을 나타낸다.

3) 담낭염의 증상

복부 검진 시 배 오른위 구역에 극심한 압통이 있으며 머피씨 징후를 나타낸다. 우측 늑골하를 촉진할 때 심호흡을 하도록 하여 만일 환자가 극심한 압통을 경험하고 흡기를 멈춘다면, 머피씨 징후 양성이다.

4. ㉠ 맥버니점(McBurney's point)위치확인을 위한 뼈의 명칭

우전상(앞-오른위) 장골극(장골전상극)

오른쪽 전장골능

오른쪽 장골극(=오른쪽 엉덩이뼈가시, 오른쪽 전상장골극)

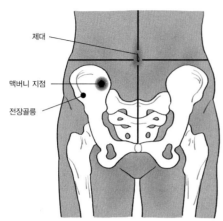

제대

맥버니 지점

전장골릉

우전상(앞－오른위) 장골극과 배꼽을 사선으로 연결했을 때 우전상(앞－오른위) 장골극에서 3~5cm
떨어진 곳(배꼽을 연결하는 직선상의 1/3지점)에 국한된다.
ⓒ 변완화제 사용이나 관장은 위험하므로 금하는 이유(위험)는 염증부위를 자극하여 화농을 진행시키
고, 장 천공을 유발할 수 있다.

5. 1) 복근에 강직을 일으킴(복근이 나무판자처럼 딱딱함 등의 어떤 표현이라도 강직을 표현하면 됨) /
복부팽만
2) 장 청진시 장음이 들리지 않음
3) 통증을 피하기 위해 얕은 호흡 / 맥박은 빨라짐 / 시진 시 창백함 및 식은땀, 구부린 자세

6. 1) 원인
㉠ 오랫동안 서 있거나 앉는 자세/임신으로 인한 복압 상승
㉡ 고혈압, 울혈성 심부전증 등의 순환기 질환에 의한 정맥압 상승
㉢ 계속되는 변비나 설사 기타, 비만 및 유전적 소인
2) 내과적 중재
㉠ 변비 조절(운동, 수분과 섬유식이 권고, 배변시간을 길게 하지 않는다)
㉡ 항문주위 압 요인 제거 : 비만개선, 오래 서 있거나 앉는 자세 피하기, 비만 시 체중감량
㉢ 혈액순환 증진 도모 : 온수포나 좌욕
　　증상완화 : 소염진통제, 국소마취제, 스테로이드 연고 도포

① 내과적 치료	진통제, 경화제 투여, 통증완화를 위한 냉찜질, 항염크림(스테로이드)	
② 변비 조절	적량의 과실과 섬유소가 많은 음식	수분과 섬유소 섭취를 늘리면 장에서 부피를 형성함으로 장의 연동운동을 촉진하여 변이 장을 쉽게 통과시켜 배변을 증진시키고 변비와 긴장을 예방한다.
	적당한 운동	
	충분한 수분 섭취	섬유질이 물의 흡수로 장에서 부피를 형성 → 장의 연동운동 촉진 변을 부드럽게 매일 2,000~3,000mL
	일정시간 배변 습관	배변을 참지 말고 배변시간을 길게 하지 않는다.
	오래 화장실 앉지 ×	복압↑로 치정맥압(항문혈관압력)↑로 혈액흐름을 방해한다.
③ 좌욕 온습포 (hot sitz bath)	좌욕의 목적 : ① 동통 완화　② 상처치유 촉진　③ 감염 예방　④ 변비 예방 ⑤ 혈액순환 증진, 근육이완 도모, 진정작용 및 치유촉진	

④ 복압감소	비만 개선	체중감소
	오랫동안 앉기×	오래 서 있거나 앉는 자세 피하고 불가피할 경우 자주 자세를 바꾸고 운동
	임신 시	다리상승 및 탄력스타킹
자극 제거		땅콩류, 양념 강한 음식, 커피, 알코올을 섭취하지 않는다.
위생		배변 후 잘 닦고 말리기

제4강 호흡계

1절 ◆ 호흡계의 해부생리

| 본문 p.265

1. ❸

체인-스토크스호흡(cheyne-stokes breathing)

호흡과 무호흡의 시기가 주기적으로 되풀이되는 호흡이상으로, 극히 작은 호흡으로 시작해 차츰 깊고 수가 많은 호흡이 되고, 다시 차츰 호흡이 얕아지며 20~30초 가량의 무호흡 시기로 이행한다. 정상 인도 수면 중이나 고지(高地)에서 이 증상을 볼 수 있다.

뇌간의 장애, 울혈성심부전 모르핀 투여 등의 경우에 볼 수 있으며 임종시 관찰된다.

2. ❸

① 내호흡 : 모세혈관과 조직 사이의 가스교환이다.

② 외호흡 : 폐포와 모세혈관 사이의 가스교환이다.

3. ❸

• 유스타키오관의 개구부 입구 치료 : 앙와위(Supine 체위)

• 사골동, 접형동 치료 : 프로에츠 체위(Protez 체위)

• 상악동, 전두동 치료 : 파킨슨 체위(Parkinson 체위)

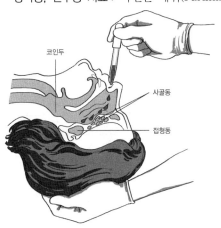

2절✦ 호흡기 질환

| 본문 p.266

1. ❷

2. ❸
BCG 주사 합병증과 처치
- Koch's Phenomenon : 급성염증으로 접종 후 2~4일 이내에 나타나나 빠르게 자연 치유된다.
- 임파선염(5% 미만) : 의사의 지시에 따라 INH를 6개월 정도 복용시킬 수 있다. 결핵성 임파선염은 가장 심각한 합병증
- 궤양이 크고 농이 있을 때 : INH와 항생제의 가루나 연고를 뿌리거나 발라준 후 가볍게 드레싱
- 켈로이드

3. ❷
1차약

약명	부작용	주의사항
Isoniazid	말초 신경염, 간염, 과민성	• 말초신경염예방위해 피리독신(vitB6)투여
Rifampin	간염, 열성반응, 자반증(드물다) 분비물과 소변이 오랜지색	• 소변, 침, 땀, 눈물이 오렌지색으로 변함을 교육
Ethambutol	시신경염(약을 끊으면 회복, 소량 복용시에는 매우 드물다), 피부 발진	• 주기적 시력검사 • 시력장애자(백내장, 망막질환) 금기
Streptomycin(SM)	제 8 뇌신경 장애, 신독성	• 주기적 청력검사
Pyrazinamide	고요산혈증, 간독성	• 간기능, 요산검사결과 관찰

4. ❷
①, ③, ④의 경우에는 음성반응이 나타난다.
프리텐성 결막염(=플리크텐성 결막염)은 4형(지연형)과민반응으로 결핵에 대한 알레르기반응으로 아동들에게 흔히 발생된다. 증상은 눈의 이물감, 눈부심, 눈물 등의 일반적인 결막염 증상이 발생한다.

5. ❹

6. ❸
소아결핵과 성인결핵의 차이

구분	소아결핵	성인결핵
초기의 폐병변	폐하부	폐첨 또는 쇄골 상부
국소 림프절로 침범	흔함	없음
치유양상	석회화	섬유화
진행양상	혈행성 산포 (속립성 결핵 또는 결핵성 수막염)	기관지성 산포 (건락성 괴사, 공동)
감염방법	초감염 결핵	재감염 또는 재활성 결핵

7. ❹

8. ❹

학교에서 실시하는 결핵집단검진의 경우, 학교건강검진 대상 중 중1과 고1 학년만이 건강검진기관에서 직접촬영을 하고, 이상 시 정밀검진으로 배양검사를 받는다.

그 외 별도검사로 고등학생 2, 3학년은 간접촬영(70mm 또는 10mm 축소사진)을 대한결핵협회, 학교건강관리소, 보건소 등에 의뢰하여 실시하고, 검진결과에 따라 요정밀검사, 요재활, 조치불필요로 결과를 판정하여 요정밀검사시에는 직접촬영, 배양검사 등 정밀검사를 받을 수 있도록 하고 있다.

결핵집단검사 순서	투베르쿨린 테스트 → 방사선 촬영 → 배양검사+IGRA검사
IGRA검사 잠복성 결핵 감염검사	• 잠복성 결핵 감염검사(인터페론감마 분비 검사법): 과거 결핵균에 감작된 T 림프구에 결핵균 항원을 자극하여 분비되는 인터페론 감마를 측정하여 결핵감염 유무를 진단 • 잠복성 결핵감염: 결핵균이 폐로 침입 후 면역 체계가 결핵균 증식 및 발병을 저지할 때 발생. 잠복 결핵균은 수면(잠복) 상태로 증상이 없고 전파 불가능

9. ❸

결핵은 Mycobacterium tuberculosis에 의해 발생하는 전염성 질환으로, 우리나라의 경우 과거에는 유병률과 발생률이 매우 높았으나, 1960년대 이후 체계적인 국가결핵관리 사업과 경제적 수준의 향상으로 꾸준히 결핵 유병률은 감소하고 있는 추세이다. 서구에서는 최근 에이즈의 환자의 증가로 에이즈 환자에서의 결핵이 문제가 되고 있는 상태이다.

10.
1) 결핵의 전파가능 기간에 타인과의 접촉을 방지한다(등교중지, 사람들이 많이 모여 있는 장소 피하기).
2) 규칙적이고 철저한 화학요법으로 전염력을 감소시킨다.
3) 기침, 재채기, 웃을 때는 1회용 화장지로 코와 입을 가린다(마스크 착용). 맨손으로 재채기를 하지 않도록 한다.
4) 기침/재채기를 한 후에 손을 씻는다. 손 씻기의 중요성을 강조한다.
5) 밀봉 비닐 주머니에 즉시 휴지를 버리고 소각할 수 있으면 더욱 좋다.
6) 경제상태, 영양섭취, 주택 위생상태, 위생습관을 향상시킨다.
7) 자주 환기를 시키도록 한다.

11.
1) 약물을 병행하여 치료한다. 약의 효과를 증진시키고 내성을 감소시킨다.
2) 충분한 기간을 두고 지속적, 규칙적으로 복용해야 한다.
3) 충분한 양을 충분한 농도로 투여한다.
4) 공복 시 한 번에 약물 복용이 효과적이다.

12. ❶

▌1차약

약명/용량/투여경로	부작용	주의사항
Isoniazide	말초 신경염, 간염, 과민성	• 첫 3달 간효소 검사 • 말초신경염예방 위해 피리독신 투여
Rifampin	간염, 열성반응, 자반증(드묾) 분비물과 소변이 오랜지색	• 소변, 침, 땀, 눈물이 오렌지색으로 변함을 교육할 것 • 경구혈당제, 디지털리스 등 배설 촉진시킴

Ethambutol	시신경염(약을 끊으면 회복, 소량 복용시에는 매우 드물다), 피부 발진	• 주기적 시력검사 • 시력장애자(백내장, 망막질환 등) 금기
Streptomycin(SM)	제8뇌신경 장애, 신독성	• 주기적 청력검사
Pyrazinamide	고요산혈증, 간독성	• 간기능, 요산검사결과 관찰

13. ❺

ㄱ. 결핵균에 의해 식균작용이 일어나 상피세포와 섬유성 조직은 감염된 부위와 세균을 둘러싸 결절을 만든다. 결절중앙은 결핵균과 죽은 백혈구와 괴사된 폐조직으로 이루어진 치즈 같은 덩어리(→ 건락변성 또는 건락화. 결핵에서 볼 수 있는 괴사과정)

ㄴ,ㄹ. 건락 물질은 부드러워져 액화되면 객담으로 배출된다. 이 액화 물질이 소결절에서 배농된 후 공기가 찬 낭을 공동이라고 한다. 이후 점차 칼슘이 침착하여 석회화된 병변은 X-선 촬영상에 석회화된 결절로 보인다.

ㄷ. 처음 1차 감염의 석회화된 병소를 Ghon결절(폐 위옆 발생)이라 하고, 이 병소가 다시 활성화된 결핵균을 포함하여 2차 감염 시 Simon병소라 함(폐 첨부 발생)

❙ 병태생리

육아종 형성	감염부위 및 세균의 식균작용, 섬유성 조직이 둘러쌈
건락화	결핵균과 죽은 백혈구와 괴사된 폐조직으로 이루어진 덩어리
액화	건락소결절의 가장자리는 식균작용이 일어나나 중심부는 괴사로 인한 혈전 형성/결핵균의 비지가 되어 부드러워짐/기도로 흘러들어감/객담형성
공동형성	액화된 물질이 소결절에서 배농된 후 공기가 찬 낭 형성
섬유화	활동성 염증이 가라앉고 염증성 산물 용해되어 흡수 또는 상흔
석회화	점차 칼슘 침착

14. ❷

진료소견에서 K 군은 현재 기흉을 의미함

1) **폐결핵** : 결핵균이 몸에 들어왔을 때 인체의 방어기전은 세균을 죽이거나 격리시키기 시작하여 식균작용이 일어나고 상피세포와 섬유성 조직은 감염된 부위와 세균을 둘러싸 결절을 만든다. 결절은 결핵에서 특징적으로 나타나는 병소인데 결절 중앙은 결핵균과 죽은 백혈구와 괴사된 폐조직으로 이루어진 치즈 같은 덩어리가 되는데 이것을 건락변성 또는 건락화라고 하며, 이런 건락화는 결핵에서만 볼 수 있는 괴사과정이다.

2) **폐기흉** : 흉막 천자를 잘못 했을 때나 흉부 수술 시 사고로 생긴 외상, 양압 환기로 인한 압력 외상으로 발생한다.

3) **ARDS** : 폐포모세혈관막의 손상으로 모세혈관의 투과성이 증가되어 혈액 내 액체가 간질을 통해 폐포 내로 투과됨으로써 폐포는 액체로 차게 되고 그 결과 극심한 호흡곤란, 산소요법에 반응하지 않는 불응성 저산소혈증, 폐탄성 저하 및 광범위한 폐침윤을 나타내는 증후군이다.

4) **폐렴** : 염증은 간질강과 폐포, 세기관지에서 발생한다. 폐의 방어기전이 손상되어 원인균들이 하부 기도 깊숙이 침입하여 발생한다.

5) **폐기종** : 폐기종에서 폐포의 과팽창, 폐포막의 파괴, 폐포모세혈관막의 파괴, 좁아지고 뒤틀린 기도, 폐탄성 소실의 구조적 변화를 볼 수 있다.

15.
1) ⊙이 『제2급 법정감염병』으로 구분되는 이유

전파가능성을 고려하여 발생 또는 유행시 24시간 이내에 신고하여야 하는 감염병
2) ⊙에서 판독 기준으로 삼는 피부 반응을 제시할 것

피내주사후 48~72시간 후에 주사부위에 직경 10mm 이상으로 보이며, 만져지는 홍반과 경화가 나타나면 양성이다. 양성반응이 나타나면 결핵균에 이전에 감염되었거나 예방접종을 받았거나 현재 감염되어 있다는 확정적 진단이 된다.
3) ⊙이 형성되는 병태생리적 기전을 제시할 것

결핵균이 체내 침투하면 식균작용으로 결절이 형성되는데, 이 결절의 중앙은 치즈변성(치즈화 : 건락화)의 괴사과정을 거친다. 건락 물질은 부드러워져 액화되면 기관지를 통해 객담으로 배출되어 배농된 후 공기가 찬 낭이 되는데 이를 공동(cavity)이라 하고, 이것이 X − 선상으로 확인되면 폐결핵의 진단적 가치를 가진다.

16. ❹

폐기종은 폐포의 과팽창, 폐포막의 파괴, 폐포 모세혈관막의 파괴, 좁아지고 뒤틀린 기도, 폐탄성 소실의 구조적 변화를 볼 수 있다. 폐기종은 흡연과 관련되어 폐상엽에서 주로 호발하며 폐엽 중심부위의 호흡성 기관지에 병변이 있는 중심성 폐기종과 a1-antitrypsin 결핍이 주원인이 되어 호흡성 기관지, 폐포관, 폐포낭 및 폐포 전체에 균등하게 형성된 범소성 폐기종 두 가지로 분류된다.

① **폐결핵** : 감염/전파(Mycobacterium tuberculosis 비말감염/환자의 기침, 재채기, 객담에 의해 전파) → 증식(결핵균이 감염의 진원이 되어 민감한 폐 조직 내에서 균이 생존·증식) → 식균 작용 → 결절(tubercle) 형성 → 건락변성/건락화(caseous degeneration/caseation) → 건락 소결절(X−선 촬영 상) → 공동(cavity) → 섬유화 → 석회화(calcification) → 석회화된 병변(X−선 촬영상)

② **기흉** : 흉막강 내에 공기나 가스가 고여 폐의 일부 혹은 전체가 허탈된 상태로 흉막천자를 잘못했을 때나 흉부 수술시 사고로 생긴 외상, 양압환기로 인한 압력 외상으로 발생

③ **폐색전** : 대부분 하지의 심부정맥에서 생긴 혈전이 혈류로 운반되어 발생되는데, 폐로 이동한 색전물은 폐혈관에 머무르게 되어 폐부위의 관류 감소 → 폐혈관 압력 증가 → 우심장 부하 증가로 심부전 발생, 심한 경우 저산소혈증, 산독증으로 심폐계 허탈 초래
  - 색전이 큰 폐혈관을 막은 경우, 무기폐 유발, 심박출량 감소 초래
  - 색전이 작은 혈관을 막은 경우, 심한 증상은 유발되지 않으나 관류 변화 초래, 이 과정에서 histamin, serotonin, catecholamine, prostaglandin의 분비 동반 → 혈소판 탈과립, 혈전 형성, 세동맥 수축

④ **폐농양** : 농양은 염증을 국소화시켜 주위 조직으로 전파되지 않도록 하기 위한 인체의 방어기전으로 초기에는 폐염이나 폐분절에 경화부위가 생겼다가 점차 둥근 모양의 고름이 차 있는 공동 형성 → 농양이 육아조직으로 벽을 형성하여 기도와 연결되지 않지만 결국 기도를 파열하여 개구부를 형성 → 악취 나는 농성 객담 배출 → 완전히 배농 후 치유

17. ❶

무기폐는 폐조직이 허탈된 상태(공기가 없거나 줄어든 상태)

수술 후, 특히 상복부나 흉부 수술 후에 흔하며, 나이가 많은 사람, 비만하거나 거동이 불편하여 누워지내는 사람 및 흡연자는 무기폐에 걸리기 쉽다. 증상은 호흡곤란, 빈호흡, 빈맥과 청색증, 흉부 청진상 기관지 호흡음이 들리거나 호흡음이 감소할 수 있고, 수포음이 들릴 수 있으며, 열은 흔히 38.3℃ 이하로 경미하다. 무기폐가 있을 때 흉부 X−선 결과 폐의 일부나 전부가 뿌옇게 보인다. 또한 폐렴이 흔한 합병증으로 발생한다.

심한 고열과 흉부 X-선 촬영결과 하얗게 보이는 것은 무기폐의 일차적 증상은 아니나, 무기폐의 흔한 합병증이 폐렴이다.

② 비인두염(=감기, 상기도염)는 연중 내내 발생하지만, 특히 겨울과 간절기에 많이 발생한다.

③ 폐쇄성 기흉은 기관지, 세기관지, 폐포와 같은 내부 호흡구조물에 구멍이나 열상이 생겨 공기가 흉막강으로 빠져나간 것이다.

④ 천식은 점막부종, 점액분비, 기도염증과 같은 만성적인 염증과정이 나타난다.

18. 1) ⊙ '갑작스럽고 날카로운 흉통'의 발생기전
• 흉강 내 압력이 증가되면서 폐와 심장, 늑막에 분포한 신경절을 자극하여 흉통 발생
• 흉강 내 공기가 들어 차 폐가 허탈되고 축적된 공기는 큰 혈관을 압박하고 심장으로 들어오는 혈액과 나가는 혈액의 흐름을 방해하면서 급격히 허혈성 증상으로 진행하면서 갑작스럽고 날카로운 흉통 발생

2) ⓒ의 타진음을 제시할 것
• 환측 폐 과다 공명음(=hyperresonant)

3) ⓒ '경정맥의 팽대'이 긴장성 기흉에서 발생하는 기전
• 숨쉴 때마다 흉막강 내 공기양이 늘어나 압력이 계속늘어나 병소쪽 폐의 허탈과 함께 종격변위가 진행되고 종격변위는 건강한 폐를 누르고 대혈관을 눌러서 심장으로 돌아오는 혈류의 장애를 유발하면서 경정맥 팽대

4) ⓔ 흉부X-선 검사로 긴장성 기흉에서 폐 허탈 이외에 확인할 수 있는 특징인 소견
• 종격동 이동
• 긴장성 기흉이 생긴 쪽의 흉막 공간에 공기가 축적되어 압력이 증가하기 때문에 흉부 X-선 사진에서 기관(trachea)이 정상인 폐 쪽으로 밀려 보이게 됨

19. ❹
발작이 오는 동안에 좌위를 취해준다.

① 유발요인에 대한 IgE-비만세포 매개성 반응으로 매개물질(히스타민 등)을 유리하여 초기반응으로 기관지평활근 수축, 점액분비, 혈관누출, 점막부종이 발생한다. 이로써 기관지폐색, 호흡성 산증 및 저산소혈증을 초래하게 된다.

③ 천명음, 호흡곤란, 흉부압박감, 기침의 증상이 특히 야간이나 이른 아침에 있는 것은 천식의 특징적인 증상이다.

20. 1) 알레르기원이 IgE와 결합
2) 비만세포(mast cell)와 호염기구에 붙음
3) 비만세포가 활성화되면서 히스타민, 브라디키닌, 프로스타글란딘 등의 매개물질 분비 - 국소적인 염증반응
4) leukotriene, IL-4, eotaxin 등 생화학 물질들이 후기 염증반응에 작용 → 염증 부위에 더 많은 백혈구(호산구, 호염기구, 대식세포) 유인 → 혈관 확장, 모세혈관 투과도증가, 부종유발, 분비물과 점액 생산 증가
5) 기관지 수축, 점막부종, 과다분비물 → 기도 폐쇄 → 환기장애

21. ❺

		약명	부작용	특징/주의점
기 관 지 확 장 제	교감신경 효능제 (=β2 교감신경자극제 : β2- agonist)	속효성 : albuterol (Proventil,Ventollin) bitolterol(Tornalate) pirbuterol(Maxair) 지속적 : salmeterol(Servent)	• 떨림, 빈맥, 심계항진 • 과용량 시 기관지 경 련유발 • 저칼륨혈증	• 흡입 후 몇 분 내에 작용을 나타내 고 4~8시간 정도 지속 • 기관지 경련 완화, 비만세포 유리물 질 억제 • 약물이 직접 혀에 닿지 않도록 주의 (혀에 다량 분포한 혈관에서 흡수가 빠르게 일어나므로) • 하루 3~4회 이상 투여하지 말 것 (과용량은 매우 위험할 수 있으므로 규칙적으로 매일 투여하지 않는 것 이 좋다) • 만약 용량 증가가 필요하거나 한 달 에 한 통이상 쓰게 된다면 천식 치 료가 부적절한 것을 의미 • 운동 유발성 기관지 경련이 있는 아 동에게 운동하기 10~15분 전 β- adrenergics을 예방적으로 투여 • salmeterol(Servent)은 8~24시간 작용하므로 야간성 발작 천식에 유 용하나 급성 증상에는 사용하지 않 음(12세 이하는 금지)
	메틸산틴 (Methylxantine 유도체)	theophylin β2-agonist보다 약하며 효과가 적다	• 독성증상 : • 오심 구토(가장 빈번) • 심폐 − 빈맥, 부정맥 • 기타 − 빈호흡, 이뇨, 안절부절 못함, 경련 등	• 기관지 확장작용이 약함. 반드시 경 구 또는 정맥 투여 • 약물 투여 시 혈중 농도가 치료적 수치(5~15mcg/mL)를 유지해야 함
	항콜린제 (anticholinergic)	atropine, ipratropium (아트로핀 유도체)	호흡기 분비물의 건조, 구강건조, 시야몽롱, 순 환기계와 중추신경계를 자극, 요정체	• 기관지 수축을 차단시키는 효과 : 급성 기관지 경련 시 • Atropine은 만성 천식환자의 유지 치료에 효과적

		약명	특징/주의점
염증억제약물	당질코르티코이드 (glucocorticoids)	흡입용 스테로이드제제 beclomethasone, budesonide (Pulmicort)	• 기관지의 염증반응과 과민반응을 억제하여 기관지의 내경을 증가시킴 • 효과는 투약 후 3~6시간 후 약효과가 나타나 6~12시간 후에 최고 효과 • 구강 칸디다증(흡입 후 구강세척 해야 함) • 유지요법에 주로 사용됨
		경구용스테로이드	• 잘 조절되지 않는 천식 증상을 신속하게 조절하기 위해서 짧은 기간 동안(3~10일)만 투여함 • 중증 지속성 아동에게 경구용 스테로이드를 투여하는데 효과가 나타날 수 있는 최저 용량만 투여해야 함
	비만세포 안정제	cromolyn(Intal) nedocromil (Tilode)	• 비만세포에서 탈과립화됨으로써 분비되는 화학적 매개 물질의 분비를 억제 • 항원에 노출되기 15~20분 전에 투여하면 예방효과 • 예방적으로는 사용되지만 급성 발작증상에는 효과가 없음
	류코트리엔 완화제	singulair	• 기관지 이완과 항염의 효과 • 급성기에는 사용되지 않지만, 천식 증상관리를 위해 장기간 스테로이드, β-agonist와 함께 경구로 투여

22. 천식의 간호진단과 간호계획

간호진단	간호계획
기관지 수축, 기관지 경련, 과도한 점액 분비, 점막부종과 관련된 비효율적 호흡양상	• 호흡음을 청진하여 비정상적 호흡음을 확인하고, 호흡곤란, 불안, 호흡부속근 사용과 같은 호흡곤란 증상을 사정한다. • 환자가 호흡하기 편안한 체위를 취해 준다(좌위, 테이블에 팔을 올려 상체를 앞으로 기대기 → 좌위로 호흡 용이, 지지로 근피로 감소, 가슴 팽창). • 먼지, 매연, 베개솜이나 털로 인한 오염을 줄인다(→과민반응 예방). • 복식호흡과 입술-오므리기 호흡 실시(→호흡곤란 조절, 공기포획 감소) • 기침증진-흉곽이 충분히 팽창되는 자세, 천천히 호기를 한 후 효과적인 기침법 교육 및 지지 • 처방된 치료제 투여-속효성기관지 확장제(알부테롤)를 사용하여 하부기도의 확장을 유도한다. • 수분섭취를 권장하고, 가습과 분무기를 이용한 분무요법을 실시한다.
가스교환장애	• 호흡수와 깊이를 사정하고, 호흡하기 편안한 자세를 취하도록 돕는다. • 피부와 점막을 사정하고 가래배출을 돕기 위해 수분섭취 및 습도를 증진시킨다. • 활동수분을 평가하여 조용하고 안정된 환경을 제공한다. • 수면양상을 평가하여 조용한 환경의 조성으로 수면을 방해하지 않도록 한다. • 동맥혈 가스분석, 맥박 등의 모니터링으로 과탄산혈증 및 저산소혈증을 확인하고, 필요시 산소를 투여한다.
지식부족	• 알레르기 항원, 자극물질, 기온변화, 호흡기 감염 등의 천식 유발요인에 대해 교육하고, 발작 조기 증상을 인식하도록 지지한다. 천명음과 호흡수의 증가, 가슴 답답함, 기침, 다량의 점액분비 등

• 처방 약물을 교육한다.
  − β−adrenergic agents (albuterol, metaproterenol, terbutaline 등) : 급성 발작과 운동으로 유발되는 기관지 경련의 예방에 빠른 효과를 나타낸다. 흡인용 β−adrenergics는 급성 증상이 있을 때에도 하루 3~4회 이상 투여해서는 안 된다. 과용량은 매우 위험할 수 있으므로 규칙적으로 매일 투여하지 않는 것이 좋다. 운동 유발성 기관지 경련이 있는 아동에게는 운동하기 10~15분 전 β−adrenergics를 예방적으로 투여한다.
• 천식의 예방을 교육한다.
  − 흡입기 사용으로 천식 발작을 예방하는 방법을 교육한다.
• 흡입기 사용방법
  1. 똑바로 세워 뚜껑을 연다.
  2. 흡입기를 흔든다.
  3. 머리를 뒤로 약간 제치고 숨을 천천히 충분히 내쉰다.
  4. 똑바른 자세로 mouthpiece를 꼭 문다.
  5. 정상 호기 말에 통 윗부분을 꼭 누르고 3~5초 동안 천천히 호흡한다. 그리고 누르던 손가락을 뗀다.
  6. 약물이 폐 깊이 들어가도록 적어도 5~10초 동안 숨을 참는다.
  7. 흡입기를 입에서 떼고 천천히 코로 숨을 내쉰다.
  8. 반복하여 약물을 분사할 경우는 1~2분 경과 후에 한다. 적어도 하루에 한 번씩 뚜껑을 열고 흡입기의 cap을 흐르는 따뜻한 물에 씻는다.

23. ❶

(가) 최대 호기 유속량을 측정할 때는 똑바로 서거나 앉는다.
(나) 3회 측정치 중 가장 높은 값을 기록한다.
(라)(마) 의학적 응급상태, red−zone → 속효성 약물을 추가 복용/즉시 응급실 방문

최대 호기 유속기 측정법(PEFR) 측정기 사용법

사용 전	측정기	매일 같은 시간에 같은 방법으로 측정하며 측정기를 똑바로 세우고 측정기의 화살표가 '0'을 가리키는지 확인한다.
	대상자	똑바로 상체를 세우고 입 안의 껌, 음식물을 제거한다.
사용 시		입을 크게 벌리고 숨을 깊이 들이 마시고 측정기 입구에 입을 대고 꼭 다문 후, 혀가 측정기의 입구를 막지 않도록 주의하고 최대한 힘껏 숨을 불어 내쉰다. 30초 간격을 두고 3회 반복 실시한다.
사용 후		화살표가 가리키는 눈금을 기록하며 평균 점수가 아니라 3회 중에서 가장 높은 점수를 기록한다.

최고 호기 유속(peek expiratory flow rates : PEFR) 판독
녹색
증상도 없고 현재대로 처방을 유지하면 된다.
노란색(60~79%)
• 주의 필요 • 천식이 잘 조절되지 않고 있으며 응급상황이 발생할 수도 있다. • 약(속효성 약물) 용량을 증가시킬 필요가 있다. • 의사를 방문해야 한다.
적색(〈 60%)
• 의학적 관리가 필요하다. 기도가 심하게 좁아져 있다. • 속효성 기관지 확장제를 투여해야 한다. • 약물투여 후에 바로 노란색이나 녹색으로 나타나지 않는다면 즉시 의사를 방문해야 한다.

24. ㉠ 치료농도(치료적 수치)

㉡ 중독농도(중독량)

약물 투여 시 혈중 농도가 치료적 수치(5~15mcg/mL)를 유지해야 함

독성을 감소시키기 위해 혈중농도를 확인하며 투여 용량을 조절한다.

혈중농도가 매우 높은 경우 중증의 부작용(경련, 심실상성 빈맥)이 나타날 수 있다.

25. ㉠ IgE

㉡ 비만세포

26. ❷

산소화를 위해 주로 신체상부를 올리고(치료적 체위) 체위변경을 자주 수행한다. 또한 치료적 체위를 통한 체위배액을 도모한다. 건측폐를 아래쪽으로 두어 중력에 의해 여러 폐분절에 있는 분비물의 배액을 증진하도록 체위를 취한다. 체위배액과 함께 타진(끈끈한 분비물을 묽게 배출해내기 위해 손을 컵모양으로 강하게 두드림)과 진동(타진 후, 흉벽에 손을 펴서 강한 떨림 제공)의 흉부물리요법을 제공하고 입술오므리기호흡을 통해 호기를 연장시켜 근육훈련과 좁아진 기도의 허탈을 최소화시킨다.

27. ❺

▌악성 폐종양의 특성

유형	이환률	특성	치료
편평세포암	30~35%	• 기도상피에서 발생, 공동형성 • 세기관지 폐색으로 속발성 감염이 발생하므로 조기에 증상이 나타남, 흡연과 관련이 큼. 남자에게 흔히 발생 • 전이는 잘 안 됨	• 외과적 절제수술 시도 • 소세포암보다 생명이 연장됨
선암	35~45%	• 기존 반흔이 있는 폐조직에서 발생, 흡연과 관련 없음 • 여성에게 흔히 발생 • 광범위하게 전이되기까지 증상이 없음 • 폐 전체와 다른 기관으로 전이	• 외과적 절제수술 시도 • 화학요법에도 효과 없음
대세포암	5~10%	• 흡연과 관련이 큼 • 공동형성 • 전이가 잘 됨	• 전이율이 높아서 외과적 절제수술을 안 함
소세포암	15~25%	• 흡연과 관련 있음 • 초기에 전이됨 • 기관지 폐색과 폐염이 동반됨 • 제한기(20%) : 한쪽 흉부에 국한 • 전신기(80%) : 양쪽 폐, 원격전이(뇌, 뼈, 간장, 기타)	• 예후 불량 • 평균 생존율 12~18개월

3절◆ 호흡계 약물

| 본문 p.278

1. ❷

㉠ 항히스타민제 (antihistamine)	• 기관지 부종 • 평활근 경련 • 모세혈관의 투과성을 감소
㉡ 에피네프린 (epinephrine)	• 에피네프린과 에페드린은 속효성으로 작용시간은 30~60분 • 혈관을 수축하는 α수용체와 기관지를 확장하는 β_2수용체 그리고 심근 수축력을 증가시키는 β_1수용체 모두 작용 • 기관지 평활근 이완작용 이외에도 혈압, 심박동수와 심근수축력에 영향을 미치므로 부작용이 동반됨
㉢ 테오필린 (theophylline)	• 기도폐쇄성 증상완화(기관지확장) • 치료에 효과적인 혈중농도(10~20㎍/mL를 유지하도록/혈중농도가 30㎍/mL 이상이면 경련과 심부정맥(심실상 빈맥)이 발생되어 생명을 위협 • 투여할 때에는 반드시 정맥주입하여 심정지 예방
㉣ 코데인 (codeine)	• 진해제(기침 중추의 기침 반사를 방해) • 시럽 형태의 진해제의 경우 시럽 복용 후에 물을 마시지 말아야 하는데, 왜냐하면 인두 점막에 있는 약을 씻어 내려 국소진정효과를 방해한다.
㉤ 브롬헥신 (bromhexine)	• 점액 용해성 약물(점액 점도 감소)

기관지 확장제

약리작용		약명
교감신경 효능제	α, β 수용체 작용	에피네프린, 에페드린
	β 수용체 작용	Orciprenaline
	β_2 수용체 선택적 작용	Isoproterenol Metaproterenol Terbutaline Salbutamol
Methylxanthine 유도체		아미노필린, theophyline

거담제

약리작용	약명
기관지 점액선의 분비 증가	Guaifenesin, letosteine
기관지 점액의 점도 감소	Acetylcysteine, Ambroxol, Bromhexcine
표면활성제의 작용 상승	Acebrophyiline

2. 1) 약리 작용

- 편도가 부어 있고(염증) : 항염제, 소염제
- 음식물을 삼킬 때 통증 : 진통제
- 37.7℃임 : 해열제

이부프로펜	• NSAID제제이며 사이클로옥시나아제 아라키돈산 과정에서 Cox-1과 Cox-2를 차단하여 염증매개물질인 프로스타글란딘을 차단 • Cox-1 차단 → 프로스타글란딘 감소 → 편도염 시 항염작용 • 프로스타글란딘은 위 점막의 혈액 흐름을 유지하고, 간과 신장으로의 혈액의 흐름을 조절하고 혈소판응집과 혈액응고에 관여하는 보호벽을 만드는 데 도움을 준다. • 아세트아미노펜을 제외한 모든 NSAIDs 약물은 상당한 항염작용, 해열작용, 진통작용을 한다.
아세트아미노펜	• COX-2에 선택적으로 작용 • 항염작용은 미미하나 통증과 해열에는 효과 • 위장장애에 대한 부담이 적고 혈소판 기능을 방해하지 않는다.

2) 식후 30분에 복용하는 이유

- 위점막을 보호하고 위점액생성을 하는 프로스타글란딘도 함께 차단하여 부작용으로 위염이나 위궤양이 나타날수 있으므로 위보호를 위해 식후 30분에 복용

 **제5강 심혈관계**

1절◆ 심혈관계 건강문제

| 본문 p.280

1. ❹

① 제 1심음은 승모판과 삼첨판이 닫히면서 생성되는 소리로 수축기 시작을 나타내는 정상심음이다.
② 제 2심음은 대동맥판과 폐동맥판이 닫히면서 생성되는 소리로 이완기 시작을 알리는 정상심음이다.
③ 제 3심음은 이완기 초기에 심실이 빠른 속도로 충만되면서 생성되는 소리로 이상 심음이다.

2. ❺

심실 조기 수축(VPC)

히스속 이하 심실의 이소성 박동으로 QRS파형이 0.12초 이상으로 비정상적으로 넓고 깊으며 기존 리듬의 주기보다 조기에 나타난다. 리듬은 전형적으로 불규칙하며 심박수는 기존 리듬과 같다.
P파는 거의 나타나지 않고 PR간격은 측정할 수 없다.
2개 또는 3개의 VPC가 연달아 나타나면 이른 R on T 현상에 의한 심실빈맥, 심실세동을 일으키는 전구징후일 수 있으므로 매우 위험하다.

- 증상 : 심계항진, 목과 가슴의 불편감, 협심증, 저혈압

PART 2

• 치료 : 기질적인 심질환이 없는 사람에게는 항부정맥제의 사용보다는 안정이 필요하고 심부전을 동반하는 경우는 <u>digitalis 투여로 심실의 기능을 강화</u>시킨다. 심실세동을 예방하기 위하여 <u>lidocain, quinidine, procainamide와 같은 항부정맥제</u>를 사용한다. Lidocain이나 procainamide는 저혈압, 쇼크, 중증의 심부전, 동성서맥, 방실 전도장애 환자에게는 사용하지 않는다. 급성 심근경색 환자의 경우 처음 24시간 내에 심실세동의 발생율이 높기 때문에 일시적으로 예방적 항부정맥제를 VPC 유무에 관계없이 사용한다.

3. 1) (가)에서 C의 명칭
His bundle
2) 정상 심전도와 비교했을 때 (나)에서 누락된 파형의 명칭을 쓰고, 그 의미를 제시할 것
QRS 파
QRS 파의 소실됨은 방실전도차단(방실블럭)을 의미한다.
3) K 환자의 요골 동맥을 촉지할 때 확인할 수 있는 맥박의 양상을 제시할 것
맥박결손(심첨맥박과 요골맥박의 차이로 측정치가 2회 이상 차이날 때를 맥박결손이라 한다)

4. ❷
팔로 4징후(Tetralogy of Fallot)
• 폐동맥 협착증/ 심실 중격 결손/ 우심실 비대/대동맥 우측 전위
• 폐동맥 협착정도가 심장혈류의 양상을 결정
• 증상 : 손가락과 발가락에 곤봉지(clubbing), 청색증, 자주 쪼그리고 앉는 자세(squatting position), TET 발작(아침, 울음, 배변, 수유 시)
• 치료 : 쇄골하동맥을 폐동맥과 연결하여 폐로 가는 혈류 증가
• 간호 : 철분섭취, 심내막염 예방, TET 발작 시 슬흉위 체위, 몰핀 투여, 산소치료

5. ❷
대동맥판 협착증은 비청색증형 선천성 심질환이다.
┃ 비청색증 심질환

결손	심질환
좌우단락 질환(폐혈류량이 증가된 질환)	ASD, VSD, PDA
폐쇄성 질환 혹은 심박출량 감소 질환	폐동맥 협착, 대동맥 협착, 대동맥 축착

6. ❶
동맥관 개존, 심실중격결손, 심방중격결손은 비청색증형 선천성 심질환이다.
┃ 청색증 심질환

결손	심질환
폐혈류 감소를 동반한 청색증 질환	팔로 4징후, 삼첨판 기형, 심실중격 결손이 없는 폐동맥 폐쇄
폐혈류 증가를 동반한 청색증 질환	총동맥간증, 좌심형성부전증, 대혈관전위

7. ㉠ 심실 중격 결손
㉡ 좌우

8. ❸

태생기에 유래한 대동맥과 폐동맥 사이의 연결이 그대로 남아 있는 경우로 풍진 증후군 시 가장 오기 쉬운 선천성 심질환으로 여아에게 호발한다.

9. ❶

ⓔ 청색증형 심질환에는 저산소증이 나타난다. 정상 SpO₂는 95~100%이므로, 94% 이하부터 저산소 증이라고 판정한다.

ⓜ 폐동맥협착이므로 심음 청진 시 폐동맥판박부위(왼쪽 두 번째 늑간)에서 수축기 박출성 심잡음이 들린다.

▎정상 심음 청진부위

제1심음	승모판 부위	심첨부위(좌측 중앙쇄골 선상의 제5늑간)
	삼첨판 부위	흉골(근처)하부 제5늑간 부위
제2심음	대동맥판 부위	흉골의 우측 2번째 늑간부위
	폐동맥판 부위	흉골의 좌측 2번째 늑간부위

10. 1) ㉠ Fallot 4징후에 해당하는 해부학적 특징

① 심실중격 결손

② 폐동맥협착

③ 대동맥의 기승(overriding aorta) 또는 우위(右位)

④ 우심실 비대

2) ㉡ 청색증이 나타나는 원인

폐동맥의 협착이 심할수록 심실 중격결손의 크기가 클수록 폐순환 저항이 체순환 저항보다 크면 우–좌 단락이 생기면서 산화되지 않은 정맥혈액이 폐순환을 거치지 않고 전신순환으로 흘러들어 간다.(→ 폐로의 혈액 저하로 좌측심장으로의 산화된 혈액유입 감소)

3) ㉢에 들어갈 체위

① 체위의 명칭 : 슬흉위, 쪼그려 앉는 자세(squatting position). 무릎을 가슴에 붙이고 머리와 가슴은 올려주는 편안한 체위로 휴식을 취하도록 한다.

② 체위가 도움이 되는 이유 : 대퇴 혈관의 압박 → 체순환 귀환량 감소(우–좌 단락 감소), 폐순환 량 증가 → 좌–우 단락 증가

㉠ 좌골의 대퇴정맥 폐쇄

㉡ 정맥환류의 감소

㉢ 우측 심장 부담의 감소

㉣ 주요 장기의 산소 포화도 증진

㉤ 대동맥의 혈관저항을 높여주어 우→좌 단락을 감소시킴

11. ❸

동맥관 개존 : 폐동맥과 대동맥사이의 동맥관이 생후 1~2개월에 폐쇄되지 않고 열려있는 상태. 일부 혈액이 전신순환으로 가지 않고 폐로 역류됨

12. 1) 감염예방 : 특히 상기도 감염에 노출을 피하고 감염성 심내막염이 되지 않도록 주의한다.

2) 계속적인 건강관찰 : 정기적으로 활력징후를 확인하고 피부색(특히 입술주변과 눈주위의 청색)과 체온을 사정한다. 합병증으로 자주 발생되는 울혈성 심부전 증상 여부도 관찰한다.

3) 심박출량 증진 도모 : 휴식 제공, 불필요한 활동 삼가, 심장지지 약물 투여
4) 균형잡힌 식이와 영양을 제공하여 환아의 정상 성장발달을 돕는다.

13. ❷

좌심부전으로 인한 정맥계 울혈 증상인 호흡곤란, 기좌호흡(orthopnea), 발작성 야간성 호흡곤란, 급성폐부종(기침, 혈액과 거품이 섞인 분홍색 객담 다량 배출)과 우심부전의 주요증상인 요흔성부종, 간종창, 사지냉감, 심리적 불안이 나타난다.

14. ❶

ⓔ 신장으로 가는 혈류량이 감소되어 소변량이 감소한다.
ⓜ 부종에 대한 보상작용으로 교감신경계를 자극하여 발한이 나타난다.

▌심부전의 증상과 징후

좌심부전	
• 심박출량 감소 허약감, 피로감(사지혈류감소)/소변량감소(신장혈류 저하)/심근허혈/빈맥, 교대맥/분마성 리듬(gallop rhythm)/ 약한 제 1심음/혼미, 불안, 불면증(뇌 혈류저하)	• 폐정맥압 상승, 폐울혈(확장부전) 호흡곤란 : 활동 호흡곤란 발작성 야간성 호흡곤란 (PND), 기좌호흡, 기침, 혈담(중증) PCWP 증가 확대된 PMI

우심부전	
• 전신정맥계 울혈 : 경정맥울혈, CVP 상승, 간, 비장 종창 • 소화계증상 : 식욕부진, 오심, 소화불량, 복부팽만 및 복통, 황달	• 하지 요흔성 부종(pitting edema) • 발목, 경골 주위 부종과 색소 침착 • 복수, 흉수, 음낭수종 • 사지냉감

15. ㉠ 혈압측정 결과 : 혈압이 실제보다 높게 측정된다. 이는 커프의 폭이 너무 좁거나 길이가 짧거나 커프를 너무 헐겁게 감았을 때는 울혈이 발생하기 때문이다
ㄴ 질환명 : 울혈성 심부전
ㄷ 신경계 반응 : 교감신경계 활성화로 심박동수와 심장 수축력 증가
ㄹ 신장 반응 : Renin-Angiotensin-Aldosterone System 활성화로 → Na+, 수분 정체 → 혈량 증가 → 심장의 귀환량 증가

16. ❶

고지혈증의 치료와 간호

• 식이 : 식이에서 지방의 총량을 전체 열량의 30% 이내로 줄이고 포화지방 대신 불포화지방을 섭취한다.
• 약물 : 식이 제한만으로 혈중 콜레스테롤이 감소되지 않으면 혈청지질을 감소시킬 수 있는 약물인 담즙산 추출물, Nicotinic acid, Fibric acid제제(Gemfibrozil), Statins(lovastatin, simvastatin, fluvastatin, atorvastatin, pravastatin)를 복용한다.
• 금연 : 흡연은 죽상경화증을 진전시키는 데 직접적인 관련이 있으므로 이러한 위험을 줄이기 위해 금연을 해야 한다.
• 운동 : 죽상경화증 예방을 위해 규칙적인 운동이 필요하다. 운동은 환자의 죽상경화성 반을 감소시키고 측부순환을 형성한다. 1주에 3~4회, 1회 30분 이상 중간 정도의 강도로 운동한다.

17-1. 1) 식이조절 : 체중조절식이(이상체중유지) 및 저콜레스테롤 식이, 저염식이, 세끼 식사는 정확히 하되 간식은 되도록 하지 않고, 동물성 유지나 콜레스테롤이 많은 음식은 되도록 삼간다. 그 외 영양과 균형 잡힌 식사, 에너지의 과잉 섭취와 부족에 유의, 이상적인 체중에 접근하도록 하고 유지 등

2) 금연

흡연을 계속하면 관상동맥질환의 발생 위험도가 2배 증가하며 간접 흡연자도 발생위험도가 높아진다.

3) 운동을 통한 예방
- 규칙적인 운동은 관상동맥 질환의 위험율을 40% 정도 감소시킨다.
- 혈중 콜레스테롤 및 지질의 농도를 낮추어 동맥경화의 진행을 늦출 수 있다.
- 운동을 통하여 체중 감소 및 이상적 체중의 유지
- 의사와 상의하여 각자 능력에 맞는 적절한 프로그램에 따라 실시하여야 하며 이상적인 운동 프로그램은 호기성이며 역동적인 운동이다.

4) 생활 속의 긴장 제거 및 스트레스 대처 방법 활용

5) 정기적인 검진으로 고혈압을 조절
- 수축기 혈압이 160mmHg 이상인 사람들은 120mmHg 이하인 사람들보다 순환계 질환 발생 위험도가 2~3배 높다.

18. ❹

대사증후군의 진단기준

진단 기준은 일반적으로 다음의 기준 중 세 가지 이상이 해당될 때이다.

진단기준	
중심비만	남자의 경우 허리둘레 90, 여자 80 이상
고중성지방 혈증	중성지방이 150mg/dL 이상
고밀도지단백 콜레스테롤(HDL)	남자의 경우 40mg/dL 미만, 여자의 경우 50mg/dL 미만
공복혈당	100mg/dL 이상
고혈압	수축기 혈압이 130mmHg 또는 이완기 혈압이 85mmHg 이상인 경우

따라서, 이 진단기준에 해당하는 것은 (나), (다), (라), (바), (사)이다.

> **대사증후군**
> ① 대사증후군의 특징은 복부비만, 비정상 혈중 지방(HDL은 낮고, triglycerides는 높음), 고혈압, 공복 혈당의 증가, 혈액응고 경향, 염증성 요인 등이다.
> ② 대사증후군은 흡연과 마찬가지로 조기 관상동맥질환의 위험요인이다.
> ③ 과체중/비만, 신체활동 저하, 유전적 요인의 3가지 요인이 대사증후군이 발생할 수 있는 원인이다.
> ④ 대사증후군 인슐린 저항과 인슐린에 대한 조직반응의 장애와 밀접한 관련성이 있다. 인슐린 저항에는 유전적 요인이 중요하며 복부비만 신체활동 저하 등은 후천적으로 획득된 요인이다.

19. ❹

협심증은 심근의 국소적 또는 일시적인 허혈상태로 발작적인 흉통이 특징이며 휴식을 취하거나 nitrogly-cerine제제로 흉통이 사라진다.

① 부정맥-심장이 불규칙한 리듬이나 비정상적인 심박동수를 갖는 것을 말하며 대부분의 원인이 심장의 자동성이상과 전도장애로 발생되므로 심박동이상과 전도장애를 포함한다.

② 심근경색증-관상동맥의 폐색으로 손상부위 심근에 비가역적인 괴사를 일으키는 관상동맥 증후군으로 심장발작이라고도 한다.

③ 대동맥협착증-거의 대부분이 후천성 류마티스열로 인해 일어나게 되며 노인환자에서는 대동맥 죽상경화증으로부터 발생되기도 한다. 또 대동맥판의 선천성 기형으로도 오는 것으로 좌심실과 대동맥 사이의 판막구 면적이 좁아진 것을 말한다.

20. 1) 고콜레스테롤 혈증, 고혈압, 당뇨병

2) 비만

3) 흡연

4) 운동부족, 정신적 사회적 긴장(스트레스)

5) 과음, 과식, 과로, 추위에의 노출

21. ❹

• **심장재활의 정의와 목적** : 심장재활은 운동요법, 관상동맥 질환의 위험인자 교정, 교육과 상담, 행동수정(식사요법, 금연, 생활습관 변경과 스트레스 관리) 등을 포함한 총체적 프로그램이다.

　－ 운동요법은 관상동맥경화를 퇴화시키거나 호전시킨다고 알려져 있다. 혈중내 낮은 고밀도 지단백 콜레스테롤과 높은 저밀도 지단백 콜레스테롤을 개선시킨다.

　－ 금연 : 가장 최선의 방법은 당장 금연을 시도하는 것이겠으나 혈중 니코틴치가 갑자기 떨어지면 금단 증상이 나타나기 때문에 이것이 어려우면 흡연량을 1일 10개비 이하로 줄이도록 하여 점차적으로 금연하도록 한다.

22. ❺

⑤ 허혈성 심장질환

① 삼출성 심막염

② 류마티스성 심장질환

③ 심실비대

④ 울혈성 심부전

	안정형 협심증	불안정형 협심증	이형성 협심증
병인	심근허혈/죽상경화증	두꺼워진 죽상반의 파열	관상혈관 경련
특성	• 5~15분간 지속되는 통증 • 운동 시 악화 • 휴식이나 NTG에 의해 완화	• 새롭게 발현되는 협심증 • 빈도, 지속시간, 중증도가 증가하는 협심증 • 휴식 시나 최소한의 운동 시에도 발현 • NTG에 반응하지 않는 통증	• 휴식 시에 일차적으로 발현 • 흡연에 의해 악화 • 관상동맥질환 유무와 관계없이 발현

• **허혈성 심질환의 안정 시 심전도** : EKG상에서 T파와 ST 분절의 변화가 협심통 발작 동안에 나타나면 진단적 의의가 크다. 심근 허혈은 심근의 세포막을 손상시키므로 심전도 상에서 ST 하강이나 ST상승, 또 T파의 역전(inversion)을 동시에 수반한다.

　－ 심근허혈 : T파의 역전

　－ 심근손상 : ST분절 상승

　－ 심근경색(괴사) : 이상 Q파 형성

23. ❷

ㄴ. 니트로글리세린을 알코올과 동시 사용하게 되면 혈압강하, 현기증, 기절 등을 일으킬 수 있다.
알코올 → 간 대사 → 아세트알데히드 → 아세트산 → 간장 밖으로 배출
아세트알데히드는 혈관을 확장시키고, 신진대사를 높인다. 그러므로 혈관확장제인 니트로글리세린과 알코올 병용시 혈관확장 효과로 저혈압이 발생할 수 있다.

ㄷ. 니트로글리세린은 수분, 열, 빛, 공기 등에 쉽게 영향받을 수 있는 약물이므로 플라스틱보다는 유리병을 선호한다. 또한 빛이나 공기에도 취약하므로 금속마개가 있는 어두운 유리병으로 한다. 또한 휴대중에도 일단 병을 한번 열면 약효가 떨어지므로 매 6개월마다 새 제품을 구입해 사용한다.

ㄹ. 큰 정맥들을 확장시켜 심장으로 되돌아오는 혈류량을 줄임으로서 cardiac preload를 감소시켜 심근 부담을 줄임

협심증 발작 시 처치

• 니트로글리세린을 항상 가지고 다닌다.
 → 약은 갈색유리병에 담아 마개를 꼭 닫는다. / 약이 몸에 직접 닿는 것을 피한다.
 / 유통기한을 지킨다(약 5개월). / 신선한 약물은 혀 밑에 넣었을 때 작열감이 있다.
• 흉부에 불편감이 있으면 혀 밑에 니트로글리세린을 넣는다.
 → 녹을 때까지 타액은 삼키지 않는다. / 통증 발생 시 즉시 안정, 휴식 / 약물 복용 후 3~4분이 지나도 통증이 있으면 주치의를 찾는다.
• 협심통이 예상되는 활동 시(계단오르기, 성생활)에는 미리 니트로글리세린을 복용한다.
• 니트로글리세린의 부작용에 대해 주의를 기울인다(동통, 작열감, 피부홍조, 기립성저혈압 등).

---

24. 1) ㉠ (니코틴은 혈압과 맥박을 상승시키고, 관상 동맥을 수축시켜요)의 이유
 ① 교감신경계 항진
  ㉠ 혈관수축과 심장에 유입되는 혈액량을 늘임 → 혈압↑
  ㉡ 카테콜아민 분비로 심실세동과 심실조기수축을 유발 → 이러한 부정맥은 심박출량↓ 심근의 부담↑ 심근경색으로 인한 급사위험
  ② 혈장의 유리지방산과 LDL↑HDL↓ → 고지혈증 → 동맥경화증 유발 → 심근으로 보내는 산소공급량이 줄어들어 허혈성 심질환 유발
2) ㉡ 혈전 (⇒ 진행되어 결국 죽상반 형성)
3) ㉢ (일산화탄소는 심장근육에 유용한 산소량을 감소시킵니다)의 기전
 적혈구 내의 혈색소와 산소가 결합할 수 있는 능력보다 일산화탄소와 결합하는 능력이 240배나 크기 때문에 흡연시 연기 속의 일산화탄소는 결국 산소운반 능력을 감소시켜 만성 저산소증 현상을 일으켜 모든 세포의 신진대사에 장애를 준다.
4) ㉣ (고밀도지질단백질(HDL)을 높여야 한대요)의 이유
 HDL은 흔히 "좋은" 콜레스테롤로 불리며 혈액 속에서 콜레스테롤을 찾아내 간으로 운반하여 혈액의 콜레스테롤의 수치를 낮추는 기능을 수행한다. 혈액 속의 나쁜콜레스테롤(LDL)은 동맥경화증을 진행시켜 허혈성심질환의 주요요인이 된다. 흡연은 나쁜콜레스테롤(LDL)을 늘리므로 금연과 함께 고밀도지질단백질(HDL)을 높여 허혈성심장질환을 줄이도록 한다.

25. 1) ㉠ 고혈압 합병증으로 인해 급성 심근 경색의 병태생리기전
 ① 고혈압은 혈관의 수축과 이완능력에 영향을 미치고 동맥벽의 내피세포에 손상을 주어 이곳에 혈액 내 지질침전물의 생성이 증가되어 죽상경화증이 촉진 → 관상동맥에 혈류가 감소
 ② 혈관저항을 높여 심장에 부담을 초래
  지속된 고혈압으로 후부하는 증가(혈관저항증가)되고 심근의 산소요구가 증가(심장에 부담) → 심허혈 가속 → 심근경색증

2) ⓛ에 해당하는 약물명과 투여 목적

ⓛ에 해당하는 약물명 : nitroglycerine (NTG)

투여목적 : 혈관평활근의 이완작용으로 심근에 혈량증가, 혈관저항과 혈압을 감소시킴

3) ⓒ 맥박

26. ❸

Aldactone 부작용은 두통, 허약감, 어지러움, 기립성 저혈압, 오심 구토, 설사 및 변비, 발기부전, 근육경련, 여성형 유방 및 유방통, 광과민성, 구갈 등이다.

① Lasix의 부작용은 어지러움, 두통, 기립성 저혈압, 허약감, 오심, 구토, HDL 의 감소와 지질상승, 췌장염, 식욕부진, 변비, 광과민성, 이독성(이명, 난청, 현기증 등), 두드러기, 소양증, 근육경련 등이다.

②,④ Thiazide 이뇨제의 부작용은 어지러움증, 현기증, 두통, 허약감, 전해질 불균형, 탈수, 기립성 저혈압, 복통, 오심구토, 변비, 빈뇨, 피부염과 발진, 근육경련, 광과민성, 과요산혈증 등이다.

27-1. 1) **본태성(원발성) 고혈압** : 일차성 고혈압 환자의 약 90%로 혈압이 140/90mmHg 이상인 상태이다. 원인이 밝혀지지 않고 있으며 현재까지 알려진 간접적인 요인으로는 유전적 인자, 신경과민, 식염 섭취량, 비만증, 직업 등의 복합적인 요소들의 작용으로 추측되고 있다.

2) **이차성(속발성) 고혈압** : 신체의 병리현상으로 이차적으로 혈압이 상승된 상태이다. 속발성은 10 ~ 15% 정도로 주로 신질환, 내분비 장애, 대동맥 협착, 임신, 뇌압상승 등이 원인이 되고 있다.

27-2. 1) **이뇨제** : 저칼륨혈증으로 인한 쇠약감, 근육마비, 설사, 현훈, 혈당・혈청지질 혈청요산의 증가

2) **β−차단제** : 기관지 천식, 체위성 저혈압, 심부전, 발기부전, 손발 저림, 소화성 궤양, 구강 건조감

> **β−아드레날린 수용체 차단제**
> • Propranolol(Inderal), Metoprolol(Lopressor), Atenolol(Tenormin)
> • 심장과 말초혈관에 있는 β수용체를 차단시켜 말초혈관저항을 감소시킴
> • 작용 : 심박수를 느리게 하고 심근 수축력을 감소시키며(심부전 주의 요함) 혈압을 낮추고 심근의 산소요 구도를 감소시킴 심근내 혈류 재분포
> • 금기 : 천식, 알레르기 비염, 만성폐쇄성폐질환, 서맥, 심장블록, 폐동맥고혈압에 금기
> • 부작용 : 서맥/저혈압, 울혈성심부전, 기관지 경련, 피로감, 불면증, 부종 등

27-3. 1) **식이요법** : 저염식이, 저콜레스테롤식이, 칼로리 제한, 술・담배의 절제

2) **체중조절** : 칼로리 제한식이 및 규칙적인 운동

3) **운동요법** : 달리기, 걷기, 자전거, 줄넘기, 수영, 에어로빅 등 중등도의 등장성(동적) 운동이 좋다. 운동은 최소한 1주일에 3회 이상 해야 심폐기능을 유지 내지 증진시킬 수 있으며, 오래 계속하기 위해서는 안전하고 흥미로운 것이 좋다.

4) **환경적인 불안과 생활 속의 긴장을 완화할 것**

5) **항고혈압제의 규칙적인 복용**

6) **고혈압의 위험요인을 알고 관리할 것** : 유전성, 비만, 스트레스, 식염섭취, 운동(역기나 밀고 당기기 등 등척성(정적) 운동은 혈압을 높인다)

28-1. 1) **심박출량(심장의 펌프작용)** : 심박출량이 증가하면 동맥압이 상승한다.

2) **말초 저항** : 말초동맥이 수축하면 혈압이 상승하고 이완되면 하강한다.

3) **동맥의 탄력성** : 동맥의 탄력성이 감소되면 수축기압과 맥압이 상승한다.

4) **혈량** : 혈량증가는 혈압상승을 초래한다.

5) **혈액의 점도** : 혈액의 점도가 증가되면 혈압이 상승한다.

> **혈압조절기전(체계)**
>
> 동맥압 수용체, 수분량 변화, 레닌-안지오텐신 체계, 혈관자가조절 등이 전신혈압을 안전하게 조절하여 순환허탈 상태를 초래하지 않게 하는 기전이다.

29. ❸

ㄱ. 고혈압성 위기는 혈압이 180/120mmHg 이상으로 상승하는 경우 안절부절못함, 혼돈 및 섬망, 경련, 시야흐림, 두통 및 오심 구토 증상 등이 나타난다. 이런 증상이 나타나는지 관찰한다.

ㄴ. 교감신경 흥분제와 사용하면 고혈압성 위기를 초래한다.

ㄷ. Nadril(모노아민산화효소억제제 : MAO억제제)는 치즈, 요구르트 등의 티라민 함유 식품과 함께 복용 시 Norepinephrine으로 전환되어 고혈압성 위기를 초래하게 된다.

ㄹ. 고혈압 위기 때는 단기작용의 α-아드레날린성 차단제인 phentolamine과 chlorpromazine을 투여한다. 또는 설하용 nifedipine을 가지고 다니다가 사용할 수 있다.

30.

1) 고혈압의 단계와 관리(Joint National Committee, JNC)

혈압분류	수축기 혈압 (mmHg)	확장기 혈압 (mmHg)	생활습관 교정	최초 약물치료	
				필수 적응이 없을 때	필수 적응이 있을 때
정상	<120	<80	시행 독려		
고혈압 전단계	120~139	80~89	시행	사용 안 함	필수적응 해당약제
1기 고혈압	140~159	90~99	시행	주로 thiazide계 이뇨제 병용요법, 기타 약제(베타차단제) 사용 가능	1) 필수적응 해당약제 2) 기타약제
2기 고혈압	≥160	≥100	시행	주로 2가지 약제 병용요법 (주로 thiazide계 이뇨제와 기타 약제)	

2) 이뇨제의 작용기전과 부작용

		약명	약리작용	특징 및 간호	부작용 및 주의사항
이뇨제	Thiazide 이뇨제 (경한 심부전 시)	• Bendroflumethiazide (Naturetin) • Benzthiazide (Exna, Aquatage) • Chlorothiazide (Diuril)	원위세뇨관에서 NaCl 재흡수 억제	• Thiazide 하나만으로 고혈압의 40%를 조절할 수 있다. • Thiazide는 한두 번 복용을 잊어도 반동현상이 없고 장기투여 시 내성이 잘 생기지 않는다. • 체위성 저혈압 가능 • 칼륨이 풍부 식이 : 바나나, 복숭아, 오렌지, 토마토, 시금치 • 통풍증상 관찰, 당뇨병은 주의 깊게 관찰	• sulfonamide 과민성이 있는 경우, 신부전, 간질환, 수유부 금기 • 부작용 : 저칼륨혈증, 저나트륨혈증, 고혈당, 고요소혈증, 고지혈증, 고칼슘혈증 • 무력감, 입마름, 안절부절못함 근육강직, 저혈압, 다뇨, 위장장애, 통풍 등

| Loop 이뇨제 (중증 심부전 시) | • Furosemide (Lasix)
• Ethacrynic acid(Edecrin)
• Bumetanide (Bumex) | Henle관에서 작용하여 나트륨과 수분의 재흡수를 최소화함 | • Thiazide보다 강력하고/빠름
• 경구용 혈당강하제의 용량을 증가시킬 수 있다 (고혈당/ 당뇨악화).
• 취침전 복용을 피하고 체위성저혈압, 전해질불균형을 관찰 | • 임신부에게 금기
• 부작용은 Thiazide와 같다.
• 노인 경우 저나트륨혈증, 탈수, 혈전증, 색전증 가능
• 구강, 위장의 화끈거림이나 단맛을 느낌
• 빠른속도주입 시 청각장애 초래(일시적/영구적) |
| 칼륨보유 이뇨제 | • Spironolactone (Aldactone)
• Triamterene (Dyrenium) | 원위세뇨관에서 알도스테론의 작용을 차단하고 나트륨과 수분 배출 증진, 칼륨의 정체 증진 | • 이뇨작용은 약하나 다른 항고혈압 약물을 강화시킴
• 오심을 줄이기 위해 식후 투여
• 칼륨양을 모니터 | • 신부전, 고칼륨혈증 시 금기
• 칼슘통로 차단제와 함께 사용하는 것은 금기
• 부작용 : 고칼륨혈증, 저나트륨혈증, BUN 상승, 여성형유방, 월경불순, 털의 증가, 성불능, 두통, 두드러기, 보행실조증 |

2절 ✦ 맥관계 건강문제

| 본문 p.296

1. ❷

골수조직은 골수 자체를 비롯하여 골수에서 기원한 적혈구, 혈소판, 과립성 백혈구 및 단핵구를 포함하며 림프조직은 흉선, 림프절, 비장을 포함한다.
또한 간은 주요한 여과조직으로 지혈과 혈액응고에 필수적인 응고인자를 형성한다. 조혈과 관련된 간의 기능은 다음과 같다.
1) 혈장단백과 응고인자 합성
2) 혈색소를 철분과 포르피린으로 분해하고, 포르피린을 빌리루빈으로, 그것을 다시 담즙으로 전환시켜 십이지장에서 지방소화 도움
3) 혈색소 성분 중 철분은 ferritin형태로 저장함

2. ❷

재생 불량성 빈혈(Aplastic anemia)＝골수 부전성 빈혈
• 골수의 혈구 생산 능력이 저하되어 빈혈
• 혈구소견 : 적혈구 저하, 백혈구 저하, 혈소판 감소증(범 혈구 감소증)
  - 헤모글로빈 저하, 적혈구 날개의 크기와 기능은 정상이다.
  - 과립구감소증, 백혈구 중 과립구가 특히 저하된다.
  - 혈소판 감소증, 혈소판이 $20,000 \sim 30,000mm^2$ 이하로 떨어진다.

3. ❷

악성빈혈은 비타민 B_{12}의 부족으로 생긴 빈혈로 적혈구는 대구성, 고색소성이 특징이다. 이는 비타민 B_{12}결핍, 내인자결핍(염산결여, 위절제, 만성적 위염), 흡수장애(소장염, 광범위한 장절제, 신진대사장애, 갑상선기능 항진증, 임신, 암)에 의해 발생한다.

4. 1) ㉠에서 나타난 전해질 불균형의 명칭

저나트륨 혈증 (Na+ : 125mEq/L vs. 정상치 135~145mEq/L)

2) ㉡에서 나타난 건강 문제

빈혈(Hemoglobin : 9.6g/dL vs. 여자 정상치 12~16g/dL)

3) ㉢이 소변 검사 결과에서 나타나는 기전 2단계

케톤체는 지방의 분해로 간에서 생성된다.

1단계 - 당을 에너지로 이용하기 힘들게 되면 당 대신 에너지로서 지방에서 지방산을 만들어 이용한다.

2단계 - 지방산이 간에서 케톤체로 바뀌어 소변으로 다량 배설되어 나오는 것이 '케톤뇨'이다.

5. 1) ㉠ 중에서 신경 결손을 선별할 수 있는 검사 항목

알파 피토프로테인(α-fetoprotein) 검사

2) ㉡ '태아 목덜미의 투명대'를 확인할 수 있는 부위

경추후부 피부조직(=목뒤 연조직)

3) ㉢에 해당하는 영양소의 명칭과 ㉣ 혈구의 특징

㉢ 비타민 B_{12}

㉣ 혈구의 특징 : 대구성 적혈구(비정상적으로 큼), 과(정)색소 혈구

❙ 혈액검사 시 혈색소와 헤마토크리트는 감소

구분	철분결핍성빈혈	악성빈혈
혈구 특징	저색소성, 소구성	과(정)색소, 대구성(거대적아구성) '임용20
MCH평균적혈구 혈색소량	감소	증가 [적혈구 300만/mm^3이하, 혈색소, Hct 감소, MCV 증가, 평균 혈구혈색소농도(MCHC) 정상]
철분	약간 감소	상승(세포당 혈색소 증가)
TIBC 총철분결합능력	상승(350~500μg/dℓ)	정상
빌리루빈	정상	상승(결함이 있는 적혈구의 용혈 → 비결합 빌리루빈 증가)

6. ㉠ 아스코르빈산이 함유된 VitC 제제를 함께 섭취하도록 권장한다. 이유 산성환경에서 (소장으로) 철분이 잘 흡수되기 때문이다.

㉡ 액상철분제를 빨대나 점적기를 이용하여 복용하는 이유는 치아 착색을 방지하기 위함이다.

㉢ 일정 기간동안 철분제를 먹어야 하는 이유는, 철분저장은 혈색소 생성보다 느리므로 혈색소가 정상치로 회복된 후에도 2~3개월까지 철분제를 복용해야 한다.

1) 철분 제제 투약 시 주의사항

• 철분은 십이지장과 공장 상부에서 가장 잘 흡수되기 때문에 유리 속도가 지연되는 당의정이나 캡슐 형태의 철분제는 비효과적이다.

• 철분은 산성 환경에서 가장 잘 흡수된다. 때문에 철분이 음식과 섞이지 않도록 하는 것이 중요하고 흡수 효율성을 극대화하기 위해서는 십이지장 점막이 산성화되어 있는 식사 1시간 전에 투약하는 것이 바람직하다. 또한 아스코르빈산을 함유하고 있는 비타민 C 제제나 오렌지 주스 등과 함께 마셔도 철분 흡수에 도움이 된다. 그러나 철분투약으로 작열감, 복부 불편감, 변비, 설사 등의 위장 자극 증상이 나타나면 필히 식사와 함께 투약하도록 한다.

• 희석하지 않은 액체형 철분제는 치아를 착색시키므로 희석해서 빨대를 이용해 먹는다.

• 철분치료는 흔히 변비를 유발하므로 투약이 시작되면 고섬유소 식이와 함께 변완화제를 사용한다. 또한 철분제를 사용할 경우 대변 속에 철분이 섞여 배설되기 때문에 대변 색깔이 까맣게 변한다는 것을 알려 준다.

2) 철분흡수 시 영향 미치는 요인
- 증가 - 산성, 비타민 C, 비타민 A, 칼슘, 육류생선가름균, 철로 만들어진 냄비
- 감소 - 알칼리(모든 제산제), 인산염(우유 섭취), 파틴산염(곡류), 수산염(과일과 채소 - 자두, 건포도, 녹두, 시금치, 고구마, 토마토), 탄닌산(홍차, 커피), 흡수장애질환(장염)

7. ㉠ 상염색체

㉡ HbS

겸상적혈구 빈혈은 열성 유전 질환으로 한쪽 부모에게만 비정상 유전자를 물려받으면 겸상적혈구 보인자 상태이다. 정상인은 혈색소 99%가 HbA, 겸상세포질환자는 β-chain이 비정상적인 HbS를 가지며 HbS는 적혈구의 저산소상태에 노출 시 낫 모양의 겸상세포로 변화되면서 서로 응집되어 혈관을 폐쇄한다. 저산소증이 심해지면 겸상세포가 응집하여 광범위한 혈관 폐쇄되는 겸상세포위기(sickle cell crisis)가 일어난다.

8. ❶

백혈구는 과립 백혈구와 무과립 백혈구

1) 과립 백혈구
- 호중구(50~70%, 제일 먼저 염증반응, 식균작용, 청소제, 발열의 요소)
- 호산구(2~4%, 약한 식균작용, 이물 단백질 해독)
- 호염기구(헤파린 유리로 응고와 염증의 치유에 도움)

2) 무과립 백혈구는
- 림프구(감마글로불린 생산, 식균작용, 세포성 매개체, 림포카인 유리)
- 단핵구(균의 침입에 이차적 방어 기능, 식균작용, 식세포의 역할)

9. ❶

10. ❷

골수조직은 골수 자체를 비롯하여 골수에서 기원한 적혈구, 혈소판, 과립성 백혈구 및 단핵구를 포함하며 림프조직은 흉선, 림프절, 비장을 포함한다.

또한 간은 주요한 여과조직으로 지혈과 혈액응고에 필수적인 응고인자를 형성한다. 조혈과 관련된 간의 기능은 다음과 같다.

1) 혈장단백과 응고인자 합성

2) 혈색소를 철분과 포르피린으로 분해하고, 포르피린을 빌리루빈으로, 그것을 다시 담즙으로 전환시켜 십이지장에서 지방소화 도움

3) 혈색소 성분 중 철분은 ferritin형태로 저장함

11. ❷

- 골수 검사는 골수천자와 골수생검이 있다.
- 골수의 조혈작용을 평가 - 혈액질환(재생불량성 빈혈, 백혈병, 악성빈혈, 혈소판 감소증 등)을 진단함
- 골수검체물은 흔히 후장골능에서 채취하나, 때로 전장골능이나 흉골(골수천자만)에서도 채취함

12. ❸

ㄴ. 미성숙 림프구가 간에서 지속적으로 생성(→ 골수내 미성숙 림프구 증식)

ㄹ. 호중구의 감소 및 미성숙 호중구의 증가로 절대 호중구 수가 증가함

: 호중구 검사결과 7%였으므로 호중구가 감소되었다.

항목	정상범주
WBC(White Blood Cell)	$4.0\sim11\times10^3/\mu L$
호중구	50~70%
Hb(Hemoglobin)	남성: 13.5~18g/dL 여성: 12~16g/dL

급성 림프구성백혈병(ALL)

14세 이전, 특히 2~9세 사이의 어린이와 노령층 빈도가 높다. 어린이 백혈병 중 가장 흔하다. 발열, 창백, 출혈, 식욕부진, 피로, 허약, 뼈의 통증, 관절통, 복통, 전신림프선증, 감염, 체중감소, 간, 비종대, 두통, 구강 통증, 중추신경계 침범으로 신경계 증상이 유발(뇌압상승, 뇌막자극 증상)된다. 적혈구, 헤마토크릿, 헤모글로빈, 혈소판이 감소되어 있고, 백혈구는 정상이거나 증가 또는 감소되어 있다. X-선 검사결과 장골의 골단부 횡선이 희미해져 있다. 골수검사상 림프아구로 과밀세포상태를 보인다.

13-1. 판막의 기능이 좋지 않아 밸브가 망가지면 역류되는 혈액과 올라오는 혈액이 만나 소용돌이를 일으키고, 그 압력으로 정맥이 부풀고 늘어나 정맥이 확장된 상태로 임신, 오래 서 있기, 부적절한 정맥회귀, 유전 등의 촉진요소가 있다.

13-2. 1) 하지의 동통

2) 관절의 부종

3) 정맥팽창(늘어짐), 이외에도 저린 느낌, 당기는 느낌이 있고, 피부색이 갈색, 피부염, 궤양 등이 생길 수 있다.

13-3. 1) 오래 서 있거나 앉는 자세보다 걷는 것이 좋다.

2) 밤에 잘 때 하지의 상승: 다리를 심장 높이 이상으로 올린다.

3) 조이는 의복은 제거하고 탄력성 양말을 착용한다.

4) 적정체중을 유지하는 것이 좋으며 비만하면 체중을 줄이는 것이 바람직하다.

14. 1) 환자에게 눕게 한 후 정맥이 비워질 때까지 다리를 올리게 한다.

2) 그런 후 대퇴부 중간쯤 표피정맥이 막힐 정도로만 지혈대로 편안하게 묶는다.

3) 그 상태로 일어서게 하여 정맥이 밑에서부터 채워지는 시간을 확인한다. 정상에서 정맥이 채워지는 데는 35초가 필요하다.

4) 지혈대는 60초에 풀어야 하는데 정상에서는 지혈대를 푼 후에도 정맥이 바로 채워지지 않는다. 그러나 지혈대를 푼 후에 위에서부터 혈액이 빨리 채워지면 판막에 문제가 있어 혈액의 역류가 일어날 수 있음을 의미한다. 정상에서는 밑에서부터 채워지나 불완전한 판막 때문에 위에서부터 채워진다.

15.
1) ㉠ 혈전이 생기는 병태생리적 기전
   - 혈전이 생기는 원인은 정맥정체, 과응고력, 정맥벽의 손상이 있는데, 이 경우는 정맥정체의 원인으로 혈전이 형성된 것이다.
   - 지속적인 부동으로 장딴지 근육의 펌프가 없거나 움직이지 않으면 정맥정체를 초래하여 혈관내벽에 혈소판이 유착됨으로써 시작된다. 혈소판이 결체조직(collagen)에 유착되면 adenosine diphosphate(ADP)가 유리된다. ADP는 혈소판을 응집하게 하고, 그 결과 혈소판 플러그(plug)를 형성한다. 혈전의 직경이나 길이가 보다 커지게 되면 이들은 혈관을 막게 된다. 그 결과 염증과정이 오고 혈전이 대퇴정맥, 겨드랑 정맥, 대정맥 등의 주요 정맥을 막으면 정맥압이 오르게 된다.

2) ㉡의 신체 검진 방법의 명칭
   Homan's sign

3) ㉢에 들어갈 신체 검진 결과의 양성 반응
   발바닥을 위쪽으로 굽히면 장딴지 근육에 통증이 있다.

심부 정맥 혈전증(deep vein thrombosis : DVT)
   - 원인 : 정맥정체(비만, 임신), 과응고력(탈수, 경구피임약, 악성종양), 정맥벽의 손상(정맥주사, 버거씨질환, 경화제 등)
   - 증상 : 한쪽에 부종(DVT의 전통적 징후)과 발적 발열감, 장딴지 근육에 통증(Homan's sign)
   - 치료 : 항응고요법(헤파린이나 coumarin 제제)

16.

	주요기관	증상
①	신장	육안적 및 현미경적 혈뇨, 단백뇨(환자의 25~50%)
②	관절(2/3)	단일 관절의 무증상 부종에서 여러 관절의 단단한 동통성 부종까지 다양, 무릎 발목에 흔함
③	복부	배꼽부근에 심한 산통이 반복적으로 나타남, 구토와 하혈을 동반하기도 한다.

17. ❷
   - **내적경로** : 혈관손상으로 내피세포층의 콜라겐 표면에 혈액이 접촉됨으로써 활성화
   - **외적경로** : 혈관 밖에서 진행되는 과정으로 손상된 조직으로부터 조직트롬보플라스틴이 유리됨으로써 활성화
   - **공통경로** : 트롬빈은 응고를 진행시키는 가장 강력한 효소로 가용성 혈장단백질인 섬유소원을 혈액응고에 필수적인 물질인 섬유소로 전환
   ③ 간에서 비타민 K 존재 하에서 생성되는 응고인자는 Ⅱ, Ⅶ, Ⅸ, Ⅹ이다.

18.
1) 25%
2) 50%
3) 50%

19.
   ㉠ 보인자 여성은 XX′ 와 정상 XY 시에 XX, X′X, XY, X′Y 자녀가 출생한다. 따라서, 아들은 XY, X′Y 로 한 아들은 정상, 다른 아들은 혈우병으로 태어난다.
   ㉡ 딸은 XX′, XX 로 한 딸은 정상, 다른 딸은 혈우병 보인자를 갖고 태어난다.
   ㉢ 혈우병 아버지인 경우 X′Y로 , 정상 어머니 XX로 아버지로부터 Y와 어머니로부터 X를 받은 두 아들은 모두 XY 정상으로 태어난다.

  ② 반성(Sex linked), 열성 유전에 의하기 때문이다.

   X：염색체에 의한 유전자와 존재가 원인이다.

   증상이 없는 여성의 X´：염색체 중 한 개의 염색체에 의해서 혈우병성 인자가 전이된다.

   단 한 개의 X´：염색체 중 혈우병성 인자가 존재하면 그 남성은 질병으로 표현된다.

   혈우병의 남자는 여자 자손에게 잠복성 혈우병을 전달한다.

   따라서 X´Y 에서만 혈우병이 나타나고, XX´ 보인자. X´X´ 는 사산된다.

20. 정서적 긴장 또는 추위 때문에 생기는 동맥경련성 장애로 원인자극에 노출되면 손가락동맥이 경련을 일으켜 수축되며, 피부가 창백해지고 손의 색깔이 변한다.

1단계	손가락이나 발가락이 하얗게 창백해지며 감각이 무뎌짐
2단계	혈액순환이 안 되어 피부가 파랗게 변함
3단계	혈액공급이 원상복귀되어 피부색이 붉어짐
4단계	완전히 정상색깔로 돌아옴

▎말초맥관질환

폐색성 혈전 맥관염(Buerger씨 병)	레이노병(Raynaud's disease)
① 원인：흡연, 가족력, 유전적 ② 동맥과 정맥의 염증 ③ 40세 이하의 젊은 남자 ④ 가끔은 비대칭으로 온다. ⑤ 간헐적 파행증, 안정시 동통 ⑥ 맥박 소실 ⑦ 주로 하지 침범 ⑧ 감염과 궤양 동반	① 원인：추위, 심리적 자극, 소인, 자가면역 결체조직의 혈관질환 ② 손과 발의 동맥의 발작성 경련 ③ 20~49세의 젊은 여자 ④ 양측성, 대칭적으로 온다. ⑤ 피부색 변화(창백 − 청색 − 발적), 무감각 ⑥ 맥박 만져짐 ⑦ 주로 손가락 침범 ⑧ 조직궤저는 거의 없음

제6강 요로계

1절 신장기능

                                 ▎본문 p.309

1-1. 1) 소변생성, 노폐물 제거

  2) 수분 및 전해질 조절

  3) 적혈구 생산에 관여(erythropoietin), 골형성

  4) 혈압의 조절

1-2. 1) 신장증(nephrosis)

  2) 신우신염(pyelonephritis)

  3) 사구체신염(glomerulonephritis)

4) 자간전증 및 자간(preeclampsia, eclampsia)

5) 신결석(kidney stone)

6) 당뇨병(siabetes mellitus)

1-3. 1) 재검사를 실시 : 이 검사는 집단 검진으로 질병에 걸릴 가능성이 높은 위험군을 색출하는 검사이므로 진단적 의미를 지니지 않는다. 재검사를 실시하여 오류의 가능성을 배제한다.

2) 학부모에게 알림 : 재검사 실시 후에도 양성으로 판정되면 학부모에게 사실을 알린다.

3) 건강력 수집 : 단백검출 관련 질환에 대하여 폭넓은 건강력을 수집한다.

4) 보건교육 : 신장 질환에 대한 주의사항, 섭생, 추후검사의 필요성에 대하여 교육을 실시한다.

5) 질병의 정확한 진단을 위하여 의뢰조치를 한다.

2절ㆍ 신장질환

| 본문 p.310

1. ① 기왕력 : 신염 발병 1~3주전 상기도감염 및 피부감염의 기왕력

② 혈뇨 : 보통 육안적 검붉은색(콜라색) 혈뇨를 볼 수 있다.

③ 단백뇨 : 지속적인 거품

④ 부종 : 특히 눈주위에 현저, 복수 동반하기도

⑤ 핍뇨 : 사구체 여과율의 감소로 핍뇨가 흔히 나타난다.

기타 : 초기 체온상승(40℃이상) / 고혈압 / 혈액검사시 혈액요소질소(BUN)치가 상승 등, 합병증의 증상, 복수, 늑막삼출증, 호흡곤란, 두통, 체중 등 사정

2. ❸

BUN(Blood Urea Nitrogen)	8~18mg/dL
Creatine	0.5~1.5mg/dL

• 증상 : 첫 임상징후는 얼굴, 특히 눈 주위의 부종, 식욕부진, 진한 소변색깔이다. 소변은 뿌옇고 홍차나 콜라와 같은 갈색을 보이며 소변양이 많이 감소한다.

• 영양관리 : 대체로 고탄수화물과 저단백식이가 처방된다. 단백질을 제한하는 정도는 소변을 통해 배설되는 단백질양과 환자의 요구량에 따라 정해진다. 염분이 많은 음식은 제한한다. 칼륨을 많이 함유한 음식물은 빈뇨기 동안 제한된다.

• 활동량의 조절 : 활동은 혈뇨, 단백뇨와 직접적인 상관관계가 있으며 운동은 이화작용을 증가시키므로 연속적인 요검사의 결과에 따라 활동량을 조절한다.

3. ㉠ 그룹 A 베타 용혈성 연쇄상구균

㉡ 부종

급성 사구체신염

용혈성 연쇄상 구균에 의한 상기도 감염이나 농가진을 앓고 난 후 약 1~3주 후에 갑자기 콜라 색깔의 소변을 보면서 부종, 고혈압, 핍뇨, 단백뇨 등의 증상이 나타나는 급성 질환

• 병태생리 : 항원 − 항체 반응의 결과 복합체가 생성되어 혈액을 순환하다가 사구체에 침전
→ 면역복합체는 사구체 모세혈관 고리에 걸리며 염증 반응 → 사구체 기저막에 항체를 형성하여 면역반응 → 염증(백혈구의 침윤, 모세혈관 고리는 부종 형성, 사구체 여과율 감소, 수분과잉 축적, 염분 정체, 부종, 혈액 순환 정체)

　 • 증상 : 단백뇨, 혈뇨(탁한 갈색뇨), 질소혈증, 핍뇨와 전신부종, 두통과 고혈압
　 • 합병증 : 폐수종, 심부전증, 두개내압 상승, 콩팥기능 상실
　 • 치료 : 대증요법(휴식, 단백제한), 감염예방, 면역반응의 억제, 신 기능 손상예방

4. ❸
　 • 신증후군은 단백뇨(>3.5g/1일), 저알부민혈증, 부종, 고지혈증 등의 임상소견을 보인다.
　 • 혈장알부민 저하에 대한 반응으로 간의 지방단백합성 증가로 고지혈증이 생기게 된다.
　 • 잠재적인 합병증은 세포외 수분 축적으로 인한 반응과 신부전으로의 점진적 진행이다. 대상자에게
　 는 심한 저혈량증, 혈전색전증, 2차적 알도스테로니즘, 비정상 갑상선 기능, 골연화증이 나타날 것
　 이며, 감염위험성이 증가한다.

5.
1) 신증후군의 병태생리
정상적인 사구체기저막은 단백질을 통과시킬 수 없다. 하지만 어떤 이유에서 사구체기저막의 변화로 기공이 커지게 되면 단백질이 빠져 소변으로 배출되게 된다(단백뇨). 계속해서 소변으로 단백질이 빠져나게 되면 혈중 단백질의 양의 부족해진다(저알부민혈증). 저알부민혈증은 교질삼투압을 감소시키게 되고, 이는 정수압보다 낮아지게 된다. 상대적으로 높은 정수압에 의해 체액은 조직 내로 이동한다(부종). 조직은 부종이 발생하였지만, 조직으로 빠져나간 수분으로 인해 혈관 내 혈류량은 감소하게 되며(저혈량증) 혈관내 수분 부족으로 인해 혈액의 점도가 상승하게 되며 혈전발생이 쉬워지게 된다. 한편 간에서는 혈액 속의 부족한 단백질을 보충하기 위하여 지단백합성을 증가시키게 되어 혈청지방수치가 상승하게 된다(고지혈증).
2) 신증후군의 4가지 특징적인 증상
첫째, 단백뇨와 소변량 감소이다. 뿌옇고 거품이 나는 소변을 볼 수 있고, 혈액량 감소로 인해 소변량이 감소하게 된다.
둘째, 저알부민혈증이다.
셋째, 부종과 체중증가이다. 부종은 주로 아침에 눈 주위에 형성되었다가 오후에는 하지로 이동한다. 요흔성 부종형성으로 부종부위를 손가락으로 누르면 움푹 들어가서 한참 동안 나오지 않은 상태로 머무르고 있다. 얼굴은 부종으로 인해 창백하고 푸석해 보인다. 장점막의 부종으로 인해 오심, 구토, 식욕부진 등을 호소하기도 하며, 부종으로 흉막 삼출물이 생긴 경우 수포음이 들리거나 호흡곤란을 호소할 수도 있다.
혈관 밖 간질공간으로 체액이 계속적으로 이동하여 짧은 시간에 급속히 체중이 증가하기도 한다.
넷째, 고지혈증이다. 혈장 알부민 감소로 간에서 지단백합성이 증가하여 혈중 LDL과 중성지방 수치가 증가하게 된다.
3) 사례 속 아동에게 가능한 간호진단과 간호 진단별 간호계획

간호진단	간호진단별 간호계획
1. 부종과 관련된 피부손상 위험성	• 세심한 피부간호를 제공한다. • 음낭과 같이 쉽게 부종이 오는 부위를 올려준다. • 따뜻한 생리식염수로 부종이 있는 눈꺼풀을 깨끗이 한다. • 체위를 자주 바꾸어 준다. • 부종의 정도에 따라 운동량을 정한다. 심한 환자는 먼저 침상안정을 취하고 체액의 균형이 정상으로 회복되는 정도에 따라 활동량을 늘린다. • 감염에 대한 주의 깊은 자가평가방법과 예방에 대해 교육한다.

2. 식욕 상실과 관련된 영양 불균형	• 음식을 소량씩 자주 음식 섭취하고, 철분이 포함된 풍부한 비타민을 섭취하게 한다. • 부종기와 스테로이드 치료 동안에는 염분을 제한하며, 소변 내 단백질 손실량에 따라 양질의 단백질로 섭취량을 조절하여 섭취하게 한다. • 규칙적으로 구강간호를 제공한다. • 환아, 부모, 영양사가 협력하여 영양학적으로 적절한 식이를 제공하도록 돕는다. • 대상자에게 자신의 체액상태를 사정하는 법을 교육하여 혈량저하증 또는 혈량과다증 상태를 알도록 한다. • 체중의 지나친 증가와 감소를 막기 위해 매일 체중을 측정한다.
3. 피로와 관련된 활동의 지속성 장애	• 심각한 부종 시 처음에는 침상안정하도록 한다. • 적절한 활동을 계획하고 실시하도록 돕는다. • 대상자가 피곤하다고 느낄 때는 쉬도록 한다. • 영양필요량에 맞는 칼로리 및 영양소 종류를 결정한다. • 가족의 지지 정도를 확인하고, 가족이 어떻게 도울 수 있는지에 대해 설명한다.

6.

1) ㉠ 저혈량증에 대한 신장의 보상 기전

단백뇨 → 저알부민혈증 → 저혈량 → renin-angiotensin system을 자극하여 Na와 물의 재흡수가 증가된다.

신장에서 레닌을 혈중으로 분비한다.

레닌에 의해 간에서 생성되는 혈장단백인 안지오텐시노겐이 안지오텐신Ⅰ으로 활성화된다. 폐에 있는 전환효소(converting enzyme)의 작용으로 안지오텐신Ⅱ로 전환, 혈관수축을 혈압상승을 도모한다.

① 1단계(알도스테론은 염분 재흡수, 전해질 조절)

안지오텐신Ⅱ는 부신피질을 자극하여 알도스테론의 생성을 촉진하고, 알도스테론은 원위요세관으로부터 Na재흡수를 촉진하여 전해질을 조절한다.

② 2단계(ADH는 수분재흡수)

안지오텐신Ⅱ에 의해 뇌하수체 후엽의 항이뇨호르몬(ADH)이 자극되고 세뇨관에서 수분의 재흡수를 조절한다.

2) 미세변화형 신증후군의 필수적인 검사 소견

㉡ 혈액검사 : 저알부민혈증, 고지혈증, 고지방혈증, 저단백혈증에서 2차적으로 발생된다.

간에서 지방합성이 촉진되기 때문이다. 소변으로 빠져나간 단백질을 보충하기 위해 간에서 활발하게 단백질을 합성하는데 간이 단백질만을 만들지 못하고 지방도 함께 합성하기 때문이다.

㉢ 소변검사 : 단백뇨

배뇨량은 감소하고 검은 유백색(젖빛, darkly opalescent)을 띠며, 많은 양의 단백질이 소변으로 배설되어 거품이 일어나는 심한 단백뇨가 초래된다.

3절 ◆ 신부전

| 본문 p.313

1. ❷

신부전 시 심한 질소혈증, 산독증, 요 희석능력 손상, 심한 빈혈과 고나트륨혈증, 고인산염혈증, 고칼륨혈증과 같은 전해질 불균형이 유발되므로 저인산 식이섭취가 되어야 한다. 수분제한, 인산결합약물복용 제한, 포타슘과 인이 많이 든 음식을 제한한다.

2. ❷

ㄴ. 투석을 주 3회 정기적으로 5년 이상 꾸준히 받다 보면 투석 불균형 증후군(dialysis-disequilibrium syndrome)이 나타날 수 있음

: 투석불균형증후군은 투석 중이나 직후에 나타난다. 초기증상은 오심, 구토, 안절부절못함, 두통이고 좀 더 심각하게는 경련, 혼수에 빠지기도 한다. 원인에 대해서는 논란이 많으나 혈액으로부터 과다한 노폐물이 급속히 제거되면서 뇌부종이 발생하여 나타나는 증상이라고 여긴다. 초기에는 투석시간을 짧게 하고 혈류 속도를 느리게 적용하여 예방할 수 있으며 점차적으로 투석 시간과 혈류 속도를 늘려나가는 것이 좋다.

ㅂ. 나트륨 섭취를 제한해야 하므로 칼륨이 든 대용 소금(salt substitutes)을 섭취하도록 함

: 혈액투석 환자의 식이요법 원칙은 좋은 영양상태 유지를 위해 질 좋은 단백질과 적절한 열량을 섭취하고, 염분과 수분섭취를 제한하여 투석 간 체중 증가량이 과다하지 않도록 해야 한다.

3. ㉠ 고칼륨혈증

㉡ 인슐린이 Na^+-K^+ 펌프를 자극하여 포타슘(칼륨)을 혈청에서 세포 내로 유입시킴으로써 혈중 포타슘(K^+) 농도를 감소시킨다.

㉢ 혈액 내 노폐물 제거, 혈액 내 수분 제거

4절 요로염

| 본문 p.315

1. ❶

2-1.

해부학	1) 여자의 경우 요도가 짧고(방광까지의 거리가 가깝다) 일직선이다. 2) 해부학적으로 질, 직장과 가깝기 때문에 감염빈도가 높다.
폐경	폐경기 이후의 여성은 에스트로겐(estrogen) 결여로 인해 질과 요도에 세균이 유착되고 증식할 가능성이 높아진다.
임신	임산부의 경우 요관의 기계적 압박이나 호르몬 변화가 있다.
기타	성관계 시 요도 주변의 균을 방광으로 밀어 올릴 수 있어서, 또한 월경이나 나이가 들어 호르몬의 변화로 질의 산도가 변화되어 성관계 시 요도감염 유발가능 등의 이유가 있다.

2-2. ① 수분섭취증가(3ℓ 이상) : 다량의 수분을 섭취함으로 요를 희석시켜 점막자극을 줄이면 통증이 완화된다.

② 치골상부 온찜질(적당한 보온) : 방광은 한냉에 영향을 받으며 온찜질로 혈류를 증가시키고 근육을 이완시켜 방광경련, 치골부위 통증을 감소시킨다.

③ 좌욕실시 : 안위증진, 따뜻한 좌욕은 배뇨 시 작열감, 요도 점막의 자극에 통증을 감소시킨다.

④ 요를 산성화시키는 음료를 권장한다.(크랜베리주스, 비타민C 등)

⑤ 조이는 옷은 피하고 면내의를 착용하도록 한다.

⑥ 커피, 홍차와 같은 자극제는 삼간다.

⑦ 상행감염예방을 위해 요도주위를 청결히 한다.

3.
  1) 소변줄기의 가늘어짐 : 배뇨시작이 어렵다.(하요도증상, 즉 지연뇨)
  2) 방울방울 똑 똑 떨어진다.(힘과 흐름의 감소)
  3) 배뇨후 곤란 : 방광을 완전하게 비우기가 힘들다.
  4) 요정체 : 배뇨 후 곧 요의를 느끼고, 잔뇨감 or 빈뇨 or 야뇨증 or 요실금

양성 전립선 비대증

50세 이후 남자에게 증가한다. 침범된 전립샘은 양측성으로 커지며 부드럽고 약간의 탄력성이 있다. 전립선 비대는 커진 것이 만져지기 전에 요로의 흐름을 막는다.
- 증상 : 점진적 요로폐색으로 인한 방광경 폐쇄증상 → 배뇨곤란 → 요정체
- 치료 : 자극적인 음식 피하기(조미료, 탄산, 특히 알코올), 약물요법 Finasteride(전립샘 축소, 요도압력 감소), 마사지 및 목욕, 규칙적인 배변습관

4. ❸
  ㉠ 폐 타진 : 공명음이 들린다.
  ㉣ 고환 검사 : 길이 3.5cm~5.5cm, 폭 2~3cm의 크기를 가진 난원형의 매끄러우면서도 단단한 기관이 촉진된다.
  ㉤ 린네 검사 : 공기 전도가 골 전도소리보다 더 오랫동안 들린다.

5. ㉠ 직장수지검사 (항문수지검사, 직장지두검사)
   ㉡ 전립샘 특이항원검사(prostate specific antigen, PSA)

직장수지검사

전립샘이 부드럽고 매끈하며 대칭적으로 커져서 직장벽 안쪽으로 1cm 이상 튀어나와 있다. 전립선비대의 초기증상 발견에 매우 중요한 검사법으로 의사의 둘째손가락을 항문으로 삽입하여 직장 쪽으로 있는 전립선 부위를 만지는 검사법

전립샘 특이항원(prostate specific antigen, PSA) 검사

- 전립샘에서만 유일하게 생성되는 당단백질 면역물질
- 정상치를 4ng/ml 이하, 그 이상시 전립선암 가능성25~30%, 10ng/ml이상이면 약 50%

제7강 근골격계

1절 ◆ 염증성 질환

| 본문 p.318

1. ❸

퓨린의 대사장애로 요산 결정체가 축적되어 생기는 대사성 골장애는 통풍이다.

2.
1) 급성기 시 침상안정, 휴식과 활동의 적절한 균형
2) 부목, brace, 보조기(손잡이, 그릇, 빗, 변기 등) 및 보조장구(목발, 지팡이, 부목 등)를 사용하여 관절의 변형 및 구축 예방
3) 열이나 냉찜질 등의 적절한 적용으로 통증 및 안위 도모
4) 안전하고 효과적인 운동 : 매일 ROM 운동, 등척성 운동과 등장성 운동을 번갈아 한다. 너무 과격한 운동은 피하고 운동으로 인한 피로가 남지 않을 정도의 강도로 행한다.
5) 균형 있는 영양식이(칼슘, 단백질 충분히/지방 줄이기)와 체중과다 예방

3. ❶
- **골 관절염** : 마모로 인한 관절의 점진적 퇴행과 관절의 과부하 등으로 인해 연골이 파괴되어 발생 : 헤베르덴 결절
- **류머티즘 관절염** : 면역 복합 질환으로 관절 활막과 결합 조직 손상되어 발생 : 척골 기형
- **통풍성 관절염** : 혈청 요산 침전물 증가로 인해 관절 및 결체 조직에 요산 나트륨이 축적되어 발생 : 토피(요산이 축적된 상태)

❚ 류마티스성 관절염의 증상

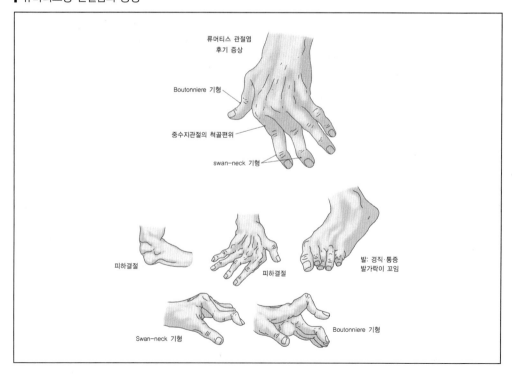

4. ㉠ 요산나트륨(요산)
㉡ 퓨린

통풍의 약물요법

Colchicine이 통증완화와 요산배설작용이 있다. 요산 생성 억제제인 Allopurinol을 함께 사용하는 것이 좋다.

- Colchicine : 통풍 완화, 요산 배설제
- Allopurinol : 요산 생성 억제제
- ACTH : 요산 제거, 항염증 효과
- Probenecid, Sulfinpyrazone : 과다한 요산요배설제

5.

단서	류마티스 관절염의 특징	골 관절염 비교
<u>특정 부위 관절이</u> 붓고 아픔	• 여러 관절이 동시에 붓고 아픔 • 대칭적임 • 처음에 소관절(PIP, MCP, MTP) 침범 • 손목, 팔꿈치, 어깨, 무릎 등이 침범	• 많이 사용한 관절이 붓고 아픔 • 체중부하와 관계된 관절(고관절, 무릎관절) 침범 • 편측성
하루 중 특정 시간에 손이 뻣뻣하여 주먹을 쥐기 어려움	• 관절이나 관절 부위의 뻣뻣함이 1시간 이상 지속됨	• 기상 시 뻣뻣함이 30분 후에는 부드러워짐
손 : 검지와 중지의 중수지 관절이 부어 있고 열감이 있음	• 주로 손가락 가운데마디 침범 • 진행되면서 손가락 관절의 신전변형으로 swan neck이나 boutonniere 변형	• 주로 손가락 끝마디 침범
팔꿈치 : <u>그림과 같은 특징이 나타남</u>	• 전체 환자의 약 25% 정도에서 주관절 피하에 류마티스 피하결절 • 이 결절은 지속되거나 자연 퇴화 • 쉽게 상처가 나거나 감염될 수 있으므로 주의/결절은 공막이나 폐에도 생길 수 있으며 좋은 예후가 좋지 않음을 암시함	• 피하결절은 동반되지 않음
혈액검사 : 골관절염에서 나타나지 않는 <u>특정 물질이 검출됨</u>	• 류마티스 인자(Rheumatoid Factor : RF)로 알려진 비정상적 면역글로불린의 일종이 혈장내에 많이 증가되고 있음	• 다소의 백혈구 증가만 있음
X-선 : <u>사진과 같은 결과가 나타남</u>	• 활액막염의 침범으로 관절강의 침식이 이루어져 관절강의 협착, 미란, 아탈구 현상이 나타남	• 체중부하로 인해 관절연골이 닳아서 구순과 같은 뼈모양(관절표면의 가장자리에 거상돌기)을 확인

6.

1) ㉠에 해당하는 질환의 명칭
   통풍
2) ㉡에 적합한 중재
   절대 안정(이때 부목 등의 고정으로 휴식 및 안정도모, 통증 자극 제한)
3) ㉢의 투여 목적
   혈중요산배출

> **통풍의 약물 치료**
> • 알로퓨리놀(Allopurinol) : 요산 생성 억제제
> • 콜히친(Colchicine) : 통풍 완화, 요산 배설제
> • ACTH : 요산 제거, 항염증 효과
> • 프로베네시드(Probenecid) : 과다한 요산요배설제

4) ㉣의 이유

통풍은 퓨린의 신진대사장애로 인해 요산의 과잉공급이나 배설장애 시 혈중 요산농도가 높아지고 요산나트륨이 관절이나 관절연골 및 활액막에 축적되어 발생하는 질병이므로 퓨린 함량이 높은 음식 섭취 시 질병을 악화시킬 수 있음

7. ㉠ Phalen 징후

㉡ Tinel 징후

손목의 정중신경에 압박이 가해지는 가장 흔한 신경성 질환이다. 정상적으로 수근관으로는 9개의 굴곡건과 정중신경이 지난다. 압박이나 염증상태가 비교적 약하면 감각의 변화가 엄지, 검지와 중지의 외측 1/2에 나타난다. 통증은 주로 밤에 더욱 심해지고 팔로 뻗치며 섬세한 움직임이 어려워진다.

• Tinel 징후 : 팔목의 정중신경 부위를 가볍게 타진하면 정상인은 무반응이나 수근관 증후군에서는 세 개반 정도의 손가락에 얼얼한 느낌이 생긴다.

• Phalen 징후 : 팔목을 20~30초간 힘 있게 굴곡시키면 양성인 경우 팔목부위가 무감각해지고 얼얼해진다. 손목압박 검사는 팔목의 굴근표면에 30초간 손으로 압박을 가했을 때, 감각이상이 나타나면 양성으로 판단한다.

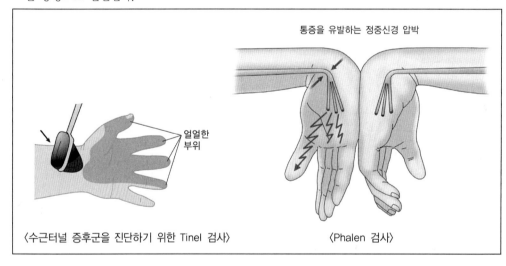

〈수근터널 증후군을 진단하기 위한 Tinel 검사〉 〈Phalen 검사〉

2절· 기계적 근골격질환

| 본문 p.322

1. ❸
- **혈종 형성 단계**: 골절 후 즉시 그 부위에 출혈이 생기고 삼출물이 생기는 것이다.
- **세포 증식 단계(과립조직 형성)**: 세포와 새로운 모세혈관이 점차적으로 모여 2~3일 내로 혈종은 과립조직으로 대치된다.
- **가골 형성**: 손상 후 6~10일 정도 되면 과립조직이 변화되어 가골이 형성된다.
- **골화 과정**: 영구적인 진성가골인 단단한 뼈는 무기염류가 축적됨으로써 형성된다. 첫번째 단계는 골막과 피질 사이에 외가골이 형성되고, 그 다음에는 골수 내 가골, 마지막으로 피질절편 사이에 가골이 형성된다. 3~10주가 지나면서 가골은 뼈로 변화된다.
- **골 재형성 단계**: 가골은 점차로 진성뼈가 되면서 강해진다. 그리고 조골세포와 파골세포의 작용에 의해 재형성된다.

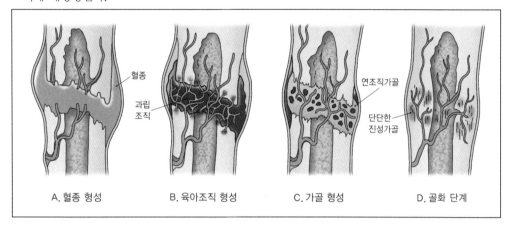

A. 혈종 형성　　B. 육아조직 형성　　C. 가골 형성　　D. 골화 단계

2.
1) 골편 고정 및 기형 예방: 폐쇄성 골절이 개방성 골절로 진행되지 않도록 한다.
2) 통증 감소
3) 쇼크 예방 및 더 이상의 손상방지
4) 근육, 신경, 혈관 손상예방
5) 출혈과 부종 감소
6) 상처부위의 혈액순환장애 방지

3. ❸
견인은 손상입은 부위나 사지에 잡아당기는 힘을 적용하는 것으로, 이때 반대방향으로 잡아당겨지는 대항견인력이 존재한다. 따라서 견인의 목적은 골절정복 및 재배열과 골절된 뼈의 치유증진, 근경련 감소, 부동을 통한 연조직 손상예방, 변형에 대한 예방, 염증이나 질환이 있는 관절 휴식, 탈구나 아탈구에 대한 예방 및 치료, 구축예방, 요통이나 경추의 편타 손상과 연관된 근육경련의 감소 등이다. 견인장치는 다발성 외상을 동반한 골절에 많이 사용되며, 강한 근육조직에서 경련발생 예방을 위해 많이 활용된다. 견인무게는 대체로 2.3~4.5kg로 제한되며, 골반이나 경부의 피부견인은 간헐적으로 더 무거운 무게를 적용한다.

4. **❶**

　　ⓛ 상지 석고붕대의 제거 후 액와용 목발의 사용 시 액와보다 손을 사용하여 체중을 지탱하도록 한다.
　　　→ 목발사용 시 액와로 체중을 지탱하면 상완신경총을 압박하여 목발마비가 나타날 수 있다.
　　ⓒ 석고붕대를 하고 있는 손상 부위의 근력 증진을 위해 등장운동(isotonic exercise)을 격려한다.
　　　→ 등척성운동(isometric)을 격려. 등척성운동은 근육의 힘과 근육의 긴장을 증대시키는 운동으로
　　　　근육 허약증이나 불용성 위축을 예방하고 근육의 긴장도나 내구력을 길러준다. 캐스트(cast)환
　　　　자 근육강화
　　　　VS 등장운동(isotonic exercise)은 근육의 수축과 이완으로 근육의 힘과 강도를 증대하고 관절
　　　　운동에 도움을 준다.
　　ⓔ 상지 석고붕대 시 앞 단추가 있는 상의를 입을 때는 오른쪽을 먼저 입도록 한다.
　　　→ 왼쪽 상지 장상지 석고붕대(long arm cast)이므로 석고붕대쪽(왼쪽)을 먼저 입도록 한다.

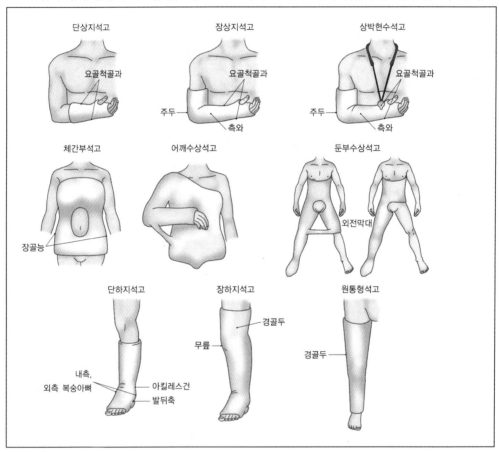

장상지석고 환자는 어깨와 손가락의 관절운동을 한다. 장하지석고 환자는 둔부와 발가락에 대하여
등척성운동(isometric)을 매시간 시행한다. 예로는 대퇴사두근 힘주기와 둔부근 힘주기가 있다.

5. ❹

〈목발보행 훈련〉

하지의 양측 또는 한 측의 병변이나 허약 또는 마비로 스스로 보행이 불가능할 때 목발을 이용한다. 목발보행을 하는 동안 어깨와 상지근육으로 힘을 기르는 운동과 근육군의 힘과 조정력 증진을 위한 평행대 운동을 점차적으로 진행한다. 목발 사용 전에 의자 옆에 정상 하지로 서서 균형 잡는 훈련을 한다. 목발 훈련은 환자의 근력상태(특히, 상지의 근육)와 관절의 운동범위상태를 파악하고 올바른 목발을 선택하여 훈련해야 한다. 액와 목발은 환자의 신장에 따라 목발길이와 손잡이를 조절할 수 있어 가장 널리 사용된다.

- 체중의 80% 이상을 목발에 지지할 수 있다.
- 목발 사용 시 손목으로 체중을 지탱하도록 하고 액과에는 체중이 가해지지 않도록 주의한다.
- 목발의 길이가 길면 상완신경총을 압박하여 목발마비가 나타날 수 있다.
- 길이가 짧으면 등이 굽어지는 자세가 될 수 있다.
- 겨드랑이에 접하는 목발부분에 손이나 고무를 대서 상지와 흉곽에 가해지는 압력을 완화시킨다.

목발 시 유의점

- 손바닥과 손목에 체중 부하를 한다. 액와에 체중이 가해지면 요골신경이나 상완신경총이 눌려서 손상되고, 팔꿈치와 손목신전 근육이 마비되어 목발마비가 온다.
- 겨드랑이 부분에 패드(솜이나 고무) 대서 상지와 흉곽에 가해지는 압박을 완화해야 한다.
- 걸을때는 팔꿈치를 펴야 한다.
- 목발끝의 고무가 닳거나 벗겨졌는지, 안전을 위해 점검한다.
- 보행통로에 휴지통, 전선 등 장애물을 치우도록 한다.
- 청결하고 물기 없어야 한다.
- 미끄럼방지 바닥이 있는 신발이나 지지가 되는 신발, 굽이 낮은 신발을 신는다.
- 캐스트를 한 발에는 보행 시 충격을 흡수할 수 있는 다리 석고 붕대용 신발을 착용한다.

6. ❶

ㄷ. 체중이 액와에 과중되지 않도록 손잡이 위치를 잘 조절한다. 올바른 손잡이의 위치는 똑바로 서서 관절각도계로 팔꿈치 각도가 30도로 약간 굴곡되는 것이다. 겨드랑이에 접하는 목발부분에 솜이나 고무를 대서 상지와 흉곽에 가해지는 압력을 완화시킨다.

ㄹ. 3점 보행으로 한쪽 하지가 약해서 체중부하를 할 수 없고 다른 한쪽 하지는 튼튼하여 전체 체중유지가 가능할 때 사용한다. 양쪽 목발로 허약한 쪽다리를 지탱하면서 동시에 나가고 그 다음 강한 쪽 다리를 내딛는다. 좌측 목발, 우측 목발, 환측발, 건측발의 순이며, 점차적으로 좌측 목발과 우측 목발을 동시에 내고 환측발, 건측발의 순으로 훈련시킨다.

7. 1) ㉠ 손잡이

> 목발의 적절한 길이와 손잡이의 적절한 위치를 포함하는 것이 중요하다. 적절한 위치의 손잡이는 똑바로 선 대상자의 체중을 지탱할 수 있다.

2) 기본 목발 자세에서 ㉡이 중요한 이유
   넓은 지면을 만들면 보다 안정적인 자세를 취할 수 있다.
   대상자의 기초지지를 넓혀주고, 대상자의 균형을 좋게 해 준다.

3) ㉢에 해당하는 내용
   건강한 다리

8. ㉠ 상완신경

㉡ 3점보행

㉢ 계단을 올라갈 때: 건강한 다리 – 목발과 아픈 다리

체중을 목발에 지탱한 후 건강한 다리 오르기를 한 후 체중을 건강한 다리로 옮긴 후 두 목발과 아픈 다리 오르기 순으로 한다.

- 계단을 내려갈 때: 목발 – 아픈 다리 – 건강한 다리

체중을 건강한 다리에 지탱한 후 목발을 한 계단 아래로 내리고 체중을 목발로 옮겨 지탱하면서 아픈 다리를 먼저내리고, 뒤이어 건강한 다리를 내린다.

9. 1) 증후군의 명칭 : 구획증후군

2) 발생 기전

- 구획이란 근막으로 둘러싸인 근육, 뼈, 신경, 혈관으로 구성되어 있다. 구획은 근막 때문에 밖으로 확장되어 나갈 수가 없다(해부구조의 설명).
- 손상으로 구획의 압력이 증가하면 근육이나 신경, 혈관과 같은 부드러운 조직이 압박을 받게 된다. 결국 혈액순환을 방해하여 근육과 신경이 손상된다(압력증가의 원인제시 후 압력으로 인한 결과 설명).

> **구획증후군의 기전 및 치료**
> - 구획이란 근막으로 둘러싸인 근육, 뼈, 신경, 혈관으로 구성되어 있다. 구획은 근막 때문에 밖으로 확장되어 나갈 수가 없다는 것을 알아야 한다.
> - 구획의 크기가 증가하면 구획 내에 있는 근육이나 신경, 혈관과 같은 부드러운 조직이 압박을 받게 된다.
> - 구획 증후군은 석고붕대나 조이는 드레싱과 같은 외부적인 압력에 의해 발생하기도 한다.
> - 구획 증후군의 치료는 압박의 원인을 제거하는 것이다(석고붕대의 앞쪽 반을 제거하고 압력붕대도 제거). 만약 그 원인이 심한 부종으로 인한 것이라면 근막절개술을 시행한다.

3절 **대사장애질환**

| 본문 p.327

1. 1) 폐경기 이후 골다공증의 원인

- 칼슘 결핍 : 섭취부족, 칼슘흡수를 방해하는 질환, 부적당한 비타민 D 섭취, 약물복용
- 운동 부족
- 성별 차이 : 호르몬에 따라 뼈의 힘에 미치는 영향이 다르다.

2) 예방법

- 의사의 진단 후 에스트로겐 투여 : 자궁암 발생에 주의
- 체중부하운동
- 매일 적당량의 칼슘섭취와 비타민 D 섭취
- 칼슘의 흡수를 방해하는 음료 피함
- 통증완화와 골절예방

2. 1) 요통증

2) 심하면 병리적 골절이 흔히 나타나고 경미한 외상에도 쉽게 골절이 된다. 흔히 골절되는 부위는 대퇴경부, 요골 원위부, 상박골 골절 등이다.

3) 척추의 압박골절 동반(신경계 합병증은 동반되지 않음), 체중부하로 인해 척추 후굴 및 척추의 다발성 골절로 키가 작아진다.

4) 구강 위생 상태가 불량하면 턱뼈의 골질량 손실로 치아가 소실된다. - 식사하기도 힘들 뿐 아니라 외모의 변화로 자아존중감이 상실된다.

3. ❹

골다공증의 발생 요인은 복합적으로 영양, 신체적 상태, 호르몬, 선천적 요인, 흡연, 가족력 등이 관련되어 있으며, 주요 요인은 여성 노인, 칼슘 결핍, 정규적 운동의 부족, 폐경 등이다.

ㄹ 혈중 콜레스테롤 정상치 150~230mg/dl이므로 180mg/dl은 정상이다.

4. ❹

(라) 칼슘 섭취가 부족하거나 다른 원인으로 인해 혈중의 칼슘 농도가 부족하면 부갑상선에서 부갑상선 호르몬이 분비된다. 부갑상선 호르몬이 분비되면 혈중 칼슘농도가 증가하고, 이에 따라 골다공증이 발생할 수 있다.

4절 ‣ 기타

| 본문 p.329

1-1. 1) 척추변위와 관련된 심장기능의 저하

2) 척추변위와 관련된 폐기능의 저하

3) 척추변위로 신경의 압박을 받아 요통 발생

4) 이로 인한 수명단축

5) 디스크가 돌출되거나 찢어질 확률이 있음

6) 근육의 경우 한쪽은 무리가 가해지고 반대쪽은 약해짐

7) 천골의 균형이 무너져 기울어짐

1-2. 1) 먼저 학생을 런닝셔츠만 입힌 상태 또는 상의를 다 벗은 상태에서 바른 자세로 약간 다리를 벌리고 바로 세운다.

㉠ 촉진 시 C자형

㉡ 좌우 어깨선 높이의 차이 및 견갑골 높이의 차이를 본다.

2) 좌우 견갑골의 후방 돌출유무를 확인한 다음 양팔을 나란히 하여 등을 90도까지 전방으로 굽히게 하고 검사자가 앞에서 혹은 뒤에서 등과 같은 눈높이로

㉠ 좌우 등높이(늑골 돌출고)의 돌출 정도를 본다.

㉡ 좌우 허리높이(요추부 돌출고)의 돌출을 보면 된다. 돌출된 모습이 확인되면 자세 이상자로 보면 된다.

3) 자세 이상자의 경우 대부분 척추가 휘기 시작하는 모습이 정밀 X-선 검사에서 관찰되지만 10도 이상의 휜각도가 측정될 때 임상적으로 척추측만증이라고 진단한다.

2. 1) 촉진 시 C자형

2) 선 자세에서 어깨 높이의 차이

3) 견갑(어깨축지)골 돌출확인

4) 손을 앞으로 하고 등을 90도로 구부렸을 때 등 높이의 차이

5) 허리 부분의 근육 높이 차이

3. 1) 정기적 검사 및 이학적 검사. 특히 학부모가 일주일에 한번 정도 목욕을 같이 하면서 척추이상을 체크 - 조기 발견 / 자세이상 시 X-선 검사

2) 척추 주변 근육강화 운동의 생활화(정적운동 - 윗몸 일으키기, 상체 들기 운동 등 / 전신운동 - 줄넘기, 수영, 자전거 타기)

3) 바른 자세 생활화(경추 전만 곡선을 감소시키는 좋은 자세, 바르게 앉기, 바르게 책읽기, 바른 자세로 자기, 무거운 물건 주의)

4) 일상에서 주의(척추 압력 제거) : 체격에 맞는 책·걸상 사용 / 가방 무게 줄이기 / 학업 시 한 시간마다 일어나 허리운동하기, 컴퓨터 게임도 한 시간 이상하지 않기 등

5) 그 외 스스로 본인의 자세가 나쁘다고 생각되거나 어깨, 등, 허리에 아픈 증상이 있다고 생각되면 의사의 진단 받기

4. 〈그림 1〉

• 촉진 시 C자형이나 S자형을 확인한다.

• 좌우 어깨선 높이의 차이와 견갑골 높이의 차이를 본다.

• 좌우견갑골의 후방돌출유무를 확인한다.

〈그림 2〉

• 좌우 등높이(늑골 돌출고)의 돌출 정도를 본다.

• 좌우 허리높이(요추부 돌출고)의 돌출 정도를 본다.

5. 1) ㉠의 방법으로 검진해야 할 사항 2가지

• 촉진 시 C자형이나 S자형을 확인한다.

• 좌우 어깨선 높이의 차이와 견갑골 높이의 차이를 본다.

• 좌우견갑골의 후방돌출 유무를 확인한다.

2) ㉡에 해당하는 검사 명과 이 방법으로 검진해야 할 사항 1가지

Adams 전방굴곡 검사

• 등높이(늑골 돌출고)의 돌출 정도를 본다.

• 좌우 허리높이(요추부 돌출고)의 돌출 정도를 본다.

6. ❶

ㄴ. 절단부 상처가 치유될 때까지는 체중을 증가시켜 지구력을 강화한다.

→ 규칙적으로 운동을 하여 근육강도와 지구력을 증가시킨다. 절단부 상처가 완전히 치유되기 전까지는 체중부하를 통제한다.

ㄷ. 절단부는 단련을 위하여 봉합 부위가 치유되지 않아도 의족 착용을 시작한다.

→ 봉합부위가 완전히 치유된 이후 의족착용을 한다. 의족착용 후 처음 보행을 시작할 때 자주 절단부면을 관찰하고 만약 피부자극이나 찰과상이 있으면 의족착용을 잠시 중단한다.

ㄹ. 봉합부위가 치유된 다음에는 절단부의 부종을 감소시키기 위해 착용한 의족을 수시로 벗는다.

→ 절단부의 부종을 감소시키기 위해서는 붕대를 균일하게, 일정하게 감는 것이 중요하다.

ㅁ. 절단부에 찰과상이 발견되면 일회용 반창고를 붙이고 의족을 착용하여 감염으로부터 보호한다.

→ 일회용 반창고는 연한 피부면을 더욱 자극하므로 사용을 금한다.

제8강 신경계

1절 ◆ 신경계 구조와 생리적 기능

| 본문 p.333

1. ❷

> 삼차신경(제5뇌신경)
> • 안와신경: 각막, 비점막, 얼굴 체감각
> • 상악신경: 안구, 구강, 혀의 전방 2/3,
>   치아의 체감각
> • 하악신경: 안면하부 체감각, 저작운동
>   (측두근, 저작근)
>
> 제5뇌신경(삼차신경)
>
>
>
> — 1분지(안신경): 이마, 눈 주변
> — 2분지(상악신경): 코 주위, 윗입술, 광대, 상악 치아
> — 3분지(하악신경): 턱과 혀, 하악 치아

2. ❸

3. ❹

제10뇌신경은 미주신경으로 인두, 후두의 감각기능과 연하운동, 부교감신경활동을 한다. 목젖 자극 시 자극된 연구개가 올라가지 않거나 소리를 낼 때 목젖이 마비된 쪽에서 정상인 쪽으로 돌아가면 미주신경의 손상을 의미한다.

4. ❶

(가) ─ ㄴ. 동안신경
(나) ─ ㄹ. 청신경
(다) ─ ㄷ. 안면신경
(라) ─ ㅁ. 부신경
(마) ─ ㄱ. 후신경

5.

㉠ 눈반응 2점: 통증자극에 눈을 뜬다 / 언어반응 2점: 이해불명의 소리를 낸다 / 운동반응 3점:
  비정상적인 굴곡반응을 보인다
㉡ 라쿤 징후(racoon sign, racoon eye): 안와 주위의 반상출혈
㉢ 배틀 징후(Battle's sign): 유양돌기 주위의 반상출혈

❚ Glasgow Coma Scale

관찰반응	점수	반응
눈 또는 반응	4	자발적으로 눈을 뜬다.
	3	부르면 눈을 뜬다.
	2	통증자극에 눈을 뜬다.
	1	전혀 눈을 뜨지 않는다.

	5	지남력이 있다.
언어 반응	4	대화가 혼돈이 된다.
	3	부적절한 언어로 반응한다.
	2	이해불명의 소리를 낸다.
	1	자극에 소리가 없다.
운동반응	6	명령에 따른다.
	5	통증부위를 지적하고 유해자극을 제거하려고 시도한다.
	4	자극에 움츠린다.
	3	비정상적인 굴곡반응을 보인다.
	2	비정상적인 신전반응을 보인다.
	1	움직임이 없다.

두개골 골절은 경막의 열상으로 인해 뇌척수액이 코나 귀로 흘러나온다. 뇌척수액이 누출되면 대상자가 수막염에 걸릴 위험이 높다. 두개골 골절의 특징적 증상과 징후는 안와 주위의 반상출혈(라쿤 징후와 비루)과 유양돌기 주위의 반상출혈(배틀 징후), 중두와 골절의 간접증상으로 고실혈증(고막뒤에 혈액이 고이는 증상)이다. 그리고 뇌척수액의 halo sign(달무리 징후) 또는 ring sign이 진단의 기준이 된다.

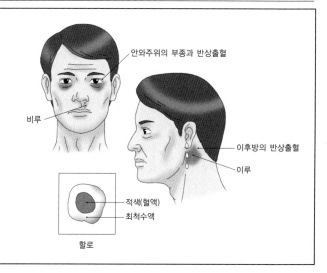

안와주위의 부종과 반상출혈

비루

이후방의 반상출혈

이루

적색(혈액)

최척수액

할로

6. ❶

뇌동맥 경화증은 뇌동맥에서 죽상동맥경화(동맥의 내벽에 죽처럼 생긴 덩어리가 생기는 것)가 진행되면 현기증, 이명, 몸이 공중으로 뜨는 것 같은 부양감이 발생한다. 이런 동맥경화가 더욱 진행되면 뇌졸중이 되기도 하지만 뇌의 작용이 서서히 떨어져 건망증, 기억력 상실, 집중력 저하, 감정의 불안정 등 정신 증상이 나타나며 심하면 치매를 일으키기도 한다. 이런 종류의 치매는 혈관이 막히거나 좁아져 뇌에 충분한 혈류를 공급하지 못해 발생하는 것으로 혈관성 치매라고 하며, 뇌졸중이나 다발성 뇌경색이 원인이다.

2절 · 감염성질환

| 본문 p.336

1. **❶**

② 오펜하임 증후 : 전내경골근을 강하게 긁어서 자극했을 때 첫째발가락
의 신전, 다른 발가락이 부채살 모양으로 펼쳐지면 피질척수로(추체로)
질환을 의미함

③ 케르니그스(Kernig's) 증후 : 환자를 앙와위로 눕히고 대퇴를 복부 쪽으
로 굴곡시키고 무릎은 대퇴에 대해서 90°를 이루도록 신전시켰을 때
대퇴후면의 통증 및 무릎의 저항과 통증을 느끼면 수막의 불안정을 의
미함

④ 바빈스키 증후 : 발바닥의 외측과 반대쪽을 강하게 긁어서 자극했을 때
첫째발가락의 신전, 다른 발가락이 부채살 모양으로 펼쳐지면 피질척
수로(추체로)질환을 의미함

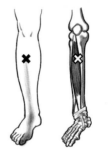

오펜하임 증후

2. 1) Brudzinski's Sign(+) : 검진자가 머리와 목을 굴곡시킬 때, 환자의 무릎의 굴곡과 함께 양측 고관
절이 불수의적으로 굴곡을 일으키고 경부에 동통을 느낀다.

2) Kernig's Sign(+) : 앙와위에서 대퇴와 무릎을 90°로 굴곡시킨 다음 다리의 신전은 슬건의 경축을
유발시키며 저항과 대퇴후측에 동통을 일으킨다.

3. ㉠ Kernig's

㉡ Brudzinski's

3절 · 두개내 중추신경 결손 및 기능 장애

| 본문 p.337

1. **❷**

(가) 뇌진탕은 갑작스럽게, 일시적으로, 물리적인 힘에 의해 신경활동 중단과 의식상실 함께 오는 가
벼운 두부손상

(다) 뇌진탕은 수초에서 5분 이내에 의식상실이 올 수 있으며, 역행성 기억상실이나 손상 후 기억상실
을 초래함

이외의 다른 비정상적인 신경학적 증상 없음

(라) 두개골이나 경막 손상 없으므로 CT · MRI 변화 없음

(사) 뇌진탕 후 증후군

뇌진탕 후 2주에서 2개월 내에 발생/증상은 지속되는 두통, 기면, 성격과 행동 변화

집중력과 단기기억감소 등 환자의 일상생활 능력에 영향 미치므로 환자, 가족에게 증상이나 신
경학적 상태변화에 대한 정확한 기록과 관찰하도록 설명

뇌진탕 후 증후군은 흔한 증상으로 경한 행동장애와 학습장애가 나타날 수 있다. 또한 두통과
현기증도 흔하며, 드물게 경련이 발생하기도 한다.

> **뇌진탕**
> • 정의
> 갑작스럽게, 일시적으로, 물리적인 힘에 의해 신경활동 중단과 의식상실 함께 오는 가벼운 두부손상
> • 증상
> 뇌조직의 충격은 매우 약하기 때문에 현기증이나 눈앞에 별을 보는 것 같은 경험
> 수초에서 5분 이내에 의식상실이 올 수 있으며, 역행성 기억상실이나 손상 후 기억상실을 초래함
> 이외의 다른 비정상적인 신경학적 증상 없음

〈오답〉
(나) 뇌진탕은 수초에서 5분 이내에 의식상실이 올 수 있으며, 역행성 기억상실이나 손상 후 기억상실을 초래함. 이외의 다른 비정상적인 신경학적 증상 없음
(마) 두개골이나 경막 손상 없으므로 CT · MRI 변화 없음
(바) 다른 비정상적인 신경학적 증상 없음

2. ❶

전두엽의 좌상에서는 의식이 명료하면서 반신 부전마비가 있고, 전두엽과 측두엽의 좌상은 실어증이 나타난다. 뇌간 좌상 시 심한 뇌간 파괴 때문에 즉시 반응이 없거나 부분적으로 혼수상태에 빠지게 된다. 즉시 혼수상태에 빠진다.

3. ❸

ICP 상승의 징후

• 의식수준의 저하
• 활력징후의 변화 – "cushing triad" 수축기 혈압상승, 서맥, cheyne stokes 호흡
• 유두부종, 마지막에는 양측 동공 확대
• 두통, 특히 아침에 심하다. 기침, 배변, 재채기 시 증가
• 구토 – 투사성 구토(projectile vomiting)
• Cushing 궤양 – 시상하부의 자극으로 미주신경 활성화

> **대표증상**
> • 두통(headache) : 조기에는 아침 두통이 나타나는데, 이것은 수면 중 혈액의 CO_2 농도 증가로 인해 2차적으로 뇌부종, 뇌종창이 발생하여 뇌혈관이 확장되기 때문이며, 대개 간헐적이다.
> • 투사성 구토(projectile vomiting) : 연수의 심부에 있는 구토중추를 압박 자극하여 메스꺼움 없이 투사성 구토가 발생한다. 구토 시 과도호흡으로 혈액의 산소량이 증가되면 뇌혈관 수축으로 뇌압이 감소되어 구토가 끝나며, 두통도 완화하는 경우가 많다.
> • 유두부종(papilledema) : 안저 유두부의 울혈로 인한 비염증성 부종을 말하며, 뇌압상승으로 중심망막 정맥에 압력이 가해져 정맥울혈을 일으키기 때문에 발생되는데, 흔히 양측에 대칭성으로 나타난다.

│ 뇌압 상승과 Shock 상태의 비교

뇌내압 상승증상	Shock 증상
1. 처음에는 맥박이 올라갔다가 나중에는 40∼60회 /min으로 떨어진다(혈액 내의 산소 감소 현상이 일어나면 다시 빨라진다).	1. 맥박은 빠르고 약하다(1분에 100∼160 정도).
2. 맥박압이 넓어진다(수축기압과 이완기압의 차이). **예** 뇌180/90	2. 수축기압과 이완기압이 동시에 떨어진다.
3. 호흡의 변화가 심하고 코고는 소리가 난다.	3. 호흡이 빠르고 얕다. 1분당 40∼50으로 높아지는 수도 있다.
4. 피부: 건조하고 더우며 붉은 빛을 띤다.	4. 피부: 차고 끈끈하며 축축하다. 말단혈관의 위축으로 인해 창백하다.
5. 동공: 확대되거나 양쪽 크기가 달라진다.	5. 동공변화가 없다.
6. 의식이 점점 없어지며 혼수상태가 심하다.	6. 환자는 대개 인사불성 상태이다.
7. 안면근 약화와 같은 운동력 감퇴가 일어난다.	7.
8. 현기증	8. 저혈압일 경우에만 이런 현상이 나타난다.
9. 정신이상	9.

4.
1) 뇌척수액의 재배치(두개외로 이동) 및 감량(흡수증가, 생산저하)과 혈액량의 감량 [보상기전] → 이에 실패하면서
2) 부적절한 관류(O_2와 CO_2의 부적절한 가스교환)를 동반한 뇌혈류 저하
3) pCO_2 증가
4) 정맥계 압력 상승 및 혈관 확장
5) 뇌혈류량 증가에 따른 두통 발생

두개 내압 상승 → 두개내에서 보상기전 작동(즉, 압을 낮추기 위해 뇌척수액과 혈액량을 감량) → 혈액량 감량에 따라 부적절한 관류가 진행되면서 보상기전의 시스템은 와해되고 이때부터 CO_2 분압이 상승하면서 → pCO_2 증가에 따른 혈관 확장 진행 → 혈관 확장으로 뇌혈류량이 오히려 증가하면서 두통 발생

5. ❸

소발작은 어린이에게 흔하며, 불과 몇 초 동안 의식을 상실하고 반응을 보이지 않거나 멍하게 응시하는 듯한 증상이 나타나고, 발작 후에는 즉시 정상으로 돌아온다. (1분 미만의 의식소실, 응시, 무반응, 1일 여러번 발작)
① 간대성 근경련으로 몇 초 동안 근육경직 혹은 경련이 한 번 또는 여러 번 나타난다. 수축이 대칭 혹은 비대칭으로 나타난다.
② 긴장성 − 간대성 발작으로 일명 대발작이라고도 함, 발작은 2∼5분간 지속되고, 긴장기에는 사지의 근육이 경직되거나 강직되고 의식을 상실, 간대기에는 근육이 율동적으로 경련을 일으킨다. 경련 동안 혀를 깨물 수도 있고, 실금과 실변을 할 수도 있다. 상체와 횡격막이 경직되어 호흡곤란이 초래되며 청색증이 동반된다. 발작 후에는 피로, 혼돈, 기면상태에 빠지게 된다.
④ 무긴장성 발작은 갑자기 몇 초 동안 근육의 긴장이 소실되어 넘어지거나 손에 쥐고 있는 것을 떨어뜨리기도 한다. 발작 후에 혼돈이 있다.

6. ❷

딜란틴(페닐토인)은 나트륨 통로 차단제로 간질과 부정맥에 사용된다. 부작용으로는 일시적 저혈압(말초혈관 이완으로 인함), 순환정지, 심정지, 쇼크, 잇몸비대 등이 있다.

7. ❷

4절◆ 퇴행성질환

| 본문 p.339

1. ❹

도파민의 양이 감소되어 추체외로계에 있는 신경세포의 퇴행성 장애로 나타나는 만성적인 신경계 장애, 운동장애, 진전, 전반적인 강직이 나타나며 진전은 휴식시에 나타나고 수면 시, 운동 시에는 소실된다. 벨라도나계 약물은 항콜린계로써 아세틸콜린 수용체를 차단하여 진전이 있는 대상자에게 효과적이다.

2. ❶

| 실어증

Broca 영역의 손상	• 표현 실어증=운동성 실어증 • 언어를 이해하는 데는 문제가 없으나, 글을 쓰거나 말을 표현하는 데는 어려움을 느낌
Wernike's 영역의 손상	• 감각성 지각성 실어증=수용성 실어증 • 단어는 표현되나 내용이 없는 단어의 연결이 특징적인 수용성 실어증

3. ❹

(라) 실행증은 운동마비나 운동장애가 아니면서 행위를 이해하지 못하며, 또 수의적 행위가 불가능한 상태이다. 따라서 실행증 시 옷을 입는 것과 같은 다소 복잡하거나 의도적이고 조직적인 일을 수행하는데 어려움이 있다.

④의 사례는 실인증이다.

실인증은 자극의 중요성이나 의미를 파악하고 이해하는 능력을 상실하여 사물을 정확하게 인지하지 못하는 상태를 말한다. 뇌종양처럼 자신의 질병이나 이로 인한 장애를 인지하지 못하는 질병인 질불능증도 해당된다. 실인증은 전두엽의 손상으로 나타난다.

② 작화증은 무의식적으로 자신이 기억하지 못하는 기억의 결손을 허구의 일로 메우는 것이다. 거짓말이나 꾀병과 달리 자신이 허구로 채운 기억을 사실로 알고 있다. 대개 뇌의 기질적 병소가 있는 환자에게서 관찰된다.

4. ㉠ 흥분성 신경전달물질인 글루타메이트의 수용체 중에 NMDA(N-methyl-d-asparate) 수용체 길항제로 글루타메이트의 분비를 억제하여 보통에서 중증에 해당하는 신경인지장애 환자의 인지기능과 일상생활능력을 향상시킨다. 아세틸콜린 분해효소억제제를 사용해도 뚜렷한 증상의 개선이 없는 경우, 또는 중등도 이상의 알츠하이머병에서 단독으로 투여하거나 아세틸콜린 분해효소억제제와 병용하여 사용한다. 치매에서 신경원의 퇴화를 가져오는 영구적인 세포 내 칼슘농도를 증가시키는 글루타메이트의 만성적인 방출이 있다고 가정하고 있다.

㉡ 섬망

㉢ 파국반응(환경변화, 사소한 자극 시 감정파국이 나타남)
- 생각이 나지 않는 상황이 지속되어 심리적으로 불안하여 사소한 자극에도 분노가 폭발된다.
- '갑작스러운 분노의 폭발'이며, 언어적 공격인 '소리치며, 욕하기', 혹은 신체적 공격인 '때리기, 발로 차기, 깨물기' 등의 격렬한 행동이 갑자기 나타나는 상태
- 사소한 자극(기침소리, 뭐가 없어졌다는 소리 등)에도 예민해질 때 나타나는 증상으로, 심리적 불안감 때문에 이런 반응이 나타난다(=파국반응으로 언어적·신체적 공격, 야간배회, 초조, 통제할 수 없는 행동 등을 보이는 것 예 갑자기 울고 소리 지르고…).

- 대처 : '아 그랬어?', '그랬구나', '아유, 엄마 진짜 화났겠다'라고 엄마의 감정을 인정해주면 감정이 누그러진다. But 나도 함께 놀라고 당황한 나머지 '그게 아닌 거 알잖아!', '왜 별것도 아닌 걸로 화를 내고 그래?'라고 반응을 한다면 상황이 더욱 악화될 수 있다.
  ㄹ 밤이 되면 극단적인 불안정감이 나타나는 현상
    - 낮엔 평온히 지내다가도 해가 지면 안절부절 주체하지 못하고 화를 내거나 난폭해지는 행동 등을 보이는 것을 말한다.
    - 안절부절못함과 불안정감은 치매에서 나타나는데, 특히 밤에 발생하는 극단적인 불안정감을 말한다.
    - 대처 : 일몰증후군 증상을 예방하기 위해서는 먼저 생리적인 문제를 평소에 '그때그때' 해결해줘야 한다. 예를 들면 배가 고프지 않게 제때 식사와 간식을 챙기고, 배변 욕구가 해소되도록 하며, 너무 덥거나 춥지 않게 조치하는 것 등을 말한다. 저녁이 될수록 실내 공간이 너무 어둡지 않게 불을 밝게 켜두고, 밤에 '수면등'을 켜두는 것도 좋은 방법이다. 실내에서 너무 단조로운 생활에 젖어있지 않도록 규칙적인 식사 후에는 20~30분 정도 산책을 하거나 기상 후 이불 정리하기, 화초 키우기, 수건 접기 등 단순하면서도 어렵지 않은 일상생활에 참여할 수 있도록 돕는다.

5. ❹
Reye 증후군은 바이러스 감염 후 아스피린 복용치료를 받은 아동에게서 갑작스럽게 발병한다.
Reye 증후군(Reye's syndrome)
Reye 증후군은 뇌부종과 간의 지방변성과 같은 특징적 병리소견을 나타내며, 그 결과 급성 뇌증과 혼수를 동반하는 질환이다. 병리적으로 바이러스, 약물, 외인성 독소, 그리고 유전요인으로 인해 미토콘드리아의 장애를 유발하며, 간생검으로 확진한다. Reye 증후군은 간기능장애와 신경계징후(기면에서 혼수상태까지의 범위)에 근거하여 분류한다. 아스피린 섭취와 Reye 증후군 발생 사이에 어떤 관련이 있다는 가능성이 있지만 확실하지는 않다. 그러나 이들의 잠재적 관련성으로 인해 수두나 인플루엔자가 예상되는 아동에게 아스피린과 비스테로이드성 항염제의 사용을 금하고 있다.
- 원인
  - 바이러스 감염 : influenza, varicella
  - 약물 중독 : aflatoxin, salicylate, phenothiazine
  - 연령 : 학령 전기, 학령기 초기 호발
- 임상 증상 및 소견
  - 급성 바이러스 감염 후 계속되는 구토, 기면, 경련, 혼수상태로 수일 내 사망하기도 함
  - 심호흡, 건반사 항진, 바빈스키 징후 양성
  - 뇌압 상승 징후
  - 검사소견 : 저혈당증/ SGOT, SGPT상승, PT연장, 고암모니아 혈증/ CSF : 당이 약간 감소, 압력상승
- 치료와 간호 : 10% 포도당 정맥주사, 관장 및 neomycin, 뇌부종(Corticosteroid, mannitol)개선

6. ㉠ 신경아교세포(glial cell)
㉡ 구토기전 : 뇌종양으로 두개내압이 상승하면 압력이 연수의 외측 망 상체에 위치한 연수의 화학수용체 자극대(CTZ, Chemoreceptor Trigger Zone), 구토중추(vomiting center)를 자극하여 구토가 발생
㉢ 혈관 뇌 장벽(blood-brain barrier)

제9강 내분비계

1절 · 내분비 해부생리

| 본문 p.343

1. ❸

뇌하수체 전엽에서 분비되는 호르몬

갑상선자극호르몬, 부신피질자극호르몬, 성장호르몬, 황체호르몬, 간질세포자극호르몬, 여포자극호르몬, 유즙분비호르몬

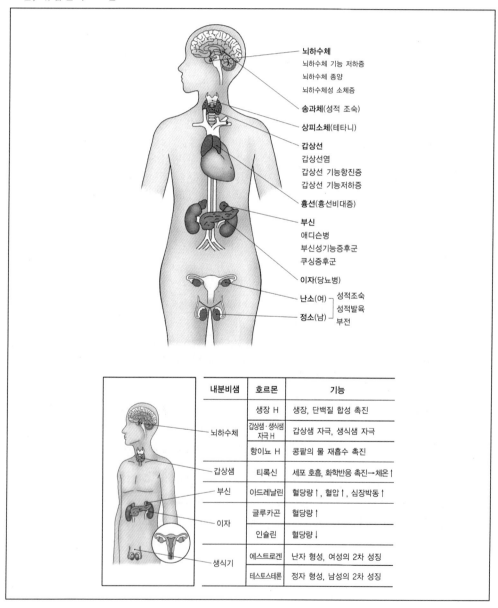

내분비샘	호르몬	기능
뇌하수체	생장 H	생장, 단백질 합성 촉진
	갑상샘·생식샘 자극 H	갑상샘 자극, 생식샘 자극
	항이뇨 H	콩팥의 물 재흡수 촉진
갑상샘	티록신	세포 호흡, 화학반응 촉진→체온↑
부신	아드레날린	혈당량↑, 혈압↑, 심장박동↑
이자	글루카곤	혈당량↑
	인슐린	혈당량↓
생식기	에스트로겐	난자 형성, 여성의 2차 성징
	테스토스테론	정자 형성, 남성의 2차 성징

2. ❶

노르아드레날린은 부신수질 호르몬으로 교감신경을 흥분시켜 심박동 증가, 기관지 확장, 혈압 상승, 글리코겐을 포도당으로 전환한다.

② 알도스테론은 부신피질의 염류코르티코이드로 수분전해질 균형 유지, 혈청 내 나트륨 정체, 칼륨은 배설시키는 기능을 한다.

③ 코티손은 부신피질의 당질코르티코이드로 당질과 단백질, 지방의 대사, 스트레스에 대한 반응, 항염작용을 한다.

④ 옥시토신은 뇌하수체 후엽에서 분비되는 호르몬으로 자궁 수축 자극, 유즙 배출을 자극한다.

2절 ✦ 뇌하수체장애

| 본문 p.344

1. ❶

- 시력장애, 고혈압, 고혈당, 고콜레스테롤, 성욕저하 등의 증상이 나타난다.
- 뇌하수체 종양의 증상

㉠ 전신증상은 성장호르몬의 과잉분비로 인한 비정상적 성장과 표적샘의 과잉자극으로 인한 갑상선/성선/부신피질호르몬의 과잉분비로 초래된다.

㉡ 국소증상은 뇌의 압박 증상(뼈로 둘러싸인 두개골 때문에)
- 시신경의 압박으로 인한 시력장애
- 시상하부 압박으로 인한 수면, 체온조절, 식욕 및 자율신경 기능장애
- 입박으로 인한 두통
  - 뇌하수체 기능항진 시 일어나는 주요장애 - 거인증/말단비대증/쿠싱병/성기능 장애
  - 뇌하수체 기능저하증으로 난쟁이증, 점액수종(갑상선 기능부전), 성장애 등이 초래될 수 있다.

3절 ✦ 갑상선 부갑상선장애

| 본문 p.345

1. ❹

갑상선 기능 항진증 - Grave's disease
갑상선 기능 저하증 - Maxedema, Cretinism
부신 기능 항진증 - Cushing syndrome
부신 기능 저하증 - Addison disease

2. ❸

3. ❷

(가) 트루소징후(Trousseau sign)

(나) 팽윤징후(=부구감 검사, ballottement test) - 무릎에 다량의 삼출물이 있는지 파악하기 위한 검사로, 대상자를 앙와위로 눕게 한 후 검진자의 왼손(오른손잡이인 경우) 엄지와 검지로 슬개골의 양쪽을 단단히 누른다. 이때는 대퇴와 슬개골 사이의 상슬개 활액낭에 압박을 가하여 액체가 이동한다. 그런후 오른손으로 대퇴골 쪽으로 슬개골을 민다. 액체의 파동이나 "딸깍" 소리를 듣는다.

(다) 쉬보스텍징후(chvostek's sign)

(라) 호만스징후 - 혈전성 정맥염 검사방법으로 수동적으로 발을 배측굴곡시키면, 종아리에 통증과 압통을 호소한다.

저칼슘혈증의 양성반응을 사정하는 검사는 트루소징후와 쉬보스텍징후다. 저칼슘혈증을 치료하기 위해서는 비타민D와 글로콘산칼슘(calcium gluconate)를 투여한다.

ㄴ. 인(phosphorus)은 칼슘과 길항작용을 한다.

ㄷ. 칼시토닌(calcitonin)은 갑상선에서 분비되는 호르몬으로 혈중 칼슘농도를 낮춘다.

저칼슘혈증 : 혈청 칼슘 농도가 4.5mEq/L 이하인 상태

• 원인 : 식이변화(식이로 부적절한 칼슘 섭취, 비타민 D결핍, 과다한 섭취), 위장계 변화(장에서 지방 섭취 불량, 설사), 질병 상태(신부전, 급성췌장염 등), 투약(magnesium sulfate, colchicine, neomycin 등) 부갑상선 호르몬 분비를 저해하는 약물, 아스피린, 항경련제, 에스트로겐 등 비타민 D 대사의 장애를 일으키는 약물, 혈청칼슘농도를 감소시키는 인제제, 칼슘의 이동을 저해하는 스테로이드, 신세뇨관에서 칼슘의 흡수를 감소시키는 loop 이뇨제, 칼슘 섭취를 저하시키는 제산제

• 간호사정
  - 트루소 징후 : 상박에 혈압계 커프를 감고 이완기 혈압으로 약 5분간 유지한 상태에서 손과 손가락이 수축되는 징후를 보이는 것으로 양성반응은 손목의 경련이 나타난다.
  - 쉬보스텍 징후 : 관자놀이 바로 아래를 손으로 살짝 두드려서 검사한다. 이때 얼굴과 입술, 코에 경련이 나타나면 테타니의 양성 징후이다.

• 간호중재 : 비타민 D 투여, calcium gluconate 투여

나절◆ 부신장애

| 본문 p.347

1. ❹

에디슨(Addison)씨 병 - 원발성 부신피질 기능저하증

염류피질호르몬, 당류피질호르몬, 안드로젠의 분비가 모두 감소된 상태

• 증상은 알도스테론 부족
  1) 수분배설 증가, 2) 세포외액량 감소(탈수), 3) 저혈압, 4) 심박출량의 감소, 5) 심장 크기의 감소(줄어든 용량 때문) 등

• 당류피질호르몬의 부족은 저혈당을 초래하고, 가벼운 스트레스에 대한 저항력까지 감소하게 되며 수술, 임신, 외상, 감염, 더운날 심한 발한으로 인한 나트륨 상실 등은 환자를 에디슨 위기로 진전시킬수 있다.

- 당류피질호르몬의 결핍은 뇌하수체를 자극하여 과량의 ACTH와 멜라닌 색소 자극호르몬(MSH)을 분비하게 한다.
- 안드로겐 결핍 시 남자는 고환에서 성호르몬의 적당량이 분비되기 때문에 부족증상을 나타내지 않으나 여성의 경우는 과소월경, 무월경, 겨드랑이나 음모 등 체모가 감소한다.

바세도우씨 병(=그레이브스씨 병)
- 갑상선의 기능항진으로 인한 갑상선 호르몬의 과다로 일어나는 병
  안구돌출을 수반하는 갑상선 기능항진증으로 독일인 의사 K.A.von 바제도의 이름을 따서 이와 같은 이름이 붙었다.
- 안구돌출, 심계항진, 갑상선 비대(팽배) 등을 일으키며 남성보다 여성이 많음
- 영국에서는 그레이브스씨 병(Graves)이라 함
- 3대 증상 : 안구의 돌출, 갑상선의 종대(腫大), 심계항진
- 이 밖에도 체중감소·발한·식욕항진·미열·설사·손가락이 떨리는 등의 증세가 있음
- 정신상태 − 불안정/흥분·과민·쇠약·불안·불면 등 심리적인 변화

2. ❶
에디슨씨 병은 부신 피질호르몬 저하증이다.
고혈압, moon face, 고혈당증, 월경불순 등은 쿠싱증후군 증상이다.

5절 당뇨병
| 본문 p.347

1.
1) 고혈당 : 췌장의 랑게르한스섬의 베타 세포가 파괴되어 인슐린분비가 안 되거나 거의 안 되어서 또는 세포의 인슐린 분비에 대한 불응 내지는 내성이 생기면 인슐린의 주요기능인 혈당조절 기능을 하지 못하게 되어 고혈당이 된다.
2) 당뇨 : 혈당이 계속 오르게 되어 혈당이 180mg/dL의 신장력치를 초과하면 소변에서 당이 나오게 된다.
3) 다뇨 : 혈당이 증가하면 혈관 내가 고장액이 되어 세포에서 혈관내로 수분이 이동되어 세포는 탈수가 되는 반면, 혈관 내로 이동된 수분은 신장에서 당이 배설되며 당의 삼투작용 때문에 수분은 재흡수되지 못하고 체외로 다량이 나가게 된다.
4) 다음, 다식 : 고혈당으로 세포의 탈수와 다뇨 현상으로 심한 탈수를 초래하게 되면, 뇌의 갈증 중추를 자극하여 다갈 증상이 나타나고, 물을 많이 마시게 된다. 또한 당뇨증상으로 많은 당이 소실되면 에너지원의 보충을 위해 저장된 지방과 단백질을 대사하여, 조직 파괴와 소모는 허기증을 초래하여 이를 충족하기 위해 많이 먹게 된다.
5) 체중감소 : 포도당이 세포의 에너지로 이용될 수 없으므로 저장된 지방과 단백질을 대사하여 소모하게 되어 체중이 감소된다.
6) 대사성 과산증 : 포도당이 에너지로 이용되지 못하면 지방과 단백질을 대사하여 쓰게 되는데, 이 과정에서 지방은 인슐린이 없으면 Malonyl CoA(케톤체형성억제효소)의 활동이 억제되어 불완전대사가 되고 여기에서 케톤체가 형성되며, 케톤은 수소 이온을 생성하므로 대사성 산증을 초래한다.

2. ❶

움직임이 많은 부위에 인슐린은 주사하면 저혈당이 올 수 있다.

인슐린 주사는 쉽게 놓을 수 있는 곳(대퇴, 복부, 둔부), 통증에 비교적 덜 민감한 곳(신체의 중심부위는 신경 분포가 많은 곳이므로 피한다), 감각이 정상인 곳을 선택한다. 인슐린 흡수는 부위에 따라 다양하나 복부가 일정한 흡수율을 나타낼 수 있으므로 권장하는 부위이다.

3. ㉠ 당화혈색소(HbA1c)

㉡ 교환식이

┃ 당뇨 진단 기준(다음 중 한 항목에 해당하면 당뇨병으로 진단)

공복 혈장 혈당	≥ 126mg/dl
임의 혈장 혈당과 당뇨병의 전형적인 증상(다뇨, 다음, 설명되지 않는 체중감소)	≥ 200mg/dl
75g 경구당부하검사 후 2시간 혈장 혈당	≥ 200mg/dl
당화혈색소	≥ 6.5%

4. ❸

RI를 투여하여 고혈당을 낮춘다. RI는 작용이 나타나기까지 0.5시간 소요되며 최대효과발현시간은 2~4시간, 지속시간은 5~7시간이다.

① NPH는 중간형 인슐린제제로 작용시간 2~4시간, 최대효과발현시간은 4~10시간, 지속시간은 10~16시간

② Lente insulin는 중간형 인슐린제제, 작용시간 1~2시간, 최대효과발현시간 6~12시간, 지속시간은 18~24시간

④ Ultralente insulinsms 장시간형 인슐린으로 작용시간 6~10시간, 최대효과발현시간 14~24시간, 지속시간 18~20시간

5. 1) 저혈당 : 의식 있는 경우에 대한 간호중재 4가지

㉠ 빨리 흡수되는 당질 15~20gm 투여

㉡ 15분내 증상완화가 없는 경우 당질음료 반복 투여

㉢ 증상 완화 후 빵 1조각이나 크래커 같은 당질 음식 추가 투여

㉣ 빨리 흡수되는 당질 음료를 2~3회 투여 후에도 증상이 완화되지 않으면 급히 의사에게 연락함

2) 저혈당 예방법 5가지

㉠ 식사 : 식사를 거르거나, 식사시간이 늦어지지 않도록 하며(또는 규칙적인 식이) 알맞은 열량 섭취

㉡ 운동전(초기) : 음식섭취량을 늘리거나 쉽게 흡수되는 당질 섭취(주스나 사탕 등)

㉢ 인슐린이 최고도로 작용하는 시간에 운동을 피한다. 운동은 혈당농도가 최고에 이르는 시간에 규칙적으로 실시

㉣ 규칙적인 혈당측정 : 인슐린 요구량의 변화를 예측할 수 있도록

㉤ 흡수가 잘되는 당류를 항상 지니고 다니도록 한다.

㉥ 주변 사람에 대한 교육 : 당뇨병 환자 인식표를 항상 지침, 주변의 가까운 사람들에게 저혈당 증상이 나타날 때 본인에게 당이 함유된 주스, 사탕 등을 주어야 하고, 의식상실 시 병원에 곧장 데려가야 함을 알려준다.

㉦ 인슐린 용량 : 임의로 인슐린 주사용량을 변경하지 않도록 하며, 자주 저혈당에 빠질 때 의사와 상의 하에서만 인슐린 용량을 변경하도록 한다.

◎ 자율신경증이 있거나, 고혈압치료제를 복용하는 경우 저혈당의 전형적 증상이 나타나지 않을 수 있으므로 규칙적 혈당검사 시행

3) 발 관리 방법 9가지

㉠ 매일 밤 밝은 곳에서 발을 주의 깊게 관찰해서 상처나 무좀이 생겼는지 점검한다.

㉡ 매일 따뜻한 물로 발을 씻는다. 발을 심하게 문지르거나 독한 비누를 사용하지 않는다.

㉢ 발을 씻은 뒤에는 부드러운 수건으로 톡톡 두드리듯 닦고 발가락 사이도 잘 닦아서 말린다. 다음에 마사지 하듯 로션을 바른다.

㉣ 발톱은 목욕한 뒤 밝은 곳에서 일직선 모양으로 깎으며 너무 바짝 깎지 않도록 한다.

㉤ 발에 상처가 나면 생리식염수를 이용해 잘 세척한 뒤 상처부위를 말리고 거즈를 붙인 다음 가급적 빨리 병원에 간다.

㉥ 발에 생긴 작은 상처나 무좀은 즉시 자극성 없는 소독액으로 닦고 필요한 항생제를 복용하게 하며 요오드액이나 머큐롬 같은 색깔이 있는 소독약은 피한다.

㉦ 맨발로 다니지 말게 하고 꽉 조이는 양말과 옷은 피한다. 여성은 거들이나 코르셋을 입지 않는다.

㉧ 흡연은 모세혈관을 수축시켜 피부 병변을 악화시키므로 반드시 금연해야 한다.

6. ❸

┃ 저혈당 증상·징후에 따른 중재

진단	혈당 검사로 혈당치를 확인, 병력과 신체검진
중재	의식이 있는 환자; 빨리 흡수되는 당질 15~20gm 투여 **(예 소다수 180~240mL, 시럽이나 꿀 큰 1스푼, 오렌지주스 120~180mL, 저지방우유 240mL)** • 15분 내에 증상완화가 없는 경우 당질음료 반복 투여 • 증상완화 후 빵 1조각이나 크래커 같은 당질 음식 추가 투여 • 빨리 흡수되는 당질 음료를 2~3회 투여 후에도 증상이 완화되지 않으면 급히 의사에게 연락
무의식환자	• 50% dextrose 정맥주사 • 글루카곤 1mg 피하 혹은 근육주사

⑤ 클로르프로파미드는 췌장의 베타세포에서 인슐린 유리를 증가시키고, 췌장 외의 기전으로는 인슐린 수용체의 반응성을 증대시키는 것으로 경구용혈당강하제이다.

7.

1) ㉠의 저혈당 증상이 나타난 기전
  • 원인 : 지나친 인슐린 주사, 지나친 운동량, 음식섭취의 불충분 등
  • 증상 : 떨림, 발한, 초조함, 배고픔, 허약감
  ㉠ 교감신경계 증후 - 저혈당 → 교감신경계 자극 → 부신수질에서 카테콜라민
    • 발한, 떨림, 진전
    • 빈맥, 심계항진
    • 불안정, 신경쇠약, 감각이상
    • 배고픔
  ㉡ 신경저혈당 증후 - 저혈당 → 중추신경계 부적절 기능
    • 두통, 정신이상, 집중력저하
    • 느린 말투, 불분명한 언어(발음), 혀 입술 무감각
    • 흐린시야, 복수
    • 혼돈, 비정상적인 행동, 기면, 의식변화, 혼수 발작, 사망

당분감소로 인한 신경계 증상

- 허약, 피로
- 혼동, 행동변화
- 정서 불안
- 발작(seizures)
- 기억력 저하
- 의식상실
- 뇌손상
- 사망

자율신경계 증상

- 아드레날린성 ― 떨림/진전 ― 심계항진 ― 과민/불안
- 콜린성 ― 발한 ― 허기 ― 얼얼함(tingling)

2) ㉡의 현상에 대한 명칭과 기전

① Somogyi 현상 : 전날 저녁의 인슐린 양의 과다 투여로 인해 발생하는 반동성 고혈당이다. 우리 몸은 저혈당에 빠지게 되면 병태생리학적으로 혈당을 올리기 위해 인슐린과 반대작용의 호르몬을 유리하게 되고, 이는 결과적으로 간에서 포도당을 생성하여 혈당을 올리게 되어, "반동성 고혈당" 상태가 된다.

② 원인

- 적절한 칼로리의 섭취 없이 운동을 하는 경우
- 아침 검사 시 계속적으로 높은 혈당으로 인해 과량의 인슐린을 투여하게 되는 경우. 즉 저녁 인슐린양의 과다 주사는 새벽 2시에서 4시 사이에 저혈당이 나타나고, 이는 다음날 아침 7시에 반동성 고혈당을 일으키게 된다. 이때 조치로는 인슐린 용량을 줄이거나 인슐린 주사시간을 좀 더 늦은 시간(자기 전)으로 변경하거나 자기 전에 간식을 준다.

새벽현상

- 새벽현상의 특징은 새벽 3시까지는 혈당이 정상이다가 그 이후부터 증가하기 시작한다.
- 이 현상은 1형 당뇨병 대상자에게서 성장호르몬이 밤중에 분비되기 때문에 초래된다. 성장호르몬은 인슐린필요량을 증가시킨다.
- Somogyi 현상과는 분명히 구별해야 한다. 새벽 고혈당을 규명하기 위해 자기 전, 새벽 3시, 잠에서 깰 때 혈당을 측정한다.
- 새벽현상의 치료는 인슐린 용량을 증가시켜 밤 동안의 혈당을 조절하는 것이다.

8.

1) 고혈당과 관련한 흐린 시력
2) 탈수와 관련한 허약감(피로), 두통(그외 빠른 맥박, 저혈압, 구강 점막 건조, 피부탄력성 저하, 따뜻하고 건조한 피부)
3) 케톤산 증가로 인한 과일향 냄새의 아세톤호흡
4) 케톤산증으로 인한 위장증상 : 식욕부진, 오심, 구토, 복통
5) 산증에 대한 보상 : Kussmaul호흡(매우 깊으나 그리 힘들지 않은 과도호흡)
6) 혈장 삼투압과 관련된 의식 수준의 저하(졸리거나 무의식 상태 등)

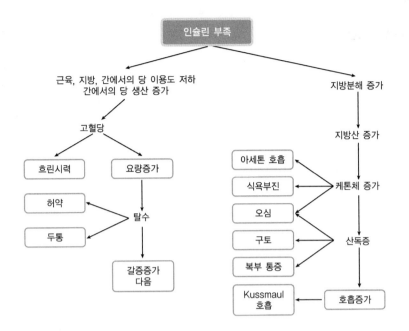

9. 1) ㉠이 나타내는 산·염기 불균형

대사성 산증이다. pH가 감소하고 HCO_3^-가 감소했기 때문이다 정상 pH수치는 7.35~7.45이며, 정상 중탄산염은 21~26mEq/L이다.

2) ㉡ 케톤$^{+++}$발생기전

지방을 당으로 전환시키면서 인슐린의 부족으로 불완전 대사 발생 → 케톤의 형성, 케톤은 수소이온을 생성 → 과산증

3) ㉢ 쿠스마울(Kussmaul)호흡의 발생기전

산증에 대한 보상작용으로 산을 배설하고, 호흡의 수와 깊이 증가

4) ㉣ 호흡 시 과일 냄새의 발생기전

케톤산 증가로 인한 산 배설 시 호흡(호기) 시 아세톤 냄새

10. 1) (가)와 (나)의 합병증

(가) 당뇨병의 말초신경병증 – 감각운동신경의 다발성 신경증

(나) 당뇨병의 대혈관 합병증(Macroangiopathy)으로 대혈관 죽상경화성 변화로 인한 혈관폐색증상

2) ㉠ '병원에서 발 검사를 받도록 권유함'과 같이 조치한 이유

당뇨성 신경병증(감각저하) 및 당뇨성 혈관병증(혈액순환저하)의 진행으로 족부궤양이 발생할 수 있음

→ 당뇨성 신경병증으로 냉온감각 및 통증감각 인지도가 감소하고, 감각신경손상에 의해 발은 무감각해지면서 일상생활 중 발에 생길 수 있는 피부의 반복적인 외상이나 발바닥의 심한 압박에도 환자본인이 감지하지 못하여 족부궤양이 발생하는 경우가 많다. 또한 죽상경화증으로 당뇨성 혈관병증이 진행되면서 근육과 피부 등 조직의 신진대사에 필요한 영양물질과 산소공급에 장애가 일어나 간헐성 파행증이 생기고, 휴식 시에도 통증(rest pain)이 나타난다.

3) '발 관리 방법'

• 건조하지 않도록 발과 발가락 사이사이에 로션을 바른다고 함

→ 피부가 건조하지 않도록 보습크림을 이용하여 보습을 유지하지만, 습한 경우 곰팡이 등의 감염에 노출되기 쉬우므로 습하지 않게 한다.

눈, 귀코목 / 피부

1절 ◆ 눈

| 본문 p.354

1. ❹
- 포도막 : 맥락막, 모양체, 홍채
- 섬유막은 외막으로 각막, 공막이 포함된다.

2. ㉠ 시각교차(＝시교차)
㉡ 왼쪽(좌측) 동측 반맹증

3. ❸
(다) 스넬렌 차트검사
- 정상시력은 20/20
  - 시력이 정상인 사람이 6m 거리에서 읽을 수 있는 글씨를 대상자도 6m에서 읽을 수 있다는 것을 의미
- 분자는 차트(시력표)로부터 떨어진 거리, 분모는 정상인이 볼 수 있는 거리
  → 분모가 클수록 대상자의 시력이 나쁜 것
(라) 녹내장
섬유주(trabecular meshwork)와 쉴렘관의 폐쇄로 방수 유출이 잘 안 되어 안압이 상승되는 것이다. 안압이 상승되면 망막세포와 시신경이 위축되어 시력상실과 시야결손
위험요인
- 원발성 : 유전, 고혈압, 심혈질환, 당뇨병, 외상, 종양
- 속발성 : 외상, 흡연, 카페인, 알코올, 부신피질호르몬
(마) 안압이 23mmHg 이상 증가되고 시신경 유두부가 함몰되거나 컵모양으로 변하면서 시야결손이 나타난다. 급성 협우각형 녹내장은 방수 유출이 막히면서 안압이 크게 올라 통증과 더불어 눈이 침침하거나 시력이 소실된다. 때로 광원 주위에 무지개가 서리며, 오심, 구토를 느낀다. 만성 광우각형 녹내장은 초기에 초생달 모양의 암점이 나타난다.

	① 검안경검사
	→ 시신경유두의 함몰 그리고 컵모양으로 변화
진단검사	② 시야검사
	→ 주변시야 결손(터널시야)
	③ 안압검사
	→ 25~50mmHg 상승

4. ㉠ 대면검사를 통한 시야검사
시야(visual field)는 한 눈으로 일정한 목표를 주시하면서 동시에 볼 수 있는 주변부의 환경을 말한다. 한쪽 눈의 정상 시야 범위는 중심으로부터 코쪽과 위쪽으로 약 60°, 귀쪽은 약 90~110°, 아래쪽으로 약 70° 정도이다.
시야는 눈부터 시피질에 이르는 신경안과 관련 경로의 기능을 전반적으로 반영하기 때문에, 시야의 검사는 관련 질환의 진단과 국소화에 큰 도움을 줄 수 있다.
모든 시야검사는 환자의 주관적 표현을 바탕으로 결과를 얻게 된다.

별다른 도구 없이 병상에서 가장 쉽게 할 수 있는 검사로는 대면검사(confrontation test)가 있다. 환자와 1m 정도 거리를 두고 마주 본 후 환자의 한쪽 눈을 가리게 하고, 보이는 눈의 시야를 사분면으로 나누어 각 분면에서 검사자 손가락의 개수를 맞추게 하거나 검사자가 들고 있는 물체의 이름 혹은 색깔을 맞추게 한다. 중심에서 10~20°의 시야 내에서 검사하며, 방법에 따라 어린이나 말을 할 수 없는 어른에게도 사용할 수 있어 병변의 진단에 매우 유용한 정보를 제공할 수 있다. 그러나, 정확도나 민감성은 자동화된 시야 검사기구에 비해 떨어지기 때문에 병변이 의심되는 환자에게는 정확한 측정검사가 필요할 수 있다.

5. ❷
스넬른 차트법은 시력검사방법이다.

6.

검사	시행방법
각막반사법 (Hirschberg test)	물체를 주시할 때 외안근이 눈을 안정되고 평행하게 유지하는 기능을 하는지의 능력을 사정하기 위해 시행하는 검사로서 대상자의 30~38cm 앞에서 광점을 주시하게 하고서 양눈의 각막반사점의 위치를 관찰하였다.
차폐검사 (cover−uncover test)	보통 위의 검사 후에 시행되는 검사로 양안시를 만드는 융합반사를 사정하기 위한 검사이다. 대상자를 멀리 있는 물체를 주시하도록 한 후 대상자의 좌안을 불투명 카드로 가릴 때 가리지 않은 우안의 움직임을 관찰한다. 그리고 좌안으로부터 카드를 제거한 후에도 우안의 움직임을 관찰하며, 우안에서도 반복 실시되어야 한다. 정상은 카드로 가릴 때나 제거한 후 양안이 움직임 없이 고정되어 있어야 한다. 만약 눈이 주시위치로 움직이면 사시가 있는 것이며, 편위 방향은 움직이는 방향과 반대방향이다.

7. **❺**

① 검진자는 어두운 방에서 대상자의 동공에 광선을 직접 비추어 동공 반응을 관찰하고, 빛을 사선으로 한쪽 눈에 비추어 반대편 눈의 동공 반사도 관찰한다. ⇒ 동공 수축 및 조절검사

직접 대관반사(빛을 비춘 눈의 동공 수축)

교감 대광반사(반대편 눈의 동공 수축)

빛이 접근하면 동공은 수축하고 빛이 멀어지면 동공은 커져야 한다.

다른 거리에 있는 물체에 대해 정확한 상을 맺을 수 있는 능력인 조절(accommodation)은 아동에게 밝고 빛나는 물체를 약간의 거리를 두고 바라보게 한 후 갑자기 얼굴 쪽을 이동시켰을 때 동공이 수축하므로 사정할 수 있다.

② 대상자에게 먼 곳을 주시하도록 한 후 검진자는 검안경의 불빛을 동공에 유지하고, 15° 각도에서부터 대상자의 눈에 가까이 이동하여 눈의 시신경 유두와 혈관을 검사한다.

→ 검안경 검사 - 눈의 안저검사 - 각막, 안방, 수정체, 초자체에 있는 거의 모든 심각한 병변의 가능성을 확인. 검안경을 눈에 가까이 접근하면 안저에서 가장 잘 보이는 것이 시신경유두인데, 이곳은 혈관과 시신경이 나가고 들어오는 부분이다.

④ 검진자와 대상자의 반대편 눈을 가리고, 두 사람의 중간 지점에서 검진자의 손가락을 주변에서부터 중심까지 이동하여 검진자와 대상자의 시야를 비교한다.

→ 대면 시야검사 : 손가락을 움직이며 주변 시야 검사/물체를 이동시키면서 두 사람이 물제를 동시에 볼 수 있으면 정상 → 측두 반맹검사

> **시력검사**
>
> 1) 눈정렬
>
> 영아는 생후 3~4개월까지 양 눈을 동시에 하나의 대상에 고정할 수 있는 능력, 양안시가 발달된다. 이를 검사하는 것이 사시검사이다. 4~6세까지 고정되지 않으면 한쪽 눈을 사용하지 않아 실명, 즉 약시를 초래하게 된다.
>
> 2) 부정렬을 알아보는 흔한 방법이 각막광반사와 차폐검사
>
> ① 각막광반사 = 적색반사 = Hirschberg 검사
>
> 검안경의 불빛을 16인치(40.5cm)떨어진 곳에서 눈에 똑바로 비추어보는 검사이다.
>
> 정상은 불빛이 양 동공의 중앙에 대칭적으로 비춰진다.
>
> 빛이 한쪽 눈의 중심에서 벗어나는 곳을 비추면 이는 부정렬된 것이다.
>
> ② 차폐검사
>
> 아동이 한쪽 눈을 가리고 33cm(13인치)나 50cm(20인치) 정도에 있는 물제를 바라볼 때 가리지 않은 쪽 눈의 움직임을 관찰하는 것이다.
>
> 가리지 않은 눈이 움직이지 않으면 정렬된 것이나 움직이면 이는 강한 눈이 일시적으로 가려졌을 때 약한 눈이 물제를 고정하려 하기 때문에 부정렬이 있는 것을 의미한다.

8. 1) ㉠에 들어갈 차폐검사(cover-uncover test) 절차

양안시를 만드는 융합반사를 사정하기 위한 검사이다. 대상자를 멀리 있는 물체를 주시하도록 한 후 대상자의 정상안을 불투명 카드로 가릴 때 가리지 않은 다른 쪽 눈의 움직임을 관찰한다. 그리고 카드를 제거한 후에 가리지 않은 눈의 움직임을 관찰한다.

2) ㉡이 나타나는 이유

정상은 카드로 가릴 때나 제거한 후 양안이 움직임 없이 고정되어 있어야 한다. 만약 눈이 주시위치로 움직이면 사시가 있는 것이며, 편위 방향은 움직이는 방향과 반대방향이다.

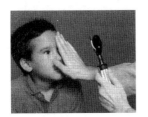  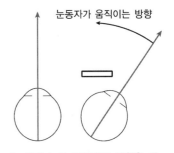

눈동자가 움직이는 방향

A. 한쪽 눈을 가린 채 아동은 불빛을 바라본다.

B. 가린 눈의 가리개를 치웠을 때 눈이 움직이지 않으면, 양눈은 정렬된 것이다.

C. 가린 눈의 가리개를 치웠을 때 눈이 움직이지 않으면, 양눈은 정렬된 것이다.

9. ㉠ • 차폐검사(가림검사)
　　• 가리지 않은 쪽 눈 움직임의 정상소견 : 가리지 않은 쪽 눈 움직임이 없다.
㉡ 적반사
㉢ 분모는 정상시력을 가진 사람이 40feet 떨어진 곳에서 볼 수 있는 시표를, 분자는 대상자가 20feet 떨어진 곳에서 볼 수 있는 것이다. 20/40=1/2=0.5시력을 의미, 즉 정상보다 시력이 나쁨을 의미한다.

10. ❶
다래끼(=맥립종)는 안검의 가장자리를 따라 부속선이나 눈썹의 모낭에 생긴 급성화농성 염증으로 포도상구균에 의해 발생한다.

11. ❸
망막박리는 망막이 찢어지거나 구멍이 생겨서 초자체에서 나온 삼출액이 망막 밑으로 스며들어 맥락막과 분리되는 것이다. 분리된 망막은 맥락막으로부터 영양공급이 차단된다.
(가) 유발요인은 노화, 백내장 적출, 망막의 퇴화, 외상, 고도의 근시, 가족적 소인 등이 있다. 망막박리는 40세 이후에 증가되기 시작하여 50~70세 사이에 가장 흔하다. 발병은 서서히 또는 급격하게 오며
(바) 적절한 치료를 하지 않는 경우 1~6개월 이내에 완전히 실명된다.
(나) 증상은 섬광, 눈앞에 부유물이나 커텐을 드리운 것 같은 시야의 결손이 나타난다. 섬광은 초자체가 망막을 끌어당겨 일어나는 현상이고 눈앞의 부유물은 망막 파열 시에 초자체 내로 혈구가 유출되기 때문이다. 환측 눈의 시야가 흐리고 점점 악화되나 통증이나 출혈은 없다. 시야 결손은 박리된 망막의 부위에 따라 다르다. 즉, 망막의 상부가 박리되면 시야의 결손이 하방에서 일어난다.
(다) 검안경 검사 시 청회색의 들뜬 모양의 망막과 때로는 열공이 보인다. 망막 주변부와 초자체는 짙은 백색 모양으로 혼탁된다. 수술로 박리된 부분을 재유착시킨다.
(라) 수술 전 손상의 진행을 막기 위하여 발견 즉시 절대 안정하고 양 눈을 안대로 가린다.

2절 ✦ 귀

| 본문 p.360

1. ❷

난청의 유형중 전도성 난청은 소리경로의 장애이고, 감음성 난청은 신경전도 장애이다.

2-1. 전도성 난청

이는 외이나 중이를 통한 정상 전도로가 폐쇄되어 뼈를 통한 진동이 폐쇄부위를 우회하여 통과하기 때문이다.

2-2.
1) 귀지 또는 이물, 종양 등으로 외이도가 막혔을 때
2) 중이염으로 중이강 내 화농성 또는 카타르성 분비물이 가득 고인 경우
3) 고막 천공 시
4) 이경화증 또는 이소골 파괴 시

3.
1) ㉠ Rinne test(공기전도와 골전도 비교)
   진동하는 음차를 유양돌기 위에 놓았다가 더 이상 음을 들을 수 없을 때 외이에서 1~2cm 떨어진 위치에 음차를 대고 대상자가 그 음을 들을 수 있는지 여부와 들을 수 있는 시간을 비교하는 방법으로 양쪽 귀에서 각각 검사한다.
2) ㉡ Weber test(음차 검사)
   음차를 가볍게 진동시켜 대상자의 머리중앙이나 이마 가운데 댄 후 어디에서 소리가 들리는지 확인한다.
3) ㉢ 정상인 경우 기도청력이 골청력보다 예민하므로 기도청력이 더 크고 오래 들리므로 이를 양성 소견이라 한다. Rinne 검사가 양성(+)인 경우 공기전도가 골전도보다 더 오래 들린다. 이는 정상 청력 또는 감각신경성 난청을 의미한다.
   Rinne 검사가 음성(−)인 경우 골전도가 공기전도보다 더 오래 들린다. 이는 전도성 난청을 의미한다.
4) ㉣ 대상자의 머리에 진동하는 음차를 놓으면, 정상인은 양쪽 귀에서 똑같이 소리가 들리나 전도성 난청인 경우 손상된 귀에서 더 크게 들리고 감각신경성 난청인 경우 손상된 귀에서 잘 들리지 않는다.

Schwabach 검사

골전도와 검사자의 골전도 시간을 비교하는 것이다.

진동하는 음차를 대상자의 유양돌기에 대고 골전도 시간을 측정하여 들리지 않으면 검사자가 먼저 들은 후 대상자에게 듣게 한다.

검사 결과

검사자와 대상자가 동시에 같은 강도의 소리를 들어야 정상이며, 검사자보다 대상자가 더 오래 소리를 들으면 전도성 난청, 짧게 들으면 감각신경성 난청이다.

음차 검사 결과

손상부위	Weber test	Rinne test	Schwabach
정상청력	머리 중앙 부위에서 소리가 들림	공기전도가 골전도보다 2배 오래 지속	대상자와 검사자가 동일
전도성난청 (외이/중이)	손상된 귀에서 소리가 들림	골전도가 공기전도보다 더 오래 지속	대상자가 검사자보다 소리를 오래 들음
감각신경성 난청(내이)	건강한 귀쪽에서 소리가 들림	공기전도가 골전도보다 더 오래 지속	검사자가 대상자보다 소리를 더 오래 들음

3절 코

| 본문 p.361

1. ❶

호발부위는 Kiesselbach area이다.

2. ❷

비출혈의 원인

1) 외상 – 코파기, 이물질 삽입, 직접적인 둔상, 심한 재채기 등이 흔한 원인
2) 메마른 공기에 의한 비점막 건조나 급작스런 기압 변동
3) 비조직의 만성적 염증 – 세균성 또는 바이러스성
4) 약물남용 – 코카인, 대마 등
5) 전신성 질환
   • 출혈성 소질로 혈우병, 자반증, 괴혈병, 빈혈증, 백혈병 등의 혈액질환
   • 순환기계 질환으로 심장, 간장, 신장질환, 특히 동맥경화증, 고혈압증 등

4절 목 및 기타

| 본문 p.362

1. ❶

편도 적출술의 적응증

급성 편도염은 인두 임파조직의 급성 염증이라 하여도 언제나 전반적인 인두점막의 염증을 합병한다.
① 급성 염증의 잦은 재발
② 인접기관 즉 비·부비동, 중이, 유양돌기, 후두 또는 기관에 염증 파급
③ 호흡곤란(기도폐쇄), 연하곤란, 체중감소를 초래하는 편도선 증식
④ 편도염이 류머티즘열, 천식, 관절염, 홍채염 등을 악화시킬 때
⑤ 편두주위 농양
⑥ 악성종양 의심 시
⑦ 디프테리아 보균자

2. ❷

편도 적출술의 금기증

① 모든 종류의 급성 염증(감염) : 면역기능이 전반적으로 저하되어 합병증(출혈, 감염 등)의 발생 위험 증가
② 혈액질환(혈우병, 백혈병, 재생불량성 빈혈, 혈소판 자반증 감소증 등) : 편도선 절제 후 출혈을 유발 가능 → 정상적인 지혈과정의 장애로 출혈의 위험성이 증가
③ 당뇨병, 심장병, 심장염이 있을 때 : 감염감수성이 높다. 당뇨병인 경우 감염시 혈당조절이 어렵고, 당뇨병성 케톤산증 유발 가능성이 증가
   심장병, 심장염의 경우 심장의 정상 기능이 저하 → 수술 부위의 회복을 돕기 위한 혈액 공급이 원활하지 않아 수술 상처 치유가 지연, 면역기능 저하로 감염 위험증가
④ 류마틱열이나 사구체 신염 : 전반의 면역기능 저하로 합병증 발생 위험 증가
⑤ 활동성 폐결핵 : 보통 결핵균의 활성화는 인체 저항력이 감소되었을 때 나타나므로 감염의 위험이 높은 상태에 해당되므로 수술 금기
⑥ 고령자나 만 3세 이하의 소아 : 연령이 증가함에 따라 편도의 크기는 감소할 수 있으므로 만 3세 이전에는 대개 수술하지 않는 것을 원칙
⑦ 소아마비의 유행시기 : 편도선 절제 후 polio에 걸리면 연수형 polio가 되기 쉽기 때문

5절 피부

| 본문 p.363

1. ❸

1차 병변 : 피진, 구진, 소수포, 대수포, 농포, 팽진, 결절, 종양, 반점
2차 병변 : 가피, 인설, 태선화, 열구, 미란, 궤양, 반흔, 위축

2. ❹

연조직염은 피부 및 피하조직의 감염증/원인균은 포도상구균
연조직염(Cellulitis), 봉소염의 임상증상은
1) 피부와 표피에 짙은 홍색, 부종, 단단한 침윤을 가진 염증
2) 림프관염 − 선조(streaking)를 자주 보임
3) 국소적인 림프샘 침범이 흔함
4) 농양을 형성
5) 전신증상으로 발열과 권태 등이다.
   치료는 Amoxicillin, cephalosporin을 경구 또는 비경구로 투여, 환부와 환아를 휴식시키고 움직이지 않게 한다. 온습포, 중증엔 항생제 투여, 중증에서 절개배농하고 항생제로 상처를 세척하고 배농관 삽입 등을 한다.

3. ❶

아토피 피부염 치료의 주요 목표는
1) 소양증 경감
2) 피부보습
3) 염증완화
4) 2차감염 예방 등이다.

4. **1) 아토피성 피부염의 진단기준**

주 진단기준 소견 중 적어도 2개 이상과 보조 진단기준 소견 중 4가지 이상의 소견이 있을 때 아토피 피부염을 진단하게 하였다.

주 진단기준(Major features)
1. 가려움증
2. 특징적인 병변의 형태와 분포
1) 2세 이하 : 얼굴, 몸통, 사지의 폄쪽
2) 2세 이상 : 얼굴, 목, 굽히는 부위
3. 아토피(천식, 알레르기비염, 아토피피부염)의 개인 및 가족력

보조 진단기준(Minor features)
1. 건조증
2. 백색비강진(pityriasis alba)
3. 눈 주위 습진 및 눈 주위의 어두운 피부
4. 귀 주위 습진 병변
5. 입술염
6. 손/발의 비특이적 피부염
7. 두피의 인설
8. 모공 주위 피부의 두드러짐(perifollicular accentuation)
9. 유두습진
10. 땀이 날 때 가려움증 동반
11. 백색피부묘기증(white dermographism)
12. 즉시형 피부반응 양성반응(단자검사 양성)
13. 높은 혈청 IgE
14. 피부감염에 대한 감수성

주 소견 2가지와 부 소견 4가지 이상 나타날 때 진단 가능함 (Atopic Dermatitis Research Group : diagnostic criteria in Korean, 2005)

2) 간호문제와 그에 따른 간호중재

1. 병변을 악화시킬 수 있는 원인 요법과 접촉을 피하는 것이 중요하다.
   ① 주위의 습도, 온도를 일정하게 유지
   　 =광선, 화기, 찬바람 등의 외부로부터의 자극을 회피한다.
   ② 비누 사용과 과도한 목욕(긁거나 비비는 등)을 금한다.
   　 =비누 대용품 사용, 너무 뜨거운 물의 사용도 피부상태를 악화시킨다.
   ③ 양모나 나일론으로 만든 의복 착용을 금지하고, 자극이 적은 면제품으로 하고 세탁물은 잘 헹굼으로써 세제를 완전히 헹구어 낸다.
   ④ 의복은 느슨하게 착용한다.
   ⑤ 애완동물과의 접촉을 금한다.
   ⑥ 여러 화학 물질에 대한 노출을 금한다.
   ⑦ 심인성, 특히 각종 스트레스로 악화되는 일이 많으므로 가족과의 연락을 긴밀히 한다.

2. 소양감 감소
   ① 직접적 소양감 완화 : 두드릴 수 있는 부드러운 빗이나 부드럽게 압박을 가할 수 있는 도구 제공, 찬물 찜질, 전분 목욕
   ② 피부 손상 예방 : 손톱 짧게, 긁지 않도록 → 2차 감염예방
   ③ 기분전환을 위한 활동 제공

　　　3. 보습과 윤활을 위한 일상 피부 관리
　　　　① 유제크림으로 피부습도 유지
　　　　② 피부 관리에 주의시키며 특히 땀을 흘린 다음의 처치에는 조심한다.
　　　4. 질환의 급성기에는 일상적인 생활 장소를 일시적으로 떠나거나 환기가 잘되고 방 안 온도를
　　　　서늘하게 유지시켜준다.

전문적 치료

① 병변이 심하지 않을 경우에는 국소 도포제만으로 조절한다.
② 전신적으로 분포된 병변이나 심한 병소 시 부신피질 호르몬제를 단기간 경구적으로 다량 사용 후
　　단계적으로 줄여 나가거나, 장기 지속형 Steroid제를 근육 주사할 수도 있다.
③ 소양증에 대해서는 항 histamine제나 진정제를 투여한다.
④ 2차 감염 동반 시 항생제를 병용한다.

5.　　　 ㉠ 아토피피부염 진단에 활용할 수 있는 혈청검사의 항목 : 혈청면역글로블린 E(IgE)
　　　 ㉡ 태선화 : 지속적인 자극으로 피부가 두꺼워지고 거칠고 피부주름이 뚜렷해지는 증상(코끼리 피부)
　　　 ㉢ 로션을 충분히 바르는 이유는
　　　　　• 피부건조는 자극으로 염증을 유발하거나 악화시킬 수 있다.
　　　　　• 피부습윤을 제공함으로써 소양감을 완화하고 진정시킬 수 있다.
　　　　　• 로션의 보습은 피부에 수분을 제공하고, 피부의 표면에 형성하는 기름막을 유지시켜 수분의 손
　　　　　　실을 최소화 시켜준다(수분유지).

6.　　　❹
　　　SLE는 사구체신염, 광과민성, 피부발진, 중추신경계 질환, 쿰스검사가 양성반응인 용혈성 빈혈, 백
　　　혈구 증가증, 혈소판 감소증 등을 포함한 다양한 혈구 감소증이 발생한다. 피부병변으로는 코와 뺨을
　　　중심으로 나비모양의 발진, 일시적 탈모, 통증이 없는 구강궤양, 피부에 분포된 혈관의 병변 등이 나
　　　타난다.
　　　① 자가 항체의 과다생산으로 인한 자가면역질환이다.
　　　② 가임기 여성에게 호발, 대다수의 젊은 흑인 여성들에게서 발생한다.
　　　③ 자외선 노출로 피부염을 유발하기도 하고, 피부병변으로 인해 스트레스가 가중되기도 하는 등 자
　　　　외선 노출이나 스트레스는 전신 홍반성 낭창 피부병변과 관련성이 높다.

7.　　　❶
　　　SLE 진단기준
　　　① 뺨의 발진 : 고정된 뺨의 홍반(나비 모양의 발진)
　　　② 원판상 발진 : 여러 개의 모인 홍반성 병변
　　　③ 광과민성 : 태양광선 노출시 발진
　　　④ 구강궤양 : 구강과 비강에 동통 없는 궤양
　　　⑤ 기형이 동반되지 않는 관절염
　　　⑥ 장막염 : 늑막염/심막염
　　　⑦ 신장애 : 지속적인 단백뇨/cast
　　　⑧ 신경장애 : 신경증/경련
　　　⑨ 혈액장애 : 용혈성 빈혈, 혈소판감소증, 백혈구감소증, 림프구감소증
　　　⑩ 면역장애
　　　⑪ 항핵항체

8. ❹

농가진은 표피에 국한한 화농성 병변으로 농이 다른 부분의 피부면에 접촉되면 거기에 새로운 발진이 생긴다. 원인균은 연쇄상구균 또는 포도상구균 및 복합된 다수 세균들에 의해 감염이 되며 이는 주로 아동의 피부병으로 전염성이 높다.

- 전염 : 직접 환부와의 접촉에 의해 전염될 뿐만 아니라 옷, 장난감, 수건 등으로 인해 간접적인 전염이 가능하다.
- 주요 발생 부위 : 얼굴, 손, 목과 하지
- 증상 : 홍반과 수포가 생기고 수포가 터지면 황색의 가피가 형성된다. 농가진은 위생 상태가 불량한 어린이들에게 발생되며 두피의 옴, 단순포진, 습진, 곤충에 물린 경우, 독성담쟁이덩굴 접촉 시 이차적으로 발생될 수도 있다. 성인에서는 질병 상태, 위생불량 및 영양불량이 소인이 될 수 있다.

9. ❹

바이러스 감염 : 사마귀, 발바닥 사마귀, 단순포진, 대상포진, 전염성 연속증 등이다.
Carbuncle : 옴(세균감염)
Furuncle : 종기(세균감염)
Herpes simplex : 단순포진
Warts : 사마귀
Tinea pedis : 무좀(진균감염)
Herpes zoster : 대상포진

10. ❷

① 대개 50대 이후에 흔하다. 또한 면역저하환자, AIDS환자에 발생한다.
② 염증은 일반적으로 일측성이며, 흉수신경, 경수신경, 뇌신경을 따라 띠모양을 이룬다.
③ 발진에 앞서 악성 통증이 있거나 통증과 함께 발진이 나타난다.
④ 홍반성 반구진성 발진이 생기고 빠르게 수포성 병변으로 진행한다. 수포는 보통 얼굴과 신체의 좁은 부위에 국한되어, 처음에는 혈청을 포함하나 차츰 농성으로 변하고 터져서 가피를 형성한다.

11. ❸

(가) 수두의 원인균은 varicella zoster 바이러스
(나) 영구면역되어 재발은 드물다. 그러나 감염은 잠재감염으로 나았다가 재발할 수 있다.
(다) 수두환자의 기도분비물이나 대상포진 환자의 수포액과 직접접촉, 비말전파로 감염된다.
     수두는 주로 비말에 의해 전염되지만, 대상포진은 전염되지 않는다. 대상포진은 잠복기 바이러스의 재활성에 의해 전염된다. 그러나, 면역력이 결핍된 대상의 경우 타액이나 수포로부터 바이러스를 직접 접촉함으로써 감염된다. [바이러스에 노출된 환자는 전염성 감염병을 예방하기 위해 Varicella zoster immune globulin(VZIG)과 acyclovir를 이용한 능동면역을 접종해야 한다.]
(라) 감염된 사람의 점막과 수포에서 나온 분비물에 더럽혀진 물건과의 접촉을 통해 간접전파, 공기전파되기 때문에 손씻기와 같은 개인 위생을 철저히 하도록 한다.
(마) 피부병소에 특별한 치료는 없다. 가려우면 항히스타민제나 칼라민로션을 사용한다.
     병소의 통증완화를 위하여 냉찜질과 진양제 로션을 도포한다.
     70% 알코올은 주사부위, 채혈, 각종 침습적인 절차 시행 전에 피부소독에 사용한다.
(바) 포진 후 신경통이 발생할 수 있다.

12. 1) ㉠ 시기 남학생의 여드름 발생에 관련된 호르몬 2가지와 작용

    ① 안드로겐

        → **작용** : 사춘기에 남성 호르몬의 기능항진으로 피지샘의 분비가 왕성해지면, 모낭의 상피가 이상각화를 일으키고, 모낭이 막히고 이에 따라 여드름의 기본 병변인 면포가 형성된다.

    ② 스트레스 호르몬(코티졸, corticosteroid)

        → **작용** : 잠 못 잘 때, 몸이 힘들 때, 정신적인 스트레스 시 스트레스 호르몬이 항진되면 안드로겐도 함께 늘어난다. 결과적으로 여드름은 더 왕성해진다.

  2) ㉡ '감광성' 특성을 고려하여 연고 도포 시 주의 2가지

    트레티노인은 비타민-A유도체로부터 합성된 것으로 유전적으로 지성인 피부에서 과도한 피지분비량을 억제해 주는 약이다.

    ① 자외선에 노출되면 쉽게 화상을 입을 수 있기 때문에 햇빛을 피하고 밤에 약물을 바른다.

    ② 낮 동안에는 자외선 차단제를 사용하도록 권한다.

    ※ 기타 : 피지를 제거하므로 점막건조증이 있다. 눈마름, 입마름, 코점막마름으로 코피 등이 나기도 하므로 하루 1번 정도만 적용하여도 충분히 피지량을 조절할 수 있으므로 자주 적용하지 않도록 한다.

Part 03 아동간호학

제1강 아동발달과 특성

1절 ◆ 아동의 성장과 발달

| 본문 p.373

1. ❷

2. ❶

구분	Erikson	Freud	Piaget
영아기	신뢰감 대 불신감	구강기	감각운동기(2~7세)
유아기	자율성 대 수치심	항문기	전조작기 – 전개념기(2~4세)
학령전기	주도성 대 죄책감	성기기(남근기)	전조작기 – 직관기(4~7세)
학령기	근면성 대 열등감	잠복기	구체적 조작기(7~11세)
청소년기	자아정체성 대 역할혼돈	생식기	형식적 조작기(11~15세)
청년기	친밀감 대 고립감		
장년기	생산성 대 자기침체		
노년기	자아통합 대 절망감		

3. ❹

4. 1) 프로이드의 성심리발달
    생식기는 사춘기부터 성적으로 성숙되는 성인기 이전까지의 시기로 심한 생리적 변화가 특징이며 격동적 단계로 불린다. 사춘기에는 생식기관이 발달하고 남성 또는 여성 호르몬의 분비가 많아짐에 따라 2차 성징이 발달하게 됨으로써 억압되었던 성적 관심이 다시 되살아난다. 그러나 아동기 초기에 성적 쾌락을 불러 일으켰던 원천이 조정되고 성숙된다. 사춘기 초기에는 새롭게 분출된 성적 에너지가 일정 기간 동안 동성 친구에게 향했다가 남근기 갈등해결방식과 같은 방법으로 점차적으로 이성 관계, 구애, 결혼, 가족형성, 집단 활동, 직업에 대한 관심으로 옮겨가게 된다. 이 시기의 중요한 특징은 생산적으로 활동하거나 깊은 사랑을 하거나 성적 오르가슴을 느낄 수 있는 능력이 형성된다는 것이다.

    2) 에릭슨의 사회심리발달
    자아정체성 대 역할혼돈의 단계로 정체감의 발달은 빠른 신체적 변화가 특징이다. 자신의 신체에 대해 알고 있는 개념이 흔들리고 그들 자신의 자아개념과 다른 사람의 눈에 비치는 자신의 모습을 비교하는 데 지나치게 열중한다. 정체감의 확립을 위하여 그들의 초기 경험과 개인적인 욕구를 성공적으로 통합해야 하고, 초기 12년간의 발달이 자아정체감과 자기정의로 잘 합성되어야 한다.

    3) 피아제의 인지발달이론
    형식적 조작기는 11~15세의 시기로 논리적 사고가 가능한 인지적 성숙이 이루어진다. 구체적이고 실제적인 상황을 넘어 순전히 상징적인 추론이 가능하다.

5.   ❸

ⓒ 학령전기 : 솔선감이 형성되는 시기로 이 시기의 과업을 달성하지 못한 유아는 죄책감을 갖게 된다.

ⓒ 유아기 : 자율성이 형성되는 시기로 이 시기의 과업을 달성하지 못한 아동은 수치심이나 의심을 갖게 된다.

6.   ❸

▌프로이드의 심리성적 발달 단계

단계	연령대	특성
구강기	출생~1세	채워진 구강의 욕구로부터 만족을 얻는다. 엄마는 보통 그런 영아의 욕구를 채워주기 때문에 엄마에 대한 애착이 중요하다.
항문기	1~3세	대표적인 예로 대소변 가리기와 같은 몸의 기능을 다스리는 법을 배운다.
남근기	3~6세	성 차이에 대해서 흥미를 느낀다. 오이디푸스/엘렉트라 콤플렉스를 경험한다.
잠복기	6~11세	성적인 욕구가 가라앉는다. 적절한 성역할을 습득한다. 사회에 대해서 배운다.
생식기	12세 이상	이성에 대해 성적인 욕구를 느낀다. 사랑하는 관계를 형성하는 법과 사회적으로 납득할 만한 방법으로 성적 충동을 다루는 방법을 배운다.

▌피아제의 인지발달 이론의 단계

단계/시기	연령대	특성
감각운동기	출생~2세	
반사기	출생~1개월	예상할 수 있는 선천적 생존 반사행동
1차 순환반응기	1~4개월	자극에 의도적으로 반응함, 만족하는 행동을 시작하고 되풀이함
2차 순환반응기	4~8개월	계획된 행동으로부터 배움, 운동능력/시력이 협응됨, 친숙한 것과 낯선 것을 구별함
2차 도식의 협응기	8~12개월	물체의 영속성을 발달시킴, 다른 사람의 행동을 예상함, 친숙한 것과 낯선 것을 구별함
3차 순환반응기	12~18개월	새로운 것이나 반복하는 것에 흥미를 느낌, 인과관계를 이해함, 다른 사람의 도움을 위해 졸라댐
정신적 결합기	18~24개월	간단한 문제는 해결함, 모방함
전조작기	2~7세	
전개념기	2~4세	자기중심적 생각, 심상 이미지, 언어능력의 발달
직관적 사고기	4~7세	세련된 언어구사, 자기중심적인 생각이 감소함, 현실중심적인 놀이
구체적 조작기	7~11세	관계, 분류, 보존, 서열화, 가역성을 이해함; 논리적 추리의 한계성, 덜 자기중심적인 생각
형식적 조작기	11세 이상	체계적이고 추상적인 생각을 할 능력이 있음

콜버그의 도덕발달 이론의 단계

단계/수준	연령대	특성
전인습적 수준	출생~7세	
전도덕적 단계	출생~2세	옳고 그른 것을 구별하지 못함
처벌과 복종중심 단계	2~3세	처벌에 대한 두려움에 근원한 행동에 따름
도구적 현실중심 단계	4~7세	포상에 근원한 행동에 따름
인습적 수준	7~12세	
인간 상호 간의 동조성 중심 단계	7~10세	의지와 다른 사람의 반응으로부터 평가된 행동을 함
권위와 사회적 질서유지 중심 단계	10~12세	법과 권위를 존경함에서 나오는 행동을 함
후인습적 단계	12세 이상	
사회계약/법률 중심 단계	12세~청소년기	법률은 인간의 가치를 증진시키고 대다수의 의견을 표명해야 한다고 믿음
보편적, 윤리적 원리 중심 단계	청소년기~성인기	보편적·포괄적이고, 일관된 도덕원리의 옳고 그름의 개념을 가지지만, 아직 개인적인 도덕원리는 없음

7. ㉠ 전애착기
   ㉡ • 친숙한 사람과 낯선 사람에게 다르게 반응
   • 어머니에 대한 신뢰감이 발달하기 시작(낯가림 나타남)
   ㉢ • 분리불안이 대상영속성 개념획득의 증거임
   • 아동은 어머니와 협상하고, 자신이 원하는 대로 행동을 수정하려고 함

8. ㉠ 림프계(or 면역계)
   ㉡ 신경계
   ㉢ 남자는 고환, 여자는 유방
   사춘기에 시상하부-뇌하수체-성선체계가 완전한 기능을 하게 되면서 고환에서 테스토스테론, 난소에서 에스트로겐이 다량 분비된다. 이러한 성호르몬에 의해 성적성숙과 발달이 급속히 증가하게 된다.

9. ❹
   ㄱ. 한국형 Denver Ⅱ는 출생부터 6세까지의 아동의 신경근 발달을 사정하는 도구이다.
   ㅁ. 키를 측정한 결과가 90백분위수이면 동일 연령과 성별 집단의 89%는 이 아동보다 키가 작다는 것을 의미한다.

10. ❷
   ㄱ. 영아기의 감각변화 : 영아기 동안 시력이 점차 발달하며 양안고정(binocular fixation)이 가능해진다. 양안시(binocularity) 또는 양안의 조절로 시각을 통해 들어온 상을 뇌에 융합하는 것은 6주부터 발달하기 시작하여 4개월경에 완성된다. 양안시 발달이 결여되면 사시가 될 수 있으며 시력을 영구적으로 상실할 수도 있으므로 조기에 발견하여야 한다.
   깊이에 대한 지각을 가능하게 하는 입체시(stereopsis)는 7~9개월경에 시작되나 그 전에도 본래 타고난 안전기전이 있는 것으로 보고 있다. 생후 2~3개월 된 영아도 깊이를 구분할 수 있다는 연구보고가 있다. 생후 7개월경에 나타나는 낙하산반사는 추락에 대한 보호반응으로 볼 수 있다.

ㄴ. 유아기의 신경계 성숙 : 아동기의 주요한 과업 중의 하나는 대소변을 가리는 것이다. 항문과 요도의 괄약근을 조절할 수 있는 신체적 능력은 아동이 걷기 시작한 후 대개 22~30개월에 성취된다. 척수의 유수화는 2세 정도에서 거의 완성되며, 이와 더불어 걷기를 포함하는 전체 운동기술이 완성된다. 대소변 훈련을 시작해야 할 적당한 시기가 정해진 것도 아니고 훈련을 완성해야 할 마감 시한이 있는 것도 아니지만 전문가들에 의하면 30개월 이전에 대소변 훈련을 시작해야 한다고 한다. 이 시기의 아동은 기본적인 전체 운동 기술의 대부분을 숙달하고, 의사소통할 수 있으며, 자기주장과 거부증에 갈등을 덜 느끼고, 자신의 신체를 조절할 수 있는 능력을 인식하고 부모를 기쁘게 하려하기 때문이다.

ㄷ. 림프 조직은 6세가 되면 성인에 달하는 정도로 빠르게 증가하고 성장을 계속한다. 약 10~12세에 조직들은 어른 크기의 2배에 달하는 최대 발달을 하게 되고, 사춘기 말까지는 안정된 성인의 정도까지 급속히 감소하게 된다.

ㅁ. 땀샘에는 에크린 한선과 아포크린 한선이 있으며 출생 시부터 존재한다. 에크린 한선은 일차적으로 신체의 열조절기전의 일부로서 기능하며 전해질 균형의 유지에도 어느 정도 기능한다. 에크린 한선은 투명하고 물기가 많은 액체(땀)를 생산하는데, 이것은 소금, 암모니아, 요산, 요소 및 다른 배설물들로 구성되어 있다.

아포크린 한선은 주로 액와, 유두, 제와부위, 항문주위, 생식기 부위에 분포한다. 이의 활동은 일반적으로 정서적 스트레스에 기인한 교감신경 흥분유발자극의 결과로 나타난다. 영아기와 아동기에는 활동하지 않다가 사춘기 동안에 성숙하면서 기능하게 된다. 이들은 에크린 한선보다 훨씬 크며 모낭과 연결되어 있다. 아포크린선의 알칼리성은 그 부위의 pH를 변경시킨다. 세균이 아포크린선을 분해하면, 특히 액와부위에서 악취가 난다.

11. **❺**

DDST(Denver Developmental Screening Test : II)

출생에서 6세까지 아동의 신경근 발달을 사정하는 데 일반적으로 사용되는 기구이다. 이 검사는 개인 - 사회적, 미세 운동 - 적응성, 언어, 큰운동의 4부분을 구분하고 있다.

기록지에 합격은 'P', 실패는 'F', 거부는 'R', 기회 없음은 'no'로 표시한다. 특정한 항목 점수를 기록하기 전에 3회 정도 시도해 본다. '지연'이 없고 한 번의 '주의'가 있으면 정상이다. '주의'는 같은 연령 아동 75~90%의 성취율을 갖고 있는 항목에 대해 실패했음을 의미한다. '지연'은 연령선의 왼쪽 항목의 실패를 의미한다. '의심'은 한 번 이상의 '지연'과 두 번 이상의 '주의'를 말하며 이러한 경우 아동을 1~2주 내에 다시 검사하도록 한다.

질환이나 다른 논리적 이유로 인해 아동이 끝까지 Denver II 항목을 마치지 못하였다고 판단된다면 1개월 이내에 아동을 재검사하도록 한다. 만약 아동의 발달 지연이 있다면 초기 진단은 적절한 도움과 중재로 이어지게 된다.

12. **❷**

성장통은 골성장이 근육성장보다 더 빠르기 때문에 발생하는 통증이다. 특징에는 대칭적 통증, 저녁에 나타나고 아침에 사라짐, 움직일 때 통증이 사라짐, 아픈 곳을 지적하지 못함, 마사지하면 시원함 등이 있다.

13. **❹**

4세에서 16세 사이의 소아에서 3개월에 3회 이상 반복적으로 발생되어 일상생활에 지장을 초래하는 복통을 만성 복통이라 하는데, 이는 학령기 어린이의 10%에서 발생되며 이 중 10% 정도만이 기질적 복통이고, 70~75%는 기능반복 복통이다. 이 기능복통의 주요 원인은 정신적·사회적 스트레스이다.

14. ❸
ㄱ. 색맹이 아니고, 색깔을 아는 4세 아동에게 사용
ㄴ. 신생아 수술 후 통증평가도구
ㄷ. 4세가량 아동에게 사용
ㄹ. 8~17세 아동에게 적용하는 도구로서, 통증강도만이 아니라 통증의 위치와 통증의 질도 검증 가능

15. ㉠ 치아우식증
㉡ 물

2절 · 각 성장 단계별 특성

| 본문 p.381

1. ❹
신생아 관리의 4대 원칙은 호흡관리, 체온관리, 감염예방, 영양관리이다.

2. 1) ㉠ Apgar Score : 출생 60초 후에 상태를 점수로 매김

출생 시 영아 평가 – 아프가 점수			
징후	0	1	2
심박동수	없음	느림 < 100	> 100
호흡능력	없음	불규칙, 느림, 약한 울음	크고, 강한 울음
근긴장도	늘어짐	사지의 약간 굴곡	충분한 굴곡
자극에 대한 반사	무반응	찡그림	울음, 재채기
피부색	푸름, 창백	몸통분홍, 사지푸름	완전히 분홍

0~3점 : 심한 곤란증
4~6점 : 중등도의 어려움
7~10점 : 자궁 외 생활에 적응하는 데 어려움이 없음

2) 캥거루식 돌보기
① 정의
  ㉠ 캥거루식 돌보기(Kangaroo care)는 기저귀와 모자만 착용한 영아를 부모의 맨 가슴에 똑바로 세워 안는 피부 접촉 방법
  ㉡ 피부 접촉은 강력한 애착을 발달시켜 미숙아의 성장과 안정을 도우며 모아 관계를 향상
② 캥거루식 돌보기 방법
  ㉠ 캥거루식 돌보기 시행 전 준비
    • 어머니는 의자에 편안히 앉아 가운의 앞섶을 열고, 손을 비벼서 따뜻하게 한다.
    • 미숙아는 수유 30분 후 기저귀와 모자만 착용한다.
  ㉡ 캥거루식 돌보기 수행
    • 어머니는 기저귀와 모자만 착용한 미숙아를 맨 가슴에 세워 안고 피부 접촉을 60분간 실시
    • 한 손으로 미숙아의 엉덩이와 등을 지지한 채 다리를 구부려 안고, 다른 한 손으로 미숙아의 목과 머리를 지지한다.
    • 미숙아의 보온 유지를 위해 아기싸개나 가운을 사용하여 미숙아의 등을 덮어 준다.
    • 어머니는 미숙아를 안고 있는 동안 미숙아와 눈을 맞추거나 손을 바꾸어 안을 수 있으나, 자극을 주지 않기 위해 큰소리로 이야기를 하거나 세게 흔들지 않도록 한다.

3. ㉠ APGAR score(＝아프가 점수)

㉡ 마유(＝Witch's milk)

- 발현 이유
  - 모체의 성호르몬(＝호르몬)으로 인해 정상적으로 생후 2~3일경에 유방울혈로 발생
  - **자궁 내** : 모체의 에스트로겐과 프로게스테론이 태아의 유선 증식
  - **분만 후** : 모체의 성호르몬이 저하되면서 신생아 뇌하수체 전엽에서 프로락틴 분비로 마유 분비

> <u>모체호르몬의 영향으로 정상적으로 나타날 수 있는 신생아의 특징</u>
> - 마유(witch's milk) 분비 : 2주 내 사라짐, 짜지 말 것
> - 가성월경
> - 음순비후
> - 유방울혈 : 여아와 남아

㉢ 포유반사(＝rooting reflex, 근저반사)

4. ❶

출생 시 73%가 수분으로 성인의 58%보다 많으며, 성인보다 세포외액의 비율이 더 높아 Na과 Cl의 수치가 높고, K, Mg, P의 수치가 더 낮다. 신생아의 수분 교환율은 성인보다 7배 더 높고, 대사율은 체중에 비해 2배 더 높다. 그 결과 산(acid)이 2배 더 생성되어 산증이 보다 빨리 진전될 수 있다.

② 신장이 미성숙하여 체액량을 보유할 만큼 소변을 충분히 농축하지 못한다. 이 요인으로 인해 신생아에게 과수분증이 초래되기 쉽다.

③ 영아는 세포외 체액이 많다.

④ 어른에 비해 많은 체표면적이다.

5. ❸

6. ❷

| 영아의 운동발달의 순서(전체운동)

종목	개월 수	종목	개월 수
목을 가눈다	3~4개월	혼자서 선다	10~15개월
뒤집는다	5~6개월	허리 굽혔다 바로 선다	11~17개월
세울 때 다리에 힘을 준다	3~6개월	잘 걷는다	12~17개월
혼자서 앉는다	6~7개월	공을 발로 찬다	15~22개월
긴다	8~9개월	계단을 오른다	15~24개월
붙잡고 선다	9~10개월	한 발로 잠깐 선다	30~40개월

- **영아의 미세운동** : 생후 4개월이면 물건을 쥐어주면 쳐다보거나 입으로 가져간다.
- **생후 6개월** : 손의 척골 쪽으로 접근하여 손바닥을 이용해 물건을 잡는다.
- **생후 7개월** : 이 손에서 저 손으로 옮길 수 있고 맞부딪혀 소리를 낸다.
- **생후 9개월** : 손의 요골 쪽으로 접근하여 가위모양으로 손가락을 이용해 물건을 잡는다.
- **생후 10~11개월** : 집게손가락으로 접근하여 엄지와 검지를 이용해 물건을 집는다.
- **생후 12개월** : 작은 물건을 상자에 넣을 수 있고, 책장을 넘길 수 있다.

7. ❹

대소변 훈련은 걷기 시작한 후로 대략 18~24개월경에 이루어진다. 이 시기까지 아동은 필수적인 전체운동기술을 숙련해야 하고, 의사소통을 할 수 있어야 하며, 자기주장과 거부증이 줄어들어야 하며, 신체조절능력을 자각하고 부모를 즐겁게 해 주려는 마음을 지각해야 한다. 대소변 가리기에 대해서는 아동지향적 접근법이 바람직하다.

대소변 훈련은 1회 5~10분 정도로 제한하고, 부모는 아동이 용무를 볼 때마다 마칠 때까지 곁에 있어 주는 것이 좋다. 매번 변을 본 후 올바른 위생습관을 갖도록 훈련시킨다. 쉽게 벗을 수 있는 의복 등도 도움이 된다.

8.
- 자기도 젖병을 달라고 요구하며
  → 유아의 발달적 행동 특성은 '퇴행'이다. 퇴행은 정상적인 표현이며 오랫동안 지속되지 않는다.
- 드러누워 발을 구르고 소리를 지르고 있다.
  → 유아의 발달적 행동 특성은 '분노발작'이다. 좌절의 경험으로 유아기에 경험하는 자연스러운 결과이다. 유아는 고의로 나쁜 행동을 하지 않는다. 무관심한 태도로 분노발작을 강화시키지 않아야 하며, 아동의 외상을 예방하기 위해 곁에 있어야 한다.
- 마슬로우(Maslow)의 욕구단계 중 3단계인 소속(사랑, 관계)의 욕구에 해당된다.

9.
1) 인지 발달 특성 4가지
   ① 민서는 간호사가 되고 언니와 인형은 환자가 되어 병원 놀이 : 학령전기 아동의 놀이는 모방적이고, 상상력이 풍부한 상징 놀이를 즐긴다. 병원 놀이, 상점 놀이, 마을 세트 등의 놀이를 통해 다양한 표현을 한다.
   ② "언니가 병원 놀이를 했기 때문에 다쳤다." : 한 현상을 관계없는 다른 현상과 연결시켜 추리하는 변환적 추리
   ③ 인형도 병이 날까 봐 걱정하였다 : 무생물도 살아 있는 것으로 생각하는 물활론적 사고
   ④ 아빠가 화상 통화가 아닌 전화를 걸어 "언니는 병원에 갔니?"라고 묻자, 전화기를 들고 대답 대신 고개를 끄덕였다 : 남이 처한 상황을 고려하기 힘든 자기중심주의
   상징 놀이, 변환적 추리, 물활론적 사고, 자기중심주의는 학령전기 아동의 전조작기 사고의 특성이다.

2) 도덕 발달 수준과 단계 : 전 인습적 / 전 도덕적 수준 – 처벌과 복종지향(2~4세)
   유아의 도덕 판단은 가장 기초적 수준으로 어떤 것이 왜 잘못되었는지 관심은 거의 없다. 행동의 좋고 나쁨이 보상을 주는가 혹은 벌을 주는가에 달려 있다고 본다. 벌을 준다면 나쁜 행동, 벌을 받지 않으면 좋은 것으로 여긴다. 즉 다른 아이를 때리는 행위에 제재를 가하지 않으면 벌을 받지 않았으므로 좋은 행동으로 여기게 된다.
   4~7세 아동은 자신의 욕구를 충족시키기 위한 행동을 한다. 아동은 매우 구체적인 정의감을 갖게 된다.

10. **1) 프로이드(S. Freud)의 심리성적 발달이론에 근거했을 때 민아는 어느 단계에 해당하는지 제시할 것**

프로이드는 심리성적 발달이론에 따라 구강기 – 항문기 – 성기기(남근기) – 잠복기 – 생식기 단계로 구분하였다. 민아는 25개월 유아로 항문기에 해당된다. 이 시기 동안에는 괄약근이 발달하여 대변을 배설하거나 참는 능력이 발달된다.

2) 배변 훈련과 성격형성과의 관계를 프로이드(S. Freud)의 심리 성적 발달이론에 근거하여 제시할 것

항문기의 주 발달과업은 배변훈련이다. 부모가 이 시기에 대소변가리기 훈련을 시키기 위해 사용하는 방법들이 성격에 계속적인 영향을 미칠 수 있다고 한다. 엄하고 가혹한 대소변가리기 훈련을 받은 아동은 일상생활과 일정에 강박관념을 가질 수 있고, 너무 소심해지거나 지나치게 비판적인 성격이 될 수도 있다. 또는 이 시기에 대소변가리기 성공을 위해 아동에게 지나치게 주의를 기울이거나 염려를 한다면, 어른이 되었을 때 소유물을 숨기거나 사랑과 애정을 표현하기 위해서 물체를 이용할 수도 있다.

3) 밑줄 친 민아의 행동에서 나타나는 심리적 방어기제의 명칭과 그 개념을 제시할 것

동생을 안고 있을 때 떼를 쓰고 젖병을 물고 누워서 아기처럼 말하는 심리적 방어기제는 퇴행이다. 유아기의 퇴행은 부모로부터의 분리와 애착으로부터 자율성 획득에 대한 불안이나 스트레스 등 환경적인 요인에 의해 발생한다. 퇴행은 지나친 스트레스 상황을 겪을 때나 동생이 생겼을 때 자신이 발달과업을 성공적으로 이루었던 상태로 돌아가기를 원하는 것을 의미한다. 이는 자연스러운 과정이다. 따라서 적절히 무시하고 긍정적 특성이나 행동에 대하여 칭찬해 주고 보호자가 더욱 관심을 갖고 상호작용하여 유아의 행동 안정성이 발달되도록 도와준다. 퇴행은 정상적인 표현이며 오랫동안 지속되지 않는다는 점을 명심한다.

11. ㉠ 거부증
㉡ 퇴행

12. ❶

제6세구치(제1영구대구치)는 크면서 치주모형의 기본이 되는 대단히 중요한 치아이므로 올바른 위치에 잘 보존되어야 한다.

| 치아가 나는 순서

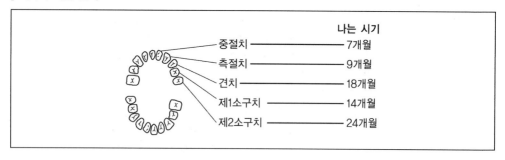

13. ❷

학령전기는 성 정체감과 신념 형성에 중요한 시기로, 성 정체성을 발달시키므로 성 역할이나 성 유형이 뚜렷해지는 시기이다. 반면, 청소년기는 성 역할 정체감이 안정되는 시기로 또래 친구들과 성인들로부터 성숙한 성 역할 행동에 대한 기대를 받게 된다.

14.
　㉠ 연합놀이
　㉡ 평행놀이

영아기	단독놀이	• 같은 장소에서 다른 아동이 사용하는 장난감과는 다른 장난감을 가지고 혼자 그리고 독립적으로 노는 것 • 아동의 관심은 자신의 행동에만 집중되어 있음
	방관자놀이	다른 아동이 하고 있는 것을 보고 있지만 참여는 시도하지 않음 **예** 손위 형제가 그림을 그리는 것을 구경함
유아기 : 평행놀이		주위 아동이 사용하고 있는 것과 같은 장난감을 가지고 독립적으로 놀고 다른 아동에게 영향을 주거나 받지도 않음
학령전기 : 연합놀이		동일한 행동이나 비슷한 놀이에 같이 참여하는 것이지만 조직이 없고 역할이나 임무, 공동의 목표가 없음 **예** 인형놀이, 소꿉놀이
학령기 : 협동놀이		• 조직적인 집단에서 최종목표를 이루기 위해 행동을 토의하고 결정함 • 행동조직과 각자의 역할이 있고, 규칙을 지킴으로써 목표와 성취를 달성하기 위해 함께 놀음

제2강 아동의 신체적 건강문제

1절 신생아

| 본문 p.389

1. ❹
　1) 성염색체 이상
　　• 터너 증후군 : 45, X
　　• 클라인펠터 증후군 : 47, XXY
　2) 상염색체 이상
　　• 다운 증후군 : 47, XY+21

2. ❹
다운 증후군의 신체적·인지적 이상은 다양하며 일반적으로 지능지수는 경미한 수준이다. 인지능력 저하로 주의집중과 문제해결능력이 부족하고, 지각능력이 조직적이고 체계적이지 못하다.

3. ❹
Cri du Chat(묘성)증후군 : 고음의 고양이 울음과 같은 소리를 냄

4. ❸
　㉠ 임신 5개월 이후에 모체의 태반을 통해서 감염된다.
　㉢ 출생 직후 안염 예방을 위해 1% 질산은 용액을 점적시킨다. → 임질

5. ❹

선천성 매독 환아의 허치슨 치아의 특징 : 치아가 작고 간격이 넓고 톱니 모양의 절흔이 있다.

6. ❹

영아성 뇌반점 퇴행(Tay-Sachs disease)은 지질대사이상-지질침착질환으로, 상염색체의 열성으로 인한 질환이다. 이는 선천적으로 지질 대사에 이상이 있어서 생기는 질환으로 Hexosaminidase A 효소 결핍으로 Glycolipid인 Ganglioside가 뇌의 회백질에 축적되어 Cerebro-macular degeneration 을 초래하고 뇌는 위축되어 단단하고 지질의 축적은 신경세포에서 볼 수 있다.

7. ❶

② 페닐케톤뇨증 : 단백대사 이상
③ 갈락토스혈증 : 당대사 이상

8. ❷

뇌성마비에서 수반되는 장애로, 언어 장애(82%), 정신지능 발육 장애(19~65%), 시각 장애(34~ 50%), 경련 발작(25~40%), 청각 장애(15%), 감각 장애(13.6%), 감정 장애, 학습능력의 감퇴 등이 나타날 수 있다. 이외에 소화기 계통·비뇨기 계통의 문제도 동반될 수 있다.

9. 1) ㉠의 양성 소견과 발생 기전
  • 일몰(낙일) 현상(sunset eye) : 안구가 수평선 아래로 내려감으로써 공막의 백색이 각막(동공) 위로 나타난다.
  • 두개내압의 상승 및 공간점유병변으로 야기된다.

▌일몰(낙일) 현상

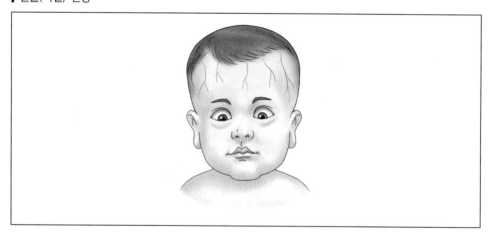

2) ㉡ 마퀴인 징후(Macewen's sign)
  • 뇌수종 시 골판이 얇아져서 두개골(대천문 부위)을 타진하였을 때 탁음이 나지 않고 깨진 항아리소리와 비슷한 소리가 나는 현상이다.
  • 파옹음(cracked-pot sound, Macewen's sign)

10. 1) ㉠ Allis-sign(＝Galleazzi-sign)

> <u>Ortolani 검사</u>
> • 대전자부를 내측으로 밀어 올리면서 외전
> • '뚝'소리 및 느낌(Ortolani test 양성)
> <u>Barlow 검사</u>
> 앞쪽에서 힘을 줄 때, 대퇴골 두부가 관골구의 후외방으로 밀면 미끄러지는 느낌을 받고 힘을 빼면 즉시 반대로 미끄러져 나온다면, 고관절이 탈구되었거나 불안정한 상태라고 판단할 수 있다.
> *Galleazzi sign(Allis 징후) : 아동을 눕히고 무릎을 세우면 무릎의 높이가 다르다. 환측이 짧다.
> *Trendelenburg 징후 : 정상인 다리를 들고 탈구된 다리로 서면 정상인 쪽으로 골반이 기우는 것이다.

2) ㉡ 가능한 한 빨리 치료를 시작해야 하는 이유
  • 초기중재가 정상적인 골격구조와 기능으로의 회복에 더욱 도움이 되기 때문이다.
  • 치료가 지연될수록 기형은 더욱 심해지고, 치료는 어려우며, 예후는 좋지 않다.

3) ㉢ 피스톤 징후의 검진 방법과 양성 소견
  다리를 편 상태에서 허벅지를 아동의 머리 쪽으로 올렸다가 아래로 잡아당겼을 때 엉덩이 쪽에서 대퇴골두가 위와 아래로 움직이는 것이 느껴지면 양성증상으로 고관절형성 장애를 확인할 수 있다.

> <u>발달성 고관절 이형성증(Developmental Dysplasia of the Hip)</u>
> ① 원인
>   • 1개월 이내 신생아, 가족력, 어머니 호르몬 영향(여아)
>   • 관골구의 형성부전/부전탈구
> ② 증상 : 탈구 쪽 대퇴에 주름 많음, 양쪽 다리 길이 다름, 굴곡 시 무릎 높이 단축, 제한된 외전
> ③ 진단 : Barlow · Ortolani · Allis · Trendelenburg test
> ④ 치료 : 외전장치(pavlik harness), 견인(bryant, buck, russell), 정복과 석고붕대
> ⑤ 간호 : 미세운동발달 지지, 신체운동성 유지, 자극으로부터 피부보호(순한 비누로 씻고 건조, 긴 면양말, 면내의, 천 기저귀 자주 갈기, 피부괴사 방지 위해 체위 변경)

11. 1) ㉠ 핵황달
2) 모로반사. 갑작스런 자세 변화나(머리를 갑자기 떨어뜨리거나) 소리에 반응하여 (0.5)
  <u>등과 팔다리를 쭉 펴면서 외전</u>하고 두 팔을 벌려 포옹하는 자세를 취하는 반사이다.(0.5)
  생후 3~4개월에 소실된다.
3) ㉡ 적혈구가 파괴되어 생긴 간접 빌리루빈은 직접 빌리루빈으로 전환되어야 수용성이 되어 땀과 소변 등으로 배출되지만, 신생아는 간의 미성숙으로 인해 효소활성이 부족하여 직접 빌리루빈으로 전환되지 못한다. 이 효소는 <u>간접 빌리루빈을 직접 빌리루빈으로 전환하는 역할</u>을 한다.

2절 ✦ 영아

| 본문 p.394

1. ❷
  급성설사의 감염원인 중 로타 바이러스는 잠복기가 48시간, 5세 이하 아동의 주요 설사 원인이며, 특히 생후 6~12개월 영아가 가장 취약하다. 증상은 호흡기계 질환이 이전 또는 동시에 발생하며, 묽은 변과 구토가 나타난다. 열과 구토는 2일 이내에 줄어들지만, 설사는 5~7일간 지속된다.

2. ❹

㉠ 생우유를 돌 이전 영아에게 제공하는 것은 엄격히 금한다. 이유는 모유에 비해 단백질과 무기질 함량이 높아 영아 신장에 부담을 줄 수 있고, 모유에 비해 카제인 함량이 높아 소화 및 체내 이용이 어렵고, 지방흡수가 모유에 비해 어렵다. 그리고 필수 지방산 함량의 부족, 거칠고 소화가 느린 우유단백질 입자 때문에 위장관에 출혈 유발 가능성이 있다. 또한 모유에 비해 알러지 반응 유발 가능성이 높다.

㉡ 비타민 C는 철분 흡수를 촉진하므로 철분제와 같이 준다.

3절 ◆ 유아

| 본문 p.395

1. ❶

필수아미노산이 부족할 때는 원활한 단백질합성이 이루어지지 않고, 각종 장애를 일으킨다. 특히, 퀘시오카는 단백질 영양결핍증으로 초기에는 신경과민증상을 보이며 성장이 지연된다. 근육이 아주 빈약해지고 손발이 꼬이게 되며 피부는 부스럼 같은 것이 생겨 거칠어지고 탈색된다. 또 다리나 발에 비늘 같은 것이 생기며 머리카락은 뻣뻣해진다. 이 밖에도 빈혈, 식욕부진, 간 비대, 설사와 구토가 나타나고 더 진전되면 부종이 발생한다.

반면, 많은 양의 단백질 섭취를 한꺼번에 하게 되면, 단백질 대사에 의한 노폐물(암모니아)을 만들어 간과 신장에 부담을 주게 된다. 암모니아는 인체에 유해하므로, 유해하지 않은 요소로 전환되어야 한다. 이 전환 과정은 간과 신장에서 일어난다. 체내에 암모니아가 축적되면 뇌염이나 간 기능 상실 등을 초래하고, 요소가 축적되면 신장염과 허리의 통증을 유발한다.

2. ❸

① 외이도염의 증상은 외이도의 가려움, 귓바퀴를 건드리는 경우나 이경검사 시 급성의 심한 동통호소(유양돌기 동통), 이충만감, 청력감소 등이다.

② 구씨관염은 유스타키오관염으로 귀의 충만감, 통증, 청력소실, 이명, 어지러움증 등을 호소한다.

④ 만성 중이염의 증상은 악취가 나는 분비물(이루)과 전도성 난청 혹은 혼합성 난청, 고막천공(특징적인 증상) 등이 발생한다.

급성 중이염의 증상은 대상자의 30~50%에서 발열, 이충만감, 이통, 식욕저하, 보챔, 구역/구토, 콧물, 귀를 잡는 행동 등이 관찰된다. 급성 중이염은 대개 발적기 − 삼출기 − 화농기의 질병과정을 거쳐 회복된다.

- 발적기: 이통, 발열, 귀의 충만감, 충혈성 부종(청력은 정상)
- 삼출기: 삼출물 형성으로 구토, 전도성 난청
- 화농기: 고막천공 전에는 이통이 심하나 고막 터지고 나면 화농성 분비물이 배출되고, 통증 및 발열 없어짐, 전도성 난청이 심함

3. ❷

중이염의 합병증으로 전도성 청력상실과 언어와 관련된 문제가 일차적으로 발생된다.

드문 합병증으로는 중이 인접조직의 농양, 수막염, 패혈증, 유양돌기염, 추체첨단화농증, 측부비동혈전, 뇌농양, 미로염, 안면신경마비 등이 발생된다.

4. ❸

(다) 3세 이하 영유아의 유스타키오관은 성인에 비해 짧고 넓으며, 중이와 수평으로 연결되어 있다.

4절· 학령전기 아동

| 본문 p.397

1. 1) 손목에 압통을 동반하는 피하 결절이 있다.

→ 대개 통증이 없는(무통의) 피하 결절이 발생한다.

2) 얼굴에 분홍색의 유연성 홍반(erythema marginatum)이 보인다.

→ 유연성 홍반은 주로 몸통과 대퇴원위부에 발생하며, 가운데는 희고 붉은색 경계선이 뚜렷한 초승달 모양의 반점이다.

3) 3주일 전에 황색 포도상구균성 인두염으로 입원한 병력이 있다.

→ 연쇄상구균성 인두염이다.

2. ❹

열이 최소한 5일간 지속되며 다음의 증상 중에 최소 5개의 증상이 있으면 가와사키병으로 진단한다.

1) 5일 이상 지속되는 38~40℃의 열이 5일 이상 지속된다.

2) 항생제와 해열제에 반응하지 않는 갑작스러운 고열이 발병한다.

3) 양측 결막의 삼출물 없는 충혈

눈은 보통 분비물(눈꼽, 삼출물) 없이 충혈된다.

4) 구강점막의 변화

입술의 건조증, 갈라짐, 딸기 모양의 혀, 인두의 발적(인두점막에 광범위 출혈)이 나타난다.

5) 손과 발(사지)의 변화

손발의 부종, 손바닥과 발바닥의 홍반, 손과 발의 피부 낙설, 소양증이 있다.

6) 부정형(다형의) 홍반성 발진

수포를 형성하지 않는 발진이 몸통부터 시작하여 회음부에 두드러진다.

7) 경부 임파선 종창

경결의 직경 크기 > 1.5cm, 보통은 일측성

3. ㉠ 가와사키병(Kawasaki disease)의 급성기 눈과 혀의 특징적인 증상
- 양측 결막의 삼출물 없는 충혈 : 눈은 보통 분비물(눈곱, 삼출물)이 없이 충혈된다.
- 혀의 변화 : 딸기 모양의 혀(설태가 벗겨져 나가고 붉고 거대한 유두가 두드러지게 드러나서 마치 딸기를 연상하게 하는 혀)

> 구강점막의 변화 : 입술의 건조증, 갈라짐, 딸기 모양의 혀, 인두의 발적(인두점막에 광범위한 출혈)

㉡ 5일 이상 지속되는 38~40℃의 열 : 항생제와 해열제에 반응하지 않는 갑작스러운 고열의 발병

㉢ 심초음파

> **전형적인 가와사키병의 진단기준**
> '5일 이상 지속되는 발열'과 다음과 같은 5가지 임상 양상 중 4가지 이상의 증상이 있어야 한다.
> ① 화농이 없는 양측성 결막 충혈
> ② 입술, 입 안의 변화 : 입술의 홍조 및 균열, 딸기 혀, 구강 발적
> ③ 부정형 발진
> ④ 급성기의 비화농성 경부 림프절 비대(1.5cm 이상)
> ⑤ 급성기의 손발의 가벼운 부종과 홍조, 아급성기의 손발톱 주위의 낙설

가와사키병의 증상

• 5일 이상 지속되는 38~40℃의 열 : 항생제와 해열제에 반응하지 않는 갑작스런 고열의 발병
• 양쪽 눈의 결막 충혈 : 눈은 보통 분비물(눈곱)이 없이 충혈됨
• 구강점막의 변화 : 입술의 건조증, 갈라짐, 딸기 모양의 혀, 인두의 발적(인두점막에 광범위 출혈)
• 손과 발의 변화 : 손발의 부종, 손바닥과 발바닥의 홍반, 손과 발의 피부 낙설, 소양증이 있음
• 부정형(다형의) 홍반성 발진 : 수포를 형성하지 않는 발진이 몸통부터 시작하여 회음부에 두드러짐
• 경부 임파선 종창 : 경결의 직경 크기 〉 1.5cm, 보통은 일측성

4.   ❸

알레르기성 비염은 흡입한 항원이 비점막에 접촉하면서 면역기전에 의해 콧물, 재채기, 코 막힘 등의 증상을 나타내는 질병으로 아동의 약 5~9%에서 볼 수 있다. 이는 아토피성 피부염이나 천식을 동반하기 때문에 피부나 폐 검진을 받게 된다. 진단적 검사로 말초혈액과 비점막 분비물 도말검사에서 호산구가 5~10% 이상이면 알레르기성 질환이 의심된다.

① 원인이 유전, 항원에 대한 노출, 주기성 아토피성 질환(아토피 피부염, 결막염, 부비동염, 중이염 등) 등이다. 전염성이 아니다.

② 결막에 발적이 있고 가려우면서 눈물이 나는 알레르기성 결막염이 나타난다.

④ 알레르기성 비염의 3대 증상은 반복되는 재채기, 맑은 콧물, 코 막힘 등이 차례로 나타난다는 것이다. 동시에 밝은 빛을 싫어하고, 눈물, 전두통(머리 앞쪽의 두통)이 동반된다.

5.   ㉠ IgE

㉡ 비충혈제거제(에페드린, 에피네프린)

• 유발요인에 대한 IgE − 비만세포 매개성 반응으로 매개물질(히스타민 등)을 유리하여 평활근수축·점액분비·점막부종이 발생한다. 이로써 발작적 재채기, 맑은 콧물, 코 막힘 등의 증상이 나타난다.

• 코 막힐 때 쓰는 약은 비충혈제거제 혹은 비점막수축제(에페드린)이다. 코 점막의 혈관을 수축시켜서 코 점막의 충혈을 제거하여 코 막힘을 해소한다. 그러나 장기 사용(7일 이상) 시 내성 및 반작용으로 비염과 코 막힘(반동성비점막비대)이 더 심해질 수 있으므로 장기 사용을 피할 것을 권고한다.

6.   ❶

상악동, 전사골동, 전두동 순으로 호발되며 후사골동이나 접형동의 이환빈도는 상대적으로 낮다.

▌ 부비동의 구조

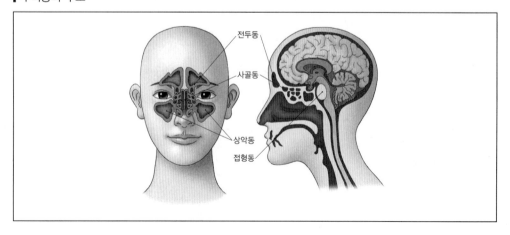

7. **❸**

부비동 수술 후 간호방법 : 1) 부비동 수술 후 24시간 동안 심한 비출혈이나 호흡문제, 반상출혈, 안와 및 안면 부종이 발생하는지 관찰 2) 코와 뺨에 얼음주머니를 대어주어 부종과 출혈 감소 3) 수술 후 24~48시간 동안 부종최소화를 위해 침상상부를 45도 이상 상승시키는 자세를 취해 준다. 4) 비심지는 일반적으로 수술 다음날 제거하나, 상악동심지는 36~72시간 유지하고, 심지로 인한 불편감을 완화시키기 위해 경한 진통제를 투여한다. 5) 분비물을 묽게 하기 위해 수분섭취를 증가시키고, 가습기를 틀어준다. 6) 코 밑에 점적 패드를 대주어 코를 자주 닦지 않도록 한다. 수술 후 7~10일간 코를 풀지 않도록 한다. 7) 재채기는 입을 벌리고 하도록 한다. 8) 수술 후 3~5일쯤부터 식염수를 코에 분무하여 비점막에 습기를 제공한다. 9) 약 2주간 과격한 운동, 무거운 물건을 들어 올리는 행위, 힘 주는 동작을 피하고 신체활동을 최소화하도록 한다.

④ 비인후에서 나오는 정상적인 침은 점막을 부드럽게 만들고 이물질 제거를 위해 나오는 것이므로 삼키도록 하고, 분비물이 많은 경우에는 살짝 뱉는 것은 괜찮지만 삼키기를 권장한다.

부비동 내시경 수술 후 주의사항

- 수술 후 코를 심하게 풀면 피부 밑 조직에 공기가 들어가는 질환이 일시적으로 생길 수 있으므로 삼간다.
- 수술 후 비내 출혈을 막기 위해 코를 막으므로 눈물관이 막혀 눈이 불편할 수 있다. 따라서 만일 동반된 안과질환이 생길 경우 병원에서 처방한 안약을 2~3시간마다 한 방울씩 코를 막은 쪽의 눈에 점안한다.
- 수술 후 코를 막아 구강호흡을 하게 돼 입안이 건조해지므로 가습기를 사용하거나 젖은 수건을 걸어두어 습도를 유지하고, 구강의 청결을 위해서 베타딘 용액으로 양치(가글)를 한다.
- 수술 후 소량의 피가 일시적으로 목 뒤로 흐를 수도 있으나, 만약 많은 양의 피가 지속적으로 넘어갈 때는 삼키지 말고 즉시 의사에게 연락한다.
- 수술 후 목 뒤로 많은 양의 피가 넘어갈 때는 삼키지 말고, 즉시 병원을 방문한다.
- 수술 후 수술부위에 피딱지가 많이 생겨서 일시적으로 수술 전보다 더 막힐 수 있으므로 수술 후 외래 방문하여 가피 및 조직편을 제거하고 코 상태를 점검한다.
- 부비동의 구조상 상부에 뇌가, 바로 외측에 눈이 위치하고 수술부위는 동맥이 지나가는 매우 복잡하고 미세한 구조를 갖고 있으므로 수술 후 극히 드물기는 하나 뇌척수액 비루, 시력장애 및 복시, 다량의 출혈, 눈 주위의 피멍과 안동이 발생할 수 있다.
- 술과 담배는 치유에 저해가 되므로 삼간다.

---

8. **❶**

감기(＝비인두염, 비부비동염)는 소아과에서 가장 흔히 볼 수 있는 호흡질환으로 바이러스가 원인이다. 가장 흔한 원인은 Rhino virus로, 전체 감기의 30~50%를 차지한다. 그 외 Coxsackie virus, Adeno virus, Influenza virus, Parainfluenza virus, Respiratory syncytial virus(RSV) 등이 있다.

9. **❶**

편도선 절제술의 적응증 : 1) 편도 과잉증식 상태 2) 편도 주위의 농양 3) 중증중이염 합병증이 있을 때/재발성 삼출성 중이염과 동반된 아데노이드 비대증 4)비강기도의 폐색 5) 디프테리아 감염 시 4) 재발성 편도염/급성 편도선염의 잦은 재발 6) 편도비대로 인한 치아 부정교합, 안면발달 장애 7) 편도 악성종양이 의심될 때

10. **❷**

편도선 적출술 금기는 1) 급성 편도염으로 열이 있을 때 2) 구개 파열이 있을 때 3) 고도의 빈혈이 있거나, 출혈성 소인이 있을 때 4) 소아마비(원인 바이러스가 대개 입을 통해 들어와 인두나 소장의 림프조직에서 증식하므로) 등 전염성 질환이 유행할 때 5) 신장염, 심장 질환 등 병소 질환의 급성기 6) 당뇨병이나 면역저하로 감염의 위험성이 높은 경우 등이다.

11. ❶

크룹은 1~3세 유아에게서 주로 발생하며 바이러스나 세균의 감염으로 후두와 기관에 부종이 발생하는 질환으로 남아에게 더 호발한다. 증상은 목이 쉬거나 목소리에 변화가 오고, 흡기 시 천명음이 발생하고, 개 짖는 소리와 비슷한 개 기침(barking cough)이라 불리는 특징적 기침이 발생하고, 또한 심하면 호흡곤란 및 흉벽함몰 등의 증상이 발생한다. 치료는 대개 바이러스에 의한 경우가 많으므로 보조적인 치료가 원칙이며, 항생제는 후두개염이나 중이염, 폐렴 등이 동반된 경우에 사용하는 것이 좋다. 크룹 텐트를 사용해 차가운 가습 공기를 흡입하는 것은 부어오른 기도를 가라앉히는 데 도움이 되며, 알레르기를 동반한 후두 부종에는 에피네프린 흡입을 시도해 볼 수 있다.

한편, 고열 상태 혹은 중독 증상과 탈수가 심하고 후두개염이 의심되면 즉시 입원 치료한다.

12. ❸

1) 부드러운 칫솔 사용, 2) 하루 4회 구강위생, 3) 혈소판 수치가 낮으면 칫솔 대신 면봉, 손가락 싸개, 손가락에 수건을 감아 사용한다. 4) 구강궤양이 있을 때는 구강섭취 이전에 구강진통제를 투여하여 식사 시 5) 편안함을 증가시키고, 식사에 흥미를 갖게 한다. 6) 알코올을 함유한 구강세척제를 피한다. 7) 부드럽고 자극적이지 않은 음식과 차가운 음료를 제공한다. 8) 판매되는 구강청정제나 과산화수소, 레몬액 등은 자극이 될 수 있고, 구강점막을 건조시켜 보호장벽을 깰 수 있으므로 백혈병 환아의 구강간호는 글리세린과 같은 윤활유를 사용한다.

13. ❸

진행성 근육 퇴화증(PMD)은 성염색체 열성으로 유전되는 일차적인 근육의 질환으로 점진적으로 진행하는 사지의 근력저하로 보행장애를 초래하며 결국에는 폐렴, 심부전, 기도흡인 등의 합병증으로 사망하는 질환이다.

① 소아마비(=회색질척수염, poliomyelitis)는 Enterovirus에 의해 발생되는 것으로 열, 요실금, 뇌막증상, 언어장애, 두통, 식욕부진 등이 발생되며, 드물게 영구적 장애가 초래되는 전염성 질환으로 유아나 어린 아동에게 호발된다.

② 다발성 말초성 신경염 증후(Guillian-Barre증후)는 양측성, 좌우 대칭성으로, 말초 신경의 탈락 증상을 일으키는 증후군으로, 초기 증상은 저리거나 근육의 통증 등을 호소하거나 피곤함을 느끼게 되고 점차 서지 못하고 걷지 못한다. 이런 운동마비 증상은 다리에서부터 시작하여 점차 위로 올라와 하지-상지 마비 순으로 진행된다. 대부분 발병 2~4주경부터 증상이 차차 호전되어 발병된 순서와 반대로 위쪽부터 호전되어 아래쪽으로 진행되며 대개 2개월에서 18개월 이내 회복된다. 원인은 불분명하지만 바이러스, 특히 장 바이러스, 예방접종 후 1~2주 사이에 갑자기 발생하는 것으로 알레르기 및 면역반응의 이상으로 추정한다.

④ 골연골증(osteochondroma)이란 무릎 부위에 일시적으로 부종과 통증이 나타나는 질환으로, 주로 10~25세 사이에 발생되며 일반적인 증상은 경미하며 병변과 인접한 관절에 불쾌감을 느낄 정도이다. 무릎 아래가 약간 붓고 열이 나며 누르면 통증을 호소하는데, 특히 계단을 오르거나 뛰거나 무거운 짐을 드는 경우에 통증이 더욱 심해진다. 또한 관절 연골이 손상되어 다리를 저는 증세가 나타나며 뼈가 커지고 형태가 변하기도 한다. 증세가 심해지면 주위 관절 운동의 제한, 악성으로 변환, 골절 등이 발생할 수도 있다. 원인은 사춘기에 계속 성장하는 경골 부위에 자극이나 손상을 반복하여 받게 되면 염증이 일어나는데, 이로 인해 발병한다. 치료는 통증 감소를 위해 열 찜질을 한다. 증세가 가벼울 때는 아스피린 등 해열진통제를 사용하면 된다. 효과가 없을 시에는 코르티손을 주사한다. 목발을 사용하거나 부목으로 고정하며, 무릎 꺾임을 방지하기 위해 고정장치를 사용하면 증세 완화에 도움이 된다.

5절⁺ 학령기 아동

| 본문 p.401

1. **❹**

유행성 각결막염의 원인은 아데노 바이러스이고, 급성 출혈성 결막염(아폴로 눈병)의 원인은 엔테로 바이러스(아데노, 콕사키바이러스 등)이다.

2. **❹**

소아 당뇨 발생의 주요 요인은 유전적 요인(2형 당뇨보다 상관성이 높다), 자가면역기전(인슐린 자가 항체 발견, 하시모토갑상선염이나 에디슨병 등과도 관련성 높음), 바이러스(홍역, 선천성 매독, 콕사키 바이러스 등)가 있다.

3. **❷**

①, ④는 성인형 당뇨병에 대한 설명이다.
③ 소아당뇨병에서는 혈당강하제로 조절이 불가하다.

4. **❸**

소아형 당뇨는 1형 당뇨로 대부분 갑작스런 증상(다뇨·다갈·다음)의 시작으로 나타난다. 인슐린 의존성 당뇨이므로 반드시 인슐린 치료가 필요하며, 식이, 운동, 인슐린 주입시간의 변동 시 급성합병증인 저혈당 및 케톤산혈증을 자주 경험하게 된다.

5. **❹**

Reye증후군은 간, 신장, 췌장, 심장에 지방의 침윤과 급성 뇌부종, 뇌병변을 동반한 질환으로 인플루엔자 B, 수두, 아데노바이러스 감염 시, 아스피린 복용 시에 발생한다.

6. **❷**

㉠ 보통 하루 세끼 식사와 적당한 간식이 필요하다.
㉡ 저혈당증의 증상은 혈당을 올리려는 자율신경계 증상과 뇌기능 장애로 구분된다. 자율신경계 증상으로는 카테콜아민이 많이 분비되어 나타나는 식은땀, 손떨림, 불안, 빈맥 등이 있고, 뇌기능 장애 증상은 뇌의 에너지 공급원인 포도당이 결핍되어 나타나는 배고픔, 졸림, 인격변화, 의식혼탁, 경련, 혼수상태 등이 있다.
㉣ 운동기간 중에는 근육이 포도당을 이용하기 때문에 혈당이 급격히 떨어질 수 있다. 혈당이 300mg/dL 이상으로서 혈당조절이 안 되는 상태에서 운동을 하게 되면 글리코겐이 포도당으로 전환되어 혈당이 상승될 수 있으므로 운동을 해서는 안 된다.(정상 포도당 대사에 대한 운동의 효과는 인슐린의 분비를 억제하는 것이다. 인슐린의 감소는 간에 저장된 글리코겐을 방출시키며, 글리코겐은 포도당 분자로 변화되어서 운동하는 근육에 에너지를 공급한다. 즉, 휴식 상태에서는 포도당이 세포로 이동하는 데 인슐린이 필요하나, 운동 시에는 인슐린이 없어도 포도당이 세포를 통과할 수 있다. 그러나 운동으로 인해 포도당이 낮아지며 저혈당이 초래될 수 있다는 것을 주의해야 한다.)

7. ❺

베커형 근이영양증은 근막의 디스트로핀(Dystrophin)이 감소되거나 비정상이다. 반면 뒤시엔느 근이영양증은 디스트로핀이 없다.

① 베커형 근이영양증은 반성열성(X-linked recessive) 유전에 의해 발생한다.

② 아동기 근이영양증의 효과적인 치료방법이 없으므로 침범되지 않은 근육의 기능을 가능한 한 오래 유지해 주는 것이 1차 치료목표, 근수축예방이 2차 치료목표이다.

③ 신경근 질환 아동은 비정상 호흡양상과 부적절한 산소화로 인해 저산소증이 발생할 수 있다. 조기에 호흡운동을 교육하고 집중 폐활량계 사용이 폐활량 유지에 도움이 된다.

④ 주요 합병증으로 엉덩이와 무릎, 발목의 경축이 초기에 나타나고, 후기에는 근육위축이 나타나며, 대소관절에 경축과 모양변화가 질병과정에서 발생되면서 잘 넘어지고, 뒤뚱거리는 걸음, 척추전만, Gower징후(앉은 상태에서 일어나려면 손을 바닥에 짚고 무릎을 꿇은 상태에서 무릎을 세우면서 점차적으로 상체를 밀어내고 손으로 무릎을 짚고 대퇴부로 조금씩 움직이면서 일어난다) 등이 나타난다. 따라서 잘 넘어질 수 있음을 인지시켜야 한다.

6절 ✦ 청소년기 아동

| 본문 p.403

1.

연소성 류마티스양 관절염(＝소아특발성 관절염)에 이환된 아동에 대한 간호는 전반적 건강상태, 침범된 관절상태 그리고 질환의 경과과정에 대한 아동의 정서적 반응, 즉 불편감, 신체적 제한, 치료, 자아개념 등에 대한 평가를 포함한다.

1) 통증의 완화를 위해 일차적으로 행동요법이나 이완요법 같은 비약물적인 요법으로 조절하고, 치료에 반응하지 않는 통증은 마약성 진통제를 다른 통증완화요법과 함께 단기간 사용한다.

2) 충분한 칼로리를 가진 균형잡힌 식사로 성장을 유지한다. 관절의 체중부하를 줄이기 위해 정상체중을 유지한다.

3) 충분한 수면과 휴식, 관절운동범위를 유지하기 위해 야간부목사용과 규칙적인 운동을 수행한다.

4) 상부호흡기 감염과 같은 일반적 아동기 질병이 관절염을 악화시킬 수 있으므로 사소한 질병이라도 철저히 예방하고, 조기에 치료한다.

5) 습열이 통증과 뻣뻣함을 완화하는 데 효과적이므로 활용하고, 수영요법은 많은 관절 운동방법이므로 이를 통해 근육을 강화하고 큰 관절의 운동성을 유지시킨다.

6) 아동과 가족의 적응을 최대화하기 위해서 지지를 제공한다.

2. ❸

ㄱ, ㄹ의 내용은 진성 성조숙증에 해당한다.

사춘기 현상은 유방 발달, 음모 발달, 고환 크기 증가 등으로 나타나는데, 이런 현상이 여자 아이 8세 이전, 남자 아이 9세 이전에 나타나면 성조숙증으로 진단한다.

성호르몬이 이른 시기에 분비되어 신체에 영향을 미치는 경우를 성조숙증이라 하며, 시상하부 - 뇌하수체 - 성선(난소 또는 고환)이 활성화되어 있으면 진성 성조숙증, 활성화되어 있지 않으면 가성 성조숙증이라 한다.

일반적으로 가장 흔한 원인인 특발성(원인 질환이 없는) 성조숙증의 경우에는 모든 아이들을 치료하는 것이 아니라 성인이 되었을 때 키가 작을 것으로 예상되는 경우, 빠르게 진행하는 경우, 심리적인 문제를 일으킬 것 같은 경우에 치료를 한다. 치료는 성선자극 호르몬분비 호르몬 유사체를 28일 간격으로 피하 또는 근육 주사한다. 치료 후 신장 증가 속도가 감소한다. 또한 여아에서는 유방이 작아지고 월경이 사라질 수 있으며, 남아에서는 고환의 크기가 감소하고 음경 발기나 자위행위, 공격적인 행동이 줄어든다.

일반적으로 같은 나이 또래의 아이들보다 체격은 크지만, 성호르몬이 뼈가 성장하는 데 꼭 필요한 성장판을 일찍 닫히게 만들어, 결국 부모로부터 물려받은 키에 비하여 성인 키가 작아진다. 또한 남들보다 신체가 빨리 발달하는 것 때문에 부끄러움을 많이 타거나 수영장에서 옷을 잘 벗으려고 하지 않는 등의 심리적인 문제가 발생하여 학교생활에 잘 적응을 하지 못하는 경우도 있다.

비만은 사춘기를 일찍 오게 할 수 있으며, 다른 면에서도 건강에 좋지 않으므로 비만을 예방하고 치료할 필요는 있다. 성조숙증의 치료 시 칼슘과 비타민 D를 제한하지 않으며, 일반 아이들에게 권유되는 권장량만큼의 칼슘과 비타민 D를 섭취하는 것은 성조숙증, 치료 약제와 관계없이 건강에 좋다.

3. ❷

남아의 남성호르몬은 안드로겐과 테스토스테론이다. 남성호르몬인 테스토스테론은 고환에서 만들어져 혈액으로 방출된 후 생식기능에 2차 성징을 도와 정자형성을 촉진하고, 전립선과 정낭 등 남성생식기를 발육시키고 근육을 발달시키는 등의 역할을 한다.

4. ❷

② 최고 선형 성장률은 여아의 경우 초경 전 6~12개월 전후로, 12세에 나타난다. 남아는 음경과 고환의 성장 및 액와와 음모의 발현 후인 약 14세경에 최고 선형 성장률에 도달한다.

Tanner stage

Dr. J. M. Tanner와 그의 동료들에 의하여 개발되었다. Tanner stage는 남성과 여성에서 사춘기 성장단계를 미성숙단계~성숙단계(5단계)로 나누어 설명하고 있다.

- 여성의 사춘기 성장은 가슴의 크기와 음모의 모양 및 분포로 설명한다.
- 남성의 사춘기 성장은 음경과 음낭의 크기와 모양 및 음모의 모양과 분포로 기술한다.

여자 1단계 (사춘기 이전)	사춘기 전까지 유지되는 단계로 유두가 튀어 나오지만 유륜부의 색소 침착은 없음
2단계	젖망울이 형성되고, 유두 주변이 약간 상승하고 유륜이 커짐
3단계	유방과 유륜이 확대
4단계	2차 봉우리를 형성하기 위해 유두와 유륜이 돌출됨(모든 여아에서 나타나는 것은 아님)
5단계	형태가 완성됨. 전체적인 윤곽에서 유륜의 함몰에 의해서 유두의 돌출이 나타남
남자 1단계 (사춘기 이전)	음모가 없으며, 아동기와 동일하게 치골과 복부 간에 차이가 없음
2단계	음순을 따라 길고 곧으며, 솜털 길이 약간 착색된 음모가 형성됨 *stage2와 stage3 사이 치골 위에 나타나기 시작함
3단계	전형적인 여성의 음모로, 치골 전체에 삼각형 모양의 어둡고 굵으며, 곱슬한 음모가 나타남
4단계	음모가 성인처럼 짙어지고 곱슬하게 나타나지만, 양이 풍부하지 않고 치골 부위에 제한적임
5단계	서혜부 내측에 분포한 음모의 양과 모양이 성인과 유사함

5. 성장호르몬 결핍에 의한 저신장증

1) 성장호르몬 반응치 : 10ng/mL 이상 낮으면 성장호르몬 결핍증으로 진단을 한다.

2) 성장호르몬 결핍증의 진단소견

① 성장호르몬 유발검사 결과 7~10ng/mL 미만인 경우

• 성장호르몬 정상치 : 180 이상(급성장), 100 이상

• 성장호르몬 반응치 : 10ng/mL보다 낮으면 진단

② 역연령에 비해 3백분위수 미만

③ 골격발육지연 : 역연령에 비해 평균보다 2 표준편차 이상 지연 시

1차성 성장장애(저신장)	2차성 성장장애(저신장)
• 골격계의 내인적 결함(선천성) • 유전적 소질	• 외부 환경인자에 의해 성장장애가 후천적으로 발생 • 체질성 성장지연(성장지연형) 　- 속도는 느리지만 성인에서는 정상 • 성장호르몬 결핍증(성장속도 감소형) 　- 뇌하수체나 시상하부 손상 또는 종양, 감염, 화학요법 등에 의함

6. ㉠ 고환

㉡ 유방

• 태너 스테이지는 아동 · 사춘기 · 성인의 발달을 보는 척도이다.

• 육체의 발달 정도를 가늠하며 1차 성징과 2차 성징의 발달을 설명하고 있으며, 유방 · 성기 · 음모의 크기나 발달 정도를 기준으로 한다.

• 여아는 유방성장 → 음모성장 → 키의 급성장 → 첫 생리 → 겨드랑이 털성장 순이고, 남아는 음낭과 고환성장 → 음성 변화 → 성기 길이 확대 → 음모 성장 → 키의 급성장 → 안면 겨드랑이 털 성장 순으로 설명하고 있다.

제3강 아동의 심리적 건강문제

1절 • 외상 후 스트레스 장애(PTSD)

| 본문 p.407

1.

1단계	① 명칭	혼란기(response to trauma), 급성 혼란기(acute disorganization phase)
	② 특성	• 충격에 대한 반응과 관련됨: 충격, 정신적 쇼크, 공포, 두려움, 의심, 불신 　- 민감하지 않은 사람은 충격 후 즉시 증상을 경험하지만 그것이 오래 지속되지는 않는다. 소질을 가진 사람은 기저에 높은 수준의 불안을 가지고 있고, 충격에 대해 과대하게 반응하면 충격이 연이을 것이라는 것에 강박적으로 집착한다. 만약 증상이 4~6주간 지속되면 2단계에 들어간다. • 표현기: 쇼크, 의심, 공포, 죄의식, 수치심, 분노 등의 감정을 보인다. 　- 충격, 부정, 불신과 같은 반응이 나타나고 수치심, 자기비하, 두려움, 분노, 복수하려 하고 자신을 비난하고 자신을 불결하다 느껴 증거가 없어지더라도 목욕과 세척을 원한다. • 조절기: 감정을 숨기고 침착하게 보인다. 　- 마음속에 반복해서 피해 장면이 떠오르고, '했어야 했을 것'에 대해 생각하면서 근골격계 통증이나 긴장감, 한숨, 과호흡, 홍조 혹은 너무 덥거나 찬 느낌을 경험하기도 한다.
2단계	① 명칭	부정기(외부적응기)
	② 특성	• 사건에 대해 말하기를 피하고 부정하는 시기 • 불안고조, 공포, 그 장면의 엄습, 수면장애, 각성상태, 심인성 반응 등이 나타난다. 　- 생존자는 위기 상황이 해결된 것으로 보여 직장, 가정으로 돌아가나 아직 자신의 생각과 느낌을 부정하고 억압하고 있다. 　- 자신을 보호하기 위해 무기를 구입하거나 자신의 집에 경보장치를 설치한다.
3단계	① 명칭	재조정기(phase of reorganization)
	② 특성	• 사건을 전체적인 시각에서 조명한다. • 사람에 따라서는 완전히 회복하지 못하고 만성 스트레스성 질환이나 공포증(phobias)을 갖게 된다. 　- 생존자의 감정과 정서의 억압이 왜곡되기 시작하기 때문에 불안하고 우울하게 되며 자신의 통제력을 잃게 되고 두려움은 표면으로 나타나기 시작한다.

2. **외상 후 스트레스 장애 간호중재**

① 인지행동요법으로 자신의 불안과 무력감을 이겨내도록 도와준다.

② 문제해결능력을 고취시키고 이완행동연습을 통해 대처 전략을 마련한다.

③ 환자가 사고의 회상에 대해 이야기할 때 적극적으로 들어주고 환자에게 지시하는 진술은 피하도록 한다.

④ 가족이나 사회적 지지를 강화한다. → 오락, 단체모임에 참여를 권장

⑤ 외상적 사고 중 가장 무력감을 느끼거나 자기억제가 힘든 특정상황을 알아내고 묘사하도록 권장하고 새로운 견해나 관점을 제공하여 사고에 대한 객관적인 지각을 변화시킨다.

⑥ 필요하면 약물치료도 한다.

3.   ❺
외상 후 스트레스 장애 간호중재

• 인지행동요법으로 자신의 불안과 무력감을 이겨내도록 도와준다.
• 문제해결능력을 고취시키고 이완행동연습을 통해 대처 전략을 마련한다.
• 환자가 사고의 회상에 대해 이야기할 때 적극적으로 들어주고 환자에게 지시하는 진술은 피하도록 한다.
• 가족이나 사회적 지지를 강화한다. → 오락, 단체모임에 참여를 권장
• 외상적 사고 중 가장 무력감을 느끼거나 자기억제가 힘든 특정상황을 알아내고 묘사하도록 권장하고 새로운 견해나 관점을 제공하여 사고에 대한 객관적인 지각을 변화시킨다.
• 필요하면 약물치료도 한다.

4.   1) 재경험(reexperience) : 교통사고가 일어나는 끔찍한 꿈을 반복적으로 꾸어 괴롭다. 즉 반복되는 지속적인 괴로운 회상·반복되는 악몽
   2) 회피(avoidance) : 친구들과 대화를 피하게 되고, TV에서 …… 장면이 떠올라 TV를 꺼야 한다.

PTSD의 주요 행동 특성	세부 내용
재경험 (reexperience)	• 사건과 관련하여 원치 않는 회상 • 사건과 관련한 악몽 • 사건을 생생하게 다시 겪고 있는 듯한 느낌 flashback • 사건을 떠오르게 하는 단서에 노출되었을 때의 심리적 고통 • 사건을 떠오르게 하는 단서에 노출되었을 때의 생리적 반응
회피 (avoidance)	• 사건과 관련되어 떠오르는 생각, 느낌, 대화를 회피 • 사건과 관련된 장소, 행동, 사람을 회피
부정적 인지와 감정상태(둔화) (negative cognition and a mood)	• 사건 관련 기억상실 • 자신, 타인, 세계에 대한 부정적 인식 • 외상 사건의 원인과 결과에 대한 왜곡된 인지 • 지속적으로 부정적인 감정 • 흥미 저하 • 남들과 동떨어진 느낌 • 긍정적인 감정 경험의 어려움
각성(arousal)과 반응(reactivity)의 변화	• 예민, 분노폭발 • 난폭함 또는 자기 파괴적 행동 • 경계적 태도(hypervigilance) • 경악반응(startle response) • 집중력 저하 • 불면

2절 주의력 결핍 과잉행동장애(ADHD)

| 본문 p.410

1.

1) 교수 전략
① 적절한 과제를 선택하여 성공적인 경험을 하도록 해준다.
② 필요한 자료는 세분화하고 단계적으로 제시한다.
③ 긍정적 피드백을 지속적으로 자주 주도록 한다.
④ 가능한 한 아동이 혼자 하도록 하며 필요한 단서나 도움을 준다.
⑤ 다중 감각 교육 : 동시에 시각, 청각, 운동 – 촉각 감각자극을 동시에 주면서 이들을 통합하여 기억과 학습을 향상시킨다.

2) 동기 부여
놀이의 치료적 이용, 병적인 생활 습관 교정

3) 주의력 증진
단기 기억 증진 프로그램, 호흡 조절 및 명상, 점진적 근육 이완법, 신체운동을 통한 주의력 증진

4) 학습 환경의 체계적 조절
자극을 줄이도록 좌석 변경, 잡다한 물건 정리

5) 정기적 평가
그래프 등을 이용해 하루의 경과를 스스로 볼 수 있도록 한다.

6) 부모 교육
자극 줄이기, 사려 깊은 과제 부여, 주의집중에 노력한 것에 대한 보상, 규칙 만들기, 결과 알려주기

7) 개인 및 집단 정신치료, 행동수정 요법, 가족 상담 등 심리 사회적 치료

2. **주의력 결핍/부주의(inattentive)**
① 흔히 세부적인 면에 대해 면밀한 주의를 기울이지 못하거나, 학업, 직업, 또는 다른 활동에서 부주의한 실수를 저지른다.
예 세부적인 것을 간과하거나 놓친다, 일을 정확하게 하지 못한다 등
② 흔히 일 또는 놀이를 할 때 지속적인 주의집중에 어려움이 있다.
예 수업, 대화, 또는 긴 문장을 읽을 때 지속적으로 집중하기 어렵다.
③ 흔히 다른 사람이 직접적으로 말을 할 때 경청하지 않는 것처럼 보인다.
예 분명한 주의산만이 없음에도 생각이 다른 데 있는 것 같다.
④ 흔히 지시를 따르지 못하고, 학업, 잡일, 또는 직장에서의 임무를 수행하지 못한다.
예 과제를 시작하지만 빨리 집중력을 잃고 쉽게 곁길로 빠진다.
⑤ 흔히 과업과 활동조직에 어려움이 있다.
예 순차적 과제 수행의 어려움, 물건과 소유물 정돈의 어려움, 지저분하고 조직적이지 못한 작업, 시간관리 미숙, 마감 시간을 맞추지 못함 등
⑥ 흔히 지속적인 정신적 노력을 요하는 과업에의 참여를 피하고, 싫어하고, 저항한다.
예 학업 또는 숙제, 청소년과 성인들에게는 보고서 준비, 서식 완성, 긴 논문 검토 등
⑦ 흔히 과제나 활동에 필요한 물건들을 분실한다.
예 학교 준비물, 연필, 책, 도구, 지갑, 열쇠, 서류, 안경, 휴대폰 등
⑧ 흔히 외부자극에 의해 쉽게 산만해진다.
예 청소년과 성인에게는 관련 없는 생각이 포함된다.

⑨ 흔히 일상 활동에서 잘 잊어버린다.

예 잡일하기, 심부름하기, 청소년과 성인에게는 전화 회답하기, 청구서 납부하기, 약속 지키기 등

과잉행동(hyperactivity) · 충동성(impulsivity)

1) 과잉행동

① 흔히 손발을 가만히 두지 못하거나 의자에 앉아서도 몸을 움직거린다.

② 흔히 앉아 있도록 기대되는 교실이나 기타 상황에서 자리를 뜬다.

예 교실, 사무실이나 작업장, 또는 자리에 있어야 할 다른 상황에서 자리를 이탈한다.

③ 흔히 부적절한 상황에서 지나치게 뛰어다니거나 기어오른다.

※ 주의 : 청소년이나 성인에게는 주관적 안절부절못함으로 제한될 수 있다.

④ 흔히 여가활동에 조용히 참여하거나 놀지 못한다.

⑤ 흔히 끊임없이 움직이거나 마치 자동차에 쫓기는 것처럼 행동한다.

예 식당, 회의장과 같은 곳에서 시간이 오래 지나면 편안하게 있지 못한다. 지루해서 가만히 있지 못하거나 지속하기 어렵다는 것을 다른 사람들이 경험한다.

⑥ 흔히 지나치게 수다스럽게 말한다.

2) 충동성

① 흔히 질문이 채 끝나기 전에 성급하게 대답한다.

예 다른 사람의 말에 끼어들어 자기가 마무리한다, 대화에서 차례를 기다리지 못한다 등

② 흔히 차례를 기다리지 못한다.

예 줄서서 기다리는 동안 차례를 기다리지 못함

③ 흔히 다른 사람의 활동을 방해하고 간섭한다.

예 대화, 게임, 또는 활동에 참견함, 요청이나 허락 없이 다른 사람의 물건을 사용함, 청소년이나 성인에게는 다른 사람이 하는 일에 간섭하거나 떠맡음 등

3. ❺

만성질환 아동의 부모 간호이다.

4. ❸

ADHD 치료

치료 방법으로는 약물치료, 행동관리, 교육적 중재, 가족교육이 있다. 흥분성 약물인 Ritalin, Dexedrine, Adderall은 많은 아동의 경우에서 지속적으로 ADHD의 증상을 개선시킨다. 이런 약물은 신경시냅스에서 dopamine과 norepinephrine의 분비를 증강시켜서 집중력, 주의력을 증진시키고, 아동의 과잉행동 수준을 감소시킨다. 약물의 일반적인 부작용으로는 식욕부진, 체중감소, 복통, 두통, 불면증, 빈맥, 고혈압이 있다. 흥분제가 효과가 없거나 아동이나 보호자가 받아들이기 어려운 심한 부작용을 유발하면, 다른 약물을 사용한다. 실제로 desipramine(Norpramin)이나 bupropion(Wellbutrin) 같은 항우울제가 사용되고 있다.

> 각성제인 염산메틸페니데이트는 도파민과 노르에피네프린의 활성을 증가시켜 대뇌피질 내 카테콜라민 대사의 불균형을 조절하여 환자의 집중력을 향상시키고 충동을 억제하는 약물로 ADHD 치료제로 사용되고 있다. 메틸페니데이트에서 가장 흔하게 나타나는 이상반응은 식욕저하, 수면장애, 체중감소, 짜증, 두통, 안절부절못함, 위축감, 복통 등이다. 좀 더 보기 드문 이상 증상으로는 입마름, 어지러움, 일시적인 틱장애(자신의 의지와 무관하게 근육이 빠른 속도로 리듬감 없이 반복해서 움직이거나 소리를 냄), 반동현상(약물을 끊었을 때 갑자기 활동량이 많아지거나 기분이 악화되는 현상) 등이 있다.
> [참고] 이혜선, "ADHD 치료제 '염산메틸페니데이트' 과연 문제 약물인가?" 메디칼업저버, 2008. 4. 28.

5. **❺**

주의력 결핍 과잉행동장애 아동을 위한 간호중재

1) 아동이나 다른 사람의 안전 확보

   ① 안전하지 않은 행동을 멈추게 한다.

   ② 세심하게 관찰한다.

   ③ 받아들일 수 있는 행동과 받아들이지 못할 행동에 대해 분명한 지침을 준다.

   ④ 설명은 짧고 명확해야 하며 처벌이나 비하하는 식으로 말하지 않는다.

2) 역할수행 증진

   ① 기대에 부응하면 긍정적 피드백을 준다.

   ② 환경을 조정한다(과제 완수를 위해 자극이 없는 조용한 장소를 제공함).

3) 지시의 단순화

   ① 아동을 100% 집중시킨다.

   ② 복잡한 과제를 여러 단계로 나눈다.

   ③ 중간중간 휴식시간을 준다.

4) 일상생활의 구조화

   ① 일상생활에 변화가 있으면 잘 적응하지 못하고 기대에 부응하기 어렵다.

   ② 일일 계획을 수립하고 변화를 최소화한다.

5) 아동과 가족의 교육과 지원

   ① 부모의 느낌과 좌절감을 들어준다.

   ② 부모와 함께 계획하고 간호를 제공한다.

   ③ 부모에게 지지그룹을 안내한다.

   ④ 대상자에게 적합한 특수교육 서비스에 대한 정보를 제공한다.

   ⑤ 대상자의 일상생활을 기대하는 행동에 대해 구조화하고 일관성을 가지도록 한다.

3절 · 특정학습장애

| 본문 p.412

1. **❹**

학습장애

학습장애에는 산술장애, 쓰기표현장애, 읽기장애가 있는데 산술 계산, 쓰기, 읽기 등에서 지능, 연령, 교육에 비해 현저한 능력 저하를 보일 때이다. 학습장애아는 정상적인 지능을 가졌으면서도 수업 시간에 다루는 개념을 이해하지 못하기 때문에 자신을 바보라고 생각하며 자존감이 낮고 이로 인해 사회생활에도 어려움이 생긴다. 유전적 성향, 주산기 손상, 다양한 신경학적 상태, 납중독이나 태아알코올증후군, 취약 X증후군 등의 상태가 학습장애의 발생과 관련이 있다고 하나 이런 과거력 없이도 발생할 수 있다.

2. ㉠, ㉡ 틱 장애

   ㉢ 뚜렛 장애(여러 가지 운동틱과 한 가지 또는 그 이상의 음성틱이 장애의 경과 중 일부 기간 동안 나타난다. 반드시 두 가지 틱이 동시에 나타나는 것은 아니다.)

나절ㆍ 안전

| 본문 p.413

1.
1) 신체적 활동을 즐긴다. → 과로하기 쉽다.
2) 새로운 것을 하고자 하고 새로운 기술을 배우는 데 관심이 많다. 모험심이 많다.
3) 환경에 따라 쉽게 산만해진다.
4) 전체 운동은 조심스러우나 겁이 없고 판단력이 미숙하다. → 위험한 장소에서 놀기도 한다.
5) 또래의 영향을 많이 받는 시기로 친구의 영향을 쉽게 받는다.

2. **전기기구 취급 주의사항**
1) 전기기구의 사용 전 주의할 점
　① 제품 구입 시 동봉된 지침서를 주의 깊게 읽은 후 버리지 않고 잘 보관해 둔다.
　② 기구의 'off(꺼짐)'스위치가 있는지 확인한다.
　③ 먼저 코드를 기구에 끼운 다음 플러그를 콘센트에 꽂는다.
　④ 물기가 있거나 젖은 손으로 기구를 만지지 말아야 한다.
2) 전기기구의 사용 후 주의할 점
　① 줄을 잡아당기는 것이 아니라 플러그를 잡고 뺀다.
　② 전기기구를 물에 씻지 않는다.
　③ 플러그 또는 코드가 손상되어 합선되는지 잘 살핀다.
　④ 전기기구와 코드가 분리될 수 있게 만들어진 것은 코드를 따로 떼어 보관한다.
3) 전기사고를 막을 수 있는 방법
　① 젖은 손으로 전기기구를 다루지 말아야 한다.
　② 텔레비전, 라디오의 안테나는 넘겨져서 전선에 접촉되지 않도록 고정시킨다.
　③ 콘센트 구멍에 다른 물건을 넣지 않는다.
　④ 너무 많은 전기기구를 동시에 쓰지 않아야 한다.
　⑤ 전기를 사용하지 않는데도 전기계량기가 작동하고 있으면 어디선가 누전되고 있다는 뜻이므로 확인하고 점검해야 한다.

3. 초등학생의 발달 특성과 관련지어 학교 복도와 계단에서의 낙상 예방을 위한 방안
1) 발달 특성과 관련된 학령기 아동에게 사고위험이 높은 이유
　① 신체적 손상을 줄 수 있는 활동(격렬한 운동, 위험한 장난 등)을 즐긴다.
　　㉠ 활발한 운동, 신체적 활동을 즐긴다.
　　㉡ 속력 있는 활동에 따라 흥분한다.
　　㉢ 과로하기 쉽다.
　② 새로운 것을 하고자 하고 새로운 기술을 배우는 데 관심이 많다.
　　㉠ 독립심이 강하다.
　　㉡ 모험심이 많다.
　　㉢ 작업을 능숙하게 하지 못한다.
　③ 환경을 조절하는 능력이 부족하고 위험 상황을 예측하기 어렵다.
　　㉠ 환경에 따라 쉽게 산만해진다.
　　㉡ 위험한 장소에서 놀기도 한다.
　　㉢ 전체 운동은 조심스러우나 겁이 없고 판단력이 미숙하다.
　　㉣ 가끔 자신감이 신체적 능력을 넘어선다.

④ 뼈의 성장이 근육의 성장보다 빨라 전반적으로 운동을 조정하는 능력이 아직 미숙하다.

⑤ 또래의 영향으로 그들 능력의 한계를 벗어나는 활동에 참여한다.

    ㉠ 집단규칙을 따른다.

    ㉡ 집단 충성심을 갈망하고 친구들의 지지를 받고자 한다.

    ㉢ 친구들의 영향을 쉽게 받는다.

    ㉣ 설득될 수 있다.

⑥ 통찰력과 예견력이 부족(적절히 대처하는 기술 부족)하고 순간적인 충동에 의하여 행동하는 시기이다.

2) 복도 및 계단 안전 수칙

① 복도나 계단을 다닐 때는 우측으로 다녀 오가는 학생들의 충돌을 예방한다.

② 호주머니에 손을 넣고 다니는 등 몸의 균형을 잃거나 부주의한 상태에서 계단을 오르내리지 않는다.

③ 계단은 한 칸씩 내려가고 두세 칸씩 뛰어내리지 않으며, 난간에 매달리지 않는다.

④ 양손에 물건을 들고 발밑이 보이지 않은 상태에서 계단을 오르내리지 않는다.

⑤ 계단의 물기를 잘 닦아 미끄러지지 않게 한다.

⑥ 겨울철에 물이 얼어 있는 계단을 다닐 때는 조심한다.

⑦ 자기 발보다 큰 신발이나 신발 끈을 매지 않은 채 걷지 않는다.

⑧ 뒤꿈치가 높은 신발이나 미끄러운 신발을 신지 않는다.

⑨ 복도나 계단에 조명이 없을 때는 관계자에게 알려 즉시 조처한다.

5절 ✛ 아동학대

| 본문 p.414

1.
① 발생 및 회복에 있어 시간차가 있는 상처
② 사용된 도구 모양이 그대로 나타나는 상처
③ 설명하기 어려운 화상
④ 골절(복합, 나선형) 또는 절상(입, 눈, 입술, 외음부 등)

2. ❺

「아동학대범죄의 처벌 등에 관한 특례법」 제10조(아동학대범죄 신고의무와 절차)

누구든지 아동학대범죄를 알게 된 경우나 그 의심이 있는 경우에는 특별시·광역시·특별자치시·도·특별자치도(이하 "시·도"라 한다), 시·군·구(자치구를 말한다. 이하 같다) 또는 수사기관에 신고할 수 있다.

▌기타 아동학대 관련 「아동복지법」 조항

조항	조항명	내용

제3조	용어의 정의	7. "아동학대"란 보호자를 포함한 성인이 아동의 건강 또는 복지를 해치거나 정상적 발달을 저해할 수 있는 신체적·정신적·성적 폭력이나 가혹행위를 하는 것과 아동의 보호자가 아동을 유기하거나 방임하는 것을 말한다.
		7의2. "아동학대관련범죄"란 다음 각 목의 어느 하나에 해당하는 죄를 말한다.
		    가. 「아동학대범죄의 처벌 등에 관한 특례법」 제2조 제4호에 따른 아동학대범죄
		    나. 아동에 대한 「형법」 제2편 제24장 살인의 죄 중 제250조부터 제255조까지의 죄
		8. "피해아동"이란 아동학대로 인하여 피해를 입은 아동을 말한다.

3. 1) 학대의 증상

B 학생은 친구들에게 자주 폭력을 행사하고 수업 시간에 집중하지 못하며 교실을 돌아다니는 산만한 행동을 보이는 등 담임교사는 B 학생을 어떻게 다루어야 할지 잘 모르겠다고 말하였다. 보건교사가 B 학생을 상담할 때 B 학생은 보건교사와 눈을 마주치지 못하였고, 팔과 다리를 가리는 긴 옷을 입고 있었다. 보건교사가 팔을 걷어보니 멍 자국이 여러 군데 있어 이유를 물으니 넘어져서 생긴 것이라고 말하면서 옷을 얼른 내렸다.

B 학생의 집을 방문하였는데, B 학생은 두려운 표정을 지으며 자신의 어머니가 오기 전에 빨리 돌아가 달라고 애원하였다.

① 신체적 학대의 증상(설명할 수 없는 상처나 구타자국 / 발생 및 회복에 시간차가 있는 상처 − 여러 군데 멍 자국)이 보이고 상처에 대한 지연된 치료의 증거가 보임

② 신체적 학대 시 나타나는 행동적 징후(어른과 접촉을 회피함, 위험에 대한 지속적 경계, 부모에 대한 두려움)가 보임

  • 눈을 마주치지 못하였고, 팔과 다리를 가리는 긴 옷을 입고 있었다.

  • 이유를 물으니 넘어져서 생긴 것이라고 말하면서 옷을 얼른 내렸다.

  • B 학생은 두려운 표정을 지으며 자신의 어머니가 오기 전에 빨리 돌아가 달라고 애원하였다.

③ 신체학대가 의심되므로 아동학대의 병력과 신체사정을 해야 한다. 예를 들면, 손상부위·색깔·크기·형태, 타박상의 특징·외상의 경계와 깊이, 외상과 관련된 통증이나 압통, 전신사정, 전반적인 위생상태, 사건이 일어난 정확한 날짜·장소·시간, 외상의 연대적 기록, 외상 당시의 목격자 진술확보, 외상이 어떻게 발생했는지에 대한 아동과 양육자의 진술 등을 사정하도록 한다.

신체학대의 신체적 징후	학대아동의 경고지표	신체적 학대 시 나타나는 행동적 징후
• 설명할 수 없는 상처나 구타자국 • 발생 및 회복에 시간차가 있는 상처 • 사용된 도구의 모양이 그대로 나타나는 상처 • 담뱃불자국, 뜨거운 물에 잠겨 생긴 화상자국 • 시간차가 있는 골절, 복합 및 나선형 골절 • 입, 입술, 치은, 눈, 외음부 상처 • 겨드랑이, 팔뚝 안쪽, 허벅지 안쪽 등 다치기 어려운 부위의 상처	• 설명되지 않는 골절, 화상, 열상 등의 심각한 상처 • 심각한 상처(흔들린아이증후군 등)에 대한 아이 또는 부모의 일관성 없는 설명 • 요로감염의 높은 발병률 : 외부 생식기의 멍, 출혈, 부종 • 부모·양육자가 적절히 설명할 수 없는 많은 타박상 • 상처에 대한 지연된 치료 • 아동의 나이와 발달단계에서 흔치 않은 상처들 • 치료되지 않은 흉터, 골절 등 보고되지 않은 이전의 상처들	• 설명할 수 없는 상처나 구타자국 • 공격적이거나 위축된 극단적 행동 • 부모에 대한 두려움 • 집에 가는 것을 두려워 함 • 위험에 대한 지속적 경계 • 어른과의 접촉회피 • 다른 아동이 울 때 공포를 나타냄

2) 아동학대 의심 시 취해야 할 중재

① 시·군·구 또는 수사기관에 신고

② 학대의 증거 확인

  ㉠ 신체적 단서 : 영양불량 암시소견(가느다란 사지, 피하지방 부족), 불량한 개인위생, 타박상, 채찍자국, 화상, 열상 등

  ㉡ 행동적 단서 : 성인과의 신체적 접촉 경계, 둔하고 비활동적, 장기간 결석, 약물·알코올중독 등

③ 더 이상 학대받지 않도록 아동을 보호 : 관계 당국에 보고, 아동보호국 담당자에 의뢰, 안식처로 옮겨지도록 하고, 사건 전 과정을 정확하게 기록해 둔다.

④ 아동을 지지
  ㉠ 의료적 치료를 위해 병원에 보낸다.
  ㉡ 신체적 욕구와 발달과제 및 놀이에 관심을 갖고 있는 아동으로 대우한다.
  ㉢ 아동을 옹호, 지지해 주며, 치료적 환경 조성
⑤ 가족을 지지 : 학대 아동과 학대 아동 부모와의 성공적인 치료적 관계 확립 도움, 개인적 편견을 배제, 부모역할에 대한 자신감을 부여(바람직한 훈육법 교육)
⑥ 복합적이고 다양한 봉사기관과 협력하여 적절한 지역의 지지자원을 제공한다.
⑦ 성적 학대를 당했다고 이야기하는 아동을 대할 때는 비록 그 이야기가 다소 일관성이 없더라도 조심스럽게 잘 들어주어야 한다(불안 때문에 완전히 털어놓지 못하기 때문이다).
⑧ 학대 예방
  ㉠ 부모 : 잠재적 학대자를 확인하고, 학대행위 발생 이전에 지지적 중재전략 제공
  ㉡ 아동 : 아동 스스로를 보호하도록 아동 교육

4. ❸
옷을 입었을 때 보이지 않고 멍이 잘 생기지 않는 부위를 학대한다.

5. ㉠ 방임
㉡ 신고의무자

아동학대범죄의 처벌 등에 관한 특례법 제10조 아동학대범죄 신고의무와 절차	① 누구든지 아동학대범죄를 알게 된 경우나 그 의심이 있는 경우에는 특별시·광역시·특별자치시·도·특별자치도(이하 "시·도"라 한다), 시·군·구(자치구를 말한다. 이하 같다) 또는 수사기관에 신고할 수 있다. 〈개정 2020. 3. 24.〉 ② 다음 각 호의 어느 하나에 해당하는 사람이 직무를 수행하면서 아동학대범죄를 알게 된 경우나 그 의심이 있는 경우에는 시·도, 시·군·구 또는 수사기관에 즉시 신고하여야 한다. 〈개정 2016. 5. 29., 2019. 1. 15., 2020. 3. 24.〉 ※ 1~25호는 법령 참고

6. ㉠ 정서학대
㉡ 아동방임(교육적 방임)

아동학대의 유형
- 신체학대 : 신체에 손상을 주는 학대 행위
- 정서학대 : 정신건강 및 발달에 해를 끼치는 정서적 학대 행위
- 성학대 : 성적 수치심을 주는 성희롱, 성폭행 등의 학대 행위
- 방임 : 자신의 보호 감독하에 있는 아동을 유기하거나 의식주를 포함한 기본적 간호, 양육 및 치료를 소홀히 하는 학대 행위

6절· 소아비만

| 본문 p.419

1.　1) 소아비만의 문제점

　　① 고지혈증, 동맥경화, 당뇨병, 지방간, 고혈압 등 성인병으로의 조기 이환이 우려된다.

　　② 사춘기까지 비만이 지속되어 그 이후에 치료하면 지방세포의 크기는 감소하나 수는 줄지 않는다.

　　③ 비만 학생은 자신의 외모에 대한 열등감으로 자신감이 결여된다.

　　④ 놀이나 운동경기에서 자주 소외되어 더욱 비활동적이 되어 정상적인 성장발달에 장애가 될 수 있다.

　　⑤ 인성형성에도 영향을 미칠 수 있다.

　2) 소아비만 관리방법

　　① 비만에 대한 올바른 인식 함양을 위해 전교생을 대상으로 하여 식이, 운동, 건강과 비만과의 관계에 대한 보건교육 실시한다.

　　② 신체검사를 통해 비만학생을 발견하여 이들에게 상담을 통해 식이, 행동, 운동지도를 해 줄 수 있다.

　　③ 식이지도에는 본인에게 적당한 열량 결정, 기초식품에 의한 적절한 영양소를 분배한다.

　　④ 행동 및 습관에 대한 지도는 편식 지도 및 규칙적인 식습관을 갖도록 하고, 일상생활 중에도 활동량을 늘리도록 지도한다. 비만을 유발시켰던 잘못된 습관을 고치는 행동요법 지침으로는 식습관 개선, 생활습관 개선, 비만치료의 대체요법 등이 있다.

　　⑤ 운동은 전신을 사용하는 동적 운동을 권장한다. 지속적, 장기적, 규칙적 운동, 자신의 신체조건에 맞는 운동을 하도록 지도한다.

2.　1) 산출 비만도(%): $(49-39) \div 39 \times 100 = 25.6\%$ (실제체중－표준체중)÷표준체중×100(%)

　2) 비만 정도 판정: 몸무게가 키에 대한 표준체중보다 20% 이상 30% 미만 무거운 경우이므로 경도 비만

3.　1) 비만 정도 계산 및 평가

　　표준체중＝[신장(cm)－100]×0.9

　　　　　　$(130-100) \times 0.9 = 27$

　　비만도(%)＝{(실측체중－표준체중)÷표준체중}×100

　　　　　　$\{(40-27) \div 27\} \times 100 = 48$

　　비만도 판정: 경도비만은 비만도 20～29, 중등도 비만은 비만도 30～49, 고도비만은 비만도 50 이상이다. 그러므로 힘찬이의 비만도는 중등도 비만이다.

　2) 비만의 원인 및 문제점

　　① 튀긴 음식 등의 고칼로리 음식을 많이 먹는다.

　　② 컴퓨터 게임 등으로 운동량이 부족하다.

　　③ 늦게 먹으며 바로 잔다.

　　④ 놀림을 받아 스트레스를 받고 있다.

　3) 체중 관리 방법

　　① 고칼로리 음식을 저칼로리 음식으로 대체한다.

　　② 활동적인 놀이를 증가시킨다.

　　③ 저녁 식사 시간을 앞당긴다.

　　④ 체중감소에 대한 확신과 체중감소 후의 긍정적인 결과를 기대하게 하여 체중감소에 보다 적극적으로 참여하게 한다.

4-1.　① 목표를 설정하고 식사계획을 세워 식사량을 정확하게 측정하고, 계획대로 먹는 습관을 들인다.
　　　② 식사는 반드시 정해진 시간에, 같은 장소에서 먹도록 하고 천천히 오래 씹는 습관을 들인다.
　　　③ 다른 일을 하면서 먹지 않고 먹을 만큼만 덜어서 먹는다.
　　　④ 기름진 음식, 설탕 및 꿀 같은 당분 많은 음식은 삼가고, 간식 선택에 신경을 쓴다.
　　　⑤ 한 끼에 몰아서 식사하지 않고, 밤늦게 식사하지 않는다.

4-2.　① 체중 ② 키 ③ 허리둘레 ④ 가슴둘레 ⑤ 엉덩이 둘레 ⑥ 체지방

제4강 청소년 심리적 건강문제

1절 ◆ 청소년 발달특성

| 본문 p.421

1.　1) 신체적 · 생리적 : 초등학교 고학년이면, 청소년기로 성장의 빠른 증가를 보여주는 시기이다.
　　① 호르몬 변화로 성선 호르몬의 가속화 → 정자 생성이나 난자의 성숙과 배란 같은 생식체 생성과 배출 → 난소에서 에스트로겐(estrogen), 고환에서 프로게스테론(progesterone)이 분비되고, 사춘기의 시작과 함께 시상하부 − 뇌하수체 − 성선체계가 완전히 제 기능을 하게 되면서 뇌하수체와 성선은 긍정적인 호르몬 자극에 대하여 민감성이 증가한다.
　　② 성적 성숙(이차성징 발현)으로 여아는 유두와 유륜의 변화, 유방조직의 발달, 음모 발달, 질 분비물, 월경이 나타나고 사춘기 중기에 키 성장률과 체중 증가율이 최고조를 나타낸다. 남아는 여아의 초경과 같은 갑작스러운 변화는 없으나 수면 시 몽정 시작이 나타나고, 음낭이 얇아지고 고환 발달, 음모 발달, 근육 비대, 변성기, 키와 몸무게의 급성장은 사춘기 중기 말까지 지속된다.
　　③ 신체상 발달은 신체 성장과 성숙 속도가 너무 빨라 변화하는 신체상에 적응하기 어려움, 자아인식이 최고조에 달하며 성적 각성으로 인해 사고와 관심이 내부로 향하는 시기이다. 남아는 여아에 비해 수개월 정도 뒤떨어진다. 신체가 성숙하여 힘이 증가되고 운동 기술이 더 능숙해져도 성장 속도가 전체적으로 균형이 맞지 않으며, 청소년이 적응하기에도 다소 어려움이 있다. 반면 여아는 사춘기 변화가 시작될 때 신체에 민감해진다. 성기를 통한 성적 만족보다 사람에 대한 낭만적 감정을 가지는 상태에 더 집중한다.
　　④ 신체발달 특성 : 갑작스럽게 키가 커진다. 신장의 증가가 체중의 증가보다 비례적으로 많다. 신체의 균형은 근육보다 근골격계가 빨리 자라서 자세가 나빠지고 보기에 어색하게 된다. 영구치 숫자가 늘어난다. 피지선의 분비가 왕성해져 여드름이 생기고 혈관운동계의 불안정 때문에 얼굴이 갑자기 붉어진다. 심장과 폐의 성장이 다른 신체부위보다 느리기 때문에 산소의 공급이 원활하지 못해 쉽게 피로를 느끼는 등의 발달특성을 보인다.

2) 심리적

① 청소년기는 타인과의 관계에서 종속적인 관계를 벗어나 점차 자신의 내면세계에 눈을 뜨기 시
작하여 자아를 찾고 자기를 발견하며, 독립적인 자아 형성을 추구하는 시기로 제2의 반항기,
제2의 탄생기(루소), 질풍노도의 시기(Hall), 격동의 시기로 감정의 변화가 심하다. 혼자 있고
싶어 하며, 가면 우울증 등의 특성이 있다.

② 집단 정체감을 획득하고자 하는 욕구가 있기 때문에 동료집단의 영향이 중요하다.

③ 청소년기에는 자신을 다른 모든 사람들과 구별하고 유일무이한 존재로 자신을 본다.

④ 가족으로부터 독립하기를 원하고 개인 정체감을 발달시킨다.

⑤ 청소년은 구체적 사고기와는 달리 '현실적인 것(the real)'에서 '가능한 것(the possible)'으로
발전하는 사고단계로 논리성, 추상력, 상상력이 최고의 수준에 도달하고, 현실과 이상/선과 악
에 대한 분별의식이 강렬해진다. 또한 현재의 상황에 관심을 두기보다는 미래의 가능성과 관련
된 상상을 한다. 그 외 타인의 생각을 더 정확하게 이해할 수 있게 되며 자신과 세계를 더 객관
적으로 볼 수 있게 된다. 도덕성에 있어서 타율적인 것보다는 자율적인 도덕 원칙을 지향하는
수준으로 발달한다.

2.

1) 청소년기 발달과업 5가지

① **신체적** : 2차 성징의 변화를 받아들이면서 남성, 여성으로서의 역할을 성취하는 시기

② **심리적** : 자아정체감을 형성하고 심리적 독립을 형성하는 시기

③ **사회 도덕적** : 보편적인 윤리적 체계와 가치관을 확립하여 도덕성을 가지고 사회적인 책임감을
준비하며 집단 및 또래관계를 형성하여 사회성을 개발하고 직업을 준비하는 시기

④ **지적** : 논리적 사고를 이루는 시기로 지적·개념적 능력을 개발해야 하는 시기

⑤ **정신적** : 정서적 불안, 우울, 질풍노도와 같은 정서를 경험하면서 점차 사회적으로 안정하는 시기

2) 발달과업 성취를 위한 중재내용 3가지

① **발달단계에 맞는 성교육 실시**

㉠ 남녀동년배와의 성숙된 관계형성과 자신의 체격에 순응하고 2차 성징을 이해하도록 성교육을
실시하여 올바른 성의식, 건전한 성태도, 성의 가치, 분별 있는 성윤리를 지니게 한다.

㉡ 급격한 신체적 변화와 성충동의 조절을 위해 자신의 욕구와 신체적 변화를 솔직하고 사실대
로 대화할 수 있도록 한다.

㉢ 신체적인 성장이 자연스러운 과정이고, 그것이 어떻게 조절되어야 하는지를 경험할 수 있도록
한다.

② **사회적·경제적 독립을 위한 준비교육 실시**

㉠ 부모로부터의 독립의 의미와 한 사회인으로서의 준비에 필요한 정보와 지식을 주고 청소년
이 느낄 수 있는 부담감이나 두려움을 해소할 수 있도록 상담 지도한다.

㉡ 직업의 의미와 각종 직업의 특성을 알려주어 경제적 독립을 이룰 수 있도록 준비한다.

③ **인지발달과 보편적 도덕관 형성을 위한 인성교육 실시**

3.

특성	설명
상상적 청중	• 청년기 과장된 자의식으로 인해 자신이 타인의 집중적인 관심과 주의의 대상이 되고 있다고 믿는 청년기 자아 중심성의 형태 • 상상적 청중척도에서 높은 점수를 보이는 청소년들은 부정적 자아개념을 갖는 경향이 높으며 자아존중감과 자아발달단계가 낮음. 이성과의 교제경험이 있는 청소년이 상상적 청중 경향이 낮다는 보고가 있음
개인적 우화	• 청년들이 자신은 특별하고 독특한 존재이므로 자신의 감정이나 경험세계는 다른 사람과 근본적으로 다르다고 믿는 청년기 자아 중심성의 형태, 청년기 자신의 독특성에 대한 비합리적이고 허구적인 관념을 지칭한 것임 • 개인적 우화는 청년들의 자기 과신에서 비롯되고, 현실 검증 능력이 생기면서 자신과 타인의 실체를 객관적으로 인식하고 타인과의 친밀한 관계를 정립하게 되면 사라짐

* 청년기 자아 중심성(Elkind) : 자신은 특별한 존재라는 청년기 특유의 독특성에 대한 착각에 빠져들게 되고 자신이 우주의 중심이 된다고 믿을 만큼 강한 자의식을 보이는 것으로 개인적 우화와 상상적 청중을 보이는 특징을 가지고 있다고 엘카인(Elkind)이 제시한 이론

2절 청소년 우울

| 본문 p.422

1.
1) 청소년기의 성장발달, 과제, 특성을 충분히 알고 있어야 한다.
2) 가능한 한 자기표현을 많이 할 수 있도록 도와주고, 감정을 수용해 준다. 내적 에너지를 발산할 수 있는 활동을 찾도록 해 준다. 운동, 마음에 드는 옷 입고 외출하기, 쾌적한 용모 유지, 기타 취미활동 격려
3) 내적 충동에 대해 자기조절을 할 수 있도록 필요한 제한과 자기성찰의 경험을 갖도록 도와준다.
4) 또래와의 인간관계를 넓힐 기회를 갖게 해준다.

3절 청소년 자살

| 본문 p.422

1-1.
① 갑작스러운 행동의 변화 : 권태나 무기력
② 갈등, 소외, 위축
③ 학교생활의 변화 : 잦은 결석, 성적 하락
④ 정신신체 증상의 잦은 호소
⑤ 알코올과 약물 남용의 증세
⑥ 식욕의 변화
⑦ 수면양상의 변화
⑧ 외형의 급작스러운 변화
⑨ 생활을 정리함
⑩ 자신이 평소에 아끼던 물건을 나누어줌
⑪ 위험을 감수하거나 자해행위의 증가
⑫ 지속적인 자기비난
⑬ 친구의 변화

1-2. ① 구체적인 자살계획

② 절망감, 우울증, 알코올중독, 피해망상의 증상

③ 미숙한 기본성격

④ 스트레스의 유무

⑤ 경제적 여유나 신체 건강의 정도

⑥ 자살기도의 과거력

⑦ 유서의 유무

2. 1) 자살 위험 증상

① "죽고만 싶다."라는 문자를 보여 주면서 걱정하였다.

② 1학년 때는 성적이 상위권이었으나 요즘 들어 성적은 계속 떨어져 불안해지면서 잠을 제대로 잘 수가 없다.

③ 그동안 친하게 지내던 몇 명 안 되는 친구들과 사이가 멀어지면서 외로움이 밀려와 공부를 해도 집중이 안 된다.

④ 친구들로부터 자기만 따돌려지는 것 같아 소외감이 들고, 자신감이 없어지고 한편으로는 화가 나고 한없이 자신이 초라하게 느껴졌다.

⑤ 방과 후에도 거의 활동을 하지 않고, 집 안에서는 부모님과 대화를 거의 하지 않고 방에 들어가 울기만 하면서 이렇게 사는 것보다는 '차라리 죽는 것이 낫지 않을까'라는 생각을 자주 한다.

┃ 청소년 자살단서

구분		단서
언어적 단서	직접적 암시	• "나는 죽고 싶다." • "나는 더 이상 지탱할 수 없어." • "더 이상 사는 것이 의미가 없어."
	간접적 암시	• "내가 없어지는 것이 훨씬 나아." • "나는 아무짝에도 쓸모가 없어."
행동적 단서		• 오랫동안 여행을 떠날 것처럼 주변을 정리 정돈한다. • 유서를 써 놓는다. • 평소에 아끼던 물건들을 친구들에게 나눠준다. • 알코올이나 약물남용이 심해진다. • 전에 좋아하던 활동에 흥미를 보이지 않는다. • 학교에서 불안해하며 공부를 제대로 못 한다.
육체적·정서적 단서		• 친구 관계에 소홀해진다. • 식욕부진 • 잠을 너무 많이 자거나 너무 적게 잔다(수면변화). • 외적 용모에 관심을 갖지 않는다. • 대부분의 증상이 우울증의 증상과 비슷하다.

• 우울과 관련된 증상
 - 신체 : 두통, 복통, 식욕부진, 피곤, 단정치 못함, 높은 사고율
 - 정서 : 불성실, 공격성, 느린 언어, 회피, 약물이나 알코올 사용, 성적문란, 죽음에 몰두
• 언어적 단서 : '나는 없어져 버릴 거야', '내가 없어지면 세상이 더 잘 돌아 갈 거야'
• 행동적 단서 : 자살에 대한 글쓰기, 일상적 행동양상 변화(착해지거나 더 공격적), 소중히 여기던 물건을 나눠줌, 조직에서 탈피

2) 자살 예방을 위한 간호계획

① 대화를 통해 자살 가능성에 대해 평가한다.

② 그들의 안전을 보장하고 위험으로부터 보호하도록 한다.

  • 매우 강한 자살 충동을 느끼는 청소년은 혼자 두지 않도록 하는 것이 필요하다.

③ 설마 하고 방심하지 않는다. 어떠한 자살에 대한 언급도 소홀히 다루어져서는 안 된다.

  • 자살하려는 청소년의 의도를 가족과 다른 전문가에게 알리고, 이러한 사실을 청소년에게도 알려준다.

    - 이러한 간호활동은 청소년을 이해하고 관심을 가지고 있다는 것을 전달할 수 있는 기회가 된다.

  • 자살위험이 드러나면 대화하고 아이를 편안하게 해주고 원인을 밝혀 해결해 주도록 한다.

    - 간호사가 표현하는 이해와 관심은 매우 치료적이다. 비난을 한다면 더욱 우울해지고 자살 충동을 느낄 것이다. 간호사가 청소년을 도와줄 것이며 시간이 지나면 기분이 좋아질 것이라고 이야기하는 것은 도움이 되는 방법이다.

④ 자신이 지지 받고 있음을 확신시켜 준다.

⑤ 정서적 스트레스의 증상을 인식하고 문제 해결 방법을 가르치고 건전한 행동을 촉진시키는 교육적 자원을 제공한다.

⑥ 의사결정과 자율성을 증진시킨다.

⑦ 전문적인 지지를 받도록 중재한다.

  • 자살예방서비스를 이용하도록 한다. **예** 사랑의 전화, 생명의 전화

  • 정신과 의사와 상의하는 것이 좋다.

⑧ 자살 시도를 하거나 자살한 청소년의 가족에게는 가족 갈등이나 불화를 겪고 있는 경우가 많다. 간호사는 가족에게 관심, 솔직한 대화, 이해를 표명함으로써 가족의 역할 모델이 되도록 한다.

3. ❷

자살 위험이 높은 학생의 자살가능성 사정

자살의 의향이 있다면 가장 먼저 대화를 통해 자살가능성을 사정한다.

• 서서히 접근하고 논리적으로 질문할 것

• 자살기도의 계획과 자살사고의 빈도를 구체적으로 캐물어라.

• 자살 이외에도 다른 대안이 있으며 이러한 처지에 놓인 경우가 그 학생뿐이 아님을 강조하라.

• 자살사고와 의도를 비밀로 하겠다고 타협하지 마라.

• '자살하지 않기'에 서명하게 하라.

4.

양가성	자기 보존과 자기 파괴의 양가감정 사이에서 갈등을 하게 되며 자살이 죽음과 동일시되지 않고 살고자 하는 욕구와 공존
절망	자신의 무력감과 자존심 저하로 현재 상황을 변화시킬 수 없고 누구의 도움도 받지 못하며 희망이 없다고 생각하는 것
죄책감	자신의 능력에 맞지 않는 책임감을 느끼고, 감당하지 못할 경우 죄책감을 갖게 됨
공격성	공격성이 자신에게 향하게 되며 때로는 타인을 조종하려는 수단으로 삼을 수 있음
사후세계에 대한 동경	자신이 죽은 후 부모가 뉘우칠 거란 생각에 자살을 수단으로 선택함
특이한 사생관	현실적인 문제를 사후세계에서 해결하고자 하는 현실 도피적인 경향을 보임

5. 1) 뒤르켐(E. Durkheim)의 자살유형과 그 이유

→ 학생의 자살유형은 '이기적 자살(개인의 소외감, 고립감)'

그 근거 : "엄마가 안 계시니 마음 기댈 곳이 없어요. 넓은 우주에 혼자 남겨진 것 같아요."

자살유형(Emile Durkheim의 자살론, 1897)

① 이기적 자살(egoistic suicide) : 사회에 통합되지 못한 데서 기인하는 개인의 소외감, 고립감에 기인 **예** 독신 남성의 자살

② 이타적 자살(altruistic suicide) : 집단의 가치나 목표에 지나치게 몰입하여 나타나는 유형. 사회 통합이 너무 강한 경우 **예** 자살폭탄 테러, 태평양 전쟁 당시 가미카제, 분신 자살, 종교인의 순교, 가문의 영광을 지키기 위한 자살, 침몰하는 선박과 함께 자살하는 선장 등의 유형으로 현대 사회에서는 드물다.

③ 아노미적 자살(anomic suicide) : 급격한 사회적·경제적 성장(혼란) 속에서 도덕적 혼란으로 인한 자살. 현대 사회에서 개인의 욕망이 무한해지고 따라서 실망도 무한해짐으로써 발생하며 집단 무질서적 상황에서 현재와 미래를 유의미하게 연결해 주는 자기 연속성(self-continuity)을 확보하지 못하는 개인은 자살 충동을 느끼게 된다. **예** 인기가 순식간에 떨어지거나 오른 연예인의 자살, 갑작스러운 실직에 따른 자살 등의 유형

④ 숙명론적 자살(fatalistic suicide) : 전체주의 사회에서 개인의 열정이 과도하게 억압받아 발생하는 자살. 아주 강력한 압력, 즉 구속적 통제가 가해지는 극단의 상황에서 일어나는 자살의 유형 **예** 노예의 자살, 전쟁 포로나 장기 복역수의 자살 등

이기적 자살	사회가 지나친 개인주의로 인해 개인을 통제할 수 있는 힘이 약하기 때문에 자살이 증가한다는 것 **예** '젊은 베르테르의 슬픔'에서의 죽음
이타적 자살	개인이 자신이 속한 사회에 지나치게 통합되어 그 사회를 위해 희생할 목적으로 자살하는 것 **예** 가미카제 특공대, 자살 폭탄테러 등
아노미적 자살	사회가 무규범 상태가 될 때 그러한 혼란 상태로부터 탈출하기 위해 자살하는 것 **예** 급격한 사회변동, 경제 위기, 전쟁 속의 자살
숙명론적 자살	구성원들에 대한 사회 통제력이 너무 강해서 더 이상 희망을 발견할 수 없을 때 자살하는 것 **예** 학업과 입시 중압감 속에 하는 청소년의 자살

2) 자살위험요인 4가지

→ 자살 위험 정도 사정내용

① 구체적인 자살계획(자살시도를 생각 – 밤엔 엄마를 따라 죽는 방법밖에 없다는 생각만 자꾸 들고요.)

② 절망감, 우울증, 알코올중독, 피해망상의 증상(엄마가 돌아가신 건 다 저 때문이에요/결국 제가 문제예요. 저만 없어지면 다 행복해질 거예요./엄마 생각을 하다보면 밥도 먹고 싶지 않고 잠도 안 와요. 한 달 동안 하루에 두세 시간밖에 못 잤어요. 잠이 안 오니까 밤엔 엄마를 따라 죽는 방법밖에 없다는 생각만 자꾸 들고요.)

③ 미숙한 기본성격(엄마에게 의존적 성향, 상황을 자신의 탓으로 돌리는 비합리적 사고)

④ 스트레스의 유무(이별 경험, 최근의 상실 – 지난달 엄마가 자궁암으로 돌아가셨어요)

⑤ 경제적 여유나 신체 건강의 정도(신체적 질병 – '주요 우울장애')

⑥ 자살기도의 과거력

⑦ 유서의 유무

4절· 집단따돌림

| 본문 p.426

1.
  ① 평상시 교우관계를 파악한다.
  ② 교내의 따돌림 실태를 파악한다.
  ③ 소집단활동으로 이루어지는 특별 활동을 강화한다.
  ④ 확인된 피해자의 상담을 통해 원인을 파악한다.
  ⑤ 학생, 교사, 부모 모두를 대상으로 한 개인과 그의 개성을 존중하는 지속적인 교육과 분위기를 만든다.
  ⑥ 집단따돌림은 집단 내 교우관계가 원인이므로 동료 집단적 치료를 실시한다.

5절· 학교폭력

| 본문 p.426

1.
  1) 신체적 피해
    ① 신체적 고통과 상해
    ② 두통이나 복통
    ③ 신체 성장 장애

  2) 정신적·정서적 피해
    스트레스(외상 후 스트레스 장애), 초조감, 혼란스러움
    ① 자존심의 손상
    ② 부정적인 자아개념
    ③ 우울, 불안, 피해망상 등과 같은 정신적·행동적 장애
    ④ 성에 대한 부정적인 태도와 가치관 혼동
    ⑤ 심리적·신체적 장애

  3) 일상생활에서의 부적응(사회적 측면)
    ① 식욕, 수면 등 일상적 활동에서의 변화
    ② 등교 거부나 학교에 대한 극단적 두려움
    ③ 자살 생각 및 충동의 증가와 실제 자살
    ④ 장기적으로 대인관계의 단절이나 부적응
    ⑤ 가족관계의 갈등과 와해
    ⑥ 학업 능력의 저하와 적응 실패

6절 ✦ 파괴적, 충동조절 및 품행장애

| 본문 p.426

1. ❸

폭력 잠재성 위험을 해결하기 위해 적용할 수 있는 간호

1) 수용적 태도

"폭력은 허락되지 않는다. 조용히 식사를 마친 후 네 기분을 함께 얘기해 보자"

① 괴로운 감정을 수용해 줌으로써 현실에 대한 솔직한 감정표현이나 도움을 받고 싶어 하는 마음을 받아준다.

② 용서받지 못할 행동이 있다는 것도 알려줄 필요가 있다.

③ 부적절한 행동일지라도 자기가치감을 고려하여 그 개인이 가지고 있는 감정을 수용한다.

2) 인격존중

권위적·비판적 태도보다 인간존중의 태도이어야 한다.

3) 개방적 의사소통

"식기를 바닥에 던졌는데, 무슨 일이 있었니?"(○) / "왜 식기를 바닥에 던졌니?"(×)

① 방어적 대답 또는 거짓으로 꾸며낼 수 있다.

② 두렵고 불안한 느낌을 말로 표현하도록 격려한다.

4) 경청 및 상담

① 아동의 기분, 느낌, 생각을 경청하려면 폐쇄적 질문보단 개방적 질문을 해야 하고 동시에 비언어적 신호나 표정, 몸짓을 잘 관찰한다.

② 아동의 행동을 자세히 관찰하고 경청하면 공격적 폭력적인 행동을 미리 예방할 수 있다.

③ 개인적 상담 : 자신의 갈등과 문제를 토론할 수 있는 기회

④ 단체상담 : 자신이나 타인을 이해하고 자신의 문제점을 인식하는 기회로서의 도움

5) 운동이나 게임, 놀이 등으로 에너지를 돌림으로써 불안 및 분노 감소, 자존감 증진

6) 행동수정

계약적 조건을 만들어 바람직한 행동에는 상을 주고 바람직하지 않은 행동에는 벌을 준다.

① 공격성을 야기하는 주변 환경에서 비공격적인 반응을 하는 모델을 보여준다.

② 아동에게 비공격적인 행동을 연습하거나 역할놀이를 할 수 있는 기회를 제공한다.

③ 비공격적인 행동을 할 때 강화해 준다. 차단과 같은 공격성을 나타낼 기회가 없는 벌의 방법을 사용하도록 한다.

7) 행동장애 아동의 공격성과 외향적인 행동문제를 과소평가해서는 안 된다.

특히 남아일 경우 아동기 학업실패, 공격성 및 반사회적인 행동은 미래의 사회적 적응이나 정신건강 등에 심한 어두움을 예고하기 때문이다.

2. ❶

① 뚜렛 장애 : 여러 가지 운동 틱과 한 가지 또는 그 이상의 음성 틱이 장애의 경과 중 일부 기간 동안 나타난다. 두 가지 틱이 반드시 동시에 나타나는 것은 아니다. 사회적·직업적 또는 다른 중요한 기능 영역에서 심각한 고통이나 장애를 일으킨다. 18세 이전에 발병한다.

④ 중증 정신 지체

    ㉠ 지적인 기능이 뚜렷이 평균 이하이다. 정신지체는 지능검사에서 대략 IQ 70 이하의 소견을 보인다.

- **경도** : 50~55에서 70
- **중등도** : 35~40에서 50~55
- **중증** : 20~25에서 35~40
- **최중** : 20~25 이하
- **측정 불능** : 정신지체의 가능성은 강하게 의심되나 표준화된 지능검사에 의하여 검사시행이 어려운 경우

    ㉡ 동시에 현재의 적응상태에서 장애가 관찰되는데 장애가 보이는 부분은 다음과 같다.

- 대화, 자조능력, 집안에서의 생활, 사회성/대인관계, 학습능력, 직장에서의 적응상태

    ㉢ 발병연령이 18세 이전이다.

3.   ㉠의 적대적 반항장애의 증상이 아닌 것 : 반려견을 발로 자주 참(0.5)

> **DSM-5 진단 기준을 적용(0.5)**
> 사람과 동물에 대한 공격성은 품행장애의 진단에 해당됨

  ㉡ 6개월 이상

  ㉢ 모델링(modeling)

- 타인이 행하는 행동에 대한 관찰을 통해 그 행동을 모방함으로써 새로운 행동을 학습하도록 하는 기법
- 아동의 공포반응을 감소시키는 데 효과

  ㉣ 자기주장훈련 : 자기주장 역량과 함께 대인관계를 향상시키기 위해 타인의 권리를 침해하지 않으면서 자신의 생각, 의견, 느낌 등을 솔직하게 표현할 수 있는 방법과 기술을 습득하게 하는 훈련. 대인관계에서 억제된 생각이나 감정을 적절한 방식으로 표현하게 하는 것

7절 · 섭식장애

| 본문 p.428

1.   1) 재발하는 폭식 삽화. 폭식 삽화는 다음의 특징이 있다.

    ① 일정 시간(보통 2시간 이내) 동안 일반인들이 그 시간과 그 상황에서 먹는 것보다 훨씬 많은 양을 먹음

    ② 삽화 동안 식사 조절감의 상실

  2) 체중증가를 막기 위한 부적절한 보상행동(자기 유발 구토, 설사제나 이뇨제의 오용, 금식, 과도한 운동)의 재발

  3) 폭식과 부적절한 보상행동 모두 3개월 동안 최소한 일주일에 1회 이상 발생

  4) 체형, 체중에 의해 지나치게 영향받는 자기 평가

  5) 신경성 식욕부진증의 경과 중에 발생하지 않아야 함

2. ❸

① 신경성 식욕부진증 : 가장 큰 특징은 극단적으로 음식을 거부하여 정상체중의 15% 이상이 감소하는 것이다. 신경성 식욕부진증 환자는 체중증가나 비만에 대한 극단적인 두려움을 가지고 있기 때문에 저체중임에도 불구하고 체중을 끊임없이 감소시키려고 한다.

②, ③ 신경성 식욕부진증의 증상 : 체중감소, 무월경, 악액질, 변비, 몸 전체의 털이 가늘어지는 것, 건조하고 거친 피부, 서맥, 과다활동, 저체온, 저혈압

3-1.
1) 극단적인 체중감소
2) 무월경(3개월 이상)
3) 외모의 변화 – 건조하고 거친 피부, 몸 전체의 털이 가늘어짐, 모발의 상실과 머릿결의 변화(머릿결이 솜털같이 보임)
4) 악액질 및 변비
5) 대사활동의 변화로 인한 징후
   → 서맥, 저체온, 혈압하강, 이차적 무월경, 추위에 대한 내구성 감소, 건조한 피부와 갈라진 손톱, 솜털 같은 머리카락

> **신경성 식욕부진증 환자의 특징**
> • 체중 증가에 대한 극심한 두려움
> • 과도한 운동
> • 음식에 대한 생각에 집착
> • 자신의 문제에 대한 부정
> • 공공장소에서의 식사 거부
> • 요리법이나 타인을 위한 요리에의 몰두
> • 음식을 숨기거나 버림
> • 소량의 음식을 오랜 시간 동안 먹음
> • 고지식하며 완벽주의적 성향

3-2.
1) **영양회복** : 천천히 체중을 증가시키기 위해 영양공급
2) **구조화 되고 지지적인 환경의 조성** : 일정한 일과활동을 확실히 정해 주고 매일 같은 시간에 식사하도록 한다.
3) **인지행동치료** : 시각화, 계약, 인지적 재구조화, 자기주장훈련

> **행동수정 프로그램 고안**
> 식사 후 구토 여부 확인을 위해 적어도 2시간 동안 환자를 관찰하고 욕실사용도 관찰한다. 체중증가에 대한 보상과 체중감소를 벌하지 않도록 행동수정 프로그램을 고안한다.

4) **필요시 투약이나 전기충격요법** : 항우울제, 항정신성 약물, 항불안 약물
5) **기타**
   ① 대상자가 음식에 대해 열중하는 것에 관심을 두거나 반응하지 말아야 한다.
   ② 대상자의 힘과 능력에 초점을 맞춘다. – 자기확신이나 성공에 대한 희망 제공
   ③ 다른 대상자들과 함께 식사하도록 하여 정상적인 사회적 상호작용을 증진시키고 음식을 숨기거나 저장하는 것을 예방한다.
   ④ 적당한 양의 음식을 준비하고 다양한 음식 중에서 대상자가 선택할 수 있게 하여 자신의 치료 프로그램에 영향력을 가질 수 있도록 한다.

4. 1) ㉠ 신경성 식욕부진증
2) 잘못된 내용 3가지 수정
첫째, "1주일 내에 정상체중으로 회복하는 것을 목표로 하는 것"
→ 체중은 점진적이고 단계적으로 증가시키도록 한다. 갑작스러운 체중증가는 소화기 부작용이나 자살을 유발할 수도 있기 때문이다.
둘째, "체중회복 기간에 지금처럼 운동을 매일 하는 것"
→ 체중이 늘거나 살이 찌는 것에 대한 강한 공포로 과다한 운동을 하고 있는 것이므로 지금처럼 운동을 매일 한다면 체중감소는 여전히 진행되어 체중회복이 어렵다.
셋째, "딸과 특별히 대화를 나누고 있지는 않는 것"
→ 가족 구성원들끼리 그물처럼 얽혀 있는 밀착관계를 보이고 구성원들 간의 경계선이 분명하지 않으므로 가족 간 경계를 재구성하고 대화를 하도록 하며 가족을 치료에 참여시키고 가족치료를 병용하도록 한다.

5. ㉠ 신경성 식욕부진증
㉡ 신경성 폭식증
신경성 식욕부진증 진단기준(DSM-5)
① 필요량보다 에너지 섭취를 제한함으로써 연령, 성별, 궤도의 맥락에서 심각한 저체중이 유발됨. 저체중은 최소한의 정상 수준 또는 최소한의 기대수치 이하의 체중을 말함
② 심각한 수준의 저체중임에도 불구하고 체중 증가나 살이 찌는 것에 대한 극심한 공포 또는 체중을 증가시키지 않으려는 지속적인 행동
③ 체형, 체중에 의해 지나치게 영향을 받는 자기평가, 지속적으로 저체중의 심각성을 인지하지 못함
신경성 폭식증 진단기준(DSM-5)
① 재발하는 폭식 삽화. 폭식 삽화는 다음의 특징이 있다.
  • 일정 시간(보통 2시간 이내) 동안 일반인들이 그 시간과 그 상황에서 먹는 것보다 훨씬 많은 양을 먹음
  • 삽화 동안 식사 조절감의 상실
② 체중 증가를 막기 위한 부적절한 보상행동(자기 유발 구토, 설사제나 이뇨제의 오용, 금식, 과도한 운동)의 재발
③ 폭식과 부적절한 보상행동 모두 3개월 동안 최소한 일주일에 1회 이상 발생
④ 체형, 체중에 의해 지나치게 영향을 받는 자기평가
⑤ 신경성 식욕부진증의 경과 중에 발생하지 않아야 함

8절ㆍ 약물오남용

| 본문 p.431

1. 약물남용문제가 발생하기 전에 예방하는 것으로 약물남용의 발생을 감소시키는 것이며, 새로운 약물남용자가 생기지 않도록 예방하는 것이다. 여기에는 약물남용의 문제점을 이해하고 약물남용행위를 억제하며 거부할 수 있게 해주는 약물교육, 남용되는 약물의 구입을 법적으로 억제하는 법적 제재의 강화, 대중매체를 이용한 계몽, 그 밖에 청소년의 약물남용 유발요인의 제거 등이 포함된다.

2.

1) **자신의 심리, 신체적 변화**

① 자신에 대한 신체적·심리적 학대가 있다.

② 가치관이나 생의 목표, 행동결정의 우선순위가 불확실하고, 건전한 결정을 내리기가 곤란하다.

③ 자존심이 낮고, 자기확신감이 없으며, 자기인식이 확실하지 않다.

④ 자기조절이 결여되어 있고 동년배의 영향을 크게 받는다.

⑤ 알코올이나 약물에 의존하고 열망하게 되며, 약물로 인한 신체적 부작용이 있다.

⑥ 기민함과 민첩함이 감소한다.

⑦ 기분변화가 자주 일어나고 초조해 하거나 우울해한다.

⑧ 행동이 느리고 말을 더듬는다.

⑨ 급격하게 체중이 증가하거나 감소한다.

⑩ 신체적인 쇠약감을 호소한다.

⑪ 신변, 주변에서 약물이 발견되어 남의 눈치를 자주 살핀다.

2) **가정에서의 변화**

① 가족구성원 간의 관계에 무관심하고 스트레스를 느낀다.

② 약물 구입 때문에 친구에게 돈을 자주 빌리고 부모에게도 많은 돈을 요구한다.

③ 집에 있는 물건을 내다 팔고 돈을 훔친다.

④ 약물을 사용하기 위해 음침한 곳을 자주 찾으며 방문을 자주 닫아 걸고 방에서 나오지 않는다.

3) **학교 및 대인관계의 변화**

① 학교를 자주 결석하고 숙제를 잘 안 한다.

② 성적이 계속 떨어진다.

③ 사회적으로 고립되어 있으며, 친구도 없고, 대인관계에서도 안정감이 결여되어 있다.

④ 친구관계가 원만하지 못하고 사귀는 친구가 변한다.

⑤ 가출을 하거나 전에 사귀지 않던 친구들을 사귀게 된다.

⑥ 신변, 주변에서 약물이 발견되어 남의 눈치를 자주 살핀다.

3. ❷

암페타민 약물은 중추신경 흥분제이다.

4. ❺

1) **약물사용**

의사나 약사가 지시한 대로 그리고 용법대로 약물을 사용하는 것

2) **약물오용**

의학적인 목적으로 사용하지만 의사의 처방에 따르지 않고 사용하거나 처방된 약을 제대로 또는 지시대로 사용하지 않는 것을 말한다.

3) **약물남용**

의학적 상식, 법규, 사회적 관습으로부터 이탈하여 쾌락을 추구하기 위하여 약물을 사용하거나 과잉으로 사용하는 것과 법적 규제의 대상에 포함되어 있지 않은 약물이라도 환각 목적으로 사용할 경우도 포함된다.

4) **약물의존**

마약류 및 약물을 지속적·주기적으로 사용한 결과, 사용자에게 정신적·신체적 변화를 일으켜 사용자가 마약류 및 약물사용을 중단하거나 조절하는 것이 어려운 하는 상태를 말한다.

5) 약물중독

약물사용에 대한 강박적 집착, 일단 사용하기 시작하면 끝장을 보고야 마는 조절 불능, 해로운 결과가 있으리라는 것을 알면서도 강박적으로 사용하는 상태를 말하며 심한 심리적·육체적 의존상태라 말할 수 있다.

5.   ㉠ 카페인
        ㉡ 혈압상승 : 교감신경계를 자극하여 혈압상승, 소변량 증가
        ㉢ 금단증상(=물질금단)

9절· 흡연 및 음주

| 본문 p.434

1-1. 1) 담배 중에 포함되어 있는 대표적인 유해물질인 타르는 폐암을 유발하고, 니코틴은 동맥경화, 고혈압, 말초혈관 질환 및 심질환을 유발하거나 악화시킨다. 일산화탄소는 세포의 신진대사에 장애를 주고 만성 저산소증을 일으키며 조기노화 현상을 가져오고, 기억력의 감퇴를 초래하여 학습에 지장을 줄 수 있다.
        2) 니코틴의 금단현상으로 수업에 집중하기 어렵고 담배를 끊기가 점점 힘들어진다. 청소년의 흡연은 신체의 생리기능의 발달이 미완성 단계이므로 성인의 흡연에 비해 더욱 유해하다.
        3) 청소년의 흡연은 신체의 생리기능의 발달이 미완성 단계이므로 성인의 흡연에 비해 더욱 유해하다.
        4) 경제적 자립이 어렵기 때문에 담배를 구입하는 데 과다한 지출을 하게 되고, 때로는 부당한 방법으로 담배 구입 비용을 마련하게 되어 청소년 범죄를 유발할 수 있다.

1-2. 1) 청소년기의 흡연은 성인에서의 흡연보다 손상 정도가 크다(더 해롭다).
        ① 청소년은 아직 신체적 발육이 완성되지 않은 상태에 있으므로 세포나 조직이 약하기 때문에 담배의 독성물질이 신체 내에서 더 강하게 작용한다.
        ② 예를 들어, 25세 이후에 담배를 시작한 사람들의 폐암 사망률은 담배를 피우지 않는 사람에 비해 5배 높은데, 15세 미만에서 담배를 피우기 시작한 사람은 약 20배나 높다.
        2) 성인보다 더 쉽게 더 깊이 니코틴에 중독된다.
        청소년기에 흡연을 시작하면 니코틴에 쉽게 중독되어 금연할 수 있는 가능성이 더욱 희박해진다.
        3) 다른 중독성 약물의 사용으로 이어질 수 있으며 청소년 범죄와 관련이 깊다.
        ① 청소년의 불안한 심리와 비행과도 연관되어 있기 때문에 정신건강에 해롭다.
        → 청소년기 흡연의 용납 및 조장은 사회적 일탈행위로 나가는 첫 관문의 통과를 허용한다.
        ② 대인범죄, 폭력범죄, 파괴충동, 약물남용, 가출 청소년에게서 흡연율이 월등히 높은 것을 통해 청소년의 흡연은 범죄와 관련이 있음을 알 수 있다.
        4) 만성 질병의 발생을 촉진한다.
        ① 니코틴에 의한 혈관장애
        ② 타르와 이산화탄소로 인한 호흡장애

5) 일탈행위와 관련된다.

청소년기의 흡연은 술이나 다른 중독성 약물의 사용으로 이어질 가능성이 크다. 따라서 청소년기 흡연의 용납 및 조장은 사회적 일탈행위와 관련된다. 담배를 가까이 하게 되면 자신의 신체나 정신이 병들게 되고, 음주, 마약과도 관련되며, 각종 비행사고를 유발하는 원인이 된다.

6) 바람직한 사회성과 정서 발달에 장애가 생길 수 있다.

① 흡연 청소년들은 스트레스 및 불안상황을 적극적으로 대처하지 못하고 담배에 의존하려 하기 때문에 바람직한 사회성과 정서 발달에 장애가 생길 수 있다.

② 성장기의 흡연으로 인한 저산소증은 두뇌 활동에도 좋지 않은 영향을 끼쳐 사고능력과 지적의욕을 감퇴시킨다.

2. 1) **호흡기계 질환** : 감기, 천식, 폐렴, 만성기관지염, 만성폐색성 폐질환, 폐암

2) **심혈관계 질환** : 박동수 증가, 고혈압, 동맥경화증, 관상동맥질환, 혈전증, 뇌졸중, 심부전, 만성저산소증

3) **구강 질환** : 치주질환, 구강암

4) **소화기계 질환** : 소화성 궤양, 췌장염

5) **비뇨계 질환** : 방광염, 방광암

6) **중추신경계 질환** : 두통, 사고능력 저하, 운동기능 저하 등 두뇌운동기능 저하

7) **생식기계 질환** : 자궁외임신, 월경불순, 임신 중 합병증 증가, 임신율 저하

8) **태아에 미치는 영향** : 저체중아, 사산, 조산, 유산, 선천성 심장기형 출산가능성 및 신생아 사망률 증가 등

9) **면역기능 약화 및 각종 암 유발요인** : 입술암, 구강암, 인두후두암, 식도암, 폐암, 위암, 간암, 췌장암, 신장암, 방광암, 유방암, 자궁암, 전립선암 등 각종 장기의 암 유발

10) **기타** : 치주질환(치아 누렇게 착색·잇몸손상·구취), 담배연기에 의해 결막염 유발, 피부노화

3. 니코틴 의존이란 담배를 지속적·주기적으로 사용한 결과 사용자에게 정신적·신체적 변화를 일으켜 담배를 중단하거나 조절하는 것을 어렵게 하는 상태를 말한다. 즉, 물질의 의존을 설명하는 경우로 다음과 같은 행동특성을 포함한다.

1) **금단증상의 특성**

지속적으로 과다하게 담배를 사용해 혈액이나 조직 내 농도가 저하되었을 때 안절부절못함, 불안, 환각 등으로 부적응적 행동변화가 나타나 이를 피하거나 완화시킬 목적으로 30~40분에 한 대씩 피우는 경향이 있다.

2) **심리적 의존의 특성**

니코틴은 신경계에 작용하여 교감 및 부교감 신경을 흥분시켜 쾌감을 얻게 하고, 일시적인 각성의 효과가 있어 불안이나 불면, 집중력 저하, 스트레스 등이 있는 경우 이를 이기기 위해 담배를 피우게 된다.

3) **신체적 특성**

니코틴은 말초혈관을 수축하며 맥박을 빠르게 하고 혈압을 높이며 콜레스테롤을 증가시키므로 담배를 지속적으로 피운 사람은 심장병, 고혈압, 버거씨병 등이 잘 생기는 경향이 있다.

4) **사회적 특성**

물질을 얻기 위해, 물질을 사용하느라, 또는 물질의 효과에서 벗어나려고 많은 시간과 노력 및 비용을 낭비하는 경향을 보인다.

4-1. 태아 알코올 증후군 아동의 <u>외형상 특징</u>
- 코밑의 인중이 없음
- 윗입술이 아랫입술에 비해 현저히 가늚
- 미간이 짧음
- 눈이 작은 특이한 얼굴 모습

4-2. 뇌의 기능도 저하되어 이들의 평균 지능지수(Intelligence Quotient, IQ)는 70 정도 되어, 일생 동안 학습장애를 가져온다. 특히 주의가 산만하고, 암기 및 사고력의 저하로 문제를 잘 못 풀고, 성격도 원만치 못하다.
① 근육의 힘이 약하고 떨림증이 나타난다.
② 언어장애, 기억력 소실, 집중력 장애 등 학습장애를 보인다.
  - 주의력 결핍, 집중력 장애
③ 과도하게 활동하거나 사회성이 떨어지고 판단력을 잃는 행동장애가 나타난다.
  - 과잉행동장애, 매우 충동적이고 강박적이다.

Part 04 여성의료 간호학

제1강 모성간호학

1절 여성 건강사정

| 본문 p.439

1. ❺
   ① 난포자극호르몬(FSH)은 난포기에 분비가 증가하면서 난포를 발달시킨다.
   ② 배란 후 수정과 착상이 되지 않으면 황체화호르몬이 감소하며 자궁내막이 탈락한다.
   ③ 에스트로겐(estrogen)의 분비가 증가하면 경관점액의 점도가 낮아지고 경관점액의 양이 늘어난다.
   ④ 에스트로겐의 농도가 최고 수치에 이르면 황체화호르몬(LH)이 분비되기 시작하면서 배란이 된다.

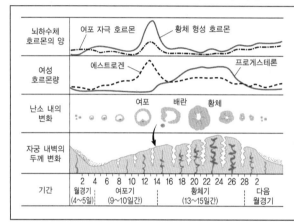

   ※ 혈중 FSH와 LH의 농도가 높아지면 → 난소에서 난포 발육시켜 에스트로겐 분비 → 난포가 배란된 후에는 황체가 형성되어 프로게스테론 분비 → 혈중 에스트로겐과 프로게스테론의 농도 증가 → FSH와 LH 분비억제
   ① FSH 기능 : 난포 성숙을 도움
   ② LH 기능 : 배란 자극, 황체 발달, 자궁 내막 비후

2. ❶

에스트로겐 (estrogen)	자궁, 질	• 자궁내막 비후/자궁 근육 증대 • 혈액공급 증가/경관 점액↑& pH↑ • 점액 묽고 견사성↑→ 정자 통과 유리 • 점액(현미경) − 양치엽상의 결정체 • 질점막 비후, 점막세포의 글리코겐 함량이 증가하여 되더라인간균(Döderlein's bacillus)에 의해 더욱 산성화
	난관	난관근육 운동↑ − 난자 운반
	유방	유선 자극 − 유선엽 폐포를 발달, 비후
	골격	뼈끝(epiphysis) 완성, 뼈 형성 촉진
	내분비기	FSH의 분비 억제, LH의 생성 촉진
	난소	• 원시난포 발달 촉진 • 간질세포와 내협막에 콜레스테롤 축적 − 황체호르몬인 프로게스테론을 위한 전구물질

	2차 성징	2차 성징의 발달 및 발현 − 유방의 융기와 음모, 액와 털, 지방축적, 유방의 관 조직 증가
	전신	• 뼈 형성 촉진 • 혈액 내 단백질 양 증가(안지오텐신, 알도스테론 결합 단백질, 응고인자, 섬유 소원 등) • HDL 증가, LDL 감소(동맥경화성 심맥관계 발병 예방) • 혈액응고인자 증가 − 혈전색전증 발병 가능 • 피부에서 안드로겐에 길항하여 기름샘이 퇴행하고 부드러워지며 피하지방 침착
프로게스테론 (progesterone)	자궁내막	자궁내막의 선이 프로게스테론에 의해 나선 모양으로 꼬이고, 혈액공급과 선 분비 증가
	임신 지속	글리코겐을 축적하여 적당한 영양상태를 만들어 수정란의 착상과 임신 지속을 위한 자궁속막 준비
	자궁의 운동성	자궁의 운동성과 뇌하수체호르몬인 옥시토신 분비를 억제하여 자궁을 이완
	평활근이완	자궁근과 난관의 긴장성/수축을 억제함, 정맥류, 소화불량 동반할 수 있음
	자궁경관	• 자궁경관 내 점액 점성도↑/양↓/백혈구↑ − 정자 통과 어려움(경구피임약으로 이용) • 양치엽상의 결정체 형성×, 견사성도 감소
	배란	배란 후에 황체에서 프로게스테론이 분비되기 때문에 배란에는 아무런 영향을 미치지 않음
	유방	월경주기 후반 황체기에 젖을 준비하는 선방세포와 젖샘소엽의 발달에 영향(VS 에스트로겐은 주로 젖샘관에 영향을 줌)
	체온	프로게스테론은 체온을 약간 상승시킴
	내분비	LH의 분비 억제, FSH의 생성 촉진
	전신	• 뼈의 Ca, Na 감소 • 임신/배란 시 체온 상승작용 • 가벼운 마취 진통작용 • 모낭과 피지선에 대해 안드로겐 길항작용

3.

1) 뇌하수체 전엽과 난소 호르몬에 따른 자궁내막의 주기별 변화

월경기	• 월경 제1~5일 • 자궁내막의 기능층이 분해, 탈락 / 기저층은 탈락되지 않음
증식기	• 월경 제5일~14일 − 배란되기까지 • 자궁내막 성장 − 난소 Estrogen↑(체온↓) → 월경 제12~13일경 LH↑ → 배란
분비기	• 월경 제15~25일까지(배란 후 다음 월경시작 1~2일 전까지) • 황체 형성 − Estrogen과 Progesterone↑ − Glycogen↑ − 수정란 착상 돕고 알맞은 영양상태 유지 − 임신을 도움 • LH와 FSH 분비는 억제
월경전기	월경 제25~28일 − 에스트로겐과 프로게스테론의 분비가 급감 − 증식된 자궁 내막이 탈락 시작, 월경기 시작

2) 월경 양상과 원인

월경 양상	부정자궁출혈, 무배란성 월경출혈
원인	• 무배란성 월경 출혈로, 사춘기 초경기 무렵에 흔히 발생되는 것. 시상하부 – 뇌하수체 – 난소주기의 기능이 성숙하지 못해 발생되는 것 • 프로게스테론의 분비가 없어 프로게스테론의 길항작용이 없는 상태에서 에스트로겐 생산이 과다하게 지속되어 과증식된 자궁내막의 출혈
정상 생리	• 정상 생리주기 21~35일 • 월경기간 2~7일 • 정상 생리량 20~80ml

3) 질 분비물 증가와 하복부 통증의 원인
　① 질 분비물이 증가된 원인은 에스트로겐 때문이다.
　　• 월경이 끝난 후 2~3일 동안은 건조기로 분비물이 거의 없지만, 3~4일 후부터는 에스트로겐의 영향으로 점액분비가 시작된다.
　　• 에스트로겐은 정자가 난자와 만나 수정될 수 있는 환경을 마련해 주기 위해 점액의 분비를 증가시키고 pH를 증가시킨다.
　　• 점액은 견사성이 높고 점도는 묽고 미끄러우며 마치 달걀 흰자 같다. 현미경으로 점액을 살펴보면 양치엽상의 결정체를 이루고 있다. 이런 환경이 마련될 때 정자의 통과가 수월해진다.
　② 하복부 통증의 원인
　　배란통 : 복통은 배란되는 순간 소량의 출혈이 복막을 자극하여 느끼는 것으로 'mittelschmerz'라고 하며, 약 25%의 여성이 배란기에 복통을 느낀다고 한다.
4) 질분비물 증가가 임신에 미치는 영향
　① 임신 시에는 경관점액의 변화로 인해 질 분비물의 양이 증가하며 이 분비물은 희고 농도가 짙으며 pH3~6 정도이다. 이 정도의 산도는 질내 병원균 증식을 억제하는 작용을 한다.
　② 임신 동안 질 상피의 글리코겐이 풍부해지므로 모닐리아성 질염 같은 곰팡이균의 감염이 호발된다.

4.　1) ㉠ 시기에 나타나는 기초체온의 변화 양상 : 배란이 일어나기 전까지 저온상태를 유지하다가 배란기 무렵 약 0.3℃ 정도 급하강하였다가 약 3일이 지나면 상승(고온기)하여 다음 월경 전까지 유지한다.

▌배란 여부와 기초체온 변화

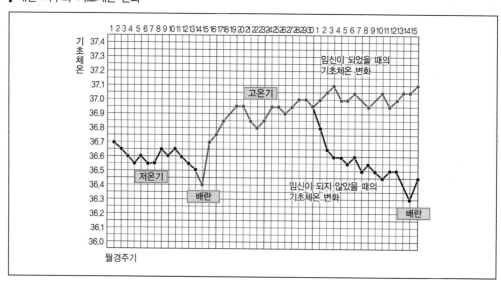

2) ⓛ **황체의 기능** : 황체는 성숙한 난자를 배란한 뒤에 남아 있는 여포가 변화한 것으로 프로게스테론을 분비하여 자궁 내막이 두터워지고 혈액의 유입이 많아지면서 임신에 대한 준비를 한다. 수정이 일어나지 않으면 서서히 황체가 퇴화되어 호르몬의 분비가 감소하고, 두꺼워져 있던 자궁내막이 허물어지면서 배란 10~14일 후 월경이 시작된다.

3) ⓒ **시기의 명칭과 자궁내막의 특징** : 월경. 수정이 이루어지지 않은 경우 불필요진 기능층을 박리 소실시키기 위해 자궁내막의 기능층이 분해되고 탈락된 조직들이 혈액과 함께 배출되며, 이때 기저층은 탈락되지 않는다.

5. ❶

> **배란의 유무를 알기 위한 간접적인 검사**
> • **배란통** : 복통은 배란되는 순간 소량의 출혈이 복막을 자극하여 느끼는 것으로 'mittelschmerz'라고 하며, 약 25%의 여성이 배란기에 복통을 느낀다고 한다.
> • **기초체온 곡선** : 기초체온 곡선의 변화는 배란 유무 확인에 있어 가장 유용하고 중요한 것이다. 즉, 증식기 또는 난포기에는 저온이고, 배란 후 분비기 또는 황체기에는 고온이며, 배란기는 저온에서 고온으로 옮겨갈 때이다.
> • **호르몬 검사** : 소변에 성선자극호르몬, 프레그난디올 및 에스트로겐 함량이 상승하였는가를 소변으로 검사한다.
> • **자궁내막 검사** : 자궁내막 생검을 하여 황체호르몬 변화가 있는지 알아본다.
> • **자궁경관 점액 검사** : 배란기에는 자궁경관 점액의 점성도가 변한다. 즉, 맑고 깨끗한 점액이 되며 양도 많아지고 늘여도 끊어지지 않을 정도의 탄력 있는 견사성(spinnbarkeit)을 보이며 정자가 이 점액을 타고 자궁으로 올라가게 된다. 또 배란기에는 에스트로겐이 가장 많이 분비되기 때문에 점액을 슬라이드에 발라 말린 후 현미경으로 보면 결정체를 볼 수 있다. 결정체는 분지 혹은 양치 모양을 하고 있다. 그 밖에 질강의 pH와 세포의 변화도 볼 수 있다. 그러나 무엇보다도 기초체온 곡선만큼 신빙성이 있는 것은 없다.

2절 ◆ 정상임부

| 본문 p.442

1. ❹

임신의 징후와 증상		
추정적 징후	가정적 징후	확정적 징후
• 무월경 • 입덧(오심 구토) • 피로감 • 유방의 민감성 증가 • 빈뇨 • 첫 태동	• 골반 내 장기의 변화 　− 헤가 징후(Hegar's sign) 　− 맥도날드 징후(McDonald's sign) 　− 구델 징후(Goodell's sign) 　− 차드윅 징후(Chadwick's sign) 　　라딘 징후(Ladin's sign) 　　브라운본펀왈드 징후(Braun von Fernwald's sign) 　− 피스카섹 징후(Piskacek's sign) • 복부증대 • 자궁수축 • 피부의 변화 • 태아외형의 촉지 • 임상 임신검사 • 자가 임신검사	• 태아 심음 • 태아 움직임 • 태아 확인

2. ㉠ 차드윅 징후(Chadwick's sign) : 자궁경부는 아주 부드럽고, 골반 내 혈액공급의 증가로 인한 울혈로 경관, 질과 외음의 점막이 푸른색이나 보라색의 자청색을 띤다.

㉡ 헤가 징후(Hegar's sign) : 임신 6~8주, <u>자궁협부가</u> 부드러워진 것. 양손검진으로 확인

※ Goodell's sign : 혈관 증가, 부종 및 <u>자궁경부선의</u> 비대와 비후로 인하여 연하된다. 장력이 현저하게 감소되어 임신 전은 코 끝, 임신 초기와 중기는 귓불, 임신 말기는 입술을 촉지하는 것과 같이 부드러워진다.

3. 1) ㉠ 중에서 신경관 결손을 선별할 수 있는 검사 항목 : 알파 피토프로테인(α-fetoprotein) 검사
 • 목적 : 신경관 결함의 위험이 있는 태아 확인
 • 상승 : 신경관 결합(이분척추, 무뇌아)/식도폐쇄, 태아 용혈성 질환, 선천성 신증
 • 하강 : 다운증후군, 태아 사망
2) ㉡ '태아 목덜미의 투명대'를 확인할 수 있는 부위
 • 경추후부 피부조직(=목뒤 연조직)
 • 목투명대 넓이로 다운증후군 등의 염색체 이상의 기형을 확인함. 목투명대에 특정 성분을 쌓아두어 목투명대가 넓어짐(임신 10~14주 확인)

> **임부의 혈청 생화학적 검사**
> ① 알파 피토프로테인(α-fetoprotein) 검사
> ② hCG : 태아 안녕상태 평가·합포체영양막에서 생산되어 모체 혈장에 존재
> • 임신초기에 비정상적으로 낮은 수치: 절박유산, 자궁외 임신
> • 임신 100일 이후에 비정상적으로 높은 수치: 포상기태
> ③ 에스트로겐(에스트리올)
> • 모체의 혈청 or 소변 내 에스트리올(E3) 측정
> • 에스트리올은 태아 부신에서 생산되는 스테로이드 전구물질로 태반에서 합성. 태아-태반 안녕상태 확인
> • 상승 : 다태임신
> • 저하 : 임신종결, 무뇌증, 태아사망, 태반박리

4. ㉠ 태반락토겐
㉡ 프로게스테론
 • 자궁내막에 글리코겐 축적 → 수정란의 착상을 위한 적당한 영양상태
 • 자궁평활근을 이완하여 자궁수축을 억제시켜 자궁활동으로 인한 임신초기의 자연유산 방지, 즉 임신지속 역할
㉢ 던칸 기전 : 태반 변연부(가장자리)에서 태반박리가 시작되면서 질구에서 암적색의 태반의 모체면이 먼저 배출된다.

5. ❸
㉡ 사구체 여과율이 감소되어 혈장 크레아틴 농도가 증가한다.
 → 신혈류량과 사구체 여과율은 임신 초기부터 증가
㉢ 장의 연동운동과 긴장도가 증가하여 음식물 통과 시간이 빨라져 식욕이 증진한다.
 → 프로게스테론의 증가로 인하여 장의 연동운동이 감소

> **임부의 생리적 변화**
> 1) 생식기계
> ① 자궁 : 비대·증대, 자궁의 위치와 모양 변화, 혈액공급의 증가
> ② 경관 : 혈관 증가, 부종 및 자궁경부선의 비대와 비후로 인하여 연화되고 색이 변화한다.
> ③ 질 : Chadwick's sign으로 혈관의 증가와 혈액의 충혈로 인하여 자줏빛 색깔을 띤다.

2) 유방
압통, 유두와 젖무리의 색이 짙어지고 유두는 직립된다. 임신 초기에 유두 주위 젖무리에 분포한 피지선이 비대되는데 이를 몽고메리 결절이라고 부른다.

3) 심혈관계
맥압과 혈관의 저항의 감소, 혈액량의 증가, 혈압유지, 심박출량이 증가

4) 조혈계
혈액량은 크게 증가한다. 비임신 시의 40~45% 정도인 1,500mL가 늘어난다. 혈색소치, 적혈구 농도, 헤마토크릿치가 감소하여 가성빈혈이 나타난다. 여러 혈액응고 인자들이 증가하는데 섬유소원이 59%가량 증가하여 혈액 응고 경향이 높아진다.

5) 호흡기계
과호흡

6) 비뇨기계
신혈류량과 사구체여과율 증가

7) 소화기계
프로게스테론의 증가로 인하여 연동운동이 감소, 장의 음식물 통과시간이 지연된다.

8) 근골격계
릴랙신(relaxin)의 영향으로 관절주위 구조가 다소 이완된다.

9) 내분비계(태반)
임신 시 에스트로겐, 프로게스테론과 같은 성스테로이드 호르몬뿐만 아니라 융모성선자극호르몬, 태반락토겐 등의 단백호르몬을 분비하는 기능을 한다. 태반에서 분비되는 에스트로겐은 임신 초기부터 분비되기 시작하여 임신 진행에 따라 점차적으로 증가하는데 임신 중 태반에서 생성되는 에스트로겐의 대부분이 소변으로 배설되므로 태반기능 및 태아의 건강상태를 평가하는 지표가 된다.

6.   ❺
㉠ 에스트로겐은 HCl, pepsin 분비를 저하시켜 소화장애, 메스꺼움, 지방흡수 저하가 나타난다.
㉢ 프로게스테론은 평활근의 탄력성을 저하시키고, 담낭의 탄력성은 저하되며 운동력은 감소하고 담낭질환의 빈도는 증가한다.
㉣ 당에 대한 신장의 요역치가 저하되고 사구체의 여과작용 증가로 인해 소변으로 당이 배출될 수 있다.

7.   ❶
(다) 체중과 신장이 표준인 경우 권장되는 체중증가는 임신 1기 동안 1~2kg, 임신 2,3기에는 1주에 0.4kg씩 증가하는 것이 좋다. 따라서 임신 27주에서 40주는 임신 3기에 해당하여 주당 0.5kg의 체중증가가 정상범주이다.
임신 중 적절한 체중증가는 전반적인 측면에서 성공적인 임신에 크게 기여한다. 체중이 지나치게 증가하면 출산 후 그대로 남게 되고 고혈압, 당뇨, 맥관계 장애와 같은 만성질환이 발생하기 쉽다. 임신 중 영양상태가 나쁘면 저체중 신생아 출산과 관련되며 저체중 신생아는 사망률이 높고 정신박약이나 기타 다른 장애를 가지기 쉽다.
(라) 자궁태반 혈류와 신장으로 가는 혈류를 증가시켜 주는 것은 앙와위가 아니라 좌측위이다. 앙와위 시 자궁무게로 인한 상행성 대정맥을 압박하기 때문에 체위성 저혈압이 발생하기 쉽다.

8. 1) 태아의 건강 사정법

① 소변의 β-HCG를 측정

㉠ 임신 6~12주경에는 임부의 소변에서 β-HCG를 측정할 수 있다.

㉡ 아침에 일어나 농축된 소변으로 측정하면 더 정확한 결과가 나타난다.

㉢ 약국에서 구입한 임신테스트기를 이용하여 임부가 간단히 시행할 수 있다.

㉣ 해당주수에 판별기에 2줄이 나타나면 임신상태로 태아가 건강함을 의미하지만 소변 내 β -HCG가 측정이 안 되면 태아사망을 의심할 수 있다.

② 태동을 느끼는 것 : 정상적으로 임신 16~20주 사이에 임부는 첫 태동을 느낄 수 있다. 태동은 태아가 움직이는 것으로 임부가 복벽을 통해 느낄 수 있다. 20주 이후 태동이 없다면 태아사망 을 의심할 수 있다.

③ 자궁저부 높이를 체크 : 태아가 성장하면서 복부와 자궁이 증대되기 때문에 태아가 정상적으로 성장한다면 자궁저부의 높이가 높아질 것이다. 정상적인 자궁저부 높이는 임신 12주경 치골결 합부위, 임신 20주경 제와부, 임신 36주는 검상돌기 부위에서 측정되며 그 이후에는 조금 하강 한다. 해당임신주수와 자궁저부의 높이를 비교하여 자궁의 크기가 더 이상 커지지 않거나 정상 과 비교하여 높이가 너무 낮다면 태아 성장 지연이나 태아사망을 의심할 수 있다.

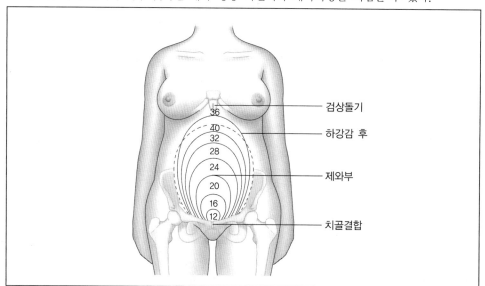

2) 임신으로 인한 요통의 발생기전 및 관리방법

① 발생기전 : 임신 시 릴랙신이라는 호르몬의 영향으로 관절이 부드러워지고 증대된 자궁과 태아 의 압박으로 요통이 발생할 수 있다.

② 관리 방법

첫째, 항상 바른 자세를 유지한다. 걷거나 서 있을 때 증대된 복부로 인해 무게중심이 몸의 앞 쪽으로 오기 쉬운데 몸의 중심으로 무게중심이 오도록 요추부위를 펴고 걷는다. 또한 서 있을 때 다리 한쪽을 발판에 올리게 되면 허리에 부담을 줄일 수 있다.

둘째, 임부용 복대를 사용한다. 복대를 사용하게 되면 늘어난 복부를 지지하게 되어 허리에 부 담을 줄일 수 있어 요통예방에 도움이 된다.

셋째, 고양이 체위운동을 한다. 손바닥과 무릎을 땅에 닿게 한 상태로 머리를 가슴에 닿을 정도 로 숙이고 등을 고양이처럼 구부린다. 이러한 자세는 척추의 간격을 넓혀주고 척추 주변 근육 의 긴장을 완화하는 효과가 있다.

넷째, 요통 시 온찜질과 마사지를 시행한다. 이러한 물리요법은 피부의 대섬유를 자극하여 관문을 닫아 통증이 감소되고 척추주위의 혈액순환 증진과 근육의 긴장감 해소에도 도움이 된다. 마지막으로, 평소에 규칙적으로 가벼운 스트레칭을 하는 것 또한 척추 주변의 근육이완과 요통완화에 도움이 된다.

3) 자간전증
① 자간전증 발생 시기 : 임신 20주 이후 고혈압, 부종, 단백뇨의 증상발현과 함께 시작된다.
② 경한 자간전증 증상
  ㉠ 혈압 : 수축기/이완기압 30/15mmHg 이상, 140/90mmHg 이상
  ㉡ 부종(갑작스런 체중증가) : 보이지 않는 곳에서의 부종으로 시작하여 얼굴 손가락 부종, 1달에 체중증가 1.5kg 이상(임신 2기까지), 3기에는 일주일에 0.5kg 증가하는 것이 정상
  ㉢ 단백뇨 : 24시간 뇨 검사물에서 단백이 300mg/L(1+, dipstick)~1g/L(2+)
③ 경한 자간전증 시 자가관리방법
  ㉠ 침상 안정 : 통원치료 가능
    • 왼쪽 옆으로 눕도록 하여 대정맥이 눌리지 않도록 하여 정맥환류량, 순환혈액량, 태반이나 신장 혈액량 등을 증가시킨다.
    • 방을 어둡게 하고 조용하고 자극이 적은 환경 유지
    • 방문객 제한, 침대난간을 올려 낙상 예방
  ㉡ 다음의 범주에 해당 시 입원하지 않고 가정에서 통원치료
    • 혈압이 150/100mmHg 이하
    • 단백뇨 1g/24시간 이하 혹은 3+ 이하, 혈소판수치 120,000/mL 이상
    • 정상적인 태아성장
  ㉢ 가정에서 혈압, 체중, 단백뇨 유무를 매일 측정해야 한다. 하루 1.4kg 혹은 3일 동안 1.8kg 이상 증가 시 주의
  ㉣ 혈소판 수치, 요산이나 BUN, 간효소, 24시간 소변 등의 검사가 규칙적으로 시행되어야 하며, 증상이 악화되거나 중증 자간전증 증상 시 바로 입원하도록 한다.
  ㉤ 균형 있는 식이섭취, 단백섭취 증가, 염분 적량섭취, 단 하루 6g을 넘지 않도록 : 특별히 짠 음식 섭취는 제한하지만 무염식이나 이뇨제 사용은 치료에 권장하지 않는다.

9-1.
㉠ 태아의 주요기관들이 형성되는 임신 초기에 기형발생인자(teratogen)인 약물, 감염, 화학물질, 방사선 등에 노출되면 태아에게 형태이상을 일으켜 기형을 유발하게 된다.
㉡ 적혈구 생산량도 증가하지만 혈장의 증가(혈액량은 크게 증가하여 임신말기에는 비임신 시의 40~45% 정도인 1,500mL가 늘어남) 정도에 비하여 증가된 양이 상대적으로 적으므로 혈색소치, 적혈구 농도, 헤마토크리트가 감소하여 가성 빈혈(생리적 빈혈)이 나타난다.

9-2.
㉢ 양막 파수를 확인하는 방법
  • Nitrazine paper : 청록색(pH 6.5), 청회색(pH 7.0), 담청색(pH 7.5)
    → 알칼리성 양수(pH 6.5~7.5) 시 파랗게 변화됨
  • 피닝(Ferning) 검사 : 양수를 슬라이드 위에 올려놓아 형태를 보면
    → 현미경상 고사리 잎 모양 관찰됨(양치모양의 잎 관찰)
    질분비물을 현미경으로 검사하는 것인데 양수에는 염화나트륨 성분이 있기 때문에 파막된 경우에는 양치모양이 나타난다.
㉣ 조기 이상(early ambulation)이 출산과 관련된 산모의 생리적 변화에 미치는 영향 3가지
  • 혈전성정맥염의 위험감소 : 임신 중 응고인자(피브리노겐 등)의 상승으로 혈액응고 경향이 높아 움직이지 않으면 혈액이 정체되어 대퇴혈전성정맥염 발생의 위험이 증가한다.

- 자궁수축을 돕고 오로의 원활한 배출을 도와 출혈이나 자궁내막염 같은 감염도 예방할 수 있다.
- 방광과 장의 기능을 증진시킨다. 방광팽만은 방광벽의 이완도 초래하여 소변정체를 가져오고 감염의 좋은 조건이 된다. 조기 이상은 인공도뇨의 필요성 또는 복부팽만, 변비 등이 감소하는 효과가 있다.

10. ❶

(다)의 내용은 임신성 장애와 연관된다.

(라) 분만 6주 이전부터 유방마사지를 하면 임신 기간에 축적된 유즙이 확장된 유관과 유관동을 통해 분만 후에 배출되는 데 도움이 된다.

11. 1) ㉠을 권장하는 이유(DNA 합성, 신경관 형성 결함, 기형 예방)

① 엽산(folic acid)은 비타민 B의 한 종류로, DNA 생성에 필수적인 영양소

② 세포 내 DNA의 합성과정에서 보조효소로 작용하여 태아의 기형 예방 및 유산 예방에 핵심적 역할

③ 임신 준비 기간과 임신 초기 3개월까지 엽산 복용이 필수적

④ 엽산은 DNA를 합성하고 뇌의 기능을 정상적으로 발달시키는 데 도움을 주며, 척수액의 중요한 부분이 되어 태아의 기형 및 유산을 줄여줌

⑤ 무뇌증, 이분척추증 등의 중추신경계 기형발생을 50~70%까지 예방

2) ㉡ 수정란이 착상하는 과정에서 출혈이 발생하는 이유

수정란이 자궁내막으로 매몰되는 과정을 착상(implantation)이라고 한다. 수정 후 형성된 영양막 층의 영양막을 덮는 융모막의 융모는 손가락 모양으로, 자궁내막의 혈액이 가득한 곳으로 파고들어가 착상을 도와주는데 모체의 표피층의 기질혈관층을 뚫고 들어가면서 약간의 착상출혈이 나타나기도 한다.

3) ㉢ 임신 여부를 확인할 수 있는 호르몬의 명칭

융모는 융모생식샘자극호르몬(human chronic gonadotropin, HCG)을 생산하여 황체가 에스트로겐과 프로게스테론을 계속 분비하게 하여 배란과 월경을 막고, 자궁벽을 발달시켜 착상에 적합한 자궁 내 환경을 만든다.

4) ㉣의 분만 예정일(연월일로 제시)

> Nagele's rule
> 마지막 월경일을 기준으로
> 월(month)-3개월(그 다음해) 또는 +9개월
> 일(day)+7일

마지막 월경 시작일(LMP)이 2018년 10월 25일이므로

→ 10개월-3개월=7월,

25일+7일은 32일이므로

2019년 7월 32일(7월은 31일), 즉 2019년 8월 1일

3절◆ 정상 분만과 산욕

| 본문 p.451

1.　　㉠ **요통** : 아두가 골반강 내로 하강하면서 골반과 척추를 압박하며 요통이 발생한다. 임신 중 릴랙신 호르몬에 의해 관절 이동성 증가, 프로게스테론에 의한 평활근의 이완으로 척추가 지지되지 못하며, 자궁증대로 인한 비정상적 체위는 요통의 발생을 더욱 악화시킨다.

　　㉡ **체중 감소** : 임신을 유지하던 호르몬 변화 때문에 전해질의 변화로 수분의 소실이 일어나 체중이 약 1kg 정도 감소된다.

정상분만의 전구 증상

분만일이 가까워지면 분만을 암시하는 하강감, 이슬, 양막파열 등의 신체변화들이 나타나는데 이것을 분만의 전구 증상이라 한다.

① **하강감** : 분만 2~4주 전에 선진부가 진골반 내로 진입

아두가 골반강 내로 들어가게 됨으로써 복부팽만과 횡격막압박이 경감되는 증상, 아두가 하강하면 자궁저부가 낮아지므로 횡격막의 압박이 줄어들고 호흡이 평안해지며 위장의 부담감과 복부의 팽만감이 완화된다. 그러나 아래로 인한 압력 때문에 다음과 같은 증상을 경험한다.

　• 신경압박으로 인한 사지경련 또는 하지통증
　• 골반이 받는 압력 증가
　• 정맥흐름의 정체증가로 인한 하지부종
　• 빈뇨증가
　• 질점막의 울혈로 인한 질 분비물 증가

② **가진통** : 분만 시작 때와 같이 자궁수축이 반복되면서 심한 불편감이 나타나는 것으로 자궁수축이 불규칙하고 수축간격의 변화가 없으며 하복부에만 국한되는 진통을 보인다. 이슬이 없고 자궁경관의 개대가 없다. 가진통은 걸으면 진통이 완화되며 분만이 진행되지 않는다. (진진통의 특징은 통증이 허리에서 복부로 전파되고, 규칙적이고 시간이 지남에 따라 통증의 강도, 기간, 빈도가 증가한다. 수축이 진행됨에 따라 혈성이슬의 증가와 자궁경부의 개대와 거상이 발생한다. 걸으면 통증이 더욱 심해진다.)

③ **이슬** : 선진부가 하강하면서 자궁경관의 미세혈관들이 압박으로 파열되고 임신 중에 자궁경부를 막고 있던 점액마개와 섞여져 나오는 혈성 점액질이다.

④ **양막파열** : 양수를 싸고 있는 막이 파열되는 것으로 분만이 시작된다는 신호이다.

⑤ **체중감소** : 임신을 유지하던 호르몬 변화 때문에 전해질의 변화로 수분의 소실이 일어나 체중이 약 1kg 정도 감소된다.

2.　1) ㉠의 특성을 보이는 분만 단계의 구간 : 분만1기 개대기
　　• 분만1기 : 0~10cm 개대(규칙적 진통~완전개대/잠재기, 활동기, 이행기)
　　• 분만2기 : 완전개대(10cm)부터 태아만출
　　• 분만3기 : 태반박리와 태반만출
　　• 분만4기 : 태아만출 후 1~4시간, 산모의 생리적 적응 시기

　2) 자궁수축에서 ㉡의 시기가 모체와 태아에게 미치는 영향
　　• ㉡의 시기 : 자궁이완기
　　• 태반으로의 순환증진으로 태아의 산소와 영양소, 노폐물의 교환이 이루어짐
　　• 모체는 휴식을 취하면서 피로를 경감하고 힘주기를 위한 에너지를 비축함

3) 아기가 아직 안 내려온 상태에서 양수가 터졌을 때 아기가 위험한 이유: 선진부 진입 전 양막파열의 위험성
- 태아선진부가 골반 내에 고정되어 있지 않으면 제대탈출이 되어 제대압박 및 질식을 일으킬 수 있음
- 양막 파열 후 태아가 24시간 이상 자궁 내에 머물러 있게 되면 병원균의 자궁 내 침입을 최소화 하지 못하여 심각한 자궁내 감염을 일으킬 수 있음

│ 분만의 단계

분만1기	개대기, 규칙적인 자궁수축~자궁경관 완전개대(10cm)까지
분만2기	태아 만출기, 자궁경관 완전개대~태아만출까지
분만3기	태반기, 태아만출~태반 및 태아부속물 만출 시까지
분만4기	태반만출 후 약 2시간까지, 임신 전 상태로 적응(생리적·심리적 변화가 극적)

3. ❸

정상분만 수(만기분만) − 조산 수 − 유산 수 − 살아 있는 아이 수(생존아)이다.
TPAL : Term birth(full term) − Preterm birth − Abortion − Living children(alive)
5자리 숫자체계로 표시할 때는 가장 앞에 출산과 관계없이 현재 임신을 포함한 총 임신 수를 넣으면 된다.
＝G(Gravida)TPAL

4. ❹

ⓒ 임신 동안 탄력섬유의 파열로 인해 생긴 임신선은 분만 후에도 지속적이다.
산모의 생리적 적응

1) 대사

산후 초기에는 당뇨가 있는 산모가 20%에 다다르나 곧 사라지게 된다. 수유부에게는 당이 나타나는 것이 정상이다. 경한 단백뇨(1+)가 산후 1~2일 동안 산모의 50%에게 있는데 이는 산후 동화작용으로 초래된다. BUN이 자궁근육의 자가분해 때문에 증가한다. 아세톤뇨도 지방대사나 탈수로 인해 나타날 수 있다.

2) 임신과 산욕 시 피부와 모발의 변화

① **흑선**: 피부 색소침착의 증가로 생긴 복부 중앙에 갈색이나 검은 색의 선→분만 후 사라짐
② **갈색반**: 뺨, 이마, 코 등의 얼굴부위에 생기며 기미라 불린다. 태양에 노출될 경우 특히 심해지지만, 출산 후 옅어지거나 사라진다.
③ 유두, 유륜, 액와, 외음부의 색까지 검은 선으로 변화되는데 멜라닌세포자극 호르몬 때문에 발생하는 것으로 알려져 있다.
④ **임신선**: 임신 후반기에 복부, 유방, 대퇴부 등 주로 체중증가가 많은 부위에서 나타나며 약간의 함몰된 붉은색을 띤다. → 분만 후에도 지속적
⑤ 에스트로겐의 영향으로 피부혈관이 변화되어 혈관종, 손바닥홍반증이 나타난다. → 분만 후 사라짐

5. ❶

❙ 오로(Lochia)

형태	특성	내용물	시기
적색오로	혈액성분(bloody)	주로 혈액성분으로 태반부착 부위로부터 탈락된 세포조각, 양수, 솜털, 태지. 소량의 점액	분만 후 3~4일
갈색오로	짙은 적갈색에서 불그스름한 분홍색	혈액성분이 적고 혈장성분이 대부분이며, 백혈구와 유기체가 섞여 있음	분만 후 4~10일
백색오로	크림성	백혈구, 유기체, 경관점액들	분만 후 10~20일(3주)

산욕기 산모의 생리적 적응
• 자궁의 복구: 매일 1~2cm씩 하강. 10일 이후 복부에서 만져지지 않음
• 오로: 분만 후 자궁내막이 치유되면서 나오는 분비물(탈락막, 혈액, 영양막 조직.) 적색오로의 반복은 산후출혈, 태반조직 잔류 의심, 나쁜 냄새는 자궁내막염 등 의심
• 산후통: 자궁 내 응고혈액 배출을 위한 수축으로 간헐적이며 통증은 모유 수유 시 증가
• 골반근육의 이완: 자궁탈출, 방광류, 요실금의 위험 증가 → 케겔운동, 오래 서 있거나 무거운 물건 들지 않도록

6. ❹

ㄱ. 하루에 손가락 하나 넓이만큼씩 퇴축한다. 9~10일 안에 복벽에서 만져지지 않고 골반 내로 들어 간다.

정상분만을 한 후 3일째 되는 산모

• 분만 시 수분손실 및 이뇨에 관계된 순환, 간질공간 사이에서의 수분 이동으로 대부분의 여성이 2~3일 내에 심한 갈증 호소
• 임신으로 인해 장이 이완되고 또 복근이 팽창되어 배설을 잘 돕지 못함
• 분만을 위한 금식과 분만 전 관장, 분만 시 투여된 약물 등이 상태를 더 악화시키기도 함

❙ 분만 후 자궁의 퇴축

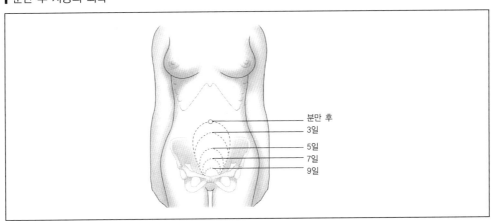

분만 후
3일
5일
7일
9일

7. ㉠ 프로락틴 분비   ㉡ 옥시토신 분비

1) 프로락틴 분비

① 선방세포 내 젖분비활동 자극(유즙 생성 자극)

② 무월경 유지

2) 옥시토신 분비

① 선방세포와 근상피세포 수축 → 유관을 따라 젖이 배출

② 자궁 수축 → 자궁퇴축↑ 자궁 회복을 도움 → 산후 출혈 예방

유즙 분비의 기전: 유선발달 → 유즙생성 → 유즙분비 → 사출반사			
유선발달	유즙생성	유즙분비	사출반사
• 유관 생성을 위한 상피세포 발달(프로게스테론) • 유선이 풍부(프로게스테론과 에스트로겐 통합) • 세분화된 유선소엽을 완성(프로락틴) • 유선 증식에 관여(성장호르몬과 인슐린)	• 1단계: 임신 후기 프로게스테론이 유즙생성 억제 • 2단계: 태반만출 후 프로게스테론, 에스트로겐, 태반락토겐이 현저히 저하된 뒤 프로락틴의 상승으로 유즙 생성 자극		• 접촉적 자극(젖을 빨 때) → 시상하부 전달 → 뇌하수체의 전엽과 후엽 자극 • 전엽 – 프로락틴 분비 → 선방세포 내 젖 분비 활동 자극 • 후엽 – 옥시토신 분비 → 선방세포와 근 상피세포 수축 → 유관을 따라 젖이 배출

※ 모유수유에 따르는 문제들 : 유선염은 아기의 입에 있는 포도상구균에 의해 초래되는 흔한 감염이다.

8. ㉠ 모유 수유 시 피임의 호르몬 조절(2점)

• 태아의 유두흡인자극 → 뇌하수체 전엽 ★프로락틴(prolactin) 방출(1점)

• 시상하부 성선자극호르몬 분비인자(GnRH) 분비 억제

• 뇌하수체 FSH, ★LH 분비 억제(1점)

• 난소의 배란 억제

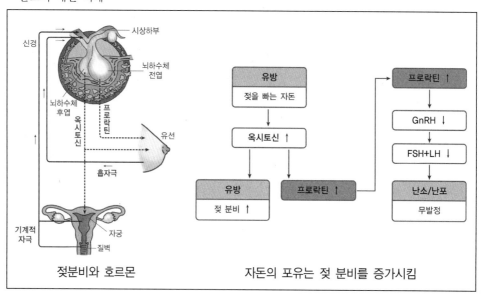

젖분비와 호르몬   자돈의 포유는 젖 분비를 증가시킴

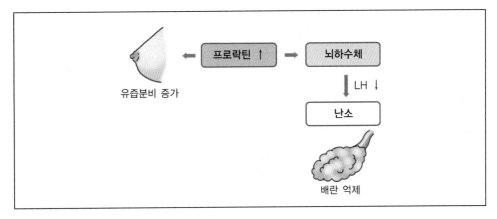

ⓛ 에스트로겐
ⓒ 프로게스테론

> **프로게스테론 단일제**
> • 피하이식제 임플라논(3년 효과)
> • 피임주사인 사야나(3개월 효과)
> • 자궁내 장치인 미레나

4절· 고위험 임부

| 본문 p.456

1. 1) ㉠ 질식 초음파 소견
• 자궁목의 길이가 짧아짐(25mm 미만)
• 자궁목이 넓어져 깔때기 모양(자궁목의 확장)
(vs 자궁목 무력증의 진단 시 경관의 확장과 소실을 사정해야 함)

> **자궁목 무력증(cervical incompetence)**
> 임신 중인 여성의 자궁경부가 임신기에 이르기 전에 확장되고 소실되기 시작하는 질병이다. 임신 전기 및 중기에 어떠한 임상적 수축의 증상 없이 자궁경이 무력해지는 것이다. 자궁목 무력증은 임신 중기나 후기에 유산이나 조산을 일으킬 수 있다.
> **정상소견**
> 임신 3기까지 견고하고, 14~22주 정도면 깊이가 평균 35~40mm 정도가 되며, 32주가 되면 30mm가 되어 점차 짧아짐

2) ㉡ 외과적 교정술 – 자궁목 봉합술

• 맥도날드(McDonald) 교정술 : 비흡수성 실인 mersilene으로 자궁목을 묶어 자궁목 내구를 좁힘

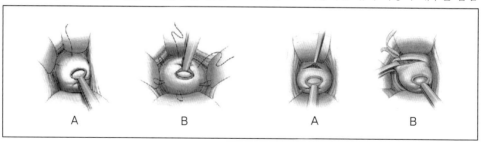

• 시로드카(Shirodkar) 교정술 : 질점막을 들어 올리고 mersilene으로 내구 주위를 묶어준 다음 질점막을 제자리로 돌려놓고 봉합함

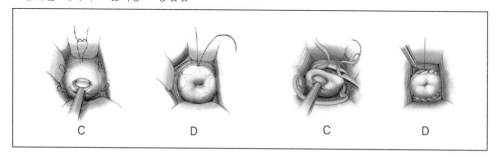

2.

1) ㉠ 검사 2가지 : 자궁외 임신진단은 ⑴ 혈청 β-HCG검사와 ⑵ 초음파검사를 반복 측정함으로써 진단할 수 있다.

정상임신에서는 β-HCG의 수치가 48~72시간마다 2배가 된다.

β-HCG수치가 1800mIU/mL일 경우 질식초음파를 통해 재태낭을 볼 수 있다.

β-HCG수치가 1000이고 질식초음파로 자궁 내 재태낭을 확인하지 못했다면 자연유산이거나 자궁외 임신임을 의심할 수 있다. 자궁외 임신에서는 대체로 정상임신에 비해 β-HCG 수치가 덜 상승한다.

2) ㉡ 메소트랙세이트(methotrexate)약물 작용 기전 : 과거에는 난관이 파열된 후에야 자궁외 임신이 진단되어 대상자의 생명을 구하기 위해서는 수술이 유일한 치료방법이었다. 그러나 오늘날 환자의 상태에 따라 메소트랙세이트(methotrexate, MTX)약물로 관리가 가능해졌다.

MTX는 엽산길항제로 융모막질환에서 빠른 속도로 분열하는 세포를 파괴(남은 조직을 용해시킴)하는 데 사용되는데, 이 치료방법만으로도 난관개구술과 같은 외과적 치료와 비슷한 결과를 보여준다. 그러나 MTX는 혈역동학적으로 불안정하거나, 간기능이나 신기능의 부전이 있거나 혈액질환이 있는 환자에게 투여해서는 안 된다.

3) ㉢ 엽산이 함유된 비타민 : MTX를 투여하는 환자는 적어도 2~8주 동안 매주 β-HCG검사를 받아야 하며(β-HCG감소가 나타남) β-HCG가 음성으로 나올 때까지 모니터하여야 한다. 약물이 대상자를 감광성으로 만들기 때문에 태양에 노출되는 것을 피하도록 한다. 그리고 MTX를 투여하고 있는 환자가 알코올을 마시거나 엽산이 함유된 비타민을 복용하게 되면 부작용의 노출위험이 더 증가되므로 주의하여야 한다.

3.

1) ㉠ 은닉출혈일 때 복부촉진으로 확인할 수 있는 증상과 자궁 수축 양상

　① 복부촉진으로 확인할 수 있는 증상
- 자궁수축과 수축 사이 이완 없이 자궁의 긴장력이 증가하여 강직상태. "자궁이 판자처럼 느껴진다(board like)"
- 복부검진으로 증대된 자궁 → 더 심해지면 태반 뒤 혈액축적 증거

　② 자궁 수축 양상
- 강직되어 있을 때는 수축을 촉지하기가 어렵다.
- 분리된 태반과 자궁벽 사이에 혈액이 고이면 자궁태반졸중(couvelaire uterus − 자궁은 나무판자처럼 딱딱, 푸른색, 수축력을 잃는다.)

2) ㉡ 복통의 전형적인 특징 : 처음에는 날카로운(knife like) 통증이지만 후에는 둔한 통증이나 산통

3) ㉢ 시한증후군(Sheehan's syndrome) : 저혈량성 쇼크, 파종성혈관응고에 따라 2차적으로 뇌나 신장, 뇌하수체 등의 허혈성 괴사를 초래한다. (그 외 자궁태반졸중으로 자궁수축이 되지 않아 자궁절제술 시행, 코카인 흡입 임부에게서 다량의 출혈로 인한 완전태반박리로 20% 태아질식, 사망)

4. ❶

나이 어린 임부는 임신성 고혈압성장애(자간전증 등)의 위험성이 높다.

5. ❷

① 체위는 오로배출을 증진시키기 위해 파울러씨 체위를 한다.
② 임신 각 기와 당뇨병의 관계

구분	인슐린 요구	혈당 변화	합병 요인
임신 1기	뇌하수체 전엽 호르몬의 억제로 인한 감소, 배아의 발달은 당을 소모한다. 임부의 칼로리 섭취는 보통 감소한다.	혈당수준이 자꾸 떨어지므로 혈당과소증이 증가하고 기아, 케토시스, ketonemia가 증가한다.	식욕감퇴, 오심, 구토가 임신 초반기에 흔하다. 혈액 산성화로부터의 회복은 인슐린 길항물질 때문에 더욱 어렵다.
임신 2기	태반호르몬의 항인슐린 성질 때문에 증가한다.	혈당과다증은 ketonemia, amino acidemia를 초래한다.	혈액 흐름의 증가로 신장역치가 감소된다. 체내에서 lactose, 유당 등이 증가한다.
임신 3기	태반호르몬 증가로 인슐린 요구량이 현저하게 증가된다.	임신 2기와 동일	임신 2기와 동일
분만	분만 시 어려움과 신진대사 증가로 요구량이 감소한다.	기아, 케토시스로 혈당과소증, acidemia가 있다.	임박한 제왕절개 분만으로 보통 금식을 한다.
분만 후	태반호르몬 감소로 인슐린 요구량은 현저하게 감소한다.	혈당과소증	수유를 계획하는 것은 당뇨병의 치료를 본질적으로 어렵게 한다.

③ 자궁 퇴축 간호 : 자궁이완 시에는 자궁이 견고하고 본래의 강도를 유지하게 될 때까지 간헐적으로 자궁 마사지를 한다.
④ 유선염 : 특별히 모유수유를 중지할 필요가 없다.

⑤ 자간전증 : 자간전증은 임신 20주 이후에 혈압상승, 단백뇨, 부종 등의 증상으로 나타난다. 고혈압은 자간전증에서 가장 많이 나타나는 증상으로 갑자기 혹은 점차적으로 발생한다. 자간증은 자간전증의 좀 더 심각한 형태이며, 발작과 경련을 동반한다. 경증의 자간전증 임부가 입원을 하면 침상안정을 하도록 하며, 왼쪽으로 눕도록 하여 정맥환류량, 순환혈액량, 태반이나 신장 혈액량 등을 증가시킨다. 균형 있는 식이를 섭취하도록 하며, 단백질 섭취는 증가시킨다(80~100g/일 혹은 1.5g/kg/일). 염분의 섭취는 적당량 섭취하되, 하루 6g을 넘지 않도록 한다. 중증 자간전증의 경우에는 경련을 일으킬 수 있으므로 절대적 침상안정을 취하도록 한다. 임부의 의식이 명료하고 오심, 경련 증상이 나타나지 않는 한 고단백 식이와 적절한 염분이 함유된 식이를 제공한다. 황산마그네슘(MgSO₄)이 경련을 치료하기 위해 사용되는데, 이는 중추신경계를 억제하여 경련을 감소시키는 역할을 한다.

6. ❶

(나) 황산마그네슘의 독성으로 맥박, 호흡, 혈압이 떨어지면 투여 중단

(다) 소변량이 시간당 소변량이 25ml 혹은 4시간 100ml 이하인 경우 독성반응으로 투약 중단

(라) 독성반응으로 호흡정지나 심정지가 나타나면 중화제로 사용할 수 있는 10% calcium gluconate를 침상 옆에 준비해 두고 호흡저하가 나타나면 1g을 천천히 정맥주입한다.

MgSO₄(황산마그네슘) 투여 임부 간호중재

황산마그네슘의 치료적 혈중농도는 4.0~7.5meEq/L이며 8~10meEq/L이면 반사가 소실되고, 12~15meEq/L 이상이면 호흡이 억제되어 호흡정지가 일어나게 되며, 25meEq/L 이상이면 심장활동이 정지된다.

① 활력징후를 계속 측정한다.

호흡수가 12~14회/분 이하이거나 맥박, 혈압이 떨어지면 황산마그네슘 투여를 중단한다.

② 심부건 반사를 확인한다.

지속적으로 투여되는 경우 4시간마다, 간헐적으로 투여되는 경우 투여 직전에 확인한다.

③ 중추신경계 반응을 사정한다.

처음에는 불안으로 시작하여 졸림, 기면, 부정확한 발음, 운동실조증, 그리고 똑바로 서 있지 못하고 옆으로 넘어지려는 경향이 있다. 이때는 사람, 장소, 시간에 대하여 정확하게 인식하고 있는지를 사정한다.

④ 시간당 섭취량과 배설량을 측정한다.

소변의 비중, 단백뇨, 색깔, 그리고 양을 확인한다. 시간당 소변량이 25ml 혹은 4시간 100ml 이하인 경우는 황산마그네슘 사용으로 인한 독성반응을 확인한다.

⑤ 독성반응으로 호흡이나 심정지가 나타날 때 중화제로 사용할 수 있는 10% calcium gluconate를 침상 옆에 준비해둔다. 호흡저하가 나타나면 calcium gluconate 1g을 천천히 정맥 주입한다.

7. 1) ㉠ 황산마그네슘(MgSO₄)을 정맥으로 주입하는 이유

중추신경계를 억제하여 경련을 감소시키는 역할을 한다.

2) ㉡ 심부건 반사(deep tendon reflex)를 확인하는 이유 : 황산마그네슘(MgSO₄)의 독성반응을 확인해야 한다.

양쪽 무릎 관절 1+의 의미 : 정상 무릎관절의 근력은 +2이기 때문에 +1은 심부건반사가 감소된 상태이다. 즉, 독성반응이 나타남

3) 황산마그네슘으로 인한 독성작용 시 투여 약물

독성반응으로 호흡 및 심정지 시 10% 글루콘산칼슘(calcium gluconate)을 천천히 정맥주입

Deep Tendon Reflexes: Grading

Grade	DTR Response
4+	Very brisk, hyperactive, with clonus
3+	Brisker than average, slightly hyperreflexic
2+	Average, expected response; normal
1+	Somewhat diminished, low normal
0	No response, absent

▌황산마그네슘의 독성반응

초기 증상	후기 증상
열감	중추신경계 기능 억제
발한	호흡부전
갈증	저칼슘혈증
반사감소	부정맥
저혈압	순환장애
무기력	태아서맥

8. ㉠ HELLP 증후군

㉡ 경련 or 발작

→ 자간전증(두통, 구토, 복통 등)의 증상에 더해서 경련 or 발작이 발현된다면 자간증으로 진행되었음을 의미한다.

㉢ 밝은 조명은 시각적인 자극으로 경련발작을 유발시킬 수 있다.

→ 경련을 예방하기 위해서 환경자극을 최소화해야 한다. 따라서 방의 조명을 어둡게 해주어야 한다.

9. ❺

① 태반에서의 영양공급이 적절하지 못하므로 태아가 느린 속도로 성장한다. 따라서 쌍태아의 15% 이상이 체중 2,500g 이하이고, 대부분 조산아이다. 양수과다는 단태임신보다 10배 높게 나타난다.

② 다태임신 시 체중조절은 정상임부보다 50% 정도(18kg) 더 증가하는 범위에 있도록 하고, 정상 임부 요구량에 300칼로리를 더 증가시킨다.

⑤ 다태임신의 모체 측 문제점 : 태반이 크기 때문에 전치태반의 빈도가 높고, 태아분만 전에 태반이 조기 박리될 위험이 있다. 이외에 양수과다증, 자간전증의 빈도도 높으며, 분만 중에는 과도한 자궁증대로 인한 자궁기능부전에 빠질 수도 있다.

10. ❶

ㄴ. 모체의 인슐린은 태반을 통과하지 않는다.

ㄷ. 분만 시에는 태반이 만출되면서 순환하던 태반호르몬이 갑자기 감소하고, 코르티솔(cortisol)과 인슐린 분해효소 등이 감소하여 모체는 인슐린에 대한 민감성을 회복한다.

- 임신은 생리적으로 임부의 내분비 활동을 촉진시키며 췌장의 랑게르한스섬의 세포에서도 인슐린의 분비를 증가한다. 반면, 임신 1기 때 태아가 당을 필요로 하기 때문에 산모의 당 분비가 증가한다. 또한 태아는 산모로부터 아미노산과 지질을 끌어다 쓰기 때문에 산모의 당합성 능력이 감소하게 된다. 모체의 포도당은 임신 초기에 배아·태아의 성장을 돕기 위해서 태반을 거쳐 전달되는데 결과적으로 산모의 당이 떨어지게 된다. 임신 2기와 3기에는 에스트로겐, 프로게스테론, 코르티솔, 태반락토겐 등이 인슐린에 길항작용을 하여 평형을 유지한다.
- 임신은 잠재적인 당뇨병성 인자이며 임신 동안 당뇨병이 악화되거나 임신 중에만 임상적으로 당뇨병이 나타나기도 한다. 정상 임신이라 할지라도 혈중 인슐린의 농도가 증가하여 공복 시 혈당이 약간 저하될 수 있으며, 당에 대한 신장의 요역치는 저하되고 사구체 여과작용은 증가하게 된다. 약 10%의 임부에서 임신성 당뇨가 나타난다.
- 태아에게 지속적으로 당을 공급하기 위해 태반락토겐, 에스트로겐, 프로게스테론과 같은 호르몬이 증가함에 따라 말초조직에서의 <u>인슐린 저항이 야기</u>된다. 이로 인하여 혈중 유리지방산이 증가하고 인슐린의 조직 저항이 증가하여 태아 쪽으로 당이 공급된다. 임부가 금식이나 무리한 다이어트를 지속하면 에너지원이 당에서 지방으로 변화하여 케톤혈증이 심각하게 나타날 수 있다.
- 태반 만출 후 태반락토겐, 에스트로겐, 프로게스테론, 태반 인슐린 분해효소 등의 급격한 감소와 진통 시 지나친 근육의 피로와 당섭취 부족으로 <u>인슐린 요구량은 극적으로 떨어진다.</u>

11. 1) ㉠ 거대아(macrosomia)

1단계	모체의 높은 혈당은 태아의 인슐린을 생산하도록 태아의 섬세포 자극
2단계	태아의 인슐린 증가로 혈당은 세포 내 이동 → 과도한 성장과 지방축적

2) 호흡 곤란 증후군(respiratory distress syndrome)

1단계	태아 혈청 인슐린 농도가 높은 경우(인지질의 생성을 방해하여), 계면활성제의 합성이 지연
2단계	계면활성제의 합성이 지연되어 폐가 잘 성숙하지 못하기 때문에 출산 후 저산소증과 산증을 일으켜 응급상황(호흡 곤란 증후군)이 되는 예가 있다.

임신성 당뇨

1) 임신이 당뇨에 미치는 영향

임신을 하면 탄수화물 대사가 증가하고, 인슐린 요구량이 증가한다.

2) 당뇨병이 임신에 미치는 영향

① 비뇨기 감염

㉠ 모닐리아성 질염

㉡ 양수과다

㉢ 임신성고혈압 발생률 정상의 4배

㉣ 태아의 과도한 성장 '거구증'

㉤ 케톤산증으로 생명 위협

㉥ 산후출혈의 빈도 증가

② 당뇨병이 태아,신생아에 미치는 영향
ㄱ 거구증
ㄴ 저혈당증
ㄷ 저칼슘혈증
ㄹ 고빌리루빈혈증
ㅁ 호흡곤란증
ㅂ 선천성 기형
ㅅ 태아사망률 50~80%

5절 ✦ 고위험 분만

| 본문 p.463

1. ❺
ㄱ. 자궁이완을 위해 좌측위를 취한다.
ㄴ. 출산력 0 − 1 − 2 − 1로 조산 1회 유산 2회이므로 조산 예방을 위해 절대안정이 필요하다.
ㄷ. 진통억제제 전제조건에 부합하면 리토드린을 투여하여 유리세포를 감소시켜 자궁수축을 억제한다.

> **진통억제제 전제조건**
> 양수파막이 되지 않았고, 경관개대 4cm 이하, 경관소실 50% 이하이며, 자궁수축이 20분에 3~4회로 강하지 않을 때 (경관개대 2cm, 경관소실 50%, 자궁수축간격 10~15분이므로 전제조건에 부합됨)

ㄹ. 임신 29주로, 임신 33주 이전이므로 태아 폐성숙을 위한 약물인 베타메타손을 투여할 수 있다.

2. ㉠ 페서리
㉡ 희석된 식초(아세트산)로 질세척, 과산화수소로 질세척

3. ㉠ 유착태반(placenta accreta) : 융모가 자궁근층에 유착된 것
㉡ 자궁내번증 : 자궁이 뒤집혀 자궁바닥이 자궁강으로 내려온 것
㉢ 베타-2 작용제(beta2-agonist)로 자궁근을 이완시켜서 정상위치로 복귀시킨다.

> **터부탈린(Terbutaline)**
> 베타-2 작용제(beta2-agonist)로, 천식 발작이나 만성폐쇄성 폐질환에서 보이는 기도 주변에 분포하는 베타-2라는 수용체에 작용하여 기관지를 확장시키는 역할을 하는 약물이다. 이러한 이유로 터부탈린은 주로 천식의 단기 치료에 사용된다.

㉣ 자궁복원 후 자궁을 수축하여 출혈(실혈)을 줄이기 위함, 지혈효과
자궁이 제 위치로 복귀된 뒤에 자궁이완제 투여를 중단하고, 자궁을 정상위치로 유지하면서 옥시토신과 같은 자궁수축제를 투여한다.

4. 1) ㉠ 후기 하강(만기 하강)
2) ㉡ 좌측위. 자궁의 대혈관 압박을 완화시켜, 자궁태반관류를 증가시킨다.
3) 태아 심박동 양상은 가변성 하강, 원인은 제대압박
제대압박 시에는 모체의 체위와 상관없이 태아의 말초혈관 저항이 증가하고 태아의 산소 분압 저하, 이산화탄소 분압 상승으로 미주신경을 자극하면 태아 심박동수 저하가 초래된다. 따라서 제대압박 시에 태아 심박동에 변이성 하강이 나타난다.

제2강 여성간호

1절 ◆ 월경장애

| 본문 p.468

1. ㉠ 희발월경
㉡ 빈발월경

희발월경	• 40일에서 몇 달에 한 번씩 • 뇌하수체종양 • 자궁내막증식증 • 스트레스나 과로 • 지나친 단식 or 운동 • 극단적 체중 감소
빈발월경	• 월경주기가 짧아져 정상적인 월경 예정일보다 빨리 출혈 • 무배란성 빈발주기증, 배란성 빈발주기증(황체기능부전증)

2. 1) 환자에게 월경전 증후군에 대한 설명과 정보를 제공한다.
　① 월경전 긴장에 대한 정보를 주어 자신의 문제를 이해하도록 돕는다.
　　• 월경전 증후군은 월경주기에 따른 일시적인 증상이며, 적절히 치료하면 극복할 수 있다는 믿음을 주고 확신을 갖게 한다.
　② 같은 문제를 경험하는 여성들의 모임에 참석하여 그들의 경험을 나누어 도움이 되는 방법들을 논의하게 한다.
2) 생활양식의 변화로 스트레스를 줄인다.
　① 적절하고 규칙적인 운동을 통해 기분을 좋게 함으로써 우울을 예방한다.
　　• 적절하고 규칙적인 운동은 엔돌핀 분비를 촉진하여 신경성 긴장, 특별히 월경전 긴장성 두통을 예방하는 데 도움이 된다.
　② 피로와 일상의 스트레스에서 벗어나도록 이완요법 등을 권한다. 미온수 목욕이나 샤워, 열패드 이용
　③ 충분한 휴식 및 숙면을 취하도록 하고 안정시킨다.
　　• 식이요법, 운동 등으로 증상을 완화시킨다.
3) 부종과 체중증가 예방관리
　① 저염식이, 풍부한 단백질 식이, 비타민 B 섭취, 녹황색 야채, 과일, 소량씩 잦은 식사
　② 부종이 심한 경우 이뇨제를 투여한다.
4) 적절한 식이요법으로 증상완화
　① 비타민 B 복합군을 섭취(특히 비타민 B_6 등의 섭취가 도움)
　　• 돼지고기, 곡식의 눈, 우유, 달걀노른자, 효소, 곡식의 열매, 콩류 등의 식품을 권장하고, 신선한 녹황색 야채나 과일 등의 섭취를 늘린다.
　② 설탕, 소금, 초콜릿, 카페인을 삼가고 비타민이 풍부한 음식을 섭취하도록 한다.
5) 중등도 이상의 증상에 대한 대증요법으로 비타민 B_6 복용 외에 부종치료를 위한 저염식 및 고단백식이와 이뇨제 투여 등이 있다.
6) 부종, 우울증, 불안 등의 증상을 호전시키기 위해 프로게스테론의 질정 삽입, 분말로 된 프로게스테론의 경구 투여 등이 있으나 아직 그 효과가 명백히 입증되지는 않았다.

7) 정서장애는 정신과적 치료를 받게 하거나 우울증이나 두통을 완화하기 위한 약물을 투여를 하며, 그 외에 경구피임약, 다나졸, GnRH analogue 등의 호르몬 요법이 실시되고 있다.

8) 두통, 근육통에 소염진통제로 증상을 완화시킨다.

3. ❺
월경전 증후군 간호
① 해결할 수 있는 문제임을 인식시킴(월경일지를 작성하여 증상 관리)
② 스트레스 감소, 적절한 운동, 충분한 수면
   → 엔돌핀 분비를 촉진하여 신경성 긴장, 특별히 월경전 긴장성 두통을 예방
③ 식이요법(저염, 단백질, 비타민B 공급) → 부종 감소
   • 비타민 B 복합군을 섭취하도록 돼지고기, 곡식의 눈, 우유, 달걀노른자, 효소, 곡식의 열매, 콩류 등의 식품을 권장하고, 신선한 녹황색 야채나 과일 등의 섭취를 늘린다.
④ 심할 경우 대증요법 실시 : 비타민 B_6 복용, 이뇨제(갑자기 끊지 않도록) 등 투여
⑤ 정서장애 시 정신과 치료 및 약물 투여(경구피임약, 다나졸 등)

4. 1) ㉠ 체액 축적 현상의 원인 기전
   • 체액저류설(수분축적 증후군) : 황체기에 프로게스테론의 나트륨(Na^+) 배설 증가작용과 에스트로겐의 레닌 분비 증가작용에 의해 레닌, 앤지오텐신, 알도스테론이 증가함에 따라 염분과 수분이 조직 내에 축적되어 부종이나 체중증가를 야기한다는 설이다.
   2) ㉡ 불안하고 예민해지면서 주의 집중이 잘 안되는데
   • 내재성 엔돌핀설(불안증후군) : 뇌하수체문맥계에서 분비되는 아편제제 펩타이드의 혈중농도가 월경주기에 따라 주기적으로 변화한다는 설이다. 혈중 아편제제 펩타이드는 일종의 신경전달물질로서 내분비, 정서 및 행동의 생리현상에 중요한 역할을 한다.

   그 외 원인
   • **내분비설** : 황체기에 에스트로겐의 상대적 과잉분비와 프로게스테론의 상대적 결핍으로 호르몬불균형이 야기되어 황체기에 프로락틴 분비가 증가하면 유방의 팽대와 압통을 일으킨다. 또한 난포기는 황체기보다 인슐린수용체가 배로 증가되어 탄수화물 내성이 증가하여 단 음식을 찾는 증상이 나타난다.
   • **영양소 결핍설** : 비타민 B_6와 마그네슘의 부족 때문에 발생한다는 학설

5. ❹
원발성 월경통은 자궁내막에서 분비되는 프로스타글란딘이라는 물질이 과다하게 분비되거나 자궁이 이물질에 대해 예민한 반응을 일으켜 생기게 된다. 프로스타글란딘 수치는 월경 시작 2일째에 가장 높으며, 이 시기에 월경통도 가장 심하다. 이로 인해 자궁벽의 작은 혈관들이 수축하면서 자궁수축을 증가시키게 된다. 초경이 있고 나서 몇 년 내에 이런 상태가 시작되는 경우가 흔하다.

6. 1) 프로스타글란딘의 과도한 합성 : 월경주기 중 분비기에 자궁내막에 프로스타글란딘이 많아짐
   • 프로스타글란딘의 과도한 방출 → 자궁동맥의 혈관(동맥)경련 → 허혈로 월경통
   • 프로스타글란딘의 과도한 방출 → 자궁근층의 수축의 빈도와 강도 증가 → 월경통
   2) 자궁협부 긴장도 증가 : 월경혈 유출 장애
   3) 자궁내막 동맥 경련 : 자궁근 경련
   4) 정신적 인자 : 불안증, 신경질적 소질

7. ❸

월경곤란증

식사의 개선과 적당한 운동을 권장하며 증상에 따른 대증요법을 적용한다. 진통제나 진정제를 월경시작 전일과 월경일에 투여할 수도 있다. 안정과 국소 온열요법을 병행하면 좋은 효과가 있다. 내분비제제로 에스트로겐을 사용할 수 있으나 장기간 투여 시 출혈성 증가, 오심, 구토가 동반된다. 복합경구 피임제는 약 3~4개월간 사용하여 증상의 호전이 없으면 프로스타글란딘 합성억제제로 대체한다. 속발성 월경곤란증은 원인질환에 따라 치료한다.

• 열요법은 통증 부위에 혈류를 증가시킨다.
• 복부 마사지로 2차적인 자극을 주어 통증의 역치를 증가시킨다.

8. ❹

ㄱ. 비선택적 NSAIDs는 cyclooxygenase-1(COX-1)와 cyclooxygenase-2(COX-2)의 2가지 효소를 억제함으로써 프로스타글란딘의 합성을 저해한다. ibuprofen, ketoprofen, Naproxen 등은 비선택적 NSAIDs 약물이다. 선택적 NSAIDs는 COX-2에 의해 생산되는 프로스타글란딘을 차단하여 통증과 염증을 완화한다.
ㄷ. 자궁내막증으로 인한 골반 내 울혈의 결과로 원발성 월경통이 나타남을 설명한다.
    → 자궁근종과 자궁내막 용종, 자궁내막증, 자궁선근증 등은 속발성 월경곤란증
ㄹ. 경구 피임약은 자궁의 위축성 탈락과 관련된 프로스타글란딘(prostaglandin) 합성을 억제하는 데 기여한다.

2절◆ 유방검진

| 본문 p.472

1.

유방 자가 검진 시기	생리를 하는 여성	월경 직후나 월경주기 5~8일(7일 정도가 유방의 울혈이 가장 적은 시기)
	생리를 하지 않는 여성	매달 같은 날을 정해 놓고 시행(예를 들어 매월 첫날)
유방 시진 시 취해야 하는 자세	① 양팔을 내린 자세: 양팔을 옆구리에 붙이고 내린 채 상반신을 보면서 피부의 색변화 및 보조개처럼 들어간 부위 등을 살핀다.	
	② 양팔을 올린 자세: 양손에 깍지를 끼고 머리 뒤로 올리면서 팔꿈치를 거울 쪽으로 향하여 선다. 양쪽 유방의 모양을 살펴보기 - 부드러운 곡선이 유지되는지, 양쪽이 같은지/ 팔을 올리면 손상된 유방은 상승하지 않는다.	
	③ 양손을 허리에 놓은 자세: 양손을 양쪽 대퇴 관절 뒷부분에 대게 하고, 흉근이 수축되도록 가슴을 앞으로 강하게 압박하여 쑥 들어가고 퇴축한 곳을 관찰한다.	
	④ 허리 굽히고 양팔을 앞으로 뻗은 자세: 두 유방이 늘어지면서 생기는 변화 관찰. 흉근, 피하지방 밑 림프절, 종양 발견, 유방 모양 변화, 유방 크기, 대칭성을 관찰한다.	

  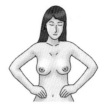

① 먼저 거울 앞에 서서 자신의 유방을 보며 유방의 모양을 관찰한다.

② 양손을 머리뒤쪽으로 올려 깍지 낀 자세를 취한 후 팔에 힘을 주고 피부의 함몰 여부를 관찰한다.

③ 양손을 허리에 짚고 어깨와 팔꿈치를 앞으로 내밀어 가슴조직에 힘을 주고 앞으로 숙여 유방에 변화가 있는지 확인한다.

2.
1) A. 유방의 상외측 사분원에서 가장 호발. 유방암은 유관과 소엽에서 발생한다. 유방조직 중 소엽을 포함한 샘조직과 관조직 등은 상부외측에 가장 많이 위치하고 있기 때문이다.
2) ○ 유방촬영술
3) ○ 타목시펜은 암세포의 에스트로겐 수용체 부위를 차단(에스트로겐이 종양증식)하여 종양의 성장을 억제한다.

3절. 폐경과 노화

| 본문 p.474

1.
1) 폐경기 이후 골다공증의 원인
   ① 칼슘 결핍 : 섭취 부족, 칼슘 흡수를 방해하는 질환, 부적당한 비타민 D 섭취, 약물 복용
   ② 운동 부족
   ③ 성별 차이 : 호르몬에 따라 뼈의 힘에 미치는 영향이 다르다.
2) 예방법
   ① 의사의 진단 후 estrogen 투여 : 자궁암 발생에 주의
   ② 규칙적 운동
   ③ 매일 적당량의 칼슘섭취와 비타민 D 섭취
   ④ 칼슘의 흡수를 방해하는 음료 피함
   ⑤ 통증완화와 골절예방

2.
1) 에스트로겐 분비의 감소로 질의 점막이 얇고(위축, 쇠퇴) 건조하며 약해져서 감염되기 쉬운 상태가 된다.
2) 에스트로겐 분비의 감소로 질점막의 혈액공급 감소로 치유력 및 회복력 감소
3) 에스트로겐 분비의 감소로 질점액 분비의 감소를 가져오고 pH가 높아지면서 균 저항력이 감소하여 감염가능성 증가

3. ❺
- 질염 : 얇아진 질 벽으로 글리코겐의 분비가 적어지고 되덜라인막대균의 수가 감소하여 질의 살균 작용을 저하한다.
- 관절손상 : 연골세포의 감소가 증가하고 분해도 증가하여 연골세포의 증식과 분해의 불균형이 일어난다.
- 관상동맥 질환 : 고밀도 지단백 콜레스테롤의 저하와 저밀도 지단백 콜레스테롤이 증가한다.
- 골밀도 저하 : 장 내의 칼슘 흡수 감소로 혈중 칼슘 농도가 저하되어 뼈에서 칼슘이 유출된다.
- 홍조 : 자율신경계의 불안정으로 인한 모세혈관 수축과 이완의 장애가 일어난다.

4절 생식기 질환

| 본문 p.475

1. ❷
모닐리아 감염은 Candida albicans라는 곰팡이균에 의해 감염되며, 분만 전에 치료받지 않으면 산도를 통해 감염되어 신생아에게 아구창(thrush)을 발생시킨다.

2. ❷
ㄱ. 계란 흰자위 같은 점액 농성 질분비물 : 세균성 질염
ㄴ. 우유 찌꺼기 같은 백색 질분비물 : 칸디다성 질염
ㄷ. 거품이 있는 녹황색의 화농성 질분비물 : 트리코모나스 질염

트리코모나스 질염	• 원충류에 의한 감염 • 녹황색의 기포가 많은 다량의 악취 나는 분비물 • metronidazole(메트로니다졸 : 원충감염치료제) : 조기진통 유발 가능으로 임신 3개월까지 금지
칸디다성 질염	• 원인균은 칸디다 알비칸스 • 분만 시 감염된 모체의 산도로부터 신생아에게 전파 : 아구창이 발생 • 백색의 짙고 크림 타입의 냉대하증 • 항진균성 약물 mycostatin • 헐렁한 내의 및 속옷으로 습도조절
세균성 질염	• 원인균은 그람음성 간균 • 질 내에 혐기성 세균의 과도한 성장과 유산 간균의 감소로 정상 질세균총의 파괴로 야기 • 분비물은 생선 비린내 같은 악취 • metronidazol 광범위 항생제 사용 : 장기간 사용하면 질 내 세균을 낮추어 모닐리아성 감염의 가능성이 증가

3. ❷
골반 내 염증성 질환의 원인균은 임균과 클라미디아균이 가장 흔하다.
① PID는 난관(난관염), 자궁(자궁내막염) 그리고 드물지만 난소와 복막강에 주로 침범하는 감염과정이다.
③ 급성기에 침상안정과 적절한 수액공급 및 통증완화를 위한 진통제 투여와 처방된 약물(광범위 항생제의 병용)을 복용하도록 한다. 염증부위에 열(heat)을 가해 대상자의 평안을 돕고 염증회복을 빠르게 해 준다. 따뜻한 좌욕은 통증완화와 안위 및 치유를 증진한다.
④ 반좌위는 자궁강의 점액농성물의 배설을 촉진한다.

4. ❸

선천성 풍진 증후군(congenital rubella syndrome)

- 임신 초기에 감염되면 태아의 90%에서 증후군 발생
- 선천성 기형유발: 자궁 내 사망이나 유산, 또는 저체중아의 출산, 심장 기형, 뇌성마비, 청력 장애, 백내장, 소안증이나 녹내장, 뇌수막염, 지능저하, 간비종대 등이 주요한 임상증상이다. 또한, 인슐린의존형 당뇨병의 합병률이 높다.

5.

1) 임신 시 임균 감염으로 인한 합병증으로 융모양막염, 조산, 조기파막, 자궁 내 성장지연 등의 발생률이 증가된다. 감염된 상태에서 분만을 한다면 심한 산욕기 감염을 일으킨다.
2) 신생아의 30~35%는 산도를 통해 감염되며, 가장 흔한 것은 안구 감염이지만 비인강, 질, 항문, 귀 등에도 감염된다.
3) 전신적인 임질은 관절염, 심내막염, 심장근염, 뇌막염으로 나타나기도 한다.
4) 신생아가 모체의 산도에서 임균에 접촉되면 결막염이 초래되므로 신생아의 눈에 1%질산은 한두 방울 점적 주입함으로써 결막염을 예방할 수 있다.

6. ❷

매독

원인균은 스피로헤타균인 트레포네마 팔리둠(Treponema pallidum)/성교전파/1기 매독: 경성하감(무통성구진, 난형궤양, 대음순)과 임파선종창(여성보다 남성에서 호발, 질보다 외음부에 흔히 발생)

7. ❺

① 임질진단법
② 연성하감 진단법
③ 서혜부 육아종 진단법
④ 성병성 림프육아종 진단법

성전파성 질환의 진단 방법

- **매독**: 암시야 현미경으로 환부에서 살아 있는 매독균을 확인하거나 검체를 슬라이드에 고정 후 매독균의 항체가 붙어 있는 형광체를 이용하여 관찰한다. 혈청학적 진단법으로는 선별검사 시 비매독항원검사법(VDRL, RPR)을 사용하고, 매독항원시험법(TPHA, FTA-ABS)을 이용하여 확진한다. 3기 매독 시에는 뇌척수액 검사로 확진한다.
- **임질**: 병력과 증상을 물어 보고 요도구, 직장, 자궁경부, 바르톨린샘에서 검사물을 채취하여 직접 도말 및 현미경 검사 혹은 TM 배지에서 배양검사를 한다.
- **연성하감**: 원인균인 듀크레이 간균은 궤양의 기저에서 발견된다. 궤양의 삼출물을 배양하여 도말표본검사로 듀크레이 간균을 발견함을 진단한다.
- **서혜육아종**: 서혜육아종의 진단은 현미경적으로 도노반소체를 발견함과 동시에 과립상 서혜부위병소의 특징적 소견으로 진단할 수 있다. 도말검사로 병소의 60~80%가 진단되고, 100%에서 급성과 아급성 시기에 Wright와 Giemsa 방법으로 조직을 염색하여 진단할 수 있다. Frei 검사가 양성으로 나타나면 림프육아종이다.
- **성병성 림프육아종**: 림프육아종의 원인은 여과성 바이러스이며 진단은 Frei 검사로 할 수 있다. 이 검사는 임파선 종창의 농을 무균적으로 또는 바이러스에 감염된 쥐의 뇌로부터 추출한 항원을 주사한 후 양성 피부반응을 보는 것이다.

8. ❷

주산기에 콘딜로마에 노출된 신생아는 후두유두종으로 발전되며, 대부분 2~4세에 발견된다. 초기 증상은 목쉰소리와 위막성 후두염에 의한 기침이다.
폐렴은 클라미디아 감염 시 발생한다.

9. ❺

① 만성적으로 진행된다고 해도 만성 질분비물, 가려움증 또는 성교통 정도의 증상만이 발생된다.

② 재발률이 높기 때문에 보통 사마귀 조직이 보이지 않는다 할지라도 바이러스가 근절되었다고 결론 내릴 수 없다.

③ 임신 1기에서 3기까지 발생률이 증가하면서 비임부에서보다 임부에서 더 자주 발생하며, 임신기간 동안 병변의 상당 부분은 일반적으로 커져 있으므로 때로 질분만을 방해하기도 한다. 분만 후에는 병소가 작아진다. 분만 중 신생아에게 감염될 수 있으며, 노출된 영아는 2~4세에 후두유두종증으로 발전되면서 쉰목소리와 위막성 후두염, 기침이 나타난다.

④ 매독 2기에서 편평콘딜로마가 나타나는데, 첨형콘딜로마는 반돔형으로 부드럽고 빨간색이며 움푹 들어간 중앙에는 하얀 구진이 보인다. 매독 2기의 편평콘딜로마는 첨형콘딜로마보다 넓은 병변을 보이며, 매독혈청검사를 통해 2기 매독을 확인한다.

첨형 콘딜로마(=인유두종 바이러스 감염)
Human papilloma virus(HPV)가 원인이며, 피부 부위에 있는 콘딜로마가 성교로 감염된다. 증상은 넓은 부위에 나타나며, 양배추 같은 덩어리가 있거나 작고 단순하기도 하고 넓게 분산되기도 한다. 콘딜로마는 보통 다발성이며 외음, 질, 경관, 항문 등에서 발견되며, 발생부위에 따라 성교통, 외음부 소양증이 있고, 배변 시 통증과 출혈이 나타난다.

10. ❹

(가) 증상은 점액성 농성 대하, 성교 후 출혈, 하복부 통증으로 임질과 비슷

(나) 감염된 임부의 질분만 신생아의 60~70%가 산도를 통한 수직감염, 신생아는 결막염과 폐렴 증상

(다) 임신 시 클라미디아는 급성요도증후군, 바톨린샘염, 자궁경부염, 난관염, 골반염증성질환, 관절염, 결막염 유발 → 불임증과 자궁외 임신의 빈도를 증가시킴

(라) 전파방지를 위해 항생제(erythromycin 또는 amoxicillin)를 투여

11. ❹

12. ㉠ 점막하   ㉡ 석회화

13. ㉠ 자궁근종은 에스트로겐 의존성 양성종양으로, 에스트로겐에 의존하여 성장한다. 그러므로 폐경기 이후 에스트로겐의 분비저하로 근종의 크기가 감소한다.

㉡ 월경과다(월경기간이 지연되어 있고, 실혈량이 많은 경우임) : 부정과다출혈

월경과다 증상
① 이물촉지 : 하복부에서 덩어리가 촉지 또는 하복부 팽만감
② 이상 자궁출혈 : 월경과다, 부정자궁출혈, 부정과다출혈, 특히 점막하근종의 부정과다 출혈
③ 만성 골반통 : 하복부중압감, 월경곤란증 및 성교통

④ 압박감
  ㉠ 방광 압박 시 빈뇨, 배뇨곤란
  ㉡ 직장 압박 시 약간의 변비증상, 배변통
  ㉢ 하대정맥, 장골정맥 압박 시 하지의 부종과 정맥류
  ㉣ 신경 간 압박 시 등이나 하지로 퍼지는 통증
⑤ 기타 월경과다로 혈색소가 15 ~ 20% 정도 감소되어 빈혈 초래

ⓒ 점막하 근종

자궁근종의 종류

발생 위치에 따라 점막하 근종, 근층내 근종, 장막하 근종으로 나뉜다.

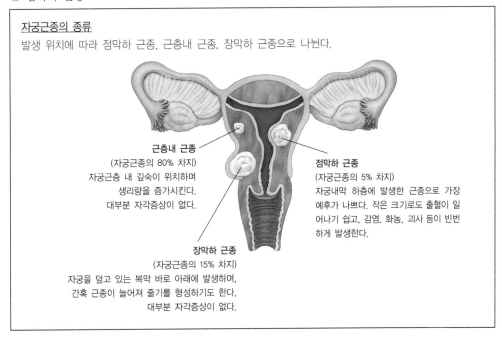

근층내 근종
(자궁근종의 80% 차지)
자궁근층 내 깊숙이 위치하며
생리량을 증가시킨다.
대부분 자각증상이 없다.

점막하 근종
(자궁근종의 5% 차지)
자궁내막 하층에 발생한 근종으로 가장
예후가 나쁘다. 작은 크기로도 출혈이 일
어나기 쉽고, 감염, 화농, 괴사 등이 빈번
하게 발생한다.

장막하 근종
(자궁근종의 15% 차지)
자궁을 덮고 있는 복막 바로 아래에 발생하며,
간혹 근종이 늘어져 줄기를 형성하기도 한다.
대부분 자각증상이 없다.

이차성 변성

① 초자화 : 2차 변성 중 가장 흔하며 근종 자체의 혈액공급장애로 발생된다. 절개된 단면은 근종의 소용돌이 형태 없이 조직이 균일하게 보인다.

② 낭포화 : 초자성 변성이 액화하여 투명액 또는 젤라틴 같은 물질이 들어 있는 낭포를 형성하는 것이다.

③ 석회화 : 근종이 혈액순환장애로 허혈성 괴사가 형성된 후 인산칼슘, 탄산칼슘 등이 근종이 침착하여 돌처럼 단단하게 변화되는 것이다.

④ 감염과 화농 : 근종이 자궁강 내로 돌출하면서 자궁내막이 얇아지거나 육경이 꼬여 괴사된 조직에 연쇄상구균 등이 화농성 병변을 일으킨다. 점막하 근종에서 가장 많이 발생된다.

⑤ 괴사 : 근종에 혈액공급장애, 심한 감염 또는 육경성 근종의 염전으로 발생하며, 근종의 내부에서부터 검붉은 출혈성 색채를 띤다.

⑥ 지방화 : 진행된 초자화 변성에서 발생될 수 있으나 매우 드물다.

⑦ 육종화 : 근종이 갑자기 커지거나 특히 자궁근종을 가지고 있던 여성이 폐경기 이후에 자궁출혈을 동반하면 육종성 병변을 의심한다. 자궁근종의 육종성 변성은 아주 드물다.

14. ㉠ 자궁경부세포진 검사(cytology), 파파니콜로 도말검사(Papanicolaou smear test, Pap smear)
  ㉡ 편평원주상피세포 접합부

| 본문 p.482

1. ❸

자연피임법은 월경주기법, 기초체온법, 자궁경관 점액관찰이 포함된다. 오기노씨법은 월경주기법이다.

2. ❺

경구피임약의 기전

- 에스트로겐과 프로게스테론 복합체 또는 프로게스테론 단독 사용
- 체내 호르몬조절로 FSH와 LH호르몬 분비를 억제시켜 배란 억제함
  - 경구피임약을 복용하여 에스트로겐과 프로게스테론이 증가되면 시상하부와 뇌하수체 활동이 억제되고, 난포자극호르몬과 황체화호르몬의 분비가 감소되어 배란이 억제
- 난관기능방해, 자궁내막, 경관점액의 변화로 착상을 방해하는 등 피임효과
  - 자궁경관의 점성이 증가하고 자궁내막의 증식이 억제되어 임신 예방

3. ❺

월경이 있으면서부터 배란이 일어나기 전까지 체온이 약 98°F 이하로 평균 97.7°F의 저온상태를 유지하다가 배란기 무렵 약 0.3℃ 정도 급하강하였다가 약 3일이 지나면 98°F 이상으로 상승(고온기)하여 다음 월경 전까지 유지한다. 즉, 배란기를 중심으로 체온이 0.2~0.5℃(0.4~1.0°F) 상승한다. 따라서 낮은 체온에서 높은 체온으로 이행되는 기간에 배란이 일어나게 되는데 그 이유는 배란이 되면 난포가 황체로 변화되어 황체호르몬이 분비되며, 황체호르몬인 프로게스테론의 체온 상승작용으로 체온이 높아진다. 따라서 체온이 높아진다는 것은 배란이 끝났음을 의미한다.

▍ 일반적인 기초체온 그래프

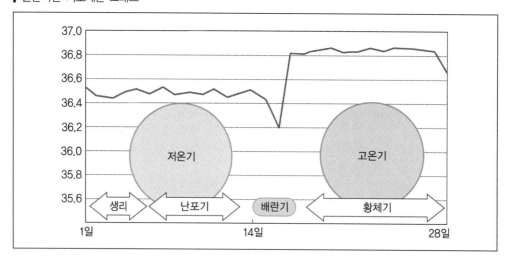

4. ㉠ 경구피임약
   ㉡ 자궁내 장치
- 경구피임약의 금기증 : 혈전색전증, 고혈압, 뇌혈관 질환, 심혈관 질환, 간기능장애, 유방암, 자궁내막암, 자궁경부암, 자궁근종, 수유부 등
- 자궁내 장치 금기증 : PID(자주 재발), 성병, 자궁외 임신력, 질출혈 등

5. **1) ㉠에 응급 피임약의 피임 원리 2가지**

단기간에 강력하고 폭발적인 호르몬의 노출에 의해 ① 배란억제 ② 자궁내막의 착상방지

- 고용량 프로게스테론을 집중 투여해 <u>수정란이 자궁내막에 착상하는 것을 막아 임신을 방지</u>한다. 레보노르게스트렐이라는 여성호르몬이 주성분이다. 고용량을 한 번에 복용해 자궁내막의 형성을 막는다. 내막은 수정란이 착상했을 때 태아에 영양공급을 하는 일종의 '밭'이다. 고함량의 여성호르몬이 수정란의 착상을 방해하는 식으로 임신을 막는다. 반복 복용하면 월경주기가 불규칙해져 월경을 아예 안 하거나 반대로 자주 하기도 한다. 또 이 상태가 반복되면 자궁내막에 문제가 생겨 자궁내막암에 걸릴 위험이 커질 수 있다.

- 성관계 후에 응급하게 <u>호르몬 변화를 일으키게 해서 배란 억제를 시도</u>하는 것이기 때문에 적절한 타이밍이 아니면 피임효과가 없을 수도 있다. 이미 배란이 되었거나 정자가 오래 사는 경우는 임신이 가능하다.

28일 월경주기 전체 구간 중에서 72시간용 응급피임약을 먹어서 피임효과를 볼 수 있는 기간은 5일간(월경주기 8~12일차). 11,12일차에 복용하면 피임효과는 좀 더 낮아진다.

2) ㉡의 이유

수정란은 수정 후 72시간 이내에 자궁에 착상한다. 즉, 이를 막으려면 적어도 의심되는 성관계 뒤 72시간 안에 약을 복용해야 한다. 일찍 먹을수록 성공확률도 높다. 24시간 안에 먹었다면 95%, 48시간 이내는 85%, 72시간 이내에는 58%로 점점 낮아진다.

3) ㉢을 일으키는 피임약의 성분 : 프로게스테론

사후피임약은 워낙 고용량이라 일반 경구피임약 20알을 한꺼번에 먹는 것과 같다. 일반 피임약에는 프로게스테론 역할을 하는 레보노르게스트렐(Levonorgestrel), 게스토덴(Gestodene), 데소게스트렐(Desogestrel) 중 하나가 0.075~0.15㎎ 들어 있지만 사후피임약엔 레보노르게스트렐이 피임약의 10~20배인 1.5㎎이나 함유돼 있다. 그야말로 '호르몬 폭탄'을 몸에 던지는 셈이다. 사후피임약은 여성에게 출산만큼 큰 충격을 주는 만큼 주의해서 사용해야 한다. 한 월경주기 안에는 2회 복용하는 것도 안 되는데, 이를 피임약처럼 자주 사용하면 두통·오심·자궁출혈·생리불순 등 부작용을 피하기 어렵다.

6. **1) 확인 방법과 양상**

① 견사성

㉠ 확인방법 : 경부 점액을 두 손가락에 묻혀 늘려본다.

㉡ 양상 : 늘려도 길어지며 끊어지지 않는 탄력이 있다.

② 양치엽상

㉠ 확인방법 : 경부 점액을 슬라이드에 묻혀 현미경으로 확인한다.

㉡ 양상 : 양치모양(고사리모양)의 결정체가 보인다.

2) 복합 경구 피임약 성분이 ㉢ 난소에서 배란을 억제시키는 기전 2가지

① 시상하부와 뇌하수체의 활동을 억제하여 난포자극호르몬(FSH)의 분비를 불충분하게 하여 <u>난포성숙을 방해</u>한다.

② 시상하부와 뇌하수체의 활동을 억제하여 황체화호르몬(LH)의 분비를 불충분하게 하여 <u>배란을 억제</u>한다.

7. ㉠ 자궁내 장치(intra-uterine device, IUD)

㉡ 프로게스테론(progesterone)

8. **❺**

⑤ Copper IUD(구리 자궁내 기구)

　ⓐ **원리 및 효과** : Copper IUD는 복합경구피임약이나 minipill에 비하여 훨씬 효과적으로 임신을 예방할 수 있어서 99% 이상의 피임효과를 나타낸다고 한다. 임신은 배란 후 6일, 즉 피임의 의미가 있으며 그 후 착상된 이후를 임신이라고 하며 '유산'의 의미가 성립된다. 즉 착상을 방지하는 것이 피임이다.

　ⓑ **삽입시기** : 성교 후 5일 이내에 또는 배란 예정일로부터 5일 이내에 Copper IUD를 자궁 내에 삽입한다. Copper IUD는 일시적인 응급 피임효과 이외에 지속적인 피임효과를 얻을 수 있다.

　ⓒ **적응증** : 성교 후 72시간이 경과하였으나 5일은 되지 않았을 때, 응급 피임 후에도 계속해서 피임을 오랫동안 원할 때, 응급 복합 피임약 사용의 절대적 금기증이 있을 때, 응급복합피임제를 2회 복용하는 동안 어느 한 번이라도 2시간 내에 토하였고 임신가능성이 높을 때이다.

　ⓓ **주의점** : 임신의 경험이 없는 여성은 부적합하다. 생식기의 감염이 있는 경우에는 항생제를 투여하면서 선별적으로 사용할 수 있다. 삽입 후에는 통증, 출혈, 감염이 생길 수 있다. 계속 피임을 원하지 않는 경우에는 다음 월경이 정상적으로 나오면 제거해 준다.

① **질세척** : 물 또는 식초산을 혼합하여 성교 후 질을 세척하는 방법

② **살정제**

　ⓐ **원리** : 사정된 정자를 경관으로 들어가기 전에 죽이거나 난자에 도달하지 못하도록 하는 약으로 거품, 크림, 정제, 좌약, 얇은 막 등이 있다. 살정제는 성관계 5~10분 전에 질 안에 깊이 넣는다.

　ⓑ **장점** : 질윤활작용을 증가시키고, 성관계를 방해 받지 않으려면 한 시간 전에 삽입한다. 살정제를 사용한, 겨우 성교 후 6시간 이내의 질 세척은 하지 않는다.

③ **경구용 피임약** : 황체에서 나오는 황체호르몬이 뇌하수체에 작용해서 원시난포를 발육시키는 호르몬의 분비를 억제하기 때문에 배란이 안 되어 임신이 되지 않는다는 원리이다.

　사용법 : 먹는 피임약은 보통의 경우 3주간 매일 복용하고 1주간은 쉬는 방법을 반복하는데 처음에는 월경 5일째, 유산이나 분만 후에는 그날부터 5~7일 되는 날부터 매일 한 알씩 일정한 시간에 먹어야 한다. 가능하면 저녁 먹은 직후 또는 취침시간 전에 먹는 것이 좋으며, 21~22정을 모두 먹고 난 후 7일간은 쉰다.

④ **응급복합피임약** : 여성호르몬인 ethinyl estradiol과 황체호르몬인 norgestrel의 복합제를 성교 후 72시간 내에 1회 복용하고, 그 후 12시간 후 다시 1회 복용하게 하는 방법이다.

9. 1) ㉠ 기간

　불임기간이 1년 또는 그 이상임

2) ㉡ 어깨 통증 발생 이유

　이는 방사선과에서 검사의 위양성(안 막혔는데 막힌 것으로 판독하는 경우)을 줄이기 위해 높은 압력을 사용하기 때문이라고 알려져 있다. (조영술 주입으로 인한 방사통이 어깨로 올 수 있다.) 통증을 줄이기 위해 검사하기 전, 경구약을 먹거나 주사를 맞으면 자궁 경련으로 인한 통증을 약간 줄일 수 있다.

3) 배란기 자궁경부 점액 정상 양상 3가지

　• 첫째, 에스트로겐 증가로 <u>점액(맑고 깨끗한 점액)의 양이 증가</u>한다.

　• 둘째, 에스트로겐 증가로 <u>견사성(늘여도 끊어지지 않을 정도의 탄력 있는 견사성)이 증가</u>한다. 이는 경관점액이 잘 늘어나는 정도를 나타내는 것이다.

　• 셋째, 에스트로겐 증가로 점액이 투명해지고 양치엽모양(현미경 관찰하면 결정체는 분지 혹은 양치모양)을 나타내며 <u>점성도는 감소</u>된다. 이러한 변화로 정자이동을 증가시키게 되어 임신이 되도록 한다. 정자가 이 점액을 타고 자궁으로 올라가게 된다.

4) 배란 후에는 양이 차츰 감소되고 특성도 흰빛을 띠며, 끈적끈적해지다가 배란 14일 후에 월경이 시작된다.

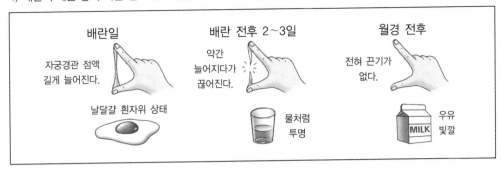

6절· 성교육

| 본문 p.488

1. 1) 교육의 평가요소＝보건교육 평가과정 [5점]
　① 교육요구사정 평가
　② 교육목적설정 평가
　③ 교육계획 평가
　④ 교육수행 평가
　⑤ 교육결과 평가

2) 교육에 임하는 교사의 자세 : 3가지 이상 [3점]
　① 자연스러운 자세와 태도로서 성문제를 다루어야 한다.
　② 지식과 태도와 방법을 가르쳐 주는 것인 만큼 분명히 한계를 제시해 주는 일을 잊어서는 안 된다.
　③ 인간평등을 전제로 하는 것이 바람직하다.
　④ 개인차가 있음을 강조한다.
　⑤ 성문제에 대하여 도학자연하는 자세나 태도는 결코 바람직하지 못하다.
　⑥ 대상자의 발달단계를 고려한다.
　⑦ 아동의 사소한 질문에도 핀잔을 주거나 힐책하지 말고 진지한 자세로 임한다.
　⑧ 불필요한 성적 호기심을 유발시키지 않도록 언행에 유의한다.

2. (1) ㉠ 독성쇼크증후군(Toxic Shock Syndrome)
탐폰 사용으로 나타나는 희귀한 박테리아성 질병이다. 독성쇼크증후군을 일으키는 박테리아는 이미 몸속에 있다. 하지만 탐폰의 섬유 때문에 이 박테리아가 더욱더 빨리 번식하게 한다. 독성쇼크증후군의 증상은 독감과 비슷해 알아채기 힘들 수 있다.

(2) 독성쇼크증후군 예방을 위한 탐폰 사용 시 유의사항
독성쇼크증후군을 예방하기 위해서는 다음이 필요하다.
　• 탐폰을 자주 갈아준다(4～8시간마다). 탐폰을 8시간 넘게 착용하고 있지 않은가?
　• 필요보다 흡수성이 큰 탐폰을 피한다. 흡수성이 적을수록 위험도 작다.
　• 순면으로 만들어진 탐폰을 이용한다. 합성섬유인 레이온으로 만든 것보다 위험이 작다.

- 가능할 때마다 탐폰 대신 면으로 만든 생리대를 사용한다.
- 독성쇼크증후군의 증상에 대해 알고 있다.
- 탐폰의 어플리케이터에 수용성의 윤활제를 바른다(지용성 안 됨).
- 생리하지 않을 때 질 분비물을 처리하기 위해 탐폰은 사용하지 않는다.
- 탐폰을 깨끗하고 건조한 곳에 보관한다.
- 탐폰을 넣기 전과 후, 탐폰을 빼내고 난 후에는 손을 비누로 깨끗이 씻는다.
- 탐폰이 자극을 주거나 빼내기가 힘들면 흡수성이 낮은 탐폰으로 바꾼다.

3-1. 성폭력이란 여성은 물론 남성까지 포함된 개인의 자유로운 성적 결정권을 침해하는 범죄로 강간뿐만 아니라 추행, 성희롱 등 모든 신체적·언어적·정신적 폭력을 포괄하는 광범위한 개념이다. 강간, 윤간, 강도강간뿐만 아니라 성추행, 성희롱, 성기 노출, 음란전화, 음란통신, 인신매매, 강제매춘, 아내강간, 음란물(포르노·만화·컴퓨터 CD 등)을 제작, 판매 등 상대방의 의사에 반(反)하여 가하는 모든 신체적·언어적·정신적 폭력을 포괄한다. 이때 '상대방의 의사에 반한다.' 함은 원치 않거나 거부하는 행위를 상대방에게 계속 하거나 강요한다는 말이다. 따라서 상대방으로 하여금 성폭력에 대한 막연한 불안감이나 공포감을 조성할 뿐만 아니라 그것으로 인한 행동의 제약을 유발시키는 것도 간접적인 성폭력이라 할 수 있다. 따라서 성폭력인지 아닌지 구분하기 어려운 때는 피해자의 입장에서 동의 없이 강제로 성적인 행위가 이루어졌는지를 따져보아야 한다.

▌성폭력의 유형

분류	유형
강간	• 가해자가 자신의 성기를 피해자의 생식기에 강제로 삽입하는 행위 • 처녀막의 손상이나 사정의 흔적이 없더라도 가해자의 성기가 소음순까지 닿는 경우도 강간으로 취급한다. 아내강간, 구강성교, 항문성교, 다른 물질을 성기에 삽입하는 행위를 모두 포함한다.
성추행	성욕의 자극, 흥분 또는 만족을 목적으로 상대방에게 성적 수치감이나 혐오감을 느끼게 하는 모든 행위를 말한다. 성추행은 성희롱보다 더 심한 정도를 말한다. 성교는 하지 않고 가슴, 엉덩이, 성기부위를 접촉하거나 문지르기, 키스, 음란한 행위, 피해자나 가해자의 성기를 노출시키는 행위를 포함한다.
성희롱	상대방의 몸을 힐끔힐끔 쳐다보는 것에서부터, 분명히 원하지 않는다는 것을 알면서 상대방의 동의 없이 몸을 만지거나, 성과 관련된 야한 농담을 하면서 강제로 끌어안거나 키스하는 행위 등	• 육체적 행위 - 원치 않는 육체적 접촉을 행하는 행위 - 입맞춤, 포옹, 뒤에서 껴안기, 가슴·엉덩이 등 특정 신체 부위를 만지는 행위, 안마나 애무를 강요하는 행위 • 언어적 행위 - 언어로 상대방에게 불쾌감이나 수치감을 주는 행위 - 음란한 농담, 음담패설, 외모에 대한 성적인 비유나 평가, 음란전화, 성적 관계를 강요하거나 회유, 회식자리에서 술을 따르게 하는 행위 • 시각적 행위 - 혐오감이 드는 시각적 자극을 전달하는 행위 - 외설적 사진 그림, 낙서, 음란출판물을 게시하거나 보여줌, 직접 또는 팩스나 컴퓨터로 음란한 편지·사진 그림을 보내는 행위, 성과 관련된 특정 신체 부위를 고의로 노출하거나 만지는 행위

3-2.

1단계	① 명칭	혼란기(response to trauma), 급성 혼란기(acute disorganization phase)
	② 특성	• 충격에 대한 반응과 관련된다 : 충격, 정신적 쇼크, 공포, 두려움, 의심, 불신 → 민감하지 않은 사람은 충격 후 즉시 증상을 경험하지만 그것이 오래 지속되지는 않는다. 소질을 가진 사람은 기저에 높은 수준의 불안을 가지고 있고, 충격에 대해 과대하게 반응하면 충격이 연이을 것이라는 것에 강박적으로 집착한다. 만약 증상이 4~6주간 지속되면 2단계에 들어간다. • 표현기 : 쇼크, 의심, 공포, 죄의식, 수치심, 분노 등의 감정을 보인다. → 충격, 부정, 불신과 같은 반응이 나타나고 수치심, 자기비하, 두려움, 분노, 복수하려 하고 자신을 비난하고 자신을 불결하다 느껴 증거가 없어지더라도 목욕과 세척을 원한다. • 조절기 : 감정을 숨기고 침착하게 보인다. → 마음속에 반복해서 피해 장면이 떠오르고, '했어야 했을 것'에 대해 생각하면서 근골격계 통증이나 긴장감, 한숨, 과호흡, 홍조 혹은 너무 덥거나 찬 느낌을 경험하기도 한다.
2단계	① 명칭	부정기(외부 적응기)
	② 특성	• 사건에 대해 말하기를 피하고 부정하는 시기 • 불안고조, 공포, 그 장면의 엄습, 수면장애, 각성상태, 심인성 반응 등이 나타난다. → 생존자는 위기 상황이 해결된 것으로 보여 직장, 가정으로 돌아가 아직 자신의 생각과 느낌을 부정하고 억압하고 있다. → 자신을 보호하기 위해 무기를 구입하거나 자신의 집에 경보장치를 설치한다.
3단계	① 명칭	재조정기(phase of reorganization)
	② 특성	• 사건을 전체적인 시각에서 조명한다. • 사람에 따라서는 완전히 회복하지 못하고 만성 스트레스성 질환이나 공포증(phobias)을 갖게 된다. → 생존자의 감정과 정서의 억압이 왜곡되기 시작하기 때문에 불안하고 우울하게 되며 자신의 통제력을 잃게 되고 두려움은 표면으로 나타나기 시작한다.

4.
1) 신체 회복
   ① 수일 동안 격렬한 운동이나 동작은 삼간다. 안정, 휴식, 충분한 수면, 피로는 피하고 가볍게 몸을 움직이는 정도로 한다.
   ② 고단백, 고칼로리, 고비타민의 영양섭취를 충분히 취하여 신체회복을 돕는다.
   ③ 월경이 8주까지(다음 월경은 약 4~6주 후) 나타나지 않으면 병원 검사를 받도록 한다. 또한 유방압통 및 입덧 같은 증상이 유산 후에도 계속된다면 병원에 방문토록 한다.
2) 2차 감염 예방
   ① 출혈과 복통은 유산 후 첫 2주 동안은 있을 수 있으나 출혈량이 월경 2일째보다 많으면 병원에 방문하도록 한다.
   ② 감염을 예방하기 위해 탐폰보다는 위생패드를 이용하여야 하고 질세척 등은 피해야 하며 적어도 성교는 첫 2주 동안은 피하도록 한다.
   ③ 발열이 있으면 병원에 방문토록 한다. 정상적인 외래검진은 2주 후 정도에 한다. 처방된 항생제 등을 복용한다.

5. ❶
성폭력 피해를 입었을 때
• 옷을 갈아입지 말고, 몸을 씻지 말고 여성인 경우는 산부인과, 남성인 경우는 비뇨기과로 속히 간다.
• 성폭력 피해자라는 사실을 알린다.
• 폭행당한 현장을 그대로 보존한다.
• 속옷이나 흉기, 머리카락, 사용한 휴지 등의 증거물을 수집하여 종이봉투에 넣어 경찰에 가져간다.

- 폭행당한 직후 약이나 술을 먹지 않는다.
- 주위의 목격자를 확보하거나 누군가에게 알려 법정 증인으로 부를 수 있게 한다.
- 병원에 가서 성병검사, 임신예방, 상처치유를 할 뿐 아니라 심리치료를 위한 정신과적 치료도 속히 이루어져야 한다.
- 발견된 혈액이나 정액은 범인 식별 및 유죄의 증거가 된다.
- 신고는 빠를수록 좋다.
  - 고소기간 : 범인을 알게 된 날로부터 1년/고소할 수 없는 불가항력의 사유가 없어진 날로부터 1년
- 성폭력 전문 상담기관에 연락하여 경찰에 신고, 전문병원의 진료, 지속적인 상담 등 모든 절차에 대한 도움을 받으면 좋다.

성폭력 예방을 위한 어린이 지도수칙
- 속옷 입은 인형을 보여주면서 또는 실제 아이가 속옷을 입었을 때 "옷 안의 네 몸은 소중한 부분이니까 다른 사람이 만지면 안 돼."라고 일러준다.
- 적절한 접촉과 부적절한 접촉을 구분하도록 가르치고, 아무리 가까운 사람이라도 원치 않거나 불쾌하게 느껴지는 접촉을 할 때에는 단호하게 "싫어요!", "안 돼요!"라고 말할 수 있도록 일러준다.
- 어린이에게 가해자가 "우리끼리만 아는 비밀이니, 아무에게도 말하지 마라."라거나, "말하면 죽여버리겠다."라고 협박할 수도 있다고 말해 주고, "끝까지 보호해 줄 테니 무서워하거나 부끄러워하지 말고 곧장 이야기하라."라고 일러준다.
- 특히 여자 어린이를 무조건 어른 말을 잘 듣는 순종적이기만 한 아이로 기르기보다는 자신의 의견을 잘 표현하도록 성향을 길러준다.
- 낯선 사람의 차는 타지 말고, 따라가지 않도록 일러준다.
- 집에 혼자 있을 때 누군가가 오면 문을 열어주지 말 것을 일러준다.
- 공중 화장실에 가거나 엘리베이터를 탈 때에는 친구나 어른과 함께 타도록 한다.
- 위급한 상황이 생기면 급히 연락할 수 있는 곳의 연락처(전화번호)를 일러준다.
- 아이를 돌봐주는 사람을 예고 없이 방문한다. 그리고 아이에게 돌봐주는 사람에 대해 물어본다.
- 아이의 행동에 대한 세심한 관찰을 통해서 만약 어린이가 성폭력 피해를 당했을 경우 즉시 발견할 수 있도록 해야 한다.
- 19세 미만의 미성년자(19세에 도달하는 해의 1월 1일을 맞이한 미성년자는 제외한다)를 보호하거나 교육 또는 치료하는 시설의 장 및 관련 종사자는 자기의 보호·지원을 받는 자가 「성폭력범죄의 처벌 등에 관한 특례법」 제3조부터 제9조까지, 「형법」 제301조 및 제301조의2의 피해자인 사실을 알게 된 때에는 즉시 수사기관에 신고하여야 한다.(「성폭력방지 및 피해자보호 등에 관한 법률」 제9조)

항목	주요 내용
신고 기관	아동보호전문기관 또는 수사기관
신고 의무자	교직원, 의료인, 아동 복지 시설의 장 및 종사자, 가정폭력 관련 종사자, 사회복지 전담공무원 등
신분 보호	신고인 신분은 보호되어야 하며, 그 의사에 반하여 신원이 노출되어서는 안 된다.

6. ❸

성학대 예방교육
① 지식을 습득시킨다.
  ㉠ 성학대가 무엇인지 알려준다.
  ㉡ 수영복을 입으면 가려지는 부분은 다른 사람에게 함부로 만지게 하거나 보여주지 말라고 알려준다.
  ㉢ 부당하게 취급받았을 때, 즉시 믿을 만한 어른에게 이야기하고 숨기지 말라고 가르친다.

② 접촉을 구별하도록 한다.
  ㉠ '괜찮은, 적절한 접촉'과 '안 되는, 부당한 접촉'을 구별하여 부당한 접촉은 거부하도록 가르친다.
  ㉡ 그러나 문제는 친족 강간의 경우 평소에 친분이 두터운 '좋은, 괜찮은 사람'으로부터의 접촉으로 일어날 수 있기 때문에 접촉을 구별하도록 가르치는 데 어려움이 있다.
③ 피하는 행동전략을 습득시킨다.
  '싫어요'라고 말한다. → 피한다. → 다른 어른에게 이야기한다.
④ 자기주장 훈련을 시킨다.
⑤ 스스로 행동 전략이나 판단을 주장할 수 있도록 가르친다.

7. 1) A 씨의 사례
      급성구타기 : 폭력을 마구 휘둘렀고 멈추지 않았으며 입원할 정도로 구타했다.
     2) 워커(I. Walker)의 폭력 주기

1단계 : 긴장형성(고조)기	• 사소한 일에 남편이 흥분하기 시작하고 물건을 던지는 등 아내가 느끼는 긴장이 고조되는 시기이다. • 이때 여자는 더욱 수동적이 되고 유순해지며, 남편의 기분을 거스르지 않기 위해 고분해진다. • 아내는 또한 이에 대해 자신도 약간의 책임이 있다고 생각하여 남편의 사랑을 받기 위해 과도하게 신경 쓰며, 이러한 분위기가 남에게 노출되는 것이 싫어서 이웃·친구 등 타인과의 관계를 멀리하고 사회적으로 고립된다. • 남편은 자신의 이러한 행동 때문에 부인이 자신을 떠날까봐 부인에게 더 압력을 가하고, 아내가 자신의 소유라는 강압적 행동을 하게 된다.
2단계 : 급성폭력 발생기 (격렬한 폭력적 구타)	• 남편의 분노가 사소한 일로 촉발되어 폭력이 발생한다(남편의 긴장이 격하게 분출). • 시간은 2~24시간 지속되며 남편이 정서적·신체적으로 힘이 빠져 더 이상 폭력을 가할 수 없을 때 종결된다(가족이 말려도 멈추지 않을 정도로 폭력을 휘두른다). • 이때 아내는 자신을 보호하려는 시도나 안전한 장소로 도망가려는 시도를 할 수 없다. 특히 어린 아동이 있을 때는 더욱 그러하다. 아내의 자존감은 극도로 떨어지고 더욱 무기력해지는 순간이다. • 아내는 자신과 타인에게 손상의 심각성을 부인하며, 의학적 도움이 필요한 상황에서도 도움을 청하지 않는다. • 손상의 정도는 의료기관에 가야만 확인된다.
3단계 : 밀월단계 사랑을 주고받는 후회(참회기), 친절	남편이 아내에게 용서를 구하고 선물을 주면서 다시는 폭력을 행사하지 않겠다는 맹세를 하며 관계를 유지하기 위해 노력하는 사과단계로 이 시기는 매우 짧다. 이 단계가 지나면 다시 1단계로 돌아가게 된다.
가정폭력 주기는 반복되면서 스트레스, 부부갈등, 분노가 증가된다.	

8. ㉠ 위기 유형 : 상황위기
     ㉡ 단계 : 3단계 − 밀월단계(참회기), 사랑과 후회, 선물, 친절
     ㉢ 플래시백 : 사건이 해소되는 동안의 해리성 경험과 그 당시 사건이 재발하고 있는 것 같은 느낌이나 생각에 집착
     ㉣ 학습된 무력감 : 피할 수 없는 혐오자극(폭력 등)에 노출된 후 혐오자극으로부터 도피하지 못하게 되는 것

정신간호학

 정신건강간호

1절 **정신간호의 이해**

| 본문 p.497

1. ❷

마리 야호다의 정신 건강 평가 기준

① **자신에 대한 긍정적 태도** : 자기 자신을 하나의 인간으로 수용하고 자기의 욕구와 행동을 알며 자신에 관해 어느 정도 객관적으로 나이에 맞게 인식할 수 있는 것을 말한다. 나이가 들면서 필연적으로 변하여 현실 수준에 들어맞는 포부를 가져야 하고 주체성, 총체감, 소속감, 안전감과 인생의 의의를 느낄 수 있어야 한다.

② **성장, 발달, 자기실현** : 자기의 잠재력을 개발하여 실현하고 새로운 성장과 발달, 도전을 할 수 있어야 함을 말한다.

③ **통합력** : 개인의 내적·외적 갈등 및 욕구와 기분 및 정서의 조절 간에 균형을 이루는지, 겉으로 표현되는 것과 내적으로 억압되는 것 간에 균형을 이루는지를 말한다.

④ **자율성** : 결정과 행동을 스스로 조절하는 개인의 능력이다.

⑤ **자기결정** : 의존과 독립의 조화, 자기행동결과의 수용 등을 포함한다. 자기의 결정, 행동, 사고, 감정 등을 포함하여 개인이 스스로가 책임을 지는 것을 말한다.

⑥ **현실지각** : 주위를 어떻게 파악하고 그에 대해 어떻게 움직이는가 하는 것. 외부세계에 대한 추측을 경험행위로써 검증해 보는 능력을 말하고 공감능력, 사회적 민감성, 타인의 감정과 태도를 존중하는 것 등이 현실지각에 포함된다.

⑦ **환경의 지배** : 건강한 사회에서 인정하는 역할에 성공적으로 기능을 하고 세상에 효율적으로 대처하며 인생문제를 잘 해결하고 삶에 만족을 얻는다. 공격성, 고독, 좌절 등에 잘 대응하는 자질이 있으며 남을 사랑하고 남들로부터 사랑을 받으며 호혜적 관계를 가진다. 새로운 사람과 우정 관계를 이루고 만족스러운 집단생활을 하는 것 등으로 자기의 주변 환경을 지배한다.

2. ❶

의식	• 자신과 주위 환경을 인식할 수 있는 상태 • 노력하지 않고도 알게 되는 모든 활동이며 깨어 있을 때에만 작용함

전의식	• 생각과 반응이 저장되었다가 부분적으로 망각되는 마음의 일부분
	• 주요 기능
	  − 자주 사용하지 않고 필요하지도 않은 많은 사건이 의식에 남아 부담이 가는 것을 방지
	  − 수용할 수 없는 혼란한 무의식적 기억이 의식에 도달하지 않게 함

무의식	• 영역마음의 가장 큰 부분. 전 생애 경험한 모든 기억, 감정, 경험이 저장돼 있는 영역 • 과거의 어떤 경험을 결코 망각하는 것이 아니나 의도적으로 회상하는 것은 불가능하며, 꿈이나 부지중의 행동, 농담 등을 통하여 나타남 • 모든 인간의 행동을 배후에서 일으키는 역동적인 주된 힘을 가짐 • 비논리적이며, 모순된 사고나 느낌을 내포하며 시간개념이 없음 • 이드와 초자아로 구성. 1차 사고과정이 이용되며, 모든 행위에 영향

	• 어떠한 행동도 우연히 일어나는 경우는 없으며 모든 행동은 인간이 의식하지 못하고 있는 감정이나 요구를 반영하여 표현해줌
	• 무위식의 강한 충돌들이 항상 의식 밖으로 나오려 해 방어적 조치 때문에 긴장, 불안, 갈등유발
	• 행동과 정신과적 증상이 대개 무의식에서 이루어짐

의식구조	성격구조		정신역동
의식	자아	초자아	
전의식			
무의식	이드		본능, 정신에너지

3. ❷

항문기 시기에 퇴행 억압일 때 강박적 성격이 나타난다.

구강수동적 단계에 좌절과 방임을 경험하게 되면, 수동적이고 미숙하며 안정감이 없고 타인 의존적인 성격을 갖게 된다. 구강공격적 단계에 좌절과 방임을 경험하는 성인은 논쟁적이고 비판적이며 상대방을 비꼬며 타인을 이용하거나 지배하려고 한다.

4.

1) 프로이드는 심리성적 발달 이론에 따라 구강기 – 항문기 – 성기기(남근기) – 잠복기 – 생식기 단계로 구분하였다. 민아는 25개월 유아로 항문기에 해당된다. 이 시기 동안에는 괄약근이 발달하여 대변을 배설하거나 참는 능력이 발달된다.

2) 항문기의 주 발달과업은 배변훈련이다. 부모가 이 시기에 대소변가리기 훈련을 시키기 위해 사용하는 방법들이 성격에 계속적인 영향을 미칠 수 있다고 한다. 엄하고 가혹한 대소변가리기 훈련을 받은 아동은 일상생활과 일정에 강박관념을 가질 수 있고, 너무 소심해지거나 지나치게 비판적이 될 수도 있다. 또는 이 시기에 대소변가리기 성공을 위해 아동에게 지나치게 주의를 기울이거나 염려를 한다면, 어른이 되었을 때 소유물을 숨기거나 사랑과 애정을 표현하기 위해서 물체를 이용할 수도 있다.

3) 동생을 안고 있을 때 떼를 쓰고 젖병을 물고 누워서 아기처럼 말하는 심리적 방어기제는 퇴행이다. 유아기의 퇴행은 부모로부터의 분리와 애착으로부터 자율성 획득에 대한 불안이나 스트레스 등 환경적인 요인에 의해 발생한다. 퇴행은 지나친 스트레스 상황을 겪을 때나 동생이 생겼을 때 자신이 발달과업을 성공적으로 이루었던 상태로 돌아가기를 원하는 것을 의미한다. 이는 자연스러운 과정이다. 따라서 적절히 무시하고 긍정적 특성이나 행동에 대하여 칭찬해 주고 보호자가 더욱 관심을 갖고 상호작용하여 유아의 행동 안정성이 발달되도록 도와준다. 퇴행은 정상적인 표현이며 오랫동안 지속되지 않는다는 점을 명심한다.

▌ 프로이드 이론의 항문기 Anal Phase(18~36개월) 발달

특징	• 리비도 : 항문 • 대소변을 조절하는 데서 쾌감을 느끼는 이 시기는 배변훈련이 성격형성에 영향을 많이 미치며 부모의 통제로 애증이 얽힌 감정, 즉 양가감정으로 갈등한다. • 발달을 저해하는 어머니의 태도로는 너무 조숙하게 대소변훈련을 시키거나 청결만을 강조하는 경우, 너무 무섭게 징벌적이거나 관용적이어서 전혀 부끄러움을 느끼지 않는 것 등이 있다.
욕구충족	• 리더십, 자기판단과 자기결정, '자주적 성격' 형성 • 이 시기를 잘 지내면 '자율성(autonomy)'이 발달하고 자존심이 강하며 리더십이 있는 아이로 성장할 수 있다.
욕구과잉/ 욕구결핍	• 질서정연·완벽주의, 완고함·인색함, 반항·분노·가학피학성, '항문기적 성격' 형성 • 과잉충족이나 좌절을 맛보면 '강박적인 성격'으로 질서정연하고 정리정돈을 잘하는 항문기적 성격이 되기도 하며, 오히려 더 지저분하고, 순종, 반항, 분노, 가학피학성, 양가감정이 심한 성격기반을 지닌 사람이 될 수도 있다.

5. **❷**

감정 전이는 전치나 이동과 같은 의미로, 이는 의식적인 충동, 감정, 관념이 실제 대상과는 다른 대치물로 향하게 되는 것으로 감정이 옮아가는 것이다.

① 거부(=부정) : 의식적으로 용납할 수 없는 생각, 감정, 욕구 등을 무의식적으로 회피

> **예** 불치병을 선고받은 환자가 명랑하게 장래계획을 세우는 경우

③ 억압 : 용납할 수 없는 생각이나 욕구 등을 무의식 영역에 묻어버리는 방어기제. 가장 보편적이고 1차적인 자아 방어기제

> **예** 한 여성이 15세 때 성폭행 당했던 사건을 기억할 수 없다.

④ 반동형성 : 억압이 과도하게 일어난 결과, 그 반대의 욕구, 생각을 의식에서 갖게 되는 것으로 수용할 수 없는 충동에 정반대로 행동하는 것이다. 이 기전의 사용은 수용할 수 없는 충동을 계속 억압하기 위해 인격 특성을 부정하거나 가장한다. 따라서 그 동기를 인식하지 못하면 기능장애를 초래하고 실제의 자신과 내적으로 멀어지게 된다. 반동형성은 취소의 기제와 연관이 있고, 동일한 발달단계(2, 3세)에서 일어난다. 때로는 과잉보상으로 불린다.

> **예** 귀한 자식 매 한 대 더 때리기, 미운 아이 떡 하나 더 주기

6. **❸**

목적하던 것을 갖지 못할 때 무의식적으로 비슷한 것을 취해 만족을 얻는 것이다.

예 오빠를 좋아하는 여동생이 오빠와 닮은 남자친구를 사귀는 것, 어머니를 잃은 여아가 이모를 따르는 것

예 (속담)꿩 대신 닭

① 보상 : 한 분야에 결함을 다른 분야의 탁월성이나 우수성으로 메우려 시도하는 기전이다.

> **예** (속담)작은 고추가 더 맵다, 빈 수레가 요란하다.

② 전치(=이동) : 특정한 사람, 대상 또는 상황과 관련된 감정을 덜 위협적인 다른 사람, 대상 혹은 상황으로 전가시키는 기전으로 일종의 전이현상이다. **예** (속담)동에서 뺨 맞고, 서에서 화풀이하기

④ 고착 : 어떤 시기에 심한 좌절을 받았거나 반대로 너무 만족한 경우 무의식적으로 집착되어 머물러 있는 경우(물질 관련 장애의 주요 방어기제)

> 참고로, 퇴행은 스트레스에 대한 반응으로 초기 발달단계 수준으로 되돌아가 그 안에서 편안함을 찾으려 하는 것이다. 퇴행은 고착과 달리 가역적이다. **예** 과도한 흡연, 음주, 손톱 물어뜯기

7. **❷**

보상	바람직하지 못한 특성으로 생긴 열등감을 감소시키기 위해 바람직한 특성을 강조한 경우	작은 고추가 매움
전치 =이동	특정한 사람, 대상 또는 상황과 관련된 감정을 보다 덜 위협적인 사람, 대상, 상황으로 돌리는 것	종로에서 뺨 맞고 한강에서 화풀이
격리	• 고통스런 기억이나 사실에서 감정을 의식에서 몰아냄 • 사실과 감정을 분리	교통사고로 자식을 잃은 부모가 남의 얘기하듯 말하는 것
대리형성	목적하던 것을 갖지 못할 때 무의식적으로 비슷한 것을 취해 만족을 얻는 것	• 꿩 대신 닭 • 오빠를 좋아하는 여동생이 오빠와 닮은 청년과 결혼

8. ㉠ (피해)망상

㉡ 부정

감당할 수 없는 생각과 충동을 의식적으로 부인하는 것

사고장애
- 사고과정의 장애, 사고의 비약, 연상의 해이, 말비빔, 지리멸렬, 동문서답, 음연상, 음송증
- 사고내용의 장애 관계사고, 망상(과대·피해·자책·허무·빈곤·부정·조종·망상 등)
- 지각의 장애 환각(환청·환시·환후·환촉), 착각, 이인증, 실인증
- 기억장애 기시감, 미시감, 작화증, 기억상실, 기억착오, 기억과다 등

9. ❸

(가) − 억제 (나) − 투사 (다) − 함입 (라) − 전환
- ㄱ. 억압(repression) : 용납될 수 없는 생각이나 욕구 등을 무의식의 영역에 묻어버리는 무의식적 기전이다.
- ㄴ. 억제(suppression) : 바람직하지 못한 생각이나 충동을 의식적으로 누르고 의도적으로 통제하는 것이다.
- ㄷ. 투사(projection) : 어떤 생각이나 행동의 책임을 다른 사람에게 돌리는 것이다.
- ㄹ. 반동형성(reaction formation) : 밑바닥에 흐르는 생각, 소원, 충동이 받아들여질 수 없는 것일 때 이와 반대되는 것을 강조함으로써 의식되지 않도록 하는 과정이다.
- ㅁ. 함입(introjection) : 남에게 향했던 모든 감정을 자신에게로 향하게 하는 기전이다.
- ㅂ. 상환(restitution) : 배상행위를 통해 죄책감으로 인한 마음의 부담을 줄이려는 기전이다.
- ㅅ. 전환(conversion) : 심리적 갈등이 신체감각기관과 수의근계의 증상으로 무의식적으로 표출되는 것이다. 꾀병과 다르며 신체적으로 아무 이상이 없으나 고통을 느낀다.
- ㅇ. 해리(dissociation) : 성격의 일부가 그 사람의 의식적 지배를 벗어나 마치 하나의 독립된 성격인 것처럼 행동하는 경우이다.

10. 1) 방어기제의 특징
   ① 방어기제는 불안으로부터 이드(id)를 보호하기 위한 수단이다.
      → 방어기제는 불안으로부터 자아(ego)를 보호하기 위한 수단이다.
   ② 억제를 제외한 방어기제는 의식적인 수준에서 작용한다.
      → 억제를 제외한 방어기제는 무의식적인 수준에서 작용한다.

   2) ㉠ 합리화
   용납할 수 없는 감정과 행동에 이유를 붙여 정당화하는 것
   논리적인 이유를 제시함으로써 받아들일 수 없는 감정, 행동을 정당화하거나 변명하는 것

   > **합리화(Rationalization)**
   > ① 인정할 수 없는 실제상의 이유 대신 자기 행동에 그럴 듯한 이유를 붙이는 방법
   > ② 자신의 행동에다 그럴듯한 이유를 둘러대어 자기의 난처한 입장이나 감정을 은폐하려는 행위
   > ③ 자기 행동을 정당화하거나 불안의식을 제거할 수 있는 이유 또는 설명을 부여하여 불안에서 벗어나려는 행동이다. 정서적으로 좋지만 지적으로는 정당하지 못하다.
   >   → 아동의 행동을 너무 추궁 또는 간섭하지 않도록(계속 변명하게 됨)하고 부당한 이유를 붙이는 대신 사실을 있는 그대로 받아들일 수 있도록 한다.

④ 합리화의 종류
    ㉠ 신포도(sour grapes) 기제
      • 포도 넝쿨이 높아 포도를 못 따먹게 된 여우가 실패를 변명한 이야기에서 유래
      • 자신의 약점을 감추려는 무의식중의 변명으로 거짓말과는 다른 일종의 호신책
    ㉡ 달콤한 레몬(sweet lemon) 기제
      • 자신의 현 상태를 과대시하는 일
      • 욕구대로 되지 않는 자신의 현재 상황이 바로 자신이 원하던 것이라고 생각하는 것이 여기에 해당
    ㉢ 망상(delusion) : 합리화 기제의 극단적 방법으로, 실패할 경우 전혀 근거 없는 허구의 신념을 가지게 될 정도로 합리화하는 것

2절 ◆ 정신간호이론모형

| 본문 p.502

1. ❶
    1단계 : 상호작용 전 단계(=파악 단계)
        ㄴ. 상담자 자신의 느낌 탐색
    2단계 : 초기 단계(=오리엔테이션 단계, 확인 단계)
        ㄷ. 대상자의 생각 탐색
    3단계 : 활동 단계(=탐색 단계)
        ㄱ. 저항행위 극복하기
    4단계 : 종결 단계
        ㄹ. 상실감 탐색

2. ㉠ 쾌락의 원칙
    ㉡ • 명칭 : 현실
      • 개념 : 현실은 환경과 상호작용하면서 인지하는 외부상황이나 외부세계
    ㉢ 자유연상

3절 ◆ 정신건강사정

| 본문 p.504

1. ❹

사고과정의 장애	사고의 비약, 연상의 해이, 말비빔, 지리멸렬, 동문서답, 음연상, 음송증
사고내용의 장애	관계사고, 망상(과대/피해/자책/허무/빈곤/부정/조종망상 등)
지각의 장애	환각(환청, 환시, 환후, 환촉), 착각, 이인증, 실인증
기억장애	기시감, 미시감, 작화증, 기억상실, 기억착오, 기억과다 등

2. ❶

신경인지장애 가운데 치매의 증상에 해당됨

① 기억력 장애 – 새로운 것을 배우기 어렵고 이미 학습한 것을 잊어버린다.

② 실어증
- 익숙한 물건이나 친한 사람의 이름을 잊어버림
- '그것, 저것' 등 애매한 단어나 대명사를 많이 쓰는 식으로 진행
- 반향어나 말 되풀이증을 보이기도 한다.

③ 실행증
- 운동기능에 문제
- 옷을 입거나 요리를 하는 자기관리 활동을 잘 하지 못하게 된다.

④ 실인증
- 어떤 자극의 의미를 이해하는 능력을 상실하여 사물을 빤히 보면서도 이름 등을 인식하지 못함

⑤ 작화증
- 기억이 잘 나지 않은 부분을 무의식적으로 상상이나 사실이 아닌 경험으로 채우는 것

3. ㉠ 환각   ㉡ 환시   ㉢ 착각

1) 착각

착각은 외부에서 자극이 들어오는데, 이 자극을 잘못 해석하는 것. 여기서 '외부에서 자극이 들어온다'는 점이 환각과의 차이를 구분하는데 가장 중요함

2) 환각

환각은 외부에서 자극이 들어오지 않는데 마치 자극이 있는 것처럼 느끼는 것

4. ❹

실행증(apraxia)

손상 받은 부분을 움직일 수는 있으나 자신이 의도하는 대로 사용하지 못하는 것이다. 실행증이 있는 환자는 근육에 메시지를 전달하는 양상이나 틀을 재조직하지 못한다. 그러므로 정확한 지시를 뇌에서 팔로 전달하지 못하여 원하는 행동이나 움직임을 하지 못하는 것이다. 실행증은 상대적으로 단순한 것에서부터 복잡한 것까지 그 범위가 다양하다.

알츠하이머병(Alzheimer's disease)

만성적이고 진행성이며 퇴행성인 뇌의 질환으로서 치매의 한 형태이다. 보통 기억과 언어, 계산, 공간과 시간에 관한 인지, 판단, 요약, 그리고 성격이 쇠퇴해 간다. 베타 아밀로이드 단백질의 과다생성이 이 병의 기전으로 제시되어 왔으며, 이 단백질의 유전자가 알츠하이머병 환자의 특정 염색체(14, 19, 21번)에 특징적으로 존재한다고 밝혀졌다.

알츠하이머병의 특징은 신경반, 신경섬유 덩어리가 뇌에서 발견되는 것인데, 신경반은 아밀로이드 베타 단백질을 포함하는 퇴행된 축삭과 수상돌기 말단이 뭉친 것이고 신경섬유 덩어리는 기억과 학습을 조절하는 뇌의 해마, 뇌피질 등의 영역에 있는 비정상적인 신경원의 세포질에서 볼 수 있다. 구조적 변화와 더불어 신경전달물질인 아세틸콜린의 부족으로 기억과 학습 문제가 나타난다.

5. ㉠ 사고과정 장애 : 사고의 비약(flight of idea) : 한 생각에서 다른 생각으로 계속 연상이 빨리 진행되는 것

㉡ 사고내용의 장애 : 관계망상

비교) 환각 (사물이나 자극이 없음에도 실제로 존재하는 것처럼 지각)

환청(auditory hallucination)		망상 (delusion)
실제 외부의 청각 자극이 없는데도 실제처럼 들리는 것. 예를 들면, 친근하거나 낯선 사람의 목소리, 신과 악마의 목소리 등이 들리고 편안하거나 즐거운 소리이거나 과거와 현재의 죄를 호되게 꾸짖거나 비난하는 목소리가 들림	vs	현실에 맞지 않는 잘못된 생각, 즉 현실 상황에서 사실과 맞지 않으며, 논리적인 설명에도 불구하고 시정되지 않으며, 그 사람의 교육정도나 문화적인 환경에 걸맞지 않는 잘못된 믿음 또는 생각을 의미함

6. ㉠ 반사회성

㉡ 거짓척도(Lie척도)(=부인척도, 허구 척도)

7. ㉠ 3일

㉡ 자의입원

8. ㉠ 저항단계

㉡ 경고단계 : 대뇌 → 스트레스 인지 → 시상하부 → 교감신경계 활성화 → 카테콜라민(수질) : norepinephrine, epinephrine↑ → 심장이 빨리 뛰고 숨이 가쁜 증상 出

㉢ 저항기 : 스트레스 장기 지속 시 → 코티졸의 과잉 분비, 부교감신경 흥분 → 위장운동항진, 충혈, 부종 궤양성 변화 → 위염이 악화되어 위궤양이 생기거나, 상처가 잘 아물지 않을 수 있다.

㉣ "공부가 전부다.", "공부를 못하면 행복할 수가 없다."

→ 인지적 왜곡(비합리적 신념으로 인한 우울감정)

→ 인지 재구성 방법(사고와 감정의 근거를 확인하여 합리적이고 긍정적 사고로 재구성)

"공부를 잘하진 못해도 나는 운동을 잘해. 잘하는 운동을 할 때는 즐겁고 자랑스럽기도 해. 공부를 잘하지 못해도 얼마든지 행복할 수 있어."

제2강 정신장애

1절 ✦ 불안장애

| 본문 p.509

1. ❸

불안장애의 종류

① **공황장애(panic disorder)** : 공황장애는 특별한 기질적 원인 또는 실제적으로 생활을 위협하는 자극 없이 예기치 않게 공황발작이 반복적으로 발생하는 것을 말한다. 공황발작 시 행동특성은 심계항 진, 심장이 두근거림, 맥박상승, 떨림, 목에 뭔가 걸린 느낌, 오심이나 복부 동통, 현실감이나 이인 증, 죽음에 대한 두려움, 한기 또는 달아오름, 발한, 숨이 짧아짐, 흉통이나 가슴의 불편감, 어지럼 증, 자제력 결여에 대한 두려움, 지각이상 등이다.

공황발작은 위의 증상 중 적어도 4가지가 갑자기 생기고 10분 내에 절정에 달하는 심한 두려움이 나 불편감이 연속적으로 나타나는 것이다. 한 번 발작이 일어나면 3주 이내에 최소한 3회 이상의 공황발작이 연속적으로 나타나고, 발작이 일어날 것에 대한 불안과 걱정이 있다. 공황발작은 가족 원 중에 발병 경험이 있고, 유아기에 분리불안 경험이 있는 사람에게서 자주 나타난다.

② **공포장애(phobia disorder)** : 공포장애는 실제 위험이 없다는 것을 명백히 알고 있는데도 불구하고 특정 대상이나 상황에 대해 두려움과 공포를 느끼는 것이다.

③ **강박장애(obsessive-compulsive disorder)** : 강박장애는 자신의 의지와는 상관없이 반복적인 사고 (obsession)와 반복적인 행동 (compulsion)을 되풀이하는 것이다. 이것은 병적이고 저항할 수 없 는 충동이며 불안의 간접적인 표현이다.

④ **외상 후 스트레스장애(post-traumatic stress disorder)** : 외상 후 스트레스 장애란 심한 공포 또는 두려움이나 무력감을 느끼는 경험을 한 후 이 사건으로 인해 나타나는 불안증상을 말한다. 즉, 외 적 상황으로 인한 스트레스에 대한 반응증상으로 나타나는 것이 외상 후 스트레스 장애이다.

⑤ **급성 스트레스장애(acute stress disorder)** : 매우 위협적인 사건이나 상황을 경험한 후 1개월 내에 증상이 나타나고, 2일 이상 4주 이내로 증상이 지속된다. 이 증상이 4주 이상 지속되면 외상 후 스트레스 장애로 진단된다.

⑥ **범불안장애(generalized anxiety disorder)** : 범불안장애는 만성적이며 광범위하고 지속적인 불안을 느끼는 장애로 보통 6개월이나 그 이상 지속된다. 개인 생활 중 두서나 사건이나 상황에 대해 비현 실적인 걱정과 불안을 심하게 지속적으로 하는 것이 특징이다.

2. ❸

문제의 학생은 중증 불안상태이다.

우선적으로 개방적이면서 신뢰가 있는 관계를 확립해야 한다. 환자의 말을 적극적으로 경청하고 불 안, 적개심, 죄책감, 좌절 등의 감정에 대해 표현하도록 격려한다. 언어적 · 비언어적 의사소통을 통 해 환자의 느낌을 인지하고 수용하고 있음을 전달한다.

▌불안의 단계

① 경증불안(mild)	신체적인 증후가 없고 감각이 예민해짐
② 중등도 불안(moderate)	선택적인 부주의가 있고, 약간의 발한, 근육긴장, 논쟁, 지분거리는 행동이 나타날 수 있음

③ 중증 불안(severe)	• 지각영역이 현저하게 축소됨 • 신체적 증상이 급격히 증가 : 떨림, 동공확대, 심한 발한, 설사, 변비 등 • 심리적으로 매우 고통스러움 : 집중힐 수 없고, 문제를 부정확하고 불충분하게 지각·왜곡하는 경향, 수많은 방어기제를 이용하며 자동적으로 행동하게 됨 • 안절부절 못함, 초조, 긴장, 안면표정이 굳고 손 떨림, 이상한 느낌을 호소
④ 공황(panic)	• 극심한 불안상태 • 지시가 없으면 뭔가를 할 수 없고, 자신의 행동을 조절하지 못하여 무력감을 느끼고 순간적으로 정신증적 상태가 됨

간호수행

① **중증 및 공황수준의 불안** : 중증이나 공황 정도의 불안환자는 입원치료나 부분입원이 필요하다. 환자의 불안 정도를 감소시키기 위한 간호활동은 지지적이고 보호적이어야 한다. 또한 중증 또는 공황 정도의 불안을 감소시키는 단기 목표에 맞춰 이루어져야 한다.

    ㉠ 신뢰관계의 회복　㉡ 자기인식　㉢ 환자보호　㉣ 치료적 환경의 조성　㉤ 활동 격려　㉥ 투약관리

② **중등도 불안** : 환자의 불안이 중등도 상태로 낮아지면 스트레스에 대처할 수 있는 문제해결의 방법을 통해 환자를 돕는다.

    ㉠ 불안의 인식

    ㉡ 불안에 대한 통찰력

    ㉢ 건설적인 대처방법 증진(스트레스 재평가, 친한 사람과 공포 나누기, 새로운 방법 모색)

    ㉣ 이완요법

3. **1) 범불안장애 진단**

    ① 여러 사건이나 활동에 대한 지나친 불안이나 걱정이 적어도 6개월 동안 한번 나타나며 며칠 이상 지속되는 것이다.

    ② 다음 증상 중 적어도 3가지 이상을 경험하며, 걱정을 조절하기 어렵다는 것을 안다.

       • 안절부절 못함

       • 피로

       • 정신 집중력의 어려움

       • 자극과 과민성

       • 근긴장

       • 수면장애

    ③ 부유불안이 특징이고 어떤 일이 일어날 것 같은 예기불안도 있다.

범불안장애 진단기준	김대범 학생의 증상
다음과 같은 증상이 적어도 6개월 이상 지속되어야 하고, 사회적, 직업적 혹은 다른 중요한 기능의 영역에서 임상적으로 중대한 고통이나 손상이 발생되어야 한다. ① 개인이 조절하기 힘든 많은 사건에 대한 과다한 불안과 걱정 ② 안절부절이나 긴장 또는 벼랑에 선 느낌 ③ 쉽게 피곤해짐 ④ 집중이 어렵거나 마음이 빈 것 같음 ⑤ 과민반응 ⑥ 근육긴장 ⑦ 수면장애(잠들기 어렵거나 잠을 유지하기 힘듦 또는 끝없는 수면에 대한 만족감 부족)	현재 고등학교 3학년인데, 2학년 때부터라면 증상의 지속시간이 최소 6개월 이상임 ① 대학입시에 대한 과다한 불안과 걱정 ② "하루하루가 긴장의 연속이예요" ④ "~, 그러다보니 낮에는 너무 피곤하고…" ⑤ "3학년이 돼서는 집중이 잘 안되고…" ⑥ 빈뇨와 긴박뇨 증상, 잦은 소화불량, 현기증과 2회의 실신 ⑦ "~, 밤에도 계속 공부해야 한다는 생각 때문에 잠들기가 힘들고, 또 잠들었다가도 쉽게 깨고. ~"

2) 효과적인 의사소통 방법 vs 비효과적인 의사소통

① 효과적인 의사소통 방법

  ㉠ 재진술 : 대상자가 표현한 주요 생각을 다시 반복

  근거 보건교사 : 대범아, 방금 여러 가지 문제점들을 말했는데, 정리해 보면 자신감이 없고, 부모님의 실망감, 친구들과의 어려움, 그리고 화장실 다니는 것에 대한 불편함에 대해 이야기했어. 이 중에서 어떤 문제가 가장 중요한지, 그리고 어떤 문제를 가장 먼저 다루고 싶은지 말해주겠니?

  ㉡ 명료화 : 대상자의 말에서 명확하게 표현하지 않은 모호한 생각을 확인하거나 언어화하려고 할 때 사용한다.

  근거 보건교사 : 대범이가 생각하고 있는 것을 분명하게 해보자. 네가 부모님과 의견이 달라서 무책임하게 느껴진다고 말하는 거니?

  ㉢ 반영 : 감정의 반영

    대상자의 느낌을 자신의 견해를 섞지 않고 표현해주는 것

  근거 보건교사 : 대범아, 네 이야기를 들어보니 정말 열심히 노력했는데도 원하는 결과를 얻지 못해서 실망스럽고 좌절한 것처럼 들리는구나.

  ㉣ 초점 맞추기 : 초점 맞추기는 대상자가 중요한 의미를 함축하고 있는 주제에 초점을 맞추도록 하여 그 주제에 대해 구체적으로 표현하도록 하는 것이다. 초점 맞추기는 추상화나 일반화를 피하게 하며 대상자가 문제에 직면하고 문제를 상세하게 분석하도록 도와준다.

  근거 보건교사 : 대범아, 방금 여러 가지 문제점들을 말했는데, 정리해 보면 자신감이 없고, 부모님의 실망감, 친구들과의 어려움, 그리고 화장실 다니는 것에 대한 불편함에 대해 이야기 했어. 이 중에서 어떤 문제가 가장 중요한지, 그리고 어떤 문제를 가장 먼저 다루고 싶은지 말해주겠니?

② 비효과적 의사소통 방법

  ㉠ 안심 : 실제로 문제가 있는데도 불구하고 일시적으로 대상자를 안심시키기 위해서 "모든 것이 잘 될 거예요.", "당신은 잘 해 나가고 있어요.", "곧 나아지실 거예요." 등과 같이 반응하는 경우이다. 안심시킴은 대상자에게 실제로 존재하고 있는 문제를 최소화하거나 무시 혹은 경시하는 태도로 받아들여질 수 있다.

  근거 보건교사 : 나라면 그렇게 실망스러워하지 않을 거야. 대부분의 3학년 학생들은 자신에 대해 실망스러워한단다. 그러니 너무 걱정하지 않아도 돼.

  ㉡ 거절 : "…은 논의하지 맙시다.", "나는 …에 대해서 듣고 싶지 않아요."라고 말하면서 대상자의 생각이나 행동에 대해 숙고하지 않거나 거부하는 경우이다. 이러한 경우 대상자는 자신의 대화가 거절당했다고 지각하게 되어 치료적 관계가 지속되기 어렵게 된다.

  근거 보건교사 : 그것은 네가 잘못 생각하고 있는 거야. 그러니 그것에 대해서는 다음에 이야기하도록 하고, 오늘은 왜 자꾸 화장실에 가야만 하는지에 대해 이야기하자.

  ㉢ 이견 : "그것은 틀려요", "나는 절대로 …에 동의하지 않아요." 등과 같이 대상자의 의견에 반대하는 경우이다. 이견의 반응은 대상자가 틀렸다는 것을 내포하기 때문에 대상자는 불안을 경험할 수 있으며 자신을 방어하려고 할 수 있다.

  근거 보건교사 : 그것은 네가 잘못 생각하고 있는 거야. 그러니 그것에 대해서는 다음에 이야기하도록 하고, 오늘은 왜 자꾸 화장실에 가야만 하는지에 대해 이야기하자.

4. ㉠ **명료화** : 대상자의 말에서 명확하게 표현하지 않은 모호한 생각을 확인하거나 언어화하려고 할 때 사용한다. 정서나 감정적인 것은 언어로 표현하기 보다는 은유적으로나 함축적으로 표현하는 경향이 많기 때문에 명료화 기법을 사용하는 것이 치료적이다. 대상자의 말을 잘 듣지 못했거나 이해하지 못한 경우에도 명료화 기법을 사용해서 대상자가 전달하고자 하는 바를 명확히 인식해야 한다. 예를 든다면, "당신이 무엇을 의미하는지 확실히 알지 못합니다. ○○에 대해서 이야기하고 있는 것입니까?" 혹은 "그것에 대해서 다시 한 번 말씀해 주시겠어요?"라는 질문을 통해 명료화할 수 있다.

㉡ **(일시적) 안심** : 실제로 문제가 있는 데도 불구하고 일시적으로 대상자를 안심시키기 위해서 "모든 것이 잘 될 거예요.", "당신은 잘 해 나가고 있어요.", "곧 나아지실 거예요." 등과 같이 반응하는 경우이다. 안심시킴은 대상자에게 실제로 존재하고 있는 문제를 최소화하거나 무시 혹은 경시하는 태도로 받아들여질 수 있다. 그러한 안심은 대상자에게 잠시 동안 좋은 감정을 느끼게 하지만 결국은 무의미하게 들리게 되며, 대상자보다는 치료자를 안심시키는 결과가 될 수 있다.

5. 1) ㉠에 해당하는 임상 진단명 – 공황장애
- 갑자기 가슴이 두근거리면서
- 몸이 떨리고
- 질식할 것 같았어요.
- 죽을 것 같은 공포
- 이런 증상이 다시 생길 것 같아 두려워 자려고 할 때면 불안해서 쉽게 잠을 들지 못해요.
- 상황을 예상하지 못하겠어요. 갑작스럽게 나타나요.

2) ㉡ 알프라졸람(alprazolam)이라는 약을 중단하면 안 되는 이유
- 벤조디아제핀으로 심리적·신체적 의존이 있을 수 있다. 약물을 중단하려고 할 때는 용량을 서서히 감량해야 금단증상으로부터의 영향을 적게 받는다.
- 금단증상은 불안, 불면, 피로감, 두통, 근육경련, 통증, 진전, 발한, 어지러움, 주의산만, 오심, 식욕부진, 우울, 이인증, 비현실감, 감각지각 이상 등이 있다.

3) 인지적 왜곡
㉢ **파국화**(catastrophizing)=비극화(항상 최악의 상태를 생각함)
- **정의** : 사람과 사건에 대해 극단적으로 나쁘게 생각한다.
- **예시** : "나는 승진 신청을 하지 않을 것이다. 왜냐하면 나는 어차피 안 될 것이고 나는 괜히 기분만 나빠질 것이기 때문이다."

㉣ **선택적 추론**(selective abstraction) : 전체 문맥에서 사소한 것을 취하여 전체 경험을 오염시키는 데 사용함
- **정의** : 사소한 일에만 관심을 두고 연관된 다른 정보에는 무관심하다.
- **예시** : "남편과 관계된 일 중에서 남편이 늦게까지 일하고 늦게 돌아오는 것에 대해서만 초점을 두고, 자신을 사랑하지 않는다고 생각을 하며, 남편의 애정 표현이나 남편의 선물, 남편의 전화 등에 대해서는 무시한다.

6. 1) ㉠의 증상
- **사회적 불안** : "사람들 눈에 띄면 괜히 떨리고 불안해서요."
- **수행 불안** : "수업 중에 제가 발표를 해야 할 때는 실수할까 봐 걱정이 되면서 몸이 굳어져요."

2) ㉡에 해당하는 효과적인 의사소통 기법의 명칭 : 반영 중 감정반영
→ 대상자가 표현한 언어의 내용에 담겨져 있는 감정, 느낌을 상담자가 기술한다.

2절 **강박 관련 장애**

| 본문 p.515

1. ㉠ 발모광(trichotillomania)

㉡ 간헐적 폭발성 장애(intermittent explosive disorder)

발모광의 진단기준(DSM-5)

A. 반복적으로 자신의 털을 뽑아 현격한 털의 상실을 초래하고, 털을 뽑으려는 행동을 줄이거나 멈추려는 반복적인 시도가 있다.

B. 털을 뽑으려는 행동 직전이나 이를 참으려고 할 때 긴장감이 증가한다.

C. 임상적으로 심한 고통이나 사회적 직업적 또는 다른 중요한 기능 수행분야에 장애를 초래한다.

D. 다른 의학적 상태(예 피부상태)에 의한 것이 아니며, 다른 정신질환의 증상(예 신체변형장애에서 나타나는 외모에 대해 느끼는 결함이나 단점을 향상시키려는 노력)에 의해 더 잘 설명되지 않는다.

2. 1) 강박사고와 강박행동

① **강박사고** : 아무 의미가 없는 비합리적인 생각이 반복해서 계속 떠오르므로 계속 그 사고에 집착하게 된다. 강박사고 대상자는 강박사고나 충동이 자신의 마음속에서 나타나는 것이라고 인식한다.

자신이 비합리적인 사고를 한다는 것을 알고는 있으나 멈출 수가 없다. ("부모님 말씀이 민수가 학교에서 사용한 책, 문고리 등 모든 것이 오염되었고, 세균이 있다는 생각을 계속한대요.")

② **강박행동** : 이해할 수 없는 기괴한 행위를 계속 반복하는 것으로써 불안을 감소하기 위한 행위이다. 강박행위는 자신의 의지로는 조절할 수 없으며 의식적인 영역에서 부적절하다고 생각하지만 비합리적인 사고나 행위에 대해 대상자 자신도 이해할 수가 없다. 강박행위는 강박사고를 직접 수행한 행동반응이며 강박행위로 불안이 일시적으로 해소되어 강박행위는 계속 반복해야 한다. 비합리적인 의식적 사고로 통제할 수 없는 반복적 행동을 한다. 예 손 씻기, 계산하기, 만지기, 확인하기, 문 닫기, 옷 입고 벗기 등

→ "물건을 만지기 전과 후에 수십 번씩 손을 씻거나 그런 물건을 피한다."

③ **강박사고와 강박행동 간의 심리적 기전** : 어떤 상황에서 역기능적인 자동적 사고(부정적 비합리적 사고)가 나타나고 그 걱정을 완화하기 위해 어떤 감정 및 부적응적 행동이 나타난다. 이런 강박적 사고 및 행동을 통제할 수 없다는 느낌은 자존감 저하를 가져오고 대부분의 시간을 강박적, 충동적 행동을 하는데 보내므로 대인관계와 정상적인 하루일과 수행이 어렵다. 수면장애, 식욕부진, 개인위생 소홀 등

2) 적절한 대응방법과 그 이유

① 민수가 손을 씻으러 간다고 하면 허용적인 방법으로 수용한다. 즉, 자꾸 손을 닦는다면 자신의 더러운 옷을 빨거나 그릇 씻는 일을 하게 한다. 그래서 인정과 칭찬을 받을 수 있는 대체물을 만들어 준다. 그러나 강요해서는 안 된다.

② 의식적 행동은 시간소모적인 것이지만 환자에게 어떤 강압감이나 비판 없이 적당한 시간을 허락해 주어야 한다. 만일 시간절약을 위해 서둘러서 의식행위를 끝내게 한다면 더욱 불안해져서 완전히 수행하지 못한다. 결과적으로 그 행위를 더욱 반복하도록 만들 뿐이다.

③ 논리적으로 그의 행동에 대해 설명해 주는 것은 증상을 악화시킬 수 있다. 지적인 설명은 오히려 환자에게 잘 적응하지 못한다는 감정을 느끼게 하며 또한 자신에게 부여된 행동기준에 맞추지 못한 것에 대해 죄책감을 느끼게 할 뿐이다. 이렇게 되면 불안은 더 가중되고 죄의식도 더욱 커진다. 반복적인 행동을 자연스럽게 대하는 것이 좋다.

→ "치료적 환경 조성"

> **신뢰관계 형성**
> 적극적인 경청으로 공감 및 감정이입을 통해 다른 사람에게 이해받고 있다는 것을 느끼면 불안이 완화될 수 있다.
>
> **환자보호**
> 피부보호 – 바셀린을 바르고, 5분에 한 번 씻기보다 15분에 한 번 씻도록 하며, 30초 대신 10초 손을 씻는 것을 제안한다.
>
> **문제해결능력 증진**
> 신뢰감이 형성되면 환자와 함께 일과표를 작성한다. 계획된 행동은 환자에게 의식적인 습관적 행동에 대한 대체물을 제공한다. 강박행동에 학습한 치료적 기술을 사용함으로써 강박적 사고와 충동적 행동에 대한 통제력을 가질 수 있도록 도와준다. 칭찬과 긍정적 강화를 제공하면서 환자의 자존감을 증가시키고 계속적인 적응적 행동을 촉진시킬 수 있다.

3. ㉠ 강박사고(반복적이고 지속적인 생각, 이러한 생각을 억압 시도)
㉡ 강박행동(엄격한 규칙에 따라 반복하기)

강박장애 진단기준(DSM-5)

A. 강박사고나 강박행동 혹은 둘 다 존재하며, 강박사고는 ⑴ 또는 ⑵로 정의된다.
　⑴ 반복적이고 지속적인 생각, 충동 또는 심상이 장애 시간의 일부에서는 침투적이고 원치 않는 방식으로 경험되며 대부분 현저한 불안이나 괴로움을 유발함
　⑵ 이러한 생각, 충동 및 심상을 경험하는 사람은 이를 무시하거나 억압하려고 시도하며, 또는 다른 생각이나 행동을 통해 이를 중화시키려고 노력함(즉, 강박행동을 함으로써)
　강박행동은 ⑴과 ⑵로 정의된다.
　⑴ 예를 들어, 손 씻기나 정리정돈하기, 확인하기와 같은 반복적 행동과 기도하기, 숫자 세기, 속으로 단어 반복하기 등과 같은 심리 내적인 행위를 개인이 경험하는 강박사고에 대한 반응으로 수행하게 되거나 엄격한 규칙에 따라 수행함
　⑵ 행동이나 심리 내적인 행위들은 불안감이나 괴로움을 예방하거나 감소시키고, 또는 두려운 사건이나 상황의 발생을 방지하려는 목적으로 수행됨. 그러나 이러한 행동이나 행위들은 그 행위의 대상과 현실적인 방식으로 연결되지 않거나 명백하게 과도한 것임
　　─ 주의점: 어린 아동의 경우 이런 행동이나 심리 내적인 행위들에 대해 인식하지 못할 수도 있다.
B. 강박사고나 강박행동은 시간을 소모하게 만들어(예, 하루에 1시간 이상) 사회적, 직업적, 또는 다른 중요한 기능 영역에서 임상적으로 현저한 고통이나 손상을 초래한다.

3절 ✦ 신체증상 관련 장애 간호

| 본문 p.518

1. ❶
ㄷ. 해리성 장애가 아니라 신체증상 관련 장애이다.
ㄹ. 이차적 이득임

전환장애
불안이 감각운동 신경계통의 지배를 받고 있는 장기나 신체부분의 기능장애로 전환되어 병리적인 이유없이 신체기능이 상실되거나 변화를 가져오는 장애
① 가장 많은 증상: 감각마비, 운동마비
　• 감각기능의 증상: 마비, 실명, 청력상실

- 운동기능의 증상 : 마비, 떨림, 무언증
- 기질적 증상 : 요정체, 두통, 호흡곤란

② 신체검사 1회 실시 : 대상자 자신은 적어도 증상이 있을 때는 그것이 심리적 원인 때문임을 모르고 있음

③ 극적 증상이 주는 심리적 이득
- 1차적 이득 : 환자가 자신의 충동을 수행할 수 없기 때문에 팔과 손의 마비로 불안이 해소되는 것
- 2차적 이득 : 정서적으로 배려 받고, 다른 사람들을 조종할 수 있고, 불쾌한 상황이나 책임으로 부터의 해방, 금전적 혜택, 불리한 상황을 피하는 계기 등의 형태로 경험하게 된다. 따라서 간호 사는, 이 같은 환자의 증상에 관심을 갖지 않는 것이 치료적이다. 관심은 대상자의 2차적 이득을 강화시키는 효과가 있다.

④ 만족스러운 무관심 : 실제 나타나는 고통스러운 증상이 있는데도 자신의 증상에 대해서 걱정하지 않고 무관심한 태도를 나타내는 것이다.

⑤ 주로 사용하는 방어기제 : 동일시, 투사, 전환

2. ㉠ 전환장애
    ㉡ 만족스러운 무관심

    ※ 만족스러운 무관심(la belle indifference) : 실제 나타나는 고통스런 증상이 있는데도 자신의 증 상에 대해서 걱정하지 않고 무관심한 태도를 나타내는 것

3. 1) ㉠과 같은 질문이 위 사례에서 필요한 이유
    - 대상자가 객관적으로 사건을 판단하도록 돕는다(보다 증상이 줄고 자가간호의 향상된 기능을 기 대할 수 있다).
    - 대상자의 신체적 증상과 관련되지 않은 쪽으로 관심을 갖도록 전환시킬 수 있다(자가간호 향상).
    - 대상자가 '환자역할'을 함으로써 관심을 얻으려는 욕구를 줄일 수 있다.
    - 대상자의 무기력함을 감소시키는 것에 도움이 되고 독립적인 자가간호를 증진시킨다.
    - 주위가 믿을 만하며 항상 도움이 된다고 인식하면서 독립에 대한 불안이 감소되고 자신의 건강 과 기능수준을 유지 향상시킬 수 있다.

    핵심포인트
    관심 받으려는 욕구 감소, 독립적 자가간호 향상(의존↓ 독립↑)

    2) ㉡이 위 사례의 학생에게 필요한 이유
    - 대상자에게 생활반경을 확장시킬 뿐 아니라 성공을 경험할 수 있는 기회가 된다(성취경험으로 독립에 대한 불안을 최소화할 수 있다).
    - 사회활동은 사회적 고립을 극복하고, 함께라는 느낌이 들 것이며, 보호자에게는 탈출구를 제공 하고, 대상자에게는 다른 사람과 동료로서 균형 있는 관계를 재건하는 데 도움이 될 것이다.

    핵심포인트
    성취경험↑, 독립의 불안감↓, 사회적 고립↓, 관계재건↑

    3-1) '정적 강화(positive reinforcement)'의 원리
    긍정적 강화는 바람직한 행동을 행하면 그 결과로 긍정적인 보상을 제공함으로써 바람직한 행동을 강화시키는 원리이다. 질병불안장애환자에게 긍정적인 피드백은 대상자로 하여금 용기와 격려가 되어 무력감을 감소시키는 데 도움이 되어 자가간호 행위를 증진시킨다.

(+) 행동→(+) 보상→(+) 행동 ↑

3-2) 다른 활동에 참여를 독려하기 위하여 정적 강화를 적용한 구체적인 예

요리교실에 참여하여, 참여하는 모습과 만든 요리를 찍어 인스타그램 등에 업로드함으로써 SNS 활동을 통해 주위사람들의 칭찬과 격려를 받는 기회의 횟수를 늘려본다.

4절. 조현병 스펙트럼장애 간호

| 본문 p.520

1. ❷

음성 증상 : 정상기능의 감소 혹은 상실, 일반적으로 항정신성 약물에 잘 반응하지 않으며, 비전형적인 항정신성 약물에 반응한다.
- 정서 장애 : 무미건조(정서적 표현을 하는 데 범위나 강도가 제한됨)
- 운동성 실어증 : 한정된 사고와 언어행위
- 의욕상실, 무감동 : 목적 지향적인 행동 개시의 결핍
- 쾌감상실증, 사회화 상실 : 즐거움을 경험하거나 사회적 접촉을 유지하는 능력 없음
- 주의력 결핍 : 정신적으로 초점을 맞추어 주의를 기울이는 능력이 결여됨

조현병의 증상

양성증상	음성증상	정서적 증상	인지적 증상	개인의 변화
• 환각 • 망상 • 와해된 언어 • 기괴한 행동	• 둔마정서 • 사고빈곤(무논리증) • 동기상실(무의지증) • 무쾌감증	• 불쾌감 • 자살경향 • 절망감	• 집중장애 • 기억손상 • 문제해결능력 결여 • 의사결정능력 결여 • 비논리적 사고 • 판단력 손상	• 직업능력 • 대인관계 • 자가간호능력 • 사회적 기능 • 삶의 질

2.

1) 조현병의 음성 증상에 해당하는 2개 문장

첫째, "늘 외톨이로 친구들과 전혀 어울리지 않는다고 해요."이다. 이는 음성증상 중 사회화 상실을 나타내는 것이다.

둘째, "집에서도 모든 일에 전혀 의욕이 없어요."이다. 이는 무의지증으로 모든 일에 의욕을 상실하는 것이다.

2) ㉠은 조현병의 양성 증상 중 피해망상

잘못된 신념이나 믿음을 나타내는 것으로 투사기전이 작용하여 나타나는 것으로 타인이 자신에게 피해를 준다고 믿는 것이다.

3) ㉡과 같은 대처 방법이 정아에게 도움이 되지 않는 이유

도전(대상자의 망상에 논쟁하는 것)은 ① 망상을 악화시키고 집착하게 하며(비현실적사고집착) ② 자신이 거부받고 있다고 느끼게 하여(자존감 저하) ③ 라포형성에 방해(관계저하)가 되기 때문이다.

→ 망상에 직면할 때 현실이 아니라고 말해주거나 확신시키려고 하지 말고 논리적 설명, 논쟁, 토론, 증명, 부정을 시도하지 않는다.

→ 대상자의 증상을 수용하고 현실감을 제공해주어 신뢰를 형성해야 한다.

3. ㉠ 망상 : 현실 상황 사실과 맞지 않으며, 논리적인 설명에 시정되지 않으며, 그 사람의 교육정도나 문화적인 환경에 걸맞지 않는 잘못된 믿음

㉡ 지리멸렬 : 사고나 말에 있어서 논리나 문법적으로 앞뒤가 서로 연결되지 않아 줄거리가 없고 일 반적으로 이해할 수 없는 상태

㉢ 추체외로계 증상(EPs) : 흑질선조체 경로의 도파민 수용체를 차단하여 발생

㉣ 새로운 행동의 연습과 피드백 : 사회기술훈련 진행순서(학습할 새로운 행동에 대한 기술 → 지도와 시범을 통한 새로운 행동 학습 → 새로운 행동의 연습과 피드백 → 실생활에서 새로운 행동을 적용)

5절 ◆ 우울장애

| 본문 p.523

1. 1) DSM-5에 의한 수지의 주요 우울장애 증상 4가지

① 하루의 대부분, 그리고 거의 매일 지속되는 우울한 기분이 주관적인 보고(**예** 슬프거나 공허하게 느낀다)나 객관적인 관찰(**예** 울 것처럼 보인다)에서 드러난다.

예 "매일 모든 게 슬프고 우울해요."

② 모든, 또는 거의 모든 일상 활동에 대한 흥미나 즐거움이 하루의 대부분 또는 거의 매일같이 뚜렷하게 저하되어 있을 경우

예 "학교 오기도 싫고, 하루하루 생활이 재미가 없고, 흥미도 없어요."

③ 체중 조절을 하고 있지 않은 상태(**예** 1개월 동안 체중 5% 이상의 변화)에서 의미 있는 체중 감소나 체중 증가, 거의 매일 나타나는 식욕 감소나 증가가 있을 때

예 "밥맛도 없고요. 몸무게도 많이 빠졌어요."

④ 거의 매일 나타나는 불면이나 과다 수면

예 "잠 못 자는 거예요. 그래서 학교에 오면 짜증이 나고 피곤해요."

> **주요우울증의 진단기준**
>
> 다음 중 최소한 다섯 가지 이상의 증상이 2주간 지속되며 1) 우울 2) 흥미, 즐거움의 상실 중 적어도 한 가지 증상을 나타낸다(단, 신체적 원인으로 인하여 증상이 나타난 경우와 기분과 합치되지 않는 망상, 환각, 조리가 서지 않는 사고, 연상과정이 심한 해이 등으로 인한 경우는 제외).
>
> ① 하루의 대부분, 그리고 거의 매일 지속되는 우울한 기분이 주관적인 보고(**예** 슬프거나 공허하게 느낀다)나 객관적인 관찰(**예** 울 것처럼 보인다)에서 드러난다.
>   ※ 주의 : 소아와 청소년의 경우는 초조하거나 과민한 기분으로 나타나기도 한다.
>
> ② 모든 또는 거의 모든 일상 활동에 대한 흥미나 즐거움이 하루의 대부분 또는 거의 매일같이 뚜렷하게 저하되어 있을 경우(주관적인 설명이나 타인에 의한 관찰에서 드러난다)
>
> ③ 체중 조절을 하고 있지 않은 상태(**예** 1개월 동안 체중 5% 이상의 변화)에서 의미 있는 체중 감소나 체중 증가, 거의 매일 나타나는 식욕 감소나 증가가 있을 때
>   ※ 주의 : 소아의 경우 체중 증가가 기대치에 미달되는 경우 주의할 것
>
> ④ 거의 매일 나타나는 불면이나 과다 수면
>
> ⑤ 거의 매일 나타나는 정신 운동성 초조나 지체(주관적인 좌불안석 또는 처진 느낌이 타인에 의해서도 관찰 가능)
>
> ⑥ 거의 매일 피로나 활력 상실
>
> ⑦ 거의 매일 무가치감 또는 과도하거나 부적절한 죄책감을 느낌(망상적일 수도 있으며, 단순히 병이 있다는 데 대한 자책이나 죄책감이 아님)
>
> ⑧ 거의 매일 나타나는 사고력이나 집중력의 감소, 또는 우유부단함(주관적인 호소나 관찰에서)
>
> ⑨ 반복되는 죽음에 대한 생각(단지 죽음에 대한 두려움뿐만 아니라), 특정 계획 없이 반복되는 자살 생각 또는 자살 기도나 자살 수행에 대한 특정 계획

2) 벡(A. Beck)의 인지치료 관점에서 수지의 인지적 왜곡 2가지

① 과잉일반화(overgeneralization) : 한 가지 사건을 근거로 여러 가지 결론을 유도

예 "영어 시험을 망쳤을 때 남은 과목들도 모두 망칠 거라는 생각이 들었어요."

② 개인화(personalization) : 자신과 관계없는 사건을 자신에 대한 반영으로 해석함

예 "제가 소풍갈 때마다 비가 오는 거예요. 비가 오는 건 전부 제 탓이라고 생각해요."

3) 엘리스(A. Ellis)에 의해 창시된 합리적 정서 행동치료

① A 선행사건은 영어시험을 망친 것으로 B 비합리적 신념이 나타난다. 영어시험을 망쳐서 남은 과목들도 모두 망칠 것이라는 생각이 들어 C 결과, 즉 속상하고 우울한 감정이 나타난다.

② A 선행사건은 소풍갈 때 비가 와서 B 비합리적 신념이 나타난다. 소풍갈 때 비가 오는 것은 자신의 탓이라고 생각이 들어 C 결과, 즉 속상하고 우울한 감정이 나타난다.

　㉠ A(Activating Event, 선행사건)

　　• 인간의 정서를 유발하는 어떤 사건이나 현상 또는 행위

　　• 내담자가 노출되었던 문제장면이나 선행사건

　　예 실직, 시험에 떨어짐, 상사에게 꾸지람

　㉡ B(Belief system)

　　• 어떤 사건이나 행위 등과 같은 환경적 자극에 대한 개인의 태도로서, 그의 신념체계 또는 사고방식이라고 할 수 있다.

　　• 문제 장면에 대한 내담자의 신념 – 합리적 비합리적 신념

　　• 즉, 위와 같은 사건이나 행위를 수치스럽고 끔찍스런 현상으로 해석하여 스스로를 징벌하고 자포자기하거나 세상을 원망하는 사고방식을 말한다.

　㉢ C(Consequence, 결과)

　　• 유발사건(선행사건 A)에 접했을 때 개인의 태도 내지 사고방식으로 그 사건을 해석함으로써 느끼는 정서적 행동적 결과를 말한다. → 건강하지 않은 부정적 정서

　　• 비합리적인 사고에 의해 느끼는 불안, 원망, 비관, 죄책감 등을 말한다.

④ D(Dispute, 논박) : 비합리적인 신념이나 사고, 상념에 대해 도전해 보고 그 생각이 사리에 맞고 합리적인지 다시 생각하도록 하기 위한 치료자의 논박이다.

⑤ E(Effect, 효과)

　　• 비합리적인 신념을 직면, 철저하게 논박함으로써 합리적 신념을 갖게 된 다음에 느끼는 자기 수용적인 태도와 긍정적인 감정의 결과이다.

　　• Ellis(2005)의 ABCDE이론에 의하면, 어떤 건강하지 못한 정서적 결과(C)는 중요한 활성화 사건(A) 때문인 것처럼 보이나 사실은 비합리적인 신념(B) 때문이라는 것이다.

2. 1) ㉠에 해당하는 '사고 내용 장애'의 구체적인 유형 : 자책망상

① 초자아가 심하게 비판적이다.

② 자기의 징벌과 죄의식/자신이 큰 죄를 지었고 존재할 가치가 없으며 살아갈 의미가 없다고 믿는 망상이다.

③ 그럴만한 일이 아닌데도 심한 양심의 가책이나 죄책감을 느낀다.

> **관계망상**
> • 주위에서 일어나는 일상적인 일이나 객관적인 사실이 모두 자신과 관련되어 일어난다고 믿는 망상이다.
> • 실제로는 관계가 없는 상황을 자신과 연관되어 있다고 믿는다.
> • 다른 사람의 행동, 말투에 지나치게 의미를 부여함 → 남들이 소곤거리는 것은 자신의 욕을 하고 있기 때문이며 신문이나 TV도 나를 계속 다루고 있다.

> **사고 내용(thought content) 장애**
> - 관계사고: 인과적인 사건이나 외부사건들을 자신과 직접적인 관련이 있는 것으로 잘못 해석하는 것, 예를 들어 뉴스를 듣고, 개인적인 의미가 있는 메시지로 믿음
> - 사고의 전파: 다른 사람이 대상자가 생각하는 것을 듣고 있거나 알고 있다고 여기는 망상적 믿음
> - 사고의 투입: 다른 사람이 대상자의 머릿속에 어떤 관념이나 생각을 집어넣는다는 망상적 믿음
> - 망상: 현실에 맞지 않는 잘못된 생각으로 현실 상황에서 사실과 맞지 않고, 논리적인 설명에도 불구하고 시정되지 않으며, 그 사람의 교육정도나 문화적인 환경에 걸맞지 않는 잘못된 믿음 또는 생각을 의미함
>   - **예** 괴이한(bizarre)망상, 허무망상, 빈곤망상, 신체망상, 편집망상, 피해망상, 과대망상, 관계망상, 자책망상, 조종망상, 부정망상, 색정망상

2-1) ㉡ 플루옥세틴(fluoxetine)약물 작용 기전
- 선택적 세로토닌 재흡수 억제제(Selective serotonin reuptake inhibitors, SSRIs)
- 세로토닌의 활성도가 낮아서 시냅스간극에서의 세로토닌이 감소한다. 그때 항우울제로 방출된 세로토닌이 시냅스 전 뉴런으로 재흡수 되는 것을 막으면 시냅스 후 뉴런 내의 세로토닌 농도를 높일 수 있다.
- 시냅스 전 세포막에서 세로토닌의 재흡수를 억제하여 시냅스 후 세포막에서 사용 가능한 세로토닌이 증가하게 된다. → 두뇌에서 세로토닌의 신경전달을 증가
- 범불안장애, 사회공포증, 공황장애, 강박성장애, 외상 후 스트레스 장애 등 불안장애의 증상치료에 효과

2-2) 작용 기전이 이루어지는 부위: 시냅스 간극에서 시냅스 전 세포막(신경말단)

3) ㉢이 주요 우울 장애의 치료에 효과를 나타내는 기전

TMS 원리는 전자기 코일에 매우 강력한 전기흐름을 단속시켜 코일을 통해서 자기장을 생성시키는 것으로 이 코일을 두개 밖의 적당한 위치에 두고 그 자기장 파동의 변동으로 인한 에너지를 두뇌로 전달하여 신경세포에 탈분극을 유도함으로써 두뇌를 자극하는 방법이다.

우울장애는 뇌영상 연구결과 좌측 전전두엽과 관련 있다고 여겨지기 때문에 이 부위를 목표부위로 한다.

6절+ 양극성장애 간호

| 본문 p.525

1. **❹**

▎주요우울증과 조증 에피소드의 진단기준

주요우울증 에피소드	조증 에피소드
• 침울한 기분 • 흥미와 즐거움의 상실 • 체중 감소 혹은 증가 • 불면 혹은 수면과다 • 정신운동성 초조 혹은 지연 • 피로 혹은 에너지 결핍 • 무가치감 • 집중력 손상 • 죽음 또는 자살 생각	• 과대망상 • 수면에 대한 욕구 감소 • 강조된 언어 • 사고비약 • 주의산만 • 정신운동성 초조 • 부정적인 결과를 고려하지 않고 쾌락적 활동에 지나치게 몰두함

2.

1) ㉠의 제Ⅱ형 양극성장애가 제Ⅰ형 양극성장애에 비해 조증삽화가 두드러지지 않아 진단이 늦어질 수 있다. 그로 인해 발생할 수 있는 가장 심각한 위험은 자살의 위험이 높아진다(제Ⅰ형 양극성장애에 비해 자살률이 높다). 양극성장애 Ⅱ을 가진 대상자들은 많은 시간을 우울증 상태로 지내게 되고, 주요 우울삽화 때문에 병원을 찾는다. 이로 인해 우울삽화가 이어지면서 자살을 시도하는 경우가 많다. 자살유도율과 성공률이 더 높다.

2) ㉡에 해당하는 증상 : 평소보다 말이 많아지거나 끊기 어려울 정도로 계속 말을 함(pressure to keep talking / pressure to speech) → 언어 압박(＝언어 압출)

> **DSM-5 진단 기준**
> • (1주일 지속)들뜸, 의기양양, 과민, 목표지향적 활동 및 에너지 증가
> • 3가지 : 기분과민(irritable) 상태에는 4가지
> ① 자존감의 증가 또는 과대감
> ② 수면에 대한 욕구 감소(예, 단 3시간의 수면으로도 충분하다고 느낌)
> ③ 평소보다 말이 많아지거나 끊기 어려울 정도로 계속 말을 함
> ④ 사고의 비약 또는 사고가 질주하듯 빠른 속도로 꼬리를 무는 듯한 주관적인 경험
> ⑤ 주관적으로 보고하거나 객관적으로 관찰되는 주의산만
> ⑥ 목표 지향적 활동의 증가 또는 정신운동 초조
> ⑦ 고통스러운 결과를 초래할 가능성이 높은 활동에의 지나친 몰두(예, 과도한 쇼핑 등 과소비, 무분별한 성행위, 어리석은 사업 투자 등)

3) ㉢ 1차 선택약(항경련제의 일반명) : Lamotrigine(라모트리진)

7절✦ 성격장애 간호

| 본문 p.526

1. ❹

㉠ 자기 욕구를 경시하고 주요 결정을 타인에게 넘기는 사람 − (나) 의존성 인격장애 − C군(걱정, 두려움)

㉡ 정서 변화가 심하고 충동적이어서 예측불가능한 행동을 많이 하는 사람 − (다) 경계성 성격장애 − B형(연극적임, 변덕스러움, 충동적임)

㉢ 마술적 사고, 천리안 또는 투시력이 있다고 주장하기도 하고 자신이 초능력자라고 믿는 사람 − 조현형 성격장애 − A형(괴상함, 별남)

㉣ 자존감이 낮아 타인의 거절에 상처받고 타인과의 관계 형성이 어려워 위축된 사람 − (가) 회피적 성격장애 − C군(걱정, 두려움)

㉤ 가까운 사람 특히 성적 대상과의 관계유지가 어려운 사람 − (마) 반사회적 성격장애 − B형(연극적임, 변덕스러움, 충동적임)

8절• 수면장애

| 본문 p.526

1. ㉠ 악몽장애 ㉡ 야경증

9절• 생물학적 치료

| 본문 p.527

1. ❺
- Bethanechol(Urecholine)은 위장관, 요관에 선택성이 있는 약물이다.
- 증상이 심한 위식도역류질환(GERD) 시 투여. 하부식도 조임근의 압력을 증가시키고 역류를 예방한다. Bethanechol은 콜린계 약물이기 때문에 위산분비를 증가시킬 수 있으므로 대개는 제산제나 histamine 수용체 길항제와 같이 식전에 투여한다.
- 요정체(urinary retention)의 주요 증상은 팽만된 방광과 배뇨량이 없는 것이다. 이때 흔히 neostigmine(Prostigmin)과 Bethanechol(Urecholine)이 투여된다. Bethanechol은 배뇨근의 긴장도를 높인다. 콜린성 약물은 방광수축자극을 증가시킨다.

2. ❸
- MAOI는 항콜린성, 항히스타민성 작용이 거의 없다. 그러나 기립성 저혈압, 진정, 과자극, 불면, 구갈, 체중 증가, 부종, 성기능 저하와 같은 부작용이 나타날 수 있다. 티라민을 함유하고 있는 음식과 특정 약물을 같이 섭취하였을 때 방생하는 고혈압과 그로 인한 사망이 문제다. 이러한 고혈압 위기발생의 가능성 때문에 세심한 건강교육이 중요, 환자는 저티라민 식사를 위해 단백질이 발효되거나 오래된 음식인 치즈나 된장, 훈제된 물고기 등 특정 음식이나 약물을 피해야 한다.
- 고혈압성 위기 증상 : 질병상태에 따라 매우 다양하며 증상이 나타나지 않을 수도 있다. 두통이 처음에는 후두부에서 나타난 후 곧 머리 전체에 퍼지며 시야가 흔들리고 오심이나 구토를 일으키며 혼돈, 무기력이 나타난다. 기억력이 저하되고 혼수와 경련이 일어나며 유두부종 및 안저 출혈이 일어날 수도 있다.
- 응급간호 : 가능한 빠르고 안전하게 혈압을 하강시키는 것이 치료의 목적이다. 우선 침대의 상부를 올린 편안한 자세로 안정을 취하게 한다. Microdripper로 5% D/W를 정맥주사한다. 계속적으로 활력징후를 관찰하면서 처방된 약물을 투약한다. 대표적인 약물은 Hyperstat, Nipride, Phentolamine이다. Phentolamine은 5mg을 정맥으로 천천히 주입한다.

3. ㉠ 티라민
㉡ 고혈압 위기

> **나르딜(모노아민 산화효소 억제제)**
> 티라민이 함유된 음식물을 제한하면 MAO는 삼환계 약물보다 안전하고 부작용이 적으며, 특히 삼환계항우울제에 치료 반응이 없는 환자에게서 치료 효과가 있다는 것으로 알려져 있다. MAO억제제는 매우 효과적인 항우울제이면서 공황치료제이지만 이차적 약물로 사용된 이유는 티라민 함유식품과 병용될 때 고혈압의 위험이 높기 때문이다. 티라민은 단백질이 발효, 숙성, 절임, 훈제 및 부패에 의한 가수분해과정을 진행할 때 단백질로부터 분리된다. 티라민은 장 벽이나 간 속에 있는 모노아민산화효소에 의해 분해되는데, MAO억제제를 사용하면 MAO가 억제되어 방출된 많은 양의 노르에피네프린이 adrenergic nerve에 작용하게 됨으로써 고혈압반응이 나타난다.

10절◆ 정신 치료

| 본문 p.529

1. **❸**

인지행동치료(cognitive-behavioral therapy)는 개인의 인지적 틀을 이해하고 비효율적인 사고의 틀을 수정하여 좀 더 기능적으로 변하도록 하는 인지치료와 문제행동을 수정하는 행동치료를 혼합하여 치료하려는 입장이다. 따라서 인지의 변화가 있어야 행동과 감정에 변화가 온다는 것을 강조한다. 외적인 행동변화에 초점을 두었던 행동모형을 보완하는 접근이라고 하겠다.

- **홍수법(flooding)** : 홍수법은 노출치료 중 하나로, 가장 불안을 많이 일으키는 자극에 대상자를 즉각적으로 노출시키는 방법이다. 대상자로 하여금 그 상황에서 피하지 않고 견디어냄으로써 회피하는 행동이 조건화되는 것을 막기 위함이다.
- **혐오요법(aversion therapy)** : 부적응적 행동에 대해 혐오 자극을 제공함으로써 부적응 행동을 제거하는 것이다. 예를 들어, 섭식장애 환자에게 폭식 행위와 그로 인한 혐오스런 결과를 상상함으로써 폭식 행동을 하지 않도록 도움을 줄 수 있다.

2. 1) 체계적 둔감법(Systematic desensitization)

불안을 야기하는 자극을 약한 것부터 차츰 강한 것으로 단계적으로 부여함으로써 자극에 의해 발생하는 불안 및 공포 등의 반응을 서서히 경감시키는 기법이다. 고소공포증과 같은 특정한 자극과 관련된 회피행동을 감소시키기 위해 고안되었으나, 강박장애나 사회공포증을 치료하는 데도 효과적이다. 불안을 초래하는 장면을 형상화하면서 이완을 학습시킨다면 실제상황에서 불안을 야기하는 장면에 노출되었을 때 불안을 감소시킬 수 있다고 간주한다.

> 체계적 둔감법을 시행하기 위해 우선 대상자가 근육을 이완시킬 수 있어야 한다. 그리고, 불안을 야기하거나 공포스러운 상황들에 대해 위계구조를 작성하도록 한다. 난이도에 따라 1에서 10단계로 나누는데 1단계는 불안이 거의 없는 단계이고 10단계는 심하고 격렬한 불안을 느끼는 단계이다. 이미지 장면을 통해서 하는 것은 대상자가 마음 속에 불안이 없는 상태에서 차츰 불안을 많이 일으키는 상태로 나아감을 따라 이완 상태를 유지하는 것을 상상하는 것이며, 실제 장면에서의 체계적 둔감법은 실생활에 노출시키면서 진행하는 것이다.

2) 사고 중지

자신이 원하지 않는데 반복해서 떠올라 자신을 괴롭히는 생각을 억제하기 위해서 사용하는 기법이다. 사고 중지는 원치 않는 생각에 집중한 뒤에 잠시 후 갑자기 중지하며 마음을 비우는 것과 관련된다. '멈춰'와 같은 명령, 큰 소음, 손목에 고무줄을 잡아당김, 꼬집는 사람과 같이 괴롭히는 사람은 반복 또는 불쾌한 생각들을 중단시키는 데 사용된다.

- '멈춰'명령은 부정적 강화이다. 부정적 강화를 통해 계속적으로 벌받는 행동이 감소된다.
- '멈춰' 명령은 주의를 다른 곳으로 돌린다.
- 사고 중지는 자신을 갖게 하거나 자신을 인정하는 상태의 생각을 대처함에 따르는 반응과 방해하는 생각, 또는 느낌의 주장적인 반응이다.

  첫째, 상담자는 내담자에게 강박적인 사고를 하도록 요구하고 내담자는 그 사고가 떠오르면 손가락으로 신호를 하도록 약속한다. 신호를 보면 상담자는 아무런 예고도 없이 갑자기 큰 소리로 "그만"이라고 소리치면서 큰 소리가 나도록 책상을 힘껏 내리친다. 이렇게 하면 대부분의 내담자들은 놀라서 조금 전까지 떠올랐던 강박적인 사고가 사라지게 되는 것이다. 그리고 나서는 사전에 정해 둔 긍정적이고 즐거운 생각이나 활동을 하도록 지시한다.

둘째, 상담자에 의한 훈련이 어느 정도 숙달되면 내담자 스스로가 강박적인 생각을 떠올리고 자신에 대해 "그만"이라고 큰 소리를 외치면서 책상을 힘껏 내리치도록 한 다음, 긍정적이고 즐거운 생각을 하도록 한다.

마지막으로 셋째는 내담자가 강박적인 생각을 떠올린 후 큰 소리를 외치고 책상을 치는 대신 마음 속으로 "그만!"이라고 외친 다음, 긍정적인 생각이나 활동을 하도록 하는 것이다.

3.
1) 보건교사가 학생에게 인지치료를 적용하려는 근거

학생 : 엄마한테 너무 미안한 거예요. 엄마가 돌아가신 건 다 저 때문이에요. 제가 그렇게 속 썩이지만 않았어도 엄마한테 암 덩어리가 생기진 않았을 텐데……. 다 저 때문이에요. 전 태어나지 말았어야 해요.

상황	느낌(결과)	자동적 사고
• 어머니가 암으로 돌아가셨다. • 아빠도 다니던 직장을 그만두었다.	• 우울하다. • 죽고싶다.	• 다 나때문(태어났기 때문) • 나만 없어지면 행복 • 내 탓

→ 상황에 대한 비합리적 신념, 즉 자동적 사고로 감정의 우울함에서 벗어나지 못하고 있다. 이에 상황을 보는 학생의 '비합리적 신념'으로 인한 인지적 왜곡을 수정하여 합리적 신념으로 변화시켜 상황을 재해석하고 감정이 변화되고 그에 따라 행동이 변하도록 돕는다.

2) 인지치료 중 ㉠에 해당하는 기법의 명칭과 과제의 활용방법과 효과

① 인지재구성법(cognitive restructing) : 대상자의 부정적인 사고 대신 긍정적인 사고를 갖도록 하는 전략

㉠ 자기감시(self-monitoring) 단계 : 어떤 상황(사건)인지 인식하여 그 상황(사건)에 대한 자신의 사고와 감정을 파악하고 탐색하는 것. 일지활용

㉡ 인지재구성단계 : 그러한 사고와 감정의 근거가 무엇인지 확인하고 합리적이고 긍정적인 사고를 찾아 긍정적인 진술을 할 수 있도록 한다.

② 자기감시법(self-monitoring) − 사고와 감정감시 : 대상자로 하여금 자신의 행동과 태도, 감정, 사고 등을 관찰하거나 기록하게 함으로써 객관적이고 구체적으로 알고 평가할 수 있도록 하는 방법

③ 활용하는 방법 : 대상자가 자기인식을 증진하고, 자신의 생각과 감정을 감시한다. '역기능적 사고 기록지'를 사용함으로써 도움을 받을 수 있다.

'역기능적 사고 기록지'의 5가지 항목은 ㉠ 상황, ㉡ 감정, ㉢ (상황에 반응하는)자동적 사고, ㉣ 합리적 반응, ㉤ 결과로 구성한다. 이를 통해 대상자는 자동적 사고와 연관된 감정들을 식별하는 것을 배우게 되며, 자동적 사고와 부적응적 감정 및 행동과의 관계에 대해 깨닫기 시작한다.

	상황	감정	자동적 사고	합리적 반응	결과
날짜	기록: 1. 불쾌한 감정을 일으키는 실제 사건 혹은 2. 불쾌한 감정을 일으키는 생각, 백일몽, 회상	1. 슬프고 불안하고 화나는 감정을 열거한다. 2. 감정의 강도를 1~100으로 평가한다.	1. 감정에 선행된 자동사고를 기록한다. 2. 자동사고에 대한 믿음의 정도 0~100%로 평가한다.	1. 자동사고에 대한 합리적 반응을 기록한다. 2. 합리적 반응에 대한 믿음 정도를 0~100%로 평가한다.	1. 자동사고에 대한 믿음의 정도를 0~100%로 재평가한다. 2. 부차적 감정을 구체화하고 그 정도를 0~100으로 평가한다.

	상황	감정	자동적 사고	합리적 반응	결과
10/09/08	1. 사건 — 남자친구가 우리의 계획에 대해 오늘밤 전화해서 얘기하기로 했는데 그는 약속을 어겼다. 2. 그는 나한테만 너무 바쁜 게 틀림없어. 아마도 다른 사람을 만나고 있을 것이고 나와는 끝내고 싶어하는 거야.	1. 불안 — 90 2. 슬픔 — 50 3. 분노 — 10	1a. 나는 남자친구와 교재를 지속할 수 없다. — 60% 1b. 나는 좋은 여자친구가 아니다. — 70%	1. 학교에서 많은 남자학우들이 나와 대화를 즐기고 시간을 보내고 싶어하는 것 같다. — 80% 2. 나는 앞으로 더 많은 남자들을 만나고 관계를 발전해나갈 충분한 시간이 있다. — 50%	1a. 나는 남자친구와 교재를 지속할 수 없다. — 30% 1b. 나는 좋은 여자친구가 아니다. — 40% 2. 불안 — 20 슬픔 — 5 분노 — 30

④ **효과** : 대상자는 이런 형식을 이용하여 생각과 감정을 구분하는 법을 배우고, 상황에 대한 적응적 반응을 규명할 수 있다. 또한 대상자는 특정 생각과 부적응적 감정 또는 행동과의 관계를 서서히 깨달을 수 있다. 이러한 기록들은 자동적 사고를 명확하게 함과 동시에 사고와 감정이 어떻게 연관되어 있는가를 대상자가 깨닫게 해 준다. 자동적 사고가 왜곡되어 있는 경우 자동적 사고에 대해 평가를 함으로써 합리적인 사고로 수정을 한다면, 그에 따라 대상자에게 기분과 행동의 호전을 가져오게 된다.

4. 1) **섭식장애유형**
   ㉠ 신경성 식욕부진증 ㉡ 신경성 폭식증
2) **㉢의 목적**
   대상자로 하여금 자신의 행동과 태도, 감정, 사고 등을 관찰하거나 기록하게 함으로써 <u>자동적 사고를 명확하게 함</u>과 동시에 <u>사고와 감정이 어떻게 연관되어 있는가</u>를 깨닫게 해준다. 자동적 사고가 왜곡되어 있는 경우 <u>합리적인 사고로 수정</u>하여, <u>대상자에게 기분과 행동의 호전</u>을 가져오게 한다.
3) **㉣의 개념**
   • 우선 목표 행동을 명확히 세워 놓고,
   • 목표 행동은 아니지만 낮은 수준에 근접한 행동에서부터 차츰 수준을 높여 최종적으로는 목표 행동을 형성하도록 하는 기법
   • 예를 들어 공격적인 아동이 또래 친구와 잘 노는 행동을 했을 때, 칭찬하며 궁극적으로 갈등 상황에서도 공격적인 행동을 보이지 않을 때까지 대상자를 강화한다.

11절 · 가족치료

| 본문 p.533

1. ❷

구조적 가족치료(미누친, Minuchin)는 가족의 구조와 조직화를 이해함으로써 가족 구성원의 상호작용을 향상시키는 것이다.

가족구조	가족구조는 가족 구성원들이 다른 구성원과 관계하는 방식을 조직화하는, 보이지 않는 형태의 규칙이나 기능적 요구. 특히, 가족의 권위 구조의 적절성에 관심을 갖는다.	
경계유형	명확한 경계	• 유연가족/자율성↑ • 가족이 적절하게 기능하기 위해 명확하면서도 유연성 있는 경계 • 권위구조 　효과적 가족 권위구조로 부모가 자녀보다 권위와 권력이 많으며, 부모는 자녀에 책임을 갖는다. • 자율성 　자녀의 성장에 따라 자율성, 독립심을 보장하며 스트레스에 유연하게 대처한다.
	엄격한 (경직된) 경계	• 유리가족/고립, 소외감/자율성↑ • 감정적 교류가 극단적으로 없는 상태로 유리된 관계를 초래 • 친밀감, 상호작용, 의사소통, 지지, 보호기능 감소로 거리감, 소외감, 고립 • 긍정적 측면에서 자율성을 길러준다.
	모호한 (산만한) 경계	• 밀착가족/자율성↓ • 서로의 생활에 지나치게 개입하고 관여 • 의존성↑ 자율성↓ • 지나친 소속감과 하위체계 내의 분화 부족, 속박된 하위체계 형성 • 가족 외의 다른 사람들과 관계 맺는 것을 어려워한다.

2. 1) 삼각관계와 자기(자아) 분화

① **삼각관계** : 두 사람이 자신들의 정서적인 문제에 다른 한 사람을 개입시키는 현상이다. 이 현상은 자아분화의 수준이 낮고 불안 정도가 심할 때 발생한다. 예를 들면 문제가 있는 부부가 자신들의 문제를 스스로 해결하지 않고 자녀를 그들 관계에 개입시켜 불안 정도를 낮추려고 한다.
　• 철민 : "엄마가 아빠는 나쁜 사람이라고 자꾸 그러니까 이젠 아빠가 나쁜 사람 같고 엄마를 괴롭히는 아빠가 싫어졌어요."

② **자기분화** : 지적인 기능과 정서적인 기능이 분화된 경우 사고와 감정 사이에 균형을 이루고, 통제력이 있으며 객관적이다. 그 결과 생활스트레스에 잘 대처한다. 반면에 지적인 기능과 정서적 기능이 분화되지 못한 사람은 감정에 따른 의사결정을 하기 쉽고 다른 사람의 정서적 반응에 따라 행동하게 된다. 즉, 자율적이지 못하고 다른 사람에게 융화되려는 경향이 높다.
　• 철민 : "네, 친구들이 놀러 가자고 해도 엄마가 걱정되고, 내가 없으면 위험해질 것 같아 엄마 곁을 떠날 수 없어요."

2) 콜버그의 도덕발달단계

• 철민이가 속한 도덕발달단계 : 후인습적 수준의(3수준) / 사회계약지향의 도덕(5단계)

• 철민 : "세상은 평등해야 하는데 돈이 없어서 치료를 못 받는 사람이 있다면 세상의 법은 바뀌어야 한다고 생각해요."

규칙이나 법칙은 상호 간의 이익, 상호 간의 협조, 상호 간의 발달을 위해서는 설정된다. 특히 삶과 자유같은 가치관이나 권리는 그 문화권 내에서 다른 가치관이 더 중요하게 여겨질지라도 어떤 사회에서나 인정받아야만 하는 것이다.

3. 1) 구조적 가족치료 관점에서, 경철이와 부모님 간의 경계선 유형 : 경계선이 애매한 가족
- 일반적으로 밀착된 가족(enmeshed family)
- 서로의 생활에 지나치게 개입하고 관여
- 의존성이 심해지고
- 가족 외의 다른 사람들과 관계 맺는 것을 어려워한다.

2) 사티어(V. Satir)의 경험적 가족치료 관점에서, 영수에게 해당하는 역기능적 의사소통 유형 : 회유형
자기존중(자기자신)을 무시하고 다른 사람(타인)과 상황에 초점을 두어 우리(자신)는 중요하지 않다고 하는 메시지를 상대방에게 전달

① 회유형	• 어떤 문화에서도 가족들이 가장 많이 사용하는 방법 • 자기존중을 무시하고 다른 사람과 상황에 초점을 두어 우리는 중요하지 않다고 하는 메시지를 상대방에게 전달한다. • 회유하는 사람은 다른 사람과 상호작용하는 상황을 존중하지만 자신의 진정한 감정을 존중하지 않는다.
② 비난형	• 회유형과 정반대로 상대방을 무시하고 자신과 상황에 초점을 두는 것으로 자기를 보호하고, 다른 사람을 괴롭히고 환경을 비난한다. • 비난하기 위하여 다른 사람의 가치를 격하하고 자신과 상황에만 가치를 둔다.
③ 초이성형	• 자신이나 상대방을 과소평가하는 것 • 지나치게 합리적인 것은 상황만 중요시하며 기능에 관하여 말하고 대부분 자료와 논리를 중요시한다. • 자신과 상대방은 무시하고 상황에 초점을 둔다.
④ 산만형	초이성형과는 정반대로 자신, 상대방, 상황 모두 무시
⑤ 한 가지 유형을 추가한다면 일치형	• 기능적이며 원만함, 책임감, 정직성, 친근감, 능력, 창의성 그리고 현실적인 문제를 현실적인 방법으로 해결할 수 있는 능력 있는 사람들의 의사소통 • 일치형유형을 사티어는 치료의 표적으로 삼음

신희원

보건교사 길라잡이

＋10점 기출문제

● **초판인쇄** 2023. 1. 5. ● **초판발행** 2023. 1. 10.

● **편저자** 신희원 ● **표지디자인** 박문각 디자인팀

● **발행인** 박 용 ● **발행처** (주)박문각출판 ● **등록** 2015. 4. 29. 제2015-000104호

● **주소** 06654 서울시 서초구 효령로 283 서경 B/D ● **팩스** (02)584-2927

● **전화** 교재주문 (02)6466-7202, 동영상 문의 (02)6466-7201

저자와의
협의하에
인지생략

정가 48,000원

ISBN 979-11-6987-017-7 | **세트** 979-11-6987-016-0